O Princípio da Proteção do Trabalhador

GUILHERME MACHADO DRAY

Docente universitário, advogado e gestor.

É Doutor em Direito e Professor da Faculdade de Direito da Universidade de Lisboa, bem como bolseiro da "Fundação Luso-Americana Para o Desenvolvimento".

Para além disso, é fundador do Centro de Investigação de Direito Privado e dos Institutos de Direito do Consumo e de Direito do Trabalho, todos da Faculdade de Direito de Lisboa, sendo membro da direção deste último Instituto. Tem também colaborado na docência de cursos de Pós-Graduação nas faculdades de Direito da Universidade Nova de Lisboa e da Universidade Católica do Porto. Lecionou na Faculdade de Direito da Guiné-Bissau e já proferiu conferências na Pontifícia Universidade Católica, em São Paulo, Brasil, bem como na OAB de Porto Alegre.

É ainda membro da Comunidade de Juristas de Língua Portuguesa e da Associação Portuguesa de Direito do Trabalho, sendo autor de diversos trabalhos jurídicos publicados em editoras especializadas, nomeadamente o *"Código do Trabalho Anotado"*, em coautoria (Almedina, 9 edições, de 2004-2014), *"Direitos de Personalidade"* (Almedina, 2006) e *"O Princípio da Igualdade no Direito do Trabalho"* (Almedina, 1999).

Atualmente desempenha também as funções de Administrador/Conselheiro de empresas que atuam em diversos países da lusofonia, nomeadamente em Portugal, Brasil e Angola.

Entre 2009 e 2011 exerceu as funções de Chefe de Gabinete do Primeiro — Ministro do XVIII Governo Constitucional de Portugal (2009-2011).

A nível internacional, participou (2005-2011) no âmbito do Governo português em diversas visitas oficiais e cimeiras bilaterais em diversos países da Europa, América do Sul, África e Ásia. Durante a "Presidência Portuguesa da União Europeia" (II Semestre de 2007), desempenhou funções de assessoria à presidência das reuniões do Conselho Europeu sobre Transportes e Telecomunicações.

GUILHERME MACHADO DRAY

O PRINCÍPIO DA PROTEÇÃO DO TRABALHADOR

LTr®

EDITORA LTDA.

Rua Jaguaribe, 571
CEP 01224-001
São Paulo, SP — Brasil
Fone (11) 2167-1101
www.ltr.com.br
Junho, 2015

Produção Gráfica e Editoração Eletrônica: R. P. TIEZZI
Projeto de Capa: FABIO GIGLIO
Impressão: ORGRAFIC GRÁFICA E EDITORA

Versão impressa — LTr 5270.6 — ISBN 978-85-361-8486-9
Versão digital — LTr 8751.5 — ISBN 978-85-361-8495-1

Dados Internacionais de Catalogação na Publicação (CIP)
(Câmara Brasileira do Livro, SP, Brasil)

Dray, Guilherme Machado

O princípio da proteção do trabalhador / Guilherme Machado Dray — São Paulo : LTr, 2015.

Bibliografia

1. Dignidade humana 2. Direito do trabalho 3. Direitos fundamentais 4. Proteção do trabalho I. Título.

15-04547 CDU-34:331

Índice para catálogo sistemático:

1. Proteção ao trabalhador : Direito do trabalho 34:331

Índice

Parte III — O Princípio da Proteção do Trabalhador e suas Concretizações

Nota do Autor à Edição Brasileira

A obra em apreço, ora publicada pela LTr Editora, foi igualmente publicada, em maio de 2015, em Portugal, correspondendo, com algumas adaptações, à dissertação de doutoramento em Ciências Jurídico-Civis apresentada na Faculdade de Direito da Universidade de Lisboa a 7 de novembro de 2013 e discutida em provas públicas a 17 de junho de 2014, faculdade onde sou professor auxiliar da disciplina de Direito do Trabalho.

A publicação do *Princípio da Proteção do Trabalhador*, agora no Brasil, é fácil de explicar e assenta em várias razões: por um lado, a afirmação, cada vez mais visível, da existência de um *sistema jurídico lusófono*, que une os diversos subsistemas jurídicos da lusofonia; por outro lado, o facto de estarmos perante uma obra que tem por objeto aquele que é, manifestamente, o principal *princípio jurídico* do Direito do trabalho, circunstância que torna o tema universal, transversal e comum a diversos ordenamentos jurídicos; em terceiro lugar, a atualidade do tema, que joga simultaneamente com o que de mais intemporal se verifica no Direito do trabalho — a tutela da parte mais fraca — e com a crise que assola este ramo do direito, marcado pelos fenómenos mais recentes da desregulamentação, da flexibilização e da instrumentalização do Direito laboral a desideratos de política económica; por fim, a publicação da obra no Brasil tornou-se possível, acima de tudo, graças à simpatia e gentileza da editora que o acolheu — a LTr — em especial daqueles que integram o seu Conselho Editorial.

A afirmação de um *sistema jurídico lusófono*, não sendo porventura um facto muito evidenciado, tem vindo, cada vez mais, a ser defendida por uma pluralidade crescente de diversos autores jurídicos, que assentam a sua opinião num conjunto de características comuns aos diversos países da lusofonia: a existência de uma cultura jurídica comum, a proximidade dos respetivos textos constitucionais, a apologia e a consagração de valores ou axiomas jurídicos comuns — tais como a dignidade, a igualdade e a liberdade —, o intercâmbio universitário e científico dos seus alunos e doutrinadores e, mais importante do que isso, a utilização da língua portuguesa como língua comum. A língua portuguesa, praticada em oito diferentes países — Portugal, Angola, Brasil, Cabo Verde, Guiné Bissau, Moçambique, São Tomé e Príncipe e Timor Leste — espalhados por quatro continentes distintos — Europa, América do Sul, África e Ásia — é hoje usada por mais de 250 milhões de pessoas como idioma oficial e constitui, indubitavelmente, um fator de agregação e de união, que não deve ser menosprezado. As características acima evidenciadas tornam possível, por isso, a afirmação, na atualidade, de um sistema jurídico que ultrapassa as fronteiras de cada um daqueles países e que se estende por todos os que o compõem, ainda que cada um possa, naturalmente, preservar a sua identidade e autonomia própria. Essa é uma das razões que justificam a publicação da presente tese simultaneamente em Portugal e no Brasil.

A segunda razão que justifica a publicação da presente obra não apenas em Portugal, mas também no Brasil, está relacionada com o objeto da mesma, que incide sobre o *princípio da proteção do trabalhador.* Hoje em dia, parece claro e assente que os *princípios jurídicos*, a par das *regras jurídicas*, fazem parte dos ordenamentos jurídicos e integram os respetivos elementos normativos, podendo também atuar como normas, ainda que em moldes distintos. Ora, ao nível do subsistema laboral, o *princípio da proteção do trabalhador* é, manifestamente, o princípio constitutivo do direito laboral, que atua de forma transversal em todos os ordenamentos jurídicos que admitem a autonomia dogmática deste ramo do direito. Nessa medida, apesar das diferenças que existem ao nível das *regras jurídicas* positivadas nos diferentes ordenamentos jurídicos, nomeadamente no Código do Trabalho português ou na Consolidação das Leis do Trabalho brasileira, a verdade é que as semelhanças entre os respetivos ordenamentos jurídicos são manifestas quando o campo de análise deixa de se centrar nas referidas *regras* e passa a ter por objeto o *princípio* geral estruturante dos respetivos sistemas laborais, que ultrapassa as manifestações individuais (as *regras*) positivadas em cada um dos dois ordenamentos. O *princípio da proteção do trabalhador*, enquanto *princípio jurídico* em sentido estrito que integra, a par das *regras jurídicas*, os diversos subsistemas que acolhem o Direito do trabalho, surge, pois, como um fator de união de diferentes ordenamentos jurídicos, permitindo assinalar as suas semelhanças em detrimento das suas diferenças.

A publicação da presente obra no Brasil justifica-se, em terceiro lugar, com a atualidade do tema. É um dado incontornável que o Direito do trabalho de hoje não é o mesmo que esteve na origem do Direito do trabalho resultante da Revolução Industrial e que as políticas de flexibilização e de desregulamentação têm posto em crise os moldes tradicionais deste ramo do direito. É assim na Europa e é assim, por certo, noutros ordenamentos jurídicos, como sucede com o brasileiro. A presente obra pretende, nesse contexto, analisar e discutir o Direito do trabalho de forma atualista e dinâmica. E pretende, por essa razão, afirmar o *princípio da proteção do trabalhador* como um *princípio* normativo atual, concebido à luz de uma visão moderna do Direito do trabalho, afirmando-o acima de tudo como um princípio que visa, simultaneamente, servir como norma que contribui para a solução de casos concretos, por um lado, e como princípio capaz de garantir a liberdade positiva do cidadão e a sua capacidade de autodeterminação, por outro lado, potenciando um amplo espaço de liberdade e de cidadania do trabalhador no mundo do trabalho, sem descurar ou obnubilar a liberdade de gestão empresarial do empregador. O tema em apreço é, por isso, um tema universal, que extravasa a realidade portuguesa e que também pode, consequentemente, ser lido, apreciado e criticado pela doutrina e jurisprudência brasileiras.

Por fim, a publicação da presente obra no Brasil fica a dever-se, acima de tudo, à simpatia e gentileza da editora que o acolheu — a LTr — e daqueles que integram o seu Conselho Editorial, em especial o Ministro Ives Gandra Martins Filho, Ilustre juslaboralista e Vice-Presidente do Tribunal Superior do Trabalho, a quem aproveito para agradecer a amabilidade com que me recebeu e a forma diligente e dedicada como se empenhou para permitir a publicação desta obra por tão prestigiada editora jurídica, facto que muito me honrou.

Creio, pois, que estão reunidas as condições para que esta obra seja lida, apreciada e criticada no Brasil, nomeadamente pelos alunos, doutrinadores e aplicadores do Direito brasileiro. Sendo uma obra baseada essencialmente na realidade da Europa e que tem como pano de fundo o ordenamento jurídico português, ela não deixa, todavia, de poder ser compreendida à luz das vicissitudes da ordem jurídica brasileira. E a razão é simples: ao afirmarmos o *princípio da proteção do trabalhador* estamos, afinal, a contribuir para o valor civilista da *liberdade* e do *livre desenvolvimento da personalidade*, que são valores universais. O trabalhador que seja tratado com dignidade e que receba uma retribuição condigna pelo trabalho que desenvolve, adquire, consequentemente, as condições necessárias para se afirmar como um Homem *livre* e *independente*, que pode exercer de forma plena a sua *cidadania*, determinar o tipo de vida que quer viver e dar azo, nesse sentido, ao *princípio da igualdade material de oportunidades* ou à ideia de *equality of fair opportunity*. Sendo o *princípio da proteção do trabalhador* o princípio unificador do sistema laboral, a "partícula de Deus" do Direito do trabalho ou o *moral standard* deste ramo do direito, a sua afirmação não tem fronteiras, fazendo a ponte, por certo, entre os dois lados do Atlântico.

Espero, pois, que esta obra seja do agrado dos leitores brasileiros.

Lisboa, maio de 2015.

Prefácio

O princípio da proteção, tema da tese de doutoramento do Prof. Guilherme Dray, ora publicada pela LTr Editora, tem sido considerado o postulado **fundante** do Direito do Trabalho, consagrado pela clássica obra de Plá Rodriguez, também publicada pela LTr Editora (*Princípios de direito do trabalho.* São Paulo, 1993).

A tentativa de correção da assimetria inerente às relações de trabalho é tida, com certo consenso doutrinário, como a causa primeira do surgimento da autonomia da **ciência** justrabalhista, superando-se o paradigma civilista lastreado na **autonomia** da **vontade** e no postulado "*pacta sunt servanda*".

A função **interpretativa** do princípio, aludida por Federico de Castro (*Derecho civil de España.* Madri, 1949), tem destacada atuação na **jurisprudência** trabalhista pátria, particularmente em suas inclinações mais **ativistas**. Para evidenciar o seu uso, basta lembrar que, embora não tenha sido positivado, expressamente, em nosso ordenamento jurídico pátrio, apenas no ano em curso (até o final de maio de 2015) o princípio da proteção já foi expressamente invocado em **440 ementas** nos acórdãos da Suprema Corte Laboral.

Entre as preocupações que sobressaem da generalizada aplicação do princípio, destacam-se: a) a sua ampliação "**metástica**" para além dos domínios para os quais foi pensado, de início — o solo fértil, por excelência, para sua incidência seria o **direito material** e **individual** do **trabalho**, no qual se identifica o desiquilíbrio intrínseco entre as partes envolvidas na relação jurídica; b) a sua atuação no âmbito das **relações coletivas** de trabalho, quanto às quais a paridade ideal de forças entre os entes coletivos deveria levar ao reconhecimento mais pleno da autonomia privada coletiva, sem a intervenção do Estado, em desrespeito ao basilar princípio da subsidiariedade; c) o seu emprego no **Processo** do **Trabalho**, no qual a isenção que deveria pautar a atuação dos órgãos jurisdicionais como pressuposto de sua legitimidade estaria a exigir um tratamento isonômico das partes, já que cabe ao juiz do trabalho aplicar **imparcialmente** um direito que já é parcial por natureza; e d) o seu emprego no tocante a lides decorrentes de **relações** de **trabalho simétricas** que passaram a ser julgadas na Justiça do Trabalho por força da alteração do art. 114 da CF, por meio da Emenda Constitucional n. 45/04.

O maior desafio contemporâneo dos operadores do Direito do Trabalho é **proteger sem esmagar**, isto é, oferecer uma tutela que seja suficientemente flexível para resguardar as garantias fundamentais que lhes são asseguradas pelo ordenamento jurídico, sem privá-los do acesso ao mercado de trabalho e com a abertura para eventuais acomodações decorrentes de especificidades **temporais** (em momentos de crise, por exemplo), **espaciais** (considerando as particularidades de determinados países, estados ou regiões) e **subjetivas** (tendo em conta as caraterísticas dos tomadores de serviços — tratando diferentemente multinacionais e microempresas ou empregadores domésticos — e trabalhadores — diferenciando altos empregados com elevada formação intelectual e trabalhadores manuais, sem vulnerar, naturalmente, o disposto no art. 7º, XXXII, da CF).

Nesse contexto, vem a lume a obra do Professor português Guilherme Dray, em um momento particularmente importante no qual o princípio da proteção exige uma **releitura** sobretudo diante da **crise polítício-institucional** e **econômica** que o país atravessa na hora atual.

O Mestre e Doutor Guilherme Dray iniciou suas atividades docentes na Faculdade de Direito de Lisboa em 1993, construindo uma profícua carreira acadêmica, com diversos artigos e livros publicados. Note-se que, além de exercer a **advocacia**, desde 1995, o autor também atuou nos altos quadros da Administração Pública de Portugal, tendo sido Chefe de Gabinete do Ministro das Obras Públicas, Transportes e Comunicações do XVII Governo Constitucional português, de 2005 a 2009, além de **Chefe de Gabinete do Primeiro Ministro** do XVIII Governo Constitucional português, de 2009 a 2011. Na condição de Consultor Especializado nomeado pelo Secretário de Estado do Trabalho do XV Governo Constitucional, atuou na elaboração do **Código do Trabalho** (aprovado pela Lei n. 99/2003, de 27 de agosto) e da Lei de Regulamentação do Código do Trabalho (aprovada pela Lei n. 35/2004) de Portugal.

O abrangente e aprofundado estudo conduzido pelo juslaboralista lusitano, que traz um rico repositório de referências doutrinárias e faz diversas incursões no Direito Comparado, encontra-se composto em **três** grandes **partes**.

Na primeira, faz uma descrição magistral dos **valores gerais** do **sistema jurídico**, enfrentando suas diretrizes metodológicas, sua unidade axiológica, a partir do que denomina "valores-âncora" e do ideal de proteção da parte hipossuficiente.

Na segunda, trata dos **valores específicos** do **Direito** do **Trabalho**, procedendo a retrospectiva evolutiva desse ramo do Direito, enquanto ramo especial do Direito Privado, além de apontar os seus principais desafios em um cenário de crise no modelo de Estado Social na Europa, em geral, e em Portugal, em especial.

Na terceira e última parte, encontra-se o centro de gravidade de suas reflexões, abordando-se as **funções** e **desdobramentos** do princípio protetivo, à luz das **fontes internas** e **externas**, nos momentos da **formação**, **execução** e **extinção** do **contrato** de trabalho. Conclui apresentando uma perspectiva moderna do princípio, propondo a ideia de "átomo criador" e de "núcleo irredutível", ou da "reserva de Direito do Trabalho".

Trata-se do resultado de uma pesquisa de fôlego que apresenta inegável relevância nos tempos hodiernos e, seguramente, já se apresenta como uma referência doutrinária indispensável aos que buscam uma compreensão mais **consistente** e **holística** do princípio maior do Direito do Trabalho, o qual, como lembra o doutrinador D'além Mar atua como "***farol** e como elemento de conformação da produção legislativa, permitindo orientá-la no sentido da adesão aos valores gerais de subsistema juslaboral e estabelecer **limites** à **modificabilidade** do Direito do trabalho*". Funciona, prossegue o autor, e deve continuar a funcionar como o "***norte magnético** do Direito do trabalho, como o princípio que o orienta, que carrega consigo a História e os valores do Direito do trabalho e que deve, consequentemente, conformar o legislador na sua tarefa de criação do Direito*".

Entretanto, como um convite para que o leitor se sinta instigado a dar início à sua longa mas enriquecedora caminhada, vale advertir, mais uma vez com as palavras do Professor Dray, especialmente pertinentes nesse momento particular em que a Justiça e o Direito do Trabalho se encontram, que "*o princípio em causa **não deve atuar como fator de imutabilidade** do Direito do trabalho, pois o Direito, por natureza, é mutável, mas deve funcionar como guia ou garante de preservação de um **núcleo irredutível de direitos** que faz parte da natureza deste ramo do Direito*".

Brasília, 3 de junho de 2015.

Ives Gandra da Silva Martins Filho
Ministro Vice-Presidente do Tribunal Superior do Trabalho

I. Introdução

§ 1º DELIMITAÇÃO DO TEMA

1. Objeto do estudo

I. Este estudo ocupa-se do "princípio da proteção do trabalhador", o mesmo é dizer, do princípio jurídico geral e estruturante que norteia o sistema juslaboral e que finalisticamente visa a proteção do trabalhador no âmbito do contrato de trabalho. O "princípio da proteção do trabalhador" ou, segundo a expressão de Canaris, o "princípio de tutela dos trabalhadores", é, de acordo com a terminologia deste autor, o "*princípio constitutivo*" do direito laboral, atendendo a que desempenha, "*(...) sem dúvida, uma função constitutiva*" no âmbito do Direito do Trabalho[(1)]. O Direito do trabalho desenvolveu-se, pois, como assinala Söllner, em torno da ideia de proteção do trabalhador (*Arbeitnehmerschutzrecht*)[(2)] ou, como refere Schaub, como um direito de proteção (*Schutzrecht*) dos trabalhadores que se encontram em situação de dependência pessoal e económica[(3)].

O tema em apreço visa, pois, não apenas, afirmar a existência do "princípio da proteção do trabalhador", tendo por base as previsões normativas (*regras jurídicas*) existentes no subsistema laboral, como, mais do que isso, *delimitar* os seus contornos e afirmá-lo como um *princípio* geral estruturante do sistema laboral, que ultrapassa as manifestações individuais (as *regras*) positivadas naquele subsistema. Mais do que isso: visa-se afirmar o princípio em causa como um *princípio jurídico* em sentido estrito, ou seja, como um princípio normativo que integra, a par das regras jurídicas, o subsistema laboral, sendo consequentemente relevante para a resolução de casos concretos, enquanto norma deôntica ou reguladora. E como um *princípio* normativo atual, concebido à luz de uma visão moderna do Direito do trabalho.

Visa-se, Em suma, (i) afirmar a importância do princípio jurídico enquanto elemento normativo que integra a ordem jurídica e o sistema normativo, em geral; (ii) identificar, ao nível do subsistema laboral, o principal princípio — o "princípio da proteção do trabalhador" — que integra o Direito do trabalho, delimitando o seu conteúdo e as suas concretizações e reafirmando-se, por esta via, a autonomia dogmática do Direito do trabalho; e, finalmente, (iii) assinalar a utilidade prática do "princípio da proteção do trabalhador", analisando-o numa perspetiva atualista e afirmando-o acima de tudo como um princípio que visa, simultaneamente, servir como norma que contribui para a solução de casos concretos, por um lado, e como princípio capaz de garantir a liberdade positiva do cidadão e a sua capacidade de autodeterminação, por outro lado, potenciando um amplo espaço de liberdade e de cidadania do trabalhador no mundo do trabalho.

---

(1) Cf. CLAUS-WILHELM CANARIS, *Pensamento Sistemático e Conceito de Sistema na Ciência do Direito* (Introdução), tradução portuguesa de Menezes Cordeiro, Fundação Calouste Gulbenkian, 3ª reimpressão, 2002, pp. 80 e ss. (80 e 90).

(2) Cf. ALFRED SÖLLNER, *Grundriss des Arbeitsrechts*, 12ª ed., Verlag Vahlen, München, 1998, pp. 32 e ss. O autor afirma, a este propósito, que *"Das Arbeitsrecht hat sich als Arbeitnehmerschutzrecht entwickelt"* (p. 32).

(3) Cf. SCHAUB, *Arbeitsrechts-Handbuch, bearbeitet von Schaub, Koch, Linck e Vogelsang*, 12ª ed., C. H. Beck, München, 2007, pp. 2-3 e 1581 e ss.

II. É hoje pacificamente aceite que os *princípios jurídicos* integram a ordem jurídica, a par das *regras jurídicas*[(4)]: tal como estas encerram juízos concretos de *dever ser*, ainda que em moldes distintos[(5)]. Larenz define-os como "*pautas gerais de valoração ou preferências valorativas em relação à ideia de Direito, que todavia não chegam a condensar-se em regras jurídicas imediatamente aplicáveis, mas que permitem apresentar ´fundamentos justificativos´ delas*"[(6)]; Canaris, por sua vez, qualifica os "*princípios jurídicos*" como "*os valores fundamentais mais profundos (...) duma ordem jurídica*", ou como a "*ratio juris determinante*" por detrás da lei e da *ratio legis*"[(7)], ao passo que, mais recentemente, Alexy define os *princípios* como "*mandamentos de otimização*" ou "*normas que ordenam que algo seja realizado na maior medida possível dentro das possibilidades jurídicas e fáticas existentes*"[(8)] e Dworkin, por fim, na sequência da crítica que enceta ao positivismo de Hart, para quem o Direito não passava de um conjunto de *regras*, concebe os *princípios* como "*um padrão que deve ser observado (...) porque é uma exigência de justiça ou equidade*"[(9)(10)]. Como assinala Manuel Atienza, analisando a doutrina deste último autor, o que caracteriza os *princípios* face às *regras*, segundo Dworkin, "*é que, enquanto estas últimas podem aplicar-se sob a forma de "tudo ou nada", os princípios possuem uma dimensão de "peso": quando se aplicam para resolver um caso, devem ser ponderados entre si, de modo a que o caso seja resolvido de acordo com o peso relativo atribuído aos diversos princípios concorrentes. Além disso, ao contrário das regras, não fazem parte do sistema jurídico pela sua origem ou fonte (isto é, utilizando o critério estabelecido numa regra*

---

(4) Sobre a coexistência de *princípios* e de *regras jurídicas* no *sistema jurídico*, veja-se, entre nós, MIGUEL TEIXEIRA DE SOUSA, *Introdução ao Direito*, Almedina, Coimbra, 2013, pp. 241 e ss., segundo o qual "*O sistema jurídico é um conjunto de princípios e de regras jurídicas*" (p. 241).

(5) Veja-se, a este propósito, ROBERT ALEXY, *Teoria dos Direitos Fundamentais*, tradução de Virgílo Afonso da Silva, 2ª ed., Malheiros Editores, São Paulo, 2011, p. 87, que enuncia também os diversos critérios potencialmente utilizáveis para efeitos de distinção entre *regras* e *princípios* (pp. 86 e ss.), concluindo que a diferença entre ambos é, acima de tudo, uma diferença *qualitativa*. Sobre a importância dos *princípios jurídicos*, veja-se, também, JOSEPH ESSER, *Grundsatz und Norm in der richterlichen Fortbildung des Privatrechts*, 3ª ed., Tübingen, 1974 e, já neste século, RONALD DWORKIN, *Laws Empire*, 11ª ed., Cambridge, Massachusetts, 2000, *Uma Questão de Princípio*, tradução de Luís Carlos Borges, Martins Fontes, São Paulo, 2001, e *Levando os direitos a sério*, tradução de Nelson Boeira, Martins Fontes, São Paulo, 2002; sobre a *imperatividade* do Direito, a componente *normativa* da *ordem social* e a *regra jurídica* como regra de *dever ser*, veja-se OLIVEIRA ASCENSÃO, *O Direito. Introdução e Teoria Geral*, 13ª ed., cit., pp. 29 e ss., para quem "*Uma ordem normativa é necessariamente uma ordem de condutas humanas*" e KARL ENGISCH, *Introdução ao Pensamento Jurídico*, 8ª ed., Fundação Calouste Gulbenkian, Lisboa, 2001, pp. 35-41, que recorda que "*as regras jurídicas, como regras de dever-ser dirigidas a uma conduta de outrem, são imperativos*"; sobre este mesmo tema, veja-se também HANS KELSEN, *Teoria Pura do Direito*, Almedina, Coimbra, 2008, pp. 37-67, e PAULO OTERO, *Lições de Introdução ao Direito*, Boletim da Faculdade de Direito da Universidade de Lisboa, I volume, 2º tomo, Lisboa, 1999, pp. 11-85.

(6) Cf. KARL LARENZ, *Metodologia da Ciência do Direito*, tradução de José Lamego, 3ª ed., Fundação Calouste Gulbenkian, Lisboa, 1997, p. 316.

(7) Cf. CLAUS-WILHELM CANARIS, *Pensamento Sistemático e Conceito de Sistema na Ciência do Direito* (Introdução), cit., p. 77.

(8) Cf. ROBERT ALEXY, *Teoria dos Direitos Fundamentais*, cit., p. 90, pp. 85-91. Recorda-se que o autor, no essencial, parte do pressuposto que tanto as *regras*, como os *princípios*, devem ser reunidos sob o conceito de *norma*, porque ambos encerram um comando: dizem "*o que deve ser*". Deste ponto de vista, os *princípios* também devem ser qualificados como *normas*, pois encerram "*razões para juízos concretos de dever-ser, ainda que de espécie muito diferente*". As diferenças entre ambos, todavia, são significativas, podendo ser utilizados diversos critérios para os distinguir. Segundo o *critério tradicional*, os *princípios* são normas com grau de generalidade relativamente alto, ao passo que o grau de generalidade das *regras* é relativamente baixo; segundo o critério que os distingue em termos *qualitativos*, os *princípios* são normas que ordenam algo que seja realizado na maior medida possível dentro das possibilidades jurídicas e fáticas existentes, ou seja, são "*mandamentos de otimização*", que são caracterizados por poderem ser satisfeitos em graus variados, dependendo, nomeadamente, de outros *princípios* e *regras* que com o mesmo não colidam; já as *regras*, pelo contrário, são normas que são sempre satisfeitas ou não satisfeitas: se uma *regra* vale, então, deve-se fazer exatamente o que ela exige, dado que as mesmas contêm *determinações* no âmbito daquilo que é fática e juridicamente possível.

(9) Cf. RONALD DWORKIN, *Levando os direitos a sério*, tradução de Nelson Boeira, Martins Fontes, São Paulo, 2002, p. 36. Recorda-se que, para o autor, nesta mesma obra, "*a diferença entre princípios jurídicos e regras jurídicas é de natureza lógica. Os dois conjuntos de padrões apontam para decisões particulares acerca da obrigação jurídica em circunstâncias específicas, mas distinguem-se quanto à natureza da orientação que oferecem. As regras são aplicáveis à maneira do tudo-ou-nada. Dados os dados que uma regra estipula, então ou a regra é válida, e neste caso a resposta que ela fornece deve ser aceita, ou não é válida, e neste caso em nada contribui para a decisão. (...) Mas não é assim que funcionam os princípios (...). Mesmo aqueles que mais se assemelham a regras (...) não apresentam consequências jurídicas que se seguem automaticamente quando as condições são dadas*". No essencial: os "*princípios jurídicos são tipos particulares de padrões*", que "*desempenham um papel fundamental nos argumentos que sustentam as decisões a respeito de direitos e obrigações jurídicos particulares*" (pp. 36-46).

(10) Sobre a inserção dos princípios jurídicos no sistema normativo, recorda-se, também, a formulação clássica de Carnelutti, para quem "*Os princípios gerais do direito não são algo que exista fora, senão dentro do próprio direito (...), já que derivam das normas estabelecidas. Encontram-se dentro do direito escrito como o álcool no vinho: são o espírito ou a essência da lei*" — cf. FRANCESCO CARNELUTTI, *Sistema di Diritto Processuale Civile. I. Funzione e Composizione del Processo*", Cedam (Casa Editrice Antonio Milani), Pádua, 1936, p. 120.

de reconhecimento), mas em razão do seu conteúdo, o que significa, definitivamente, a negação da tese positivista da separação entre o Direito e a moral"(11). Entre nós, Castanheira Neves aludia aos *princípios* como "*elementos constitutivos da (...) normatividade*" do *sistema*, que manifestam "*o momento em que a intenção axiológico-normativa se assume e, portanto, o momento verdadeiramente normativo ou de regulativa validade fundamentante (...)"*(12); mais recentemente, Oliveira Ascensão qualifica os *princípios gerais de direito* como "*grandes orientações da ordem positiva, que a percorrem e vivificam, e que têm assim a potencialidade de conduzir a novas soluções*(13); Menezes Cordeiro, sublinhando que o Direito se pode analisar em *normas* e *princípios*, sustenta que, tal como a *norma*, "*o princípio é também uma proposição; limita-se, porém, a imprimir uma certa direção aos modelos de direção jurídica que, com ele, tenham determinado contacto"*(14); já David Duarte, na linha de Robert Alexy, separando as "*normas de princípio*" das "*normas regras*", e reconhecendo uma especificidade aos *princípios*, sublinha que estes encerram uma "*capacidade ordenatória particularmente alargada*", que lhes permite realizar, "*relativamente ao próprio conjunto normativo, tarefas de organização, de identificação e de consistência que as regras, em virtude da sua especificidade normativa, não podem efectuar*"(15), ao passo que Miguel Teixeira de Sousa, por sua vez, define os *princípios jurídicos* como "*valores estruturantes do ordenamento jurídico destinados a optimizar a efectividade do direito na sociedade segundo critérios de justiça, de confiança e de eficiência"*(16).

Os *princípios* são, em suma, normas de *dever ser* ou linhas diretrizes *valorativas* que informam algumas *regras* e que inspiram direta ou indiretamente uma série de soluções: servem, nomeadamente, para

---

(11) Cf. MANUEL ATIENZA, *O sentido do Direito*, Escolar Editora, Lisboa, 2014, p. 90.

(12) Cf. CASTANHEIRA NEVES, *Metodologia Jurídica. Problemas Fundamentais*, Boletim da Faculdade de Direito da Universidade de Coimbra, Reimpressão, Coimbra Editora, 2013, p. 155.

(13) Cf. OLIVEIRA ASCENSÃO, *O Direito. Introdução e Teoria Geral*, 13ª ed. refundida, Almedina, Coimbra, 2011, p. 419. Recorda-se que o autor distingue os *princípios* das *regras jurídicas*, afirmando que *"os princípios gerais do direito não são regras, são grandes orientações que se desprendem, não apenas do complexo legal, mas de toda a ordem jurídica"* (p. 421). Por outro lado, o autor assinala que os *princípios* também se distinguem dos *valores* da ordem jurídica — na esteira de Oliveira Ascensão Canaris, defende que *"o princípio contém já a bipartição, característica da proposição de direito, em previsão e consequência jurídica"*. Trata-se, pois, de uma *"figura intermédia entre o valor e a regra. O valor é meramente formal, no sentido de que não indica conteúdos materiais. O princípio traz uma concretização, através de uma opção por uma regulação material; mas não dispensa a mediação ulterior da regra"* (p. 420).

(14) Cf. MENEZES CORDEIRO, *Tratado de Direito Civil, I, Introdução, Fontes do Direito, Interpretação da Lei, Aplicação das Leis no Tempo, Doutrina Geral*, 4ª ed., reformulada e atualizada, Almedina, Coimbra, 2012, p. 923. Veja-se também, do mesmo autor, *Princípios gerais de Direito*, Enciclopédia Pólis, 4 (1986).

(15) Cf. DAVID DUARTE, *A norma de legalidade procedimental administrativa. A teoria da norma e a criação de normas de decisão na discricionariedade instrutória*, Almedina, Colecção Teses, Coimbra, 2006, p. 129. A propósito da distinção entre *princípios* e *regras*, o autor recorda (pp. 130-135) que esta se pode fazer, essencialmente, atendendo ao grau de indeterminação, por um lado, e à diferença qualitativa nas formas de aplicação de ambos, por outro. No primeiro caso, a distinção remete para a maior ou menor densidade da norma — as normas de *princípios* são mais indeterminadas do que as normas-*regra*; no segundo caso, dir-se-ia que, enquanto as *regras* são aplicadas numa forma de tudo ou nada (*all-or-nothing fashion*), pois desde que a sua previsão se preencha são desde logo aplicáveis, os *princípios* apenas indicam um sentido de regulação, não contendo as condições totais da sua aplicação — estão dependentes das outras normas (*regras*) para que se possa afirmar que o seu efeito regula o caso em presença. Assim: ao passo que a *regra*, caso não seja inválida, determina um efeito necessariamente aceito; o *princípio*, pelo contrário, aponta apenas para uma solução a considerar. Os *princípios* são, nesta esteira, *imperativos de otimização*, que têm como pressuposto implícito, quanto à sua previsão, o facto de se aplicarem *em todas as situações de qualquer género*. Esta distinção tem pois, para o autor, consequências, quanto à forma de resolução dos conflitos normativos: se, perante uma situação específica, duas normas de *princípio* entram em confronto, a respetiva resolução é realizada através de uma ponderação entre os princípios presentes, sendo que um poderá, em concreto, prevalecer sobre o outro, sem que daí decorra a invalidade do princípio preterido; já no caso das *regras*, tal não é possível: havendo conflitos de *regras* com previsões comuns, importa apurar uma única norma, ou através de uma norma de prevalência que afasta as outras potencialmente aplicáveis, ou, naturalmente, pela invalidade de uma das duas regras presentes. Isso permite que o autor conclua, enfim, na esteira de Ronald Dworkin, que *"enquanto as regras determinam uma regulação definitiva, os princípios, na medida em que determinam que qualquer coisa deve ser realizada na maior medida possível, apenas implicam uma regulação* prima facie, *pois um princípio relaciona-se com uma situação, tão somente, como a indicação de uma regulação atendível"*. Veja-se também, do mesmo autor, *"An Experimental Essay on the Antecedent and Its Formulation"*, *Estudos de Homenagem ao Prof. Doutor Jorge Miranda*, Volume VI, edição da Faculdade de Direito da Universidade de Lisboa, Coimbra Editora, Coimbra, 2012, pp. 119-139.

(16) Para o autor, os *princípios* são sempre *estruturantes e valorativos*; em contrapartida, as *regras*, enquanto *significados normativos* que prescrevem um *dever ser*, são sempre *instrumentais* e podem não ser valorativas — as *regras jurídicas* tanto podem ser *concretizações* daqueles mesmos *valores*, como podem, em certos casos, ser *valorativamente neutras*. Em qualquer caso, independentemente da sua diversidade, os *princípios* e as *regras* são ambos *"elementos do sistema jurídico com aptidão para servirem de critérios de decisão de casos concretos"* — cf. MIGUEL TEIXEIRA DE SOUSA, *Introdução ao Direito*, cit., pp. 249 e ss. (p. 250).

promover a aprovação de novas *regras*, orientar a interpretação das existentes, resolver os casos não previstos na lei e fornecer fundamentos e argumentos válidos para a solução do caso concreto.

Têm, pois, uma natureza *normativa*.

III. No essencial, é habitual distinguirem-se os *princípios* das *regras* a três grandes níveis: quanto à sua *estrutura e lógica internas*, quanto à *axiologia* que encerram e quanto ao respetivo *processo de formação*.

Ao nível da *estrutura interna,* ao passo que tendencialmente as *regras jurídicas* funcionam segundo campos de aplicação determinados e mais delimitados, quer quanto à sua previsão, quer quanto à sua estatuição, atuando, pois, segundo uma lógica de "*tudo ou nada*", já os *princípios jurídicos,* pelo contrário, apresentam campos de aplicação mais abertos e menos delimitados, podendo consequentemente ter âmbitos de aplicação coincidentes com os de outros princípios que com eles concorram, quer quanto à sua previsão, quer quanto à sua estatuição, aplicando-se, por isso, "*na maior medida do possível*". Para Dworkin, ao passo que as regras são aplicáveis à maneira do *"tudo-ou-nada"*, quer dizer, são totalmente aplicadas ou não aplicadas pelo juiz e as regras que entram em conflito não podem ser, todas elas, regras válidas; já os *princípios*, tendencialmente, dado que podem conflituar com outros princípios, apenas prevalecem se tiverem mais peso ou se forem mais importantes do que os princípios conflituantes, sem que contudo estes devam ser considerados inválidos. Ou seja, sendo certo que, quer os *princípios*, quer as *regras*, têm uma forma condicional, pois estabelecem que, verificadas determinadas circunstâncias, se deve verificar uma consequência jurídica, a verdade é que as condições de aplicação dos *princípios* são fornecidas de forma muito aberta, ao passo que, nas *regras*, as condições de aplicação são fechadas. Por essa razão, os *princípios*, ao contrário das *regras*, apenas implicam uma *regulação prima facie,* desempenhando acima de tudo um papel fundamental nos argumentos que sustentam as decisões jurídicas, ao passo que o "deve" das *regras* tende a ser concludente(17)(18); quanto à *axiologia,* ao passo que os princípios jurídicos, estando próximos dos valores do sistema e visando otimizar a efectividade do Direito na sociedade segundo critérios de justiça, de confiança e de eficiência, são axiologicamente carregados de sentido, compreendendo, consequentemente, uma natureza ética e valorativa; já as *regras,* pelo contrário, são mais técnicas e sempre instrumentais, podendo consequentemente ser axiologicamente neutras(19); por fim, quanto ao processo de *formação,* ao passo que as *regras jurídicas*, *maxime* as regras legais, fazem parte do sistema jurídico pela sua origem ou fonte(20), surgindo, na ordem jurídica, segundo um processo legislativo tipificado, que passa, nomeadamente, no caso do ordenamento jurídico português, pela sua aprovação legislativa (artigos 161º ou 198º da Constituição), pela sua promulgação pelo Presidente da República (artigo 136º da Constituição), pela referenda ministerial (artigo 140º da Constituição) e pela respetiva publicação no Diário da República (artigos 119º da Constituição e 5º do Código Civil); já os *princípios jurídicos,* pelo contrário, atento o seu maior grau de abstração, não são propensos a consagrações explícitas e resultam, em regra, de um processo de observação do sistema por parte do agente — ao contrário do que sucede com as *regras legais,* aprovadas na sequência de um procedimento legislativo tipificado, os *princípios jurídicos* são, pelo contrário, afirmados pela doutrina, muitas vezes na sequência da observação das suas concretizações mais comuns, que são as *regras jurídicas*(21), sendo certo que a sua subsequente consagração passa, necessariamente, ou pela sua aplicação constante, em termos jurisprudenciais, ou pela sua posterior positivação num determinado preceito legislativo, como sucede, por exemplo, com os princípios da dignidade humana ou da igualdade, ambos positivados nos artigos 1º e 13º da Constituição, respetivamente. Os *princípios jurídicos* situam-se, no fundo, num plano intermédio, entre os *valores* gerais do sistema e as *regras jurídicas,* resultando de uma relação de "esclarecimento recíproco" entre ambos e resultam, em última instância, de uma "*construção de um observador do sistema: é este que qualifica uma determinada disposição legal como um princípio ou que infere um princípio de uma regra ou de um conjunto de regras*"(22).

(17) Veja-se, a este propósito, RONALD DWORKIN, *Levando os direitos a sério,* cit., p. 36.
(18) Veja-se, também, MANUEL ATIENZA, *O sentido do Direito,* cit., p. 97.
(19) Veja-se, a este propósito, MIGUEL TEIXEIRA DE SOUSA, *Introdução ao Direito,* cit., p. 249.
(20) Veja-se, a este propósito, MANUEL ATIENZA, *O sentido do Direito,* cit., p. 90.
(21) Veja-se, a este propósito, MIGUEL TEIXEIRA DE SOUSA, *Introdução ao Direito,* cit., pp. 251-252.
(22) Cf. MIGUEL TEIXEIRA DE SOUSA, *Introdução ao Direito,* cit., p. 250.

Em qualquer caso: uma vez consagrados no sistema normativo, os *princípios jurídicos*, tal como as *regras*, assumem *natureza normativa*, podendo, de resto, figurar como uma norma reguladora ou deôntica, que visa regular ações[(23)].

E, quando se manifestam em determinado ramo do direito, de forma específica e autónoma, justificam a *autonomização dogmática* do mesmo.

Nesse sentido, e para quem defende a *autonomia dogmática* do Direito do trabalho, a existência de princípios próprios deste ramo do direito é uma evidência[(24)], que resulta da existência, no subsistema laboral, de valores distintos — concorrentes ou alternativos — aos do Direito civil. A *autonomia dogmática* do Direito do trabalho, como sustenta Maria do Rosário Ramalho, resulta da existência de "*princípios ou valorações materiais subjacentes ao sistema normativo laboral*", que se diferenciam "*dos princípios subjacentes ao sistema normativo mais vasto do qual ele se afastara (no caso, o direito civil) para se erigir num corpo regulativo autónomo*"[(25)]. E, de entre tais princípios, o "princípio da proteção do trabalhador", segundo a mesma autora, pode ser visto como a "*valoração material fundamentante geral*" desta área jurídica.

IV. A especificidade do "princípio da proteção do trabalhador" é, todavia, questionada por algum setor da doutrina, que tende a reconduzi-lo ao princípio civilista da "proteção do contraente mais débil": nesta perspetiva, o "princípio da proteção do trabalhador" não seria mais do que uma projeção do princípio civilista da igualdade, *maxime* face à evolução da dogmática civil, que passou a incorporar o desígnio de *proteção da parte mais fraca*[(26)]. Para outros, trata-se de um princípio *datado*, que não passa de um mero *resquício histórico*[(27)], sendo certo que a desvalorização do mesmo tem sustentado, como consequência, a negação da *autonomia dogmática* do Direito do trabalho[(28)].

---

(23) Veja-se, a este propósito, MANUEL ATIENZA, *O sentido do Direito*, cit., p. 96.

(24) Veja-se, a este propósito, AMÉRICO PLÁ RODRIGUEZ, *Princípios de Direito do Trabalho*, tradução de Wagner D. Giglio, LTr Editora, São Paulo, 1997, pp. 9 e ss., que alude à existência de *"princípios próprios ou peculiares do Direito do Trabalho"* que *"servem para justificar a sua autonomia e peculiaridade"* (p. 17) e que *"constituem o fundamento do ordenamento jurídico do trabalho"* (p. 19); e RIVERO LAMAS, *La Equidad y los Princípios del Derecho del Trabajo*, México, 1974, pp. 11 e ss.

(25) Cf. MARIA DO ROSÁRIO RAMALHO, *Da Autonomia Dogmática do Direito do trabalho*, Almedina, Coimbra, 2001, p. 961. Recorda-se que a autora emprega o termo *princípios* no sentido de *valorações culturais e éticas* subjacentes ao ordenamento normativo e não no sentido de *arquétipos axiomáticos formais* do sistema (p. 151, nota 331). Veja-se, também, sobre o mesmo tema e da mesma autora, *Tratado de Direito do Trabalho, Parte I, Dogmática-Geral*, 3ª ed., Almedina, Coimbra, 2012 pp. 131 e 475 e ss., onde se assinala a diferença entre dois grandes níveis de autonomia das áreas do Direito: a *autonomia sistemática*, que tem como ideia-chave o conceito de *ordenação*, nível este que é atingido quando se identificam os fenómenos que a ordem jurídica ocupa e quando esta se organiza internamente segundo critérios lógicos e conceitos operativos claros, sendo reconhecida enquanto unidade *a se* a partir do exterior; e a *autonomia dogmática*, que tem como ideia-chave o conceito de *redução valorativa*, isto é, a ideia de que os conteúdos normativos devem ser validados por ponderações axiológicas ou princípios próprios, o mesmo é dizer, quando se reconhecem *princípios* ou *valorações materiais específicos*, diferentes dos que regem o tronco jurídico comum do qual o ramo jurídico em causa se autonomizou.

(26) Veja-se, a este propósito, MARIA DO ROSÁRIO RAMALHO, *Da Autonomia Dogmática do Direito do Trabalho*, cit., pp. 499 e ss. e 516 e ss., que recorda as posições *reducionistas* de Ulrich Preis (*Perspektiven der Arbeitsrechtswissenschaft, Recht der Arbeit, München*, 1955, 6, pp. 333-343); Theo Mayler-Maly (*Arbeitsrecht und Privatrechtsordnung*, Juristen Zeitung, Tübingen, 1961, 7, pp. 205-209); Franz Bydlinsky (*Arbeitsrechtskodifikation und allgemeines Zivilrecht*, Wien-New York, 1969, p. 18), Reinhard Richardi (*Arbeitsrecht und Zivilrecht*, Zeitschrift fur Arbeitsrecht (KÖLN), 1974, 1, 3-27, p. 235) e, entre nós, as posições de Menezes Cordeiro (*Manual de Direito do Trabalho*, Almedina, Coimbra, 1991, p. 101), para quem o Direito civil atual assegura *"a proteção da parte fraca, seja ela qual for"*, e de Pedro Romano Martinez (*Direito do Trabalho*, I (*Parte Geral*), 3ª ed., Lisboa, 1998, pp. 80 e ss). No mesmo sentido, e ainda na primeira metade do século XX, veja-se, na doutrina brasileira, J. PINTO ANTUNES, "A interpretação das leis do trabalho", *Revista de Direito Social*, v. IV, n. 21, novembro-dezembro 1943, pp. 206 e ss., e ALÍPIO SILVEIRA, *O fator político-social na Interpretação das Leis*, São Paulo, 1946, pp. 128 e ss., ambos citados em AMÉRICO PLÁ RODRIGUEZ, *Princípios de Direito do Trabalho*, cit., pp. 33 e ss. No essencial, os autores em apreço negam a especificidade do "princípio da proteção do trabalhador" face aos princípios gerais do Direito civil e, em consequência, rejeitam a *autonomização valorativa* do Direito do trabalho.

(27) Já neste século XXI e na doutrina brasileira, tendo por base a ideia de que o "princípio da proteção do trabalhador" não mais se justifica face à evolução social entretanto verificada e à valorização do trabalhador na sociedade, veja-se, nomeadamente, ARION SAYÃO ROMITA, "O princípio da proteção em xeque", em *Revista Jurídica Virtual*, v. 4, n. 36, maio/2002. Disponível em: <https://www.planalto.gov.br/ccivil_03/revista/Rev_36/artigos/Art_Arion.htm> (acesso em 28 de setembro de 2013), para quem, só *"A visão conservadora e resistente às mudanças se esmera na supervalorização do princípio de proteção, opondo-se à tendência renovadora, pregoeira de "novidades" como flexibilização e noções afins"* e, do mesmo autor, "Teoria clássica do princípio protetor e flexibilização", em *Jornal do 47º Congresso Brasileiro de Direito do Trabalho*, LTr, São Paulo, 2007, no qual o autor conclui que *"não há princípio da proteção"*; e LUIZ CARLOS ROBORTELLA; ANTÓNIO GALVÃO PERES, "O princípio da proteção e sua nova arquitetura jurídica", em *Arquivos do Instituto Brasileiro de Direito Social Cesarino Júnior*, v. 33, São Paulo, 2009, p. 22, para quem o Direito do trabalho da atualidade, mais do que um ramo de direito destinado a *"proteger o empregado"*, deve posicionar-se como um ramo de direito orientado para *"incrementar a produção da riqueza e a regulação do mercado de trabalho"*.

Pela nossa parte, desde já se adianta, o "princípio da proteção do trabalhador" consubstancia a "partícula de Deus", o "princípio unificador" ou o "norte magnético" do subsistema laboral. Esteve na origem do Direito do Trabalho e mantém plena atualidade, ainda que, porventura, em moldes distintos. Tentaremos demonstrá-lo ao longo do presente texto, analisando, para o efeito, os respetivos subprincípios operadores, quer a *nível interpretativo — aplicativo*, quer ao nível das *disposições normativas* que incidem sobre o *contrato de trabalho* — na *formação*, *execução* e *cessação* do mesmo —, quer enquanto elemento de *conformação* em sede de produção legislativa. Fá-lo-emos, no essencial, tendo em conta, quer as valorações próprias do subsistema laboral, quer as respetivas previsões (*regras*) normativas, isto é, o direito positivo.

No final, ensaiar-se-á a seguinte conclusão: o "princípio da proteção do trabalhador", concretizando-se através de diversos subprincípios operativos e estando espelhado em diversas *regras* jurídicas, a maioria das quais com assento no Código do Trabalho, é maior do que a soma dos mesmos. Ele encerra a principal valoração do subsistema laboral e contém, por si só, uma consistência interna que extravasa as suas derivações e ultrapassa a soma das mesmas. E é absolutamente crucial para o futuro do Direito do trabalho.

V. O tema em apreço atende a uma realidade específica: o Direito do trabalho e o sistema juslaboral sobre o qual incide. Tal não significa, todavia, que não se possa — e não se deva — atender também aos mecanismos postos à disposição pelo Direito civil tendo em vista a proteção de outras categorias de contraentes que se encontram, à partida, numa situação de inferioridade perante a contraparte negocial, nestes se incluindo o consumidor ou o arrendatário, ou mesmo o próprio trabalhador. Por outras palavras, sem prejuízo de o objeto do presente estudo incidir sobre o Direito do trabalho e a proteção daquele que tendencialmente surge como o "contraente mais débil" na relação jurídica de trabalho — o trabalhador — não deixaremos de atender e de fazer referência, sempre que tal se justifique, aos mecanismos postos à disposição pelo Direito civil, enquanto Direito privado comum, e eventualmente por outros ramos de direito especiais, como seja o Direito do consumo. Fá-lo-emos, em todo o caso, de forma limitada: não está em causa analisar o conjunto de regras substantivas, técnicas, processuais e penais que marcam o Direito civil ou o Direito do consumo, designadamente tendo em vista a proteção da parte mais fraca. A visão que se preconiza, ainda que não deixe de atender às soluções emergentes de outros ramos do Direito privado, é essencialmente *setorial*, dado que tem em vista analisar o conjunto de regras e princípios especialmente vocacionados, no plano substantivo, para assegurar a proteção do "trabalhador". Será dada, consequentemente, atenção privilegiada ao Direito do trabalho e ao referido princípio da "proteção do trabalhador" — enquanto ramo de Direito privado especial, o Direito do trabalho é, por natureza, mais *intenso* do que o Direito civil, que é direito privado comum.

Visa-se, em suma, uma análise que não descure a *unidade* do Direito(29), mas que atenda essencialmente às especificidades próprias do Direito do trabalho.

---

(28) Entre nós, os últimos trabalhos, respetivamente de 2012 e de 2013, de Menezes Cordeiro e Pedro Romano Martinez, apontam no sentido da desvalorização da *autonomia dogmática* do Direito do trabalho, aludindo à autonomia meramente *sistemática* do mesmo. O primeiro autor afirma expressamente que *"O Direito do trabalho tem uma autonomia assegurada pela especificidade das suas fontes, pela existência de um desenvolvido nível coletivo e pela proliferação de regras imperativas. Tudo isso exige um tratamento unitário e integrado, na base de pontos de vista unitários e tipicamente laborais. Chegamos, assim, a uma autonomia sistemática, rica em valores e em soluções adotadas, mas não a uma Ciência diferenciada. O Direito do trabalho é, pois, uma relevante disciplina que integra a grande família unitária do Direito privado ou do ius civile:* o *Direito dos cidadãos"* (*Tratado de Direito Civil*, I, 4ª ed., cit., p. 314); já Pedro Romano Martinez, por sua vez, adianta que *"Como postulados do direito do trabalho há a evidenciar um princípio de tutela do trabalhador, de modo a garantir que a eventual desigualdade factual não conduza a uma dependência jurídica do prestador de trabalho, concretizado, designadamente, na proibição de despedimentos* ad nutum, *por um lado, e no valor atribuído à autonomia coletiva (...) na fixação de regras laborais, por outro lado. A estes dois aspetos, importa acrescentar que no direito do trabalho se deteta uma estreita conexão entre os parâmetros individual e colectivo da intervenção jurídica. Mas mesmo estes princípios não pressupõem uma alteração dos parâmetros gerais do direito civil. A autonomia do direito do trabalho advém da sua especialidade, sendo pois imprescindível o seu estudo integrado nos parâmetros do direito civil, em especial do direito das obrigações (...). (76) Conclui-se, deste modo, com Menezes Cordeiro (...), que a autonomia do direito do trabalho é meramente sistemática"* (*Direito do Trabalho*, 6ª ed., Almedina, Coimbra, 2013, pp. 58-59).

(29) Veja-se, a propósito da *unidade* da ordem jurídica, CLAUS-WILHELM CANARIS, *Pensamento Sistemático e Conceito de Sistema na Ciência do Direito*, cit., pp. 18 e 66-105; e MENEZES CORDEIRO, *Tratado de Direito Civil, I, Introdução, Fontes do Direito, Interpretação da Lei, Aplicação das Leis no Tempo, Doutrina Geral*, 4ª ed., cit., p. 130.

Preconiza-se, enfim, alcançar uma teoria geral da "proteção do trabalhador", que tenha por objeto os mecanismos postos à disposição, pelo Direito, para a salvaguarda da posição enfraquecida do trabalhador. Nessa medida, tratar-se-á de uma teoria geral que tende a ser específica, na exata medida em que não tem por objeto todo o acervo normativo destinado à proteção do "contraente mais débil", lidando essencialmente com algumas questões específicas e cirurgicamente delimitadas no domínio juslaboral. Neste domínio, ensaiar-se-á a apresentação de um "sistema" de princípios, subprincípios e regras especialmente vocacionados para a proteção do trabalhador, que seja simultaneamente integrado, racional e previsível, por um lado, e aberto, dinâmico e valorativo, por outro lado, todo ele centrado e moldado num único princípio estruturante: o "princípio da proteção do trabalhador".

VI. Visa-se, todavia, uma visão atualista do "princípio da proteção do trabalhador", que não se confunda com a visão tradicional do Direito do trabalho como o "Direito dos pobrezinhos". O Direito do trabalho de hoje não é o Direito do trabalho resultante da famosa "Questão Social" e os problemas que se colocam, agora, ao nível juslaboral, são francamente distintos dos que estiveram na origem e na génese deste ramo de direito privado especial. Nesse sentido, importa atender a uma visão atualista do "princípio da proteção do trabalhador", não obstante este se manter como aquele que opera, a nível laboral, a harmonização do respetivo sistema interno e externo. Ou seja, preconiza-se uma ultrapassagem do *"protecionismo de primeira geração"*, para uma nova abordagem que confira sentido útil ao referido princípio, mas que o faça de forma atualista.

VII. O tema em causa é ambivalente e complexo, a vários níveis.

Por um lado, é simultaneamente "atual" e "histórico". É "atual", face aos constrangimentos que têm marcado a evolução mais recente do Direito do trabalho, em especial, desde a crise financeira mundial de 2008, que acelerou uma evolução que se vinha acentuando desde o último quartel do século XX — desde então, o Direito do trabalho tem avançado no sentido exatamente oposto ao da recente socialização do Direito civil, ou seja, tem caminhado no sentido da sua flexibilização e desregulamentação, o mesmo é dizer, no sentido da "desproteção" do trabalhador, o que em certa medida se afigura paradoxal; ao passo que o Direito civil, tradicionalmente neutral e de estruturação liberal, vem evoluindo no sentido da respetiva socialização e da criação de esquemas de proteção de certas categorias de contraentes mais débeis, ao arrepio da liberdade negocial[30], o Direito do trabalho, inicialmente concebido com o desiderato de proteção da parte mais fraca, vem caminhando no sentido da diminuição dessa proteção e da criação de novos instrumentos de gestão empresariais mais flexíveis, que apontam para a diminuição dos custos do trabalho e para o reforço dos poderes de gestão empresarial. Por outro lado, não obstante a sua atualidade, o tema em apreço é simultaneamente "histórico", na exata medida em que joga com o que de mais intemporal se regista na Ciência do Direito — o *princípio da igualdade*, de onde resulta a regra elementar e axiomática que manda tratar o igual de forma igual e o diferente de forma diferente, de acordo com a medida da diferença. E é histórico, também, porque o "princípio da proteção do trabalhador" está na origem da célebre "Questão Social", que esteve na génese do Direito do trabalho, nos termos adiante analisados.

VIII. O tema escolhido relaciona, noutro plano, dois níveis de atuação aparentemente contraditórios: a autonomia negocial, por um lado, e as múltiplas limitações que lhe são impostas, nomeadamente ao nível da liberdade de celebração ou da liberdade de estipulação contratuais, por outro lado. O princípio da autonomia negocial compreende-se à luz da ideia de *liberdade* de atuação dos sujeitos privados, *maxime* do ideal de autonomia contratual; os mecanismos de limitação da liberdade individual ou de *heterolimitação* da mesma, utilizando a terminologia de Pedro Pais Vasconcelos[31], são utilizados tendo em vista, nomeadamente, a proteção, no domínio das relações privadas, dos mencionados "contraentes mais débeis", designadamente do trabalhador. Está em causa, consequentemente, quer o manuseamento de

(30) Veja-se, a este propósito, MENEZES CORDEIRO, *Da Modernização do Direito Civil*, I — Aspectos Gerais, Almedina, Coimbra, 2004, que ilustra a situação acima descrita com a reforma do Código Civil alemão de 2001/2002, que acolheu, nomeadamente, a matéria da tutela dos consumidores, integrando no Direito civil, num fenómeno de *alargamento*, a defesa do consumidor, pp. 70 e 117 e ss.

(31) Cf. PEDRO PAIS DE VASCONCELOS, *Contratos Atípicos*, 2ª ed., Almedina, Coleção Teses, Coimbra, 2009, p. 423.

princípios, institutos e regras que garantem a autonomia negocial e promovem a autorregulamentação de interesses, em especial através da celebração de negócios jurídicos (individuais ou coletivos), quer, no plano oposto, o recurso a modelos normativos que condicionam, modelam e limitam a autonomia privada, nomeadamente através de previsões normativas específicas de conteúdo imperativo que ora proíbem, ora limitam a celebração e o conteúdo dos negócios jurídicos, com o intuito de garantir níveis de proteção acrescidos aos aludidos "contraentes mais débeis", designadamente no domínio laboral.

Como corolário lógico do que acima se mencionou, analisaremos princípios jurídicos tendencialmente contraditórios: o *princípio da liberdade negocial*, por um lado, que faculta às partes a liberdade de se regularem e de regerem livremente a sua vida negocial; e o *princípio da proteção da parte mais fraca*, no polo oposto, que faz apelo à intervenção do Direito através de normas que condicionam e limitam a autonomia privada[(32)]. Do primeiro, resulta a ideia de que o Direito não se deve imiscuir na formação e modelação de negócios jurídicos resultantes do exercício da autonomia privada, facultando às partes a liberdade necessária para o fazer, do modo que melhor lhes aprouver; do segundo, resulta a necessidade, contrária, de se criarem mecanismos de tutela acrescidos, mesmo que contrários à vontade das partes, que visem proteger os sujeitos que se encontrem em situação de inferioridade técnica, económica, social ou jurídica perante a contraparte negocial.

Também, do ponto de vista específico do sistema juslaboral, o tema implica o manuseamento de princípios que tendencialmente se opõem: de um lado, o "princípio da proteção do trabalhador", que visa a salvaguarda dos respetivos direitos e garantias e da sua dignidade, enquanto trabalhador e cidadão; no lado oposto, e utilizando a terminologia da autora Maria do Rosário Ramalho[(33)], o "princípio da salvaguarda dos interesses de gestão", que tem em vista a salvaguarda da liberdade de gestão empresarial e a tutela dos interesses do empregador, apontando consequentemente para o reforço dos poderes de gestão, para a flexibilização da relação de trabalho e para a diminuição do custo do trabalho.

IX. O tema em referência centra-se no Direito privado, mas não descura nem enjeita a aplicação do acervo normativo decorrente do Direito público, em especial, daquele que prevê e garante um conjunto de "direitos fundamentais" de todos os cidadãos, quer perante o Estado, quer ao nível das relações que se estabelecem entre os sujeitos privados, designadamente no domínio laboral, onde assume particular destaque o acervo de "direitos fundamentais dos trabalhadores" previsto na nossa Constituição. De resto, se é certo que o que marca essencialmente o Direito privado é o facto de este se ocupar de situações jurídicas privadas em que as atuações das partes se pautam pela liberdade e pela igualdade, ao passo que o que caracteriza o Direito público é o facto de este ter por objeto situações jurídicas marcadas segundo regras de autoridade e de competência, em que uma das partes pode, unilateralmente, provocar alterações na esfera jurídica da contraparte[(34)], não deixa de ser verdade que o Direito do trabalho, não obstante ser um ramo de Direito privado, é marcado também, tal como nas situações públicas, por uma desigualdade material e jurídica entre as partes, dado que uma delas — o empregador — é investido de poderes de direção e disciplinar que o colocam numa posição de supremacia perante o trabalhador, que se encontra numa situação de subordinação jurídica. É, nesse sentido, de resto, nos termos adiante analisados, que se compreende a inserção, na nossa Constituição, de um capítulo especificamente dedicado aos direitos, liberdades e garantias dos trabalhadores (artigos 53º a 57º). No mesmo sentido: a intervenção do Direito internacional e do Direito da União Europeia e respetivo acervo normativo afigura-se determinante no desenvolvimento da presente temática, não obstante algumas clivagens de ordem histórico-cultural e sem prejuízo de a base da presente investigação assentar, predominantemente, no nosso ordenamento jurídico e no regime nele instituído.

O apelo à "unidade do Direito" será, por isso, uma constante.

---

(32) Sobre a *colisão* ou *oposição* entre *princípios*, veja-se, respetivamente, ROBERT ALEXY, *Teoria dos Direitos Fundamentais*, cit., pp. 93 e ss., e CLAUS-WILHELM CANARIS, *Pensamento Sistemático e Conceito de Sistema na Ciência do Direito*, cit., pp. 88 e ss.
(33) Cf. MARIA DO ROSÁRIO RAMALHO, *Direito do Trabalho*, Parte I — Dogmática Geral, cit., p. 498; e *Tratado de Direito do Trabalho*, Parte I, Dogmática Geral, cit., p. 520.
(34) Cf. MENEZES CORDEIRO, *Tratado de Direito Civil*, I, 4ª ed., cit., p. 87.

Mais do que isso: na exata medida em que o "princípio da proteção do trabalhador" joga, também, com a ética do Direito do trabalho, a tese em apreço contém, também, uma visão jusfilosófica: visa afirmar a Justiça deste ramo do Direito(35).

2. Os instrumentos jurídicos utilizados na investigação

I. A presente investigação lida, essencialmente, com "conceitos normativos", mas que assumem natureza diversa. Nalguns casos, está em causa o manusear de conceitos normativos "determinados", como sucede com o conceito de "contraente", ou o de "trabalhador subordinado"; noutros casos, porém, joga-se com conceitos normativos "indeterminados", como o conceito de "tratamento mais favorável". O que seja um "contraente" é algo que suscita uma resposta linear e cristalina por parte do Direito e das normas que o integram — basta, para o efeito, atender às regras da formação contratual ou do negócio jurídico, positivadas entre nós, respetivamente, nos artigos 217º e ss. e 405º e ss., ambos do nosso Código Civil, ou nos artigos 102º a 109º, do Código do Trabalho em vigor; o conceito de "trabalhador subordinado" pode, também, com base nos elementos normativos relativos à definição de contrato de trabalho, ser facilmente obtido — trabalhador subordinado é aquele que presta a sua atividade laboral, mediante retribuição, sob as ordens e direção de outrem, em regime de subordinação jurídica (artigo 11º do CT); em que medida é que se deve considerar que quem presta a atividade laboral o faz em regime de "subordinação jurídica" é algo de mais complexo, que só uma apurada concretização jurídica permite alcançar, através de um "ir e vir" constante entre pautas normativas e os elementos materiais fornecidos pelo caso concreto.

Mais importante do que isso: tendo o tema em causa por objeto o "princípio da proteção do trabalhador" importará, acima de tudo, perceber a sua finalidade, delinear o seu objeto, atender às suas concretizações, apurar os subprincípios que dele emanam e, acima de tudo, procurar o seu conteúdo útil — o que significa, para que serve e qual a utilidade que tem o seu manuseamento no âmbito da interpretação e aplicação do Direito do trabalho.

É este o principal objetivo do presente estudo.

Para o efeito, tentaremos ensaiar, em jeito de conclusão, um *enunciado* específico para o "princípio da proteção do trabalhador".

II. O tema em apreço implica, sob outro ponto de vista, um estudo a níveis analiticamente diferenciados: sem prejuízo de a tutela do trabalhador surgir de forma abrangente e transversal, marcando todo o Direito do trabalho, ela pode, todavia, ser analisada em diferentes momentos que marcam a execução do contrato de trabalho — ela surge ao nível do processo de *formação* negocial, quer dizer, nos preliminares da formação do negócio; no domínio da *execução* dos contratos, isto é, durante a respetiva vigência; e quando da sua extinção, ou seja, a propósito da *cessação* do contrato de trabalho.

Iremos, pois, analisar o princípio da proteção do trabalhador nesses vários momentos, sem, contudo, perder de vista a sua unidade intrínseca, para que possamos, no final, descortinar um sentido útil, uniforme e cientificamente relevante para o aludido "princípio da proteção do trabalhador", nomeadamente enquanto elemento de conformação da produção legislativa.

III. A tutela do trabalhador faz apelo, simultaneamente, a *valores,* a *princípios jurídicos* e a previsões normativas específicas, ou seja, a *regras* jurídicas, seguindo a fórmula de Alexy(36). Nesse sentido, o estudo em causa parte do ideal de "Justiça", enquanto valor axiológico e orientador; envolve a atuação e a articulação de princípios estruturantes, como o "princípio da igualdade" ou o da defesa da "dignidade

(35) Sobre a função ética e teleológica da Filosofia do Direito, veja-se, nomeadamente, MIGUEL REALE, *Filosofia do Direito,* 20ª ed., Editora Saraiva, São Paulo, 2002, pp. 34 e ss., para quem o problema *ético* marca o "*momento culminante de toda a Filosofia, que não pode deixar de exercer uma função teleológica, no sentido do aperfeiçoamento moral da humanidade e na determinação essencial do valor do bem, quer para o indivíduo, quer para a sociedade* "(p. 35).

(36) Sobre a distinção entre *valores, princípios* e *regras,* veja-se ROBERT ALEXY, *Teoria dos Direitos Fundamentais,* cit., pp. 85 e ss., e 144 e ss.

humana", que, em última instância, derivam daquele "valor"; passa, também, pela análise de determinados (sub)princípios com uma finalidade específica, como sejam o da "proteção da parte mais fraca" ou o da "proteção do trabalhador", por sua vez concretizados noutros de menor âmbito de aplicação; envolve a análise dos (sub)princípios decorrentes do "princípio da proteção do trabalhador", como, por exemplo, o princípio do "tratamento mais favorável ao trabalhador", o da "proteção dos direitos pessoais do trabalhador", ou o da "segurança no emprego"; e implica, também, o manuseamento de "institutos civis" gerais, como o da "boa-fé", concretizados por sua vez nalgumas figuras parcelares, como as da "*culpa in contrahendo*", do "abuso do direito", da "complexidade intraobrigacional" ou da "alteração das circunstâncias"; por fim, o tema em apreço envolve, naturalmente, a análise de determinadas previsões normativas específicas, quer positivadas em codificações de aplicação mais abrangente, como o Código Civil, quer em codificações setoriais, como seja, em especial e entre nós, o Código do Trabalho (CT), que será por essa razão objeto de uma atenção muito especial.

IV. O estudo que se preconiza assenta no Direito positivo, em especial, no Direito privado português — quer no Direito do trabalho, que será objeto de particular atenção, quer, sempre que tal se justifique, no Direito civil, enquanto Direito privado comum de aplicação subsidiária. E a razão é simples: quer o Direito civil[37], quer o Direito do trabalho, configuram, na atualidade, ramos de direito codificados.

Mas sem prejuízo de nos atermos ao direito constituído, procuraremos obter uma teoria geral moderna e atual da "proteção do trabalhador" que atenda às suas finalidades originárias e histórico-culturais, mas que não deixe de ter em consideração, também, os influxos provenientes do devir social e da atual tendência que marca o moderno Direito do Trabalho. Procurar-se-á apurar se e em que medida o "princípio da proteção do trabalhador" pode contribuir para a solução de casos concretos, de forma segura e previsível, mas, mais importante do que isso, de que forma o "princípio da proteção do trabalhador" pode contribuir para a preservação e evolução do Direito do trabalho. Quer dizer: analisaremos as funções que este princípio pode desenvolver, quer a nível interpretativo-aplicativo, quer enquanto elemento normativo, quer como elemento de conformação legislativa.

Para o efeito, importará ter em atenção a evolução do Direito do trabalho, desde a sua origem, centrada na célebre "Questão Social", que motivou a necessidade de intervenção deste ramo do direito no sentido da proteção do trabalhador face à insustentável situação de fraqueza negocial em que o mesmo se encontrava, até a atualidade, em que predomina uma lógica de flexibilização e de desregulamentação da relação de trabalho enquanto instrumento de políticas económicas de apoio à competitividade das economias nacionais, assentes na ideia de que o excesso de proteção do trabalhador conduziu à segmentação do mercado de trabalho e ao aumento do desemprego, em especial entre os jovens.

Trata-se, pois, de um tema absolutamente atual e que tende a acompanhar a evolução do Direito do trabalho das próximas décadas.

V. Tentaremos, todavia, evoluir no presente trabalho de forma segura e sustentada, pelo que antes de nos atermos às concretizações específicas do "princípio da proteção do trabalhador", atenderemos, previamente, na Parte I, à *metodologia* jurídica que nos irá conduzir e aos *valores* gerais que marcam o ordenamento jurídico em que nos inserimos.

Seguir-se-á, na Parte II, a caracterização, a noção e a evolução histórica do Direito do trabalho, bem como a delimitação dos valores gerais que marcam o subsistema laboral.

Só depois deste percurso passaremos, então, na Parte III do presente estudo, a analisar as funções, as características e os subprincípios operativos decorrentes do "princípio da proteção do trabalhador", sendo certo que a cabal compreensão do mesmo depende da análise prévia das matérias acima delimitadas.

Por fim, vistos os valores gerais do sistema e analisados os do subsistema laboral, compreendidos a função, as características e os princípios operativos do "princípio da proteção do trabalhador", poderemos,

(37) A propósito, em particular, da codificação atual do Direito civil, em especial no espaço lusófono, veja-se MENEZES CORDEIRO, *Tratado de Direito Civil*, I, 4ª ed., cit., pp. 117 e ss. e 181 e ss.

então sim, ensaiar uma visão moderna deste princípio, que lhe atribua um sentido útil e virado para o futuro. Procuraremos, enfim, ensaiar, em jeito de conclusão, um enunciado específico para o princípio em causa.

A divisão do presente estudo em três Partes distintas — Parte I: os valores gerais do sistema jurídico; Parte II: o Direito do trabalho e os valores gerais do subsistema laboral; Parte III: o Princípio da proteção do trabalhador e suas concretizações — não pode fazer esquecer o essencial: o que se tem em vista, acima de tudo, é identificar o "princípio da proteção do trabalhador" como o "norte magnético" do Direito do trabalho e como o principal motor de desenvolvimento deste ramo do direito. Ontem, como hoje, o Direito do trabalho mantém-se como um ramo de direito com forte pendor axiológico.

A cabal compreensão do "princípio da proteção do trabalhador", todavia, exige que se siga o percurso acima enunciado: importa, previamente, analisar os valores gerais do sistema e aqueles que marcam o subsistema laboral, bem como as regras jurídicas positivadas, no essencial, no nosso Código do trabalho. É deste trabalho de observação do sistema, como *supra* se afirmou, na esteira de Miguel Teixeira de Sousa, que poderão resultar a afirmação e a prova da existência do "princípio da proteção do trabalhador" enquanto *princípio jurídico* em sentido estrito[(38)].

E importa, numa primeira fase, perceber que o propósito de tutela da parte mais fraca não é um exclusivo do Direito do trabalho: ele se verifica, também, quer no Direito civil, enquanto direito privado comum, quer noutras disciplinas de direito privado especial, como o Direito do consumidor.

O apelo à *unidade* do Direito[(39)] será, pois, uma constante.

§ 2º A TUTELA DO "CONTRAENTE MAIS DÉBIL" NO DIREITO PRIVADO — GENERALIDADES

1. No Direito civil

1.1. Aspetos gerais

I. O Direito sempre atendeu à posição dos mais fracos.

Como assinala Menezes Cordeiro, "*o Direito visou, desde o início, proteger os fracos. Quer no Direito romano, quer no antigo Direito lusófono, surgem normas destinadas a acautelar a posição dos adquirentes*"[(40)]. O que está em causa, como sublinha Paulo Otero, é a realização da Justiça, que determinou que "*desde muito cedo o Direito tivesse também como função proteger os mais fracos dos mais fortes ou os mais pobres dos mais ricos. Aqui se expressa, afinal, o cerne da função de protecção social que está (ou tem de estar) sempre presente no Direito e, simultaneamente, a justiça encontra uma expressão concreta de realização*"[(41)]. E é também nesse sentido que já na primeira metade do século XX o francês Louis Josserand afirmava que "(...) *en verité, les faibles sont partis à la conquête du Droit*"[(42)].

No fundo, o que está em causa é a institucionalização, pela Ciência Jurídica, de determinados mecanismos de realização da função de proteção social do Direito a que se refere Paulo Otero, a qual passa, desde logo, por "*restabelecer de um certo equilíbrio jurídico nas posições que os membros mais fracos da sociedade detêm dentro das relações que estabelecem com outros membros da sociedade, conferindo-lhes (através de diversos meios) uma espécie de protecção jurídica*", o que sucede, nomeadamente, com "*a proteção que a lei confere aos empregados relativamente à entidade empregadora no âmbito do contrato de trabalho; a proteção de que beneficia o arrendatário relativamente ao senhorio no contrato*

(38) Cf. MIGUEL TEIXEIRA DE SOUSA, *Introdução ao Direito*, cit., pp. 251-252 .

(39) Sobre a *unidade* do Direito, veja-se CLAUS-WILHELM CANARIS, *Pensamento Sistemático e Conceito de Sistema na Ciência do Direito*, cit., pp. 83 e ss.

(40) Cf. MENEZES CORDEIRO, *Tratado de Direito Civil*, I, 4ª ed., reformulada e atualizada, cit., p. 318.

(41) Cf. PAULO OTERO, *Lições de Introdução ao Estudo do Direito, Boletim da Faculdade de Direito da Universidade de Lisboa*, I Volume, 1º Tomo, Lisboa, 1998, p. 116.

(42) Cf. LOUIS JOSSERAND, *Evolutions et actualités, Conférences de droit civil*, Librairie du Recueil Sirey, Paris, 1936, p. 160.

de arrendamento; ou com a proteção que é atribuída ao consumidor final relativamente ao produtor de bens ou ao prestador de serviços"[(43)].

O que está em causa, em última instância, é a promoção da *liberdade positiva* dos cidadãos, ou seja, e na esteira de Isaiah Berlin[(44)], não apenas da *liberdade negativa,* vista como a mera *ausência* de obstáculos, barreiras e constrangimentos, ou como a não interferência de terceiros, mas da liberdade *de facto,* como a faculdade atribuída, a cada um, de assumir o controle efetivo da sua vida e de realizar os seus propósitos fundamentais, com *real* autonomia (*liberty as autonomy or self-realization*), nomeadamente negocial[(45)]. E isso passa, naturalmente, enquanto *objetivo a atingir* no seio da ordem social, pela intervenção e pela *presença* do Direito, tendo em vista a remoção de particulares situações de *fragilidade* negocial das pessoas, em especial, de algumas categorias de pessoas, fragilidades ou debilidades essas que podem afetar a *real* liberdade negocial daquelas. O *valor ético* de cada ordem jurídica, como recorda Heinrich Hörster, *"mede-se também pela extensão da proteção concedida aos mais fracos dela necessitados"*[(46)].

O Direito civil, todavia, na sua visão tradicional, não foi concebido, nem se encontra especialmente vocacionado, para garantir a proteção de uma parte (ou de uma categoria de pessoas) em relação à contraparte negocial: o Direito civil assenta na *igualdade* das partes, na ideia de *liberdade* e na convicção de que no domínio privado as relações que se estabelecem assentam numa relação de igualdade, não se justificando, consequentemente, em termos abstratos, a proteção de um contraente perante a contraparte negocial.

Pelo contrário, o ideal de proteção do "contraente mais débil", ou daquele que numa relação contratual se encontra numa especial posição de fragilidade perante a contraparte negocial, marca de forma indelével o Direito do trabalho, em termos genéricos e abstratos, que finalisticamente foi concebido de forma a proteger o trabalhador, nos termos adiante assinalados, enquanto *categoria* de pessoa tendencialmente mais fraca na relação que estabelece com o empregador. E o aparecimento do Direito do trabalho enquanto ramo de direito privado especial parte, nomeadamente, da constatação da neutralidade do Direito civil e da incapacidade que este demonstrava em acautelar a posição do contraente que, em concreto, se encontrasse numa situação de inferioridade perante a contraparte negocial.

A promoção da *liberdade positiva do trabalhador,* nos termos acima referidos, integra, pois, a teleologia do Direito do trabalho: visa-se garantir ao trabalhador um espaço de *liberdade real* no âmbito da relação laboral; um "espaço de cidadania", em que este possa atuar de forma *livre* e com *dignidade,* sem ser alvo de *discriminações;* um espaço onde estejam garantidos os respetivos *direitos de personalidade* e onde o trabalhador disponha de certas garantias ao nível da proteção do salário, das condições de trabalho e da proteção do emprego, condições essas que lhe permitam garantir, em suma, uma existência condigna.

II. O Direito do trabalho surge, enfim, como afirma João Leal Amado, tendo por base a natureza *"assimétrica, isto é, manifestamente inigualitária"*, da relação de trabalho, atendendo a que o trabalhador, para além de *"carecer dos rendimentos de trabalho para satisfazer as suas necessidades essenciais (dependência económica), fica sujeito à autoridade e direcção do empregador em tudo o que diz respeito à execução do trabalho (subordinação jurídica)"*[(47)]. É por essa razão, como afirma Pedro Romano Martinez, que *"como postulados do Direito do trabalho há a evidenciar um princípio da tutela do trabalhador,*

---

(43) Cf. PAULO OTERO, *Lições de Introdução ao Estudo do Direito,* I Vol., 1º Tomo, cit., pp. 122-123.

(44) Veja-se, nomeadamente, ISAIAH BERLIN, "Two Concepts of Liberty", em *Four Essays on Liberty,* Oxford University, London, 2002.

(45) 45 Veja-se, a este propósito, o artigo de IAN CARTER, "Positive and Negative Liberty", *The Stanford Encyclopedia of Philosophy* (Spring 2012 Edition), Edward N. Zalta (ed.), disponível em: http://plato.stanford.edu/archives/spr2012/entries/liberty-positive-negative/. Recordando que a distinção entre *liberdade negativa* e *liberdade positiva* remonta a Kant, o autor sublinha, também, que a mesma foi essencialmente desenvolvida nos anos 50 e 60 do século XX por Isaiah Berlin, sendo certo que a mesma, no essencial, reside no seguinte: *"Negative liberty is the absence of obstacles, barriers or constraints. One has negative liberty to the extent that actions are available to one in this negative sense. Positive liberty is the possibility of acting — or the fact of acting — in such a way as to take control of one's life and realize one's fundamental purposes. While negative liberty is usually attributed to individual agents, positive liberty is sometimes attributed to collectivities, or to individuals considered primarily as members of given collectivities"* (p. 1).

(46) Cf. HEINRICH EWALD HÖRSTER, *A Parte Geral do Código Civil Português, Teoria Geral do Direito Civil,* Almedina, Coimbra, 1992, p. 91.

(47) Cf. JOÃO LEAL AMADO, *Contrato de Trabalho,* 2ª ed., Coimbra Editora, Coimbra, 2010, p. 15.

de modo a garantir que a eventual desigualdade factual não conduza a uma dependência jurídica do prestador de trabalho"[(48)]. O mesmo sucede, aliás, ainda que com menos autonomia, com o Direito do consumo ou a problemática associada à proteção dos consumidores — também neste caso, se parte da constatação de que é necessário, para além dos mecanismos tradicionais do Direito civil, criar um conjunto de normas de natureza imperativa suscetível de compensar o desequilíbrio que está na base da relação de consumo e que tende a prejudicar o consumidor. É por essa razão, como afirma Jorge Morais Carvalho, que a principal característica do direito dos contratos de consumo "*é a existência de um número significativo de normas que se aplicam independentemente das cláusulas acordadas pelas partes. As normas com conteúdo injuntivo são numerosas no direito do consumo, subtraindo aos contraentes a sua liberdade na conformação do conteúdo do contrato (...)*"[(49)].

Todavia, o Direito civil, enquanto ramo de direito privado comum, não estando inicialmente vocacionado para este desiderato, tem sofrido ele próprio um forte impulso renovador, em termos dogmáticos. A dogmática civil de estruturação liberal, própria das codificações civis que marcaram os séculos XIX e XX, tem dado paulatinamente lugar a um ramo de Direito suscetível de intervir no sentido do reequilíbrio das prestações, da promoção da igualdade substancial, da procura da justiça contratual comutativa e da tutela da parte mais fraca. À tradicional neutralidade do Direito civil, expressa nomeadamente nos dois monumentos legislativos que marcaram o advento da codificação — o Código Civil francês, de 1804 e o Código Civil alemão, de 1896, com entrada em vigor em 1900 — e na nossa primeira Codificação — o Código Civil de Seabra — contrapõe-se, atualmente, uma dogmática civil socialmente enriquecida e fortemente influenciada pelo Estado Social de Direito[(50)], em que a garantia da posição das pessoas, em especial das mais enfraquecidas, é tida como um elemento central. À luz da socialização do Direito civil, o contrato, como afirma Mário Aguiar Moura, passa a estar "*em condições (...) de evitar o predomínio do economicamente forte sobre o economicamente fraco*"[(51)]. E o Direito civil, sem descurar o essencial da autonomia privada e da liberdade negocial, não deixa de atender, como salienta Massimo Bianca, à solidariedade social, ou "*al prevalente valore della solidarietà sociale*", que "*trova la su prima espressione nel principio dell´eguaglianza di fatto*"[(52)]. É nesse sentido, aliás, que Jacques Ghestin se refere à evolução mais recente do Direito civil "*vers une grande justice contractuelle*", fazendo notar que a procura da justiça contratual, a par da nova conotação atribuída à "*bonne foi contractuelle*"[(53)], são paradigmáticos do aludido movimento de *socialização* do Direito civil. E é nesse sentido, também, que Denis Mazeaud constata que "*le droit des contrats contemporains incorpore désormais de manière systématique le facteur d´inegalité et le souci de protection*"[(54)].

---

(48) Cf. PEDRO ROMANO MARTINEZ, *Direito do Trabalho*, Instituto de Direito do Trabalho da Faculdade de Direito de Lisboa, 6ª ed., Almedina, Coimbra, 2013, p. 58.

(49) Cf. JORGE MORAIS CARVALHO, *Os Contratos de Consumo, Reflexão sobre a Autonomia Privada no Direito do Consumo*, Almedina, Coimbra, 2012, p. 13.

(50) A propósito da evolução moderna do sistema civil, veja-se entre nós MARIA DO ROSÁRIO RAMALHO, *Da Autonomia Dogmática do Direito do trabalho*, cit., pp. 500 e ss., bem como a significativa bibliografia ali citada, em especial, HELMUT COING, *Bemerkungen zum überkommenen Zivilrechtssystem, in* E. VON CAEMMERER; A. NIKISCH; K. ZWEIGERT (Hrsg.), *Vom Deutschen zum Europäischen Recht, Fest. für Hans Dölle*, I, Tübingen, 1963, pp. 25-40; MAYER-MALY, *Arbeitsrecht und Privatrechtsordnung*, Juristen Zeitung, Tübingen, 1961, 7, pp. 205-209; FRANZ BYDLINSKI, *Arbeitsrechtkodifikation und allgemeines Zivilrecht*, Wien, New York, 1969; REINHARD RICHARDI, *Arbeitsrecht und Zivilrecht (Direito do trabalho e Direito civil), Zeitschrift für Arbeitsrecht*, Köln, 1974, 1, pp. 3-27; e ULRICH PREIS, *Perspektiven der Arbeitsrechtswissenschaft, Recht der Arbeit. Zeitschrift für die Wissenschaft und Praxis des gesamten Arbeitsrechts*, München, 1955, 6, pp. 333-343. No essencial, tendo por base a evolução dogmática do Direito civil, centrada na proteção da parte mais fraca, os autores citados reclamam a recondução do Direito do trabalho ao Direito civil, que passa a revelar a sua aptidão para resolver os problemas laborais. A solução da recondução dogmática do Direito do trabalho ao Direito civil passaria, assim, pelo enquadramento obrigacional do contrato e da relação de trabalho e pela apropriação civilista do "princípio da proteção", via esta que a autora, contudo, rejeita, defendendo a autonomia dogmática do Direito do trabalho e a especificidade dos seus princípios.

(51) Cf. MÁRIO AGUIAR MOURA, "Função Social do Contrato", *Revista dos Tribunais*, v. 630, abril de 1988, Revista dos Tribunais, São Paulo, pp. 247-249.

(52) Cf. MASSIMO BIANCA, *Diritto Civile*, v. 3, *Il contrato*, Giuffrè Editore, Milano, 1998, p. 33.

(53) Cf. JACQUES GHESTIN, *Traité de Droit Civil, La formation du contrat*, 3ª ed., Librairie Générale de Droit et de Jurisprudence, Paris, 1993, pp. 230-231.

(54) Cf. DENIS MAZEAUD, "La protection par le droit commun", *Les Clauses Abusives entre Professionnels*, coordenação de CHRISTOPHE JAMIM/DENIS MAZEAUD, Economica, Paris, 1998.

Estamos, no fundo, como assinala Pedro Pais Vasconcelos, perante o "*relacionamento entre a autonomia contratual com a heteronomia legal*", sendo certo que a *proteção da parte mais fraca* é, sem dúvida, um dos mais importantes fatores de "*intromissão heterónoma na intimidade autónoma do contrato*"(55).

III. Assistimos a um paradoxo — o Direito civil, enquanto Direito privado comum, que tem como pressuposto a igualdade das partes no âmbito das situações jurídicas privadas, tende cada vez mais, num fenómeno de *apropriação,* a assumir uma feição social e a chamar a si a tarefa de proteção do contraente mais débil, quando é certo que, no polo oposto, o Direito do trabalho, inicial e especialmente vocacionado para a tutela da parte mais fraca — o trabalhador — tem vindo paulatinamente a caminhar no sentido do reforço dos poderes de gestão empresarial da parte mais forte, o empregador, em detrimento da proteção da parte mais fraca. Fala-se, a este propósito, no Direito civil, num fenómeno de *mudança*, nalguns casos por via legislativa, noutros como consequência de desenvolvimentos doutrinários e jurisprudenciais. E de mudança ditada, muitas vezes, pelo próprio influxo do Direito do trabalho e do "princípio da proteção do trabalhador" que esteve na sua origem e que paulatinamente se expandiu para o próprio Direito civil: o Direito do trabalho desempenhou, a este propósito, um papel de "refundação" do Direito civil, circunstância que sublinha ainda mais o paradoxo acima referido. É por isso que há quem sublinhe, como Júlio Vieira Gomes, o facto de o Direito civil da atualidade ser mais maleável e flexível que o Direito do trabalho, que "*terá, em breve, que aprender lições do direito civil em matéria de contratos de adesão e de protecção dos consumidores*"(56).

IV. A reforma do Código Civil Alemão (BGB), operada em 2001/2002, é reveladora: por esta via, foi introduzida a temática da proteção da parte mais fraca, inserindo-se a matéria do consumo e da proteção do consumidor naquela lei civil fundamental, nomeadamente quanto ao tema das cláusulas contratuais gerais, das vendas a domicílio e das vendas à distância(57), bem como do comércio eletrónico(58). O mesmo sucedeu no Código Civil brasileiro, de 2002: não obstante a existência de um Código da Defesa do Consumidor, a lei civil fundamental brasileira, como sublinha Rodrigo Toscano de Brito, consagrou uma nova teoria do contrato, "*(...) permeada pelos novos princípios contratuais ou pelos princípios sociais do contrato, quais sejam a função social, a boa-fé objetiva e a equivalência material que, de uma vez por todas, vieram sedimentar a ideia de busca pelo equilíbrio do contrato, que já vinha sendo delineado, de modo especial, desde o Código da Defesa do Consumidor (...)*"(59). Numa clara linha que, como refere Figueiredo Alves, "*acentua a diretriz de sociabilidade do Direito*"(60), o artigo 421º do Código civil brasileiro prescreve que "*a liberdade de contratar será exercida em razão e nos limites da função social do contrato*". Também o Código Civil holandês, de 1992, passou a contemplar regras sobre a tutela do consumidor, nomeadamente quanto aos contratos de compra e venda que envolvem consumidores(61). E, na Itália, o

(55) Cf. PEDRO PAIS DE VASCONCELOS, *Contratos Atípicos*, cit., p. 423.

(56) Cf. JÚLIO VIEIRA GOMES, *Direito do Trabalho*, v. I, *Relações Individuais de Trabalho*, Coimbra Editora, Coimbra, 2007, p. 14.

(57) Veja-se, a este propósito, PETER ROTT, "The Distance Selling Directive and German Law", *La Protection des Consommateurs Acheteurs à Distance. Analyse du droit suisse à la lumière du droit communautaire et du droit compare,* Edités par Hildegard et Bernd Satuder, Bruylant Bruxelles, Zürich, 1999, pp. 125 e ss. Na obra em apreço, o autor já defendia a necessidade de alteração do ordenamento jurídico alemão — "*German law does not meet the requirements of Directive 97/7/EC and, therefore, has to be adapted in many aspects*" — admitindo a hipótese de se enveredar por "*reform the contract conclusion regulations of the BGB*" em ordem a adaptá-lo às exigências da citada Diretiva sobre o contrato de venda à distância — pp. 151-152.

(58) Veja-se, a este propósito, MENEZES CORDEIRO, *Da Modernização do Direito Civil I — Aspectos gerais,* cit., bem como a extensa bibliografia citada pelo Autor, em especial, HARM PETER WESTERMANN, *Sonderprivatrechtliche Sozialmodelle und das allgemeine Privatrecht, Archiv für die civilistische Praxis,* 178 (1978), pp. 150-195, e *Tratado de Direito Civil Português,* I, cit., pp. 156 e ss., onde se descreve com elevado grau de pormenorização a reforma do Código Civil alemão de 2001/2002.

(59) Cf. RODRIGO TOSCANO DE BRITO, "Estado de Perigo e Lesão: entre a previsão de nulidade e a necessidade de equilíbrio das relações contratuais", *Novo Código Civil, Questões controvertidas no direito das obrigações e dos contratos,* Série Grandes Temas de Direito Privado, v. 4, Editora Método, São Paulo, 2005, Coordenação de Mário Luiz Delgado e Jones Figueiredo Alves, pp. 55-74, p. 56.

(60) Cf. JONES FIGUEIREDO ALVES, anotação ao artigo 421º do Código Civil brasileiro, *Novo Código Civil Comentado,* 3ª ed. atualizada, Alexandre Guedes Assunção/Carlos Alberto Maluf/Joel Dias Jr./Jones Figueiredo Alves/Maria Helena Diniz/Mário Luiz Delgado/Regina Tavares da Silva/Ricardo Fiuza/Zeno Veloso (coord. Ricardo Fiuza), Editora Saraiva, 2004, São Paulo, pp. 373 e ss. (p. 374).

(61) Veja-se, a este propósito, MENEZES CORDEIRO, *Tratado de Direito Civil Português,* I, cit., p. 153, bem como a bibliografia ali citada, nomeadamente, A. S. HARTKAMP, *Einführung in das neue Niederländische Schuldrecht I,* Archiv für die Civilistische Praxis (AcP) 191 (1991), pp. 395 e ss.; e LYDIA JANSSEN, *Burgerlijk recht,* 2, 2012, pp. 84 e ss.

artigo 1469º (*Clausole vessatorie nel contratto tra professionista e consumatore*) do Código civil italiano de 1942, que inaugura o Capítulo relativo aos "*Contratti del Consumatore*", foi objeto de uma alteração, em 1996[62], destinada a adaptá-lo à Diretiva n. 93/13/CEE, relativa às cláusulas abusivas nos contratos celebrados com os consumidores. A ideia, como afirma Ugo Ruffolo, foi a de proteger a parte mais fraca, ou seja, "*il consumatore come species del genus contraente debole*"[63].

Para além destas mudanças, operadas ao nível da codificação civil, os próprios institutos civis têm, em si mesmos, evoluído para uma socialização ou eticização do Direito civil, através de particulares esquemas de limitação da autonomia privada — o Direito civil de hoje preocupa-se com a proteção do contraente mais débil[64] e, enfim, como sublinha Jacques Ghestin, com a exigência "*de la justice et de la bonne foi*"[65].

Face à constatação de que nem sempre o contrato é resultado de livre discussão entre as partes e de que nem sempre se verifica o equilíbrio económico e social dos contraentes, o Direito civil interveio: o carácter individualista do contrato esbateu-se e, em sua substituição, nas palavras esclarecidas de Inocêncio Galvão Telles, "*tomou cor e vulto o aspecto social*"[66].

V. Os esquemas de *heterolimitação* da autonomia privada atualmente proporcionados pelo Direito civil, à luz do Código Civil de 1966 e demais legislação complementar ou extravagante são, de resto, vários e de diferente natureza, abrangendo quer os preliminares da formação do contrato, quer a sua execução, passando pela análise intrínseca do respetivo conteúdo.

Para o efeito, o Direito civil recorre a institutos civis, a normas jurídicas imperativas e a princípios injuntivos, bem como à legislação extravagante especificamente destinada à tutela dos contraentes mais débeis.

Segue-se uma breve análise dos esquemas referenciados, apenas para efeito de enquadramento do tema que é objeto do presente trabalho — o "princípio da proteção do trabalhador". As matérias serão, pois, enunciadas a título meramente instrumental e como encadeamento lógico para que nos possamos debruçar, mais tarde, sobre o "princípio da proteção do trabalhador" e as respetivas projeções. Nesse contexto, o desenvolvimento mais aprofundado da matéria dar-se-á, apenas, quando da análise do Direito do trabalho e das soluções consagradas no sistema juslaboral.

1.2. Instrumentos utilizados pelo Direito civil para efeitos de proteção do contraente mais débil

I. O Direito civil utiliza diversos instrumentos destinados a limitar a autonomia privada e a liberdade contratual, tendo em vista a proteção do contraente mais débil. De entre todos os referidos instrumentos e no nosso ordenamento jurídico a *boa-fé* surge como o mais emblemático e operacional, sendo certo que os conceitos indeterminados de *bons costumes* e *ordem pública*, igualmente positivados no nosso Código Civil, têm igualmente uma palavra a dizer. Isto, obviamente, sem olvidar o regime especial dos *negócios usurários*.

Para além da fórmula genérica do artigo 334º do Código Civil, seguida, de resto, pelo artigo 187º do Código Civil brasileiro[67], a verdade é que o nosso ordenamento jurídico contempla diversas passagens em

(62) *Legge 6 febbraio* 1996, n. 52. Disponível em: <http://www.bg.camcom.gov.it/export/sites/default/risorse/normativa/legge-52-1996.pdf (acesso em julho de 2013).

(63) Cf. UGO RUFFOLO, *Clausole "Vessatorie" e "Abusive", Gli artt. 1469-bis. C.c. e i contratti col consumatore*, Giuffrè Editore, Milano, 1997, pp. 11-12.

(64) Cf. JÚLIO VIEIRA GOMES, *Direito do Trabalho*, v. I, cit., p. 27, que cita, a este propósito, MIGUEL RODRIGUEZ -PIÑERO, *La emancipación del Derecho del Trabajo del Derecho Civil*, Relaciones Laborales 1996, Parte II, pp. 63 e ss., para quem o Direito civil atual não é o Direito civil cuja crítica esteve na origem do Direito do trabalho. Os direitos e valores constitucionais impregnam hoje todo o ordenamento, incluindo o civil, acentuando a sua unidade.

(65) Cf. JACQUES GHESTIN, *Traité de Droit Civil, La formation du contrat*, 3ª ed., cit., p. 226.

(66) Cf. INOCÊNCIO GALVÃO TELLES, *Manual dos Contratos em Geral*, reprint 3ª ed., Lex, Lisboa, 1995, pp. 61-62, (p. 62).

(67) Recorda-se que o citado artigo 187º do Código Civil brasileiro determina que "*(...) comete ato ilícito o titular de um direito que, ao exercê-lo, excede manifestamente os limites impostos pelo seu fim econômico ou social, pela boa-fé ou pelos bons costumes*". Veja-se, a este propósito, a anotação ao artigo 187º do Código Civil brasileiro de MARIA HELENA DINIZ, *Novo Código Civil Comentado*, 3ª ed. atualizada, Alexandre Guedes Assunção/Carlos Alberto Maluf/Joel Dias Jr./Jones Figueiredo Alves/Maria Helena Diniz/Mário Luiz Delgado/Regina Tavares da Silva/Ricardo Fiuza/Zeno Veloso (coord. Ricardo Fiuza), cit., p. 185.

que quer a boa-fé, quer a ordem pública e os bons costumes se encontram suficientemente positivados e aptos a promover a aludida limitação da autonomia privada, nomeadamente tendo em vista a proteção do contraente mais débil.

A boa-fé é um caso paradigmático.

II. A boa-fé surge como um dos mais importantes institutos civis, comportando — no atual Código Civil português, à semelhança do Código Civil alemão — dois grandes sentidos: um sentido *subjetivo (guter Glauben)*, consistente num estado de ignorância ou de desconhecimento do sujeito em relação a certos factos; e um sentido *objetivo (Treu und Glauben)*, quando a boa-fé surge como uma regra de conduta, imposta do exterior, exigindo dos respetivos destinatários um comportamento "conforme com a boa-fé", nomeadamente no cumprimento das suas obrigações(68).

Da boa-fé objetiva, enquanto regra de conduta, surgem diversos corolários, que, para além de prosseguirem em comum a tutela da confiança e a primazia da materialidade subjacente(69), concretizam e delimitam com precisão o respetivo campo de atuação, gozando atualmente de autonomia dogmática(70).

Assim sucede, no nosso ordenamento jurídico, com as seguintes figuras:

— A *culpa in contrahendo* (artigo 227º Código Civil), aplicável aos preliminares da formação negocial, que apela ao cumprimento de deveres de informação, lealdade e segurança nos preliminares e na formação do contrato, de forma a evitar que na fase pré-contratual alguma das partes possa provocar danos na contraparte negocial, ou que utilize a negociação contratual para fins danosos alheios à eventual celebração de um contrato;

— A *integração negocial* (artigo 239º Código Civil), da qual resulta que a integração de lacunas negociais tem como limite os ditames da boa-fé, dispondo o preceito em apreço que na falta de disposição especial a declaração negocial deve ser integrada de harmonia com a vontade que as partes teriam tido se houvessem previsto o ponto omisso, ou de acordo com os ditames da boa-fé, quando outra seja a solução por eles imposta;

— O *abuso do direito* (artigo 334º Código Civil)(71), que proscreve o exercício inadmissível de posições jurídicas, contrário aos limites decorrentes da boa-fé, considerando-se ilegítimo o exercício de um direito quando o titular exceda manifestamente os limites impostos pela boa-fé;

— A modificação dos contratos por *alteração das circunstâncias* (artigo 437º Código Civil), da qual resulta que, em certos casos, perante alterações anormais das circunstâncias e verificados determinados pressupostos, os contratos possam ser modificados ou resolvidos contra a autonomia privada, sob pena de se revelarem injustamente penosos para uma das partes e, enquanto tal, contrários à boa-fé;

— A *complexidade das obrigações* (artigo 762º, n. 2, Código Civil), que impõe o cumprimento de determinados deveres acessórios de boa-fé no cumprimento das obrigações, nomeadamente deveres de proteção, de lealdade e de informação, assim como no exercício do direito correspondente, destinados a garantir a integralidade da prestação principal; e

— A tutela do consumidor (artigos 15º e 16º da Lei das Cláusulas Contratuais Gerais) que exige a atuação da boa-fé como bitola para o apuramento de cláusulas abusivas no domínio das cláusulas contratuais gerais(72).

Além do mais, o Código Civil alude ainda à boa-fé objetiva a propósito do *valor dos usos*, determinando que *"os usos que não forem contrários aos princípios da boa-fé são juridicamente atendíveis quando a lei o determine" (artigo 3º)*, e no regime da *pendência da condição*, estabelecendo que *"aquele que contrariar uma obrigação ou alinear um direito sob condição suspensiva, ou adquirir um direito sob*

(68) Cf. MENEZES CORDEIRO, *Tratado de Direito Civil*, I, 4ª ed., reformulada e atualizada, cit., p. 962 e pp. 962 e ss., onde se pode verificar a evolução da boa-fé no espaço jurídico lusófono.

(69) A propósito da *tutela da confiança* e da *primazia da materialidade subjacente*, veja-se MENEZES CORDEIRO, *A Boa-Fé no Direito Civil*, Almedina, Coleção Teses, Coimbra, 1997, pp. 1234 e ss., *e Tratado de Direito Civil*, I, 4ª ed., reformulada e atualizada, cit., respetivamente pp. 969 e ss. e pp. 975 e ss.

(70) Cf. MENEZES CORDEIRO, *A Boa-fé no Direito Civil*, cit., pp. 527 e ss. e 632 e ss., "A boa-fé nos finais do século XX", *Revista da Ordem dos Advogados*, ano 56, dezembro de 1996, pp. cit., p. 896, e *Tratado de Direito Civil*, I, 4ª ed., reformulada e atualizada, cit., p. 964.

(71) Veja-se, a este propósito, a obra de FERNANDO AUGUSTO CUNHA DE SÁ, *Abuso do Direito*, Almedina, Coimbra, 1997.

(72) Veja-se, a este propósito, a obra coletiva, *Les Clauses Abusives entre Professionnels*, coordenação de Christophe Jamim/Denis Mazeaud, cit.

condição resolutiva, deve agir, na pendência da condição, segundo os ditames da boa-fé, por forma que não comprometa a integridade do direito da outra parte" (artigo 272º).

III. Pois bem: nalguns casos — no domínio da alteração das circunstâncias ou no que tange à tutela do consumidor — a boa-fé objetiva visa, à partida, a tutela de uma das partes contratuais em presença: aquela que por circunstâncias anormais passou a estar numa situação de inferioridade negocial, no caso do regime da alteração das circunstâncias (artigo 437º do Código Civil), ou o aderente de cláusulas contratuais gerais, quando esteja em causa a celebração de negócios com recurso a cláusulas rígidas e predeterminadas (Lei das Cláusulas Contratuais Gerais, aprovada pelo Decreto-lei n. 446/85, de 25 de outubro).

Noutros casos, a boa-fé objetiva, ainda que não tenha em vista num primeiro momento a tutela do contraente mais débil, pode prosseguir tal desiderato, mediante o reforço de determinados deveres de conduta sempre que as circunstâncias assim o determinem. Por outras palavras, perante relações jurídicas desequilibradas, os deveres de conduta emergentes da boa-fé objetiva podem ser reforçados, tendo em vista a reposição de um certo equilíbrio contratual, a prossecução de um ideal de justiça contratual e a tutela da parte mais fraca.

Assim, a título meramente exemplificativo:

— O contratante que por razões de necessidade, razões económicas ou por falta de conhecimentos se considere inferiorizado, poderá reclamar o direito, nos preliminares da formação do contrato, a uma segurança, esclarecimento e lealdade acrescidos. Caberá à parte mais forte, inversamente, pela lealdade e pela informação, evitar que fraqueza do seu parceiro contratual se venha a traduzir em desequilíbrios acrescidos, sob pena de *culpa in contrahendo*. Por outras palavras, *"quando se trate de proteger uma parte, particularmente vulnerável, perante outra, mais poderosa"* justifica-se, como sublinha Menezes Cordeiro, uma intensificação de tais deveres[73];

— Justificar-se-á, porventura, o reforço dos deveres acessórios, designadamente os deveres de guarda, conservação, informação, assistência ou vigilância, quando se trate de relações jurídicas desequilibradas, em especial de relações de consumo, incidindo tais deveres, de forma acrescida, sobre os fornecedores de bens e serviços[74];

— O mesmo se poderá afirmar no domínio da interpretação e integração dos negócios, fazendo-se apelo a uma interpretação sistemática: em caso de dúvida sobre o sentido da declaração, deverá prevalecer, nos termos do artigo 237º do Código Civil, o sentido menos gravoso para o disponente nos negócios gratuitos e, nos negócios onerosos, o que conduza ao *maior equilíbrio das prestações*, em nome do ideal de justiça contratual; em nome desse mesmo ideal, talvez se possa admitir, ainda que com particulares cautelas, que no preenchimento de lacunas negociais, para além dos tradicionais elementos a ter em conta — normas legais, vontade hipotética das partes e os ditames da boa-fé — o *equilíbrio negocial* deva, do mesmo modo, orientar a tarefa do intérprete — aplicador do Direito, sem que todavia se possa afirmar o desiderato de proteção de uma das partes (*v. g.*, o trabalhador) como um ditame geral de interpretação ou de integração de normas jurídicas;

— O próprio instituto do abuso do direito pode ter uma palavra a dizer em sede de proteção dos contraentes mais débeis: através do abuso de direito, não é despiciendo afirmar-se que o aproveitamento de posições dominantes em sede da celebração dos contratos, bem como o exercício dos direitos e poderes em que se veem investidos os contraentes que sejam técnica e economicamente mais evoluídos, não são absolutos e ilimitados, estando a respetiva legitimidade e validade condicionadas por tal instituto jurídico. O abuso de direito serve, assim, enquanto elemento próprio do Direito privado, como instrumento de limitação de alguma arbitrariedade na celebração e execução dos contratos. Ou mesmo em relação ao regime da cessação dos contratos, o abuso do direito pode ter uma palavra a dizer: ele encontra-se na génese, designadamente, da teoria do despedimento abusivo, no domínio do contrato individual de trabalho[75].

IV. Em suma, com particular incidência nalgumas áreas negociais, designadamente ao nível da contratação operada por entidades monopolizadoras, em sede de condições negociais em geral e em deter-

---

(73) Cf. MENEZES CORDEIRO, *Direito dos Seguros*, Almedina, Coimbra, 2013, p. 551.

(74) Veja-se, a propósito do artigo 1134º (3º parágrafo) do atual *Code Civil* francês, segundo o qual *"les conventions (...) doivent être exécutées de bonne foi"*, a anotação a este preceito de Gilles Goubeaux/Philippe Bihir/Xavier Henry/Guy Venandet, *Code Civil*, Dalloz, Paris, 1999, pp. 870-871, segundo os quais a boa-fé, enquanto instituto civil, veda cláusulas abusivas que atribuam uma *"avantage excessif à l´une des parties (...) que (...) du fait de sa position économique, se trouve en mesure d´imposer à sa cliente`ele revêt un caractere abusive"*.

(75) Cf. BETTINA KAHL-WOLFF, *"L´Abus de Droit en Droit du Travail Allemand — Un cas d´application"*, *Abus de Droit et Bonne Foi*, direction de Pierre Widmer/Bertil Cottier, Editions Universitaires Fribourg, Fribourg, 1994, pp. 75 e ss. (82)

minadas áreas onde é manifesta a necessidade de tutela de certas categorias sociais mais débeis, a boa-fé surge atualmente no Direito privado como um instituto civil suscetível de operar, sempre que necessário, uma limitação da autonomia privada em nome do ideal de justiça contratual e do equilíbrio negocial. Por forma dessa propensão, aliás, o instituto em causa tem vindo a ser "importado" para determinados ramos de direito privado, nomeadamente no Direito do trabalho: o artigo 102º do atual Código do Trabalho, seguindo uma fórmula iniciada com a aprovação deste diploma, em 2003, consagra a *culpa na formação do contrato de trabalho*, determinando que quem negocia com outrem para a conclusão de um contrato de trabalho deve, tanto nos preliminares como na formação dele, proceder segundo as regras da boa-fé, sob pena de responder pelos danos culposamente causados; no mesmo sentido, mas agora em sede da execução do contrato de trabalho, o artigo 126º do mesmo diploma determina, expressamente, que o empregador e o trabalhador devem proceder de boa-fé no exercício dos seus direitos e no cumprimento das respetivas obrigações.

Quer dizer: a boa-fé, enquanto instituto jurídico civil, com génese no Direito privado comum, mas como "*expressão da capacidade reprodutiva do sistema*"[(76)], acompanhou a socialização do Direito civil e passou a marcar presença, também, nalguns ramos de Direito privado especial como forma de proteção do contraente mais débil — o Direito do trabalho é um espelho fiel dessa realidade.

V. A tutela do contraente mais débil faz-se também, no Direito civil, com recurso a normas imperativas.

Assim sucede com o regime jurídico atinente ao negócio usurário: o Direito civil proscreve negócios jurídicos que determinem um desequilíbrio negocial, sempre que alguém (o usurário) se aproveite de uma situação de inferioridade de outrem (o lesado), obtendo por essa via — para si ou para terceiro — a promessa ou a concessão de benefícios excessivos ou injustificados. É nesse sentido que o artigo 282º do nosso Código Civil prescreve a anulabilidade, por *usura*, do negócio jurídico, "(...) *quando alguém, explorando a situação de necessidade, inexperiência, ligeireza, dependência, estado mental ou fraqueza de carácter de outrem, obtiver deste, para si ou para terceiro, a promessa ou a concessão de benefícios excessivos ou injustificados*", ou que o artigo 157º do Código Civil brasileiro, a propósito do conceito de *lesão*, que constitui uma causa de anulação do negócio, determina que "*Ocorre a lesão quando uma pessoa, sob premente necessidade, ou por inexperiência, se obriga a prestação manifestamente desproporcional ao valor da prestação oposta*".

A *usura*, como sublinha Pedro Pais de Vasconcelos, tem muito a ver com a *justiça interna do contrato*[(77)].

O regime estabelecido no citado artigo 282º articula-se, no essencial, no seguinte sentido: havendo *negócio usurário*, nos termos do citado preceito legal (ou seja, quando uma das partes não atuou com plena *liberdade*, por se encontrar em situação de *necessidade*, *inexperiência*, *ligeireza*, *dependência*, *estado mental* ou *fraqueza de caráter*), abre-se a via da modificação do contrato segundo juízos de equidade, tendo em vista a reposição do equilíbrio negocial mediante a supressão das vantagens injustamente obtidas pelo usurário. Neste contexto, a intervenção do Direito, contra a vontade ajustada pelas partes é clara: confere-se ao lesado um direito potestativo à modificação do contrato segundo juízos de equidade ou, alternativamente, um direito à anulação do mesmo. Requerida que seja pelo lesado a anulação do contrato, faculta-se ao usurário a possibilidade de contrapor com a aludida modificação do contrato segundo juízos de equidade (artigo 283º). A prevalência conferida à modificação do contrato e à reposição do equilíbrio negocial, nos casos em que tenha havido uma perturbação da *autonomia negocial* no que tange à vítima da *usura*, são evidentes: seja por iniciativa direta do lesado, seja pelo exercício de um contra — direito potestativo por parte do usurário, o legislador intenta promover a manutenção do negócio segundo critérios de justiça material[(78)].

---

(76) Cf. MENEZES CORDEIRO, *Tratado de Direito Civil*, I, 4ª ed., reformulada e atualizada, cit., p. 978.

(77) Cf. PEDRO PAIS DE VASCONCELOS, *Contratos Atípicos*, cit., p. 428.

(78) A propósito do negócio usurário, veja-se PEDRO EIRÓ, *Do negócio usurário*, Almedina, Coimbra, 1990; PIRES DE LIMA; ANTUNES VARELA, *Código Civil Anotado*, 1º vol., 4ª ed. Coimbra Editora, Coimbra, 1987, anotação ao artigo 282º, pp. 260 e ss.

Em qualquer caso, o que está em jogo é muito claro: visa-se a proteção do contraente que se encontra em situação (pontual) de inferioridade, tendo em vista, afinal, a compensação da *"situação de desigualdade de um dos contraentes"*[(79)(80)].

VI. Mercê das alterações legislativas que lhe foram introduzidas, o regime do negócio usurário mostra-se, agora, mais abrangente e flexível, quando confrontado com a versão original do Código Civil de 1966.

Onde se exigia, em sede dos elementos subjetivos exigíveis na esfera jurídica do usurário, um aproveitamento *consciente* da situação de inferioridade do lesado, bem como a promessa de benefícios *manifestamente* excessivos ou injustificados, passou-se a exigir, após a revisão operada pelo Decreto-lei n. 262/83, de 16 de junho, uma mera *exploração* de uma situação de inferioridade, conducente à obtenção de benefícios excessivos ou injustificados. Ou seja, substitui-se a locução *"aproveitando conscientemente"* por *"explorando"*, e *"benefícios manifestamente excessivos ou injustificados"* por *"benefícios excessivos ou injustificados"*[(81)].

A alteração introduzida não é menosprezível e dela pode ser retirado um conteúdo útil: houve por parte do legislador uma clara intenção em alargar a figura, em nome dos ideais de justiça comutativa contratual, tornando mais simples, menos complexa e mais abrangente a tarefa do intérprete-aplicador na aplicação do artigo 282º do Código Civil.

Está em causa, neste domínio, a "proteção do contraente mais débil": daquele que, por uma razão ou por outra, se encontra, naquele caso concreto e no âmbito daquele negócio jurídico, numa situação de inferioridade.

VII. É nesse sentido, de resto, que certa doutrina[(82)] tem vindo a aludir à necessidade de se enveredar pela utilização de um sistema móvel no regime jurídico aplicável ao negócio usurário, com o seguinte sentido: quanto maior for o desequilíbrio das prestações de um determinado negócio jurídico, menor deverá ser a ponderação dos elementos subjetivos a aferir nas esferas jurídicas do usurário e do lesado. Não será de exigir, em caso de manifesto desequilíbrio negocial, um aproveitamento *intencional* (ou mesmo *consciente*) do estado de inferioridade do lesado, por parte do usurário. Inversamente, há de ser-se particularmente exigente na medida em que a desproporção das prestações seja menos gravosa: só haverá negócio usurário, nestes casos, se o usurário se aproveitar *intencionalmente* do estado de inferioridade do lesado. Por outras palavras, quando a lesão seja muito significativa (*laesio enormissima*), o aproveitamento da situação de inferioridade do lesado — bem como a sua fraqueza — podem ser descaracterizados.

VIII. O regime do negócio usurário e a adoção de um sistema móvel, nos termos enunciados, favorecem a proteção do contraente mais débil e a prossecução de um ideal de justiça contratual: quanto maior for a situação de inferioridade do contraente negocial, menores serão os elementos a exigir para efeitos de aplicação do regime em causa e maiores serão as possibilidades de se enveredar pela modificação do contrato segundo juízos de equidade.

---

(79) Veja-se, a este propósito, a anotação ao artigo 187º do Código Civil brasileiro de MARIA HELENA DINIZ, *Novo Código Civil Comentado,* 3ª ed. atualizada, Alexandre Guedes Assunção/Carlos Alberto Maluf/Joel Dias Jr./Jones Figueiredo Alves/Maria Helena Diniz/Mário Luiz Delgado/Regina Tavares da Silva/Ricardo Fiuza/Zeno Veloso (coord. Ricardo Fiuza), cit., p. 157.

(80) Todavia, como nota Pedro Pais de Vasconcelos (*Contratos Atípicos,* cit., pp. 428-430), o critério objetivo de justiça só atua e interfere no negócio usurário se a vítima o pedir e no interesse dela; a *usura* não funda a nulidade do contrato, mas tão só a anulabilidade, sendo certo que a *busca* da *justiça interna* do contrato só ocorre, por outro lado, se tiver existido uma perturbação da autonomia negocial relativamente à vítima da usura. Por outras palavras, só quando a verdadeira liberdade negocial seja posta em causa é que se deve analisar, num segundo momento, a justiça interna do contrato. Assim sendo, é mais a autonomia negocial que está a ser protegida, do que propriamente os critérios objetivos de equivalência ou de equilíbrio que impõem a sua vigência.

(81) Na versão originária do Código Civil de 1966, o artigo 282º dispunha o seguinte: *"1. É anulável, por usura, o negócio jurídico quando alguém, aproveitando conscientemente a situação de necessidade, inexperiência, dependência ou deficiência psíquica de outrem, obteve deste, para si ou para terceiro, a promessa de benefícios manifestamente excessivos ou injustificados"*. Após as alterações levadas a efeito pelo Decreto-Lei n. 262/83, de 16 de junho, o legislador, invocando a necessidade de alargar o conceito da lei civil, *"(...) demasiado restrito para as variadas situações carecidas de tutela jurídica (...)"*, conferiu nova redação ao artigo 282º, dele passando a resultar que *"1. É anulável, por usura, o negócio jurídico, quando alguém, explorando a situação de necessidade, inexperiência, ligeireza, dependência, estado mental ou fraqueza de carácter de outrem, obtiver deste, para si ou para terceiro, a promessa ou a concessão de benefícios excessivos ou injustificados"*.

(82) Cf. MENEZES CORDEIRO, *Tratado de Direito Civil Português,* I, Parte Geral, Tomo I, 2ª ed., Almedina, Coimbra, 2000, p. 459.

O Direito civil procura, por esta via, nos casos em que a *liberdade negocial* tenha sido afetada, garantir o equilíbrio das prestações, dando primazia à modificação do negócio usurário em detrimento da sua invalidade. Assim o impõem, quer a autonomia privada e a liberdade negocial, por um lado, quer o princípio do melhor aproveitamento dos negócios jurídicos, por outro lado, quer o referido ideal de justiça contratual e a "tutela do contraente mais débil".

Neste caso, a proteção de quem se encontra em situação de inferioridade faz-se através da aplicação de um conjunto (imperativo) de normas jurídicas, que se imiscuem, de forma *heterónoma,* no contrato ajustado pelas partes.

IX. Também os conceitos normativos de "bons costumes"[(83)] e "ordem pública"[(84)] se encontram entre os mecanismos postos à disposição do Direito civil tendo em vista a limitação da autonomia privada e a proteção de contraentes desprotegidos[(85)] — *"l´ordre public et les bonnes moeurs limitent ansi de façon traditionelle la liberte contractuelle"*[(86)]. Desta feita, não através de um instituto civil específico, como a boa-fé, nem de normas imperativas, como as que se aplicam aos negócios usurários, mas com base em cláusulas gerais concebidas pela Ciência do Direito tendo em vista a regulamentação de vetores não expressamente positivados.

Trata-se, em qualquer um dos casos, de conceitos indeterminados, no sentido em que não nos facultam uma ideia precisa quanto ao respetivo conteúdo normativo. A sua consagração surge, todavia, em várias passagens, conformando a vários níveis o regime jurídico aplicável ao negócio jurídico.

Assim sucede, designadamente, entre nós, no domínio das cláusulas acessórias típicas, determinando-se a nulidade dos negócios jurídicos subordinados a condições contrárias à ordem pública ou ofensivas dos bons costumes (artigo 271º, Código Civil). No mesmo sentido, são nulos os negócios jurídicos cujo objeto seja contrário à ordem pública ou ofensivo dos bons costumes (artigo 280º, Código Civil), bem como todos aqueles cujo fim comum a ambas as partes seja contrário a qualquer um dos dois aludidos princípios (artigo 281º, Código Civil).

O campo de atuação e a noção a atribuir aos dois referidos princípios não se confundem.

X. No fundo, o que está em causa, verdadeiramente, é a proteção da *liberdade* contratual ou da *autonomia privada:* em bom rigor, esta só é verdadeiramente plena e efetiva se as partes tiverem atuado

(83) Na sequência da evolução doutrinária traçada em torno do conceito, regista-se que dos *bons costumes* resulta essencialmente uma apetência para a proscrição dos efeitos emergentes da atuação privada nalguns domínios em especial, os quais, tendencialmente, por razões históricas ou por incipiência, não têm consagração expressa na lei, como sejam os domínios da atuação sexual ou familiar, bem como questões de índole deontológica próprias de certas esferas de atividade — quanto à autonomização, ao sentido, à evolução do conceito de "bons costumes" e à sua associação à Moral social, veja-se por todos, MENEZES CORDEIRO, *Da Boa-fé no Direito Civil,* Colecção Teses, Almedina, Coimbra, 1997, pp. 1208-1223.

(84) Vocacionada para a violação de princípios ou vetores fundamentais do ordenamento jurídico, visando a reprodução do sistema e vedando comportamentos que o contrariem, a *ordem pública* tem sido utilizada, designadamente, para impedir negócios jurídicos que exijam esforços desmesurados ao devedor ou que restrinjam demasiado a sua liberdade pessoal ou económica. No mesmo sentido, tem sido utilizada para proscrever a assunção de garantias pessoais ou patrimoniais ilimitadas no tempo e indetermináveis quanto à sua dimensão, recorrentemente exigidas por instituições de crédito como pressuposto necessário à celebração de contratos de mútuos. Assim como tem sido invocada para evitar contratos de duração perpétua ou contratos cuja duração indeterminada depende exclusivamente da vontade arbitrária de uma das partes, ou para deter negócios que contrariem os salários mínimos ou o regime vinculístico do arrendamento. Noutro quadrante, a ordem pública tem sido invocada para garantir a liberdade matrimonial, a liberdade de trabalho ou cláusulas de exclusividade quanto ao fornecimento de certos bens. Em suma, tem sido utilizada como mecanismo de proteção dos contraentes mais débeis: ao impedir que alguém, em situação de inferioridade, aceite a prestação de esforços desmesurados ou a prestação de garantias *aeternum et omnibus*. Veja-se, a este propósito, MENEZES CORDEIRO, *Tratado de Direito Civil Português, I, Parte Geral,* cit., pp. 506-507, que sustenta a sua posição em diversos arestos judiciais devidamente referenciados. No ordenamento jurídico francês, podem consultar-se alguns arestos judiciais alicerçados no conceito de *"ordre public"* expresso no artigo 6º do Código Civil francês em *Code Civil,* Gilles Goubeaux/Philippe Bihir/Xavier Henry/Guy Venandet, *Code Civil,* cit., pp. 27-28.

(85) A propósito *"de l´ordre public et les bonnes moeurs"* como elementos que integram *"les restrictions à la liberté contractuelle"* veja-se, no ordenamento jurídico francês, JACQUES GHESTIN, *Traité de Droit Civil, La formation du contrat,* 3ª ed., cit., pp. 85 e ss. E, a propósito dos artigos 6º (*"On ne peut déroger, par des conventions particulières, aux lois qui interessente l´ordre public et les bonnes moeurs"), 1133º* (*"La cause est ilicit, quand elle est prohibée par la loi, quand elle est contraire aux bonnes moeurs ou à l´ordre public"*) do *Code Civil,* veja-se as anotações de Gilles Goubeaux/Philippe Bihir/Xavier Henry/Guy Venandet, *Code Civil,* cit., respetivamente pp. 27 e ss. e pp. 866 e ss.

(86) Cf. JACQUES GHESTIN, *Traité de Droit Civil, La formation du contrat,* 3ª ed., cit., p. 85.

de forma livre e consciente, sem se encontrarem em situação de erro, sem terem sido coagidas[87] e sem que ocorra o aproveitamento de uma situação de desvantagem, ou seja, sem que haja *exploração* de um contraente pela contraparte negocial.

XI. As codificações civis trouxeram um novo fulgor ao Direito civil, quer quanto ao denominado *sistema externo*, quer quanto ao *sistema interno*: uma articulação das fontes ordenada e sistematizada, segundo critérios científicos e histórico-culturais, permite não apenas um correta arrumação das matérias e uma comunicação mais escorreita de institutos já consolidados, mas também novos avanços na Ciência do Direito, através da consagração de novos institutos civis.

É nesse sentido que se compreende a consagração de novos institutos jurídicos, assumindo particular destaque — a este nível — as novas construções emergentes da boa-fé, como a *culpa in contrahendo.*

XII. As codificações civis tardias, fruto da terceira sistemática, revelam uma apetência própria para se atualizarem e adaptarem ao devir social e a novas realidades que exigem a intervenção do Direito, ora recorrendo a conceitos indeterminados, ora a uma interpretação atualista.

Por vezes, porém, o esforço evolutivo levado a efeito pela Ciência do Direito não se cinge ao aperfeiçoamento das matérias já contidas nas codificações existentes. Não obstante a tradicional abrangência das codificações civis, estas mostram-se, não raras vezes, insuscetíveis de acompanhar algumas transformações sociais. Muitas vezes, atenta a forte estruturação histórico-cultural que as anima, as codificações retratam não a sociedade em que vigoram, mas o modelo social que as antecedeu. O Código Civil português de 1966, neste domínio, não foge à regra: no essencial, ele exprime uma sociedade pré-industrial, pré-consumista, e anterior à sociedade do conhecimento e da informação que hoje conhecemos. Além disso: o nosso Código Civil não atende às especificidades próprias da relação jurídica de trabalho, nem ao tráfego negocial massificado de consumo.

Quando tal sucede, há espaço para o aparecimento de *legislação extravagante*, que versa sobre matérias já tratadas no diploma codificador, ou de *legislação complementar*, que se ocupa de matérias que, não correspondendo às tratadas no Código, com elas tenham conexões significativas.

Assim sucede com a matéria das cláusulas contratuais gerais: perante a existência de uma nova realidade, carecida de tratamento jurídico e omissa no Código Civil de 1966, o legislador viu-se na contingência de intervir, através da criação de uma *legislação complementar* especificamente dirigida aos contratos celebrados com recurso a cláusulas contratuais gerais.

XIII. São conhecidas as razões que presidiram à necessidade de intervenção legislativa neste domínio: as sociedades de consumo da atualidade conduziram a um exponencial aumento do número de negócios jurídicos, dando origem à ideia de tráfego negocial de massa ou de *estandardização*[88]. O processo de formação negocial distancia-se consideravelmente do esquema negocial pandectístico contemplado no Código Civil de 1966 e os negócios formam-se a um ritmo que não se compadece com um esquema negocial que faculte aos parceiros contratuais um exercício pleno da sua *liberdade*. A erosão dos esquemas negociais tradicionais é clara: num primeiro momento, é a liberdade de estipulação que é posta em causa: os negócios formam-se mediante a simples adesão a esquemas negociais pré-elaborados, com recurso a cláusulas contratuais gerais. Num segundo momento, é a própria liberdade de celebração que é posta em causa, tornando-se meramente teórica e conduzindo a um esvaziamento da autonomia privada.

XIV. O recurso a proposições pré-elaboradas, que proponentes ou destinatários indeterminados se limitam a propor ou a aceitar, acentuou a desigualdade entre as partes no processo de formação negocial. De um lado, o utilizador das cláusulas contratuais gerais, em franca situação de domínio e de ascendente técnico, económico, social e jurídico; no campo oposto, o aderente a cláusulas contratuais gerais, em clara situação de inferioridade negocial.

---

(87) Sobre a *Coação*, veja-se PEDRO MÚRIAS, "Coacção em Sentido Amplo", *Liber Amicorum de José de Sousa e Brito em Comemoração do 70º Aniversário. Estudos de Direito e Filosofia*, Almedina, Coimbra, 2009, 681-722.
(88) Cf. PEDRO PAIS DE VASCONCELOS, *Contratos Atípicos*, cit., pp. 424 e ss.

A utilização de cláusulas-surpresa, abusivas, de exoneração de responsabilidade e de divisão leonina dos riscos do negócio, acentuou o desequilíbrio negocial entre as partes, pôs em causa o ideal de justiça contratual e determinou a necessidade de intervenção do Direito.

Uma vez mais, o Direito sentiu a necessidade de intervir em nome do aludido ideal de justiça contratual e do ideal de proteção do "contraente mais débil".

XV. Num primeiro momento, intentou-se contornar a rigidez das cláusulas contratuais gerais e a consequente desigualdade entre as partes com recurso aos princípios e regras próprias do Direito civil: a boa-fé, os bons costumes, a ordem pública e o regime dos negócios usurários.

Cedo se verificou que se tratava de uma solução pouco conseguida e francamente insuficiente para efeitos de tutela dos denominados contraentes mais débeis.

Surge então, entre nós, a vulgarmente denominada "Lei das Cláusulas Contratuais Gerais" (LCCG), com o Decreto-lei n. 446/85, de 25 de outubro(89), que abre por esta via uma nova fase de intervenção do Direito finalisticamente orientada no sentido da proteção do contraente mais débil.

Na década subsequente, surge, no espaço comunitário, a Diretiva n. 93/13/CEE, de 5 de abril, e com ela a criação nos vários Estados-membros de legislação especificamente dirigida ao fenómeno das cláusulas contratuais gerais.

XVI. A tutela do "contraente mais débil" — o aderente — nos negócios que envolvem o recurso a cláusulas contratuais gerais faz-se a vários níveis e em diversos momentos: através da criação na esfera jurídica do predisponente de particulares e reforçados deveres de informação e de comunicação nos preliminares da formação do contrato (artigos 6º e 7º da LCCG); mediante a utilização da boa-fé como bitola para apuramento de cláusulas abusivas (artigos 15º e 16º da LCCG); através da consagração de especiais esquemas de redução dos negócios perante cláusulas contratuais excluídas do negócio ou nulas (artigos 8º, 12º, 13º e 14º); mediante a consagração de elencos de cláusulas contratuais relativamente e absolutamente proibidas, aplicáveis quer às relações entre empresários ou os que exerçam profissões liberais, quer às relações com consumidores finais (artigos 18º, 19º, 20º, 21º e 22º da LCCG) e através da criação de mecanismos de tutela judicial mais efetivos, institucionalizando-se a este propósito a denominada ação inibitória, que permite a proibição judicial da utilização de certas cláusulas, independentemente da sua inclusão em contratos singulares, atribuindo-se legitimidade ativa para o efeito ao Ministério Público, associações de defesa do consumidor e associações sindicais, profissionais ou de interesses económicos legalmente constituídas (artigos 25º e ss. da LCCG).

XVII. O fito do legislador — na esteira, aliás, da aludida diretriz comunitária — não suscita quaisquer dúvidas: trata-se acima de tudo de tentar limitar a autonomia privada do contraente mais forte, de forma a tentar reequilibrar a relação contratual em causa e a evitar que a posição dominante do predisponente de cláusulas contratuais gerais redunde numa completa e total obnubilação da autonomia privada do "contraente mais débil" — o aderente. Trata-se, em suma, de garantir a autonomia privada do aderente, através de um fenómeno de *heterolimitação* da autonomia privada do predisponente.

Desta feita, porém, o escopo em apreço não foi levado a efeito pelo diploma fundamental do Direito civil — o Código Civil — mas sim com recurso à legislação extravagante(90).

---

(89) Subsequentemente alterado pelos Decretos-Lei ns. 220/95, de 31 de agosto, 249/99, de 7 de julho e 323/2001, de 17 de dezembro. Veja-se, sobre o tema, JORGE MORAIS CARVALHO, *Os contratos de consumo. Reflexão sobre a Autonomia Privada no Direito do Consumo*, cit., pp. 165 e ss.; e CARLOS FERREIRA DE ALMEIDA e RUI PINTO DUARTE, "Cláusulas Contratuais Gerais Abusivas (Introdução)", em *Sub Judice — Justiça e Sociedade*, n. 39 — Cláusulas Contratuais Gerais Abusivas, 2007, pp. 7 e ss.

(90) A propósito da matéria das cláusulas contratuais gerais, veja-se, entre outros, JOAQUIM SOUSA RIBEIRO, *O problema do contrato/As cláusulas contratuais gerais e o princípio da liberdade contratual*, Almedina, Coimbra, 2003 (reimpressão da edição de 1998); ALMEIDA COSTA; MENEZES CORDEIRO, *Cláusulas contratuais gerais/Anotação ao Decreto-Lei n. 446/85, de 25 de Outubro*, Almedina, Coimbra, 1986, com sucessivas reimpressões, até 1994; MENEZES CORDEIRO, *Tratado de Direito civil Português, I Parte Geral*, cit., pp. 411 e ss. e 427 e ss., bem como a extensa bibliografia ali citada; LUÍS MENEZES LEITÃO, *Direito das Obrigações*, v. I, 9ª ed., Almedina, Coimbra, 2010, pp. 29 e ss., destacando-se o especial desenvolvimento conferido à matéria dos contratos pré-formulados — pp. 43 e ss.

A existência de relações jurídicas desequilibradas "*implica que o Estado, através das suas leis, através das acções inibitórias, nas CGS e através da supervisão, mantenha elevados padrões de tutela da parte mais fraca*"[(91)].

XVIII. Em suma, o moderno Direito civil não é alheio à tutela do contraente mais débil e os mecanismos acima expostos revelam-no de forma clara, demonstrando o aludido movimento de *mudança* do Direito civil, no sentido da sua progressiva socialização. Em todo o caso, a tradicional neutralidade das codificações civis oitocentistas e novecentistas, proporcionadas pelo "jusracionalismo" (quanto ao "Código de Napoleão") e pela "pandectística" (quanto ao BGB), aliada à ausência de disposições especificamente dedicadas à proteção de determinadas categorias estereotipadas de contratantes (*v. g.*, o "trabalhador" e o "consumidor") ditaram o advento de novos ramos de Direito privado especial, tais como o Direito do trabalho e o Direito do consumo, nos quais se eleva a desiderato principal a tutela do "contraente mais débil", a saber: o trabalhador e o consumidor, respetivamente.

O tema presente, que se centra no Direito do trabalho, não pode, consequentemente, deixar de atender, quer aos supraexpostos influxos provenientes do Direito civil, quer à análise, ainda que superficial, da realidade que marca o Direito do consumo, procurando descortinar matrizes e linhas de orientação comuns.

Segue-se um breve excurso dos modelos legislativos atualmente vigentes no nosso ordenamento jurídico no domínio do Direito do consumo, para que depois nos centremos, em definitivo, no Direito do trabalho.

Atendendo a que nos iremos centrar no "princípio da proteção do trabalhador" e no Direito do trabalho, as referências feitas ao Direito civil e as que se seguem relativamente ao Direito do consumo são esparsas e apenas a título de enquadramento preliminar, não contendo, em consequência, o grau de desenvolvimento e aprofundamento que tentaremos levar a efeito aquando da análise do sistema juslaboral.

2. No Direito do consumo

2.1. Aspetos gerais

I. É relativamente pacífica, hoje, a necessidade de o Direito consagrar especiais esquemas de proteção do consumidor, enquanto "contraente mais débil" sistematicamente sujeito a perigos, riscos e abusos provenientes da "sociedade de consumo" ou de abundância[(92)].

A revolução industrial, apoiada em invenções técnicas, trouxe a produção em série, a mecanização do processo produtivo, a descida dos custos de produção e o aumento do nível de vida das populações. A revolução comercial, apoiada em novos métodos de venda, na publicidade, no crédito e no recurso a intermediários, desenvolveu o comércio e permitiu o fácil escoamento dos produtos. A revolução industrial e a revolução comercial, aliadas, mais recentemente, à criação de novos produtos financeiros, à evolução e sofisticação das sociedades financeiras, à facilitação do crédito, à sociedade tecnológica e da informação, trouxeram a "sociedade de consumo" e de abundância, suscetível de incrementar e de incentivar o consumo dos bens produzidos de forma exponencial e por vezes para além da capacidade (real) de aquisição dos consumidores. A problemática da proteção dos consumidores passou a ser uma realidade, em especial, a partir da segunda metade do século XX, fruto essencialmente dos desenvolvimentos que se verificaram neste domínio nos Estados Unidos da América[(93)] e que paulatinamente se estenderam para a Europa ocidental[(94)]. A partir "*da evolução do sistema empresarial moderno, tornou-se premente proteger*

(91) Cf. MENEZES CORDEIRO, *Direito dos Seguros*, cit., p. 563.

(92) Veja-se, a este propósito, JOHN KENNETH, GALBRAITH, *The affluent society*, Houghton Mifflin, Boston, 1958.

(93) Sobre as origens do Direito do consumo, veja-se JORGE MORAIS CARVALHO, *Manual de Direito do Consumo*, Almedina, Coimbra, 2013, pp. 9 e ss.

(94) A propósito da história do movimento dito "*consumerista*" e das primeiras abordagens à necessidade de proteção do consumidor, veja-se ANTÓNIO PINTO MONTEIRO, "Do Direito do consumo ao Código do Consumidor", *Estudos do Direito do consumo*, Centro de Direito do Consumo, n. 1, 1999, pp. 206 e ss.; JOÃO CALVÃO DA SILVA, *Responsabilidade Civil do*

o consumidor contra abusos e lesões decorrentes do poder cada vez maior das empresas (...) buscando assim um equilíbrio nas relações de consumo"[95].

II. A partir do momento em que se torna clara a relação desequilibrada entre o consumidor e o profissional, em virtude de este dispor, em regra, de mais e melhor informação relativa ao negócio a celebrar e de uma capacidade técnica e financeira superior, a tutela do consumidor rapidamente se impôs de forma alargada e sistemática, passando a assumir-se como um dos domínios de atuação do Direito da União Europeia. Por outras palavras, quando se tornou claro, como afirma Luís Menezes Leitão, que "*a igualdade jurídica não tem correspondência no plano económico, dado que os produtores têm maior força económica e maior domínio da informação que os consumidores, que se vêem constrangidos a aceitar negócios em condições que não desejam por fraqueza negocial ou deficiente informação*", colocou-se, de forma cristalina, "*a necessidade de tutelar a parte mais fraca, ou seja, o consumidor*"[96].

Torna-se claro, enfim, como afirma Gilles Paisant, que "*la raison d´être*" do "*droit de la consommation (...) est d´assurer la protection des consommateurs*"[97].

Entre nós, a tutela do consumidor passa de resto a assumir-se como uma imposição constitucional[98].

A Constituição da República Portuguesa (CRP) de 1976 impôs ao Estado a tarefa de "*proteger o consumidor, designadamente através do apoio a criação de associações de consumidores*" (cf. artigo 81º, alínea *m*)[99].

A revisão de 1982 dedicou aos direitos dos consumidores um capítulo autónomo — o Título VI da Parte II, atinente ao "*Comércio e Proteção do Consumidor*" — na parte relativa à organização económica, ao passo que a revisão de 1989 deslocou os direitos dos consumidores para o artigo 60º da Parte III — *Direitos Económicos, Sociais e Culturais* — conferindo-lhes assim uma tutela similar à atribuída aos direitos fundamentais[100].

A tutela dos consumidores constitui, assim, um imperativo constitucional e uma tarefa do Estado português. Passa a assumir-se, como afirma Carla Amado Gomes, como um dos "*novos trabalhos do Estado Social*"[101].

E a União Europeia, no mesmo sentido, na sequência da Carta do Conselho da Europa de 1973, e do primeiro Programa de Ação da Comissão Europeia relativo à proteção dos consumidores, de 1975[102],

---

Produtor, Almedina, Coimbra, 1999 (reimpressão da edição de 1990), pp. 28 e ss.; ANTÓNIO MENEZES CORDEIRO, "Da Natureza Civil do Direito do Consumo", *in O Direito*, ano 136º, IV, 2004, pp. 605-640 e *Tratado de Direito civil Português*, I Parte Geral, cit., pp. 315 e ss.; JORGE MORAIS CARVALHO, *Os Contratos de Consumo. Reflexão sobre a Autonomia Privada no Direito do Consumo*, cit., pp. 14 e ss. A nível internacional, podem destacar-se algumas obras de referência, nomeadamente, EIKE VON HIPPEL, *Verbraucherschutz*, 3ª ed., Mohr Siebeck, Tübingen, e *Der Schutz des Schwächeren*, Mohr Siebeck,Tübingen, 1982; CARLOS LASARTE ÁLVAREZ, *Manual sobre Protección de Consumidores y Usuarios*, Dykinson, Madrid, 2003; GUILLERMO PALAO MORENO, "La Protección de Los Consumidores en el Ámbito Comunitario Europeo", *in Derecho Privado de Consumo*,Tirant lo Blanch, Valencia, 2005, pp. 73-94; GUIDO ALPA, *Introduzione al Diritto dei Consumatori*, Editoria Laterza, Roma, 2006; ÉLISE POILLOT, *Droit Européen de la Consommation et Uniformisation du Droit des Contrats*, Librairie Générale de Droit et de Jurisprudence, Paris, 2006; JEAN CALAIS-AULOIS e FRANK STEINMETZ, *Droit de la Consommation*, 7ª ed., Dalloz, Paris, 2006.

(95) Cf. WALDIRIO BULGARELLI, *Questões Contratuais no Código de Defesa do Consumidor*, Editora Atlas, São Paulo, 1999, p. 22.

(96) Cf. LUÍS MENEZES LEITÃO, "O Direito do Consumo: Autorização e Configuração Dogmática", *Estudos do Instituto de Direito do Consumo*, v. I, Instituto de Direito do Consumo, Faculdade de Direito da Universidade de Lisboa, Almedina, Coimbra, 2002, pp. 11 e ss. (13).

(97) Cf. GILLES PAISANT, "La protection par de droit de la consommation", *Les Clauses Abusives entre Professionnels*, coord. de Christophe Jamim/Denis Mazeaud, cit., pp. 17 e ss. (18).

(98) A propósito da Constituição e dos direitos dos consumidores, veja-se CARLA AMADO GOMES, "Os novos trabalhos do Estado: a Administração Pública e a defesa do consumidor", *Revista da Faculdade de Direito da Universidade de Lisboa*, Coimbra, 2000, pp. 634 e ss.

(99) Atualmente, a matéria encontra-se prevista no artigo 81º, alínea *i*, da Constituição, onde se afirma que incumbe ao Estado "*Garantir a defesa dos interesses e os direitos dos consumidores*".

(100) Veja-se, a este propósito, CARLA AMADO GOMES, "Os novos Trabalhos do Estado: A Administração Pública e a Defesa do Consumidor", *Estudos do Instituto de Direito do Consumo*, v. I, cit., pp. 33-34.

(101) Cf. CARLA AMADO GOMES, "Os novos Trabalhos do Estado: A Administração Pública e a Defesa do Consumidor", *Estudos do Instituto de Direito do Consumo*, v. I, cit., pp. 31 e ss. (31).

(102) Recorda-se que o "*Programa Preliminar da CEE para uma política de proteção e de informação do consumidor*" assentava em cinco direitos fundamentais do consumidor: direito à proteção da sua saúde e segurança; direito à proteção dos seus interesses económicos; direito à reparação dos danos sofridos; direito à informação e `formação; e direito à representação ou a ser ouvido.

instou em diversos momentos os Estados-membros a legislarem em prol da defesa do consumidor, fundamentalmente através de diretrizes a tanto dirigidas[103]. Como afirma Ana Guerra Martins, *"a protecção dos consumidores contém, de há algum tempo a esta parte, uma dimensão comunitária"*[104].

2.2. O Direito do consumo enquanto ramo de direito privado especial: génese e finalidades

I. Na esteira das referidas diretrizes constitucionais — e da União Europeia —, o legislador ordinário tem atuado entre nós de forma abrangente, intentando tutelar os consumidores a vários níveis e mediante a consagração de inúmeras situações jurídicas ativas nas respetivas esferas jurídicas, nomeadamente através da nossa Lei de Defesa do Consumidor — inicialmente aprovada pela Lei n. 29/81, de 22 de agosto, e subsequentemente pela Lei n. 24/96, de 31 de julho, que revogou a primeira e que foi subsequentemente alterada pela Lei n. 85/98, de 16 de dezembro, pelo Decreto-lei n. 67/2003, de 8 de abril e pela Lei n. 10/2013, de 28 de janeiro. Nuns casos, trata-se de atribuir posições ativas dos cidadãos perante o Estado; noutros, está em causa a atribuição de verdadeiros direitos subjetivos do consumidor, invocáveis no domínio privado.

Genericamente, as situações jurídicas ativas emergentes da CRP (artigo 60º) e da Lei de Defesa do Consumidor (LDC), Lei n. 24/96, de 31 de julho, são as seguintes:

— *Direito à qualidade dos bens e serviços* (artigo 4º, LDC);

— *Direito à proteção da saúde e da segurança física* (artigo 5º, LDC);

— *Direito à educação para o consumo* (artigo 6º, LDC);

— *Direito à informação* (artigo 8º, LDC);

— *Direito à proteção dos interesses económicos* (artigo 9º, LDC);

— *Direito à proteção jurídica* (artigo 10º, 12º e 13º, LDC);

— *Direito à participação através de associações representativas* (artigo 15º, LDC).

II. Compreende-se a necessidade de se conferir um especial tratamento aos consumidores.

No domínio da formação dos contratos, a autonomia privada do consumidor é facilmente manipulada e viciada por técnicas ardilosas e subtis de persuasão. O desequilíbrio técnico, social e económico das partes envolvidas numa relação jurídica de consumo torna-se premente, dando azo, não raras vezes, a desequilíbrios jurídicos e à obnubilação na esfera jurídica do consumidor da liberdade de estipulação negocial.

---

(103) Veja-se, a este propósito, MÁRIO FROTA, "O Tratado de Amesterdão e a tutela dos direitos dos consumidores", *Tribuna da Justiça*, 1990, n. 3, pp. 61 e ss.; e JORGE MORAIS CARVALHO, *Os Contratos de Consumo. Reflexão sobre a Autonomia Privada no Direito do Consumo*, cit., pp. 15 e ss., bem como a extensa bibliografia ali citada, e "La Protección de los Consumidores en la Unión Europea: Mito o Realidad?", *Criterio Juridico*, v. 6, Santiago de Cali, 2006, pp. 243-266. A este propósito, o autor sublinha que *"el principio de la protección de los consumidores está actualmente claramente consagrado en el derecho comunitário"* (p. 243). A título exemplificativo, recordam-se as seguintes diretivas da União Europeia: Diretiva n. 85/374/CEE, de 25 de julho, sobre responsabilidade do produtor, transposta entre nós pelo Decreto-Lei n. 383/89, de 6 de novembro; Diretiva n. 87/577/CEE, de 20 de dezembro, referente a contratos celebrados fora do estabelecimento; Diretiva n. 87/355/CEE, de 25 de junho de 1987, relativa a imitações perigosas, transposta entre nós pelo Decreto-Lei n. 150/90, de 10 de maio; Diretiva n. 91/493/CEE, de 22 de julho, referente à produção e colocação no mercado de produtos da pesca, alterada pela Diretiva n. 95/71/CE, de 22 de dezembro, transposta entre nós pelo Decreto-Lei n. 375/98, de 24 de novembro; Diretiva n. 93/13/CEE, de 5 de abril, sobre cláusulas abusivas nos contratos com consumidores, transposta, entre nós, pelo Decreto-Lei n. 220/95, de 31 de agosto, que modificou o regime jurídico das cláusulas contratuais gerais, aprovado pelo Decreto-Lei n. 446/85, de 25 de outubro; Diretiva n. 96/22/CE, de 29 de abril, que proíbe a utilização de certas hormonas na produção animal, transposta entre nós pelo Decreto-Lei n. 150/99, de 7 de maio; Diretiva n. 97/7/CE, de 20 de maio, quanto a vendas à distância, transposta entre nós pelo Decreto-Lei n. 143/01, de 26 de abril, subsequentemente alterado pelo Decreto-Lei n. 82/08, de 20 de maio; Diretiva n. 98/6/CE, de 16 de fevereiro, relativa à fixação de preços, transposta entre nós pelo Decreto-Lei n. 162/99, de 13 de maio; Diretiva n. 99/44/CE, de 25 de maio, relativa a vendas de bens de consumo, transposta entre nós pelo Decreto-Lei n. 67/03, de 8 de abril de 2003; e Diretiva n. 2008/48/CEE, de 23 de abril, quanto ao crédito ao consumo, transposta entre nós pelo Decreto-Lei n. 133/09, de 2 de junho.

(104) Cf. ANA MARIA GUERRA MARTINS, "O Direito Comunitário do Consumo", *Estudos do Instituto de Direito do Consumo*, v. I, cit., pp. 63 e ss. (63). O artigo em apreço descreve, de forma pormenorizada, a evolução do direito europeu do consumo, que é marcada por uma atuação paulatina mas evolutiva — de uma quase indiferença do Tratado de Roma sobre estas matérias, passa-se, paulatinamente, para uma *"política comunitária de defesa do consumidor"*.

Basta atender, para o efeito, ao já referido fenómeno das cláusulas contratuais gerais.

É nesse sentido que se apela à intervenção do Direito.

III. O Direito civil, enquanto direito privado comum, poderia — e pode, como se viu *supra* — ter uma palavra a dizer em sede de tutela do consumidor: o consumidor, afinal, mais não é do que um sujeito privado parte de uma relação jurídica privada. E o Direito civil, enquanto tal, contém regras de proteção dos adquirentes, inseridas no contrato de compra e venda.

Cedo se percebeu, porém, a insuficiência do Direito civil para fazer face a relações jurídicas desequilibradas: o Direito civil foi concebido e desenvolvido tendo por base um paradigma de paridade de armas em sede contratual, o que não sucede no domínio das relações jurídicas de consumo. E mesmo quando atua, pontualmente, com o intuito de proteger alguém que se encontra, em concreto, numa especial situação de inferioridade — *v. g.*, no domínio dos negócios usurários — não o faz de forma categorial e tendo por base um universo identificado de pessoas, como sejam os consumidores ou os trabalhadores: fá-lo, apenas, perante determinados casos concretos, quando, *in casu*, se verifique a existência de uma particular situação de inferioridade negocial que pode ter origem em diversas causas ou situações distintas, insuscetíveis, portanto, de uma categorização única e previamente identificável. Por outras palavras, as regras de proteção dos adquirentes, como afirma Menezes Cordeiro, não eram suficientes para suportar um setor autónomo de tutela do consumidor[(105)].

É nesse contexto que surge o Direito do consumo, enquanto Direito privado especial que visa proteger um grupo homogéneo e identificável de contraentes: os consumidores[(106)].

IV. O Direito do consumo expressa-se entre nós num conjunto significativo de diplomas[(107)], nem sempre articulados, por força dos quais o legislador, tendo em vista a tutela do consumidor, envereda por especiais esquemas de limitação da autonomia privada do contraente mais forte — o produtor ou fornecedor de bens e serviços — fazendo-o a vários níveis:

a) mediante a regulamentação do fenómeno das cláusulas contratuais gerais, através da criação de ónus ou encargos na esfera jurídica do predisponente (*v. g.*, de informação e de comunicação), da criação de elencos de cláusulas proibidas, sujeitas ao regime de nulidades; da criação de mecanismos de redução, das ações inibitórias, etc.[(108)];

b) através da criação e imposição de especiais direitos de informação e de comunicação nas relações de consumo[(109)];

---

(105) Cf. MENEZES CORDEIRO, *Tratado de Direito civil Português*, I Parte Geral, cit., p. 320.

(106) Recorda-se, porém, que a autonomia do Direito do consumo, como afirma Luís Menezes Leitão, é uma autonomia *"frágil"*, nomeadamente porque a autonomização deste ramo do Direito *"se efetua apenas em função da relação de consumo (...). Ora, uma autonomização de um ramo de direito baseada apenas nesta concepção é em certa medida frágil, não apenas porque não abrange regulações normativas, que eram objecto de vários ramos de direito, sem ligações entre si, mas também porque os problemas suscitados principalmente nas relações de consumo também não justificam um tratamento diferenciado em relação a outras relações jurídicas"* — Cf. LUÍS MENEZES LEITÃO, "O Direito do Consumo: Autorização e Configuração Dogmática", *Estudos do Instituto de Direito do Consumo*, v. I, cit., pp. 11 e ss. (24-25).

(107) Para além da consagração expressa da defesa do consumidor no artigo 60º da Constituição, é relativamente extensa, entre nós, a listagem de diplomas atinentes aos direitos dos consumidores. Assim, a título meramente exemplificativo:
Lei n. 24/96, de 31 de julho: Lei de Defesa do Consumidor, alterada pela Lei n. 85/98, de 16 de dezembro, pelo Decreto-Lei n. 67/03, de 8 de abril e pela Lei n. 10/2013, de 28 de janeiro;
Decreto-Lei n. 253/86, de 25 de agosto: define as práticas comerciais consideradas de concorrência desleal, tendo em vista a tutela do consumidor, alterado pelo Decreto-Lei n. 73/94, de 3 de março;
Decreto-Lei n. 383/89, de 6 de novembro: regulamenta a responsabilidade do produtor pela venda de coisas defeituosas;
Decreto-Lei n. 379/93, de 29 de outubro: proíbe as práticas individuais restritivas do comércio, designadamente as práticas comerciais discriminatórias;
Decreto-Lei n. 371/93, de 29 de outubro: contém o regime geral da defesa da concorrência;
Decreto-Lei n. 23/96, de 26 de julho: cria mecanismos de tutela do utente de serviços públicos;
Decreto-Lei n. 143/01, de 26 de abril, alterado pelo Decreto-lei n. 317/09, de 30 de outubro: transpõe para a ordem jurídica interna a Diretiva n. 97/7/CE do Parlamento Europeu e do Conselho, de 20 de maio, relativa à proteção dos consumidores em matéria de contratos celebrados à distância, regula os contratos ao domicílio e equiparados, as vendas automáticas e as vendas especiais esporádicas e estabelece as modalidades proibidas de vendas de bens ou prestação de serviços.

(108) Lei das Cláusulas Contratuais Gerais: Decreto-Lei n. 446/85, de 25 de outubro, alterado pelo Decreto-Lei n. 220/95, de 31 de agosto e Decreto-Lei n. 249/99, de 7 de julho.

(109) Designadamente nos artigos 7º e 8º da Lei de Defesa do Consumidor — Lei n. 24/96, de 31 de julho.

c) através da tutela de interesses difusos e da criação de mecanismos de ações inibitórias[(110)];

d) mediante a responsabilização do produtor, independentemente de culpa[(111)];

e) através da criação de períodos de reflexão e de mecanismos de livre revogação dos contratos por parte do consumidor[(112)];

f) mediante a defesa de concorrência, nomeadamente através da proibição das vendas forçadas, das vendas em cadeia, das vendas com prejuízo e da regulamentação da validade de outras práticas concorrenciais "agressivas"[(113)], nomeadamente no domínio das *vendas com redução de preços, saldos* e *liquidações*, visando-se a clareza e exatidão na formação dos preços e no processo de formação negocial, a transparência do mercado, a promoção de uma concorrência leal e, em última instância, a tutela do consumidor e da autonomia privada[(114)]. Há quem defenda, de resto, nomeadamente no domínio do combate às cláusulas abusivas entre profissionais, que "*plus que le droit commun ou le droit de la consommation, dont il vient d´être démontré qu´il n´assurent qu´une protection très imparfaite contre les clauses abusives entre professionnels, le droit de la concurrence peut sembler de prime abord le plus adapte pour atteindre cet objectif*"[(115)]. Para o efeito, exige-se, em legislação especial — Decreto-lei n. 70/2007 de 26 de março — o cumprimento de particulares *deveres de informação* — deve ser assegurado o anúncio da redução (artigo 4º), devem ser afixados os preços (artigo 6º) e anunciada, com seja caso disso, a venda de produtos com defeito (artigo 9º) — bem como de particulares *deveres de lealdade* — as reduções devem ser reais (artigo 5º), devem ser garantidas existências adequadas à previsão de venda (artigo 7º) e, durante o período de venda com redução de preços, ser aceites todos os meios de pagamento habituais (artigo 7º, n. 2).

V. Importa, em suma, atuar tendo em vista a reposição do equilíbrio contratual e da justiça contratual intrínseca[(116)], claramente postas em risco numa sociedade em que o tráfego negocial de massas é uma constante e o recurso ao crédito fácil é quase que imposto ao consumidor por sociedades financeiras especializadas.

Também aqui o ideal de justiça contratual comutativa é prosseguido através da *heterolimitação* da autonomia privada e da compressão da liberdade contratual, fundamentalmente através da existência de um número significativo de normas imperativas que se impõem à vontade das partes e independentemente das cláusulas por estas acordadas[(117)].

E, também aqui, tal como no Direito do trabalho, o que está em causa é, no essencial, a proteção do contraente mais débil, de forma a garantir uma efetiva e real igualdade das partes na formação e execução de contratos privados.

VI. O "princípio da proteção do trabalhador", porém, como se verá, não se confunde com o da tutela do contraente mais débil, por ser mais delimitado, por um lado, mas simultaneamente mais amplo e mais abrangente do que este último, por outro lado.

---

(110) Designadamente nos artigos 10º e 11º da Lei de Defesa do Consumidor e 25º da Lei das Cláusulas Contratuais Gerais.

(111) Decreto-Lei n. 383/89, de 6 de novembro e artigos 8º n. 5 e 12º da Lei de Defesa do Consumidor.

(112) Cf. artigos 8º, n. 4 e 9º, n. 7 da Lei de Defesa do Consumidor e artigo 6º do Decreto-Lei n. 143/01, de 26 de abril.

(113) Entre nós, a matéria encontra-se atualmente regulada no Decreto-Lei n. 70/07, de 26 de março, que revogou, neste domínio, o Decreto-Lei n. 253/86, de 25 de agosto, que por sua vez já havia sido alterado pelo Decreto-Lei n. 73/94, de 3 de março (quanto às denominadas *"vendas com prejuízo"* — artigo 14º) e pelo Decreto-Lei n. 140/98, de 16 de março (que havia revogado os artigos 14º, 15º e 16º do diploma atinente às *"vendas com prejuízo"*, os quais passaram a ser regulamentados, apenas, pelo Decreto-Lei n. 370/93, de 29 de outubro, com a redação que lhe foi dada pelo referido Decreto-Lei n. 140/98). No essencial, e nos termos do citado Decreto-Lei n. 70/07, as *promoções* visam aumentar o volume de vendas, promover o lançamento de novos produtos ou antecipar o escoamento de existências; os *saldos* (artigo 10º) visam a renovação das existências por escoamento acelerado com redução de preços em determinados períodos do ano, em épocas de "fim de estação"; e as *liquidações* (artigo 13º) visam o escoamento acelerado das existências por força de um acontecimento excecional e tendencialmente imprevisto

(114) A propósito da harmonização entre regras de concorrência e tutela do consumidor, veja-se CARLOS FERREIRA DE ALMEIDA, cit., pp. 72 e ss.

(115) Cf. LAURENCE IDOT, *"La protection par le droit de la concurrence"*, *Les Clauses Abusives entre Professionnels*, coord. de Christophe Jamim/Denis Mazeaud, cit., pp. 55 e ss. (55).

(116) A propósito da vocação "tutelar" do Direito do Consumo, veja-se, entre nós, a obra de referência de CARLOS FERREIRA DE ALMEIDA, *Os Direitos dos Consumidores*, Almedina, Coimbra, 1982, pp. 11 a 24.

(117) Cf. JORGE MORAIS CARVALHO, *Os Contratos de Consumo. Reflexão sobre a Autonomia Privada no Direito do Consumo*, cit., p. 13.

No mesmo sentido, ao passo que o Direito do trabalho tem a sua autonomia assegurada pelo "princípio da proteção do trabalhador", pela especificidade das suas fontes, pela existência de um nível coletivo e pela proliferação de normas imperativas ligadas em torno daquele princípio, circunstâncias que justificam um tratamento autónomo, unitário e integrado, o mesmo não se passa com o Direito do consumo — ao contrário do que sucede com o Direito do trabalho, o núcleo essencial do Direito do consumo é Direito civil[118]. Os propósitos de proteção dos consumidores finais do circuito económico, centrados essencialmente no direito a uma cabal informação, na prevenção do ressarcimento de eventuais danos e na consagração do direito à reflexão e ao arrependimento, resultam (pelo menos os dois primeiros) das regras e dos vetores civis. O Direito do consumo pode, pois, ser estudado no Direito civil.

Pelo contrário, a autonomia do Direito do trabalho não é questionada.

E o princípio da proteção do trabalhador, por outro lado, não se confunde com o da proteção do contraente mais débil.

VII. O "princípio da proteção do trabalhador", por um lado, é mais delimitado do que o da proteção do contraente mais débil porque se circunscreve a uma categoria específica de agente contratual: tem por objeto o trabalhador subordinado e só o trabalhador subordinado. No Direito do trabalho, o que está em causa não é a proteção do contraente que, em concreto, se afigura mais desfavorecido — o que está em causa, essencialmente, é a proteção do trabalhador, enquanto categoria previamente delimitada e dogmaticamente individualizável.

Por outro lado e no polo oposto, o "princípio da proteção do trabalhador" é mais amplo e mais abrangente do que o princípio da proteção do contraente mais débil, no que diz respeito ao campo em que opera essa proteção. No domínio laboral, o que está em causa é a proteção do trabalhador de forma abrangente, quer dizer, para além dos limites do contrato de trabalho — ao passo que o princípio da tutela do contraente mais débil atua, apenas e tão só, no domínio do contrato e na sua regulamentação, no Direito do trabalho o "princípio da proteção do trabalhador" vai mais além, atuando também a nível interpretativo, ao nível do conflito hierárquico de fontes, em sede de conflitos de fontes no tempo e no espaço e enquanto elemento de conformação da produção legislativa, para além de se exprimir, também, ao nível do Direito do trabalho coletivo.

Mais do que isso: o "princípio da proteção do trabalhador", como se verá, integra o núcleo essencial do Direito do trabalho e está na génese deste ramo do direito. O Direito do trabalho existe em função do "princípio da proteção do trabalhador" e este constitui a sua partícula divina, sem a qual o Direito do trabalho não se compreende e perde a razão de existir. Pelo contrário, o "princípio da proteção do contraente mais débil", como acima se aflorou, corresponde apenas a um movimento de socialização do Direito civil, mas não se confunde, nem com a sua génese, nem com a sua vocação mais remota. O Direito civil foi concebido em torno da ideia de liberdade negocial e de não ingerência do Estado no tráfego negocial, essencialmente caracterizado pelo princípio da autonomia privada — as derivações em torno do "princípio da proteção do contraente mais débil" surgem, pois, como um desvio àquela finalidade original do Direito civil; pelo contrário, o Direito do trabalho surge como ramo de direito privado especial orientado finalisticamente para a proteção do trabalhador e centrado, enquanto tal, no "princípio da proteção do trabalhador".

Direito do trabalho e "princípio da proteção do trabalhador" estão, por isso, umbilicalmente associados: um não existe sem o outro e nenhum se compreende de forma autónoma e dissociada.

O "princípio da proteção do trabalhador" constitui, nos termos adiante expostos, a "partícula de Deus do Direito do trabalho", ou o seu átomo criador.

Por essa razão, para além de atuar ao nível das fontes específicas do Direito do trabalho e como forma de dignificação do trabalho, ele deve assumir também um papel de orientação do legislador e uma

(118) Cf. MENEZES CORDEIRO, *Tratado de Direito civil Português*, I Parte Geral, cit., p. 333.

função de limitação — externa e interna — aos influxos modificativos do Direito do trabalho, facto que não sucede, no Direito civil, quanto ao princípio de proteção do contraente mais débil.

3. No Direito do trabalho

3.1. Aspetos gerais: Direito do trabalho e "Questão social"

I. Foi a propósito das relações laborais e fundamentalmente após a Revolução Industrial e as transformações por ela operadas, que estiveram na origem da célebre "Questão Social"(119), que se constatou com maior incidência a existência de relações privadas desiguais, que fugiam ao cânone normal das relações reguladas pelo Direito civil. E tal desigualdade, sendo manifesta, era-o a vários níveis: no plano factual e no plano jurídico; quer numa fase prévia à celebração do contrato de trabalho; quer numa fase subsequente, isto é, no âmbito da formação, execução e cessação do contrato de trabalho.

A desigualdade contratual que marcou o aparecimento do Direito do trabalho era não apenas jurídica, mas também social e económica, tornando insustentável a tradicional neutralidade do Direito civil.

O Direito do trabalho aparece, como se verá, nas palavras de Giuseppe Pera, como um sistema jurídico que intervém a favor da *"parte più debole"* do contrato(120) ou que, como sustenta Bernard Teyssié, *"a pour principale préoccupation la protection des salariés"*(121), afigurando-se assim como um instrumento para a realização dos direitos fundamentais e de cidadania do trabalhador(122) ou, como sustentam Júlio Viera Gomes e José João Abrantes, para a defesa da sua dignidade como pessoa(123)(124). O Direito do trabalho surge, consequentemente, nas palavras de Mauricio Gomes Delgado, como um ramo de direito *"destacadamente teleológico e finalístico"*, que visa a valorização *"da dignidade da pessoa humana, do trabalho e do emprego"*(125).

Ou, como sustenta Santoro — Passarelli, *"Tutto il diritto del lavoro è ordinato caratteristicamente a questo fine, alla tutela della (...) personalità umana del lavoratore"*(126).

É neste contexto que o Direito do trabalho vai, no essencial, assentar num corpo de normas e princípios destinados a garantir a proteção do trabalhador — o *"floor of rights"* a que se referem Simon Deakin e Gillian Morris(127) — e a *"restringir el poder de los empresarios"*(128).

II. No plano factual, as negociações conducentes à celebração do contrato de trabalho revelavam-se, na grande generalidade dos casos, negociações desiguais. De um lado e numa posição de clara supremacia, surgia o empregador, que se permitia recusar a contratação de outrem e dispunha da possibilidade de impor o conteúdo do potencial contrato individual de trabalho da forma que melhor lhe conviesse. No lado contrário, tínhamos o potencial trabalhador que disponibilizava a sua força de trabalho tendo em vista a satisfação das suas necessidades essenciais e do seu agregado familiar, encontrando-se numa situação que não lhe possibilitava fazer exigências a propósito do conteúdo contratual que lhe era oferecido. A

---

(119) Sobre a célebre "Questão Social" que esteve na origem do aparecimento do Direito do trabalho, vejam-se os clássicos GUSTAV SCHMOLLER, *Die soziale Frage/Klassenbildung, Arbeiterfrage, Klassenkampf*, Duncker & Humblot Munique, 1918; e FRIEDRICH ENGELS, *A situação da classe trabalhadora em Inglaterra*, tradução portuguesa, Edições Afrontamento, Porto, 1975.

(120) Cf. GIUSEPPE PERA, *Diritto del Lavoro*, 6ª ed., Cedam, 2000, Padova, p. 1.

(121) Cf. BERNARD TEYSSIÉ, *Droit du Travail, 1. Relations individuelles de travail*, 12ª ed., Litec, Paris, 1992, p. 75.

(122) Veja-se, a este propósito, HARRO PLANDER, *Arbeitsrecht: Instrument zur Verwirklichung von Grundrechten der Arbeitnehmer — eine Skizze —*, Arbeit und Recht, Festschrift für Albert Gnade, Bund-Verlag, Köln, 1992, pp. 79 e ss.

(123) Cf. JÚLIO VIEIRA GOMES, *Direito do Trabalho*, Vol. I, cit., p. 39.

(124) Cf. JOSÉ JOÃO ABRANTES, *Contrato de Trabalho e Direitos Fundamentais*, Coimbra Editora, Coimbra, 2005, pp. 35 e ss.

(125) Cf. MAURICIO GODINHO DELGADO, *Curso de Direito do Trabalho*, 9ª ed., LTr Editora, São Paulo, 2010, p. 62.

(126) Cf. FRANSCESCO SANTORO-PASSARELLI, *Nozioni di Diritto del Lavoro*, 35ª ed., Casa Editrice Dott. Eugenio Jovene, Napoli, 1995, p. 17.

(127) Cf. SIMON DEAKIN; GILLIAN MORRIS, *Labour Law*, 3ª ed., Butterworths, Londres, 2001, p. 20.

(128) Cf. OTTO KAHN-FREUND, *Trabajo y Derecho*, Centro de Publicaciones — Ministerio de Trabajo y Seguridad Social, Madrid, 1987, p. 77.

liberdade contratual, neste particular domínio, reconduzia-se na grande generalidade dos casos a uma mera liberdade de celebração no que tange à parte que disponibilizava a sua força de trabalho, estando a liberdade de estipulação e modelação contratual na disposição, apenas, do empregador. A igualdade, como pressuposto necessário da liberdade contratual, mostrava-se ausente no início dos contatos preliminares conducentes à formação de um contrato. A consideração da existência de uma desigualdade real das partes em confronto punha em causa, desde logo, a liberdade individual da parte mais débil.

A própria formação ou fixação da contraprestação da prestação laboral — a retribuição — resultava do livre jogo da oferta e da procura do trabalho e não atendia à necessária dignificação do trabalho.

O Direito civil não conseguia dar resposta a este fenómeno.

III. Por outro lado, também no plano jurídico e numa fase subsequente à da celebração dos contratos de trabalho, as relações que neste domínio se formavam ocasionavam de forma igualmente manifesta uma relação jurídica desequilibrada e desigual, estabelecida entre alguém que se via investido de um poder de direção e disciplinar e outrem, pelo contrário, que aceitava colocar-se numa posição de dependência pessoal e de subordinação jurídica e económica perante o respetivo empregador. Assim, ao passo que a entidade contratante, no plano jurídico, se colocava numa posição de supremacia, resultante designadamente da possibilidade de determinação do tipo de função exigível ao trabalhador, da possibilidade de conformação das atividades por este exercidas e, sobretudo, através da investidura de um poder disciplinar, que lhe facultava a possibilidade de aplicação unilateral de sanções disciplinares sem necessidade de recurso a qualquer autoridade judiciária, a parte contrária, isto é, o trabalhador, colocava-se numa posição de subordinação jurídica consistente na assunção de um dever de obediência em relação às ordens emanadas do respetivo empregador.

IV. À dependência jurídica acrescia ainda, salvo raras exceções, uma situação de subordinação económica do trabalhador em relação ao respetivo empregador, no sentido em que os rendimentos do trabalho surgiam como o seu principal meio de subsistência e, bem assim, no sentido em que o processo produtivo para o qual este contribuía com a sua força de trabalho era dominado, não pelo próprio, mas sim pelo referido empregador, detentor dos meios de produção e do poder de gestão da respetiva unidade produtiva.

Mais do que isso: a necessidade de obtenção de emprego e de meios de subsistência decorrentes da prestação de trabalho colocavam o candidato a emprego numa situação de especial fragilidade, sujeito a abusos e à arbitrariedade do potencial empregador.

V. O desequilíbrio desta relação era assim manifesto: para além de factual e social, era um desequilíbrio jurídico e económico, por força do qual o trabalhador, atuando indubitavelmente como a parte mais fraca, se colocava contratualmente numa situação de inferioridade em relação ao empregador. Perante este cenário, a ideia-força de igualdade real das partes nas relações entre privados, pressuposto essencial do princípio da liberdade contratual, facilmente era questionada. A suposição de que os contraentes se encontravam numa posição de reciprocidade jurídica e factual e de potencial reversibilidade dos termos em que cada situação jurídica se apresentava era ilusória e, por fim, a ideia de uma igualdade da posição de partida das partes, na qual assentava a tutela dispensada à autonomia privada, era posta de parte.

No plano jurídico, o trabalhador devia obediência ao empregador, encontrando-se numa situação passiva de *subordinação jurídica*; no plano socioeconómico, o trabalhador tinha, em regra, um poder económico e um conhecimento das matérias muito inferior ao empregador. Desenhou-se, pois, neste ponto, uma problemática que não podia deixar de ter consequências complexas, no plano do Direito(129).

VI. Surge então a ideia de que deixava de se justificar a defesa da liberdade contratual, sem limites, no domínio das relações laborais, pois a consagração da plena autonomia teria como efeito, nestes casos, a possibilidade de uma utilização abusiva pela parte mais forte dos poderes que lhe eram atribuídos no âmbito da celebração do contrato individual de trabalho.

O facto de o trabalhador aparecer como a parte mais fraca e a possibilidade real de o empregador abusar dos poderes que o próprio quadro conflitual lhe conferia, assim como a necessidade de promover

---

(129) Cf. MENEZES CORDEIRO, *Tratado de Direito Civil, I*, 4ª ed., reformulada e atualizada, cit., p. 297.

um determinado equilíbrio no interior destas relações, justificaram desde cedo a intervenção do legislador no domínio das relações de trabalho e esteve na génese do Direito do trabalho como ramo do direito que se autonomizou em relação ao Direito civil[130]. O Direito civil afirmava o dogma da igualdade formal entre as partes no contrato, sendo certo que, "*no mundo do trabalho, essa igualdade não chega: o patente desequilíbrio entre elas exige medidas de proteção tendentes a restabelecer a paridade entre as partes*"[131].

Atendendo à desigualdade factual entre os sujeitos da relação laboral impôs-se, como afirma Pedro Romano Martinez, "*uma limitação da autonomia privada, quanto à liberdade de conformar o conteúdo do contrato de trabalho*"[132].

O Direito do Trabalho assumiu-se, assim, como afirma Maria do Rosário Ramalho, como um ramo de direito "*finalisticamente determinado*"[133] e orientado para a proteção do trabalhador, procurando dar resposta à tradicional insensibilidade do Direito civil face aos problemas sociais subsequentes à Revolução Industrial[134].

3.2. Direito do trabalho e proteção do trabalhador

I. Em nome daquela finalidade de proteção do trabalhador, geneticamente associada ao Direito do trabalho e centrada no seu princípio basilar — o "princípio da proteção do trabalhador" — o Direito do trabalho passou a operar de diversas formas e por diversos meios: quer através da consagração de um corpo de normas imperativas, quer através de princípios operacionais destinados a resolver determinados conflitos de fontes, quer através da criação de normas (especiais) de interpretação, quer, também, através da consagração de determinados limites impostos ao legislador e destinados a garantir a própria preservação do Direito do trabalho, nos termos adiante analisados.

O Direito do trabalho surge, pois, como um "*vasto sistema de controlo da liberdade contratual*"[135], moldado em torno da finalidade de proteção da pessoa do trabalhador e do seu princípio-chave: o "princípio da proteção do trabalhador".

É nesse sentido que se fala em "*particularisme du droit du travail*" ou, sendo-se mais preciso, na "*autonomie du droit du travail*", ainda que esta não signifique "*el total aislamento*" do Direito do trabalho — ainda que autónomo, o Direito do trabalho mantém necessárias ligações com o Direito civil, enquanto Direito comum. Como sublinha Lord Wedderburn, "*el derecho del trabajo no puede escapar totalmente y de ninguna manera (...) de las instituciones del droit civil (...). La completa independencia situaria al derecho del trabajo en un vacío jurídico*"[136].

Podemos, assim, afirmar quatro vetores de atuação do "princípio da proteção do trabalhador", que orientam finalisticamente o próprio Direito do trabalho:

— A criação de um *conjunto de normas de natureza imperativa destinadas, em primeira instância, a proteger o trabalhador*: nalguns casos, trata-se de normas destinadas a proteger todo e qualquer trabalhador subordinado; noutros casos, de normas destinadas a proteger determinadas categorias específicas de trabalhadores mais vulneráveis, como sejam as trabalhadoras grávidas, puérperas e lactantes; noutros casos, ainda, intenta-se estender o âmbito de aplicação de algumas normas a trabalhadores equiparados aos trabalhadores subordinados;

(130) A propósito da autonomia dogmática do Direito do trabalho, veja-se MARIA DO ROSÁRIO RAMALHO, *Da Autonomia Dogmática do Direito do trabalho*, cit.

(131) Cf. MENEZES CORDEIRO, *Tratado de Direito Civil, I*, 4ª ed., reformulada e atualizada, cit., p. 300.

(132) Cf. PEDRO ROMANO MARTINEZ, "Os princípios e o Direito do Trabalho em Portugal", *Os Novos Paradigmas do Direito do Trabalho (homenagem a Valentin Carrion)*, Rita Maria Silvestre/Amauri Mascaro Nascimento (coord.), Editora Saraiva, São Paulo, 2001, pp. 27 e ss. (27).

(133) Cf. MARIA DO ROSÁRIO RAMALHO, *Tratado de Direito do Trabalho*, Parte I, Dogmática-Geral, 3ª ed., Almedina, Coimbra, 2012, p. 54.

(134) GIUSEPPE PERA, *Diritto del Lavoro*, 6ª ed., cit., pp. 7-9.

(135) Cf. JOÃO LEAL AMADO, *Contrato de Trabalho*, 2ª ed., cit., p. 16.

(136) Cf. LORD WEDDERBURN, *Los Derechos Laborales en Gran Bretaña y en Europa*, Centro de Publicaciones — Ministerio de Trabajo y Seguridad Social, Madrid, 1994, p. 158, que cita, a este propósito, GÉRARD LYON-CAEN, *"Du role des Principes Généraux du Droit Civil en Droit du Travail (Prémière approche)", Revue Trim. de Droit Civil, 1974*, pp. 229-231.

— A utilização de *subprincípios operacionais*, nomeadamente o *princípio do tratamento mais favorável ao trabalhador* — destinado a solucionar conflitos de fontes, em especial, conflitos hierárquicos de fontes;

— A criação de *normas de interpretação*, nomeadamente que determinam que quando a lei admite o afastamento do regime constante das normas legais pela intervenção de instrumentos de regulamentação coletiva de trabalho tal significa, *a contrario sensu*, que tal afastamento não pode ser levado a efeito quando esteja em causa a intervenção do contrato de trabalho; e

— A *consagração de determinados limites internos ou externos à modificabilidade do Direito do Trabalho* ou, por outras palavras, a criação de um núcleo irredutível de direitos que marcam de forma indelével este ramo do Direito.

II. No primeiro plano: é em nome do "princípio da proteção do trabalhador" e da orientação axiomática associada ao advento do Direito do trabalho que a legislação laboral surge como uma legislação tendencialmente protetora do trabalhador em geral, visto como a parte mais fraca da relação jurídico-laboral, e das categorias sociais mais ameaçadas, em vista da sua maior fragilidade na economia da relação, como as mulheres grávidas e os menores.

O estabelecimento de períodos máximos de prestação de trabalho, do direito ao repouso semanal e anual, a consagração de normas atinentes às condições de segurança, saúde e higiene no trabalho, a imposição de salários mínimos e o estabelecimento de limitações aos mecanismos de cessação dos contratos de trabalho por parte dos empregadores, surgem como medidas tendentes a tutelar certas categorias de pessoas e a garantir um mínimo de condições que devem rodear a relação laboral. Numa primeira fase, o desígnio da proteção do trabalhador abrange apenas as categorias de trabalhadores mais vulneráveis (*v. g.*, mulheres e crianças); paulatinamente, porém, verifica-se uma "*progressiva extensão da tutela laboral a um universo cada vez maior de trabalhadores (...) até virem a abranger todos os trabalhadores manuais (os operários ou assalariados) e, por fim, os trabalhadores intelectuais ou empregados*"(137).

É à luz daquele princípio da proteção do trabalhador e da finalidade do Direito do trabalho que se vislumbra, no moderno Direito do trabalho, um conjunto de regras, de natureza imperativa, que têm em vista a defesa do "trabalhador subordinado" e a respetiva proteção, formando um "núcleo irredutível" de direitos que marcam este ramo de direito. Nalguns casos, trata-se de normas com um âmbito de abrangência alargado, que se estende a todos os trabalhadores subordinados — assim, entre nós e no atual Código do Trabalho, as normas atinentes aos "direitos de personalidade" (artigos 14º a 22º), à "igualdade e não discriminação" (artigos 23º a 32º), às "garantias do trabalhador" (artigo 129º), às normas sobre a "duração e organização do tempo de trabalho" (artigos 197º a 257º), as relativas à "segurança, saúde e higiene no trabalho" e à "prevenção e reparação de acidentes de trabalho e doenças profissionais" (artigos 281º a 284º), ou à proibição do despedimento "sem justa causa" (artigo 338º); noutros casos, trata-se de normas relativas a determinadas categorias específicas de trabalhadores, tidas como mais vulneráveis — neste caso, as normas relativas às "trabalhadoras grávidas, puérperas e lactantes" (artigos 33º a 65º), ao "trabalho de menores" (artigos 66º a 82º), aos "trabalhadores com capacidade de trabalho reduzida" (artigo 84º), aos "trabalhadores com deficiência ou doença crónica" (artigos 85º a 88º) ou ao "trabalhadores-estudantes" (artigos 89º a 96º).

Mais tarde, vai-se ainda mais além: o Direito do trabalho (ou parte do mesmo) começa a expandir-se para outras áreas de atuação e a ideia de tutela do típico trabalhador privado e subordinado começa, paulatinamente, a estender-se, nomeadamente aos trabalhadores legalmente equiparados, ou seja, aos que não trabalham em regime de subordinação jurídica, mas que, todavia, se encontram numa situação de dependência económica em relação ao beneficiário da sua atividade — nos termos do artigo 10º do atual Código do Trabalho, as normas legais respeitantes a direitos de personalidade, igualdade e não discriminação e segurança e saúde no trabalho são aplicáveis às situações em que ocorra prestação do trabalho por uma pessoa a outra, sem subordinação jurídica, sempre que o prestador de trabalho se encontre na dependência económica do beneficiário da atividade.

---

(137) Cf. MARIA DO ROSÁRIO RAMALHO, *Direito do Trabalho*, Parte I, Dogmática-Geral, cit., pp. 49 e 50; e *Tratado de Direito do Trabalho*, Parte I, Dogmática-Geral, cit., p. 56.

Quer dizer: o próprio legislador enuncia um conjunto de normas que integram o seu "núcleo irredutível", procurando exportá-las para além das fronteiras iniciais do Direito do trabalho, sempre que se aperceba da existência de uma especial situação de fragilidade de quem presta trabalho, ainda que em regime de autonomia.

III. Noutro plano, para além do recurso sistemático a normas injuntivas, que corresponde a um dos vetores de atuação do aludido "princípio da proteção do trabalhador", o Direito do trabalho conta, ainda, para efeitos de proteção do trabalhador subordinado, com alguns princípios operacionais, nomeadamente em sede de conflito de fontes — conflito hierárquico, no tempo ou no espaço. É o que sucede com o *princípio do tratamento mais favorável ao trabalhador*, do qual resulta que em caso de conflito hierárquico de fontes as fontes inferiores podem prevalecer sobre as fontes superiores desde que, cumulativamente, as fontes superiores não revelem uma pretensão de aplicação absoluta e, nalguns casos, desde que aquelas se mostrem mais favoráveis para o trabalhador (cf. artigos 3º, ns. 1 e 3, 3º, n. 4 e 476º, ambos do Código do Trabalho). No mesmo sentido, resulta deste princípio que, em sede de sucessão de convenção coletiva no tempo, as condições de trabalho fixadas por instrumento de regulamentação coletiva só podem ser reduzidas por novo instrumento de cujo texto conste, em termos expressos, o seu carácter globalmente mais favorável (cf. artigo 503º, n. 3, do Código do Trabalho)(138).

Visa-se, por esta via, garantir ao trabalhador a aplicação das fontes laborais que se revelem em concreto mais favoráveis à regulamentação de uma determinada matéria. Uma vez mais, é a "proteção do trabalhador" que anima este importante e singular princípio juslaboral, nos termos infradesenvolvidos.

IV. Num terceiro plano, o "princípio da proteção do trabalhador" está na origem, também, de determinadas normas interpretativas. Para além de poder ter uma palavra a dizer ao nível dos critérios gerais da interpretação da lei previstos no artigo 9º do Código Civil, nomeadamente quanto aos elementos lógicos (*v. g.*, sistemático e teleológico) da interpretação, importa atender, ao nível específico do subsistema laboral, às normas "convénio-dispositivas", segundo as quais, sempre que uma norma legal do Código do Trabalho aluda à possibilidade de a mesma ser afastada por um instrumento de regulamentação coletiva de trabalho tal significa, *a contrario sensu*, que a mesma não pode ser afastada por uma disposição de contrato de trabalho (artigo 3º, n. 5, do Código do Trabalho), por se entender que uma atuação coletiva, em sede de instrumento de regulamentação coletiva de trabalho e com participação de estruturas representativas dos trabalhadores, tem melhores condições para proteger o trabalhador, do que uma simples atuação individual do trabalhador ao nível do contrato de trabalho.

V. Num quarto plano, o "princípio da proteção do trabalhador" está na origem da constitucionalização de determinados direitos dos trabalhadores, positivados no elenco de *direitos, liberdades e garantias* da nossa Lei Fundamental (artigos 53º a 57º) e no elenco de *direitos económicos, sociais e culturais* (artigo 59º), bem como nas alíneas *d* e *e* do artigo 288º do mesmo diploma, que contém limites materiais à revisão constitucional, destinados a evitar a eliminação ou redução substancial dos direitos, liberdades e garantias e dos direitos dos trabalhadores previstos na Constituição(139). Ou seja, o princípio da proteção do trabalhador funciona, a este nível, como uma limitação externa, imposta ao legislador, à modificação das leis laborais, ao mesmo tempo que, internamente, a própria legislação ordinária laboral contém também (designadamente no citado artigo 10º) referências à intangibilidade de determinado "núcleo essencial" de direitos, onde se incluem, nomeadamente, os direitos de personalidade, o regime da igualdade e não discriminação e o regime da segurança, higiene e saúde no trabalho e de prevenção e reparação de acidentes profissionais.

---

(138) A propósito do *princípio do tratamento mais favorável ao trabalhador*, veja-se, entre outros, ANTÓNIO MONTEIRO FERNANDES, *Direito do trabalho*, Almedina, Coimbra, 1992, pp. 86 e ss., e *Direito do Trabalho*, 12ª ed., Almedina, Coimbra, 2004, pp. 116 e ss.; MENEZES CORDEIRO, *Manual de Direito do trabalho*, Almedina, Coimbra, 1991, pp. 69 e ss.; BERNARDO LOBO XAVIER, *Curso de Direito do trabalho*, Verbo, 1992, pp. 253 e ss. e, neste caso, com a colaboração de P. Furtado Martins; A. Nunes de Carvalho; Joana Vasconcelos e Tatiana Guerra de Almeida, *Manual de Direito do Trabalho*, Verbo, 2011, pp. 883 e ss.

(139) Recorda-se que em Itália a doutrina chega mesmo a afirmar que o *"spirito del diritto del lavoro odierno"* é o que se retira das *"norme costituzionali"* positivadas na Costituição italiana de 1948. Cf. GIULIANO MAZZONI, *Manuale di Diritto del Lavoro*, 6ª ed., cit., p. 34.

Ou seja, o princípio em causa funciona também, em termos axiológicos, como uma linha orientadora em termos de direito a constituir, ainda que tal não signifique, como se verá, a intocabilidade ou mesmo a redução de determinados direitos dos trabalhadores — o que está em causa, tão somente, é a ideia de que o "princípio da proteção do trabalhador" encerra em si mesmo o sistema de valores que esteve na génese e que é o traço distintivo do Direito do trabalho. A modificação deste último, por hipótese, no sentido da proteção do empregador, significaria a descaracterização e, com isso, a morte do Direito do trabalho, concebido e desenvolvido em torno da finalidade de tutela do contraente laboral mais débil.

V. A análise dos mecanismos de proteção do trabalhador emergentes do Direito do trabalho é determinante, no âmbito da presente investigação, razão pela qual a mesma será amplamente desenvolvida, quer em geral, quer quando especificamente aplicada a determinadas categorias de trabalhadores.

Uma coisa, todavia, pode desde já ser dada por assente: o "princípio da proteção do trabalhador" está presente na génese e na evolução do Direito do trabalho. Marca a autonomia dogmática[140] deste ramo do direito e condiciona toda a sua evolução futura. E não se confunde, sequer, com o "princípio da proteção do contraente mais débil": no Direito civil, o "princípio da proteção do contraente mais débil" apenas se aplica à teoria dos contratos; no Direito do trabalho, o "princípio da proteção do trabalhador" não se limita à questão contratual e à criação de normas injuntivas condicionadoras da autonomia privada negocial: ele opera, também, através do "princípio do tratamento mais favorável" — que atua enquanto projeção interpretativo-aplicativa do princípio da proteção do trabalhador — ao nível do manuseamento das fontes laborais, nomeadamente para efeitos de interpretação das fontes laborais e em sede de conflito hierárquico de fontes, de concorrência de fontes, de sucessão de fontes no tempo e de aplicação de fontes no espaço; manifesta-se, noutro plano, através da criação de normas interpretativas, nomeadamente de "normas convénio-dispositivas"; e opera, ainda, através de grupos de normas que, expressa ou implicitamente, o legislador eleva a "núcleo irredutível de direitos", as quais podem funcionar como limites — externos ou internos — à própria modificação do Direito do trabalho.

VI. O "princípio da proteção do trabalhador" e a autonomia dogmática do Direito do trabalho andam, por isso, de mãos dadas: o Direito do trabalho foi finalisticamente concebido para mediar ou reequilibrar o conflito secular entre o capital e o trabalho e para proteger a pessoa que empresta a sua força de trabalho a outrem, razão pela qual se trata de um ramo de direito que, na sua génese, é essencialmente tutelar e de defesa de uma das partes do contrato — o trabalhador; o Direito civil, pelo contrário, só acidentalmente é tutelar, na exata medida em que não está finalisticamente concebido e vocacionado para proteger um cidadão em detrimento do outro — ele atua no pressuposto de que os contraentes se encontram num plano de igualdade e regem-se de acordo com a respetiva autonomia privada, pelo que só pontual e acidentalmente (como no caso dos negócios usurários) o Direito civil atua de forma a proteger um determinado contraente em estado de inferioridade; por outro lado, o Direito do trabalho é acima de tudo um *direito de blindagem*: ao proteger o trabalho subordinado, protege também a dignidade de quem o presta, ao passo que o Direito civil é, acima de tudo, o ramo de direito que regula a livre circulação de bens entre sujeitos iguais. Não se deve, portanto, pura e simplesmente, reconduzir o Direito do trabalho à dogmática juscivilista, o que não impede, contudo, que a dogmática laboral possa recorrer a teorias e conceitos da primeira, ou que lhe empreste, no polo oposto, elementos próprios juslaborais, como acontece precisamente com a apropriação civilista do princípio da proteção e das suas concretizações[141].

Em suma, as valorações materiais subjacentes ao Direito do trabalho, acima de tudo projetadas pelo "princípio da proteção do trabalhador"; o facto deste ramo do direito lidar com um bem — a força de trabalho — indissociável da própria personalidade humana; a circunstância de no Direito do trabalho se jogar fundamentalmente com a tutela da pessoa que presta a sua atividade a favor de outrem; e a existência de um conjunto concatenado de outros princípios e institutos juslaborais, todos eles finalisticamente orientados no sentido da proteção do trabalhador (*v. g.*, a importância atribuída à negociação coletiva

(140) Cf. MARIA DO ROSÁRIO RAMALHO, *Da Autonomia Dogmática do Direito do Trabalho, cit.*, pp. 528-532. No mesmo sentido, GUILHERME GUIMARÃES FELICIANO, *Do Pré-Contrato de Trabalho. O Contrato Preliminar de Trabalho no* Iter *da Contratação Laboral: Abordagem Comparativa e Jusfundamental*, LTr Editora, São Paulo, 2010, pp. 148-152.

(141) Cf. GUILHERME GUIMARÃES FELICIANO, *Do Pré-Contrato de Trabalho*, cit., p. 148.

na fixação das condições de trabalho ou a proibição de despedimentos imotivados) conferem ao Direito do trabalho uma autonomia dogmática (e não apenas sistemática) que o distingue do Direito civil[142][143].

§ 3º O "PRINCÍPIO DA PROTEÇÃO DO TRABALHADOR" E A IDEIA DE "SISTEMA"

1. Aspetos gerais

I. Resulta claro, à luz do que já foi exposto, que o "princípio proteção do trabalhador" envolve uma análise abrangente do Direito do trabalho, sem descurar o recurso, sempre que este se justifique, ao Direito Civil.

A análise que será feita, circunscrevendo-se no essencial ao Direito do trabalho é, todavia, mais intensa do que a que resultaria caso o tema da presente análise incidisse sobre o "princípio da proteção do contraente mais débil", por diversas razões: em primeiro lugar, dado que o campo de atuação do "princípio da proteção dos contraentes mais débeis" — o dos contratos — é mais redutor quando comparado com o que sucede no domínio da proteção do trabalhador, que extravasa a sede contratual; em segundo lugar, porque ao passo que no Direito civil a manifestação do "princípio da proteção do contraente mais débil" é excecional, ocorrendo apenas a título pontual e perante casos concretos que manifestam uma particular e desproporcionada relação de forças ou ausência de liberdade, como sucede nomeadamente no domínio dos negócios usurários, no Direito do trabalho, pelo contrário, o corpo de normas e princípios que norteiam este ramo de direito contém, por natureza, uma orientação finalística de proteção do trabalhador, de forma globalmente mais intensa e finalisticamente a tanto orientada; em terceiro lugar, porque o "princípio da proteção do trabalhador" envolve o manuseamento de um arsenal de normas e subprincípios que contêm uma coerência interna e que exigem, por isso, um estudo aprofundado e relacionado, quando é certo que, no campo do "princípio da proteção do contraente mais débil" e mesmo no âmbito do Direito do consumidor não se descortina, como no Direito do trabalho, uma sedimentação suscetível de construir um sistema integrado, harmonioso e habilitado a construir soluções previsíveis e racionalmente fundadas, como o comprova a inexistência, entre nós, anos e anos volvidos desde os primeiros trabalhos preparatórios, de um verdadeiro Código do Consumidor.

II. No âmbito da presente investigação, centraremos, por isso, a nossa atenção naquele que é, por certo, o princípio geral de proteção da parte mais fraca que se afigura mais abrangente, mais intenso, mais sólido e dogmaticamente melhor sedimentado — iremos analisar o "princípio da proteção do trabalhador",

---

(142) Cf., por todos, MARIA DO ROSÁRIO RAMALHO, *Da autonomia dogmática do Direito do Trabalho*, cit., nomeadamente pp. 516 e ss. e 701 e ss.

(143) Menezes Cordeiro, em sentido contrário, sustenta que *"(...) dentro do universo patrimonial privado, o Direito do Trabalho lida com elementos que, embora regulados pelo Direito civil, se apresentam, aí, como mais intensos. Pense-se na especial tutela que os direitos de personalidade do trabalhador podem merecer e, ainda, nas disposições que asseguram elevado nível de proteção. A grande questão laboral reside, todavia, na atribuição, ao empregador, de um direito à atuação do trabalhador. Ora, essa atribuição ocorre, em geral, no Direito das obrigações. Não há uma particularidade dogmática"*. Por outras palavras, o autor defende que o Direito do trabalho tem uma autonomia meramente *sistemática*, decorrente da especificidade das suas fontes, da existência de um nível coletivo bem desenvolvido e da proliferação de normas imperativas, mas não tem uma autonomia dogmática. O Direito do trabalho em suma, nas palavras ao autor, corresponde a *"uma relevante disciplina que integra a grande família unitária do Direito privado ou do ius civile:* o *Direito dos cidadãos"* — cf. MENEZES CORDEIRO, *Tratado de Direito Civil Português*, I, cit., pp. 313-314. No mesmo sentido, Pedro Romano Martinez, qualifica o Direito do trabalho como direito privado especial, o que pressupõe a aplicação de princípios e regras de direito civil, sempre que não se tenham estabelecido regimes com especificidades. Em qualquer caso, o autor sustenta que *"A relação de especialidade (...) não põe em causa a autonomia do direito do trabalho que, como tem sido regra em outras disciplinas jurídicas, se funda numa origem histórica. A evolução jurídica, em particular no século XX, conduziria ao estabelecimento de regras e princípios especiais válidos nas relações laborais. Tal especialidade não pressupõe um acentuado afastamento dos princípios gerais, mas antes uma adaptação que, nalguns casos, pode implicar uma solução oposta. (...) Como postulados do direito do trabalho há a evidenciar um princípio de tutela do trabalhador, de modo a garantir que a eventual desigualdade fatual não conduza a uma dependência jurídica do prestador de trabalho, concretizado, designadamente, na proibição de despedimentos* ad nutum, *por um lado, e o valor atribuído à autonomia coletiva (em particular à convenção coletiva de trabalho) na fixação de regras laborais, por outro lado. A estes dois aspectos, importa acrescentar que no direito do trabalho se detecta uma estreita conexão entre os parâmetros individual e colectivo da intervenção jurídica. Mas mesmo estes princípios não pressupõem uma alteração dos parâmetros gerais do direito civil"*. Cf. PEDRO ROMANO MARTINEZ, *Direito do Trabalho*, cit., 2010 — 5ª ed., pp. 66-68.

que em última instância não se reconduz a uma simples projeção do princípio do contraente mais débil, na exata medida em que, como se afirmou, tem um âmbito mais vasto do que aquele e dado que foi ele próprio, o princípio da proteção do trabalhador, que contribuiu para o aparecimento daquele outro princípio geral. Numa frase: visa-se compreender o alcance do "princípio da proteção do trabalhador" e contribuir, por esta via, ainda que de forma indireta, para a criação de uma dogmática geral relativa à proteção do "contraente mais débil", ainda que não seja este o escopo do presente trabalho.

III. Para o efeito, importa assentar no seguinte: o tema da proteção do trabalhador não pode deixar de se compreender e de ter por base uma matriz comum: a ideia de "Ciência do Direito" ou, dito de outra forma, a ideia de "Sistema", enquanto conjunto unitário e ordenado de *regras* e *princípios* que garante decisões que se querem previsíveis, mas axiologicamente valoradas e alicerçadas, também, nas individualidades do caso concreto.

É nesse sentido que avançaremos — ensaiaremos, com base na ideia de "Sistema", a apresentação de "pautas decisórias" minimamente previsíveis, destinadas a garantir ao agente aplicador do Direito instrumentos metodológicos que potenciem decisões simultaneamente justas e seguras, no que tange à proteção do trabalhador, enquanto "contraente mais débil".

Não se trata de avançar no sentido do "primado do caso concreto", da construção de um sistema exclusivamente "tópico" ou, no limite, de degenerar num sistema de contornos similares à "Escola de Direito Livre", de Ernst Fuchs. Mas não se trata, também, no polo oposto, de conceber um sistema lógico-dedutivo, típico da "Jurisprudência dos Conceitos" e do "formalismo" pandectístico, nem, muito menos ainda, de enveredar pela construção de um sistema exegético, próprio do positivismo legalista, hoje ultrapassados.

Trata-se de trabalhar sobre um sistema previsível e seguro, por um lado, mas com significado ideológico, valorativo, aberto e dinâmico.

Para o efeito, importa alicerçar o estudo em presença em fundações sólidas. Importa, enfim, ainda que de forma genérica e porventura menos aprofundada, compreender a Ciência do Direito, a forma como esta evoluiu até à atualidade, bem o conceito de "Sistema" que nela se regista. Há que se ter em conta os "valores" que marcam o "Sistema" neste domínio específico; os "princípios" e "subprincípios" que nele se registam; os "institutos civis" que o dominam e os "conceitos" neles existentes, de forma a compreender como é que do manuseamento articulado dos mesmos se pode prosseguir o desiderato em causa.

2. Excurso a seguir

I. Na sequência do âmbito de análise *supra* identificado, a investigação que se preconiza terá por objeto o estudo e análise do "princípio da proteção do trabalhador", o mesmo é dizer, do princípio estruturante do Direito do trabalho de onde decorrem, de forma articulada, os mecanismos de limitação da liberdade empresarial do empregador e o corpo de regras e princípios destinados a tutelar o trabalhador, procurando atender à evolução histórica e à atualidade deste princípio: analisar-se-ão os modelos tradicionais, mas a atenção estará centrada nas atuais perspetivas em torno deste princípio e no sentido da sua atualidade.

Procurar-se-á, em suma, uma visão moderna do "princípio da proteção do trabalhador".

II. De qualquer forma, importa reter o seguinte: o ponto de partida e o ponto de chegada da investigação que se visa empreender centram-se na ideia de "liberdade". Por essa razão, mais do que atender e delimitar os limites dessa mesma liberdade, procurar-se-á, com maior intensidade, apurar e delimitar, também, a essência e o sentido dos referidos regimes de proteção. Se a sua existência se justifica à luz dos ideais de paridade negocial e de justiça contratual, a sua utilização para além dos indicados propósitos de justiça material pode, no mesmo sentido, proporcionar a criação de privilégios injustificados, despropositados e, em certa medida, abusivos. A investigação que se visa empreender não deixará, pois, de ter em atenção a necessidade de impedir uma utilização abusiva dos indicados mecanismos de proteção de contraentes mais débeis, designadamente ao nível das concretizações do princípio da proteção do trabalhador.

III. Sendo o Direito privado atual *Direito romano atualizado,* objeto de sucessivos fenómenos de receção, o ponto de partida da presente investigação residirá, precisamente, no legado deixado à Humanidade pelo referido Direito romano e pelos contributos que nele foram sendo introduzidos pela civilização europeia continental. Em causa estará, pois, em primeira linha, uma análise histórica dos sucessivos fenómenos de receção do Direito romano e do tratamento que, em diversos estádios civilizacionais, foi conferido à liberdade dos cidadãos, quer quanto ao seu conteúdo positivo, quer quanto aos mecanismos utilizados para a sua limitação tendo em vista a tutela de sujeitos mais desfavorecidos. Estarão em jogo, pois, vetores fundamentais do Direito privado. A investigação que se preconiza, ainda que não se deva perder nesses meandros, não pode ignorar por completo os longos e infindáveis debates filosóficos que, desde a civilização grega, se foram desenvolvendo (e se mantêm) em torno da Ciência do Direito e dos fundamentos que a presidem e orientam.

IV. Sendo a perspetiva histórica fundamental, ela não pode, contudo, esgotar — ou sequer estender-se para além do razoável — a investigação que se visa empreender. Tentaremos centrar-nos no essencial e não nos desviar em demasia. Mas daquela perspetiva pode resultar, uma preciosa indicação: a de que a presente investigação deverá procurar as suas fontes, tendencialmente, nos sistemas de Direito que resultam e que assentam no Direito romano, pelo que em termos de Direito comparado será dada preferência, em termos significativos, às famílias jurídicas europeias continentais e a todas quantas foram por ela influenciadas no espaço extra europeu. Será a esse nível, pois, que se investigará, através da recolha de elementos doutrinários e jurisprudenciais suscetíveis de contribuírem para o tema que se propõe desenvolver: o" princípio da proteção do trabalhador".

V. Em qualquer caso, reitera-se o que *supra* se anunciou: o presente estudo começa pelo princípio, o mesmo é dizer, pela exata compreensão do papel que a Ciência Jurídica desempenha e da forma como esta se articula, tendo em vista a regulação da vida em sociedade.

Enveredar-se-á, consequentemente e num primeiro plano, pela delimitação de uma linha de orientação metodológica.

Parte I

Os Valores Gerais do Sistema Jurídico

CAPÍTULO I

DIRETRIZES METODOLÓGICAS

§ 1º A IDEIA DE "CIÊNCIA JURÍDICA" — A NECESSIDADE DE UMA LINHA CONDUTORA DE NATUREZA METODOLÓGICA

1. Generalidades

I. A apresentação de um estudo jurídico não pode dispensar a formulação prévia de uma linha condutora, de natureza metodológica.

O tema em presença exige-o com particular acuidade, atendendo a que lida com as grandes questões do Direito privado — *v. g.*, "contradições de princípios" — e tendo em conta que a atualidade é marcada pela excessiva mutabilidade legislativa e pela instrumentalização do Direito a objetivos económicos. O Direito do trabalho, sendo tradicionalmente um ramo do direito com alguma tendência para a fragmentação e instrumentalização, tem sido ultimamente utilizado como um "*social engineering*", com o intuito de promover uma transformação social repentina movida por razões de natureza económica e alicerçada essencialmente na redução dos custos do trabalho.

Sucede, porém, que a Ciência Jurídica não é uma tecnologia social, porque o Direito não funciona, nem pode funcionar, como um maquinismo ou como um mero instrumento ao serviço de organizações internacionais de natureza económica.

Importa, pois, retornar às origens e de (re)construir o edifício dogmático do Direito do trabalho tendo por base os alicerces sistemáticos e valorativos que o formaram e em que o mesmo assenta.

O Direito visa resolver casos concretos e o tema em presença é disso paradigmático. Todavia, a resolução de casos concretos deve operar dentro de parâmetros de segurança jurídica, de previsibilidade e de ordenação. É verdade que o apelo à segurança jurídica não se deve confundir com o recurso a esquemas concetuais rígidos, ao silogismo judiciário e à dedução, como método (cego) de resolução de casos concretos. A segurança jurídica, a ordenação e a previsibilidade não devem descurar a singularidade do caso concreto, os interesses em presença e, principalmente, os valores subjacentes às proposições normativas, aos princípios jurídicos e aos institutos civis que compõem o ordenamento jurídico. Em qualquer caso, impõe-se uma metodologia, simultaneamente científica e cultural, geral e particular, que garanta a racionalidade das decisões, mas que não deixe de atender à ponderação das consequências ao nível da aplicação do Direito.

2. *A evolução da Ciência Jurídica*

A evolução da Ciência Jurídica fez-se, até a atualidade, através de avanços e progressos ao nível da sistematização, do conhecimento e da exteriorização do Direito(144). E fez-se, em qualquer caso, com um desiderato último: o de facultar aos agentes que aplicam o Direito a utilização de métodos suscetíveis de garantir a obtenção de soluções simultaneamente justas e previsíveis.

O caso concreto não pode fugir a esta linha, ainda que esteja em causa a tendencial proteção de um sujeito privado em detrimento de outro. A finalidade de proteção não pode ser confundida com uma atuação garantística irracional e arbitrária — ela deve assentar, sempre, em esquemas e métodos que garantam segurança e previsibilidade jurídica. Até porque toda a evolução da Ciência do Direito tem sido pautada, ainda que com avanços e recuos, nesse mesmo sentido, desde o labor das *escolas de tradição medieval*(145), até a atualidade, passando pelo *huma-*

(144) A Ciência Jurídica, enquanto ciência que se confronta com a solução de questões jurídicas com base num determinado ordenamento jurídico, começa a dar os seus primeiros passos em Bolonha, na sequência de um movimento cultural mais abrangente que tem por objeto a cultura antiga. No plano jurídico, as últimas décadas do século XI são marcadas por um lento mas progressivo processo de recensão crítica do Direito romano, em especial do Digesto justinianeu — o Direito romano começa paulatinamente a ser visto como o "Direito da comunidade jurídica humana", como o Direito natural, fruto da sua dignidade história e autoridade metafísica — veja-se, a este propósito, KARL LARENZ, *Metodologia da Ciência do Direito*, tradução de José Lamego, 3ª ed., Fundação Calouste Gulbenkian, Lisboa, 1997, p. 1.; e Cf. FRANZ WIEACKER, *História do Direito Privado Moderno*, Fundação Calouste Gulbenkian, 2ª ed., 1993, tradução de António Manuel Hespanha do original alemão intitulado *Privarechtsgechichte der Neuzeit unter Besonderer Berückschtigung der Deutschen Entwicklung*, 2ª ed. revista, *Vandenhoeck Ruprecht, Göttingen*, 1967, pp. 44-45.

a. O Direito romano assentava numa lógica interna, baseada no *princípio da igualdade*: o igual deve ser tratado de forma igual e o desigual de forma desigual, de acordo com a medida da diferença. A esta regularidade de soluções, diretamente decorrente de um princípio central que ainda hoje se mantém, correspondia uma lógica interna, bem como a elaboração de normas que permitissem resolver, com previsibilidade, problemas futuros. O Direito romano dispunha, pois, de um apurado conjunto de regras — o "sistema interno", na terminologia de Philip Heck — suscetível de garantir a resolução de litígios presentes e futuros. As inúmeras soluções daqui decorrentes eram, porém, quanto à sua arrumação exterior, tratadas de forma desordenada e fragmentada. O Direito romano pautava-se pela pré-sistematicidade, flagrantemente evidenciada na dimensão e desordem do *Corpus Iuris Civilis* e dos *Digesta:* as matérias erram agrupadas sem qualquer preocupação sistematizadora — veja-se, a este propósito, PHILIP HECK, *Begriffsbildung und Interessenjurisprudenz*, Tubingen Mohr, 1932, p. 139 e ss., citado por CLAUS-WILHELM CANARIS, *Pensamento Sistemático e Conceito de Sistema na Ciência do Direito* (Introdução), cit., p. 55; e MENEZES CORDEIRO, *Tratado de Direito Civil Português*, I, cit., p. 124.

b. Ora, grande parte do avanço da Ciência Jurídica europeia continental deveu-se precisamente aos progressos registados na aprendizagem e na comunicação do Direito, registadas ao nível do "sistema externo", fruto de sucessivos fenómenos de receção do Direito Romano — recorda-se, a este propósito, a "teoria da evolução dos sistemas", de Menezes Cordeiro, para quem o progresso do Direito civil continental fez-se na base de uma sucessão de modelos sistemáticos externos, assente em três recepções do Direito romano: a receção das universidades medievais, com génese em Bolonha; a receção humanista, que partiu de França; e a receção pandectística, que surge no século XIX, na Alemanha — em, "Os dilemas da Ciência do Direito no Final do século XX", CLAUS-WILHELM CANARIS, *Pensamento Sistemático e Conceito de Sistema na Ciência do Direito* (Introdução), cit., pp. XV e ss.

(145) As primeiras preocupações de síntese e de sistematização dos elementos jurídicos surgem na Idade Média, ainda que de forma tímida, com os "Glosadores", cuja elaboração doutrinal é reunida em 1240 por Acúrsio, na célebre *Magna Glosa*. Para os "Glosadores", a ordem legal justinianeia, em especial, o "*Corpus Iuris Civilis*", representava um dado indiscutível, de origem quase sagrada, cujas apreensão e compreensão implicavam uma profunda atividade analítica, centrada na exegese, na atividade interpretativa e, em especial, na "glosa". Através da "glosa", ensaiavam-se a interpretação de passagens do texto obscuras ("glosa interpretativa"), a elaboração de pequenos tratados ("*summa*"), a formulação de algumas regras doutrinais ("*borcarda*", "*regulae*"), a discussão de algumas questões jurídicas controversas ("*questiones vexatae*") ou a listagem de argumentos utilizáveis nas querelas jurídicas ("*argumenta*"). Nalguns casos, denotam-se preocupações de síntese e de sistematização. Com os "Glosadores", a linguagem técnica aperfeiçoa-se e a Ciência Jurídica começa a dar os seus primeiros passos. Através da exegese, da harmonização, da construção de regras, constituiu-se um edifício doutrinal de princípios harmónicos, a qual deu origem, segundo WIEACKER, à "*(...) primeira dogmática autónoma da história universal*" — cf FRANZ WIEACKER, *História do Direito Privado Moderno*, cit., pp. 53 e 65. Veja-se também, sobre o mesmo tema, ANTÓNIO MANUEL HESPANHA, *Cultura Jurídica Europeia, Síntese de um Milénio*, Publicações Europa-América, Mem Martins, 2003, p. 146.

Mais tarde, o surto urbanista e mercantil dos séculos XIII e XIV, impôs a necessidade de articulação do Direito comum, de filiação *romano-canónica*, com os direitos locais ("*iuria propria*"), emergentes nas novas cidades (*v. g.*, das cidades italianas). A integração no *ius commune* dos valores e princípios provenientes das cidades e da respetiva atividade mercantil, transformando-o num todo coerente e dominado por princípios sistematizadores, foi levada a efeito por uma nova geração de juristas eruditos, comummente designados por "Comentadores", de entre os quais se destacam Cino de Pistóia (1270-1336), Bártolo de Saxoferrato (1314-1357) e Baldo de Ubaldis (1327-1400). Coube-lhes a árdua tarefa de sistematizar o Direito romano-justinianeu, num duplo sentido: por um lado, atribuir-lhe coerência interna, face à dispersão das respetivas fontes, de proveniência diversa; por outro lado, promover a integração no *ius commune* de novos princípios, oriundos da vida nas cidades, da atividade mercantil e das mudanças operadas na vida social. Os "Comentadores" assumem-se, assim, segundo Wieacker, como os "arquitetos da modernidade europeia" e

nismo[146], pelo *jusracionalismo*[147] e pelas *primeiras codificações* a que o mesmo deu origem[148][149], pela *sistemática integrada* de Savigny, que deu origem à *pandectística*[150], à *jurisprudência dos*

---

os "pais da jurisprudência europeia": iniciam o processo que irá conduzir ao abandono do "voluntarismo" e avançam definitivamente no sentido da cientifização do Direito. O Direito justinianeu surge, pela primeira vez, como o Direito comum de toda a Europa (*"jus commune"*) — cf. FRANZ WIEACKER, *História do Direito Privado Moderno*, cit., p. 65.

(146) Com o humanismo surge, no século XVI, sobretudo em França, a habitualmente denominada "Escola culta", "humanista" ou *"mos gallicus iura docendi"* (*"mos gallicus"*, por oposição a *"mos itallicus"*), que se propõe reformar a metodologia jurídica dos "Comentadores", no sentido de restaurar a pureza dos textos jurídicos da Antiguidade. No essencial, o humanismo jurídico propõe várias orientações: uma depuração histórico-filológica dos textos jurídicos romanos, que os libertasse das glosas e comentários medievais; uma tentativa de construção sistemática do Direito, inspirada no idealismo platónico; uma reforma do ensino jurídico, que atendesse ao texto da lei e procurasse formar o espírito sintético e sistematizador dos juristas; uma atenção nova ao Direito natural de cunho racionalista e sistemático — veja-se, a este propósito, ANTÓNIO MANUEL HESPANHA, *Cultura Jurídica Europeia, Síntese de um Milénio*, cit., p. 187-189.

Os jurisprudentes humanistas enveredam, assim, pela ordenação exterior do Direito romano, centrando a sua atenção na criação de um "sistema externo" para o Direito civil. As matérias, contrariamente ao carácter fragmentário dos *Digesta*, são ordenadas em função de certas similitudes exteriores, ainda que superficiais. Surge, nas palavras de Menezes Cordeiro, a "primeira sistemática", ou "sistemática periférica", que corporiza um novo fenómeno de receção do Direito romano. O Direito romano continuou a ser aceite como um elemento pré-dado, nomeadamente no que tange ao seu princípio basilar que manda tratar o igual de forma igual e o desigual de forma desigual, mas agora com uma nova ordem exterior e segundo uma nova ordenação, realizada de acordo com critérios globais — cf. MENEZES CORDEIRO, "Os dilemas da Ciência do Direito no Final do Século XX", em CLAUS-WILHELM CANARIS, *Pensamento Sistemático e Conceito de Sistema na Ciência do Direito* (Introdução), cit. pp. LXXVII. Em qualquer caso, como recorda o mesmo autor, o discurso e a metodologia oriundos do humanismo jurídico eram de tipo empírico e periférico. O sistema externo potenciado pelo humanismo não era pleno, nem suficientemente articulado. As matérias eram agrupadas segundo determinados traços superficiais, revelando raízes tópicas empiristas.

(147) Na sequência do método trazido por Descartes (1596-1650) para as ciências, subsequentemente transposto por Thomas Hobbes (1588-1679) para as ciências humanas, o "jusracionalismo" evoluiu, numa segunda geração de juristas, em que se destaca Samuel Pufendorf (1632-1694), para um verdadeiro "sistema jusracionalista", rompendo-se definitivamente com a tradição escolástica e teológica: ao invés de se enveredar pela construção de um sistema assente em elementos periféricos, o mesmo é dizer, em elementos pré-dados, ensaiava-se por esta via a construção de um sistema baseado num conjunto de princípios enformadores a partir dos quais, através de processos dedutivos, se retirariam determinadas consequências jurídicas. Os princípios do "Direito natural" surgem como leis naturais da sociedade, sendo finalmente ordenados num sistema concatenado de premissas e de ilações não contraditórias. Trata-se, segundo Wieacker, da segunda fase, "matemática" ou "sistemática" do jusracionalismo, baseada no método naturalista e gnoseológico de Galileu e de Descartes. Chega-se, assim, nas palavras de Menezes Cordeiro, à "sistemática central", por oposição a "periférica". Trata-se, noutro sentido, dentro do respetivo enquadramento histórico, da "sistemática jusracionalista", ou da "segunda sistemática" — cf. FRANZ WIEACKER, *História do Direito Privado Moderno*, cit., p. 340; e MENEZES CORDEIRO, *Tratado de Direito Civil Português*, I, cit., p. 129.

(148) partir do século XVIII, quando se combina com o "iluminismo", o "jusracionalismo" adquire uma influência direta sobre a produção legislativa e proporciona, sobretudo a partir de finais do século XVIII, o aparecimento das primeiras grandes criações sistemáticas da moderna legislação, quando alguns Estados incorporam em reformas legislativas os principais resultados das doutrinas jusracionalistas. Surge, então, o movimento codificador. Na Prússia, em 1794, é aprovado o *Allgemeines Landrecht für di preussuschen Staaten*; na Áustria, em 1811, o *Allgemeines Bürgerliches Gesetzbuch*; em Portugal, prepara-se a partir de 1778 uma reforma global das *Ordenações*, da responsabilidade de Pascoal de Mello Freire (1738-1798), cujas *institutiones* foram depois seguidas por Manuel de Almeida e Sousa (1744-1817) e, mais tarde, já na preparação do nosso Código de Seabra, por Corrêa Telles (1780-1849) e Coelho da Rocha (1783-1850). Mas a primeira grande codificação moderna surge em França, com o Código Civil francês 1804, também denominado por Código de Napoleão, que deu origem ao sistema civil napoleónico — a propósito do movimento português de pré-codificação, veja-se MENEZES CORDEIRO, *Tratado de Direito Civil Português*, I, cit., pp. 219-227; a propósito do sistema napoleónico de Direito civil, veja-se, do mesmo autor, o *Tratado de Direito Civil Português*, I, cit., pp. 196-201.

(149) Recorda-se que o Código Civil francês de Napoleão, produto da Revolução de 1789, afirmou-se como um monumento legislativo da República, cientificamente fundado e democraticamente legitimado, impondo-se externamente, seja através das invasões napoleónicas, seja mediante fenómenos de receção ou de livre adoção. O *Code Civil* traduziu o ponto de chegada de uma longa evolução, atrás retratada, que teve início com os "Glosadores" e os "Comentaristas", que foi atualizada pelos "humanistas" e subsequentemente desenvolvida pelos "jusracionalistas". Com o Código de Napoleão, preconiza-se a positivação da razão e a concretização legislativa da *volonté générale*. O *Code* deu um contributo determinante para o advento do legalismo ou positivismo legal: a lei adquire o monopólio da manifestação do Direito e o Código transforma-se no repositório de todo o Direito civil. Perante este cenário, restava à doutrina e à jurisprudência interpretar e aplicar a lei de forma submissa, atendo-se o mais possível à vontade do legislador histórico — veja-se, a este propósito, ANTÓNIO MANUEL HESPANHA, *Cultura Jurídica Europeia, Síntese de um Milénio*, cit., pp. 187-267; e MENEZES CORDEIRO, *Tratado de Direito Civil Português*, I, cit., pp. 196 e ss.

(150) Friedrich Carl von Savigny (1779-1861) concebe a Ciência Jurídica como simultaneamente sistemática e histórica: o Direito deveria, antes de mais, assentar num sistema, isto é, numa ordem racionalmente compreensível; os princípios enformadores do sistema não deveriam, contudo, ser originariamente criados pela Razão, mas sim com base nos elementos fornecidos pela História, pré-dados, resultantes do "espírito do povo". Para Savigny, o Direito provém da alma das nações, assumindo-se consequentemente como histórico-cultural; os juristas devem, todavia, assumir um papel determinante na revelação, aperfeiçoamento e tratamento sistemático do Direito. Ocorre pois, nas palavras de Menezes Cordeiro, uma *"(...) síntese, em sentido próprio: os princípios escolhidos para o núcleo do sistema não se obtêm de modo arbitrário, antes derivando da história e da cultura; os elementos existentes na periferia não têm mera origem empírica, antes se ordenando e complementando em função dos princípios gerais presentes no centro. Todo o sistema se movimenta em vias de sentido duplo — centro-periferia, numa junção entre cultura e racionalidade ou sistema interno e sistema externo*

conceitos[151] e ao Código Civil alemão de 1900[152], e pelas reações ao formalismo e ao positivismo[153], que deram origem, por sua vez, a uma crise de modelos, designada por Menezes Cordeiro de "irrealismo metodológico"[154]: é nesse sentido que se compreendem, nomeadamente, a *jurisprudência teleológica*[155], a *jurisprudência dos interesses*[156], a *jurisprudência*

---

que possibilitará, depois, sucessivos saltos qualitativos no campo jurídico-científico. Surge, assim, a "sistemática integrada" ou "terceira sistemática", que perdura até aos nossos dias", também apelidada de "pandectística" — veja-se, a este propósito, para além da obra de Savigny (FRIEDRICH CARL VON SAVIGNY, *Juristische Methodenlehre* (1802-1807), por Jacob Ludwig Grimm e Gerhard Wesenberg, K. F. Koehler, Sttutgart, 1951; e *System des heutigen römischen Rechts (Sistema do Direito romano moderno),* 8 volumes, publicado a partir de 1840, Veit, Berlim, 1841; KARL LARENZ, *Metodologia da Ciência do Direito, Metodologia da Ciência do Direito,* tradução de José Lamego, 3ª ed., Fundação Calouste Gulbenkian, Lisboa, 1997, pp. 3 e 9-19, bem como a monografia de JOACHIM RÜCKERT, *Idealismus, Jurisprudenz und Politik bei Friedrich Carl von Savigny,* Ebelsbach, Verlag Rolf Gremer, 1984, citada na mencionada obra de LARENZ e MENEZES CORDEIRO, *Tratado de Direito Civil Português,* I, cit., pp. 130-131.

(151) A "Jurisprudência dos conceitos" é fundada por George Friedrich Puchta (1748-1848), sucessor de Savigny: o autor concebe a criação de uma "pirâmide conceitual", ou seja, de uma hierarquia de conceitos formada a partir de determinados axiomas, construída de forma contínua e sem lacunas. A partir desta pirâmide e à luz de um rigorismo formal na aplicação do Direito, baseado no método dedutivo, feito "de cima para baixo", garantir-se-ia, segundo Puchta, a justeza material dos resultados.
A "pirâmide conceitual" parte da ideia de "sistema", no sentido do desabrochar de uma unidade numa diversidade. As proposições jurídicas surgem como simples condicionantes e derivantes. A Ciência Jurídica confunde-se com um simples exercício lógico e formal. A atividade jurisprudencial evolui, à luz deste fenómeno, para uma "Jurisprudência dos conceitos formal" — recusa-se a fundamentação metafísica do Direito, o recurso a valores extrajurídicos, bem como a quaisquer considerações de carácter ético — veja-se, a este propósito, KARL LARENZ, *Metodologia da Ciência do Direito,* cit., pp. 22-23.

(152) O Código Civil alemão (*Bürgerliches Gesetzbuch* — BGB), aprovado em 1896 e com entrada em vigor em 1º de janeiro de 1900, é fruto da "terceira sistemática", ou "sistemática integrada", em especial dos trabalhos de Bernhard WIndscheid (1817-1892), de que as *Pandekten* (a partir de 1862) são o elemento referencial. O Direito romano foi aceito como elemento pré-dado, elaborado pela História e pela cultura; o material recolhido foi, todavia, trabalhado cientificamente, em função de pontos de vista unitários e segundo uma lógica ordenadora. Na base, esteve a intenção assumida de facultar a aplicação atual do Direito romano. As preocupações ideológicas do Código de Napoleão desapareceram, dando lugar a considerações de predomínio técnico. Do ponto de vista político-social, predomina um liberalismo mitigado, mas deixa-se espaço para as exigências sociais do futuro.
Com a entrada em vigor do BGB, operou-se a *"divisão dos Direitos de base românica em dois estilos: o estilo francês ou napoleónico e o estilo germânico, ou pandectístico"*. Por outras palavras, estabelece-se a dicotomia entre o sistema napoleónico e o sistema romano-germânico — veja-se, a este propósito, MIGUEL TEIXEIRA DE SOUSA, *Introdução ao Direito,* cit., pp. 119 e ss.
Num fenómeno paralelo, ainda que de postulados diversos, com a experiência resultante da entrada em vigor do *Code Civil,* a pandectística consumou-se com o BGB e, no seu lugar, instalou-se um positivismo legal, cuja rigidez e estreiteza preparou a derrocada do positivismo jurídico nas convulsões do século XX — veja-se, a este propósito, FRANZ WIEACKER, *História do Direito Privado Moderno,* cit., pp. 491 e ss.; e MENEZES CORDEIRO, *Tratado de Direito Civil Português,* cit., pp. 139 e ss., 196 e ss. e 201 e ss.

(153) Sobre o *positivismo jurídico,* veja-se, MIGUEL TEIXEIRA DE SOUSA, "Positivismo e Valores", *Estudos de Homenagem ao Prof. Doutor Jorge Miranda,* Volume VI, Edição da Faculdade de Direito da Universidade de Lisboa, Coimbra Editora, Coimbra, 2012, pp. 403-415; LESLIE GREEN, "Legal Positivism", *The Stanford Encyclopedia of Philosophy* (Fall 2009 Edition), Edward N. Zalta (ed.), Disponível em: <http://plato.stanford.edu/entries/legal-positivism/>; e JOSÉ DE SOUSA E BRITO, "O Positivismo Jurídico e a Lei de Hume", *Estudos em Homenagem à Professora Doutora Isabel de Magalhães Collaço,* Coimbra, Almedina, 2002, volume II, pp. 895-919 , e "A constituição do direito e o positivismo jurídico", *Homenagem da Faculdade de Direito de Lisboa ao Professor Doutro Inocêncio Galvão Telles (90 anos),* Almedina, Coimbra, 2007, pp. 705-718.

(154) Cf. MENEZES CORDEIRO, "Os dilemas da Ciência do Direito no Final do Século XX", CLAUS-WILHELM CANARIS, *Pensamento Sistemático e Conceito de Sistema na Ciência do Direito* (Introdução), cit., p. LXX e ss. e *Da Boa-fé no Direito Civil,* Almedina, "Colecções Teses", Coimbra, 1997, pp. 34 e ss.

(155) Com a *jurisprudência teleológica,* que caracteriza a II fase da obra jurídica de Rudolf Von Jhering (1818-1892), marcada pela obra *"Der Zweck im Recht"* (*"O interesse no Direito"*), as proposições jurídicas singulares encerram, em si mesmas, finalidades práticas. O "fim" é, em suma, o ente criador do Direito e todas as proposições jurídicas devem a sua origem a um fim. Jhering promove, por esta via, o retorno a uma ética material, ao reconhecer que todas as proposições jurídicas devem ser compreendidas, também, à luz da respetiva "função social". Surge, assim, o conceito de "pensamento teleológico" e a noção de "interpretação teleológica", *i. e.,* de uma interpretação das normas de acordo com as finalidades ou interesses em presença. A "Jurisprudência dos conceitos", de natureza formal, é definitivamente abandonada, dando lugar a uma compreensão psicológica do conceito de Direito — veja-se, a este propósito, RUDOLF VON JHERING, *Der Zweck im Recht,* Breitkopf und Härtel, Leipzig, 1886 (pp. 59 e ss.), e *Geist des römischen Rechts auf den verschiedenen Stufen seiner Entwicklung,* Breitkopf und Hartel, Leipzig, 1866 (pp. 312 e ss.), citado em KARL LARENZ, *Metodologia da Ciência do Direito,* cit., p. 56.

(156) A *jurisprudência dos interesses,* de Phillip Heck (1858-1943), afirma-se também na crítica ao concetualismo anterior, desenvolvendo a crítica de Jhering à "Jurisprudência dos conceitos". Fá-lo, porém, em termos mais limitados do que a jurisprudência teleológica de Jhering: ao passo que esta última admitia encontrar soluções jurídicas para além das proposições legais, a jurisprudência dos interesses visava apenas, dentro dos pressupostos do positivismo legal, resolver a questão das "lacunas" do ordenamento jurídico que as grandes mudanças sociais e políticas do século XIX e início do século XX tinham tornado mais evidente. À luz da "Jurisprudência dos interesses", a causalidade das soluções não deveria ser encontrada, de forma lógica e dedutiva, a partir de um conjunto de conceitos predeterminados e irrealisticamente concebidos; a causalidade das soluções jurídicas deveria procurar-se, ao invés, nos interesses em presença. Nestes termos, a "Jurisprudência dos interesses" parte do pressuposto de que a cada preceito legal subjaz um ato de valoração ou uma máxima do legislador destinada a solucionar o

valorativa[157] e, fundamentalmente, a *Escola de Direito Livre*[158] que, ao negar a cientificidade do Direito, pôs em causa a previsibilidade, a regularidade e a normatividade que o devem caraterizar. É nesse sentido que surge, já no século XX, como forma de recuperação da cientificidade do Direito, o *novo pensamento sistemático.*

E, no que nos diz respeito, a escolha é clara: seguiremos, do ponto de vista metodológico, o "novo pensamento sistemático", na esteira das linhas metodológicas propostas, respetivamente, por Karl Larenz (1903-1993) e por Claus-Wilhem Canaris (1º de julho de 1937). A primeira baseia-se, fundamentalmente, na ideia de "círculo de entendimento" ou de "espiral de concretização", assente num diálogo permanente entre o geral e o concreto; a segunda, num "novo pensamento sistemático".

§ 2º O "NOVO PENSAMENTO SISTEMÁTICO"

1. A ideia de "círculo de entendimento" ou "espiral de concretização"

I. Karl Larenz, na sua *Metodologia da Ciência do Direito,* concebe a Jurisprudência como sendo simultaneamente uma ciência "normativa", "compreensiva" e orientada a "valores".

---

caso concreto em determinado sentido. Neste domínio, ao conceber a lei como um repositório de finalidades e a aplicação da lei como a concretização daquelas, a "Jurisprudência dos interesses" aproxima-se do "naturalismo jurídico" — a propósito dos pressupostos científicos da "Jurisprudência dos interesses", veja-se FRANZ WIEACKER, *História do Direito Privado Moderno,* cit., pp. 664 e ss.; e ANTÓNIO MANUEL HESPANHA, *Cultura Jurídica Europeia, Síntese de um Milénio,* cit., p. 290.

(157) A *jurisprudência das valorações* parte da constatação de que ao juiz não é possível, em muitos casos, decidir apenas com base na lei, ou mesmo com base nas valorações do legislador. Importa ir mais além. Nalguns casos, *maxime* quando estão em causa "conceitos indeterminados" ou "cláusulas gerais", "novas questões" ainda não legisladas, bem como normas ou princípios "contraditórios", o apelo a valorações adicionais torna-se essencial, em especial a "valores" passíveis de fundamentação e, consequentemente, de controle racional, como é o caso dos valores positivados nos direitos fundamentais, na tradição jusfilosófica ou na historicidade do Direito. A "jurisprudência das valorações", contudo, por falta de desenvolvimento e por não ter assegurado, com particular nitidez, os "valores subjacentes" suscetíveis de guiar o juiz na decisão do caso concreto, suscitou diversos problemas, em especial, quando dela se retira a possibilidade daquele decidir em consonância com a sua própria intuição valorativa, a sua capacidade (subjetiva) de julgar ou, em última instância, a sua opção pessoal. Cai-se, de novo, no "irrealismo metodológico" — veja-se, a este propósito, KARL LARENZ, *Metodologia da Ciência do Direito,* tradução de José Lamego, cit., p. 167. Recorda-se que à *jurisprudência das valorações* seguiram-se, no plano metodológico e ainda como consequência do abandono das grandes *correntes anteriores, a jurisprudência ética,* a *jurisprudência analítica* e a *jurisprudência problemática.* A *jurisprudência ética* recorda que a decisão do caso concreto não se deve ater às regras jurídicas — deve ter em conta, também, os elementos culturais que as rodeiam, nomeadamente os influxos decorrentes da Moral, enquanto elemento cultural; a *jurisprudência analítica,* por sua vez, apela ao "relevo substantivo da linguagem", à clareza e coerência linguísticas; a *jurisprudência problemática* apela à problematização na solução concreta de problemas, com primado para a "tópica": perante um problema, importaria alcançar uma solução; esta, por sua vez, deveria ser apoiada em tópicos; a Ciência Jurídica deveria resumir-se, em suma, a um processo especial de discussão de problemas, de apresentação de pontos de vista. A *jurisprudência ética* não logrou implantar-se, muito por força da separação entre o Direito e a Moral; a *jurisprudência analítica,* ao apelar ao relevo substantivo da linguagem, quedou-se, mais uma vez, pelos textos legais e pelo positivismo; a *jurisprudência problemática* foi objeto de uma crítica de fundo, protagonizada por Canaris — o Direito, em especial o Direito privado de origem romana, não é, na sua essência, "tópico", mas sim "sistemático". A vulgarização e a proeminência da tópica podem acarretar a falência da segurança e previsibilidade jurídicas. Veja-se também, sobre o tema, HANS KELSEN, *A justiça e o Direito natural,* Almedina, Coimbra, 2001, pp. 41-153.

(158) Ao passo que a *jurisprudência das valorações,* a *jurisprudência ética,* a *jurisprudência analítica* e a *jurisprudência problemática* tinham, apesar de tudo, uma matriz comum, para além da que resulta da negação do concetualismo anterior — em qualquer uma das mencionadas correntes a vinculação do juiz em relação à lei nunca foi posta em causa — em contrapartida, a "Escola do Direito Livre", de Oskar Bülow (1837-1907), Eugene Ehrlich (1862-1922) e, principalmente, do polémico Ernst Fuchs (1859-1929), na sua dupla reação contra o "positivismo legal" e a "jurisprudência conceitual" do positivismo científico, propugnava que a decisão judicial se devia basear não em processos intelectuais ou de natureza científica, mas sim em processos intuitivos, assentes nos sentimentos (subjetivos) do juiz, em nome da justiça individual. Critica-se o modelo estadual, legalista e racionalista do Direito, em benefício de uma fundamentação livre, fundada na sensibilidade jurídica comunitária, auscultada, caso a caso, pelo aplicador da lei. Veja-se, a este propósito, OSKAR BÜLOW, *Gesetz und Richteramt,* de 1885, e EUGENE EHRLICH, *Freie Rechtsfindung und Freie Rechtswissenchaf,* de 1903, ambos citados em KARL LARENZ, *Metodologia da Ciência do Direito,* cit., p. 78; e ERNST FUCHS, *Die gemeinschädlichkeit der Konstruktiven Jurisprudenz,* de 1907, citado em ANTÓNIO HESPANHA, *Cultura Jurídica Europeia,* cit., p. 289. Na obra em referência, o autor parte da constatação de que o juiz, no processo de achamento da solução jurídica, deve partir do seu sentido de justiça (*Rechtsgefül*) e não da lei. Em bom rigor, a "Escola do Direito Livre" nega a cientificidade do Direito. Em última instância, nega-se a previsibilidade e a regularidade das soluções e o carácter normativo do Direito, bem como o princípio que o marca desde as suas origens, segundo o qual o igual deve ser tratado de forma igual e o diferente de forma diferente, na medida da diferença. Como sublinha Wieacker, *"a profissão de fé na justiça individual do caso e na decisão pessoal do juiz fizeram com que a função do juiz deixasse de ser a realização da norma, passando para um social engineering — a conformação social do ponto de vista do bem comum. Com isto, a Escola Livre do Direito perdeu o crédito que lhe trouxera o seu sentimento apaixonado, mesmo visionário, da verdade e da justiça (...)"* — cf. FRANZ WIEACKER, *História do Direito Privado Moderno,* cit., p. 672.

A linguagem normativa da Jurisprudência tem por objeto o Direito, ou seja, o Direito vigente, no seu sentido normativo(159). Simplesmente, para Larenz, numa clara rejeição do "positivismo", tal objeto inclui a referência à "ideia de Direito" ou ao princípio do Direito. Ou seja, o juiz deve aspirar não só a uma solução legal, mas a uma solução que, tanto quanto possível, seja justa. Não que o Direito positivo seja sempre em toda a extensão um ordenamento "justo" e que a decisão judicial seja sempre "justa" — mas que estes tenham de ser sempre aferidos em sintonia com este requisito, mesmo que não seja nunca satisfeito de modo pleno.

II. A Jurisprudência deve, por outro lado, ser entendida como uma "Ciência compreensiva"(160): ela visa a compreensão do sentido normativo inerente a determinadas expressões linguísticas. A Jurisprudência é uma ciência-problematiza textos jurídicos. Fá-lo, porém, numa perspetiva "circular", através de um círculo hermenêutico, num constante "ir e vir de perspetiva" entre a proposição normativa e a situação fática da vida (*maxime* quando depara com conceitos jurídicos indeterminados)(161) e não de forma linear(162). No início do processo, assume importância a "pré-compreensão"(163) com que se acede ao texto; esta deve referir-se não apenas à "coisa Direito", à linguagem que dela se fala, às decisões e aos argumentos habituais, mas também a contextos sociais, às situações de interesse e às estruturas das relações da vida a que se referem as normas jurídicas.

A questão assume particular relevância no âmbito do tema sob análise, como bem ilustra o autor. Por exemplo: no domínio do arrendamento, mais do que atender aos interesses privados das partes, importa ter em consideração que a habitação constitui uma das necessidades elementares da população — o atual direito de arrendamento para habitação procura dar satisfação, em simultâneo, a estes diferentes aspetos numa relação equilibrada, que tenha em conta as necessidades do mercado habitacional. O mesmo sucede no campo do Direito do trabalho, ou mesmo no do Direito do consumo: as proposições jurídicas que os animam não deixam de atender, em qualquer um dos casos, ao propósito de proteção da parte mais fraca — no caso do Direito do trabalho, mais do que atender aos interesses privados das partes, importa ter em consideração a especial situação de fraqueza do trabalhador face ao empregador. Donde, no caso do Direito do trabalho, o "princípio da proteção do trabalhador" integra — ou deve integrar — a referida "pré-compreensão" com que o aplicador do direito acede ao texto jurídico.

III. Em terceiro lugar, o autor defende um "pensamento orientado a valores"(164): ao interpretar as leis, o juiz não deve entendê-las como um qualquer tipo de enunciados, mas sim como preceitos que devem ser seguidos, ou como bitolas de julgamento prescritas. O legislador que estatui uma norma deixa-se guiar por certas intenções de regulação e por considerações de justiça ou de oportunidade, às quais subjazem, em última instância, certas valorações (a lei confere proteção absoluta a certos bens, deixa outros sem proteção ou protege-os em menor escala), que "*imprimem o seu cunho ao Direito*"(165).

Compreender uma norma jurídica requer, consequentemente, o desvendar da valoração nela imposta e o seu alcance(166). A sua aplicação e a solução do caso concreto requerem que se acolha de modo adequado o valor contido na norma. Simplesmente, como assinala Larenz, uma tal correspondência

---

(159) A propósito da Jurisprudência como uma "Ciência normativa", KARL LARENZ, *Metodologia da Ciência do Direito*, cit., pp. 270-282.

(160) A propósito da Jurisprudência como uma "Ciência compreensiva", KARL LARENZ, *Metodologia da Ciência do Direito*, cit., pp. 282-297.

(161) Veja-se, a este propósito, KARL ENGISCH, *Introdução ao Pensamento Jurídico*, tradução de J. Baptista Machado, Fundação Calouste Gulbenkian, 8ª ed., Lisboa, 2001, pp. 205 e ss.

(162) KARL LARENZ, *Metodologia da Ciência do Direito*, cit., p. 395.

(163) A propósito da "pré-compreensão", ou "pré-entendimento" no processo de realização do Direito, veja-se MENEZES CORDEIRO, "Os dilemas da Ciência do Direito no Final do Século XX", CLAUS-WILHELM CANARIS, *Pensamento Sistemático e Conceito de Sistema na Ciência do Direito* (Introdução), cit., p. CIX.

(164) A propósito da necessidade de a Jurisprudência atuar no âmbito de um "pensamento orientado a valores", KARL LARENZ, *Metodologia da Ciência do Direito*, cit., pp. 297-300.

(165) Cf. KARL ENGISCH, *Introdução ao Pensamento Jurídico*, cit., p. 379.

(166) Segundo Robert Alexy (*Teoría de la argumentación jurídica. La teoría del discurso racional como teoría de la fundamentatión jurídica*, cit., pp. 23-24) a necessidade de um "pensamento orientado a valores" explica-se, nomeadamente, por quatro ordens de ideias: 1) pela natureza vaga da linguagem jurídica; 2) pela possibilidade de existirem conflitos de normas; 3) pela ausência de regulação jurídica; 4) pela possibilidade de, em certos casos, se decidir contra o sentido literal da lei.

não significa equivalência, como na realização de uma subsunção: ela precisa, para ser convincente, de múltiplas "mediações". Na Jurisprudência, trata-se de mediações que não têm o carácter de conclusões "logicamente vinculantes", mas sim de passos de pensamento comprováveis e, dentro de certos limites, convincentes. Por isso, a jurisprudência é tanto no domínio prático (o da aplicação do Direito) como no teórico (o da dogmática) um pensamento em grande medida orientado a valores[(167)] — "*em muitas passagens (...) as leis apenas podem ser aplicadas, interpretadas e complementadas com base em valorações que pertencem ao cosmos mais amplo do Direito no qual as leis se inserem*"[(168)]. Também aqui, temos um dado a reter: o Direito do trabalho é um ramo de direito finalisticamente, cuja valoração máxima se prende com a proteção do trabalhador.

IV. A necessidade de um "pensamento orientado a valores" surge ainda com a máxima intensidade quando a lei recorre a uma "pauta de valoração" que carece de preenchimento valorativo para delimitar uma hipótese legal ou também uma consequência jurídica[(169)]. Assim sucede, nomeadamente, nos exemplos do autor, com os conceitos normativos de "boa-fé", "justa causa", "relação adequada", "prazo razoável" ou "prudente arbítrio". Mas tais pautas não são destituídas de conteúdo, nem fórmulas vazias pseudo-normativas que seriam compatíveis com todas ou quase todas as formas concretas de comportamento e regras de comportamento. Ao invés, contêm sempre uma ideia jurídica específica, que se subtrai a toda a definição concetual, mas que pode ser clarificada por meio de exemplos geralmente aceitos.

O "pensamento orientado a valores" é, assim, determinante na concretização de pautas de valoração.

V. O "pensamento orientado a valores" também deve fazer a sua aparição no âmbito da dogmática jurídica[(170)].

Desde logo, ele opera quando se procede tipologicamente, não quando se procede concetualmente. Trata-se, no essencial, de indagar acerca da existência de princípios "sustentadores", de medir o seu alcance, o conhecimento da sua atuação combinada com o seu significado para o entendimento de uma regulação, da sua delimitação ou complementação. O sentido do "princípio jurídico" pode, por esta via, ser delimitado: para Larenz, os *princípios* jurídicos representam "pautas de valoração" em relação à ideia de Direito que, todavia, não chegaram a condensar-se em *regras* jurídicas imediatamente aplicáveis, mas que permitem apresentar "fundamentos justificativos" das mesmas. Estes princípios subtraem-se, como todas as "pautas carecidas de concretização", a uma definição concetual; o seu conteúdo de sentidos, como o demonstra Larenz, pode se esclarecer com exemplos. A doutrina do "negócio jurídico", por exemplo, nos mais recentes estudos, já não parte de um conceito de negócio jurídico, em grande medida vazio de conteúdo, mas sim da função que o mesmo assume como meio de conformação jurídica autónomo-privada de tipos de atos, como expressão de autodeterminação responsável. O mesmo sucede com o conceito de "propriedade" — trata-se de uma garantia de um espaço externo de liberdade.

VI. O autor vai mais longe, na explicitação do "pensamento orientado a valores" no âmbito da dogmática jurídica: figuras dogmáticas como a "expetativa jurídica", a "relação jurídica relativa aos preliminares de um contrato", o "contrato com eficácia externa" ou a "repartição do ónus da prova segundo os setores de risco", não são dedutíveis do sistema conceitual; eles foram desenvolvidos e aprofundados tendo em conta as necessidades do tráfego ou certas exigências de justiça, no âmbito de um "pensamento orien-

---

(167) A propósito da "jurisprudência valorativa", veja-se, também, ROBERT ALEXY, *Teoría de la argumentación jurídica*, cit., pp. 28-33, bem como alguma bibliografia por este citada (p. 28, notas 22 a 25), nomeadamente FR. Müller, para quem uma jurisprudência sem valorações não seria *"(...), nem prática, nem real"* — *Juristische Methodik*, 2ª ed., Berlim, 1976, p. 134; J. ESSER, para quem as valorações têm uma "(...) importância central em todas as decisões de algum modo problemática" — *Vorverständnis und Methodenwahl der Rechtsfindung*, 2ª ed., Frankfurt, 1972, p. 9; M. Kriele, segundo o qual não se pode "desconhecer (...) o elemento valorativo, normativo-teleológico e político-jurídico, contido em toda a interpretação" — *Theorie der Rechtsgewinnung*, 2ª ed., Berlin, 1976, p. 96. Robert Alexy (cit., p. 28) não deixa, porém ,de sublinhar que a óbvia necessidade de um pensamento orientado a valores não resolve três questões centrais: 1) onde e em que medida são necessárias tais valorações; 2) como deve ser determinada a relação das mesmas com os métodos de interpretação jurídica, enunciados e conceitos de interpretação jurídica; e, acima de tudo, 3) como podem ser racionalmente fundamentadas ou justificadas estas valorações.

(168) Cf. KARL ENGISCH, *Introdução ao Pensamento Jurídico*, cit., p. 380.

(169) Cf. KARL LARENZ, *Metodologia da Ciência do Direito*, cit., pp. 310-311.

(170) Cf. KARL LARENZ, *Metodologia da Ciência do Direito*, cit., pp. 316-320.

tado a valores", em sede jurisprudencial. Depois de positivadas e consolidadas, as "ideias jurídicas" que lhes subjazem passam então a permitir à atividade jurisprudencial servir-se delas como "máxima segura de decisão"[(171)].

A emergência de novos problemas jurídicos é uma constante, face ao aparecimento de novos problemas sociais, nomeadamente no domínio da proteção da parte mais fraca. O papel de uma Jurisprudência "orientada a valores" é, nesse sentido, determinante, nomeadamente na problematização e descoberta de questões jurídicas até então não reguladas. A este propósito, o autor apresenta o exemplo da "responsabilidade dos produtores" [(172)]: foi a jurisprudência, através da abordagem e problematização da questão, que abriu o caminho à legislação alemã sobre a responsabilidade por produtos defeituosos, de 15 de dezembro de 1989, à luz da qual se admite a responsabilidade do produtor independentemente de culpa, mas com limites: esta cessa quando o produtor lograr provar que não introduziu o produto no tráfego ou que, tendo-o feito, fosse de supor que o produto ainda não tinha qualquer defeito.

Em qualquer caso, a "abertura" do "sistema interno", isto é, a ocorrência de mutações no jogo concertado dos princípios, no seu alcance e limitação recíproca, bem como a descoberta de novos princípios, impõem uma "dupla reserva" aos enunciados da Jurisprudência: *"(...) em primeiro lugar, estão subordinados à reserva de conhecimentos futuros melhores; mas, por outro lado, estão também subordinados à salvaguarda da constância das pautas de valoração determinantes, que surgem sucessivamente na evolução histórica da cultura jurídica e que se podem modificar"*[(173)].

VII. Por via da compreensão da Jurisprudência como sendo simultaneamente "normativa", "compreensiva" e "orientada a valores", Larenz afasta-se, em definitivo, do "formalismo" assente na relação imediata entre o conceito abstrato e o caso real. As proposições normativas devem relacionar-se com os factos, num "ir e vir" constante entre o geral e o concreto. As soluções passam a valer não apenas pelo seu conteúdo, mas pela forma como são obtidas. O mesmo é dizer, por força do método utilizado para as alcançar.

A decisão jurídica deve, em suma, orientar-se à luz de um pensamento simultaneamente "sistemático" e "orientado a valores", no qual a busca da justiça, na solução do caso concreto, assume um papel de destaque. Simplesmente, do que se trata é de procurar uma solução justa no quadro das leis vigentes e dos princípios jurídicos, o mesmo é dizer, dentro dos quadros do "sistema jurídico". *"A justiça da resolução do caso é portanto, certamente, uma meta desejável da atividade judicial, mas não um critério de interpretação de par com os outros (...). A aspiração a uma justiça do caso é (...) um fator legítimo no processo de decisão judicial, conquanto não induza o juiz a manipular a lei de acordo com as suas convicções"*[(174)].

Trata-se de um aspeto a reter e que inviabiliza a adoção de decisões subjetivas, na esteira de resto do que também defende Robert Alexy[(175)].

VIII. A ordem de valores a que se refere Larenz é a que se retira do "sistema interno de valorações do pensamento jurídico", ou seja, uma ordem que se baseia em valores extraídos do material jurídico existente[(176)] e que determina a necessidade de o juiz decidir segundo argumentos racionais e não arbitrários[(177)].

(171) A propósito da indagação das valorações subjacentes às regras jurídicas e da sua importância para a correcta compreensão e para a determinação do conteúdo de tais regras, veja-se KARL ENGISCH, *Introdução ao Pensamento Jurídico*, 8ª ed., 2001, tradução de J. BAPTISTA MACHADO, Fundação Calouste Gulbenkian, p. 47 e pp. 380 e ss.

(172) Cf. KARL LARENZ, *Metodologia da Ciência do Direito*, cit., p. 331.

(173) Cf. KARL LARENZ, *Metodologia da Ciência do Direito*, cit., p. 693.

(174) Cf. KARL LARENZ, *Metodologia da Ciência do Direito*, cit., pp. 493-494.

(175) Veja-se também, a este propósito, ROBERT ALEXY, *Teoría de la argumentación jurídica*, cit., p. 30, segundo o qual *"A partir da ideia de que a Jurisprudência não pode prescindir de valorações, seria um erro deduzir que, na medida em que estas são necessárias, há um campo livre para convicções morais subjetivas dos aplicadores do Direito"*.

(176) Recorda-se que em termos analíticos e como assinala ROBERT ALEXY, *Teoría de la argumentación jurídica*, cit., p. 33, são possíveis três vias distintas para a "objetivação" das valorações: 1) baseá-las em convicções e consensos facticamente existentes, não positivados na lei; 2) extraí-las do material jurídico existente; 3) recorrer a princípios suprapositivos, de onde aquelas podem ser extraídas.

(177) A este propósito, Robert Alexy (*Teoría de la argumentación jurídica*, cit., p. 44) recorda uma decisão do Tribunal Constitucional Federal alemão ((BverfG E 34, 269 (287), na qual este, à luz do artigo 20º, n. 3, da Constituição alemã, segundo o qual a decisão jurídica deve ater-se à *"lei e ao Direito"*, considera que *"o Direito (...) não se identifica com o conjunto das leis escritas"*; o juiz não está,

Não se trata, pois, de uma solução similar à da "Escola do Direito Livre", que propugnava que a decisão judicial se devia basear não em processos intelectuais ou de natureza científica, mas sim em processos intuitivos, assentes nos sentimentos (subjetivos) do juiz, em nome da justiça individual.

O conceito de "sistema" assume, por isso, um significado primordial.

2. O Conceito de "Sistema"

2.1. Aspetos gerais

I. A ideia de "sistema" é a base para qualquer discurso científico na Ciência do Direito(178): o Direito não pode assentar no arbítrio puro, antes requerendo relações e soluções estáveis e previsíveis, decorrentes do princípio da igualdade, o mesmo é dizer, de uma lógica interna (o "sistema interno", na visão de Heck); no mesmo sentido, o Direito implica sistematização, quer na sua aprendizagem, quer na respetiva comunicação (o "sistema externo")(179). Apenas a ideia de "sistema" garante conhecimento científico, ou seja, *"verdadeiro conhecimento, verdadeiro saber"*(180).

Chega-se, assim, à ideia de "sistema", desenvolvida por Claus-Wilhem Canaris. A Ciência Jurídica assenta em decisões que se querem previsíveis, com base no princípio estruturante da igualdade, do qual se retira uma regra de adequação valorativa que manda tratar o igual de forma igual e o diferente de forma diferente, de acordo com a medida da diferença. A regularidade e a previsibilidade do Direito são, pois, absolutamente necessárias e essenciais à própria ideia de Direito, tal como necessária é a aprendizagem do Direito, enquanto fenómeno cultural, bem como a sua exteriorização.

A rejeição da ideia de "sistema" conduz-nos ao irrealismo metodológico, à ausência de controle das fontes e, em última instância, ao arbítrio na tomada de decisões.

II. Dentro deste contexto, são vários os sentidos que podem ser atribuídos ao conceito de sistema, sendo certo que, em qualquer caso, como assinala Canaris, há duas características que o definem: as da *ordenação* e da *unidade*(181). Kant define o sistema como *"a unidade, sob uma ideia, de conhecimentos variados"*(182); Savigny como *"a concatenação interior que liga todos os institutos jurídicos e as regras de Direito numa grande unidade"*(183); Stammler como *"uma unidade totalmente ordenada"*(184); Binder como *"um conjunto de conceitos jurídicos ordenado segundo pontos de vista unitários"*(185); Stoll como *"um conjunto unitário ordenado"*(186) e Coing, entre outros, como *"uma ordenação de conhecimentos segundo*

---

portanto, *"sujeito pela Lei Fundamental a aplicar ao caso concreto as indicações do legislador dentro dos limites do sentido literal possível"*; a tarefa da aplicação do Direito pode *"exigir, em especial, o poder de manifestar e realizar decisões através de um ato de conhecimento valorativo, com base em (...) valorações que são imanentes à ordem jurídico constitucional, mas que não chegaram a ser expressas no texto das leis escritas, ou o hajam sido de forma incompleta. O juiz deve atuar sem arbitrariedade; a sua decisão deve assentar numa argumentação racional (...)"*.

(178) MENEZES CORDEIRO, "Os dilemas da Ciência do Direito no Final do Século XX", CLAUS-WILHELM CANARIS, *Pensamento Sistemático e Conceito de Sistema na Ciência do Direito,* cit. p. LXV.

(179) Recorda-se, contudo, na esteira de Menezes Cordeiro, que a distinção entre sistema "interno" e "externo" deve ser superada — "Os dilemas da Ciência do Direito no Final do Século XX", CLAUS-WILHELM CANARIS, *Pensamento Sistemático e Conceito de Sistema na Ciência do Direito,* cit., pp. LXVII e LXIX.

(180) Cf. WILHELM SAUER, *Juristische Methodenlehre: zugleich eine Einleitung in die Methodik der Geisteswissenschaften,* Stuttgart, 1940, p. 171, citado por CLAUS-WILHELM CANARIS, *Pensamento Sistemático e Conceito de Sistema na Ciência do Direito,* cit., p. 5.

(181) Cf. CLAUS-WILHELM CANARIS, *Pensamento Sistemático e Conceito de Sistema na Ciência do Direito,* cit., pp. 9, 18 e pp. 66-105.

(182) IMMANUEL KANT, *Kritik der reinen Vernunft,* 1ª ed. (1781), Felix Meiner Verlag, Hamburg, 1990 (republicação), p. 832, citado em CLAUS-WILHELM CANARIS, *Pensamento Sistemático e Conceito de Sistema na Ciência do Direito,* cit., p. 10.

(183) SAVIGNY, *System des heutigen römishen Rechts,* v. I (1840), cit, p. 214, citado em CLAUS-WILHELM CANARIS, *Pensamento Sistemático e Conceito de Sistema na Ciência do Direito,* cit., p. 11.

(184) RUDOLF STAMMLER, *Theorie der Rechtswissenschaft,* 2ª ed. (1923), p. 221 *(Teoria do Direito),* citado em CANARIS, *Pensamento Sistemático e Conceito de Sistema na Ciência do Direito,* cit., p. 11.

(185) JULIUS BINDER, *Philosophie des Rechts,* 1925, Scientia Berlag Valen, Berlin, 1967 (republicação), p. 922 *(Filosofia do Direito),* citado em CLAUS-WILHELM CANARIS, *Pensamento Sistemático e Conceito de Sistema na Ciência do Direito,* cit., p. 11.

(186) HEINRICH STOLL, *Begriff und Konstruktion der Lehre der Interessenjurisprudenz, in* Fetsgabe für Philipp Heck, Tubingen, 1931, p. 77, citado em CANARIS, *Pensamento Sistemático e Conceito de Sistema na Ciência do Direito,* p. 11.

um ponto de vista unitário"[187]. Entre nós, Catanheira Neves define o *sistema* como "*uma unidade de totalização normativa*"[188], Menezes Cordeiro define-o como "*uma ordenação de realidades jurídicas, tomadas nas suas conexões imanentes e nas suas fórmulas de exteriorização*"[189] e Oliveira Ascensão, recordando que a noção de sistema ocupa hoje um lugar central no Direito, assinala que as soluções jurídicas não são arbitrárias nem desconexas — "*integram-se num conjunto, de que participam. O significado de cada elemento só é estabelecido por essa integração no todo*"[190]. No ordenamento jurídico brasileiro, Mauricio Godinho Delgado classifica-o como "*um conjunto de partes coordenadas, que se articulam organicamente, formando um todo unitário*"[191], ao passo que Miguel Reale compreende o Direito como uma "*realidade histórico-cultural ordenada de forma bilateral atributiva segundo valores de convivência*"[192].

III. A *ordenação* do Direito resulta do postulado da Justiça, de tratar o igual de forma igual e o diferente de forma diferente, segundo a medida da diferença. Deste postulado, resulta a necessidade de o legislador e o juiz atuarem segundo critérios de *adequação valorativa*, atendendo aos valores e princípios gerais que caracterizam o sistema.

O Direito assenta em particulares exigências ético-jurídicas, que não podem ser postergadas.

A *unidade* do Direito, que assenta na superação de valores singulares desconexos a favor de princípios e critérios gerais e abstratos, ainda que materialmente fundados numa ordem jurídica historicamente determinada, é uma característica fundamental da Ciência Jurídica: garante estabilidade e previsibilidade, previne a ausência de contradições na ordem jurídica e representa, na sua pureza, a realização da tendência generalizadora da justiça, enquanto corolário do aludido princípio da igualdade. A metodologia jurídica não pode dispensar a compreensão da unidade do sistema — é à luz desta característica que se desenvolve o "arsenal metodológico" utilizável na aplicação do Direito: a *interpretação sistemática* e a *integração de lacunas*, por exemplo, compreendem-se à luz da ideia de unidade ou de globalidade, segundo as quais o Direito deve ser entendido como um todo e não como um conjunto desordenado e isolado de proposições jurídicas.

IV. O sistema consubstancia, pois, uma *ordenação axiológica* ou *teleológica de princípios gerais de Direito*[193], que intenta ordenar, de forma racional e coerente, um conjunto de princípios constitutivos da Ciência Jurídica.

Mas o sistema não é, contudo, fechado, pleno e lógico dedutivo, como o demonstra Claus-Wilhem Canaris. O sistema é *aberto,* porque *incompleto* e modificável. Como assinala Oliveira Ascensão, tendo por base a noção de sistema de Canaris, a ideia de *mobilidade do sistema* é "*uma colocação extremamente importante. Nenhum sistema pode estar acabado; e os equilíbrios alcançados são constantemente transcendidos, porque a vida muda e muda o direito que lhe corresponde. O sistema jurídico é assim um sistema sempre em aperfeiçoamento (...)*"[194]. Por outro lado, o *sistema* não se identifica com o sistema lógico-formal da "jurisprudência dos conceitos", decorrente do conceito positivista de Ciência, próprio das ciências naturais. A conceção do "*sistema de determinada ordem jurídica como lógico-formal ou axiomático-dedutivo está, de antemão, voltada ao insucesso. Pois a unidade interna de sentido do Direito (...) não corresponde a uma derivação da ideia de justiça de tipo lógico, mas antes de tipo adequativo ou axiológico*"[195].

---

(187) HELMUT COING, *Geschichte und Bedeutung des Systemgedankes der Rechtswissenschaft,* Frankfurter Univertitätsreden, 1956, citado em CLAUS-WILHELM CANARIS, *Pensamento Sistemático e Conceito de Sistema na Ciência do Direito,* cit., p. 11.
(188) Cf. CASTANHEIRA NEVES, *Metodologia Jurídica. Problemas Fundamentais,* Boletim da Faculdade de Direito da Universidade de Coimbra, Reimpressão, Coimbra Editora, 2013, p. 155.
(189) Cf. MENEZES CORDEIRO, "Os dilemas da Ciência do Direito no Final do Século XX", em CLAUS-WILHELM CANARIS, *Pensamento Sistemático e Conceito de Sistema na Ciência do Direito,* cit., pp. LXIX.
(190) Cf. OLIVEIRA ASCENSÃO, *O Direito. Introdução e Teoria Geral,* 13ª ed., cit., p. 233.
(191) Cf. MAURICIO GODINHO DELGADO, *Curso de Direito do Trabalho,* 9ª ed., cit., p. 53.
(192) Cf. MIGUEL REALE, *Filosofia do Direito,* cit., p. 699.
(193) Cf. CLAUS-WILHELM CANARIS, *Pensamento Sistemático e Conceito de Sistema na Ciência do Direito,* cit., p. 77.
(194) Cf. OLIVEIRA ASCENSÃO, *O Direito. Introdução e Teoria Geral,* 13ª ed., cit., p. 233.
(195) Cf. CLAUS-WILHELM CANARIS, *Pensamento Sistemático e Conceito de Sistema na Ciência do Direito* (Introdução), cit., p. 30.

O princípio da igualdade e as suas derivações não podem ser manifestados através de regras de lógica pura: os *valores* extravasam a lógica formal e a adequação entre os vários valores não opera de forma lógica, mas sim de forma axiológica e teleológica. No mesmo sentido e por maioria de razão, o sistema não se confunde com um "sistema axiomático-dedutivo", segundo o qual todas as proposições se deixam deduzir de axiomas, através de operações de dedução puramente lógico-formais. A construção na Ciência do Direito de um conjunto pleno de axiomas, não contraditórios entre si e de tipo "jusracionalista", deve ser questionada. Se a contrariedade de normas pode ser evitada, o mesmo não se pode dizer quanto à contrariedade de princípios: ela não só existe, como é inevitável, como ficou cabalmente demonstrado por Engisch[(196)]; por outro lado, a alegada plenitude do sistema é, como sublinha Canaris, "totalmente impossível"[(197)]: quer a completude lógica, quer a completude teleológica do Direito são "*pura utopia*"[(198)]. Basta atender à existência de "cláusulas gerais" carecidas de preenchimento com valorações: estas, em qualquer caso, só são preenchíveis perante os elementos materiais fornecidos pelo caso concreto ou, pelo menos, com recurso a "grupos de casos", considerados típicos.

O "sistema" a que se reporta Canaris, derivando em última instância da ideia de Justiça, do princípio da igualdade e respetivas derivações, assenta, consequentemente, numa ordenação "axiológica" ou "teleológica", cientificamente demonstrável. Trata-se, em suma, do "*pressuposto de um cumprimento, racionalmente orientado e racionalmente demonstrável, do princípio da justiça de tratar o igual de modo igual e o diferente de forma diferente, de acordo com a medida da sua diferença*"[(199)]. Ou ainda: trata-se, afinal, de um "sistema" que assenta em determinados princípios gerais ou em "valores fundamentais", que se retiram de uma multiplicidade de valores singulares, formando uma unidade lógica e racional, enformando todo o ordenamento jurídico. O sistema de Canaris consubstancia, pois, uma "*ordem axiológica ou teleológica de princípios gerais de Direito, na qual o elemento de adequação valorativa se dirige mais à característica de ordem teleológica e o da unidade interna à característica de princípios gerais*"[(200)].

É à luz desta ideia que se deve compreender (e aplicar) o Direito.

E é à luz desta ideia que se deve compreender o "princípio da proteção do trabalhador" — ele resulta do postulado da Justiça, de tratar o igual de forma igual e o diferente de forma diferente, segundo a medida da diferença, procurando fazê-lo de forma específica no que tange à proteção do trabalhador, nomeadamente através de determinados subprincípios operativos.

A afirmação do referido princípio jurídico no domínio do susbsistema laboral é, por isso, determinante e insere-se na ideia de sistema.

2.2. O conceito de sistema e o princípio da proteção do trabalhador

I. É no contexto supraenunciado, assente na ideia de sistema, que se deve orientar a temática sob investigação: partindo-se de uma ideia generalizadora da Justiça, importa descortinar a existência de princípios gerais com particular importância no domínio da tutela do trabalhador, *i. e.*, de princípios axiológicos que formam o sistema e que estão a montante das proposições jurídicas individualmente consideradas. Importa, em suma, descortinar e compreender os princípios fundamentais que relevam neste domínio, fixar-lhes os respetivos contornos, elucidá-los, extrair do seu seio modelos de decisão, inter-relacioná-los com subprincípios com eles conectados e garantir a interpenetração entre os princípios mais gerais, os subprincípios, os institutos e as proposições jurídicas singulares dispostas a promover a resolução de casos concretos, num "ir e vir" constante, nos termos preconizados, nomeadamente, por Larenz.

---

(196) Cf. KARL ENGISCH, *Introdução ao Pensamento Jurídico*, 8ª ed., 2001, tradução de J. Baptista Machado, Fundação Calouste Gulbenkian, p. 318.
(197) Cf. CLAUS-WILHELM CANARIS, *Pensamento Sistemático e Conceito de Sistema na Ciência do Direito* (Introdução), cit., p. 41.
(198) Cf. CLAUS-WILHELM CANARIS, *Pensamento Sistemático e Conceito de Sistema na Ciência do Direito* (Introdução), cit., p. 44.
(199) Cf. CLAUS-WILHELM CANARIS, *Pensamento Sistemático e Conceito de Sistema na Ciência do Direito* (Introdução), cit., p. 75.
(200) Cf. CLAUS-WILHELM CANARIS, *Pensamento Sistemático e Conceito de Sistema na Ciência do Direito* (Introdução), cit., p. 79. Quanto à razão da escolha de um sistema de princípios, em detrimento da opção por um sistema de normas, conceitos, institutos ou valores, pp. 83. e ss.

II. Importa ainda, na esteira de Canaris, reter duas notas a propósito do conceito de sistema: a primeira, assinala a circunstância de o sistema preconizado ser "aberto", por oposição a "completo" e "definitivo"; a segunda, o facto de se tratar de um sistema "móvel", por oposição a "estático".

III. O sistema é "aberto", porque não é, nem completo, nem definitivo. Pelo contrário, o sistema é necessariamente provisório e adapta-se às mudanças operadas na sociedade.

Os conceitos de incompletude e de mudança assumem, a este nível, particular relevância, *maxime* no domínio do tema sob investigação, em que o devir social tende a condicionar a evolução da Ciência do Direito. O Direito privado de hoje não é o Direito privado do início do século XX, nem sequer o Direito privado de meados daquele século. E o Direito do trabalho de hoje não é o Direito do trabalho configurado na sequência da eclosão da "Questão Social".

A "socialização" do Direito privado e o afastamento da tradicional neutralidade do Direito civil têm sido uma constante. O reforço de algumas áreas jurídicas, especificamente destinadas a garantir a proteção de determinados "contraentes mais débeis", também só se compreende dentro de uma lógica de *mudança*, característica da abertura do sistema(201).

No polo oposto, o Direito do trabalho tradicional, exclusivamente assente na proteção do trabalhador e numa lógica (quase "cósmica") de progresso social infinito e de absolutização dos chamados "direitos adquiridos", conduziu a uma injusta segmentação do mercado do trabalho, com claro sacrifício para as gerações mais jovens, criando um fosso entre os que dispõem de empregos estáveis e hiperprotegidos e outros que, ou não conseguem aceder ao mercado de trabalho, ou o fazem em condições altamente precárias, nomeadamente os desempregados, os trabalhadores por conta própria e os contratados a prazo ou em regime de trabalho temporário. Por outro lado: o emprego para a vida deixou de ser uma referência para as gerações mais novas e o crescimento do desemprego, desde o início do século XXI, tem vindo a crescer de forma significativa nos países da Organização para a Cooperação e Desenvolvimento Económico (OCDE), assumindo uma natureza estrutural(202).

A Ciência Jurídica, por natureza, é provisória e suscetível de evolução (fala-se, a este propósito, em evolução do "sistema científico"); os próprios valores fundamentais da ordem jurídica, constitutivos do "sistema", podem modificar-se, ser substituídos ou suplantados (fala-se, agora, em evolução do "sistema objetivo"). O sistema, como unidade de princípios teleológicos, não é estático, mas sim dinâmico e permeável a modificações, nomeadamente em função de exigências de justiça material. Todavia, como assinala Larenz, alguns dos princípios vigentes do Direito privado atual são como que intemporais, dado que expressam ideias de validade supratemporal — assim sucede com a regra que manda tratar igualmente o que é igual e distintamente o que é diferente; outros, ainda que não sejam intemporais(203), pertencem há séculos à nossa ordem jurídica — como, por exemplo, os que se relacionam com a autonomia privada, a força vinculativa dos contratos ou o princípio da confiança no tráfego jurídico, pelo que não se deve "*sublinhar em excesso a capacidade de mudança dos princípios*"(204). Na maior parte dos casos, *maxime* quando se trate de princípios que exijam uma concretização permanente, "*a capacidade de mudança reporta-se (...) mais às decisões de valor secundárias, às concretizações, à acentuação e ao jogo concertado dos princípios*"(205), do que propriamente aos próprios princípios em si mesmos.

É nesse sentido que se joga a questão em torno do "princípio da proteção do trabalhador" — como veremos a propósito da génese e da evolução histórica do Direito do trabalho, esteve foi sempre marcado, desde a sua origem, pelo "princípio da proteção do trabalhador", enquanto concretização do princípio (intemporal) da igualdade, que manda tratar o que é igual de forma igual e o que é diferente, de forma

(201) A propósito da "abertura" do sistema, veja-se CANARIS, cit., pp. 104 e ss.

(202) Veja-se, a este propósito, nomeadamente quanto à realidade portuguesa, MÁRIO CENTENO, *O Trabalho, Uma visão de mercado*, Fundação Francisco Manuel dos Santos, Lisboa, 2013, em especial pp. 15 e ss., 65 e ss. e 75 e ss.

(203) Trata-se, na terminologia de Karl Larenz, dos princípios que se integram nos "*princípios do Direito justo idealmente válidos (que não pertencem apenas ao Direito positivo, comungando, nessa conformidade, do seu modo de ser)*" — *Metodologia da Ciência do Direito*, cit., p. 694, nota (113).

(204) Cf. KARL LARENZ, *Metodologia da Ciência do Direito*, cit., p. 694.

(205) Cf. KARL LARENZ, *Metodologia da Ciência do Direito*, cit., p. 695.

diferente, em função dessa mesma diferença. Pois bem: assim como o princípio da igualdade, bem como o da dignidade da pessoa humana, assumem a sua intemporalidade enquanto princípios axiomáticos que marcam o Direito civil, também o "princípio da proteção do trabalhador" expressa, no subsistema laboral, a referida ideia de validade supratemporal, conformando a própria evolução deste ramo do Direito. Em qualquer caso: o princípio da proteção do trabalhador deve ser (re)analisado à luz da "abertura" do sistema — importa verificar se o papel que o mesmo assumiu, aquando dos primórdios do Direito do trabalho, deve se manter inalterado ou se, pelo contrário, o mesmo deve ser atualizado, nomeadamente nas suas *decisões de valor secundárias* e respetivas *concretizações.*

IV. O sistema, por outro lado, assenta também, mas não em absoluto, na característica da "mobilidade", nos termos a que se refere Wilburg[(206)]: o sistema não é composto apenas por hierarquias rígidas de princípios ou de categorias, das quais se possa em abstrato retirar soluções jurídicas. A graduação entre as mesmas tende a variar, consoante os elementos materiais fornecidos pelo caso concreto e os princípios fundamentais que enformam o sistema.

O sistema, neste contexto, articula-se dentro de uma lógica interna de mobilidade, encontrando-se num ponto intermédio entre a proposição normativa rígida, que garante segurança jurídica, e a cláusula geral, cuja concretização, muitas vezes, se faz exclusivamente com base na equidade. Em todo o caso, a mobilidade não é absoluta. A formação rígida de proposições normativas, algumas das quais de natureza imperativa, impõe alguma imobilidade ao sistema. Como afirma Canaris, *"O Direito positivo compreende, portanto, partes do sistema imóveis e móveis, com predomínio básico das primeiras"*[(207)].

O tema em apreço não foge à regra: para além do recurso generalizado a "conceitos indeterminados", a "cláusulas gerais", a zonas de "discricionariedade"[(208)] e a normas e princípios que se movimentam e se articulam de forma não hierarquizada, cuja atuação depende dos influxos do caso concreto, os mecanismos de proteção do "trabalhador" manifestam-se, também, mediante o recurso generalizado a normas absolutamente imperativas, que não admitem derrogação em contrário (de que é paradigma a regra da proibição dos despedimentos sem justa causa prevista no artigo 351º do Código do Trabalho).

Trataremos, pois, de zonas "móveis" e "imóveis" do sistema, sendo certo que o próprio "princípio da proteção do trabalhador" encerra ele próprio tal dicotomia: sendo um princípio que está genética e umbilicalmente ligado ao Direito do trabalho, sendo desse ponto de vista axiologicamente imprescindível e tendencialmente intemporal e imutável enquanto princípio geral deste ramo do direito, ele é em si mesmo mutável quanto à sua intensidade e ao respetivo grau de incidência: em certos momentos históricos, em que o nível de desproteção do trabalhador é mais intenso, o princípio tende a imperar com maior acutilância; noutros períodos, em que o grau de proteção do emprego e do trabalho está sedimentado e surge, porventura até, como excessivamente obnubilador da criação de novos empregos e do desenvolvimento da economia, o princípio em causa pode e deve atuar com menos intensidade, face aos influxos recebidos do exterior — neste último caso, haverá que apurar qual o núcleo irredutível de subprincípios ou de direitos que se devem manter em qualquer circunstância e sem os quais o "princípio Mãe" ou o "princípio fundador" do Direito do trabalho perde razão de ser, arrastando consigo o próprio ramo do direito por si fundado. Importará, enfim, descortinar quais são as partes "imóveis" do subsistema laboral, sem o qual este perde a sua razão de ser.

O "princípio da proteção do trabalhador" lida, pois, simultaneamente, com a tendência generalizante e individualizadora da justiça.

V. O "pensamento sistemático" surge, neste contexto, como o mais adequado para o manusear das questões que o tema em causa suscita.

---

(206) W. WILBURG, *Die Elemente des Schadenrechts*, Marburg, 1941, citado por CLAUS-WILHELM CANARIS, *Pensamento Sistemático e Conceito de Sistema na Ciência do Direito* (Introdução), cit., p. 127.

(207) CLAUS-WILHELM CANARIS, *Pensamento Sistemático e Conceito de Sistema na Ciência do Direito* (Introdução), cit., p. 138.

(208) A propósito da distinção entre conceitos jurídicos "indeterminados", "conceitos normativos", "conceitos discricionários" e "cláusulas gerais", veja-se KARL ENGISCH, *Introdução ao Pensamento Jurídico*, cit., pp. 208 e ss.

VI. O tema em apreço, como já se expôs, implica desde logo o recurso ao princípio da igualdade, enquanto corolário lógico da ideia de Justiça e concretização do princípio da dignidade da pessoa — na esteira de John Rawls, julga-se que a busca da Justiça deverá estar necessariamente ligada à ideia de equidade e, em certo sentido, terá de derivar dela. Da ideia de Justiça, segundo Rawls, deverão resultar determinados princípios que devem governar a estrutura básica de uma sociedade justa, fruto de um acordo unânime (teoria contratualista). A questão colocada por Rawls(209) é simples de enunciar: se tivéssemos que escolher um modelo de sociedade e se a nossa escolha tivesse que ser feita sob um *véu de ignorância*, que nos impedisse de vermos os nossos próprios interesses (*posição original* do contrato), o nosso lugar na sociedade, a nossa posição de classe ou estatuto social, ou sequer a fortuna ou a distribuição de talentos naturais, capacidades, inteligência e força, que tipo de sociedade com sentido de justiça escolheríamos? Que estrutura sociopolítica escolheríamos para governar com circunstâncias típicas de justiça num regime em que a imparcialidade estivesse assegurada? Por outras palavras, sendo-nos dado a escolher, partindo de uma posição imparcial e norteados pela preocupação de estabelecermos disposições desejáveis e exequíveis, que princípios de justiça seríamos levados a eleger?

A resposta é simples, numa perspetiva *rawlsiana*: se nos fosse colocada a questão, escolheríamos ser governados por dois princípios de Justiça: o primeiro é o da *liberdade*, que garante liberdades individuais fundamentais, como sejam a de expressão, de associação ou de culto; o segundo, é o que assegura que as desigualdades sociais e económicas são distribuídas de modo a proporcionarem o maior benefício possível aos menos favorecidos da sociedade, embora mantendo uma equitativa *igualdade de oportunidades*(210). Nas palavras de Rawls: "*Primeiro princípio: cada pessoa deve ter um direito igual ao mais amplo sistema total de liberdades básicas iguais que seja compatível com um esquema similar de liberdades para todos; Segundo princípio: as desigualdades sociais e económicas deverão ser distribuídas de forma a que, simultaneamente: a) Redundem nos maiores benefícios possíveis para os menos beneficiados, de uma forma que seja compatível com o princípio da poupança justa; b) Sejam a consequência do exercício de cargos e funções que estejam abertos a todos em condições de igualdade equitativa de oportunidades*"(211).

Ou seja, a ideia de Justiça *rawlsiana* assenta na *liberdade*, como pressuposto essencial, mas não deixa todavia de atender também, no mesmo plano de importância, à *igualdade de oportunidades*, à redistribuição da riqueza e à proteção dos mais desfavorecidos.

VII. Trataremos, pois, de analisar e compreender tais princípios fundamentais, suscetíveis de orientar não apenas as relações entre o Estado e os particulares ("eficácia vertical"), mas também as relações entre sujeitos privados ("eficácia horizontal").

Ao nível do Direito civil, propriamente dito, estará em causa a análise de alguns dos seus princípios constitutivos que fazem apelo à aludida ideia de *liberdade*, nomeadamente os da "autodeterminação" e da "autorresponsabilidade", de onde se retiram designadamente o instituto da "autonomia privada" e o subinstituto da "liberdade negocial".

Ao nível do Direito do trabalho, em particular, enquanto ramo de Direito privado especial finalisticamente orientado para a proteção do contraente mais débil, ter-se-ão em conta alguns subprincípios especialmente vocacionados para a proteção do trabalhador, na esteira do referido princípio de justiça que manda atender aos mais desfavorecidos e que se assumem como projeções do "princípio da proteção do trabalhador".

Em especial, atenderemos às seguintes projeções do princípio da proteção do trabalhador:

a) Em sede *interpretativo-aplicativo*, importa atender ao (sub)princípio do "*tratamento mais favorável ao trabalhador*", enquanto elemento de conexão de uma norma de conflitos no domínio do conflito

---

(209) Cf. JOHN RAWLS, *A Theory of Justice*, publicada em Cambridge, Massachusetts, em 1971, reeditada pela Harvard University Press em 1999, pp. 120 e ss.

(210) Veja-se, a propósito da compreensão da "Teoria da Justiça" de Jonh Rawls, veja-se CHANDRAN KUKATHAS e PHILIP PETIT, *Rawls — Uma Teoria da Justiça e os seus críticos*, Gradiva, Lisboa, 1995, em especial pp. 51 e ss.

(211) Cf. JOHN RAWLS, *A Theory of* Justice, cit., p. 239 (tradução portuguesa citada por Chandran Kukathas) e PHILIP PETIT, *Rawls — Uma Teoria da Justiça e os seus críticos, cit.*, p. 61, e Political *Liberalism*, Columbia University Press, 1993, p. 29.

hierárquico de fontes, do conflito de fontes no tempo e no espaço e, eventualmente, enquanto ditame de interpretação ou critério a ter em conta nos termos gerais do artigo 9º do Código Civil, bem como em sede de integração de lacunas, neste caso nos termos do artigo 10º do referido Código;

b) No domínio da *formação do contrato de trabalho*, haverá que ter em conta o (sub)princípio da "*proteção dos direitos pessoais de cidadania do trabalhador*", que agrupa normas relativas aos *direitos de personalidade* e à *igualdade e não discriminação*, nomeadamente no acesso ao emprego;

c) No domínio da *execução do contrato de trabalho*, importará atender a um conjunto de subprincípios que visam garantir a "*dignificação do trabalho*" — assim sucede, para além dos subprincípios relativos aos direitos pessoais de defesa da cidadania acima enunciados (em matéria de direitos de personalidade e de igualdade e não discriminação), com os subprincípios da "*suficiência salarial e da irredutibilidade da retribuição*", o da "*limitação do tempo de trabalho*", o da "*conciliação da vida familiar e profissional*" e o da "*proteção da parentalidade*", bem como alguns subprincípios — garantias do trabalhador, tais como o da "*proteção da categoria profissional*" ou o da "*inamovibilidade*". A este propósito, analisaremos ainda o subprincípio da "*proteção de determinadas categorias mais desfavorecidas de trabalhadores*", tais como a trabalhadora grávida, puérpera ou lactante, o trabalhador menor ou o trabalhador portador de deficiência ou de doença crónica;

d) No domínio da *cessação do contrato de trabalho*, analisaremos o subprincípio da "*segurança no emprego*" e de que forma este atua — ou deveria atuar — tendo em vista a proteção do trabalhador;

e) Por fim, em sede de *conformação legislativa*, analisaremos o subprincípio da proteção de um "núcleo irredutível de direitos", que se consubstancia, no essencial, na criação de limites externos e internos à modificação do corpo de normas e princípio do Direito do trabalho.

VIII. Estão, pois, lançadas as bases para o desenvolvimento do tema em apreço.

Este, como já se fez notar, assenta numa realidade normativa diversificada, porventura desarticulada. A riqueza do caso concreto assume particular importância, *maxime* quando estejam em causa situações de desequilíbrio contratual que importe reparar. A tentação da "tópica", de raiz *viehwegiana*, ou das diretrizes da Escola de Direito Livre, de Ernst Fuchs, surge mais apelativa num cenário desta natureza. Ainda assim e à luz de tudo quanto foi exposto, fica claro que resistiremos a tal "pecado metodológico", em nome da unidade e natureza científica do Direito, substituindo-o pela ideia de "sistema" enquanto ordem axiológica ou teleológica de princípios gerais de Direito. Só esta poderá garantir a concatenação e ordenação interna das proposições normativas, dos conceitos e dos institutos diversificados que atuam neste domínio. A unidade do Direito faz-se, necessariamente, com recurso aos seus princípios constituintes, num "ir e vir" constante entre princípio e norma, norma e princípio(212).

No caso concreto e no que ao Direito do trabalho diz respeito, o sistema assenta numa ordenação axiológica, que parte da ideia de Justiça e de proteção da dignidade humana e do princípio da igualdade, que se concretiza, por sua vez, no "princípio da proteção do trabalhador" e que se projeta, com base neste último, em diversos subprincípios, que se desenvolvem ao nível da interpretação e aplicação da lei e nas fases (analíticas) de formação, execução e cessação do contrato de trabalho — assim sucede com os subprincípios do "tratamento mais favorável ao trabalhador", da "proteção dos direitos pessoais do trabalhador" (e do candidato a emprego), da "dignificação do trabalho" e da "segurança no emprego" —, dos quais resultam, por sua vez, diversas normas jurídicas, algumas imperativas e outras supletivas.

Por outro lado, o tema em causa lida com conceitos indeterminados (*v. g.*, o conceito de "justa causa de despedimento", no domínio da cessação contrato), com proposições jurídicas carecidas de valoração (*v. g.*, no domínio dos "direitos de personalidade" do trabalhador), com "princípios jurídicos" contraditórios (*v. g.*, os supramencionados princípios da "proteção do trabalhador", por um lado, e o da "proteção dos interesses de gestão do empregador", no polo oposto) e com proposições aprovadas com objetivos diferentes (por exemplo, a regra segundo a qual a fixação e a alteração do horário de trabalho são da

(212) Cf. CLAUS-WILHELM CANARIS, *Pensamento Sistemático e Conceito de Sistema na Ciência do Direito*, cit., pp. 83 e ss.

competência do empregador — artigos 212º e 217º, n. 1, do Código do Trabalho — vai ao encontro dos respetivos interesses de gestão; já a regra segundo a qual não pode ser alterado o horário individualmente acordado tem em vista, no polo oposto, a proteção do trabalhador — artigo 217º, n. 4). O "formalismo" ou o "positivismo" jurídicos, vivamente desaconselhados, em termos gerais, afiguram-se neste domínio como particularmente desadequados.

IX. A ideia de *unidade do* sistema e a da sua *ordenação axiológica ou teleológica* exige que se vá mais além do que mera subsunção dos factos que nos são apresentados a premissas legislativas preexistentes, aparentemente vocacionadas para resolver, de forma exclusiva, o caso posto à discussão. A "jurisprudência dos conceitos", própria do positivismo formal e legalista, bem como a neutralidade axiológica que a caracterizava, há muito que foram abandonadas. O juiz não é — e nunca foi — um autómato, que se limita a aplicar a lei através da recondução automática de certos fatos a determinadas previsões normativas. Perante a complexidade das situações e sem descurar a ideia de sistema, o juiz deve superar raciocínios meramente formais na aplicação do Direito. Perante eventuais quebras valorativas ou lacunas encontradas no "sistema", ele deve promover o recurso a esquemas de interpretação que sejam dinâmicos, mas simultaneamente racional e cientificamente fundados, nomeadamente à *interpretação sistemática*, à *interpretação teleológica* e à *integração sistemática de lacunas*. Deve, do mesmo passo, lidar com outros ramos do Direito, em termos articulados, bem como atender a fontes diversas (*v. g.*, a Constituição e as diretivas da União Europeia) que extravasam a simples previsão normativa primacialmente vocacionada para atuar(213). Perante projetos de solução que se afastam da ideia de Direito (*i. e.*, da ideia de Justiça), o juiz deve, a título complementar e subsidiário, recorrer a métodos que preconizam a primazia da "justiça do caso concreto", nomeadamente a *tópica*. Em qualquer caso: o intérprete-aplicador não pode deixar de ponderar as consequências e os efeitos da sua decisão, através da "sinépica".

Trata-se, enfim, da "dogmática integrada"(214), particularmente apropriada para intervir no domínio do Direito do trabalho.

2.3. O pós-modernismo

I. O pós-modernismo, que no essencial contempla as mudanças sociais ocorridas a partir de 1950 com o fim do modernismo (1900-1950), não questionou o percurso acima enunciado e porventura até o reforçou, quanto à necessidade de o Direito se basear em valores que lhe garantam unidade e um sentido ético.

Do ponto de vista da vida social, o pós-modernismo caracteriza-se no essencial pelo avanço tecnológico; pela era da velocidade, pelo predomínio da imagem em detrimento do conteúdo e pela primazia do efémero e do volátil perante o permanente e o essencial, pela total aceitação do efémero e do fragmentário, do descontínuo e do caótico, bem como pela aceitação deste estado de coisas. Do ponto de vista ideológico, o pós-modernismo caracteriza-se, por ser uma época do "pós-tudo": pós-marxista, pós-kelseniana, pós-freudiana, pós-Estado social de Direito e, do ponto de vista social e cultural, pela sociedade de massas, pelo consumerismo, pelo individualismo, pela era da informática, pelo hedonismo e pela adesão ao niilismo, que nega a existência de valores absolutos como verdade e princípio ético. O pós-modernismo caracteriza-se, ainda, pela efemeridade, pela sociedade da informação, pelo relativismo e pela ausência de valores — o mundo moderno caracterizou-se pelo materialismo científico e racionalista; o mundo pós-moderno nega os valores absolutos e objetivos, relativiza a verdade e o conceito de ética e adota uma postura *avalorativa* — *"o pós-moderno ameaça encarar hoje estilos de vida e de filosofia nos quais viceja uma ideia tida como arquisinistra: o niilismo, o nada, o vazio, a ausência de valores e de sentido para a vida. Mortos Deus e os grandes ideais do passado, o Homem Moderno valorizou a Arte, a História, o De-*

(213) Cf. MENEZES CORDEIRO, "Os dilemas da Ciência do Direito no Final do Século XX", CLAUS-WILHELM CANARIS, *Pensamento Sistemático e Conceito de Sistema na Ciência do Direito* (Introdução), cit., p. CXI; *Tratado de Direito Civil Português*, I, Parte Geral, Tomo I, 2ª ed., Almedina, Coimbra, 2000, pp. 59-60.
(214) Cf. MENEZES CORDEIRO, *Tratado de Direito Civil Português*, I, cit., pp. 59-60.

senvolvimento, a Consciência Social para se salvar. Dando adeus a essas ilusões, o Homem Pós-Moderno já sabe que não existe Céu nem sentido para a História, e assim se entrega ao presente e ao prazer, ao consumo e ao individualismo"(215).

II. O pós-modernismo jurídico representa, no essencial, uma reação contra as tendências generalizadoras e racionalizadoras da modernidade, ou seja, da época da cultura europeia em que, desde o Iluminismo até ao cientismo triunfante da nossa época, se crê, por um lado, que o nível mais adequado para conhecer é o geral e, por outro lado, que esse conhecimento e organização são progressivos. A reação pós-modernista dirige-se contra a ideia do geral — opondo-lhe o particular; a de gigantismo, opondo-lhe a ideia de pequeno; a de eficácia da perspetiva macro — opondo-lhe a subtileza do micro; a de Sistema, opondo-lhe o "caso"; à de heterorregulação, opondo-lhe a autorregulação. Através de Michel Foucalt, o pós-modernismo herda um relativismo radical — como não há a certeza de nada, mas — apesar de tudo — se deve continuar a viver, o melhor é brincar com tudo, tratar o importante como se fosse banal.

III. Neste quadro de relatividade da pós-modernidade, o Direito assume particular importância e não deve condescender com o relativismo, o subjetivismo e o pragmatismo, se e na medida em que estes questionem a existência de "valores fundamentais". Para o *subjetivismo*, a noção de Direito e Justiça está no sujeito que a julga e é subjetiva de determinado povo, pessoa ou época; para o *relativismo*, a noção de Direito e Justiça varia em função dos valores consagrados em determinada época e o Direito e os valores que o conformam são relativos; para o *pragmatismo*, justo é aquilo que é prático, que funciona e satisfaz as exigências do momento. O aspeto axiológico-valorativo é postergado e verdadeiramente o que passa a ter valor é o que funciona.

IV. O Direito, na esteira do sistema de Canaris, não pode condescender com esta visão neutral, que nega a existência de valores inegociáveis, inalienáveis e tendencialmente imutáveis, tais como a vida, a liberdade, a igualdade e a dignidade humana.

O sistema consubstancia, pois, uma "ordem axiológica ou teleológica de princípios gerais de Direito". E o relativismo próprio do pós-modernismo apenas reforça esta necessidade, trazendo novos desafios ao Direito. Se a modernidade deixou como legado, para além das declarações dos direitos fundamentais, a afirmação universal dos valores da liberdade, da igualdade e da fraternidade, o Direito da pós-modernidade deve não apenas reafirmá-los, como também garantir, em nome da dignidade da pessoa humana, a afirmação e a aplicação da Ciência Jurídica de acordo com uma pauta axiológico-valorativa que não deixe, todavia, de garantir certeza e segurança jurídicas.

O sistema de Canaris, enquanto *ordenação axiológica* ou *teleológica de princípios gerais de Direito*(216) que intenta ordenar, de forma racional e coerente, um conjunto de princípios constitutivos da Ciência Jurídica, mantém plena atualidade e serve de base à presente investigação. É nesse sentido que se deve compreender a existência de princípios axiológicos fundamentais, ou mesmo de *metaprincípios* que encerram valores absolutos, como sejam o da igualdade ou o da dignidade humana(217), enquanto princípios que atuam sobre todos os ramos de direito, ou o da "proteção do trabalhador", enquanto princípio axiológico fundador e modelador do sistema juslaboral.

Segue-se então o excurso proposto.

Agora sim: à luz de diretrizes metodológicas sólidas, simultaneamente centrais e periféricas, gerais e concretas, científicas e culturais, racionais e históricas.

---

(215) Cf. JAIR FERREIRA DOS SANTOS, *O que é pós-moderno*, São Paulo, Brasiliense, 2004, pp. 10-11, citado por PAULO HAMILTON SIQUEIRA JR., "A Dignidade da Pessoa Humana no Contexto da Pós-Modernidade", *Tratado Luso-Brasileiro da Dignidade Humana*, 2ª ed., cit., pp. 252 e ss., p. 262.

(216) Cf. CLAUS-WILHELM CANARIS, *Pensamento Sistemático e Conceito de Sistema na Ciência do Direito* (Introdução), cit., p. 77.

(217) Cf. JORGE MIRANDA, "A Dignidade da Pessoa Humana e a Unidade Valorativa do Sistema de Direitos Fundamentais", *Tratado Luso-Brasileiro da Dignidade Humana*, 2ª ed. atualizada e ampliada, coordenação de Jorge Miranda e Marco António Marques da Silva, Quartier Latin, São Paulo, 2009, pp. 168 e ss.

Capítulo II

A Unidade Valorativa do Sistema e os Valores Axiológicos que o Enformam

§ 1º OS VALORES-ÂNCORA DO SISTEMA JURÍDICO

1. A ideia de valores-âncora do sistema: aspetos gerais

I. A Ciência Jurídica assenta em determinados axiomas ou valores máximos que garantem a estabilidade do sistema e lhe conferem unidade e adequação valorativa, bem como a garantia de que o sistema jurídico, não obstante não ser, nem definitivo, nem fechado, na medida em que apenas exprime o estado dos conhecimentos do seu tempo — estando consequentemente aberto a mudanças que se operam na sociedade — se encontra, apesar de tudo, ancorado em determinados valores que lhe garantem estabilidade e regularidade, em valores inegociáveis, inalienáveis e tendencialmente imutáveis.

Sem essa regularidade, o Direito não teria qualquer consistência — seria errático e inseguro, razão pela qual Miguel Reale alude, com propriedade, à "*impossibilidade de compreender-se o Direito com abstração dos seus valores constitutivos*"(218).

O Direito, enquanto ordem normativa, é, por isso, também, como sustenta Miguel Teixeira de Sousa, uma *ordem valorativa, "porque nenhuma ordem normativa é pensável sem uma referência a valores"*. Nesse sentido, conclui o autor, "*os princípios e as regras jurídicas que compõem a ordem jurídica revelam uma opção por certos valores*"(219). A Ciência Jurídica implica sempre, portanto, como recorda Pedro Múrias, "*a invocação de valores*", razão pela qual se pode afirmar que o pensamento jurídico é "*valorativamente condicionado*"(220).

No mesmo sentido, para Paulo Otero, "*O Direito traduz sempre (...) um sistema de valores. E enquanto sistema de valores decorrente da dignidade da pessoa humana, o Direito obedece a um princípio de coerência interna*"(221), ao passo que Oliveira Ascensão alude, a este propósito, à existência de "*princípios com exigência absoluta de observância*"(222).

Mais do que isso: o Direito contém uma ordem axiológica de valores, de vocação generalista e que encerra uma pretensão de aplicação absoluta, independentemente, portanto, da existência de ramos

---

(218) Cf. MIGUEL REALE, *Filosofia do Direito*, 20ª ed., cit., p. 700.
(219) Cf. MIGUEL TEIXEIRA DE SOUSA, "Positivismo e Valores", *Estudos de Homenagem ao Prof. Doutor Jorge Miranda*, Volume VI, cit., p. 403.
(220) Cf. PEDRO FERREIRA MÚRIAS, "Sobre algumas características do pensamento jurídico", *Exercícios de Introdução ao Estudo do Direito"* Associação Académica da Faculdade de Direito de Lisboa, Lisboa, 2012, pp. 169 e ss. (p. 185).
(221) Cf. PAULO OTERO, *Lições de Introdução ao Estudo do Direito*, I Vol., 1º Tomo, cit., p. 55.
(222) Cf. OLIVEIRA ASCENSÃO, *O Direito. Introdução e Teoria Geral*, cit., pp. 195 e ss. (p. 198).

especiais do Direito. Não se trata, propriamente, de um "Direito natural" que a todos ocorra e que por todos deva ser respeitado, dado que a questão subjacente à formulação das referências materiais do Direito não tem uma solução científica única. Ainda assim, é possível descortinar um conjunto de ideias ou referências que suscitam um consenso alargado(223), pois o verdadeiro Direito tende para a justiça, abrigando necessariamente, como afirma Menezes Cordeiro, "*valores materiais*"(224).

Assim: no campo das relações entre sujeitos privados, ou entre homens comuns, o Direito civil tende a figurar como Direito comum — ele contém o repositório dos valores que atravessam toda a ordem jurídica, contendo um conjunto de normas e princípios de que qualquer particular se pode socorrer(225); no domínio das relações entre o Estado e os cidadãos, tal repositório resulta do Direito constitucional e do elenco de direitos fundamentais consagrados nas diversas leis fundamentais.

O conhecimento desse grupo de *metaprincípios* e o manusear dos *valores*, *princípios* e *regras* nele contidos é determinante, mesmo quando o âmbito de análise ocorre a um nível mais especializado, ou seja, num ramo de direito privado especial, como é o Direito do trabalho.

Por outras palavras, para além de alguns princípios gerais, próprios do conjunto da ordem jurídica e que tendem a marcar todo o sistema, encontramos também, dentro de determinados ramos do Direito, aquilo a que Canaris chama de "*subsistemas mais pequenos, com princípios gerais autónomos*"(226), sendo certo que a articulação entre ambos é imprescindível. A unidade do Direito assim o exige.

Nesse sentido, ao nível, por exemplo, do Direito do trabalho, o princípio da "proteção do trabalhador" funciona, neste subsistema, como o princípio constituinte, o "princípio Mãe" ou o princípio conformador de todas as normas e subprincípios existentes no (sub)sistema juslaboral.

É esse o trajeto que vamos seguir: enunciar aqueles que histórica e culturalmente têm sido admitidos como os valores gerais do sistema para, só depois, nos atermos em particular ao subsistema (mais pequeno) do Direito do trabalho.

II. O que está em causa, quando se enunciam os "valores-âncora do sistema", não é a concessão de uma ordem hierarquizada de valores e, muito menos, uma enunciação taxativa dos mesmos, pois essa, como enuncia Robert Alexy, é problemática: a delimitação de uma ordem de valores completa e fechada ou de "*um catálogo completo, acerca do qual todos estejam de acordo, seria praticamente impossível de estabelecer*". Tal não significa, contudo, como sustenta este autor, que não seja possível, com algum grau de generalidade, alcançar essa completude e hermeticidade, se recorrermos a alguns conceitos abrangentes, como os de "*dignidade, liberdade, igualdade, proteção e bem-estar da comunidade*"(227). No mesmo sentido se pronuncia Karl Engisch, ao aludir, num "*plano mais alto*" do Direito, aos "*conceitos de justiça, da equidade (...) da dignidade humana, do respeito pela pessoa*"(228), ou Helmut Coing, para quem "*os valores (...) como a igualdade, a confiança, o respeito pela dignidade da pessoa, não são interesses quaisquer ao lado de outros: eles são antes os elementos ordenadores do Direito privado (...)*

(223) Cf. MENEZES CORDEIRO, *Tratado de Direito Civil, I*, 4ª ed., reformulada e atualizada, cit., p. 492.
(224) Cf. MENEZES CORDEIRO, *Tratado de Direito Civil, I*, 4ª ed., reformulada e atualizada, cit., p. 494.
(225) No campo do Direito Civil, Menezes Cordeiro, no seu *Tratado de Direito Civil, I*, 4ª ed., reformulada e atualizada, cit., pp. 492-493, defende que importa praticar uma dogmática que dê lugar a referências materiais e que permita ao intérprete-aplicador uma margem a preencher, para além da estrita comunicação normativa. Ora, o campo por excelência das referências materiais são, segundo o autor, os *conceitos indeterminados*: conceitos que não têm um conteúdo comunicativo imediato e claro e que devem, caso a caso, ser preenchido com valorações. Em termos históricos, o autor defende que a Humanidade tem caminhado no sentido da afirmação dos seguintes valores: *tutela da pessoa humana* — os tratamentos cruéis e degradantes e a pena de morte têm vindo a recuar estando, na Europa, praticamente abolidos; *supressão de discriminações* — o estatuto de diminuição em função do sexo, da raça, das crenças, das convicções ou de outros fatores arbitrários ou negativos vem regredindo, sendo de esperar a sua total desaparição; *respeito pelos direitos adquiridos* — alcançado um direito, apenas justificadamente e com compensação ele poderá desaparecer; *o poder da palavra dada e da confiança* — quem se vincule livremente, deve ficar ligado ao que fez; *a tutela dos recursos, da riqueza e da própria vida* — não se pode, *ad nutum*, atingir bens valiosos ou prejudicar a natureza; *a busca do social e do progresso* — o Direito deve assegurar uma distribuição equitativa da riqueza, promovendo a elevação cultural e económica das sociedades.
(226) Cf. CLAUS-WILHELM CANARIS, *Pensamento Sistemático e Conceito de Sistema na Ciência do Direito* (Introdução), cit., p. 79.
(227) Cf. ROBERT ALEXY, *Teoria dos Direitos Fundamentais*, cit., p. 159.
(228) Cf. KARL ENGISCH, *Introdução ao Pensamento Jurídico*, cit., p. 378.

genuinamente decisivos. (...) Por isso, o fundamento último de toda a aplicação do Direito há-de ser a consciencialização das valorações sobre que assente a nossa ordem jurídica"[229].

Assim, de entre os "valores-âncora", os "valores *a priori*" (segundo a expressão de Miguel Teixeira de Sousa)[230] ou os axiomas da Ciência Jurídica há três que, pela sua natureza intemporal, pelos valores que irradiam e pela função estruturante que exercem, são incontornáveis e complementares: a *dignidade*, a *liberdade* e a *igualdade* do ser humano. Como complementa Alexy, "*Se a eles forem adicionados conceitos sobre os fins do Estado, a estrutura da democracia, do Estado de Direito e do Estado Social, chega-se a um sistema de conceitos que abarca os conceitos-chave do direito racional moderno, complementado pelo princípio do Estado Social, que expressa as exigências dos movimentos sociais dos séculos XIX e XX*"[231]. Acrescidamente, julga-se, podemos também aludir a um "núcleo irredutível" de direitos que garante a proteção das pessoas, na sua dignidade mínima: os *direitos de personalidade* e os *direitos fundamentais*.

A defesa da *dignidade* do ser humano, diz-nos que este, qualquer que ele seja, é dotado de valor intrínseco, exige a sua *liberdade* e a faculdade de o mesmo se desenvolver livremente; na medida, porém, em que o homem não vive isolado, mas sim inserido na sociedade, o reconhecimento da sua *liberdade* só se tornará possível se lhe reconhecermos uma *igualdade* de tratamento com todos os demais sujeitos da coletividade. Só assim a sua *dignidade* como ser humano poderá ser conservada, sendo esta, em última instância, o valor fundamental desta trilogia de valores. Acrescidamente: a dignidade da pessoa humana passa pela proteção de um "núcleo irredutível de direitos", de entre os quais se destacam, por razões óbvias, os direitos de personalidade e os direitos fundamentais.

Os valores em causa compreendem-se, de resto, à luz da ideia de Justiça de John Rawls, que assenta em dois princípios de Justiça: o primeiro é o da *liberdade*, que garante liberdades individuais fundamentais, como sejam a liberdade de expressão, de associação ou de culto; o segundo, é o que assegura que as desigualdades sociais e económicas são distribuídas de modo a proporcionar o maior benefício possível aos menos favorecidos da sociedade, embora mantendo uma equitativa *igualdade de oportunidades*[232]. Em última instância: visa-se garantir a *dignidade humana*.

III. É com base nesta *tríade* que se constatam, depois, num segundo nível de concretização, determinados princípios que marcam determinados ramos ou áreas de direito. E é com base naquela *tríade*, por um lado, e nos princípios específicos atrás referidos, por outro lado, que se formam depois, num terceiro momento, novos princípios ou subprincípios que, quando devidamente articulados com os acima referidos, nos fornecem postulados decisórios suscetíveis de garantir a resolução de casos concretos.

Assim, como *supra* se referiu: o "princípio da proteção do trabalhador" surge como concretização específica, no sistema juslaboral, do princípio geral e intemporal da igualdade, que manda tratar o igual de forma igual e o diferente de forma diferente, de acordo com a medida da diferença, princípio este, por sua vez, alimentado pelo *metaprincípio* da dignidade humana; do princípio da proteção do trabalhador decorrem, depois, uma série de subprincípios, como o do "tratamento mais favorável" (em sede interpretativo-aplicativo), o da proteção "direitos pessoais de cidadania" no contrato de trabalho (ao nível da formação e execução do contrato de trabalho), o da "dignificação do trabalho" e o da "segurança no emprego" (ao nível da execução e cessação do contrato de trabalho, respetivamente), sendo que alguns destes subprincípios (*v. g.*, o da proteção dos "direitos pessoais de cidadania" e o da "dignificação do trabalho") são, por sua vez, intimamente influenciados pelo aludido princípio geral da dignidade humana; a liberdade negocial, por sua vez, marca e influencia todo o Direito do trabalho, que assenta também na autonomia privada e no contrato de trabalho.

---

(229) Cf. Helmut Coing, citado por KARL ENGISCH, *Introdução ao Pensamento Jurídico*, p. 378.

(230) Cf. MIGUEL TEIXEIRA DE SOUSA, "Positivismo e Valores", *Estudos de Homenagem ao Prof. Doutor Jorge Miranda*, Volume VI, cit., p. 408.

(231) Cf. ROBERT ALEXY, *Teoria dos Direitos Fundamentais*, cit., p. 27.

(232) Cf. JOHN RAWLS, *A Theory of Justice*, cit., pp. 239 e ss. Veja-se, a propósito da compreensão da "Teoria da Justiça" de Jonh Rawls, CHANDRAN KUKATHAS e PHILIP PETIT, *Rawls — Uma Teoria da Justiça e os seus críticos*, cit., em especial pp. 51 e ss.; e AMARTYA SEN, *A ideia de justiça*, Almedina, Coimbra, 2012.

A compreensão dos aludidos "valores-âncora" do sistema é, por isso, decisiva: só ela nos permitirá compreender a existência do aludido "princípio da proteção do trabalhador" e de todos os subprincípios que o concretizam, como o do "tratamento mais favorável ao trabalhador", o da proteção dos "direitos pessoais de cidadania", o da "dignificação do trabalho" — que, por sua vez, se projeta nos subprincípios da "suficiência salarial", da "proteção da maternidade e da paternidade", da "conciliação da vida profissional e familiar" ou o da "proteção da categoria profissional" — ou o da "segurança no emprego".

Vejamos, pois, do ponto de vista descritivo, sistemático e conceitual, os referidos princípios da dignidade da pessoa, da igualdade e da liberdade, para que depois, e só depois, possamos nos ater verdadeiramente no sistema juslaboral e no tema da presente tese — o princípio da "proteção do trabalhador" — que como se verá, com maior ou menor intensidade, decorre dos referidos "valores-âncora", nos termos que se passam a expor.

2. Dignidade, Igualdade e Liberdade

2.1. Dignidade humana

I. A ideia de que o homem é dotado de valor intrínseco e de que a pessoa possui valor independentemente da respetiva posição política, financeira ou social decorre do Cristianismo e da conceção segundo a qual o homem é criado à imagem e semelhança de Deus[(233)]. No essencial, a dignidade da pessoa humana encerra uma ideia de respeito por todo e qualquer homem ou mulher que a ordem jurídica considera insubstituível, irredutível e irrepetível, não enquanto objeto, coisa ou instrumento, mas enquanto sujeito autónomo, real e concreto, que é simultaneamente fundamento e fim da sociedade, do Estado e do Direito[(234)].

A característica essencial da pessoa enquanto sujeito, a dignidade afirma-se como um princípio que envolve todos os princípios relativos aos direitos das pessoas e à posição do Estado perante elas — trata-se, na esteira de Jorge Miranda, de um "princípio axiológico fundamental" ou de um "*metaprincípio*" que, ainda que relativamente aberto, como todos os princípios, na medida em que a sua concretização se faz histórico-culturalmente, encerra um valor absoluto — o da dignidade da pessoa em si mesma

(233) Veja-se, a este propósito, HONORATO ROSA, "A Dignidade da Pessoa Humana", Escritos e Depoimentos, Instituto Superior de Serviço Social, Lisboa, 1996, p. 231, citado em INÊS LOBINHO MATOS, "A Dignidade da Pessoa Humana na Jurisprudência do Tribunal Constitucional, Mormente, em Matéria de Direito Penal e Direito Processual Penal", *Tratado Luso--Brasileiro da Dignidade Humana*, cit., pp. 81 e ss.

(234) Cf. JORGE MIRANDA, "A Dignidade da Pessoa Humana e a Unidade Valorativa do Sistema de Direitos Fundamentais", *Tratado Luso-Brasileiro da Dignidade Humana*, cit., pp. 168 e ss., onde se pode consultar uma extensa listagem bibliográfica sobre a perspectiva filosófico-jurídica a propósito da dignidade da pessoa humana, nomeadamente, IMMANUEL KANT, *Fundamentação da metafísica dos costumes*, tradução portuguesa de Paulo Quintela, Edições 70, Lisboa, 2007, pp. 6 e ss.; JOAQUIM MARIA RODRIGUES DE BRITO, *Philosofia do Direito*, Imprensa da Universidade, Coimbra, 1871, pp. 214 e 223 e ss.; GOMES DA SILVA, *Esboço de uma concepção personalista do Direito*, Livraria Petrony, Lisboa, 1965, pp. 134, 136 e 137; CASTAN TOBEÑAS, *Los derechos del hombre*, Editora Reus, Madrid, 1969, pp. 67 e 68; FREDE CASTBERG, *La Philosophie du Droit*, A. Pedone, Paris, 1970, p. 140; HELMUT COING, *Grundzüge der Rechtsphilosophie*, Walter de Gruyter, Berlin, 1950, pp. 146 e ss.; CASTANHEIRA NEVES, "A Revolução e o Direito", *Revista da Ordem dos Advogados*, I, II & III, Lisboa, 1975, pp. 68 e ss. e 207 e ss., e *A unidade do sistema jurídico: o seu problema e o seu sentido*, in *Estudos em Homenagem ao Prof. Doutor J. J. Teixeira Ribeiro*, II, *Iuridica*, Coimbra, 1979, p. 60; MIGUEL REALE, *Filosofia do Direito*, 8ª ed., Saraiva, São Paulo, 1978, pp. 211 e ss., e *Fontes e Modelos de Direito*, São Paulo, 1994, p. 114; CARLOS SANTIAGO NINO, *Ética y derechos humanos*, Editorial Paidós, Buenos Aires, 1984, pp. 159 e ss.; JESUS GONZALEZ PÉREZ, *La Dignidad de la Persona*, Civitas, Madrid, 1986, pp. 111 e ss.; ANTÓNIO DA SILVA, *Direitos humanos ou dignidade humana*, Brotéria, Lisboa, 1987, pp. 510 e ss.; FRANCIS FUKUYAMA, *The end of history and the last man*, tradução portuguesa, *O fim da história e o último homem*, Rocco, Rio de Janeiro, 1992, pp. 151 e ss.; JOHN RAWLS, *Political Liberalism*, 1993, tradução portuguesa, *Liberalismo politico*, Lisboa, 1996, pp. 55 e ss.; ROQUE CABRAL, *A dignidade da pessoa humana, Poderes e Limites na Genética — Actas do IV Seminário do Conselho Nacional da Ética para as Ciências da Vida*, Lisboa, 1998, pp. 29 e ss.; RABINDRANATH CAPELO DE SOUSA, *O direito geral de personalidade*, Coimbra Editora, Coimbra, 1995, pp. 244-245. Veja-se ainda, a propósito da afirmação da dignidade da pessoa humana na Constituição da República Portuguesa, JORGE MIRANDA e RUI MEDEIROS, *Constituição Portuguesa Anotada*, Tomo I, Introdução Geral, Coimbra Editora, Coimbra, 2007, p. 52.

considerada[235]. A dignidade é inata à existência humana e constitui natureza do ser humano. Trata-se de um *superprincípio* do sistema jurídico que influencia todo o sistema jurídico e que serve de alicerce a todo o elenco de direitos fundamentais enquanto pressuposto axiológico de todos os outros bens e direitos[236].

A dignidade humana é, em suma, fundamental na vida em sociedade e o princípio da dignidade humana, mais do que uma arma de argumentação, é, como afirma, Flávia Piovesan, "*a razão de ser do Direito*"[237], independentemente, portanto, como sustenta Robert Audi, de qualquer conceção específica sobre a religião — "*the notion of human dignity does not depend on (...) certain kinds of them*"[238].

A dignidade humana é, enfim, como afirma Paulo Otero, o "*fundamento ou a razão de ser do Direito: é no próprio Homem e na sua dignidade sagrada e inalienável que o Direito encontra a sua razão de ser e o seu fundamento último. Em consequência, um Direito que negue ao Homem a sua qualidade de ser humano e a inerente dignidade que o mesmo encerra, é um Direito que se renega a si próprio*"[239].

O princípio da dignidade humana tem em vista uma pessoa concreta, e não um ser ideal e abstrato; refere-se à pessoa desde a sua concessão, e não apenas a partir do seu nascimento — a vida humana é inviolável (artigo 24º, n. 1, da Constituição), na exata medida em que a Constituição garante a dignidade pessoal e a identidade genética do *ser humano* (artigo 26º, n. 1); atende à dignidade humana da pessoa, independentemente do seu género masculino ou feminino, razão pela qual, para além do enunciado geral da igualdade entre todos os cidadãos (artigo 13º), a Constituição incumbe o Estado de promover a igualdade entre homens e mulheres (artigo 9º, alínea *h*), nomeadamente quanto ao exercício de direitos cívicos e políticos no acesso a cargos políticos (artigo 109º); implica o reconhecimento, a cada pessoa, da igual dignidade das demais pessoas, situação que determina a vinculação das entidades privadas aos direitos, liberdades e garantias (artigo 18º, n. 1) e, bem assim, que justifica a proibição de organizações racistas ou que perfilhem a ideologia fascista (artigo 46º, n. 4); compreende cada pessoa na sua relação com as demais, em termos tais que a dignidade da pessoa humana se articula com a mesma dignidade social atribuída a todos os cidadãos e a todos os trabalhadores (artigos 13º, n. 1 e 59º, n. 1, alínea *b*) o livre e pleno desenvolvimento da personalidade faz-se no seio de uma comunidade determinada, e não isoladamente; implica o respeito pela liberdade da pessoa e pela sua autonomia — a dignidade humana compreende o direito ao desenvolvimento da personalidade (artigo 26º, n. 1), a liberdade de expressão e de informação, sem impedimentos nem discriminações (artigo 37º), a inviolabilidade da liberdade de consciência, de religião e de culto (artigo 41º), a liberdade de criação cultural, intelectual, artística e científica (artigo 42º), a liberdade de aprender e de ensinar (artigo 43º), a liberdade de escolha da profissão (artigo 47º) e o exercício pessoal do direito de sufrágio (artigo 49º). De resto, o princípio da dignidade humana subsiste mesmo perante atos ilícitos perpetrados pela pessoa e sancionados pela ordem jurídica — nenhuma pena envolve como efeito necessário a perda de quaisquer direitos civis, profissionais ou políticos (artigo 30º, n. 4) e os condenados a quem sejam aplicadas penas ou medidas de segurança privativas da liberdade mantêm a titularidade dos direitos fundamentais, salvas as limitações inerentes ao sentido da condenação e às exigências próprias da respetiva execução (artigo 30º, n. 5); e exige condições de vida capazes de assegurar liberdade e bem-estar e o direito das pessoas a uma existência condigna (artigo

---

(235) Cf. JORGE MIRANDA, *Manual de Direito Constitucional,* II, 6ª ed., Coimbra Editora, Coimbra, 2007, p. 270 e "Dignidade da Pessoa Humana e a Unidade Valorativa do Sistema de Direitos Fundamentais", *Tratado Luso-Brasileiro da Dignidade Humana,* cit., p. 170, que cita a este propósito Peter Häberle ("A dignidade humana como fundamento da comunidade estatal", *Dimensões da dignidade: ensaios de filosofia do direito e direito constitucional,* Livraria do Advogado, Porto Alegre, 2005, pp. 89 e ss.).

(236) Cf. PAULO HAMILTON SIQUEIRA JR., "A dignidade da pessoa humana no contexto da pós-modernidade", *Dimensões da dignidade: ensaios de filosofia do direito e direito constitucional,* cit., pp. 252 e ss., ou de uma norma jurídica (princípio e valor) fundamental, dotada de força normativa mais intensa (cf. INGO WOLFGANG SARLET, *Dignidade da pessoa humana e direitos fundamentais na Constituição Federal de 1988,* 4ª ed., revista e atualizada, Porto Alegre: Livraria do Advogado, 2006, pp. 66-75, citado por PAULO HAMILTON SIQUEIRA JR., "A dignidade da pessoa humana no contexto da pós-modernidade", cit.

(237) FLÁVIA PIOVESAN, "Direito ao trabalho e a Proteção dos Direitos Sociais nos Planos Internacional e Constitucional", *Direitos Humanos e Direito do Trabalho,* Flávia Piovesan/Lucianna Paula Vaz de Carvalho (coord.), Editora Atlas, São Paulo, 2010, pp. 3 e ss.

(238) Cf. ROBERT AUDI, "*The Scientific Study of Religion and the Pillars of Human Dignity*", *The Monist,* v. 96, n. 3, The Hegeler Institute, Illinois, July 2013, pp. 462 e ss. (470).

(239) Cf. PAULO OTERO, *Lições de Introdução ao Estudo do Direito,* I v., 1º Tomo, cit., p. 54.

59º, n. 2, alínea *a*, *in fine*), razão pela qual a Constituição proclama que a República está empenhada na construção de uma sociedade livre, justa e solidária (artigo 1º, *in fine*).

Estamos, em suma, perante um princípio que vale para além da vontade popular e que é universal, no sentido em que não se circunscreve, apenas, aos cidadãos de determinada nacionalidade — a dignidade da pessoa refere-se a todas as pessoas, independentemente da sua nacionalidade ou cidadania, na esteira da Declaração Universal dos Direitos do Homem (artigo 16º, n. 2).

II. A dignidade humana está presente, enquanto princípio axiológico, na grande generalidade das declarações ou catálogos de direitos fundamentais, mas não existe historicamente uma conexão necessária entre direitos fundamentais e dignidade da pessoa humana. Em bom rigor, as concessões doutrinais e filosóficas da dignidade da pessoa humana apenas foram acompanhadas de catálogos de direitos fundamentais no final do século XVIII, sendo certo que a consagração da dignidade da pessoa humana no elenco de direitos fundamentais só se inicia com o Estado Social de Direito e com as Constituições e os textos internacionais aprovados após a II Guerra Mundial, enquanto resposta aos regimes que atentaram contra a pessoa humana, ao holocausto e aos atos de barbárie então cometidos. É nesse sentido que se compreende a alusão da dignidade humana no preâmbulo da Constituição francesa de 1946, enquanto resposta aos regimes que "*tentaram sujeitar e degradar a pessoa humana*"; a proclamação, no artigo 1º da Constituição alemã de 1949, da natureza "sagrada" da "dignidade humana"; e a afirmação, no preâmbulo da Declaração Universal dos Direitos do Homem, de que "*o reconhecimento da dignidade inerente a todos os membros da família humana e dos seus direitos iguais e inalienáveis constitui o fundamento da liberdade, da justiça e da paz no mundo*", razão pela qual "*todos os seres humanos nascem livres e iguais em dignidade e em direitos*" (artigo 1º).

III. Na ordem jurídica portuguesa, a consagração da dignidade humana na Lei Fundamental surge em 1951, na revisão constitucional que incidiu sobre a Constituição de 1933. A afirmação da dignidade humana aparece, de resto, associada ao princípio da igualdade e à necessidade de proteção dos mais desfavorecidos — no artigo 6º, n. 3, da Constituição de 1933, na sequência da revisão de 1951, alude-se à dignidade humana a propósito da incumbência do Estado de "*zelar pela melhoria das condições de vida das classes sociais mais desfavorecidas*".

Antes disso, nas constituições liberais oitocentistas, que na esteira da filosofia liberal atribuíam especial importância aos direitos de liberdade e às garantias do indivíduo contra o Estado, afloravam-se apenas concretizações do princípio da dignidade humana especialmente no domínio penal e no da proteção do indivíduo contra penas degradantes e cruéis. O princípio da dignidade humana, todavia, não se encontrava expressamente enunciado. A consagração constitucional da dignidade surgia apenas enquanto afloramento das garantias de direito penal e de processo penal — garantias contra penas degradantes e cruéis, contra prisões arbitrárias, etc.

IV. Na Constituição de 1822, no Título I relativo aos "*Direitos e Deveres Individuais dos Portugueses*", estabelecia-se que "*Nenhuma lei, e muito menos a penal, será estabelecida sem absoluta necessidade*" (artigo 10º) e que "*Toda a pena deve ser proporcionada ao delito; e nenhuma passará da pessoa do delinquente. Fica abolida a tortura, a confiscação de bens, a infâmia, os açoites, o baraço e pregão, a marca de ferro quente, e todas as mais penas cruéis ou infamantes*" (artigo 11º).

A Carta Constitucional de 1826 estabelecia, no artigo 145º, sistematicamente contido no Título VIII relativo às "*Disposições Gerais e Garantias dos Direitos Civis e Políticos dos Cidadãos Portugueses*", que "*Ficam abolidos os açoites, a tortura, a marca de ferro quente, e todas as mais penas cruéis*" (§ 18º); que "*Nenhuma pena passará da pessoa do delinquente. Portanto não haverá em caso algum confiscação de bens, nem a infâmia do Réu se transmitirá aos parentes em qualquer grau que seja*" (§ 19º); e que "*As cadeias serão seguras, limpas e bem arejadas, havendo diversas casas para separação dos Réus, conforme suas circunstâncias e natureza dos seus crimes*" (§ 20º).

A Constituição de 1838 determina, no Título III, "*Dos Direitos e Garantias dos Portugueses*", que "*Ninguém pode ser preso sem culpa formada, excepto nos casos declarados na Lei; e nestes, dentro de vinte e quatro horas contadas da entrada da prisão sendo em lugar próximo da residência da respetiva autoridade, e nos lugares remotos dentro de um prazo razoável que a Lei marcará, e respetiva autoridade, por uma nota por ela assinada, fará constar ao réu o motivo da prisão, os nomes dos acusadores e os das testemunhas havendo-as"* (artigo 17º); no mesmo sentido, dispõe-se que *"Ainda com culpa formada, ninguém será conduzido à prisão ou nela conservado, se prestar fiança idónea nos casos em que a Lei a admite; e em geral, nos crimes que não tiverem maior pena que a de seis meses de prisão ou desterro, poderá o réu livrar-se solto"* (artigo 17º, § 1º) e que *"À excepção de flagrante delito, a prisão não pode ser executada senão por ordem escrita da autoridade competente. Se a ordem for arbitrária, a autoridade que a deu será punida na conformidade das Leis"* (artigo 17º, § 2º). O artigo 18º, por fim, estatui que *"Ninguém será julgado senão pela autoridade competente, nem punido senão por lei anterior"*.

E a Constituição de 1911, da I República, para além de garantir a *"inviolabilidade do domicilio"* (artigo 15º), determina que *"Ninguém poderá ser preso sem culpa formada a não ser nos casos de flagrante delito e nos seguintes: alta traição, falsificação da moeda, de notas do bancos nacionais e títulos da divida publica portuguesa, homicídio voluntário, furto doméstico, roubo, falência fraudulenta e fogo posto"* (artigo 16º), *"Ninguém será conduzido à prisão o nela conservado, estando já preso, se se oferecer a prestar caução idónea ou termo de residência nos casos em que a lei os admitir"* (artigo 17º), *"À excepção do flagrante delito, a prisão não poderá executar-se senão por ordem escrita da autoridade competente ou em conformidade com a expressa disposição da lei"* (artigo 18º), *"Não haverá prisão por falta de pagamento do custas ou selos"* (artigo 19º), *"A instrução dos feitos crimes será contraditória, assegurando aos arguidos, antes e depois da formação da culpa, todas as garantias de defesa"* (artigo 20º), *"Ninguém será sentenciado senão pela autoridade competente, por virtude de lei anterior e na forma por ela prescrita"* (artigo 21º) e, no que constitui uma inovação e uma das mais importantes concretizações do princípio da dignidade humana, *"Em nenhum caso poderá ser estabelecida a pena de morte, nem as penas corporais perpétuas ou de duração ilimitada"* (artigo 22º).

V. A afirmação plena e expressa da dignidade humana como princípio axiológico surge, apenas, na Constituição de 1976 (CRP), que declara Portugal como uma *"República soberana, baseada na dignidade da pessoa humana e na vontade popular e empenhada na construção de uma sociedade livre, justa e solidária"* (artigo 1º).

E é a dignidade da pessoa humana, segundo Jorge Miranda(240), que confere harmonia, unidade de sentido, valor e concordância ao sistema de direitos fundamentais previsto na Constituição — *"A Constituição confere uma unidade de sentido, de valor e de concordância prática ao sistema de direitos fundamentais. E ela repousa na dignidade da pessoa humana, ou seja, na conceção que faz da pessoa fundamento e fim da sociedade"*(241). Os direitos, liberdades e garantias pessoais, bem como os direitos económicos, sociais e culturais têm todos eles a sua fonte ética na dignidade da pessoa humana. É a pessoa humana, enquanto fundamento e fim da sociedade e do Estado, que confere unidade ao sistema e aos direitos fundamentais previstos na Constituição. Por isso, é a ideia de dignidade, enquanto princípio, que conforma todos os princípios relativos aos direitos e aos deveres das pessoas e à posição do Estado perante elas. A dignidade da pessoa humana surge, consequentemente, como um princípio axiológico fundamental(242), um limite transcendente do poder constituinte, um princípio primário da ordem jurídica, estruturante e axiológico ou um *metaprincípio*. Pode haver ponderação da dignidade humana com a dignidade de outra pessoa, mas não com outro interesse ou princípio.

O que está em causa, consequentemente, não é uma realidade abstrata, mas sim o homem como ser real e concreto(243); a dignidade humana reporta-se a todas as pessoas e é a dignidade da pessoa real e

---

(240) Cf. JORGE MIRANDA, "Dignidade da Pessoa Humana e a Unidade Valorativa do Sistema de Direitos Fundamentais", *Tratado Luso-Brasileiro da Dignidade Humana,* cit., p. 169.

(241) Cf. JORGE MIRANDA, *Manual de Direito Constitucional, Direitos Fundamentais,* Tomo IV, 5ª ed., Coimbra Editora, Coimbra, 2012, p. 219.

(242) Cf. JORGE MIRANDA, "Dignidade da Pessoa Humana e a Unidade Valorativa do Sistema de Direitos Fundamentais", *Tratado Luso-Brasileiro da Dignidade Humana,* cit. p. 170.

(243) Cf. Manuel Gomes da Silva, citado por JORGE MIRANDA, "Dignidade da Pessoa Humana e a Unidade Valorativa do Sistema de Direitos Fundamentais", *Tratado Luso-Brasileiro da Dignidade Humana,* cit., p. 171.

concreta, independentemente dos seus comportamentos sociais, da sua ascendência, filiação ou condição social; e é, também, uma exigência de condições adequadas de vida material.

É da dignidade humana, consequentemente, que se retira a regra de que a declaração do estado de sítio ou do estado de emergência não pode afetar em caso algum os direitos à vida, à integridade pessoal, à identidade pessoal, à capacidade civil e à cidadania (artigo 19º, n. 6 da CRP); é da dignidade humana que se retira a inviolabilidade da vida humana e a inexistência da pena de morte (artigo 24º, n. 2 da CRP), bem como a proibição de extradição por crimes a que corresponda, no ordenamento jurídico do Estado requisitante, pena de morte ou outra de que resulte lesão irreversível da integridade física (artigo 33º, n. 6 da CRP); é da dignidade humana que se retira a garantia da integridade pessoal contra a tortura e os tratos e as penas cruéis, degradantes ou desumanos (artigo 25º, n. 2 da CRP), bem como os direitos à identidade pessoal, ao desenvolvimento da personalidade, ao bom nome e reputação, à imagem, à palavra, à reserva da intimidade da vida privada e familiar (artigo 26º, n. 1 da CRP); é da dignidade humana que se retira a conservação pelos condenados sujeitos à pena ou à medida de segurança privativas da liberdade dos seus direitos fundamentais, salvo as limitações inerentes ao sentido da condenação e às exigências próprias da respetiva execução (artigo 30º, n. 5, da CRP), e é da dignidade humana que se retira, também, o princípio da culpa em Direito penal[(244)].

VI. A dignidade humana exige, também, condições adequadas da vida material e a procura da qualidade de vida. É dela que se retiram, consequentemente, os direitos económicos e sociais dos cidadãos perante o Estado, nomeadamente em matéria juslaboral.

De resto, como afirma Peter Rachleff, "*the late nineteenth century labour movement (...) fought for the rights of all workers to be treated decently*"[(245)]. Por outras palavras, grande parte do movimento que esteve na base do nascimento do Direito do trabalho teve como pano de fundo a afirmação da dignificação do trabalho e de quem o presta.

É, pois, da dignidade humana que se retira o direito a um salário que garanta uma existência condigna (artigo 59º, n. 1, alínea *a*) e a necessidade de o Estado estabelecer e atualizar o salário mínimo nacional (artigo 59º, n. 2, alínea *a*); a necessidade de orientação do trabalho em condições socialmente dignificantes, de forma a facultar a realização pessoal e a permitir a conciliação da atividade profissional com a vida familiar (artigo 59º, n. 1, alínea *b*); o direito ao repouso e aos lazeres, a um limite máximo da jornada de trabalho, ao descanso semanal e a férias periódicas pagas (artigo 59º, n. 1, alínea *d*); a necessidade de o Estado fixar, a nível nacional, os limites da duração do trabalho (artigo 59º, n. 2, alínea *b*); o direito à assistência material, quando involuntariamente se encontrem em situação de desemprego (artigo 59º, n. 1, alínea *e*), ou o direito à assistência e justa reparação, quando vítimas de acidente de trabalho ou de doença profissional (artigo 59º, n. 1, alínea *b*); o direito à conciliação da vida profissional e familiar (artigo 68º); o direito à habitação de dimensão adequada, em condições de higiene e conforto e que preserve a intimidade pessoal e a privacidade familiar (artigo 65º, n. 1); a especial proteção das crianças órfãs, abandonadas ou por qualquer forma privadas de um ambiente familiar e normal (artigo 69º, n. 2); a realização plena das pessoas com deficiência e o apoio às suas famílias (artigos 71º, n. 1 e 74º, n. 2, alínea *g*); e o direito dos idosos a condições de habitação e convívio familiar e comunitário que respeitem a sua autonomia pessoal e evitem e superem o isolamento ou a marginalização social (artigo 72º, n. 1, 2ª parte).

A CRP de 1976 acolheu, enfim, nas palavras de Paulo Otero, uma "*função de protecção social subjacente ao Direito*", que assenta na "*garantia da igual dignidade de todas as pessoas, devendo as injustiças ser objeto de correcção e conferindo especial protecção aos mais fracos e aos mais desfavorecidos*", em termos tais que se pode afirmar, segundo o mesmo autor, que "*uma tal vertente social do Direito constitui hoje corolário de um modelo de Estado de bem-estar assente na justiça social e na igualdade material, enquanto manifestações do respeito e garantia pela dignidade da pessoa humana*"[(246)].

---

(244) Veja-se, a este propósito, o Acórdão n. 426/91 do Tribunal Constitucional, de 6 de novembro, Diário da República, 2ª série, de 2 de abril de 1992.

(245) Cf. PETER RACHLEFF, "*Labor History for the Future*", *Social Policy, Organizing for Social & Economic Justice*, v. 42, n. 3, New Orleans, LA, Fall 2012, pp. 34 e ss. (36).

(246) Cf. PAULO OTERO, *Lições de Introdução ao Estudo do Direito*, I Vol., 1º Tomo, cit., p. 120.

VII. O "princípio da proteção do trabalhador", que se retira, diretamente, do princípio da igualdade, é assim fortemente influenciado pelo princípio da dignidade humana, nomeadamente no que diz respeito aos subprincípios dos "direitos pessoais de cidadania" dos trabalhadores ou da "dignificação do trabalho".

É da dignidade humana, em suma, que se retira a construção de uma sociedade livre, justa e solidária (artigo 1º), sendo certo que a ideia de dignidade humana, "*(...) no seu conteúdo concreto — nas exigências ou corolários em que se desmultiplica —, não é (...) puramente apriorístico (...) e ou a-histórico, mas algo em que justamente se vai fazendo (e que vai progredindo) na história, assumindo, assim, uma dimensão eminentemente cultural (...)*", razão pela qual "*(...) o conteúdo da ideia de dignidade da pessoa humana é algo que necessariamente tem de concretizar-se histórico-culturalmente (...) é ao legislador que fica (...) confiada, em primeira linha, a tarefa ou o encargo de, em cada momento histórico, ler, traduzir e verter no correspondente ordenamento aquilo que nesse momento são as decorrências, implicações ou exigências dos princípios "abertos" da Constituição (tal como, justamente, o princípio da "dignidade humana"*"(247).

VIII. O homem e a sua dignidade são valores supremos do Estado de Direito e da República Portuguesa e é esta primazia que permite à dignidade humana conferir unidade de valor e de concordância prática ao sistema de direitos fundamentais(248).

A consideração da dignidade humana como elemento unificador e conformador do sistema de direitos fundamentais consagrados na Constituição Portuguesa é, de resto, reiteradamente assumida na jurisprudência do Tribunal Constitucional(249) — assim sucede, nomeadamente, nos acórdãos ns. 340/95(250) e 341/95(251), os quais, a propósito da equiparação entre estrangeiros e apátridas com cidadãos portugueses, aludem à dignidade da pessoa humana como "*valor autónomo e específico inerente aos homens em virtude da sua simples pessoalidade*"; no acórdão n. 951/96(252), no qual se declara que "(...) *a nossa Lei Fundamental assenta na dignidade da pessoa humana, que é o fundamento de todo o ordenamento jurídico, base do próprio Estado, ideia que unifica todos os direitos fundamentais e que perpassa também pelos direitos sociais (...)*"; no acórdão n. 522/07(253), onde se invoca que "(...) *o princípio da dignidade da pessoa humana (...) está na base de todos os direitos constitucionalmente consagrados (...)*" e que "(...) *o conjunto de direitos fundamentais é significativo e desvendável, porque é referido a um critério de valor; os direitos fundamentais são obrigatórios juridicamente, porque são explicitações do princípio da dignidade da pessoa humana que lhes dá fundamento. É que a unidade dos direitos fundamentais, como a unidade da ordem jurídica em geral, há-de ser uma unidade axiológica, material, que funde e legitime o seu conteúdo normativo*".

IX. Para além da sua afirmação como princípio estruturante e axiológico da ordem jurídica, a dignidade humana tem sido invocada como critério para aferir a constitucionalidade de normas legais, nomeadamente no domínio juslaboral.

A título meramente exemplificativo: a propósito da norma que classifica como faltas ao trabalho as que decorrem do cumprimento de uma pena de prisão, o Tribunal declarou a sua não inconstitucionalidade, dado que "*(...) na origem dessa impossibilidade encontra-se uma sua conduta culposa (...)*"(254); a propósito da afirmação ao direito a um mínimo de sobrevivência, o Tribunal, no acórdão n. 349/91, referiu que o aludido "*(...) direito a um mínimo de sobrevivência (...) há-de extrair-se do princípio da dignidade da pessoa humana condensado no artigo 1º da Constituição*"(255); no mesmo sentido, o Tribunal refere

---

(247) Cf. Acórdão do Tribunal Constitucional n. 105/90. Disponível em: <www.tribunalconstitucional.pt/tc/acordaos (ano 1990).
(248) Cf. JORGE REIS NOVAIS, "Renúncia a direitos fundamentais", *Perspectivas Constitucionais* — Nos 20 anos da Constituição de 1976, v. I, pp. 267-335.
(249) Seguiremos, a este propósito, o essencial das referências jurisprudenciais citadas por INÊS LOBINHO MATOS, "A Dignidade da Pessoa Humana na Jurisprudência do Tribunal Constitucional, Mormente, em Matéria de Direito Penal e Direito Processual Penal", *Tratado Luso-Brasileiro da Dignidade Humana*, cit., pp. 82-100.
(250) Disponível em: <www.tribunalconstitucional.pt/tc/acordaos> (1995).
(251) Disponível em: <www.tribunalconstitucional.pt/tc/acordaos> (1995).
(252) Disponível em: <www.tribunalconstitucional.pt/tc/acordaos> (1996).
(253) Disponível em: <www.tribunalconstitucional.pt/tc/acordaos> (2007).
(254) Acórdão do Tribunal Constitucional n. 209/93. Disponível em: <www.tribunalconstitucional.pt/tc/acordaos> (1993).
(255) Acórdão do Tribunal Constitucional n. 349/91, Diário da República, II Série, de 2 de dezembro de 1991. Disponível em: www.tribunalconstitucional.pt/tc/acordaos (1991).

que "*A impenhorabilidade das prestações atribuídas pelas instituições de segurança social representa um sacrifício do direito do credor, e portanto uma restrição ao direito à propriedade privada (...); todavia, este sacrifício será legítimo na medida em que for necessário para assegurar a sobrevivência condigna do devedor (...). Esta conclusão deve extrair-se do princípio da dignidade da pessoa humana, consagrado no artigo 1º da Constituição; no entanto, na parte em que a pensão exceda o necessário e adequado para assegurar esse mínimo de sobrevivência condigna, já não será constitucionalmente legítimo o sacrifício do direito do* credor"(256); inversamente, por considerar que viola o princípio da dignidade humana, o Tribunal decidiu julgar inconstitucionais normas que permitiam a penhora do rendimento mínimo garantido, "*por violação do princípio da Dignidade Humana contido no princípio do Estado de Direito, tal como resulta das disposições conjugadas dos artigos 1º e 63º, ns. 1 e 3, da Constituição da República*"(257); no mesmo sentido, o acórdão 509/02 determinou que "*importa concluir que a norma em apreciação vem atingir o conteúdo mínimo do direito a um mínimo de existência condigna, postulado, em primeiro linha, pelo princípio do respeito pela dignidade humana*"(258).

Ou seja, o princípio axiológico da dignidade humana tem sido utilizado, em sede constitucional, para aferir da constitucionalidade de determinados preceitos normativos face a ordem de valores presente na nossa Constituição.

X. Num terceiro nível, o princípio da dignidade humana tem sido também invocado pela jurisprudência para efeitos de relacionamento com outros princípios jurídicos, como seja o princípio da igualdade.

Na base, está a convicção de que é a dignidade da pessoa humana que alimenta o princípio da igualdade proibindo qualquer diferenciação ou qualquer pesagem de dignidades — "*a base constitucional do princípio da igualdade é a igual dignidade de todos os cidadãos (n. 1) — que, aliás, não é mais do que o corolário da igual dignidade de todas as pessoas (cfr. art. 1º) —, cujo sentido imediato consiste na proclamação da idêntica "validade cívica" de todos os cidadãos, independentemente da sua inserção económica, social, cultural e política, proibindo desde logo formas de tratamento ou de consideração social discriminatórias*"(259). Nesse sentido, à luz do acórdão n. 468/96, determinou-se que "*o princípio da igualdade implica (...) que são inadmissíveis diferenciações não justificáveis racionalmente à luz dos valores constitucionais. Desde logo, a igualdade implica, nesta dimensão, a não discriminação (...). Tratamentos diferenciados que ofendam a essencial dignidade da pessoa humana — que tomem como fundamento, por exemplo, a ascendência, o sexo, a raça, a língua, a naturalidade, o credo religioso, político ou ideológico e a condição cultural, económica ou social — são inadmissíveis*"(260). O acórdão n. 186/90, por sua vez, determina que o princípio da igualdade tem "(...) *conteúdo pluridimensional, postula várias exigências, entre as quais a de obrigar a um tratamento igual das situações de facto iguais e a um tratamento desigual das situações de facto desiguais, proibindo, inversamente o tratamento desigual das situações iguais e o tratamento igual das situações desiguais*"(261).

A ideia é clara: a prática de atos discriminatórios, bem como a atribuição de privilégios ou de regalias, arbitrários e injustificados, é suscetível de violar o princípio constitucional da igualdade, por ser uma afronta ao princípio da dignidade humana.

XI. Ao exigir condições adequadas da vida material e a procura da qualidade de vida e ao servir de substrato aos direitos económicos e sociais dos cidadãos perante o Estado, a dignidade humana tem, como se viu, uma influência direta no domínio juslaboral — é dela que se retira a necessidade de se garantir ao trabalhador uma existência condigna e a orientação do trabalho em condições socialmente dignificantes, de forma a facultar a realização pessoal e a permitir a conciliação da atividade profissional com a vida.

---

(256) Acórdão do Tribunal Constitucional n. 411/93. Disponível em: <www.tribunalconstitucional.pt/tc/acordaos> (1993).
(257) Acórdão do Tribunal Constitucional n. 62/02. Disponível em: <www.tribunalconstitucional.pt/tc/acordaos> (2002).
(258) Acórdão do Tribunal Constitucional n. 509/02. Disponível em: <www.tribunalconstitucional.pt/tc/acordaos> (2002).
(259) Cf. J. J. GOMES CANOTILHO e VITAL MOREIRA, *Constituição da República Portuguesa Anotada*, 3ª ed. revista, Coimbra Editora, Coimbra, 1993, anotação (II) ao artigo 13º, p. 126. Veja-se também, a este propósito e na mesma obra, a anotação ao artigo 1º da Constituição, pp. 57 e ss.
(260) Acórdão do Tribunal Constitucional n. 411/93. Disponível em: <www.tribunalconstitucional.pt/tc/acordaos> (1993).
(261) Acórdão do Tribunal Constitucional n. 186/90. Disponível em: <www.tribunalconstitucional.pt/tc/acordaos> (1990).

O princípio da dignidade humana alimenta e influencia o princípio da igualdade, de onde decorre diretamente o "princípio da proteção do trabalhador", assim como exerce, de forma marcante, uma enorme influência sobre alguns subprincípios juslaborais, como sejam o da proteção dos "direitos pessoais de cidadania" do trabalhador ou o da "dignificação do trabalho", este último, por sua vez, objeto de múltiplas concretizações, nomeadamente: em sede salarial — "princípio da suficiência salarial e da irredutibilidade da retribuição"; ao nível do tempo de trabalho — "princípio da limitação do tempo de trabalho"; ou em sede de conciliação da atividade profissional com a vida pessoal — "princípio da conciliação da vida profissional e pessoal" e "princípio da proteção da parentalidade".

A relação entre o princípio da dignidade humana e o "princípio da proteção do trabalhador", no Direito do trabalho, é, por isso, manifesta: aquilo que o "princípio da proteção do trabalhador" garante, face à sua especialidade, é uma maior intensidade na atuação daquele metaprincípio e um conjunto de concretizações mais específicas — nomeadamente de diversas *regras jurídicas* — próprias de um ramo de direito especial, mas dentro da ideia de unidade do Direito e da ideia de sistema.

2.2. Igualdade

I. Como afirma o jusfilósofo Stefan Gosepath, "*At least since the French Revolution, equality has served as one of the leading ideals of the body politic*", em termos tais que, atualmente, "*The principle of equal dignity and respect is now accepted as a minimum standard throughout mainstream Western culture*"[262].

Nem sempre, todavia, assim sucedeu: o atual consenso em torno do princípio da igualdade decorreu de uma longa evolução histórica, progressiva, mas lenta.

O princípio da igualdade surge, pois, historicamente, como uma ideia centrada no Homem e na luta pela afirmação da sua dignidade: em última instância, o princípio da igualdade esteve sempre associado ao da dignidade humana, simultaneamente como consequência e pressuposto deste último. Por um lado, a ideia aristotélica de "tratar o igual de forma igual na medida da sua diferença" é fortemente influenciada e alimentada pelo princípio da dignidade humana: o tratamento diferenciador fundado em determinados elementos categoriais, como sejam a etnia, a nacionalidade, o género ou a ascendência, tende a ser discriminatório, porque atentatório da dignidade humana; por outro lado, não há dignidade sem que haja observância do princípio da igualdade — o princípio da dignidade humana implica o tratamento das pessoas segundo o princípio (material) da igualdade, que admite, como se verá, a prática de políticas ativas ou medidas de medida de ação positiva de promoção da igualdade real entre as pessoas, como forma de lhes garantir uma vida com o mínimo de dignidade.

Noutro segmento: a ideia de igualdade resulta, também, como assinala Amartya Sem, da ideia de Justiça — um dos princípios de justiça *rawlsiano* assenta precisamente na ideia de que as oportunidades devem estar abertas a todos, "*sem que alguém fique excluído ou tolhido, por exemplo, por motivos de raça, etnia, casta ou religião*"[263].

Como recorda Richard Arneson, a igualdade, nesta perspetiva *rawlsiana*, é vista de forma substantiva (*substantive equality of opportunity*), como a faculdade, atribuída a todos os cidadãos, de terem acesso às mesmas oportunidades, com base nos respetivos méritos e talentos[264]).

II. Historicamente[265], é habitual associar-se aos estoicos e ao cristianismo[266] a superação da desigualdade de base entre os homens, a repulsa pela escravatura e a proclamação do princípio da igualdade

(262) Cf. STEFAN GOSEPATH, "Equality", *The Stanford Encyclopedia of Philosophy* (Spring 2011 Edition), Edward N. Zalta (ed.), disponível em: <http://plato.stanford.edu/archives/spr2011/entries/equality/> (acesso em 20 de setembro de 2013), p. 1 e p. 8.
(263) Cf. AMARTYA SEN, *A ideia de justiça*, cit., p. 106.
(264) Cf. RICHARD ARNESON, "Equality of Opportunity", *The Stanford Encyclopedia of Philosophy* (Fall 2008 Edition), Edward N. Zalta (ed.), disponível em: <http://plato.stanford.edu/archives/fall2008/entries/equal-opportunity/> (acesso em 27 de setembro de 2013), p. 8.
(265) Para maiores desenvolvimentos, a propósito do conceito e da evolução histórica associada ao princípio da igualdade, veja-se GUILHERME DRAY. *O Princípio da Igualdade no Direito do Trabalho — sua aplicabilidade no domínio específico da formação de*

entre todos os homens de qualquer condição como princípio fundamental da existência humana, como algo decorrente do género humano, como "*igualdade substantiva e moral, como dever ser e como critério de tratamento das pessoas*"(267). Com os estoicos, afasta-se a dicotomia entre cidadãos livres e escravos e assume-se a ideia de que todos os homens são naturalmente iguais e de que esta mesma igualdade é essência da Justiça(268). Como reação à sociedade estratificada dos romanos, o Cristianismo afirmou-se, pois, como uma doutrina de paz e de igualdade — condenava a opressão, a injustiça e a violência, e afirmava a igualdade de todos perante Deus.

A partir de então, a igualdade sedimenta-se como essência da Justiça, afirmando-se também a ideia de que *todos os homens são naturalmente iguais* e que a *igualdade* obriga a *tratar igualmente o que é igual, e desigualmente, o desigual,* podendo nalguns casos não ser *necessariamente aritmética, mas sim geométrica*(269). Mais do que isso: a igualdade afirma-se, também, como uma *máxima* destinada a promover a solução de casos concretos.

De facto, no ordenamento anglo-saxónico, a igualdade surge, nos finais do século XVI, como uma das máximas da *Equity Law* — como enuncia António Barreto Menezes Cordeiro, a máxima "*equality is equity*" surge na sequência da escola filosófica clássica, pelo que a igualdade ali propagada "*rege-se por estritos critérios de proporcionalidade, em tudo adequáveis à construção de Aristóteles: "tratar o igual de forma igual na medida da sua diferença"*. O princípio em causa, como sublinha o autor, tinha uma função: consubstanciava um *critério último: "A inexistência de precedentes aplicáveis ou a desadequação de qualquer outra máxima obriga os tribunais a recorrerem a esta conceção milenar de igualdade"*(270).

---

contratos individuais de trabalho, Almedina, Coimbra, 1999, pp. 23 e ss., bem como a extensa bibliografia ali citada, "Igualdade e Não Discriminação", Separata de *Código do Trabalho, a Revisão de 2009,* Coimbra Editora, Coimbra, 2009, pp. 123-138, e "O Sentido Jurídico do Princípio da Igualdade: Perspectiva Luso-Brasileira", *Revista Brasileira de Direito Constitucional*, n. 2, Jul./Dez. 2003, pp. 113-137.

(266) Veja-se, a este propósito, RICHARD ARNESON, "Egalitarianism", *The Stanford Encyclopedia of Philosophy* (Summer 2013 Edition), Edward N. Zalta (ed.), disponível em: <http://plato.stanford.edu/archives/sum2013/entries/egalitarianism/> (acesso em 24 de setembro de 2013), que associa ao cristianismo a ideia de igualdade de base entre os cidadãos, tendo por base a convicção de que Deus ama todos os seres humanos de forma igual — "*Egalitarian doctrines tend to rest on a background idea that all human persons are equal in fundamental worth or moral status. So far as the Western European and Anglo-American philosophical tradition is concerned, one significant source of this thought is the Christian notion that God loves all human souls equally*".

(267) Cf. JORGE MIRANDA, *Manual de Direito Constitucional, Direitos Fundamentais,* Tomo IV, 5ª ed., cit., pp. 263 e ss., e *Princípio da Igualdade*, Polis/Enciclopédia Verbo da Sociedade e do Estado, vol. 3, Verbo, Lisboa, São Paulo, 1985, p. 402.

(268) Antes disso, porém, como sublinhamos no nosso, *O Princípio da Igualdade no Direito do Trabalho*, cit., pp. 23 e ss., o tema já era abordado e sempre ocupou a mente dos primeiros filósofos, designadamente dos pré-socráticos Heráclito, Empédocles, Demócrito e Alcidamante, que já afirmavam a ideia de igualdade entre os homens, permanente e duradoura, incorruptível e universal. Com Platão, o tema da igualdade mereceu maiores desenvolvimentos: o autor põe em causa a desigualdade de partida que diferencia os homens livres dos escravos e sublinha a necessidade de os homens serem diferenciados, apenas, em função da sua virtude e sabedoria. No mesmo sentido, Aristóteles associa a Justiça e o Direito, sua emanação, ao princípio da igualdade. E é com Aristóteles, de resto, que surge a tradicional diferenciação entre a igualdade *aritmética* e a *geométrica,* distinção que ainda hoje é invocada. A primeira consistia, no essencial, na necessidade de igualizar tudo o que se dá e tudo quanto se recebe, assumindo-se como algo puramente *aritmético*; a segunda, pelo contrário, para além de numérica, assumia-se também como *proporcional,* no sentido de que admitia que se tratasse desigualmente o desigual, na exata proporção da diferença. O pensamento aristotélico insere-se, pois, numa linha de pensamento que vê a igualdade "*como ideia eminentemente ligada à justiça, ao direito justo, com a qual aparece frequentes vezes identificada*" (Cf. MARIA DA GLÓRIA FERREIRA GARCIA, "Princípio da Igualdade, Fórmula Vazia ou Fórmula "Carregada" de sentido?", *Boletim do Ministério da Justiça,* n. 358 (1987), p. 21. Veja-se também, da mesma autora, *Estudos sobre o Princípio da Igualdade,* Almedina, Coimbra, 2005).

Importa não esquecer, todavia, que a *escravatura* fazia parte da sociedade da época, e que tanto Platão, como Aristóteles, escreviam para os *cidadãos livres*. O regime da *escravidão* era genericamente aceito como algo de natural. É célebre, aliás, a frase de Aristóteles enunciada na "*Política*", segundo a qual "*há homens que nasceram para escravos e outros para senhores*". Ou seja, a sociedade da época aceitava a existência de uma *desigualdade natural* entre os homens.

(269) Veja-se, a este propósito, nomeadamente quanto ao legado que a Antiguidade deixou às sociedades vindouras quanto ao tema da igualdade, MARTIM DE ALBUQUERQUE, Da *Igualdade, Introdução à Jurisprudência,* cit., p. 15.

(270) Cf. ANTÓNIO BARRETO MENEZES CORDEIRO, *Do* Trust *no Direito civil,* Dissertação de Doutoramento em Direito, Ciências Jurídico-Civis, sob orientação do Professor Doutor Pedro Romano Martinez, 2013, p. 210. Recorda-se que a *Equity Law,* como explica o autor, consistia no "*conjunto de normas criadas e desenvolvidas pelo Court of Chancery*". No essencial: na sequência de uma impossibilidade conjuntural de recorrer aos tribunais centrais do Rei, os súditos injustiçados voltaram-se para a prática antiga, com raízes no período saxónico, de recorrer diretamente ao Rei e ao Conselho Real. Os monarcas ingleses, vendo-se confrontados com um número crescente e excessivo de pedidos e perante o caos jurisdicional que se avizinhava, delegaram os seus poderes, neste domínio, no seu mais próximo e sábio conselheiro — o *Chancellor,* que promoveu a constituição de um novo tribunal — o *Chancery Court* (pp. 169 e ss., 197 e 1126).

III. Depois da transição para o Estado Moderno, o princípio da igualdade assumiu-se definitivamente como uma realidade jurídico-constitucional contemplada na grande maioria das constituições e como uma realidade incontornável ou um *minimum standard*[(271)], sendo possível discernir, no essencial, três entendimentos distintos do princípio da igualdade, que historicamente se desenvolveram e afirmaram: o *princípio da igualdade perante a lei* enquanto realidade de índole *formal*; o *princípio da igualdade perante a lei* numa aceção *material*; e o *princípio geral da igualdade de oportunidades* enquanto projeto de *igualdade real*[(272)].

2.2.1. O conceito formal de igualdade perante a lei

I. O conceito formal de igualdade perante a lei que, no essencial, significa que *todos são iguais perante a lei*, devendo ser abolidas todas as espécies de privilégios e restrições (*privileges and restrictions*)[(273)], surge associado ao constitucionalismo liberal e aos ideais emergentes das revoluções americana[(274)] e francesa[(275)], que afirmam a ideia de que todos os homens são iguais perante a lei e na relação que mantêm com o Poder, entendido este como a única realidade suscetível de ameaçar a liberdade individual de cada sujeito.

II. A ideia de igualdade como princípio jurídico, constante da Lei Fundamental, surge pela primeira vez com as Constituições americana de 1787[(276)(277)] e francesa de 1793[(278)]. A partir de então, o princípio geral da igualdade, como sublinha Castanheira Neves, *"ficou adquirido para sempre como um verdadeiro*

---

(271) Cf. STEFAN GOSEPATH, "Equality", *The Stanford Encyclopedia of Philosophy* (Spring 2011 Edition), Edward N. Zalta (ed.), cit., pp. 2 e ss.

(272) Para maiores desenvolvimentos, a propósito do conceito e da evolução histórica associada ao princípio da igualdade, veja-se GUILHERME DRAY, *O Princípio da Igualdade no Direito do Trabalho — sua aplicabilidade no domínio específico da formação de contratos individuais de trabalho*, Almedina, Coimbra, 1999, pp. 23 ss., bem como a extensa bibliografia ali citada.

(273) Cf. RICHARD ARNESON, "Equality of Opportunity", *The Stanford Encyclopedia of Philosophy* (Fall 2008 Edition), Edward N. Zalta (ed.), p. 2.

(274) A propósito das origens da Constituição Norte Americana, veja-se GORDON WOOD, *The Creation of the American Republic, 1776-1787*, University of North Carolina Press, United States of America, 1998, e *Empire of Liberty, A History of the Early Republic, 1789-1815*, Oxford History of the United States, New York, 2011. Nestas duas obras, o autor salienta o caráter atípico da revolução americana (*"an extraordinary kind of Revolution"*), atendendo a que o povo americano, ao contrário do que tipicamente sucede em fenómenos revolucionários independentistas, não era propriamente um povo oprimido e sujeito à tirania de um opressor estrangeiro — *"The Americans were not an oppressed people. In fact, the Americans knew they were probably freer and less burdened in cumbersome feudal and hierarchical restraints than any part of mankind in the eighteenth century"* (*The Creation of the American Republic, 1776-1787*, cit., p. 39). Entre nós, veja-se DIOGO FREITAS DO AMARAL, *Ciência Política*, v. II, Lisboa, 1991, pp. 207-209, e ANA MARIA GUERRA MARTINS, *As origens da constituição norte-americana, uma lição para a Europa*, Lex-Edições Jurídicas, Lisboa, 1994. No essencial, as razões que estiveram na origem da *Declaração de Independência* são conhecidas: a falta de entendimento entre a Coroa Inglesa e as colónias norte-americanas, designadamente por razões de natureza fiscal e comercial, criaram um sentimento de revolta dos habitantes norte-americanos em relação à Grã-Bretanha. Assim, em 1776, com base na célebre reivindicação *"no taxation without representation"*, começam a surgir defensores da independência em relação à Coroa Britânica, sendo célebre a obra que nesse sentido foi editada por Thomas Paine em 10 de janeiro de 1776, intitulada *Common Sense*, nos termos da qual se defendia a independência das colónias e, bem assim, a proclamação da República. Nesse contexto, em 4 de Julho de 1776, foi proclamada a independência das treze colónias, as quais se autoproclamaram Estados soberanos e independentes, sob as influências do iluminismo e do jusnaturalismo.

(275) Sobre a Revolução Francesa de 1789, veja-se FRANÇOIS FURET, *A Critical Dictionary of the France Revolution*, Harvard College, United States of America, *1989*. Sem prejuízo de a igualdade dos homens ter sido juridicamente consagrada, pela primeira vez, no *Virginia Bill of Rights* de 1776, a realidade é que a universalização deste princípio geral remonta à revolução francesa e, designadamente, à *Declaração dos Direitos do Homem e do Cidadão de 1789*, cujo modelo foi proclamado como válido para todos os países, para todos os homens e para todos os tempos. A França é pois, por essa razão, geralmente apontada como a Mãe Pátria da Igualdade, atenta a vocação universalista de difusão de ideias que está associada à Revolução Francesa. A Revolução Francesa de 1789 marca a rutura com o Estado Absoluto e abre caminho ao Estado Constitucional, representativo ou de Direito. Tratando-se de um movimento revolucionário, a adoção do novo modelo liberal assenta na radicalização e na destruição dos modelos e estruturas até então vigentes, facto que vai implicar, por si só, a proibição de distinções e a abolição de privilégios. Assim, o modelo emergente da Revolução Francesa de 1789, tal como no caso americano, é o modelo liberal clássico, que assenta na conceção da "igualdade perante a lei". É esta, pois, a fórmula que vai ficar para a posteridade.

(276) A proclamação da *igualdade* surge, desde logo, na Declaração de Independência de 4 de julho de 1776, redigida por Washington, Jefferson e Adams, através da qual treze colónias se autoproclamaram Estados soberanos e independentes face à Coroa Inglesa: Na referida Declaração declara-se, designadamente, que *"todos os homens nascem iguais, são dotados pelo seu Criador de certos direitos inalienáveis, entre os quais a vida, a liberdade e a procura de felicidade; os governos são estabelecidos entre os homens para assegurar estes direitos e os justos poderes derivam do consentimento dos governados; quando a forma de governo se torna ofensiva destes fins é direito do povo alterá-la, ou aboli-la e instituir novo governo."* — *The Declaration of Independence*, 1776, American Historical Documents (1000-1904). *"The Harvard Classics"*, Nova Iorque, p. 150. A propósito da igualdade no constitucionalismo norte-americano, veja-se o nosso *"O Princípio da Igualdade no Direito do trabalho"*, cit., pp. 30 e ss.

axioma político e jurídico que todas as Constituições, até aos nossos dias, e em todas as latitudes, iriam consagrar; com essa mesma formulação ou semelhante"[279], de tal forma que, como refere Livio Paladin, *"é mais fácil enumerar hoje as Constituições que não consagram o princípio da igualdade do que aquelas que o proclamam"*[280]. É dessa época, com efeito, que resulta o princípio da igualdade ou, *"como também já tem sido dito, o princípio da igualdade perante a lei"*[281], assente num modelo liberal que postula a proclamação da igualdade no momento da aplicação da lei.

Trata-se, no essencial, de um modelo de igualdade que, como afirma o norte-americano Kyle Swan, assenta também na ideia de *liberdade*, que concebe *"the liberal idea of freedom as noninterference"* ou *"nondomination"*. Todos são iguais perante a lei e todos podem, consequentemente, atuar como melhor entendem, sem distinções nem privilégios e sem qualquer interferência externa — *"people are free (...) when no one has the capacity to interfere arbitrarily with them"*[282].

III. O modelo clássico liberal de igualdade jurídica assenta, assim, na ideia liberal de igualdade de todos os cidadãos, presente nas constituições oitocentistas. A igualdade significa, no essencial, que todos os cidadãos são iguais perante a lei, pelo que a lei deve ser igual para todos, sem distinções nem privilégios. A lei deve ser geral e abstrata e as entidades judiciais e administrativas devem aplicá-las de forma uniforme. No essencial, a igualdade formal perante a lei consistia, em suma, na abolição de privilégios e na proibição de distinções e discriminações baseadas na ascendência, sexo, raça, condição social, etc., na exata medida em que tais distinções seriam contrárias ao aludido *metaprincipio* da dignidade humana.

O destinatário do princípio da igualdade não era, pois, o legislador, a quem só se exigia que elaborasse leis gerais, mas sim o aplicador ou executor da lei, *"a única entidade capaz de reconstruir os privilégios e sujeições de épocas passadas"*[283].

---

(277) A Constituição norte-americana de 1787, a primeira e mais duradoura Constituição escrita em sentido moderno, não incluiu no seu texto uma declaração de direitos ou um elenco dos direitos fundamentais dos americanos, o que terá ficado a dever-se à questão da escravatura e à relutância dos Estados do Sul em admitirem restrições ao comércio de escravos, bem como ao facto de as declarações de direitos constantes das Constituições estaduais serem, na época, consideradas suficientes. Em qualquer caso, a Constituição de 1787, quanto à matéria da igualdade, prevê a abolição da atribuição de títulos de nobreza, ao estipular na secção 9 do seu artigo 1º que *"No Title of Nobility shall be granted by the United States; and no person holding any office of profit or trust under them, shall, without the consent of the Congress, accept of any present, emolument, office, or title, of any kind whatever, from any King, Prince or foreign State"*. Por outro lado, nalguns Estados, no período compreendido entre 1776 e 1780, os textos básicos consagraram constitucionalmente catálogos de direitos fundamentais, entre os quais o direito à igualdade. A este propósito, merece particular rerefência a Constituição do Estado de Massachusetts de 1780, que adotou uma fórmula clara — *"todos os homens nascem livres e iguais e possuem determinados direitos naturais, essenciais e inalienáveis, de entre os quais se destaca o direito de gozar e defender a sua vida e liberdade, o direito de adquirir, possuir e proteger propriedades e finalmente, o direito de obter a sua segurança e a sua felicidade"* — a qual, aliás, viria a ser retomada (e aperfeiçoada) na Declaração de Direitos do Homem de 1789 (*"les hommes naissent et demeurent libres et égaux en droits"*). A este propósito, veja-se LEVY, LEONARD W., *"Constitutional History, 1776-1789"*, *Encyclopedia of the American Constitution*, v. 1, Nova Iorque, 1986, p. 381 e ss.

(278) É na Constituição de 1793 que resulta, expressamente, a formulação da igualdade perante a lei. A Constituição de 1793 concretiza, de acordo com o seu próprio preâmbulo, uma declaração solene de direitos sagrados e inalienáveis. Assim, estabelecendo-se que o fim social é a Felicidade Comum, a Constituição determina que o Governo se deve instituir a fim de assegurar ao homem o gozo dos seus *"direitos naturais e imprescindíveis"* (artigo 1º), a saber: *"a igualdade, a liberdade, a segurança e a propriedade"* (artigo 2º). Ou seja, comparando o elenco de direitos constantes do artigo 2º da Declaração de 1789, com o elenco de direitos *naturais e imprescindíveis* contemplados no artigo 2º da Constituição de 1793, facilmente se constata que nesta, contrariamente ao texto da Declaração, se erigiu a igualdade a *direito natural e imprescindível*. É desta forma que resulta, então, a formulação genérica da igualdade perante a lei, contemplada no artigo 3º da Constituição sob a asserção *"Tous les hommes sont égaux par la nature et devant la loi"*. Subsequentemente, nos artigos 4º e 5º, a Constituição consagra a concretização do aludido *direito à igualdade perante a lei*, determinando respetivamente que a lei é a mesma para todos, quer quando protege, quer quando pune (artigo 4º), e que todos os cidadãos podem ser admitidos aos empregos públicos, nada mais sendo admitido como motivo de preferência, neste particular domínio, do que as virtudes e talentos dos mesmos (artigo 5º). A propósito da igualdade no constitucionalismo francês, veja-se o nosso *"O Princípio da Igualdade no Direito do trabalho"*, cit., pp. 36 e ss.

(279) Cf. CASTANHEIRA NEVES, *O instituto dos assentos e a função jurídica dos supremos tribunais*, Coimbra Editora, Coimbra, 1983, p. 119.

(280) Cf. LIVIO PALADIN, *Eguaglianza*, Enciclopedia del Diritto, vol. XIV, Giuffrè, Milano, 1965, p. 520.

(281) Cf. MARTIM DE ALBUQUERQUE, *Da Igualdade*, cit., p. 45.

(282) Cf. KYLE SWAN, *"Republican Equality"*, *Social Theory and Practice*, v. 38, n. 3, Department of Philosophy The Florida State University, July 2012, pp. 432 e ss.

(283) Cf. MARIA DA GLÓRIA FERREIRA GARCIA, *Princípio da Igualdade, Fórmula Vazia ou Fórmula "Carregada" de sentido?*, cit., p. 28.

Por essa razão, o constitucionalismo vem, nos termos enunciados, formalizar a igualdade como uma negação de privilégios e erigir, paralelamente ao direito à igualdade, um dever ou obrigação de igualdade.

IV. É esse, também, o sentido emergente das constituições portuguesas do século XIX — na sequência dos ideais difundidos e generalizados pelas constituições oitocentistas americana e francesa, as constituições portuguesas consagraram, também, o princípio da igualdade em sentido *formal*, sem se revelarem particularmente inovadoras.

Nesse contexto, as constituições portuguesas da época liberal, de 1822, de 1826, de 1838 e de 1911, vêm proclamar o princípio da igualdade jurídica, assente na asserção, liberal, de que a lei é igual para todos, de que os privilégios devem ser abolidos e de que todos têm acesso por igual aos cargos públicos. De resto, segue-se a mesma técnica legislativa emergente da Declaração dos Direitos do Homem e do Cidadão de 1789: enunciava-se o princípio geral da igualdade para, de seguida, se enumerarem algumas das suas concretizações, ainda que no nosso caso não se tenha enveredado pela proclamação universalista das constituições francesas — as constituições nacionais aludem, apenas à igualdade dos (cidadãos) portugueses.

V. A Constituição de 1822, na sequência dos ideais da Revolução Francesa, estabelecia, no artigo 9º, no âmbito dos "Direitos e Deveres Individuais dos Portugueses", que *"a lei é igual para todos. Não se devem portanto tolerar privilégios do foro nas causas cíveis ou crimes, nem comissões especiais (...)"*. Seguidamente, o diploma enumerava uma série de concretizações do princípio geral da igualdade: no artigo 12º, através de um enunciado que replicava o da Constituição francesa de 1791, estabelecia-se a livre admissão de todos os portugueses aos cargos públicos, em função dos seus *talentos* e *virtudes*(284); no artigo 15º, por sua vez, consagrava-se o direito de todo o português a ser remunerado pelos serviços feitos à Pátria; no artigo 16º, determinava-se a faculdade de todo o português apresentar por escrito às Cortes e ao poder executivo reclamações, queixas ou petições que deveriam ser examinadas; ao passo que no artigo 17º se afirmava o direito de todo o português expor qualquer infração da Constituição e de requerer, perante a competente autoridade, a efetiva responsabilidade do infrator.

A Carta Constitucional de 1826, por sua vez, manteve a lógica da abolição de privilégios e distinções. Assim: no § 12 do artigo 145º, relativo às "Disposições Gerais e Garantias dos Direitos Civis e Políticos dos Cidadãos Portugueses", dispunha-se que *"A Lei será igual para todos quer proteja, quer castigue, e recompensará em proporção dos merecimentos de cada um"*(285). O princípio em causa era, depois, objeto de concretização específica: o § 13 do mesmo preceito dispunha que *"Todo o cidadão pode ser admitido aos cargos públicos, civis e políticos, ou militares, sem outra diferença que não seja a dos seus talentos e virtudes"*(286), ao passo que no § 14 se acrescenta que *"Ninguém será isento de contribuir para as despesas do Estado, em proporção dos seus haveres"*(287). O § 15, por sua vez, impunha a abolição de "(...) *todos os privilégios, que não forem essencial e inteiramente ligados aos cargos por utilidade pública*", enquanto que o § 16 dispunha que *"à excepção das causas, que por natureza pertencem a juízos*

---

(284) Ou seja, nos mesmos termos em que o fazia a Constituição francesa de 1791, segundo a qual se dispunha, no artigo 6º, que "(...) *tous les citoyens sont admissibles aux places et emplois, sans autres distinctions que celle des vertus et talents*" e nos mesmos termos do artigo 5º da Declaração de 1793, segundo a qual *"Tous les citoyens sont également admissibles aux emplois publics"*.

(285) Cf. se dispunha no artigo 6º da Declaração dos Direitos do Homem e do Cidadão, de 1789, *"La loi (...) doit être la même pour tous, soit qu'elle protège, soit qu'elle punisse..."*; no artigo 4ºda Declaração de 1793, que dispõe exatamente no mesmo sentido; e na Declaração de 1795, segundo a qual *"L 'egalité consiste en ce que la loi est la même pour tous, soit qu' elle protège, soit qu'elle punisse"*.

(286) Uma vez mais, nos mesmos termos em que o fazia a Constituição francesa de 1791, a qual dispunha, no artigo 6º, que *"Tous les citoyens (...) sont également admissibles à toutes dignités, places et emplois publics, selon leur capacité et sans autre distinction que celle de leurs vertus et leurs talents"*; e nos mesmos termos do artigo 5º da Declaração de 1793, segundo a qual *"Tous les citoyens sont également admissibles aux emplois publics"*.

(287) Nos mesmos termos em que o fazia o artigo 13º da Declaração de 1789, segundo o qual *"une contribuition commune (...) doit être également répartie entre tous les citoyens en raison de leurs facultés"*; em que dispunha o artigo 101º da Constituição de 1793, segundo a qual *"Nul citoyen est dispensé (...) contribuer aux charges publiques"*; e em que determinava o artigo 16º *da* Declaração de 1795, nos termos da qual *"Toute contribution est établie pour l'utilité générale; elle doit être répartie entre les contribuables, en raison de leurs facultés"* e o artigo 306º da Constituição desse mesmo ano, segundo o qual *"Les contributions de toute nature sont réparties entre tous les contribuables à raison de leurs facultés"*.

particulares na conformidade das Leis, não haverá foro privilegiado, nem comissões especiais nas causas cíveis ou crimes"(288).

A Constituição de 1838 determinou, também, no título "Dos Direitos e Garantias dos Portugueses", que *"A Lei é igual para todos"* (artigo 100º), que *"ficam abolidos todos os privilégios que não forem essencialmente fundados em utilidade pública"* e que *"não haverá foro privilegiado nem comissões especiais"* (artigo 19º).

E a Constituição de 1911, por fim, manteve a ideia de igualdade formal perante a lei, tipicamente liberal, mediante a fórmula clássica *"a lei é igual para todos"* (artigo 3º). Nesse sentido, enunciava-se a proibição de privilégios (*v. g.*, foros de nobreza e títulos nobiliárquicos) e defendia-se a igualdade política e civil de todos os cultos (artigo 3º, n. 4). Complementarmente, tal como nas anteriores constituições liberais, o princípio da igualdade é objeto de concretização, nomeadamente através da afirmação da igualdade penal e da igualdade no acesso a cargos públicos.

Quer dizer: as constituições liberais portuguesas (1822, 1826, 1838 e 1911), na esteira das constituições oitocentistas americana e francesa e dos ideais emergentes das revoluções que estiveram na sua origem, consagram o princípio da igualdade jurídica de índole formal, segundo o qual a lei é igual para todos, devendo ser abolidos todos os privilégios, afirmando-se nesse sentido o princípio segundo o qual todos têm igual acesso aos cargos públicos.

VI. Em contrapartida, os direitos sociais encontravam-se, de um modo geral, ausentes de todas as constituições liberais, de tal forma que *"não encontramos senão raramente disposições sobre o trabalho, os direitos e a proteção dos trabalhadores e a política social"*(289). Assim, como sublinha Arnaldo Süssekind, *"a Constituição norte-americana (1787), a Declaração dos Direitos do Homem proclamada pela Revolução Francesa (1789) e a Constituição que se lhe seguiu (1791) consagraram o liberal-individualismo, defendido, desde há algum tempo, por conceituados pensadores do séc. XVIII. Tais instrumentos, de carácter nitidamente político, trataram os direitos individuais e influenciaram quase todas as Constituições adoptadas até à grande guerra de 1914. Somente depois desse evento é que os direitos sociais ganharam hierarquia constitucional"*(290).

Paulatinamente, porém, a concessão de uma igualdade puramente formal, assente no princípio geral da igualdade perante a lei, começou a ser questionada, quando se constatou que a igualdade de direitos não era, por si só, suficiente para tornar acessíveis a quem era socialmente desfavorecido as oportunidades de que gozavam os indivíduos socialmente privilegiados. Importaria, pois, colocar os primeiros ao mesmo nível de partida.

Em vez de igualdade de oportunidades, importava falar em igualdade de condições.

2.2.2. O conceito material de igualdade

I. Na atualidade, parece relativamente sedimentada a ideia de que a igualdade de oportunidades puramente formal é insuficiente para se promover uma sociedade livre, onde todos tenham, de facto, as mesmas oportunidades. Numa frase simples, mas elucidativa, Richard Arneson sustenta que *"The problem with formal equality of opportunity is that it is merely formal"*(291).

---

(288) A propósito das construções doutrinárias da época em torno do artigo 145º da Carta, veja-se, nomeadamente, Vicente Ferrer (*Elementos de Direito Natural,* Parte 2ª, secção 2, § 82, Imprensa da Universidade, Coimbra, 1857, 3ª ed., p. 77), Dias Ferreira (*Anotações aos Elementos de Direito Natural do Excelentíssimo Senhor Vicente Ferrer Neto Paiva,* Parte 2ª, secção 1, § 82 nota 1, Coimbra, Imprensa da Universidade, 1858, pp. 58-59) e Lopes Praça (*Direito Constitucional Portuguez, estudos sobre a a carta constitucional de 1826 e acto addicional de 1832,* Imprensa Litteraria, Coimbra, Parte 2, Volume 1, 1879, pp. 133-134). Veja-se também GUILHERME DRAY, *O princípio da igualdade,* cit., pp. 54-56, cuja exposição a propósito do acolhimento do princípio da igualdade no constitucionalismo liberal tem vindo a ser seguida e onde se segue, por sua vez, a exposição de MARTIM DE ALBUQUERQUE, *Da Igualdade,* cit., pp. 61-68.

(289) Cf. ALEX SVOLOS, *Le Travail dans les Constitutions Contemporaines,* Librairie du Recuel Sirey, Paris, 1939, pp. 4-5.

(290) Cf. ARNALDO SÜSSEKIND, *"Comentários à Constituição"*, 1º vol. (artigos 1º a 7º), de Fernando Whitaker da Cunha *et al.*, Freitas Bastos, Rio, 1990, pp. 323-324.

(291) Cf. RICHARD ARNESON, "Equality of Opportunity", *The Stanford Encyclopedia of Philosophy* (Fall 2008 Edition), Edward N. Zalta (ed.), cit., p. 7.

Surge, então, com base nas críticas levadas a efeito a propósito da igualdade formal perante a lei, a convicção da insuficiência da *formal equality of opportunity* e da necessidade de se enveredar por uma *substantive equalitty of opportunity.*

O conceito material de igualdade significa, no essencial, que o princípio da igualdade deve atuar no sentido do tratamento diferenciado de situações concretas dissemelhantes, de forma a evitar o aprofundamento das desigualdades realmente existentes na sociedade. Por essa razão, o conceito material de igualdade vai enveredar pela unificação do princípio da igualdade, enquanto realidade aplicável, quer aos agentes de aplicação do direito, quer ao próprio legislador, que passa a contemplar a existência de casos particulares[292].

As primeiras iniciativas nesse sentido surgem, na Europa, no âmbito da Constituição de Weimar.

II. A Constituição de Weimar é comumente tida como a primeira Lei Fundamental europeia, de peso[293], a interessar-se profundamente com a questão social, "*em contraste com a aparente neutralidade das Constituições liberais do século passado*"[294] — para além de regulamentar novos domínios da ordem social (casamento, juventude, educação ou vida económica), a Constituição consagrou, pela primeira vez, direitos sociais até então inexistentes, dispondo nomeadamente acerca da melhoria das condições de trabalho.

Os trabalhadores, em particular, são objeto de uma atenção especial, aludindo-se à necessidade de se garantir (ou restabelecer) a igualdade entre empregadores e trabalhadores[295]. Trata-se, bem entendido, da génese da consagração constitucional do "princípio da proteção do trabalhador".

Tendo por base o modelo emergente da Constituição de Weimar, a doutrina alemã desenvolveu então um novo conceito de igualdade — o princípio da igualdade como princípio material e unitário, que admite o tratamento diferenciado de situações desiguais, tendo em vista, no essencial, a proteção e a defesa dos interesses dos indivíduos social e economicamente desfavorecidos, como forma de prossecução de um equilíbrio social e económico.

A partir deste momento, o princípio da igualdade passou a atuar, também, como limite e como linha de orientação do legislador.

No mesmo sentido, como se verá, o "princípio da proteção do trabalhador" terá também, ao seu nível e no âmbito do sistema juslaboral, uma função similar — ele atuará enquanto limite externo de alte-

(292) A propósito da evolução doutrinária do princípio da igualdade, quer na doutrina francesa, quer na doutrina alemã do primeiro quartel do século XX, veja-se GUILHERME DRAY, *O Princípio da Igualdade,* cit., pp. 67-89, cuja sequência, neste domínio, temos vindo a seguir, ainda que de forma sumária e atualizada.

(293) Sem prejuízo do carácter inovador e reformador da Constituição de Weimar, recorda-se que, quer a Constituição francesa de 1848, quer a Constituição suíça de maio 1874, enunciaram as primeiras preocupações (com incidência constitucional) de ordem social. A Constituição francesa de 1848 foi a primeira Lei Fundamental a reconhecer alguns direitos sociais, designadamente o direito ao ensino primário gratuito, à formação profissional, à igualdade entre o patronato e o operariado, à realização de obras públicas como política de combate ao desemprego. E a Constituição suíça de 1874 determinou, por sua vez, no artigo 34º, que é da competência da Confederação Helvética *"o direito de estabelecer regras uniformes sobre o trabalho das crianças nas fábricas, a duração de trabalho imposta aos adultos e a proteção a dar aos operários no exercício dos trabalhos insalubres e perigosos"*.

(294) Cf. JORGE MIRANDA, *Manual de Direito Constitucional,* Tomo I, Preliminares. A Experiência Constitucional, Coimbra Editora, Coimbra, 1988, p. 193.

(295) Recorda-se que a II Parte da Constituição de Weimar (artigos 109º a 165º) enuncia os *"Direitos Fundamentais dos Alemães"*. A 2ª Secção da II Parte contém normas sobre *"A Vida em Sociedade"*, na qual se contêm disposições sobre o casamento, a juventude, a educação, a liberdade de reunião e de associação, o voto secreto e livre, o direito de petição e o serviço público. Na 5ª Secção, referente à *"Vida Económica"*, encontramos os dispositivos constitucionais que mais marcaram a Constituição de Weimar. A título exemplificativo, o artigo 151º determina que *"A organização da vida económica deve corresponder a princípios da Justiça e ter como objectivo garantir a todos uma existência digna do homem. Nesses limites, a liberdade económica do indivíduo deve ser assegurada"*; o artigo 157º estipula que *"O trabalho é colocado sob a particular proteção do Reich. O Reich cria um direito operário uniforme"*; o artigo 159º assegura *"a liberdade de (…) defesa e a melhoria das condições de trabalho e da vida económica"*; o artigo 165º dispõe que *"Os operários e empregados são chamados a colaborar, em conjunto com os empregadores e em pé de igualdade, na regulamentação das condições de salários e de trabalho assim como no conjunto do desenvolvimento económico das forças de produção. As organizações patronais e operárias e os contratos que elas celebrem são reconhecidos"*. *"Os operários e empregados têm, para se ocupar de seus interesses sociais e económicos, representações legais nos conselhos operários de empresa assim como nos conselhos operários das (…) regiões económicas, e num conselho operário do Reich"* — os dispositivos constitucionais supracitados foram retirados da obra de RENÉ BRUNET, *La Constitution Allemande du 11 août 1919*, Paris, 1921.

ração da legislação laboral, de forma a evitar que esta se converta, por hipótese, no direito de proteção do empregador: a este propósito, ter-se-ia por inaceitável, por exemplo, em nome daquele princípio, uma alteração legislativa que impedisse o trabalhador de denunciar livremente o contrato de trabalho, impondo-lhe o ónus de só o fazer em caso de justa causa de resolução do contrato e que, em sentido oposto, permitisse o despedimento de trabalhadores sem justa causa.

IIII. Depois de acolhida na doutrina e jurisprudência alemãs, a ideia de igualdade material, enquanto imperativo de justiça e proibição do arbítrio, desenvolve-se no sentido da prossecução de uma efetiva igualdade de oportunidades em sentido real entre os cidadãos, admitindo a adoção de medidas corretivas através da implementação de discriminações positivas, que inculcam uma ideia de obrigatoriedade de diferenciação. Trata-se, no essencial, de conceber o princípio da igualdade como uma concretização da ideia de justiça social, como um ponto de chegada e não como um ponto de partida, como uma forma de igualdade real assente na eliminação das desigualdades económicas, sociais e culturais. Na base, está a consciencialização de que a igualdade assente na autonomia da vontade de cada pessoa não passava de pura ficção, porquanto "*quando as relações são económica e socialmente desiguais, a liberdade cede lugar à opressão das partes mais fracas*"(296).

É nesse sentido, aliás, que se compreende a ideia rawlsiana de "*equality of fair opportunity*"(297) e se legitimam os "*affirmative actions programs*", à luz dos quais os poderes políticos procuram pôr cobro a práticas históricas e reiteradas de discriminação contra determinados grupos sociais, nomeadamente em função do género ou da etnia(298).

2.2.3. O conceito de igualdade (material) de oportunidades

I. Com o advento do Estado Social de Direito, passou-se, então, a admitir uma intervenção do Estado na sociedade, tendo em vista, nomeadamente, a procura de equilíbrios entre os antagonismos sociais, a contenção de "*situações de intolerável desigualdade*"(299), a promoção da denominada "justiça social" e a procura da verdadeira *igualdade de oportunidades.*

Com o Estado Social de Direito, a justiça social ganha posição e apela ao aparecimento de uma *igualdade de oportunidades material*, que surge como ponto de equilíbrio entre as concessões liberais e as concessões socializantes do princípio da igualdade. Em bom rigor: trata-se de um compromisso entre a *igualdade formal ou igualdade perante a lei*, por um lado, e a *liberdade*, por outro lado: o que se preconiza *não é a igualdade absoluta e total*, que procura colocar todos no mesmo ponto, mas sim que todos tenham *idênticas oportunidades de ser iguais*, desiderato esse que passa pela necessidade de a todos fornecer os mesmos meios de ação e as mesmas prerrogativas. Para o efeito, importa que ao Estado caiba uma missão assistencial ou de providência dos necessitados, pois só desta forma se poderão conceder, a estes, meios para tentar compensar a situação de desvantagem em que os mesmos se encontram. Por outras palavras, o Estado Social, como sublinha José João Abrantes, reconhece que "*mais importante que a outorga de certos direitos formais e que o reconhecimento de uma liberdade puramente jurídica é a atividade promotora de benefícios sociais e económicos que, facultando aos indivíduos os meios indispensáveis para gozar o seu quinhão de bens na vida, assegure uma liberdade efectiva*"(300).

---

(296) Cf. CHAIM PERELMAN, *Liberty, Equality and Public Interest, Equality and Freedom, Past, Present and Future*, Steiner, Wiesbaden, 1977, p. 2.

(297) Veja-se, a este propósito, JOHN RAWLS, *Justice as Fairness: A Restatement*, ed. by Erin Kelly, Cambridge, Harvard University Press, 2001.

(298) Veja-se, a este propósito, ROBERT FULLINWIDER, "Affirmative Action", *The Stanford Encyclopedia of Philosophy* (Fall 2013 Edition), Edward N. Zalta (ed.), disponível em: <http://plato.stanford.edu/archives/fall2013/entries/affirmative-action/> (acesso em 2 de outubro de 2013). O autor define as *affirmative action* como "*positive steps taken to increase the representation of women and minorities in areas of employment, education, and culture from which they have been historically excluded*".

(299) Cf. RENATO SCOGNAMIGLIO, *Il lavoro nela giurisprudenza costituzionale*, Franco Angeli, Milano, 1978, p. 31.

(300) Cf. JOSÉ JOÃO ABRANTES, *A vinculação das entidades privadas aos direitos fundamentais*, Associação Académica da Faculdade de Direito de Lisboa, 1990, p. 20.

E a razão é simples: como sustenta, mais recentemente, Kyle Swan, "*employing the ideal of freedom (...) as a fundamental value suggests redistributive polices in line with an egalitarism with respect to the meeting of basic needs, a principle of republicanism equality that guarantees everyone a level of capabilities minimally necessary for operating as a free and independent citizen*"[(301)].

Assim, sustenta-se a ideia de que ao Estado cumpria legislar desigualando, desde que tal atuação tivesse em vista, em última instância, a promoção de uma igualdade social, real ou substancial.

É também neste plano que a ideia de *justiça rawlsiana* tem uma palavra a dizer: erigindo como primeiro postulado da Justiça a *liberdade*, em termos tais que esta deve prevalecer em relação às exigências decorrentes do segundo princípio de justiça — a *igualdade de oportunidades* —, Rawls não deixa, no entanto de atender à igualdade como um dos princípios de Justiça, numa dupla acepção: por um lado, todos devem ser iguais perante a lei e as oportunidades públicas devem ser abertas a todos, sem distinção por motivos de raça, etnia, casta ou religião; por outro lado, apela-se a uma "equidade distributiva", traduzindo-se esta "*em fazer com que os membros mais desabonados da sociedade possam ficar o mais abonados possível*". Como assinala Amartya Sem, à luz desta ideia, e da teoria distributiva rawlsiana, "*as desigualdades com ela relacionadas acabam por ser permitidas e até defendidas, contando que a consequência dessas desigualdades se traduza na melhoria das condições dos mais desabonados, através da activação de incentivos*"[(302)].

II. A consolidação desta ideia, assente num novo conceito de justiça social e na necessidade de o Estado intervir tendo em vista a atenuação das desigualdades sociais, cedo se sedimentou na grande maioria das constituições da segunda metade do século XX[(303)], surgindo também no *civil rights struggle* norte-americano[(304)] e no Direito da União Europeia[(305)].

A existência de políticas sociais de apoio a determinados grupos ou categorias de pessoas física ou socialmente desfavorecidas, designadamente ao nível do acesso ao emprego, não deixou, todavia, de levantar dúvidas, nomeadamente quanto à sua compatibilidade com o próprio *princípio da igualdade.* Mas, mais uma vez, como tivemos oportunidade de desenvolver no nosso *O Princípio da Igualdade no Direito do Trabalho*[(306)], a solução foi alcançada pela primeira vez pela doutrina e jurisprudência alemãs,

---

(301) Cf. KYLE SWAN, "*Republican Equality*", *Social Theory and Practice*, v. 38, n. 3, Department of Philosophy The Florida State University, july 2012, pp. 432 e ss. (454).

(302) Cf. AMARTYA SEN, *A ideia de Justiça*, cit., pp. 106-107. Veja-se também JOHN RAWLS, *Theory of Justice*, cit., p. 275 — para este autor, a igualdade de oportunidades, no sentido verdadeiro, por oposição ao sentido formal, exige que o governo tente garantir oportunidades iguais de educação e de cultura, através de uma escolaridade pública ou subsidiada, bem como a igualdade de oportunidades nas atividades económicas, vigiando a conduta de empresas e impedindo a formação de monopólios, e garanta a todos um rendimento social mínimo.

(303) Assim, e a título meramente exemplificativo:

— A Constituição Francesa de 1946 alude à necessidade de "*assegurar uma repartição mais justa dos encargos e das vantagens da sociedade*", e a de 1958 afirma expressamente que "A *França é uma República (...) social*";

— A Constituição Japonesa de 1946 afirma no artigo 25º que "*todos têm direito a um padrão mínimo de vida e de cultura*" e que "*O Estado promoverá o aumento do bem estar, a segurança social e a saúde pública*";

— A Constituição Italiana de 1947 determina, no segundo parágrafo do artigo 3º, que "*incumbe à República remover os obstáculos de ordem económica e social que, limitando de facto a liberdade e a igualdade dos cidadãos, impedem o pleno desenvolvimento da pessoa humana e a efetiva participação de todos os trabalhadores na organização política, económica e social do país*";

— A Constituição de Bona, de 1949, dispõe no artigo 2º que "*A República Federal da Alemanha é um estado federal, democrático e social*";

— A Constituição Indiana de 1949, para além de expressar, no respectivo preâmbulo, que o povo da Índia decidiu "*assegurar a todos os cidadãos justiça social*", e de afirmar a "*igualdade perante a lei*" no artigo 14º, determina nos números 3 e 4 do artigo 15º que "*O disposto neste artigo não impede o Estado de adotar medidas especiais respeitantes às mulheres e crianças*" e "*à promoção das classes social e culturalmente desfavorecidas*";

— A Constituição Espanhola de 1978 determina, no seu artigo 1º, que a Espanha "*é um Estado católico, social e representativo*";

— A Constituição Portuguesa de 1976 inclui no elenco de tarefas fundamentais do Estado, contemplado no artigo 9º, "*a igualdade real entre os portugueses e a efectivação dos direitos económicos, sociais e culturais*".

(304) Cf. JOHN A. KIRK, "*Racial Inequality in the Post-Civil Rights Era South*", *Social Policy, Organizing for Social & Economic Justice*, v. 42, n. 2, New Orleans, LA, Summer 2012, pp. 14 e ss. (14). Para um olhar breve sobre a história do Direito do trabalho no movimento norte-americano do *civil rights*, veja-se também PETER RACHLEFF, "*Labor History for the Future*", *Social Policy, Organizing for Social & Economic Justice*, v. 42, n. 3, New Orleans, LA, Fall 2012, pp. 34 e ss. (34).

(305) A propósito das políticas de combate à discriminação sedimentadas na União Europeia através de diversas directivas comunitárias, veja-se JÚLIO VIEIRA GOMES, *Direito do Trabalho*, v. I, cit., pp. 385-408.

(306) Veja-se, de forma mais desenvolvida, GUILHERME DRAY, *O Princípio da Igualdade no Direito do Trabalho*, cit., pp. 94-97, e "Igualdade e Não Discriminação", cit., pp. 123-138.

que concluíram pela compatibilidade entre o princípio geral da igualdade e a adoção de discriminações positivas em favor de categorias de pessoas mais vulneráveis(307). Ou seja, sendo o Estado Social de Direito, tal como o princípio da igualdade, uma expressão do princípio geral da justiça social, a sua atuação no sentido da promoção de uma igualdade real entre os cidadãos é perfeitamente admissível, desde que feita dentro dos limites do próprio princípio da igualdade. Por outras palavras, a atuação legislativa não é ilimitada. Em última instância, ela mostra-se limitada pela ideia de *arbítrio* — não cabendo ao poder jurisdicional controlar o mérito da política social desenvolvida pelo poder político e pelo legislador, compete-lhe, todavia, verificar se os motivos e fundamentos invocados são compatíveis com o princípio da igualdade, ou seja, se não são discriminatórios e se não consubstanciam um tratamento arbitrariamente desigual de situações essencialmente iguais(308).

III. Entre nós, a evolução desenvolvida a nível histórico-cultural em torno do princípio da igualdade encontra-se sedimentada na Constituição de 1976, que neste segmento se afasta, quer das constituições oitocentistas, quer da Constituição de 1933. Por um lado, porque, como se viu, nas Constituições liberais de 1822, de 1826, de 1838 e de 1911, afirma-se apenas a ideia clássica e liberal da *igualdade formal perante a lei*, assente no entendimento de que a lei é igual para todos e de que todos têm acesso por igual aos cargos públicos, devendo para o efeito ser abolidos os privilégios; por outro lado, porque, na Constituição de 1933, ainda que se evoque uma igualdade social, mantêm-se particulares situações de desigualdades em função do sexo. Neste contexto: é na Constituição de 1976 que se consagra, finalmente, de forma clara e expressa, o conceito de *igualdade de oportunidades em sentido material*, na plenitude das suas aptidões, isto é, enquanto proibição de discriminações, proibição do arbítrio e obrigação de diferenciação, tendo em vista a promoção de uma igualdade real entre os portugueses.

IV. Na Constituição de 1976, para além da proclamação da *igualdade formal* perante a lei, prevista no artigo 13º, n. 1, à luz da qual "*todos os cidadãos têm a mesma dignidade social e são iguais perante a lei*", acolhe-se também a *igualdade de oportunidades em sentido material*, quando se afirma, no artigo 9º, alínea *d)*, que incumbe ao Estado "*promover o bem-estar e a qualidade de vida do povo e a igualdade real dos portugueses*".

Dentro da mesma lógica, que gira em torno do ideal de "*equality of fair opportunity*", ou "*substantive equality of opportunity*", o artigo 81º determina que incumbe prioritariamente ao Estado "*promover o aumento do bem-estar social e económico e da qualidade de vida das pessoas, em especial das mais desfavorecidas*" (alínea *a*) e "*promover a justiça social, assegurar a igualdade de oportunidades e operar as necessárias correções das desigualdades na distribuição da riqueza e do rendimento*" (alínea *b*). É nesse sentido que se compreende, também, a consagração na Constituição de um conjunto de "*direitos e deveres económicos, sociais e culturais*", alguns dos quais que assumem a natureza de "*discriminações positivas*"(309). E, no mesmo sentido, é neste contexto que se posicionam as normas constitucionais que se aplicam a determinados tipos ou categorias de pessoas em especial, tendencialmente mais vulneráveis, como sejam as *crianças*, as *mulheres grávidas*, os *jovens* ou os *deficientes*, bem como os preceitos cons-

(307) Em decisão de 18 de junho de 1975, a Corte Constitucional Alemã, quando chamada a pronunciar-se acerca da combinação do princípio da igualdade com o Estado de Direito Social e a adoção de medidas correctivas de desigualdades sociais, sublinhou que *"não há violação dos princípios constitucionais dos artigos 3º, n. 1* (Igualdade) *e 20º, n. 1* (Estado Social) *a não ser que o apoio concedido não corresponda às exigências da justiça social, seja porque o campo de aplicação de uma determinada prestação estatal não foi delimitado de forma objetiva, seja porque a proteção social de um grupo importante tenha sido negligenciada" — Bundesverfassungsgericht*, 18 Junho 1975, 40, 121, pp. 133-134.

(308) No ordenamento jurídico português, veja-se, sobre o mesmo tema, o Parecer da Comissão Constitucional, n. 28/81, de 6 de outubro, segundo o qual, "*em sede de constitucionalidade não há (...) que averiguar da optimicidade dos motivos escolhidos pelo autor da lei. É suficiente que esses motivos não exprimam uma diferenciação discriminatória*". O Parecer em causa, por sua vez, alicerça a sua posição na doutrina de Gomes Canotilho e Vital Moreira, citados no mesmo Parecer, que recorda as palavras dos referidos autores: "*a vinculação jurídico-material do legislador ao princípio da igualdade não elimina a liberdade de conformação do legislador, pois o legislador é fundamentalmente livre na determinação dos elementos de comparação que considera decisivos para operar a diferenciação, exigindo-se apenas que esses elementos possam servir de base a critérios de diferenciação objetivamente adequados à prossecução da finalidade proposta. A demonstração de que também outros critérios poderiam ter sido escolhidos para melhor conseguir a finalidade tida em vista pelo legislador não é suficiente para se produzir uma violação do princípio da igualdade*".

(309) Cf. JORGE MIRANDA, *Manual de Direito Constitucional,* Tomo IV, *Direitos Fundamentais*, 5ª ed., cit., pp. 275 e ss., que exemplifica alguns fenómenos de "discriminações positivas" previstos na Constituição.

titucionais especialmente dedicados aos *trabalhadores,* que são tidos, no quadro da Constituição, como um grupo social homogéneo tendencialmente mais fraco, que como tal importa proteger(310).

É nesse sentido, pois, que se reconhecem e admitem as *discriminações positivas* ou, como se afirma na doutrina norte-americana, as *affirmative actions*, que permitem, em última instância, a observância efetiva da igualdade de oportunidades(311).

V. O reconhecimento constitucional da situação de inferioridade substancial do *trabalhador* resulta, pois, como afirmam Jorge Miranda e Rui Medeiros, da constatação de uma situação típica da *ordem social*: o de que "*as relações de trabalho subordinado não se configuram como verdadeiras relações entre* iguais"(312). Foi por essa razão, em suma, que a Constituição admitiu atribuir aos trabalhadores, enquanto grupo social homogéneo, determinados direitos que visam compensar uma tendencial situação de inferioridade em que se encontram, quer do ponto de vista negocial, quer do ponto de vista económico, social e jurídico. O reconhecimento desta situação de inferioridade negocial, económica, social e jurídica surge plasmado no âmbito da denominada "Constituição Laboral" — atribuindo relevância constitucional aos direitos dos trabalhadores, a Constituição dedica um capítulo específico aos seus "direitos, liberdades e garantias", que integram a denominada "Constituição Laboral", no Capítulo III do Título II (artigos 53º a 57º), garantindo em simultâneo, a par daqueles direitos de carácter preceptivo, "direitos de crédito" previstos no Capítulo I do Título III, na parte atinente aos "direitos económicos, sociais e culturais" (artigos 58º e 59º(313).

Na base, está a ideia de necessidade de "proteção do trabalhador", enquanto princípio axiológico do subsistema juslaboral.

E numa interdependência lógica, a par do princípio da igualdade, a Constituição prevê, também, o princípio geral da *não discriminação*, à luz do qual ninguém pode ser privilegiado, beneficiado, prejudicado, privado de qualquer direito ou isento de qualquer dever em razão de ascendência, sexo, raça, língua, território de origem, religião, convicções políticas ou ideológicas, instrução, situação económica, condição social ou orientação sexual (artigo 13º, n. 2).

VI. Ou seja, a Constituição de 1976 consagrou, a propósito do princípio geral da igualdade, dois grandes sentidos: um *sentido primário negativo*, resultante da tradição liberal, que consiste, no essencial, na proibição de privilégios e de distinções, na proibição do arbítrio e da discriminação, em nome da *igualdade em sentido formal*; e um *sentido positivo*, emergente do Estado Social de Direito, do qual resulta a obrigatoriedade de tratamento desigual de situações dissemelhantes, em moldes de proporcionalidade, tendo em vista a promoção da *igualdade de oportunidades material ou substancial.*

Foi essa, aliás, a tendência que paulatinamente se afirmou na jurisprudência nacional (constitucional)(314), que consolidou e clarificou o sentido jurídico do princípio da igualdade perante a lei, enten-

---

(310) Recorda-se, como sublinha João Caupers, que *"o conceito constitucional de trabalhador, enquanto titular de direitos, corresponde à noção de trabalhador subordinado"* — Os Direitos Fundamentais dos Trabalhadores e a Constituição, Almedina, Coimbra, 1985, p. 80. Veja-se também, a propósito da nossa *Constituição Laboral,* JOSÉ JOÃO ABRANTES, "Direito do Trabalho e Constituição", *Direito do Trabalho, Ensaios,* Edição Cosmos, 1995; e JORGE MIRANDA, *Manual de Direito Constitucional,* Tomo IV, Direitos Fundamentais, 5ª ed., cit., pp. 99 e ss.

(311) Veja-se, a este propósito, RICHARD ARNESON, "Equality of Opportunity", *The Stanford Encyclopedia of Philosophy* (Fall 2008 Edition), Edward N. Zalta (ed.), cit., pp .15 e ss., que justifica as *"affirmative actions"* com base no seguinte *stylized example*: *"Suppose that in the U.S., whites have enjoyed superior social status, enforced by law and social custom, for decades. Going back to times in wich blacks were enslaved. Now whites on the average have greater wealth and education and blacks have less. Suppose that formal equality (...) is now proclaimed as the law of the land and embraced by popular morality. Still, most superior positions in society continue to go to whites. In this context a variety of measures might be adopted with the aim of increasing the effective opportunities enjoyed by blacks. Special educational resources might be channeled to them. For a time, to unsettle the status quo in wich whites enjoy the lion´s share of social privileges, quotas might be imposed by law or social custom"*.

(312) Cf. Acórdão do Tribunal Constitucional n. 581/95, de 31 de outubro de 1995 (Disponível em: <www.http://dre.pt/cgi>), citado por JORGE MIRANDA e RUI MEDEIROS, *Constituição Portuguesa Anotada,* cit., anotação ao artigo 53º, p. 501. Os autores sustentam ainda, tendo por base a jurisprudência do Tribunal Constitucional (*v. g., Acórdão n. 659/97)* que o artigo 53º da Constituição assenta no reconhecimento de que *"as relações de trabalho subordinado envolvem tipicamente relações de poder, nas quais o empregador assume uma posição de supremacia e o trabalhador carece de especial proteção"*.

(313) Sobre a distinção entre "direitos, liberdades e garantias" e "direitos económicos, sociais e culturais", v. JORGE MIRANDA, "O regime dos direitos, liberdades e garantias", *Estudos sobre a Constituição,* III, pp. 41 e ss.

(314) Sobre a jurisprudência constitucional e a sedimentação do princípio da igualdade, no período compreendido entre 1976 e a última década do século XX, veja-se o nosso *"O Princípio da Igualdade no Direito do Trabalho"*, cit., pp. 112 e ss. A jurisprudência mais recente, para além de poder ser consultada no sítio da internet do Tribunal Constitucional, em: <www.tribunalconstitucional.pt>, pode ser consultada, também, em JORGE MIRANDA e RUI MEDEIROS, *Constituição Portuguesa Anotada,* cit., anotação ao artigo 13º.

dendo-o como um princípio material que visa a promoção de uma *igualdade de oportunidades real* ou substantiva e do qual emergem, como corolários imediatos: *a) a proibição de discriminação*, entendida esta como a diferença de tratamento que não se baseie num motivo racional e razoável e, fundamentalmente, como a efetivação de distinções com base num dos fatores de diferenciação enumerados no n. 2 do artigo 13º[(315)]; *b*) a *proibição do arbítrio*, que se consubstancia na proibição de medidas manifestamente desproporcionadas e inadequadas à ordem constitucional de valores e ao problema que se deseja decidir e na proibição de práticas diferenciadoras não fundamentadas ou que não assentem num fundamento material razoável, proporcional e racional[(316)]; *c*) a *obrigação de diferenciação*, dentro dos limites atrás enunciados, e desde que realizada como mecanismo de correção das desigualdades de facto subjacentes na sociedade[(317)] e com o intuito de promover uma igualdade real entre as pessoas[(318)].

---

(315) Nesse sentido, a Comissão Constitucional entendeu que *"a distinção não discriminatória de tratamento exige antes de mais que o motivo sobre o qual se apoia tenha carácter objectivo e seja razoável"* (Cf. Parecer da Comissão Constitucional, n. 28/81, de 6 de outubro, *Pareceres*, XVII (81), 1983), ao passo que o Tribunal Constitucional invocou que as diferenças de regime devem assentar em dados *"objectivos e razoáveis"* (Cf. Acórdão do Tribunal Constitucional n. 126/84 — Processo n. 48/84, Diário da República de 11.3.1985, II Série, pp. 2303 a 2304.).

(316) Relativamente à *proibição do arbítrio*, consolidou-se o conceito de *razoabilidade* do motivo subjacente à distinção e identificaram-se tipos de práticas que discriminatórias.

Ao nível da Comissão Constitucional, decidiu-se, nomeadamente, que:

— As diferenciações de tratamento *"hão-de justificar-se, no mínimo, por qualquer fundamento material ou razão de ser que se não apresente arbitrária ou desrazoável (...) de modo que a legislação (...) não se traduza em impulsos momentâneos ou caprichosos sem sentido e consequências"* (Cf. Parecer da Comissão Constitucional n. 14/78, de 4 de maio de 1978, *Pareceres*, V, p. 109);

— As desigualdades, para serem lícitas, devem possuir um *"fundamento material bastante"*, não sendo de admitir as que se revelem *"arbitrárias"*. A Comissão Costitucional precisou, também, o conceito de *arbítrio*, qualificando-o como a *"desproporção ou inadequação da regulamentação legal à situação fáctica a que quer aplicar-se"* (Cf. Parecer da Comissão Constitucional n. 5/82, de 25 de janeiro, *Pareceres*, XVIII (81-82), pp. 178-179).

Já em sede do Tribunal Constitucional, decidiu-se nos seguintes termos:

— As distinções levadas a efeito pelo legislador não podem ser discriminatórias, o que sucede quando tais distinções *"são materialmente infundadas, quando assentam em motivos que não oferecem um carácter objectivo e razoável (...). Nesta perspectiva, o princípio da igualdade consagrado pelo artigo 13º da Constituição identifica-se com uma "proibição do arbítrio"*, ou seja, com *"uma proibição de medidas manifestamente desproporcionadas ou inadequadas por um lado, à ordem constitucional de valores e, por outro, à situação fáctica que se pretende regulamentar ou ao problema que se deseja decidir"* (Cf. Acórdão do Tribunal Constitucional n. 44/84, de 22 de maio de 1984, *Diário da República*, n. 159, II Série, pp. 6156-6157);

— As diferenças de tratamento preconizadas *"ao arrepio de qualquer critério justificativo"* geram *"situações desiguais por forma desrazoável, incoerente e à margem dos princípios objectivos constitucionais no seu conjunto"* (Cf. Acórdão do Tribunal Constitucional n. 122/86 — Processo n. 140/85, *Diário da República* n. 179, de 6.8.1986, II Série, pp. 7298 a 7300);

— O artigo 13º da Constituição contém uma regra de *proibição de arbítrio*, pelo que os critérios de diferenciação devem ser objetivamente adequados à prossecução da finalidade proposta, de acordo como *"um fundamento material razoável"* (Cf. Acórdão do Tribunal Constitucional n. 14/84, de 8 de fevereiro de 1984, Diário da República, II Série, n. 108, p. 4189);

— Existe violação do princípio da igualdade enquanto proibição do arbítrio quando os limites externos da discricionariedade legislativa são afrontados por *"carência de adequado suporte material"* (Cf. Acórdão n. 425/87 — Processo n. 262/86, Diário da República n. 3, de 5.1.1988, II Série, pp. 96-98).

(317) A propósito da atuação do legislador tendo em vista a correção das desigualdade de facto, a jurisprudência constitucional sedimentou o seguinte:

— *"O princípio da igualdade não se reduz a uma pura dimensão formal — a uma mera igualdade 'perante a lei' — traduzida na simples imparcialidade da aplicação desta, qualquer que seja o seu conteúdo: assume bem mais do que isso uma dimensão material que se impõe ao próprio legislador, e exige assim uma verdadeira igualdade "da lei" (...) seja como for, a realização "material" da igualdade exige diferenciações, o que postula uma intervenção e concretização diferenciadora do legislador"* — Cf. Acórdão do Tribunal Constitucional n. 458, de 25 de novembro de 1982, BMJ, n. 325, abril de 1983, pp. 335-336;

— A lei não tem que ser *"aparentemente igual para todos os cidadãos"*, admitindo-se as denominadas *"desigualdades legislativas de compensação ou de concreta igualizacão de condições, as quais são harmónicas com o princípio da igualdade social ou de facto cuja promoção a Constituição (artigo 81º, alínea c) incumbe ao Estado, entre as suas tarefas prioritárias"* — Cf. Parecer da Comissão Constitucional 14/78, de 4 de maio, *Pareceres da Comissão Constitucional*, V (78), 1979, pp. 109-110).

— A Constituição assegura *"no artigo 13º a igualdade jurídico-formal e a igualdade substancial"*, adiantando-se que *"Não se discute o que seja esta em concreto, mas sublinha-se que esta impõe-se tanto à atuação dos poderes públicos e dos sujeitos privados como à do próprio legislador: também os conteúdos das normas por este ditadas têm de obedecer ao princípio da igualdade"*.

(318) Foi, também, ao nível da jurisprudência constitucional que se precisou o conceito de *igualdade real*, ao afirmar-se e consolidar-se a ideia de que é admissível e exigível o estabelecimento de diferenciações que visem promover o princípio da igualdade de oportunidades em sentido material, através da criação de medidas de ação positiva a favor de grupos de cidadãos que se mostrem em situação desfavorecida, desde que tais diferenças sejam materialmente fundadas e assentem em propósitos de justiça distributiva (Cf. Acórdão do Tribunal Constitucional n. 375/89 — Proc. 241/87, Diário da República n. 202, de 2.9.1989, II Série, pp. 8721-8722). Por outro lado, sedimentou-se a ideia de que a adoção de medidas de ação positiva compete ao legislador, não devendo os tribunais enveredar pelo controlo jurisdicional do mérito da opção legislativa adotada. Nesse sentido, afirmou-se que:

— Em sede de controlo da constitucionalidade, não cabe aos respectivos órgãos emitir propriamente um juízo positivo sobre a solução legal, *"ou seja, um juízo em que o órgão do controlo comece por ponderar a situação como se fora o legislador (e como que substituindo-se*

VII. Sendo o princípio da igualdade um princípio de conformação social e sendo inegável a sua função de critério de orientação na aplicação dos direitos fundamentais, a sua inserção no "sistema de valores" da Constituição, enquanto axioma do sistema jurídico, parece evidente. E a sua relação com o "*metaprincípio*" da *dignidade humana* ou com o da *liberdade* é clara: a dignidade do ser humano exige a sua liberdade e a faculdade deste se desenvolver livremente, sendo certo que o reconhecimento da sua liberdade impõe uma igualdade de tratamento, nomeadamente na supracitada acepção da abolição de atos discriminatórios e da não concessão de privilégios ou regalias arbitrários e injustificados(319). A ideia é cristalina: a prática de atos discriminatórios, bem como a atribuição de privilégios ou de regalias, arbitrários e injustificados, é suscetível de violar o princípio (constitucional) da igualdade, por ser uma afronta ao princípio da dignidade humana. A igualdade, enquanto inserida neste sistema de valores, tem como função reconhecer a todos a mesma dignidade e a mesma liberdade. Trata-se, como afirma Menezes Cordeiro, do "*postulado básico de tratar o igual de modo igual e o diferente de forma diferente, de acordo com a medida da diferença*"(320). E de o fazer de forma transversal — o princípio da igualdade, contrariamente à maioria dos direitos fundamentais, não tutela uma atividade ou uma qualidade humana em particular: ele determina, apenas, que se trate de forma idêntica o que é semelhante e de forma desigual o que é dissemelhante. As obrigações decorrentes do princípio da igualdade, em princípio, não são obrigações diretas, no sentido em que do princípio da igualdade não decorre diretamente uma obrigação de ação ou de omissão. Para além dos casos em que o Estado esteja vinculado à prossecução de uma igualdade real, assente na promoção de discriminações positivas, do princípio da igualdade decorre, apenas, a exigência de que quando os poderes públicos atuem, o façam de acordo com este princípio, e de que quando o Estado legisle, o faça de acordo com o princípio em apreço.

Em qualquer caso: a questão coloca-se também a propósito do seu efeito externo ou da sua eficácia horizontal, isto é, da aplicabilidade do princípio da igualdade no domínio privado, ao nível das relações que se estabelecem no seio da sociedade civil, nos termos infradesenvolvidos.

2.3. Liberdade e autonomia privada

2.3.1. Liberdade enquanto expansão da personalidade

I. A liberdade (ou os direitos de liberdade) refere-se à manifestação e à expansão da personalidade, o mesmo é dizer, ao *ser* da pessoa. Como afirma Suzy Killmister, "*Autonomous persons are self-governing*"(321).

---

a este) para depois aferir da racionalidade da solução legislativa pela sua própria ideia do que seria, no caso, a solução "razoável", "justa", ou "ideal". Os órgãos de controlo da constitucionalidade não podem ir tão longe: o que lhes cabe é tão somente um "juízo negativo", que afaste aquelas soluções legais de todo o ponto insuscetível de credenciar-se racionalmente" (Cf. Parecer da Comissão Constitucional n. 26/82, de 28 de julho de 1982, *Pareceres,* XX, pp. 223-22); *"Onde a lei considerar que determinada situação apresenta um particularismo suficientemente distinto e relevante para justificar um tratamento legal diverso do concedido a situações equiparáveis (sob outros pontos de vista) e onde erigir esse particularismo, por conseguinte, como fundamento duma desigualdade de regime jurídico, semelhante juízo legal tem por si uma presunção de racionalidade"* (Cf. o citado Parecer da Comissão Constitucional n. 26/82, cit., 223-224).

A necessidade de promoção de diferenciações como forma de prossecução da aludida *igualdade real* surge em diversos arestos do Tribunal Constitucional, nomeadamente:

— O tratamento mais favorável a favor da parte mais débil, designadamente em situações onde sobressaia uma especial *"debilidade económica"*, é admissível e justificável (Cf. Acórdão do Tribunal Constitucional n. 395/89 — Processo n. 357/88, Diário da República n. 212, de 14.9.1989, II Série, pp. 9190-9191);

— O princípio da igualdade, para além de conter regras de *proibição do arbítrio* e de *proibição de discriminação,* contém também uma regra de *"obrigação de diferenciação"* (Cf. Acórdão do Tribunal Constitucional n. 80/86, de 12 de março de 1986, Diário da República, I Série, n. 13, de 9.6.1986);

— O princípio da igualdade *"não só autoriza, como pode* exigir *desigualdades de tratamento"* (Cf. Acórdão do Tribunal Constitucional n. 126/84, de 12 de Dezembro de 1984, *Diário da República,* II Série, n. 58, de 11.3.1985, p. 22304).

(319) Cf. o supracitado acórdão do Tribunal Constitucional n. 186/90, Diário da República, II Série, de 12 de setembro de 1990, à luz do qual o princípio da igualdade, quando associado ao da dignidade humana, tem "*(...) conteúdo pluridimensional, postula várias exigências, entre as quais a de obrigar a um tratamento igual das situações de facto iguais e a um tratamento desigual das situações de facto desiguais, proibindo, inversamente o tratamento desigual das situações iguais e o tratamento igual das situações desiguais*".

(320) Cf. MENEZES CORDEIRO, *Tratado de Direito Civil Português,* I, Parte Geral, Tomo I, 3ª ed., 2005, Almedina, p. 145.

(321) Cf. SUZY KILLMISTER, *"Autonomy and the Problem of Socialization", Social Theory and Practice,* v. 39, n. 1, Department of Philosophy The Florida State University, January 2013, pp. 95 e ss.

Como afirma Paulo Otero, *"a liberdade constitui a própria razão de ser do Direito: (...) constitui a substância e o destino do Direito. (...) O sentido e a razão de ser das normas jurídicas encontram-se na circunstância de o Homem ser livre"*(322). Ou, como afirma Catanheira Neves, *"não há direito para os escravos, tal como não o há para seres inteiramente disponíveis perante uma qualquer heteronomia e um qualquer domínio ou de que esteja ausente a liberdade da autoassunção ética e a autonomia responsabilizante"*(323).

Assim, ao passo que as garantias têm em vista a defesa da pessoa contra uma invasão externa, nomeadamente do Estado, e que os direitos sociais se relacionam com a colaboração do Estado com a pessoa, prestando-lhe serviços e bens, já a liberdade assenta na pessoa, independentemente, portanto, de qualquer atuação do Estado. A liberdade envolve uma dimensão de valor substancial e constitutivo da própria pessoa individual: o direito à independência e à autonomia da vontade.

A liberdade tem a ver com a forma de o indivíduo agir e valer por si, como projeção da pessoa, enquanto as garantias apenas têm valor instrumental, sobretudo perante as liberdades. As liberdades têm por contrapartida um dever de respeito, nomeadamente de abstenção do Estado, ao passo que os direitos sociais envolvem um dever de prestação positiva, um dever de *dare* ou de *facere*. Nas liberdades, tudo se joga na atuação do indivíduo e no exercício que o mesmo faça das suas posições jurídicas, ao passo que nos direitos sociais tudo passa pela atuação do Estado(324).

E é da liberdade que resulta, do ponto de vista jurídico, a ideia de autonomia privada. A liberdade é, em suma, um postulado incontornável da ideia de Justiça — na esteira de John Rawls, é imperativo afirmar-se que, sem liberdade, não há uma sociedade justa(325).

2.3.2. Liberdade e autonomia privada

I. É conhecido o sentido e o fundamento da autonomia privada, enquanto sinónimo de autonomia negocial: trata-se do espaço de liberdade reconhecido aos sujeitos para celebrarem, modelarem e estipularem o conteúdo dos negócios jurídicos que intentem outorgar, engendrando os efeitos jurídicos pretendidos. No essencial e em termos amplos: a autonomia privada *"equivale ao espaço de liberdade reconhecido a cada um dentro da ordem jurídica: engloba tudo quanto as pessoas podem fazer, num prisma material ou num prisma jurídico. Em termos restritos, a autonomia privada corresponde ao espaço de liberdade jurígena, isto é, à área reservada na qual as pessoas podem desenvolver as atividades jurídicas que entenderem"*(326).

Como sugere Menezes Cordeiro, a autonomia privada é um instituto geral de todo o Direito privado e corresponde ao espaço de liberdade negocial dentro do qual os cidadãos podem desenvolver as atividades jurídicas pretendidas, traduzindo-se desta forma numa *"permissão genérica de produção de efeitos jurídicos"*(327). Corresponde, no fundo, ao *"espaço de liberdade em que as pessoas comuns podem reger os seus interesses entre si, como entenderem, através de negócios jurídicos ou de contratos, sem terem de se sujeitar a diretivas de terceiros"*(328). Assim, traduzindo-se na livre possibilidade de produção de factos jurídicos, que desencadeiam efeitos de direito, a autonomia privada concretiza-se em duas situações permissivas distintas: a liberdade de celebração e a liberdade de estipulação.

---

(322) Cf. PAULO OTERO, *Lições de Introdução ao Estudo do Direito*, I v., 1º Tomo, cit., p. 221.

(323) Cf. CASTANHEIRA NEVES, "O Princípio da Legalidade Criminal", *in Estudos em Homenagem ao Prof. Doutor Eduardo Correia*, I, Coimbra, 1984, p. 391.

(324) A propósito da categorização dos direitos fundamentais e da sua estruturação, nomeadamente da distinção entre liberdades, garantias e direitos sociais, veja-se JORGE MIRANDA, Direitos Fundamentais e Ordem Social (na Constituição de 1933), Separata da Revista da Faculdade de Direito da Universidade de Lisboa, Vol. 46, n. 1 (2005), Coimbra Editora, Coimbra, 2005, pp. 271 a 310.

(325) Cf. JOHN RAWLS, *A Theory of Justice*, cit., pp. 120 e ss

(326) Cf. MENEZES CORDEIRO, *Tratado de Direito Civil*, I, 4ª ed., reformulada e atualizada, cit., p. 951.

(327) Cf. MENEZES CORDEIRO, *Tratado de Direito Civil*, I, 4ª ed., reformulada e atualizada, cit., p. 952.

(328) Cf. PEDRO PAIS DE VASCONCELOS, *Teoria Geral do Direito civil*, 2ª ed., Almedina, Coimbra, 2003, p. 15.

Na liberdade de *celebração*, decorre da autonomia privada a liberdade de praticar ou não um facto que, por integrar previsões normativas, desencadeia efeitos de direito. Por outras palavras, da liberdade de celebração resulta a livre decisão de alguém celebrar, ou não, um negócio jurídico. Na liberdade de *estipulação*, decorre da autonomia privada não apenas a prática de determinado facto jurídico, mas a própria possibilidade de seleção do tipo de efeitos que se irão produzir — o agente adquire o poder de determinar os termos em que se quer vincular e o conteúdo do negócio que vai celebrar.

No primeiro caso, existindo apenas liberdade de celebração, estaremos perante *atos jurídicos* em sentido estrito; na segunda hipótese, havendo também liberdade de estipulação, teremos o *negócio jurídico*(329).

Noutro quadrante, importa incluir também no âmbito da autonomia privada a liberdade de se extinguir, por mútuo acordo, um contrato em execução, mediante a celebração do respetivo distrate ou revogação, que pode ser total ou parcial: o exercício da liberdade contratual, neste caso, manifesta-se na outorga do contrato extintivo(330).

II. Visto de outro prisma, a diferença entre *ato jurídico* simples e *negócio jurídico* pode assentar não na diferença entre liberdade de celebração e de estipulação, mas sim no seguinte critério: no negócio jurídico, a regulação posta em vigor e que altera a Ordem Jurídica resulta da autonomia privada e da vontade das partes; no ato jurídico simples, é tributária da lei.

Por esta via, passam a ser considerados como negócios jurídicos alguns negócios que, à luz do critério que manda atender à diferença entre liberdade de celebração e de estipulação, não o eram. Assim sucede com o casamento, por exemplo, em que não existe liberdade de estipulação, ou com os negócios rígidos e os que são celebrados com recurso a cláusulas contratuais gerais, designadamente os contratos de seguro ou de compra e venda quotidianamente celebrados com seguradoras ou em estabelecimentos de venda ao público. O facto de nestes não se descortinar o exercício da liberdade de estipulação não deve, para alguns, justificar a sua desqualificação enquanto negócio jurídico, dado que em última instância a sua eficácia jurídica resulta da autonomia privada, e não da lei(331).

Desta concepção retira-se que todos os negócios que resultem do exercício da autonomia privada não deixam de ser negócios jurídicos, ainda que a grau da autonomia possa ser maior ou menor, consoante se descortine, ou não, o exercício da liberdade de estipulação. Por esta ordem de ideias, a distinção entre *ato jurídico* e *negócio jurídico* não deve ser exclusivamente *binária*, mas sim de *carácter polar:* num extremo (num polo), situar-se-ão os negócios jurídicos celebrados na sequência do exercício pleno das liberdades de celebração e de estipulação; no polo oposto, os atos jurídicos, em que se descortinam atos que, sendo voluntários, não resultam do exercício, nem da liberdade de celebração, nem da liberdade de estipulação; entre estes dois polos e num plano intermediário, situar-se-ão os negócios jurídicos mais ou menos negociais, consoante a maior ou menor intensidade do exercício da liberdade de estipulação(332).

III. Qualquer que seja a forma pela qual se qualificam os *atos jurídicos* e os *negócios jurídicos*, existe um dado que se afigura inquestionável: a autonomia privada é tanto mais intensa quanto menor é a intervenção da lei na regulação do negócio jurídico. Dito de outra forma: o negócio jurídico, sendo ou

---

(329) Cf. MENEZES CORDEIRO, *Tratado de Direito Civil Português*, I, Parte Geral, 2ª ed., cit., p. 218, cuja orientação surge na esteira de PAULO CUNHA, *Direito civil/Teoria Geral da Relação Jurídica*, policopiado, Lisboa, 1936/37, e *Tratado de Direito Civil*, I, 4ª ed., reformulada e atualizada, cit., p. 952. No mesmo sentido, CARVALHO FERNANDES, *Teoria Geral do Direito Civil*, II, 2ª ed., Lex, Lisboa, 1996, p. 24 e ss.

(330) Cf. LUÍS MENEZES LEITÃO, *Direito das Obrigações*, v. I, Introdução; *Da Constituição das Obrigações*, Almedina, Coimbra, 2000, p. 23.

(331) Cf. PEDRO PAIS DE VASCONCELOS, *Teoria Geral do Direito Civil*, cit., p. 256, que cita, entre outros, WERNER FLUME, *Rechtsgeschäft und Privautonomie*, HUNDERT JAHRE, *Deutsches Rechtsleben*, I, C. F. Müller, Karlsruhe, 1990, pp. 150-151, LARENZ/WOLF, *Allgemeiner Teil des deutschen Bürgerlichen Rechts*, 7., Aufl. Beck, München, 1989, § 18.1, p. 314, CLAUS-WILHELM CANARIS, *Pensamento Sistemático e Conceito de Sistema na Ciência do Direito* (Introdução), cit., p. 84, MEDICUS, *Allgemeiner Teil des BGB (Teoria Geral do BGB)*, C. F. Müller Großes Lehrbuch, Gebunden, 2010, p. 81-82 e, entre nós, MANUEL DE ANDRADE, *Teoria Geral da Relação Jurídica*, II, *Facto Jurídico, em Especial Negócio Jurídico* (9ª reimpressão), Almedina, Coimbra, 2003, p. 8-9; OLIVEIRA ASCENSÃO, *Direito Civil — Teoria Geral*, III, Coimbra Editora, Coimbra, Edição/reimpressão, 2002, pp. 75-96 e MOTA PINTO, *Teoria Geral do Direito Civil*, Coimbra Editora, Coimbra, Reimpressão da 4ª ed., 2012, p. 89.

(332) Cf. PEDRO PAIS DE VASCONCELOS, *Teoria Geral do Direito Civil*, cit., p. 258.

não fruto do exercício da liberdade de estipulação, pode ser mais ou menos regulado pela lei e objeto de maior ou menor intervenção estadual.

No que tem de negocial, o conteúdo contratual é autónomo; no que tem de legal, ele é heterónomo[333].

A maior ou menor natureza negocial resulta, pois, da maior ou menor intervenção estadual no conteúdo do negócio jurídico.

Nalguns casos, deixando-se ao livre-arbítrio das partes a regulação dos seus próprios interesses, estaremos perante fenómenos de regulamentação autónoma de interesses, próprios da autonomia privada na sua pureza; noutros casos, seja por razões de interesse público, seja porque estão em causa negócios com inegável pendor social, a heteronomia tende a se intensificar, aumentando de intensidade a regulação estadual e diminuindo, em contrapartida, o espaço deixado à autonomia privada. A autonomia e a heteronomia no domínio do negócio jurídico refletem, no fundo, o diálogo permanente que se estabelece entre o interesse pessoal e os interesses gerais ou comuns, próprios da comunidade que circunda cada pessoa concreta. A pessoa não existe, no Direito, sem a comunidade que a rodeia, assim como esta não existe sem a autonomia das pessoas que a compõem[334].

IV. A autonomia privada consubstancia, pois, um instituto geral de todo o Direito privado, ainda que a sua área de incidência seja variável[335]: o seu domínio por excelência é o Direito das obrigações e a sua expressão paradigmática surge no artigo 405º do Código Civil, segundo o qual, dentro dos limites da lei, as partes têm a faculdade de fixar livremente o conteúdo dos contratos, celebrar contratos diferentes dos previstos no Código ou incluir nestes as cláusulas que lhes aprouver, podendo ainda reunir no mesmo contrato regras de dois ou mais negócios, total ou parcialmente regulados na lei — as diversas regras do Direito das obrigações tendem, assim, a ser supletivas, aplicando-se apenas quando não sejam afastadas pela vontade das partes; noutras áreas, porém, ainda que a autonomia privada nunca deixe de estar presente e nunca chegue a ser suprimida, são-lhe impostas particulares limitações, em nome de outros valores.

De facto, independentemente do sistema político vigente em cada sociedade e da maior ou menor amplitude conferida à autonomia privada, é relativamente pacífico que existem determinadas zonas da atividade humana que assumem particular relevância social, designadamente quando estão em causa negócios jurídicos que se afiguram necessários para a existência social das pessoas e para a sua subsistência, seja ao nível da sua capacidade de trabalho e de auferir rendimentos do trabalho (contratos de trabalho), seja ao nível da habitação (contratos de arrendamento para habitação), seja ao nível do acesso a bens de consumo necessários a uma existência condigna (contratos de fornecimento de bens e serviços).

Nestes casos, em que se registam contratos socialmente relevantes, a heteronomia tende a reforçar-se, aumentando de intensidade a intervenção estadual e as limitações impostas à autonomia privada, em nome da tutela do contraente socialmente necessitado. Pelo contrário, tratando-se de contratos entre privados socialmente neutros, o espaço deixado à autonomia privada tende a aumentar, diminuindo de intensidade, em sentido inverso, a ingerência estadual.

V. No domínio laboral, atenta à situação de inferioridade negocial do trabalhador e à circunstância de o seu rendimento de trabalho ser essencial para o seu sustento e o da sua família, a heteronomia, como veremos, tende a imperar, movida que é pelo "princípio da proteção do trabalhador" — o Direito do trabalho, como recorda Menezes Cordeiro, caracteriza-se por ser um ramo do direito *"onde proliferam normas injuntivas"*[336].

Em todo o caso, como adiante se verá: a base de regulação do sistema laboral assenta no contrato de trabalho, o mesmo é dizer, na liberdade negocial, na autonomia privada e no contrato, enquanto

(333) Cf. PEDRO PAIS DE VASCONCELOS, *Teoria Geral do Direito Civil*, cit., p. 259.

(334) Cf. PEDRO PAIS DE VASCONCELOS, *Teoria Geral do Direito Civil*, cit., p. 259.

(335) Cf. MENEZES CORDEIRO, *Tratado de Direito civil Português, I*, Parte Geral, Tomo I, 3ª ed., Almedina, 2005, p. 394, e *Tratado de Direito Civil*, I, 4ª ed., reformulada e atualizada, cit., p. 954 e ss.

(336) Cf. MENEZES CORDEIRO, *Tratado de Direito Civil*, I, 4ª ed., reformulada e atualizada, cit., p. 954 e 956.

encontro confluente de duas vontades livres e esclarecidas. E assim deve permanecer — a existência de particulares imposições e limites à autonomia privada em nome de outros princípios dissonantes, como seja o da necessidade de proteção do contraente mais débil, não pode fazer esquecer o essencial — a autonomia privada é essencial e não há dignidade sem liberdade, havendo, até, quem defenda, atualmente, que "*un eventuale retorno del ricorso all'autonomia individuale nell'ambito del diritto del lavoro non è da demonizzare*"(337).

VI. A distinção entre negócios jurídicos socialmente relevantes e negócios jurídicos socialmente neutros não é uniforme e não se coaduna com a adoção de conceitos normativos rígidos. Pelo contrário: a relevância social associada a determinados tipos de negócios jurídicos tende a variar de sistema para sistema político e, no âmbito de cada sistema político, ao longo da História, em função do devir social e das transformações que se vão operando na sociedade.

A identificação das matérias que exigem maior intervenção estadual, face à relevância social que lhes está associada, varia com o tempo, com as circunstâncias históricas e as flutuações políticas e ideológicas que se vão registando na sociedade. Basta verificar, por exemplo, que o espaço deixado à autonomia privada, mesmo quando comparado com o mesmo tipo negocial, é mais amplo num sistema político liberal e menos intenso num sistema político socializante, e que dentro do mesmo ordenamento jurídico, ou do mesmo ramo de Direito, a autonomia privada aumenta ou diminui consoante as flutuações políticas vigentes. Se a autonomia privada imperou nos sistemas liberais oitocentistas, ela foi quase que postergada nos ordenamentos autoritários do século XX, assistindo-se, no pós-II Guerra Mundial, a uma fase de funcionalização social dos contratos civis, que hoje volta a ser posta em causa, com a crise do Estado-providência.

Mais do que isso: dentro do mesmo ordenamento jurídico, dentro do mesmo ramo de Direito e até mesmo em relação ao mesmo tipo contratual, há momentos em que a intervenção estadual e a heteronomia são mais intensas e outros em que o espaço deixado à autonomia privada volta a prevalecer.

É esse o ponto em que nos encontramos, no domínio laboral, pelo menos no espaço da União Europeia: depois de termos assistido, desde a sua génese, a um fenómeno de constante e reiterado reforço dos mecanismos de proteção do trabalhador, assistimos, hoje, nos termos abaixo desenvolvidos, a um fenómeno de desregulamentação e de flexibilização da relação laboral, fruto de influxos mais liberalizantes resultantes da crise do modelo social europeu.

VII. Em qualquer caso: a autonomia privada constitui um elemento essencial do processo de realização do Direito que se impõe ao Estado e que por este não pode ser suprimido, na exata medida em que é um imperativo da dignidade humana e um dado extrajurídico necessário à realização da pessoa. Enquanto projeção da liberdade é, também, um dos princípios básicos da justiça *ralwsiana*(338).

Sendo admissível que o grau de intensidade com que a autonomia privada se pode manifestar seja variável, em função de um conjunto de elementos que para tanto concorre, a pura e simples supressão da mesma já se afigura absolutamente inviável, pela simples razão de que se trata de uma liberdade originária que não é criada pelo Estado, pelo que por este não pode ser suprimida(339).

As limitações à autonomia privada, mesmo quando existam, não podem fazer esquecer o essencial: a autonomia privada domina, por definição, o Direito privado — Direito comum — cujas situações civis relevantes repousam sempre na liberdade das pessoas. O facto de existirem limites que a comprimem pode até ser encarado enquanto fator de valorização da própria autonomia privada, que surge, por esta via, substancialmente valorizada. Para além desta constatação, importa não esquecer que a autonomia privada, por outro lado, não deixa também de evidenciar uma tendência expansionista, que proporciona novas manifestações, seja dentro do Direito privado, mas agora a níveis coletivos — designadamente ao nível dos sujeitos laborais coletivos e da celebração de convenção coletiva de trabalho — seja fora do Direito

(337) Cf. SONIA FERNÁNDEZ SÁNCHEZ, *L'Autonomia Individuale nelle origini del Diritto del Lavoro, con Prefazione di* Mario Napoli, G. Giappichelli Editore, Torino, 2012, p. 153.
(338) Cf. JOHN RAWLS, *A Theory of Justice*, cit., pp. 120 e ss.
(339) Cf. PEDRO PAIS DE VASCONCELOS, *Teoria Geral do Direito Civil*, cit., p. 261.

privado, nomeadamente no Direito Internacional Público, onde proliferam diversas formas de tratados e convenções internacionais, no Direito Administrativo, ao nível dos contratos administrativos, ou no Direito da concorrência[340].

2.3.3. A autonomia privada na ordem jurídica

I. Tratando-se de um instituto geral de todo o Direito privado[341], a autonomia privada não deixa, porém, de estar consagrada na nossa ordem jurídica e na atual Constituição, de forma expressa ou implícita, conforme a entendamos como sinónimo de liberdade pessoal, em geral, ou como significado de certas liberdades económicas de carácter essencialmente patrimonial — como a liberdade de trabalho e de empresa — isto é, como uma faceta reduzida da liberdade de ação humana.

Assim sucedeu, também, nas constituições portuguesas do século XIX e na Constituição de 1933 — na sequência dos ideais difundidos e generalizados pelas constituições oitocentistas americana e francesa, as constituições portuguesas consagraram, também, a liberdade e a autonomia privada como direitos fundamentais. O regime liberal fá-lo com particular incidência, acentuando as liberdades e garantias dos cidadãos, bem como a tutela liberal da propriedade, ou o direito de propriedade como forma de liberdade. Assim, sucedeu nas quatro constituições da época liberal, de 1822, de 1826, de 1838 e de 1911. E assim sucedeu, também, na Constituição de 1933.

II. A Constituição de 1822 é lapidar, a este propósito: o artigo 1º, que inaugura o Título I dedicado aos "Direitos e Deveres Individuais dos Portugueses", determina que "*A Constituição política da Nação Portuguesa tem por objeto manter a liberdade, segurança, e propriedade de todos os Portugueses*". Liberdade, segurança e propriedade — a tríade que caracteriza o Estado liberal.

O artigo 2º determina que "*A liberdade consiste em não serem obrigados a fazer o que a lei não manda, nem a deixar de fazer o que ela não proíbe. A conservação desta liberdade depende da exata observância das leis*"; o artigo 3º estabelece que "*A segurança pessoal consiste na proteção, que o Governo deve dar a todos, para poderem conservar os seus direitos pessoais*", ao passo que o artigo 6º prescreve que "*A propriedade é um direito sagrado e inviolável, que tem qualquer Português, de dispor à sua vontade de todos os seus bens, segundo as leis. (...)*".

A Carta Constitucional de 1826 manteve praticamente inalterados os direitos e deveres individuais dos cidadãos já consagrados na Constituição de 1822, designadamente quanto à liberdade, à segurança individual e à propriedade, ainda que os mesmos, ao contrário da grande generalidade das Constituições, tivessem sido relegados para o título final (Título VIII) do diploma, intitulado "*Disposições Gerais, e Garantias dos Direitos Civis e Políticos dos Cidadãos Portugueses*". O artigo 145º começa por garantir, numa formulação geral, que "*A inviolabilidade dos Direitos Civis e Políticos dos Cidadãos Portugueses, que tem por base a liberdade, a segurança individual e a propriedade, é garantida pela Constituição do Reino (...)*", passando depois, em distintos parágrafos, a enunciar de que "*maneira*" tais direitos são garantidos. O § 3º consagra a liberdade de expressão, determinando que "*todos podem comunicar os seus pensamentos por palavras, escritos, e publicados pela Imprensa sem dependência de Censura, contanto que hajam de responder pelos abusos, que cometerem no exercício deste direito, nos casos, e pela forma que a Lei determinar*"; o § 4º consagra a liberdade religiosa, prescrevendo que "*Ninguém pode ser perseguido por*

---

(340) Cf. MENEZES CORDEIRO, *Tratado de Direito Civil Português*, I, Parte Geral, Tomo I, 3ª ed., cit., pp. 395-396.

(341) Recorde-se que, como sublinha MENEZES CORDEIRO, *Tratado de Direito Civil Português*, I, Parte Geral, Tomo I, 2ª ed., cit., pp. 219-220, apesar de aplicável a todo o Direito Privado, a autonomia privada apresenta "*áreas de incidência variável, consoante as opções feitas pelo Direito positivo e os valores em jogo em cada uma delas*". Assim, tendo por base a consagração expressa das liberdades de celebração e de estipulação previstas no art. 405º do Código Civil, segundo o qual, dentro dos limites da lei, as partes têm a faculdade de fixar livremente o conteúdo dos contratos, de celebrar contratos diferentes dos previstos naquele Código ou de neles incluir as cláusulas que lhes aprouver, o domínio por excelência da autonomia privada é o Direito das obrigações, cujas regras tendem a ser supletivas face à vontade das partes, dele extravasando para o Direito comercial e, em princípio, para o Direito do trabalho, embora neste proliferem regras injuntivas. A atuação da autonomia privada, porém, alarga-se a outras áreas de incidência. De entre elas destaca-se, também, a dos direitos de personalidade, nos termos abaixo enunciados.

motivos de Religião, uma vez que respeite a do Estado, e não ofenda a Moral Pública"; o § 6º estabelece a regra da inviolabilidade do domicílio, determinando que *"Todo o Cidadão tem em sua Casa um asilo inviolável (...)"*; e os §§ 7º a 10 consagram um conjunto de regras e princípios em matéria de direito penal: *"Ninguém poderá ser preso sem culpa formada, excepto nos casos declarados na Lei, e nestes dentro de vinte e quatro horas, contadas da entrada da prisão (...)"* (§ 7º); *"(...) ninguém será conduzido à prisão, ou nela conservado, estando já preso, se prestar fiança idónea, nos casos, que a Lei a admite: e em geral, nos crimes que não tiverem maior pena do que a de seis meses de prisão, ou desterro para fora da Comarca, poderá o Réu livrar-se solto"* (§ 8º); *"À excepção do flagrante delito, a prisão não pode ser executada senão por ordem escrita da Autoridade legítima* (...)*"* (§ 9º); *"Ninguém será sentenciado senão pela Autoridade competente, por virtude de Lei anterior, e na forma por ela prescrita* (§ 10º); o § 21º garante o direito de propriedade, determinando que *"É garantido o Direito de Propriedade em toda a sua plenitude. (...)"*; e o § 23º estabelece a liberdade de trabalho, comercial e industrial, ao dispor que *"Nenhum género de trabalho, cultura, indústria ou comércio pode ser proibido, uma vez que não se oponha aos costumes públicos, à segurança e saúde dos Cidadãos"*.

III. A Constituição de 1838, no Título "Dos Direitos e Garantias dos Portugueses", determina que *"Ninguém pode ser obrigado a fazer ou deixar de fazer senão o que a Lei ordena ou proíbe"* (artigo 9º). Para além disso, garante-se a liberdade de religião — *"Ninguém pode ser perseguido por motivos de Religião, contanto que respeite a do Estado"* (artigo 11º); a liberdade de expressão — *"Todo o Cidadão pode comunicar os seus pensamentos pela imprensa ou por qualquer outro modo, sem dependência de censura prévia"* (artigo 13º); a liberdade de associação — *"Todos os Cidadãos têm o direito de se associar na conformidade das Leis"* (artigo 14º); e o direito de propriedade — *"É garantido o direito de propriedade. (...)"* (artigo 23º).

IV. A Constituição de 1911, no Título II, atinente aos "Direitos e Garantias Individuais", mantém no essencial os direitos e garantias individuais liberais decorrentes das Constituições de 1822 e 1838 e da Carta Constitucional de 1826. O artigo 3º contém 38 números que consagram um vasto leque de direitos, nomeadamente o direito à liberdade — *"ninguém pode ser obrigado a fazer ou a deixar de fazer alguma coisa senão em virtude da Lei"* (n. 1); a liberdade de consciência e de crença — *"a liberdade de consciência e de crença é inviolável"* (n. 4); a liberdade de expressão — *"A expressão do pensamento, seja qual for a sua forma, é completamente livre, sem dependência de caução, censura ou autorização prévia* (...)"; o direito de reunião e associação, que é considerado *"livre"* (n. 14); é garantido o *"direito de propriedade"* (n. 25); bem como a liberdade de trabalho — *"É garantido o exercício de todo o género do trabalho, indústria o comércio, salvo as restrições da lei por utilidade pública"* (n. 26).

V. A Constituição de 1933, por sua vez, no Título II dedicado aos "Cidadãos", cataloga no artigo 8º um conjunto de direitos e garantias individuais dos portugueses, nomeadamente direitos de liberdade. É o que sucede com a *"liberdade e a inviolabilidade de crenças e práticas religiosas"* (n. 3); a *"liberdade de expressão do pensamento sob qualquer forma"* (n. 4); a *"liberdade de ensino"* (n. 5); a *"liberdade de escolha de profissão ou género de trabalho"* (n. 7); e a *"liberdade de reunião e de associação"* (n. 14). Paralelamente, consagra-se, também, na esteira das demais constituições liberais, o direito de propriedade *"(...) e a sua transmissão em vida ou por morte, nas condições determinadas pela lei civil"* (artigo 8º, n. 15), bem como a *iniciativa económica privada* (artigo 33º).

VI. A Constituição de 1976 segue o mesmo trajeto, ainda que não se cinja à trilogia liberal, liberdade/segurança/propriedade, avançando significativamente na consagração dos direitos sociais.

Em qualquer caso, as liberdades não deixam, obviamente, de marcar presença na CRP de 1976.

Enquanto ideia de liberdade pessoal, a autonomia privada surge aflorada nos artigos 24º e ss. da Constituição (*Direitos, liberdades e garantias pessoais*), nos quais se consagram os direitos à vida (24º)[(342)] e

(342) Como sublinham JORGE MIRANDA e RUI MEDEIROS, *Constituição Portuguesa Anotada*, Tomo I, Introdução Geral, Preâmbulo, cit., anotação ao artigo 24º, pp. 222-223, a Constituição Portuguesa não se limita, ao contrário de outros textos fundamentais e da própria Declaração Universal dos Direitos do Homem, a dizer que "todos os homens têm direito à vida", afirmando antes, numa fórmula normativa muito mais forte que *"a vida humana é inviolável"*. O artigo 24º desempenha, assim,

à integridade pessoal, moral e física (25º)[343], à identidade pessoal, ao desenvolvimento da personalidade, à capacidade civil, à cidadania, ao bom nome e reputação, à imagem, à palavra, à reserva da intimidade da vida privada e familiar e à proteção legal contra quaisquer formas de discriminação (26º)[344], à liberdade e segurança (27º)[345], à inviolabilidade do domicílio e da correspondência (34º)[346], à constituição da família e ao casamento em condições de plena igualdade (36º)[347], à liberdade de expressão e informação (37º)[348], à liberdade de consciência, de religião e de culto (41º)[349], à liberdade de associação (46º)[350] e à liberdade de escolha de profissão e acesso à função pública (47º)[351].

---

entre o elenco de direitos fundamentais, um papel absolutamente ímpar — integra o núcleo restrito de direitos insuscetíveis de suspensão, mesmo em caso de declaração do estado de sítio ou do estado de emergência (artigo 19º, n. 6), constitui o "pressuposto fundante" de todos os demais direitos fundamentais e assume a vertente objetiva de princípio estruturante de um Estado de Direito alicerçado na dignidade da pessoa humana (artigo 2º). É por essa razão, aliás, que o direito à vida está secundado pela sua mais elementar garantia: a proscrição absoluta da pena de morte e, em consequência, a proibição de extradição ou de entrega a qualquer título por crimes a que corresponda semelhante pena no Estado requisitante.

(343) O reconhecimento e a tutela da integridade pessoal são consequências diretas da tutela da dignidade humana (artigo 1º), abrangendo quer a integridade moral, quer a integridade física. À luz da proteção da integridade pessoal, o texto constitucional consagra o direito à não agressão ou ofensa ao corpo ou espírito, abrangendo não apenas uma tutela contra ofensas à integridade física, mas também contra ofensas à integridade moral, consubstanciadas nomeadamente em quaisquer formas de denegrir a imagem ou o nome de uma pessoa ou de intromissão na sua intimidade — cf. JORGE MIRANDA e RUI MEDEIROS, *Constituição Portuguesa Anotada*, cit., anotação ao artigo 25º, pp. 268-269.

(344) Depois de enunciar o direito à vida (artigo 24º) e à integridade pessoal (artigo 25º), a Constituição tipifica no artigo 26º "outros direitos pessoais", igualmente resultantes do postulado básico da dignidade humana (artigo 1º): é nesse sentido que se deve compreender a tutela do bom nome, da reputação, da imagem, da palavra e da intimidade da vida privada, bem como o direito ao livre desenvolvimento da personalidade e a proteção contra quaisquer formas de discriminação. Trata-se, no essencial, de direitos de pessoas físicas, ainda que, numa ordem fundada no princípio da dignidade humana, o bom nome, a reputação ou integridade da vida privada de uma pessoa falecida mereçam idêntica tutela. A "identidade pessoal" é o que caracteriza cada pessoa enquanto unidade individualizada, pelo que o direito à identidade pessoal traduz, no essencial, o direito de cada pessoa a viver em concordância consigo própria; o direito ao "livre desenvolvimento da personalidade" contém uma ideia de liberdade geral de ação, por sua vez concretizada na livre-iniciativa económica ou na autonomia privada; o "direito ao bom nome e reputação" protege a pessoa contra a injúria, a difamação, a calúnia e o abuso de liberdade de imprensa e comporta o princípio da compensação dos danos não patrimoniais resultantes de atuações ilícitas por ofensa do bom nome e reputação das pessoas; os direitos à "palavra" e à "imagem" incluem o direito a que não sejam registadas ou divulgadas palavras ou imagens da pessoa sem o seu consentimento e à não distorção das palavras proferidas; o "direito à reserva da intimidade da vida privada e familiar" abrange no essencial a proteção, quer do acesso, quer da divulgação de questões relacionadas com a esfera privada das pessoas e sua família; o "direito fundamental à cidadania" implica no essencial que toda a pessoa tem direito a ter uma nacionalidade e que ninguém pode ser arbitrariamente privado da sua nacionalidade; o "direito à proteção contra qualquer forma de discriminação" é a expressão subjetivada do princípio da igualdade previsto no artigo 13º tudo, cf. JORGE MIRANDA e RUI MEDEIROS, *Constituição Portuguesa Anotada*, cit., anotação ao artigo 26º, pp. 282-294.

(345) A liberdade é absolutamente decisiva para o livre desenvolvimento da personalidade, para a dignificação da pessoa e é uma pedra angular do sistema de valores constitucional. Neste caso concreto, do artigo 27º, o que está em causa não é tanto a liberdade de expressão e de religião (artigo 37º), a liberdade de consciência, religião e culto (artigo 41º), a liberdade de criação cultural (artigo 42º), a liberdade de trabalho (artigo 47º) ou a liberdade de iniciativa económica (artigo 61º). O que está em causa é a liberdade física, de circulação e de movimentação, que para tanto exige a segurança coletiva da comunidade ou dos cidadãos — cf. JORGE MIRANDA e RUI MEDEIROS, *Constituição Portuguesa Anotada*, cit., anotação ao artigo 26º, pp. 300-301.

(346) A inviolabilidade do domicílio e da correspondência é uma concretização da tutela do direito à reserva da intimidade da vida privada, sendo certo que o conceito de domicílio acolhido na Constituição é mais amplo do que o que resulta dos artigos 82º a 88º do Código Civil — o domicílio a que se refere a Constituição abrange todo o local em que a pessoa habita, quer se trate de residência ou local de trabalho, habitual ou ocasional, permanente ou eventual, estável ou precário, e os destinatários do dever de não violação do referido direito são todas as entidades, públicas e privadas — cf. JORGE MIRANDA e RUI MEDEIROS, *Constituição Portuguesa Anotada*, cit., anotação ao artigo 34º, pp. 372-373.

(347) Nos termos do artigo 37º da Constituição, a família e o casamento são tidos, não apenas enquanto direitos fundamentais, mas também como garantias institucionais e como elementos estruturantes da vida em sociedade. É nesse sentido, também, que se compreende que a Constituição entenda que a família, como elemento fundamental da sociedade, tem direito à proteção da sociedade e do Estado e à efectivação de todas as condições que permitam a realização pessoal dos seus membros (artigo 67º) — cf. JORGE MIRANDA e RUI MEDEIROS, *Constituição Portuguesa Anotada*, cit., anotação aos artigos 36º e 67º, pp. 392-393 e 687 e ss.

(348) A *liberdade de expressão* a que se refere o artigo 37º é a liberdade de expressão do pensamento, que envolve tanto uma vertente positiva — o direito de expressão e de utilização dos meios adequados para o efeito — como uma vertente negativa — o titular do direito não deve ser impedido nem ser discriminado pelo simples facto de expor o seu pensamento — cf. JORGE MIRANDA e RUI MEDEIROS, *Constituição Portuguesa Anotada*, cit., anotação ao artigo 37º, p. 428.

(349) A *liberdade de consciência*, sendo indissociável da liberdade de pensamento, é mais ampla do que a liberdade de religião, pois abrange tanto as crenças religiosas como as convicções morais e filisóficas. Trata-se, todavia, de uma liberdade que se cinge ao foro individual, ao passo que a liberdade de religião tem uma dimensão coletiva e institucional e implica a liberdade das confissões religiosas. A liberdade de consciência tem por objeto as crenças religiosas, as convicções morais e filosóficas; a liberdade individual de religião consiste, no essencial, na liberdade de ter ou não ter religião e de mudar de religião, bem como no direito

VII. Enquanto sinónimo de liberdade económica/negocial de carácter essencialmente patrimonial, ideia porventura mais consentânea com a noção de autonomia privada, esta, ainda que não expressamente prevista na Constituição, não deixa também de ser aflorada e consagrada na nossa Lei Fundamental.

Se entendermos que a autonomia privada comporta um carácter eminentemente patrimonial, consistente no livre relacionamento privado através do comércio jurídico ou na atividade jurídico-negocial dos sujeitos privados, temos de admitir que esta não se encontra expressamente referida na Constituição como um princípio ou direito fundamental. No entanto, a sua consagração implícita é manifesta e mostra-se contemplada em numerosas passagens da Lei Fundamental.

Assim sucede com as normas constitucionais que promovem a tutela da liberdade de escolha de profissão e acesso à função pública (47º)[(352)], com as que promovem a garantia da propriedade privada e a sua livre transmissibilidade (gozo e disposição) em vida ou por morte (artigo 62º)[(353)], ou com as que

---

de professar uma religião, de celebrar o respectivo culto e de a expressar livremente, nomeadamente através de palavras, gestos ou símbolos, sem oposição de ninguém, nomeadamente do Estado. À luz deste princípio, a Constituição garante a separação da igreja e do Estado — este não pode, enquanto tal, nem assumir fins religiosos, nem professar nenhuma religião, nem submeter qualquer igreja a um regime administrativo — cf. JORGE MIRANDA e RUI MEDEIROS, *Constituição Portuguesa Anotada*, cit., anotação ao artigo 26º, pp. 447-448.

(350) O *direito de associação* é simultaneamente um direito individual e colectivo, positivo e negativo. Antes de mais nada, consiste no direito de constituir com terceiros uma associação para fins não contrários à lei penal, bem como o direito de aderir a associações existentes e o direito de não permanência numa associação constituída, ou seja, o direito de ser ou de não ser membro de uma associação; do ponto de vista colectivo, o direito de associação revela-se, também, na liberdade de gestão e de auto-organização das associações constituídas, bem como o direito de participação em uniões, federações ou confederações de âmbito mais alargado — cf. JORGE MIRANDA e RUI MEDEIROS, *Constituição Portuguesa Anotada*, cit., anotação ao artigo 46º, pp. 467-470.

(351) A *liberdade de trabalho e de profissão* apenas se compreende quando conjugada com outros direitos, garantias e incumbências do Estado, nomeadamente com a liberdade de aprender (artigo 43º), com a liberdade de deslocação e de permanência no território nacional (artigo 44º) e com a liberdade, positiva e negativa, de associação profissional (artigo 46º). No mesmo sentido, do ponto de vista institucional, relaciona-se com o direito à criação de comissões de trabalhadores e com a liberdade sindical (artigos 54º e 55º). Quanto ao conteúdo da liberdade de trabalho e profissão propriamente dita, sendo um dos clássicos direitos fundamentais das pessoas, ela abrange um "*sentido genérico ou primário*" e um "*sentido qualificado*". O "*sentido genérico*", consiste na liberdade de trabalho em sentido amplo, que compreende a liberdade de escolha e de exercício de qualquer género de profissão ou modo de trabalho que não seja considerado ilícito pela lei penal e a interdição de trabalho obrigatório. O "*sentido qualificado*" da liberdade de trabalho consubstancia-se, por sua vez, na liberdade de escolha de profissão e na liberdade de exercício de profissão, devendo qualquer uma delas ser realizadas sem impedimentos nem discriminações — cf. JORGE MIRANDA e RUI MEDEIROS, *Constituição Portuguesa Anotada*, cit., anotação ao artigo 47º, pp. 472-479.

(352) Cf. *supra*, a liberdade de trabalho em sentido amplo compreende a liberdade de escolha e de exercício de qualquer género de profissão ou modo de trabalho (que não seja considerado ilícito pela lei penal) sem impedimentos nem discriminações e a interdição de trabalho obrigatório — cf. JORGE MIRANDA e RUI MEDEIROS, *Constituição Portuguesa Anotada*, cit., anotação ao artigo 47º, pp. 472-479.

(353) Do ponto de vista sistemático, o *direito de propriedade* é deslocado do elenco dos direitos, liberdades e garantias para o dos direitos económicos, sociais e culturais, pelo que, no que representa de espaço de autonomia perante o Estado, o direito de propriedade reconduz-se a um direito de natureza análoga à dos direitos, liberdades e garantias do Título II da Parte I da Constituição. A consagração do direito à propriedade privada consubstancia, desde logo, o direito de aquisição de bens ou de direitos patrimoniais. Por outras palavras, os particulares (e não apenas o Estado) gozam do direito de ter bens em propriedade e do direito de se tornar, por atos *inter vivos* ou *causa mortis*, titulares de quaisquer direitos de valor pecuniário — direitos reais, direitos de crédito, direitos materiais de autor, direitos sociais ou outros. O mesmo é dizer: para além de terem direitos de liberdade, de associação ou de defesa, as pessoas gozam também do direito de ter coisas ou direitos com conteúdo económico. O direito de propriedade, enquanto direito real máximo, tem assim a natureza de direito fundamental. Mas a propriedade contém ainda uma dimensão de direito económico, social e cultural a acrescer à de direito, liberdade e garantia — para além de se salvaguardarem os direitos concretos de propriedade aponta-se também para uma perspetiva futura, em que o maior número possível venha a usufruir da propriedade ou de outros direitos patrimoniais. O direito de propriedade está, consequentemente, relacionado com a tarefa fundamental do Estado de promoção da igualdade real entre os portugueses (artigo 9º, alínea *d*) e com a incumbência do Estado de correcção das desigualdades na distribuição da riqueza e dos rendimentos (artigos 81º, alínea *b*, 103º, n. 1, e 104º, n. 1). Por outro lado, a Constituição garante, também, a garantia e defesa do direito de propriedade, impedindo o seu titular de se ver arbitrariamente privado do mesmo. Em suma, enquanto espaço de autonomia perante o Estado, o direito de propriedade encerra as seguintes concretizações: *a)* o direito de apropriação, aquisição e transmissão de bens, *inter vivos* ou *mortis causa*, enquanto subespécies do conceito de direitos patrimoniais; *b)* uma dimensão de direito económico, social e cultural, a qual tem subjacente um horizonte ou uma situação futura em que as pessoas tenham a possibilidade de ser proprietárias ou de exercer outros direitos patrimoniais; *c)* o direito de qualquer pessoa de não ser privada arbitrariamente de qualquer direito patrimonial que esteja na sua esfera, ou arbitrariamente condicionada no seu exercício. Para além da definição de direito de propriedade constante do artigo 62º a Constituição admite ainda estatutos parcelares da propriedade em diversos momentos e em razão de diferentes finalidades a prosseguir — assim sucede com a propriedade da habitação (artigo 65º, n. 2, alínea *c*), a propriedade dos solos urbanos (artigo 65º, n. 4), a propriedade dos meios de produção (artigos 80º, alíneas *b* e *c*, 82º e 83º) e a propriedade agrícola (artigos 94º, 95º e 96º) — cf. JORGE MIRANDA e RUI MEDEIROS, *Constituição Portuguesa Anotada*, cit., anotação ao artigo 62º, pp. 626-630.

garantem a existência de um setor privado dos meios de produção (82º)[354] e a liberdade de criação, gestão e atividade da empresa privada (86º, n. 2)[355]. Em todas elas, ou da sua articulação, eleva-se a autonomia privada à categoria de princípio constitucional fundamental, sendo certo, por outro lado, que qualquer uma das aludidas disposições constitucionais envolve e exige, como condição *sine qua non* para a respetiva promoção e execução, a consagração da liberdade negocial ou contratual.

Assim, por exemplo, da afirmação da existência de um setor privado dos meios de produção e da liberdade de criação, gestão e atividade empresarial decorre, impreterivelmente, a liberdade individual de celebração e de estipulação contratual. E, nessa conformidade, decorre também, por maioria de razão, a cargo dos titulares dos meios de produção, a liberdade de contratação da respetiva força de trabalho, nos termos e pelas condições que se lhes afigurem mais convenientes, sendo de afastar, porque suscetível de obnubilar a liberdade individual, a ingerência estatal, sempre que esta se afigure excessiva e asfixiante da iniciativa económica privada.

VIII. A liberdade de criação, gestão e atividade da empresa privada (86º, n. 2) é, consequentemente, uma liberdade com assento constitucional. E a autonomia privada, um princípio constitucional fundamental.

As limitações à autonomia privada, decorrentes do "princípio da proteção do trabalhador" e dos preceitos constitucionais contemplados na "Constituição Laboral", abaixo desenvolvida, não podem olvidar

---

(354) A Constituição confere um lugar de destaque aos setores de propriedade dos meios de produção, garantindo a coexistência dos setores público, privado e cooperativo e social — trata-se de um dos princípios fundamentais em que assenta a organização económico-social (artigo 80º, alínea *b*) e de um limite material de revisão constitucional (artigo 288º, alínea *f*). À inicial desvalorização do setor privado, assente na primeira versão da Constituição, sucedeu-se, nas sucessivas revisões constituições que se lhe seguiram (em especial a de 1982), a consagração sem ambiguidades de uma economia de mercado, em termos tais que hoje, ao contrário do que resultava do texto original, a coexistência de três setores de propriedade dos meios de produção não se assume transitório (como transição para o socialismo), mas sim consolidado e assente, com a assunção plena do setor privado e a supressão da regra da irreversibilidade das nacionalizações (operada na revisão constitucional de 1989) e da regra que vedava determinados setores a empresas privadas (operada na revisão constitucional de 1997). A coexistência de três setores de produção tem outro sentido: a Constituição repudia, quer um puro sistema de economia liberal, quer uma constituição económica dirigente ou um sistema de direcção central da economia. O que está em causa é uma ordem constitucional que aposta na realização da democracia económica, social e cultural, na promoção do bem-estar e da qualidade dos portugueses e na igualdade real, bem como na efectivação dos direitos económicos, sociais e culturas — o que está em causa, no artigo 62º, é uma concretização do conceito de "economia social de mercado", resultante dos princípios fundamentais da organização económico-social (*v. g.*, a subordinação do poder económico ao poder político democrático; a coexistência do setor público, do setor privado e do setor cooperativo e social dos meios de produção; e a liberdade de iniciativa e de organização empresarial no âmbito de uma economia mista) previstos no artigo 80º cf. JORGE MIRANDA e RUI MEDEIROS, *Constituição Portuguesa Anotada*, Tomo II, *Organização Económica/Organização do Poder Político*, cit., anotação ao artigo 80º, pp. 10-15. A propósito do conteúdo da tutela da "iniciativa económica", veja-se também ANA PRATA, *A Tutela Constitucional da Autonomia Privada*, Almedina, Coimbra, 1982, p. 197 ss., a qual, na esteira de Francesco Galgano, refere que a liberdade de iniciativa económica privada é a "*liberdade dos privados de dispor dos recursos materiais e humanos; é, em segundo lugar, liberdade dos privados de organizar a atividade produtiva e, consequentemente, é liberdade dos privados de decidir o que produzir, quando produzir, como produzir, onde produzir. É uma liberdade que pressupõe o reconhecimento de outros direitos dos privados (...), como a propriedade privada (...); pressupõe, de forma mais geral, a liberdade contratual, sendo o contrato, fundamentalmente, o instrumento mediante o qual o empresário, por um lado, obtém a disponibilidade dos recursos a utilizar no processo produtivo e, por outro, coloca o produto no mercado; e pressupõe, em particular, a legitimidade da alineação da força de trabalho, ou seja, da troca prestação de trabalho contra retribuição (...) da qual decorre a apropriação social por parte do empresário privado.*

(355) Depois de se proclamar, no artigo 61º, que a iniciativa económica privada se exerce livremente nos quadros definidos pela Constituição e pela lei e tendo em conta o interesse geral, o artigo 86º, sob a epígrafe "empresas privadas", começa por sublinhar que o Estado incentiva a atividade empresarial (n. 1), para determinar, subsequentemente, que "*o Estado só pode intervir na gestão de empresas privadas a título transitório, nos casos expressamente previstos na lei e, em regra, mediante prévia decisão judicial*". Recorda-se que, no texto inicial da Constituição, quando se olhava com desconfiança para a iniciativa económica privada, o primitivo artigo 85º, n. 3, autorizava o Estado a intervir diretamente na própria gestão das empresas privadas, sendo legitimado qualquer tipo de intervenção estatal (desde a submissão da empresa a um regime especial de fiscalização ou de tutela, até à assunção integral da gestão pelo Estado), desde que a intervenção tivesse por finalidade a defesa do interesse geral dos trabalhadores. Desde então, a orientação constitucional alterou-se radicalmente: o direito de iniciativa económica privada constitui hoje um direito fundamental de natureza análoga à dos direitos, liberdades e garantias, estando expressamente consagrado no artigo 61º da Constituição; e o que o artigo 86º consagra é, além do mais, a liberdade de constituição de empresas e a do empresário em organizar e gerir de forma livre e sem ingerência estatal — esta só é admitida a título transitório, cinge-se aos casos previstos na lei e, em regra, apenas opera mediante prévia autorização judicial. Ou seja, intervenção do Estado na gestão de uma empresa privada só é admitida em casos excepcionalíssimos — deve ser transitória, obedece a uma reserva de lei e, em regra, depende de prévia decisão judicial. Mais do que isso: estando em causa uma restrição a um direito fundamental de natureza análoga à dos direitos, liberdades e garantias, a intervenção do Estado na gestão de empresas privadas implica a aplicação dos limites gerais à leis restritivas que decorrem, nomeadamente, do artigo 18º, designadamente o respeito pelo princípio da proporcionalidade — cf. JORGE MIRANDA e RUI MEDEIROS, *Constituição Portuguesa Anotada*, Tomo II, cit., anotação ao artigo 86º, pp. 106-111.

este dado, também ele axiológico: a liberdade empresarial e a autonomia privada, enquanto realidades com incidência constitucional, não podem ser absolutamente postergadas, nem suprimidas: podem ser limitadas e comprimidas, nomeadamente em nome de um postulado de justiça que vise a igualdade de oportunidades, mas não pode ser posta em causa a sua existência e natureza.

§ 2º O IDEAL DE PROTEÇÃO DA PARTE MAIS FRACA

1. Direitos pessoais de cidadania do trabalhador: direitos de personalidade e direitos fundamentais

1.1. Direitos de personalidade

1.1.1. Aspetos gerais

I. O Direito, feito pelos homens que vivem em sociedade, visa as pessoas e existe em função das mesmas. Trata-se de um dado axiomático, de natureza histórica e cultural, que está na origem da ordem jurídica e da Ciência Jurídica e que assenta na tradição greco-cristã — ocidental.

A Pessoa é a base de toda a ordenação jurídica — é o ente substancial de onde parte o Direito. O Direito, como afirma Menezes Cordeiro, "*enquanto fenómeno histórico e cultural, é uma criação humana (...): surge como obra humana, é utilizado por pessoas, serve os seus interesses e os seus fins e sofre as vicissitudes que a Humanidade lhe queira imprimir*"(356).

Como sublinha Oliveira Ascensão, o tema surge com particular acuidade no Direito civil, enquanto ramo de "*Direito comum do Homem comum*", dado que o Direito civil é "*o Direito de que todos participam, no sentido de se lhes aplicar simplesmente porque são pessoas, independentemente de qualquer* status *ou ocupação particular que desempenhem no seio da sociedade (...). O Direito civil (...) exprime a Pessoa em si: a Pessoa na universalidade de cada membro da comunidade. A Pessoa que contém em si a totalidade da Humanidade, porque a dignidade humana inteira está presente em cada pessoa singular*"(357).

Nesse sentido, enquanto núcleo da ordem jurídica e direito comum dos *cives,* o Direito civil tem naturalmente um papel preponderante ao nível dos direitos pessoais e que incidem sobre bens de personalidade, ou seja, daqueles que dizem diretamente direito às pessoas, dando sentido à ordem jurídica no que a esta matéria diz respeito: a este nível, os *direitos de personalidade* assumem uma particular e significativa importância. A centralidade do Direito civil é, a este propósito, absolutamente determinante — é ele que impregna, com o seu espírito, toda a ordem jurídica.

Mas não em exclusivo, como se verá: a dogmática dos *direitos fundamentais* revela também a apetência do Direito público em promover a tutela das pessoas, *maxime* nas relações que estas estabelecem com o Estado e com o poder político. Importará, por isso, também, atender a este fenómeno: "*em termos históricos e dogmáticos, os direitos fundamentais traduzem posições da pessoa contra o Estado*"(358).

Num terceiro plano, a matéria das pessoas e a da tutela dos bens que diretamente lhe dizem respeito é igualmente marcante noutros ramos de direito privado especial, com particular incidência no Direito do trabalho, onde a desigualdade entre a posição jurídica do empregador e do trabalhador é manifesta, caracterizando-se pelo binómio poder de direção (*situação jurídica ativa*) *versus* situação de sujeição (*situação jurídica passiva*) — é nesse sentido que se compreende, por exemplo, a autonomização de um conjunto de normas relativo aos direitos de personalidade do trabalhador e à igualdade e não discriminação no trabalho e no acesso ao emprego.

---

(356) CF. MENEZES CORDEIRO, *Tratado de Direito Civil, I,* 4. ed., reformulada e atualizada, cit., p. 930.
(357) Cf. OLIVEIRA ASCENSÃO, "O Direito Civil como o Direito comum do Homem comum", *in Revista do Instituto de Direito Brasileiro da Faculdade de Direito da Universidade de Lisboa,* Ano 1 (2012), n. 1, em <http://www.idb-fdul.com/>, pp. 45-57 (p. 45).
(358) CF. MENEZES CORDEIRO, *Tratado de Direito Civil, I,* 4ª ed., reformulada e atualizada, cit., p. 935.

O "princípio da proteção do trabalhador" assume, a este propósito, uma particular importância: ele recebe os influxos provenientes do Direito civil e dos direitos fundamentais e adapta-os, depois, ao subsistema juslaboral, quer ao nível da formação, quer ao nível da execução do contrato de trabalho, através do (sub)princípio dos direitos pessoais do trabalhador, que agrupa as normas relativas aos direitos de personalidade e ao princípio da igualdade na formação e execução do contrato de trabalho.

II. A ideia de pessoa não está necessariamente, quanto à sua origem, associada aos propósitos da sua tutela. Como sublinha Menezes Cordeiro, a ideia de pessoa impôs-se, no Direito, como instrumento técnico para assegurar a organização económica e social, tornando operacional a figura de troca e, por essa via, do contrato e da propriedade. A atribuição ao ser humano de uma dignidade própria e a configuração dos *direitos de personalidade* enquanto instrumento de tutela da personalidade resultaram de uma paulatina caminhada civilizacional(359), que se tem caracterizado por um fenómeno de expansão.

III. A matéria dos *direitos de personalidade*(360) é central na sociedade contemporânea. A importância hoje reconhecida aos *direitos de personalidade* é, de forma clara, significativamente maior do que aquela que se atribuía aos *direitos originários* do Código de Seabra, nos termos abaixo assinalados.

Vários fatores terão contribuído, entre nós, para este reconhecimento acrescido: por um lado, por força do florescimento de alguns direitos de personalidade no próprio texto constitucional de 1976, nos termos acima assinalados, de que é paradigmático o *direito à vida*, à *integridade pessoal*, ao *desenvolvimento da personalidade*, ao *bom nome e reputação* ou à *reserva da intimidade da vida privada e familiar*; em segundo lugar, porque a tutela conferida no Código Civil aos direitos de personalidade transcende, em larga escala, o regime de (mera) responsabilidade civil constante do artigo 2361º do Código de Seabra; em terceiro lugar, por força do recente e mencionado alastramento dos direitos de personalidade a outras áreas e a alguns ramos de direito privado especial, nomeadamente ao Direito do trabalho(361); em quarto lugar, em virtude dos avanços doutrinários e jurisprudenciais que se registaram a este nível — entre nós, o interesse suscitado pela tutela da pessoa e em particular pela matéria dos *direitos de personalidade* tem vindo a crescer, quer a nível doutrinário(362) e jurisprudencial(363)(364), quer em sede legislativa, onde se

---

(359) Cf. MENEZES CORDEIRO, *Tratado de Direito Civil Português*, I, Parte Geral, Tomo III, Pessoas, Almedina, Coimbra, 2004, p. 17.

(360) Recorda-se, a este propósito, a definição de *direito de personalidade* de Otto von Gierke na sua obra *Deutsches Privatrecht* (*Direito privado alemão)* 1 (1895), pp. 702-703, citado por Menezes Cordeiro (*Tratado de Direito Civil, I,* 4ª ed., reformulada e atualizada, cit., p. 932): "*Chamamos direitos de personalidade aos direitos que concedem ao seu sujeito um domínio sobre uma parte da sua própria esfera de personalidade. Com este nome, eles caracterizam-se como 'direitos sobre a própria pessoa' distinguindo-se com isso, através da referência à especialidade do seu objeto, de todos os outros direitos (...) O direito de personalidade é um direito subjectivo e deve ser observado por todos*".

(361) A este propósito, recorda-se a consagração dos direitos de personalidade no Código do Trabalho aprovado pela Lei n. 99/2003, de 27 de agosto, e revisto pela Lei n. 7/2009, de 12 de fevereiro, mantendo-se actualmente na versão do mesmo Código revista em 2012 pela Lei n. 23/2012, de 25 de junho.

(362) A nível *doutrinário* e quanto ao regime civil dos direitos de personalidade consagrado no Código Civil, veja-se CASTRO MENDES, *Teoria Geral do Direito Civil,* I, 1978 (reimp. 1986), pp. 310-315; JANUÁRIO DA COSTA GOMES, *O Problema da Salvaguarda da Privacidade Antes e Depois do Computador, BMJ*, 319, 1982, pp. 28 e ss.); CARVALHO FERNANDES, *Teoria Geral do Direito Civil,* Volume I, 2ª ed., Lex, Lisboa, 1995, pp. 187-195; DIOGO LEITE DE CAMPOS, *Lições de Direito de Personalidade*, Almedina, Coimbra, 2000, e *O Direito e os direitos de personalidade, Revista da Ordem dos Advogados,* 1993, pp. 201-224; PAULO MOTA PINTO, *O direito à reserva da intimidade da vida privada.* Boletim da Faculdade de Direito da Universidade de Coimbra, LXIX (1993), pp. 479-485; RITA AMARAL CABRAL, *O Direito à Intimidade da Vida Privada (Breve reflexão acerca do artigo 80º do Código Civil)*, Separata dos Estudos em Memória do Professor Doutor Paulo Cunha, Lisboa, 1988, pp. 26 e ss., *O direito à reserva sobre a intimidade da vida privada,* Boletim da Faculdade de Direito da Universidade de Coimbra, LXIX (1993), pp. 479-585, e *O direito ao livre desenvolvimento da personalidade Portugal-Brasil* (2000), pp. 149-246; CAPELO DE SOUSA, *O Direito Geral de Personalidade,* Almedina, Coimbra, 1995; CARLOS MOTA PINTO, *Teoria Geral do Direito Civil,* 3ª ed. atualizada, Coimbra Editora, Coimbra, 1996, pp. 84-88; OLIVEIRA ASCENSÃO, *Direito Civil, Teoria Geral,* Volume I, 2ª ed., Introdução, As Pessoas, os Bens, Coimbra, 2002; MENEZES CORDEIRO, *Tratado de Direito Civil Português, I,* Parte Geral, Tomo III, Pessoas, cit., pp. 28-216 e "Os direitos de personalidade na civilística portuguesa", *Estudos em Homenagem ao Professor Doutor Inocêncio Galvão Telles*, Almedina, Coimbra, 1º volume, 2002, pp. 21-45; PEDRO PAIS DE VASCONCELOS, *Teoria Geral do Direito Civil,* 3ª ed., Almedina, 2005, pp. 38-70; GUILHERME DRAY, *Direitos de Personalidade, Anotações ao Código Civil e ao Código do Trabalho,* Almedina, Coimbra, 2006.

(363) A nível *jurisprudencial,* onde se opera com maior intensidade a concretização dos conceitos indeterminados que caracterizam o regime dos direitos de personalidade, assiste-se, como refere Menezes Cordeiro, a um desenvolvimento assinalável, marcado por várias fases: numa primeira fase, os *direitos de personalidade* eram objeto de um reconhecimento pontual (1967-1982); seguiu-se uma fase de implantação (1983-1992), registando-se atualmente uma fase de aplicação corrente (a partir de 1993) — Cf. MENEZES CORDEIRO, *Tratado de Direito Civil Português, I,* Parte Geral, Tomo III, Pessoas, cit., pp. 63-74, onde se citam inúmeros arestos dedicados ao tema.

(364) A propósito da prática jurisprudencial no domínio do Direito do trabalho, envolvendo questões relacionadas com a aplicação de direitos de personalidade, veja-se a anotação de Guilherme Dray aos artigos 14º e ss. do Código do Trabalho, em

regista um fenómeno de expansão: com a aprovação do Código do Trabalho, através da Lei n. 99/2003, de 27 de agosto, foi pela primeira vez consagrada no nosso regime jurídico, numa codificação diversa da do Código Civil, uma Subsecção especificamente dedicada aos *direitos de personalidade* [Subsecção II (*Direitos de* Personalidade), da Secção II (*Sujeitos*), do Capítulo I (*Disposições Gerais*), do Título I (*Fontes e Aplicação do Direito do Trabalho*), do Livro I (*Parte Geral*)]. A consagração deste regime suscitou novos estudos, alguns preparatórios, outros típicos de um fenómeno pós-codificação[365].

Tratou-se, em bom rigor, da receção, num ramo de Direito privado especial, de uma matéria própria do Direito comum: o regime em causa passou por esta via a ser tratado de forma mais intensa e com maior grau de especificidade.

O regime dos direitos de personalidade do trabalhador, como se verá, constitui atualmente uma importante projeção do "princípio da proteção do trabalhador", com incidência direta nos seus direitos pessoais, que incidem sobre bens pessoalíssimos e que contêm uma especial dignidade ética.

1.1.2. O regime dos direitos de personalidade no ordenamento jurídico nacional — generalidades

I. Entre nós, o regime dos direitos de personalidade consta, no essencial, dos artigos 70º e ss. do Código Civil, que inauguram a matéria relativa aos direitos de personalidade, que se estende ao longo da Secção II (*Direitos de personalidade*), do Capítulo I (*Pessoas singulares*), do Subtítulo I (*Das pessoas*), do Título II (*Das relações jurídicas*) do Livro I (*Parte Geral*). No total, a matéria dos direitos de personalidade articula-se em doze artigos (artigos 70º a 81º), com campos de aplicação diferenciados: no artigo 70º proclama-se a tutela geral da personalidade; nos artigos 71º e ss., tipificam-se alguns direitos de personalidade, em especial, estabelecendo-se o respetivo regime; no artigo 81º, rege-se a limitação voluntária dos direitos de personalidade.

II. O regime dos direitos de personalidade é reconhecidamente tido, atualmente, como sendo absolutamente determinante para efeitos de proteção da dignidade humana, assumindo uma importância crescente na sociedade, com reflexos na doutrina e jurisprudência nacionais[366].

Código do Trabalho Anotado, PEDRO ROMANO MARTINEZ; LUÍS MIGUEL MONTEIRO; JOANA VASCONCELOS; PEDRO MADEIRA DE BRITO; GUILHERME DRAY e LUÍS GONÇALVES DA SILVA, *Código do Trabalho Anotado*, 9ª ed., Almedina, Coimbra, 2013, pp. 141-166.

(365) Registam-se, neste domínio, em torno da matéria dos *direitos de personalidade* no Direito do Trabalho, os trabalhos de MENEZES CORDEIRO, "O respeito pela esfera privada do trabalhador", *I Congresso Nacional de Direito do Trabalho*, Almedina, Coimbra, 1998, pp. 20 e ss., e "A liberdade de expressão do trabalhador", *II Congresso Nacional de Direito do Trabalho*, Almedina, Coimbra, 1999, pp. 24 e ss.; JOSÉ JOÃO ABRANTES, "Contrato de trabalho e direitos fundamentais", *II Congresso Nacional de Direito do Trabalho*, Almedina, Coimbra, 1999, pp. 105 e ss. e *Contrat de travail et droits fondamentaux — contibution à une dogmatique commune européenne, avec référence spéciale au droit allemand e tau droit portugais*, Frankfurt am Main, 2000; LUÍS MENEZES LEITÃO, *Código do Trabalho Anotado*, 2ª ed., Almedina, Coimbra, 2004, anotação aos artigos 15º a 21º, pp. 35 a 44; MARIA DO ROSÁRIO RAMALHO, "Contrato de trabalho e direitos fundamentais", *Estudos em Homenagem à Professora Doutora Isabel Magalhães Collaço*, v. II, Almedina, Coimbra, 2002, pp. 393-417), *Estudos de Direito do Trabalho*, I, Coimbra, 2003, p. 15-67; e *Direito do Trabalho*, Parte I — Dogmática Geral, Almedina, Coimbra, 2005, pp. 494-497; PEDRO ROMANO MARTINEZ, *Direito do Trabalho*, Instituto de Direito do Trabalho da Faculdade de Direito de Lisboa, 5ª ed., Almedina, Coimbra, 2010, pp. 347-353 e *Direito do Trabalho*, 6ª ed., cit., pp. 339-344; e GUILHERME DRAY, "Justa causa e esfera privada", *Estudos do Instituto de Direito do Trabalho*, II, Almedina, Coimbra, 2001, pp. 35-91, *Direitos de Personalidade — Anotações ao Código Civil e ao Código do Trabalho*, Almedina, Coimbra, 2006, e *Código do Trabalho Anotado*, PEDRO ROMANO MARTINEZ; LUÍS MIGUEL MONTEIRO; JOANA VASCONCELOS; PEDRO MADEIRA DE BRITO; GUILHERME DRAY e LUÍS GONÇALVES DA SILVA, cit., anotação aos artigos 14º a 22º, pp. 141-166.

(366) A propósito da matéria dos direitos de personalidade, em geral, veja-se MENEZES CORDEIRO, *Tratado de Direito Civil Português*, I, Parte Geral, Tomo III, Pessoas, Almedina, 2004, pp. 29-216 e "Os direitos de personalidade na civilística portuguesa", *Estudos em Homenagem ao Professor Doutor Inocêncio Galvão Telles*, Almedina, Coimbra, 1º volume, 2202, pp. 21-45; OLIVEIRA ASCENSÃO, *Direito Civil, Teoria Geral*, Volume I, 2ª ed., *Introdução, As Pessoas, os Bens*, Coimbra, 2002, pp. 63-114; PEDRO PAIS DE VASCONCELOS, *Teoria Geral do Direito Civil*, 3ª ed., Almedina, 2005, pp. 38-70; CARVALHO FERNANDES, *Teoria Geral do Direito Civil*, Volume I, 2ª ed., Lex, Lisboa, 1995, pp. 187-195; CASTRO MENDES, *Teoria Geral do Direito Civil*, I, 1978 (reimp. 1986), pp. 310-315; CARLOS MOTA PINTO, *Teoria Geral do Direito Civil*, 3ª ed. atualizada, Coimbra, 1996, pp. 84-88; CAPELO DE SOUSA, *O Direito Geral de Personalidade*, Coimbra, 1995; e *Teoria Geral do Direito Civil*, Almedina, 2003, pp. 262 e ss.; DIOGO LEITE DE CAMPOS, *Lições de Direito de Personalidade*, 2ª ed., 1992 e "O Direito e os direitos de personalidade", *Revista da Ordem dos Advogados*, 1993, pp. 201-224; PAULO MOTA PINTO, "O direito à reserva da intimidade da vida privada", *Boletim da Faculdade de Direito*, LXIX (1993), pp. 479-485.

O ponto de partida é simples de enunciar, como oportunamente sublinhámos no nosso *Direitos de personalidade*[367]: enquanto titular de situações jurídicas, a pessoa, qualquer que ela seja, é, necessariamente, desde o seu nascimento completo e com vida (artigo 66º do Código Civil), titular de situações jurídicas (ativas) de personalidade, que se prendem com bens de personalidade atinentes à própria pessoa tutelada e que se relacionam, nomeadamente, com a sua vida, integridade física e moral, honra, bom nome, privacidade e imagem.

É neste contexto que se inserem os direitos de personalidade e o regime de tutela que os caracteriza: os direitos de personalidade traduzem, no essencial, direitos subjetivos que recaem sobre bens pessoalíssimos e que projetam a própria personalidade humana. Estamos, no fundo, perante "direitos sobre a própria pessoa", razão pela qual se pode afirmar que os *direitos de personalidade*, em bom rigor, como sustenta Jorge Miranda, assumem no plano privado o papel desempenhado pelos *direitos fundamentais* no direito público[368].

Os direitos de personalidade assumem, portanto, as seguintes características: são *direitos pessoais*, que podem ter por objeto bens tão díspares como o direito à vida, à integridade física ou moral, ou o direito ao nome; *direitos pessoalíssimos*, porque não são transmissíveis; *direitos absolutos,* dado que devem ser respeitados por todos, independentemente, portanto, de qualquer situação jurídica relativa; e de direitos que traduzem uma *excecional dignidade ética,* que justifica o regime de tutela reforçado que lhes está associado. É nesse sentido, aliás, que Maria Helena Diniz, tendo por base o disposto no artigo 11º do Código Civil brasileiro, segundo o qual "*os direitos de personalidade são intransmissíveis e irrenunciáveis, não podendo o seu exercício sofrer limitação voluntária*", vai mais além do que aquela (redutora) formulação legal e defende que "*os direitos de personalidade são inatos, absolutos, intransmissíveis, indisponíveis, irrenunciáveis, imprescritíveis, impenhoráveis, inexpropriáveis e ilimitados, apesar de o novo Código Civil ter feito referência apenas a três características: intransmissibilidade, irrenunciabilidade e indisponibilidade*"[369].

Os direitos de personalidade podem, ainda, em termos analíticos, distinguir-se entre: i) direitos de personalidade *necessários*, quando decorram da própria existência humana, nos casos, por exemplo, em que estejam em causa o direito à vida, à integridade física ou à integridade moral; ii) direitos de personalidade *eventuais,* quando dependam, em concreto, da verificação na esfera jurídica do respetivo titular de determinados bens de personalidade, como sucede, nomeadamente, com o *direito ao nome*, que depende da atribuição prévia de um nome à pessoa em causa, com o *direito à confidencialidade das cartas missivas*, que depende da existência das mesmas, ou com os *direitos de personalidade do trabalhador,* que dependem da celebração de um contrato de trabalho[370].

III. Como afirmámos também no nosso estudo, *Direitos de personalidade*, os direitos de personalidade distinguem-se de situações de vantagem afins, designadamente dos *direitos fundamentais*, dos *direitos originários*, dos *direitos do Homem*, dos *direitos pessoalíssimos* e dos *direitos pessoais*[371], essencialmente nos seguintes termos[372]:

a) *Direitos fundamentais* são os direitos das pessoas que se encontram contempladas na Constituição em termos formais e solenes. O critério que os delimita é, portanto, o da fonte da sua atribuição:

(367) Cf. GUILHERME DRAY, *Direitos de Personalidade, Anotações ao Código Civil e ao Código do Trabalho,* cit., pp. 26 e ss.
(368) Cf. JORGE MIRANDA, *Direitos fundamentais e ordem social (na Constituição de 1933*), cit., p. 288.
(369) Cf. Maria Helena Diniz, anotação ao artigo 11º do Código Civil brasileiro, *Novo Código Civil Comentado,* 3ª ed., Alexandre Guedes Assunção/Carlos Alberto Maluf/Joel Dias Jr./Jones Figueiredo Alves/Maria Helena Diniz/Mário Luiz Delgado/Regina Tavares da Silva/Ricardo Fiuza/Zeno Veloso (coord. Ricardo Fiuza), cit., p. 23.
(370) Veja-se, a este propósito, MENEZES CORDEIRO, *Tratado de Direito Civil Português,* I, Parte Geral, Tomo III, Pessoas, Almedina, 2004, pp. 101-103.
(371) A propósito da distinção entre os direitos de personalidade e outras situações de vantagem que com ele se assemelham, veja-se, designadamente, CASTRO MENDES, *Teoria Geral do Direito Civil,* I, 1978, cit., pp. 310 e ss.; MENEZES CORDEIRO, *Tratado de Direito Civil Português*, cit., pp. 83-91 e *Tratado de Direito Civil, I,* 4ª ed., reformulada e atualizada, cit., p. 933 e ss.; OLIVEIRA ASCENSÃO, Direito Civil, *Teoria Geral,* cit., pp. 67-68.
(372) Seguimos, a este propósito, a nossa exposição em GUILHERME DRAY, *Direitos de Personalidade — Anotações ao Código Civil e ao Código do Trabalho*, cit., pp. 28-30.

direitos fundamentais são, no fundo, "*posições jurídicas atribuídas pela Constituição, com particular solenidade*"[(373)]. São direitos fundamentais, consequentemente, os que se mostram inseridos, entre nós, no elenco dos *direitos, liberdades e garantias* e dos *direitos económicos, sociais e culturais*, respetivamente previstos nos Títulos II e III da Parte I (Direitos e Deveres Fundamentais) da Constituição, nos termos acima assinalados. Por outro lado e não obstante a eficácia civil dos direitos fundamentais, hoje plenamente reconhecida e abaixo explicitada[(374)], *maxime* nas relações jurídicas (como as relações de trabalho) em que se verifica um desequilíbrio negocial entre as partes[(375)], a origem dos mesmos é diversa da dos *direitos de personalidade*. Os *direitos fundamentais* foram criados e concebidos tendo em vista a tutela das esferas privadas perante ingerências do poder político — trata-se de direitos dos indivíduos face ao Estado e aos seus poderes; os *direitos de personalidade*, pelo contrário, atendendo ao seu profundo sentido ético, não se circunscrevem a relações de natureza vertical — impõem-se a todos os níveis e em todas as direções, designadamente nas relações de direito privado; como sustenta Jorge Miranda, os "*direitos fundamentais são os direitos de personalidade no Direito público; os direitos de personalidade os direitos fundamentais no Direito privado*" [(376)];

b) *Direitos originários* são, numa fórmula simples, os direitos inatos, originários, ou primitivos, que o Direito se limita reconhecer. Trata-se de uma categoria trazida pelo jusracionalismo e pela Revolução Francesa e defendida, nomeadamente, por Thomas Paine, no seu *Rights of Man* (1791)[(377)]. O critério que os distingue é, portanto, o da *pré-positividade*: a sua existência ocorre independentemente e para além de qualquer *regra jurídica*, o mesmo é dizer, de qualquer previsão normativa específica. Os *direitos de personalidade*, pelo contrário, podem variar ao sabor da ordem jurídica. Apesar de encerrarem um significativo conteúdo ético, os direitos de personalidade, como se afirmou, podem ser apenas direitos de personalidade *eventuais*, que não estão necessariamente associados ao nascimento da pessoa — é o que sucede, nomeadamente, com o direito à confidencialidade das cartas — missivas: a sua existência decorre da sua previsão numa *regra jurídica;*

c) *Direitos do Homem* são os que se encontram positivados nos catálogos de direitos dos Tratados e Convenções internacionais. Nesse sentido, abrangem, quer os denominados *direitos originários*, quer o conjunto de direitos considerados universais e fundamentais pela comunidade jurídica internacional. Podemos consequentemente abranger nesta categoria, nomeadamente, os direitos enumerados na *Declaração Universal dos Direitos do Homem*, como o direito à igualdade, à vida, à liberdade, à segurança pessoal, à justiça e ao trabalho[(378)]. Neste caso, o critério que os distingue, relativamente aos *direitos de personalidade*, é o da respetiva titularidade: *direitos do homem* são direitos de todos os homens, independentemente da sua origem, raça, sexo, religião ou convicções; são direitos que, nas palavras de James Nickel, resultam de "*international norms that help to protect all people everywhere from severe political, legal, and social abuses. Examples of human rights are the right to freedom of religion, the right to a fair trial when charged with a crime, the right not to be tortured, and the right to engage in political activity. These rights exist in morality and in law at the national and international levels*"[(379)];

---

(373) Cf. MENEZES CORDEIRO, *Tratado de Direito Civil, I*, 4. ed., reformulada e atualizada, cit., p. 933.

(374) A propósito da eficácia civil dos direitos fundamentais, veja-se GUILHERME DRAY, *O Princípio da Igualdade no Direito do Trabalho*, cit., pp. 130 e ss.

(375) Cf. AMAURI CESAR ALVES, *"A eficácia dos direitos fundamentais no âmbito das relações trabalhistas"*, Revista LTr — Legislação do Trabalho, ano 75, n. 10, outubro de 2011, pp. 1209 a 1218, LTr Editora, São Paulo, 2011.

(376) Cf. JORGE MIRANDA, *Direitos fundamentais e ordem social (na Constituição de 1933)*, cit., p. 288.

(377) Sobre a vida e obra de Thomas Paine e a sua conceção de *direitos originários*, no contexto das revoluções americana e francesa, veja-se MARK PHILP, "Thomas Paine", *The Stanford Encyclopedia of Philosophy* (Fall 2013 Edition), Edward N. Zalta (ed.), disponível em: <http://plato.stanford.edu/archives/fall2013/entries/paine/>. O autor recorda que na obra *Rights of Man* (1791), Thomas Paine advoga a distinção entre *direitos originários ou naturais*, e direitos que apenas advêm da sua atribuição pela ordem social e jurídica — trata-se da *"Paine's distinction between natural rights, where we necessarily have the power to execute the right (as in the right of conscience), as against rights where we need the arm of society to secure the right (as in property)"* (pp. 8-9).

(378) Veja-se, a propósito deste e de outros tratados, JORGE MIRANDA, *Direitos do Homem*, Petrony, Lisboa, 1989.

(379) Cf. JAMES NICKEL, "Human Rights", *The Stanford Encyclopedia of Philosophy* (Summer 2013 Edition), Edward N. Zalta (ed.), disponível em: <http://plato.stanford.edu/archives/sum2013/entries/rights-human/> (acesso em 13 de agosto de 2013), p. 1.

d) *Direitos pessoalíssimos* são, por sua vez, os que não podem ser transferidos, cedidos ou transmitidos, independentemente, portanto, do conteúdo ético que os possa dominar. O critério que os delimita é o da *intransmissibilidade*. Todavia, sendo intransmissíveis, os *direitos pessoalíssimos* podem estar desprovidos do conteúdo ético que domina os direitos de personalidade;

e) *Direitos pessoais*, por fim, são os que se reportam a bens pessoais ou não patrimoniais. O critério que os delimita, neste caso, é o da (não) patrimonialidade. Os direitos de personalidade são direitos pessoais. Mas nem todos os direitos pessoais, todavia, são direitos de personalidade, pois podem não conter um excecional significado ético. Tudo passa, portanto, pela existência (ou não), do aludido conteúdo ético.

1.1.3. Os direitos de personalidade no Código Civil

I. A preocupação em torno da tutela de um conjunto basilar de direitos das pessoas, atinentes aos bens de personalidade, remonta, no nosso ordenamento jurídico, ao Código de Seabra, de 1867, a propósito dos então denominados *direitos originários*, cujo regime precedeu o dos atuais *direitos de personalidade*[380].

No Código Civil de 1867, a matéria dos *direitos originários* surgia nos artigos 359º e ss., inseridos no Título I (*Direitos originários*), do Livro I (*Dos direitos originários e dos que se adquirem por facto e vontade própria independentemente da cooperação de outrem*), da Parte II (*Aquisição de Direitos*). O artigo 359º definia expressamente os *direitos originários* como sendo aqueles "*que resultam da própria natureza do homem, e que a lei civil reconhece, e protege como fonte e origem de todos os outros. Estes direitos são:*

1º — o direito de existência

2º — o direito de liberdade

3º — o direito de associação

4º — o direito de apropriação

5º — o direito de defesa."[381]

II. Os direitos originários eram inalienáveis e só podiam ser *limitados por lei formal e expressa* (artigo 368º). A violação dos mesmos determinava, numa fórmula singela, a obrigação de reparar a ofensa (artigo 2361º).

III. O regime dos direitos originários consubstanciava, para a doutrina da época e nas palavras de Dias Ferreira, "*uma espécie de tutela de direitos, que constituem parte integrante da personalidade humana, e que são a origem primordial e o princípio gerador de todas as obrigações jurídicas, e de todas as responsabilidades*"[382]. A utilidade desta consagração normativa era, porém, questionada: para alguns, tratava-se apenas de "*uma collecção de maximas jurídicas e de princípios philosophicos, perfeitamente dispensável*"[383].

---

(380) A propósito da experiência e evolução portuguesa em torno dos direitos de personalidade, veja-se MENEZES CORDEIRO, *Tratado de Direito Civil Português*, cit., pp. 49-62, e "Os direitos de personalidade na civilística portuguesa", *Estudos em Homenagem ao Professor Doutor Inocêncio Galvão Telles*, cit., pp. 21-35.

(381) No essencial, o *direito de existência* compreendia a vida e a integridade pessoal do homem, mas também o seu bom nome e reputação, em que consiste a sua dignidade moral (artigo 360º); o *direito de liberdade* consistia no livre exercício das faculdades psíquicas e intelectuais e compreendia o pensamento, a expressão e a ação (artigo 361º); o *direito de associação* consistia na faculdade de pôr em comum os meios ou esforços individuais, para qualquer fim, que não prejudicasse os direitos de outrem ou da sociedade (artigo 365º); o *direito de apropriação* consistia na faculdade de adquirir tudo o que conduzisse à conservação da existência e à manutenção e melhoramento da própria condição. Estava em causa o direito de propriedade (artigo 366º); e o *direito de defesa* consistia na faculdade de obstar a violação dos direitos naturais ou adquiridos (367º).

(382) Cf. DIAS FERREIRA, *Código Civil Português Anotado*, 1º Volume, 2ª ed., Imprensa da Universidade, Coimbra, 1894, p. 253.

(383) Cf. DIAS FERREIRA, *Código Civil Portuguez Anotado*, cit., p. 253, ou francamente inútil (cf. ABEL DE ANDRADE, *Comentario ao Codigo Civil Portuguez*, I, Livraria Portugueza e Estrangeira, Coimbra, 1895, pp. 5 e ss.); para outros, que constituíam uma minoria, tais direitos tinham um papel importante a desempenhar (cf. CUNHA GONÇALVES, *Tratado de Direito Civil*, 3º volume, Coimbra Editora, Coimbra, 1930, pp. 8 e ss.). Os *direitos originários*, mal acolhidos pela doutrina, passaram quase

IV. A interligação entre os *direitos fundamentais* e os *direitos de personalidade* é evidente, em termos tais que, atualmente, tal como sucede na generalidade dos Estados contemporâneos, o regime dos direitos de personalidade não pode ser dissociado da nossa Lei Fundamental.

A Constituição de 1976, na linha das diversas constituições aprovadas após a II Guerra Mundial, desenvolveu a matéria dos *direitos fundamentais* de forma marcante, afastando-se consideravelmente, quer da Constituição de 1933, quer de outros textos constitucionais de Estados contemporâneos. É nesse sentido que se compreende, desde logo, o artigo 1º da Constituição, que faz um apelo direto à proteção da dignidade da pessoa humana (artigo 1º). É nesse sentido, também, que se compreende o artigo 13º da Constituição, que dispõe sobre a igualdade e não discriminação, bem como o elenco de direitos, liberdades e garantias [Parte I (*Direitos e deveres fundamentais*), Título II (*Direitos, liberdades e garantias pessoais*)] que, em certos casos, quando se reportam a bens de personalidade, consubstanciam verdadeiros *direitos de personalidade*. Assim sucede com o *direito à vida* (artigo 24º), à *integridade moral e física* (artigo 25º), à *identidade pessoal, à capacidade civil,* à *cidadania*, ao *bom nome e reputação,* à *imagem*, à *palavra* e à *reserva da intimidade da vida privada e familiar* (artigo 26º), à *liberdade e segurança* (artigo 27º) à *inviolabilidade do domicílio e da correspondência* (artigo 34º), ao *conhecimento, retificação e atualização de dados constantes de ficheiros ou registos informáticos* (artigo 35º), à *constituição de família, à liberdade de consciência, de religião e de culto* (artigo 41º).

Por força do artigo 18º da Constituição, os direitos em causa são diretamente aplicáveis e vinculam as entidades públicas e privadas[384][385].

Garante-se, por esta via, dignidade constitucional a alguns direitos de personalidade em especial.

V. O Código Civil de 1966 reconhece, como não podia deixar de ser, os *direitos de personalidade* e atribui-lhes uma importância acrescida, face aos *direitos originários* do Código de Seabra.

No essencial, o tratamento da matéria surge em dois planos:

a) Por um lado, no artigo 70º do Código Civil, onde se estabelece um regime de *tutela geral da personalidade*, em termos significativamente mais reforçados do que aqueles que constavam do Código Civil de 1867;

b) Por outro lado, nos artigos 72º e ss. do mesmo diploma, onde se tipificam alguns direitos de personalidade em especial, designadamente o *direito ao nome* (72º a 74º); à *confidencialidade de cartas missivas* (75º a 77º); à *imagem* (79º) e à *reserva da intimidade da vida privada* (80º). O elenco em causa, porém, não é taxativo e nem sequer constitui o núcleo essencial destes direitos. Pelo contrário: trata-se, porventura, de direitos especiais com conteúdo ético menos acentuado, razão pela qual o legislador sentiu necessidade de os tipificar enquanto tal, a fim de se dissiparem todas as dúvidas quanto à respetiva qualificação. Assim, para além dos direitos de personalidade previstos nos artigos 72º e ss., há todo um conjunto de direitos de personalidade que não se mostram tipificados no Código Civil e que, ainda assim, merece também a proteção e o especial regime de tutela que o Direito Civil lhes confere. É o que sucede com os direitos de personalidade constitucionalmente consagrados e acima referenciados (*v. g.*, o *direito à vida* ou à *integridade física e moral*); com os direitos de personalidade previstos em Tratados Internacionais, nomeadamente na Declaração Universal dos Direitos do Homem, de 10 de Dezembro de 1948; com os que decorrem de legislação especial, nomeadamente, entre nós, nos artigos 14º e ss. do Código do Trabalho; ou, também, com os que não constam de qualquer previsão normativa mas cujas características e conteúdo não ofereçam dúvidas quanto à sua natureza. Os direitos de personalidade são, no fundo, *direitos atípicos*: apesar de serem direitos absolutos e de terem eficácia *erga omnes*, eles não dependem de qualquer previsão legislativa, mas sim da própria consideração da pessoa humana.

---

despercebidos na jurisprudência anterior ao atual Código Civil [veja-se, a propósito da evolução da jurisprudência portuguesa neste domínio, MENEZES CORDEIRO, *Tratado de Direito Civil Português*, cit., pp. 63-74; a propósito da jurisprudência anterior ao atual Código Civil, o Autor enumera dois arestos, ambos da Relação de Lisboa (Rel. Lx) e relacionados com o *direito à existência* previsto no artigo 360º do Código de Seabra — cf. Acórdãos. da Rel. Lx, de 1º de fevereiro de 1957, BMJ 67 (1957), pp. 307-310; e de 2 de março de 1960, JR. (1960), 1, pp. 225-228].

(384) A propósito dos direitos fundamentais e da sua aplicabilidade no domínio privado por força da aplicação do artigo 18º da Constituição veja-se JORGE MIRANDA, *Manual de Direito Constitucional*, Tomo IV, Direitos fundamentais, 5ª ed., pp. 319 e ss.; VIEIRA DE ANDRADE, *Os direitos fundamentais na Constituição portuguesa de 1976*, Almedina, Coimbra, 1983.

(385) Veja-se também, a propósito da *eficácia civil dos direitos fundamentais*, MENEZES CORDEIRO, *Tratado de Direito Civil, I*, 4. ed., reformulada e atualizada, cit., pp. 938-941.

VI. O número 1 do artigo 70º do Código Civil, sob a epígrafe "*Tutela geral da* personalidade", enuncia um princípio geral em sede de direitos de personalidade, ao dispor que a lei protege os indivíduos contra qualquer ofensa ilícita ou ameaça de ofensa à sua personalidade física ou moral.

Trata-se, consequentemente uma cláusula aberta, complementada, nos artigos 72º a 80º, através do mencionado elenco concretizador de alguns direitos de personalidade em especial.

O artigo 70º encerra, no fundo, uma ideia de *tutela geral da personalidade*, que acentua a natureza atípica destes direitos, no sentido em que os mesmos não carecem de qualquer previsão normativa específica para serem atendidos; os artigos 71º e ss.[(386)], por sua vez, regulam alguns *direitos especiais de personalidade* que usufruem do mesmo regime de tutela — são os supracitados *direito ao nome* (72º a 74º)[(387)]; à *confidencialidade de cartas missivas* (75º a 77º)[(388)]; à *imagem* (79º)[(389)]; e à *reserva da intimidade da vida privada* (80º)[(390)].

---

(386) O artigo 71º do Código Civil, que dispõe sobre a "*Ofensa a pessoas já falecidas*" deve relacionar-se com o artigo 68º do mesmo diploma. A personalidade cessa com a morte, nos termos do artigo 68º. Com a cessação da personalidade jurídica extinguem-se, por sua vez, as correlativas situações jurídicas (ativas e passivas) relacionadas com os bens de personalidade, nomeadamente os direitos de personalidade. Pode suceder, todavia, que alguns bens de personalidade, tais como o direito à honra e ao bom nome, ou à confidencialidade de cartas missivas, sejam objeto de ofensa por parte de terceiros já após a morte do visado. A desonra tanto pode atingir a pessoa viva, como o *de cujos*; no mesmo sentido, a divulgação não autorizada de cartas confidenciais tanto pode ser praticada durante a vida, como após a morte do visado. A memória do falecido deve ser respeitada, não obstante a morte e a correlativa extinção dos direitos de personalidade de que aquele foi titular. O artigo 71º do Código Civil visa, precisamente, garantir uma tutela *post mortem*, i.e., promover a defesa da memória do falecido através da atribuição de determinados direitos de defesa àqueles que lhe sucedem na ordem jurídica. — cf. PIRES DE LIMA; ANTUNES VARELA, *Código Civil Anotado*, 1º Volume, 4ª ed., Coimbra Editora, Coimbra, 1987, p. 105 (anotação 1 ao artigo 71º)]. O que está em causa, verdadeiramente, é a proteção dos familiares do falecido, que sejam afectadas por atos suscetíveis de ofender a memória do falecido — cf. MENEZES CORDEIRO, *Tratado de Direito Civil Português*, I, Parte Geral, Tomo III, Pessoas, cit., pp 465-467, e CARLOS MOTA PINTO, *Teoria Geral do Direito Civil*, 3ª ed. atualizada, cit., p. 203. Contra, OLIVEIRA ASCENSÃO, *Direito Civil, Teoria Geral*, v. I, cit., pp. 88-90, para quem, o que está em causa, é a proteção de um bem autónomo, consistente na memória do falecido, e não a proteção de direitos de pessoas vivas, e CAPELO DE SOUSA, *O Direito Geral de Personalidade*, cit., p. 193, para quem se pode falar de uma "tutela geral da personalidade do defunto".

(387) O *direito ao nome*, a que se reporta o artigo 72º do Código Civil — "*Toda a pessoa tem direito a usar o seu nome, completo ou abreviado, e a opor-se a que outrem o use ilicitamente para sua identificação ou outros fins*" — não se confunde com o *direito à honra*, à *reputação* ou ao *bom nome*. O que está em causa, no artigo 72º, é um direito à individualização das pessoas singulares, através do nome civil, enquanto corolário lógico do direito à identidade pessoal, previsto no artigo 26º da Constituição. O nome, enquanto elemento socialmente distintivo e individualizador, constitui uma manifestação da personalidade e é assumido pelo legislador como um direito especial de personalidade. O direito ao nome, a que se refere o número 1 deste preceito, abarca um núcleo central, consistente no direito de ter um nome e de o usar, e um conjunto periférico de poderes, tais como o de usar o nome completo ou abreviado, o de adotar um pseudónimo (cf. artigo 74º do mesmo diploma) ou o de se opor a que outrem o(s) use ilicitamente, para sua identificação ou outros fins. Para maiores desenvolvimentos, veja-se o nosso, *Direitos de Personalidade — Anotações ao Código Civil e ao Código do Trabalho*, cit., pp. 41-44, bem como a extensa bibliografia ali citada.

(388) O artigo 75º do Código Civil — "*O destinatário de carta-missiva de natureza confidencial deve guardar reserva sobre o seu conteúdo, não lhe sendo lícito aproveitar os elementos de informação que ela tenha levado ao seu conhecimento*" (n. 1) dá início ao regime das denominadas cartas missivas, memórias familiares e outros escritos confidenciais, o qual é tratado de forma minuciosa ao longo de três artigos (75º-77º), tendo como pano de fundo a tutela da intimidade da vida privada do autor das mencionadas cartas, memórias ou escritos. O regime em causa tem em vista, consequentemente, a proteção de um bem de personalidade, consistente na intimidade da vida privada das pessoas. Daí a sua consagração enquanto direito de personalidade. Para além deste regime, o legislador regula, também, o das cartas missivas não confidenciais (artigo 78º), neste caso, de forma menos incisiva e tutelar. No essencial, o artigo 75º em causa tem em vista as cartas missivas confidenciais, estatuindo que o destinatário das mesmas deve guardar reserva sobre o seu conteúdo e não se pode aproveitar dos elementos de informação que dela emergem. Parte-se, consequentemente, de uma premissa necessária: a carta remetida deve assumir natureza confidencial. Para maiores desenvolvimentos, veja-se o nosso, *Direitos de Personalidade — Anotações ao Código Civil e ao Código do Trabalho*, cit., pp. 44-49 bem como a extensa bibliografia ali citada, onde se defende que a tutela conferida às tradicionais cartas missivas possa ser aplicada, com as necessárias adaptações, às mensagens remetidas através de correio electrónico. É esse, de resto, o sentido do atual artigo 22º do Código do Trabalho, o qual, sob a epígrafe *Confidencialidade de mensagens e de acesso a informação*, determina que "*O trabalhador goza do direito de reserva e confidencialidade relativamente ao conteúdo das mensagens de natureza pessoal e acesso a informação de carácter não profissional que envie, receba ou consulte, nomeadamente através do correio electrónico*". Trata-se de uma hipótese típica na qual o Direito civil, não obstante a sua qualidade de Direito comum, pode ser influenciado por um ramo de Direito especial — o Direito do trabalho. A propósito do regime das cartas missivas e escritos pessoais, veja-se MENEZES CORDEIRO, *Tratado de Direito Civil Português*, I, Parte Geral, Tomo III, Pessoas, cit., pp. 183-191; OLIVEIRA ASCENSÃO, *Direito Civil, Teoria Geral*, Volume I, Introdução, As Pessoas, os Bens, cit., pp. 103-105; PEDRO PAIS DE VASCONCELOS, *Teoria Geral do Direito Civil*, cit., pp. 67-68, CARVALHO FERNANDES, *Teoria Geral do Direito Civil*, cit., 1995, pp. 197-198.

(389) O *direito à imagem* previsto no artigo 79º do Código Civil mostra-se igualmente consagrado na Constituição (artigo 26º). O direito à imagem visa garantir a defesa da pessoa contra a exposição, reprodução ou comercialização do seu retrato, sem o seu consentimento. Joga-se, a este nível, com vários valores: desde logo, com a privacidade ou a intimidade do visado; num

A existência de uma *tutela geral da personalidade* não se deve confundir, todavia, com um *direito geral de personalidade*. Os direitos de personalidade assumem a natureza de direitos subjetivos, nalguns casos decorrentes de permissões normativas especificamente dirigidas aos respetivos titulares. Não se justifica, como tal, fazer alusão a um pretenso *direito geral de personalidade*(391).

O número 2 do citado artigo 70º, por sua vez, enuncia a tutela civil dos direitos de personalidade, estabelecendo que, independentemente da "*responsabilidade civil*" a que haja lugar, a pessoa ameaçada ou ofendida pode requerer as "*providências adequadas*" às circunstâncias do caso, de forma a evitar a "*consumação da ameaça*" ou "*a atenuar os efeitos da ofensa já cometida*". A tutela civil a que se refere o número 2 do artigo 70º pode, assim, do ponto de vista analítico, ser decomposta em três vetores, que a concretizam:

a) Por um lado, a tutela *repressiva*, que opera através da responsabilidade civil, perante uma ofensa já materializada;

b) Por outro lado, a tutela *preventiva*, que tem em vista evitar a consumação de uma ameaça efetiva e eminente de violação de um dever de personalidade, a qual pode passar, nomeadamente, pela imposição de deveres de omissão da conduta prevaricadora;

c) Em terceiro lugar, a tutela *atenuante*, que visa atenuar os efeitos de uma ofensa já consumada, ou que já teve início, nomeadamente através da cessação de determinadas atividades em curso, ou da institucionalização de sanções pecuniárias compulsórias. A este propósito, importa atender ao procedimento cautelar previsto nos artigos 878º a 880º (Livro V — *Dos processos* especiais) do Código do Processo Civil, aprovado pela Lei n. 41/2013, de 26 de junho, que dispõe sobre a tutela da personalidade — o número 1 do artigo 878º determina que "*Pode ser requerido o decretamento das providências concretamente adequadas a evitar a consumação de qualquer ameaça ilícita e direta à personalidade física ou moral do ser humano ou a atenuar, ou a fazer cessar, os efeitos de ofensa já cometida.*"(392)

---

segundo plano, com o bom nome ou reputação do visado, nomeadamente nos casos em que a imagem surge associada a um evento com conotações social ou moralmente discutíveis; em terceiro lugar, com a capacidade lucrativa da própria imagem e com a necessidade de evitar o seu aproveitamento abusivo por parte de terceiros (cf. MENEZES CORDEIRO, *Tratado de Direito Civil Português*, I, Parte Geral, Tomo III, Pessoas, cit., pp. 193-204, em especial, quanto aos valores que subjazem a este direito, p. 195. Ainda, a propósito do direito à imagem, veja-se OLIVEIRA ASCENSÃO, *Direito Civil, Teoria Geral*, Volume I, *Introdução, As Pessoas, os Bens*, cit., p. 105-108; PEDRO PAIS DE VASCONCELOS, *Teoria Geral do Direito Civil*, 3ª ed., cit., pp. 69-70, CARVALHO FERNANDES, *Teoria Geral do Direito Civil*, Volume I, 2ª ed., cit., pp. 197-198). A regra basilar encontra-se prevista no número 1 do citado preceito legal: o retrato de uma pessoa não pode ser exposto, reproduzido ou lançado no comércio sem o consentimento desta, admitindo-se, para o efeito, não apenas o consentimento expresso, mas também aquele que se deduza de factos que, com toda a probabilidade, o revelem, *i. e.*, o consentimento tácito (cf. artigo 217º, n. 1). Após a morte da pessoa retratada, o consentimento continua a ser necessário, ficando, neste caso, a cargo das pessoas designadas no n. 2 do artigo 71º, *i. e.*, do *cônjuge sobrevivo* ou de *qualquer descendente, ascendente, irmão, sobrinho ou herdeiro do falecido*. O consentimento em causa tanto pode resultar de um ajuste contratual, quanto de um ato unilateral do visado. Para maiores desenvolvimentos, veja-se o nosso, *Direitos de Personalidade — Anotações ao Código Civil e ao Código do Trabalho*, cit., pp. 50-52, bem como a extensa bibliografia ali citada.

(390) O *direito à reserva da intimidade da vida privada* mostra-se consagrado no citado artigo 80º através de uma fórmula pouco precisa, que para além da proclamação de um princípio geral (*todos devem guardar reserva quanto à intimidade da vida privada de outrem*), parece fazer apelo a um sistema móvel: o teor e o reconhecimento do direito em causa variam consoante a natureza do caso e a condição das pessoas. O direito à reserva da intimidade da vida privada não é, portanto, um direito uniformemente aplicável: a sua aplicação deve variar em função dos elementos materiais fornecidos pelo caso concreto. Mais do que isso: o preceito em causa não nos faculta indicações precisas a propósito do conteúdo do direito à reserva da intimidade da vida privada, pelo que a concretização do mesmo tem sido objeto de atenção por parte da doutrina e da jurisprudência. Sobre o artigo 80º e os problemas que se colocam sobre a sua aplicação, veja-se o nosso, *Direitos de Personalidade — Anotações ao Código Civil e ao Código do Trabalho*, cit., pp. 52-59, bem como a extensa bibliografia ali citada, nomeadamente, ADRIANO DE CUPIS, *Direitos da Personalidade* (trad. portuguesa), Morais Editora, Lisboa, 1961; RODRIGUES BASTOS, *Das relações jurídicas segundo o Código Civil de 1966*, v. I., Tipologia Guerra, Viseu, 1967, p. 21; JANUÁRIO DA COSTA GOMES, *O problema da salvaguarda do computador*, Boletim do Ministério da Justiça, 319, 1982, pp. 28 e ss.; PEDRO PAIS DE VASCONCELOS, *Teoria Geral do Direito Civil*, 3ª ed., cit., pp. 64-65; e MENEZES CORDEIRO, *Tratado de Direito Civil Português*, I, Parte Geral, Tomo III, Pessoas, cit., pp. 207-210.

(391) A propósito do repúdio de um pretenso direito geral de personalidade, veja-se MENEZES CORDEIRO, *Tratado de Direito Civil Português*, cit., pp. 80-82; e OLIVEIRA ASCENSÃO, *Direito Civil, Teoria Geral*, Volume I, *Introdução, As Pessoas, os Bens*, cit., pp. 78-80. Contra, no sentido da defesa de um direito geral de personalidade, CAPELO DE SOUSA, *O Direito Geral de Personalidade*, cit., pp. 513 e ss. e 605 e ss.; JANUÁRIO DA COSTA GOMES, "O Problema da Salvaguarda da Privacidade Antes e Depois do Computador", cit., pp. 28 e ss.

(392) A propósito das aludidas formas de tutela repressiva, preventiva e atenuante, veja-se CAPELO DE SOUSA, *O Direito Geral de Personalidade*, cit., pp. 485 e ss. e PEDRO PAIS DE VASCONCELOS, *Teoria Geral do Direito Civil*, 3ª ed., cit., pp. 46-48, bem como o nosso *Direitos de Personalidade — Anotações ao Código Civil e ao Código do Trabalho*, cit., pp. 35 e ss.

VII. Noutro plano, atendendo à importância dos direitos de personalidade e dos bens sobre os quais os mesmos incidem, a sua violação pode, também, justificar a aplicação ao respetivo infrator de sanções punitivas, de natureza penal, nomeadamente a aplicação de penas privativas da liberdade. É o que sucede sempre que o Código Penal tipifica como crime a violação de alguns direitos de personalidade, tais como o *direito à vida* (artigos 131º a 139º), à *vida intrauterina* (artigos 140º a 142º), à *integridade física e moral*, nas suas variantes de ofensa à integridade física (artigos 143º a 152º), à *liberdade pessoal* (artigos 153º a 162º), à *liberdade* e *autodeterminação sexual* (artigos 163º a 179º), à *honra* (artigos 180º a 189º), à *reserva da privada* (artigos 190º a 198º) e à *palavra* e à *imagem* (artigo 199º).

1.1.4. Os direitos de personalidade no Código do Trabalho (remissão)

I. O regime dos direitos de personalidade tem-se vindo a expandir-se a outros ramos de direito privado, como o Direito do trabalho.

O Código do Trabalho de 2003, aprovado pela Lei n. 99/2003, de 27 de agosto (e subsequentemente revisto em 2009, pela Lei n. 7/2009, de 12 de fevereiro, e em 2012, pela Lei n. 23/2012, de 25 de junho, tendo ainda sido alterado pela Lei n. 69/2013, de 30 de agosto) inaugurou, na Secção II (*Sujeitos*), do Capítulo I (*Disposições Gerais*), do Título *II (Contrato de Trabalho*), do Livro I (*Parte Geral*), uma Subsecção (Subsecção II — *Direitos de Personalidade*) atinente à tutela dos direitos de personalidade, globalmente inovadora no ordenamento laboral nacional.

A Subsecção em causa, como se verá *infra,* integrou um conjunto sistematizado de regras jurídicas que garantem a defesa dos direitos de personalidade dos sujeitos laborais, na esteira do personalismo ético que animou aquele diploma, aprovado em 2003. Visa-se, no essencial, proteger a situação pessoal do trabalhador perante novas realidades que marcam a sociedade laboral, nomeadamente o desenvolvimento da informática, a utilização e manuseamento de tecnologias de informação e de comunicação, o incremento e utilização de técnicas de captação e armazenamento de imagens e de dados pessoais, bem como a utilização da ciência médica para efeitos de realização de testes ou exames destinados a despistar doenças infectocontagiosas ou o consumo de drogas ou de álcool por parte do trabalhador[393].

O regime dos direitos de personalidade, que já constava do Código Civil, passa assim, por esta via, a ser objeto de uma atuação mais *intensa* e *específica*, tendo em vista uma realidade especial no âmbito do subsistema laboral.

II. A importação, para o Direito do trabalho, do regime dos direitos de personalidade, fazia sentido e ocorreu com naturalidade. A partir do CT/2003, que consagrou expressamente direitos de personalidade especificamente aplicáveis à relação laboral, passou a ser desnecessária a adoção de eventuais esquemas de transposição direta ou indireta de preceitos constitucionais e de regras ou princípios próprios do Direito Civil.

O "princípio da proteção do trabalhador" foi, a este propósito, determinante: ele permitiu fazer a ponte entre: por um lado, o regime dos direitos de personalidade do Código Civil, vocacionado e concebido para todas as pessoas em geral e o regime dos direitos fundamentais previsto na Constituição, pensado e positivado de forma a proteger as pessoas (todas as pessoas) contra as ingerências externas do Estado; e, por outro lado, a realidade juslaboral, circunstância que permitiu criar um grupo de normas relativas aos direitos de personalidade do trabalhador, aplicáveis na situação jurídica laboral, quer nos preliminares, quer na execução do contrato de trabalho.

---

(393) A propósito da tutela pessoal do trabalhador, veja-se nomeadamente MENEZES CORDEIRO, "O respeito pela esfera privada do trabalhador", *I Congresso Nacional de Direito do Trabalho,* Almedina, Coimbra, 1998, pp. 20 e ss., e "A liberdade de expressão do trabalhador", *II Congresso Nacional de Direito do Trabalho,* Almedina, Coimbra, 1999, pp. 24 e ss.; JOSÉ JOÃO ABRANTES, "Contrato de trabalho e direitos fundamentais", *II Congresso Nacional de Direito do Trabalho,* cit., pp. 105 e ss. e *Contrat de travail et droits fondamentaux — contribution à une dogmatique commune européenne, avec référence spéciale au droit allemand et au droit portugais,* cit.; ROSÁRIO RAMALHO, "Contrato de trabalho e direitos fundamentais", *Estudos em Homenagem à Professora Doutora Isabel Magalhães Collaço,* Volume II, cit., pp. 393-417.

Quer dizer: o subsistema laboral passou a conter, ele próprio, um conjunto de direitos de personalidade fundamentalmente associados à proteção do trabalhador e dos seus direitos de cidadania no âmbito do contrato de trabalho e decorrentes do sistema geral do Direito civil.

De entre as situações jurídicas de vantagem que têm por escopo a tutela da situação pessoal do trabalhador e que foram consagradas no Código do Trabalho, destacam-se a *liberdade de expressão e de opinião no local* de trabalho (artigo 14º), *o direito à integridade física e moral* (artigo 15º), o *direito à reserva da intimidade da vida privada* (artigo 16º), a *proteção de dados pessoais* (artigo 17º), o *tratamento de dados biométricos* (artigo 18º), a proteção contra *testes e exames médicos* (artigo 19º), a regulamentação dos *meios de vigilância à* distância (artigos 20º e 21º) e o *direito de reserva e confidencialidade* relativamente ao conteúdo das mensagens de natureza pessoal e acesso à informação de carácter não profissional que o trabalhador envie, receba ou consulte, nomeadamente através do correio eletrónico (22º). Em todos os casos, visa-se garantir um justo equilíbrio entre a manutenção na esfera jurídica do trabalhador dos direitos que lhe assistem enquanto cidadão, por um lado, e o princípio da liberdade de gestão empresarial, por outro lado, nos termos adiante melhor explicitados(394).

III. A dogmática dos direitos de personalidade e o seu desenvolvimento tendem, consequentemente, não apenas a consolidar-se como um valor axiomático do sistema civil, mas, também, como um núcleo intransponível, no que diz respeito ao Direito do trabalho. Os direitos de personalidade assumem-se, enfim, como projeção do "princípio da proteção do trabalhador", nos termos abaixo desenvolvidos.

1.2. Direitos fundamentais

1.2.1. Os direitos fundamentais como um sistema de valores

I. Os direitos fundamentais são direitos inerentes à própria noção de pessoa que se mostram consagrados na Lei Fundamental. São, no essencial, como afirma Jorge Miranda, "*direitos básicos da pessoa; ou, olhando logo às relações com o Estado, direitos essenciais dos cidadãos*", mais ligados ao Direito público ou à relação que a pessoa mantém o Estado ou com o poder político(395)(396). São, por outras palavras, "*posições jurídicas atribuídas pela Constituição, com particular solenidade*"(397).

Assumem, consequentemente, uma feição e incidência subjetiva, podendo no essencial reconduzir-se a três grandes categorias: *liberdades* (ou direitos de liberdade), *garantias* e *direitos sociais*.

No essencial: as *liberdades* referem-se à manifestação e à expansão da personalidade, ao *ser* da pessoa; as *garantias* à sua defesa contra ingerências ou violações vindas de fora, em especial do Estado; os *direitos sociais* têm que ver com a colaboração do Estado com a pessoa, através da prestação de bens e serviços, nomeadamente de natureza económica, social e cultural. Para Jorge Miranda, estas três categorias podem, por sua vez, ser reconduzidas a três ideias-chave: *liberdade*, *segurança* e *solidariedade* (as duas primeiras de inspiração liberal). As *liberdades* assentam na pessoa, independentemente de qualquer atividade do Estado e têm por contrapartida um dever de respeito e, no limite, uma abstenção do Estado; as *garantias* reportam-se ao Estado, na sua relação imediata com a pessoa, valem instrumentalmente como fator de proteção das liberdades e têm que ver com o modo de organização do Estado; os *direitos sociais* envolvem um dever de prestação positiva por parte do Estado (de *dare* ou de *facere*) votada para a realização dos fins constitucionais e efetivam-se tanto mais quanto maior for a ação do Estado (nomeadamente ao nível da promoção do pleno emprego, da saúde pública, da educação pública, etc.)(398).

---

(394) A propósito do regime dos direitos de personalidade previsto no Código do Trabalho, veja-se a anotação aos artigos 14º a 22º de Guilherme Dray, Pedro Romano Martinez; Luís Miguel Monteiro; Joana Vasconcelos; Pedro Madeira de Brito; Guilherme Dray e Luís Gonçalves da Silva, cit., pp. 139-167. Veja-se, também, LUÍS MENEZES LEITÃO, *Código do Trabalho Anotado*, 2ª ed., *cit.*, anotação aos artigos 15º a 21º, pp. 35 a 44.

(395) Cf. JORGE MIRANDA, *"Direitos fundamentais e ordem social da Constituição de 1933"*, cit., p. 287.

(396) A propósito da estrutura e dogmática dos *direitos fundamentais*, em geral, veja-se MIGUEL GALVÃO TELES, *Direito Constitucional Português — Sumários Desenvolvidos*, policopiados, 1969-70, pp. 108 e ss.

(397) CF. MENEZES CORDEIRO, *Tratado de Direito Civil, I*, 4ª ed., reformulada e atualizada, cit., p. 933.

(398) Cf. JORGE MIRANDA, *"Direitos fundamentais e ordem social da Constituição de 1933"*, cit., p. 287.

Em qualquer caso: na sua base, os direitos fundamentais têm uma feição subjetiva, assente na lógica dos direitos das pessoas perante ou contra o Estado[(399)].

II. Como recorda Robert Alexy, na sua *Teoria dos Direitos Fundamentais,* as teorias valorativas dos direitos fundamentais, ou aquelas que defendem o *"sentido substancial de um catálogo de direitos fundamentais"*, começaram por ser defendidas já na época da Constituição de Weimar, nomeadamente por Rudolf Smend. Todavia, foi sob a Constituição de Bona que *"as ideias e formas de expressão das teorias dos valores ingressaram de forma intensa na jurisprudência constitucional, tendo como ponto culminante a decisão no caso Lüth"*[(400)]. A existência de uma vertente objetiva dos direitos fundamentais ganhou significado na sequência de uma interpretação protagonizada pela Corte Constitucional Federal — à luz desta interpretação, os direitos fundamentais são vistos não apenas numa perspetiva subjetiva de defesa dos particulares contra o Estado e as suas ingerências, mas fundamentalmente como uma *ordem de valores*, que ocupa um lugar no sistema de valores da Lei Fundamental[(401)]. No citado julgamento do caso Lüth, de 15 de janeiro de 1958, a Corte Constitucional afirmou que a Lei Fundamental não era *"uma ordem axiologicamente neutra"*, mas sim uma *"ordem objetiva de valores (...). Esse sistema de valores, em cujo centro se encontra o livre desenvolvimento da personalidade humana e da sua dignidade no seio da comunidade social, deve valer, como decisão constitucional fundamental, para todos os ramos do direito"*[(402)]. Neste contexto, os direitos fundamentais, mais do que simples regras formais, passam a representar valores materiais, nos quais os cidadãos se podem rever.

O sistema de valores constitucional passa, assim, a exercer múltiplas funções: uma função de *integração*, dado que o Estado e as demais instituições eram vistas como elementos integradores da organização constitucional, de acordo com o sistema de valores democráticos que dela emanava; uma *função de interpretação,* podendo servir como elemento de argumentação da decisão jurisdicional, oferecendo uma orientação ou uma direção mais precisa à aplicação de normas constitucionais; uma função de *norma de conflitos,* podendo resolver casos de *colisão* ou de tensão entre dois *direitos fundamentais*, fazendo apelo, neste último caso, à escala de valores constante do sistema de direitos fundamentais.

III. Esta *jurisprudência de valores*, reiterada em sucessivas decisões jurisprudenciais[(403)(404)], alicerçava o sistema global de valores na existência de três valores máximos ou fundamentais: a *dignidade* do ser humano, o *livre desenvolvimento* do cidadão e a *igualdade* das pessoas perante a lei. Da dignidade da pessoa, resulta a necessidade de a mesma dever ser considerada não como um *objeto,* mas sim como um *sujeito*, que tem como principal qualidade a faculdade de se autodeterminar e de se desenvolver *livremente*. Atendendo, porém, a que o Homem é um *animal social,* que não vive isolado, mas sim inserido na sociedade, o reconhecimento da sua liberdade só se torna possível se lhe reconhecermos *uma igualdade*

---

(399) Recorda-se que a noção de "direito subjetivo público", foi desenvolvida no início do século por G. Jellinek e assentou na ideia de que os direitos fundamentais são "direitos subjetivos" oponíveis pelos respectivos titulares aos poderes do Estado, titular da vontade soberana. Os direitos subjetivos públicos seriam, no essencial, direitos de proteção da pessoa contra o Estado. Pelo facto de pertencer ao Estado, a pessoa manteria diversas relações jurídicas com o Estado, de que decorriam determinadas situações jurídicas activas ou passivas. As situações jurídicas actividas da pessoa perante o Estado designar-se-iam, então, por direitos subjetivos públicos. Assim, na esteira de Jellinek, os "direitos públicos subjetivos" assumiam uma dupla faceta: direitos subjetivos públicos por fundamentarem, do ponto de vista funcional, os recursos interpostos pelos particulares contra atos de autoridade provenientes do Estado, nos termos do artigo 19º, n. 4, da Lei Fundamental (*"Qualquer um que seja lesado nos seus direitos pela autoridade pública dispõe de um recurso jurisdicional"*) e direitos subjetivos públicos constitucionais, por permitirem, por sua vez, a existência de recursos constitucionais nos termos do artigo 93º, n. 4, da mesma Lei Fundamental — cf. GEORG JELLINEK, *System der öffentlichen subjektiven Rechte (Sistema dos direitos públicos subjectivos),* Tübingen, 1905.

(400) Cf. ROBERT ALEXY, *Teoria dos Direitos Fundamentais,* cit., p. 154.

(401) Quanto à diferença entre a "dimensão valorativa" (que apela à ideia de solidariedade) e a "dimensão jurídica estrutural" (pensada como estrutura produtora de efeitos jurídicos) dos direitos fundamentais, veja-se VIEIRA DE ANDRADE, *Os Direitos Fundamentais,* cit., pp. 145-170.

(402) Cf. BVerfGE, 15 Jan. 1958, 7, 198 (215).

(403) Para uma análise completa da jurisprudência do Tribunal Constitucional Federal, veja-se HELMUT GOERLICH, *Wertordnung und Grundgesetz,* Nomos, Baden-Baden, 1973, pp. 29 e ss., citado por ROBERT ALEXY, *Teoria dos Direitos Fundamentais,* cit., p. 155.

(404) Cf. Tribunal Constitucional Federal alemão (Bundesverfassungsgerichts — BVerfGE), 19 de outubro de 1983, 65, 182 (195); 12 de maio de 1987, 76, 1(41); 3 de junho de 1987, 75, 369 (380).

de tratamento com todos os outros sujeitos da sociedade. Só assim a sua dignidade como ser humano poderia ser preservada, sendo esta, em última instância, o valor fundamental desta trilogia de valores[(405)(406)].

Assim, a igualdade, enquanto inserida neste *sistema de valores*, teria como função reconhecer a todos a mesma dignidade e a mesma liberdade. Os direitos fundamentais não poderiam, assim, ser entendidos apenas no prisma dos indivíduos, enquanto poderes ou faculdades de que estes seriam titulares. Deveriam valer juridicamente do ponto de vista da comunidade em geral, como valores ou fins que esta se propõe prosseguir. Da dimensão objetiva resultaria, então, o *efeito externo* dos direitos fundamentais, ou seja, a obrigação geral de respeito de tais direitos nas relações entre particulares.

Foi, consequentemente, com base na dimensão objetiva dos direitos fundamentais que se enveredou pela defesa da vinculação dos particulares aos direitos fundamentais, tendo em vista garantir a sua aplicação a todos os domínios da ordem jurídica[(407)].

IV. A existência de relações desequilibradas e desiguais entre sujeitos privados, nomeadamente no domínio laboral, bem como a existência de grupos sociais e economicamente poderosos, veio reforçar a ideia de que também a nível privado a existência e o desenvolvimento de relações desiguais pode ser uma realidade que importa evitar, porque atentatória da liberdade individual da parte contratual tendencialmente mais fraca.

É neste contexto que, associado ao problema da abordagem da eficácia externa dos direitos fundamentais, surge a questão do *"efeito horizontal"* dos direitos fundamentais — importava saber, no fundo, se os mesmos podem ser aplicáveis às relações que se estabelecem entre os sujeitos privados, no sentido de passar a vincular e a orientar, desta forma, as relações jurídicas que entre eles se estabelecem. O problema colocou-se, com especial incidência, no domínio das relações laborais.

E, mais uma vez, coloca-se à luz do "princípio da proteção do trabalhador".

1.2.2. A vinculação das entidades privadas aos direitos fundamentais

I. A questão da vinculação das entidades privadas aos direitos fundamentais foi colocada pela primeira vez pela doutrina alemã, designadamente por Leisner[(408)] e Nipperdey[(409)], sob o indicado título de *"Drittwirkung der Grundrechte"* (*eficácia externa dos direitos fundamentais*). A questão foi primeiramente colocada a propósito dos *"(...) grupos e poderes sociais"*[(410)], de natureza privada, detentores de um poderio social e económico suscetível de ameaçar, tal como o Estado, a liberdade individual dos indivíduos que com eles se relacionam. E foi colocada, também, desde logo, nas relações de trabalho, precisamente

(405) Aliás, o facto de a dignidade surgir contemplada no artigo 1º da Constituição de Bona, significa, na esteira de K. Stern, que todos os outros direitos fundamentais previstos na Lei Fundamental não passam de meras concretizações daquele direito fundamental, que é a dignidade humana — KLAUS STERN, *Das Staatsrecht der Bundesrepublik Deutschland*, III/1, C. H. Beck, München, 1983, p. 916 (recorda-se que a obra completa, formada por cinco volumes, apenas foi concluída em 2000).

(406) Veja-se, também, a este propósito, ROBERT ALEXY, *Teoria dos Direitos Fundamentais*, cit., pp. 158 e ss., que a propósito da concepção de uma ordem hierarquizada de valores, alude, em termos de um *"nível alto de generalidade"*, aos valores da *dignidade, liberdade, igualdade, protecção* e *bem-estar da comunidade*.

(407) A propósito da aplicação dos direitos fundamentais no domínio privado e da vinculação das entidades privadas aos direitos fundamentais, veja-se o nosso, *O Princípio da Igualdade no Direito do trabalho*, cit., pp. 123-201. Nas próximas páginas, seguiremos alguns dos pontos enunciados naquela obra. Fá-lo-emos, todavia, de forma resumida e, sempre que se justifique, atualizada, sendo certo que tratando-se de uma matéria discutida acima de tudo no último quartel do século XX, os seus contornos mantêm-se factualmente similares.

(408) Cf. WALTER LEISNER, *Grundrechte und Privatrecht*, Beck, München, 1960.

(409) Cf. HANS CARL NIPPERDEY, *Grundrecht und Privatrecht*, Scherpe Verlag, München, 1961.

(410) Cf. ULRICH SCHEUNER, *Fundamental Rights and protection of individual against social groups and powers the constitucional system of the Federal Republic of Germany, René Cassin — Amicorum Discipulorumque Liber*, v. III, A. Pedone, Paris, 1971, p. 255. Veja-se, também, a este propósito, OTTO BACHOF, *Jueces e Constituición*, Cuadernos Civitas, Editorial Civitas, 1ª ed., Madrid, 1985, que fazendo o paralelo entre a Constituição de Weimar e a de Bona, defende que enquanto naquela os direitos fundamentais surgiam de forma programática, na Constituição de Bona de 1949 estes adquirem eficácia imediata. Por outras palavras, enquanto que na Constituição de Weimar de 1949 os direitos fundamentais atuavam através da lei, com a Constituição de Bona de 1949, as leis é que passam a valer no âmbito dos direitos fundamentais.

por ser manifesta, neste caso, a existência de uma relação jurídica desequilibrada assente na compressão da liberdade negocial da parte contraente tida unanimemente como a parte mais débil: o trabalhador.

Mais uma vez: a transposição ou mediatização entre o regime dos direitos fundamentais, aplicados na relação entre o Estado e os cidadãos e a "descoberta jurídica" da eficácia civil dos direitos fundamentais foi levada a efeito sob a intermediação do "princípio da proteção do trabalhador", que se assume, neste caso, como uma ponte entre determinadas áreas comuns do Direito e a realidade juslaboral, garantindo uma aplicação funcional e axiologicamente adequada de normas e princípios oriundos de outros ramos do direito.

II. É nesse sentido e por essa razão que surge a questão da eficácia direta ou imediata dos direitos fundamentais, em paralelo com a defesa da sua eficácia indireta ou mediata.

1.2.3. A eficácia direta e imediata dos direitos fundamentais

I. A defesa da eficácia direta ou imediata dos direitos fundamentais, nas relações entre privados, parte precisamente da constatação, acima enunciada, de que os indivíduos não estão apenas expostos a ameaças provenientes do Estado, mas também a grupos ou entidades de natureza privada, detentores de um poderio social e económico suscetível de ameaçar, tal como o Estado, a liberdade dos indivíduos que com eles se relacionam.

Ora, quando tal se verifica, não se justifica que, neste tipo de relacionamento, se crie uma imunidade tal que possa admitir que determinados entes privados possam constranger e limitar de forma injustamente penosa a liberdade individual de cada um, afetando aspetos relevantes da sua vida e da sua personalidade. Não se justifica, em suma, a criação na sociedade de "(...) *duas conceções opostas do homem, válidas uma nas relações públicas, outra nas relações privadas*"[(411)] ou, como sustenta Gregorio Peces-Barba Martinez, não existe qualquer fundamento que aponte para a não aplicação dos direitos fundamentais no domínio privado[(412)], pelo que se impõe, por essa razão, a realização dos direitos fundamentais em ambos os níveis: quer nas relações Estados-particulares, quer ao nível das relações entre sujeitos privados, *maxime* no caso de relações privadas em que o desequilíbrio é manifesto.

No fundo, como refere Norberto Bobbio, existem problemas relativos à liberdade das pessoas que se revelam não apenas nas relações entre estas e o Estado, mas também ao nível mais profundo da sociedade civil; logo, "*não importa que o Estado seja constitucional se a sociedade subjacente é despótica. Não importa que o indivíduo seja livre politicamente se depois não é socialmente livre*"[(413)].

A questão assumiu particular relevância, obviamente, ao nível das relações entre o empregador e o trabalhador, tendo de resto sido objeto de aplicação jurisprudencial, nos tribunais alemães[(414)].

(411) Cf. JEAN RIVERO, *La protection des droits do l'homme dans les rapports entre personnes privées*, cit., p. 320.

(412) GREGORIO PECES-BARBA MARTINEZ, *Curso de Derechos Fundamentales. Teoría General*, Universidad Carlos III de Madrid, 1ª edición, 1ª reimpresión, Boletín Oficial del Estado, Madrid, 1999, citado por RAFAEL SARAZÁ JIMENA, *Jueces, Derechos Fundamentales y Relaciones entre Particulares, Tesis que para obtener el grado de Doctor*, Biblioteca Universitaria da *Universidad de la Rioja*, Logroño, 2008, p. 17, disponível na internet em www.dialnet.unirioja.es

(413) NORBERTO BOBBIO, "*Libertà fondamentali e formazioni sociali — Introduzione storica*", em *Política del Diritto*, n. 4, Ano IV, Bologna, Mulino, 1975, p. 453.

(414) Em 3 de dezembro de 1954, o Tribunal Federal do Trabalho alemão reconheceu que "*uma série de importantes direitos fundamentais da Constituição não devem apenas garantir as liberdades individuais contra o poder do Estado; eles são acima de tudo princípios da vida social*", pelo que também devem ser compreendidos de forma direta "*nas relações jurídicas entre os cidadãos.* Por essa razão, o Tribunal entendeu que alguns direitos fundamentais são claramente aplicáveis aos particulares, designadamente o *direito de associação sindical*, previsto no artigo 9º da Constituição de Bona — aresto disponível em *Neue Juristische Wochenschrift* (NJW), München, 1955, p. 606; em 29 de junho de 1962, o mesmo Tribunal do Trabalho pronunciou-se a propósito das *cláusulas limitativas da liberdade de trabalho após a cessação de contratos de trabalho*, considerando que este tipo de cláusulas, celebradas e acordadas entre dois sujeitos privados, quando se revelem excessivamente desfavoráveis ao trabalhador, deveriam ser nulas, porquanto contrárias ao princípio geral do direito ao trabalho consagrado no artigo 12º da Lei Fundamental; por fim, em 29 de dezembro de 1967, o mesmo Tribunal invocou que a Constituição garantia não apenas a liberdade de associação, em sentido positivo, mas também a liberdade de os particulares não se associarem quando não fosse essa a sua intenção, ou seja, admitiu uma faceta negativa ao direito geral de associação, aplicando-a diretamente às relações entre particulares, invocando a invalidade das denominadas "*closed shops*", isto é, as cláusulas constantes de instrumentos de regulamentação coletiva celebrados entre associações patronais (ou

E, na atualidade, pelo menos no que diz respeito ao princípio da igualdade, o tratamento da matéria surge com naturalidade na doutrina alemã[(415)].

II. A doutrina destes autores alemães não foi, pelo menos inicialmente, pacificamente aceita[(416)], havendo quem negasse, de forma peremptória, a possibilidade de influência dos direitos fundamentais no domínio do Direito privado, enquanto outros admitiram a sua atuação em termos mediatos, isto é, a sua transposição para o Direito privado poderia operar, é certo, mas apenas de acordo com as normas e princípios próprios deste ramo de direito. A querela doutrinária então iniciada ainda hoje perdura no tempo, revelando entre nós particular riqueza[(417)].

Em qualquer caso e desde então, passou a ficar claro o seguinte: o Direito, enquanto projeção da ordem jurídica que visa a Justiça, não descura a proteção do contraente mais débil, ensaiando, historicamente, mecanismos que permitem atingir o equilíbrio negocial das partes envolvidas, seja através da aplicação imediata dos direitos fundamentais, seja, alternativamente, através da sua aplicação mediata pela utilização de institutos próprios do Direito privado, como sejam a ordem pública, os bons costumes ou a boa-fé.

No caso específico do Direito do trabalho, a forma como se opera a aludida mediatização parece-nos atualmente óbvia: ela resulta do "princípio da proteção do trabalhador", o qual, recebendo os influxos dos direitos fundamentais e da ordem de valores que os mesmos contêm, a montante, e conhecendo as especificidades próprias da situação juslaboral, à jusante, opera a filtragem dos direitos fundamentais com adequação funcional e valorativa e permite a sua aplicação no domínio laboral. Mais do que isso: o "princípio da proteção do trabalhador" pode, neste domínio, substituir o papel que os direitos fundamentais desempenham em sede argumentativa. Por outras palavras, em regra, como sublinha Menezes Cordeiro, a possibilidade de se incluírem, em determinados modelos de decisão, argumentos dotados de cobertura constitucional pode influenciar decisivamente a obtenção de soluções concretas, ao abrigo de esquemas como os da interpretação conforme com a Constituição ou equivalentes[(418)]. Ora o papel que o "princípio da proteção do trabalhador" pode assumir neste domínio é similar: ele pode ter um papel decisivo na argumentação e na busca da solução concreta, tornando mais consistentes as soluções apoiadas à luz deste princípio estruturante do Direito do trabalho. Uma solução "conforme com o princípio da proteção do trabalhador" pode, nalguns casos, sustentar de forma decisiva a resolução de casos concretos.

III. No caso português e à luz do respetivo Direito objetivo, a eficácia civil dos direitos fundamentais parece clara — o artigo 18º, n. 1, da Constituição dispõe expressamente que *"os preceitos constitucionais respeitantes aos direitos, liberdades e garantias são diretamente aplicáveis e vinculam as entidades públi-*

---

entidades empregadoras) e sindicatos nos termos das quais se condiciona a admissão ao trabalho dentro de uma certa empresa aos trabalhadores inscritos ou filiados no sindicato outorgante do convénio coletivo (Aresto disponível em NJW, München, 1967, p. 2176). As decisões judiciais da época, ora referidas, podem ser consultadas de forma mais desenvolvida no nosso *"O Princípio da Igualdade no Direito do trabalho"*, cit., pp. 147 e ss.

(415) Veja-se, a propósito da *Drittwirkung der Grundrechte,* FRANZ GAMILLSCHEG, *Arbeitsrecht I — Arbeitsvertrags — und Arbeitsschutzrecht,* cit., pp. 50 e ss., nomeadamente quanto aos temas da *Gleichberechtigung beim Entgelt* (*igualdade retributiva, nomeadamente em função do sexo*), da *Gleichberechtigung bei Einstellung und Beförderung* (*igualdade no acesso ao emprego e promoção na carreira)* e *Gleichbehandlung* (*igualdade de tratamento*). Veja-se, também, HERMAN REICHOLD, *Arbeitsrecht,* 2ª ed., cit., pp. 38 e ss., que distingue, a esse propósito, a *Unmitelbare Drittwirkung* (eficácia perante terceiros/imediata) da *Mittelbare Drittwirkung* (eficácia mediata) dos direitos fundamentais.

(416) Veja-se, a este propósito, o nosso, *"O Princípio da Igualdade no Direito do trabalho"*, cit., pp. 150 e ss.

(417) Para alguns autores, a aplicabilidade dos direitos fundamentais ao nível das relações privadas revelava-se inaceitável, porquanto colidia frontalmente com o *princípio do livre desenvolvimento da personalidade* contemplado no artigo 2º da Constituição de Bona e, bem assim, traduzir-se-ia num cerceamento inadmissível da liberdade e autonomia privada dos indivíduos. Ou seja, o reconhecimento de uma eficácia imediata dos direitos fundamentais às relações privadas conduziria a resultados por certo indesejados pelos seus próprios defensores: ao aniquilamento da liberdade individual e à obnubilação da autonomia privada de cada indivíduo. Assim sucedeu, nomeadamente, com Konrad Löw (*Die Grundrechte — Verständnis und Wirklichkeit in beiden Teilen Deutschlands, Verlag Dokumentation,* München, 1977, pp. 20-22), Ekkehart Stein (*Derecho Político*, Aguilar, Madrid, 1973, p. 42) e Ernst Forsthof (*Der Staat der Industriegesellschafts, dargestellt am Beispiel der Bundesrepublik Deutschland,* 2ª ed., Munique, 1971, tradução espanhola *El Estado de la Sociedad Industrial*, Instituto de Estudios Políticos, Madrid, 1975, pp. 256 a 258) — para estes autores, o único destinatário dos direitos fundamentais dos cidadãos era o próprio Estado e nunca os particulares.

(418) Veja-se, a propósito do recurso aos direitos fundamentais para influenciar e sustentar a obtenção de soluções concretas, MENEZES CORDEIRO, *Tratado de Direito Civil, I,* 4. ed., reformulada e atualizada, cit., pp. 936 e 940.

cas e privadas". Como continua a sublinhar Jorge Miranda, na sua mais recente edição (5ª edição, 2012) do Manual de Direito Constitucional (Vol. IV), *"uma fórmula como a do nosso artigo 18º, n. 1, quase não tem paralelo noutras Constituições"*[(419)], atento o sentido profundamente inovador do preceito e os termos em que este se mostra redigido[(420)(421)]. O próprio autor previne, todavia, que mesmo assim, não estamos perante um problema de *"equacionamento simples"*, quer (i) porque se apresenta irredutível a diferença de posição entre as entidades públicas e as privadas, quer (ii) porque os direitos fundamentais são tradicionalmente recortados como direitos essencialmente colocados frente ao Estado, quer (iii) porque a eficácia horizontal dos direitos, liberdades e garantias se repercute necessariamente no terreno do Direito privado e exige uma análise interdisciplinar, quer (iv) porque importa atender ao princípio da autonomia privada, quer, enfim, (v) porque se é certo que importa garantir os direitos fundamentais das pessoas no interior das instituições e grupos privados, não deixa de ser verdade que também importa preservar, do mesmo passo, a autonomia dessas instituições perante o Estado[(422)].

Neste contexto, a aparente clareza do preceito, que literalmente nos levaria a concluir pela aplicabilidade direta dos direitos, liberdades e garantias às entidades privadas, não é suscetível, porém, de evitar o debate doutrinário a nível nacional[(423)], onde se retoma no essencial a querela entre partidários da eficácia direta dos preceitos constitucionais ou seja, de quem defende que a Constituição contém o estatuto fundamental da ordem jurídica geral e não apenas da ordem jurídica do Estado e das suas relações com os particulares[(424)]; e defensores de uma mera aplicação mediata dos mesmos direitos ao nível

(419) Cf. JORGE MIRANDA, *Manual de Direito Constitucional*, v. IV, 5ª ed., cit., p. 333.

(420) A propósito da bibliografia relativa a esta temática, veja-se, nomeadamente, a que consta da *Constituição Portuguesa Anotada* de JORGE MIRANDA e RUI MEDEIROS, Tomo I, cit. (anotação ao artigo 18º); JOÃO DE CASTRO MENDES, *Direitos, liberdades e garantias — alguns aspectos gerais, Estudos sobre a Constituição*, obra coletiva, I, Jorge Miranda (coord.), Petrony, Lisboa, 1977, pp. 93 e ss.; JORGE MIRANDA, *O regime dos direitos, liberdades e garantias, ibidem*, III, Lisboa 1979, pp. 41 e ss.; ROGÉRIO SOARES, *Princípio da legalidade e Administração constitutiva, Boletim da Faculdade de Direito da Universidade de Coimbra*, Coimbra, 1981, pp. 179 e ss.; VIEIRA DE ANDRADE, *Os direitos fundamentais nas relações entre particulares*, Lisboa, 1981, e *Autonomia regulamentar e reserva de lei, Estudos em homenagem ao Prof. Doutor Afonso Rodrigues Queiró*, obra coletiva, Universidade de Coimbra, Coimbra, 1984, pp. 1 e ss.; VASCO PEREIRA DA SILVA, *A vinculação das entidades privadas pelos direitos, liberdades e garantias, Revista de Direito e de Estudos Sociais*, Coimbra, 1987, pp. 259 e ss.; PEDRO VAZ PATTO, A vinculação das entidades públicas pelos direitos, liberdades e garantias, *Documentação e Direito Comparado*, n. 33/34, 1988, pp. 473 e ss.; JOSÉ JOÃO ABRANTES, *Vinculação das entidades privadas aos direitos, liberades e garantias*, cit.; VITALINO CANAS, *Proporcionalidade (princípio da), Dicionário Jurídico da Administração Pública*, VI, Lisboa, 1994, pp. 591 e ss., e *O princípio da proibição do excesso na Constituição: arqueologia e definições, Perspectivas Constitucionais*, obra coletiva, II, Coimbra, 1997, pp. 323 e ss.; GOMES CANOTILHO, *O Provedor de Justiça e o efeito horizontal dos direitos, liberdades e garantias, Provedor de Justiça — Sessão Comemorativa*, obra coletiva, Lisboa, 1996, pp. 59 e ss.; ALEXANDRE SOUSA PINHEIRO, *Restrições aos direitos, liberdades e garantias, Dicionário Jurídico da Administração Pública*, VII, 1996, pp. 280 e ss.; JORGE REIS NOVAIS, *As restrições aos direitos fundamentais não expressamente autorizados pela Constituição*, Coimbra Editora, Coimbra, 2003; JORGE PEREIRA DA SILVA, *Dever de legislar e proteção contra omissões legislativas*, Universidade Católica, Lisboa, 2003.

(421) O artigo 18º dispõe que: "*1. Os preceitos constitucionais respeitantes aos direitos, liberdades e garantias são diretamente aplicáveis e vinculam as entidades públicas e privadas. 2. A lei só pode restringir os direitos, liberdades e garantias nos casos expressamente previstos na Constituição, devendo as restrições limitar-se ao necessário para salvaguardar outros direitos ou interesses constitucionalmente protegidos. 3. As leis restritivas de direitos, liberdades e garantias têm de revestir carácter geral e abstrato e não podem ter efeito retroactivo nem diminuir a extensão e o alcance do conteúdo essencial dos preceitos constitucionais*".
Segundo Jorge Miranda e Rui Medeiros, o artigo em apreço, que constitui a expressão mais consequente e mais exigente do Estado de Direito Democrático contém os mais importantes dos princípios materiais comuns aos direitos, liberdades e garantias: 1º A aplicação imediata dos preceitos constitucionais (n. 1, 1ª parte); 2º A vinculação a todas as entidades públicas (n. 1, 2ª parte); 3º A vinculação das entidades privadas (n. 1, 3ª parte); 4º A reserva de lei (n. 2); 5º O carácter restritivo das restrições (ns. 2 e 3), traduzida, designadamente, em proporcionalidade (n. 2, 2ª parte), generalidade e abstração e lei restritiva (n. 3, 1ª parte), proibição de lei restritiva retroativa (n. 3, 2ª parte) e garantia do conteúdo essencial (n. 3, 3ª parte) — *Constituição Portuguesa Anotada*, Tomo I, cit. (anotação ao artigo 18º), p. 152.

(422) Cf. JORGE MIRANDA, *Manual de Direito Constitucional, Direitos Fundamentais*, Tomo IV, 5ª ed., cit., pp. 336-337.

(423) A querela doutrinária em torno do artigo 18º da Constituição e da aplicabilidade dos direitos fundamentais no domínio privado, no nosso ordenamento jurídico, pode ser consultada, com exaustividade, no nosso *O Princípio da Igualdade no Direito no trabalho*, cit., pp. 135 e ss., a qual será seguida e apresentada, de forma sumária, nas próximas notas de rodapé.

(424) Veja-se, a este propósito, o nosso, "*O Princípio da Igualdade no Direito do trabalho*", pp. 156-162, onde se enunciam, de forma desenvolvida, os defensores da eficácia direta dos direitos fundamentais e os argumentos por estes invocados. No essencial e retendo apenas alguns pontos-chave: os constitucionalistas Gomes Canotilho e Vital Moreira advogam que o artigo 18º, n. 1, da Constituição "*é uma das normas constitucionais que mais profundamente implica com os limites da relevância da Constituição no contexto da ordem jurídica global. Designadamente, ao fazer aplicar diretamente nas relações entre particulares (e não apenas nas relações entre estes e o Estado) (...) este preceito transforma a Constituição em estatuto fundamental da ordem jurídica geral, das relações sociais em geral*" (cf.

das relações privadas, através de uma transposição efetuada por força dos princípios e normas próprias do Direito privado[425]. Acrescidamente, é possível constatar uma terceira corrente doutrinária que assume uma posição intermédia, em nome do equilíbrio entre a igualdade e a liberdade[426]. A similitude de

---

GOMES CANOTILHO e VITAL MOREIRA, *Constituição da República Portuguesa Anotada*, cit., anotação (I) ao artigo 18º, p. 144); Ana Prata, por sua vez, defende que *"o artigo 18º, n. 1, da Constituição portuguesa estabelece a eficácia preceptiva imediata das normas constitucionais respeitantes aos direitos, liberdades e garantias (...) estendendo essa imediata preceptividade do domínio público ao domínio privado"* (cf. ANA PRATA, *A tutela Constitucional*, cit., p. 137); e JOSÉ JOÃO ABRANTES, por fim, em nome da dimensão objetiva dos direitos fundamentais, defende também que a eficácia dos direitos fundamentais *"em relação a entidades privadas é, nos termos do artigo 18º, uma eficácia direta, isto é, irradiante diretamente dos próprios preceitos constitucionais, sem necessidade de qualquer transposição para a ordem jurídica privada através dos mecanismos próprios desta"* (cf. JOSÉ JOÃO ABRANTES, *Direito do Trabalho*, Ensaios, "O Direito do Trabalho e a Constituição", Edição Cosmos, Lisboa, 1995, p. 58.).

(425) Veja-se, a este propósito, o nosso, *"O Princípio da Igualdade no Direito do trabalho"*, pp. 163-167, onde se enunciam, de forma desenvolvida, os defensores da eficácia meramente mediata dos direitos fundamentais e os argumentos por estes invocados, em nome da liberdade negocial. Genericamente e quanto ao essencial: Menezes Cordeiro, que sempre invocou que *"a atuação do Estado é qualitativamente diferente do das pessoas privadas, não podendo, por isso, ser feitas transposições automáticas"* (cf. MENEZES CORDEIRO, *Teoria Geral do Direito Civil*, I, Lisboa, AAFDL, 1994, pp. 327ss), mantém atualmente, na 4ª ed. do seu *Tratado de Direito Civil, I*, de 2012, que *"as prevenções feitas* pela doutrina *atual contra uma eficácia civil dos direitos fundamentais têm razão de ser"* (cf. MENEZES CORDEIRO, *Tratado de Direito Civil, I*, 4ª ed., cit., pp. 938-940). Assim, o autor entende que quando não dirijam comandos diretos ao Estado, os direitos fundamentais podem ser aplicados, mas ainda assim *"com limitações que lhes restituam o seu verdadeiro sentido normativo"* e designadamente com adequação axiológica e funcional. Quer dizer: a *adequação axiológica* recorda que *"os direitos fundamentais não acautelam, apenas, certos valores — antes o fazem por forma adequada, ou noutro prisma, perante violações que eles considerem adequadas. Apenas nessa dimensão podem surtir efeitos civis. Por exemplo, a recusa em celebrar um contrato —* maxime *de prestação de serviços ou de trabalho — pode pôr em perigo a vida ou a integridade da outra parte; mas o direito à vida, como fundamental que é, não exige, aqui, a celebração do contrato (em princípio) por não haver adequação axiológica em tal dimensão"*; já a *"adequação funcional obriga a atinar nas próprias violações em si: também estas podem situar-se no termo de funções estranhas ao direito fundamental considerado, quer por conflitos de deveres em que este ceda — p. ex., o soldado na guerra pode matar e, provavelmente, deverá mesmo fazê-lo — quer por simples alheamento ou desconexão — p. ex., a pessoa que professasse uma religião que proibisse o trabalho não poderia, legitimamente, receber sem trabalhar, em nome da liberdade de consciência"*. Mota Pinto, por sua vez, tal como se referiu naquela nossa citada obra, defendia, em linhas gerais, que a aplicação imediata dos preceitos relativos aos direitos fundamentais poderia levar a que o aludido princípio geral, sobrepondo-se à liberdade contratual, impedisse o comércio jurídico, conduzindo à *"rigidez, inautenticidade e irrealismo"* da vida jurídica privada (MOTA PINTO, *Teoria Geral de Direito Civil*, cit., pp. 71 e ss.). No mesmo sentido, LUCAS PIRES advogava, em nome da liberdade negocial, que a teoria da eficácia direta dos direitos fundamentais conduziria a uma excessiva *"rigidez da vida social"*, *"invertendo (em compressão) o sentido (de dilatação) dos direitos e liberdades constitucionais"* (LUCAS PIRES, *Uma Constituição para Portugal*, cit., p. 89).

(426) Veja-se, a este propósito, o nosso, *"O Princípio da Igualdade no Direito do trabalho"*, pp. 168-175, onde se enunciam, de forma desenvolvida, os defensores desta *tese intermédia*. No essencial, e de forma resumida: os autores admitem a aplicabilidade imediata dos direitos fundamentais no domínio privado, mas fazem-no de forma atenuada, ora apelando à necessária distinção entre relações privadas tendencialmente iguais e relações de domínio (defendendo a aplicabilidade horizontal dos preceitos constitucionais apenas nesta última situação), ora invocando que a aplicabilidade do princípio geral da igualdade no campo privado deve ser limitada e criteriosa, de forma a salvaguardar a autonomia privada e a liberdade negocial. Jorge Miranda, na sua mais recente edição do Manual de Direito Constitucional (Tomo IV), de 2012, apesar de reconhecer que *"não se compreenderiam uma sociedade e uma ordem jurídica em que o respeito da dignidade e da autonomia da pessoa fosse procurado apenas nas relações com o Estado e deixasse de o ser nas relações entre pessoas entre si"* (argumento de peso sustentado pelos defensores da aplicabilidade imediata), refere, todavia, que *"não parece que o Estado possa impôr esse respeito da mesma maneira a si próprio e aos seus cidadãos: o respeito da liberdade da pessoa pelo Estado implica limitações do poder; o respeito da liberdade das pessoas pelas outras pessoas implica a colaboração da sua liberdade e das demais pessoas"* (argumento invocado pelos adeptos da aplicabilidade mediata). Admitindo, pois, uma limitação funcional na vinculação das entidades privadas e a necessidade de preservação, em qualquer circunstância, do conteúdo mínimo essencial dos direitos fundamentais artigo 18º, n. 3, o autor conclui pela necessidade de se optar pelo tratamento diferenciado (quase tópico) dos vários direitos e situações que se apresentem, a fim de se promover a realização simultânea e o equilíbrio necessário entre os direitos, liberdades e garantias, por um lado, e a autonomia privada, por outro lado (cf. JORGE MIRANDA, *Manual de Direito Constitucional*, Tomo IV, 5ª ed., cit., pp. 338-339). Também Pedro Romano Martinez, que sempre defendeu que *"o art 13º, n. 2 CRP, no domínio do Direito Privado, tem de ser interpretado de forma criteriosa"* (cf. PEDRO ROMANO MARTINEZ, *Direito do Trabalho*, Lisboa, 1994/95, p. 312), mantém a mesma linha, na 6ª ed. (2013) do seu *Direito do Trabalho* (cf. PEDRO ROMANO MARTINEZ, *Direito do Trabalho*, 6ª ed., cit., p. 349), tendo por base a convicção de que apesar de os preceitos constitucionais se aplicarem, também, por força do citado artigo 18º da Constituição, às relações privadas, a realidade é que a sua aplicação, imediata, não pode ferir a autonomia privada e a liberdade de contratação. No mesmo sentido, encontramos, também, mais recentemente, Maria do Rosário Ramalho, que no seu *Tratado de Direito do Trabalho*, de 2012, defende que *"a eficácia civil dos direitos fundamentais no domínio laboral e, designadamente, no contrato de trabalho deve ser reconhecida por uma razão estrutural, decorrente de dois elementos que compõem o vínculo laboral, e que contribuem para o tornar singular no panorama das relações privadas de serviços — o elemento de poder e o elemento de pessoalidade"*. A autora previne, porém, que podem ocorrer *restrições* a estes direitos, no contexto do contrato de trabalho, enunciando, a este propósito, três tipos de *limites* aos direitos fundamentais dos trabalhadores no contexto laboral: *limites imanentes*, que são inerentes a qualquer direito, decorrentes nomeadamente da figura do abuso do direito do artigo 334º do Código Civil; *limites extrínsecos*, que decorrem do relevo de outros interesses ou direitos, que podem entrar em colisão com os direitos dos trabalhadores, devendo, para o efeito, ser aplicado o princípio geral da colisão de direitos do artigo 335º do Código Civil; e *limites voluntários* aos direitos fundamentais, que podem decorrer da vontade do próprio trabalhador (autolimitação) ou do

resultados alcançados, todavia, é manifesta: em todos os quadrantes e independentemente do ângulo adotado, defende-se a proteção das pessoas contra atentados aos (seus) direitos fundamentais, sejam eles perpetrados pelo Estado, seja por outros particulares; tal defesa, todavia, não deve ser feita de forma a postergar, a obnubilar ou a limitar excessivamente as liberdades individuais das pessoas e a autonomia privada. E deve ser feita, como previne Maria do Rosário Ramalho, com limites: limites *imanentes*, aplicáveis à generalidade dos direitos e decorrentes, nomeadamente, do artigo 334º do Código Civil (*abuso do direito*); limites *extrínsecos*, decorrentes da eventual aplicação de outros direitos ou interesses que podem entrar em conflito com os direitos fundamentais, havendo, nesse caso, que recorrer à norma geral de conflitos do artigo 335º do Código Civil; e *limites voluntários*, livre e unilateralmente assumidos pelo trabalhador ou decorrentes de ajuste contratual com o empregador, importando, nestes casos, aplicar de forma conjugada o artigo 18º da Constituição com o regime de proteção dos direitos de personalidade, em especial, o artigo 81º do Código Civil[(427)].

Mais do que isso: a proteção das pessoas justifica-se apenas, com particular acuidade, perante relações jurídicas desequilibradas, em nome da tutela do contraente mais débil e, no domínio juslaboral, tendo em vista a proteção do trabalhador. A aplicação imediata dos direitos fundamentais não parece justificar-se perante situações em que os sujeitos se encontram, no direito privado, numa posição de igualdade, devendo, em qualquer caso, ter como objetivo um *equilíbrio* ou *concordância prática* entre os *direitos, liberdades e garantias*, por um lado, e a *autonomia privada*, por outro lado[(428)].

A proteção do trabalhador faz-se, em suma, tendo por base o "princípio da proteção do trabalhador", que acolhe, quando necessário, os direitos fundamentais gerais das pessoas, adaptando-os ao subsistema juslaboral, de forma *adequada*.

---

acordo entre o trabalhador e o empregador, exarado no contrato de trabalho, justificando-se, neste caso, a aplicação conjugada do artigo 18º da Constituição e do artigo 81º do Código Civil (cf. MARIA DO ROSÁRIO RAMALHO, *Tratado de Direito do Trabalho*, Parte I — Dogmática Geral, 3ª ed., Almedina, Coimbra, 2012, pp. 181-185).

(427) Cf. MARIA DO ROSÁRIO RAMALHO, *Tratado de Direito do Trabalho*, Parte I — Dogmática Geral, cit., edição, Almedina, Coimbra, 2012, pp. 182-184.

(428) Cf. JORGE MIRANDA, *Manual de Direito Constitucional*, t. IV, 5ª ed., cit., pp. 338-339.

Parte II

O Direito do Trabalho e os Valores Gerais do Subsistema Laboral

Capítulo I

Direito do Trabalho: Noção e Evolução Histórica

§ 1º O DIREITO DO TRABALHO ENQUANTO RAMO DE DIREITO PRIVADO ESPECIAL

1. Noção

I. O Direito do trabalho é o ramo de direito privado especial[429] que abarca o conjunto de *regras* e *princípios* jurídicos que disciplinam as situações jurídicas laborais ou de trabalho. Trata-se, pois, como assinala Söllner, de um ramo de direito autónomo (*eigenes Rechtsgebiet*), que se distingue do Direito civil (*Bürgerliches Recht*), ainda que resulte e se inspire neste último[430]. Visa-se, através do Direito do trabalho, ordenar uma zona da realidade tendo por base determinados valores axiológicos, dentre os quais a dignidade, a igualdade e, por força desta e do princípio geral que manda tratar o igual de forma igual e o desigual de forma desigual de acordo com a medida da diferença, promover a proteção do trabalhador enquanto contraente mais débil, sem obnubilar, no plano oposto, a liberdade de gestão empresarial. A ordenação realiza-se através de regras e princípios revelados pelas fontes de Direito, as quais têm por finalidade resolver conflitos de interesses entre as partes envolvidas; a realidade sobre a qual incidem tais regras e princípios são as relações de trabalho. É por isso que o Direito do trabalho incide, precisamente, sobre o trabalho[431] e assenta na ideia de "trabalho" como prestação de facto positivo[432].

A expressão "trabalho" pode encerrar diferentes significados: podemos falar em trabalho enquanto "atividade", enquanto "esforço", enquanto "emprego", enquanto "resultado de uma atividade", enquanto "obra" ou enquanto "fator de produção", a par da terra e do capital[433]. O "trabalho"[434] que releva e

---

(429) Veja-se, a este propósito, HERMANN REICHOLD, *Arbeitsrecht*, 2ª ed., Verlag C. H. Beck, München, 2006, que alude ao Direito do trabalho como *Arbeitsrecht als Sonderprivatrecht*, na medida em que este não tem por objeto todos os cidadãos, mas apenas determinados *grupos específicos da sociedade — "Zielgruppen der Gesellschaft und nicht auf jedermann zielt"*, pp. 3 e ss. (p. 4).

(430) Cf. ALFRED SÖLLNER, *Grundriss des Arbeitsrechts*, 12ª ed., cit., p. 32.

(431) Cf. Bernardo da Gama Lobo Xavier, com a colaboração de P. FURTADO MARTINS; A. NUNES DE CARVALHO; JOANA VASCONCELOS e TATIANA GUERRA DE ALMEIDA, *Manual de Direito do Trabalho*, Verbo, Lisboa, 2011, p. 33.

(432) Cf. PEDRO ROMANO MARTINEZ, *Direito do Trabalho*, Instituto de Direito do Trabalho da Faculdade de Direito de Lisboa, Almedina, Coimbra, 2010, 5ª ed., p. 33.

(433) As várias acepções do termo "trabalho" podem ser analisadas em MOTTA VEIGA, Lições de Direito do Trabalho, 8ª ed., Lisboa, 1993, p. 13.

(434) Como sublinha PEDRO ROMANO MARTINEZ, *Direito do Trabalho*, cit., pp. 33-34, a palavra "trabalho" deriva do latim da palavra *"tripalis"* que significa aparelho com três paus, onde se prendiam os animais, entre os quais as bestas para serem ferradas. A evolução semântica da palavra, de aparelho de três paus até ao atual significado da palavra "trabalho" poderá ter-se ficado a dever ao facto de tal atividade implicar um certo esforço e "dar algum trabalho". A palavra "trabalho", em latim, é *"Labor"*, razão pela qual também é usual falar-se em Direito laboral ou em juslaboralismo, como sinónimos de Direito do trabalho. Historicamente, nomeadamente no final do século XIX e no início do século XX utilizaram-se outras expressões, tais como "Direito obreiro", "Direito do operariado" ou "Direito operário", as quais entraram em desuso, quer por força da evolução histórica entretanto operada, quer por serem expressões restritivas, na medida em que apenas teriam como âmbito de aplicação os operários, deixando de parte grande parte da realidade sobre a qual deve incidir o Direito do trabalho. Também a expressão "Direito industrial" foi votada ao abandono, por ser mais restrita. No mesmo sentido, a expressão "Direito social", que pretenderia

sobre o qual incide o Direito do trabalho, como sublinha Maria do Rosário Ramalho, é o que é entendido enquanto sinónimo de atividade humana(435)(436).

II. A atividade sobre que incide o Direito do trabalho é a atividade humana, produtiva, prestada a favor de outrem de forma livre e subordinada, segundo as ordens e direção de quem aproveita as respetivas utilidades(437). É esse, de resto, entre nós, o sentido que se retira do artigo 1.152º do Código Civil, segundo o qual "*Contrato de trabalho é aquele pelo qual uma pessoa se obriga, mediante retribuição, a prestar a sua atividade intelectual ou manual a outra pessoa, sob a autoridade e direção desta*", preceito este que foi reproduzido no artigo 1º da Lei do Contrato de Trabalho, de 1969, e que subsistiu, ainda que com ligeiras alterações, no artigo 10º do CT/2003 e no artigo 11º do CT/2009, mesmo após as alterações legislativas que o mesmo sofreu.

A atividade em causa corresponde a uma atividade humana, manual ou intelectual, que não se confunde com a atividade das máquinas ou dos animais — o trabalho sobre o qual incide o Direito do trabalho é o trabalho como criação humana, que visa a transformação humana, com dignidade própria(438). E a prestação da atividade que está em causa é uma "prestação de facto"(439) e não uma prestação de coisa. O que está em causa é uma prestação de facto positivo que se consubstancia numa atividade produtiva.

A atividade em causa, que integra o objeto do Direito do trabalho, é uma "atividade produtiva"(440), em contraposição com as atividades lúdicas. Não se trata necessariamente de uma atividade que pressuponha a existência de resultados, mas de uma atividade que se afasta da mera atividade de jogo(441) ou de contemplação pessoal. E que se afasta, também, do simples voluntariado — o Direito do trabalho não incide sobre a atividade prestada em regime de voluntariado(442). O Direito do trabalho incide sobre uma prestação de *facere*(443).

E é uma "atividade livre", no sentido em que é exercida livremente. Só há contrato de trabalho se a atividade for exercida de forma livre(444). De resto, o contrato de trabalho é uma figura obrigacional, que apenas apresenta particularidades porque tem subjacente a defesa do contraente mais fraco — o trabalhador. E por ser uma figura obrigacional, ela parte dos mesmos pressupostos de liberdade na formação do contrato, nos termos gerais do artigo 405º do Código Civil(445). Trata-se, aliás, da concretização lógica do princípio da liberdade de trabalho previsto no artigo 47º da Constituição, que entre outros sentidos proscreve necessariamente o trabalho escravo e o trabalho obrigatório(446). E é nesse sentido, também, que aponta o Pacto Internacional sobre Direitos Civis e Políticos, à luz do qual (artigo 8º) não deve ser imposta

---

contrapor uma vertente social à tradicional neutralidade e individualismo do "Direito civil", caiu em desuso, nomeadamente por força da evolução ("socialização"), entretanto, operada no Direito civil. As expressões "Direito do trabalho, bem como "Juslaboralismo", são francamente mais amplas e abrangentes. A este propósito, veja-se, também, MONTOYA MELGAR, *Derecho del Trabajo,* 22ª ed., Madrid, 2001, p. 30 e VICTOR RUSSOMANO, *Curso de Direito do Trabalho,* 6ª ed., Curitiba, 1997, p. 21.

(435) Cf. MARIA DO ROSÁRIO RAMALHO, *Tratado de Direito do Trabalho,* Parte I — Dogmática Geral, cit., p. 18.

(436) Veja-se, também, a este propósito, LÖWISCH, CASPERS E KLUMPP, *Arbeitsrecht,* 9ª ed., Vahlen, München, 2012, pp. 8 e ss.

(437) Veja-se, a este propósito, ALFRED SÖLLNER, *Grundriss des Arbeitsrechts,* 12ª ed., cit., pp. 1-4.

(438) Cf. BERNARDO DA GAMA LOBO XAVIER, com a colaboração de P. FURTADO MARTINS; A. NUNES DE CARVALHO; JOANA VASCONCELOS e TATIANA GUERRA DE ALMEIDA, *Manual de Direito do Trabalho,* cit., p. 34.

(439) Cf. PEDRO ROMANO MARTINEZ, *Direito do Trabalho,* cit., p. 36 e RAÚL VENTURA, *Teoria da Relação Jurídica de Trabalho. Estudo de Direito Privado,* Porto, 1944, pp. 26 e ss.

(440) Cf. MÁRIO PINTO, *Direito do Trabalho,* Universidade Católica, Lisboa, 1996, pp. 74 e ss.

(441) A atividade desportiva, em regra, não é abrangida pelo Direito do Trabalho. Tratando-se, todavia, de uma atividade desportiva realizada não de forma lúdica, mas de forma profissional, em regime de subordinação jurídica, esta poderá ser objeto da intervenção do Direito do trabalho. Recorda-se, aliás, a esse propósito, o regime jurídico do praticante desportivo regulado, entre nós, na Lei n. 28/98, de 26 de junho.

(442) Recorda-se que a atividade de "voluntariado" se encontra que se encontra regulada, entre nós, na Lei n. 71/98, de 3 de novembro, e no Decreto-Lei n. 389/99, de 30 de setembro.

(443) Giuliano Mazzoni, diz, a este propósito, que a "*faciendi necessitas*" é uma das características da atividade sobre a qual incide o Direito do trabalho — cf. GIULIANO MAZZONI, *Manuale di Diritto del Lavoro,* 6ª ed., p. 228.

(444) Cf. MONTEIRO FERNANDES, *Direito do Trabalho,* 12ª ed., cit., pp. 13 e ss.

(445) Cf. PEDRO ROMANO MARTINEZ, *Direito do Trabalho,* Instituto de Direito do Trabalho da Faculdade de Direito de Lisboa, cit., p. 39.

(446) Cf. JORGE MIRANDA e RUI MEDEIROS, *Constituição Portuguesa Anotada,* cit., anotação (III) ao artigo 47º, p. 474.

a ninguém a obrigação de desenvolver uma atividade a favor de outrem(447). O Direito do trabalho incide, pois, como resume Mário Pinto, sobre o *"trabalho livre e contratual"*(448).

Ou, como afirma Hermann Reichold: o Direito do trabalho não incide sobre toda e qualquer atividade humana, mas apenas sobre uma parte dela: sobre o trabalho subordinado (*fremdbestimmten Arbeit*) realizado no domínio privado(449).

Quer dizer: o Direito do trabalho versa sobre uma atividade humana e livre, que poderia, consequentemente, ser disciplinada pelas áreas comuns do Direito, como seja o Direito civil. Todavia, a forma como esta atividade é prestada — e sobre a qual o Direito do trabalho incide — justifica um tratamento especial, por um ramo de direito especial, fundado e moldado em torno do desiderato de proteção do trabalhador.

A atividade em causa é, precisamente, uma atividade prestada a favor de outrem, de forma subordinada, sendo certo que, como afirma Santoro-Passarelli, *"la prima e fondamentale (...) caratteristiche del lavoro oggeto del diritto, che dallo stesso prende il nome, è la subordinazione del prestatore di lavoro all´imprenditore o altro datore di lavoro"*(450). Por outras palavras, o Direito do trabalho não incide sobre o trabalho autónomo, nem sobre o prestado a favor de terceiro com independência e autonomia; incide sobre o trabalho prestado a favor de terceiro em regime de subordinação jurídica, nos casos em que o trabalhador presta a sua atividade em situação de dependência. Incide, como acentuam Jean Pélissier; Alain Supiot e Antoine Jeammaud, sobre o trabalho prestado por conta e sob a direção de outrem(451) ou, como sublinha Gamillscheg, sobre o *abhängigen Arbeit*(452). Incide, como salienta Luís Menezes Leitão, sobre relações de trabalho exercidas em regime subordinação jurídica(453). O trabalho por conta de outrem é o que ocorre no quadro de uma relação entre pessoas — o trabalhador e o empregador, podendo este ser uma pessoa individual ou uma pessoa coletiva — em que uma delas é investida de poderes de autoridade e de direção sobre a contraparte negocial. O trabalhador presta a sua atividade a favor de outra pessoa, que aproveita a utilidade dessa atividade ou o resultado da mesma. É por essa razão que se alude, com propriedade, a um "ato de alineação" por parte do trabalhador da utilidade do seu trabalho(454). E essa alineação faz-se no quadro de uma relação jurídica, na sequência de um contrato de trabalho pelo qual o trabalhador se obriga a prestar a sua atividade a outrem, mediante retribuição e em regime de subordinação jurídica(455).

O Direito do trabalho incide, consequentemente, como sublinha Montoya Melgar sobre uma atividade livre, voluntária, dependente e prestada por conta de outrem(456)(457). Encerra, consequentemente, como assinala Schaub, o grupo de regras que rege o trabalho subordinado e a situação jurídica laboral(458).

---

(447) É por essa razão, aliás, que o Direito do trabalho não se debruça sobre situações reguladas no nosso ordenamento jurídico em que não há liberdade na formação da situação jurídica e que também podem envolver a prestação de uma atividade humana. É o que sucede no serviço militar e, conexo com este, no serviço cívico, ambos previstos na nossa Constituição (artigos 276º, ns. 2 e 3, 4 e 5). E é o que sucede, também, no caso do trabalho desenvolvido em cumprimento de uma pena, nomeadamente o trabalho penitenciário a que se refere o Código da Execução das Penas, aprovado pela Lei n. 115/2009, de 12 de Outubro. Ou o que sucede no "trabalho forçado" a favor da comunidade na sequência da aplicação de uma pena prevista no artigo 58º do Código Penal, enquanto alternativa a uma pena de prisão ou de multa.

(448) Cf. MÁRIO PINTO, *Direito do Trabalho*, Universidade Católica Editora, Lisboa, 1996, p. 23.

(449) Cf. HERMANN REICHOLD, *Arbeitsrecht*, 2ª ed., cit., p. 1. O autor afirma, a este propósito, que *"Arbeitsrecht is nicht das recht jeglicher menschlicher Arbeit, sondern nur ein Ausschnitt daraus: das Recht der fremdbestimmten Arbeit auf privatrechtlicher Basis"*.

(450) Cf. FRANSCESCO SANTORO-PASSARELLI, *Nozioni di Diritto del Lavoro*, 35ª ed., cit., p. 14.

(451) Cf. JEAN PÉLISSIER/ALAIN SUPIOT/ANTOINE JEAMMAUD, *Droit du Travail*, 24e édition, Dalloz, Paris, 2008, p. 1.

(452) Cf. FRANZ GAMILLSCHEG, *Arbeitsrecht I — Arbeitsvertrags — und Arbeitsschutzrecht*, 8ª ed., Verlag C. H. Beck, München, 2001, p. 1.

(453) Cf. LUÍS MENEZES LEITÃO, *Direito do Trabalho*, 3ª ed., Almedina, Coimbra, 2012, p. 11.

(454) Cf. ALONSO OLEA/M. EMILIA CASAS BAAMONDE, *Derecho del Trabajo*, 23ª ed., Civitas, Madrid, 2005, pp. 42 e ss.; BERNARDO DA GAMA LOBO XAVIER, com a colaboração de P. FURTADO MARTINS, A. NUNES DE CARVALHO, JOANA VASCONCELOS e TATIANA GUERRA DE ALMEIDA, *Manual de Direito do Trabalho*, cit., p. 36; e MARIA DO ROSÁRIO RAMALHO, *Tratado de Direito do Trabalho*, Parte I — Dogmática Geral, cit., p. 21.

(455) Cf. GIULIANO MAZZONI, *Manuale di Diritto del Lavoro*, 6ª ed., Volume Primo, Giuffrè Editore, Milano, 1988, p. 227.

(456) Cf. ALFREDO MONTOYA MELGAR, *Derecho del Trabajo*, 30ª ed., Tecnos, Madrid, 2009, p. 37.

(457) Veja-se também, sobre a noção e os elementos essenciais do contrato de trabalho. Veja-se, também, JOÃO LEAL AMADO, *Contrato de trabalho*, 3ª ed., cit., pp. 57-62.

(458) Cf. SCHAUB, *Arbeitsrechts-Handbuch, bearbeitet von Schaub, Koch, Linck e Vogelsang*, 12ª ed., cit., p. 1.

III. A subordinação jurídica, numa fórmula simples, representa isso mesmo: a circunstância de o trabalho ser desenvolvido sob as ordens e autoridade de quem aproveita as respetivas utilidades. É esse o traço característico do contrato de trabalho: trata-se de um contrato de direito privado, celebrado entre dois sujeitos privados, mas em que uma das partes — o trabalhador — trabalha em regime subordinação jurídica perante outra — o empregador — que é detentor, do ponto de vista jurídico, do poder de direção, que lhe permite não apenas determinar, mas também conformar o modo de prestação da atividade, seja através de ordens diretas, seja através da emissão de regulamentos internos. O trabalhador, para além de se obrigar a prestar uma atividade a favor de outra pessoa, obriga-se a fazê-lo em regime de heterodeterminação, ou seja, nos termos que lhe sejam indicados pelo beneficiário da sua atividade. É o beneficiário da atividade, o empregador, que fixa os termos em que o trabalho deve ser prestado, o local da sua execução e o horário de trabalho que deve ser cumprido pelo trabalhador, fazendo-o em regra no âmbito de uma estrutura dominada pelo próprio e com os meios de produção de sua pertença. E mais do que isso: o beneficiário da atividade é, ainda, titular do poder disciplinar, que lhe permite aplicar sanções disciplinares ao trabalhador caso este incorra em incumprimento contratual e viole os deveres decorrentes da lei, do contrato ou de outra fonte de Direito.

IV. É sobre esta atividade que incide o Direito do trabalho.

E é sobre esta atividade que se relaciona todo um conjunto de regras e princípios que, não incidindo diretamente sobre o contrato de trabalho, condicionam a relação contratual emergente daquele negócio jurídico — assim sucede com as regras e princípios relativos ao chamado Direito do trabalho coletivo, que regem os sujeitos laborais coletivos (artigos 404º e ss. do CT), os instrumentos de regulamentação coletiva do trabalho (artigos 476º e ss. do CT) e os conflitos coletivos de trabalho (artigos 522º e ss. do CT). E assim sucede, também, com as regras e princípios que têm por escopo prevenir e reparar os acidentes de trabalho e as doenças profissionais, estabelecendo princípios gerais e regulamentações específicas em matéria de segurança e saúde no trabalho (artigos 281º e ss. do CT e Lei n. 102/2009, de 10 de setembro) ou com as que dizem respeito às especificidades do processo judicial relativo ao contrato de trabalho, reguladas no Código de Processo do Trabalho. Trata-se de um "fenómeno de absorção" em torno do contrato de trabalho[459].

O Direito do trabalho corresponde, em suma, ao conjunto de regras e princípios que disciplinam uma atividade humana, produtiva, prestada a favor de outrem de forma livre e subordinada, incidindo diretamente sobre o contrato de trabalho caraterístico da sociedade contemporânea[460] e sobre outras realidades que o condicionam a si e à relação contratual dele emergente. Por outras palavras, o Direito do trabalho incide sobre as situações laborais individuais — complexo de normas (*regras*) e princípios que disciplinam o contrato de trabalho e a relação jurídica dele emergente, bem como as situações jurídicas associadas à qualidade de trabalhador ou de empregador — e as situações laborais coletivas — conjunto de normas e princípios que tem por âmbito de aplicação os problemas relativos à constituição e ao funcionamento das estruturas representativas de trabalhadores e empregador — fazendo-o de forma sistemática e científica, unitária e sistematicamente organizada, com elevado grau de maturidade, com autonomia sistemática e, mais do que isso, fruto do seu desenvolvimento científico e da afirmação de princípios próprios, com autonomia dogmática, o que lhe confere uma manifesta especificidade face ao Direito civil[461].

Dentre esses princípios ou subprincípios específicos que se descortinam no Direito do trabalho — e que o distinguem do Direito civil — há um que desponta, por estar na génese deste ramo do direito, pela sua função de ordenação e de harmonização, pelas pontes e intermediação que estabelece entre as áreas comuns do Direito e o Direito do trabalho, pelos limites internos e externos que o mesmo contém quanto à modificabilidade e mutabilidade deste ramo do direito e por influenciar todas as demais normas e princípios deste subsistema do Direito — trata-se, bem entendido, do "princípio da proteção do trabalhador", que fez do Direito do trabalho um ramo de direito finalisticamente determinado

(459) Cf. MENEZES CORDEIRO, *Manual de Direito do Trabalho,* cit., p. 19; PEDRO ROMANO MARTINEZ, *Direito do Trabalho,* cit., pp. 43-44.
(460) Cf. ALFREDO MONTOYA MELGAR, *Derecho del Trabajo, Trigésima Edición,* cit., p. 43.
(461) Cf. MARIA DO ROSÁRIO RAMALHO, *Tratado de Direito do Trabalho,* Parte I — Dogmática Geral, cit., pp. 36 e ss.

e que, como afirma Maria do Rosário Ramalho, tem constituído o motor do seu desenvolvimento sistemático e dogmático[(462)].

2. *O Direito do trabalho como garante da igualdade substancial: o princípio da proteção do trabalhador*

2.1. Evolução histórica

2.1.1. Em geral

I. Como afirma o historiador norte-americano Peter Rachleff, no seu artigo "*Labor History for the Future*"[(463)], "*I study the past because I care about the future*". A história do Direito do trabalho, para além de nos facultar informação acerca da sua origem e dos seus princípios fundadores, permite-nos, em certa medida, melhor antever o seu futuro.

É nesse sentido que importa atender à evolução histórica do Direito do trabalho.

A este propósito, é pacífico o entendimento segundo o qual o Direito do trabalho moderno nasce com a Revolução Industrial e com a crise social dela emergente, na segunda metade do século XIX. O Direito do trabalho é, pois, como afirma Mário Pinto, "*relativamente recente*", tendo-se gerado "*posteriormente à revolução industrial-liberal que abriu a idade contemporânea*"[(464)]. No mesmo sentido, como afirma Oronzo Mazzotta, "*Il diritto del Lavoro nasce com la civilità industriale*"[(465)] ou, como sublinha Mauricio Godinho Delgado, o Direito do trabalho é fruto da "*moderna sociedade industrial*"[(466)].

O Direito do trabalho, tal como o conhecemos e concebemos, nasce da famosa "Questão Social" e do conflito social entre os trabalhadores e os empregadores — nasce, como recorda José João Abrantes, de um conflito de classes[(467)] e, como sublinha Amauri Nascimento, da "*reação humanista que se propôs garantir ou preservar a dignidade do ser humano ocupado nas indústrias*"[(468)]. Nasce, como recorda Hermann Reichold, como uma reação da classe operária contra os abusos cometidos na sequência da Revolução Industrial[(469)]. Nasce da constatação de uma desigualdade de base entre os empregadores, enquanto titulares de meios de produção, e os trabalhadores, que alíneam a sua força de trabalho a favor daqueles, em troca de um meio de subsistência. E nasce de um sentimento de injustiça verificado em torno desta relação contratual e da constatação da insuficiência do Direito dos contratos para regular esta realidade — o Direito civil, na parte relativa à regulação contratual, partia do pressuposto básico da igualdade das partes, que se encontravam em situação de equilíbrio. Pelo contrário, no caso das relações de trabalho nascidas com a Revolução Industrial a relação era desigual e tornou premente a necessidade de intervenção da ordem jurídica destinada a reequilibrar aquela relação contratual[(470)].

(462) Cf. MARIA DO ROSÁRIO RAMALHO, *Tratado de Direito do Trabalho,* Parte I — Dogmática Geral, cit., pp. 54-56.

(463) Cf. PETER RACHLEFF, *"Labor History for the Future", Social Policy, Organizing for Social & Economic Justice,* v. 42, n. 3, cit., p. 34.

(464) Cf. MÁRIO PINTO, *Direito do Trabalho,* cit., p. 23.

(465) Cf. ORONZO MAZZOTTA, *Trattato di Diritto Privato, Diritto del Lavoro,* 3ª ed., Giuffrè, Milano, 2008, p. 1.

(466) Cf. MAURICIO GODINHO DELGADO, *Curso de Direito do Trabalho,* 9ª ed., cit., p. 65.

(467) Cf. JOSÉ JOÃO ABRANTES, "Formação e Evolução Histórica do Direito do Trabalho", *Direito do Trabalho, Ensaios,* Lisboa, 1995, pp. 20 e ss.; GIUSEPPE PERA, Compendio di Diritto del Lavoro, Giuffrè, Milan, 2003, p. 2; MONTOYA MELGAR, *Derecho del Trabajo,* 22ª ed., Madrid, 2001, p. 162; MONTEIRO FERNANDES, *Direito do Trabalho,* 12ª ed., cit., pp. 28 e ss.; PEDRO ROMANO MARTINEZ, *Direito do Trabalho,* cit., pp. 69 e ss.; BERNARDO DA GAMA LOBO XAVIER, com a colaboração de P. FURTADO MARTINS; A. NUNES DE CARVALHO; JOANA VASCONCELOS E TATIANA GUERRA DE ALMEIDA, *Manual de Direito do Trabalho,* cit., p. 39; MARIA DO ROSÁRIO RAMALHO, *Tratado de Direito do Trabalho,* Parte I — Dogmática Geral, pp. 41 e ss.

(468) Cf. AMAURI MASCARO NASCIMENTO, *Curso de Direito do Trabalho,* 14ª ed., revista, Editora Saraiva, São Paulo, 1997, pp. 4 e ss.

(469) Cf. HERMANN REICHOLD, *Arbeitsrecht,* 2ª ed., cit., segundo o qual, *"Die Arbeiterbewegung formierte sich als politische Gegenbewegung gegen den bürgerlichen Klassenstaat"* (*O movimento operário foi formado como uma reação política contra o Estado da classe burguesa*), p. 5.

(470) Veja-se, a propósito dos problemas económicos e sociais (*Die wirtschaftliche und soziale Lage),* resultantes do trabalho massificado no âmbito da Revolução Industrial, ALFRED SÖLLNER, *Grundriss des Arbeitsrechts,* 12ª ed., cit., pp. 10 e ss.

O Direito do trabalho nasce, assim, com o objetivo de garantir a proteção do trabalho e das pessoas que o prestam. Nasce, como afirma João Leal Amado, com "*uma função primacial, que, apesar de todas as críticas, persiste até aos nossos dias (...): a função (...) tutelar, de proteção da parte mais débil na relação laboral, de obstáculo à ditadura contratual de outro modo exercida pelo contraente mais poderoso*"[(471)], que o transforma em "*direito da desigualdade*"[(472)]. Nasce, em suma, como recordam Zöllner, Loritz e Hergenröder, da necessidade de *proteção do trabalhador* perante a situação insustentável em que o mesmo se encontrava[(473)]. Por outras palavras, o Direito do trabalho emerge à sombra da finalidade de proteção do trabalhador e é por isso que o "princípio da proteção do trabalhador", estando na génese do Direito do trabalho, marca todo o seu desenvolvimento e consubstancia, consequentemente, o princípio axiológico do qual decorrem as demais soluções normativas. Trata-se, como afirma Bernardo Lobo Xavier, da chamada perspetiva "subjetivista" do Direito do trabalho, à luz da qual este é definido em função de um destinatário específico — o trabalhador[(474)]. O Direito do trabalho adquire assim uma vocação humanitária e social, destinada a garantir, como afirma Menezes Cordeiro, a dignificação do trabalho e do trabalhador[(475)]. Ou, dito de outra forma e utilizando as palavras de Manuel Carlos López e Manuel Álvarez de la Rosa, o Direito do trabalho vai-se desenvolver com o objetivo de resolver um conflito social e, para o efeito, "*limita (...) la exploración de la fuerza de trabajo y garantiza importantes médios de acción a los trabajadores*"[(476)].

Mas esta perspetiva subjetivista, à luz da qual "*Le droit du travail (...) tend, dès son origine, à proteger le travailleur*"[(477)], bem como a existência de um corpo estruturado de normas e princípios destinados a regular o contrato de trabalho e, como afirma Bernard Teyssié, a *"assurer la protection du salarié"*[(478)] só apareceram após a Revolução Industrial[(479)].

Antes disso, não só não existia uma preocupação finalisticamente dirigida à proteção do trabalhador, como não existia um corpo de normas organizado em torno do contrato de trabalho. Todavia, na medida em que a origem do Direito do trabalho se encontra no Direito civil, enquanto direito privado comum, as suas raízes históricas, como assinala Pedro Romano Martinez, remontam ao Direito romano[(480)].

Importa compreender, de forma sucinta, a evolução que tem marcado este ramo do direito.

2.1.2. Direito romano

I. No Direito romano, as normas relativas ao Direito do trabalho eram escassas e não desenvolvidas, por uma razão óbvia: tratando-se de uma sociedade esclavagista, que assentava na divisão entre homens livres e escravos, a atividade desenvolvida pelo escravo em prol do senhor não era uma atividade livre,

---

(471) Cf. JOÃO LEAL AMADO, *Contrato de Trabalho*, 2ª ed., cit., p. 18.
(472) Cf. JOÃO LEAL AMADO, *Contrato de Trabalho*, 3ª ed., Coimbra Editora, Coimbra, 2011, p. 21.
(473) Cf. ZÖLLNER, LORITZ e HERGENRÖDER, Arbeitsrecht, 6ª ed., Verlag C.H. Beck, München, 2008, p. 1. Os autores afirmam, em concreto, que, "*Arbeitsrechts ist historisch entstanden aus der Bemühung die schwierige soziale Lage des Arbeitnehmers mit den Mitteln des Recht erträglicher zu machen und den Arbeitnehmer gegen die Nachteile und Gefahren seiner Stellung abzusichern*".
(474) Cf. BERNARDO DA GAMA LOBO XAVIER, com a colaboração de P. FURTADO MARTINS; A. NUNES DE CARVALHO; JOANA VASCONCELOS E TATIANA GUERRA DE ALMEIDA, *Manual de Direito do Trabalho*, cit., p. 40.
(475) Cf. MENEZES CORDEIRO, *Manual de Direito do Trabalho*, cit., pp. 20 e ss.
(476) Cf. MANUEL CARLOS LÓPEZ e MANUEL ÁLVAREZ DE LA ROSA, *Derecho del Trabajo*, Décimoctava edición, Editorial Universitaria Ramón Areces, Madrid, 2010, p. 76.
(477) Cf. BETTINA KAHL-WOLFF, "L´Abus de Droit en Droit du Travail Allemand — Un cas d´application", *Abus de Droit et Bonne Foi*, cit., pp. 75 e ss.
(478) Cf. BERNARD TEYSSIÉ, *Droit du Travail, 1. Relations individuelles de travail*, 12ª ed., cit., p. 11.
(479) Recorda-se que segundo Gonçalo Diéguez/Jaime Cabeza, em *Derecho del Trabajo*, Segunda Edición, Marcial Pons, Madrid/Barcelona, 2003, p. 86, o país que mais cedo se destacou neste domínio, através da constitucionalização de direitos sociais e direitos dos trabalhadores, foi o México onde, pela primeira vez, "*la protección dispensada al trabajo de las mujeres y menores, la limitación de la jornada, los salários mínimos e inclusos derechos colectivos colo la sindicación y la huelga aparecen enumerados en el art. 123 de su constitución de 1917*".
(480) Cf. PEDRO ROMANO MARTINEZ, *Direito do Trabalho*, cit., pp. 70 e 71 e ss.

mas sim forçada, e a questão da sua dignificação não se colocava, pela simples razão de que o mesmo não era considerado como uma pessoa e não lhe era reconhecida personalidade jurídica. O Direito que incidia sobre os escravos era o "*Direito das coisas*" [(481)]. O escravo era visto como um objeto e não como um sujeito da relação de trabalho[(482)]. E, como afirma, Bernard Teyssié, "*Les hypothèses dans lesquelles un homme libre mettait sa force de travail à la disposition d´autrui moyennant rémunération étaient trop rares pour retenir l´attention*"[(483)].

No domínio do Direito civil, o Digesto continha regras significativas quanto à compra e venda (Livro XVIII) ou às coisas (Livros XXXVII, XXXVIII e XLI), mas era pouco desenvolvido quanto às normas relativas à relação laboral (regras avulsas no Livro XIX) — a importância quantitativa do trabalho livre, tanto na Grécia antiga, como em Roma, era muito escassa, em comparação com a extraordinária difusão da escravidão[(484)], pelo que não existia um corpo de normas dedicadas ao trabalho assalariado e livre. A registar, apenas, o direito à perceção do salário pelo tempo pactuado nos casos em que o trabalho era interrompido por facto não imputável ao trabalhador, em jeito de proteção da confiança.

O trabalho tido como digno ou dignificante era o trabalho autónomo, prestado pela plebe urbana. A plebe rural explorava agricolamente e em benefício próprio as terras que detinha, sendo o trabalho agrícola feito por escravos e prestado a favor dos senhores. A plebe urbana, essa sim, em especial os artífices, prestava serviço aos senhores, mas de forma autónoma, sendo comum a existência de corporações de trabalhadores autónomos — *v. g.*, carpinteiros, sapateiros, comerciantes, padeiros, etc.[(485)].

Só ocasionalmente se admitia a figura do trabalho livre assalariado.

Ainda assim: o enquadramento romanístico do trabalho livre não deixou de ter importância para a atual configuração do Direito do trabalho[(486)].

II. Como sublinha Söllner[(487)], o contrato de trabalho, no direito romano, surgia como uma modalidade contratual inserida numa figura mais genérica — a locação[(488)].

A locação *locatio* tanto podia incidir sobre uma coisa, como sobre o resultado de uma atividade (obra) ou a sua força de trabalho. O contrato de locação tanto podia incidir sobre bens corpóreos, como sobre atividades.

Neste contexto, o Direito romano admitia a figura da *locatio conductio*, concretizada em três figuras parcelares — a *locatio conductio rei*, que corresponde à moderna locação; a *locatio conductio operis*, correspondente ao moderno contrato de empreitada; e a *locatio conductio operarum*, que corresponde ao moderno contrato de prestação de serviço, no qual se incluía não apenas o trabalho independente, mas também o trabalho subordinado[(489)]. Em ambas as situações, o *conductor* tinha de pagar à contraparte — o *locator* — uma contrapartida em dinheiro: a *mercês*, que no trabalho autónomo era também designada por *honorarium* ou *salarium*.

As regras da *locatio conductio operarum*, previstas no Digesto (Livro XIX), foram precursoras do atual contrato de trabalho[(490)].

---

(481) Cf. ALFREDO MONTOYA MELGAR, *Derecho del Trabajo*, Trigésima Edición, cit., p. 54.
(482) Cf. GIULIANO MAZZONI, Manuale di Diritto del Lavoro, 6ª ed., p. 7.
(483) Cf. BERNARD TEYSSIÉ, *Droit du Travail, 1. Relations individuelles de travail*, 12ª ed., cit., p. 5.
(484) Cf. JORS-KUNKEL, *Derecho Privado Romano*, Labor, Barcelona, 1965, p. 341.
(485) Veja-se, a este propósito, FRANÇOIS BARRET, *Histoire du Travail*, Paris, Presses Universitaires de France, Paris, 1960, pp. 20 e ss.
(486) Cf. LUÍS MENEZES LEITÃO, *Direito do Trabalho*, cit., p. 21.
(487) Cf. ALFRED SÖLLNER, *Grundriss des Arbeitsrechts*, pp. 8 e ss.
(488) Veja-se, a este propósito, MÁRIO PINTO, *Direito do Trabalho*, pp. 28 e ss.
(489) Recorda-se que esta divisão tripartida da locação foi acolhida nos actuais Código Civil Francês (1804) e Código Civil Espanhol (1889). O nosso Código Civil de 1966, na esteira do Código Civil Alemão (1900), afasta-se desta conceção tripartida e não concebe o contrato de trabalho como uma modalidade do contrato de locação.
(490) Cf. PEDRO ROMANO MARTINEZ, *Direito do Trabalho*, Instituto de Direito do Trabalho da Faculdade de Direito de Lisboa, cit., p. 74; MARIA DO ROSÁRIO RAMALHO, *Tratado de Direito do Trabalho*, Parte I — Dogmática Geral, pp. 46 e ss.

2.1.3. *Antiguidade*

I. Na Antiguidade, a relação de trabalho era regulada de forma indireta, através de normas e princípios genéricos que regulavam outras atividades: normas relativas à *propriedade*, que indiretamente regulavam a escravidão e o trabalho servil; e normas relativas à *locação* ou ao *arrendamento*, pelas quais se regulava de forma indireta o trabalho livre, cuja atividade era associada a uma coisa suscetível de ser alugada. Nesta época, o trabalho humano, quando realizado para outrem, por conta de outrem, institucionalizou-se predominantemente como "*trabalho não livre*" [(491)].

Não existia um corpo de normas e princípios destinados a regular o trabalho enquanto objeto autónomo[(492)]. Não existia, sequer, uma legislação laboral em sentido próprio — o trabalho, que de resto apenas se identificava com o trabalho manual, era regulado de modo incidental e acessório, a propósito da regulação de outras matérias[(493)].

O advento de normas mais diretamente ligadas ao trabalho, ainda que noutros moldes, surge no Direito intermediário, na sequência do aparecimento do corporativismo e tendo como substrato as influências do cristianismo.

2.1.4. *Direito intermédio*

I. O cristianismo enalteceu a ideia de dignificação da pessoa, nomeadamente do servo[(494)] e, por esta via, atenuou o desprezo pelo trabalho subordinado, circunstância que permitiu desenvolver a relação de trabalho. Por outro lado, foi o cristianismo, também, que concebeu a ideia de salário justo e de paradigma entre o trabalho efetuado e a correlativa retribuição[(495)].

Mais do que isso: o Direito intermédio proclamou a abolição do trabalho escravo e, em sua substituição, criou o estatuto da servidão, próprio da sociedade feudal[(496)].

O trabalho passa a ser visto como uma qualidade inerente à pessoa humana[(497)].

Esta alteração no plano das ideias, associada ao desenvolvimento económico e à estabilidade política esteve na origem, a partir do século IX, do associativismo profissional ou corporativismo, que corresponde à associação de homens dedicados a um só ofício numa corporação profissional da sua atividade, tendo em vista a defesa dos interesses e direitos da respetiva classe profissional, em especial contra aqueles que pudessem se opor à sua progressão ou dignificação, bem como a entreajuda mutualista dos seus membros, em especial em caso de doença, invalidez ou falecimento[(498)].

II. As corporações assentavam numa estrutura hierarquizada, que distinguia os *mestres*, os *companheiros* e os *aprendizes*. Os *mestres* encontravam-se no topo da carreira, tendo para o efeito que prestar provas e exames; os *companheiros*, também designados por oficiais ou operários, já não eram meros aprendizes, mas ainda não eram mestres pela simples razão de que ainda não haviam realizado com aproveitamento as provas finais que davam acesso àquela categoria; os *aprendizes* eram os que iniciavam a carreira numa determinada profissão, juntando-se a um mestre e aos companheiros de um determinado ofício.

---

(491) Cf. MÁRIO PINTO, *Direito do Trabalho*, cit., p. 23.
(492) Cf. BERNARDO DA GAMA LOBO XAVIER, com a colaboração de P. FURTADO MARTINS; A. NUNES DE CARVALHO; JOANA VASCONCELOS E TATIANA GUERRA DE ALMEIDA, *Manual de Direito do Trabalho*, cit., p. 41.
(493) Cf. ALFREDO MONTOYA MELGAR, *Derecho del Trabajo*, Trigésima Edición, cit., p. 53.
(494) Cf. PEDRO ROMANO MARTINEZ, *Direito do Trabalho*, cit., p. 74.
(495) Cf. MENEZES CORDEIRO, *Manual de Direito do Trabalho*, cit., pp. 20 e ss.
(496) Cf. LUÍS MENEZES LEITÃO, *Direito do Trabalho*, cit., p. 22.
(497) Cf. GIULIANO MAZZONI, Manuale di Diritto del Lavoro, 6ª ed., cit., Giuffrè Editore, p. 7.
(498) Cf. PEDRO ROMANO MARTINEZ, *Direito do Trabalho*, Instituto de Direito do Trabalho da Faculdade de Direito de Lisboa, cit., pp. 75-76, onde se cita, a este propósito, SOARES MARTINEZ, *Manual de Direito Corporativo*, 3ª ed., Lisboa, 1971, pp. 29 e ss.

Tendo em vista a defesa dos seus interesses e direitos, as corporações emitiam regulamentos, que determinavam o relacionamento entre os seus membros, as formas de ascensão na carreira, bem como normas e ditames relativos à concorrência, à produção e falsificação de produtos, etc.[499].

III. Os regimentos corporativos continham regulamentações estatutário-profissionais muito minuciosas da situação do prestador do trabalho[500].

A título esporádico, os regimentos continham algumas regras que estão na génese de normas do atual Direito do trabalho — assim sucede com a limitação do tempo de trabalho, através da regra *trabalhar de sol a sol;* com as regras respeitantes ao descanso aos domingos e feriados e à limitação de trabalho durante o período noturno, bem como com as regras relativas ao despedimento dos prestadores de trabalho. Por outro lado, por força da sua vocação mutualista, as corporações são também precursoras do atual regime dos acidentes de trabalho e da segurança social[501].

Em qualquer caso, tais regras estavam ainda desprovidas do sentido de proteção ao trabalhador que é característico do Direito do trabalho e que só surge na sequência da referida "Questão Social"[502]. As regras em apreço, que mais tarde vão ser acolhidas pelo "princípio da proteção do trabalhador" e projetadas ao nível da execução do contrato através do subprincípio da dignificação do trabalho, eram vistas como reguladoras de uma relação de colaboração, num quadro comunitário, e não como regras de proteção de uma classe contra outra classe. Os regimentos corporativos não tinham em vista, verdadeiramente, a tutela dos trabalhadores, mas apenas a defesa da classe que pagava os salários[503]. O Direito do trabalho era visto como uma relação de colaboração e não como uma relação de conflito em que se tornava necessário proteger o trabalhador perante o empregador[504].

Mais do que isso: a própria liberdade dos prestadores de trabalho, nomeadamente dos servos da gleba, dos servidores domésticos ou rurais, ou mesmo dos trabalhadores no seio das corporações de mestres e de artífices, "*tinha um cunho relativo*", uma vez que era compatível com situações de alineação parcial (na servidão da gleba), de adstrição pessoal continuada a um senhor (no caso do serviço doméstico e rural) e de vincada dependência dos aprendizes em relação aos mestres, em moldes muito mais amplos do que os que resultam da simples prestação de uma atividade, "*dado o carácter patriarcal e ao mesmo tempo comunitário deste tipo de vínculos*"[505]. É verdade que o servo possuía um estatuto distinto do estatuto do escravo, na medida em que já lhe era reconhecida a condição de *pessoa* e não de mera coisa; todavia, como recorda Montoya Melgar, os servos encontravam-se numa situação "*muito próxima da do escravo (...). A condição de servo era, como a do escravo, hereditária, ficando o servo obrigado, independentemente da sua vontade, a prestar serviços ao Senhor*"[506].

---

(499) Recorda-se que as corporações tiveram o seu apogeu no século XIII, seguido de um declínio que se acentuou a partir do século XVI. Como sustenta PEDRO ROMANO MARTINEZ, *Direito do Trabalho*, cit., pp. 76-77 — que a este propósito cita SOARES MARTINEZ, *Manual de Direito Corporativo*, cit., p. 61 — o declínio das corporações ficou essencialmente a dever-se ao período dos Descobrimentos e à abertura dos mercados dele emergentes. As corporações estavam preparadas para transacções próprias das sociedades economicamente fechadas e, à medida que estas se depararam com um comércio mais vasto e multifacetado, a organização corporativa começou a decair. A partir do século XVI as corporações deixaram de ser associações de entreajuda dos trabalhadores e passaram a assumir-se como associações cujo único propósito era o da defesa dos seus privilégios e monopólios. E a situação agravou-se com o reforço do poder político e o advento do Estado absoluto: a partir do século XVI, a tentativa de centralização do poder estadual passava pela diminuição do peso ou mesmo pela destruição das corporações, vistas como poderes intermédios entre o Estado e os cidadãos. E este percurso termina, na Europa, com a extinção das corporações, no final do século XVIII — cf. SOARES MARTINEZ, *Manual de Direito Corporativo*, cit., pp. 64 e ss.

(500) Veja-se, a este propósito, JACQUES HEERS, *Le travail au Moyen Âge,* Presses universitaires de France, Paris, 2nd edition, 1968.

(501) Cf. PEDRO ROMANO MARTINEZ, *Direito do Trabalho,* Instituto de Direito do Trabalho da Faculdade de Direito de Lisboa, cit., p. 76.

(502) Cf. BERNARDO DA GAMA LOBO XAVIER, com a colaboração de P. FURTADO MARTINS; A. NUNES DE CARVALHO; JOANA VASCONCELOS E TATIANA GUERRA DE ALMEIDA, *Manual de Direito do Trabalho,* cit., p. 41.

(503) Cf. LUÍS MENEZES LEITÃO, *Direito do Trabalho,* cit., p. 23.

(504) Cf. PEDRO ROMANO MARTINEZ, *Direito do Trabalho,* Instituto de Direito do Trabalho da Faculdade de Direito de Lisboa, cit., p. 77.

(505) MARIA DO ROSÁRIO RAMALHO, *Tratado de Direito do Trabalho,* Parte I — Dogmática Geral, p. 49.

(506) Cf. ALFREDO MONTOYA MELGAR, *Derecho del Trabajo, Trigésima Edición,* cit., p. 43.

IV. Foi a partir da Revolução Industrial e da "Questão Social" que nasceu o moderno Direito do trabalho[507], o qual está igualmente associado à evolução do trabalho escravo ou de servidão (semilivre) para o trabalho livre[508], em especial, no Ocidente europeu[509]. É, a partir da Revolução Industrial, como se disse, que nasce o Direito do trabalho enquanto ramo de Direito dotado de autonomia e que se disciplina tendo por base um verdadeiro sistema normativo, com princípios próprios e instituições especialmente adaptadas à realidade sobre a qual o mesmo incide, princípios e instituições que apenas existem neste ramo do Direito e que nenhum outro pode aportar[510] e que surgem com a finalidade assumida de proteger a parte mais fraca na relação de trabalho — o trabalhador[511].

2.1.5. A "Questão Social" e o advento do Direito do trabalho

I. O Direito do trabalho, como sublinha Gamillscheg, é um ramo de direito jovem que se desenvolveu na sequência da industrialização e da *Sozialen Frage* do século XIX[512].

O contexto em que a "Questão Social" se coloca não pode ser dissociado da extinção das corporações, que ocorreu nos séculos XVIII e XIX, e da proibição de qualquer forma de associativismo profissional: por força destas alterações sociais, os trabalhadores atuavam de forma individual e desprotegida, estando-lhes vedada qualquer possibilidade de associação. Este facto, aliado à procura exacerbada do lucro, à abundância de mão de obra, aos fluxos migratórios do campo para as grandes zonas industriais decorrentes do aparecimento da máquina a vapor e da industrialização, às concentrações humanas, às deficientes condições de trabalho, à ausência de limitações máximas à jornada de trabalho, à prática de salários muito baixos, à falta de proteção contra acidentes de trabalho, entre outras variáveis igualmente decisivas para a degradação da posição dos trabalhadores, deu origem à indicada "Questão social", da qual viria a emergir o Direito do Trabalho[513] como ramo de direito que visa tutelar a parte tendencialmente mais fraca no contrato de trabalho ou, nas palavras de Mazzoni, promover a "*tutela del contraente più debole nel rapporto di lavoro subordinato*"[514].

É na sequência da Questão Social que o Direito do trabalho se apresenta, como afirma Monteiro Fernandes, "*sob o signo da protecção do trabalhador e como um conjunto de limitações à autonomia privada individual*"[515]. Perante a "Questão Social", nas palavras de Mário Pinto, "*o liberalismo entrou de ceder, à medida que foi aparecendo uma legislação de protecção dos trabalhadores*"[516], passando a nova legislação laboral a configurar-se como uma verdadeira "*legislação de proteção ao trabalhador, em que se diversificam as medidas de proteção à pessoa e aos interesses do trabalhador*"[517].

O que passa a estar em causa, no fundo, como sugere Oronzo Mazzotta, é o aparecimento de uma "*legislazione sociale, direta a proteggere tutti i lavoratori con una tutela minimale ovvero fasce di questi particolarmente svantaggiate (donne e minori)*"[518].

O Direito do trabalho afirma-se, pois, nas palavras de Jacques Ghestin, como "*un droit de progrès*", que se afirma e autonomiza relativamente a um "*droit comum archaïque*"[519].

---

(507) Cf. MENEZES CORDEIRO, *Manual de Direito do Trabalho*, cit., pp. 42 e ss.
(508) Cf. ALONSO OLEA, *De la Servidumbre al Contrato de Trabajo*, Tecnos, Madrid, 1979.
(509) Cf. ALFREDO MONTOYA MELGAR, *Derecho del Trabajo*, Trigésima Edición, cit., p. 60.
(510) Cf. ALFREDO MONTOYA MELGAR, *Derecho del Trabajo*, Trigésima Edición, cit., p. 43.
(511) Cf. GIUSEPPE PERA, *Diritto del Lavoro*, 6ª ed., cit., p. 1 e pp. 7-37.
(512) Cf. FRANZ GAMILLSCHEG, *Arbeitsrecht I — Arbeitsvertrags — und Arbeitsschutzrecht*, 8ª ed., cit., p. 4.
(513) Quanto à ligação do Direito do Trabalho com a "Questão Social", v. MENEZES CORDEIRO, *Manual de Direito do Trabalho*, cit., pp. 42 e ss. e a extensa biliografia aí citada, de entre as quais se destaca o clássico GUSTAV SCHMOLLER, *Die soziale Frage: Klassenbildung*, Arbeiterfrage, Klassenkampf *(A questão social: Educação de classe, política e luta de classes)*, Duncker & Humblot, Munich, 1918.
(514) Cf. GIULIANO MAZZONI, *Manuale di Diritto del Lavoro*, 6ª ed., cit., p. 12.
(515) Cf. MONTEIRO FERNANDES, *Direito do Trabalho*, 12ª ed., cit., p. 21.
(516) Cf. MÁRIO PINTO, *Direito do Trabalho*, cit., p. 41.
(517) Cf. MÁRIO PINTO, *Direito do Trabalho*, cit., 1996, p. 44.
(518) Cf. ORONZO MAZZOTTA, *Trattato di Diritto Privato, Diritto del Lavoro*, 3ª ed., cit., p. 5.
(519) Cf. JACQUES GHESTIN, *Traité de Droit Civil, La formation du contrat*, 3ª ed., cit., p. 83.

II. A "Questão Social" representa, no fundo, um conjunto de problemas sociais decorrentes da Revolução Industrial e da dissociação entre o capital e o trabalho.

A atividade humana é vista como mero fator de produção, sujeito à lógica do mercado e à lei da oferta e da procura; os salários baixos, decorrentes daquela lógica do mercado e da massificação do trabalho, aliado às paupérrimas condições em que este é prestado estão na origem, nas palavras de Bernardo Lobo Xavier, da *"incrível miséria da classe operária do século XIX"*[(520)], na base da qual se construiu a teoria marxista da luta de classes. Por outro lado, a máquina a vapor generalizou os acidentes de trabalho e os acidentados, face à abolição das corporações e associações mutualistas, não tinham como ser ajudados. A responsabilidade aquiliana era insuficiente para solucionar a questão, face à dificuldade de prova da culpa do empregador e à incapacidade do acidentado de se mover nos meandros da justiça. O desemprego tendia também a aumentar, em especial, nos períodos economicamente recessivos. A degradação das condições de vida dos trabalhadores e suas famílias tornou-se uma realidade e marcou quer a segunda metade do século XIX, quer o início do século XX.

Privados de proteção legal, com salários miseráveis, sujeitos a jornadas de trabalho desmesuradas, sem higiene e segurança, e a uma disciplina rigorosa nas fábricas ou nas minas, a que não escapavam mulheres e crianças, os trabalhadores encetam um movimento de reação e passam a constituir uma ameaça à ordem estabelecida[(521)]. A reação dos trabalhadores surge como uma consequência deste estado de coisas: tomando paulatinamente consciência da sua força enquanto coletivo e da necessidade de se agruparem para fazer valer as suas reivindicações, os trabalhadores dinamizaram a chamada "solidariedade de classe" através do recurso a formas de luta coletiva, nomeadamente a greve. O "movimento operário", que foi determinante no aparecimento do Direito do trabalho[(522)(523)] e a "questão social" desencadearam, então, um amplo debate ideológico, dominado pela lógica de proteção e dignificação do trabalhador e pela valorização e dignificação das condições de trabalho[(524)].

III. O debate ideológico em causa pôs em confronto, várias correntes de pensamento, todas elas orientadas para a resolução da mesma questão social, mas com abordagens e projetos de solução distintos. A "Questão Social" pôs em evidência o socialismo, em especial, o marxismo, o corporativismo e a doutrina social da igreja[(525)]. E, mais importante do que isso, do ponto de vista juslaboral, determinou o

---

(520) Cf. Bernardo da Gama Lobo Xavier, com a colaboração de P. FURTADO MARTINS; A. NUNES DE CARVALHO; JOANA VASCONCELOS E TATIANA GUERRA DE ALMEIDA, *Manual de Direito do Trabalho*, cit., p. 42. A este propósito, o autor cita um célebre inquérito de 1840 levado a cabo por Villermé, com a descrição do que era na altura o trabalho infantil — as crianças trabalhavam por dia *"16 a 17 horas de pé (...), pelo menos 13 numa sala fechada, sem quase mudar de lugar ou de posição. Não é um trabalho, uma tarefa: é uma tortura; que é infligida a crianças de 6 a 8 anos, mal alimentadas, mas vestidas, obrigadas a percorrer, desde as 5 horas da manhã, a larga distância que as separa das oficinas (...)"*.

(521) Cf. JEAN PÉLISSIER; ALAIN SUPIOT, ANTOINE JEAMMAUD, *Droit du Travail*, 24ᵉ édition, cit., p. 11.

(522) Cf. ALFREDO MONTOYA MELGAR, *Derecho del Trabajo, Trigésima Edición*, cit., p. 70, que fala, a este propósito, de uma influencia decisiva a dois níveis: por um lado, por força da pressão que as organizações de trabalhadores exerceram sobre o poder público; por outro lado, por força das reformas legislativas que, a partir de então e fruto daquela pressão, começam a surgir.

(523) Cf. GIUSEPPE PERA e MARCO PAPALEONI, *Diritto del Lavoro*, 7ª ed., Cedam, Padova, 2003, pp. 7 e ss.

(524) Cf. GIUSEPPE PERA, *Diritto del Lavoro*, 6ª ed., cit., pp. 7-37.

(525) Como sustenta Pedro Romano Martinez, *Direito do Trabalho*, cit., pp. 82 e ss., a doutrina social da Igreja, desde há mais de cem anos e através de várias Encíclicas tem mantido, quanto à Questão Social, uma perspetiva de condenação da situação degradante a que a relação laboral votava os trabalhadores, condenando os proprietários das fábricas (o capital) por terem permitido tal estado de coisas com a sua ganância de lucro, através da exploração dos trabalhadores — foi nesse sentido que a Igreja tomou posição, pela primeira vez, na Encíclica *Rerum Novarum*, de 1891, do Papa Leão XIII, que condena também o liberalismo económico e a sua perspetiva individualista, que conduz a mão-de-obra a um mero facto r de produção (o trabalho) sujeito às contingências do mercado. Nesse sentido, como contraponto ao liberalismo económico, a Encíclica propõe a reestruturação das associações profissionais, melhores condições, a limitação da jornada de trabalho e reitera a ideia oriunda do cristianismo do justo salário. O mesmo sucedeu em diversas encíclicas posteriores, que se debruçaram sobre a relação laboral. Assim sucedeu com a *Quadragesimo Anno* (1931), de Pio XI; a *Mater et Magistra* (1961), e a *Pacem in Terris* (1963), ambas de João XXIII; a *Laborem Exercens* (1981), a *Sollicitudo Rei Socialis* (1988) e a *Centesimus Annus* (1991), ambas de João Paulo II; e, já no pontificado de Bento XVI, a *Caristas in veritate*, de 29 de Junho de 2009. A doutrina social da igreja preconiza, em suma, a dignificação do trabalho e do trabalhador; o primado do homem em relação às coisas e ao capital; a ideia de justo salário, suscetível de atribuir uma vida digna ao trabalhador e à sua família; a proscrição do trabalho infantil e a defesa dos trabalhadores em situação mais vulnerável (*v. g.*, doentes, deficientes ou, por força das contingências da maternidade, as mulheres); a reconstituição dos corpos profissionais e das estruturas representativas dos trabalhadores (*v. g.*, sindicatos); e a liberdade de iniciativa económica, como motor da economia e em contraponto ao intervencionismo estatal.

aparecimento do "Moderno" Direito do trabalho — o Direito do trabalho passa a ocupar-se do trabalho subordinado enquanto fenómeno moderno, projetado pela Revolução Industrial, que assenta fundamentalmente na liberdade de trabalho do trabalhador e na igualdade entre os sujeitos privados. O fenómeno a que se reporta o Direito do trabalho não se confunde com a *locatio conductio operarum* do Direito romano. O Direito do trabalho ocupa-se do trabalho subordinado livre da sociedade contemporânea: um fenómeno moderno, portanto, que é substancialmente distinto do fenómeno de trabalho pré-industrial, marcado pela ausência de liberdade do prestador de trabalho(526). Mas o fenómeno sobre o qual o Direito do trabalho vai incidir, apesar de envolver uma atividade livre, carateriza-se pelo estado de dependência jurídica e económica de uma das partes em relação à contraparte negocial — o Direito do trabalho surge, pois, da constatação da necessidade de proteção do trabalhador. Surge, nas palavras de Radbruch, como reação à insuficiência do Direito civil para regular o trabalho generalizado da sociedade contemporânea — "*O Direito do trabalho constitui uma reação contra o espírito do Direito civil. Este reconhece apenas pessoas, sujeitos jurídicos iguais (...); e nada sabe acerca do trabalhador situado numa posição de inferioridade face ao empresário. Nada sabe sequer acerca da solidariedade do proletariado, que compensa ou nivela esta inferioridade de poder do trabalhador individual face ao empregador, nem das grandes associações profissionais*"(527).

IV. A partir da "Questão Social", o Estado passou a produzir legislação destinada a intervir na relação de trabalho entre empregador e trabalhador — perante a neutralidade da legislação civil de tipo napoleónico, surge uma nova legislação especial "*de carattere protettivo per i lavoratori*"(528). A relação laboral deixa de estar apenas na dependência da vontade das partes, passando a ser também determinada em função da atuação dos poderes estatais. O Direito do trabalho assume paulatinamente como objetivo a tutela dos trabalhadores subordinados: assume-se, pois, nas palavras de Maria do Rosário Ramalho, como um ramo jurídico *finalisticamente determinado*(529)(530), que tem por principal função, como afirma Monteiro Fernandes, a de "*compensar a debilidade contratual originária do trabalhador, no plano individual*"(531).

Num primeiro momento, as intervenções legislativas foram no sentido de eliminar o que mais se havia evidenciado, pela negativa, no pós-Revolução Industrial: o trabalho infantil, as paupérrimas condições de trabalho e a ausência de limites ao tempo de trabalho. Num segundo momento, vai-se mais além no sentido da eliminação dos princípios básicos do sistema individualista e liberal do primeiro capitalismo, que assentavam na proibição do associativismo profissional; no primado do contrato, que se alicerçava numa ficção de igualdade contratual; e na propriedade privada, da qual resultava a conceção do trabalho como mero fator de produção(532).

Na Alemanha, sob a governação do Chanceler Bismark, estabeleceu-se um sistema de segurança social, criou-se legislação contra acidentes de trabalho e legislou-se no sentido da limitação do período normal de trabalho. Este movimento foi acompanhado por toda a Europa que assistiu também, paulatinamente, ao restabelecimento do associativismo profissional, como forma de proteção dos trabalhadores(533), ao sindicalismo e ao direito à greve, como forma institucionalizada de conflito laboral coletivo de trabalho(534).

V. Ao contrário do que se poderia supor, as alterações legislativas levadas a efeito no domínio do Direito do trabalho não influenciaram, de forma estrutural, as codificações civis do final do século XIX e do início do século XX.

---

(526) Cf. MARIA DO ROSÁRIO RAMALHO, *Tratado de Direito do Trabalho*, Parte I — Dogmática Geral, p. 54.

(527) GUSTAV RADBRUCH, *Einführung in die Rechtswissenschaft*, Quelle & Meyer, Leipzig, 1925, pp. 153-154.

(528) Cf. GIULIANO MAZZONI, *Manuale di Diritto del Lavoro*, 6ª ed., cit., p. 12.

(529) Cf. MARIA DO ROSÁRIO RAMALHO, *Direito do Trabalho, Parte I*, cit., p. 48.

(530) Cf. GIUSEPPE PERA, *Diritto del Lavoro*, 6ª ed., cit., p. 1.

(531) Cf. MONTEIRO FERNANDES, *Direito do Trabalho*, 12ª ed., cit., p. 24.

(532) Cf. Bernardo da Gama Lobo Xavier, com a colaboração de P. FURTADO MARTINS; A. NUNES DE CARVALHO; JOANA VASCONCELOS e TATIANA GUERRA DE ALMEIDA, *Manual de Direito do Trabalho*, cit., p. 43. Sobre a primeira corrente legislativa da última década de oitocentos, nomeadamente na Alemanha, na Itália, na França, na Bélgica ou na Espanha, veja-se MARIA DO ROSÁRIO RAMALHO, *Tratado de Direito do Trabalho*, Parte I — Dogmática Geral, pp. 44-45, bem como a extensa bibliografia ali citada.

(533) Cf. PEDRO ROMANO MARTINEZ, *Direito do Trabalho*, cit., pp. 85-87.

(534) Veja-se, a este propósito, nomeadamente no caso francês, JEAN PÉLISSIER; ALAIN SUPIOT, ANTOINE JEAMMAUD, *Droit du Travail*, 24e édition, cit., pp. 9-11.

A título exemplificativo, quer o Código Civil francês, de 1804[535], quer o Código Civil alemão, de 1900, mantiveram a perspetiva tradicional da relação laboral — as intervenções legislativas neste domínio foram pontuais e avulsas, abrangendo, nos termos acima referidos, questões relativas ao tempo do trabalho, à proteção do trabalho de menores e das mulheres, ao associativismo profissional e à segurança social. Mas não influenciaram as grandes codificações civis europeias. E se isso é compreensível quanto ao Código Civil francês, preparado e aprovado antes da emergência da "Questão Social", deixa de o ser quanto ao BGB alemão, que manteve a relação laboral enquanto modalidade do contrato de prestação de serviço, sem atender às especificidades próprias desta relação jurídica[536].

Só mais tarde, em meados do século XX e fundamentalmente depois da II Guerra Mundial, é que o Direito do trabalho emerge tal como o conhecemos, rompe com o passado e submete o contrato de trabalho a um conjunto especial de regras e princípios com um objetivo muito claro — garantir a proteção do trabalhador. O "princípio da proteção do trabalhador" subordinado assume-se definitivamente como o princípio estruturante do Direito do trabalho e a proteção do trabalhador subordinado como o *paradigma tradicional* deste ramo jurídico[537]. Do ponto de vista dogmático, o "princípio da proteção do trabalhador" assume-se como a *instância justificativa das soluções laborais*[538] e o elemento diferenciador em relação ao Direito civil.

Mais do que isso: a índole de proteção do trabalhador assume-se também como o motor do desenvolvimento sistemático do Direito do trabalho durante todo o século XX, orientando as normas laborais para a melhoria progressiva (e tendencialmente irreversível) dos direitos dos trabalhadores (objetivo vertical) e para a universalização expansiva e progressiva da proteção laboral (objetivo horizontal)[539]. Em termos *verticais*, o princípio da proteção do trabalhador está na origem do reforço da tutela do trabalhador em vários domínios, como sejam o da consagração de regimes específicos de direitos de personalidade e de igualdade e não discriminação no acesso ao emprego e nas condições de trabalho, o da limitação do tempo de trabalho, o do direito ao repouso, o da garantia da retribuição, o da proteção na doença ou na maternidade ou o da cessação do contrato de trabalho; com a mesma finalidade tutelar, está ainda na origem da ideia (hoje questionável) de *irreversibilidade* dos direitos subjetivos, no sentido em que o nível de tutela obtido não pode regredir, mas apenas evoluir de forma mais favorável ao trabalhador; em termos *horizontais,* o princípio da proteção do trabalhador adota uma tendência expansiva: inicialmente, vocacionado apenas para a proteção de certas categorias mais vulneráveis, como as mulheres ou as crianças, o Direito do trabalho, guiado pelo "princípio da proteção do trabalhador", alargou a sua área de intervenção a todos os trabalhadores subordinados, quer aos trabalhadores manuais, numa primeira fase, quer também aos trabalhadores intelectuais, numa segunda fase[540].

VI. A partir de então, a produção legislativa deixa de ser pontual e passa a ser abrangente e estruturada, pautada pelo referido *metaprincípio* juslaboral da "proteção do trabalhador", passando também a contar com a internacionalização institucionalizada dos problemas laborais, através da Organização Internacional do Trabalho (OIT) que, como afirma Bernard Teyssié, surge na sequência dos apelos lançados no final do século XIX *"en faveur d´une réglementation internationale du travail"*[541].

O Direito do trabalho passa a assumir-se como o ramo do Direito que visa a "proteção do trabalhador" e a intervenção do Estado no domínio das relações (privadas) de trabalho passa a ser feita, não raras vezes, através de normas imperativas, insuscetíveis de serem derrogadas por mero acordo das partes, e de normas de ordem pública, que restringem o princípio da autonomia da vontade tendo em vista a tutela da

(535) Cf. JEAN PÉLISSIER; ALAIN SUPIOT, ANTOINE JEAMMAUD, *Droit du Travail,* 24e édition, cit., p. 10-11.
(536) Veja-se, a este propósito, MENEZES CORDEIRO, *Manual de Direito do Trabalho,* cit., pp. 48 e ss. e PEDRO ROMANO MARTINEZ, *Direito do Trabalho,* cit., pp. 86-87 que, a propósito das críticas ao BGB quanto à desconsideração das especificidades da relação laboral, cita o autor alemão MARTIN BECKER, *Arbeitsvertrag und Arbeitsverhältnis in Deutschland vom Beginn der Industrialisierung bis zum Ende des Kaiserreichs,* Klostermann, Frankfurt am Main, 1995, pp. 219 e ss.
(537) Cf. MARIA DO ROSÁRIO RAMALHO, *Tratado de Direito do Trabalho,* Parte I — Dogmática Geral, pp. 52-56.
(538) Cf. MARIA DO ROSÁRIO RAMALHO, *Tratado de Direito do Trabalho,* Parte I — Dogmática Geral, p. 55.
(539) Cf. MARIA DO ROSÁRIO RAMALHO, *Tratado de Direito do Trabalho,* Parte I — Dogmática Geral, pp. 55-56.
(540) Cf. MARIA DO ROSÁRIO RAMALHO, *Tratado de Direito do Trabalho,* Parte I — Dogmática Geral, p. 56.
(541) CF. BERNARD TEYSSIÉ, *Droit du Travail,1. Relations individuelles de travail,* 12ª ed., cit., pp. 62 e ss. (63).

posição dos trabalhadores. E a proteção do trabalhador, para além de *intensa* e *expansionista*, passa a ser absolutamente *abrangente* e *irradiante*: após a II Guerra Mundial o Direito do trabalho desenvolve-se no sentido de proteger o trabalhador, quer no domínio das *condições de trabalho*, que está na origem dos sistemas de segurança social; quer no domínio das *situações laborais coletivas*, através da consagração do direito à greve e da dinamização da liberdade de associação sindical e da negociação coletiva; quer ao nível das *situações laborais individuais,* através da absoluta autonomização do contrato de trabalho face aos contratos civis e da criação de um regime laboral típico, regulamentado e francamente protetor do trabalhador, enquanto contraente mais débil, quer na celebração, quer na execução, quer na cessação do contrato de trabalho.

O Direito do trabalho assume-se, assim, como o "*Direito comum regulador do trabalho subordinado*"[(542)] e desde então avançou progressivamente no reforço dos instrumentos de proteção do trabalhador e na imposição de particulares limitações à liberdade de gestão empresarial.

VII. Só mais tarde, nos finais do século XX e em especial já neste século XXI, nos termos adiante desenvolvidos, quando se constatou que uma excessiva rigidez do mercado de trabalho pode conduzir ao aumento do desemprego e à criação de uma sociedade a duas velocidades, em que principalmente os jovens são afastados do mercado de trabalho; quando se tornou claro que não existe uma categoria uniforme de trabalhadores subordinados, mas sim diversas categorias que se distinguem em função da maior ou menor proteção que a lei lhes confere — assumindo particular destaque, a este propósito, a ideia de *trabalhador precário*, que integra todos quantos não têm um vínculo laboral assente no contrato de trabalho por tempo indeterminado, o que sucede, nomeadamente, com o *trabalhador a termo* ou o *trabalhador temporário*; quando se evidenciou que o modelo económico atual assenta, em grande medida, em pequenas e médias empresas, nomeadamente nos setores terciário e quaternário, cuja sobrevivência passa pela implementação de modelos empresariais ágeis e flexíveis, distantes, portanto, dos modelos *fordista* e *taylorista* das unidades industriais do pós-I e II Guerras Mundiais, e que exigem maior agilidade empresarial e uma capacidade de reação aos ímpetos concorrenciais ditados pela globalização[(543)]; quando se tornou evidente que o sistema laboral de proteção do trabalhador em todas as suas vertentes, em especial, no domínio da segurança social, caminhava perigosamente para uma situação de evidente insustentabilidade económica; quando se tornou claro, enfim, que o paradigma laboral tradicional, assente na estabilidade e permanência da relação de trabalho e no trabalho prestado a tempo completo se alterou significativamente, face ao surgimento de novas formas de prestação de trabalho, como o contrato a termo, o contrato de trabalho temporário e o teletrabalho[(544)]; quando tudo isto se tornou evidente, o Direito do trabalho começou a se orientar para uma maior flexibilização das relações laborais, quer em termos de flexibilidade interna (*v. g.*, mobilidade geográfica e adaptabilidade dos horários de trabalho), quer em termos de flexibilidade externa ou relativa à cessação do contrato de trabalho, através da facilitação das regras do despedimento[(545)].

A economia de mercado, sendo animada pela liberalização do comércio, pela procura exacerbada do lucro e por um ambiente de forte competitividade à escala global[(546)], não raras vezes sem os necessários

(542) Cf. ALFREDO MONTOYA MELGAR, *Derecho del Trabajo,* Trigésima Edición, cit., p. 46.

(543) A propósito da globalização da economia e dos seus efeitos na legislação laboral, aludindo a que esta "*pode conduzir a uma perversão no desenvolvimento do Direito do Trabalho, uma vez que, depois de este ter vindo a representar um progresso contínuo nas condições dos trabalhadores, assiste-se no início do sec. XXI a algum retrocesso nesta área, que é estimulado pela concorrência entre os países na atracção do investimento estrangeirto, que adaptam a sua legislação laboral em ordem a torná-la mais atractiva para os investidores*", veja-se LUÍS MENEZES LEITÃO, *Direito do Trabalho,* cit., pp. 29-31 (p. 30). Veja-se, também, MASSIMO ROCCELLA, *Manuale di Diritto del Lavoro,* Giappichelli Editore, 4ª ed., Torino, 2010, pp. 16 e ss.; e OCTAVIO BUENO MAGANO, "Princípios do Direito do Trabalho e os avanços da tecnologia", *Os Novos Paradigmas do Direito do Trabalho (homenagem a Valentin Carrion),* RITA MARIA SILVESTRE/AMAURI MASCARO NASCIMENTO (coord.), Editora Saraiva, São Paulo, 2001, pp. 81 e ss.; JOSÉ FRANCISCO SIQUEIRA NETO, "Princípios de Direito do Trabalho e economia de mercado", *Os Novos Paradigmas do Direito do Trabalho (homenagem a Valentin Carrion),* Rita Maria Silvestre/Amauri Mascaro Nascimento (coord.), cit., pp. 129 e ss.

(544) Cf. LUÍS MENEZES LEITÃO, *Direito do Trabalho,* cit., p. 16.

(545) Recorda-se a este propósito, a nível institucional, a ideia da flexissegurança lançada pela Comissão Europeia, que visa a adaptação dos trabalhadores às necessidades do mercado, através da flexibilização das relações laborais (flexibilidade), por um lado, e a proteção dos mesmos durante o período de ausência de emprego (segurança) — veja-se, a este propósito, JEAN PÉLISSIER; ALAIN SUPIOT, ANTOINE JEAMMAUD, *Droit du Travail,* 24ᵉ édition, cit., p. 33.

(546) Cf. ARNALDO SAMPAIO DE MORAES, *Direito do Trabalho e Globalização,* disponível em: <http://jus.com.br/revista/texto/6042/direito-do-trabalho-e-globalizacao>. Acesso em: fevereiro de 2013.

mecanismos de regulação, apercebeu-se que tal desiderato teria de passar por um novo modelo social — um modelo assente *"na limitação do custo da força de trabalho e na afirmação do poder de gestão patronal"*[(547)]. Neste cenário de globalização e liberalização crescentes[(548)], alguns direitos fundamentais dos trabalhadores passam, a partir de então, a ser questionados[(549)] e os Estados começam a competir entre si, apresentando aos investidores internacionais regimes laborais mais apetecíveis e *"business friendly"*, capazes de proporcionar bons ambientes de negócios[(550)]. Como sublinha João Leal Amado, *"o Direito do trabalho vê-se remetido para o banco dos réus"*[(551)] — os empresários queixam-se de uma excessiva proteção da legislação laboral, que os impede de gerir convenientemente as suas unidades produtivas e passam a reclamar a flexibilização do regime legal associado ao contrato de trabalho[(552)], como forma de sobrevivência do tecido empresarial; os sindicatos, pelo contrário, manifestam-se contra a destruição de direitos antes tidos por adquiridos.

Numa primeira fase, a partir do último quartel do século XX, a ideia de flexibilização do Direito do trabalho fez-se de forma paulatina e gradual, fundamentalmente por duas vias:

— através da criação de vínculos laborais atípicos (*flexibilidade externa*), nalguns casos caracterizados pela limitação no tempo do respetivo vínculo — casos do *contrato de trabalho a termo*, do *contrato de trabalho temporário* ou mesmo do *trabalho partilhado* —, noutros caraterizados pela maior flexibilidade quanto à gestão do tempo do trabalho — como é o caso do *contrato a tempo parcial* ou do *contrato de trabalho intermitente*; e

— através da maleabilização do regime do vínculo laboral (*flexibilidade interna*), nomeadamente pela criação da figura da *polivalência funcional*, destinada a conferir maior agilidade à gestão das carreiras profissionais; pela institucionalização da ideia de *mobilidade geográfica* ou de deslocalização do local de trabalho, em nome de maior eficácia na gestão empresarial; pela *flexibilização do tempo de trabalho*, de forma a adequá-lo às necessidades de gestão da empresa, através do trabalho em regime de adaptabilidade, do banco de horas ou do horário concentrado; e pelo reforço de alguns poderes do empregador, nomeadamente decorrentes do uso de novas tecnologias que permitem o controlo a distância do trabalhador e o acesso aos seus dados pessoais e a elementos relativos à sua vida privada[(553)].

Num segundo momento, a partir de 2008, quando irrompe na Europa a crise da dívida soberana dos Estados e se põe a nu a insustentabilidade económica dos modelos sociais criados, em certa medida, em torno do "princípio da proteção do trabalhador", a defesa da flexibilização do regime laboral surge de rompante e passa a atuar, em jeito de emergência, sobre o regime de cessação do contrato de trabalho,

---

(547) 548 Cf. JEAN PÉLISSIER; ALAIN SUPIOT, ANTOINE JEAMMAUD, *Droit du Travail,* 24e édition, cit., p. 39. Veja-se também, a este propósito, Alain Supiot (organização), *Transformações do trabalho e o futuro do Direito do trabalho na Europa,* Coimbra Editora, Coimbra, 2003, para quem as transformações operadas no Direito do trabalho se fazem sentir, essencialmente, a cinco níveis: ao nível do reforço dos poderes do empregador, que se tornam mais fortes, fruto dos instrumentos que lhe são postos à disposição pelos instrumentos de flexibilização e pelo recurso a novas tecnologias; da alteração do estatuto do trabalhador, que passa ser confrontado com novas formas de trabalho, caracterizadas pela sua precariedade; do tempo de trabalho, que passa a ser gerido de forma mais flexível e em função das necessidades da empresa; das organizações coletivas, que tendem a ser postas em causa com o crescimento do desemprego e pelo declínio das formas tradicionais de organização sindical; e da intervenção dos poderes públicos, que tem vindo a diminuir e a conduzir a uma progressiva desregulamentação do Direito do trabalho — para uma síntese mais desenvolvida, veja-se LUÍS MENEZES LEITÃO, *Direito do Trabalho,* cit., pp. 16 a 19.

(548) Cf. DINAURA GODINHO PIMENTEL GOMES, *A Dignidade do Trabalhador no Cenário da Globalização Econômica,* Revista LTr — Revista de Legislação do Trabalho, Volume 66, n. 12, LTr Editora, São Paulo, dezembro de 2002, pp. 1440 e ss.

(549) Cf. MARCOS CÉSAR ALVES, *"Trabalho decente sob a Perspectiva dos Direitos Humanos", Direitos Humanos e Direito do Trabalho,* coordenação de Flávia Piovesan e Luciana Paula Vaz de Carvalho, Editora Atlas, São Paulo, 2009, pp. 328 e ss. (p. 333).

(550) Veja-se, também, JOÃO LEAL AMADO, *Contrato de trabalho,* 3ª ed., Coimbra Editora, Coimbra, 2011, que fala, a propósito da concorrência de regimes laborias mais atraentes para o investidor estrangeiro, de um *"mercado de leis"* à escala global, que marca um retrocesso no propósito de tutela dos trabalhadores.

(551) Cf. JOÃO LEAL AMADO, *Contrato de trabalho,* 3ª ed., cit., p. 27, que fala, a propósito da concorrência de regimes laborais mais atraentes para o investidor estrangeiro, de uma *"colonização economicista"* deste ramo do direito.

(552) Cf. JEAN PÉLISSIER; ALAIN SUPIOT, ANTOINE JEAMMAUD, *Droit du Travail,* 24e édition, cit., pp. 40-41.

(553) Veja-se, a este propósito, Alain Supiot (organização), *Transformações do trabalho e o futuro do Direito do trabalho na Europa,* cit., pp. 10 e ss.

procurando diminuir drasticamente o regime protetor da *employment protection legislation*, nomeadamente através da facilitação dos despedimentos por inadaptação ou por razões de mercado[(554)].

O número de normas imperativas começa a diminuir. O espaço de liberdade conferido aos sujeitos — coletivos e individuais — para efeitos de conformação da situação laboral tende a aumentar. E o "princípio da proteção do trabalhador", nomeadamente enquanto ditame de interpretação ou elemento de aplicação de normas laborais tende a tornar-se menos atuante[(555)]: não porque tal princípio tenha perdido força ou influência no Direito do trabalho, mas porque ele encerra, em si mesmo, uma capacidade de adaptação e uma elasticidade que lhe permitem comprimir-se ou expandir-se em função do devir social e das necessidades sentidas na sociedade.

VIII. Nesse sentido, a discussão em torno do Direito do trabalho faz-se também, de forma incontornável, em torno do "princípio da proteção do trabalhador" e do *maior* ou *menor* grau de proteção e de tutela que a lei deve atribuir a este contraente. O "princípio da proteção do trabalhador" assume-se, em suma, como o elemento central do Direito do trabalho: é em torno deste princípio que tudo se joga. E o que a criação, a evolução e a dinâmica do Direito do trabalho nos mostram, é que o princípio em causa, do ponto de vista histórico, tende a ser dinâmico: ora se expande, ora se comprime, em função dos influxos socioeconómicos ditados pelo devir social, da situação económica e do índice de empregabilidade conjuntural dos Estados.

A evolução do Direito do trabalho em Portugal segue essa tendência.

Aquilo que importa apurar, e é esse um dos objetivos desta tese, é se existe — e em que termos — um núcleo essencial e absolutamente intransponível de direitos que garantem um nível mínimo de proteção do trabalhador e que, enquanto tal, não podem ser questionados, em torno do qual atua — agora assim, de forma elástica — um círculo diferenciado de direitos de proteção cujo grau de intensidade varia consoante os *inputs* fornecidos pela dinâmica económica e social sentida nos diferentes momentos históricos.

A tese em presença caminha, pois, à luz deste pré-entendimento, que desde já se assume: o de que o "princípio da proteção do trabalhador", não obstante a sua elasticidade, é parte integrante e é o valor máximo do Direito do trabalho, sendo enquanto tal inquestionável. Ele está na génese e na evolução deste ramo do direito e faz parte do seu código genético. Não existe Direito do trabalho sem o "princípio da proteção do trabalhador", que é o seu princípio central. Tal não significa, contudo, como se disse, que tal princípio seja imutável: pelo contrário, dentro da lógica de abertura e mutabilidade do sistema jurídico, acima exposta, ele pode e deve adaptar-se à realidade económica e social que o rodeia. E o facto de se lhe contraporem outros valores e exigências, nomeadamente ditados pela necessidade de maior agilização empresarial, não o diminuem, antes o enriquecem: o "princípio da proteção do trabalhador" torna-se ainda mais percetível quanto mais evidentes forem os limites que lhes sejam impostos e os valores que o contradigam. De resto, como se verá, admite-se que o princípio em causa contenha, ele próprio também, um núcleo central, composto pelos direitos fundamentais dos trabalhadores, não no sentido técnico do termo (direitos positivados na Constituição), mas no sentido de que se trata de direitos próprios do subsistema laboral cuja existência não pode ser questionada, seja em que circunstância for, assumindo-se consequentemente como um núcleo intransponível do Direito do trabalho, na exata medida em que joga com a dignidade do trabalhador. Para além desse núcleo central, então sim: teremos todo um conjunto de subprincípios flexíveis e de natureza elástica, na exata medida em que se podem expandir ou comprimir em função dos aludidos elementos fornecidos pelo devir social e pela realidade económica e social dos Estados.

No primeiro caso, dentro do aludido "núcleo central", estarão os *direitos fundamentais* em sentido estrito (positivados na Constituição), os *direitos de personalidade*, o *princípio da igualdade e não discriminação*, que proscreve nomeadamente despedimentos arbitrários, a regra da *proibição de despedimentos sem justa causa* e determinados *direitos laborais coletivos* essenciais, como a liberdade sindical e de constituição de comissões de trabalhadores, o direito à greve e o direito à negociação coletiva; no

(554) Veja-se, a este propósito, BENEDITO CALHEIROS BONFIM, *A Legislação Trabalhista e a Flexibilização*, Revista de Direito do Trabalho, n. 108, Editora Revista dos Tribunais, São Paulo, 2002, p. 31.

(555) Cf. MARIA DO ROSÁRIO RAMALHO, *Direito do Trabalho, Parte I*, cit., pp. 67-70.

segundo caso, gravitando em torno daquele núcleo central, mas não fazendo parte do mesmo, estará um conjunto significativo de direitos relacionados com a determinação e a conformação da prestação laboral, nomeadamente quanto ao modo, tempo e local de realização da atividade laboral.

Importa, contudo, antes de entrarmos neste tema, analisar a evolução do Direito do trabalho em Portugal, para compreendermos o seu desenvolvimento e o estado em que nos encontramos.

2.2. O Direito do trabalho em Portugal

2.2.1. Em geral

I. A evolução do Direito do Trabalho, em Portugal, é similar à ocorrida noutros países europeus, ainda que mais tardia, fruto do aparecimento também mais tardio da industrialização.

A industrialização foi tardia em Portugal e a célebre "Questão Social" não encontra eco, por essa razão, no Código Civil de 1867.

O Código Civil de 1867 consagra três secções ao contrato de trabalho: nos artigos 1.370º e seguintes, o diploma trata do contrato de prestação de serviço doméstico, colocando no mesmo plano negocial e de igualdade o amo e o serviçal, situação que se manteve até finais do século XX[556]; nos artigos 1.391º e seguintes, o Código Civil regula o contrato de serviço assalariado, que em certa medida contém o embrião do atual contrato de trabalho segundo o regime comum, sendo certo, todavia, que no Código de Seabra se faz mais uma vez preponderar a liberdade e a igualdade entre a pessoa servida e o assalariado ou serviçal; e nos artigos 1.424º e seguintes disciplina-se o contrato de aprendizagem, relativo ao ensino de uma determinada indústria ou ofício e em que, aqui sim, já foi tida em consideração alguma desigualdade entre as partes, estabelecendo-se algumas regras de proteção do aprendiz, nomeadamente quanto à duração do período normal de trabalho. Em qualquer caso, a prestação de serviço subordinado (quer no serviço salariado, quer no serviço doméstico, quer no contrato de aprendizagem) é tratada como um normal contrato civil, partindo-se do pressuposto de uma situação de equilíbrio contratual e, no essencial, sem qualquer preocupação de proteção acrescida do trabalhador.

As intervenções legislativas destinadas a proteger o trabalhador apenas começam a aparecer no final do século XIX, no período liberal.

Antes disso, descortinam-se apenas algumas regras emergentes dos regimentos corporativos, que continham regulamentações estatutário-profissionais relativas à situação do prestador do trabalho — regras relativas ao período máximo da jornada de trabalho, às punições que os mestres podiam infligir aos aprendizes ou regras assistencialistas ou mutualistas, para além de outras de natureza comercial e relacionadas com a concorrência[557].

Mas verdadeiramente há três períodos que marcam o Direito do trabalho em Portugal: o liberalismo, até 1926; o período do Estado Novo Corporativo (de 1926 a 1974) e o período contemporâneo, sendo certo que neste podemos conter duas fases autónomas: o período anterior ao Código do Trabalho (1974

(556) O regime jurídico do serviço doméstico foi aprovado pelo Decreto-lei n. 508/80, de 21 de outubro, tendo sido mais tarde substituído pelo Decreto-lei n. 235/92, de 24 de outubro.

(557) As corporações tiveram um papel importante em Portugal, nomeadamente a partir do século XIV e da crise de 1383/1385, sendo disso sintomática a estrutura corporativa denominada "Casa dos Vinte e Quatro", na qual se reuniam representantes de diversas corporações, correspondentes a vários ofícios (barbeiros, armeiros, ferradores, ferreiros, livreiros, boticários, caixeiros, luveiros, sapateiros, curtidores, tecelões, pedreiros, carpinteiros, etc.). A sua extinção ocorreu a partir dos Descobrimentos, face à abertura dos mercados, tendo sido formalmente extintas pelo Decreto de 7 de maio de 1834, face à ideia liberal segundo a qual o corporativismo constituía um entrave à liberdade de trabalho e ao desenvolvimento económico. Mais tarde, a greve foi punida com pena de prisão, nos termos do artigo 277º do Código Penal de 1852, solução que se manteve no Código Penal de 1886. Veja-se, a este propósito, PEDRO ROMANO MARTINEZ, *Direito do Trabalho*, Instituto de Direito do Trabalho da Faculdade de Direito de Lisboa, cit., pp. 88-90 e SOARES MARTINEZ, *Manual de Direito Corporativo*, cit., pp. 52 e ss.

— 2003) e o período posterior ao Código do Trabalho (de 2003 em diante), que abrange, quer a revisão do Código do Trabalho de 2009, quer a de 2012, decorrente do acordo celebrado entre o Governo português, por um lado, e a Comissão Europeia, o Banco Central Europeu e o Fundo Monetário Internacional, por outro lado.

2.2.2. O período liberal (até 1926)

I. Com a extinção das corporações, das associações profissionais e de qualquer organização de trabalhadores, estes ficam desprotegidos em relação aos empregadores, passando a negociar individualmente os respetivos contratos de trabalho. Sem associativismo e cada um por si só, os trabalhadores ficam numa posição de franco desequilíbrio e de forte desproteção face ao arbítrio dos empregadores. As desigualdades de facto cedo se transformam, no período liberal, em desigualdades jurídicas e negociais. As situações de pobreza e desemprego aumentam. E paulatinamente começam a surgir algumas referências à necessidade de proteção do trabalhador(558).

O liberalismo contém as primeiras referências ao Direito do trabalho, fundamentalmente associadas à proteção de certas categorias específicas de trabalhadores e à necessidade de dignificação do trabalho, através da imposição de limites quanto ao tempo de trabalho, da consagração do direito ao repouso e do direito à assistência em caso de acidente de trabalho. Tais referências são inspiradas, finalisticamente, pela necessidade de proteção do trabalhador e justificam, também, algumas concessões ao associativismo laboral.

II. As associações profissionais foram admitidas através do Decreto de 9 de maio de 1891; mediante Decreto de 19 de maio de 1891 (na sequência da Lei de 14 de agosto de 1889) foram criados os tribunais de árbitros avindores, com a finalidade de arbitrarem questões laborais, os quais estiveram na origem da atual jurisdição laboral; ainda em 1891, com o Decreto de 14 de abril, estabeleceram-se, entre outros aspetos, restrições relativamente ao trabalho de menores e de mulheres, estatuindo-se a idade mínima de admissão ao trabalho, a duração da jornada e regras quanto a serviços insalubres ou perigosos(559); pouco tempo depois, o Decreto de 9 de maio de 1891 estabeleceu o estatuto das "associações de classe" e, em 1907, estabelece-se a obrigatoriedade do descanso semanal (dominical) para o comércio e a indústria através do Decreto de 3 de agosto de 1907.

Com a implantação da República, foi reconhecido o direito à greve e ao *lockout,* através do Decreto de 6 de dezembro de 1910.

Posteriormente, pelo Decreto de 8 de maio de 1911, foi regulamentado de forma mais pormenorizada o descanso semanal, que já havia sido instituído através do citado diploma de agosto de 1907.

Foi também na Primeira República que, com a Lei n. 83, de 24 de julho de 1913, surgiu a primeira regulamentação de responsabilidade civil relativa a alguns tipos de acidentes de trabalho, inspirada na ideia de risco profissional e de responsabilidade civil objetiva, tendo mais tarde sido completada pelo Decreto n. 5.637, de 10 de maio de 1919, que alargou o âmbito de aplicação do regime dos acidentes de trabalho — à luz daquele regime, os empregadores passaram a ser responsabilizados pelos acidentes ocorridos com os seus trabalhadores, mesmo que não tivessem culpa, assumindo-se inicialmente como fundamento para este princípio o pressuposto de que o risco dos acidentes de trabalho deveria ser suportado por quem tivesse máquinas a seu serviço e delas retirasse o respetivo benefício.

Mais tarde, é publicada legislação sobre a duração do trabalho (Leis ns. 295 e 296, de 22 de janeiro de 1915) e, com o Decreto n. 5.516, de 10 de maio de 1919, fixou-se o período máximo de trabalho em oito horas por dia e quarenta e oito horas por semana.

---

(558) Cf. PEDRO ROMANO MARTINEZ, *Direito do Trabalho*, cit., pp. 90 e ss. Veja-se, também, sobre esta matéria, FERNANDA NUNES AGRIA; MARIA LUIZA CARDOSO PINTO, *Contrato Individual de Trabalho*, Almedina, Coimbra, 1972, pp. 7 e ss.
(559) Veja-se, a este propósito, RUY ULRICH, *Legislação Operária Portugueza*, França Amado Editor, Coimbra, 1906, pp. 47 e ss.

Através do Decreto n. 10.415, de 27 de dezembro de 1924, por sua vez, reconhecem-se as uniões e federações de sindicatos e pela primeira é feita uma referência às convenções coletivas de trabalho.

É igualmente durante a Primeira República que se verifica o fomento das relações internacionais a nível do Direito do Trabalho, tendo-se desenvolvido as ligações internacionais de associações profissionais portuguesas com congéneres estrangeiras e internacionalizado os problemas de Direito do trabalho, em particular, depois de 1919, com a constituição da Organização Internacional do Trabalho, organização de que Portugal é membro fundador(560).

III. Em qualquer caso e em jeito de balanço, a Primeira República não teve um papel significativo no domínio do Direito do trabalho e as relações institucionais entre a Primeira República e o movimento sindical foram relações de conflito(561).

2.2.3. O Estado Novo Corporativo (1926-1974)

I. O corporativismo do Estado Novo, que teve por fonte o corporativismo italiano iniciado em 1922 e o sistema político espanhol da ditadura do General Primo de Rivera, pretendeu apresentar-se como uma alternativa ao liberalismo económico e ao individualismo que marcara a Primeira República, por um lado, e a doutrina marxista que então marcava o ambiente político e o mundo das ideias na Europa, por outro lado. Tratava-se acima de tudo de um corporativismo intervencionado e estatizado, na medida em que não resultou, nem de um fenómeno de regulamentação autónoma de interesses, nem enquanto resultado de um princípio de liberdade associativa.

O corporativismo português pretendia "*superar os conflitos existentes entre patrões e operários através de uma sua pretensa subordinação a um interesse colectivo do Estado (...). Em consequência, na área laboral as relações laborais passaram a estar sob controlo público, assumindo igualmente o Estado uma função de tutela do trabalhador na empresa, como contrapartida pelo facto de lhe serem retirados os instrumentos de luta colectiva*"(562).

As associações profissionais, quer as associações de empregadores, quer as de trabalhadores, foram ambas criação do Estado e era este que controlava o respetivo funcionamento. Esta visão corporativa assentava na negação da luta de classes, na solidariedade entre empregadores e empregados e na sua subordinação ao bem comum e ao interesse nacional. Para o efeito, o Estado intervinha fortemente através da Administração do Trabalho, nomeadamente através do estabelecimento de uma nova rede de organizações sindicais e patronais por si controlada, assente em diferentes patamares: organizações corporativas de base, uniões, federações e corporações. Aos organismos corporativos de cúpula e intermédios era permitido celebrar convenções coletivas de trabalho, mas as organizações representativas de trabalhadores não dispunham, nem de liberdade sindical, nem do direito à greve — o direito à greve foi proibido pelo Decreto n. 13.138, de 15 de fevereiro de 1927, tendo subsequentemente tal proibição passado a constar do artigo 39º da Constituição de 1933 e do artigo 9º do Estatuto do Trabalho Nacional(563).

II. Do ponto de vista formal, o corporativismo do Estado Novo teve início com a Constituição de 1933, sendo subsequentemente desenvolvido, no plano laboral, pelo Estatuto do Trabalho Nacional, aprovado pelo Decreto-lei n. 23.048, de 23 de setembro de 1933, completado por outros diplomas relativos a associações de trabalhadores, a associações patronais (designadamente, os chamados "grémios patronais"), à administração do trabalho ou à previdência social.

---

(560) Veja-se, a este propósito, Bernardo da Gama Lobo Xavier, com a colaboração de P. FURTADO MARTINS; A. NUNES DE CARVALHO; JOANA VASCONCELOS e TATIANA GUERRA DE ALMEIDA, *Manual de Direito do Trabalho*, cit., p. 44, bem como a "Exposição de Motivos da Proposta de Código do Trabalho (versão 2003)" da autoria de PEDRO ROMANO MARTINEZ, em ROMANO MARTINEZ; LUÍS MIGUEL MONTEIRO; JOANA VASCONCELOS; PEDRO MADEIRA DE BRITO; GUILHERME DRAY e LUÍS GONÇALVES DA SILVA, *Código do Trabalho Anotado*, cit., pp. 15 a 16.
(561) Cf. PEDRO ROMANO MARTINEZ, *Direito do Trabalho*, cit., p. 93.
(562) Cf. LUÍS MENEZES LEITÃO, *Direito do Trabalho*, cit., p. 39.
(563) Cf. PEDRO ROMANO MARTINEZ, *Direito do Trabalho*, cit., pp. 93 e 96; e Bernardo da Gama Lobo Xavier, com a colaboração de P. FURTADO MARTINS; A. NUNES DE CARVALHO; JOANA VASCONCELOS e TATIANA GUERRA DE ALMEIDA, *Manual de Direito do Trabalho*, cit., pp. 45-46.

No domínio laboral, foram várias as regras introduzidas durante o período corporativo.

III. Após a revisão constitucional de 1951, passou a constar da Constituição de 1933 o "direito ao trabalho" (artigo 8º), até então omisso no texto constitucional.

O Estatuto do Trabalho Nacional consagrou várias normas inovadoras: para além de prever limitações à prestação de trabalho por menores e mulheres, estabeleceu o direito a férias e instituiu a previdência social, assim como determinou a obrigatoriedade de pagamento em dobro do trabalho prestado em dia de descanso semanal e a necessidade de pagamento de uma retribuição diferenciada em caso de prestação de trabalho noturno.

Para além do Estatuto do Trabalho Nacional, foram ainda publicados o Decreto-lei n. 24.402, de 24 de agosto de 1934, sobre duração do trabalho e a Lei n. 1.942, de 27 de julho de 1936, que veio precisar e desenvolver o regime dos acidentes de trabalho, tendo sido completada e desenvolvida pela Lei n. 2.127, de 3 de agosto de 1965. A Lei n. 1.942 estabeleceu que a responsabilidade objetiva por acidentes de trabalho passava a ser genérica e não apenas aplicável nos casos limitados da Lei n. 83, de 1913 e, mais do que isso, consagrou a obrigatoriedade dos empregadores transferirem essa responsabilidade objetiva para seguradoras, de forma a garantir o pagamento das indemnizações para reparação dos danos emergentes da ocorrência de acidentes de trabalho. O regime em apreço foi depois desenvolvido pela Lei n. 2.127, de 3 de agosto de 1965, que se manteve em vigor até ao final dos anos noventa, tendo sido revogado pela Lei n. 100/97, de 13 de setembro e, subsequentemente, pela regulamentação do artigo 284º do CT/2009, levada a efeito pela Lei n. 98/2009, de 4 de setembro.

IV. Quanto ao contrato individual de trabalho, o corporativismo teve o mérito de publicar a primeira lei articulada e sistematizada especificamente dirigida à regulamentação do contrato de trabalho[(564)], além de inspirada no ideal de proteção do trabalhador — a Lei n. 1.952, de 10 de março de 1937, que entre outras regras estabeleceu, nomeadamente, a obrigatoriedade do gozo de férias e a imposição de aviso-prévio para efeitos de despedimento. A Lei n. 1.952 foi mais tarde substituída pelo Decreto-lei n. 47.032, de 27 de maio de 1966, o qual, por sua vez, foi revogado pela "Lei do Contrato de Trabalho" ("LCT" — Decreto-lei n. 49.408, de 24 de novembro de 1969). A LCT, dotada de inegável qualidade técnica e espírito de longevidade, perdurou durante mais de trinta anos, até a aprovação do Código do Trabalho de 2003. Para além da LCT e também no plano do direito do trabalho individual, importa destacar o regime da duração do trabalho ("LDT" — Decreto-lei n. 409/71, de 27 de setembro), que, tal como a Lei do Contrato de Trabalho, vigorou (com alterações) até a entrada em vigor do CT/2003.

V. A regulamentação coletiva das relações de trabalho, depois de prevista no artigo 37º da Constituição de 1933 e no Estatuto do Trabalho Nacional — onde se estabelecia, nomeadamente, a eficácia *erga omnes* das convenções coletivas — foi estabelecida no Decreto-lei n. 36.173, de 6 de março de 1947, revogado pelo Decreto-lei n. 49.212, de 28 de agosto de 1969, que veio a ser alterado pelo Decreto-lei n. 492/70, de 22 de outubro. A intervenção administrativa nas situações laborais, que já constava daqueles diplomas, resultava ainda do Decreto-lei n. 25.701, de 1º de agosto de 1935, tendo esta faculdade sido ampliada pelo Decreto-lei n. 29.006, de 17 de setembro de 1938. Com o Decreto-lei n. 32.749, de 15 de abril de 1943, as condições de trabalho passaram a poder ser reguladas por despacho ou portaria do Ministério das Corporações e Previdência Social. Noutro plano, a estrutura sindical foi reorganizada pelo Decreto-lei n. 23.050, de 23 de setembro de 1933, de onde constava o princípio da unicidade sindical. Ainda quanto às relações coletivas de trabalho, nos termos acima referidos, importa recordar a proibição constitucional da greve e do *lockout* (artigo 39º da Constituição de 1933) e a criminalização dos mesmos — a infração a tais proibições poderia passar pela interdição de direitos políticos, pela aplicação da pena de desterro até da pena de prisão até oito anos (Decreto-lei n. 23.870, de 18 de maio de 1934, e artigo 170º do Código Penal de 1886 — alterado em 1945)[(565)].

---

(564) Cf. JOSÉ JOÃO ABRANTES, "Formação e Evolução Histórica do Direito do Trabalho", cit., pp. 30 e ss.

(565) Veja-se, a este propósito, a citada a "Exposição de Motivos da Proposta de Código do Trabalho (versão 2003)" da autoria de Pedro Romano Martinez, em ROMANO MARTINEZ; LUÍS MIGUEL MONTEIRO; JOANA VASCONCELOS; PEDRO MADEIRA DE BRITO; GUILHERME DRAY e LUÍS GONÇALVES DA SILVA, *Código do Trabalho Anotado*, cit., pp. 16 a 17.

Em suma, no domínio do Direito do trabalho coletivo, como assinala Pedro Romano Martinez, "*o período corporativo não apresentou soluções válidas para os dias de hoje*"[566].

2.2.4. O período contemporâneo (a partir de 1974)

I. Na sequência da Revolução de 25 de abril de 1974, o Direito do trabalho avança no sentido do reforço da proteção do trabalhador, tendência essa que marca a legislação dos anos setenta. Ainda que se trate de uma tendência geral, a grande transformação ocorrida depois de 1974 surge, acima de tudo, antes da aprovação do Código do Trabalho de 2003, no âmbito específico das relações coletivas de trabalho ou do chamado Direito do trabalho coletivo, em especial, no que diz respeito ao direito à greve e à negociação coletiva[567][568].

O "Direito do trabalho coletivo" foi profundamente reformulado e o corte com o passado, neste domínio, foi manifesto — entre 1975 e 1979 foram aprovadas a *Lei das Associações Sindicais* (Decreto-lei n. 215-B/75, de 30 de abril), a *Lei das Associações Patronais* (Decreto-lei n. 215-C/75, de 30 de abril), a *Lei da Greve* (Lei n. 65/77, de 26 de agosto), a *Lei das Comissões de Trabalhadores* (Lei n. 46/79, de 12 de setembro) e a *Lei dos Instrumentos de Regulamentação Coletiva de Trabalho* (Decreto-lei n. 519-C1/79, de 29 de dezembro). É consagrado o princípio da liberdade sindical e a Lei Sindical, de 1975, assegura aos trabalhadores o direito de associação sindical para defesa e promoção dos seus interesses socioprofissionais, nomeadamente através da celebração de convenção coletiva de trabalho. Garante-se o princípio da gestão democrática, o da participação dos sindicatos na vida das empresas e o da sua independência em relação ao Estado, aos partidos políticos e às instituições religiosas. Paradoxalmente, porém, manteve-se o princípio da unicidade sindical próprio do corporativismo, reconhecendo-se um único órgão unitário de cúpula — a CGTP — Intersindical.

Em 1976, a Constituição atribuiu aos trabalhadores o direito a "*criarem comissões de trabalhadores para defesa dos seus interesses e intervenção democrática na vida da empresa*" (artigo 55º, no texto original); reconheceu a "*liberdade sindical*" (artigo 57º, no texto original); atribuiu às associações sindicais o "*direito de contratação coletiva*" (artigo 58º, no texto original); garantiu o "*direito à greve*"; e proibiu o *lockout (*artigo 59º, no texto original).

Em 1977, na sequência da promessa constante do Decreto-lei n. 217/74, de 27 de maio, e do Decreto-lei n. 392/74, de 27 de agosto, que despenalizou a greve, é aprovada a nova *Lei da Greve* — Lei n. 65/77, de 26 de agosto: o diploma assume que o direito à greve é irrenunciável, estabelece que compete aos trabalhadores definir o âmbito de interesses a defender através da greve e determina que a competência para declarar a greve é das associações sindicais.

Em 1979, surge a Lei n. 46/79, de 12 de setembro, que regulamenta as comissões de trabalhadores quanto à sua forma de constituição e à sua composição e direitos, consagrando nomeadamente o direito de controlo de gestão das empresas, o de intervenção na reorganização das atividades produtivas e o de participação na elaboração da legislação de trabalho e dos planos económico-sociais.

No mesmo ano, é também aprovada a *Lei dos Instrumentos de Regulamentação Coletiva de Trabalho* — o Decreto-lei n. 519-C1/79, de 29 de dezembro, que substituiu o Decreto-lei n. 121/78, de 2 de junho, e que perdurou até a aprovação do CT/2003[569]. A regulamentação do direito coletivo surge inicialmente

(566) Cf. PEDRO ROMANO MARTINEZ, *Direito do Trabalho*, cit., p. 96.

(567) Veja-se, a este propósito, MONTEIRO FERNANDES, "A Evolução das Relações de Trabalho desde 1974: Algumas Tendências Gerais", *Temas Laborais,* Almedina, Coimbra, 1984, pp. 14 e ss.

(568) Cf. LUÍS MENEZES LEITÃO, *Direito do Trabalho*, cit., pp. 44-49.

(569) Recorda-se que a primeira intervenção legislativa neste domínio após 1974 foi com o Decreto-Lei n. 164-A/76, de 28 de fevereiro, que estabeleceu novas regras para a contratação e a intervenção administrativa nas relações coletivas. Muitas dessas soluções foram alteradas pelo Decreto-Lei n. 887/76, de 29 de dezembro. Depois de a Constituição de 1976 ter consagrado o direito de contratação coletiva, foram publicadas regras transitórias no Decreto-Lei n. 49-A/77, de 12 de fevereiro, substituído pelo Decreto-Lei n. 121/78, de 2 de junho, e estabeleceu-se finalmente o regime do Decreto-Lei n. 519-C1/79, de 29 de dezembro que vigorou, apesar de várias vezes alterado até a aprovação do CT/2003.

com o Decreto-lei n. 292/75, de 16 de junho, no qual, além de questões relacionadas com despedimentos, férias, salário mínimo e congelamento de remunerações, se limita à intervenção dos instrumentos de regulamentação coletiva no que respeita à determinação das retribuições. Seguidamente, a Resolução do Conselho da Revolução, de 27 de novembro de 1975, suspende as negociações coletivas até ser definida pelo Governo uma política salarial e de rendimentos, proibição reiterada e prolongada pelo Decreto-lei n. 783/75, de 31 de dezembro. Finalmente, em 1979, é aprovado o citado Decreto-lei n. 519-C1/79, de 29 de dezembro, que perdurou até 2003. O diploma em apreço determinou, nomeadamente, que a regulamentação coletiva das relações de trabalho é feita por convenção coletiva, por decisão arbitral ou por acordo de adesão; que apenas têm capacidade para celebrar convenção coletiva de trabalho as associações sindicais, por um lado, e as entidades patronais e associações patronais, por outro lado; quais as matérias que podem e as que não podem constar das convenções coletivas de trabalho; quais os efeitos das convenções e o respetivo âmbito temporal, bem como o processo negocial tendente à sua celebração.

II. Relativamente ao contrato de trabalho e à relação individual de trabalho mantiveram-se, no essencial, os quadros gerais do regime do Estado Novo e não se produziram cortes profundos ou radicais.

Mantiveram-se em vigor diplomas fundamentais aprovados anteriormente, ainda que tenham sido introduzidas sucessivas alterações, em especial, no que respeita à cessação do contrato de trabalho e aos contratos a termo (*v. g.*, Decreto-lei n. 372-A/75, de 16 de junho, Decreto-lei n. 84/76, de 28 de janeiro, Decreto-lei n. 781/76, de 28 de outubro, Decreto-lei n. 841-C/76, de 7 de dezembro, Lei n. 48/77, de 11 de junho, Lei n. 68/79, de 9 de outubro e Decreto-lei n. 64-A/89, de 27 de fevereiro, todos nos termos abaixo analisados). Este último diploma, denominado *Regime Jurídico da Cessação do Contrato Individual de Trabalho e da Celebração e Caducidade do Contrato de Trabalho a Termo*, ou *Lei da Cessação do Contrato de Trabalho e do Contrato a Termo* (LCCT), que vigorou por mais de uma década, constitui um marco na evolução recente do Direito do trabalho, não obstante as diversas alterações de que foi alvo, a última das quais (antes da aprovação do Código do Trabalho) pela Lei n. 18/2001, de 3 de julho[570].

Registaram-se, ainda, alterações ao nível do salário mínimo, um novo regime sobre os salários em atraso, alterações no regime das férias, feriados e faltas e intervenções legislativas no domínio da igualdade e não discriminação e da proteção da maternidade.

O estabelecimento do *salário mínimo* surge com os Decretos-leis ns. 217/74, de 27 de maio e 292/75, de 16 de junho; o regime relativo aos *salários em atraso,* com a Lei n. 17/86, de 14 de junho; o regime de *férias, feriados e faltas,* com o Decreto-lei n. 874/76, de 28 de dezembro; o Decreto-lei n. 392/79, de 20 de setembro cria o regime da *proibição de discriminação em função do sexo no trabalho e emprego* e a Lei n. 4/84, de 5 de abril, por fim, cria o regime jurídico de *proteção da maternidade e da paternidade.*

III. O final dos anos oitenta e a década de noventa são igualmente marcados por uma constante e crescente intervenção legislativa e pela publicação de dois habitualmente denominados "pacotes laborais", respetivamente de 1989 e de 1991, que em certa medida atenuam o ímpeto de crescente proteção do trabalhador da legislação dos anos setenta, repondo uma perspetiva mais empresarial da relação de trabalho e enveredando por uma tentativa de maior flexibilização do mercado de trabalho — é desta fase, nomeadamente, a referida *Lei da Cessação do Contrato de Trabalho*, de 1989, aprovada pelo Decreto-lei n. 64-A/89, de 27 de fevereiro. E remonta a 1991 a criação de uma nova figura de cessação do contrato de trabalho motivada em "justa causa objetiva", ainda que baseada também em elementos subjetivos, relativos à atuação do trabalhador — trata-se do *despedimento por inadaptação*, baseado na inadaptação do trabalhador ao respetivo posto de trabalho, que foi aprovado pelo Decreto-lei n. 400/91, de 16 de outubro[571]. Nesse mesmo "pacote laboral", o legislador criou, através do Decreto-lei n. 404/91, também

(570) Cf. a citada a "Exposição de Motivos da Proposta de Código do Trabalho (versão 2003)" da autoria de PEDRO ROMANO MARTINEZ, em ROMANO MARTINEZ; LUÍS MIGUEL MONTEIRO; JOANA VASCONCELOS, PEDRO MADEIRA DE BRITO; GUILHERME DRAY e LUÍS GONÇALVES DA SILVA, *Código do Trabalho Anotado,* cit., pp. 18.

(571) O artigo 1º do Decreto-Lei n. 400/91 dispunha que a entidade empregadora podia fazer cessar o contrato de trabalho com fundamento em inadaptação do trabalhador ao posto de trabalho, nos casos de *redução reiterada de produtividade ou de qualidade; avarias reiteradas nos meios afetos ao posto de trabalho;* ou *riscos para a segurança e saúde do próprio ou dos restantes trabalhadores ou de terceiros,* desde que, em ambos os casos, as mesmas fossem determinadas pelo modo de exercício de funções do trabalhador e tornassem praticamente impossível a subsistência da relação de trabalho. Verificava-se, ainda, a possibilidade de despedimento

de 16 de outubro, o *contrato de trabalho em regime de comissão de serviço*, admitindo a contratação neste regime de cargos de administração, de direção diretamente dependentes da Administração e, bem assim, as funções de secretariado pessoal relativas aos titulares desses cargos, bem como outras funções previstas em convenção coletiva de trabalho, cuja natureza se fundamente numa especial relação de confiança(572). O contrato em regime de comissão de serviço criou um mecanismo mais flexível de cessação do contrato de trabalho — nos termos do artigo 4º do diploma em apreço, previu-se a possibilidade de a comissão de serviço poder cessar a todo o tempo e por iniciativa de qualquer das partes, sem necessidade de invocação de motivo justificativo, bastando apenas o cumprimento do pré-aviso legalmente previsto.

O período em apreço, intitulado por alguns por *período da legislação concertada*, fica marcado pela tentativa de adaptação do Direito do trabalho às novas realidades ditadas pela globalização e pela economia de mercado(573).

IV. De então para cá, sucederam-se as intervenções legislativas em diversos domínios.

Em 1997, foi aprovada a *Lei dos Acidentes de Trabalho* (Lei n. 100/97, de 13 de setembro), subsequentemente regulamentada em 1999 (Decretos-leis ns. 142/99 e 143/99, ambos de 30 de abril, e Decreto-lei n. 248/99, de 2 de julho). O regime da *duração do trabalho* (Decreto-lei n. 409/71, de 27 de setembro), por diversas vezes modificado, foi alterado pela Lei n. 21/96, de 23 de julho (conhecida pela Lei das 40 horas), pela Lei n. 73/98, de 10 de novembro, e pelas Leis ns. 58/99 e 61/99, de 30 de junho; também relacionada com esta questão, foi publicada a Lei n. 103/99, de 26 de julho, sobre *trabalho a tempo parcial*.

Em 1999, foi alterado o processo de *despedimento coletivo* mediante a Lei n. 32/99, de 18 de maio; a Lei n. 36/99, de 26 de maio, institucionalizou a *participação dos representantes dos empregadores na elaboração da legislação do trabalho*; a Lei n. 40/99, de 9 de junho, transpondo uma diretiva comunitária, instituiu os *conselhos de empresa europeus*, que asseguram a informação e consulta dos trabalhadores em empresas ou grupos de empresas transnacionais; através do Decreto-lei n. 219/99, de 15 de junho, reformulou-se o sistema de *garantia salarial*, o qual foi alterado pelo Decreto-lei n. 139/2001, de 24 de abril, e pela Lei n. 96/2001, de 20 de agosto; a Lei n. 58/99, de 30 de junho, modificou algumas regras relativas ao *trabalho de menores*, nomeadamente os artigos 121º, 122º e 124º da Lei do Contrato de Trabalho; ainda, em 1999, o legislador alterou o regime das *contra — ordenações laborais* (Lei n. 114/99, de 3 de agosto, Lei n. 116/99, de 4 de agosto e Lei n. 118/99, de 4 de agosto), o regime do *lay off* (Lei n. 137/99, de 28 de agosto), o regime de *férias, feriados e faltas*, equiparando aos cônjuges os que vivem em união de facto (Lei n. 135/99, de 28 de agosto) e o regime de *proteção da maternidade e da paternidade* (Lei n. 142/99, de 31 de agosto), posteriormente alterado pelo Decreto-lei n. 70/2000, de 4 de maio. Também em 1999 foi alterado o regime do *trabalho temporário* (Lei n. 146/99, de 1º de setembro) e aprovado o novo *Código de Processo do Trabalho* (Decreto-lei n. 480/99, de 9 de novembro).

Em 2001, através do Decreto-lei n. 4/2001, de 4 de janeiro, foi alterado o *regime de entrada, permanência, saída e afastamento de estrangeiros do território nacional* (Decreto-lei n. 244/98, de 8 de agosto), no que respeita ao trabalho prestado por trabalhadores estrangeiros ilegais; modificados alguns preceitos relativos ao *contrato a termo* (Lei n. 18/2001, de 3 de julho); no mesmo ano, foi revisto o regime de *cobrança de quotas sindicais* (Lei n. 81/2001, de 28 de julho) e alterados certos aspetos relativos à *garantia de pagamento dos salários* (Lei n. 96/2001, de 20 de agosto). Ainda, em 2001, e agora quanto ao *trabalho de menores*, foi aprovado o Decreto-lei n. 107/2001, de 6 de abril, que regulou os trabalhos leves realizados por menores e o Decreto-lei n. 170/2001, de 25 de maio, sobre *contraordenações*. Um ano depois, em 2002, e sobre a mesma matéria, foi aprovado o Decreto-lei n. 58/2002, de 15 de março (regulamentado pelo Decreto Regulamentar n. 16/2002, de 15 de março), que alterou o regime da *admissão ao trabalho de menores*.

---

por inadaptação quando, tratando-se de *cargos de complexidade técnica ou de direção,* não tivessem sido cumpridos os objetivos previamente fixados e formalmente aceitos, desde que tal incumprimento tornasse praticamente impossível a subsistência da relação de trabalho.

(572) Recorda-se que o contrato de trabalho em regime de comissão de serviço consta, hoje, dos artigos 161º e ss. do CT.

(573) Cf. LUÍS MENEZES LEITÃO, *Direito do Trabalho,* cit., p. 49.

V. A torrente legislativa acima referida, a sua dispersão, a falta de harmonização e sistematização da mesma, as alterações levadas a efeito ao sabor de conveniências político-partidárias, as diversas conceções político-ideológicas subjacentes à multiplicidade de diplomas existentes e as tremendas incertezas interpretativas que as mesmas não raras vezes ocasionavam (de que foi exemplo flagrante a chamada "Lei das 40 horas" de trabalho semanal) tornaram a tarefa do intérprete-aplicador do Direito muito complexa.

A legislação laboral era constituída por um conjunto de diplomas dispersos e com origens temporalmente diversas, tendo subjacentes conceções políticas e sociais marcadamente diferentes que correspondiam a distintos momentos históricos.

No final dos anos noventa e no início do século XXI, mantinham-se em vigor diplomas elaborados à luz de Constituições (1933 e 1976) e regimes políticos diversos e sujeitos a várias alterações ao longo dos tempos — assim sucedia com a *Lei do Contrato de Trabalho* (1969), a *Lei da Duração do Trabalho* (1971), a *Lei Sindical* (1975), a *Lei das Férias, Feriados e Faltas* (1976), a *Lei de Greve* (1977), a *Lei da Suspensão ou Redução da Prestação de Trabalho* (1983), a *Lei dos Salários em Atraso* (1986), a *Lei da Cessação do Contrato de Trabalho e da Celebração e Caducidade do Contrato a Termo* (1989), a *Lei do Despedimento por Inadaptação* (1991), a *Lei dos Acidentes de Trabalho* (1997) e a *Lei do Trabalho a Tempo Parcial* (1999). A esta situação acrescia ainda o facto de a regulamentação de vários institutos se encontrar dispersa por distintos diplomas — assim sucedia com a *discriminação em função do sexo* (diplomas de 1979 e 1997) e com o *regime do tempo de trabalho* (diplomas de 1971, 1996 e 1998) —, ou em diplomas sucessivamente alterados — veja-se o caso, por exemplo, da *proteção da maternidade e da paternidade* (diplomas de 1984, 1995, 1997, 1998, 1999 e 2000)[(574)].

Desta proliferação de fontes, resultavam múltiplas contradições e dificuldades de interpretação e de aplicação, bem como, e sobretudo, uma acentuada inadequação do regime jurídico à vida quotidiana dos trabalhadores e dos empregadores.

A dispersão legislativa tornou-se insustentável. E as dificuldades na aplicação do Direito do trabalho eram manifestas.

É neste contexto de grande "confusão legislativa" que surge o Código do Trabalho de 2003.

Entra-se no *período da codificação*[(575)].

2.2.5. O período da codificação

2.2.5.1. O Código do Trabalho de 2003

I. Os trabalhos que estiveram na origem da aprovação do Código são conhecidos[(576)] — mediante Despacho n. 5875/2000, de 15 de março, o XV Governo Constitucional, por intermédio do Ministro do Trabalho e da Solidariedade, nomeou uma comissão, designada Comissão de Análise e Sistematização da Legislação Laboral, "(...) *tendo em vista a acessibilidade dos regimes legais, a necessidade de abrir espaços à negociação coletiva e, ainda, o propósito de elevar o nível de adequação e eficiência da legislação laboral (...)*", atribuindo-lhe competência para *"(...) proceder ao levantamento, análise e sistematização das leis laborais existentes e propor as reformulações consideradas necessárias para posterior apreciação na CPCS [Comissão Permanente de Concertação Social]"*.

---

(574) Cf. a citada a "Exposição de Motivos da Proposta de Código do Trabalho (versão 2003)" da autoria de Pedro Romano Martinez, em ROMANO MARTINEZ; LUÍS MIGUEL MONTEIRO; JOANA VASCONCELOS; PEDRO MADEIRA DE BRITO; GUILHERME DRAY e LUÍS GONÇALVES DA SILVA, *Código do Trabalho Anotado*, cit., pp. 18-20.

(575) Cf. LUÍS MENEZES LEITÃO, *Direito do Trabalho*, cit., pp. 51-54.

(576) Veja-se, por todos e para além da citada "Exposição de Motivos" do Código do Trabalho de 2003, PEDRO ROMANO MARTINEZ, *Direito do Trabalho*, Instituto de Direito do Trabalho da Faculdade de Direito de Lisboa, cit., pp. 101-108.

Essa Comissão, coordenada por Romano Martinez, elaborou o Anteprojeto de Código do Trabalho, divulgado em julho de 2002. Atendendo a múltiplas e pertinentes sugestões, bem como aos acordos conseguidos em sede de Concertação Social (acordo tripartido entre o Governo, a CIP e a UGT), o Anteprojeto foi sujeito a diversas modificações, tendo, a 15 de novembro de 2002, sido apresentado à Assembleia da República uma Proposta de Código do Trabalho (Proposta de Lei n. 29/IX), acompanhada da correspondente Exposição de Motivos. A Proposta de Código do Trabalho foi alvo de ligeiras modificações no debate parlamentar e veio a ser aprovada a 10 de abril de 2003, tendo sido, posteriormente (15 de julho de 2003), introduzido três ajustamentos resultantes de declarações de inconstitucionalidade (Acórdão do Tribunal Constitucional, n. 306/2003, de 25 de junho), na sequência da submissão do diploma, pelo Presidente da República, ao Tribunal Constitucional.

Depois de promulgada a Lei de Aprovação, a 4 de agosto, o Código foi publicado na 1ª Série do Diário da República, em anexo à Lei n. 99/2003, a 27 de agosto, tendo entrado em vigor no dia 1º de dezembro de 2003.

O Código deixou, todavia, para momento ulterior a entrada em vigor de normas relativas a certas matérias, cuja eficácia dependia de legislação complementar — essa legislação foi aprovada num único diploma: a Lei n. 35/2004, de 29 de julho ("Lei da Regulamentação do Trabalho"), que entrou em vigor a 28 de agosto de 2004.

II. O Código do Trabalho de 2003 (CT/2003), que revogou cerca de cinquenta diplomas legais — de diferentes épocas e conceções políticas — teve em vista compilar e reformular a legislação dispersa que disciplinava as relações laborais. Essa reformulação, como resulta da "Exposição de Motivos" (ponto 3.1), tinha em vista garantir a concretização dos seguintes vetores: *"a) Abertura à introdução de novas formas de trabalho, mais adequadas às necessidades dos trabalhadores e das empresas; b) Promoção da adaptabilidade e flexibilidade da disciplina laboral, nomeadamente quanto à organização do tempo, espaço e funções laborais, de modo a aumentar a competitividade da economia, das empresas e o consequente crescimento de emprego; c) Maior acessibilidade e compreensão do regime existente; d) Sistematização da legislação dispersa, elaborada em épocas distintas; e) Integração de lacunas e resolução de algumas dúvidas suscitadas na aplicação das normas agora revogadas; f) Incentivo à participação dos organismos representativos de trabalhadores e empregadores na vida laboral, em particular no que respeita à contratação coletiva"*.

A opção por um "Código do Trabalho", como resulta do ponto 3.2. daquela "Exposição de Motivos", teve a seguinte fundamentação: *"A opção por um Código do Trabalho assentou na circunstância de, por um lado, o Direito do Trabalho, tendo em conta os estudos e a jurisprudência dos últimos quarenta anos, já ter alcançado uma estabilidade científica suficiente para se proceder a uma primeira codificação e, por outro, a mera consolidação de leis, ainda que sistematizadas, apontar para uma incipiente codificação"*.

III. A sistematização do CT/2003, cristalinamente apresentada no ponto 3.3 da respetiva "Exposição de Motivos", assentou numa divisão em dois Livros: Parte Geral do Direito do Trabalho e Responsabilidade Penal e Contraordenacional. O Livro I refere-se à "Parte Geral" e é constituído por três Títulos: "Fontes", "Contrato de Trabalho" e "Direito Coletivo". A sistematização da Parte Geral, depois da referência às fontes, toma por base os sujeitos (trabalhador, empregador e sujeitos coletivos).

O Código do Trabalho situou-se, pois, numa *perspetiva personalista*: as pessoas, em particular, os trabalhadores, constituem o fundamento de todas as ponderações. Independentemente da expressa consagração dos direitos de personalidade, o CT/2003 revelou uma preocupação em manter um equilíbrio entre as necessidades dos trabalhadores e as dos empregadores, tendo presente que sem aqueles não é possível a existência destes e, sem estes, aqueles não existiriam. Por outro lado, os sujeitos coletivos têm um papel essencial na adaptação e concretização do Direito do Trabalho, como decorre do Título III.

Mantém-se a finalidade de proteção do trabalhador, mas esta é temperada com a necessidade de se garantir maior flexibilidade à gestão empresarial.

Por outras palavras, a modificação legislativa operada pelo CT/2003, que reconheceu, pela primeira vez, o grau de maturidade científica do Direito do trabalho, codificando-o, continuou a ser feita sob a égide do "princípio da proteção do trabalhador" — este, por sua vez, revelou a sua maturidade dogmática, adaptando-se convenientemente às necessidades de maior flexibilização da relação de trabalho. O código genético do Direito do trabalho manteve-se e a maleabilidade do seu princípio axiológico-conformador permitiu a adaptação deste ramo do direito aos influxos provenientes do exterior.

IV. Quanto a alterações ou modificações que trouxe, o CT/2003, como resulta do ponto 3.4 da sua "Exposição de Motivos", introduziu alguma flexibilidade em determinadas áreas, nomeadamente quanto à duração do trabalho, ao local de realização da prestação e às funções exercidas pelo trabalhador. O CT/2003 preconizou uma adaptação da prestação do trabalhador às necessidades da empresa. Mas não o fez esquecendo ou ignorando a posição jurídica do trabalhador; pelo contrário, fê-lo conferindo-lhe direitos, designadamente fazendo depender o recurso a determinadas medidas de flexibilidade a um procedimento adequado. Ou seja, preconizou-se a adaptação do regime de trabalho à vida real do mundo laboral e, deste modo, uma maior efetividade do Direito do trabalho, sem, contudo, se descurar a necessidade de proteção do trabalhador(577).

V. O CT/2003 teve ainda como objetivo estruturante inverter a situação de estagnação da contratação coletiva, dinamizando-a, não só pelas múltiplas alusões a matérias a regular nessa sede, como por via da limitação temporal da vigência desses instrumentos.

Cerca de três anos depois de ter entrado em vigor, o CT/2003 foi alterado pela Lei n. 9/06, de 20 de março, quanto ao regime da sobrevigência das convenções coletivas de trabalho e à arbitragem.

Em jeito de balanço, as alterações levadas a efeito pelo CT/2003 foram objeto de análise por parte de entidades internacionais, nomeadamente por parte da Organização para a Cooperação e Desenvolvimento Económico (OCDE).

VI. A OCDE é uma organização internacional e intergovernamental que agrupa os países mais industrializados da economia do mercado — países que aceitam os princípios da democracia representativa e da economia de livre mercado. Nos termos do artigo 1º da Convenção assinada em Paris, em 14 de dezembro de 1960, que entrou em vigor em 30 de setembro de 1961(578), a OCDE deve promover políticas destinadas a garantir o crescimento económico sustentável e a aumentar o nível de vida dos Estados-membros, sem pôr em causa a respetiva estabilidade orçamental, contribuindo desta forma para o crescimento da economia mundial e para a expansão do comércio a nível mundial, numa base não discriminatória e de acordo com as regras internacionais.

Para o efeito, a OCDE realiza relatórios ou "exames" (*surveys*) periódicos à situação económica dos respetivos Estados-membros, procurando criar uma plataforma de informação suscetível de servir como instrumento à promoção de boas políticas e práticas económicas.

VII. No Relatório/Exame da OCDE sobre Portugal, de 2004(579), fez-se referência, a título introdutório, ao facto de a "*convergência da economia portuguesa em relação aos países mais avançados da OCDE (...) ter parado nos últimos anos, deixando um fosso significativo no rendimento* per capita. <u>*A causa mais próxima é a baixa produtividade laboral, sendo certo que o desemprego atinge níveis substancialmente*</u>

(577) Veja-se, a este propósito, o ponto 3.4 da "Exposição de Motivos" do CT/2003, onde se explicitam, de forma concretizada, as alterações levadas a efeito pelo Código, em especial quanto aos seus *"aspectos gerais"*, ao nível da *"tutela da situação pessoal do trabalhador"*, da *"adaptação a situações actuais"*, de algumas *"particularidades na relação de trabalho"*, do *"contrato a termo"*, da *"flexibilidade e tempo de trabalho"*, da *"retribuição"*, da *"actividade e local de trabalho"*, das *"alterações na relação de trabalho"*, do *"poder disciplinar"*, da *"segurança no trabalho e acidentes de trabalho"*, da "cessação *do contrato"*, dos *"sujeitos colectivos"*, da *"contratação colectiva"*, da *"greve"* e do *"direito sancionatório"*.

(578) Recorda-se que Portugal foi um dos membros fundadores da OCDE, a par dos seguintes países: Alemanha, Áustria, Bélgica, Canadá, Dinamarca, Espanha, Estados Unidos da América, França, Grécia, Holanda, Islândia, Irlanda, Itália, Luxemburgo, Noruega, Reino Unido, Suécia, Suíça e Turquia. Subsequentemente, aderiram a esta organização os seguintes países, nas datas referidas em cada um deles: Japão (28 de abril de 1964), Finlândia (28 de janeiro de 1969), Austrália (7 de junho de 1971), Nova Zelândia (29 de maio de 1973), México (18 de maio de 1994), República Checa (21 de dezembro de 1995), Hungria (7 de maio de 1996), Polónia (22 de novembro de 1996), Coreia (12 de dezembro de 1996) e República da Eslováquia (14 de dezembro de 2000).

(579) Cf. "*OECD Economic Surveys: Portugal*, 2004", v. 2004/13, OECD Publishing, Paris, 2004. Estudo publicado sob a responsabilidade do Comitê. de Análise das Situações Económicas e Problemas de Desenvolvimento, responsável pelo exame da situação económica dos países-membros.

mais elevados do que a média europeia. (...) o capital humano no meio empresarial nem sempre é utilizado ou alocado de forma eficiente e as novas tecnologias não são convenientemente adoptadas. Além disso, a força de trabalho portuguesa — mesmo nos mais jovens — tem menos formação profissional do que noutros países da União Europeia, incluindo nos novos Estados-membros da Europa Central e de Leste, e os trabalhadores em Portugal têm menos acesso a formação profissional do que em muitos outros países*" (sublinhado nosso)[(580)(581)].

A propósito da reforma laboral levada a efeito em 2003, o "exame" faz notar que esta foi importante e louvável, mas *insuficiente* para o desenvolvimento económico do país e para efeitos de combate ao desemprego. O *survey* elogiou a reforma, mas afirmou que "*o progresso de Portugal no caminho da convergência com o resto da Europa diminuiu nos recentes anos*". O Relatório sobre a economia portuguesa recomenda, por isso, o aumento do crescimento económico através de políticas que potenciem o capital humano, encorajem a mobilidade da força de trabalho e facilitem a inovação e o avanço tecnológico. Fez-se apelo ao aumento da competitividade e à melhoria do ambiente de negócios.

VIII. Sobre o CT/2003, em concreto, o "*survey*" refere o seguinte: "*O novo Código do Trabalho, que entrou em vigor em Dezembro de 2003, substituiu a legislação sobre Direito do trabalho individual e colectivo num único texto, que se destina a ser mais simples e fácil de aplicar. Alguns dos principais pontos adoptados foram: aumento da mobilidade geográfica e funcional dos trabalhadores; promoção da flexibilidade do tempo de trabalho; reforço das regras de controlo do absentismo e fiscalização das baixas fraudulentas por doença; e revisão dos procedimentos para a contratação coletiva. A nova legislação garante mais flexibilidade na utilização dos contratos de trabalho a termo, que não podem ser renovados para além do limite máximo de seis anos (ao invés dos três anos da anterior legislação); ao mesmo tempo, garante mais transparência a estas formas de contratação. A reforma garante instrumentos para a caducidade de convenção colectiva através da introdução de cláusulas de caducidade e da possibilidade de ser introduzida arbitragem obrigatória imposta pelo Ministro do Trabalho e da Segurança Social sempre que uma convenção colectiva caduque sem ser substituída por outra. Existe maior abertura para introduzir flexibilidade na convenção colectiva ao nível da empresa, relativamente às regras sobre contratação a termo e o despedimento (incluindo períodos de pré-aviso e cláusulas indemnizatórias, dentro de certos limites). Para além disso, os empregadores passam a ter o direito de se opor à reintegração dos trabalhadores ilicitamente despedidos dentro de certas condições, nomeadamente quando a reintegração possa causar grave prejuízo e ser perturbadora para a prossecução da actividade empresarial. (...) As alterações introduzidas são bem-vindas, mas insuficientes.*" (sublinhado nosso).

E o "*survey*" vai mais longe, apontando aquilo que, do ponto de vista da OCDE, permanecia por fazer: "*(...) a organização do trabalho deve ser objecto de novas e acrescidas reformas. Mesmo admitindo que algumas das recentes alterações flexibilizaram a EPL e que nem todos os procedimentos legais são na prática praticados, ainda assim será necessário, no futuro, reexaminar as regras existentes, de forma a torná-las mais transparentes, mais eficazes e melhor adaptadas à realidade. Particularmente relevante é a flexibilização dos procedimentos para despedimento. Apesar de já ser possível invocar para efeitos de despedimento individual questões de natureza económica, tecnológica ou estrutural, os procedimentos continuam a ser muito pesados. A legislação de proteção do emprego dos trabalhadores contratados em regime de contrato sem termo tem o efeito de reduzir o emprego e de contribuir para a existência de actividades informais (...). Medidas para facilitar a utilização de contratos de trabalho a termo (...) em combinação com uma EPL muito rígida, agravam o risco de segmentação do mercado de trabalho*" (sublinhado nosso).

IX. Em suma, a OCDE aplaudiu o CT/2003, mas julgou-o insuficiente para efeitos de promoção da competitividade da economia portuguesa.

---

(580) Cf. "*OECD Economic Surveys: Portugal, 2004*", cit., *Executive Summary*, p. 7.

(581) A propósito, em particular, das competências da "força de trabalho" em Portugal, o *Survey* faz um importante alerta e enuncia a necessidade de serem atribuídas mais competências aos portugueses, quer nas escolas, quer no emprego — "*The acquisition of higher skills, in school or on the job, would make the labour force more adaptable; it would also foster the use of new technologies and innovation in production processes and management. More educated workers would be able to move to higher productivity jobs or to positions where their productivity can grow more rapidly over time*" — "*OECD Economic Surveys: Portugal, 2004*", cit., p. 12.

De resto, no "*Index*" da OCDE sobre o mercado de trabalho, que analisa a supracitada "EPL" (*employment protection legislation*), Portugal aparecia, na escala de 0-6 e conjugando três fatores (regulação de formas de trabalho a termo ou temporário; requisitos específicos para o despedimento coletivo e proteção dos trabalhadores contra o despedimento individual), em último lugar na escala (nível 3.4), cotando-se como o Estado-membro da OCDE com a legislação mais rígida.

X. Inicia-se, a partir daqui, uma tendência que ainda hoje se mantém e que encerra alguns perigos, do ponto de vista dos valores internos do subsistema juslaboral — a da instrumentalização do Direito do trabalho a finalidades de ordem económica extrajurídicas ditadas por entidades internacionais, tendo como finalidade, exclusiva, o aumento da competitividade económica dos Estados.

As modificações operadas no Direito do trabalho começam paulatinamente a ter por fundamento e finalidade considerações de natureza exclusivamente económica, estranhas ao Direito do trabalho, estranhas ao Direito civil e muitas vezes contrárias aos direitos fundamentais consagrados na Constituição. As modificações operadas começam, a partir de então e numa frase, a ser feitas ao arrepio da Ciência Jurídica e da ordem axiológica de valores que a mesma contém. Paradoxalmente, porém, esta alteração de tendência não determinou a abolição ou supressão do "princípio da proteção do trabalhador", pois que esta determinaria, por maioria de razão, a morte do próprio Direito do trabalho. Pelo contrário, a tentativa de instrumentalização do Direito do trabalho permitiu evidenciar o surgimento de uma outra faceta do referido princípio, até então desvalorizada — o "princípio da proteção do trabalhador" passa, a partir de então, a assumir uma função de proteção do próprio Direito do trabalho, através da revelação de determinados limites externos e internos à sua modificação, função essa que até então era pouco ou nada salientada ou tida em consideração.

XI. É neste contexto que surge, em 2008, a reforma do CT/2003, que entrou em vigor em 2009 — entrou-se num novo ciclo: o da implementação de reformas laborais como instrumento de políticas económicas.

2.2.5.2. O Código do Trabalho de 2009

I. O CT/2003 foi revisto pela Lei n. 7/2009, de 12 de fevereiro, dando origem ao vulgarmente denominado Código do Trabalho de 2009 (CT/2009)[(582)], que resultou do trabalho da "Comissão do Livro Branco das Relações Laborais", presidida por Monteiro Fernandes, que tinha a missão de reavaliar o CT/2003, na sequência da prévia elaboração do "*Livro Verde sobre as Relações Laborais*" apresentado e submetido à discussão pública em 20 de abril de 2006 e que apontava para a *"necessidade de modernizar o ordenamento jurídico-laboral, enquanto instrumento orientado ao alcance dos desejáveis níveis de competitividade das empresas e de desenvolvimento da economia"*.

O "histórico" que precedeu a Lei n. 7/2009, nomeadamente a alusão à Resolução do Conselho de Ministros n. 160/2006, de 30 de novembro, que criou a *"Comissão do Livro Branco das Relações Laborais (CLBRL), composta por um grupo de peritos com a missão de produzir um diagnóstico às necessidades de intervenção legislativa, tendo em conta o conjunto de conclusões vertidas no Livro Verde, designadamente em matéria de emprego, protecção social e relações de trabalho"* pode ser recuperado na respetiva "Exposição de Motivos", que revela o processo adotado pelo XVII Governo Constitucional[(583)].

---

(582) Como sublinha PEDRO ROMANO MARTINEZ, *Direito do Trabalho*, cit., p. 113, tratou-se de uma revisão pouco profunda, mas que formalmente (e inexplicavelmente) surge como um novo Código do Trabalho.

(583) Recorda-se, a este propósito, o ponto 8 da Exposição de Motivos, que enuncia as principais alterações constantes da proposta de alteração do Código do Trabalho aprovado em 2003: *"8. (...) Propõe-se, deste modo, no seguimento da proposta plasmada no Livro Branco das Relações de Trabalho, um quadro normativo mais eficaz, que unifica os dois principais instrumentos legislativos que disciplinam as relações de trabalho — o Código do Trabalho e o seu Regulamento —, tornando-os mais inteligíveis, mais acessíveis, sendo previsíveis os ganhos ao nível da divulgação efectiva do seu conteúdo normativo pelos destinatários e, assim, também no que respeita ao seu cumprimento. Está também subjacente a intenção de simplificar e desburocratizar aspectos das relações entre trabalhadores, empregadores e Administração e, bem assim, o propósito de, também por essa outra via, reforçar o cumprimento efectivo da legislação, inclusive, no que respeita ao cumprimento do regime sancionatório que lhe está associado. Aproveita-se, finalmente, para proceder a ajustamentos de carácter sistemático e melhorar aspectos de racionalização.*

A Comissão elaborou um "Relatório" e, com base no mesmo, o XVII Governo Constitucional aprovou uma proposta de lei destinada a rever o Código do Trabalho. A Assembleia da República acolheu com algumas alterações a proposta do Governo e remeteu o diploma ao Presidente da República, o qual, por sua vez, o submeteu à apreciação do Tribunal Constitucional. O Tribunal declarou inconstitucional a norma que procedia ao alargamento do período experimental dos trabalhadores indiferenciados (Acórdão n. 632/08)[584]. Em meados de janeiro, a Assembleia da República expurgou a referida inconstitucionalidade e o Código do Trabalho entrou em vigor em fevereiro de 2009.

No essencial, e em termos substantivos, o CT/2009 teve em vista reforçar a flexibilidade laboral, nomeadamente na admissão e gestão da relação de trabalho, como forma de contribuir para a competitividade da economia nacional — é nesse sentido que se compreendem as intervenções no domínio do *período experimental*; a disciplina do *trabalho intermitente*; as inovações no *regime do tempo de trabalho*, nomeadamente a *adaptabilidade grupal*, o *banco de horas* ou o *horário concentrado*; a simplificação dos procedimentos conducentes ao *despedimento*; ou as alterações introduzidas no regime dos *instrumentos de regulamentação coletiva do trabalho*.

II. O *período experimental* corresponde ao tempo inicial de execução do contrato de trabalho, durante o qual as partes apreciam o interesse na sua manutenção e podem, no decurso do mesmo, salvo acordo escrito em contrário, denunciar o contrato sem aviso-prévio e invocação de justa causa, nem direito à indemnização (artigos 111º e 114º do CT/2009, respetivamente). A este propósito, o CT/2009 nada trouxe de novo em relação ao CT/2003: o Código de 2003 também previa o período experimental e seguia, de resto, o regime do artigo 55º, n. 2, da LCCT, de 1989[585]. O CT/2009 manteve o princípio segundo o qual o período experimental é concebido como um período de adaptação e conhecimento recíproco das partes e de verificação das condições em que será oferecida e recebida a prestação de trabalho, ainda que a sua utilização possa melhor beneficiar o empregador do que o trabalhador, face às restrições subjacentes

---

Com as alterações propostas, fomenta-se a adaptabilidade das empresas e facilita-se a conciliação entre a vida profissional e a vida pessoal e familiar dos trabalhadores. Nessa medida, mantêm-se os limites da duração do tempo de trabalho — quer normal, quer suplementar — e aumentam-se os mecanismos de flexibilização por via negocial individual e colectiva. Entre os regimes inovadores, contam-se a possibilidade de criação de 'bancos de horas', de definição de horários que concentram a duração do trabalho durante alguns dias da semana, de adopção de medidas especificamente vocacionadas para alguns sectores de actividade com acentuada incidência de sazonalidade, como o contrato de muito curta duração na agricultura, o regime especial de férias no turismo ou o contrato de trabalho intermitente sem termo.

O regime de protecção da maternidade e da paternidade previsto no Código do Trabalho é objecto de significativas alterações, concretizando-se importantes mecanismos de facilitação da conciliação da vida familiar com a vida profissional, de promoção da igualdade de género, numa lógica de igualdade de oportunidades entre homens e mulheres, não apenas no que respeita ao emprego e às condições de trabalho, mas também e, neste ponto com carácter particularmente inovador, no quadro do exercício dos direitos da parentalidade. Com o regime ora proposto, a proteção na adopção passa a beneficiar do mesmo regime que a maternidade e paternidade, salvaguardando as especificidades que lhe são inerentes, corrigindo-se, assim, uma solução, de profunda injustiça e desigualdade social, que não se vinha valorizando e reconhecendo a importância do instituto da adopção, quer pelo papel que desempenha na sociedade portuguesa, quer pela grandeza dos valores que lhe estão associados e que justificam também a sua merecida tutela.

Por outro lado, tendo em vista a promoção das dinâmicas da negociação coletiva, simplificam-se os requisitos administrativos dos processos negociais, altera-se o regime de sobrevigência e caducidade das convenções colectivas de trabalho, explicita-se e melhora-se a articulação entre estas e a lei e alarga-se o elenco das matérias reguláveis por contratação colectiva. Assim, aumenta-se a eficácia do quadro normativo, ao mesmo tempo que se cria um cenário favorável ao reforço do protagonismo dos parceiros sociais na definição das orientações de mudança da realidade social e económica.

Em matéria de cessação do contrato de trabalho, respeitando integralmente o princípio constitucional da proibição de despedimento sem justa causa, a proposta simplifica e encurta o procedimento disciplinar e aumenta a segurança jurídica das partes nos processos de despedimento, garantindo o reforço da tutela da trabalhadora grávida, puérpera ou lactante e agravando as contraordenações previstas para a violação de regras de procedimento no caso de trabalhador representante sindical.

Finalmente, com o desiderato de combater a precariedade e a segmentação dos mercados de trabalho, alteram-se os pressupostos que operam para a presunção da caracterização do contrato de trabalho e cria-se de uma nova contraordenação, considerada muito grave, para cominar as situações de dissimulação de contrato de trabalho, com o desiderato de combater o recurso aos 'falsos recibos verdes' e melhorar a eficácia da fiscalização neste domínio".

(584) Acórdão disponível em: <www.tribunalconstitucional.pt/tc/acordaos> (ano 2008).

(585) A propósito deste regime, veja-se a anotação aos artigos 111º a 114º de Luís Miguel Monteiro, em PEDRO ROMANO MARTINEZ; LUÍS MIGUEL MONTEIRO; JOANA VASCONCELOS; PEDRO MADEIRA DE BRITO; GUILHERME DRAY e LUÍS GONÇALVES DA SILVA, *Código do Trabalho Anotado*, 8ª ed., Almedina, Coimbra, 2009, pp. 316 a 324.

ao despedimento promovido pelo empregador e à proibição dos despedimentos sem justa causa após o decurso do período experimental[586].

O que o legislador procurou trazer de novo foi o alargamento da duração do período experimental, como forma destinada a diminuir a rigidez do mercado de trabalho: o artigo 55º, n. 2, da LCCT, estabelecia que o período experimental tinha a duração de 60 dias para a generalidade dos trabalhadores ou, se a empresa tivesse 20 ou menos trabalhadores, 90 dias; o artigo 107º do CT/2003 estabelecia que o período experimental tinha a duração de 90 dias para a generalidade dos trabalhadores; a alínea *a* do número 1 do artigo 112º do Decreto n. 255/X da Assembleia da República fixava o período experimental em 180 dias para a generalidade dos trabalhadores. Ou seja, a duração inicial de 60 dias (1989), que havia sido ampliada para 90 dias (CT/2003) daria, agora, lugar a um período experimental de 180 dias (Proposta de Lei de 2009). O Presidente da República, todavia, suscitou a fiscalização preventiva da constitucionalidade do CT/2009 e o Tribunal Constitucional, mediante o citado Acórdão n. 632, de 23 de dezembro de 2008[587], considerou unanimemente que, quando aplicada aos trabalhadores que exercessem trabalho indiferenciado, a norma sob escrutínio violava os comandos dos artigos 53º (*segurança no emprego*) e 18º, n. 2 (*princípio da proporcionalidade*) da Constituição: a solução violava o princípio da proporcionalidade nos seus três subprincípios (*adequação*, *exigibilidade* e *justa medida*) e a regra da proibição do excesso, por um lado, e o princípio da segurança no emprego, por outro lado.

No que diz respeito ao princípio da segurança no emprego, o Tribunal Constitucional foi muito claro, na apreciação do que estava em causa com o alargamento do período experimental — *"é com alguma razão que se pede, neste passo, a verificação da forma pela qual a norma questionada opera a concordância prática entre o direito à garantia na segurança do emprego, por um lado, e o direito à iniciativa económica privada, por outro: é que (...) qualquer alargamento do período experimental pode, em princípio, operar em benefício dos empregadores (e, portanto, em benefício do bem jurídico protegido pelo direito consagrado no n. 1 do artigo 61º da CRP), com a consequente compressão dos interesses dos trabalhadores e, portanto, do bem especificamente tutelado pelo artigo 53º"*[588].

Tudo visto, depois de anteriormente já ter declarado a inconstitucionalidade de algumas normas do CT/2003, o Tribunal Constitucional voltou a declarar inconstitucional, em nome dos direitos fundamentais dos trabalhadores, uma das alterações a este Código levada a efeito na reforma de 2009 e cujo objetivo era, apenas, o de dar cumprimento a uma "recomendação" de uma organização internacional de natureza económica. Em última instância, ainda que não expressamente enunciado, julga-se ser legítimo concluir que a decisão do Tribunal teve por fundamento o "princípio da proteção do trabalhador".

O diploma foi reenviado ao Parlamento que, em sessão plenária de 21 de janeiro de 2009, aprovou um novo texto (Decreto n. 262/X), repondo a diferenciação constante do CT/2003: o período experimental tem a duração de 90 dias para a generalidade dos trabalhadores e de 180 dias para os trabalhadores que exercem cargos de complexidade técnica, elevado grau de responsabilidade ou que pressuponham uma especial qualificação, bem como os que desempenhem funções de confiança (artigo 112º, n. 1, alíneas *a* e *b*).

Em qualquer caso, o CT/2009 introduziu outras alterações neste regime, a mais importante das quais, ainda que alguns a considerem puramente clarificadora[589] é a que consta do artigo 114º, n. 4: o

(586) Cf. Luís Miguel Monteiro, em PEDRO ROMANO MARTINEZ; LUÍS MIGUEL MONTEIRO; JOANA VASCONCELOS; PEDRO MADEIRA DE BRITO; GUILHERME DRAY e LUÍS GONÇALVES DA SILVA, *Código do Trabalho Anotado*, cit., anotação ao artigo 111º, p. 317. Veja-se, também, JÚLIO GOMES, "Do uso e abuso do período experimental", *Revista de Direito e de Estudos Sociais*, Ano XXXI, n. 1-2, 2000, Editorial Verbo, Lisboa, p. 57; GUERRA DE ALMEIDA, "Período experimental — breves notas para o estudo comparativo dos regimes jurídicos português e espanhol", *Estudos de Direito do Trabalho em Homenagem ao Professor Manuel Alonso Olea*, Almedina, Coimbra, 2004, pp. 602 e 603.

(587) Acórdão do Tribunal Constitucional n. 632/2008, de 23 de dezembro de 2008, disponível em: <www.tribunalconstitucional.pt/tc/acordaos> (ano 2008) e no Diário da República, 1ª Série, n. 6, 9 de janeiro de 2009, pp. 161-169.

(588) Acórdão do Tribunal Constitucional n. 632, de 23 de dezembro de 2008, cit., p. 169.

(589) Cf. Luís Miguel Monteiro, em PEDRO ROMANO MARTINEZ; LUÍS MIGUEL MONTEIRO; JOANA VASCONCELOS; PEDRO MADEIRA DE BRITO; GUILHERME DRAY e LUÍS GONÇALVES DA SILVA, *Código do Trabalho Anotado*, cit., anotação ao artigo 114º, p. 317.

não cumprimento do pré-aviso de 7 dias ou de 15 dias, respetivamente quando o período experimental tenha durado mais de 60 dias ou 120 dias, não põe em causa a denúncia e a cessação do contrato — o contrato cessa em qualquer caso, mas havendo inobservância do pré-aviso o empregador fica obrigado ao pagamento da retribuição correspondente ao pré-aviso em falta[590].

III. Tendo em vista a flexibilização da relação laboral, o CT/2009 introduziu ainda a figura do *trabalho intermitente* (artigo 157º do CT/2009) — à luz desta figura, permite-se que, em empresas que exercem atividade com descontinuidade ou intensidade variável, as partes possam acordar que o tempo de trabalho seja modulado com dias de atividade e dias de inatividade.

O *trabalho intermitente* pretende ajustar-se às necessidades do ciclo produtivo da empresa e permite, consequentemente, períodos de inatividade do trabalhador que alternam com períodos de atividade. Esta figura garante maior flexibilidade na configuração do tempo de trabalho e confere um instrumento de gestão adicional ao empregador, *maxime* para efeitos de ajustamento dos períodos de trabalho aos ciclos produtivos da empresa. A lei apenas impõe um requisito mínimo, em termos temporais: a prestação de trabalho não pode ser inferior a seis meses completo, por ano, dos quais pelo menos quatro meses devem ser consecutivos (artigo 159º do CT/2009). Em termos formais, o contrato deve ser reduzido a escrito e a falta de forma transforma o contrato intermitente em contrato de trabalho segundo o regime comum (artigo 159º do CT/2009). Por outro lado, durante o período de inatividade, o trabalhador tem direito a uma compensação retributiva tendencialmente inferior à retribuição: a compensação tem valor estabelecido em instrumento de regulamentação coletiva de trabalho ou, na sua falta, de 20% da retribuição base, a pagar pelo empregador com periodicidade igual à da retribuição, e os subsídios de férias e de Natal são calculados com base na média dos valores de retribuições e compensações retributivas auferidas nos últimos doze meses, ou no período de duração do contrato se esta for inferior (artigo 160º do CT/2009)[591].

IV. Ainda com o objetivo de conferir maior flexibilidade à relação de trabalho, o CT/2009, na sequência do que resultava do "Livro Branco" que esteve na sua origem e da proposta do Governo, dedicou especial atenção ao regime do tempo de trabalho.

A propósito do regime da *adaptabilidade* constante do CT/2003 (artigos 164º e ss. do CT/2003), que já permitia que o cálculo do tempo de trabalho fosse feito em termos médios, num período predeterminado, com recurso a uma de duas modalidades (adaptabilidade por instrumento de regulamentação coletiva de trabalho e adaptabilidade individual por acordo — respetivamente, artigos 164º e 165º do CT/2003), criaram-se três novas realidades até então inexistentes[592]: a *adaptabilidade grupal* (artigo 206º do CT/2009); *o banco de horas* (artigo 208º do CT/2009) e o *horário concentrado* (artigo 209º do CT/2009). À luz destas modalidades, admite-se que o período de trabalho diário seja aumentado até quatro horas, sendo o acréscimo de tempo de trabalho compensado com redução de tempo de trabalho noutros dias ou, alternativamente, no caso do banco de horas, com pagamento em numerário, sem aplicação do regime do trabalho suplementar.

A *adaptabilidade grupal* (artigo 206º) permite que o instrumento de regulamentação coletiva de trabalho que institui o regime de adaptabilidade possa prever a aplicação ao empregador do referido regime ao conjunto dos trabalhadores de uma equipe, secção ou unidade económica caso, pelo menos, 60% dos trabalhadores dessa estrutura sejam por ele abrangidos, mediante filiação em associação sindical celebrante da convenção e por escolha dessa convenção como aplicável. Por outras palavras, o artigo 206º permite um desvio ao princípio da filiação como critério geral definidor do âmbito de aplicação pessoal da convenção coletiva de trabalho, admitindo uma eficácia *erga omnes* (ainda que limitada a este domínio) daquela convenção — a adaptabilidade grupal permite resolver a ausência de filiação sindical ou a recusa

(590) A solução acolhida no artigo 114º, n. 4, do CT/2009, era já defendida, doutrinariamente, por JÚLIO GOMES, *Direito do Trabalho*, I, Coimbra Editora, Coimbra, 2007, p. 494.
(591) A propósito deste regime, veja-se a anotação aos artigos 157º a 161º de Pedro Madeira Brito, em PEDRO ROMANO MARTINEZ; LUÍS MIGUEL MONTEIRO; JOANA VASCONCELOS; PEDRO MADEIRA DE BRITO; GUILHERME DRAY e LUÍS GONÇALVES DA SILVA, *Código do Trabalho Anotado*, 8ª ed., Almedina, Coimbra, 2009, pp. 418 a 422.
(592) Cf. PEDRO ROMANO MARTINEZ, *Direito do Trabalho*, cit., p. 117.

da proposta de adaptabilidade individual, facultando a aplicação do regime de adaptabilidade convencional a trabalhadores não filiados, tendo em conta certa percentagem de trabalhadores abrangidos. Mais do que isso: admite-se mesmo (artigo 206º, n. 2) que a adaptabilidade individual possa ser alargada a outros trabalhadores, se aceita por 75% dos membros da equipa, secção ou unidade económica a quem tiver sido dirigida. Trata-se de uma modalidade de extensão da eficácia contratual a terceiros, limitadamente admitida no artigo 406º, n. 2, do Código Civil[593].

O *banco de horas* (artigo 208º do CT/2009), tal como a *adaptabilidade*, permite que a organização do tempo de trabalho seja realizada tendo por base o cálculo médio do tempo de trabalho — admite-se que, por instrumento de regulamentação coletiva de trabalho, o período normal de trabalho possa ser aumentado até quatro horas diárias e possa atingir sessenta horas semanais, tendo o acréscimo por limite duzentas horas por ano. O que o *banco de horas* tem de novo, relativamente à *adaptabilidade do tempo de trabalho,* é, por um lado, a faculdade de a compensação desse acréscimo poder ser realizada, quer por redução equivalente do tempo de trabalho, quer por pagamento em dinheiro, quer por ambas as modalidades, sendo certo que o pagamento em dinheiro é feito como se de trabalho normal (e não trabalho suplementar) se tratasse; por outro lado, a possibilidade de a movimentação de horas a crédito e a débito poder ser feita de forma mais flexível, nomeadamente pelo próprio trabalhador (artigo 208º, n. 4, alínea *c*), o que contrasta com a maior previsibilidade dos momentos de prestação do trabalho em regime de adaptabilidade, na qual o empregador tem que fixar os horários de trabalho de maior e menor duração segundo particulares deveres de informação, de consulta e de publicidade (artigo 217º, n. 2).

O *horário concentrado* (artigo 209º), tal como o trabalho em regime de *adaptabilidade* e o *banco de horas*, admite que, por instrumento de regulamentação coletiva de trabalho, o período normal de trabalho possa ser aumentado até quatro horas diárias: neste caso, admite-se que este aumento seja levado a efeito ou para concentrar o período normal de trabalho semanal no máximo de quatro dias de trabalho (n. 1, alínea *a*), ou para estabelecer um horário que contenha, no máximo, três dias de trabalho consecutivos, seguidos no mínimo de dois dias de descanso, devendo a duração do período normal de trabalho semanal ser respeitado, em média, num período de referência de 45 dias (n. 1, alínea *b*). As semelhanças com o regime da adaptabilidade são manifestas e a necessidade desta nova figura suscita dúvidas[594]; em qualquer caso, ao passo que no regime da *adaptabilidade individual* se proscreve a possibilidade de o empregador e o trabalhador convencionarem individualmente um regime de adaptabilidade com extensão superior a duas horas do período diário de trabalho (artigo 205º, n. 2); no *horário concentrado,* permite-se que esse limite seja duplicado para quatro horas, mesmo por simples acordo entre as partes (artigo 209º, n. 1). Também por essa razão, o número 2 do artigo 209º determina que aos trabalhadores abrangidos pelo regime de horário de trabalho concentrado não pode ser simultaneamente aplicável o regime da adaptabilidade.

V. O CT/2009 promoveu também a simplificação do despedimento no caso de despedimento por facto imputável ao trabalhador.

Tal como constava do "Livro Branco", enveredou-se por uma redução dos procedimentos em matéria de despedimento, de forma a reduzir as exigências de procedimento que se afiguravam demasiado burocratizantes. No caso do *despedimento por facto imputável ao trabalhador*, eliminou-se a instrução obrigatória, podendo o procedimento disciplinar (artigos 352º e ss. do CT/2009) ficar circunscrito à nota de culpa e resposta. Estabeleceu-se, no artigo 356º, n. 1, que cabe ao empregador decidir a realização das diligências probatórias requeridas na resposta à nota de culpa. Nos termos do artigo 356º, n. 1, determina-se que "*cabe ao empregador decidir a realização das diligências probatórias requeridas na resposta à nota de culpa*". A instrução passou, assim, a ser facultativa, pelo que, no despedimento com justa causa

(593) Cf. Luís Miguel Monteiro, em PEDRO ROMANO MARTINEZ; LUÍS MIGUEL MONTEIRO; JOANA VASCONCELOS; PEDRO MADEIRA DE BRITO; GUILHERME DRAY e LUÍS GONÇALVES DA SILVA, *Código do Trabalho Anotado,* cit., anotação (II) ao artigo 206º, p. 521.

(594) Cf. Luís Miguel Monteiro, em PEDRO ROMANO MARTINEZ; LUÍS MIGUEL MONTEIRO; JOANA VASCONCELOS; PEDRO MADEIRA DE BRITO; GUILHERME DRAY e LUÍS GONÇALVES DA SILVA, *Código do Trabalho Anotado,* cit., anotação (II) ao artigo 209º, p. 529.

por facto imputável ao trabalhador, o procedimento disciplinar (artigos 352º e ss. do CT/2009) podia circunscrever-se à nota de culpa e respetiva resposta, podendo o empregador, dispensando a instrução, proferir desde logo a decisão fundamentada de despedimento. O regime de obrigatoriedade que constava do artigo 414º, n. 1, do CT/2003, para a generalidade dos trabalhadores, manteve-se apenas para uma categoria específica de trabalhadores: tratando-se de despedimento de trabalhadora grávida, puérpera ou lactante, ou de trabalhador no gozo de licença parental, o empregador, por si ou através de instrutor nomeado para o efeito, deveria realizar as diligências probatórias requeridas na resposta à nota de culpa, a menos que as considerasse patentemente dilatórias ou impertinentes, devendo nesse caso alegá-lo por escrito (artigo 356º, n. 2). Ou seja, o regime de obrigatoriedade manter-se — ia apenas para determinadas categorias mais vulneráveis de trabalhadores[595].

Mais uma vez, porém, o Tribunal Constitucional detetou aqui uma inconstitucionalidade, por considerar que o citado regime de instrução facultativa poderia pôr em causa os direitos de defesa do trabalhador, sendo como tal contrário aos princípios do contraditório e de defesa consagrados no artigo 32º, n. 10, da Constituição e, bem assim, contrários aos (sub)princípios da segurança no emprego e da proibição de despedimentos sem justa causa, na medida em que tal regime poderia afetar a estabilidade do trabalhador na relação de trabalho e de emprego — *"(...) a garantia da segurança no emprego e a proibição dos despedimentos sem justa causa postulam, por entre o mais, por um lado, que a relação de trabalho se deva ver protegida contra a suspensão da prestação de trabalho e, por outro, que o procedimento disciplinar conducente ao despedimento seja um* due process, *devendo assegurar as garantias de defesa do trabalhador"*[596]. Em última instância, ainda que não expressamente enunciado, a decisão do Tribunal teve uma vez mais por fundamento o "princípio da proteção do trabalhador".

Por outro lado, registou-se também, em termos substantivos, a modificação do regime processual de impugnação judicial do despedimento por iniciativa do trabalhador, concretizada na revisão do Código de Processo do Trabalho — nos termos conjugados do artigo 387º do CT/2009 e do artigo 98º-D, n. 2, do Código do Processo do Trabalho, na redação introduzida pelo Decreto-lei n. 295/2009, o trabalhador passou a poder se opor, no novo prazo de 60 dias[597], a qualquer despedimento individual que tenha sido objeto de comunicação escrita do empregador mediante a entrega de um simples "*formulário para a acção de impugnação judicial da regularidade e licitude do despedimento*", cujo modelo foi subsequentemente aprovado pela Portaria n. 1.460-C/2009, de 31 de dezembro. À luz deste regime, o tribunal deve apreciar a regularidade e licitude do despedimento, não apenas quanto aos respetivos aspetos formais, mas também quanto aos fundamentos invocados pelo empregador para o despedimento. O prazo de impugnação do despedimento individual, no CT/2003, era, recorde-se, de um ano (artigo 435º, n. 2, do CT/2003).

No domínio do *despedimento coletivo,* foi amenizado o respetivo procedimento (artigo 359º do CT/2009) e encurtados os prazos que constavam do CT/2003. O mesmo sucedeu no caso do *despedimento por extinção do posto de trabalho* ou do *despedimento por inadaptação.* O prazo de impugnação do despedimento coletivo manteve-se nos seis meses, tal como constava do CT/2003 (artigo 435º, n. 2, do CT/2003).

VI. No domínio dos *instrumentos de regulamentação coletiva do trabalho,* o CT/2009, tendo em vista a promoção das dinâmicas da negociação coletiva, simplificou os requisitos administrativos dos processos negociais, alterou o regime de sobrevigência e caducidade das Convenções coletiva de trabalho e procurou explicitar melhor a articulação entre estas e a lei, alargando-se ainda o elenco das matérias reguláveis por contratação coletiva.

---

(595) Veja-se, a este propósito, NUNO ABRANCHES PINTO, *Instituto Disciplinar Laboral,* Coimbra Editora, Coimbra, 2009; e ALBINO MENDES BAPTISTA, *A nova acção de impugnação do despedimento e a revisão do Código do Processo do Trabalho,* Coimbra Editora, Coimbra, 2010.

(596) Acórdão do Tribunal Constitucional n. 338, de 22 de setembro de 2010, disponível em: <www.tribunalconstitucional.pt/tc/acordaos> (ano 2010) e em Diário da República, 1ª Série, n. 216, de 8 de novembro de 2010, pp. 4994-5031 (p. 5013).

(597) Recorda-se que nos termos do artigo 435º, n. 2, do CT/2003, o prazo para a impugnação do despedimento era de um ano para o despedimento individual e de seis meses para o despedimento colectivo. Agora, no CT/2009, o prazo para o despedimento individual passa a ser de apenas 60 dias (artigo 387º do CT/2009), mantendo-se o prazo de seis meses para o despedimento colectivo (artigo 388º do CT/2009).

Mas fez mais do que isso.

O CT/2009 passou a prever que o contrato de trabalho, quando estabeleça condições mais favoráveis para o trabalhador, possa sempre afastar disposições de instrumento de regulamentação coletiva de trabalho, eliminando-se a possibilidade de este impedir a prevalência de contrato de trabalho mais favorável. É este o sentido que se retira do artigo 476º do CT/2009, que por esta via reduz a autonomia coletiva constante do artigo 531º do CT/2003. Ao passo que no artigo 531º do CT/2003 se estabelecia que as disposições dos instrumentos de regulamentação coletiva de trabalho só podiam ser afastadas por contrato de trabalho quando este estabelecesse condições mais favoráveis "*e se daquelas disposições não resultar o contrário*", admitindo-se, consequentemente, a possibilidade de tais instrumentos se oporem ao seu afastamento pelo contrato de trabalho, já o artigo 476º do CT/2009 suprimiu aquela última parte, dispondo apenas que "*As disposições dos instrumentos de regulamentação coletiva de trabalho só podem ser afastadas por contrato de trabalho quando este estabeleça condições mais favoráveis para o trabalhador*". A partir do CT/2009 passou a se exigir um único requisito para que o contrato de trabalho se afaste do instrumento de regulamentação coletiva de trabalho: o contrato ser mais favorável para o trabalhador. Os instrumentos de regulamentação coletiva de trabalho deixaram de poder "bloquear" a intervenção do contrato de trabalho[(598)], movimento este que em termos dogmáticos pode ser associado ao "princípio da proteção do trabalhador".

Ainda, neste domínio, o CT/2009 admitiu, pela primeira vez, a possibilidade de as comissões de trabalhadores celebrarem convenção coletiva de trabalho, por delegação das associações sindicais (artigo 491º, n. 3, do CT/2009). Tratava-se ainda de uma possibilidade duplamente limitada, mas que foi um avanço no sentido da descentralização da negociação coletiva, há muito reclamada pelas instâncias internacionais em nome da flexibilização da relação de trabalho[(599)]. As limitações eram de duas ordens: em primeiro lugar, a comissão de trabalhadores não dispunha de um poder originário de negociação e contratação de convenção coletiva — essa competência era-lhe delegada pela associação sindical; em segundo lugar, ela só poderia operar no caso de empresas com, pelo menos, 500 trabalhadores, as quais, em bom rigor, constituem uma pequena minoria das empresas que compõem o tecido empresarial nacional[(600)]. Atendendo à formulação legal do número 3 do artigo 491º, na parte em que se admite que a associação sindical pode conferir à estrutura representativa de trabalhadores — "*(...) poderes para, relativamente aos seus*

---

(598) Cf. Luís Gonçalves da Silva, em PEDRO ROMANO MARTINEZ; LUÍS MIGUEL MONTEIRO; JOANA VASCONCELOS; PEDRO MADEIRA DE BRITO; GUILHERME DRAY e LUÍS GONÇALVES DA SILVA, *Código do Trabalho Anotado*, cit., anotação (III e IV) ao artigo 476º, pp. 1153 e 1154, para quem esta alteração pode afectar a contratação coletiva e colocar em causa uma das suas mais-valias — a paz social —, dado que passou a ser possível uma convenção coletiva conter cláusulas imperativas e, mesmo assim, os trabalhadores reclamarem melhores condições, colocando em causa o clausulado acordado pelas partes. Por essa razão, o autor considera "*a alteração introduzida um erro*".

(599) Recorda-se que no Acordo tripartido celebrado em maio de 2011 entre o Estado português, a Comissão Europeia e o Banco Central Europeu, por um lado, e entre o Estado português e o Fundo Monetário Internacional, por outro lado, a questão relativa à participação das comissões de trabalhadores na negociação coletiva foi novamente colocada, tendo ficado previsto, no Memorando, novas intervenções legislativas destinadas a reforçar esta prerrogativa, em nome da competitividade do mercado de trabalho. Nos termos do ponto 4.8. do Memorando (Tradução do conteúdo do "*Memorando de Entendimento sobre as Condicionalidades de Política Económica*", de 17 de maio de 2011, da responsabilidade do Ministério das Finanças e da Administração Pública, que fez expressar no respectivo *site* a seguinte Nota: "*O idioma da versão original e oficial do Memorando em referência é o inglês. A presente versão em português corresponde a uma tradução do documento original e é da exclusiva responsabilidade do Ministério das Finanças e da Administração Pública. Em caso de eventual discrepância entre a versão inglesa e a portuguesa, prevalece a versão inglesa*"), determinou-se que:

(600) "4.8. *O* ***Governo proporá ajustamentos salariais de acordo com a produtividade ao nível das empresas. Para este fim, irá:***
i. Aplicar os compromissos assumidos no Acordo Tripartido de Março de 2011 respeitantes à "descentralização organizada", nomeadamente relativos à: (i) possibilidade das comissões de trabalhadores negociarem as condições de mobilidade funcional e geográfica e os regimes dos tempos de trabalho; (ii) criação de um Centro de Relações Laborais que preste apoio ao diálogo social com melhor informação e disponibilize assistência técnica às partes envolvidas nas negociações; (iii) diminuição do limite da dimensão da empresa acima do qual as comissões de trabalhadores podem concluir acordos a nível de empresa para 250 trabalhadores. As acções para aplicação destas medidas devem ser tomadas até ao T4-2011;
ii. Promover a inclusão nos contratos colectivos setoriais de disposições, ao abrigo das quais as comissões de trabalhadores podem celebrar acordos a nível da empresa sem a delegação sindical. O plano de acção deverá ser elaborado até ao T4-2011;
iii. Até ao T1-2012 o Governo irá apresentar uma proposta para reduzir o limite da dimensão da empresa para as comissões de trabalhadores celebrarem acordos, abaixo dos 250 trabalhadores, com vista à sua adoção até ao T2-2012."
Antes mesmo da celebração deste Memorando, recorda-se, já a OCDE reclamava uma intervenção legislativa nesse sentido.

associados, contratar com empresa (...)", parecia estar apenas em causa a concessão de poderes para a outorga de uma modalidade específica de convenção coletiva de trabalho — os acordos de empresa[(601)].

Por outro lado e movido pela mesma filosofia, previu-se também a possibilidade de escolha de convenção coletiva por parte de trabalhadores não filiados no sindicato outorgante (artigo 497º do CT/2009), mediante um pagamento à associação signatária (artigo 492º, n. 4, do CT/2009). O artigo 497º dispôs que "*Caso sejam aplicáveis, no âmbito de uma empresa, uma ou mais convenções coletivas ou decisões arbitrais, o trabalhador que não seja filiado em qualquer associação sindical pode escolher qual daqueles instrumentos lhe passa a ser aplicável*". Permite-se, assim, que o trabalhador escolha por ato unilateral qual dos instrumentos lhe é aplicável, ficando, nos termos do número 2, vinculado à sua escolha até o termo da vigência do instrumento cuja aplicação escolheu ou, no caso de tal instrumento não ter prazo de vigência, o trabalhador fica abrangido durante o prazo mínimo de um ano (n. 3)[(602)]. O essencial do preceito reside no seguinte: admite-se uma exceção ao princípio da filiação, segundo o qual as convenções coletivas apenas vinculam as entidades signatárias e os seus associados. Por força deste preceito os trabalhadores podem aderir, individualmente, a uma convenção coletiva negociada e contratada por uma associação sindical de que o mesmo não é filiado[(603)]. A lei admite, em todo o caso, nos termos do artigo 492º, n. 4, que a convenção preveja um montante, a ser pago pelo trabalhador às associações sindicais envolvidas para poder usufruir do instrumento por si escolhido, a título de comparticipação nos encargos da negociação.

VII. No âmbito da *caducidade* e *sobrevigência* das *convenções coletivas de trabalho*, prescreveu-se um regime complexo (artigos 500º e ss. do CT/2009), em articulação com a arbitragem, mas que, em última instância, não se afasta muito do modelo aprovado em 2003, com as alterações introduzidas em 2006.

Previu-se que a convenção coletiva deve regular os seus próprios efeitos, em caso de caducidade, relativamente aos trabalhadores abrangidos pela mesma, até a entrada em vigor de outro instrumento de regulamentação coletiva de trabalho (artigo 492º, n. 2, alínea *h*). Em matéria de período de vigência de convenção coletiva, prevê-se que esta vigora pelo prazo que dela constar ou, na sua falta, pelo prazo de um ano, e que a mesma se renova nos termos nela previstos ou por prazos sucessivos de um ano (artigo 499º). Admite-se que qualquer das partes pode denunciar a convenção coletiva, mediante comunicação escrita dirigida à outra parte, desde que seja acompanhada de proposta de revisão global; porém, não se considera denúncia a mera proposta de revisão de convenção (artigo 500º).

Em matéria de sobrevigência e caducidade de convenção coletiva, estabelece-se que a cláusula de convenção que faça depender a cessação da vigência desta da substituição por outro instrumento caduca decorridos cinco anos sobre a última publicação integral da convenção, a denúncia da convenção ou a proposta de revisão da convenção que inclua a revisão da referida cláusula (artigo 501º, n. 1). Após a caducidade daquela cláusula, prevista no número 1, ou em caso de convenção que não regule a sua renovação, e havendo denúncia, a convenção mantém-se em regime de sobrevigência durante o período em que decorra a negociação, incluindo conciliação, mediação ou arbitragem voluntária, ou no mínimo durante 18 meses (artigo 501º, n. 3)[(604)]. Ocorrendo a caducidade da convenção, poderá haver acordo escrito das partes sobre os efeitos decorrentes da convenção em caso de caducidade ou, não havendo acordo, o Ministro responsável pela área laboral notifica as partes para que, querendo, acordem esses

(601) Tais empresas representam 0,1% do total das empresas e abrangem 16,7% do pessoal ao serviço — cf. "*Livro Verde sobre as Relações Laborais*", do Ministério do Trabalho e da Solidareidade Social, 2006, p. 44.

(602) Cf. Luís Gonçalves da Silva, em PEDRO ROMANO MARTINEZ; LUÍS MIGUEL MONTEIRO; JOANA VASCONCELOS; PEDRO MADEIRA DE BRITO; GUILHERME DRAY e LUÍS GONÇALVES DA SILVA, *Código do Trabalho Anotado*, cit., anotação (V) ao artigo 491º, p. 1181.

(603) Veja-se, a este propósito, a anotação ao artigo 498º do Código do Trabalho de Luís Gonçalves da Silva, em PEDRO ROMANO MARTINEZ; LUÍS MIGUEL MONTEIRO; JOANA VASCONCELOS; PEDRO MADEIRA DE BRITO; GUILHERME DRAY e LUÍS GONÇALVES DA SILVA, *Código do Trabalho Anotado*, cit., pp. 1198-1199.

(604) Luís Gonçalves da Silva conclui que deste preceito "*resulta uma instigação — ainda que seja implícita — à não filiação sindical com todos os efeitos nefastos que isso acarreta, porquanto o trabalhador passou a poder usufruir de uma das principais — existem outras, é certo — vantagens da convenção: a sua aplicação*" — cf. anotação (V) ao artigo 498º do Código do Trabalho, em PEDRO ROMANO MARTINEZ; LUÍS MIGUEL MONTEIRO; JOANA VASCONCELOS; PEDRO MADEIRA DE BRITO; GUILHERME DRAY e LUÍS GONÇALVES DA SILVA, *Código do Trabalho Anotado*, cit., p. 1199.

efeitos, no prazo de 15 dias (artigo 501º, n. 5); após a caducidade e até à entrada em vigor de outra convenção ou decisão arbitral, mantêm-se os efeitos acordados pelas partes ou, na sua falta, os já produzidos pela convenção nos contratos de trabalho no que respeita à retribuição do trabalhador, categoria e respetiva definição, duração do tempo de trabalho e regimes de proteção social cujos benefícios sejam substitutivos dos assegurados pelo regime geral de segurança social ou com protocolo de substituição do Serviço Nacional de Saúde (artigo 501º, n. 6), beneficiando ainda o trabalhador dos demais direitos e garantias decorrentes da legislação do trabalho (artigo 501º, n. 7).

Previu-se ainda, em articulação com a caducidade de convenção coletiva, a instituição de arbitragem necessária, a determinar no caso de, após a caducidade de uma ou mais convenções coletivas aplicáveis a uma empresa, grupo de empresas ou setor de atividade, não ser celebrada nova convenção nos 12 meses subsequentes e não haver outra convenção aplicável a pelo menos 50% dos trabalhadores da mesma empresa, grupo de empresas ou setor de atividade; a arbitragem necessária pode ser requerida por qualquer das partes nos 12 meses seguintes ao decurso do prazo de 12 meses após a caducidade da convenção (artigo 510º e ss.)[(605)].

VIII. Para além destas inovações, genericamente centradas na diminuição da rigidez do mercado do trabalho e na flexibilização da relação de trabalho, o CT/2009 trouxe algumas inovações no domínio das fontes de Direito, da definição de contrato de trabalho e da parentalidade.

No domínio das *fontes* e no que respeita à sua articulação, o CT/2009 consagrou uma aparente alteração, no artigo 3º, a propósito do "princípio do tratamento mais favorável ao trabalhador".

Aparentemente, e nos moldes que analisaremos de forma mais desenvolvida no Capítulo II da Parte III do presente trabalho, o CT/2009 teria retomado tal princípio na sua plenitude, tal como antes do CT/2003, mas a verdade é que o Código continuou a admitir a possibilidade de a convenção coletiva, fora da área de restrição prevista no número 3 do citado artigo 3º, dispor de modo diferente da lei, quer em sentido mais favorável, quer em sentido menos favorável para o trabalhador (artigo 3º, n. 1), atendendo a que sendo os trabalhadores representados pelos sindicatos se entende que os mesmos se encontram, nestes casos, em situação de igualdade (formal e material) com o empregador[(606)]. A alteração acaba, por isso, para alguma doutrina, por ser "*pouco relevante*"[(607)]. Em qualquer caso: o artigo 3º, n. 3, passou a determinar expressamente que as normas legais só podem ser afastadas por instrumento de regulamentação coletiva de trabalho que, sem oposição daquelas normas, disponha em sentido mais favorável aos trabalhadores, quando respeitem às matérias relativas a *direitos de personalidade, igualdade e não discriminação; proteção na parentalidade; trabalho de menores; trabalhador com capacidade de trabalho reduzida, com deficiência ou doença crónica; trabalhador-estudante; dever de informação do empregador; limites à duração dos períodos normais de trabalho diário e semanal; duração mínima dos períodos de repouso, incluindo a duração mínima do período anual de férias; duração máxima do trabalho dos trabalhadores noturnos; forma de cumprimento e garantias da retribuição; capítulo sobre prevenção e reparação de acidentes de trabalho e doenças profissionais e legislação que o regulamenta; transmissão de empresas ou estabelecimento;* e *direitos dos representantes eleitos dos trabalhadores.*

No mesmo sentido e quanto à relação entre normas legais reguladoras do contrato de trabalho e o contrato individual de trabalho, o artigo 3º, n. 4, estabelece que aquelas só podem ser afastadas por este, em qualquer caso e sobre qualquer matéria, quando o contrato individual "*estabeleça condições mais favoráveis para o trabalhador, se delas não resultar o contrário*".

---

(605) A propósito do complexo processo relativo à sobrevigência da convenção coletiva, veja-se a anotação ao artigo 501º do CT/2009 de Luís Gonçalves da Silva, em PEDRO ROMANO MARTINEZ; LUÍS MIGUEL MONTEIRO; JOANA VASCONCELOS; PEDRO MADEIRA DE BRITO; GUILHERME DRAY e LUÍS GONÇALVES DA SILVA, *Código do Trabalho Anotado*, cit., pp. 1208-1212.

(606) Veja-se, a este propósito, a anotação aos artigos 510º e ss. do CT/2009 de Luís Gonçalves da Silva, em PEDRO ROMANO MARTINEZ; LUÍS MIGUEL MONTEIRO; JOANA VASCONCELOS; PEDRO MADEIRA DE BRITO; GUILHERME DRAY e LUÍS GONÇALVES DA SILVA, *Código do Trabalho Anotado*, cit., pp. 1232-1234.

(607) Cf. Luís Gonçalves da SilvA, anotação (IV) ao artigo 3º do Código do Trabalho, em PEDRO ROMANO MARTINEZ; LUÍS MIGUEL MONTEIRO; JOANA VASCONCELOS; PEDRO MADEIRA DE BRITO; GUILHERME DRAY e LUÍS GONÇALVES DA SILVA, *Código do Trabalho Anotado*, cit., p. 101.

Além disso, e nos termos já acima referidos, o artigo 476º do CT/2009 eliminou a possibilidade de a convenção coletiva estabelecer regras absolutamente imperativas e insuscetíveis de serem derrogadas pelo contrato de trabalho — sendo mais favorável para o trabalhador do que a convenção coletiva, o contrato de trabalho pode sempre afastá-la.

IX. Relativamente à definição de contrato de trabalho e comparando a definição do artigo 11º do CT/2009 (*"Contrato de trabalho é aquele pelo qual uma pessoa singular se obriga, mediante retribuição, a prestar a sua atividade a outra ou outras pessoas, no âmbito de organização e sob autoridade destas"*) com a do artigo 10º do CT/2003 (*"Contrato de trabalho é aquele pelo qual uma pessoa se obriga, mediante retribuição, a prestar a sua atividade a outra ou outras pessoas, sob autoridade e direção destas"*) e a do artigo 1152º do Código Civil (*"Contrato de trabalho é aquele pelo qual uma pessoa se obriga, mediante retribuição, a prestar a sua atividade intelectual ou manual a outra pessoa, sob autoridade e direção desta"*), verifica-se que foram introduzidas duas inovações: em primeiro lugar, esclareceu-se que o trabalhador é necessariamente uma pessoa singular; em segundo lugar, que a subordinação jurídica deixa de se aferir apenas em função da autoridade e direção do empregador, passando a ser enquadrada pela organização empresarial[(608)]. Por outro lado, o artigo 12º alterou o regime da presunção de contrato de trabalho, aperfeiçoando a redação proveniente do CT/2003, de forma a tornar mais simples a tarefa de qualificação do contrato de trabalho em caso de dúvida — à luz desta redação, a verificação de determinados indícios contratuais pode ser suficiente para efeitos de qualificação de um contrato como contrato de trabalho[(609)].

X. Por fim, o CT/2009 introduziu alterações significativas no anterior regime da *maternidade* e da *paternidade* que, como iremos ver, consubstancia uma concretização do subprincípio da "conciliação entre a vida familiar e a vida profissional", que por sua vez é um corolário do "princípio geral de proteção do trabalhador".

No essencial e tal como resulta da respetiva "Exposição de Motivos", *"O regime de proteção da maternidade e da paternidade previsto no Código do Trabalho é objeto de significativas alterações, concretizando-se importantes mecanismos de facilitação da conciliação da vida familiar com a vida profissional, de promoção da igualdade de género, numa lógica de igualdade de oportunidades entre homens e mulheres, não apenas no que respeita ao emprego e às condições de trabalho, mas também e, neste ponto com carácter particularmente inovador, no quadro do exercício dos direitos da parentalidade. Com o regime ora proposto, a protecção na adopção passa a beneficiar do mesmo regime que a maternidade e paternidade, salvaguardando as especificidades que lhe são inerentes, corrigindo-se, assim, uma solução, de profunda injustiça e desigualdade social, que não se vinha valorizando e reconhecendo a importância do instituto da adopção, quer pelo papel que desempenha na sociedade portuguesa, quer pela grandeza dos valores que lhe estão associados e que justificam também a sua merecida tutela"*. Para além da alteração terminológica — proteção da *parentalidade* e não proteção da *paternidade e da maternidade* — regista-se, nos artigos 33º e ss. do CT/2009, um aumento da proteção dos progenitores, uma equiparação do regime que lhes é aplicável em relação aos adotantes e uma extensão (parcial) do regime de proteção aos avós.

XI. O CT/2009 também foi objeto de atenção por parte da OCDE.

No seu *"survey"* de 2010, esta organização, depois analisar o mercado de trabalho em Portugal e de assinalar, de forma crítica, a contínua segmentação do mesmo e o dualismo que beneficia os trabalhadores

(608) Cf. PEDRO ROMANO MARTINEZ, *Direito do Trabalho*, Instituto de Direito do Trabalho da Faculdade de Direito de Lisboa, cit., p. 114. No mesmo sentido, Luís Gonçalves da Silva, anotação (VI) ao artigo 3º do Código do Trabalho, em PEDRO ROMANO MARTINEZ; LUÍS MIGUEL MONTEIRO; JOANA VASCONCELOS; PEDRO MADEIRA DE BRITO; GUILHERME DRAY e LUÍS GONÇALVES DA SILVA, *Código do Trabalho Anotado*, cit., p. 104, defende que *"O n. 3 é novo, mas não introduz alterações significativas. Com efeito, a redação agora expressamente consagrada já resultava do regime geral existente, pois as matérias constantes da lista eram entendidas como fixando mínimos e, portanto, apenas suscetíveis de regulação por instrumentos colectivos em sentido mais favorável"*.

(609) Cf. PEDRO ROMANO MARTINEZ, *Direito do Trabalho*, Instituto de Direito do Trabalho da Faculdade de Direito de Lisboa, cit., p. 115.

contratados em regime de contrato sem termo, em detrimento dos trabalhadores contratados a termo e dos trabalhadores temporários, fez, apesar de tudo, uma avaliação positiva do CT/2009 e das reformas introduzidas na legislação laboral[(610)].

A avaliação, todavia, não se prende com a qualidade jurídica das alterações levadas a efeito, com a ordem jurídica em geral ou, sequer, com o subsistema laboral, isoladamente considerado ou no seu confronto com o sistema geral do Direito civil, enquanto direito comum — a análise, mais uma vez, é de ordem puramente económica e a linguagem utilizada é uma linguagem extrajurídica.

XII. Por isso, quanto ao CT/2009, tal como de resto havia sucedido em relação ao CT/2003, o "*survey*" da OCDE é lapidar: o Código é aplaudido e louvado. Mas a OCDE entendeu que (do ponto de vista económico) a alteração em apreço não era ainda suficiente. E que era necessário fazer mais e continuar a reformar a legislação laboral tendo em vista o aumento da mobilidade e da flexibilidade laboral. Assim, de acordo com o referido "exame", *"A introdução do novo Código do Trabalho, em 2009, que reduziu a rigidez do "EPL" para os contratos sem termo, é um importante passo na direcção do dualismo do mercado de trabalho, tal como sucede com o novo Código Contributivo da Segurança Social. É, todavia, necessário fazer ainda mais. As autoridades têm consciência da necessidade de continuar a reformar o mercado de trabalho e têm estado a discutir novas estratégias com os parceiros sociais. A EPL para contratos por tempo indeterminado deve ser reduzida ainda mais, de forma a reduzir o fosso entre a proteção conferida a estes trabalhadores e a desproteção própria dos trabalhadores contratados a termo e dos trabalhadores temporários"* (sublinhado nosso)[(611)].

Em qualquer caso, de acordo com a OCDE e com os seus objetivos de natureza económica, as mudanças levadas a efeito no CT/2003 pela revisão de 2009 tiveram o efeito (positivo) de reduzir o indicador da legislação de proteção do emprego ("LPE") no que diz respeito aos contratos de trabalho segundo o regime comum, em termos tais que o indicador desceu (numa escala de 0 a 6) de 3.4 para 2.7[(612)].

2.2.5.3. O acordo entre o Governo português e a "Troika" e as sucessivas revisões do Código do Trabalho

I. No dia 14 de setembro de 2008, ocorreu a falência do *Lehman Brothers*, o quarto maior banco de negócios dos Estados Unidos da América, facto que abalou de forma considerável o sistema financeiro mundial e que esteve na origem de uma das mais graves crises sentidas na Europa — a chamada "crise das dívidas soberanas".

A crise em apreço, na Europa, afetou significativamente os países da periferia (*v. g.*, Islândia, Irlanda, Grécia, Espanha e Itália) e Portugal não fugiu à regra.

Neste contexto, no dia 6 de abril de 2011, o XVIII Governo constitucional solicitou à União Europeia e ao Fundo Monetário Internacional um pedido de assistência financeira, tendo em vista garantir condições de financiamento a Portugal, ao sistema financeiro nacional e à economia portuguesa.

---

(610) O artigo 12º dispõe no seguinte sentido:
"*Artigo 12º*
Presunção de contrato de trabalho
1 — Presume-se a existência de contrato de trabalho quando, na relação entre a pessoa que presta uma atividade e outra ou outras que dela beneficiam, se verifiquem algumas das seguintes características:
a) A atividade seja realizada em local pertencente ao seu beneficiário ou por ele determinado;
b) Os equipamentos e instrumentos de trabalho utilizados pertençam ao beneficiário da atividade;
c) O prestador de atividade observe horas de início e de termo da prestação, determinadas pelo beneficiário da mesma;
d) Seja paga, com determinada periodicidade, uma quantia certa ao prestador de atividade, como contrapartida da mesma;
e) O prestador de atividade desempenhe funções de direcção ou chefia na estrutura orgânica da empresa.
2 — (...)
3 — (...)
4 — (...)".

Na sequência da crise das dívidas soberanas europeias que afetou países europeus da zona euro e da União Europeia e, a nível interno, na sequência da rejeição, em 23 de março de 2011, na Assembleia da República, do Programa de Estabilidade e Crescimento apresentado pelo Governo — Programa esse que havia sido objeto de aprovação por parte do Banco Central Europeu e da Comissão Europeia — a situação financeira de Portugal agravou-se de forma drástica.

O *rating* da República baixou abruptamente; as taxas de juro no mercado internacional na emissão de dívida pública dispararam, em todos os prazos (a 2 anos, a 5 anos ou a 10 anos); os bancos portugueses e importantes empresas nacionais viram o seu *rating* baixar para níveis perigosos, nunca antes atingidos. O financiamento da República, do sistema bancário e, consequentemente, da economia nacional, foi ameaçado de forma real. As dificuldades de financiamento da República e da economia portuguesa acentuaram-se de forma muito grave; a dificuldade de Portugal aceder aos mercados internacionais e as acrescidas dificuldades de colocação da dívida pública, aliadas à cada vez mais reduzida capacidade da respetiva absorção por parte do sistema bancário nacional, agravaram-se; a progressiva e acelerada perda de valor dos ativos bancários de garantia (colaterais) mobilizáveis para efeitos de operações de crédito do Eurossistema, tornou-se evidente; os sucessivos *downgrades* da República e das instituições bancárias por parte de agências de *rating* internacionais, no momento em que tais entidades bancárias se preparavam para se sujeitar a testes de resistência (*"stress tests"*) altamente relevantes para a manutenção e reforço dos níveis de confiança de que devem usufruir, agravaram a incerteza e a intranquilidade dos mercados financeiros quanto à capacidade do país em cumprir as suas obrigações financeiras e puseram em causa a estabilidade financeira, económica e social do país. O pedido de assistência financeira à União Europeia e ao Fundo Monetário Internacional tornou-se inevitável, depois da Islândia, da Grécia e da Irlanda o terem feito também, alguns meses antes[(613)].

Em 6 de abril de 2011, o pedido de assistência financeira foi acionado, tendo sido solicitado o apoio financeiro da União Europeia, através do *Mecanismo Europeu de Estabilização Financeira* (*"European Financial Stabilisation Mechanism"* — *"EFSM"*), e o da Zona Euro, através da *Facilidade Europeia de Estabilidade Financeira* (*"European Financial Stability Facility* — *"EFSF"*). Nos termos daqueles mecanismos de auxílio europeus, a assistência financeira a um Estado-membro ficou condicionada à participação do Fundo Monetário Internacional, pelo que este, através do *Fundo de Facilidade Estendido* (*"Extended Fund Facility"*) foi também objeto do pedido de assistência financeira[(614)].

---

(611) Cf. *"OECD Economic Surveys: Portugal,* 2010", v. 16, OECD Publishing, Paris, 2010. Estudo publicado sob a responsabilidade do Comité de Análise das Situações Económicas e Problemas de Desenvolvimento, responsável pelo exame da situação económica dos países-membros.

(612) Cf. *"OECD Economic Surveys: Portugal,* 2010", cit., p. 42.

(613) Cf. *"OECD Economic Surveys: Portugal,* 2010", cit., p. 45.

(614) A "cronologia dos factos" relativos ao "pedido de ajuda externa", desde 1º de janeiro de 2011 a 6 de abril de 2011, é no essencial a seguinte:
— 14 de janeiro: a agência de notação *Rating and Investment Information* (*R&I*) baixou o *rating* da República portuguesa para A —, mantendo-o em *"watch down"*;
— 11 de março: o XVIII Governo Constitucional apresentou em Bruxelas o "Programa de Estabilidade e Crescimento" ("PEC", mais conhecido por "PEC IV"), que continha "medidas de austeridade" destinadas a garantir, simultaneamente, a consolidação das contas públicas e o reforço da competitividade da economia nacional. O "PEC" foi elogiado pela Comissão Europeia, pelo Conselho Europeu e pelo Banco Central Europeu;
— 15 de março: a agência de notação *Moody´s* baixou o *rating* da República portuguesa para A3, mantendo-o em *"off watch"*;
— 21 de março: o principal partido da oposição anuncia que irá votar contra a aprovação do "PEC" na Assembleia da República;
— 23 de março: o "PEC" é rejeitado no Parlamento — obteve apenas os votos favoráveis do partido que suportava o Governo, tendo todos os partidos da oposição votado contra;
— 23 de março: o Primeiro Ministro do XVIII Governo constitucional apresenta o seu pedido de demissão ao Presidente da República;
— 24 de março: a agência de notação *Fitch* baixou o *rating* da República portuguesa para A -, mantendo-o em *"watch down"*;
— 24 de março: a agência de notação *Standard & Poors* baixou o *rating* da República portuguesa para BBB;
— 29 de março: a agência de notação *Standard & Poors* baixou o *rating* da República portuguesa para BBB -.
— 31 de março: o Presidente da República aceita o pedido de demissão do Primeiro Ministro e determina, em termos constitucionais, a demissão do Governo, o qual fica em regime de gestão, nos termos do artigo 186º, n. 5, da Constituição;
— 1º de abril: a agência de notação *Fitch* baixou o *rating* da República portuguesa para BBB -, mantendo-o em *"watch down"*;
— 5 de abril: a agência de notação *Moody´s* baixou o *rating* da República portuguesa para A3 com *"negative outlook"*;
— 6 de abril: o XVIII Governo Constitucional formaliza o pedido de ajuda externa à União Europeia e ao Fundo Monetário Internacional.

O Governo português comprometeu-se, desde logo, tendo em vista o recurso a tais mecanismos de ajuda financeira, a fazê-lo tendo por base um programa apoiado num condicionalismo rigoroso, negociado com a Comissão Europeia, em conjunto com o Banco Central Europeu, por um lado, e com o Fundo Monetário Internacional, por outro lado. Estes, por sua vez, manifestaram o desejo de o programa em causa ser negociado não apenas com as autoridades portuguesas, mas também com os principais partidos políticos portugueses, ficando desde logo definido que os desembolsos financeiros ficariam sujeitos ao cumprimento das condições expressas nos acordos que viessem a ser outorgados.

II. Na sequência do referido pedido de assistência financeira, o Governo assinou dois acordos: o Memorando de Entendimento sobre as Condicionalidades de Política Económica ("*Memorandum of Understanding on Specific Economic Policy Conditionality*" — "MoU") com o Banco Central Europeu e a Comissão Europeia, ao abrigo dos citados Mecanismo Europeu de Estabilização Financeira ("EFSM") e Facilidade Europeia de Estabilidade Financeira ("EFSF"); e o Memorando de Políticas Económicas e Financeiras ("*Memorandum of Economic and Financial Policies*" — "MEFP"), com o Fundo Monetário Internacional, ao abrigo do citado Fundo de Facilidade Estendido ("*Extend Fund Facility*").

Ambos os acordos incluíram cláusulas sobre as políticas de emprego e sobre o mercado laboral. E em ambos os casos surgiu um compromisso de continuação das reformas que foram levadas a efeito, respetivamente, aquando da aprovação do CT/2003 e do CT/2009.

Mais uma vez, o propósito deste compromisso não teve como finalidade o aperfeiçoamento do sistema juslaboral ou qualquer avanço na Ciência Jurídica — o propósito foi exclusivamente de natureza económica.

III. No "MoU", acordado com a Comissão Europeia e o Banco Central Europeu, foram acolhidas normas sobre a política orçamental, a regulação e a supervisão do sistema financeiro, medidas orçamentais estruturais (envolvendo, nomeadamente, parcerias público-privadas, setor empresarial do Estado, Administração Pública, política de privatizações e saúde), bem como normas sobre o mercado de trabalho e a política de emprego.

E, a este propósito, o "MoU" foi muito explícito[615].

Sobre o "Mercado de Trabalho", o "MoU" enunciou os seguintes objetivos: *"(...) implementar reformas na legislação relativa à proteção ao emprego para combater a segmentação do mercado de trabalho, promover a criação de emprego e facilitar a transição dos trabalhadores entre várias atividades, empresas e setores; facilitar os regimes dos tempos de trabalho para conter flutuações de emprego ao longo do ciclo, acomodar melhor as diferenças de padrões de trabalho nos diferentes setores e empresas e aumentar a competitividade das empresas; promover uma evolução dos custos do trabalho consistente com a criação de emprego e a melhoria da competitividade; garantir boas práticas e recursos apropriados para Políticas Activas do Mercado de Trabalho, com o objectivo de melhorar a empregabilidade dos jovens e das categorias desfavorecidas e minorar os desajustamentos no mercado de trabalho (...)"*[616].

IV. No mesmo sentido, ainda que de forma menos desenvolvida, o "MEFP" incluiu também regras relativas ao "Mercado de Trabalho".

Depois de aludir à necessidade de redução da dívida pública e do déficit público, de racionalização do setor público, de reavaliação das parcerias público-privadas, de racionalização do setor empresarial do

---

Paralelamente, entre 23 de março de 2011 (pedido de demissão do Primeiro Ministro) e 6 de abril de 2011 (pedido de ajuda externa), as agências de notação acima referidas baixaram também o *rating* da banca nacional, quer do banco público (Caixa Geral de Depósitos), quer da banca privada (Millennium — Banco Comercial Português, BES — Banco Espírito Santo; BPI — Banco Português de Investimento, e BANIF — Banco Internacional do Funchal), bem como o *rating* de algumas empresas pertencentes ao Setor Empresarial do Estado, algumas das quais foram qualificadas como *"junk"* ("lixo"), nomeadamente a Parpública — Participações Públicas, (SGPS), S.A., e o Metropolitano de Lisboa, EPE.

(615) Segundo dados publicamente divulgados, o "Programa de Ajuda" ascendeu ao montante total de 78 mil milhões de euros, sendo suportado em 52 mil milhões de euros a nível da União Europeia e da Zona Euro, respetivamente pelo *Mecanismo Europeu de Estabilização Financeira* e pela *Facilidade Europeia de Estabilidade Financeira;* e 26 mil milhões de euros pelo Fundo Monetário Internacional.

(616) A tradução do "MoU" que seguiremos foi a que foi publicitada no *site* do Ministério das Finanças e da Administração Pública, com a seguinte menção: *"Nota: O idioma da versão original e oficial do Memorando em referência é o inglês. A presente versão em português corresponde a uma tradução do documento original e é da exclusiva responsabilidade do Ministério das Finanças e da Administração Pública. Em caso de eventual discrepância entre a versão inglesa e a portuguesa, prevalece a versão inglesa".*

Estado, de implementação de uma nova política de privatizações, de se conferir maior eficiência ao sistema nacional de saúde e de se referir à necessidade de reforço e de redução do grau de endividamento do sistema financeiro, o "MEFP" dedica-se, ainda que de forma mais sucinta do que o "MoU", ao mercado de trabalho, enquadrando-o no objetivo mais vasto de melhoria da competitividade da economia através da implementação de reformas estruturais que, segundo este documento, deveriam centrar-se *"na criação de novos empregos, em especial para os jovens"*. Alude-se, a esse propósito, à necessidade de se *"alinhar as compensações por cessação de contrato de trabalho sem termo e a termo certo, reduzindo as compensações para todos os novos contratos a 10 dias por cada ano de efectividade, com 10 dias adicionais suportados por um fundo financiado pelos empregadores"*, à redução da *"duração máxima do subsídio de desemprego para não mais do que 18 meses"* e à necessidade de se garantir que, *"ao longo da vigência do programa, qualquer aumento do salário mínimo apenas ocorrerá se as condições económicas o justificarem e for acordado no contexto das revisões periódicas do programa"*.

V. Foi, pois, neste contexto, que o XIX Governo Constitucional aprovou, entre 2011 e 2012, um conjunto significativo de alterações ao Código do Trabalho, dando sequência e reforçando a linha que aponta para a flexibilidade do Direito do trabalho e que vê no regime legal de proteção do trabalhador um obstáculo à competitividade das empresas e das economias nacionais.

Entrou-se, porventura, numa nova fase, apelidada por António Casimiro Ferreira de *"economia de austeridade"*(617): os direitos laborais foram indexados ao ciclo económico de austeridade, que transfere para os cidadãos os custos da recuperação do sistema financeiro; à luz dessa indexação, envereda-se por uma política de erosão dos direitos sociais e laborais, vistos como barreiras a eliminar no quadro de resposta à crise económica e financeira da Europa; as reformas laborais passam, por esta via, não apenas a apostar na flexibilização do Direito do trabalho, como sucedeu nos finais da década de noventa, mas a apostar também na redução dos custos salariais, na diminuição das indemnizações por despedimento, na facilitação dos despedimentos por razões objetivas, na maior flexibilização da gestão do tempo de trabalho e na imposição de pesadas restrições à negociação coletiva através da fixação de normas imperativas

---

(617) Recorda-se que o MoU especificava algumas reformas que, do seu ponto de vista, deveriam ser levadas a efeito. Assim, a propósito das *prestações de desemprego*, o MoU sugeria, nomeadamente, que o Governo deveria legislar de forma a *"Reduzir a duração máxima do subsídio de desemprego para não mais do que 18 meses"*; sobre a *compensação por cessação de contrato de trabalho*, o MoU determinava que *"O total de compensações por cessação de contrato de trabalho para os novos contratos sem termo será reduzido de 30 para 10 dias por ano de antiguidade (e 10 dias adicionais a serem pagos por um fundo financiado pelos empregadores) com um limite máximo de 12 meses e a eliminação do limite mínimo de 3 meses de retribuição que não dependem da antiguidade; O total das compensações por cessação de contrato de trabalho para os contratos a termo será reduzido de 36 para 10 dias por ano de trabalho, para contratos inferiores a 6 meses, e de 24 para 10 dias, para contratos de maior duração (com 10 dias adicionais a serem pagos por um fundo financiado pelos empregadores)"*, devendo o Governo, subsequentemente, *"apresentar uma proposta no sentido de alinhar as compensações por cessação de contrato de trabalho para os actuais contratos com a alteração para os novos contratos (...) sem redução dos direitos adquiridos"*; a propósito dos *despedimentos*, o MoU determinava que o Governo deveria preparar uma proposta de reforma com o objectivo de introduzir ajustamentos aos casos de despedimentos individuais com justa causa previstos no Código do Trabalho, tendo em vista combater a segmentação do mercado de trabalho e aumentar a utilização dos contratos sem termo. Nesse sentido, propugnava-se que *"Os despedimentos individuais por inadaptação do trabalhador deverão ser possíveis mesmo sem a introdução de novas tecnologias ou outras alterações no local do trabalho (...). Entre outras, pode ser acrescentada uma nova causa justificativa nos casos em que o trabalhador tenha acordado com o empregador atingir determinados objectivos e não os cumpra, por razões que sejam da exclusiva responsabilidade do trabalhador"; "Os despedimentos individuais associados à extinção do posto de trabalho não devem necessariamente seguir uma ordem preestabelecida de antiguidade, se mais do que um trabalhador estiver destinado a funções idênticas (art. 368 do Código do Trabalho). A ordem pré-definida de antiguidade não é necessária desde que o empregador estabeleça um critério alternativo relevante e não discriminatório (semelhante ao já existente no caso dos despedimentos colectivos); Os despedimentos individuais, pelas razões acima indicadas, não devem estar sujeitos à obrigação da tentativa de transferência do trabalhador para outro posto de trabalho disponível ou uma função mais apropriada (...). Em regra, se existirem postos de trabalho disponíveis, compatíveis com as qualificações do trabalhador, devem ser evitados despedimentos"*. A propósito do regime do *tempo de trabalho*, o MoU determinou que o Governo deveria *"(...) preparar um plano de acção para promover a flexibilidade dos tempos de trabalho, incluindo as modalidades que permitam a adoção do regime laboral do "banco de horas", por acordo mútuo entre empregadores e trabalhadores negociado ao nível da empresa. (...)"*, bem como promover a *"Revisão da retribuição especial pela prestação de trabalho suplementar prevista no Código do Trabalho: (i) redução para o máximo de 50% (dos actuais 50% para a primeira hora de trabalho suplementar, 75% para as horas seguintes e 100% para o trabalho suplementar em dia de descanso semanal ou em feriado)"* e a *"eliminação do descanso compensatório correspondente a 25% do trabalho suplementar prestado"*. Por fim, sobre a *fixação de salários e competitividade*, o MoU determinou que o Governo deveria, nomeadamente, *"comprometer-se que, durante a duração deste programa, qualquer aumento do salário mínimo só terá lugar se justificado pela evolução económica e do mercado de trabalho, e após acordo no quadro da revisão do programa"*, bem como *"(...) Apresentar uma proposta para reduzir o limite da dimensão da empresa para as comissões de trabalhadores celebrarem acordos, abaixo dos 250 trabalhadores (...)"*.

absolutas que esvaziam de forma considerável a autorregulamentação de interesses que sempre marcou o Direito do trabalho tradicional.

O Direito do trabalho tradicional, que já havia sido ultrapassado por uma linha que apontava para a necessidade da sua flexibilização, é como que renegado, dando-se origem, nas palavras do mesmo autor, ao chamado *Direito do trabalho de exceção*(618) — aquele que entra em rutura com os pressupostos tradicionais do Direito do trabalho, apostando na eliminação do conflito enquanto elemento dinâmico das relações laborais e da proteção do trabalhador nos termos em que este foi inicialmente concebido. As reformas laborais deixam de assumir contorno nacional e são "desnacionalizadas", passando a assumir-se como um produto de mercado utilizado como caução do apoio externo, ou como uma moeda de troca para efeitos de obtenção de financiamento internacional.

O "princípio da proteção do trabalhador" deixa de ser tido em consideração enquanto elemento conformador de política legislativa — a reforma laboral levada a efeito tem por fundamento, apenas, preocupações de natureza económica e é instrumentalizada em função das mesmas. A ideia é simples: acredita-se que o problema da falta de competitividade das economias assenta no excesso de rigidez da legislação laboral e, por essa razão, aposta-se na flexibilização e na desregulamentação das relações laborais como mecanismo destinado a aumentar a competitividade dos países, a diminuir o desemprego e a gerar mais emprego.

A reforma laboral portuguesa iniciada em 2011 e que culmina com a revisão do Código do Trabalho de 2012 insere-se nesta linha.

Vejamos os principais aspetos desta reforma.

a) Alteração ao valor da compensação em caso de cessação do contrato de trabalho — Lei n. 53/2011, de 14 de outubro

I. Em 21 de julho de 2011, o XIX Governo Constitucional aprovou a Proposta de Lei n. 2/XII, relativa às alterações ao Código do Trabalho, que teve por base, quer o "Acordo Tripartido para a Competitividade e Emprego", que havia sido subscrito em 22 de março de 2011 pelo XVIII Governo Constitucional e os Parceiros Sociais em sede da Comissão Permanente de Concertação Social, quer, fundamentalmente, o citado "Memorando de Políticas Económicas e Financeiras", de 17 de maio de 2011, assinado com a "troika", na parte relativa às compensações por cessação do contrato de trabalho(619).

II. Tendo por base tal proposta, em 14 de outubro de 2011, através da Lei n. 53/2011, de 14 de outubro, a Assembleia da República procedeu à segunda alteração ao Código do Trabalho, aprovado em anexo à Lei n. 7/2009, de 12 de fevereiro, estabelecendo um novo sistema de compensação em diversas modalidades de cessação do contrato de trabalho, aplicável apenas aos novos contratos de trabalho.

No essencial, através do (novo) artigo 366º-A, o legislador estabeleceu um novo sistema de compensação pela cessação do contrato de trabalho, uniformemente aplicável a diversas modalidades de cessação, abrangendo: a *cessação do contrato de trabalho em regime de comissão de serviço* — artigo 164º, n. 1, alíneas *b* e *c*; a *resolução do contrato pelo trabalhador com justa causa em caso de transferência definitiva do local de trabalho que lhe cause prejuízo sério* — artigo 194º, n. 5; a *cessação por caducidade do contrato de trabalho a termo certo ou incerto* — artigos 344º, n. 3 e 345º, n. 4; a *cessação por caducidade do contrato de trabalho em caso de morte do empregador, extinção da pessoa coletiva ou encerramento de empresa* — artigo 346º, n. 6; a *cessação do contrato por extinção do posto de trabalho* — artigo 372º; e a *cessação do contrato de trabalho por inadaptação* — artigo 379º.

Ficou expressamente determinado, todavia, que o novo sistema de compensação apenas vigoraria para o futuro, ou seja, apenas seria aplicável aos novos contratos de trabalho (artigo 3º da citada Lei n. 53/2011).

---

(618) Cf. ANTÓNIO CASIMIRO FERREIRA, *Sociedade da Austeridade e Direito do trabalho de exceção*, Vida Económica, Lisboa, 2012, pp. 21 e ss.
(619) Cf. ANTÓNIO CASIMIRO FERREIRA, *Sociedade da Austeridade e Direito do trabalho de exceção*, cit., pp. 75 e ss.

III. O novo sistema de compensação, no essencial, trouxe as seguintes inovações:

a) Diminuição do valor da compensação por cada ano de antiguidade de 1 mês para 20 dias de retribuição base e diuturnidades;

b) Estabelecimento de um limite máximo de compensação (até então inexistente), no montante correspondente a 12 vezes a retribuição base mensal e diuturnidades por cada ano completo de antiguidade; e

c) Supressão do limite mínimo de 3 meses de compensação constante do regime do artigo 366º do Código do Trabalho de 2009.

III. Para além disso, o artigo 4º da citada Lei n. 53/2011, sob a epígrafe *Direito transitório*, determinou que *"O empregador está obrigado a aderir ao fundo de compensação do trabalho e a efetuar as contribuições devidas nos termos da legislação própria"* (n. 1) e que *"Compete exclusivamente ao empregador o pagamento da compensação determinada por aplicação do artigo 366º-A enquanto não estiver constituído o fundo de compensação do trabalho ou enquanto o empregador a este não tiver aderido"* (n. 2).

IV. Visou-se, por esta via, flexibilizar o mercado de trabalho e garantir maior competitividade às empresas, tendo por pressuposto a ideia de que o problema da competitividade da economia assenta numa alegada excessiva rigidez da legislação laboral.

b) Criação de um regime de renovação extraordinária dos contratos de trabalho a termo certo, bem como o regime e o modo de cálculo da compensação aplicável aos contratos objeto dessa renovação

I. Através da Lei n. 3/2012, de 10 de janeiro, a Assembleia da República, na esteira de mais uma Proposta de Lei do Governo, estabeleceu um regime de renovação extraordinária dos contratos de trabalho a termo certo.

Neste caso, visou-se, no essencial, numa conjuntura de desemprego, garantir a continuidade da manutenção de contratos se trabalho a termo que de outra forma tenderiam a cessar por caducidade, conduzindo os trabalhadores para uma situação de desemprego involuntário num contexto de grave crise internacional e nacional.

À luz deste regime, determinou-se que *"Podem ser objeto de duas renovações extraordinárias os contratos de trabalho a termo certo que, até 30 de Junho de 2013, atinjam os limites máximos de duração estabelecidos no n. 1 do artigo 148º do Código do Trabalho"* (n. 2), estabelecendo-se ainda que a duração total das renovações em causa não pode exceder 18 meses (n. 2).

Determinou-se, também, que a duração de cada renovação extraordinária não pode ser inferior a um sexto da duração máxima do contrato de trabalho a termo certo ou da sua duração efetiva, consoante a que for inferior (n. 3).

E fixou-se como limite máximo de vigência do contrato de trabalho a termo certo objeto de renovação extraordinária o dia 31 de dezembro de 2014.

Em suma, procurou-se evitar o agravamento da situação de desemprego que, no último trimestre de 2011, segundo dados do Instituto Nacional de Estatística, já rondava os 14% da população ativa[620].

---

(620) Recorda-se que a este propósito o MoU determinava que: *"i. O Governo irá apresentar, até ao final de julho de 2011, à Assembleia da República legislação no sentido de implementar reformas nas compensações em relação às novas contratações, de acordo com o Acordo Tripartido de março de 2011.6.22. As compensações por cessação de contrato de trabalho para contratos sem termo serão alinhadas com as previstas para os contratos a termo. A reforma irá redesenhar os sistemas de compensações por cessação de contrato de trabalho da seguinte forma:*

— O total de compensações por cessação de contrato de trabalho para os novos contratos sem termo será reduzido de 30 para 10 dias por ano de antiguidade (e 10 dias adicionais a serem pagos por um fundo financiado pelos empregadores) com um limite máximo de 12 meses e a eliminação do limite mínimo de 3 meses de retribuição que não dependem da antiguidade;

Os dados estatísticos, porém, vieram a demonstrar que tal modificação legislativa em nada contribuiu para a criação de emprego, bem pelo contrário. Segundo dados do Instituto Nacional de Estatística, no último trimestre de 2012, o desemprego, em Portugal, atingia o percentual de 16,9%, ao passo que no primeiro trimestre de 2013 atingiu o percentual de 17,4%(621).

II. Por outro lado, na esteira da Lei n. 53/2011, de 14 de outubro, o legislador voltou a atuar no domínio da compensação pela cessação dos contratos de trabalho; neste caso, no que diz respeito à compensação por caducidade dos contratos de trabalho a termo objeto da renovação extraordinária em causa.

Procurou-se, no essencial, garantir que o sistema de compensação em caso de renovação extraordinária fosse fixado em função das alterações já levadas a efeito pela Lei n. 53/2011, de 14 de outubro, sem, contudo, colidir com o regime da aplicação da lei no tempo previsto no artigo 3º daquele diploma, segundo o qual o novo sistema de compensação só se aplica aos novos contratos de trabalho, celebrados após a entrada em vigor daquela lei.

Assim, nos termos do artigo 4º, estabeleceu-se que os contratos de trabalho a termo certo que fossem objeto de renovação extraordinária nos termos da citada Lei n. 3/2012 passam a estar sujeitos ao seguinte regime de compensação:

a) Em relação ao período de vigência do contrato até a primeira renovação extraordinária, o montante da compensação continuou a ser calculado de acordo com o regime jurídico aplicável a um contrato de trabalho a termo certo celebrado à data do início de vigência daquele contrato;

b) Em relação ao período de vigência do contrato a partir da primeira renovação extraordinária, o montante da compensação passou a ser calculado de acordo com o regime aplicável a um contrato a termo certo à data daquela renovação extraordinária, regime esse decorrente da aplicação da citada Lei n. 53/2011, que equiparou (nos artigos 344º e 345º) a compensação a que o trabalhador tem direito em caso de caducidade dos contratos de trabalho a termo certo e incerto à compensação devida em caso de despedimento coletivo (artigo 366º-A), de despedimento por extinção do posto de trabalho (artigos 372º e 366º-A) ou de despedimento por inadaptação (artigos 379º e 366º-A);

c) A compensação global a que o trabalhador tem direito passou a resultar, assim, da soma dos montantes calculados nos termos das alíneas anteriores.

III. Quer dizer, legislou-se no sentido da flexibilização, ainda que temporária, do regime dos contratos de trabalho a termo certo, alargando-se a sua duração máxima, que ascendia ao limite máximo de 3 anos (artigo 148º, n. 1, alínea c), em mais 18 meses, com o limite de vigência de 31 de dezembro de 2014.

Quanto a estas renovações extraordinárias, alinhou-se o valor da respetiva compensação por caducidade ao que já resultava da Lei n. 53/2011, de 14 de outubro.

Mais uma vez, as alterações legislativas foram motivadas, apenas e em exclusivo, por preocupações de natureza económica e por políticas de emprego ditadas por entidades internacionais.

— O total das compensações por cessação de contrato de trabalho para os contratos a termo será reduzido de 36 para 10 dias por ano de trabalho, para contratos inferiores a 6 meses, e de 24 para 10 dias, para contratos de maior duração (com 10 dias adicionais a serem pagos por um fundo financiado pelos empregadores);
— Implementação do fundo acordado no Acordo Tripartido de Março para financiar parcialmente o custo dos despedimentos para novas contratações.
ii. Até ao T4-2011, o Governo irá apresentar uma proposta no sentido de alinhar as compensações por cessação de contrato de trabalho para os actuais contratos com a alteração para os novos contratos (tendo em consideração a articulação revista entre o direito à compensação, antiguidade e o limite total para as compensações) sem redução dos direitos adquiridos. Este plano permitirá apresentar a nova legislação à Assembleia da República até ao T1-2012.
iii. Até ao T1-2012, o Governo irá apresentar uma proposta com o objectivo de:
Alinhar o nível de compensações por cessação de contrato de trabalho com o nível médio da UE;
Permitir que as compensações por cessação de contrato de trabalho financiadas pelo fundo acordado no Acordo Tripartido, sejam transferíveis entre empregadores, através da criação de contas individuais nocionais.
Com base nesta proposta, será apresentada à Assembleia da República uma proposta de lei até ao T3-2012".
(621) Disponível em: <http://www.ine.pt/xportal/xmain?xpid=INE&xpgid=ine_main>. Acesso em: 16 de fevereiro de 2012.

2.2.5.4. *A reforma de 2012*

I. Na sequência do "*Compromisso para o crescimento, competitividade e emprego*"(622), assinado em janeiro de 2012 entre o Governo e os parceiros sociais(623), o XIX Governo constitucional aprovou a Lei n. 23/2012, de 25 de junho, que procedeu à terceira alteração do Código do Trabalho, aprovado pela Lei n. 7/2009, de 12 de fevereiro, e alterado pelas Leis ns. 105/2009, de 14 de setembro, e 53/2011, de 14 de outubro.

Atenta à profundidade das alterações levadas a efeito e à alteração do rumo do Direito do trabalho nela operada, a Lei n. 23/2012, ainda que tenha mantido em vigor, formalmente, o Código do Trabalho de 2009, foi marcante e significativa — tratou-se de uma verdadeira *reforma,* mais do que uma simples *revisão*.

O sentido geral da reforma operada pela Lei é simples de enunciar, maior flexibilização da relação laboral, nomeadamente quanto à gestão do tempo de trabalho; redução de benefícios do trabalhador, nomeadamente quanto a férias, descanso e remuneração compensatória decorrente da prestação de trabalho suplementar; maior facilidade em promover o despedimento, quer por redução de custos para o empregador ao nível da compensação a pagar ao trabalhador, quer por força da atenuação de determinados requisitos ao nível do despedimento coletivo, por extinção do posto de trabalho e por inadaptação; maior individualização da relação de trabalho, admitindo-se a obtenção de acordos entre empregador e trabalhador quando antes se exigia a intervenção de instrumentos de regulamentação coletiva de trabalho, nomeadamente ao nível da gestão do tempo de trabalho — *v. g.*, *banco de horas individual*; menor intervenção do Ministério responsável pela área laboral em diversos assuntos relacionados com a vida laboral, nomeadamente em sede de regulamentos internos da empresa e remessa, pelo empregador, de mapas de horário de trabalho; maior descentralização da negociação coletiva, admitindo-se, de forma mais alargada, que esta possa ser levada a efeito por outras estruturas representativas de trabalhadores que não as associações sindicais; redução do papel anteriormente atribuído aos instrumentos de regulamentação coletiva de trabalho e diminuição das normas convénio — dispositivas.

II. Em particular, destacam-se as seguintes alterações legislativas:

a) Redução de alguns benefícios associados a determinadas categorias específicas de trabalhadores, nomeadamente no caso do *trabalhador-estudante*, que viu reduzido para metade o descanso compensatório em caso de prestação de trabalho suplementar (artigo 90º, n. 8) e que passa a ter que fazer prova, junto do estabelecimento de ensino, da sua condição de trabalhador (artigo 94º, n. 2);

b) *Desburocratização* da relação laboral, através da dispensa da intervenção do Ministério responsável pela área laboral nalguns aspetos da vida empresarial, deixando nomeadamente de ser exigível a remessa para o serviço com competência inspetiva daquele Ministério dos seguintes documentos: regulamento interno da empresa (artigo 99º, n. 3), cuja eficácia deixa de ficar dependente daquela remessa; cópia do mapa de horário de trabalho, que antes tinha de ser enviado com a antecedência mínima de quarenta e oito horas relativamente à sua entrada em vigor (artigo 216º, n. 3, revogado pela Lei n. 23/2012); acordo de isenção de horário de trabalho, que passa a cingir-se ao acordo escrito entre empregador e trabalhador e a circunscrever-se a essa relação jurídica (artigo 218º, n. 3);

c) Criação do *fundo de compensação do trabalho* ou mecanismo equivalente, a ser regulamentado nos termos de legislação específica, passando a exigir-se a sua adesão por parte do empregador, o qual passa a estar adstrito a novos deveres de informação relacionados com este fundo (artigos 106º, n. 3, alínea *m*; 127º, n. 5; 177º, 4); e à aplicação de sanções em caso de inobservância deste dever de adesão (artigo 192º, n. 2, alínea c);

d) Reforço da possibilidade de celebração de *contrato de trabalho a termo consensual*, ou seja, sem necessidade de sujeição a forma escrita, nos casos de contrato de trabalho em atividade sazonal agrícola ou para realização de evento turístico de duração não superior a 15 dias (quando o limite anterior era de 7 dias), sendo certo que a duração total de contratos a termo com o mesmo empregador não pode exceder 70 dias (quando o limite anterior era de 60 dias) de trabalho no ano civil (artigo 142º, ns. 1 e 2);

---

(622) Disponível em: <http://www.ine.pt/xportal/xmain?xpid=INE&xpgid=ine_main>. Acesso em: 18 de fevereiro de 2013.
(623) Disponível em: <http://www.ces.pt/151>. Acedido em: 15 de janeiro de 2012.

e) Alargamento dos cargos que podem ser exercidos em regime de *comissão de serviço*, passando a admitir-se que, desde que previsto em instrumento de regulamentação coletiva de trabalho, possam ser exercidos em regime de comissão de serviço quaisquer funções de chefia, independentemente de suporem uma especial relação de confiança e de serem diretamente dependente da administração ou de diretor geral ou equivalente (artigo 161º);

f) Reforço da flexibilidade do *tempo de trabalho*, através da criação das figuras do *banco de horas individual* (artigo 208º-A), que admite a respetiva instituição por simples acordo entre o empregador e o trabalhador, podendo, neste caso, o período normal de trabalho ser aumentado até duas horas diárias e atingir 50 horas semanais, tendo o acréscimo por limite 150 horas por ano (quando é certo que no banco de horas coletivo os limites são, respetivamente, de quatro horas diárias e 60 horas semanais, tendo o acréscimo por limite 200 horas por ano), e do *banco de horas grupal* (artigo 208º-B), admitindo-se neste caso que o banco de horas coletivo possa ser alargado a outros trabalhadores da mesma equipa, secção ou unidade económica, mesmo que estes não estejam filiados na associação sindical subscritora do instrumento de regulamentação coletiva de trabalho que o preveja (artigo 208º-B, n. 2), ou que o banco de horas individual, caso tenha sido aceite por pelo menos 75% dos trabalhadores de uma equipa, secção ou unidade económica, possa ser aplicado aos demais trabalhadores desse mesmo núcleo (artigo 208º-B, n. 2);

g) Reforço da flexibilização do regime associado ao *intervalo de descanso,* quer através do aumento do limite máximo do número de horas de trabalho consecutivo que pode ser prestado pelo trabalhador, passando-se de 5 horas para 6 horas, independentemente de previsão em instrumento de regulamentação coletiva de trabalho, caso o período de trabalho diário seja superior a 10 horas (artigo 213º, n. 1, *in fine*), quer através da criação da figura do deferimento tácito, sempre que o empregador e o trabalhador requeiram ao serviço com competência inspetiva do Ministério responsável pela área laboral a redução ou exclusão do intervalo de descanso, quando tal se mostre favorável ao interesse do trabalhador ou se justifique pelas condições particulares de trabalho de certas atividades, e caso aquele serviço não decida no prazo de 30 dias (artigo 213º, n. 4);

h) Reforço da flexibilidade da gestão do *trabalho suplementar* e a diminuição de direitos do trabalhador associados ao descanso e à remuneração compensatórios por prestação de trabalho para além do horário de trabalho, passando a considerar-se que não se compreende na noção de trabalho o trabalho prestado para compensar encerramento para férias previsto na alínea *b)* do n. 2 do artigo 242º, por decisão do empregador (artigo 226º, n. 3, alínea *g)*); eliminando-se o regime do descanso compensatório por trabalho prestado em dia útil, em dia de descanso semanal complementar ou em feriado, que antes correspondia a 25% das horas de trabalho suplementar realizadas (artigo 229º, n. 1, e 230º, n. 2, ambos revogados) e diminuindo-se para metade o valor da retribuição pela realização de trabalho suplementar, que passa a ser de 25% pela primeira hora ou fração desta e 37,5% por hora ou fração subsequente, em dia útil, e de 50% por cada hora ou fração, em dia de descanso semanal, obrigatório ou complementar, ou em feriado (artigo 268º);

i) Diminuição dos dias de *feriado obrigatório*, através da eliminação dos dias 15 de agosto, 5 de outubro, 1º de novembro e 1º de dezembro enquanto dias de feriado obrigatório (artigo 234º), sendo certo que a eliminação dos feriados de Corpo de Deus, de 5 de outubro, de 1º de novembro e de 1º de dezembro apenas produzem efeitos a partir de 1º de janeiro de 2013 (artigo 10º da Lei n. 23/2012), bem como a redução dos custos do empregador inerentes à prestação de trabalho em dia de feriado por parte do trabalhador — o trabalhador que presta trabalho normal em dia feriado em empresa não obrigada a suspender o funcionamento nesse dia tem direito a descanso compensatório com duração de metade do número de horas prestadas ou a acréscimo de 50% (e não de 100%, como no CT/2009) da retribuição correspondente, cabendo a escolha ao empregador;

j) Alteração do regime de *férias* em benefício do empregador, quer através da eliminação do regime de majoração das férias que havia sido inaugurado no CT/2003 e que admitia a possibilidade, em caso de não absentismo do trabalhador, do aumento do número de dias de férias para 23, 24 ou 25 dias úteis de férias anuais, passando o período anual de férias a ter o limite máximo de 22 dias úteis (artigo 238º), quer através do alargamento da possibilidade de encerramento da empresa ou do estabelecimento, total ou parcialmente, para férias dos trabalhadores, a novas situações antes não contempladas no CT/2009, nomeadamente o encerramento durante cinco dias úteis consecutivos na época de férias escolares do Natal e o encerramento em dia que esteja entre um feriado que ocorra à terça-feira ou quinta-feira e um dia de descanso semanal (artigo 242º, n. 2);

k) Agravamento dos efeitos das *faltas injustificadas*, determinando-se que, no caso de faltas injustificadas a um ou meio período normal de trabalho diário, imediatamente anterior ou posterior a dia ou a meio-dia de descanso ou a feriado, estas não só constituem infração disciplinar grave, como o período de ausência a considerar para efeitos de perda de retribuição passa a abranger os dias ou meios-dias de descanso ou feriados imediatamente anteriores ou posteriores ao dia de falta (artigo 256º, n. 3);

l) Maior fiscalização do Estado na *redução temporária do período normal de trabalho* ou na *suspensão do contrato de trabalho por facto respeitante ao empregador*, passando a exigir-se, em caso de invocação de crise empresarial, que a empresa que recorra a este mecanismo tenha a sua situação contributiva regularizada perante a administração fiscal e a segurança social (artigo 298º, n. 4), que o empregador disponibilize, para consulta, os documentos em que suporta a alegação de situação de crise empresarial, designadamente de natureza contabilística e financeira (artigo 299º, n. 2); que a fase de informações e negociações com a estrutura representativa de trabalhadores passe a ser regulada por portaria dos membros do Governo responsáveis pelas áreas laboral e da segurança social (artigo 300º, n. 6) e que o empregador deve informar trimestralmente as estruturas representativas dos trabalhadores ou, na sua falta, os trabalhadores abrangidos da evolução das razões que justificam o recurso à redução ou suspensão da prestação de trabalho (artigo 307º, n. 1)[(624)];

m) Redução da *compensação* devida em caso de *caducidade de contrato de trabalho a termo certo* (artigo 344º) ou *incerto* (artigo 345º) por força da sua indexação ao regime da compensação por despedimento coletivo (artigo 366º), deixando o trabalhador de ter direito a compensação correspondente a 3 ou 2 dias de retribuição base e diuturnidades por cada mês de duração do contrato, consoante esta não excedesse ou fosse superior a seis meses, respetivamente, para passar a ter direito a compensação correspondente a 20 dias de retribuição base e diuturnidades por cada ano completo de antiguidade, sendo certo que em caso de fração de ano o montante da compensação é calculado proporcionalmente (artigo 366º ns. 1 e 2, alínea *d*);

n) Atribuição ao trabalhador do direito à compensação por despedimento coletivo prevista no artigo 366º aos casos de *cessação do contrato de trabalho de trabalhador de empresa objeto de declaração judicial de insolvência* quando o administrador da insolvência, antes do encerramento definitivo do estabelecimento, decida fazer cessar o contrato de trabalho de trabalhador cuja colaboração não seja indispensável ao funcionamento da empresa (artigo 347º, n. 5);

o) Aperfeiçoamento de algumas normas legais relativas ao *procedimento de despedimento por facto imputável ao trabalhador*, nomeadamente quanto à fase da instrução, retomando-se a natureza tendencialmente obrigatória da realização das diligências probatórias requeridas na resposta à nota de culpa (artigo 356º, n. 1), na sequência da declaração de inconstitucionalidade da figura da *instrução facultativa*;

p) Facilitação do *despedimento coletivo*, através da redução do valor da compensação devida ao trabalhador — nos termos acima assinalados, a compensação passa a corresponder a 20 dias de retribuição base e diuturnidades (antes correspondente a um mês de retribuição base e diuturnidades — artigo 366º, n. 1), com eliminação do limite mínimo antes existente de três meses de retribuição base e diuturnidades (artigo 366º, n. 3, do CT/2009), criação de tetos máximos ao valor da compensação (atual artigo 366º, n. 2, alíneas *a*, *b* e *c*) e criação da regra segundo a qual, em caso de fração de ano, o montante da compensação é calculado proporcionalmente (atual artigo 366º, n. 2, alínea *d*);

---

(624) Em janeiro de 2012, o Governo e a maioria dos parceiros sociais com assento na Comissão Permanente de Concertação Social — com exceção da CGTP — Confederação Geral dos Trabalhadores Portugueses — aprovaram o "*Compromisso para o Crescimento, Competitividade e Emprego*", no quadro do processo de consolidação orçamental decorrente da implementação das obrigações subscritas pelas autoridades portuguesas com a Comissão Europeia, o Fundo Monetário Internacional e o Banco Central Europeu. A ideia, segundo os subscritores do referido Compromisso, foi o de aprovar um "*ambicioso pacote de medidas tendentes a reforçar o potencial de crescimento económico e de criação de emprego no médio e longo prazo*", de forma a "*reforçar as políticas ativas de emprego que permitam, nomeadamente, apoiar os desempregados na sua inserção no mercado de trabalho, incentivar a criação e manutenção de emprego e reforçar a qualificação e empregabilidade dos trabalhadores no ativo e dos desempregados*". Tendo em vista o desiderato acima enunciado, os parceiros sociais afirmaram a necessidade de serem "*prosseguidas reformas na área laboral, tendo em linha de conta o Acordo Tripartido de março de 2011, bem como o Memorando de Entendimento, celebrado em maio de 2011 entre o Estado Português e a Comissão Europeia, o Fundo Monetário Internacional e o Banco Central Europeu*", designadamente "*em matéria de despedimento por motivos objetivos, de flexibilização do tempo de trabalho, promoção da competitividade e ainda ao nível da contratação coletiva*". No que diz respeito à legislação laboral, o acordo centrou-se em quatro grandes áreas de atuação: a) organização do tempo de trabalho; b) alteração do regime de feriados e férias; c) despedimento; d) revisão do regime jurídico das compensações em caso de cessação do contrato de trabalho e criação do fundo de compensação do trabalho. Em ambos os casos, visou-se enverderar pelo reforço da flexibilização da relação laboral. Para além disso, o *Compromisso* enveredou também pelo regime de articulação de fontes específicas laborais, subalternizando a autonomia coletiva e acordando na atribuição, a vários níveis, de natureza absolutamente imperativa às normas legais que viessem a pôr em prática e a concretizar este mesmo Compromisso, as quais passariam a impor-se imperativamente a todos os IRCTs e contratos de trabalho pelo prazo de dois anos, findo os quais, caso tais IRCTs ou contratos de trabalho não tivessem sido alterados, deveria impor-se uma mudança imperativa e legalmente potestativa dos mesmos.

q) Facilitação do *despedimento por extinção do posto de trabalho*, por três vias, por um lado, pela atenuação do requisito antes existente de que o despedimento só podia ter lugar se fosse praticamente impossível a subsistência da relação de trabalho (artigo 368º, n. 1, alínea *b* do CT/2009) o novo número 4 do artigo 368º determina que, uma vez extinto o posto de trabalho, se deve considerar que a subsistência da relação de trabalho é praticamente impossível quando o empregador demonstre ter observado critérios *relevantes* e *não discriminatórios* face aos objetivos subjacentes à extinção do posto de trabalho, quando é certo que na anterior redação apenas se considerava a impossibilidade da subsistência da relação de trabalho em caso de extinção do posto de trabalho "*quando o empregador não disponha de outro compatível com a categoria profissional do trabalhador*" (artigo 368º, n. 4, do CT/2009); por outro lado, por força da atribuição, ao empregador, da faculdade de escolher os critérios — que não podiam ser discriminatórios — que determinavam a escolha dos trabalhadores objeto da cessação do contrato por extinção do posto de trabalho, sempre que existisse, na secção ou estrutura equivalente, uma pluralidade de postos de trabalho de conteúdo idêntico (artigo 368º, n. 2), quando é certo que anteriormente a lei estabelecia (ao contrário do regime do despedimento coletivo) uma ordem legal de critérios (artigo 368º, n. 2, do CT/2009); em terceiro lugar, pela redução da compensação devida ao trabalhador, por força da remissão levada a efeito pelo artigo 372º para o citado artigo 366º, relativo ao despedimento coletivo;

r) Facilitação do *despedimento por inadaptação* promovido pelo empregador e fundamentado em inadaptação superveniente do trabalhador ao posto do trabalho, por três vias: por um lado, no que diz respeito ao despedimento por inadaptação determinado pelo modo de exercício das funções do trabalhador previsto no artigo 374º, n. 1, foi revogado o requisito antes previsto na alínea *d)* do número 1 do artigo 375º do CT/2009, à luz do qual o despedimento só era juridicamente aceitável se não existisse na empresa "*(...) outro posto de trabalho disponível e compatível com a qualificação profissional do trabalhador*"; por outro lado, passou a ser admitido o despedimento por inadaptação mesmo quando não tenham sido introduzidas modificações no posto de trabalho, desde que verificados os requisitos cumulativos previstos no atual artigo 375º, n. 2 — recorda-se que nos termos do artigo 375º, n. 1, do CT/2009, o despedimento por inadaptação só era juridicamente aceitável se tivessem sido introduzidas modificações no posto de trabalho resultantes de alterações nos processos de fabrico ou de comercialização, de novas tecnologias ou equipamentos baseados em diferente ou mais complexa tecnologia, nos seis meses anteriores ao procedimento; em terceiro lugar e tal como no despedimento coletivo, por força da redução da compensação, nos termos conjugados dos artigos 379º e 366º; e

s) Descentralização da *negociação coletiva*, por duas vias: por um lado, através da possibilidade conferida aos instrumentos de regulamentação coletiva de trabalho de criarem novos critérios de preferência, em caso de concorrência entre IRCTs negociais, para além dos fixados no número 1 do artigo 482º, que determinam que o acordo de empresa prevalece sempre sobre o acordo coletivo e o contrato coletivo e que o acordo coletivo prevalece sempre sobre o contrato coletivo — com o novo número 5 do artigo 482º do CT, podem ser criados novos critérios de preferência por IRCT, designadamente através de cláusula de articulação de convenção coletiva de diferente nível, nomeadamente interconfederal, setorial ou de empresa, ou através de cláusula de articulação de contrato coletivo que estabeleça que determinadas matérias, como sejam a mobilidade geográfica e funcional, a organização do tempo de trabalho e a retribuição, sejam reguladas por convenção coletiva; por outro lado, através do alargamento da possibilidade de as associações sindicais delegarem competências noutra estrutura de representação coletiva dos trabalhadores para que esta, relativamente aos seus associados, possa celebrar acordos de empresa com empresa com, pelo menos 150 trabalhadores, quando antes tal possibilidade apenas era admitida em empresas com pelo menos 500 trabalhadores (artigo 491º, n. 3).

III. Em suma, a Lei n. 23/2012 reduziu os custos do empregador, diminuiu o valor do trabalho prestado pelo trabalhador e facilitou os despedimentos; diminuiu o número de dias de férias e de feriados, admitiu bancos de horas com negociação individual; diminuiu para metade o valor do trabalho suplementar; diminuiu o valor das compensações em caso de despedimento por justa causa objetiva; facultou ao empregador a escolha do critério de seleção dos trabalhadores a despedir em caso de despedimento por extinção do posto de trabalho e tornou inexigível, no despedimento por inadaptação, a introdução de alterações prévias no posto de trabalho.

Por outro lado, avançou-se no reforço da individualização da relação laboral, passando a admitir-se a possibilidade de determinados tipos de acordos, que antes só podiam ser feitos com intermediação das estruturas representativas dos trabalhadores, passarem a ser feitos por simples acordo individual entre empregador e trabalhador (*v. g.*, no caso do *banco de horas* — artigo 208º-A); facilitou-se o recurso à *contratação a termo*, designadamente alargando-se as hipóteses em que se pode contratar a termo mediante simples contrato verbal; alargaram-se as hipóteses de contratação em regime de *comissão de serviço*, passando a admitir-se que esta, mediante previsão em instrumento de regulamentação coletiva de trabalho, possa ocorrer perante qualquer cargo de chefia (artigo 161º), circunstância que alarga a um maior número de casos, em consequência, a possibilidade de o empregador fazer cessar o contrato sem necessidade de invocação de justa causa; diminuíram-se os dias de feriado (artigo 234º); reforçou-se o poder de direção do empregador quanto à possibilidade de encerramento, total ou parcial, da empresa ou do estabelecimento, para férias dos trabalhadores, nomeadamente em dia que esteja entre um feriado que ocorra na terça-feira ou quinta-feira e um dia de descanso semanal (artigo 242º); penalizaram-se as faltas ao trabalho injustificadas dadas em dias imediatamente anteriores ou posteriores a dias de descanso ou feriado, passando a considerar-se, para efeitos de perda de retribuição, os referidos dias de descanso ou feriado (artigo 256º); e reforçou-se o poder atribuído às comissões de trabalhadores para efeitos de negociação coletiva através do alargamento das hipóteses em que esta atuação pode ocorrer, em detrimento da competência tendencialmente exclusiva (que sempre marcou o Direito do trabalho português) dos sindicatos para este efeito; por fim, promoveu-se a desvalorização dos instrumentos de regulamentação coletiva de trabalho, designadamente através da atribuição de caráter absolutamente imperativo às normas legais objeto de alteração legislativa (artigo 7º da Lei n. 23/2012).

IV. A revisão do CT/2009, levada a efeito pela Lei n. 23/2012, teve uma única finalidade, diminuir o custo do trabalho e, por essa via, conferir maior competitividade às empresas e à economia nacional, contribuindo assim para a criação de emprego. Visou-se reforçar a flexibilização do Direito do trabalho, sem que esta, contudo, tivesse sido acompanhada do reforço dos poderes de fiscalização do Ministério responsável pela área laboral que, pelo contrário, viu-se diminuído na sua capacidade de fiscalização, nomeadamente por força da inexigibilidade de remessa para a Autoridade das Condições de Trabalho dos regulamentos internos da empresa, dos acordos de isenção de horário de trabalho e dos horários de trabalho.

A revisão do CT/2009 pela Lei n. 23/2012 foi, pois, de um modo geral, levada a efeito como uma exigência da economia de mercado — seguindo uma tendência que se vinha revelando com particular intensidade a partir da primeira década do século XXI[(625)] — e precipitada com o advento da crise das dívidas soberanas. A revisão (*reforma*) do CT/2009 não resultou de uma necessidade de natureza jurídica, de nenhuma descoberta jurídico-científica, do aprofundamento da autonomia dogmática do Direito do trabalho ou como consequência direta do seu princípio fundador e orientador — o "princípio da proteção do trabalhador". Ela resultou, apenas, de uma instrumentalização do Direito a finalidades económicas e de uma tendência que se vinha revelando e que, como assinalam Jean PÉliSsier; Alain Supiot e Antoine Jeammaud, apontava para a necessidade de limitação dos custos da força de trabalho[(626)].

Em qualquer caso, a evolução acima exposta permite que se identifiquem os valores axiológicos do sistema laboral que estiveram na sua origem e que determinaram o seu desenvolvimento, valores esses unificados, como *infra* se verá, pelo "princípio da proteção do trabalhador", apesar de não ter estado na

(625) Acrescidamente, estabeleceu-se que a redução ou suspensão possa iniciar-se decorridos apenas cinco dias (e não dez, como no CT/2009) sobre a data da comunicação da intenção de redução ou suspensão da prestação do trabalho (artigo 301º, n. 2); que durante o período de redução ou suspensão, bem como nos 30 ou 60 dias seguintes à aplicação das medidas, consoante a duração da respetiva aplicação não exceda ou seja superior a seis meses, o empregador não possa fazer cessar o contrato de trabalho de trabalhador abrangido por aquelas medidas, exceto se se tratar de cessação da comissão de serviço, cessação de contrato de trabalho a termo ou despedimento por facto imputável ao trabalhador (artigo 303º, n. 2); clarificação de que a compensação retributiva atribuída ao trabalhador durante o período de redução ou suspensão é paga em 30% do seu montante pelo empregador e em 70% pelo serviço público competente da área da segurança social (artigo 305º, n. 4) e que quando os trabalhadores frequentem durante este período cursos de formação profissional adequados ao desenvolvimento da qualificação profissional que aumente a sua empregabilidade ou a viabilização da empresa e manutenção dos postos de trabalho, em conformidade com um plano de formação aprovado pelo serviço público competente na área do emprego e formação profissional, este paga o valor correspondente a 30% do indexante dos apoios sociais (artigo 305º, n. 5); por outro lado, o novo artigo 298º-A, aditado pela Lei n. 23/2012, determina que o empregador, depois de recorrer a este regime, *"só pode recorrer novamente à aplicação das medidas de redução ou suspensão depois de decorrido um período de tempo equivalente a metade do período anteriormente utilizado, podendo ser reduzido por acordo entre o empregador e os trabalhadores abrangidos ou as suas estruturas representativas"*.

(626) Veja-se, a este propósito, ANTOINE JEAMMAUD, *Le droit du travail confronté à l'economie*, Paris, Dalloz, 2005, em especial pp. 39-51.

origem desta reforma, o princípio em causa não deixou de estar presente, limitando e balizando os efeitos da reforma levada a efeito e representando, nesta dialética Direito-Economia, os valores mais profundos do subsistema laboral. Mesmo quando contraditado, o "princípio da proteção do trabalhador" mantém a sua importância, que pode até, no limite, sair reforçada, as investidas levadas a efeito contra o Direito do trabalho fazem sobressair o que este tem de mais profundo e de mais central.

Mais do que isso, através de alguns dos seus subprincípios operativos, como seja o da segurança no emprego, o princípio em causa esteve na origem da declaração de inconstitucionalidade de algumas das normas da referida Lei n. 23/2012.

V. Algumas das normas da citada Lei foram, de facto, declaradas inconstitucionais, no Acórdão do Tribunal Constitucional n. 602/2013, de 20 de setembro.

Desde logo, foi declarado inconstitucional o enunciado normativo do novo número 2 do artigo 368º do CT, na parte em que este, ao contrário do que sucedia anteriormente, atribui ao empregador a tarefa de definição dos critérios que devem presidir à seleção do trabalhador a despedir no caso do *despedimento por extinção do posto de trabalho*. Ou seja, ao passo que, na versão anterior à Lei n. 23/1012, a individualização do posto de trabalho a extinguir obedecia a uma previsão legal de recorte determinado (uma ordem de prioridades baseadas na antiguidade dos trabalhadores envolvidos no posto, na categoria e na empresa); a nova versão do artigo 368º, n. 2, atribui a escolha do trabalhador a despedir ao empregador, ainda que segundo critérios "*relevantes e não discriminatórios*". Pois bem, o Tribunal Constitucional entendeu que possibilidade de o empregador escolher o trabalhador a despedir através da definição prévia de critérios "relevantes" e "não discriminatórios" assenta em "(...) *conceitos vagos e indeterminados, desprovidos de um mínimo de precisão e de eficácia denotativas do tipo e conteúdo dos critérios aplicáveis, pelo que deles não se pode esperar que balizem suficientemente a margem de disponibilidade do empregador, retirando-lhe a possibilidade de seleção arbitrária do trabalhador a despedir*"[627]. Nesse sentido, o Tribunal entendeu que a norma questionada se mostra incapaz de cumprir a função de *direito operativo* e limitador da arbitrariedade de despedir, "*abrindo a porta a despedimentos arbitrários ou judicialmente incontroláveis*". E, por essa razão, o Tribunal concluiu que "*o n. 2 do artigo 368º do Código do Trabalho, na redação dada pela Lei n. 23/2012, de 25 de junho, viola a proibição de despedimentos sem justa causa consagrada no artigo 53º da Constituição, na medida em que não fornece as necessárias indicações normativas quanto aos critérios que devem presidir à decisão do empregador de seleção do posto de trabalho a extinguir. A norma impugnada, não só permite que essa escolha fique na disponibilidade do empregador, como funcionaliza a "relevância" dos critérios a escolher exclusivamente às razões subjacentes à decisão de extinção do posto de trabalho, alheando — as das razões que devem presidir à escolha do concreto posto de trabalho a extinguir (e do concreto trabalhador a despedir)*"[628].

Na sequência da referida declaração de inconstitucionalidade e na sequência de iniciativa legislativa do Governo, a Assembleia da República aprovou, alguns meses mais tarde, a Lei n. 27/2014, de 8 de maio, que procedeu à sexta alteração no CT/2009, conferindo nova redação ao citado artigo 368º, n. 2, estabelecendo que havendo na secção ou estrutura equivalente uma pluralidade de postos de trabalho de conteúdo funcionalmente idêntico, o empregador, para determinação do posto de trabalho a extinguir, deve seguir a seguinte ordem de critérios relevantes e não discriminatórios: a) pior avaliação de desempenho, com parâmetros previamente conhecidos pelo trabalhador; b) menores habilitações académicas e profissionais; c) maior onerosidade pela manutenção do vínculo laboral do trabalhador da empresa; d) menor experiência na função; e e) menor antiguidade na empresa.

VI. Em segundo lugar, o Tribunal declarou também a inconstitucionalidade do novo artigo 368º, n. 4, do Código do Trabalho. No essencial, a redação anterior à Lei n. 23/2012 fazia depender a impossibilidade prática da subsistência da relação de trabalho da demonstração de que o empregador não dispunha de outro posto de trabalho compatível com a categoria profissional do trabalhador. A nova redação conferida

---

(627) Cf. JEAN PÉLISSIER; ALAIN SUPIOT, ANTOINE JEAMMAUD, *Droit du Travail*, 24e édition, cit., p. 11

(628) Cf. Acórdão do Tribunal Constitucional n. 602/2013, de 20 de setembro, disponível em: <http://www.tribunalconstitucional.pt/tc/acordaos/20130602.html> (acesso em: 26 de setembro de 2013), p. 82.

ao citado n. 4 do artigo 368º dava por assente essa impossibilidade "*quando o empregador demonstre ter observado critérios relevantes e não discriminatórios face aos objetivos subjacentes à extinção do posto de trabalho*". Ou seja, apesar de manter a impossibilidade de subsistência da relação de trabalho como requisito geral do despedimento por extinção do posto de trabalho, a Lei n. 23/2012 utiliza, para a determinar, no caso de haver uma pluralidade de postos de trabalho de conteúdo funcional idêntico, o mesmo critério a que sujeita a identificação do posto de trabalho a extinguir, nos termos do artigo 368º, n. 2. Ora, com esta solução, entendeu (bem) o Tribunal que o novo regime "*revoga, na prática, a regra que impunha ao empregador o dever de oferecer ao trabalhador um posto de trabalho alternativo, quando ele existisse na empresa*"(629). Ou seja, "*o regime impugnado gera a possibilidade de despedimento num quadro circunstancial em que existe um outro posto de trabalho disponível na empresa e em que o trabalhador anteriormente ocupado no posto extinto esteja disponível para aceitar a mudança de funções. Nessas circunstâncias, a extinção do posto de trabalho, só por si, não põe em causa a subsistência da relação de trabalho, o mesmo é dizer, a preservação do emprego, sendo por isso inconstitucional*"(630). O Tribunal concluiu, enfim, que "*a norma do artigo 368º, n. 4, do Código do Trabalho na redação dada pela Lei n. 23/2012, de 25 de junho, viola a proibição de despedimentos sem justa causa consagrada no artigo 53º da Constituição, pelo que deve ser declarada inconstitucional*"(631).

Também, neste caso, na sequência da declaração de inconstitucionalidade em apreço, a referida Lei n. 27/2014, de 8 de maio, conferiu nova redação ao citado artigo 368º, n. 4, estabelecendo que, uma vez extinto o posto de trabalho, apenas se considera que a subsistência da relação de trabalho é praticamente impossível quando o empregador não disponha de outro compatível com a categoria profissional do trabalhador.

VII. Em terceiro lugar, o Tribunal declarou inconstitucional, a propósito do despedimento por inadaptação, pelas mesmas razões que estiveram na origem da inconstitucionalidade do artigo 368º, n. 4, a revogação da alínea *d* do n. 1 artigo 375º do Código do Trabalho, que exigia a verificação da impossibilidade de subsistência do vínculo laboral pela inexistência na empresa de um outro posto de trabalho disponível e compatível com a qualificação profissional do trabalhador. A citada alínea *d* prescrevia, como requisito do despedimento, que não existisse na empresa outro posto de trabalho disponível e compatível com a qualificação profissional do trabalhador, exigência essa que estava ligada ao requisito da impossibilidade prática da subsistência da relação de trabalho, que continua a constar do n. 1 do artigo 374º do CT. Nesse sentido, o Tribunal concluiu também (e bem, mais uma vez), que "*o despedimento por causas objetivas deve ser configurado como* ultima ratio, *o que não é compatível com a dispensa de integrar o trabalhador em posto de trabalho alternativo, quando este exista*"(632), razão pela qual declarou inconstitucional a revogação da alínea *d* do n. 1 artigo 375º do Código do Trabalho. No mesmo sentido e agora quanto à modalidade de despedimento por inadaptação sem que tenham ocorrido modificações no local de trabalho (o habitualmente denominado *despedimento por inaptidão*), o Tribunal, sem prejuízo de admitir que em termos substantivos se trata de uma modalidade de *justa causa objetiva*, concluiu, também, pelas mesmas razões, que "*se, para formular o juízo de inexigibilidade de manutenção do trabalhador cuja inaptidão se revelou na sequência da introdução de modificações no seu posto de trabalho, é essencial que o empregador não disponha na empresa de outro posto de trabalho compatível com a qualificação profissional do trabalhador, conforme exigido pela alínea* d *do n. 1 do artigo 375º, não se vê por que razão a situação deva ser diferente, no tocante ao juízo de inexigibilidade, nos casos em que a inadaptação do trabalhador se revele independentemente de terem sido introduzidas modificações no seu posto de trabalho. O problema, em termos de impossibilidade prática de subsistência da relação de trabalho — e é esse o critério da inexigibilidade em causa — é exatamente o mesmo nas duas situações*"(633). Em suma, o Tribunal declarou a inconstitucionalidade da norma do artigo 9º, n. 2, da Lei n. 23/2012, de 25 de junho, na parte em que procedeu à revogação da alínea *d* do n. 1 do artigo 375º do Código do Trabalho, por violação da proibição de despedimentos sem justa causa consagrada no artigo 53º da Constituição.

(629) Cf. Acórdão do Tribunal Constitucional n. 602/2013, cit., p. 84.
(630) Cf. Acórdão do Tribunal Constitucional n. 602/2013, cit., p. 85.
(631) Cf. Acórdão do Tribunal Constitucional n. 602/2013, cit., p. 88.
(632) Cf. Acórdão do Tribunal Constitucional n. 602/2013, cit., p. 89.
(633) Cf. Acórdão do Tribunal Constitucional n. 602/2013, cit., p. 97.

Também, neste caso, na sequência da declaração de inconstitucionalidade em apreço, a referida Lei n. 27/2014, de 8 de maio, conferiu nova redacção à alínea *d* do citado artigo 375º, n. 1, retomando a regra segundo a qual, a impossibilidade de subsistência do vínculo laboral só ocorre quando não exista, na empresa, outro posto de trabalho disponível e compatível com a qualificação profissional do trabalhador.

VIII. Por fim, o Tribunal Constitucional considerou inconstitucionais os números 2 e 5 do artigo 7º da referida Lei n. 23/2012. No primeiro caso — artigo 7º, n. 2 — estava em causa a norma que determinava a *nulidade* das disposições de instrumentos de regulamentação coletiva de trabalho e as cláusulas de contratos de trabalho celebrados antes da entrada em vigor desta lei que dispusessem sobre *descanso compensatório por trabalho suplementar* prestado em dia útil, em dia de descanso semanal complementar ou em feriado. No segundo caso — artigo 7º, n. 5 — estava em causa a norma que declarava a *redução* das disposições de instrumentos de regulamentação coletiva de trabalho e das cláusulas de contratos de trabalho que, decorrido o prazo de dois anos contados a partir da entrada em vigor desta mesma lei, não tivessem sido alteradas de forma a se adaptarem à supressão do regime de *majoração ao período anual de férias*. Neste caso, o Tribunal considerou que "*na parte em que se reportam às disposições de IRCT, a "nulidade" e a redução de IRCT cominadas, respetivamente, no n. 2 e no n. 3 do artigo 7º da Lei n. 23/2012, de 25 de junho, são inconstitucionais por violarem as disposições conjugadas dos artigos 56º, ns. 3 e 4, e 18º, n. 2, da Constituição*"[(634)] e que "*(...) a redução dos montantes previstos em IRCT cominada no n. 5 do artigo 7º da Lei n. 23/2012, de 25 de junho, é inconstitucional por violar as disposições conjugadas dos artigos 56º, ns. 3 e 4, e 18º, n. 2, da Constituição*"[(635)]. Considerou-se, enfim, ter sido posto em causa o direito constitucional à contratação coletiva.

Neste caso, os citados números 2 e 5 do artigo 7º da Lei n. 23/2012 foram, mais tarde, revogados pelo artigo 3º da Lei n. 48-A/2014, de 31 de julho.

IX. Em suma, o Tribunal Constitucional julgou inconstitucionais normas relativas ao *despedimento por extinção do posto de trabalho*, normas relativas ao *despedimento por inadaptação* e normas relativas ao *conflito hierárquico* entre a *lei* e os *instrumentos de regulamentação coletiva do trabalho*, sendo certo que tais normas, sem exceção, decorriam de "recomendações" constantes do MoU oportunamente celebrado com a *troika*.

X. O CT/2009, resultante da lei n. 23/2012, também foi objeto de atenção por parte da OCDE.

E, paradoxalmente (quando comparado com o citado Acórdão n. 602/2013, do Tribunal Constitucional), a OCDE, no seu "*survey*" de 2012, depois de analisar o mercado de trabalho em Portugal e de assinalar, em jeito de elogio, a redução dos custos do trabalho, concluiu, todavia, no seguinte sentido: "*apesar destas reformas significativas, a proteção do emprego para os trabalhadores permanentes mantém-se acima da média (...). Tendo em conta a baixa* performance *do mercado de trabalho, é necessário fazer mais. As autoridades devem reduzir ainda mais as compensações por cessação do contrato de trabalho (...) e dar novos passos para atacar a segmentação do mercado de trabalho. Estes podem consistir no aumento do período experimental no caso dos contratos por tempo indeterminado (atualmente 90 dias para a generalidade dos trabalhadores) e, para reduzir os custos muito elevados da litigância em caso de despedimentos, promover a arbitragem vinculativa (numa base voluntária) como alternativa aos tribunais, tal como previsto. A médio prazo, podem considerar a possibilidade de abolir a atual dualidade contratual, criando uma única modalidade de contrato de trabalho*" (sublinhado nosso)[(636)].

Mais do que isso, fazendo notar o aumento significativo do desemprego em Portugal, em especial no setor da construção, mas também no setor dos serviços, no setor primário e na manufaturação, afetando especialmente os jovens, desemprego esse agravado pela "crise das dívidas soberanas", a OCDE mantém a ideia de que "*as reformas no mercado de trabalho são essenciais para ajudar a reequilibrar a economia e a promover o crescimento*" (sublinhado nosso). Por essa razão, recomenda a OCDE, "*as reformas devem continuar a ser levadas a efeito o mais rapidamente possível, para afastar as ameaças da quebra da*

(634) Cf. Acórdão do Tribunal Constitucional n. 602/2013, cit., p. 105.
(635) Cf. Acórdão do Tribunal Constitucional n. 602/2013, cit., p. 124.
(636) Cf. Acórdão do Tribunal Constitucional n. 602/2013, cit., p. 129.

coesão social decorrentes do desemprego persistente e de uma força de trabalho que cada vez encolhe mais" (sublinhado nosso). E o caminho apontado é claro, devem ser prosseguidas reformas na *"política de fixação dos salários"*, de forma a "reduzir os salários e os custos não salariais do trabalho" (sublinhado nosso), admitindo-se que tais reformas podem ajudar a criar empregos[(637)].

Mais uma vez, elogia-se a reforma levada a efeito na legislação laboral, mas logo se afirma, poucos dias volvidos, que esta é insuficiente e que importa ir mais além, nomeadamente reduzindo salários, em nome da competitividade da economia.

A instrumentalização do Direito do trabalho é, pois, manifesta e, aparentemente, insaciável: as reformas operadas (mesmo quando "travadas" pelo Tribunal Constitucional) nunca são consideradas suficientes e a OCDE volta, de resto, a apontar como solução o aumento do período experimental de 90 dias aplicado à generalidade dos trabalhadores, quando é certo que o Tribunal Constitucional (Acórdão do Tribunal Constitucional n. 632/2008) já havia declarado a inconstitucionalidade de uma tentativa nesse sentido, aquando da aprovação do CT/2009.

2.2.5.5. As revisões de 2013 e de 2014

I. Já em 2013, o Governo aprovou em Conselho de Ministros, em 1º de agosto, uma nova proposta de lei, que garante a renovação extraordinária de contratos a termo, alargando de três para quatro anos a duração máxima dos contratos, desde que não vão além de dezembro de 2016.

Nos termos da referida proposta de lei, podem ser objeto de duas renovações extraordinárias os contratos de trabalho a termo certo que, até dois anos após a publicação daquele diploma, atinjam os limites máximos de duração estabelecidos no Código do Trabalho — três renovações com o máximo de três anos. A renovação extraordinária não pode ir além de 12 meses, nem ultrapassar 31 de dezembro de 2016.

Ainda, segundo a mesma proposta, a duração de cada renovação extraordinária não pode ser inferior a um sexto da duração máxima do contrato de trabalho a termo certo ou da sua duração efetiva, consoante a que for inferior.

Em suma, visou-se, tal como em 2012 (Lei n. 3/2012, de 10 de janeiro), garantir um mecanismo de renovação extraordinária dos contratos a termo suscetível de garantir a permanência do emprego, em período de crise de emprego.

Visto sob outro prisma, reforçou-se a precariedade laboral.

II. Por outro lado, através da Lei n. 69/2013, de 30 de agosto, foi aprovada a quinta alteração ao Código do Trabalho, que ajustou o valor da compensação devida pela cessação do contrato de trabalho, procedendo à alteração dos artigos 106º, 127º, 190º, 191º, 192º, 344º, 345º e 366º daquele diploma.

O sentido geral desta quinta alteração no Código do Trabalho inscreve-se na linha acima referida, que esteve na origem da aprovação da Lei n. 23/2012: visou-se reduzir os custos do trabalho, nomeadamente através da diminuição do valor das compensações pagas ao trabalhador em caso de caducidade dos *contratos de trabalho a termo certo* ou *incerto* ou em caso de *despedimento coletivo*, por *extinção do posto de trabalho* ou por *inadaptação*.

Instrumentalmente, reforçaram-se os deveres de informação do empregador relativamente ao trabalhador e ao serviço com competência inspetiva do ministério responsável pela área laboral quanto à identificação do fundo de compensação do trabalho ou de mecanismo equivalente, bem como do fundo de garantia de compensação do trabalho, previstos em legislação específica (respetivamente, artigos 106º, n. 3, alínea *m* e 127º, n. 5, da Lei n. 69/2013).

---

(637) Cf. "*OECD Economic Surveys: Portugal, 2012*", OECD Publishing, Paris, 2012, p. 34. Estudo publicado sob a responsabilidade do Comité de Análise das Situações Económicas e Problemas de Desenvolvimento, responsável pelo exame da situação económica dos países-membros, disponível em: <http://www.keepeek.com/Digital-Asset-Management/oecd/economics/oecd-economic-surveys-portugal-2012_eco_surveys-prt-2012-e>. Acesso em: 19 de fevereiro de 2013.

E, também a título instrumental, alteraram-se algumas disposições relativas ao regime do trabalho temporário (artigos 190º, 191º e 192º).

III. Relativamente aos deveres de informação do empregador relativamente ao trabalhador, estabeleceu-se no artigo 106º, n. 3, alínea *m*, a obrigatoriedade de o empregador informar o trabalhador sobre a identificação do Fundo de Compensação do Trabalho (FCT) ou do Mecanismo Equivalente (ME) e do Fundo de Garantia de Compensação do Trabalho (FGCT), previstos na Lei n. 70/2013, da mesma data.

Paralelamente, relativamente aos deveres gerais do empregador, determinou-se no artigo 127º, n. 5, que este deve comunicar também ao serviço com competência inspetiva do ministério responsável pela área laboral a adesão ao FCT ou ao ME, previstos em legislação específica.

IV. No caso específico do trabalho temporário, as alterações incidiram sobre os artigos 190º a 192º.

No artigo 190º, relativo às prestações garantidas pela caução para exercício da atividade de trabalho temporário, esclareceu-se que a caução em causa, prestada pela empresa de trabalho temporário, não responde pelos créditos do trabalhador devidos por cessação do contrato de trabalho nos termos do artigo 366º estes são cobertos pelo Fundo de Compensação do Trabalho (FCT) ou Mecanismo Equivalente (ME) e pelo Fundo de Garantia de Compensação do Trabalho (FGCT), previstos na Lei n. 70/2013, da mesma data.

No artigo 191º, a propósito da execução da caução, acrescentou-se um novo número 7 e estabeleceu-se que, quanto aos trabalhadores com novos contratos de trabalho, ficam excluídas dos critérios de precedência para acionamento da caução (caso esta seja insuficiente) as compensações por cessação de contrato decorrentes da aplicação do artigo 366º do Código do Trabalho.

E, no artigo 192º, a propósito das sanções acessórias potencialmente aplicáveis à ETT, esclareceu-se que esta pode ser penalizada, também, pelo incumprimento da obrigação de adesão aa FCT ou ao ME.

V. As alterações mais significativas são, contudo, as que se registam nos artigos 344º, 345º e 366º, a propósito das compensações devidas ao trabalhador em caso de cessação do contrato de trabalho; alterações essas, como se afirmou, que apontam para a diminuição dos custos do empregador e para a desvalorização do valor do trabalho.

O artigo 344º, a propósito da caducidade do *contrato de trabalho a termo certo*, passou a prescrever no número 2 que, em caso de caducidade deste contrato decorrente de declaração de denúncia do empregador, o trabalhador tem direito à compensação correspondente a 18 dias de retribuição base e diuturnidades por cada ano completo de antiguidade, calculada nos termos do artigo 366º, quando é certo que, na versão anterior, decorrente da Lei n. 23/2012, o trabalhador (que já vira o valor da sua compensação ser reduzido de 1 mês para 20 dias), tinha direito à compensação correspondente a 20 dias de retribuição base e diuturnidades por cada ano completo de antiguidade, por força da remissão feita para o artigo 366º vigente àquela data.

Por outro lado, quanto ao *contrato de trabalho a termo incerto*, a redução foi ainda mais intensa a partir do quarto ano de duração do contrato, passando a se determinar, nos termos do número 4 do artigo 345º que, em caso de caducidade o trabalhador tem direito à compensação que corresponde à soma dos seguintes montantes:

a) A 18 dias de retribuição base e diuturnidades por cada ano completo de antiguidade, no que respeita aos três primeiros anos de duração do contrato;

b) A 12 dias de retribuição base e diuturnidades por cada ano completo de antiguidade, nos anos subsequentes.

VI. Por fim, o artigo 366º, que dispõe acerca da compensação em caso de *despedimento coletivo*, de *despedimento por extinção do posto de trabalho* (por força da remissão do artigo 372º) e de *despedimento por inadaptação* (por força da remissão do artigo 379º), reduziu a compensação de 20 dias para 12 dias de retribuição base e diuturnidades por cada ano completo de antiguidade, agravando por esta via a tendência que já vinha da Lei n. 23/2012 no sentido da diminuição do valor do trabalho — na altura, havia-se reduzido de 1 mês para 20 dias.

Numa frase, reduziram-se ainda mais os custos do empregador, diminuiu-se mais ainda o valor do trabalho prestado pelo trabalhador e facilitou-se, ainda que por via indireta, os despedimentos motivados por razões objetivas.

VII. Ainda em 2013, importa registar a aprovação da Lei n. 70/2013, de 30 de agosto, que estabeleceu os regimes jurídicos do fundo de compensação e do trabalho, do mecanismo equivalente e do fundo de garantia de compensação do trabalho, aplicáveis às relações de trabalho reguladas pelo Código do Trabalho (artigo 2º, n. 1), nomeadamente às empresas de trabalho temporário (artigo 2º, n. 6).

No essencial, tratou-se de regulamentar o regime jurídico do Fundo de Compensação do Trabalho (FCT), do Mecanismo Eequivalente (ME) e do Fundo de Garantia de Compensação do Trabalho (FGCT), introduzidos na Lei n. 23/2012 e que se destinam a assegurar o direito dos trabalhadores ao recebimento efetivo de metade do valor da compensação devida por cessação do contrato de trabalho, calculada nos termos do artigo 366º do Código do Trabalho. Quer o FCT, quer o FGCT consubstanciam no essencial fundos autónomos com personalidade jurídica que não integram o perímetro de consolidação da segurança social nem o orçamento da segurança social e relativamente aos quais a adesão do empregador é individual e obrigatória (artigo 3º, n. 3), podendo este, em alternativa, aderir ao ME. O FCT é um fundo de capitalização individual e o FGCT é um fundo de natureza mutualista, sendo o ME um meio alternativo ao FCT, pelo qual o empregador fica vinculado a conceder ao trabalhador garantia igual à que resultaria da vinculação do empregador ao FCT.

O legislador definiu ainda, entre outros aspetos, o património e os valores afetos ao FCT e ao FGCT (artigo 4º) e o regime jurídico aplicável aos fundos — ambos se regem pela Lei n. 70/2013, pelos regulamentos de gestão e respetivos regulamentos internos (artigo 5º) —, bem como o mecanismo de adesão do empregador (artigo 8º), a obrigatoriedade de pagamento das respetivas entregas e o respetivo montante (artigos 11º e 12º) e o acionamento do fundo em caso de cessação do contrato de trabalho que origine o direito à compensação calculada nos termos do artigo 366º do Código do Trabalho (artigo 33º).

VIII. Por fim, já em 2014, procedeu-se à sétima alteração ao CT/2009, através da Lei n. 55/2014, de 25 de agosto, que atuou sobre os regimes da *sobrevigência e caducidade de convenção coletiva* (art. 501º) e da *cessação da vigência da convenção colectiva* (art. 502º).

No primeiro caso (art. 501º), reduziu-se de 5 para 3 anos o prazo de caducidade da cláusula de convenção que faça depender a cessação da vigência desta da substituição por outro instrumento de regulamentação colectiva de trabalho; prazo esse contado a partir da última publicação integral da convenção, da denúncia da convenção ou da apresentação de proposta de revisão da convenção que inclua a revisão daquela cláusula (art. 501º, n. 1). Por outro lado, e ainda a este propósito, reduziu-se de 18 para 12 meses o período mínimo de sobrevigência da convenção coletiva, que poderá ser maior em caso de negociação, incluindo conciliação, mediação ou arbitragem voluntária (501º, n. 3); criou-se um regime de suspensão do prazo de sobrevigência, sempre que se verificar uma interrupção da negociação, superior a 30 dias, incluindo a conciliação, mediação ou arbitragem voluntária (501º, n. 4), sendo certo que o período de negociação, com suspensão, nunca poderá exceder o prazo de 18 meses (art. 501º, n. 5); e estabeleceu-se que, decorrido o período de sobrevigência, a convenção se manterá em vigor durante 45 dias (ao invés dos 60 dias do CT/2009) após qualquer das partes comunicar ao ministério responsável pela área laboral e à outra parte que o processo de negociação terminou sem acordo, após o que caduca (art. 501º, n. 6). O artigo 3º da Lei n. 55/2014 estabeleceu, ainda, a título de *disposição complementar,* que os referidos prazos de 3 anos e 12 meses dos números 1 e 3 do artigo 501º devem, no prazo de um ano a contar da entrada em vigor desta mesma lei, ser reduzidos, respetivamente, para 2 anos e 6 meses, após avaliação positiva pelos parceiros sociais em sede de Comissão Permanete de Concertação Social.

No segundo caso (art. 502º), para além do regime da *cessação* da convenção colectiva, já existente, passou a prever-se, também, o regime da *suspensão* da convenção colectiva, determinando-se que a mesma ou parte dela pode ser suspensa temporariamente na sua aplicação, em situação de crise empresarial, por motivos de mercado, estruturais ou tecnológicos, catástrofes ou outras ocorrências que tenham afetado gravemente a atividade normal da empresa, desde que tal medida seja indispensável para assegurar a viabilidade da empresa e a manutenção dos postos de trabalho, por acordo escrito entre as associações de empregadores e as associações sindicais outorgantes, sem prejuízo da possibilidade de delegação (art. 502º, n. 1). O acordo de suspensão deve ser fundamentado, determinar o prazo de aplicação da suspensão e os efeitos decorrentes da mesma (art. 502º, n. 2) e a *suspensão*, tal como a revogação da convenção coletiva, prejudicam os direitos decorrentes da mesma, salvo se forem expressamente ressalvados pelas partes (art. 501º, n. 5).

IX. Em suma, desde 2009, mais fundamentalmente a partir de 2011, o Direito do trabalho português passou a ser objeto de uma ampla reforma ditada por exigências de organizações internacionais, ao arrepio da Ciência Jurídica e dos valores que estiveram na origem e que enformam o subsistema laboral.

É neste contexto que se fala, com propriedade, da crise do Direito do trabalho. E é neste cenário que o papel do "princípio da proteção do trabalhador" pode sair reforçado.

§ 2º OS DESAFIOS DO DIREITO DO TRABALHO

1. Crise do modelo tradicional

I. Desde a sua origem que o Direito do trabalho apresenta como traço unificador, como *supra* se afirmou, o objetivo de tutela dos trabalhadores subordinados, sendo consequentemente um ramo de direito finalisticamente orientado e determinado — a proteção do trabalhador é a linha orientadora do Direito do trabalho, que parte do pressuposto de que na relação de direito privado a posição de igualdade do trabalhador em relação ao empregador é puramente formal e que a única forma de atenuar o desequilíbrio económico das partes e de proteger a pessoa do trabalhador reside na intervenção do Estado em favor deste último, *maxime* em moldes imperativos, de forma a coartar a liberdade do empregador na fixação e modelação do conteúdo do contrato de trabalho.

O modelo tradicional do Direito do trabalho assenta, assim, no valor do trabalho e dos seus direitos, na igualdade de oportunidades, na valorização do trabalho como mecanismo de redistribuição e promoção da justiça social e como elemento determinante do Estado-providência. Assenta, no essencial, na necessidade de proteção do contraente mais débil, quer de forma *vertical* — quer dizer, em diversos domínios da relação laboral: proteção da retribuição; regulamentação do tempo de trabalho através da imposição de determinados limites; direito ao descanso; condições de segurança, higiene e saúde no trabalho; proteção na doença e maternidade; quer de forma *horizontal* — ou seja, alargando a tutela laboral ao maior universo possível de trabalhadores e não apenas aos mais vulneráveis, como as mulheres e as crianças; quer através da imposição de normas tendencialmente imperativas e de forma a garantir, se possível, uma irreversibilidade do nível de garantia atingido.

O modelo tradicional do Direito do trabalho assenta, em suma, na relação laboral fordista, que marcou todo o pós-II Guerra Mundial — na sequência da *Declaração de Filadélfia* adotada pela Organização Internacional do Trabalho, em 10 de maio de 1944 — e no imperativo de proteção do trabalhador enquanto contraente mais débil.

Este modelo, todavia, que nas palavras de Maria do Rosário Ramalho correspondeu à *"fase de maioridade do Direito do trabalho, sob o signo da proteção do* trabalhador"[(638)], encontra-se em crise, nos exatos termos em que também o Estado Social do Direito, em especial o habitualmente denominado "Modelo Social Europeu", mostra sinais de fragilidade.

Como afirma Montoya Melgar, por força da atuação de determinados *"condicionamentos económicos"* e do argumento segundo o qual *"el Derecho del trabajo clásico es un obstáculo para la recuperación de la economía, que es un factor de rigidez del mercado de trabajo y que constituye un freno para el*

(638) Cf. *"OECD Economic Surveys: Portugal, 2012"*, cit., pp. 103-104.

crescimento del empleo", o Direito do trabalho tem evoluído no sentido da *"reducción de la protección de los trabajadores"*. E a redução da proteção dos trabalhadores, segundo o autor, resulta de argumentos de natureza económica — *"el fenómeno mundial de la crisis económica dio lugar al no menos extendido fenómeno de la famosa flexibilización de las condiciones de trabajo, que se traduce tanto en una debilitación dela presencia estatal (protectora, o (...) garantista) en el sistema e las relaciones de trabajo, como en una reducción de derechos de los trabajadores"*[(639)]. No essencial, como recorda o autor, vivemos um fenómeno que se caracteriza pela diminuição do princípio da estabilidade do emprego, pela limitação do crescimento ou mesmo pela redução dos salários, pelo reforço do poder de direção do empregador, nomeadamente através da chamada "flexibilidade interna" da relação laboral e pelo aparecimento da "economia laboral paralela", baseada no *"trabajo clandestino"*.

A evolução legislativa verificada no ordenamento jurídico nacional, acima exposta, é claramente elucidativa desta tendência: a evolução do Direito do trabalho, lenta, mas progressiva, tem vindo a apontado no sentido da desvalorização do sistema de proteção do trabalhador e da progressiva imposição de instrumentos destinados a reforçar os poderes de gestão do empregador.

O CT/2009, reformado pela Lei n. 23/2012, entretanto, alterado em 2013 e em 2014, enquanto iniciativa legislativa destinada a facilitar os despedimentos e a diminuir o valor do trabalho em nome da competitividade da economia nacional, é o corolário mais visível dessa evolução.

E a crise do Direito do trabalho parece se apresentar enquanto fenómeno de um movimento mais vasto, que põe em crise o próprio Estado Social de Direito.

2. O Estado Social de Direito — Génese e Crise

2.1. A génese dos "Direitos sociais"

I. A modernidade deixou-nos um legado jurídico: o da catalogação dos direitos fundamentais que hoje fazem parte da nossa convivência social.

No essencial, o modernismo produziu duas gerações de direitos fundamentais que marcam o constitucionalismo moderno: os *direitos fundamentais do cidadão perante o Estado*, que radicam na ideia base de liberdade e que asseguram a não ingerência na reserva da vida privada dos cidadãos e o direito à autodeterminação; e os *direitos sociais*[(640)], que assentam na ideia de igualdade material e que visam uma efetiva igualdade de oportunidades entre os cidadãos através da criação de condições mínimas de vida e de dispositivos que asseguram o acesso de todos à saúde, à educação, à segurança social e ao emprego, bem como a mobilidade, o êxito e a ascensão social de todos os cidadãos em função do seu mérito e independentemente da sua origem, condição social, género, convicção política ou religiosa[(641)].

O modernismo trouxe-nos, por isso, não apenas o *Estado de Direito Liberal,* que assenta no referido ideal de liberdade, mas também o *Estado Social de Direito*, que preconiza uma atuação do Estado destinada a corrigir as desigualdades factuais e a promover políticas públicas que garantam uma efetiva igualdade de oportunidades e uma sociedade socialmente dinâmica, justa e progressista[(642)].

---

(639) Cf. MARIA DO ROSÁRIO RAMALHO, *Direito do Trabalho,* Parte I — Dogmática Geral, cit., pp. 48-49 e 54; e *Tratado de Direito do Trabalho,* Parte I — Dogmática Geral, cit., pp. 59-61 (61).

(640) Cf. MONTOYA MELGAR, *"Tendencias actuales del derecho del trabajo en España", Tendencias Actuales del Derecho del Trabajo. Perspectiva Iberoamericana,* obra coletiva de A. Plá/W. D. Giglio, M. Pasco/M. Ackermán/A. Montoya/J. M. Galiana/A. V. Sempere, Universidad de Murcia, Murcia, 1990, p. 119.

(641) A propósito dos direitos sociais, veja-se JORGE REIS NOVAIS, *Teoria jurídica dos direitos sociais enquanto direitos fundamentais,* Coimbra Editora, Coimbra, 2010.

(642) Cf. PAULO HAMILTON SIQUEIRA JR., "A dignidade da pessoa humana no contexto da pós-modernidade", *Tratado Luso-Brasileiro da Dignidade Humana,* 2ª ed. cit., pp. 252 e ss.

O princípio do Estado Social é, na esteira de Robert Alexy, um dos conceitos-chave do direito racional moderno[(643)].

II. O legado acima enunciado está igualmente presente no chamado Direito da União Europeia, ou seja, no direito originário e derivado emergente da União Europeia que contempla um conjunto de normas e princípios que permitem falar, com propriedade, de um "Direito Social Europeu", cuja consagração tem sido objeto de uma evolução paulatina, mas sustentada, pelo menos até os dias de hoje. E está presente, acima de tudo, no chamado "Modelo Social Europeu", ou seja, no conjunto de políticas sociais mantidas e oferecidas pelos Estados europeus que assentam na oferta de diversas prestações sociais e num modelo de bem-estar dirigido a todos os cidadãos, independentemente da sua origem ou condição social. O Modelo Social Europeu assenta também na preservação de um clima de paz, prosperidade, justiça social, solidariedade, de vivência em liberdade, em democracia e no respeito pelos direitos humanos, bem como na aplicação de elevados mecanismos de proteção social.

III. Na sequência de uma longa evolução, que passa da quase indiferença à elevação da política social comunitária em pilar fundamental da União Europeia, pode-se afirmar, atualmente, no seio da União Europeia (composta por 27 Estados-membros), que existe um "Direito Social Europeu" decorrente de uma política social comunitária que hoje é um dos referenciais da União Europeia e um modelo por muitos ambicionado e seguido. Mas que é, também ele, um modelo que começa a ser questionado.

É sobre o âmbito e o conteúdo desse "Direito Social Europeu", como também sobre as suas origens e perspetivas de futuro que iremos nos ater, ainda que de forma sucinta, antes de nos debruçarmos sobre as projeções e concretizações específicas do "princípio da proteção do trabalhador"[(644)].

2.2. Âmbito do "Direito Social Europeu"

I. O *Direito Social Europeu*, ou *Direito Social da União Europeia*[(645)], integra, no essencial, o conjunto de normas e princípios que incidem sobre a política de trabalho e emprego, a regulação das condições de trabalho, as políticas de segurança, higiene e saúde no trabalho, a igualdade de tratamento, os sistemas de segurança social e a harmonização dos sistemas laborais dos diferentes Estados-membros da União Europeia. Distingue-se do *Direito europeu do trabalho*, que abarca o conjunto de regras laborais de origem comunitária aplicáveis a todos os trabalhadores que desempenham uma atividade laboral subordinada em Estados da União Europeia, ou seja, as regras relativas ao estatuto do trabalhador comunitário, independentemente do local em que este presta a sua atividade; e do *Direito do trabalho europeu*, entendido este de forma mais restrita, na medida em que pressupõe uma situação de transnacionalidade, nomeadamente quando um trabalhador de um Estado desenvolve a sua atividade em outro Estado da União Europeia[(646)].

Mas a existência, atual, de um "Direito Social Europeu" ou da União Europeia não faz parte dos primórdios desta União — antes resultou de uma longa evolução, que passa (como se afirmou) da quase indiferença à elevação da política social comunitária como um pilar fundamental da construção da União Europeia. A *"politiche sociali europee"* fez-se, assim, como afirmam Massimo Roccella e Tiziano Treu, de forma paulatina e em várias fases[(647)].

---

(643) Cf. JORGE MIRANDA, "A Dignidade da Pessoa Humana e a Unidade Valorativa do Sistema de Direitos Fundamentais", *Tratado Luso-Brasileiro da Dignidade Humana,* cit., pp. 168 e ss.

(644) Cf. ROBERT ALEXY, *Teoria dos Direitos Fundamentais,* cit., p. 27.

(645) Sobre a conexão entre o Direito Social Europeu e o Direito do Trabalho, veja-se ROGER BLANPAIN, *European Labour Law,* Kluwer Law International, Amsterdam, 2006.

(646) Veja-se, a este propósito, MARIA DO ROSÁRIO RAMALHO, *Direito Social na União Europeia,* Almedina, Coimbra, 2009. A designação direito social, como sustenta a autora na referida obra (p. 15), recorrendo nomeadamente a LOUIS DUBOIS/ CLAUDE BLUMANN, *Droit matériel de l'Union Européenne,* 4ª ed., Montchrestien, Paris, 2006, p. 113, tem o sentido amplo de designação das regras de direito comunitário com vocação não eminentemente económica.

(647) Cf. PEDRO ROMANO MARTINEZ, *Direito do Trabalho,* cit., p. 224. O autor em causa distingue *direito europeu do trabalho,* enquanto conjunto de regras laborais de origem comunitária aplicáveis a todos os trabalhadores que desempenham a sua atividade em Estados da União Europeia, de *direito do trabalho europeu,* entendido este de forma mais restrita, na medida em que pressupõe uma situação de transnacionalidade, nomeadamente quando um trabalhador de um Estado desenvolve a sua actividade em outro Estado da União Europeia. Veja-se, também, a este propósito, BERNARD TEYSSIÉ, *Droit européen du travail,* Litec, Paris, 2010.

II. A criação do referido "Direito Social Europeu" obedeceu a uma dinâmica progressiva, cujos passos principais cumpre recordar (de forma sintética) e que assentaram em dois momentos e em dois vetores(648):

i) Num primeiro momento, teve-se em vista a regulação da liberdade de deslocação dos trabalhadores no interior da União Europeia. A este nível, os trabalhadores são vistos enquanto fatores produtivos ou agentes económicos indispensáveis à construção do mercado económico europeu ou, mais particularmente, do mercado único do trabalho (artigo 3º, n. 2, do Tratado da União Europeia). A livre circulação de trabalhadores surge como algo instrumental em relação à construção do mercado económico europeu, a par da livre circulação de mercadorias, de capitais e de serviços, assumindo consequentemente uma feição económica (artigos 45º e ss. do Tratado sobre o Funcionamento da União Europeia). Por isso, neste domínio, o que estava essencialmente em causa era a abolição das discriminações com base na nacionalidade dos cidadãos comunitários (artigos 18º e ss. do Tratado sobre o Funcionamento da União Europeia e 20º e ss. da Carta dos Direitos Fundamentais da UE), a liberdade de saída e de entrada no território dos Estados-membros, o acesso ao mercado de trabalho no interior da Comunidade, o acesso às vantagens sociais, a permanência no Estado de acolhimento durante o período de laboração e após a cessação do contrato de trabalho, e ainda a garantia de manutenção das prestações de segurança social auferidas nos diferentes Estados-membros. Este vetor do Direito da União Europeia (na altura, apelidado de *Direito Comunitário*) aplicava-se apenas, consequentemente, aos *trabalhadores migrantes*, isto é, aos nacionais comunitários que se deslocam no interior da Comunidade. O que se tinha em vista, a este propósito, era pôr fim às discriminações existentes nas diferentes ordens internas de cada Estado-membro em razão da nacionalidade, promovendo-se a equiparação entre os trabalhadores migrantes e os trabalhadores nacionais do Estado de acolhimento, em todos os domínios que digam respeito à condição do trabalhador e em todas as fases da relação jurídico-laboral, desde a sua constituição até à sua cessação. Por esta via impedia-se simultaneamente que os trabalhadores migrantes fossem potencialmente explorados ou preteridos e, por outro lado, que os trabalhadores do Estado de acolhimento se vissem na contingência de aceitar condições inferiores às que habitualmente beneficiavam, a fim de não serem preteridos no acesso ao emprego em favor de mão e obra mais barata. A disciplina da livre circulação de trabalhadores teve origem em *regulamentos*, ou seja, em atos normativos de direito derivado que são uniformes em todos os Estados-membros, ficando estes sem poder discricionário para definir as respetivas regras de aplicação no seu próprio território;

ii) Por outro lado, o *Direito Social Europeu*, fruto de uma longa e paulatina evolução verificada no essencial a partir de meados dos anos 70, enveredou também pela consagração de uma política relativa ao emprego e às condições de trabalho. Trata-se, agora, de promover o desenvolvimento das condições de vida, de trabalho e de emprego dos trabalhadores; a igualdade entre homens e mulheres; a promoção do emprego e a consagração de medidas positivas em relação a certas categorias de trabalhadores mais desfavorecidos, como sejam os deficientes; ou a aproximação nos Estados-membros das condições sociais e legais em que se processa o trabalho dependente, nomeadamente ao nível da formação profissional. Neste caso e ao contrário do primeiro vetor, estamos perante uma verdadeira política social, que não resultava do Tratado de Roma mas que se foi sedimentando e impondo como um dos principais pilares da União Europeia(649), vetor esse que foi pela primeira vez assumido com plenitude pelo Tratado de Amsterdão de 1997 e que surge plenamente assumido com o Tratado de Lisboa de 2010. As normas em causa abrangem potencialmente todos os trabalhadores subordinados que exercem a sua atividade no espaço da Comunidade (e não apenas os trabalhadores *migrantes*), independentemente portanto da sua nacionalidade e do facto de se assumirem como trabalhadores migrantes. Trata-se do *Direito Europeu do Trabalho,* que consagra garantias para a generalidade dos trabalhadores e que tem incidência direta sobre o direito interno de cada Estado-Membro. O Direito Europeu do Trabalho assenta em *diretivas comunitárias*, ou seja, em atos normativos de direito derivado que conferem aos Estados-membros uma certa margem de liberdade (reserva de soberania) relativamente à escolha dos meios para atingir os objetivos nelas visados pelas instituições comunitárias.

2.3. Evolução da Política Social Europeia: do Mercado Económico Europeu ao Direito Social

I. Inicialmente, como se afirmou, as primeiras referências a normas e princípios relativos ao "Direito Social Europeu" surgem numa lógica instrumental face à criação do mercado económico europeu. O que

(648) Cf. MASSIMO ROCCELLA e TIZIANO TREU, *Diritto del Lavoro della Comunità Europea,* 3ª ed., Cedam, Padova, 2002, pp. 5 e ss.

(649) Para uma abordagem mais exaustiva sobre esta evolução, veja-se MONTOYA MELGAR/GALIANA MORENO/NAVARRO SEMPERE, *Derecho Social Europeu,* Tecnos, Madrid, 1994.

estava em causa, inicialmente, era a criação do mercado comum europeu, assente fundamentalmente nos princípios da livre iniciativa económica e da livre-concorrência, os quais exigiam, para o efeito, a institucionalização da livre circulação de trabalhadores[(650)].

Mas, paulatinamente, essa situação foi se alterando, sendo a política social, atualmente, um dos traços mais emblemáticos da União Europeia e que marca o chamado "Modelo Social Europeu"[(651)], visto como um *"Welfare State sovranazionale"* que assume *"la promozione della solidarietà e della coesione sociale tra gli obiettivi fondamentali dell´Europa unita"*[(652)].

II. Vejamos, tendo por base alguns marcos mais emblemáticos, como se processou essa evolução ao longo da aprovação dos tratados europeus, desde o Tratado de Roma (1957) até ao Tratado de Lisboa (2010), passando igualmente por outros atos normativos ou não normativos, emanados das instituições europeias[(653)]:

i) O *Tratado de Roma* (TR), de 1957, que instituiu a Comunidade Económica Europeia, apesar de conter no seu preâmbulo uma alusão ao *"progresso económico e social dos países"*, não consagrou políticas de atuação nos domínios do emprego e das condições de trabalho. A política social não resultava do Tratado de Roma e não fazia parte dos elementos integrantes da União Europeia. Na sua versão inicial, o Tratado de Roma não se propunha realizar uma verdadeira política social que beneficiasse os trabalhadores comunitários, mas apenas criar um mercado comum do trabalho onde a liberdade de circulação dos trabalhadores subordinados fosse plena (artigos 2º, 3º alínea *f* e 8º do Tratado, na sua versão original). O Tratado, na sua versão original, assumia uma feição tipicamente liberal, sendo a política social encarada como uma questão estritamente dependente do funcionamento do mercado comum, sendo dominante o entendimento segundo o qual a elevação do nível de vida e de emprego das populações e a harmonização do progresso dos diferentes sistemas sociais nacionais resultariam de forma automática e necessária da livre mobilidade dos fatores de produção (pessoas, serviços e capitais). As disposições de carácter social eram residuais, fragmentadas e de alcance limitado — apenas se enunciavam alguns princípios e regras relativos à livre circulação de trabalhadores (artigo 48º do Tratado de Roma), às condições de trabalho (artigos 117º e 118º do TR), à igualdade remuneratória entre trabalhadores e trabalhadoras (artigo 119º do TR) e à formação profissional (artigos 123º e ss. do TR). Tais regras e princípios, todavia, fundavam-se nos objetivos económicos das Comunidades — decorriam do princípio geral da liberdade de estabelecimento e da necessária harmonização dos sistemas nacionais tendo em vista o princípio geral da livre concorrência e a proscrição de situações de *dumping social* suscetíveis de afetar o preço final dos produtos[(654)].

ii) A partir dos anos 1970, na sequência da conjuntura da crise que afetou os países da União Europeia, aquela concessão minimalista em matéria social foi sendo progressivamente abandonada e posta em causa, passando gradualmente a reconhecer-se que o desenvolvimento do mercado comum não poderia se realizar sem o reforço da integração e coesão social, isto é, sem a adoção de medidas comunitárias diretamente dirigidas à promoção do emprego e à melhoria das condições e da segurança no trabalho[(655)]. Trata-se de uma mudança assumida, em termos expressos, na Resolução da CEE de 21 de janeiro de 1974, que aprovou um *"Programa de Acção Social"*, onde se admite pela primeira vez que *"(...) a expansão económica não é em si própria um fim, mas que se deve traduzir numa melhoria tanto na qualidade como de nível de vida (...)"*, atribuindo-se a mesma importância a uma ação vigorosa no *"domínio social e à realização tanto económica como monetária"*. Ou seja, parte-se de uma crítica a uma análise estritamente económica e envereda-se por uma visão mais social e que visa, em última instância, garantir maior proteção aos cidadãos e, em particular, ao trabalhador;

---

(650) Cf. BERNARD TEYSSIÉ, *Droit Européen du Travail*, 4ª ed., cit., pp. 114 e ss.

(651) Veja-se, a este propósito, ALAIN SUPIOT (dir.), *Le travail en perspectives, Librairie LGDJ*, Paris, 1998. Entre nós, MIGUEL GORJÃO HENRIQUES, *Direito Comunitário*, 4ª ed., Almedina, Coimbra, 2006, pp. 479 e ss.; e MARIA DO ROSÁRIO RAMALHO, *Direito Social da União Europeia*, Almedina, Coimbra, 2009, pp. 29-41.

(652) Veja-se, a este propósito, MARIA DO ROSÁRIO RAMALHO, *Da Autonomia Dogmática do Direito do Trabalho*, cit., p. 624.

(653) Cf. LAURA FOGLIA, *"Il Welfare in Europa: realtà e prospettive per un nuovo modelo sociale"*, em *Sviluppo e ocupazione nel mercato globale*, coord. Giuseppe Ferraro, Giuffrè Editore, Milano, 2004, pp. 379-393 (p. 384).

(654) Para uma consulta breve e resumida desta evolução, veja-se JESÚS GALIANA MORENO, *"La Adhesion de España a las Comunidades Europeas y el Derecho del Trabajo"*, *Tendencias Actuales del Derecho del Trabajo. Perspectiva Iberoamericana*, obra coletiva de A. Plá/W. D. Giglio, M. Pasco/M. Ackermán/A. Montoya/J. M. Galiana/A. V. Sempere, Universidad de Murcia, Murcia, 1990, pp. 129 e ss.

(655) Veja-se, a este propósito, JOSÉ JOÃO ABRANTES, *Do Tratado de Roma ao Tratado de Amsterdão — a caminho de um Direito do Trabalho Europeu? Questões Laborais*, cit., pp. 162-175.

iii) O *Ato Único Europeu*, aprovado em 28 de fevereiro de 1986, consagrou em termos expressos o reconhecimento político da dimensão social da Comunidade e conferiu autonomia normativa às questões ligadas ao trabalho e ao emprego, responsabilizando diretamente os seus órgãos pela respetiva realização. Tratou-se, pois, de um momento marcante para a assunção da vocação social da Europa comunitária(656). A Comissão Europeia ficou encarregue de promover uma colaboração estreita entre os Estados — membros no domínio social através de *diretivas comunitárias*, destinadas a criar as prescrições mínimas com vista a promover a melhoria das condições de trabalho, de segurança e de saúde dos trabalhadores (artigo 118º-A) e a coesão económica e social na Comunidade (artigos 130º-A a 130º E). O Ato Único Europeu introduziu, também, o artigo 118º-B, relativo ao diálogo social a nível europeu, abrindo por esta via a possibilidade de celebração de convenção coletiva de trabalho de nível comunitário e reconhecendo o papel dos parceiros sociais ao nível da União Europeia. Por fim, mas não menos importante: foi reduzido o elenco de matérias que exigia o consenso (regra da unanimidade) entre os Estados-Membros, ao nível do Conselho, em matéria de índole social, abrindo-se a possibilidade de algumas matérias poderem ser aprovadas segundo a regra da maioria qualificada(657)(658);

iv) Posteriormente ao Ato Único Europeu, outras iniciativas vieram confirmar a autonomia da dimensão social da comunidade. É o caso do *Documento Marin*, da Comissão (1988), onde são formulados em termos precisos os aspetos que deveriam ser objeto da política social europeia — organização do tempo de trabalho, retribuição, férias por motivos de assistência familiar, proteção da gravidez e da maternidade, direito de participação dos trabalhadores nas empresas;

v) Igualmente decisiva foi a *Carta Comunitária dos Direitos Sociais Fundamentais dos Trabalhadores*, adotada no Conselho Europeu de Estrasburgo, em dezembro de 1989, pelos Chefes de Estado ou de Governo dos Estados-membros, com abrangência no domínio da formação profissional, da disciplina do trabalho atípico, da proteção das mulheres grávidas, do ónus da prova no âmbito da relação de trabalho, do direito de informação e de consulta nas empresas de dimensão europeia. A Carta consagra um conjunto de direitos fundamentais dos trabalhadores, como o direito à liberdade de circulação no território dos Estados-membros, o direito ao emprego e a uma remuneração justa, o direito a boas condições de trabalho, o direito à proteção social, o direito à contratação coletiva e o direito à igualdade de tratamento entre homens e mulheres. Tratou-se do primeiro documento normativo comunitário exclusivamente dedicado à questão social(659), o que por si só é elucidativo do seu grau de importância, ainda que não lhe tenha sido atribuído caráter vinculativo — neste caso, o documento em causa teve como principal finalidade o reforço da proteção do trabalhador, em nome do aludido "princípio da proteção do trabalhador";

vi) O *Tratado da União (Tratado de Maastricht)*, de 7 de fevereiro de 1992, para além de trazer como principal inovação a criação da União Europeia e da "cidadania da União", incorporou um Acordo Relativo à Política Social, flexibilizando o processo decisório em matéria de emprego e condições de trabalho. A regra da unanimidade foi substituída pela regra da maioria qualificada. Além disso, o Tratado reconheceu pela primeira vez a "contratação coletiva comunitária". Por esta razão, o Tratado da União Europeia é considerado, por muitos, como o momento mais decisivo quanto à afirmação da política social europeia(660).

vii) O *Tratado de Amsterdão*, de junho de 1997, assume definitivamente *a "questão social"* como uma prioridade da política comunitária, a quem deve ser atribuída "(...) *sem ambiguidade a mais alta prioridade na agenda política da União* (...)" — a promoção do emprego e o objetivo de formação profissional são definitivamente assumidas, a ponto de alguma doutrina ver no "*l´inserimento nel corpo del Trattato di un Titolo dedicato próprio all´occupazione (...) nela stipula del Trattato di Amsterdam, (...) un´innovazione di grande importanza*"(661). Paralelamente, consolidou a proteção dos direitos fundamentais como pilar essencial da União Europeia;

viii) A *Carta dos Direitos Fundamentais da União Europeia*, de 7 de dezembro de 2000, com as adaptações que lhe foram introduzidas em 12 de dezembro de 2007, em Estrasburgo, para além de afirmar que "*a dignidade do ser humano é inviolável*" (artigo 1º), garante o direito à educação gratuita (artigo 14º), a igualdade

(656) Veja, a este propósito, JOSÉ JOÃO ABRANTES, *Do tratado de Roma ao Tratado de Amsterdão — a caminho de um Direito do Trabalho europeu?*, Questões laborais, Ano 7, n. 16, Coimbra, 2000, pp. 162-175.
(657) Cf. MARIA DO ROSÁRIO RAMALHO, *Direito Social na União Europeia*, cit., p. 36.
(658) Veja-se, a este propósito, ANA MARIA GUERRA MARTINS, *Curso de Direito Constitucional da União Europeia*, Almedina, Coimbra, 2004, pp. 60-61 e MARIA DO ROSÁRIO RAMALHO, *Direito Social da União Europeia*, cit., pp. 37-38.
(659) Veja-se, a este propósito, GIULIANO MAZZONI, *Manuale di Diritto del Lavoro*, 6ª ed., cit., pp. 73-74.
(660) Cf. MARIA DO ROSÁRIO RAMALHO, *Direito Social da União Europeia*, cit., p. 38.
(661) Cf. DUTHEILLET DE LAMOTHE, *Du traité de Rome au traité de Maastricht: la longue marche de l´Europe Sociale*, Droit Social, n. 2, Dalloz, Paris, 1993, pp. 194 e ss.

e não discriminação (artigo 21º), o direito das pessoas idosas a uma existência condigna (artigo 25º), o direito de acesso gratuito a serviços de emprego (artigo 29º), a proteção em caso de despedimento sem justa causa (artigo 30º), o direito a condições de trabalho justas e equitativas (artigo 31º), a proibição do trabalho infantil e a proteção dos jovens no trabalho (artigo 32º), a proteção da família e da maternidade (artigo 33º), bem como o direito de acesso às prestações da segurança social e aos serviços sociais que concedem proteção em caso de maternidade, doença, acidentes de trabalho, dependência ou velhice, bem como em caso de perda de emprego, de acordo com o direito da União e com as legislações e práticas nacionais (artigo 34º). Trata-se de um documento absolutamente relevante no processo de integração europeia, na medida em que enuncia um importante elenco de direitos fundamentais à escala europeia(662); e

ix) O *Tratado de Lisboa* (1º de dezembro de 2009), por sua vez, que conferiu nova redação ao Tratado da União Europeia e ao Tratado sobre o Funcionamento da União Europeia, procurando concentrar numa só entidade a Comunidade Económica Europeia criada pelo Tratado de Roma (1957) e a União Europeia instituída em Maastricht (1992), confirma desde logo, no Preâmbulo, "(...) *o seu apego aos direitos sociais fundamentais, tal como definidos na Carta Social Europeia, assinada em Turim em 18 de outubro de 1961, e na Carta Comunitária dos Direitos Sociais Fundamentais dos Trabalhadores, de 1989*".

Há várias passagens em que a vertente social e o propósito de proteção dos trabalhadores são enaltecidos, quer no *Tratado da União Europeia* (*v. g.*, artigos 2º, 3º, n. 3 e 6º)(663), quer no *Tratado sobre o Funcionamento da União Europeia* (*v. g.*, artigos 9º, 145º, 147º e 162º), ambos alterados pelo *Tratado de Lisboa*(664), sendo certo que ambos são absolutamente claros quanto à existência de uma Política Social Europeia que visa, no essencial, a criação de uma sociedade empenhada na promoção do emprego e num nível de emprego elevado e duradouro, nomeadamente através de políticas ativas de emprego; na melhoria das condições de vida e de trabalho; numa proteção social adequada na gravidez, na maternidade, na paternidade, no desemprego, na doença e na velhice; no diálogo entre os parceiros sociais; na luta contra as exclusões; e na promoção da igualdade de oportunidades.

Numa frase, visa-se garantir uma sociedade de bem-estar e de elevado nível de proteção social.

Trata-se do habitualmente denominado "Modelo Social Europeu"(665), ou como afirma Jesús Galiana Moreno, da "*dimensión social (...) de la idea europea*"(666), que entra em contradição, neste domínio, com

(662) Cf. MASSIMO ROCCELLA e TIZIANO TREU, *Diritto del Lavoro della Comunità Europea*, cit., p. 128.

(663) Veja-se a este propósito FAUSTO DE QUADROS, *Direito da União Europeia, Direito Constitucional e Administrativo da União Europeia*, Almedina, Coimbra, 2004, pp. 147 e 154.

(664) O artigo 2º (com a redação dada pelo artigo 1º-A do Tratado de Lisboa) determina que "*A União funda-se nos valores do respeito pela dignidade humana, da liberdade, da democracia, da igualdade, do Estado de Direito e do respeito pelos direitos do Homem, incluindo os direitos das pessoas pertencentes a minorias. Estes valores são comuns aos Estados-membros, numa sociedade caracterizada pelo pluralismo, a não discriminação, a tolerância, a justiça, a solidariedade e a igualdade entre homens e mulheres*"; o artigo 3º, n. 3 (com a redação dada pelo artigo 2º n. 3, do Tratado de Lisboa), estabelece que "*a União estabelece um mercado interno. Empenha-se no desenvolvimento sustentável da Europa, assente num crescimento económico equilibrado e na estabilidade dos preços, numa economia social de mercado altamente competitiva que tenha como meta o pleno emprego e o progresso social, e num nível elevado de proteção e de melhoramento da qualidade do ambiente. (...) A União combate a exclusão social e as discriminações e promove a justiça e proteção sociais, a igualdade entre os homens e mulheres, a solidariedade entre as gerações e a proteção dos direitos da criança. A União promove a coesão económica, social e territorial, e a solidariedade entre os Estados-membros*"; e o artigo 6º reconhece os direitos, liberdades e os princípios enunciados na Carta dos Direitos Fundamentais da União Europeia, conferindo-lhe o mesmo valor jurídico que os Tratados.

(665) O artigo 9º dispõe que "*na definição e execução das suas políticas e acções, a União tem em conta as exigências relacionadas com a promoção de um nível elevado de emprego, a garantia de uma proteção social adequada, a luta contra a exclusão social e um nível elevado de educação, formação e proteção da saúde humana*"; a propósito do emprego, o artigo 145º determina que os Estados-membros e a União empenhar-se-ão em "*desenvolver uma estratégia coordenada em matéria de emprego (...)*" e o artigo 147º estabelece como objetivo da União "*a realização de um elevado nível de emprego*"; a propósito das políticas sociais, o artigo 151º estabelece que "*A União e os Estados-membros, tendo presentes os direitos fundamentais sociais, tal como o enunciam a Carta Social Europeia, assinada em Turim, em 18 de outubro de 1961, e a Carta Comunitária dos Direitos Sociais Fundamentais dos Trabalhadores, de 1989, terão por objectivos a promoção do emprego, a melhoria das condições de vida e de trabalho, de modo a permitir a sua harmonização, assegurando simultaneamente essa melhoria, uma proteção social adequada, o diálogo entre parceiros sociais, tendo em vista um nível de emprego elevado e duradouro, e a luta contra as exclusões*"; por fim, o artigo 162º dispõe que, "*a fim de melhorar as oportunidades de emprego dos trabalhadores do mercado interno e contribuir assim para uma melhoria do nível de vida, é instituído um Fundo Social Europeu (...) que tem por objectivo promover facilidades de emprego e a mobilidade geográfica e profissional dos trabalhadores da União, bem como facilitar a adaptação às mutações industriais e à evolução dos sistemas de produção, nomeadamente através da formação e da reconversão profissionais*".

(666) Também em sede jurisprudencial se jogou um importante papel na afirmação do "Direito Social Europeu". A este propósito e quanto à jurisprudência comunitária em matéria social, veja-se MARIA DO ROSÁRIO RAMALHO, *Direito Social da União Europeia*, cit., pp. 53-56, que sublinha a importância desta jurisprudência e o papel do Tribunal de Justiça para a evolução do tratamento jurídico de matérias tão diferentes como a circulação de trabalhadores, a igualdade de tratamento entre trabalhadores

os propósitos de natureza mais economicistas que vimos associados à atuação de outras organizações internacionais, como a OCDE ou o Fundo Monetário Internacional (FMI).

Foi nesse sentido, no essencial, que os Estados-membros atuaram, antes da eclosão da crise das dívidas soberanas. E é desta forma que se fala, no espaço europeu, de um "Modelo Social Europeu" que se alicerça, basicamente, na existência de uma panóplia muito significativa de prestações sociais e de despesa na área social.

2.4. Quadro Jurídico português — Estado Social de Direito

I. Portugal contém também, do ponto de vista jurídico, um quadro muito claro que sustenta a promoção do Estado Social de Direito e que está na linha com o Modelo Social Europeu. Quer ao nível da Lei Fundamental, quer a nível do Código do Trabalho, quer de outra legislação extravagante.

II. A Constituição portuguesa de 1976, como se afirmou, consagra um modelo societário que se centra no ideal de liberdade e que vê no Estado o principal catalisador, garante e instrumento de promoção da igualdade real entre os portugueses.

A Constituição assenta num quadro axiológico de valores, que tem como âncora principal a defesa da dignidade da pessoa humana (artigo 1º) em todas as suas vertentes, ou seja, não apenas na defesa da pessoa e da sua esfera privada contra ingerências externas, que radica na tradição liberal, mas também na promoção da dignidade da pessoa enquanto cidadão a quem devem ser facultadas condições de vida capazes de lhe assegurar liberdade, bem-estar, uma existência condigna, capacidade de iniciativa empresarial e uma perspetiva de futuro.

Trata-se, como acima se referiu, da função de *proteção social do Direito* a que se refere Paulo Otero, que vem, desde o século XIX, associando a ideia de bem-estar ao princípio da justiça e que encontra "*expresso acolhimento os artigos 9º, alínea d, e 81º, alínea a, da Constituição de 1976*", onde se referem como tarefas fundamentais ou incumbências prioritárias do Estado a "*promoção do bem-estar económico e social da qualidade de vida das pessoas, especialmente das mais desfavorecidas, tendo em vista alcançar a justiça social e a igualdade real entre todos os portugueses*", e "*a efectivação dos direitos económicos, sociais, culturais e ambientais, transformando e modernizando as estruturas económicas e sociais*"(667).

É nesse sentido que se compreende a inscrição na Lei Fundamental da existência de um sistema de segurança social que protege os cidadãos na doença, velhice, viuvez, orfandade, desemprego e "*em todas as outras situações de falta ou diminuição de meios de subsistência ou de capacidade de trabalho*" (artigo 63º); o direito à proteção na saúde, designadamente o acesso tendencialmente gratuito ao serviço nacional de saúde universal e geral (artigo 64º); o reconhecimento do direito à habitação, de forma a que todos tenham o direito a uma habitação de dimensão adequada, em condições de higiene e conforto (artigo 65º); o direito ao ensino e a todos os graus de ensino, proporcionando igualdade de oportunidades de acesso e êxito escolar (artigos 74º e 75º), bem como o princípio constitucional da segurança no emprego e da proibição de despedimentos sem justa causa (artigo 53º). Para o efeito, a fim de dotar o Estado das condições necessárias à efetivação dos direitos fundamentais próprios do modernismo, a Constituição determina que o sistema fiscal deve ter por finalidade a satisfação das necessidades financeiras do Estado e uma justa repartição dos rendimentos (artigo 103º), tendo o imposto sobre o rendimento pessoal o objetivo de diminuir as desigualdades, razão pela qual o mesmo é progressivo (artigo 104º, n. 1)(668).

---

e trabalhadoras ou a tutela de trabalhadores perante vicissitudes empresariais, como a transmissão do estabelecimento ou o despedimento coletivo, bem como para a concretização de conceitos indeterminados e o preenchimento de lacunas regulativas.

(667) Cf. JESÚS GALIANA MORENO, *"La Adhesion de España a las Comunidades Europeas y el Derecho del Trabajo"*, *Tendencias Actuales del Derecho del Trabajo. Perspectiva Iberoamericana*, obra coletiva de A. Plá/W. D. Giglio/M. Pasco/M. Ackermán/A. Montoya/J. M. Galiana/A. V. Sempere, pp. 129 e ss. (p. 137).

(668) Cf. PAULO OTERO, *Lições de Introdução ao Estudo do Direito*, I Vol., 1º Tomo, cit., p. 121.

A fórmula é simples, financiar o Estado através dos impostos para que este cumpra as finalidades que lhe estão confiadas em benefício dos cidadãos através de governos democraticamente eleitos por sufrágio universal.

É esta a ordem de valores em que se assenta a nossa Constituição e que confere uma unidade de sentido ao sistema dos direitos fundamentais, em termos tais que, como sustenta Paulo Otero, "*bem pode afirmar-se que o sucesso ou o malogro do projecto constitucional de sociedade passa pelo grau de realização do modelo de Estado Social de Direito ou Estado de bem-estar. Há mesmo quem diga estar-se (...) na presença de um "Estado Zorro", isto é, de um Estado que protege os fracos, tirando aos ricos para dar aos pobres, que protege as minorias, impedindo a sua marginalização ou o desrespeito pelas maiorias, que acolhe os deserdados e as vítimas actuais ou potenciais de um desenvolvimento descontrolado*"[(669)].

E é com base nesta ordem de valores que, no domínio laboral, o Código do Trabalho intervém na regulação das relações de trabalho.

III. O Código do Trabalho, aprovado pela Lei n. 9/2003, de 27 de agosto, e subsequentemente revisto pela Lei n. 7/2009, de 12 de fevereiro, e alterado pelas Leis ns. 23/2012, de 25 de junho, 47/2012, de 29 de agosto, 69/2013, de 30 de agosto, 27/2014, de 8 de maio e 55/2014, de 25 de agosto, contém também um acervo significativo de normas destinadas a regular a relação de trabalho no setor privado, dentro daquela lógica social que marca o Estado Social de Direito e o Modelo Social Europeu.

É nesse sentido que se devem compreender as normas sobre os *direitos de personalidade* dos trabalhadores (artigos 14º e ss.); sobre a *igualdade e não discriminação* (artigos 22º e ss.); sobre a *proteção da maternidade* e da *paternidade* (artigos 33º e ss.), o *trabalho de menores* (artigos 66º e ss.), dos *trabalhadores com deficiência ou doença crónica* (artigos 85º e ss.) ou dos *trabalhadores estudantes* (artigos 89º e ss.); sobre as limitações à mudança de *local de trabalho* (artigos 193º e ss.) e sobre os limites da *duração do trabalho* (artigos 197º e ss.), nomeadamente quanto ao trabalho diário e semanal, quanto ao trabalho noturno, suplementar e em regime de turnos; sobre o regime de *férias* anuais remuneradas (artigos 237º e ss.); sobre a proteção da *retribuição* (artigos 258º e ss.), designadamente quanto à obrigatoriedade de atribuição de subsídio anual de Natal; sobre a prevenção e reparação de *acidentes de trabalho e doenças profissionais* (artigos 281º e ss.); sobre a proteção do *despedimento* sem justa causa (artigos 338º e ss.) e, claro, sobre o chamado *direito laboral coletivo*, reconhecendo o direito a estruturas representativas de trabalhadores (artigos 404º e ss.), à negociação coletiva (artigos 476º e ss.) e o direito à greve (artigos 530º e ss.).

IV. Para além disso, em matéria de políticas sociais, a despesa social portuguesa assenta num conjunto significativo de outras prestações sociais, igualmente previstas em legislação ordinária avulsa.

Assim sucede, nomeadamente, com as *prestações de desemprego*, destinadas a garantir a proteção social dos trabalhadores por conta de outrem em caso de ausência de emprego[(670)]; o *rendimento social de inserção*, que visa a integração social dos cidadãos e seus familiares que se encontrem em situação de desemprego e não disponham de outros rendimentos, nomeadamente prestações sociais[(671)]; a *proteção nas eventualidades de invalidez* e *velhice*, através da atribuição de "pensões" aos beneficiários do regime geral da segurança social[(672)] e aos aposentados[(673)]; o *Serviço Nacional de Saúde*[(674)], criado em 1979 e

(669) A propósito dos direitos sociais na Constituição portuguesa, veja-se JORGE REIS NOVAIS, *Teoria jurídica dos direitos sociais enquanto direitos fundamentais*, cit., pp. 333 e ss.

(670) Cf. PAULO OTERO, *Lições de Introdução ao Estudo do Direito*, I Vol., 1º Tomo, cit., pp. 121-122.

(671) Veja-se, a este propósito, o Decreto-Lei n. 220/2006, de 3 de novembro, alterado e republicado pelo Decreto-Lei n. 72/2010, de 18 de junho, e alterado ainda pelo Decreto-Lei n. 64/2012, de 15 de março, pelo artigo 184º da Lei n. 66-B/2012, de 31 de dezembro e pelo Decreto-Lei n. 13/2013, de 25 de janeiro.

(672) Veja-se, a este propósito, a Lei n. 13/2003, de 21 de maio.

(673) Veja-se, a este propósito, o Decreto-Lei n. 187/2007, de 5 de maio.

(674) Veja-se, a este propósito, o Decreto-Lei n. 498/72, de 9 de dezembro, alterado, recentemente, pelo Decreto-Lei n. 179/2005, de 2 de novembro, pelo Decreto-Lei n. 229/2005, de 29 de dezembro; pela Lei n. 60/2005, de 29 de dezembro; pelo Decreto-Lei n. 55/2006, de 15 de março; pela Lei n. 52/2007, de 31 de agosto; pelo Decreto-Lei n. 309/2007, de 7 de setembro; pelo Decreto-Lei n. 377/2007, de 9 de novembro; pelo Decreto-Lei n. 18/2008, de 29 de janeiro; pela Lei n. 11/2008, de 20 de fevereiro; pela Lei n. 59/2008, de 11 de setembro; pela Lei n. 64-A/2008, de 31 de dezembro; pelo Decreto-Lei n. 238/2009, de 16 de setembro; pela Lei n. 3-B/2010, de 28 de abril; pelo Decreto-Lei n. 137/2010, de 28 de abril; pelo Decreto-lei n. 29-A/2011, de 1º de março; pelo

que está na origem, nomeadamente, da Lei de Bases da Saúde[675] e do Estatuto do Serviço Nacional de Saúde[676], pelo qual se garante o acesso universal e tendencialmente gratuito aos cuidados de saúde, se admite a criação das unidades de saúde familiar, personalizados e na comunidade[677], o lançamento da rede de cuidados continuados[678] e a comparticipação na aquisição dos medicamentos[679]; a *escola pública*, assente no ensino universal, obrigatório e gratuito[680] e na atribuição de apoios no âmbito da ação social escolar, nomeadamente bolsas de estudo, subvenção de transportes e alojamento, apoio alimentar, apoio na aquisição de livros e outro material escolar a distribuir gratuitamente pelos alunos de menores recursos económicos e acesso a crédito em condições favoráveis[681] e na criação de bolsas para o ensino secundário; a *proteção da gravidez, da maternidade e da paternidade*, através da atribuição de licenças e dispensas pagas pelo Estado[682]; da criação do abono de família para crianças e jovens[683] e do abono pré-natal[684]; o *complemento solidário para idosos*[685], que consubstancia uma prestação extraordinária de combate à pobreza dos idosos, que visa a melhoria do nível de rendimento dos seus destinatários; a admissão dos imigrantes à cidadania e aos direitos sociais, etc.

V. Ou seja, desde os finais dos anos 1990, foi tomado um conjunto muito significativo de medidas, que representam um novo patamar de desenvolvimento da política social. Mas que determinam, inexoravelmente, um aumento da despesa e dos déficits estatais que coincide com o desenvolvimento, paulatino, do Direito Social Europeu e do Modelo Social Europeu, no período compreendido entre 1995 e 2010.

A razão de ser da subida das prestações sociais é fácil de explicar e resulta do longo percurso histórico acima assinalado, assente no desenvolvimento e consolidação do Estado Social; o que está na origem da diminuição da despesa social a partir de 2011, não apenas em Portugal como em todos os países da União Europeia, é igualmente claro e coloca em cima da mesa a questão mais séria que atualmente se coloca na União Europeia, a questão associada à sustentabilidade do Modelo Social Europeu, que foi acelerada pela crise das dívidas soberanas iniciada em 2007-2008 nos Estados Unidos ou, utilizando as palavras de Maria. N. Ivanova, pelo "*spectacular financial crash of 2007 — 2008*"[686].

VI. A crise das dívidas soberanas europeias, que em última instância se consubstancia na desconfiança dos mercados face à capacidade de os Estados europeus saldarem as suas dívidas, está, em larga medida, associada ao aumento dos déficits estatais e das dívidas públicas dos países europeus, que disparam no período compreendido entre 2008 e 2013.

Decreto-Lei n. 68/2011, de 14 de junho; pela Lei 60-A/2011, de 30 de novembro; pela Lei n. 64-B/2011, de 30 de dezembro; pelo Decreto-Lei n. 32/2012, de 13 de fevereiro; pela Lei n. 66-B/2012, de 31 de dezembro e pelo Decreto-Lei n. 36/2013, de 11 de março.

(675) Sobre a importância das *políticas públicas de saúde* como fator de *justiça* e de *igualdade de oportunidades*, veja-se GOPAL SREENIVASAN, "Justice, Inequality, and Health", *The Stanford Encyclopedia of Philosophy* (Spring 2009 Edition), Edward N. Zalta (ed.), disponível em: <http://plato.stanford.edu/archives/spr2009/entries/justice-inequality-health/> (acesso em 20 de setembro de 2013), para quem "*universal access to health care reduces inequalities*". O autor ilustra a sua convicção com base nos dados de mortalidade existentes nos Estados Unidos: "*In the ten healthiest counties in the United States, white men have a life expectancy above 76.4 years. By contrast, in the ten least healthy counties, African-American men have a life expectancy of between 61 years (Philadelphia) and 57.9 years (District of Columbia) (Marmot 2001, 134). On the face of it, this inequality in the life expectancy for American men is seriously unjust*" (pp. 1 e ss.).

(676) Veja-se, a este propósito, a Lei n. 48/90, de 24 de agosto.

(677) Veja-se, a este propósito, o Decreto-Lei n. 11/93, de 15 de janeiro, alterado pelos Decretos-Lei ns. 53/98, de 11 de março, 401/98, de 17 de abril, 68/2000, de 26 de abril, 223/2004, de 3 de dezembro, 222/2007, de 29 de maio, 276-A/2007, de 31 de julho; pelo Decreto-Lei n. 77/96, de 18 de junho; pelo Decreto-Lei n. 112/97, de 10 de maio; pelo Decreto-Lei n. 97/98, de 18 de abril; pelo Decreto-Lei n. 156/99, de 10 de maio; pelo Decreto-Lei n. 185/2002, de 20 de agosto; pelo Decreto-Lei n. 223/2004, de 3 de dezembro; pelo Decreto-Lei n. 176/2009, de 4 de agosto; pelo Decreto-Lei n. 177/2009, de 4 de agosto; pelo Decreto-Lei n. 111/2012, de 23 de maio; e pela Lei n. 66-B/12, de 31 de dezembro.

(678) Veja-se, a este propósito, o Decreto-Lei n. 28/2008, de 22 de fevereiro.

(679) Veja-se, a este propósito, o Decreto-Lei n. 101/2006, de 6 de junho.

(680) Veja-se, a este propósito, o Decreto-Lei n. 118/1992, de 25 de junho, que continua em vigor apesar das suas múltiplas alterações.

(681) Veja-se, a este propósito, a Lei n. 46/1986, de 14 de outubro, alterada pelas Leis ns. 115/97, de 19 de setembro, 49/2005, de 30 de agosto, e Lei n. 85/2009, de 27 de agosto, que elevou a escolaridade obrigatória até aos 18 anos.

(682) Veja-se, a este propósito, o Decreto-Lei n. 55/2009, de 2 de março.

(683) Veja-se, a este propósito, os Decretos-Lei n. s. 89/2009 e 91/2009, ambos de 9 de abril.

(684) Veja-se, a este propósito, o Decreto-Lei n. 176/2003, de 2 de agosto.

(685) Veja-se, a este propósito, o Decreto-Lei n. 308-A/2007, de 5 de setembro, subsequentemente revogado pelo Decreto-Lei n. 245/2008, de 18 de dezembro.

(686) Veja-se, a este propósito, o Decreto-Lei n. 232/2005, de 29 de dezembro.

Pela primeira vez, pelo menos desde o pós-II Guerra Mundial, os mercados internacionais desconfiaram da solvabilidade dos Estados europeus e questionaram a sua capacidade de assumir os compromissos assumidos. Num curto espaço de tempo, diversos países tiveram que recorrer a pedido de ajuda externa, o correntemente denominado *bail out* — primeiro a Islândia (que não pertence à União Europeia), depois a Grécia e a Irlanda, seguindo-se, respetivamente em 2011 e 2012, Portugal e a Espanha (embora esta apenas quanto ao sistema financeiro) e, já em 2013, o Chipre. A crise das dívidas soberanas não deixou, todavia, de afetar outros países, nomeadamente Itália, Eslovénia, Bélgica ou mesmo França, que se viram na contingência de aplicar "medidas de austeridade" destinadas a conter a despesa pública.

Perante isto, o futuro do Modelo Social Europeu é questionado, dividindo as correntes políticas representadas nas instituições europeias, nomeadamente no Conselho Europeu e no Parlamento Europeu(687):

> É essa a discussão que está em cima da mesa, na Europa, e é essa discussão que irá marcar o futuro do Estado Social de Direito e do Modelo Social Europeu, bem como, em consequência, do próprio Direito do trabalho.

VII. Em Portugal, neste exato momento, o percurso que está a ser seguido é da implementação de políticas de consolidação orçamental e de novas reformas em nome da sustentabilidade das funções sociais do Estado.

Antes da crise de 2008-2009 foram conduzidas algumas reformas estruturais, em pontos críticos para a sustentabilidade das finanças públicas e das políticas sociais. Fez-se a reforma da segurança social, elevando a idade de reforma para os 65 anos. Procedeu-se à convergência dos regimes de proteção da função pública com os do setor privado. Alterou-se a legislação laboral, quer em 2003, quer em 2008, procurando conferir maior flexibilidade na gestão empresarial. Extinguiu-se um em cada quatro organismos públicos e um em cada quatro cargos dirigentes. Racionalizou-se a rede escolar e introduziu-se a avaliação do desempenho de docentes e escolas. Reestruturou-se, ainda, a rede de cuidados de saúde primários.

Depois da crise de 2008, intensificaram-se os esforços de promoção da sustentabilidade financeira, como forma de garantir a continuidade, em sentido próprio, das políticas sociais. E tal esforço foi feito de três maneiras complementares: aperfeiçoou-se a fiscalização das prestações e a contratualização das medidas de integração; impuseram-se a todas as prestações não contributivas a prova da condição de recursos, como forma de garantir que os apoios sociais chegam efetivamente e apenas aos que deles verdadeiramente precisam; e racionalizaram-se os gastos intermédios do Estado, nomeadamente através do congelamento de promoções e pensões no funcionalismo público, do congelamento de admissões e redução do número de contratados, do congelamento de pensões, da redução com despesas de pessoal (retribuição, ajudas de custo, subsídios de deslocação, etc.).

Mais recentemente, na sequência da aprovação dos orçamentos de Estado de 2011, 2012 e 2013, enveredou-se por uma fortíssima política de consolidação orçamental imposta pela referida "troika", que visou diminuir o déficit de 9,1% do PIB, em 2010, para: 5,9% em 2011, 4,5% em 2012, 3% em 2013, 2,3% em 2014 e 1,9% em 2015, como condição necessária para a sustentabilidade do Estado Social e para o financiamento do Estado português, nos termos acima assinalados. Em agosto de 2012, na sequência da quarta avaliação da "troika" aos esforços do Governo português, foram alteradas as metas do déficit, a partir de 2012, passando a exigir-se o cumprimento dos seguintes objetivos: 6,4% do PIB em 2012, 5,5% em 2013, 4% em 2014 e 2,5% em 2015.

VIII. Em suma, a partir do final da primeira década deste século iniciaram-se políticas que põem em causa, segundo a terminologia de Paulo Otero, o "*Estado Zorro*", que aposta na proteção social, enveredando-se, ao invés, nas palavras já citadas de Casimiro Ferreira, pelo chamado "*Estado de austeridade*" — aquele que é marcado pela implementação de fortíssimas políticas de contenção orçamental e salarial, pelo aumento dos impostos, pela redução das despesas sociais e pela flexibilização do mercado de trabalho, como instrumento ao serviço da economia e da sua competitividade.

---

(687) MARIA N. IVANOVA, *"The Great Recession and the State of American Capitalism", Science & Society*, v. 77, n. 3, The Guilford Press, New York/London, july 2013, pp. 294 e ss.

O Direito do trabalho passa, neste quadro, a ser visto como um mero instrumento ao serviço da economia; como um meio para atingir um fim que o ultrapassa — a competitividade da economia europeia — e que ultrapassa os seus quadros tradicionais e os alicerces em que sempre assentou.

Envereda-se, em suma, pela radicalização das políticas de flexibilização e de desregulamentação do Direito do trabalho e pela alteração da respetiva ordem de valores, apostando-se na desvalorização da negociação coletiva de trabalho, no primado dos acordos individuais entre empregador e trabalhador — nomeadamente para efeitos de conformação da gestão do tempo de trabalho —, na facilitação dos despedimentos e na proliferação de uma panóplia de contratos sujeitos a regime especial que fogem ao modelo paradigmático do contrato de trabalho por tempo indeterminado — assim sucede com o *contrato de trabalho a termo* certo e incerto, o *contrato de trabalho temporário*, o *contrato de trabalho intermitente* ou o *contrato de trabalho a tempo parcial.*

Na sequência da crise europeia das dívidas soberanas os Estados europeus, por razões de natureza económica e financeira, movidos pela necessidade de assistência financeira e condicionados por programas de reformas impostos pelos credores internacionais, começaram a reduzir despesas sociais e a introduzir, sem qualquer tipo de ponderação de natureza científica ou mesmo jurídica, reformas laborais apressadas e de emergência, como instrumento de caução para efeitos de obtenção de financiamento externo.

O Direito do trabalho vê-se, pois, no meio dessa encruzilhada económico-financeira, assistindo impávido e sereno aos influxos provenientes da economia e dos seus agentes, nacionais e internacionais — mais do que uma reforma juslaboral, pensada, ponderada e assente em moldes científicos, o que a crise das dívidas soberanas nos trouxe foi uma repentina e utilitária instrumentalização do Direito do trabalho a objetivos que o ultrapassam e que em nada atendem aos seus valores, aos seus princípios basilares e aos elementos histórico-culturais que o marcam e que estão na sua génese.

Num primeiro momento, assistimos aos fenómenos de flexibilização e de desregulamentação do Direito do trabalho; numa segunda fase, à tentativa de descaracterização dos seus valores.

Seja como for: como sustentam Guy Davidov e Brian Langille, a crise do Direito do trabalho deve ser vista, não como uma fatalidade, mas como uma oportunidade de repensar e revigorar este ramo do Direito — "*the crisis of labour law, both internal and external, which has been widely observed over the past years, has turned into an opportunity for reinvigoration and renewal (...) thinking on the very idea of labour law*"[688].

---

(688) Veja-se, a este propósito, LAURA FOGLIA, "*Il Welfare in Europa: realtà e prospettive per un nuovo modelo sociale*", em *Sviluppo e ocupazione nel mercato globale,* cit., pp. 379-393. No essencial, podem descortinar-se, na atualidade, três linhas de pensamento sobre o mesmo tema: a) De um lado, temos a linha da *irreversibilidade absoluta* do modelo social europeu, ou seja, a de quem pura e simplesmente diga que tudo deve ficar como dantes: o Estado Social consubstancia uma conquista irreversível dos cidadãos e dos trabalhadores europeus e, consequentemente, não deve ser adulterado ou questionado. As despesas sociais devem manter-se no mesmo plano ou, no limite, ser mesmo aumentadas, porque é com o aumento destas despesas que se garante a prossecução do bem-estar coletivo e a manutenção do consumo privado — à luz desta tendência, o "princípio da proteção do trabalhador" deveria manter-se intocado; b) No polo oposto, temos a linha do *desmantelamento do modelo social europeu:* há quem veja na crise da dívida soberana dos Estados a necessidade de pôr em causa o Estado Social, o serviço público e a política social. Advoga-se o fim do serviço nacional de saúde e da escola pública tal como as conhecemos, questionando-se, também, a proteção constitucional do emprego e a proibição dos despedimentos sem justa causa, a favor de uma maior desproteção dos trabalhadores e da liberalização do mercado de trabalho, tendo em vista a maior competitividade do mercado laboral e das economias nacionais — o "princípio da proteção do trabalhador" tenderia, nesta via, a ser fortemente subalternizado, em função do princípio dos interesses de gestão do empregador; c) Entre aquelas duas vias, pode-se ainda enveredar por uma *via intermédia*: a de quem deseja a manutenção do Estado Social, mas que não fecha os olhos à necessidade de serem adotadas medidas que alterem a situação de risco em que se encontram as políticas sociais; a de quem admite a necessidade de serem adotadas medidas que visem, através de uma política de consolidação orçamental, a sustentabilidade do Estado Social, mas que não o põe em causa. Ou seja, há quem queira a manutenção do Estado Social de Direito mas que compreenda que, para o efeito, para que a sua sustentabilidade seja garantida, a consolidação orçamental é necessária e imprescindível, também como condição necessária do crescimento económico e do emprego. Há quem admita reformas estruturais, não no sentido da abolição do Estado Social, mas sim no sentido da sua manutenção e sustentabilidade — à luz desta via, o "princípio da proteção do trabalhador" tende a manter-se enquanto princípio conformador do Direito do trabalho, ainda que seja manifesta a necessidade do mesmo se adaptar às circunstâncias socioeconómicas que o rodeiam.

3. Flexibilidade e desregulamentação do Direito do trabalho: dos anos noventa à crise europeia das dívidas soberanas

3.1. Flexibilidade e desregulamentação do Direito do trabalho

I. O movimento de flexibilização do Direito do trabalho, que teve início no final da década de setenta um pouco por toda a Europa, é há muito reconhecido na doutrina como um movimento de *inflexão* no curso normal deste ramo de direito, colocando-o numa situação de *crise* que perdura até os dias de hoje(689).

As razões que estão na origem desta *inflexão* e do desvio à linha da intensificação e universalização da proteção dos trabalhadores são de vária natureza, mas têm algo em comum: no essencial, resultam de fenómenos *exógenos* e *estranhos* ao Direito do trabalho, ou seja, não resultam de uma evolução interna do mesmo, fruto de novos desenvolvimentos dogmáticos ou de novas descobertas científicas; resultam, isso sim, de uma nova configuração do típico trabalhador subordinado, da adaptação do Direito do trabalho aos novos modelos empresariais de organização do trabalho, bem como, numa fase mais recente, a objetivos e dinâmicas económicas que apostam na competitividade da economia através da flexibilização das relações laborais.

II. A *inflexão* em causa resulta, por um lado, da constatação de que afinal o *trabalhador subordinado* não corresponde a um modelo único e uniforme ou ao paradigma do trabalhador economicamente dependente, que trabalha apenas para um empregador, que depende do seu salário para o seu sustento e o da sua família e que se encontra num desnível económico e social que justifica, consequentemente, um nível de proteção acrescido. A distinção entre trabalhador subordinado dependente e trabalhador independente ou autónomo, que conferiu unidade à regulação jurídica do trabalhador subordinado no período *fordista,* começa a esvanecer-se e, com isso, a abalar um dos alicerces do Direito do trabalho. A evolução e o desenvolvimento do Direito do trabalho teve por base o pressuposto da *relativa uniformidade da categoria de trabalhadores*(690). Ora, a partir do momento em que se constata, a partir do último quartel do século XX, que afinal coexistem na relação de trabalho diversas categorias de trabalhadores, algumas mais débeis *(v. g., jovens, mulheres, trabalhadores estudantes ou "trabalhadores precários", contratados a termo ou em regime de trabalho temporário)* do que outras (*v. g., trabalhadores dirigentes, quadros técnicos* ou *trabalhadores altamente especializados*), e que as tradicionais formas de trabalho dependente e independente se começam a diluir, passando não raro a falar-se em parasubordinação, o referido pressuposto da tendencial uniformidade dos trabalhadores subordinados necessitados de proteção é posto em causa e a correlativa lógica da fixação de regras de proteção uniformes, seja por via jurídica, seja por via de instrumento de regulamentação coletiva de trabalho, é igualmente questionada. Por outras palavras, a partir do momento em que se constata que a questão operária subjacente ao aparecimento do Direito do trabalho, que fez deste um "*direito operário*"(691), se diluiu face ao aparecimento de novos modelos de trabalho, o modelo tradicional da uniformização das condições de trabalho começa a dar lugar a um novo modelo em que o grau de proteção tende a ser diferenciado: nalguns casos — *v. g.,* trabalhadores dirigentes ou quadros técnicos — os trabalhadores não necessitam de tanta proteção conferida pelo Direito do trabalho; noutros casos — *v. g.,* trabalhadoras grávidas, puérperas ou lactantes ou trabalhadores jovens — existem necessidades de proteção específica que fogem à lógica da uniformização das condições de trabalho(692).

---

(689) Cf. GUY DAVIDOV e BRIAN LANGILLE, "Understanding Labour Law: A Timeless Idea, a Timed-Out Idea, or an Idea Whose Time has Now Come", *The Idea of Labour Law,* Edited by Guy Davidov & Brian Langille, Oxford University Press, United Kingdom, 2013, pp. 1-10 (p. 2).

(690) Cf. MARIA DO ROSÁRIO RAMALHO, *Direito do Trabalho, Parte I, Dogmática Geral,* cit., p. 55, e *Tratado de Direito do Trabalho,* Parte I — Dogmática Geral, cit., pp. 62 e ss.

(691) Cf. MARIA DO ROSÁRIO RAMALHO, *Direito do Trabalho, Parte I, Dogmática Geral,* cit., p. 56, e *Tratado de Direito do Trabalho,* Parte I — Dogmática Geral, cit., pp. 62 e ss.

(692) Cf. JÚLIO GOMES, *Direito do Trabalho,* v. I, cit., pp. 104 e ss., para quem a subordinação jurídica tipicamente associada ao Direito do trabalho era, na sua origem, um facto e uma realidade social: a "*questão operária*", hoje ultrapassada, razão pela qual o autor, quando trata do tema da subordinação jurídica, alude à "*crise da subordinação*".

O artigo 2095º do Código Civil italiano é um paradigma desta evolução, ao reconhecer, expressamente, que "*i prestatori di lavoro subordinato si distinguono in dirigenti, quadri impiegati e operai*", circunstância que, nas palavras de Massimo Roccella, é elucidativo que o Direito do trabalho de hoje reconhece a existência de "*molteplici figure di lavoratori subordinati*"(693).

A uniformização é posta em causa, também, perante a proliferação de categorias *atípicas* de trabalhadores subordinados e, por esta via, um dos alicerces do Direito do trabalho é também abalado: a crise da conceção unitária do contrato de trabalho e o surgimento de modelos híbridos entre trabalho dependente e independente põe em crise a conceção clássica do Direito do trabalho.

Por outro lado — mesmo os trabalhadores subordinados *típicos,* no último quartel do século XX e na primeira década do século XXI (até o emergir das políticas de austeridade europeias pós-crise de 2008) viram, em regra, fruto da pujança do Direito do trabalho, melhorar o seu nível de vida e o seu estatuto laboral, que foi consideravelmente melhorado face ao período que marca a origem do Direito do trabalho. Por essa razão, a dependência dos trabalhadores relativamente às estruturas representativas de trabalhadores, *maxime* as estruturas sindicais, tende também ela a diminuir.

A pulverização de categorias *atípicas* e *especiais* de trabalhadores subordinados, por um lado, bem como a correlativa relativização da uniformidade laboral, associada à melhoria das condições laborais da generalidade dos trabalhadores e ao consequente maior afastamento dos trabalhadores em relação às estruturas sindicais, são determinantes para a referida *inflexão* do Direito do trabalho face ao caminho que vinha traçando de aprofundamento e universalização da proteção do trabalhador.

III. A *inflexão* em causa resulta, também, em segundo lugar, do afastamento dos modelos *fordista* e *taylorista* das unidades industriais e empresariais afirmadas e consolidadas, respetivamente, no pós-I e II guerras mundiais(694).

O desenvolvimento e aperfeiçoamento do Direito do trabalho teve por base a unidade empresarial de grande dimensão, estruturada em departamentos, unidades e seções, nas quais a aprovação e implementação de regulamentos internos e planos de carreiras se justificava e onde o exercício da ação das estruturas representativas de trabalhadores se afigurava normal e compreensível. Foi com base nesta *unidade modelo*, própria do setor secundário, estruturada em repartições de competências rígidas, hierarquizadas e estratificadas, que o Direito do trabalho se afirmou e desenvolveu e foi com base na mesma que se modelou o paradigmático *contrato de trabalho* enquanto contrato de trabalho por tempo indeterminado, a tempo completo, em regime de tendencial exclusividade e tendo por base a inserção do trabalhador na unidade produtiva.

Ora, também neste domínio se verificaram profundas alterações, mais uma vez externas ao Direito do trabalho: a partir da década de oitenta, o modelo da grande unidade empresarial deu lugar ao modelo das pequenas e médias empresas — empresas mais pequenas, mas flexíveis, com modelos de gestão menos rígidos e hierarquizados e com uma definição de competências mais maleável e menos formal. O grosso da atividade empresarial, pelo menos na Europa e nos Estados Unidos da América, deslocou-se do setor secundário para o setor terciário, ou seja, para o setor dos serviços, nomeadamente para o setor tecnológico e financeiro; as unidades empresariais tornaram-se mais ágeis e avessas a organizações internas rígidas e flexíveis e o Direito do trabalho, que havia sido pensado e concebido para outro tipo de estrutura, sentiu problemas de adaptação; o modelo típico da empresa laboral cedeu lugar a novas unidades, mais pequenas e mais ágeis, que funcionam de forma mais "desempoeirada" e que veem na flexibilidade da relação de trabalho a única via adequada aos seus novos modelos de gestão.

A pulverização das denominadas *start ups,* em especial no setor tecnológico e tendo como epicentro a "*start-up community of Silicon Valley*", que assenta no trabalho desenvolvido por "*individual entrepreneurs*" com elevado grau de adaptabilidade, agilidade e gosto pelo risco, deu origem, segundo Reid Hoffman, Ben Casnocha e Chris Yeh, a um novo modelo laboral, em que empregador e empregado tendem

(693) Cf. MARIA DO ROSÁRIO RAMALHO, *Tratado de Direito do Trabalho,* Parte I — Dogmática Geral, cit., pp. 63-64.
(694) Cf. MASSIMO ROCCELLA, *Manual di Diritto del Lavoro,* 4ª ed., G. Giappichelli Editore, Torino, 2010, pp. 69 e ss.

a atuar não como partes distintas com interesses opostos, mas sim como aliados — "*as allies, employer and employee try to add value to each other. The employer says: "if you make us more valuable, we´ll make you more valuable. The employees says: "If you help me grow and flourish, I´ll help the company grow and florish"*[(695)].

Com o advento da sociedade da informação e do conhecimento e o desenvolvimento da informática, o trabalho passa a desenvolver-se a distância, potenciando o aparecimento do teletrabalho, do trabalho em rede, da externalização e da subcontratação, dando lugar, nas palavras de Júlio Vieira Gomes, a um "*admirável mundo novo com multidões de colaboradores (...) que perturba a linearidade e a visão do direito do trabalho*"[(696)].

IV. Por outro lado, os avanços da sociedade da informação e a informatização e automatização dos locais de trabalho, nomeadamente, os avanços na robótica industrial e na área dos serviços, tornaram obsoletos postos de trabalho antes assegurados pelo trabalho humano, num fenómeno que se inicia nos Estados Unidos da América e se alastra para o resto do Mundo Ocidental — como sublinha o norte-americano David Rotman, "*Automation and advanced digital technologies are eliminating the need for people in a growing number of jobs. We´ve survived several technological changes before, but this time it might be different*". O autor sustenta que o Mundo Ocidental mais desenvolvido do ponto de vista tecnológico se encontra, deste ponto de vista, numa encruzilhada, "*facing a future of dismal job opportunities, stagnant income and worsening inequality*"[(697)].

No mesmo sentido e citados pelo mesmo autor, Erik Brynjolfsson e Andrew MacAfee, professores do *MIT Sloan School of Management*, sustentam na sua obra *Race Against The Machine*[(698)] que a sociedade tecnológica ocidental vive um paradoxo, centrado no aumento da produtividade e na concomitante redução dos empregos: "*technological progress is eliminating the need for many types of jobs and leaving the typical worker worse off than before (...). It´s the great paradox of our era. Productivity is at a record levels, innovation has never been faster, and yet at the same time, we have (...) fewer jobs*".

É nesse contexto que os apelos à flexibilização do Direito do trabalho em função das necessidades da empresa, nomeadamente quanto à organização do tempo de trabalho e ao regime das categorias profissionais, se começa a fazer sentir e é neste contexto, também, que, em unidades de pequena dimensão, a aproximação entre trabalhadores e sócios ou acionistas da empresa se torna mais evidente — a dicotomia empregador/trabalhador esfuma-se e o papel das estruturas de representação dos trabalhadores torna-se diminuto e redutor.

V. Por outro lado ainda, torna-se evidente a falência do modelo que assentava no (mesmo) trabalho para toda a vida. O paradigma alterou-se.

Como assinalam os citados Reid Hoffman, Ben Casnocha e Chris Yeh, ao longo de quase todo o século XX o emprego no mundo desenvolvido "*was all about stability. Jobs at big corporations were secure: As long as the company did Ok financially and the employee did his or her job, that job wouldn´t go away*". Atualmente, pelo contrário, o paradigma é o de que "*you can´t build an agile company with lifetime employment contracts*". E a perspetiva dos autores em apreço é a de que o fim da estabilidade no emprego se deve, não apenas à necessidade de as empresas serem mais ágeis e flexíveis, mas também à própria mobilidade e à liberdade de ação dos novos e mais qualificados trabalhadores que caracterizam a sociedade contemporânea — "*if you think all your people willl give you lifetime loyalty, think again: sooner or later, most employees will pivot into a new opportunity*". Os mesmos autores falam, por isso, da emergência de uma nova relação empregador — empregado: "*You can´t have an agile company if you give employees lifetime contracts — and the best people don´t want one employer for life anyway*"[(699)].

---

(695) Cf. MARIA DO ROSÁRIO RAMALHO, *Tratado de Direito do Trabalho,* Parte I — Dogmática Geral, cit., pp. 64-66.

(696) Cf. REID HOFFMAN/BEN CASNOCHA/CHRIS YEH, *"Tours of Duty — The New Employer-Employee Compact"*, *Harvard Business Revue, Strategy for Turbulent Time,* Boston, june 2013, pp. 49 e ss. (50).

(697) Cf. JÚLIO GOMES, *Direito do Trabalho*, v. I, cit., pp. 108 e ss.

(698) Cf. DAVID ROTMAN, *"How Technology is Destroying Jobs"*, *MIT Technology Review,* v. 116, n. 4, Massachusetts Institute of Technology, Boston, july/august 2013, pp. 28 e ss. (29).

(699) ERIK BRYNJOLFSSON e ANDREW MACAFEE, *Race Against The Machine: How the Digital Revolution is Accelerating Innovation, Driving Productivity, and Irreversibly Transforming Employment and the Economy,* Digital Frontiers Press, Boston, 2012.

Mais uma vez, o tradicional Direito do trabalho sente dificuldades em se impor e em se adaptar e começa, consequentemente, a ser questionado por tudo e por todos.

VI. Num terceiro e porventura mais importante plano, a Economia passou a dominar a *praxis* política e a vida quotidiana dos cidadãos e o Direito do trabalho viu-se subalternizado perante os propósitos de sustentabilidade económica e financeira dos Estados e das empresas, as políticas de crescimento económico e os propósitos de afirmação da competitividade das economias através da desoneração de encargos do Estado e dos empregadores e da flexibilização e desregulamentação do mercado laboral(700).

O sistema laboral protetivo dos trabalhadores, em parte financiado pelos Estados e em parte pelos empregadores, é posto em causa, invocando-se para o efeito a falência de um modelo que penaliza os recursos financeiros dos países, nomeadamente em sede de financiamento do sistema de segurança social, e limita a capacidade de gestão dos empregadores, em grande parte devido aos encargos que os mesmos têm que satisfazer ao nível do pagamento de férias, subsídio de férias, subsídio de Natal e contribuições para o sistema da segurança social.

Num primeiro momento, o setor empresarial procura, ele próprio, soluções para o seu problema de excessiva oneração de custos, visando a redução de custos operacionais permanentes: recorre a formas atípicas de trabalho subordinado invariavelmente mais precárias para o trabalhador e menos vinculativas — pelo menos quanto ao período de duração — para o empregador, nomeadamente através do recurso ao *trabalho temporário* e ao *contrato de trabalho a termo*; procura a fuga para o contrato em regime de *prestação de serviços,* tendo em vista a execução das mesmas atividades antes prestadas por trabalhadores, mas agora por meros prestadores de serviços que não se integram no quadro das empresas e não se beneficiam, consequentemente, da aplicação do regime laboral tido por excessivamente protetor; e envereda, de forma cada vez mais recorrente, pelo regime de *outsourcing* das suas atividades, contratando entidades terceiras e estranhas à unidade produtiva para desenvolverem, em benefício desta, atividades que tradicionalmente eram executadas por trabalhadores pertencentes ao quadro das empresas mas que, por esta via, se tornam desnecessários.

Tudo visto: os trabalhadores tornam-se desnecessários ou "excedentários" e o desemprego, como consequência direta desta tendência, tende a aumentar.

Num segundo momento e como consequência deste *status quo*, as políticas públicas europeias e nacionais, alicerçadas nos acima referidos *surveys* da OCDE, elegem a alegada excessiva rigidez do mercado de trabalho como a mãe de todos os males e tratam de enveredar pelo desmantelamento do modelo tradicional do Direito do trabalho. Paradoxalmente, o Direito do trabalho, que sempre visou, finalisticamente, a proteção do trabalhador e da parte mais fraca da relação laboral, é acusado de ter ido longe demais e passa a estar na mira das políticas públicas como o responsável pelo desemprego, pelas dificuldades de crescimento económico dos Estados e pela incapacidade que estes mostram em ultrapassar crises recessivas que se tornaram, a partir de 2008, numa situação normal em muitos Estados europeus e nos Estados Unidos da América(701).

Perante este cenário, iniciam-se, no final do século XX, políticas que visam a flexibilização e a desregulamentação do Direito do trabalho, orientadas agora, não para a proteção do trabalhador, mas para a competitividade do tecido empresarial.

O Direito do trabalho, depois de ter vindo a representar um progresso contínuo nas condições de trabalho dos trabalhadores assiste então, como assinala Luís Menezes Leitão, a um retrocesso nesta área, *"que é estimulado pela concorrência entre os países na atração do investimento estrangeiro, que adaptam a sua legislação laboral em ordem a torná-la mais atrativa para os investidores"*(702).

---

(700) Cf. REID HOFFMAN/BEN CASNOCHA/CHRIS YEH, *"Tours of Duty — The New Employer-Employee Compact"*, *Harvard Business Revue,* cit., p. 50.

(701) A propósito da *Deregolamentazione del mercato del lavoro,* veja-se nomeadamente, MASSIMO ROCCELLA, *Manuali di Diritto del Lavoro,* 4ª ed., cit., pp. 15 e ss.

(702) Sobre a recessão que se abateu sobre os Estados Unidos da América a partir de 2007, veja-se MARIA N. IVANOVA, *"The Great Recession and the State of American Capitalism", Science & Society,* v. 77, n. 3, cit., pp. 294 e ss.

VII. A política de flexibilização da relação de trabalho, levada a efeito a partir de finais do século XX, atuou a dois níveis: a nível *interno*, quanto às condições de trabalho e ao exercício do poder de direção, e a nível externo, no que diz respeito ao regime da cessação do contrato de trabalho.

Em termos de flexibilidade *interna*, apostou-se na *polivalência* e *mobilidade funcional*, bem como na *mobilidade geográfica* e na *adaptabilidade* dos horários de trabalho — o poder de direção foi reforçado, o papel das estruturas representativas de trabalhadores foi relativizado e a proteção do trabalhador nestes domínios foi diminuída: o Direito do trabalho procurou adaptar-se aos novos modelos empresariais, mais pequenos e ágeis do que os que resultaram dos modelos *fordista* e *taylorista*; a nível da flexibilidade *externa* e muito na linha dos diversos relatórios da OCDE, que vinham apontando para uma excessiva rigidez da *employment protection legislation,* promoveu-se a facilitação das regras do *despedimento por inadaptação* ou por razões de mercado e a criação de vínculos laborais atípicos, nomeadamente caracterizados pela limitação no tempo do respetivo vínculo — casos do *contrato de trabalho a termo*, do *contrato de trabalho temporário* ou do *trabalho intermitente*.

O número de normas imperativas tende a diminuir. O espaço de liberdade conferido aos sujeitos — coletivos e individuais — para efeitos de conformação da situação laboral tende a aumentar. E o *princípio do tratamento mais favorável ao trabalhador,* enquanto ditame de interpretação ou elemento de aplicação de normas laborais, tende a tornar-se menos atuante[703].

3.2. As crises europeias da dívida soberana e o Direito do trabalho enquanto instrumento de políticas económicas — o Direito do trabalho enquanto "projeto de austeridade laboral"

I. A partir de 2008, a ideia de que o combate à crise económica e financeira dos Estados passava, em grande medida, pela revisão do Direito do trabalho e das legislações laborais nacionais tidas como excessivamente protetoras do trabalhador, passou a vingar de forma nunca antes vista — no fundo, passou a vingar a ideia de que a flexibilização e a desregulamentação das relações laborais e do Direito do trabalho levadas a efeito no final do século XX seriam insuficientes para aumentar a competitividade económica dos países, para gerar emprego e para diminuir o flagelo do desemprego.

A ideia vigente, a partir da crise europeia das dívidas soberanas, é a de que importa ir mais longe: inicia-se uma política de quase desmantelamento do modelo tradicional do Direito do trabalho e da respetiva ordem de valores, agora não em nome da agilização e desoneração de custos dos empregadores, mas sim em nome da competitividade das economias europeias e nacionais e em nome da sustentabilidade económica e financeira dos Estados soberanos, que pressupunham o fim do caráter protetor do Direito do trabalho[704]. As revisões laborais levadas a efeito no final do século XX e no início do século XXI, que já apontavam no sentido da flexibilização e desregulamentação do Direito do trabalho, são tidas como insuficientes.

Neste contexto, o modelo tradicional do Direito do trabalho passa a ceder espaço ao princípio do mercado e este ramo do Direito passa a ser visto como um instrumento ao serviço das políticas económicas: o trabalho passa a ser visto como uma mercadoria e o Direito do trabalho, como uma moeda de troca, destinada a ser utilizada como contrapartida da concessão de apoios financeiros aos Estados.

Deste modo, passa-se para uma nova fase do Direito do trabalho: ao passo que no final do século XX a fuga ao modelo clássico deste ramo do Direito passava, não raras vezes, pela simulação e pela fraude à lei, nomeadamente pelo recurso ao falso trabalho autónomo, pela sucessão de contratos de trabalho a termo ao arrepio da lei ou pelo recurso fraudulento ao trabalho temporário, a partir de 2008, passa a assumir-se expressamente a necessidade de o Direito do trabalho se colocar ao serviço da economia através do enfraquecimento da sua função de proteção do trabalhador.

(703) Cf. LUÍS MENEZES LEITÃO, *Direito do Trabalho,* cit., p. 30.
(704) Cf. MARIA DO ROSÁRIO RAMALHO, *Direito do Trabalho, Parte I,* cit., pp. 67-70.

O Direito do trabalho resultante das reformas laborais levadas a efeito após a crise financeira de 2008 assume expressamente o propósito de contribuir para a competitividade das economias, reconhecendo o seu papel de mero instrumento a serviço de políticas económicas: atua no sentido da *individualização* e *descoletivização* das relações de trabalho, permitindo nomeadamente que ao nível do tempo do trabalho possam ser instituídos regimes mais flexíveis por mero acordo individual entre empregador e trabalhador; facilita-se o despedimento por extinção do posto de trabalho e por inadaptação; diminui-se o número de dias de férias; institucionaliza-se que os empregadores têm que pagar menos pelos despedimentos; reduz-se o valor das compensações pagas pelo empregador ao trabalhador devidas em caso de trabalho suplementar ou em dias de feriados; diminui-se o valor dos subsídios de desemprego; e reduz-se o papel dos sindicatos, admitindo-se nomeadamente que a negociação coletiva possa ser feita por comissões de trabalhadores, ainda que na sequência de uma delegação de poderes levada a efeito por aqueles em favor destas.

É esse, no fundo, o sentido resultante da referida Lei n. 23/2012, de 25 de junho, bem como o sentido geral das reformas laborais levadas a efeito em Espanha[(705)], Itália[(706)], Grécia ou Irlanda: visa-se a redução dos custos laborais e das indemnizações por despedimentos, a facilitação do despedimento coletivo, a flexibilização dos horários de trabalho, a facilitação do trabalho temporário ou de outras formas de *short-time working schemes* e a individualização das relações de trabalho, bem como a diminuição do período de concessão de subsídios de desemprego[(707)].

Numa frase: subalterniza-se de forma assumida o Direito do trabalho perante as políticas económicas e a necessidade de financiar os Estados, adotando-se um "*projeto de austeridade laboral*", agravado pela incidência das últimas crises económicas, que impõem a redução da proteção do trabalhador empregado, tendo em vista a diminuição do desemprego[(708)].

O Direito do trabalho passa a assumir uma *função económico-instrumental*[(709)] e a ter como função a de servir de garantia à obtenção e manutenção de financiamento externo às economias nacionais — destina-se a satisfazer as exigências dos investidores enquanto instrumento de competitividade das economias nacionais. Transforma-se, assim, num produto diferenciador dos Estados, que tende a competir no mercado global: os sistemas jurídico-laborais mais flexíveis são vistos como os mais adequados aos objetivos de rentabilidade financeira dos financiadores e ao investimento estrangeiro — o Direito do trabalho passa a estar sujeito à concorrência internacional que procura incessantemente sistemas jurídicos com direitos *market friendly*.

---

(705) Cf. ANTÓNIO CASIMIRO FERREIRA, *Sociedade da Austeridade e direito do trabalho de exceção*, cit., p. 86.

(706) A propósito da reforma espanhola, levada a efeito pela Lei n. 3/2012 e pelos Reais Decretos-Leis ns. 4/2013 e 5/2013, veja-se, *La Aplicación Prática de la Reforma Laboral, un estudio de Ley 3/2012 y de los Reales Decretos-Leyes ns. 4/2013 y 5/2013*, Ignacio García -Perrote Escartín e Jesús R. Mercader Uguina (*Directores*), Lex Nova, Thomson Reuters, Valladolid, 2013. No essencial, a reforma espanhola assenta no reforço do poder de direcção do empregador; no reforço da *flexibilidade* interna, nomeadamente através da gestão mais flexível do tempo do trabalho; na diminuição das compensações em caso de despedimento coletivo e na facilitação das causas que justificam o recurso a esta modalidade de despedimento, criando-se, designadamente, como motivo justificativo, a diminuição do volume de vendas em três trimestres; na criação do *contrato de trabalho de apoio aos empreendedores*, com o período experimental de 1 ano; na limitação da sobrevigência das convenções colectivas ao prazo de 1 ano após a respetiva denúncia; na possibilidade de afastamento da aplicação de convenções colectivas nas empresas, decidida por acordo entre a empresa e os representantes dos trabalhadores; bem como na redução da intervenção da Administração do trabalho, nomeadamente ao nível da mobilidade geográfica dos trabalhadores.

(707) A propósito da reforma italiana, levada a efeito pela Lei n. 92/2012, veja-se *Le Nuove Norme sul Lavoro, Testo a confronto, coordinato e commentato, della normativa aggiornata ala Riforma Fornero (L. 92/2012)*, Edizioni Giuridiche Simone, Gruppo Editoriale Simone, Napoli, 2012. No essencial, a reforma italiana assentou no alargamento das causas justificativas do contrato de trabalho a termo, nomeadamente a propósito da contratação de jovens; no alargamento do *trabalho intermitente*; na criação do *contrato de trabalho partilhado*, em que dois ou mais trabalhadores podem partilhar o mesmo posto de trabalho; e na criação do *contrato de associação*, através da qual o trabalhador passa a ser detentor de uma participação social da empresa, como contrapartida da renúncia ao regime de proteção laboral.

(708) A propósito das reformas introduzidas nestes países no período compreendido entre 2007 e 2012, bem como noutros Estados da União Europeia, nomeadamente em França, na Alemanha, na Holanda, na Bélgica ou na República Checa, ou nalguns países que integram os habitualmente denominados BRIICS — Brasil, Rússia, Índia, Indonésia, China e África do Sul, veja-se o estudo da OCDE, Economic policy reforms 2012: Going for growth, disponível em: <http://www.oecd.org/>.

(709) Cf. ALFREDO MONTOYA MELGAR, *Derecho del Trabajo*, cit., pp. 33-34.

II. A instrumentalização do Direito do trabalho ao serviço da economia(710) tem sido fomentada por algumas instâncias internacionais, nomeadamente pela OCDE, através do seu programa *EPL — Employment Protection Law*(711)(712), e pelo Banco Mundial, através do seu programa *Doing Business*(713).

E, neste contexto, perante esta espiral de flexibilização e de desregulamentação dos sistemas laborais, o destino do Direito do trabalho enquanto Direito de proteção do trabalhador é questionado.

Estará o Direito do trabalho, na sua função finalística de proteção da parte mais fraca, irremediavelmente condenado ao desaparecimento? Caminharemos de forma irreversível no sentido da total e absoluta instrumentalização do Direito do trabalho a desideratos económicos, a ponto de este se esquecer do sentido ético e finalístico que esteve na sua origem? Ou será que o "princípio da proteção do trabalhador" pode — e deve — manter-se atual e continuar a assegurar a sua função de tutela do contraente mais débil na relação laboral?

Perante as reformas laborais levadas a efeito na sequência da crise financeira que assolou as economias ocidentais após 2008 e face à total subalternização do Direito do trabalho aos referidos propósitos de competitividade das economias nacionais a questão pode, até, colocar-se noutros termos, como ironicamente foi colocada por António Casimiro Ferreira: neste contexto, *"quem protege os trabalhadores deste direito do trabalho?"*(714).

A resposta, salvo melhor opinião, tem de passar pelo próprio "princípio da proteção do trabalhador", enquanto princípio estrutural do Direito do trabalho que faz a ponte com o princípio da igualdade do Direito civil, que manda tratar o igual de forma igual e o desigual de forma desigual, de acordo com a medida da diferença: independentemente do sabor dos acontecimentos e da maior ou menor voragem

---

(710) Cf. ANTÓNIO CASIMIRO FERREIRA, *Sociedade da Austeridade e direito do trabalho de exceção*, cit., p. 104.

(711) Veja-se também, a este propósito, ainda que temporalmente deslocado da crise financeira de 2008, a "Análise Económica do Contrato de Trabalho", de Fernando Araújo, em *Estudos do Instituto de Direito do Trabalho,* v. I, Instituto de Direito do Trabalho da Faculdade de Direito da Universidade de Lisboa, Almedina, Coimbra, 2000, pp. 189 e ss.

(712) A *OCDE,* como acima se expôs, concebeu um índice de rigidez/flexibilização da legislação laboral dos seus Estados-membros, o *EPL — Employmment Protection Law,* que analisa os sistemas juslaborais de cada Estado em função do seu grau de rigidez: sucessiva e reiteradamente, nomeadamente nos relatórios anuais em que analisa o estado da economia dos diversos Estados, esta organização tem vindo a fazer apelos generalizados à necessidade de maior flexibilização da legislação laboral, nomeadamente no sentido da facilitação e embaratecimento dos despedimentos. Nesse sentido, desde 2005 que esta organização elabora um relatório anual, denominado *Going for growth,* que consubstancia, segundo a própria OCDE, *"a new form of structural surveillance"*, que complementa os relatórios anuais dedicados a cada um dos Estados-membros e que tem como objetivo contribuir para o crescimento económico vigoroso e sustentável dos membros desta organização. A análise que é feita, nestes relatórios, às políticas laborais e de emprego de cada um dos Estados-membros, é realizada, por isso, de forma instrumental, enquanto elemento de sustentação ao desiderato mais abrangente de apoio ao crescimento económico dos Estados integrantes desta organização.

(713) No seu relatório geral de 2012, intitulado *Economic policy reforms 2012: Going for growth* (Disponível em: <http://www.oecd.org/>), em que analisa as várias reformas estruturais lançadas nos diversos Estados-membros no período compreendido entre 2007 e 2011, ou seja, desde o início da crise financeira que abalou os Estados Unidos da América e a Europa, a OCDE volta a recomendar a intensificação das políticas de flexibilização do mercado de trabalho como forma de garantir a competitividade das economias nacionais. No essencial, afirma-se a necessidade de serem implementadas profundas reformas laborais, assentes na flexibilização da relação de trabalho, como forma de combate à crise financeira e ao aumento estrutural do desemprego nos países membros da OCDE.

(714) O programa *Doing Business Project — World Bank Group* (Disponível em: <http://www.doingbusiness.org/) aplica um conjunto de indicadores que visam fornecer informações a potenciais investidores estrangeiros, para que estes possam avaliar onde se afigura ser mais rentável aplicar os seus investimento — visa-se facultar uma ideia global do ambiente regulatório de cada Estado e da maior ou menor facilidade em iniciar e conduzir uma operação nesse país. Para o efeito, o Banco Mundial apresenta um *ranking* alicerçado em 10 tópicos — *iniciar um negócio; obtenção de licenças para construção; serviços de eletricidade; registo de propriedade; obtenção de crédito; proteção de investidores; sistema fiscal; práticas comerciais; execução de contratos* e *regime de insolvência.* Acrescidamente, o *Doing Business* apresenta ainda um indicador adicional, intitulado *"Employing workers"*, que qualifica como *special topic* e que se prende com o grau de rigidez do mercado laboral — *Rigidity of employment índex* — contendo uma tabela com um conjunto de indicadores destinados a medir o grau de dificuldade em contratar e os custos de contratação (*difficulty of hiring índex),* o grau de dificuldade em despedir e os respetivos custos (*difficulty of redundancy índex*) e o grau de flexibilidade ou rigidez da gestão do tempo de trabalho (*rigidity of hours*). Nesta linha, quanto mais flexível for a legislação laboral, mais atraente se afigura para o investidor estrangeiro a possibilidade de investir os seus capitais naquele Estado e melhor é o lugar ocupado pelo Estado em causa no índice dos mais atraentes. O Banco Mundial recomenda, pois, que os Estados apostem na flexibilização das suas relações laborais. A título meramente de curiosidade, Portugal encontrava-se, no *ranking* de 2012, situado em 30º lugar, entre 183 países analisados.

"desregulamentadora" e instrumentalizadora do Direito do trabalho, residirá neste princípio e nas suas projeções, julga-se, a chave para a manutenção da finalidade histórica do Direito do trabalho.

É esse o caminho que iremos trilhar: perceber o sentido e o alcance do princípio da proteção do trabalhador e avaliar em que medida e em que termos este pode assumir-se como o garante da preservação do Direito do trabalho enquanto ramo de direito finalisticamente orientado à proteção da parte mais fraca. Para o efeito, analisaremos, antecipadamente, os valores que sustentam o sistema laboral e que integram, em nossa opinião, a "pauta de valores" do "princípio da proteção do trabalhador".

III. Impõe-se, contudo, uma nota prévia: nem todos os órgãos e instâncias internacionais apoiam ou apoiaram a tese de subalternização do Direito do trabalho subscrita pela OCDE ou pelo Banco Mundial, nos termos acima descritos — a Organização Internacional do Trabalho (OIT), pelo contrário, no seu documento *World of Work Report 2012, Better jobs for a better economy*, elaborado pelo *International Institute for Labor Studies*, alerta para a deterioração do desemprego a partir de 2008, nos respetivos Estados-membros e em especial na Europa, e critica as políticas de austeridade — *austerity trap* — levadas a efeito desde então, advogando que tais políticas, na medida em que põem em causa o crescimento económico dos Estados, apenas agravam o cenário de crise de emprego. O cenário traçado pela OIT é crítico: no que diz respeito, em especial, à Europa, a OIT afirma que o desemprego, desde 2010, subiu cerca de 2/3 e que não estamos perante um normal *employment slowdown:* estamos, sim, perante uma situação estrutural e consequentemente de mais difícil erradicação, sendo certo que a situação torna-se particularmente mais grave para os desempregados de longa duração, que dificilmente conseguirão recuperar os postos de trabalho perdidos. Em todo o caso, mesmo aqueles que dispõem de emprego caminharão, inelutavelmente, para formas de emprego mais instáveis ou precárias, baseadas nomeadamente no trabalho em regime de *part-time*, no *trabalho temporário* ou no *trabalho informal*, que afetam de forma mais intensa as mulheres e os jovens, cujo grau de desemprego aumentou cerca de 80% nas economias desenvolvidas no período compreendido entre 2008 e 2012.

Os números são críticos: a OIT afirma que desde 2008 se criou um déficit de 50 milhões de empregos, quando comparados com a situação pré-crise, prevendo-se que nos próximos anos poderemos contar com uma multidão de 80 milhões de desempregados em todo o mundo.

Mas o enfoque é colocado na Europa: a OIT afirma que desde 2010, não obstante os vários *job--friendly statements* produzidos nas reuniões do G20, toda a política europeia se centrou, em exclusivo, no propósito de redução dos déficits orçamentais e das dívidas públicas, bem como na adoção de medidas de desregulamentação do mercado laboral, com a finalidade de obter dos mercados uma reação positiva suscetível de gerar confiança, crescimento e criação de emprego. Todavia, afirma a OIT, essas expectativas não se concretizaram: nos países que adotaram políticas de austeridade e de desregulamentação, em especial nos países do sul da Europa, o crescimento do emprego e da economia não se verificou e, pelo contrário, continuou a degradar-se, sendo certo que tais políticas fracassaram também ao nível da consolidação orçamental. A razão é simples: para a OIT, "*the fundamental reason for these failures is that these policies (...) are unable to stimulate private investment. The austerity trap has sprung. Austerity has, in fact, resulted in weaker economic growth, increased volatility and (...) ironically (...) affected government budgets, thus increasing the demand for further austerity*"[(715)].

Por essa razão, e contra a corrente acima enunciada, a OIT advoga uma via alternativa — *"an alternative approach exists..."* — que assenta, fundamentalmente, em três pilares: no reforço dos poderes das instituições com competência no domínio laboral, defendendo a este propósito a ratificação de todas as convenções da OIT em todos os países do G20; na criação de um ambiente de negócios mais favorável para as pequenas e médias empresas, em especial nos países da zona euro, onde mais se denota a falta de liquidez das instituições bancárias; bem como na promoção de uma política fiscal que privilegie a criação de emprego e, nalguns casos, na implementação de políticas públicas que gerem emprego.

Numa frase: exige-se uma estratégia conjunta orientada para o crescimento e o emprego.

---

(715) Cf. ANTÓNIO CASIMIRO FERREIRA, *Sociedade da Austeridade e direito do trabalho de exceção*, cit., p. 108.

Capítulo II

Os Valores Axiológicos do Sistema Laboral

§ 1º DIGNIDADE, IGUALDADE E LIBERDADE

1. Generalidades

I. A evolução histórica acima analisada e o desenvolvimento do Direito do trabalho permitem que se fale hoje, com segurança, na "autonomia dogmática" deste ramo do Direito, no âmbito da qual o "princípio da proteção do trabalhador" assume um papel central.

E a referida evolução permite, também, que se afirmem determinados valores axiológicos que sempre acompanharam o Direito do trabalho e que podem, com elevado grau de segurança, ser elevados a valores axiológicos deste ramo do Direito, sob a égide do "princípio da proteção do trabalhador".

O Direito do trabalho não é neutro — ele visa, como se viu, a proteção do trabalhador, enquanto contraente mais débil. Está finalisticamente orientado para esse efeito e foi originariamente concebido com esse desiderato, ainda que o mesmo possa e deva atualizar-se face à nova realidade que o circunda. Os valores que o caracterizam e que abaixo se expõem estão, pois, unificados e ligados entre si à luz do "princípio da proteção do trabalhador", que assume, a este nível, uma função de ordenação, de equilíbrio e de orientação do "sistema interno" deste ramo de direito.

II. Não é possível afirmar-se uma tipicidade de valores que marcam o sistema laboral. Nem é possível enveredar-se por uma listagem com pretensões de exaustividade de tais princípios. A evolução histórica acima analisada, os elementos socioculturais que animaram o aparecimento e o desenvolvimento do Direito do trabalho permitem, todavia, que se avance no seguinte sentido: finalisticamente orientado pela finalidade de *proteção do trabalhador*, enquanto concretização, no sistema laboral, do postulado do Direito comum que manda tratar o igual de forma igual e o diferente de forma diferente, de acordo com a medida da diferença, o Direito do trabalho tem afirmado desde sempre o propósito de garantir a dignidade do trabalho e de quem o presta, bem como a defesa dos seus direitos pessoais de cidadania, de entre os quais assumem particular relevância o direito a ser tratado em condições de igualdade no acesso ao emprego e no trabalho, por um lado, e os direitos de personalidade do trabalhador, por outro lado, mais recentemente ameaçados face ao desenvolvimento tecnológico e aos novos instrumentos de fiscalização da atividade laboral postos à disposição do empregador. Tais propósitos, sendo marcantes no Direito do trabalho, integram, como se disse, a pauta de valores deste ramo de direito. Atenta a unidade da ordem jurídica e a necessidade de se atender ao sistema jurídico no seu conjunto, importa, também, a este propósito, ter em consideração o que resulta a este nível da Constituição, que, como se sabe, contém, entre nós, um conjunto de direitos fundamentais especificamente dedicados ao trabalhador.

III. Iremos, pois, seguir este percurso: analisar a projeção dos valores gerais do sistema no subsistema laboral, os quais, unificados em torno do "princípio da proteção do trabalhador", se assumem essencialmente como valores de liberdade e de "proteção dos direitos pessoais do trabalhador", que agrupam normas relativas à *igualdade e não discriminação* no acesso ao emprego e aos *direitos de personalidade do trabalhador*, bem como os *direitos fundamentais* dos trabalhadores previstos na nossa "Constituição Laboral".

Está em causa, como sublinha Menezes Cordeiro, *"um conjunto específico de valores"* próprios do Direito do trabalho, que parte da ideia do trabalhador como uma pessoa que, na plenitude dos seus direitos, atua e exerce a sua atividade de forma livre e protegido por um conjunto de direitos de personalidade atuantes no mundo do trabalho: a liberdade de expressão e de opinião, a reserva da intimidade da vida privada, a integridade física e moral e a confidencialidade de mensagens e de acesso à informação (artigos 15º a 21º do CT). Mais do que isso: o princípio da igualdade e a proibição de discriminação no acesso ao trabalho e emprego (artigos 22º a 32º) integram um dos valores básicos do sistema laboral, que abarca, também, alguns *"valores humanos básicos"*, como sejam a proteção da maternidade e da paternidade (artigos 33º a 51º), dos menores (artigos 53º a 70º) e das pessoas com capacidade de trabalho reduzida (artigos 71º a 78º), que encontram tutela especial no citado Código do Trabalho[(716)].

O Direito do trabalho, como sublinha o mesmo autor, não tem que ser necessariamente um *"mero instrumento de tutela dos pobres e desprotegidos"*, de dimensão paternalista e assistencial — tal visão pode, hoje, ser ultrapassada por uma visão cabal e mais madura: *"um Direito de pessoas, que se organizam dentro das necessidades do mundo produtivo"*[(717)]. O trabalhador de hoje não é o trabalhador que esteve na origem da "Questão Social" — o número de trabalhadores subordinados subiu exponencialmente; as condições de vida e de trabalho melhoraram de forma significativa; o trabalho feminino disparou e a massa atual de trabalhadores converteu-se, nas palavras de Jean Pélissier; Alain Supiot e Antoine Jeammaud, no "*grupo social mais importante*" da atualidade: um grupo social, todavia, que deixou de ser homogéneo e que não se assemelha, em nada, à *classe operária* resultante da revolução industrial[(718)].

Em qualquer caso, o trabalho foi e continua a ser *"uma expressão eminente e indissociável da pessoa"*[(719)], pelo que é em torno do trabalhador, como pessoa, e de um ideal personalista, que o Direito do trabalho se deve desenvolver.

IV. Impõe-se, pois, uma visão do Direito do trabalho que, ainda que seja atualizada, não deixe de atender a esta realidade: o Direito do trabalho visa, em primeira e em última instância, a dignificação do trabalho e acima de tudo de quem o presta, ainda que seja igualmente animado por outros valores que igualmente o compõem, como seja a defesa da própria unidade produtiva e da liberdade de gestão empresarial.

Mas tal visão do Direito do trabalho deve, julga-se, ser orientada em torno do seu único princípio conformador ou, utilizando a terminologia de Mauricio Godinho Delgado, da sua *"proposição fundamental"*[(720)]— o *"princípio da proteção do trabalhador"* que pode, numa nova versão, ser orientado nesse mesmo sentido: não enquanto princípio clássico de proteção de um modelo único de trabalhador subordinado, pobre e desprotegido, mas enquanto princípio agregador de um conjunto básico de valores que garante, através de diversos subprincípios e nas várias fases do contrato de trabalho — formação, execução e cessação — a proteção de um núcleo irredutível de direitos pessoais do trabalhador, a proteção da dignidade do trabalho e de quem o presta e a segurança no emprego, sem descurar que no polo oposto

---

(716) Cf. *International Labour Organization, International Institute for Labour Organizations, World of Work Report 2012, Better jobs for a better economy*, elaborado pelo *International Institute for Labor Studies*, pp. vii a ix, Disponível em: <http://www.ilo.org/global/publications/books/world-of-work/lang—en/index.htm>. Acesso em: 27 de fevereiro de 2013.

(717) Cf. MENEZES CORDEIRO, *Tratado de Direito Civil*, I, 4ª ed., reformulada e atualizada, cit., pp. 314-315.

(718) Cf. MENEZES CORDEIRO, *Tratado de Direito Civil*, I, 4ª ed., reformulada e atualizada, cit., p. 315.

(719) Cf. JEAN PÉLISSIER; ALAIN SUPIOT e ANTOINE JEAMMAUD, *Droit du Travail*, 24ª ed. cit., p. 38.

(720) Cf. MÁRIO PINTO, *Direito do Trabalho*, cit., p. 84. Recorda-se que o autor envereda por uma focagem subjetivista do Direito do trabalho, que privilegia o sujeito do trabalho, ou o sujeito das situações de trabalho, e não o trabalho como situação em si, na sua objetividade. Por essa razão, o autor defende, também, o *princípio personalista* do Direito do trabalho, que parte da personalização do tratamento teórico e prático do trabalho humano. O Direito do trabalho, em suma, é visto como o ramo do direito que atende à pessoa do trabalhador, na sua liberdade e na sua dignidade. Veja-se, a este propósito, na mesma obra, as p. 88 e ss.

existe, naturalmente, quanto ao empregador, uma tendência natural para a limitação do custo da força de trabalho e para a afirmação da sua soberania enquanto decisor no seio da unidade produtiva.

É em torno do "princípio da proteção do trabalhador" que poderemos assumir, no Direito do trabalho da atualidade, a *"admissão de valores sociais (a vida digna do trabalhador, o seu bem-estar e a sua adequada inserção na sociedade)"* e a *"proteção da dignidade do trabalhador"* a que se refere Montoya Melgar[(721)].

Segue-se o excurso proposto.

2. Dignidade, igualdade e liberdade no acesso ao emprego e condições de trabalho

2.1. A igualdade no sistema internacional

I. Como *supra* se analisou a propósito dos valores gerais do sistema, a dignidade das pessoas exige, como condição prévia, o respeito pelo postulado de Justiça que manda tratar o igual de forma igual e o diferente de forma diferente, de acordo com a medida da diferença.

E se tal exigência se coloca na ordem jurídica, em geral, ela coloca-se com particular acuidade no Direito do trabalho, pelas razões que conhecemos e em nome da proteção do trabalhador: o desnível económico-social e, em particular, o binómio poder de direção/dever de subordinação, encerram em si uma desigualdade jurídica entre empregador e trabalhador, que importa reequilibrar.

Nesse sentido, a tendência na sociedade contemporânea, pelo menos no que diz respeito aos países ocidentais[(722)], em especial no espaço da União Europeia e demais países da Europa continental, bem como nos países anglo-saxónicos, aponta no sentido do aprofundamento e consolidação do princípio da igualdade no domínio laboral, em especial, no domínio do acesso ao emprego[(723)], na sequência de um longo percurso iniciado na Declaração Universal dos Direitos do Homem[(724)].

---

(721) Cf. MAURICIO GODINHO DELGADO, *Curso de Direito do Trabalho*, 9ª ed., cit., p. 171, para quem os princípios, em geral, traduzem a noção de *"proposições fundamentais que se formam na consciência das pessoas e grupos sociais, a partir de certa realidade, e que, após formadas, direcionam-se à compreensão, reprodução ou recriação dessa realidade"*. São, no fundo, *"proposições fundamentais que informam a compreensão do fenômeno jurídico. São diretrizes centrais que se inferem de um sistema jurídico e que, após inferidas, a ele se reportam, informando-o"* (p. 173). Recorda-se, todavia, que o autor em causa não eleva o "princípio da proteção do trabalhador" a única *proposição fundamental* deste ramo do Direito. Segundo o autor (pp. 182 e ss.), há diversos princípios justrabalhistas especiais, sendo que os mais importantes são: a) *princípio da proteção; b) princípio da norma mais favorável; c) princípio da imperatividade das normas trabalhistas; d) princípio da indisponibilidade dos direitos trabalhistas; e) princípio da condição mais benéfica; f) princípio da inalterabilidade contratual lesiva; g) princípio da intangibilidade salarial; h) princípio da primazia da realidade sobre a forma; i) princípio da continuidade da relação de emprego.*

(722) Cf. MONTOYA MELGAR, *Derecho del Trabajo*, 30ª ed., cit., pp. 35 e 312.

(723) O tema em apreço não é, todavia, exclusivo dos países ocidentais. Sobre a igualdade das mulheres no acesso ao emprego na República Popular China, veja-se, a título meramente exemplificativo, o interessante artigo de JIPING ZUO, *"Women's Liberation and Gender Obligation Equality in Urban China: Work/Family Experiences of Married Individual in the 1950s", Science & Society*, v. 77, n. 1, january 2013, pp. 98 e ss.

(724) Quanto à bibliografia sobre a matéria, veja-se, entre outras referências igualmente significativas, PIERRE GARRONE, *"La discrimination indirecte en droit communautaire: vers une théorie générale"*, Revue trimestrielle de droit européen, n. 3, Sirey, Paris, 1994, pp. 425 e ss.; JAMES GORDLEY, *"Enforcing Promises"*, California Law Review, v. 83 (1995), Berkeley, 1995, pp. 1587 e ss.; SANTORO-PASSARELLI, *Nozioni di Diritto del Lavoro*, Giuffrè Editore, Napoli, 1995, pp. 20 e ss.; JANET DINE/BOB WATT (ed.), *Discrimination Law: Concepts, Limitations and Justifications*, Longman, London, 1996; GIUSEPPE PERA, *Compendio di Diritto del Lavoro*, Giuffrè Editore, Milano, 1997, e pp. 147 e ss. e *Compendio di Diritto del Lavoro*, 5ª ed., Giuffrè Editore, Milano, 2000; FRANÇOIS RIGAUX, *"Le droit d'avoir des droits, la dynamique du principe égalitaire", Hannah Arendt et le monde d'aujord'hui*, L'Harmattan, Genève, 1997; NORA REFAEIL/KARINE SIEGWART, *"Das Konzept der mittelbaren Diskriminierung im europäischen und schweizerischen Recht"*, Cahiers suisse de l'intégration européene, 9/1997, Berne, 1997, pp. 25 e ss.; CORINA MÜLLER, *"L'Égalité de Traitment entre Femmes et Hommes dans les Rapports de Travail"*, L'Européanisation du Droit Privé, Universités de Berne, Fribourg, Genève, Lausanne et Neuchâtel, 1997, pp. 97 e ss.; SAMANTHA BESSON, *"L'Égalité de traitement entre particuliers en droit communautaire"*, L'Européanisation du Droit Privé, Universités de Berne, Fribourg, Genève, Lausanne et Neuchâtel, 1997, pp. 51 e ss.; CHARLES D., *"Les personnes infectées par le VIH, les maladies du SIDA et leurs droits de vivre dans l'entreprise"*, Leora Auslander (dir.), *Différence des sexes et protection sociale, XIX-XX siècles, les droits protectrices*, Presses Universitaires de Vincennes, St. Dennis, 1995, pp. 223 e ss.; FRANÇOISE DEKEUWEUR-DÉFOSSEZ, *"L'égalité des sexes"*, Dalloz,

A aplicação do princípio da igualdade no Direito do trabalho, enquanto corolário do "princípio da proteção do trabalhador", permite, em primeira linha, como afirmam Simon Deakin e Gillian Morris, que se garanta a proteção da dignidade do trabalhador — "*the principal conception is that of equal treatment as part of the individual worker´s right to respect for their personal dignity: each person has the right to be treated on the basis of their individual characteristics, merits and achievements, and not on the basis of stereotypical assumptions about them which are based solely on their sex or race*"(725).

Ou, por outras palavras, a ideia segundo a qual ninguém deve ser discriminado por fatores estranhos ao exercício da atividade laboral surge, hoje, relativamente consolidada. Como afirma Frej Klem Thomsen, "*the idea is that it is particularly bad to de disadvantaged because of a characteristic one cannot help having*"(726).

Pode-se afirmar, pois, como Luís Menezes Leitão, que o princípio da igualdade, na atualidade, é indiscutivelmente "*um dos princípios fundamentais do Direito do Trabalho*"(727) ou, como afirmam Simon Deakin e Gillian Morris, "*the legal principle of equal treatment in employment (...) is now firmly established*"(728), tanto na Europa, como noutros ordenamentos dos países ocidentais, nomeadamente nos Estados Unidos da América, onde, como afirma Laughlin McDonald, "*discrimination in employment (...)*

Paris, 1998; MARIE-THÉRÈSE LANQUETIN, "*Discriminations à raison du sexe*", Droit Social, n. 7/8, Précis — Dalloz, Paris, 1998, pp. 688 e ss.; BERNARDETTE DESJARDINS, JEAN PÉLISSIER, AGNÈS ROSET, LYSIANE THOLY, *Le Code du Travail Annoté*, Revue Fiduciaire, Paris, 1998, pp. 245 e ss. e pp. 906 e ss.; ALAIN SUPIOT, "*Transformations du travail et devenir du droit du travail: une prospective européene*", Revue Internationale du Travail, Bureau International du Travail, v. 138 (1999), n. 1, Genéve, 1999, pp. 33 e ss.; HENRY BRUTON e DAVID FAIRRIS, "*Travail et développement*", Revue International do Travail, Bureau International du Travail, v. 138 (1999), n. 1, Genéve, 1999, pp. 5 e ss.; JANNEKE PLATENGA e JOHAN HANSEN, "*Analyse comparative de l´égalité des chances dans l´Union européenne*", Revue Internationale du Travail, Bureau International du Travail, v. 138 (1999), n. 4, Número Spécial: Femmes, Genre et Travail (deuxième partie), Genève, 1999; GÉRARD LYON-CAEN, JEAN PÉLISSIER; ALAIN SUPIOT, *Droit du Travail*, Dalloz-Sirey, Paris, 2000; LUISA GALANTINO, *Diritto del Lavoro*, G. Giappichelli Editore, Torino, 2001, pp. 175 e ss. ("*La paritá di tratamento nel rapporto di lavoro*"); GUILHERME DRAY, *O Princípio da Igualdade no Direito do Trabalho*, cit., "O Sentido Jurídico do Princípio da Igualdade: Perspectiva Luso-Brasileira", *Revista Brasileira de Direito Constitucional*, cit., pp. 113-137; REY MARTINEZ, "*El derecho fundamental a no ser discriminado por razón de sexo*", *La discriminación por razón de sexo tras 25 años de la Constituición española*, Consejo General del Poder Judicial, Madrid, 2004, pp. 25 e ss.; JUDITH ASTELARRA, *Veinte años de política de igualdad*, Universitat de Valencia, Serie Feminismos, Madrid, 2005; JEAN PÉLISSIER; ALAIN SUPIOT, ANTOINE JEAMMAUD, *Droit du Travail*, Dalloz, Paris, 2006; SCHAUB, *Arbeitsrechts-Handbuch*, 12ª ed., cit., pp. 1643 e ss.; GUILHERME DRAY, "Igualdade e Não Discriminação", Separata de *Código do Trabalho, a Revisão de 2009*, Coimbra Editora, Coimbra, 2009, pp. 123-138; LUCIANA CAPLAN, "O Direito Humano à Igualdade, o Direito do Trabalho e o Princípio da Igualdade", *Direitos Humanos e Direito do* Trabalho, FLÁVIA PIOVESAN/LUCIANNA PAULA VAZ DE CARVALHO (coord.), Editora Atlas, São Paulo, 2010, pp. 115 e ss.; LUIZ MARCELO DE GÓIS, "Discriminação nas Relações de Trabalho", *Direitos Humanos e Direito do* Trabalho, FLÁVIA PIOVESAN/LUCIANNA PAULA VAZ DE CARVALHO (coord.), cit., pp. 131 e ss.; STEFAN GOSEPATH, "Equality", *The Stanford Encyclopedia of Philosophy* (Spring 2011 Edition), Edward N. Zalta (ed.), disponível em: <http://plato.stanford.edu/archives/spr2011/entries/equality/>; CHRISTIANE BRUNNER, JEAN-MICHEL BÜHLER, JEAN-BERNARD WAEBER, "*Commentaire du contrat de travail*", 3ª ed., Réalités Sociales, Lausanne, 2011; ANDREW ALTMAN, "Discrimination", *The Stanford Encyclopedia of Philosophy* (Spring 2011 Edition), Edward N. Zalta (ed.), disponível em: http://plato.stanford.edu/archives/spr2011/entries/discrimination/ (acesso em 24 de setembro de 2013); RICHARD ARNESON, "Egalitarianism", *The Stanford Encyclopedia of Philosophy* (Summer 2013 Edition), Edward N. Zalta (ed.), disponível em: <http://plato.stanford.edu/archives/sum2013/entries/egalitarianism/> (acesso em: 27 de setembro de 2013); MARIA DO ROSÁRIO RAMALHO, *Tratado de Direito do Trabalho, Parte II — Situações Laborais Individuais*, cit., pp. 148 e ss. e 581 e ss.; e TERESA COELHO MOREIRA, *Igualdade e Não Discriminação, Estudos de Direito do Trabalho*, Almedina, Coimbra, 2013.

Quanto à jurisprudência comunitária, do Tribunal Judicial da União Europeia, veja-se "*Igualdade de Oportunidades entre mulheres e homens: trabalho, emprego e formação profissional Jurisprudência do Tribunal de Justiça das Comunidades Europeias*", Colecção Jurisprudência e Pareceres, Ministério do Trabalho e da Solidariedade, Lisboa, 1998; GREGOR THÜSING, "*Following the U.S. Example: european Employment Discrimination Law and the Impact of Council Directives 2000/43/EC and 2000/78/EC*", *The International Journal of Comparative Labour Law and Industrial Relations*, v. 19, n. 2, Summer 2003; *Manuel de droit européen en matière de non-discrimination, European Court of Human Rights*, Agence des droits fondamentaux de l´Union européene, Conseil de l´Europe, 2010; FRANCIS MEYER, "*La discrimination en fonction de l´âge en droit communautaire: aperçu de la jurisprudence recente de la Cour de Justice de l´Union européenne*", *Droit Ouvrier*, n. 755, 2011, pp. 350 e ss.

(725) Para uma análse sumária e sintética sobre a evolução do direito à igualdade e não discriminação na ordem internacional, veja-se MONTOYA MELGAR, *Derecho del Trabajo*, cit., pp. 312-314.

(726) Cf. SIMON DEAKIN/GILLIAN MORRIS, *Labour Law*, 3ª ed., cit., 2001, pp. 140-141.

(727) Cf. FREJ KLEM THOMSEN, "*But some Groups Are More Equal Than Others: a critical revew of the Group-Criterion in the concept of discrimination*", *Social Theory and Practice*, Volume 39, n. 1, Department of Philosophy The Florida State University, January 2013, pp. 120 e ss. (131). A propósito da categorização dos direitos fundamentais.

(728) Cf. LUÍS MENEZES LEITÃO, *Direito do Trabalho*, cit., p. 153.

is prohibited by various modern civil rights law"[729]. Na Alemanha, por sua vez, como assinalam Löwisch, Caspers e Klumpp, a *Diskriminierungsschutz* (a proteção contra atos de discriminação) assenta, essencialmente, em regras de proibição de tratamentos desvantajosos e discriminatórios (*Benachteiligungsverbot*) [730], de forma a proteger as pessoas. Os valores que estão na base da proteção das pessoas contra os atos de discriminação, ainda que resultem, em última instância, do Direito civil, apresentam contudo, como assinala Hermann Reichold, especificidades próprias no Direito do trabalho[731].

Mais do que isso: mesmo numa perspetiva económica, a tendência, cada vez mais, é a de se afirmar que a proscrição da discriminação e a inclusão de certos grupos tendencialmente desfavorecidos no mercado de trabalho, como sejam as mulheres, é positiva para a produtividade dos Estados. Utilizando dados do Banco Mundial, o Relatório "*Empowering The Third Billion: Women and The World of Work in 2012*", conclui que "*if women in the United States, Japan and Egypt were employed at the same rate as men, the GDP of those countries would be higher by 5%, 9% and 34% respectively*"[732].

A lógica predominante, hoje, é uma lógica de *inclusão* e não de *discriminação*.

II. Como já tivemos oportunidade de afirmar no nosso *O Princípio da Igualdade no Direito do trabalho*[733], o processo de reconhecimento e projeção internacional dos direitos fundamentais resultou, no essencial, da ação da Organização das Nações Unidas, após a II Guerra Mundial[734].

No âmbito dos trabalhos desenvolvidos pelas Nações Unidas, o princípio da igualdade e da não discriminação foi consagrado, quer em textos de caráter mais abrangente, nomeadamente na Declaração Universal dos Direitos do Homem (DUDH), de 10 de dezembro 1948[735], no Pacto Internacional de Direitos Económicos, Sociais e Culturais (PIDESC), de 16 de dezembro de 1966[736] e no Pacto Internacional de Direitos Civis e Políticos (PIDCP), também de 16 de dezembro de 1966[737], quer nalguns textos mais especializados, como a Convenção sobre a Eliminação de Todas as Formas de Discriminação Racial (CEDR), aprovada em 21 de dezembro de 1965[738], ou a Convenção sobre a Eliminação de Todas as Formas de Discriminação contra as Mulheres (CEDM)[739], aprovada em 17 de dezembro de 1979.

---

(729) Cf. SIMON DEAKIN/GILLIAN MORRIS, *Labour Law*, 3ª ed., cit., p. 545.

(730) Cf. LAUGHLIN MCDONALD/JOHN A. POWELL, *The Rights of Racial Minorities*, Second Edition, Southern Illinois University Press, Ilinois, 1993, p. 61. Veja-se, ainda, a propósito da evolução histórica em torno do conceito de *"Discrimination"* nos Estados Unidos da América, o *"Federal Civil Rights Enforcement Effort — 1977, To Eliminate Discrimination: a Sequel", Report of The United States Commission on Civil Rights, December 1977*, obra disponível no *Williston Memorial Library*, Mount Holyoke College.

(731) Cf. LÖWISCH, CASPERS E KLUMPP, *Arbeitsrecht*, 9ª ed., Vahlen, München, 2012, p. 12.

(732) Cf. HERMANN REICHOLD, *Arbeitsrecht*, 2ª ed., cit., p. 7.

(733) *"Empowering The Third Billion: Women and The World of Work in 2012", Booz & Company*, citado na *Harvard Business Review*, april 2013, p. 30.

(734) Cf. GUILHERME DRAY, *O Princípio da Igualdade no Direito do trabalho*, cit., pp. 236 e ss.

(735) A propósito da internacionalização do Direito do trabalho e das normas internacionais e comunitárias que incidem sobre o mesmo, veja-se MONTOYA MELGAR, *Derecho del Trabajo*, cit. pp. 193 e ss.

(736) O artigo 1º da DUDH dispõe que *"todos os seres humanos nascem livres e iguais em dignidade e em direito"*, ao passo que o artigo 2º determina que *"todos os seres humanos podem invocar os direitos e as liberdades proclamados na presente Declaração, sem distinção alguma, nomeadamente de raça, de cor, de sexo, de língua, de religião, de opinião política ou outra, de origem nacional ou social, da fortuna, de nascimento ou de qualquer outra situação"*. A invocação ao princípio da igualdade perante a lei e a proibição de discriminações surge, depois, expressamente enunciada no artigo 7º da Declaração.

(737) O artigo 2º, n. 2, do PIDESC, determina que *"os Estados-partes no presente Pacto comprometem-se a garantir que os direitos nele enunciados serão exercidos sem discriminação alguma baseada em motivos de raça, cor, sexo, língua, religião, opinião política ou qualquer outra opinião, origem social, fortuna, nascimento, qualquer outra situação"*, ao passo que o artigo 6º reconhece o direito *"que têm todas as pessoas de assegurar a possibilidade de ganhar a sua vida por meio de um trabalho livremente escolhido ou aceite"*.

(738) O artigo 2º do PIDCP determina que os Estados-Partes que subscrevem aquele Pacto se comprometem a *"respeitar e garantir a todos os indivíduos que se encontrem nos seus territórios e estejam sujeitos à sua jurisdição os direitos reconhecidos (...) sem qualquer distinção, derivada, nomeadamente, de raça, de cor, de sexo, de língua, de religião, de opinião política, ou de qualquer outra opinião, de origem nacional ou social, de propriedade ou de nascimento, ou de qualquer outra situação"*. Por outro lado, o artigo 26º garante a proteção de todas as pessoas contra toda a espécie de discriminação, nomeadamente *"por motivos de raça, de cor, de sexo, de língua, de religião, de opinião política ou de qualquer outra opinião, de origem nacional ou social, de propriedade, de nascimento ou qualquer outra situação"*.

(739) O artigo 2º da CEDR qualifica a "discriminação" como *"qualquer distinção, exclusão, restrição ou preferência fundada na raça, cor, ascendência, origem nacional ou étnica, que tenha como objectivo ou como efeito destruir ou comprometer o reconhecimento, gozo ou o exercício, em condições de igualdade, dos direitos do homem e das liberdades fundamentais nos domínios político, económico, social e cultural ou em qualquer outro domínio da vida pública"*. O artigo 5º, por sua vez, determina que os Estados-partes se obrigam *a "proibir e a eliminar a discriminação racial, sob todas as formas, e a garantir o direito de cada um à igualdade perante a lei sem distinção de raça, de cor ou de origem nacional ou étnica"*, nomeadamente no exercício do *"direito ao trabalho"* e à *"livre escolha do trabalho"* (alínea *e*).

III. Paralelamente, o tema foi aprofundado ao nível da agência especializada das Nações Unidas[740] para temas de trabalho e emprego, ou seja, na Organização Internacional do Trabalho (OIT)[741], cuja atuação, que visa no essencial a obtenção de condições de trabalho dignas e justas, caracteriza-se por uma estruturação tripartida[742] e centra-se, do ponto de vista legislativo, na elaboração de *convenções* e *recomendações*[743].

O princípio da igualdade tem suscitado a intervenção da OIT.

No domínio específico do acesso ao emprego, destaca-se a Convenção n. 111, de 1958, referente à Discriminação no Emprego e Profissão[744]. Mais tarde, em 1981, a OIT aprovou a Convenção n. 156, desta feita, a propósito da Igualdade de Oportunidades e Tratamento para os Trabalhadores de Ambos os Sexos[745].

IV. A matéria da igualdade, nomeadamente no acesso e condições do trabalho, surge também, quer ao nível do Conselho da Europa, quer da União Europeia.

No Conselho da Europa, criado em 10 de maio de 1949, em Estrasburgo, com o objetivo de promover "*a proteção e o desenvolvimento dos direitos do homem e das liberdades fundamentais*[746], o tema é abordado, quer na Convenção Europeia dos Direitos do Homem, de 4 de novembro de 1950[747], quer na Carta Social Europeia, de 18 de outubro de 1961[748][749].

V. Ao nível da União Europeia[750], o princípio da igualdade é afirmado de forma fragmentária, em função de determinados fatores distintivos.

---

(740) O artigo 1º da CEDM define a *discriminação* (sexual) como *"qualquer distinção, exclusão ou restrição baseada no sexo que tenha como efeito ou como objectivo comprometer ou destruir o reconhecimento, o gozo ou o exercício, pelas mulheres, seja qual for o seu estado civil, com base na igualdade dos homens e das mulheres, dos direitos dos homens e das mulheres e das liberdades fundamentais nos domínios político, económico, social, cultural e civil ou em qualquer outro domínio"*. Recorda-se que nesta Convenção se invocou, a título inovador, a possibilidade de implementação de medidas temporárias de ação positiva destinadas a *"acelerar a instauração de uma igualdade de facto entre os homens e as mulheres"* (artigo 4º), indicando-se expressamente que tais medidas não são consideradas *"como um ato de discriminação"*. Veja-se, a este propósito, a Lei n. 23/80, de 26 de julho, que ratificou a referida Convenção.

(741) Recorda-se que a OIT foi constituída no âmbito Tratado de Versalhes, em que as potências aliadas, bem como a Alemenha, a Áustria-Hungria e a Bulgária, *"movidas por sentimentos de justiça e de humanidade, assim como pelo desejo de assegurar uma paz mundial e duradoura"*, acordaram na criação desta agência especializada, de onde resultou a correlativa internacionalização do Direito do trabalho. Veja-se, a este propósito, MONTOYA MELGAR, *Derecho del Trabajo,* cit., pp. 195 e ss.

(742) Sobre a OIT, nomeadamente a sua natureza, estrutura, ações e atuação legislativa, veja-se MONTOYA MELGAR, *Derecho del Trabajo,* cit., pp. 197-202. O tema será desenvolvido mais adiante, a propósito das *fontes do Direito do trabalho* — Parte III, Capítulo II, § 1º, ponto 3.

(743) Recorda-se que a OIT é duplamente *tripartida.* Por um lado, é composta por três órgãos distintos — a *Conferência Geral de Membros,* com poderes legislativos; o *Conselho de Administração,* a quem compete reunir, estudar e elaborar todas as questões com significado para a regulamentação internacional das condições de vida e de laboração dos trabalhadores; e o *Gabinete Internacional do Trabalho,* que dispõe de um Diretor-Geral e a quem compete secretariar a organização, preparando e executando decisões. Por outro lado, têm assento na OIT representantes dos Governos, dos empregadores e dos trabalhadores, que atuam em termos autónomos.

(744) No essencial, as *convenções* são acordos internacionais aprovados pela Conferência Geral da OIT que vinculam os Estados-membros e que atuam diretamente como fontes; as *recomendações,* pelo contrário, apesar de também serem aprovadas pela Conferência Geral, apenas incitam os Estados-membros a adotar medidas destinadas a atingir certos resultados.

(745) O artigo 1º, n. 1, da Convenção n. 111, define a *discriminação* como *"Toda a distinção, exclusão ou preferência fundada na raça, cor, sexo, religião, opinião política, ascendência nacional ou origem social, que tenha por efeito destruir ou alterar a igualdade de oportunidades ou de tratamento em matéria de emprego ou profissão"* . O artigo 1º, n. 2, todavia, descaracteriza o conceito de *"discriminação"*, indicando que *"as distinções, exclusões ou preferências fundadas em qualificações exigidas para determinado emprego não são consideradas como discriminação"*. Para maiores desenvolvimentos, veja-se GUILHERME DRAY, *O Princípio da Igualdade no Direito do trabalho,* cit., pp. 240 e ss.

(746) Recorda-se que a Convenção n. 156, a propósito do conceito de *discriminação,* faz uma remissão para os artigos 1º e 5º da Convenção n. 111, nada trazendo de novo a este propósito. Para maiores desenvolvimentos, veja-se GUILHERME DRAY, *O Princípio da Igualdade no Direito do trabalho,* cit., p. 242.

(747) Sobre o Conselho da Europa, nomeadamente a sua História, atribuições e modo de atuação, veja-se BIRTE WASSENBERG e MARIE-THÉRÈSE BITSCH, *History of the Council of Europe,* Council of Europe, Strasbourg, 2013.

(748) O artigo 14º da Convenção Europeia dos Direitos do Homem determina que os direitos e liberdades ali reconhecidos (*direito à vida, à liberdade e segurança, ao respeito pela vida privada, à liberdade de pensamento, à liberdade de expressão, à liberdade de reunião,* etc.) devem ser gozados por todos, *"sem quaisquer distinções, tais como as fundadas no sexo, raça, cor, língua, religião, opiniões políticas ou outras, a origem nacional ou social, a pertença a uma minoria nacional, a riqueza, o nascimento ou qualquer outra situação"*.

(749) O Preâmbulo da Carta Social Europeia determina que *"o gozo dos direitos sociais deve ser assegurado sem discriminação fundada na raça, cor, sexo, religião, opinião política, ascendência nacional ou origem social"*.

(750) Veja-se, a propósito da Carta Social Europeia, GIULIANO MAZZONI, *Manuale di Diritto del Lavoro,* 6ª ed., cit., pp. 74 e ss.

Nas fontes de direito primário, designadamente no Tratado de Roma, o princípio da igualdade e da não discriminação não aparece sob a forma de princípio geral, mas sim a propósito de dois fatores categoriais específicos — a *igualdade em função da nacionalidade* e a *igualdade em razão do sexo*"[751] — sendo certo que, em ambos os casos, a jurisprudência comunitária reconheceu o efeito direto aos preceitos em apreço (artigos 7º e 119º, atual artigo 141º) e admitiu a sua vinculação a particulares e empresas[752].

Mais recentemente, a *Carta dos Direitos Fundamentais da União Europeia*, de 7 de dezembro de 2000, com as adaptações que lhe foram introduzidas em 12 de dezembro de 2007, em Estrasburgo, para além de afirmar que "*a dignidade do ser humano é inviolável*" (artigo 1º), garante a igualdade e não discriminação, afirmando (artigo 21º) que "*É proibida a discriminação em razão, designadamente, do sexo, raça, cor ou origem étnica ou social, características genéticas, língua, religião ou convicções, opiniões políticas ou outras, pertença a uma minoria nacional, riqueza, nascimento, deficiência, idade ou orientação sexual*".

Por sua vez, o Tratado de Lisboa (1º de dezembro de 2009), que conferiu nova redação ao Tratado da União Europeia (TUE) e ao Tratado sobre o Funcionamento da União Europeia (TFUE), confirma desde logo, no Preâmbulo, "(...) *o seu apego aos direitos sociais fundamentais, tal como definidos na Carta Social Europeia, assinada em Turim em 18 de Outubro de 1961, e na Carta Comunitária dos Direitos Sociais Fundamentais dos Trabalhadores, de 1989*".

A propósito, em concreto, da igualdade, o artigo 2º do TUE, com a redação que lhe foi dada pelo artigo 1º-A do Tratado de Lisboa, determina que "*A União funda-se nos valores do respeito pela dignidade humana, da liberdade, da democracia, da igualdade, do Estado de Direito e do respeito pelos direitos do Homem, incluindo os direitos das pessoas pertencentes a minorias. Estes valores são comuns aos Estados-membros, numa sociedade caracterizada pelo pluralismo, a não discriminação, a tolerância, a justiça, a solidariedade e a igualdade entre homens e mulheres*". Por outro lado, o artigo 6º reconheceu os direitos, as liberdades e os princípios enunciados na Carta dos Direitos Fundamentais da União Europeia, conferindo-lhe o mesmo valor jurídico que os Tratados.

O princípio da igualdade, nomeadamente no campo específico do Direito do trabalho figura, pois, como um *acquis communautaire*[753].

VI. As fontes da União Europeia de direito derivado são mais claras e desenvolvidas quanto a esta matéria, revelando uma tendência expansionista quanto ao tratamento do princípio da igualdade e à proibição de discriminações[754]: inicialmente centradas no princípio da igualdade e não discriminação em razão da *nacionalidade*[755], elas abarcam, num segundo momento, a igualdade e não discriminação

(751) A propósito da influência do Direito da União Europeia na sedimentação do princípio da igualdade e não discriminação no trabalho, veja-se SIMON DEAKIN/GILLIAN MORRIS, *Labour Law*, 3ª ed., cit., pp. 543 e ss. Estes mesmos autores sublinham, também, a influência do "*US civil rights legislation*", desde o *US Civil Rights act 1964*, até a atualidade (pp. 541 e ss.)

(752) Neste contexto, ao passo que no artigo 7º do Tratado de Roma se proíbia "*qualquer discriminação em função da nacionalidade*", e no artigo 48º se afirmava que a livre circulação dos trabalhadores "*implica a abolição de toda e qualquer discriminação em razão da nacionalidade, entre os trabalhadores dos Estados-membros, no que diz respeito ao emprego, à remuneração e demais condições de trabalho*", já no artigo 119º, por sua vez, afirmava-se o princípio da igualdade em função do sexo, consagrando-se o "*princípio da igualdade de remunerações entre trabalhadores masculinos e trabalhadores femininos, por trabalho igual.* Com a entrada em vigor do Tratado de Amsterdão, em 1º de maio de 1999, a matéria passou a constar do artigo 141º, CE, o qual dispõe, no seu número 1, que "*Os Estados-Membros assegurarão a aplicação do princípio da igualdade de remuneração entre trabalhadores masculinos e femininos, por trabalho igual ou de valor igual*".

(753) Recorda-se que, em ambos os casos, a jurisprudência comunitária reconheceu o efeito direto aos preceitos em apreço (artigos 7º e 119º, atual artigo 141º) e admitiu a sua vinculação a particulares e empresas. O referido efeito direito foi reconhecido, quanto ao *princípio da igualdade em razão da nacionalidade*, nos acórdãos *Kenny*, de 28 de junho de 1978 e *Walrave*, de 28 de junho de 1978; já no caso do *princípio da igualdade de remuneração entre trabalhadores, independentemente do sexo*, o efeito direto foi reconhecido no Acórdão *Defrenne*, de 8 de abril de 1976.

(754) Veja-se, a este propósito, SIMON DEAKIN/GILLIAN MORRIS, *Labour Law*, 3ª ed., cit., pp. 543 e ss.

(755) Cf. JESUS CRUZ VILLALON, MANUEL RAMÓN ALARCON CARACUEL, *La igualdad de trato en el Derecho Comunitario Laboral*, Aranzadi Editorial, Madrid, 1997, pp. 33 e ss.

em função do *sexo*[756][757][758] e, mais tarde, a não discriminação *em geral* no trabalho e emprego[759][760]. Avança-se, pois, progressivamente, para uma "*política mais abrangente de promoção da igualdade de tratamento e da dignidade humana*"[761].

---

(756) O *princípio da igualdade e não discriminação em razão da nacionalidade*, que apareceu inicialmente como mero elemento instrumental em relação à livre circulação de trabalhadores, encarada de um ponto de vista económico, surge como instrumento de protecção de determinados grupos sociais minoritários que se encontram a residir fora do seu Estado de origem com o Regulamento n. 1.612, de 19 de outubro de 1968, referente à livre circulação de trabalhadores — o Regulamento em apreço determina, no seu artigo 7º, que *"no território dos Estados-membros e em razão da nacionalidade, o trabalhador nacional de um Estado-membro não poderá ser tratado de forma diferente dos trabalhadores nacionais"*. Poucos anos volvidos, o Regulamento n. 1.408, de 5 de julho de 1971, referente ao regime base da segurança social dos trabalhadores e famílias, prescreve, no artigo 3º, n. 1, que *"As pessoas às quais se aplicam as disposições do presente regulamento estão sujeitas às obrigações e beneficiam da legislação de qualquer Estado-membro, nas mesmas condições que os nacionais deste Estado, sem prejuízo das disposições especiais constantes do presente regulamento"*. Mais tarde, é aprovada a Diretiva n. 2004/38/CE, de 29 de abril, que regula o direito de livre circulação e residência dos cidadão da União, agrupando as diversas medidas que se encontravam dispersas nos aludidos regulamentos e noutras diretivas da União. No essencial, a nova Diretiva destina-se, nomeadamente, a favorecer o exercício do direito à livre circulação e de residência, a reduzir ao estritamente necessário as formalidades administrativas, bem como a definir melhor o estatuto dos membros das famílias, a circunscrever a possibilidade de se recusar ou pôr termo à residência e a introduzir um novo direito de residência permanente.

(757) Neste domínio, a matéria surge, fundamentalmente, em duas diretivas: na Diretiva do Conselho n. 75/117/CEE, de 10 de fevereiro de 1975, *relativa à aproximação das legislações dos Estados-Membros no que se refere à aplicação do princípio da igualdade de remuneração entre os trabalhadores masculinos e femininos*, subsequentemente revogada pela Diretiva n. 2006/54/CE do Parlamento Europeu e do Conselho, de 5 de julho de 2006, e na Diretiva n. 76/207/CEE, de 14 de outubro de 1976, modificada e refundida pela Diretiva n. 2002/73, de 23 de setembro de 2002, e posteriormente substituída pela referida Diretiva n. 2006/54/CE, relativa à *aplicação do princípio da igualdade de oportunidades e igualdade de tratamento entre homens e mulheres em domínios ligados ao emprego e à actividade profissional*. Quanto à Diretiva 76/207/CEE, de 14 de outubro de 1976, modificada e refundida pela Diretiva n. 2002/73, de 23 de setembro de 2002, veja-se, MARIE THÉRÈSE LANQUETIN, *L'égalité entre les femmes et les hommes: sur la directive 2002/73/CE du 23 septembre 2002, Droit Social*, n. 3, 2003, pp. 312-322; MICHEL VERWILGHEN, *L'égalité Juridique entre Femmes et Hommes dans la Communauté Européenne*, Presses Universitaires de Louvain, Louvain, 1986; quanto à sua aplicação em Portugal, veja-se, também, PEDRO ROMANO MARTINEZ, *"La aplicacion de la Diretiva 76/207 en Portugal"*, *La igualdad de trato en el Derecho Comunitario Laboral*, Aranzadi, Editorial, 1997, pp. 213 e ss.; e GUILHERME DRAY, *O Princípio da Igualdade no Direito do Trabalho*, cit., pp. 252 e ss. Sobre a Diretiva 2006/54/CE, de 5 de julho de 2006, veja-se MARIE THÉRÈSE LANQUETIN, *L'égalité de traitment entre les femmes et les hommes en matiére d'emploi et de travail: a propos de la directive 2006/54/ CE du 5 juillet 2006 (directive "refonte")*, *Droit Social*, n. 7/8, 2007, pp. 861-878, bem como, em geral, BERNARD TEYSSIÉ, *Droit Européen du Travail*, 4ª ed., cit., pp. 274 e ss.

(758) Relativamente ao *princípio da igualdade e não discriminação em função do sexo*, sendo certo que surge inicialmente no campo restrito do domínio salarial, a realidade é que cedo se expandiu a todas as áreas do direito laboral, como corolário de uma política mais abrangente de promoção da igualdade de tratamento e de tutela da dignidade humana. Veja-se, a este propósito, MARIA DO ROSÁRIO RAMALHO, *Tratado de Direito do Trabalho*, Parte II, cit., pp. 148; JÚLIO VIEIRA GOMES, *Direito do Trabalho*, Vol. I, cit., p. 386.e ss.; e MARIA FERNÁNDEZ LOPEZ, "El principio de igualdad en el Derecho Social Europeo", *I Jornadas sobre la Comunidad Europea*, Sevilha, 1994.

(759) Sobre a questão específica da igualdade retributiva entre pessoas do mesmo sexo — *Gender Equality* — veja-se SOPHIA KOUKOULIS-SPILIOTOPOULOS & HÉLÈNE MASSE-DESSEN, "Thirty Years of the Gender Equality Network: Who We Are, What We Do, and Why We Do It", *European Gender Equality Law Review*, n. 1/2014, European Comission, pp. 4 e ss.

(760) A este propósito, importa atender à Diretiva n. 2000/78/CE, de 27 de novembro de 2000, que *estabelece um quadro geral de igualdade de tratamento no emprego e na actividade profissional*, recordando, no seu Preâmbulo, que à luz do "*artigo 6º do Tratado da União Europeia, a União Europeia assenta nos princípios da liberdade, da democracia, do respeito pelos direitos do Homem e pelas liberdades fundamentais, bem como do Estado de direito*", estabelece um "*quadro geral para lutar contra a discriminação em razão da religião ou das convicções, de uma deficiência, da idade ou da orientação sexual, no que se refere ao emprego e à actividade profissional, com vista a pôr em prática nos Estados-Membros o princípio da igualdade de tratamento*" (artigo 1º).

(761) Veja-se, sobre a Diretiva n. 2000/78/CE, MARIA LUÍSA DUARTE, "O estatuto de cidadão da União e a (não) discriminação em razão da orientação sexual", *Estudos em Memória do Professor Doutor António Marques dos Santos*, II, Coimbra, 2005, pp. 361-389; MARIA DO ROSÁRIO RAMALHO, *Direito Social da União Europeia*, cit., pp. 79 e ss.; FRANCINA ESTEVE GARCÍA, *Las Directivas Europeas Contra la Discriminación Racial y la Creácion e Organismos Especializados para Promover la Igualdad. Análisis Comparativo de su Transposición en España y en Francia*, Disponível em: <http://www.ugr.es/~redce/REDCE10/articulos/05FrancinaEsteveGarcia.htm> (acesso em setembro de 2013); e TERESA COELHO MOREIRA. "O ónus da prova em casos de discriminação", *Igualdade e Não Discriminação, Estudos de Direito do Trabalho*, Almedina, Coimbra, 2013, pp. 85 e ss.

2.2. A igualdade no ordenamento jurídico nacional

2.2.1. A igualdade enquanto direito fundamental

I. O princípio da igualdade, como acima se verificou, sempre constou das constituições portuguesas, quer das oitocentistas, quer da Constituição de 1933, quer da atual Constituição de 1976[(762)].

A ideia de igualdade numa perspetiva (pelo menos, aparentemente) social surge, pela primeira vez, na Constituição de 1933, mas o seu acolhimento pleno e efetivo ocorre apenas com a aprovação da Constituição de 1976.

Na esteira do advento do Estado Social de Direito, a Constituição Portuguesa de 1933 é a primeira das nossas leis fundamentais que passa a conceber a igualdade, ainda que formalmente, numa perspetiva *social* — afirma-se, no artigo 5º, que a República Corporativa é *"baseada na igualdade dos cidadãos perante a lei, no livre acesso de todas as classes aos benefícios da civilização e na interferência de todos os elementos estruturais da Nação na vida administrativa e na feitura das leis"*; por outro lado, no artigo 6º, depois de se identificar como incumbência do Estado a de *"coordenar, impulsionar e dirigir todas as atividades sociais"*, consagra-se como sua incumbência específica a de *"zelar pela melhoria das condições das classes mais desfavorecidas"*, indiciando-se assim a ideia de uma igualdade social, na realidade inexistente, nomeadamente face à constitucionalização das diferenças de tratamento da mulher.

Ou seja, a igualdade de oportunidades em sentido real não foi efetivamente consagrada, ainda que tenha sido aflorada, pela primeira vez, no referido texto de 1933: a lei fundamental era, a este propósito, profundamente ambígua[(763)].

A receção material e efetiva da igualdade de oportunidades, em sentido material, ocorreu, apenas, na Constituição de 1976.

II. O princípio da igualdade surge desde logo no artigo 13º, que afirma que todos os cidadãos têm a mesma dignidade social e são iguais perante a lei e que ninguém pode ser privilegiado, beneficiado, prejudicado, privado de qualquer direito ou isento de qualquer dever em razão da ascendência, sexo, raça, língua, território de origem, religião, convicções políticas ou ideológicas, instrução, situação económica ou condição social.

Por outro lado, para além de concretizado ou aflorado ao longo de toda a Constituição[(764)] e em extensa legislação ordinária[(765)], o princípio em causa surge, também, no artigo 9º, no qual se incumbe o Estado de *"promover o bem-estar e a qualidade de vida do povo e a igualdade real entre os portugueses"*.

A Constituição Portuguesa de 1976 acolhe, pois, a ideia de igualdade perante a lei enquanto princípio material unitário, que abrange, quer a *interdição de privilégios e discriminações,* quer a *obrigação de diferenciação,* como forma de compensação das desigualdades sociais.

Por outras palavras, a igualdade assume também uma *função social*, que pressupõe o dever de eliminação ou atenuação, pelos poderes públicos, das desigualdades sociais, económicas e culturais, tendo em vista a prossecução de uma igualdade jurídico-material. É esse também o sentido que resulta do artigo 81º da Lei Fundamental e é nesse contexto que se compreende, na mesma linha, a consagração de diversos *direitos sociais*, por natureza discriminadores, que surgem como verdadeiras *"discriminações positivas"*[(766)]. Por fim, é neste enquadramento que se compreende, também, como *supra* se afirmou, a

---

(762) Cf. TERESA COELHO MOREIRA. "O ónus da prova em casos de discriminação", *Igualdade e Não Discriminação, Estudos de Direito do Trabalho*, Almedina, Coimbra, 2013, pp. 79-127 (p. 85).

(763) Veja-se, a este propósito, GUILHERME DRAY, "O Sentido Jurídico do Princípio da Igualdade: Perspectiva Luso-Brasileira", *Revista Brasileira de Direito Constitucional*, cit., pp. 117-118, onde também se podem encontrar referências à Constituição brasileira de 1988.

(764) Cf. JORGE MIRANDA, *Manual de Direito Constitucional*, Tomo IV, *Direitos Fundamentais*, 5ª ed., cit., p. 273.

(765) Cf. JORGE MIRANDA, *Manual de Direito Constitucional*, Tomo IV, *Direitos Fundamentais*, 5ª ed., cit., pp. 273-277.

(766) Citem-se, a título meramente exemplificativo, alguns dispositivos legais que procuram concretizar o princípio da não discriminação que se mostra indissoluvelmente ligado ao princípio da igualdade positivado no artigo 13º da Lei Fundamental. Assim, o Decreto-Lei n. 392/79, de 20 de setembro (subsequentemente revogado pelo CT/2003), disciplinou a igualdade e não

existência, no seio da própria Constituição, de normas que se aplicam a determinados tipos ou categorias de pessoas tendencialmente mais vulneráveis, como sejam as crianças, as mulheres grávidas, os jovens, os deficientes ou, enquanto categoria unitária e transversal, os trabalhadores.

A ideia é, pois, a de promover uma igualdade real entre os cidadãos, através da concessão de especiais direitos de tutela, neste caso, aos trabalhadores, tidos assim como uma categoria de cidadãos que, pelo menos tendencialmente, se encontra numa situação de inferioridade suscetível de pôr em causa a sua liberdade individual, designadamente a sua liberdade negocial.

E é por essa razão, como acima se enunciou, que do artigo 13º, n. 1, decorre não apenas a possibilidade de o legislador operar discriminações e diferenciações tendentes à promoção de uma igualdade substancial e real entre os cidadãos mas, mais do que isso, uma verdadeira imposição nesse sentido.

É por essa razão que temos afirmado que, do princípio da igualdade previsto na Constituição, parece ser legítimo extrair dois grandes sentidos: um *sentido negativo*, consistente na proibição de privilégios e de distinções, na proibição do arbítrio e da discriminação; e um *sentido positivo*, do qual resulta a obrigatoriedade de tratamento desigual de situações desiguais como forma de compensar a desigualdade de oportunidades[767], em noma da *justiça social*.

III. O *sentido negativo* do princípio da igualdade encerra a ideia de vedação de privilégios e discriminações, que se mostra presente na primeira parte do artigo 13º, n. 2, na parte em que se dispõe que "*Ninguém pode ser privilegiado, beneficiado, prejudicado, privado de qualquer direito ou isento de qualquer dever em razão da ascendência, sexo, raça, língua, território de origem, religião, convicções políticas ou ideológicas, instrução, situação económica ou condição social*". Visa-se, pois, proteger as pessoas contra atos discriminatórios, atentatórios da respetiva dignidade[768]. O que está em causa, em suma, é a defesa da dignidade humana[769], razão pela qual, mais do que um princípio de disciplina das relações entre o cidadão e o Estado.

O que se tem em vista, em última instância, não é a proibição de diferenciações, mas sim a proibição de diferenciações irrazoáveis, injustificadas, arbitrárias ou que não se mostrem impostas pela diversidade das circunstâncias ou pela natureza das coisas. As diferenciações podem e devem existir, desde que não sejam discriminatórias, no sentido que já conhecemos, isto é, desde que não sejam arbitrariamente desiguais.

IV. Do *sentido positivo* do princípio da igualdade, que se consubstancia, no essencial, na necessidade de tratamento desigual de situações desiguais, decorre então, como se viu, a imposição de uma atuação diferenciadora tendo em vista a promoção de uma real igualdade de oportunidades, atendendo ao princípio material e substancial de igualdade emergente do Estado Social de Direito. Trata-se, como *supra* se referiu, de uma verdadeira imposição constitucional de *igualdade de oportunidades*, cujo não cumprimento justifica a inconstitucionalidade por omissão.

---

discriminação em função do sexo no trabalho e no emprego; a Lei n. 23/80, de 26 de julho, ratificou a Convenção sobre a Eliminação de Todas as Formas de Discriminação contra as Mulheres; o Decreto-Lei n. 12/80, de 23 de outubro, aprovou a Convenção Relativa à Luta contra a Discriminação no Campo do Ensino, adotada em Paris, em 14 de dezembro de 1960; a Lei n. 7/82, de 29 de abril, aprovou para adesão a Convenção Internacional sobre Eliminação de Todas as Formas de Discriminação Racial; o Decreto-Lei n. 462/88, de 18 de novembro, disciplinou o regime da igualdade de tratamento entre homens e mulheres no âmbito da Administração Pública; a Lei n. 105/97, de 13 de setembro (subsequentemente revogada pelo CT/2003), garantiu o direito à igualdade de tratamento no trabalho e emprego; a Lei n. 134/99, de 28 de agosto, disciplinou a igualdade em função da raça, cor, nacionalidade ou origem étnica, disciplina esta reiterada no Decreto-Lei n. 111/2000, de 4 de julho (subsequentemente revogado pelo CT/2003); a Lei n. 9/2001, de 21 de maio, determinou o reforço da fiscalização e punição de práticas laborais discriminatórias em função do sexo; a Lei n. 99/2003, de 27 de agosto, que aprovou o Código do Trabalho (CT/2003) inaugurou uma Subsecção (artigos 22º e ss.) especificamente dirigida à igualdade e não discriminação, tendo-se mantido essa tendência na Lei n. 7/2009, de 12 de fevereiro, que aprovou a revisão do Código do Trabalho (artigos 23º e ss. do CT/2009), bem como no atual CT.

(767) Cf. JORGE MIRANDA, *Manual de Direito Constitucional*, Tomo IV, *Direitos Fundamentais*, pp. 237 ss., que exemplifica alguns fenómenos de "discriminações positivas" previstos na Constituição.

(768) GUILHERME DRAY, *O Princípio da Igualdade no Direito do Trabalho*, cit., p. 107, e "O Sentido Jurídico do Princípio da Igualdade: Perspectiva Luso-Brasileira", *Revista Brasileira de Direito Constitucional*, cit., p.117.

(769) Recorda-se, a este propósito, que Oliveira Ascensão alude à *discriminação racial* como uma hipótese típica de "*violação dos princípios essenciais sobre a dignidade e a comunhão humanas*". cf. OLIVEIRA ASCENSÃO, *O Direito. Introdução e Teoria Geral*, cit., p. 201.

É nesse sentido, pois, em nome do princípio da igualdade de oportunidades e das habitualmente denominadas *justiça distributiva* e *redistributiva* ou, em termos mais amplos, em nome da *justiça social*, que se compreende a aprovação de legislação ordinária destinada a concretizar o aludido conceito de *igualdade real* ou *substancial*[(770)].

V. Em suma, a Constituição de 1976 afirma, quer a *igualdade perante a lei*, quer a *igualdade real* dos portugueses; quer um *sentido negativo de igualdade*, enquanto vedação de privilégios e de discriminações e proibição do arbítrio, quer um *sentido positivo*, que assenta na prossecução da aludida *igualdade real*, através da imposição de discriminações positivas, designadamente em matéria de emprego.

2.2.2. A igualdade na legislação infraconstitucional anterior ao Código do Trabalho

I. Para além da sua consagração genérica nos textos constitucionais, o princípio da igualdade pode ser efetivado ou garantido através de concretizações legislativas restritivas da liberdade geral ou negocial. Assim, sucede entre nós, nalguns setores em especial.

No nosso ordenamento jurídico, a aplicação do princípio da igualdade no acesso ao emprego e no âmbito de relações laborais já constituídas é marcado por duas grandes fases: a primeira, anterior à aprovação do Código do Trabalho de 2003, é caracterizada por uma atuação fragmentária e casuística da matéria, através de intervenções legislativas específicas no domínio específico da igualdade em função

---

(770) A legislação ordinária, designadamente na parte atinente ao emprego, tem atuado de forma inequívoca no sentido da prossecução de uma igualdade real entre os portugueses, quer antes da aprovação do Código do Trabalho de 2003, quer depois. Assim, a título meramente exemplificativo, e antes da aprovação do Código do Trabalho: Decreto-Lei n. 251/74, de 12 de junho — rege o acesso da mulher à magistratura; Decreto-Lei n. 492/74, de 27 de setembro — rege o acesso da mulher a cargos e funções de autoridade na administração local; Decreto-Lei n. 232/76, de 2 de abril — revoga o requisito de idade inferior a 35 anos para o acesso à função pública; Portaria n. 298/79, de 25 de junho — dispõe acerca da formação profissional dos jovens; Decreto-Lei n. 392/79, de 19 de setembro — promove a igualdade do homem e da mulher no trabalho e no emprego; Despacho Normativo n. 388/79, de 31 de dezembro — cria apoios técnicos e financeiros com vista a proporcionar a jovens deficientes a iniciação numa variedade de tipos de trabalho; Decreto-Lei n. 40/83, de 25 de janeiro — dispõe acerca do emprego protegido aplicável aos deficientes; Lei n. 4/84, de 5 de abril — cria o regime de proteção da maternidade e paternidade no emprego, regulamentada pelos Decreto-Lei n. 136/85, de 3 de maio, Decreto-Lei n. 107/87, de 6 de março e Decreto-Lei n. 332/95, de 23 de dezembro, e alterada pelo Decreto-Lei n. 154/88, de 29 de abril, pela Lei n. 17/95, de 9 de junho, pela Lei n. 102/97, de 13 de setembro, pela Lei n. 18/98, de 28 de abril, pela Lei n. 118/99, de 11 de agosto, pela Lei n. 142/99, de 31 de agosto e pelo Decreto-lei n. 70/2000, de 4 de maio; Decreto Regulamentar n. 37/85, de 24 de junho — regulamenta o regime do emprego protegido; Decreto-Lei n. 17-D/86, de 6 de fevereiro — promove incentivos à contratação de jovens à procura do primeiro emprego (subsequentemente revogado pelo Decreto-Lei n. 257/86, de 26 de agosto); Decreto-Lei n. 299/86, de 19 de setembro — cria incentivos ao emprego de trabalhadores deficientes e com capacidade de trabalho reduzida; Decreto-Lei n. 426/88, de 18 de novembro — promove o alargamento à Administração Pública e aos trabalhadores ao seu serviço do regime legal estabelecido pelo Decreto-Lei n. 392/79, de 20 de setembro (igualdade de oportunidades no trabalho e emprego); Decreto-Lei n. 64-C/89, de 27 de fevereiro — promove a criação de emprego para desempregados de longa duração; Lei n. 9/89, de 2 de maio — dispõe acerca da integração de deficientes no mercado de trabalho; Decreto-Lei n. 247/89, de 5 de agosto — dispõe acerca da concessão de apoios financeiros à formação de deficientes (diploma regulamentado pelo DN n. 99/90, de 6 de setembro); Portaria n. 247/95, de 29 de março — estabelece as medidas específicas de prevenção e combate ao desemprego, com vista a facilitar a inserção ou reinserção no mercado de emprego de desempregados; Decreto-Lei n. 396/91, de 16 de outubro — altera o regime jurídico do contrato individual do trabalho de menores, regulamentado pelas Portarias ns. 714/93 e 715/93, ambas de 3 de agosto; Resolução n. 32/94 do Conselho de Ministros, de 14 de abril de 1994 — promove a igualdade de oportunidades para as mulheres; Decreto-Lei n. 152/95, de 1º de julho — cria o Sistema de Incentivos a Jovens Empresários; Decreto-Lei n. 34/96, de 18 de abril — cria apoios financeiros à contratação de jovens e de desempregados de longa duração; Lei n. 105/97, de 13 de setembro — garante o direito à igualdade de tratamento no trabalho e no emprego.
Depois da aprovação do Código do Trabalho de 2003 e da sua revisão levada a efeito em 2009 e 2012, muitas das matérias acima enunciadas passaram a constar do próprio Código, nomeadamente quanto à proteção da parentalidade (artigos 33º e ss. do Código do Trabalho); dos trabalhadores menores (artigos 66º e ss. do Código do Trabalho), dos trabalhadores com capacidade de trabalho reduzida (artigos 84º e ss.); dos trabalhadores com deficiência ou doença crónica (artigos 85º e ss. do Código do Trabalho) ou dos trabalhadores-estudantes (artigos 89º e ss.). Ainda assim, mantiveram-se, em sede de políticas ativas de emprego ou de proteção do emprego para categorias mais vulneráveis, intervenções legislativas específicas a tanto dirigidas, nomeadamente: Decreto-Lei n. 91/2009, de 9 de abril, que regula o regime de proteção social na parentalidade; Lei n. 105/2009, de 14 de setembro, quanto à participação de menor em espetáculo ou outra atividade (artigos 2º a 11º); Decreto-Lei n. 290/2009, de 12 de outubro, que cria o Programa de apoio à qualificação de pessoas com deficiência e incapacidades; ou Lei n. 105/2009, de 14 de setembro, quanto ao trabalhador-estudante (artigo 12º).

do sexo, por um lado, e em razão da nacionalidade, da raça, cor ou origem étnica, por outro lado(771); a segunda fase inicia-se com a aprovação do Código do Trabalho de 2003 (subsequentemente revisto, em 2009 e em 2012) e é marcada pelo tratamento unitário e mais abrangente da matéria, bem como pela inclusão de figuras até então inexistentes, como o da proibição do assédio ou o do ressarcimento de danos morais em caso de violação do princípio da igualdade *in contrahendo.*

II. Na aludida primeira fase, o princípio em causa foi especificamente concretizado no Decreto-lei n. 392/79, de 20 de setembro, que teve em vista a promoção da *igualdade do homem e da mulher no trabalho e no emprego*(772); no Decreto-lei n. 426/88, de 18 de novembro, que promoveu o alargamento à Administração Pública e aos trabalhadores a seu serviço do regime legal estabelecido pelo citado Decreto-lei n. 392/79; e na Lei n. 105/97, de 13 de setembro, que teve em vista garantir o *direito à igualdade de tratamento no trabalho e emprego* e, sobretudo, atacar as discriminações sistémicas no acesso ao emprego que então se verificavam no mercado de trabalho(773).

Relativamente ao princípio da igualdade em razão da *nacionalidade*, a matéria foi concretizada, numa primeira fase, no Decreto-lei n. 97/77, de 17 de março(774) e, mais tarde, no Decreto-lei n. 20/98, de 12 de maio, referente à contratação de estrangeiros e apátridas(775).

---

(771) Veja-se, a este propósito, MARIA DO ROSÁRIO RAMALHO, *Tratado de Direito do Trabalho, Parte II — Situações Laborais Individuais,* pp. 150 e ss.

(772) Recorda-se o essencial do Decreto-Lei n. 392/79, de 20 de setembro: o artigo 1º estabeleceu o princípio da igualdade de *"oportunidades e tratamento no trabalho e no emprego, como consequência do direito ao trabalho consagrado na Constituição da República Portuguesa"* (artigo 1º); o artigo 2º, alínea *a,* avançou com uma noção de *discriminação,* considerando-a como *"toda a distinção, exclusão, restrição ou preferência baseada no sexo que tenha como finalidade ou consequência comprometer ou recusar o reconhecimento, o gozo, ou o exercício dos direitos assegurados pela legislação laboral"*; o artigo 3º, por sua vez, determinou que *"o direito ao trabalho implica a ausência de qualquer discriminação baseada no sexo, quer direta, quer indireta, nomeadamente pela referência ao estado civil ou à situação familiar"*; o artigo 4º, garantia às mulheres *"o acesso a qualquer emprego, profissão ou posto de trabalho"*; o artigo 6º determinava que *"as entidades patronais devem assegurar às trabalhadoras igualdade de oportunidades e de tratamento com os homens no que se refere à formação profissional em todos os níveis e modalidades"*; o artigo 7º, n. 1, indicava que *"os anúncios de oferta de emprego e outras formas de publicidade ligadas à pré-seleção e ao recrutamento não podem conter, direta ou indiretamente, qualquer restrição, especificação ou preferência baseada no sexo"*, ao passo que o número 2 do mesmo preceito impunha que o recrutamento para qualquer posto de trabalho se fizesse *"exclusivamente com base em critérios objetivos, não sendo permitida a formulação de exigências físicas que não tenham relação com a profissão ou as condições do seu exercício"*. Por fim, no domínio do acesso ao emprego, o artigo 12º determinava que *"são nulas e de nenhum efeito as disposições dos instrumentos de regulamentação coletiva na parte em que estabeleçam profissões e categorias profissionais que se destinem especificamente a pessoal feminino ou a pessoal masculino, as quais se entenderão como substituídas por disposições abrangendo ambos os sexos"*. O diploma, porém, na esteira do disposto convenções da OIT e nas diretivas comunitárias que o antecederam, admitia algumas exceções a este princípio geral: por um lado, admitia a existência de medidas de ação positiva de carácter temporário como forma de corrigir desigualdades de facto (artigo 3º, n. 2); por outro lado, admitia a existência de trabalhos vedados às mulheres, embora os restringisse às situações legalmente identificadas como tal (artigos 4º e 3º); em terceiro lugar, admitia que não constituíam práticas discriminatórias as exclusões fundadas no sexo quando sejam essenciais à natureza da tarefa a desempenhar (artigo 7º, n. 2), nomeadamente nas atividades da moda, da arte e do espetáculo.

(773) No essencial, e para além da fixação legal do conceito de *"discriminação indireta"*, entendida como *"(...) uma medida, um critério ou uma prática aparentemente neutra"* que *"(...) prejudiquem de modo desproporcionado os indivíduos de um dos sexos, nomeadamente por referência ao estado civil ou familiar, não sendo justificados objetivamente por qualquer razão ou condição necessária não relacionada com o sexo"* (artigo 2º), a Lei n. 105/97, de 13 de setembro, pouco adiantou em sede de determinação do conceito de *"discriminação" (direta*). A Lei n. 105/97 foi particularmente inovadora, isso sim, quanto à matéria do ónus da prova no apuramento de uma prática discriminatória. A este nível, o diploma em apreço inovou, ao criar uma regra geral de inversão do ónus da prova (que ainda hoje se mantém), segundo a qual, nas ações tendentes a declarar qualquer prática discriminatória, caberá ao empregador (e não ao trabalhador discriminado) o ónus de provar a inexistência de qualquer prática, critério ou medida discriminatória em função do sexo (artigo 5º). A solução acolhida consubstanciou um afastamento da regra geral do ónus da prova contemplada no artigo 342º do Código Civil, assumindo nessa medida uma importância extrema no âmbito da proscrição de práticas discriminatórias. Por essa razão, aliás, a regra em apreço viria mais tarde (no CT/2003) a ser estendida aos demais fatores de discriminação. Sobre o tema, veja-se TERESA COELHO MOREIRA, "O ónus da prova em casos de discriminação", *Igualdade e Não Discriminação, Estudos de Direito do Trabalho,* Almedina, Coimbra, 2013, pp. 79-127.

(774) Recorda-se que, não obstante se afirmar, no Preâmbulo do diploma, a intenção de adequar as disposições legais existentes ao princípio da equiparação de direitos estabelecido pela Constituição (artigo 15º) relativamente a cidadãos estrangeiros e portugueses, o Decreto-Lei n. 97/77 estabelecia restrições quantitativas à contratação de estrangeiros, de forma a ser preservado um número mínimo de trabalhadores portugueses em empresas com mais de cinco trabalhadores. Nos termos do artigo 2º, n. 1, dispunha-se que *"As entidades patronais, nacionais ou estrangeiras, que exerçam a sua atividade em qualquer parte do território português só podem ter ao serviço, ainda que não remunerado, indivíduos de nacionalidade estrangeira, no caso de o quadro do seu pessoal, quando composto por mais de cinco trabalhadores, estar preenchido pelo menos por 90% dos trabalhadores portugueses (..)"*. A constitucionalidade do diploma era bastante duvidosa e a sua desconformidade com o acervo comunitário era manifesta: por esta via, eram postos em causa a liberdade de circulação de pessoas e o direito de estabelecimento de cidadãos comunitários. A doutrina portuguesa, nomeadamente representada por Menezes Cordeiro, cedo alertou para a inconstitucionalidade do diploma, afirmando que *"O*

Quanto ao princípio da igualdade em função da *raça, cor* ou *origem étnica*, a matéria foi aprovada na Lei n. 134/99, de 28 de agosto[(776)], e concretizada no Decreto-lei n. 111/2000, de 4 de julho, em especial relativamente ao respetivo regime sancionatório.

Do ponto de vista jurídico e quanto à articulação destes regimes infraconstitucionais com a Constituição, importa reter o seguinte: quando existem leis ordinárias que concretizam o princípio da igualdade em determinados domínios específicos, o seu processo de aplicação às relações privadas resulta facilitado: a sua eficácia resulta de uma aplicação direta da lei ordinária e de uma aplicação indireta da Constituição. O carácter axiomático assumido pelo princípio constitucional da igualdade garante-lhe, porém, projeção quer sobre a *conformação* da legislação ordinária, quer sobre a respetiva *aplicação* pelas autoridades competentes[(777)], permitindo do mesmo passo a utilização, em sede interpretativa, do critério de *interpretação conforme com a Constituição*.

III. Tudo visto: antes da aprovação do Código do Trabalho de 2003, a matéria da igualdade e não discriminação no trabalho e emprego era tratada, na legislação ordinária, de forma fragmentada e pouco articulada.

2.2.3. O regime emergente do Código do Trabalho aprovado pela Lei n. 99/2003, de 27 de agosto (CT/2003) e revisto pela Lei n. 7/2009, de 12 de fevereiro, e Lei n. 23/2012, de 25 de junho

I. A primeira abordagem integral e unitária da igualdade no âmbito do contrato de trabalho ocorreu com a aprovação do Código do Trabalho de 2003, que dedicou uma Subsecção — a Subsecção III, relativa à *Igualdade e não discriminação*, da Secção II — *sujeitos* — do Capítulo II — *Aplicação do Direito do trabalho* — do Título I — *Fontes e aplicação do Direito do trabalho* — do Livro I — *Parte geral* — especificamente dedicada à igualdade e à não discriminação no acesso ao emprego e nas condições de trabalho.

A referida Subsecção III, pela primeira vez na história do juslaboralismo nacional, abarcou o essencial das disposições anteriormente consagradas no ordenamento jurídico nacional no domínio do princípio da igualdade e não discriminação no que se refere ao acesso ao emprego, à formação e promoção profissionais

---

DL n. 97/77 é, de facto discriminatório: a pesada burocracia de que rodeia a sua contratação é um claro desincentivo dirigido aos empregadores. Com uma agravante: são atingidos os estrangeiros de mais fracos recursos e de países mais fracos" — cf. MENEZES CORDEIRO, *Manual do Direito do Trabalho*, cit., p. 548.

(775) O Decreto-Lei n. 20/98, de 12 de maio, ao revogar o referido Decreto-Lei n. 97/77 suprimiu a aludida restrição numérica imposta à contratação de trabalhadores estrangeiros, que era de duvidosa constitucionalidade, à luz do artigo 15º da Constituição. Nos termos do artigo 2º do referido Decreto-Lei n. 20/98, *"os cidadãos estrangeiros, com residência ou permanência legal em território português, beneficiam, no exercício da sua atividade profissional, de condições de trabalho nos mesmos termos que os trabalhadores de nacionalidade portuguesa"*. Afirmou-se, com maior propriedade, o princípio constitucional da equiparação e avançou-se no sentido da dignificação do trabalho de todos os trabalhadores, independentemente da sua nacionalidade. As limitações de natureza burocrática, todavia, subsistiram, e com elas um tratamento diferenciado conferido a diversas categorias de trabalhadores, em função da respetiva nacionalidade. Mantiveram-se especialidades ao nível da forma do contrato e das respetivas formalidades.

(776) No essencial: a Lei n. 134/99, de 28 de agosto, teve por objetivo prevenir e proibir a *discriminação racial* sob todas as suas formas e sancionar a prática de atos que se traduzam na violação de quaisquer direitos fundamentais, ou na recusa ou condicionamento do exercício de quaisquer direitos económicos, sociais ou culturais, por quaisquer pessoas, em razão da sua pertença a determinada raça, cor, nacionalidade ou origem étnica (artigo 1º), vinculando *"todas as pessoas singulares e coletivas, públicas e privadas"* (artigo 2º). Mais do que isso: para além de apresentar um conceito de discriminação racial, em termos similares ao conceito de discriminação em função do sexo emergente do Decreto-Lei n. 392/79, a Lei n. 134/99 foi inovadora, ao contemplar no artigo 4º um elenco exemplificativo de *"práticas discriminatórias"*. No domínio específico do acesso ao emprego, a alínea *a* do número 1 do artigo 4º determinou que se considera uma prática discriminatória *"A adoção de procedimento, medida ou critério, diretamente pela entidade empregadora ou através de instruções dadas aos seus trabalhadores ou a agência de emprego, que subordine a fatores de natureza racial a oferta de emprego, a cessação de contrato de trabalho ou a recusa de contratação"*. No mesmo sentido, determina-se, na alínea *b* deste preceito, que se considera uma prática discriminatória *"A produção ou difusão de anúncios de ofertas de emprego, ou outras formas de publicidade ligada à pré-seleção ou ao recrutamento, que contenham, direta ou indiretamente, qualquer especificação ou preferência baseada em fatores de discriminação racial"*. Tratou-se de aplicar, em sede de discriminação racial, a mesma filosofia que já presidia ao corpo legislativo existente a propósito da discriminação sexual.

(777) Cf. MONTEIRO FERNANDES, "Observações sobre o Princípio da Igualdade de Tratamento no Direito do Trabalho", *Estudos de Homenagem ao Prof. António de Arruda Ferrer Correia*, Boletim da Faculdade de Direito, Coimbra, 1991, p. 64, nota 1.

e às condições de trabalho. Fê-lo em duas "Divisões": na Divisão I, enunciaram-se as "Disposições Gerais" sobre a matéria; na Divisão II, dispôs-se a propósito da "Igualdade e não discriminação em função do sexo".

A título inovador, registou-se o tratamento unitário da matéria: passou a disciplinar-se a igualdade e não discriminação em função de vários fatores, e não apenas a igualdade em função do sexo, ou a igualdade em função da *raça*, da *cor* ou da *nacionalidade*. No mesmo sentido, salienta-se a consagração expressa das consequências emergentes da prática de comportamentos discriminatórios, nomeadamente o ressarcimento de danos não patrimoniais, bem como a importação para o nosso ordenamento da proibição do assédio, *maxime* do assédio sexual. Ambas as soluções foram acolhidas, pela primeira vez, no ordenamento jurídico nacional.

O CT/2003 deu, assim, um salto em frente muito significativo no tratamento da igualdade e não discriminação no acesso ao emprego e nas condições de trabalho(778).

O tratamento da matéria no CT/2003, todavia, não foi exaustivo, sendo vários os preceitos da referida Subsecção que foram objeto de concretização em legislação complementar, a qual veio a ser aprovada em 2004 — a Lei n. 35/2004, de 29 de julho, que veio a ser conhecida pela Legislação Complementar do Código do Trabalho (LECT) e que consagrou um capítulo (Capítulo V da LECT — artigos 31º a 40º) dedicado à concretização das normas do Código do Trabalho a propósito da igualdade e não discriminação.

A razão foi simples: atendendo à multiplicidade de matérias que integram o princípio da igualdade no acesso ao emprego, na formação profissional e nas condições de trabalho, optou-se por concretizar algumas destas matérias em legislação especial(779).

---

(778) A propósito do CT/2003, vejam-se as nossas anotações (artigos 22º a 32º) ao CT/2003, em PEDRO ROMANO MARTINEZ; LUÍS MIGUEL MONTEIRO; JOANA VASCONCELOS; PEDRO MADEIRA DE BRITO; GUILHERME DRAY e LUÍS GONÇALVES DA SILVA, *Código do Trabalho Anotado*, 1ª ed., Almedina, Coimbra, 2003, pp. 105 a 119. A propósito, em particular, da sistematização adotada no Código do Trabalho relativamente a esta matéria, veja-se MARIA DO ROSÁRIO RAMALHO, "O novo Código do Trabalho. Reflexões sobre a proposta de lei relativa ao novo Código do Trabalho", *Estudos de Direito do Trabalho*, I, Almedina, Coimbra, 2003, pp. 15-67, e "O direito da igualdade no Código do Trabalho", *A Reforma do Código do Trabalho*, Centro de Estudos Judiciários/Inspecção Geral do Trabalho (coord.), Coimbra Editora, Coimbra, 2004, pp. 173-190.

(779) Em especial, foram objeto de concretização em legislação especial os seguintes preceitos do CT/2003:

Artigo 31º, que estabelecia um dever de informação, segundo o qual o empregador deve afixar na empresa, em local apropriado, a informação relativa aos direitos e deveres do trabalhador em matéria de igualdade e não discriminação;

Artigo 32º, que enunciava alguns conceitos basilares, tais como os de discriminação direta ou indireta e de trabalho igual e trabalho de valor igual;

Artigo 33º, que concretizava o princípio geral do direito à igualdade nas condições de acesso e no trabalho, explicitando que o mesmo respeita aos critérios de seleção e às condições de contratação; ao acesso a todos os tipos de orientação, formação e reconversão profissionais de qualquer nível; à retribuição e outras prestações patrimoniais, promoções a todos os níveis hierárquicos e aos critérios que servem de base para a seleção dos trabalhadores a despedir; à filiação ou participação em organizações de trabalhadores ou de empregadores. O preceito em referência admitia todavia, em todos os casos supraenunciados, quer a aplicação de disposições legais relativas ao exercício de uma atividade profissional por estrangeiro ou apátrida e à especial proteção da gravidez, maternidade, paternidade, adoção e outras situações respeitantes à conciliação da atividade profissional com a vida familiar, quer a implementação de diferenças de tratamento baseadas na idade que sejam necessárias e apropriadas à realização de um objetivo legítimo, designadamente de política de emprego, mercado de trabalho ou formação profissional;

Artigo 34º, que continha o regime de proteção contra atos de retaliação, prescrevendo a invalidade de qualquer ato que prejudique o trabalhador em consequência de rejeição ou submissão a atos discriminatórios;

Artigo 35º, que procedia à extensão do regime do ónus da prova previsto no número 3 do artigo 23º às situações de invocação de qualquer prática discriminatória no acesso ao trabalho, à formação profissional e nas condições de trabalho, nomeadamente por motivo de licença por maternidade, dispensa para consultas pré-natais, proteção da segurança e saúde e de despedimento de trabalhadora grávida, puérpera ou lactante, licença parental ou faltas para assistência a menores;

Artigo 36º, que determinava que nas ações de formação profissional dirigidas a profissões exercidas predominantemente por trabalhadores de um dos sexos deve ser dada, sempre que se justifique, preferência a trabalhadores do sexo com menor representação, bem como, em quaisquer ações de formação profissional, a trabalhadores com escolaridade reduzida, sem qualificação ou responsáveis por famílias monoparentais ou no caso de licença por maternidade, paternidade ou adoção;

Artigo 37º, que concretizava o conceito de igualdade de retribuição previsto no artigo 28º do Código do Trabalho;

Artigo 38º, segundo o qual se presumia abusivo o despedimento ou a aplicação de qualquer sanção sob a aparência de punição de outra falta, quando tenha lugar até um ano após a data da reclamação, queixa ou propositura da ação judicial contra o empregador;

Artigo 39º, do qual resultava que as disposições de estatutos das organizações representativas de empregadores e de trabalhadores, bem como os regulamentos internos de empresa que restrinjam o acesso a qualquer emprego, atividade profissional, formação profissional, condições de trabalho ou carreira profissional exclusivamente a trabalhadores masculinos ou femininos, fora dos casos previstos no n. 2 do artigo 23º e no artigo 30º do Código do Trabalho, têm-se por aplicáveis a ambos os sexos;

II. Por outro lado, após a entrada em vigor do CT/2003 foram aprovados dois diplomas de transposição parcelar da Diretiva n. 2000/43/CE, de 29 de junho de 2000 — a Lei n. 18/2004, de 11 de maio, que tem por objetivo estabelecer um quadro jurídico para o combate à discriminação baseada em motivos de origem racial ou étnica; e o Decreto-lei n. 86/2005, de 2 de maio, que fixa o modo de resolução dos conflitos de atribuições relativos às inspeções — gerais a que seja cometida a instrução do procedimento contraordenacional por facto discriminatório.

III. Em qualquer caso, o grande salto em frente dado pelo CT/2003 consubstanciou-se no tratamento unitário da matéria, expresso desde logo na fórmula geral do artigo 22º, segundo o qual todos os trabalhadores têm direito à igualdade de oportunidades e de tratamento no que se refere ao acesso ao emprego, à formação e promoção profissionais e às condições de trabalho e nenhum trabalhador ou candidato a emprego pode ser privilegiado, beneficiado, prejudicado, privado de qualquer direito ou isento de qualquer dever em razão, nomeadamente, de ascendência, idade, sexo, orientação sexual, estado civil, situação familiar, património genético, capacidade de trabalho reduzida, deficiência, doença crónica, nacionalidade, origem étnica, religião, convicções políticas ou ideológicas e filiação sindical[780].

Relativamente ao artigo 13º da Constituição e aos diplomas *supra* enunciados o artigo 22º incluiu novos elementos característicos que podem constituir fatores de discriminação — a *orientação sexual*, o *património genético*, a *capacidade de trabalho reduzida*, a *doença crónica* e a *filiação sindical*. Estava em causa, no preceito em causa, a afirmação pela positiva do princípio da igualdade na relação de trabalho e a proclamação quer de um ideal de igualdade formal, assente na asserção, clássica, segundo a qual "*todos os cidadãos têm a mesma dignidade social e são iguais perante a lei*" (cf. artigo 13º da Constituição), quer da igualdade em sentido material, emergente do Estado Social de Direito e conducente ao conceito de igualdade de oportunidades, enquanto projeto de igualdade real.

Quanto ao âmbito de aplicação pessoal do preceito, não obstante a fórmula do número 1 aludir a todos os trabalhadores, cedo se tornou claro que o princípio em causa abrangia não apenas os *trabalhadores* propriamente ditos, mas também os *candidatos a emprego*, quando se tratasse da aplicação do princípio da igualdade no acesso ao emprego. Essa solução, de resto, resultava expressamente da letra do número 2 e da própria epígrafe do preceito — *Direito à igualdade no acesso ao emprego e no trabalho*. Assim, a aplicação do princípio da igualdade passou expressamente a abranger também os atos e negócios jurídicos praticados nos preliminares da formação do contrato de trabalho, nomeadamente no âmbito de concursos públicos e contratos — promessa de trabalho, que envolviam os referidos *candidatos a emprego*[781].

Outros dois pontos a assinalar no CT/2003 quanto à igualdade e não discriminação centraram-se na consagração expressa das consequências emergentes da prática de comportamentos discriminatórios, nomeadamente o ressarcimento de danos não patrimoniais, bem como na importação para o nosso ordenamento da proibição do assédio, *maxime* do assédio sexual.

IV. No primeiro caso, o artigo 26º, sob a epígrafe "*Obrigação de indemnização*", passou a dispor expressamente que *a* prática de qualquer ato discriminatório lesivo de um trabalhador ou candidato a emprego confere-lhe o direito a uma indemnização, por danos patrimoniais e não patrimoniais, nos termos gerais.

Artigo 40º, segundo o qual todas as entidades devem manter durante cinco anos o registo dos recrutamentos feitos, donde constem, por sexos, um conjunto de elementos (*v. g.*, número de convites para o preenchimento de lugares; anúncios de ofertas de emprego; número de candidaturas apresentadas para apreciação curricular; número de candidatos presentes nas entrevistas de pré-selecção, entre outros elementos obrigatórios).

(780) Em bom rigor, o preceito em causa, enquanto fórmula geral que engloba vários fatores de discriminação, não tinha correspondência na anterior legislação laboral e operou uma síntese de preceitos dispersos em inúmeros diplomas legais — o artigo 22º apresentava pontos de contacto com os artigos 13º e 59º da Constituição; garantia a transposição parcelar de algumas regras gerais contidas nas diretivas comunitárias, n. 75/117/CEE, de 10 de fevereiro de 1975; n. 76/207/CEE, de 9 de fevereiro de 1976, alterada pela Diretiva n. 2002/73/CE, de 23 de setembro de 2002; n. 2000/43/CE, de 29 de junho de 2000 e n. 2000/78/CE, de 27 de novembro de 2000; e incorporava, no essencial, os princípios gerais anteriormente consagrados no Decreto-Lei n. 392/79, de 20 de setembro (igualdade em função do sexo), na Lei n. 105/97, de 13 de setembro (igualdade em função do sexo), na Lei n. 134/99, de 28 de agosto (igualdade em função da raça, cor, nacionalidade ou origem étnica) e no Decreto-Lei n. 111/2000, de 4 de julho (igualdade em função da raça, cor, nacionalidade ou origem étnica).

(781) A propósito do regime positivado no CT/2003, veja-se ainda ROMANO MARTINEZ, *Direito do Trabalho*, Coimbra, 2ª ed., 2005, pp. 353-357; e MARIA DO ROSÁRIO RAMALHO, *Direito do Trabalho*, II, Coimbra, 2006, pp. 143-157.

O preceito em causa não tinha correspondência no anterior ordenamento laboral. A consagração expressa do direito a uma indemnização por danos patrimoniais e não patrimoniais consubstanciou um aspeto inovador, que há muito vinha sendo advogado por alguns setores da doutrina(782) e pela jurisprudência comunitária(783). Tornou-se claro, a partir de então, que a prática de um comportamento discriminatório gera não apenas responsabilidade contraordenacional (artigo 642º do CT/2003), mas também responsabilidade civil, nos termos gerais (*v. g.*, artigos 483º, 496º e 799º do Código Civil) — avançou-se, por isso, no sentido da proteção do trabalhador, em nome do correlativo princípio.

Por outro lado, o citado artigo 26º adotou um âmbito de aplicação alargado: abrangeu-se, quer os comportamentos discriminatórios praticados já na execução do contrato de trabalho, quer os que decorrem *in contrahendo*, ou seja, nos preliminares da formação do contrato de trabalho. A esse propósito, defendeu-se(784) que, mesmo quando se trate da aplicação do princípio da igualdade no acesso ao emprego, está em jogo o regime da responsabilidade civil obrigacional — a prática discriminatória surge na sequência de contactos e negociações levados a efeito entre as partes, porventura na sequência de negócios preparatórios ou preliminares — circunstância que acarreta, nomeadamente, o regime de presunção de culpa (artigo 799º do Código Civil) e o da responsabilidade direta por facto de terceiro (artigo 800º, n. 1, do Código Civil). Assim, a prática de uma discriminação ilícita na formação do contrato de trabalho gera responsabilidade civil, criando na esfera jurídica da entidade prevaricadora uma obrigação de indemnização, de natureza pecuniária, que visa tornar *indemne* o trabalhador discriminado, colocando-o na situação em que estaria caso o dano (patrimonial e não patrimonial) não tivesse ocorrido. Em qualquer caso, para além de incorrer em responsabilidade civil e contraordenacional, nada mais é exigível ao empregador que exclua ilicitamente um trabalhador do acesso ao emprego, sendo de afastar, nomeadamente, a eventual obrigação de admissão, por parte do empregador, do trabalhador ilicitamente excluído — tal solução, para além de juridicamente inviável e de difícil execução, embateria na natureza jurídica da prestação laboral e seria, para além disso, facilmente contornável por parte do agente prevaricador. A natureza jurídica do contrato de trabalho, o carácter *intuitu personae*(785) da prestação laboral e a liberdade de gestão empresarial, impedem que se admita como válida a criação na esfera jurídica do empregador da obrigatoriedade de contratação de um trabalhador ilicitamente excluído, na sequência de uma prática discriminatória(786).

A situação altera-se, caso se trate de uma prática discriminatória perpetrada na execução do contrato de trabalho. Neste caso, admite-se que o empregador seja obrigado a proceder à reconstituição natural da situação que existiria caso o ato discriminatório não tivesse ocorrido, nomeadamente em sede de progressão na carreira, violação do princípio a trabalho igual, salário igual, ou em caso de despedimento ilícito(787).

---

(782) Veja-se, a este propósito, GUILHERME DRAY, *"Autonomia privada e igualdade na formação e execução de contratos individuais de trabalho"*, Estudos do Instituto de Direito do Trabalho, I, Almedina, Coimbra, 2001, pp. 83-95.

(783) Cf., nomeadamente, Acórdão do TJUE de 10 de abril de 1984, Processo n. 14/83, segundo o qual "*(...) quando um Estado-membro escolha uma sanção que se insira num regime de responsabilidade civil, esta deve, em todo o caso, para assegurar a sua eficácia e o seu efeito dissuasivo, ser adequada face aos prejuízos provocados e (...) ir mais além do que a simples atribuição de uma indemnização simbólica, como, por exemplo, o reembolso atribuído ao trabalhador de todas as despesas em que haja incorrido para efeitos de apresentação da sua candidatura*".

(784) Cf. Guilherme Dray, anotação ao artigo 26º do CT/2003 PEDRO ROMANO MARTINEZ; LUÍS MIGUEL MONTEIRO; JOANA VASCONCELOS; PEDRO MADEIRA DE BRITO; GUILHERME DRAY e LUÍS GONÇALVES DA SILVA, *Código do Trabalho Anotado*, cit., pp. 179-180.

(785) Do carácter *intuitu personae* resulta que, mesmo nas sociedades laborais mais massificadas, as características do trabalhador são sempre tidas em consideração por parte do empregador, em termos tais que não se afigura lícito que o trabalhador, na constância do contrato de trabalho, se faça substituir por outro trabalhador. Ora, o carácter *intuitu personae* da relação laboral impede que incida sobre qualquer dos sujeitos laborais um pretenso dever de contratação ou dever de celebração de contrato de trabalho. Tal possibilidade, para além de atentatória dos mais elementares direitos de personalidade do trabalhador e da sua dignidade enquanto pessoa, na eventualidade de ser este o sujeito compelido a contratar, consubstanciaria, com a mesma intensidade, um afrontamento inadmissível à autonomia privada e à liberdade de gestão empresarial, caso o agente obrigado a contratar fosse o empregador. As garantias de liberdade de criação e gestão da empresa, com assento constitucional, não o permitem, nem tal seria admissível, porquanto contrário ao conteúdo mínimo da autonomia privada e da liberdade negocial.

(786) Importa não esquecer, de resto, que a inexistência de uma obrigação de contratação surge na mesma linha da impossibilidade de execução específica, em caso de incumprimento de contrato-promessa de trabalho, tal como constava, aliás, do artigo 94º do CT/2003.

(787) A propósito dos efeitos emergentes da prática de comportamentos discriminatórios, veja-se GUILHERME DRAY, "Autonomia privada e igualdade na formação e execução de contratos individuais de trabalho", *Estudos do Instituto de Direito do Trabalho*, I, cit., pp. 83-95 e 104-105.

V. A segunda inovação trazida pelo CT/2003 foi a importação, para o nosso ordenamento jurídico, da matéria relativa ao assédio profissional, *maxime* ao assédio sexual, mais uma vez numa linha de reforço dos direitos pessoais do trabalhador e da sua dignidade.

O artigo 24º estabeleceu, pela primeira vez, que o assédio a candidato a emprego e a trabalhador constitui discriminação, entendendo-se por assédio todo o comportamento indesejado relacionado com um dos fatores categoriais constantes do diploma, praticado aquando do acesso ao emprego ou no próprio emprego, trabalho ou formação profissional, com o objetivo ou o efeito de afetar a dignidade da pessoa ou criar um ambiente intimidativo, hostil, degradante, humilhante ou desestabilizador[788]. O preceito em causa, de resto, foi mais longe, proscrevendo, em especial, o assédio sexual[789], que definiu como todo o comportamento indesejado de carácter sexual, sob forma verbal, não verbal ou física, susceptível de afetar a dignidade do trabalhador ou do candidato a emprego[790].

Seguindo a tendência de outros países, nomeadamente dos Estados Unidos da América onde, como recorda Augustus B. Cochran, na sequência de um processo evolutivo que culminou, em 1975, com a assunção de que o assédio sexual é uma forma de *"discrimination based on sex"* (*"Sexual Harassment becomes Sex Discrimination"*)[791], o legislador de 2003 passou assim a assumir, entre nós, que o assédio, *maxime* o assédio sexual, constitui uma forma de discriminação intolerável, seja no acesso ao emprego, seja na execução do contrato de trabalho.

À luz do CT/2003, ficou claro, enfim, que, em caso de assédio, fica legitimada a desobediência do trabalhador relativamente a ordens ou instruções que surjam na sequência e que se compreendam no

(788) Veja-se, a título exemplificativo, uma decisão de um tribunal de Helsínquia, de 27 de janeiro de 2014, que condenou um dirigente sindical (Timo Räty) pela prática de assédio moral contra a *media manager* (Hilkka Ahde) do sindicato — o Tribunal condenou-o pela prática de *harassment* ou *bullying* no local de trabalho — a condenação resultou do facto de o dirigente sindical ter reiteradamente perseguido e humilhado a trabalhadora, perante os demais colegas de trabalho — *"Räty harassed Ahde by shouting at her in the working community. The harassment continued even after the Occupational Safety Authority had warned Räty about his behavior"*. O dirigente sindical foi condenado por *"harassment"*, mas não por *"harassment as a form of discrimination under the Non-Discrimination Act"* — veja-se, a este propósito, o relato de KEVÄT NOUSIAINEN, em *European Gender Equality Law Review*, cit., p. 57.

(789) Recorda-se que por decisão de 6 de dezembro de 2013 o *Supreme Court* da Lituânia condenou um empregador que, durante o período experimental de uma trabalhadora, a convidou, cerca de 1 mês depois, a participar num *sport event* da empresa, durante um fim de semana, com outros colegas de trabalho. O *sport event* decorreu numa *guest house* no campo, equipada com piscina e sauna. A primeira atividade tinha por título *"who gets drunk first"*. Depois de a trabalhadora ter participado nessa atividade, o empregador levou-a para a sauna e disse-lhe que a mesma se deveria despir, devendo ficar totalmente nua. Como esta se recusou, o empregador, poucos dias depois, fez cessar o respetivo contrato de trabalho ao abrigo da figura do período experimental. O Tribunal, tendo por base a regra da inversão do ónus da prova (*reversed burden of proof*) em matéria de igualdade e não discriminação concluiu que se tratou da prática de um ato de *"sexual harassment"*, tendo-o condenado a indemnizar a trabalhadora — veja-se, a este propósito, o relato de KRISTINE DUPATE, em *European Gender Equality Law Review*, cit., pp. 78-79.

(790) A propósito das formas que pode assumir o *assédio* veja-se, na doutrina nacional, MARIA DO ROSÁRIO RAMALHO, *Direito do Trabalho*, II, cit., p. 148, e *Tratado de Direito do Trabalho, Parte I, Dogmática Geral*, cit., p. 151 e pp. 161-163, que distingue, nomeadamente, "(…) o *assédio sexual* e o *assédio com conotação sexual* (*sexual harassement*)", em que o comportamento indesejado e com efeitos hostis tem conotação sexual (artigo 24º, n. 2), o *assédio moral discriminatório*, em que o comportamento indesejado e com efeitos hostis se baseia em qualquer factor discriminatório que não o sexo (artigo 24º, n. 1) (*discriminatory harassement*); e o *assédio moral não discriminatório*, quando o comportamento indesejado não se baseia em nenhum factor discriminatório mas, pelo seu carácter continuado e insidioso, tem os mesmos efeitos hostis, almejando, em última análise, afastar aquele trabalhador da empresa (*mobbing*)". Ainda a propósito do assédio, veja-se também ISABEL PARREIRA, *"O Assédio Moral no Trabalho"*, *V Congresso Nacional de Direito do Trabalho, Memórias*, Almedina, Coimbra, 2003, pp. 209-247 e "Assédio Sexual no Trabalho", *IV Congresso Nacional de Direito do Trabalho, Memórias*, Almedina, Coimbra, 2002; REGINA REDINHA, "Assédio Moral ou Mobbing no Trabalho", *Estudos em Homenagem ao Prof. Doutor Raúl Ventura*, v. II, Almedina, Coimbra, pp. 833-847. Veja-se, também, LUÍS MENEZES LEITÃO, *Direito do Trabalho*, cit., pp. 155-159. Nos Estados Unidos da América, onde o tema terá sido inicialmente trabalhado, veja-se, por todos, AUGUSTUS B. COCHRAN, *Sexual Harassment and the Law, The Mechelle Vinson Case*, Universty Press of Kansas, cit., que desenvolve, nomeadamente, a evolução do tema (*"History of Sexual Harassement")*, fazendo notar que não obstante sempre ter existido, o problema só começou a ser abordado a partir de meados dos anos 70 (pp. 25 e ss.), culminando com o *Civil Rights Act of 1991*, que *"provides for jury trial and compensatory and punitive damages in employment discrimination claims"*; e CATHARINE MACKINNON, *Sexual Harassment of Working Women: A Case of Sex Discrimination*, Yale University Press, Yale, 1979.

(791) Cf. AUGUSTUS B. COCHRAN, *Sexual Harassment and the Law, The Mechelle Vinson Case*, Universty Press of Kansas, Kansas, 2004, pp. 25 e 49.

âmbito da referida prática, assim como passam a se questionar a licitude e a validade de qualquer ato que prejudique o trabalhador em consequência de rejeição ou submissão a comportamentos de assédio.

VI. A tendência integradora e abrangente do CT/2003 manteve-se no CT/2009, mesmo após a reforma de 2012, não tendo sido modificada pela alteração ao Código do Trabalho levada a efeito pela Lei n. 69/2013: a Subsecção III — *Igualdade e não discriminação* — da Secção II — *sujeitos* — do Capítulo II — *Aplicação do Direito do trabalho* — do Título I — *Fontes e aplicação do Direito do trabalho* — do Livro I — *Parte geral* — abarca o essencial das disposições anteriormente consagradas nos artigos 22º a 26º do CT/2003 e 30º a 35º da LECT a propósito do princípio da igualdade e não discriminação no que se refere ao acesso ao emprego, à formação e promoção profissionais e às condições de trabalho[(792)].

No essencial, manteve-se a técnica legislativa, na altura inovadora, consagrada no CT/2003: regista-se o tratamento unitário da matéria, disciplinando-se a igualdade e não discriminação em função de vários fatores, que extravasam o âmbito restrito da igualdade em função do sexo, para só depois se dedicar particular atenção à igualdade em função do sexo.

No mesmo sentido e na esteira do CT/2009, a Lei n. 23/2012 manteve algumas regras que foram consagradas, pela primeira vez, no CT/2003, como seja a consagração expressa das consequências emergentes da prática de comportamentos discriminatórios, nomeadamente o ressarcimento de danos não patrimoniais (artigo 28º), bem como a regra de proibição do assédio acima assinalada, *maxime* do assédio sexual (artigo 29º).

VII. Do ponto de vista sistemático, a Subsecção III do atual CT inicia-se com "*conceitos em matéria de igualdade e não* discriminação" (artigo 23º) — o preceito em apreço é inovador no quadro do CT/2009, dado que no CT/2003 os conceitos normativos associados ao regime da igualdade e não discriminação não constavam do corpo principal do Código, mas sim do artigo 32º da LECT, que regulamentava o artigo 23º do referido CT/2003. Do ponto de vista substantivo, porém, não se descortina qualquer novidade jurídica: os conceitos enunciados no presente artigo 23º correspondem aos que constavam do aludido artigo 32º da LECT.

As alíneas *a* e *b* do n. 1 do citado artigo 23º contêm os conceitos de discriminação direta e indireta, devendo ser articulados com os artigos 24º e 25º, que contêm os fatores de discriminação a que se refere o artigo 23º: haverá *discriminação direta* sempre que, em razão de um dos fatores de discriminação indicados nos artigos 24º e 25º uma pessoa seja sujeita a tratamento menos favorável do que aquele que é, tenha sido ou venha a ser dado a outra pessoa em situação comparável; e *discriminação indireta* sempre que uma disposição, critério ou prática aparentemente neutros sejam suscetíveis de colocar pessoas que se incluam num dos fatores característicos indicados nos referidos preceitos legais numa posição de desvantagem comparativamente com outras, a não ser que essa disposição, critério ou prática sejam objetivamente justificados por um fim legítimo e que os meios para o alcançar sejam adequados e necessários[(793)].

VIII. O artigo 24º rege o "*direito à igualdade no acesso a emprego e no trabalho*", determinando que o trabalhador ou candidato a emprego tem direito à igualdade de oportunidades e de tratamento no que se refere ao acesso ao emprego, à formação e promoção ou carreira profissionais e às condições de trabalho, não podendo ser privilegiado, beneficiado, prejudicado, privado de qualquer direito ou isento

---

(792) A propósito do regime da igualdade e não discriminação positivado no Código do Trabalho de 2009 seguimos, de perto, a anotação de Guilherme Dray aos artigos 23º a 32º PEDRO ROMANO MARTINEZ; LUÍS MIGUEL MONTEIRO; JOANA VASCONCELOS; PEDRO MADEIRA DE BRITO; GUILHERME DRAY e LUÍS GONÇALVES DA SILVA, *Código do Trabalho Anotado,* 8ª ed., cit., pp. 167 a 195. Quanto ao Código do Trabalho de 2012, seguimos, de perto, a anotação de GUILHERME DRAY aos mesmos artigos 23º a 32º, em PEDRO ROMANO MARTINEZ; LUÍS MIGUEL MONTEIRO; JOANA VASCONCELOS; PEDRO MADEIRA DE BRITO; GUILHERME DRAY e LUÍS GONÇALVES DA SILVA, *Código do Trabalho Anotado,* 9ª ed., cit., pp. 166 a 191.

(793) Recorda-se, aliás, que os conceitos em causa, de *discriminação direta* e *indireta* (alíneas *a* e *b* do artigo 23º, n. 1), bem como os conceitos de *trabalho igual* e de *valor igual* (alíneas *c* e *d* do artigo 23º, n. 1), já se encontravam sedimentados em termos doutrinários e jurisprudenciais (*maxime* na jurisprudência do Tribunal de Justiça da União Europeia, em especial quanto à concretização do conceito de *discriminação indireta*) e acolhidos em diversas diretivas comunitárias, nomeadamente nas Diretivas ns. 2000/43/CE, de 29 de junho de 2000, 2000/78/CE, de 27 de novembro de 2000 e 2002/73/CE, de 23 de setembro de 2000, razão pela qual quer o CT/2003 e a LECT, por um lado, quer o CT/2009, por outro lado, não inovaram neste domínio em particular.

de qualquer dever em razão de qualquer elemento categorial, nomeadamente, en função da ascendência, idade, sexo, orientação sexual, estado civil, situação familiar, situação económica, instrução, origem ou condição social, património genético, capacidade de trabalho reduzida, deficiência, doença crónica, nacionalidade, origem étnica ou raça, território de origem, língua, religião, convicções políticas ou ideológicas ou filiação sindical.

O preceito em apreço, enquanto fórmula geral que engloba vários fatores de discriminação, foi inaugurado no CT/2003 e não tinha correspondência na anterior legislação laboral, não obstante o sentido dele emergente não ser inovador, tratando-se no essencial de uma síntese de preceitos dispersos em inúmeros diplomas legais[(794)].

O que está em causa, no presente preceito, é a afirmação positiva do princípio da igualdade na relação de trabalho e a proclamação, quer de um ideal de igualdade formal, quer da já citada igualdade em sentido material, emergente do Estado Social de Direito e conducente ao conceito de igualdade de oportunidades, enquanto projeto de igualdade real.

Nesse sentido, o número 2 procura concretizar o direito à igualdade, dispondo que o mesmo se aplica em várias fases e a vários níveis: no processo de formação do contrato de trabalho, nomeadamente quanto aos critérios de seleção e as condições de contratação, no domínio da formação profissional e reconversão profissional, ao nível da igualdade retributiva e, quanto às estruturas representativas dos trabalhadores, relativamente ao princípio da filiação. Quer dizer: o princípio em causa abrange não apenas os *trabalhadores* propriamente ditos, mas também os *candidatos a emprego*, quando se trate da aplicação do princípio da igualdade no acesso ao emprego, nomeadamente no âmbito de concursos públicos e contratos-promessa de trabalho[(795)].

IX. O artigo 25º do CT, sob a epígrafe "*proibição de discriminação*", determina que o empregador não pode praticar qualquer discriminação, direta ou indireta[(796)]. Ao passo que no artigo 24º ("*Direito à igualdade no acesso a emprego e no trabalho*") o que está em causa é a proclamação de um sentido positivo do princípio da igualdade (*todos os trabalhadores têm direito à igualdade de oportunidades e de tratamento*); no caso vertente, está em causa a invocação de um sentido primário negativo, consistente na proibição de privilégios e de distinções, na proibição do arbítrio e da discriminação.

Ficou claro, pois, do ponto de vista normativo, que o conceito de discriminação envolve um juízo de desvalor e de censura relativamente a determinadas práticas que se traduzem no tratamento desvantajoso conferido a trabalhadores ou candidatos a emprego em função de certos elementos categoriais. O que está em causa, na proscrição da discriminação, não é a diferenciação em si mesma, mas sim a falta de razoabilidade da sua motivação e a ausência de motivos que a justifiquem. As diferenciações motivadas por razões que se prendem com as convicções religiosas ou partidárias, o sexo, a raça ou a ascendência, entre outros, não são aceitáveis, porque atentatórias da dignidade humana.

No caso do Direito do trabalho, a discriminação constitui uma violação da dignidade do trabalhador.

Em todo o caso, admite-se que o princípio da igualdade, na aludida vertente de proscrição de comportamentos discriminatórios, deve operar de forma aberta e dinâmica, obedecendo aos elementos materiais fornecidos pelo caso concreto e variando de intensidade em função do maior ou menor grau de

---

(794) O preceito em causa apresenta pontos de contato com os artigos 13º e 59º da Constituição e garante a transposição parcelar de algumas regras gerais contidas nas diretivas comunitárias n. 75/117/CEE, de 10 de fevereiro de 1975; n. 76/207/CEE, de 9 de fevereiro de 1976, alterada pela Diretiva n. 2002/73/CE, de 23 de setembro de 2002; n. 2000/43/CE, de 29 de junho de 2000; e n. 2000/78/CE, de 27 de novembro de 2000. No essencial, incorpora os princípios gerais anteriormente consagrados no Decreto-Lei n. 392/79, de 20 de setembro (igualdade em função do sexo), na Lei n. 105/97, de 13 de setembro (igualdade em função do sexo), na Lei n. 134/99, de 28 de agosto (igualdade em função da raça, cor, nacionalidade ou origem étnica) e no Decreto-Lei n. 111/2000, de 4 de julho (igualdade em função da raça, cor, nacionalidade ou origem étnica).

(795) A propósito do regime positivado no CT/2003, para além da anotação ao artigo 22º de GUILHERME DRAY, *Código do Trabalho Anotado*, 6ª ed., cit., veja-se ROMANO MARTINEZ, Direito do Trabalho, 4ª ed., Almedina, Coimbra, 2007, pp. 361-374; e MARIA DO ROSÁRIO RAMALHO, *Direito do Trabalho, II*, cit., pp. 143-157.

(796) O preceito em causa corresponde, no essencial, ao artigo 25º do CT/2003 e apresenta pontos de contato com os artigos 13º e 59º da Constituição, bem como afinidades com as diretivas comunitárias suprarreferidas, para as quais se remete quanto a este segmento. A violação do disposto nos ns. 1 e 7 do presente preceito, à semelhança do que sucedia no CT/2003 (artigos 642º, n. 1 do CT/2009 e 473º da LECT), constitui contraordenação muito grave.

desequilíbrio negocial entre as partes envolvidas. Há-de ser-se particularmente exigente quanto à atuação de grandes empresas e menos exigente em relação a microempresas ou, por hipótese, numa relação de trabalho doméstico. O apuramento da prática discriminatória deve realizar-se casuisticamente, segundo juízos de razoabilidade, atendendo à finalidade e aos motivos que determinaram a atuação do empregador e segundo critérios de adequação e de proporcionalidade[797].

Atendendo à natureza dinâmica do princípio da igualdade, os números 2 e 3 do preceito em apreço (artigo 25º) admitem que algumas práticas distintivas, ainda que realizadas com base nos elementos categoriais referidos no número 1 do artigo 24º, podem ser lícitas e, como tal, aceitáveis, determinando que não constitui discriminação o comportamento baseado em fator de discriminação que constitua um requisito justificável e determinante para o exercício da atividade profissional, em virtude da natureza da atividade em causa ou do contexto da sua execução, devendo o objetivo ser legítimo e o requisito proporcional (n. 2) e que são nomeadamente permitidas diferenças de tratamento baseadas na idade, que sejam necessárias e apropriadas à realização de um objetivo legítimo, designadamente de política de emprego, mercado de trabalho ou formação profissional. Trata-se, também neste caso, de uma ideia aflorada nas diretivas comunitárias relativas a esta matéria (n. 6 do artigo 2º da citada Diretiva n. 76/207/CEE, na redação da Diretiva n. 2002/73/CE; n. 1 do artigo 4º da Diretiva n. 2000/78/CE e artigo 4º da Diretiva n. 2000/43/CE).

O essencial deste preceito reside no seguinte: não devem ser qualificados como atos discriminatórios ilícitos os comportamentos distintivos que se justifiquem à luz da relação laboral que se visa constituir e das exigências da sua execução, sempre que o fator distintivo se revele justificável e determinante para a execução do contrato de trabalho. Em todo o caso, importa que o objetivo seja lícito e o requisito proporcional. Por outras palavras, a finalidade subjacente à distinção deve se relacionar com a necessidade de adequar o trabalhador ou o candidato a emprego ao posto de trabalho e à natureza das atividades profissionais em causa, sendo ainda necessário atender aos princípios da proporcionalidade e da adequação: a distinção apenas será lícita quando necessária e adequada à prossecução do objetivo proposto.

Por exemplo: no campo da arte, da moda e do espetáculo, parece relativamente cristalino que não é discriminatória a contratação de mulheres em detrimento de homens (ou vice-versa) quando esteja em causa a organização de uma passagem de modelos para promover roupa feminina (ou, sendo esse o caso, masculina), assim como não é discriminatória a contratação de um ator de determinada etnia tendo em vista representação de uma personagem da mesma origem étnica. No mesmo sentido, parece ser de admitir distinções baseadas no domicílio, na idade, na língua ou na instrução, quando as exigências da atividade profissional o justifiquem, podendo estas mesmas exigências justificar também que uma congregação religiosa limite a admissão de candidatos que pratiquem a religião que a mesma professa ou que um partido político tenha em vista a contratação de trabalhadores que perfilhem a mesma orientação ideológica.

Pela mesma ordem de razões, e agora à luz do número 3 do preceito em apreço, admite-se a diferença de tratamento baseada na idade[798], desde que justificada em função da realização de um objetivo legítimo, como seja em matéria de política de emprego, mercado de trabalho ou formação profissional. Neste caso, a diferença de tratamento poderá ser vista como uma medida de ação positiva, relacionando-se, consequentemente, com o regime do artigo 27º do mesmo diploma, que admite a prática de *medidas de ação positiva.*

Em qualquer caso, o número 4 do preceito em apreço prescreve que as disposições legais ou constantes de instrumentos de regulamentação coletiva de trabalho que justificam estas diferenças de tratamento devem ser avaliadas periodicamente e revistas, na medida em que deixem de se justificar.

Importa, em suma, compatibilizar as exigências decorrentes do princípio da igualdade e da defesa da dignidade humana, por um lado, com a autonomia privada, a liberdade negocial e a liberdade de gestão

(797) Veja-se, a este propósito, GUILHERME DRAY, *O princípio da igualdade no Direito do Trabalho*, cit., e "Autonomia privada e igualdade na formação e execução de contratos individuais de trabalho", *Estudos do Instituto de Direito do Trabalho*, v. I, cit., pp. 21 e ss.

(798) Veja-se, a este propósito, TERESA COELHO MOREIRA, "A discriminação em razão da idade no contexto de uma população envelhecida na U.E.", *Igualdade e Não Discriminação, Estudos de Direito do Trabalho*, Almedina, Coimbra, 2013, pp. 9-78.

empresarial, por outro lado. O que está em causa é a proscrição de discriminações irrazoáveis, arbitrárias e injustificadas, contrárias à dignidade humana. Para além deste reduto intransponível, rege a autonomia privada, no seguinte sentido: no domínio privado, não se deve exigir uma fundamentação racional na escolha do parceiro contratual; aquilo que o princípio da igualdade impõe é a inexistência de práticas discriminatórias lesivas da dignidade humana.

X. O número 5 do artigo 25º consagra, ainda, uma regra geral de inversão do ónus da prova, ao arrepio do regime geral do artigo 342º do Código Civil. Trata-se de uma regra que, antes da entrada em vigor do CT/2003, apenas existia no ordenamento nacional a propósito do princípio da igualdade em função do sexo (artigos 9º do Decreto-lei n. 392/79, de 20 de setembro e 5º da Lei n. 105/97, de 13 de setembro). O preceito em causa, tal como o que lhe correspondia no CT/2003 (artigo 23º, n. 3), vai mais além, no sentido em que estende tal regra a todas as práticas discriminatórias, para além do alcance redutor da igualdade em função do sexo. Trata-se de um preceito, como acima se afirmou, com uma importância extrema: provar que uma exclusão teve por fundamento o sexo, a raça, as convicções religiosas ou políticas do trabalhador lesado constitui um óbice quase intransponível. A utilização das regras gerais em matéria do ónus da prova afigura-se, neste domínio, claramente insuficiente. De resto, tendo em conta que as práticas discriminatórias, como sublinha Teresa Coelho Moreira, são, por regra, realizadas de forma *encoberta*, "*a eficácia de uma legislação antidiscriminatória depende estreitamente do seu regime probatório, estando este, com as suas regras procedimentais, ao serviço da eficácia do direito contra a discriminação*"[(799)]. Assim, à luz deste preceito, cabe ao empregador a prova de que a exclusão ou o tratamento desvantajoso conferido ao trabalhador ou ao candidato a emprego não é irrazoável, arbitrário e discriminatório, tendo uma justificação plausível.

O número 5 em causa, tal como se defendia a propósito do CT/2003, consagra uma regra de inversão do ónus da prova que se aplica às práticas discriminatórias levadas a efeito, quer na formação, quer no decurso do contrato de trabalho. É esse o sentido que deve ser retirado do preceito: por um lado, porque o artigo 25° surge na sequência lógica do artigo 24º, que claramente enuncia a aplicação do princípio da igualdade não apenas no trabalho, mas também no acesso ao emprego; por outro lado, porque é esse o sentido que resulta das diretivas que se relacionam com este preceito, nomeadamente as Diretivas ns. 2000/43/CE (artigo 8º) e 2000/78/CE (artigo 10º). A regra da inversão do ónus da prova aplica-se, pois, não apenas a propósito das condições de trabalho, mas também no acesso ao emprego, à formação e promoção profissionais. De resto, o número 6 do mesmo preceito, ao determinar que "*O disposto no número anterior é designadamente aplicável em caso de invocação de qualquer prática discriminatória no acesso ao trabalho ou à formação profissional ou nas condições de trabalho (...)*", explicita de forma cristalina esta questão, ao estender o regime do ónus da prova às situações de invocação de qualquer prática discriminatória no acesso ao trabalho, à formação profissional e nas condições de trabalho, nomeadamente por motivo de dispensa para consultas pré-natais, proteção da segurança e saúde de trabalhadora grávida, puérpera ou lactante, licenças por parentalidade ou faltas para assistência a menores.

XI. O artigo 26º, sob a epígrafe "*Regras contrárias ao princípio da igualdade e não discriminação*", determina que a disposição de instrumento de regulamentação coletiva de trabalho ou de regulamento interno de empresa que estabeleça profissão ou categoria profissional que respeite especificamente a trabalhadores de um dos sexos considera-se aplicável a trabalhadores de ambos os sexos (n. 1) e que essa mesma disposição que estabeleça condições de trabalho, designadamente retribuição, aplicáveis exclusivamente a trabalhadores de um dos sexos para categoria profissional correspondente a trabalho igual ou a trabalho de valor igual considera-se substituída pela disposição mais favorável aplicável a trabalhadores de ambos os sexos (n. 2)[(800)].

---

(799) Cf. TERESA COELHO MOREIRA, "O ónus da prova em casos de discriminação", *Igualdade e Não Discriminação, Estudos de Direito do Trabalho,* cit., p. 82.

(800) O presente preceito reproduz, no essencial, o disposto no artigo 31º do CT/2003 e no artigo 39º da LECT, que se haviam inspirado no n. 1 do artigo 12º do Decreto-Lei n. 392/79, de 20 de setembro. Neste caso, porém, avançou-se para além do CT/2003, na medida em que as regras de invalidade se aplicam a qualquer disposição contrária ao princípio da igualdade, independentemente do facto de discriminação em causa (n. 2), e não apenas à discriminação em função do sexo, como sucedia no CT/2003.

Do ponto de vista jurídico, a solução em causa assenta, no caso previsto no número 1, na invalidade das cláusulas de natureza discriminatória insertas em instrumentos de regulamentação coletiva de trabalho ou em regulamento interno que estabeleçam profissões e categorias profissionais limitadas a um dos sexos. O desvalor jurídico de tais cláusulas é o da nulidade, circunstância que determina a sua substituição por disposições que abrangem ambos os sexos(801).

A solução é similar, no caso previsto no número 2, mas neste caso quando estejam em causa disposições relativas às condições de trabalho, nomeadamente retributivas.

XII. O artigo 27º do CT, sob a epígrafe "*Medida de ação positiva*", admite expressamente que não se considera discriminação a medida legislativa de duração limitada que beneficia certo grupo, desfavorecido em função de fator de discriminação, com o objetivo de garantir o exercício, em condições de igualdade, dos direitos previstos na lei ou corrigir situação de desigualdade que persista na vida social.

O preceito em apreço consagra a ideia de igualdade enquanto "igualdade de oportunidades", em sentido material. Mais do que a proclamação de uma igualdade formal, assente na asserção clássica de que todos são iguais perante a lei, afirma-se (e incentiva-se) a licitude de medidas de carácter temporário que consagram um tratamento desigual como forma de compensar desigualdades de oportunidades e de tratamento que persistem na vida social. Estão em causa as correntemente denominadas *medidas de ação positiva*, que concretizam a ideia de *discriminação positiva* e que se compreendem no âmbito de um ideal de justiça social, que vê na igualdade não um ponto de partida, mas sim um ponto de chegada.

O preceito em apreço manteve a tendência do CT/2003 em admitir, para além dos casos de discriminação em função do sexo, a adoção de medidas de ação positiva de carácter temporário que beneficiem outros grupos desfavorecidos, nomeadamente em função da capacidade de trabalho reduzida, deficiência ou doença crónica, nacionalidade ou origem étnica. Trata-se de um corolário lógico do artigo 9º, alínea *d*, da CRP, que afirma como incumbência do Estado a promoção "*igualdade real entre os portugueses*"(802).

As medidas de ação positiva de carácter temporário podem ter por escopo quer o *acesso* a profissões ou setores de atividade a trabalhadores do sexo sub-representado, a portadores de deficiência ou doença crónica ou a trabalhadores com capacidade de trabalho reduzida, quer a *ascensão na carreira* em benefício de determinadas categorias de trabalhadores sub-representados em cargos de chefia e de direção. As medidas de ação positiva passam nomeadamente pela realização de ações de formação profissional dirigidas a grupos desfavorecidos ou pela criação de incentivos à sua contratação (por exemplo, através de benefícios em sede de contribuições para a segurança social) de modo a colocá-los no mesmo ponto de partida daqueles que não se integram em camadas desfavorecidas.

A propósito da realização de ações de formação profissional dirigidas a grupos desfavorecidos, importa igualmente atender ao artigo 30º, n. 3, segundo o qual, nas ações de formação profissional dirigidas a profissões exercidas predominantemente por trabalhadores de um dos sexos, deve ser dada, sempre que se justifique, preferência a trabalhadores do sexo com menor representação, bem como, em quaisquer ações de formação profissional, a trabalhadores com escolaridade reduzida, sem qualificação ou responsáveis por famílias monoparentais ou no caso de licença parental ou adoção(803).

---

(801) Vejam-se, a este propósito, o Parecer n. 1/CITE/1985, de 29.11.1985 e o Parecer n. 1/CITE/1987, de 17.2.1987, ambos publicados na edição *Pareceres 1981-1994*, da Comissão para a Igualdade no Trabalho e Emprego, pp. 31 e ss. e 48 e ss.

(802) Recorda-se que o preceito apresenta pontos de contato com os artigos 30º e ss. (*igualdade em função do sexo*), 84º, n. 3 (*trabalhador com capacidade de trabalho reduzida*) e 86º (*trabalhador com deficiência ou doença crónica*) do CT/2009 e inspira-se, nomeadamente, no artigo 141º, n. 4, do Tratado CE e na Diretiva n. 76/207/CEE, de 9 de fevereiro, alterada pela Diretiva n. 2002/73/CE, de 23 de setembro.

(803) Relativamente à criação de sistemas de quotas, recorda-se que o TJUE, em acórdão de 15 de outubro de 1995 (Processo C-450/93, habitualmente conhecido por processo *Kalanke*), considerou ilícito qualquer *sistema rígido de quotas*, concluindo que "*o artigo 2º, números 1 e 4, da Diretiva n. 76/207/CEE do Conselho, de 9 de fevereiro de 1976, opõe-se à aplicação de uma disposição nacional com base na qual as mulheres gozam de um direito de preferência no recrutamento e na promoção, bastando que tenham as mesmas qualificações dos candidatos do sexo masculino e pelo simples facto de se encontrarem em minoria na escala salarial do setor (...)*". A criação de lugares absolutamente reservados para determinadas categorias de pessoas não é aceitável. Em contrapartida, não só são lícitos como se justificam, à luz da ideia de igualdade de oportunidades, os *sistemas flexíveis de quotas*, por força dos quais se atribuem vantagens a determinadas pessoas que integram grupos desfavorecidos de modo a colocá-las no mesmo plano dos demais trabalhadores ou candidatos a emprego, sem, contudo, lhes atribuir um direito de preferência de accionamento automático. Os *sistemas flexíveis*

XIII. O artigo 28º, sob a epígrafe "*Indemnização por ato discriminatório*", determina que a prática de ato discriminatório lesivo de trabalhador ou candidato a emprego confere-lhe o direito a indemnização por danos patrimoniais e não patrimoniais, nos termos gerais de direito.

O preceito em causa corresponde ao já citado artigo 26º do CT/2003, que na altura inovou a este propósito. Torna-se claro, por força deste preceito, que a prática de um comportamento discriminatório gera não apenas responsabilidade contraordenacional, mas também responsabilidade civil, nos termos gerais (*v. g.*, artigos 483º, 496º e 799º do Código Civil).

Manteve-se também, quer no CT/2009, quer após as revisões que o mesmo sofreu, mesmo na de 2012, o âmbito de aplicação alargado deste preceito, constante do CT/2003: o preceito em causa abrange quer os comportamentos discriminatórios praticados *in contrahendo*, nos preliminares da formação do contrato de trabalho, quer aqueles que ocorram na respetiva execução. Em qualquer caso, mesmo quando se trate da aplicação do princípio da igualdade no acesso ao emprego, está em jogo o regime da responsabilidade civil obrigacional — a prática discriminatória surge na sequência de contactos e negociações levados a efeito entre as partes, porventura na sequência de negócios preparatórios ou preliminares — circunstância que acarreta, nomeadamente, o regime de presunção de culpa (artigo 799º do Código Civil) e o da responsabilidade direta por facto de terceiro (artigo 800º, n. 1, do Código Civil). Assim, a prática de uma discriminação ilícita na formação do contrato de trabalho gera responsabilidade civil, criando na esfera jurídica da entidade prevaricadora uma obrigação de indemnização, de natureza pecuniária, que visa tornar *indemne* o trabalhador discriminado, colocando-o na situação em que estaria caso o dano (patrimonial e não patrimonial) não tivesse ocorrido(804).

XIV. O artigo 29º do CT, na esteira do CT/2009, manteve também a inovação trazida pelo artigo 24º do CT/2003 a propósito da proibição do *assédio*, qualificando-o como o comportamento indesejado, nomeadamente o baseado em fator de discriminação, praticado aquando do acesso ao emprego ou no próprio emprego, com o objetivo ou o efeito de perturbar ou constranger a pessoa, afetar a sua dignidade, ou de lhe criar um ambiente intimidativo, hostil, degradante, humilhante ou desestabilizador (n. 1). No mesmo sentido, qualificou o *assédio sexual* como o comportamento indesejado de carácter sexual, sob forma verbal, não verbal ou física, com o objetivo ou o efeito referido no número anterior (n. 2)(805).

O legislador mantém a ideia de que o assédio, *maxime* o assédio sexual, constitui uma forma de discriminação intolerável, seja no acesso ao emprego, seja na execução do contrato de trabalho.

O conceito consagrado no artigo 29º pode assumir várias formas, quanto ao modo como se caracteriza — "(...) *o assédio sexual e o assédio com conotação sexual* (sexual harassement), *em que o comportamento indesejado e com efeitos hostis tem conotação sexual (artigo 24º, n. 2), o assédio moral discriminatório, em que o comportamento indesejado e com efeitos hostis se baseia em qualquer fator discriminatório que não o sexo (artigo 24º, n. 1)* (discriminatory harassement); *e o assédio moral não discriminatório, quando o comportamento indesejado não se baseia em nenhum fator discriminatório mas, pelo seu carácter continuado e insidioso, tem os mesmos efeitos hostis, almejando, em última análise, afastar aquele trabalhador da empresa* (mobbing)"(806).

Em caso de assédio, mantém-se a ideia firmada no CT/2003 — fica legitimada a desobediência do trabalhador relativamente a ordens ou instruções que surjam na sequência e que se compreendam no

---

são pacificamente admitidos pela jurisprudência comunitária — Cf. Acórdão do TJUE de 11 de outubro de 1997 — processo C-409/95, *Marshall* — e de 28 de março de 2000 — Processo C-158/97, George Badeck.

(804) Também neste caso, julga-se que para além de incorrer em responsabilidade civil e contraordenacional, nada mais é exigível ao empregador que exclua ilicitamente um trabalhador do acesso ao emprego. Nomeadamente, não é defensável a inscrição na esfera jurídica do empregador de uma obrigação de admissão do trabalhador ilicitamente excluído — tal solução, para além de juridicamente inviável e de difícil execução, embateria na natureza jurídica da prestação laboral e seria, para além disso, facilmente contornável por parte do agente prevaricador.

(805) O artigo 29º do CT/2009 corresponde ao artigo 24º do CT/2003 que, na altura, foi pioneiro no ordenamento laboral, resultando no essencial da transposição da Diretiva n. 76/207/CEE, de 9 de fevereiro de 1976, com a redação que lhe foi dada pela Diretiva n. 2002/73/CE, de 23 de setembro de 2002. A violação do disposto no presente preceito constitui contraordenação muito grave, à semelhança do que sucedia no artigo 642º, n. 1, do CT/2003.

(806) Cf. MARIA DO ROSÁRIO RAMALHO, *Direito do Trabalho*, II, Coimbra, 2006, p. 148.

âmbito da referida prática. Por outro lado, é questionável a licitude e a validade de qualquer ato que prejudique o trabalhador em consequência de rejeição ou submissão a comportamentos de assédio.

XV. O artigo 30º do CT inaugura a Divisão (III) relativa à "*Igualdade e não discriminação em função do sexo*", contendo uma norma sobre o acesso ao emprego, atividade profissional ou formação. No essencial, determina que a exclusão ou restrição de *acesso a determinada atividade ou à formação profissional* de candidato a emprego ou trabalhador em razão do sexo constitui discriminação em função do sexo (n. 1); que os *anúncios de oferta de emprego* não podem conter, direta ou indiretamente, qualquer restrição, especificação ou preferência baseada no sexo (n. 2)[(807)]; e que e*m ação de formação profissional* dirigida a profissão exercida predominantemente por trabalhadores de um dos sexos deve ser dada, sempre que se justifique, preferência a trabalhadores do sexo com menor representação (n. 3)[(808)].

A criação de uma Divisão especificamente dedicada à igualdade e não discriminação em função do sexo remonta ao CT/2003 e é fácil de explicar — não obstante a Divisão II conter regras gerais em relação à igualdade e não discriminação, que por princípio também abrangeriam a igualdade em função do sexo, a verdade é que do ponto de vista histórico e cultural esta é a forma de desigualdade mais emblemática e que sempre esteve na origem da vanguarda legislativa em torno desta matéria. O legislador optou, assim, por dedicar uma divisão específica a esta forma tradicional de discriminação, a fim de a conter, prevenir e reprimir.

XVI. O artigo 31º, sob a epígrafe "*Igualdade de condições de trabalho*", determina que os trabalhadores não devem ser discriminados em função do sexo, tendo consequentemente direito à igualdade de condições de trabalho, em particular quanto à retribuição (n. 1), segundo o princípio, *para trabalho igual, salário igual* (ns. 2 e 3), estabelecendo-se ainda que as *licenças, faltas* ou *dispensas* relativas à *proteção na parentalidade* não podem fundamentar diferenças na retribuição dos trabalhadores (n. 4) e que os *sistemas de descrição de tarefas e de avaliação de* funções devem assentar em critérios objetivos comuns a homens e mulheres (n. 5)[(809)].

O preceito em apreço procura concretizar os conceitos de *trabalho igual* e de *trabalho de valor igual*, mas vai mais além, na medida em que se prescreve a fórmula pela qual deve ser apurada uma verdadeira e efetiva igualdade de retribuição, de acordo com os critérios elencados nas alíneas *a* e *b* do número 2: as modalidades de retribuição variável devem ser estabelecidas na base da mesma unidade de medida, e a retribuição calculada em função do tempo de trabalho deve ser a mesma.

Em suma, a igualdade retributiva implica a eliminação de qualquer discriminação fundada no sexo em sede de determinação quantitativa da retribuição: o critério de fixação da retribuição variável deve ser idêntico para ambos os sexos e a retribuição do trabalho calculada em função do tempo deve ser igual[(810)].

O número 3 do preceito admite a prática de diferenças retributivas lícitas, quando assentes em critérios objetivos, comuns a homens e mulheres. Admite-se nomeadamente distinções em função do mérito, produtividade, assiduidade ou antiguidade dos trabalhadores. A ideia é clara: excedidas as tabelas salariais mínimas, o empregador, no âmbito do poder de direção, pode estabelecer complementos salariais que

---

(807) A propósito dos anúncios de ofertas de emprego, vejam-se os Pareceres da CITE ns. 2/CITE/95, de 8.2.1995, e 5/CITE/1995, de 27.9.1995, ambos publicados na edição *Pareceres 1995-1996*, da Comissão para a Igualdade no Trabalho e Emprego, pp. 11 e ss. e 25 e ss.

(808) O preceito em apreço corresponde, no essencial, ao artigo 27º do CT/2003 e inaugura uma divisão atinente à igualdade e não discriminação em função do sexo, tida como a mais comum e aquela que historicamente se revela com maior intensidade. No essencial, está em causa a concretização das regras e princípios definidos na divisão anterior, neste particular domínio. A violação do disposto no presente preceito constitui contraordenação muito grave, à semelhança do que sucedia no artigo 642º, n. 1, do CT/2003.

(809) O preceito em apreço corresponde, no essencial, ao artigo 28º do CT/2003, que por sua vez se inspirava nos artigos 2º alíneas *d* e *e* e 9º do Decreto-Lei n. 379/92, de 20 de setembro. Consagra-se o habitualmente denominado princípio *"a trabalho igual, salário igual"*, com consagração expressa no artigo 59º, n. 1 alínea *a* da CRP e no artigo 1º da Diretiva n. 75/117/CEE, de 10 de fevereiro de 1975. A violação do disposto no n. 1 constitui contraordenação muito grave e a violação do disposto no n. 5 constitui contraordenação grave.

(810) Vejam-se, a este propósito, os acórdãos do STJ de 20/01/1993, CJ, 1993, I, p. 238; de 22.9.1993, CJ, III, p. 269; de 8.2.1995, CJ, 1995, I, 267; de 25.6.1997, AD, p. 433-134; e de 25.1.2001, CJ, 2001, I, 283.

distingam os trabalhadores, nomeadamente em função da respetiva produtividade. O que se proscreve, neste domínio, é a consagração de elementos de comparação arbitrários e discriminatórios.

Em qualquer caso, nos termos do número 4 do preceito em apreço, não podem constituir fundamento das diferenciações retributivas as licenças, faltas e dispensas relativas à proteção na parentalidade(811).

XVII. Por fim, ainda a propósito do regime previsto no CT: o artigo 32º(812), sob a epígrafe "*Registo de processos de recrutamento*", obriga o empregador a manter durante cinco anos o registo dos processos de recrutamento efetuados(813).

Trata-se de uma obrigação não apenas de registo, como de manutenção do mesmo, pelo prazo de 5 anos, quanto a processos de recrutamento de trabalhadores, com desagregação por sexo. No essencial, visa-se prevenir, por um lado, a prática de atos discriminatórios em função do sexo e, por outro lado, facultar à Administração do Trabalho e aos trabalhadores que se considerem lesados por atos discriminatórios instrumentos que lhes permitam atuar judicialmente e em sede contraordenacional em caso de prática de ato discriminatório.

XVIII. Do exposto, parece claro que se pode concluir que o princípio da igualdade e não discriminação, para além de positivado na Constituição, se encontra francamente concretizado no Código do Trabalho no que diz respeito à igualdade no acesso ao emprego e nas condições de trabalho, quer quanto ao princípio da igualdade em sentido formal, no domínio da proibição de discriminações e da abolição de privilégios, quer quanto ao princípio da igualdade em sentido material, enquanto igualdade de oportunidades que permite e reclama a adoção de medidas de ação positivas.

O princípio da igualdade afirmou-se, pois, como um dos mais importantes e emblemáticos princípios do subsistema juslaboral.

O Acórdão do Supremo Tribunal de Justiça, de 22 de outubro de 2003(814), que se pronunciou sobre uma hipótese de cessação do contrato de trabalho em regime de comissão de serviço por razões de natureza político-partidária, espelha bem este estado de evolução e a necessidade de o subsistema laboral respeitar, em sede de legislação ordinária, o princípio constitucional da igualdade — "*(...) o princípio da igualdade assume relevância, por um lado, na forma de igualdade formal ou igualdade perante a lei (artigo 13º, n. 1,* in fine*) e, por outro lado, na forma de igualdade através da lei. Na primeira forma, implica a proibição de discriminações ilegítimas por via da lei (proibição do arbítrio legislativo, de tratamento diferenciado injustificado); na segunda forma, o princípio da igualdade obriga o legislador a concretizar as imposições constitucionais dirigidas à eliminação das desigualdades fáticas impeditivas do exercício de alguns direitos fundamentais (discriminações positivas através da lei e deveres de atuação legislativa). O princípio da igualdade vincula o legislador (...). Apesar de o legislador gozar de uma ampla margem de discricionariedade — não de arbitrariedade — o princípio da igualdade implica, em sentido material, a proibição de diferenciações não justificáveis racionalmente à luz dos valores constitucionais; quaisquer diferenciações só são admissíveis se fundadas positivamente em critérios de merecimento constitucional (...). Deste modo, não só a lei está subordinada à Constituição, por efeito do princípio da hierarquia das normas, como também o legislador ordinário está adstrito à rigorosa observância dos princípios constitucionais na regulamentação legal de quaisquer sistemas setoriais*".

---

(811) Veja-se, a este propósito, Guilherme Dray, anotação ao artigo 65º do Código do Trabalho, *Código do Trabalho Anotado*, 9ª ed., cit., pp. 230-231. A propósito dos prémios de assiduidade, em particular, importa igualmente ter em consideração o acórdão do Pleno do STJ, n. 16/96 (*in* DR, I-A, de 4 de dezembro de 1996) que considerou que o não pagamento de prémios de assiduidade a trabalhadores que tenham incorrido em faltas justificadas constitui uma violação do princípio da igualdade. Trata-se de uma solução que deve ser transposta, também, para as ausências das trabalhadoras grávidas, puérperas e lactantes, relativamente às licenças, faltas e dispensas a que se refere o artigo 50º do Código do Trabalho.

(812) O presente preceito corresponde, no essencial, ao artigo 40º da LECT, que regulamentava o CT/2003, o qual por sua vez correspondia ao artigo 6º da Lei n. 105/97, de 13 de setembro.

(813) Os elementos que constam da obrigação de registo, os termos do citado artigo 32º, são os seguintes: *a) Convites para o preenchimento de lugares; b) Anúncios de oferta de emprego; c) Número de candidaturas para apreciação curricular; d) Número de candidatos presentes em entrevistas de pré-seleção; e) Número de candidatos aguardando ingresso; f) Resultados de testes ou provas de admissão ou seleção; g) Balanços sociais relativos a dados que permitam analisar a existência de eventual discriminação de pessoas de um dos sexos no acesso ao emprego, formação e promoção profissionais e condições de trabalho.*

(814) O aresto em apreço pode ser consultado em: <http://www.dgsi.pt/jstj.nsf/>.

A igualdade e não discriminação é, em suma, um dos mais importantes valores do Direito do trabalho da atualidade.

E a jurisprudência sobre a matéria é, hoje em dia, uma jurisprudência amadurecida, que atesta bem a consolidação do tema e a sua sedimentação enquanto valor axiológico do sistema laboral[(815)].

2.3. Liberdade de trabalho

I. A liberdade é absolutamente decisiva para o livre desenvolvimento da personalidade, para a dignificação da pessoa e é uma pedra angular do sistema de valores da ordem jurídica, nos termos acima assinalados. É, igualmente, uma pedra angular do nosso sistema constitucional, que marca forte presença na nossa Constituição, afirmando-se a este propósito a ideia de liberdade pessoal — vejam-se os artigos 24º e ss. (Direitos, liberdades e garantias pessoais), nos quais se consagram os direitos à vida (24º), à integridade pessoal, moral e física (25º), à identidade pessoal, ao desenvolvimento da personalidade, à capacidade civil, à cidadania, ao bom nome e reputação, à imagem, à palavra, à reserva da intimidade da vida privada e familiar e à proteção legal contra quaisquer formas de discriminação (26º), à liberdade e segurança (27º), à inviolabilidade do domicílio e da correspondência (34º), à constituição da família e ao casamento em condições de plena igualdade (36º), à liberdade de expressão e informação (37º), à liberdade de consciência, de religião e de culto (41º), à liberdade de associação (46º) e à liberdade de escolha de profissão e acesso à função pública (47º).

A contratação do trabalhador assenta, consequentemente, no "princípio da liberdade de trabalho": liberdade individual do trabalhador em escolher com quem quer trabalhar e liberdade do empregador em escolher os seus colaboradores[(816)]. Trata-se de um dado axiológico.

II. A liberdade constitucional de trabalho e de profissão (artigos 47º e 59º) apenas se compreende quando conjugada com outros direitos, garantias e incumbências do Estado, nomeadamente com a liberdade de aprender (artigo 43º), com a liberdade de deslocação e de permanência no território nacional (artigo 44º) e com a liberdade, positiva e negativa, de associação profissional (artigo 46º). No mesmo sentido, do ponto de vista institucional, relaciona-se com o direito de constituição de comissões de trabalhadores e com a liberdade sindical (artigos 54º e 55º). Quanto ao conteúdo da liberdade de trabalho e profissão propriamente dita, sendo um dos clássicos direitos fundamentais das pessoas, ela abrange um "sentido genérico ou primário" e um "sentido qualificado".

O "sentido genérico", consiste na liberdade de trabalho em sentido amplo, que compreende a liberdade de escolha e de exercício de qualquer género de profissão ou modo de trabalho que não seja considerado ilícito pela lei penal e a interdição de trabalho obrigatório. O "sentido qualificado" da liberdade de trabalho consubstancia-se, por sua vez, na liberdade de escolha de profissão e na liberdade de exercício de profissão, devendo qualquer uma delas ser realizadas sem impedimentos nem discriminações[(817)].

III. O Direito ao trabalho passa assim, inapelavelmente, pela tutela da liberdade de trabalho, entendida esta como a faculdade, atribuída a cada um, de livre acesso e escolha da profissão.

Assim, um direito fundamental que tinha como único destinatário o Estado passa, também, a ser aplicável às relações entre privados, de forma a salvaguardar a posição dos particulares contratados (trabalhadores) contra o poderio económico-social dos respetivos empregadores, nomeadamente como forma de precaver que estes imponham como condição de celebração de um contrato de trabalho a introdução de uma cláusula limitativa da liberdade de trabalho, usualmente denominada por "pacto de não concorrência".

---

(815) Veja-se, a este propósito, MARIA PAULA MOREIRA SÁ FERNANDES, RUI ANTÓNIO MARTINS DA ROCHA e MAGDA CERQUEIRA, *22 Anos de Jurisprudência Portuguesa sobre Igualdade Laboral em Razão do Sexo (1979-2001)*, Comissão para a Igualdade no Trabalho e Emprego, Lisboa, 2006, que abarca jusrisprudência dos tribunais judiciais (pp. 19-500) e do Tribunal Constitucional (pp. 500-637).

(816) Cf. JEAN PÉLISSIER/ALAIN SUPIOT/ANTOINE JEAMMAUD, *Droit du Travail*, cit., p. 363.

(817) Cf. JORGE MIRANDA e RUI MEDEIROS, *Constituição Portuguesa Anotada*, cit., anotação ao artigo 47º, pp. 472-479.

§ 2º DIREITOS PESSOAIS DE CIDADANIA DO TRABALHADOR: DIREITOS DE PERSONALIDADE E DIREITOS FUNDAMENTAIS

1. Direitos de personalidade do trabalhador

1.1. O regime geral dos direitos de personalidade previsto no Código do Trabalho

I. A matéria dos direitos de personalidade, sendo conexa com a da proteção da dignidade do trabalhador, apresenta especificidades próprias, no domínio laboral.

Trata-se, em todo o caso, de um corolário daquela ideia de proteção da dignidade[(818)] e que joga com elementos tão importantes como a proteção da reserva da intimidade da vida privada, a liberdade de expressão no local de trabalho ou a proteção do trabalhador contra mecanismos de controlo a distância com recurso a meios tecnológicos.

A proteção dos direitos de personalidade do trabalhador insere-se na visão atualista do Direito do trabalho e é um dos mais importantes valores prosseguidos por este ramo do Direito[(819)] — acima de tudo, ela inscreve-se na ideia segundo a qual o trabalhador é, simultaneamente, um cidadão, cujos direitos de personalidade importa acautelar[(820)]. Mais do que um ramo do Direito que visa a proteção dos "pobrezinhos", o Direito do trabalho deve caminhar no sentido da proteção do trabalhador enquanto cidadão que presta a sua atividade, em regime de subordinação jurídica, perante o empregador. Deve caminhar, como afirma Giancarlo Perone, não como um ramo do Direito que apenas atua "*ditado pelo interesse de assistir a intrínseca fragilidade do trabalhador (...) que pode restar exposto ao exercício dos poderes arbitrários do empregador*", mas como um ramo do Direito "*voltado a tutelar a condição subjetiva do trabalhador (...), chamando a atenção (...) para uma série de direitos a ele devidos, independentemente da qualidade de parte em uma relação de trabalho*"[(821)].

O Direito do trabalho pode, pois, numa nova abordagem "pós-industrial", afirmar-se como um *direito personalista* ou, como afirma Humberto Podetti, como um "*derecho personalista del trabajo*", que vê o trabalhador, não enquanto parente pobre de uma relação jurídica, mas enquanto cidadão pleno, que atua com liberdade e que deve ver os seus direitos de personalidade salvaguardados, mesmo no âmbito da unidade produtiva em que presta a sua atividade[(822)].

E a razão é simples: como sublinha João Leal Amado, a "*força de trabalho é uma qualidade inseparável da pessoa do trabalhador, o que supõe um profundo envolvimento da pessoa deste na execução, em moldes heterodeterminados, daquele contrato. Destarte, ao alínear a sua força de trabalho, o trabalhador alínea-se, de algum modo, a si próprio*". Ora isto impõe que "*o Direito, não obstante apreenda a relação laboral como uma relação patrimonial de troca trabalho-salário, sujeite tal relação a um regime especial relativamente ao regime comum das relações patrimoniais (o Direito das obrigações)*"[(823)].

E no domínio juslaboral, como afirma Mazzoni, os direitos de personalidade têm um importante papel a desempenhar, tendo como "*scopo principale la difesa della personalità dei lavoratori*"[(824)].

II. Como já foi anteriormente afirmado, o Código do Trabalho português de 2003, subsequentemente revisto em 2009 e em 2012, criou, como acima se afirmou, uma Subsecção especificamente dedicada aos

(818) Cf. MONTOYA MELGAR, *Derecho del Trabajo,* cit., p. 314.
(819) Cf. MENEZES CORDEIRO, *Tratado de Direito Civil,* I, 4ª ed., reformulada e atualizada, cit., p. 314.
(820) Cf. JÚLIO VIEIRA GOMES, *Direito do Trabalho,* v. I, cit., p. 265.
(821) Cf. GIANCARLO PERONE, *"Direitos do trabalhador como indivíduo. Os direitos sociais", Os Novos Paradigmas do Direito do Trabalho (homenagem a Valentin Carrion),* RITA MARIA SILVESTRE/AMAURI MASCARO NASCIMENTO (coord.), Editora Saraiva, São Paulo, 2001, pp. 60 e ss.
(822) Cf. HUMBERTO PODETTI, *"Los Principios del Derecho del Trabajo"*, obra disponível na internet, em <www.biblio.juridicas.unam.mx/libros/1/139/11.pdf> (acesso em julho de 2013), p. 146.
(823) Cf. JOÃO LEAL AMADO, *Contrato de Trabalho,* 2ª ed., cit., pp. 14-15.
(824) Cf. GIULIANO MAZZONI, *Manuale di Diritto del Lavoro,* 6ª ed., cit., p. 121.

direitos de personalidade, que foi inovadora no ordenamento laboral nacional(825). Trata-se de um regime especial, relativamente ao consagrado nos artigos 70º e ss. do Código Civil, *supra* analisado, mas que não deixa de ter pontos de contacto com o mencionado regime civil.

A matéria dos direitos de personalidade é determinante, numa lógica de proteção da dignidade humana. O Direito do trabalho não podia permanecer à margem desta lógica de proteção da pessoa e dos bens que diretamente lhe dizem respeito, quando é certo que o seu princípio orientador é o "princípio da proteção do trabalhador". Pelo contrário, as especificidades deste ramo do Direito não só justificavam, como aconselhavam a consagração de um regime autónomo no domínio dos direitos de personalidade. A razão é simples de enunciar: a situação jurídico-laboral põe em confronto os interesses das partes contratuais de forma manifesta e vincada; na esfera jurídica do empregador, eleva-se a desiderato principal a salvaguarda dos interesses da empresa, mediante o recurso a instrumentos de gestão dinâmicos e flexíveis; na esfera do trabalhador, joga-se fundamentalmente com a tutela dos respetivos interesses pessoais e patrimoniais, com a segurança no emprego, a garantia salarial e a conciliação entre a vida profissional e a vida privada. Mais do que qualquer outra situação jurídica relativa, a relação jurídico-laboral atinge de forma particularmente significativa a esfera privada e a dignidade do trabalhador, que empresta parte da sua vida ao cumprimento do contrato de trabalho. E, na exata medida em que a disponibilização da força de trabalho implica sempre uma restrição da personalidade, importa acautelar que esta não é excessiva, em especial, como sublinha Luís Menezes Leitão, em relação ao trabalhador, "*a parte mais fraca da relação*", de forma a "*evitar tratamentos vexatórios e humilhantes, que podem lesar gravemente a sua personalidade*"(826).

Por outras palavras, como sustenta Maria do Rosário Ramalho, o envolvimento da personalidade do trabalhador no vínculo laboral, conjugado com o caráter continuado da situação jurídica e com o grau de indeterminação da prestação do trabalho, torna "*particularmente vulneráveis os direitos de personalidade do trabalhador na vigência do contrato*"(827), razão pela qual, consequentemente, havia que acautelar esta matéria, através de uma particular proteção destes direitos no domínio da situação jurídica laboral.

Não fazia sentido, em suma, que precisamente neste domínio não existissem previsões normativas específicas especialmente concebidas para garantir a proteção dos direitos de personalidade, em especial do trabalhador, enquanto contraente mais débil: o direito à reserva da intimidade da vida privada, à liberdade ideológica e de expressão, entre outros, estão conexos com a tutela da dignidade do trabalhador(828) e são essenciais à configuração de um Direito do trabalho moderno e atual.

III. O Direito do trabalho, como se viu, desde a famosa "Questão Social", sempre avançou gradualmente no sentido da limitação das arbitrariedades e do poder de direção do empregador: numa primeira fase através da imposição de limites à jornada do trabalho, da proscrição do trabalho infantil e da proteção das trabalhadoras grávidas; mais tarde, no sentido da proteção do emprego e das limitações ao despedimento, bem como no do reforço dos direitos de participação coletiva. Importava, agora, atender a novos problemas, mais sofisticados, próprios da sociedade laboral atual, em que o exercício dos poderes patronais lança mão da ciência e da tecnologia para efeitos de controlo e gestão da unidade produtiva. A panóplia de meios suscetíveis de atingir a esfera privada e a dignidade dos trabalhadores alargou-se. O desenvolvimento da informática, a utilização e manuseamento de tecnologias de informação e de comunicação, o incremento e utilização de técnicas de captação e armazenamento de imagens e de dados pessoais, bem como a utilização da ciência médica para efeitos de realização de testes ou exames destinados a despistar doenças infectocontagiosas ou o consumo de drogas e de álcool por parte do trabalhador, tornaram-se uma constante, a tal ponto que, para alguns, as novas tecnologias de informação e comunicação criaram "*um Admirável Mundo Novo do trabalho*"(829).

---

(825) Veja-se, a este propósito, a "Exposição de Motivos" da Proposta do Código do Trabalho de 2003.
(826) Cf. LUÍS MENEZES LEITÃO, *Direito do Trabalho*, cit., p. 131.
(827) Cf. MARIA DO ROSÁRIO RAMALHO, *Direito do Trabalho, Parte II*, cit., p. 429
(828) Cf. MONTOYA MELGAR, *Derecho del Trabaljo*, cit., p. 314.
(829) Cf. TERESA COELHO MOREIRA, "As novas tecnologias de informação e comunicação": um Admirável Mundo Novo do trabalho?", *Estudos de Homenagem ao Prof. Doutor Jorge Miranda*, v. VI, Edição da Faculdade de Direito da Universidade de Lisboa, Coimbra Editora, Coimbra, 2012, pp. 953-973.

Foi neste contexto que o Código do Trabalho consagrou expressamente direitos de personalidade especificamente aplicáveis à relação laboral, prescindindo-se por esta via de eventuais esquemas de transposição direta ou indireta de preceitos constitucionais e de regras ou princípios do Direito Civil. Trata-se, pois, de um avanço, que importa registar[(830)].

Por outras palavras, "*a instituição de um dever de respeito pelos direitos de personalidade (...) apresenta-se como essencial às modernas concepções da relação jurídico-laboral*"[(831)]. Ao incluir no Código do Trabalho um conjunto de direitos de personalidade que visam, acima de tudo, a proteção do trabalhador, o legislador assume, como defende Júlio Vieira Gomes, que os direitos de personalidade são mais do que meros limites externos aos poderes do empregador — eles assumem-me como verdadeiros limites internos, que exigem a proteção do trabalhador em todos os domínios da sua pessoa, quer físicos, quer quanto à sua dignidade[(832)].

IV. De entre os direitos de personalidade previstos no CT/2003, destacam-se a *liberdade de expressão e de opinião* no local de trabalho (artigo 15º), o *direito à reserva da intimidade da vida privada* (artigo 16º), o *direito à integridade física e moral* (artigo 18º), que compreende o regime relativo à realização de testes e exames médicos (artigo 19º) e o *direito de reserva e confidencialidade* relativamente ao conteúdo das mensagens de natureza pessoal e acesso à informação de carácter não profissional que o trabalhador envie, receba ou consulte, nomeadamente através do correio eletrónico (artigo 21º). Para além deste articulado, importa igualmente ter em atenção o regime atinente à utilização de *meios de vigilância a distância* (artigo 20º, na altura regulamentado pelo artigo 28º da LECT), bem como o do *tratamento de dados biométricos* (artigo 27º da referida LECT).

V. Os preceitos que integravam esta Subsecção do CT/2003 e que no essencial se mantêm inalterados no actual CT consagram um conjunto meramente indicativo de direitos de personalidade: à semelhança do que sucede nos artigos 71º e seguintes do Código Civil, supracomentados, enunciam-se apenas os direitos de personalidade que à partida aparentam ter uma maior projeção na relação de trabalho. Nessa medida, sempre que tal se justifique, os preceitos em apreço devem ser conjugados (e complementados) a dois níveis:

a) Por um lado, deve atender-se aos direitos de personalidade positivados na Constituição (artigos 26º e ss.), bem como, sempre que esteja em causa a sua aplicação, ao artigo 18º, n. 2, da Lei Fundamental — a compressão dos direitos de personalidade deve limitar-se ao necessário para salvaguardar outros direitos ou interesses constitucionalmente protegidos, segundo critérios de proporcionalidade e de adequação;

b) Por outro lado, importa ter em consideração o regime da tutela geral da personalidade e os direitos especiais de personalidade previstos no Código Civil (artigos 70º e 71º e ss.), bem como com o regime da limitação voluntária dos direitos de personalidade consagrado no artigo 81º deste último diploma.

VI. O regime dos direitos de personalidade positivado no Código do Trabalho pode, assim, como oportunamente tivemos a oportunidade de enunciar[(833)], ser sinteticamente caracterizado da seguinte forma:

---

(830) Relativamente à tutela pessoal do trabalhador, em especial no ordenamento jurídico nacional, veja-se, nomeadamente, MENEZES CORDEIRO, "O respeito pela esfera privada do trabalhador", *I Congresso Nacional de Direito do Trabalho*, Almedina, Coimbra, 1998, pp. 20 e ss., e "A liberdade de expressão do trabalhador", *II Congresso Nacional de Direito do Trabalho*, Almedina, Coimbra, 1999, pp. 24 e ss.; JOSÉ JOÃO ABRANTES, "Contrato de trabalho e direitos fundamentais", *II Congresso Nacional de Direito do Trabalho*, Almedina, Coimbra, 1999, pp. 105 e ss., *Contrat de travail et droits fondamentaux — contibution à une dogmatique commune européenne, avec référence spéciale au droit allemand e tau droit portugais*, Frankfurt am Main, 2000, e "O novo Código do Trabalho e os direitos de personalidade do trabalhador", *Centro de Estudos Judiciários/Inspecção Geral do Trabalho* (org.), *A Reforma do Código do Trabalho*, pp. 161-171, Coimbra Editora, Coimbra, 2004; MARIA DO ROSÁRIO RAMALHO, "Contrato de trabalho e direitos fundamentais", *Estudos em Homenagem à Professora Doutora Isabel de Magalhães Collaço*, Volume II, Almedina, Coimbra, 2002, pp. 393-417; MARIA REGINA REDINHA, "Os direitos de personalidade no Código do Trabalho: actualidade e oportunidade da sua inclusão", *Centro de Estudos Judiciários/Inspecção Geral do Trabalho* (org.), *A Reforma do Código do Trabalho*, pp. 161-171, Coimbra Editora, Coimbra, 2004.

(831) Cf. LUÍS MENEZES LEITÃO, *Direito do Trabalho*, cit., p. 131.

(832) Cf. JÚLIO VIEIRA GOMES, *Direito do Trabalho*, v. I, cit., pp. 267-268.

(833) Cf. Guilherme Dray, anotação (VIII) ao artigo 14º do Código do Trabalho, *Código do Trabalho Anotado*, 8ª ed., cit., pp. 145 e ss., cujos traços essenciais seguimos a propósito das características do regime dos direitos de personalidade positivado no Código do Trabalho.

1º Trata-se de um *regime recente*, que, ao contrário da maioria das matérias acolhidas no Código do Trabalho, não constitui um ponto de chegada, próprio de uma codificação, mas sim um ponto de partida, que carece de ser sedimentado a nível doutrinário e jurisprudencial. A novidade da regulação, a circunstância de se tratar de matéria que apela à tutela da dignidade humana e à proteção dos direitos de personalidade, a ausência de conceitos rígidos e o recurso a conceitos indeterminados, determinam, em conjunto, que exista aqui um largo espaço para a concretização e para a sedimentação desta matéria, tendo sempre como pano de fundo a ideia estruturante do sistema, consistente na proteção dos direitos de personalidade do trabalhador e da reserva da intimidade da sua vida privada. Mais do que isso: ao positivar um regime de direitos de personalidade específicos da relação laboral, o Direito do trabalho revela, aqui, a sua função, na expressão de Júlio Vieira Gomes, "*de reconhecimento ou de batedor*" — tratando-se de um ramo de direito que é frequentemente o primeiro ou um dos primeiros a debater-se com uma realidade económica e produtiva em constante evolução, ele é, também, não raras vezes, o primeiro a ser confrontado com novos perigos e a procurar novas soluções e respostas para os mesmos[(834)];

2º Trata-se, em segundo lugar, de um regime que visa, acima de tudo, a proteção dos direitos de personalidade do trabalhador, mas que não esquece por outro lado que tais princípios não são absolutos, podendo nalguns casos e segundo princípios de necessidade, adequação valorativa e proporcionalidade, ser limitados, nomeadamente quando embatam no princípio da liberdade de gestão empresarial;

3º Trata-se, ainda, de um regime que, ao implicar a articulação de dois princípios tendencialmente opostos (*proteção do trabalhador* e *liberdade de gestão empresarial*) é, por natureza, avesso à positivação de previsões normativas rígidas. A razão é simples: tratar-se-ia de tarefa impossível saber e definir à partida, através de conceitos jurídicos rígidos, em que casos e em que circunstâncias é que se admite, por exemplo, que o empregador possa, a título excecional (e segundo os aludidos princípios da proporcionalidade, necessidade e adequação valorativa) solicitar ao trabalhador informações relacionadas com a sua vida privada na medida em que estas sejam relevantes para efeitos da execução do contrato de trabalho (artigo 17º); ou solicitar informações relacionadas com as respetivas condições físicas ou psíquicas, quando esteja em causa a proteção do trabalhador ou de terceiros (artigo 19º); no mesmo sentido, seria tarefa impossível definir, à partida, em que casos e circunstâncias é que o empregador pode utilizar, a título excecional, meios de vigilância a distância (artigo 20º). O recurso a conceitos indeterminados, para além de necessário, é útil: possibilita o avanço da ciência jurídica e garante mobilidade ao sistema;

4º Trata-se, também, de um regime abrangente, quanto ao seu âmbito de aplicação, dado que se aplica, quer aos preliminares da *formação* do contrato (garantindo, nomeadamente, a proteção do candidato a emprego — artigos 17º e 19º), quer à *execução* do contrato, garantindo a proteção dos trabalhadores em geral (artigos 15º a 22º) e de algumas categorias de trabalhadores em especial (*v. g.*, teletrabalhador — artigo 170º e trabalhador no domicilio — artigo 4º da Lei n. 101/2009, de 8 de setembro); quer à própria *cessação* do contrato, no domínio da ilicitude do despedimento, quer quanto à determinação do valor da indemnização, quer quanto à possibilidade de substituição da indemnização pela reintegração a pedido do empregador (artigos 391º e 392º, n. 2);

5º Trata-se, por fim, de um regime que, na exata medida em que resulta do "princípio da proteção do trabalhador", se articula com matérias que lhe são afins, nomeadamente com a aplicação do regime da igualdade e não discriminação e com a proscrição do assédio, previstos nos artigos 23º e ss. do Código do Trabalho. A aplicação do regime dos direitos de personalidade implica, em termos sistemáticos, que se tenha em consideração o regime da igualdade e não discriminação. A não contratação de um candidato a emprego, ou o despedimento de um trabalhador, por força de razões que se prendem com a sua vida privada (o seu estado de saúde, os seus hábitos de vida, os seus vícios, a sua vida afetiva ou sexual, as suas crenças e religião, a sua ideologia, as suas convicções político-partidárias) consubstanciam à partida atos ilícitos, não só por serem contrários aos direitos de personalidade positivados na lei, mas também por serem irrazoáveis, arbitrários e contrários, enquanto tal, ao princípio da igualdade.

VI. Em suma, o Código do Trabalho garante a tutela dos direitos de personalidade, quer do candidato a emprego, quer do trabalhador; a tutela em apreço abrange, quer os *preliminares* da formação contratual, quer a *execução* do mesmo, quer o regime da *cessação* do contrato, envolvendo a generalidade dos trabalhadores, bem como algumas categorias de trabalhadores (ou quase trabalhadores) em especial (*v. g.*, teletrabalhadores e trabalhadores no domicílio); o Código admite, contudo, a limitação de alguns

(834) Cf. JÚLIO VIEIRA GOMES, *Direito do Trabalho*, v. I, cit., p. 268.

direitos de personalidade, sendo certo que a limitação dos mesmos obedece a requisitos substantivos (tal limitação só é possível nalguns casos excecionais e segundo princípios de necessidade, proporcionalidade e adequação), requisitos formais (*v. g.*, a entrega da respetiva fundamentação ao trabalhador, por escrito) e requisitos relativos aos procedimentos a seguir (exigindo-se, nalguns casos, a intervenção de um médico e, noutros, quanto ao tratamento de dados pessoais, a intervenção da Comissão Nacional de Proteção de Dados).

VIII. O regime do positivado no CT/2009 e que se mantém no CT em vigor, pouco inovou em relação ao CT/2003: no essencial, foram apenas introduzidos no CT/2009 alguns ajustamentos (que se mantiveram, nomeadamente após as revisões do Código levadas a efeito pelas Leis ns. 23/2012 e 69/2013) em termos de sistematização, assim como foi importado para o Código do Trabalho, quer o regime do tratamento de dados biométricos, que constava do artigo 27º da LECT e que passou a constar do artigo 18º do CT/2009 quer, quanto ao regime da utilização de meios de vigilância a distância, a parte regulamentar que constava do artigo 28º da LECT (que exigia uma autorização prévia da Comissão Nacional da Proteção de Dados) e a forma através da qual deve ser cumprido o dever de informação quanto à existência de meios de vigilância a distância que envolvam a utilização de circuitos fechados de televisão, através da afixação de determinados dizeres, que constava do artigo 29º da LECT e que passou a contar do próprio artigo 20º do CT/2009, mantendo-se no atual CT.

1.2. Os direitos de personalidade especificamente positivados no Código do Trabalho

I. O artigo 14º do Código do Trabalho[(835)] dispõe acerca da "*liberdade de expressão e de opinião*" [(836)]. Sendo durante muito tempo um tema ignorado no Direito do trabalho[(837)], a liberdade de expressão e de opinião no âmbito da empresa constitui, hoje, uma condição necessária à tutela da dignidade do trabalhador[(838)]. A circunstância de o trabalhador se obrigar a prestar uma atividade sob as ordens e direção de outrem em regime de subordinação jurídica não significa que lhe esteja vedada a possibilidade de expor e divulgar livremente no local de trabalho o seu pensamento e opinião acerca de múltiplos aspetos da vida social, como se de um normal cidadão se tratasse. O presente artigo admite, nomeadamente, que um trabalhador possa expor livremente as suas ideias e opiniões políticas no local de trabalho — quer sobre o desempenho laboral ou a gestão da empresa, quer sobre aspetos exteriores à mesma —, que nele possa ostentar emblemas alusivos a um determinado candidato ou partido político ou que possa afirmar livremente as suas convicções ou preferências religiosas, sindicais, de clube ou culturais[(839)(840)].

A liberdade de expressão e de opinião no local de trabalho não é, todavia, absoluta e ilimitada: a segunda parte do preceito determina que a referida situação de vantagem cessa na medida em que do

(835) Iremos, de seguida, recuperar o essencial das anotações que oportunamente fizemos aos artigos 14º a 22º do Código do Trabalho, em PEDRO ROMANO MARTINEZ; LUÍS MIGUEL MONTEIRO; JOANA VASCONCELOS; PEDRO MADEIRA DE BRITO; GUILHERME DRAY e LUÍS GONÇALVES DA SILVA, *Código do Trabalho Anotado,* 9ª ed., cit., pp. 141-166.

(836) O artigo 14º do CT corresponde, integralmente, ao artigo 15º do CT/2003, que havia inovado a este propósito. Apresenta pontos de contacto com o artigo 37º da Constituição e afinidades com o artigo 1º do *Statuto dei Lavoratori* (Itália) e o artigo L 120.2 do *Code du Travail* (França).

(837) Cf. JÚLIO VIEIRA GOMES, *Direito do Trabalho,* v. I, cit., pp. 272-288.

(838) Veja-se, a este propósito, GEORGES DOLE, *La liberte d´opinion et de conscience en Droit Comparé du Travail. Union Européenne.* I — *Droit Européen et Droit Français,* LGDC, Paris, 1997; ANTOINE LYON-CAEN/ISABELLE VACARIE, *Droits fondamentaux et Droit du Travail,* Mélanges Verdier, Dalloz, Paris, 2001, pp. 420 e ss.; e RENATO SCONAMIGLIO, *Diritto del Lavoro,* Laterza, Roma, 2005, pp. 348 e ss.

(839) Cf. LUÍS MENEZES LEITÃO, *Direito do Trabalho,* cit., p. 132. Veja-se também, sobre a mesma matéria, MENEZES CORDEIRO, "A liberdade de expressão do trabalhador", *II Congresso Nacional de Direito do Trabalho. Memórias,* Almedina, Coimbra, 1999, pp. 16-37; MARIA DO ROSÁRIO RAMALHO, *Direito do Trabalho, Parte II,* cit., pp. 428-429, e *Tratado de Direito do Trabalho, Parte I, Dogmática Geral,* cit., pp. 389-390; JÚLIO GOMES, *Direito do Trabalho,* I, pp. 272 e ss.; e PEDRO ORTINS BETTENCOURT, "Controle patronal e limitação dos direitos de personalidade", *Minerva, Revista de Estudos Laborais do Instituto Lusíada de Direito do Trabalho,* ano 1 (2002), Almedina, Coimbra, 2002, pp. 127-136.

(840) Veja-se a nossa anotação ao artigo 14º do Código do Trabalho, em PEDRO ROMANO MARTINEZ; LUÍS MIGUEL MONTEIRO; JOANA VASCONCELOS; PEDRO MADEIRA DE BRITO; GUILHERME DRAY e LUÍS GONÇALVES DA SILVA, *Código do Trabalho Anotado,* 9ª ed., cit., pp. 141 a 150.

seu exercício resulte a ofensa dos direitos de personalidade de outros sujeitos laborais ou quando o mesmo seja suscetível de afetar o normal funcionamento da empresa. Assim, não será lícito ao trabalhador, por exemplo, em nome da liberdade de expressão e de opinião, injuriar ou difamar um colega de trabalho, o empregador ou quem o represente, assim como não gozarão de cobertura legal quaisquer manifestações coletivas ou individuais de trabalhadores no local e tempo de trabalho que perturbem o processo produtivo e o normal funcionamento da empresa. No mesmo sentido, não será admissível ao trabalhador que suspenda a sua prestação de trabalho para falar ou discursar sobre política[(841)]. Tratar-se-á, em tais casos, de comportamentos ilícitos, com relevância disciplinar[(842)]. A invocação da liberdade de expressão e de opinião, nestes casos, como causa de exclusão da ilicitude, consubstancia uma hipótese típica de abuso do direito (artigo 334º do Código Civil). O próprio artigo 37º, n. 3, da Constituição, de resto, admite a possibilidade de serem cometidas infrações no exercício do direito em causa. Em qualquer caso, o nosso ordenamento jurídico parte da ideia da liberdade de expressão como regra, impondo-lhe, depois particulares limites[(843)].

No mesmo sentido e no que diz respeito às denominadas "empresas ideológicas", ou cuja atividade é indissociável de um determinado postulado ideológico (partidos políticos, instituições religiosas, sindicatos, etc.), quando os trabalhadores ao seu serviço estejam vinculados à promoção de determinados valores ideológicos (por exemplo, um editorialista de um partido político, ou o padre de uma congregação religiosa), torna-se evidente que os mesmos estão adstritos a partilhar tais valores e princípios, não podendo, consequentemente, expressar valores de sinal contrário — haverá, neste caso, uma restrição à sua liberdade de expressão no local e tempo de trabalho[(844)]. Mais do que isso: neste caso concreto, admite-se que uma associação religiosa ou um partido político possam, querendo, limitar o acesso a determinadas profissões a trabalhadores que perfilhem a mesma ideologia ou religião[(845)].

II. O artigo 15º, por sua vez, dispõe sobre a "*Integridade física e moral*", determinando que o empregador e o trabalhador gozam do direito à respetiva integridade física e moral[(846)].

O preceito em apreço, nomeadamente quando conjugado com o artigo 29º do mesmo Código ("*Proibição do assédio*"), proscreve a prática de atos vexatórios, hostis, humilhantes ou degradantes para a contraparte, que afetem a sua dignidade enquanto cidadão e a respetiva honorabilidade. Sendo certo que o direito em causa pode ser invocado por qualquer das partes em presença, não deixa igualmente de ser verdade que a sua consagração teve em vista no essencial a proteção do contraente mais débil — o trabalhador — contra potenciais investidas do empregador. O preceito em causa garante a tutela das partes contra o assédio moral, habitualmente denominado por *mobbing* — prática persecutória reiterada, contra o trabalhador, levada a efeito, em regra, pelos respetivos superiores hierárquicos ou pelo empregador, a qual tem por objetivo ou como efeito afetar a dignidade do visado, levando-o eventualmente ao extremo de querer abandonar o emprego[(847)]. Trata-se, no essencial, de matéria que se relaciona com a da proibição do assédio, a que se reporta o artigo 29º do mesmo diploma — o legislador assume que

---

(841) Cf. GIULIANO MAZZONI, *Manuale di Diritto del Lavoro,* 6ª ed., p. 122. O autor distingue dois grupos de "direitos de garantia" do trabalhador: o primeiro grupo, relativo aos direitos de *liberdade,* em que inclui, nomeadamente, a liberdade de expressão e de opinião no local de trabalho; o segundo grupo referente à defesa da personalidade do trabalhador, que contém os *direitos de personalidade,* pp. 121 e ss.

(842) Recorda-se, a este propósito, o Acórdão do STJ, de 3.3.1998 (CJ-ASTJ 6 (1998)), citado em LUÍS MENEZES LEITÃO, *Direito do Trabalho,* cit., p. 133, em que se considerou justa causa de despedimento o comportamento de um ajudante de farmácia que, publicamente, fez críticas à gestão da farmácia onde o mesmo trabalhava, referindo que a sua empregadora *"não sabe orientar a farmácia, não sabe fazer compras, não sabe ser doutora".*

(843) Para uma análise do regime da liberdade de expressão do trabalhador noutros ordenamentos jurídicos, nomeadamente em França, Alemanha, Itália, Espanha e Estados Unidos da América, veja-se cf. JÚLIO VIEIRA GOMES, *Direito do Trabalho,* Vol. I, cit., pp. 273-285.

(844) Cf. MONTOYA MELGAR, *Derecho del Trabajo,* cit., pp. 315-316.

(845) Cf. GUILHERME DRAY, *O princípio da igualdade no Direito do trabalho,* cit., pp. 282 e ss.; JÚLIO VIEIRA GOMES, *Direito do Trabalho,* v. I, cit., pp. 235-236; e ANTÓNIO DIAS COIMBRA, "Empresas de tendência e trabalho dependente", *Revista de Direito e de Estudos Sociais,* n. 31 (1989), 1-2, pp. 197-241.

(846) O presente artigo corresponde, integralmente, ao artigo 18º do CT/2003. Apresenta pontos de contacto com o artigo 25º da Constituição e afinidades com o artigo 328º do Código Suíço, artigo L. 120.2 do *Code du Travail* (França), artigo 4º do *Estatuto de los Trabajadores* (Espanha) e artigo 373º A da Consolidação das Leis do Trabalho (Brasil).

(847) Veja-se, a este propósito, REGINA REDINHA, "Assédio Moral ou Mobbing no Trabalho", *Estudos em Homenagem ao Prof. Doutor Raúl Ventura,* v. II, Faculdade de Direito de Lisboa, Coimbra, pp. 833-847.

o assédio, *maxime* o assédio sexual, constitui uma forma de discriminação intolerável, seja no acesso ao emprego, seja na execução do contrato de trabalho, nos termos acima assinalados[(848)].

Paralelamente, no que diz respeito à integridade física do trabalhador, importa relacionar esta matéria com as disposições sobre segurança, higiene e saúde no trabalho — o trabalhador goza de um direito constitucional à segurança, higiene e saúde no trabalho (artigo 59º, n. 1, alínea *c*), direito esse concretizado, em termos gerais, nos artigos 281º e ss. do CT e, em termos particulares, na Lei n. 102/2009, de 10 de setembro.

Em suma, como sublinha Luís Menezes Leitão, por muito essencial que seja à subsistência do trabalhador, o contrato de trabalho não deve implicar, para o próprio, "*qualquer sacrifício da sua integridade física e moral*"[(849)].

III. O artigo 16º consagra a "*Reserva da intimidade da vida privada*"[(850)].

À luz deste preceito, afirma-se como princípio geral a necessidade de os sujeitos laborais respeitarem reciprocamente os direitos de personalidade da contraparte, em especial, o direito à reserva da intimidade da vida privada. O preceito em causa assume, consequentemente, uma dupla função: por um lado, afirma a tutela geral da personalidade dos sujeitos laborais, à semelhança do disposto no artigo 70º, n. 1, do Código Civil; por outro lado, eleva o direito à reserva da intimidade da vida privada à categoria de direito de personalidade em especial, com aplicação exclusiva no domínio laboral e com contornos próprios[(851)]. Visa-se, em suma, aqui como noutros ordenamentos jurídicos, proteger "*la vie privée des candidats à l´emploi*"[(852)], nomeadamente quanto a aspetos relativos à esfera íntima e pessoal das partes[(853)], relacionados com a sua vida familiar, afetiva e sexual, com o estado de saúde e com as respetivas convicções políticas e religiosas[(854)]. A vida privada do trabalhador não se esgota na empresa ou no local de trabalho — a pessoa do trabalhador tem que ser protegida na sua integralidade, tanto nas relações do trabalhador com a empresa, no local e no tempo de trabalho, como nos períodos em que este se encontra fora da empresa, ou seja, para além da execução do contrato de trabalho[(855)].

A reserva da intimidade da vida privada marca e influencia o regime dos testes e exames médicos (artigo 19º) e o da confidencialidade de mensagens e de acesso à informação (artigo 21º). A reserva da intimidade da vida privada, todavia, enquanto bem autónomo, é consagrada no preceito em apreço, demarcando-se do alcance especialmente redutor daquelas duas concretizações. Assim, se alguém exige ao candidato a emprego ou ao trabalhador a realização ou apresentação de testes ou exames médicos para comprovação das respetivas condições físicas ou psíquicas, fora dos casos legalmente admitidos, é o regime do artigo 19º que é posto em crise; no mesmo sentido, se o empregador publicia uma mensagem de natureza pessoal que o trabalhador receba no respetivo local de trabalho, nomeadamente através de correio eletrónico, é o direito à confidencialidade de mensagens que é posto em causa (artigo 21º) e não propriamente o regime do direito à intimidade da vida privada (artigo 16º).

A propósito do direito à reserva da intimidade da vida privada, o citado artigo 16º afirma expressamente — contrariamente ao alcance aparentemente redutor do artigo 80º do Código Civil — que o direito abrange, quer o *acesso*, quer a *divulgação* de aspetos atinentes à esfera íntima e pessoal das partes, o que significa que, para além da intromissão, também a difusão de tais elementos não é permitida.

(848) Veja-se a nossa anotação ao artigo 15º do Código do Trabalho, em PEDRO ROMANO MARTINEZ; LUÍS MIGUEL MONTEIRO; JOANA VASCONCELOS; PEDRO MADEIRA DE BRITO; GUILHERME DRAY e LUÍS GONÇALVES DA SILVA, *Código do Trabalho Anotado*, 9ª ed., cit., pp. 150 a 152.

(849) Cf. LUÍS MENEZES LEITÃO, *Direito do Trabalho*, cit., p. 131.

(850) O artigo corresponde, integralmente, ao artigo 16º do CT/2003. Apresenta pontos de contacto com o artigo 26º da Constituição e com os artigos 70º e 80º do Código Civil e afinidades com o artigo 328º do Código Suíço, artigo 373º-A da Consolidação das Leis do Trabalho (Brasil) e artigo 4º do *Estatuto de los Trabajadores* (Espanha).

(851) Veja-se a nossa anotação ao artigo 16º do Código do Trabalho, em PEDRO ROMANO MARTINEZ; LUÍS MIGUEL MONTEIRO; JOANA VASCONCELOS; PEDRO MADEIRA DE BRITO; GUILHERME DRAY e LUÍS GONÇALVES DA SILVA, *Código do Trabalho Anotado*, 9ª ed., cit., pp. 152 a 154.

(852) Cf. JEAN PÉLISSIER; ALAIN SUPIOT e ANTOINE JEAMMAUD, *Droit du Travail*, 24ª ed. cit, p. 360.

(853) Veja-se, a este proposito, PHILIPPE WAQUET, *La vie personelle du salarié*, Droit Social, 2004, Dalloz, Paris, pp. 23 e ss.

(854) Cf. LUÍS MENEZES LEITÃO, *Direito do Trabalho*, 3ª ed., cit., p. 140.

(855) Cf. JÚLIO VIEIRA GOMES, *Direito do Trabalho*, Vol. I, cit., pp. 269-270.

Procura-se, no fundo, garantir um *"espaço reservado"* a assuntos do trabalhador *"perante interferências externas"*[856]. Assim, mesmo nos casos em que haja consentimento por parte do trabalhador quanto à tomada de conhecimento pelo empregador de determinados aspetos da vida privada daquele, continua a incidir sobre o empregador o dever de os não revelar a terceiros.

O preceito em causa concretiza alguns aspetos que integram a esfera íntima e pessoal das partes — questões relacionadas com a vida familiar, afetiva e sexual, o estado de saúde e as convicções políticas e religiosas dos sujeitos envolvidos: o empregador não pode, por exemplo, impedir os seus trabalhadores de se casar ou de manterem relações afetivas ou sexuais fora do local de trabalho, nem os pode inquirir sobre as suas tendências ou orientação sexual[857]. Trata-se de um elenco não exaustivo, pelo que o direito em causa poderá envolver outros aspetos merecedores de idêntico grau de tutela, nomeadamente gostos pessoais e hábitos de vida do trabalhador, ou informações relativas ao seu património pessoal — mesmo quando esteja em causa a penhora de parte do seu salário, o trabalhador não tem que explicitar ao empregador a sua situação financeira[858]. Na base, está o reconhecimento de que a vida privada do trabalhador que é protegida não se esgota na empresa, ainda que a pessoa do trabalhador deva, também, ser protegida na sua interação social na empresa ou no local de trabalho[859]. Em todo o caso, a tutela conferida pelo presente artigo só parece se justificar perante aspetos da vida privada que revistam particular significado ético, sendo de excluir outros factos que por não integrarem a esfera íntima do trabalhador não justificam o presente regime de proteção. Assim, serão de excluir do regime de proteção do presente artigo, por exemplo, questões relacionadas com a experiência profissional do trabalhador, as suas habilitações literárias ou mesmo o seu domicílio. Trata-se de aspetos que, ainda que digam pessoalmente respeito ao trabalhador, não integram a sua esfera íntima, além de que podem ser relevantes para a celebração ou execução do contrato de trabalho. Em todo o caso, mesmo nestas situações, importa atender aos princípios gerais da proporcionalidade e adequação: a reserva da vida privada deve ser a regra e não a exceção e a sua limitação só se justifica quando interesses superiores o exijam e dentro dos limites decorrentes do artigo 335º do Código Civil.

O mesmo se passa com o direito à imagem: sendo legítimo que o empregador exija ao trabalhador, em especial, se este desempenhar funções de atendimento ao público, que o mesmo se apresente asseado e de barba feita segundo os costumes locais e profissionais, já poderá atentar contra tal direito a ordem do empregador que exponha o trabalhador ao risco de ser captado fotograficamente numa mostra de produtos da empresa[860].

Na esteira do artigo 80º, n. 2, do Código Civil, importa admitir que o círculo da reserva da intimidade da vida privada não é uniforme e não segue padrões absolutos: a reserva deve ser definida consoante a natureza do caso, sendo legítima a adoção de diferentes concretizações em função do tipo de atividade laboral e do grau de subordinação do trabalhador. Basta atender, por exemplo, ao regime do contrato de trabalho do praticante desportivo, do qual resulta expressamente a obrigatoriedade de o trabalhador (dentro e fora do local e tempo de trabalho) pautar a sua vida privada de forma a preservar a sua condição física, obrigando-se ainda a submeter-se aos exames e tratamentos clínicos necessários à prática desportiva (cf. alíneas *c* e *d* do artigo 13º, da Lei n. 28/98, de 26 de junho): trata-se, nesse caso, de uma limitação ao direito à reserva da intimidade da vida privada que decorre da própria lei, atendendo à natureza da prestação laboral.

Em princípio, os factos e comportamentos que integram a esfera privada do trabalhador não relevam para efeitos de justa causa de despedimento; assim sucede, nomeadamente, com aspetos que se relacio-

(856) Cf. MONTOYA MELGAR, *Derecho del Trabajo,* cit., p. 314.

(857) Cf. TERESA COELHO MOREIRA, "A conduta e a orientação sexuais do trabalhador", ANTÓNIO MONTEIRO FERNANDES (org.), *Estudos de Direito do Trabalho em Homenagem ao Professor Manuel Alonso Olea,* Almedina, Coimbra, 2004, pp. 613-645.

(858) Cf. OLIVIER DE TISSOT, "La protection de la vie privée du salarié", *Droit Social,* n. 3, 1995, Dalloz, Paris, pp. 228-229, citado por LUÍS MENEZES LEITÃO, *Direito do Trabalho,* cit., p. 141.

(859) Cf. JÚLIO VIEIRA GOMES, *Direito do Trabalho,* v. I, cit., p. 269.

(860) Cf. MONTOYA MELGAR, *Derecho del Trabajo,* cit., p. 315, que sustenta esta ideia com base em dois arestos do Tribunal Constitucional espanhol, respectivamente o Acórdão do TC 170/1987, de 30 de outubro, e o Acórdão do TC 99/1994, de 11 de abril.

nam com a vida familiar, sexual ou o estado de saúde dos trabalhadores, com a gravidez e a maternidade, o alcoolismo e a toxicodependência. Em certos casos, porém, quando tais factos e circunstâncias sejam suscetíveis de pôr em causa o bom nome, a imagem ou a honorabilidade do empregador, quando a relação de confiança entre as partes seja irremediavelmente afetada ou quando tais comportamentos tornem praticamente inviável a subsistência da relação laboral pelos reflexos causados no serviço e ambiente de trabalho, o despedimento com justa causa pode excecionalmente justificar-se, reunidos que estejam os pressupostos dos artigos 351º e 353º. Assim sucederá, nomeadamente, quando a atuação do trabalhador envolva a violação de deveres laborais acessórios, *maxime* de lealdade, urbanidade e probidade, ou quando tais comportamentos sejam suscetíveis de pôr em causa, de forma efetiva ou potencial, o zelo e diligência devidos na execução do contrato de trabalho — *v. g.*, por força do consumo de álcool ou de drogas(861).

IV. Ao passo que o artigo 16º consagra a regra geral do direito à reserva da intimidade da vida privada, proscrevendo o acesso não autorizado e a divulgação ilícita de aspetos relativos à esfera pessoal das partes (empregador e trabalhador), o artigo 17º ("*Proteção de dados pessoais*")(862) disciplina as situações em que o empregador solicita ao trabalhador informações relativas à respetiva vida privada, regulando por outro lado o regime da proteção dos dados pessoais que hajam sido fornecidos ao empregador. O âmbito de aplicação pessoal é mais vasto do que o do artigo anterior: para além de abranger as partes do contrato de trabalho — trabalhador e empregador — o preceito em apreço abrange também o candidato a emprego, ou seja, aquele que se relaciona com o empregador nos preliminares da formação contratual, tendo em vista aceder ao emprego. Ficam sob a alçada do preceito, consequentemente, todos os atos e negócios jurídicos que integram os preliminares da formação do contrato de trabalho, nomeadamente provas de seleção prestadas no âmbito de concursos públicos e contratos-promessa de trabalho(863).

Na esteira do direito à reserva da intimidade da vida privada, também aqui se afirma como princípio geral o de que o empregador não pode exigir ao candidato a emprego ou ao trabalhador que preste informações relativas à sua vida privada. Trata-se de um princípio que não é absoluto, no sentido em que admite ser limitado, em especial quanto às esferas privada e íntima do trabalhador(864). Para o efeito, exige-se o preenchimento cumulativo de três requisitos, respetivamente de natureza substantiva, formal e de procedimento: por um lado, o empregador apenas pode exigir ao trabalhador tais informações quando estas sejam estritamente necessárias para avaliar da respetiva aptidão no que respeita à execução do contrato de trabalho; por outro lado, impõe-se ao empregador um ónus de natureza formal — a necessidade de fornecer ao trabalhador, por escrito, o fundamento invocado para tal exigência; por fim, quando se trate de questões relativas à saúde ou estado de gravidez, o acesso às informações não pode ser levado a efeito diretamente pelo empregador, exigindo-se a intermediação de um médico. Sem o preenchimento cumulativo de tais requisitos, o candidato a emprego ou o trabalhador pode recusar-se legitimamente a prestar tais informações, tratando-se, no último caso, de uma hipótese típica de desobediência lícita, subsumível na parte final da alínea *e* do n. 1 do artigo 128º do Código do Trabalho.

Também nesta matéria a exceção ao princípio geral deve obedecer a princípios de proporcionalidade, necessidade e adequação, nos termos conjugados dos artigos 18º, n. 2, da Constituição e 335º do Código Civil.

---

(861) Veja-se, a este propósito, GUILHERME DRAY, "Justa causa e esfera privada", *Estudos do Instituto de Direito do Trabalho*, II, cit., pp. 35-91. Em sede jurisprudencial, por exemplo: Ac. Rel. de Cb. de 28.1.1993, CJ, 1993, I, p. 85; Ac. Rel-Lx de 17.6.1993, CJ 1993, III, p. 187; Ac. STJ de 7.12.1994, CJ (Acórdãos do STJ), II, Tomo III, 1994; Ac. Rel. Cb. de 1º.6.1995, CJ, 1995, III, p. 85; Ac. STJ de 3.3.1998, CJ (Acórdãos do STJ), 1998, Tomo I, p. 275; Ac. Rel. de 15.12.1999, CJ, XXIV, Tomo V, p. 169.

(862) O presente artigo corresponde, no essencial, ao artigo 17º do CT/2003, registando-se apenas a conversão dos anteriores ns. 2 e 3 nas actuais alíneas *a* e *b* do n. 1 do artigo 17º deste CT/2009. Apresenta pontos de contacto com os artigos 26º e 35º da Constituição e com a Lei n. 67/98, de 26 de outubro (Lei de Proteção de Dados Pessoais Face à Informática) e afinidades com os artigos 328º do Código Suíço e L. 121.6 e L. 121.7 do *Code du Travail* (França). Por outro lado, importa relacionar o citado artigo 17º com os artigos 102º, 106º e 109º do CT/2009, atinentes, respetivamente, à culpa na formação do contrato e aos deveres de informação na formação e execução do contrato de trabalho. A violação do disposto nos números 1 ou 2 do presente preceito constitui contraordenação muito grave (cf. n. 5).

(863) Veja-se a nossa anotação ao artigo 17º do Código do Trabalho, em PEDRO ROMANO MARTINEZ; LUÍS MIGUEL MONTEIRO; JOANA VASCONCELOS; PEDRO MADEIRA DE BRITO; GUILHERME DRAY e LUÍS GONÇALVES DA SILVA, *Código do Trabalho Anotado*, 9ª ed., cit., pp. 154 a 158.

(864) Cf. LUÍS MENEZES LEITÃO, *Direito do Trabalho*, cit., pp. 142-143.

O número 2 do preceito concretiza o disposto no número 1 quanto a dois aspetos em particular, que se prendem com informações relativas à saúde ou estado de gravidez do trabalhador. Mais uma vez, o princípio é o de que o empregador não pode exigir a prestação de tais informações. Mas neste, caso vai-se mais longe: na medida em que estão em causa duas matérias que integram a *esfera íntima* e tendencialmente secreta do trabalhador e que se prendem com um dos mais importantes valores da sociedade (*maxime* a *maternidade*), exige-se, em sede de fundamentação para tal pedido de informação, que particulares exigências inerentes à atividade profissional o justifiquem. Neste contexto, apenas em casos muito excecionais, relacionados com o tipo de atividade e o posto de trabalho, poderão ser exigidas ao trabalhador informações relativas ao seu estado de saúde ou gravidez. Admite-se que tal possa suceder, por exemplo, a propósito da *saúde* do trabalhador, relativamente a pilotos de aviação, controladores do tráfego aéreo, maquinistas de transportes ferroviários, condutores de transportes rodoviários, desportistas profissionais, enfermeiros, médicos e trabalhadores de serviços hospitalares; ou, relativamente ao estado de *gravidez*, quando esteja em causa o exercício de funções que possam afetar a função genética ou a saúde do nascituro, nomeadamente em serviços de radiologia. Por outro lado, nestes casos, exige-se a intermediação de um médico (n. 3).

O número 1 do preceito em questão compreende aspetos atinentes à *esfera privada* do trabalhador ou candidato a emprego, cuja proteção pode ceder caso tais elementos sejam estritamente necessários e relevantes para avaliar da respetiva aptidão no que respeita à execução do contrato de trabalho; o número 2 abrange questões relativas à *esfera íntima*, as quais pressupõem, consequentemente, uma tutela acrescida: a sua compressão só se justifica quando particulares exigências inerentes à atividade profissional o justifiquem, nos termos supraenunciados(865)(866).

Os números 3 e 4, por sua vez, concretizam o direito à proteção de dados pessoais, garantindo-se ao trabalhador o direito ao controlo dos respetivos dados pessoais e a tomar conhecimento do teor dos dados que estão na posse do empregador e dos fins a que os mesmos se destinam. A propósito da utilização de ficheiros e acessos informáticos utilizados pelo empregador para efeitos de tratamento de dados pessoais, remete-se para a legislação em vigor relativa à proteção de dados pessoais — atualmente a Lei n. 67/98, de 26 de outubro, que transpôs para o ordenamento nacional a Diretiva n. 95/46/CE, do Parlamento Europeu e do Conselho, de 24 de outubro de 1995(867), a qual, por força do Código do Trabalho, passa a aplicar-se no âmbito das relações laborais(868).

V. O artigo 18º regula a utilização de dados biométricos do trabalhador pelo empregador, dispondo que este só pode tratar dados biométricos do trabalhador após notificação à Comissão Nacional de

---

(865) A diferença de regime entre os números 1 e 2, como oportunamente notou Luís Menezes Leitão, foi inspirada na habitualmente denominada *teoria das três esferas*, segundo a qual, em sede de direito à intimidade da vida privada, importa distinguir: a *esfera íntima* ou *secreta*, que compreende todos os factos que devem, objetivamente, ser inacessíveis a terceiros e absolutamente protegidos da curiosidade alheia, designadamente os que digam respeito a aspetos da vida familiar, a comportamentos sexuais, a práticas e convicções religiosas e ao estado de saúde das pessoas; a *esfera privada*, que compreende todos os factos cujo conhecimento o respetivo titular tem, subjetivamente, o interesse em guardar para si, designadamente factos atinentes à sua vida profissional, ao seu domicílio e hábitos de vida, cuja proteção é relativa, podendo ceder em caso de conflito com direitos ou interesses superiores; a *esfera pública*, que compreende todos os factos e situações do conhecimento público, que se verificam e se desenvolvem perante toda a comunidade e que por esta podem ser genericamente conhecidos e divulgados — cf. MENEZES LEITÃO, *Código do Trabalho Anotado*, 2ª ed., cit., Almedina, Coimbra, 2004, anotação ao artigo 17º, p. 38.

(866) V. Recorda-se que o Tribunal Constitucional (TC), no Ac. n. 306, de 25.6.2003, se pronunciou pela não inconstitucionalidade do presente preceito, na versão da Proposta de Lei n. 29/IX, na parte em que nele se admite que o empregador pode, excecionalmente e nos termos acima enunciados, exigir ao candidato a emprego ou ao trabalhador informações relativas à sua saúde ou estado de gravidez. Todavia, o TC pronunciou-se pela inconstitucionalidade da norma na parte em que nela se admitia o acesso direto por parte do empregador a tais informações. Neste contexto, o preceito em apreço foi alterado, relativamente à versão inicial da referida Proposta de Lei, acrescentando-se o atual n. 3: as informações exigidas ao trabalhador ou ao candidato a emprego são prestadas a médico, que só pode comunicar ao empregador se o trabalhador está ou não apto para desempenhar a atividade, salvo autorização escrita deste. Trata-se de uma solução similar à do artigo 19º, n. 3 [veja-se, a este propósito, Parecer n. 8/03 da Comissão Nacional de Proteção de Dados (CNPD)].

(867) A propósito da aplicação da Lei n. 67/98, de 26 de outubro, e da sua relação com a matéria em apreço, veja-se MENEZES LEITÃO, *Código do Trabalho Anotado*, 2ª ed., cit., anotação ao artigo 17º, pp. 39-40, e *Direito do Trabalho*, cit., pp. 143-145. A propósito do dever de informação no contrato de trabalho, veja-se PAULA MEIRA LOURENÇO, "Os deveres de informação no contrato de trabalho", *Revista de Direito e de Estudos Sociais*, Ano XLIV (XVII da 2ª série), 2003, ns. 1-2, pp. 29 e ss.

(868) Cf. MENEZES LEITÃO, *Direito do Trabalho*, cit., p. 143.

Proteção de Dados (n. 1), sendo certo que, em termos substantivos, o tratamento de dados biométricos só é permitido se os dados a utilizar forem necessários, adequados e proporcionais aos objetivos a atingir (n. 2), devendo os mesmos, nessa eventualidade, ser conservados durante o período necessário para a prossecução das finalidades do tratamento a que se destinam, devendo ser destruídos no momento da transferência do trabalhador para outro local de trabalho ou da cessação do contrato de trabalho (n. 3)(869) (870). No essencial, o preceito em apreço encerra um regime próprio para a utilização de dados biométricos do trabalhador, nos seguintes termos:

— Em termos de procedimento, o empregador só pode tratar dados biométricos do trabalhador após notificação à Comissão Nacional de Proteção de Dados, acompanhada de parecer da comissão de trabalhadores ou, dez dias após a consulta, comprovativo de pedido de parecer;

— Do ponto de vista substantivo, o tratamento de dados biométricos segue o regime geral dos direitos de personalidade previsto no Código do Trabalho, nos termos acima assinalados a propósito da integridade física e moral (artigo 15º); por força da aplicação do disposto no artigo 18º, n. 2, da CRP e do artigo 335º do Código Civil, em certa medida reproduzidos no n. 2 do preceito em causa, a compressão dos direitos de personalidade deve limitar-se ao necessário para salvaguardar outros direitos ou interesses constitucionalmente protegidos, segundo critérios de proporcionalidade e de adequação. Nesse sentido, só é permitido o tratamento de dados biométricos se os dados a utilizar forem necessários, adequados e proporcionais aos objetivos a atingir;

— Os dados biométricos são conservados durante o período necessário para a prossecução das finalidades do tratamento a que se destinam, devendo ser destruídos no momento da transferência do trabalhador para outro local de trabalho ou da cessação do contrato de trabalho.

VI. O artigo 19º determina que, para além das situações previstas em legislação relativa à segurança e saúde no trabalho, o empregador não pode, em regra, para efeitos de admissão ou permanência no emprego, exigir a candidato a emprego ou a trabalhador a realização ou apresentação de testes ou exames médicos, de qualquer natureza, para comprovação das condições físicas ou psíquicas, salvo quando estes tenham por finalidade a proteção e segurança do trabalhador ou de terceiros, ou quando particulares exigências inerentes à atividade o justifiquem, devendo em qualquer caso ser fornecida por escrito ao candidato a emprego ou trabalhador a respetiva fundamentação (número 1). Por outro lado, determina que o empregador não pode, em circunstância alguma, exigir da candidata a emprego ou da trabalhadora a realização ou apresentação de testes ou exames de gravidez" (n. 2)(871).

A primeira parte do número 1 do preceito em apreço afirma como princípio geral o de que o empregador não pode, para efeitos de admissão ou permanência no emprego e ressalvadas as situações previstas na legislação relativa à segurança, higiene e saúde no trabalho, exigir ao candidato a emprego ou ao trabalhador a realização ou apresentação de testes ou exames médicos, de qualquer natureza, para comprovação das condições físicas ou psíquicas do trabalhador. A título meramente exemplificativo: o empregador não poderá solicitar ao trabalhador a realização de testes e exames médicos para verificar a sua soropositividade, as suas características genéticas(872) ou o seu grau de alcoolismo ou toxicodependência(873). Também neste caso, à semelhança do artigo 17º acima referido, tem-se em vista não apenas

(869) O preceito em causa corresponde, no essencial, ao artigo 27º da LECT, que regulamentava o CT/2003, não se descortinando alterações significativas para além da inclusão da presente norma no corpo principal do CT/2009, alteração sistemática que permite o manuseamento mais eficaz do preceito em causa. Nos termos do número 5, *"Constitui contraordenação grave a violação do disposto no n. 3"*.

(870) Veja-se a nossa anotação ao artigo 18º do Código do Trabalho, em PEDRO ROMANO MARTINEZ; LUÍS MIGUEL MONTEIRO; JOANA VASCONCELOS; PEDRO MADEIRA DE BRITO; GUILHERME DRAY e LUÍS GONÇALVES DA SILVA, *Código do Trabalho Anotado,* 9ª ed., cit., pp. 158 a 159.

(871) O artigo em causa corresponde, no essencial ao artigo 19º do CT/2003, que havia introduzido, de forma inovadora, o regime em apreço no ordenamento jurídico nacional. Apresenta pontos de contacto com o artigo 26º da Constituição, os artigos 70º e ss. do Código Civil, os artigos 281º a 284º do CT/2009 e os artigos 272º a 312º do CT/2003, relativos ao regime da segurança, higiene e saúde no trabalho, que se mantêm em vigor nos termos do artigo 12º, n. 3, alínea *a,* da Lei n. 7/2009, de 12 de fevereiro, que aprovou a revisão do CT/2009. O preceito em apreço apresenta afinidades com o artigo 328º do Código Suíço, artigo 4º do *Estatuto de los Trabajadores* (Espanha) e artigo 373º-A da Consolidação das Leis do Trabalho (Brasil). A violação do disposto nos números 1 e 2 do presente preceito constitui contraordenação muito grave, tal como sucedia no artigo 641º, n. 1, do CT/2003.

(872) Cf. MENEZES LEITÃO, *Direito do Trabalho,* cit., p. 148.

(873) Cf. JOSÉ JOÃO ABRANTES, "Álcool e drogas no meio laboral", RUY DE ALBUQUERQUE/ANTÓNIO MENEZES CORDEIRO, *Estudos em Memória do professor Doutor José Dias Marques,* Almedina, Coimbra, 2007, pp. 355-361.

o trabalhador, mas também aquele que se candidata ao emprego, ficando abrangidos os atos e negócios praticados nos preliminares da formação contratual. Está em causa, mais uma vez, a proteção da esfera íntima do trabalhador ou candidato a emprego, bem como a respetiva integridade moral ou física.

A segunda parte do número 1 admite limitações ao referido princípio geral, mediante o preenchimento cumulativo de três requisitos: em termos substantivos, o empregador poderá exigir a realização ou a apresentação de exames médicos quando a finalidade de tal exigência se prenda com a proteção e segurança do trabalhador ou de terceiros, ou quando particulares exigências inerentes à atividade o justifiquem; do ponto de vista formal, exige-se (à semelhança do regime do artigo 17º) que o empregador forneça por escrito ao candidato a emprego ou ao trabalhador a fundamentação que preside a referida exigência e que as informações sejam prestadas a médico; em termos de procedimento, exige-se a intermediação de um médico[874].

Assim, se estiver em causa uma atividade de manuseamento de produtos tóxicos, justifica-se que o empregador possa exigir ao trabalhador a apresentação de exames médicos destinados a comprovar a inexistência de doenças de natureza respiratória (proteção do trabalhador); tratando-se do exercício de funções de enfermagem na unidade de cuidados intensivos de um serviço hospitalar, justifica-se que o empregador possa exigir ao trabalhador testes comprovativos de que o mesmo não padece de qualquer doença infectocontagiosa (proteção de terceiros); se estiver em causa a contratação de um piloto de aviação ou a de um praticante desportivo, é a própria natureza da atividade que parece justificar tal exigência.

O número 2 do preceito em apreço vem impor um limite à abertura conferida pela segunda parte do número 1: o empregador não pode, em circunstância alguma, exigir da candidata a emprego ou da trabalhadora a apresentação de testes ou exames de gravidez. Trata-se de um preceito absolutamente imperativo, que não admite derrogação em contrário, em nome do personalismo ético e da dignidade humana. A maternidade constitui, de resto, um valor constitucionalmente protegido (artigo 68º da CRP) e "*o estado de gravidez respeita à esfera íntima da mulher, não tendo assim que ser controlado pelo empregador*"[875]. Não obstante o preceito não o afirmar expressamente, advoga-se que o respetivo regime também não legitima em qualquer circunstância e por idênticas razões a exigência de realização de testes genéticos.

O número 3 do artigo 19º, por sua vez, garante ao trabalhador a confidencialidade dos testes ou exames médicos a que se haja submetido: o médico responsável pela sua realização só pode comunicar ao empregador se o trabalhador está ou não apto para desempenhar a atividade, salvo autorização escrita deste. Trata-se de um corolário do direito à reserva da intimidade da vida privada.

VII. O artigo 20º, sob a epígrafe "*Meios de vigilância a distância*", determina que o empregador não pode utilizar meios de vigilância a distância no local de trabalho, mediante o emprego de equipamento tecnológico, com a finalidade de controlar o desempenho profissional do trabalhador (n. 1). A utilização desse tipo de equipamento só é lícita se tiver por finalidade a proteção e segurança de pessoas e bens ou quando particulares exigências inerentes à natureza da atividade o justifiquem (n. 2), sendo certo que, mesmo nesses casos, o empregador deve informar o trabalhador sobre a existência e finalidade dos meios de vigilância utilizados, devendo nomeadamente afixar nos locais em causa avisos que sinalizem tais meios de vigilância[876].

---

(874) Veja-se a nossa anotação ao artigo 19º do Código do Trabalho, em PEDRO ROMANO MARTINEZ; LUÍS MIGUEL MONTEIRO; JOANA VASCONCELOS; PEDRO MADEIRA DE BRITO; GUILHERME DRAY e LUÍS GONÇALVES DA SILVA, *Código do Trabalho Anotado*, 9ª ed., cit., pp. 160-161.

(875) Cf. MENEZES LEITÃO, *Direito do Trabalho*, cit., p. 148.

(876) Nos termos do número 3 do preceito em causa, tais dizeres devem conter, consoante os casos, as seguintes afirmações: *"Este local encontra-se sob vigilância de um circuito fechado de televisão"* ou *"Este local encontra-se sob vigilância de um circuito fechado de televisão, procedendo-se à gravação de imagem e som, seguido de símbolo identificativo"* (n. 3). O presente artigo corresponde, no essencial, ao artigo 20º do CT/2003, que havia sido pioneiro nesta matéria. A única alteração que se regista é apenas a inserção, no corpo do número 3, dos deveres de informação associados à utilização de meios de vigilância que anteriormente se encontravam consagrados no artigo 29º da LECT, que regulamentava o CT/2003. O preceito em apreço apresenta pontos de contacto com os artigos 70º e ss. do Código Civil e afinidades com o artigo 4º do *Statuto dei Lavoratori* (Itália). A violação do disposto no n. 1 do presente preceito constitui contraordenação muito grave (à semelhança do que sucedia no artigo 641º, n. 1 do CT/2003) e a do disposto no n. 3 constitui contraordenação leve (à semelhança do que sucedia no artigo 641º, n. 2).

O preceito em causa adota uma posição marcadamente restritiva quanto à utilização de meios de vigilância a distância, *maxime* quando confrontado com o regime de outros ordenamentos jurídicos(877), ao estabelecer como princípio geral o de que o empregador não pode utilizar meios de vigilância a distância, nomeadamente câmaras de vídeo, equipamento audiovisual, microfones ou mecanismos de escuta e registo telefónico, sejam eles públicos ou ocultos, com o propósito de controlar o exercício da atividade profissional do trabalhador de forma impessoal e tendencialmente ininterrupta — tratar-se-ia, como afirma Luís Menezes Leitão, de um tipo de vigilância que "*afecta profundamente a personalidade do trabalhador, constituindo uma ofensa vexatória à sua dignidade*", suscetível de afetar os direitos pessoais do trabalhador e as suas liberdades fundamentais(878) e podendo assumir, no limite, fins persecutórios e discriminatórios(879). É nesse sentido, também, que se pronuncia Gamillscheg — a utilização de meios de vigilância no local de trabalho, em regra, é ilícita (*verstösst*), por ser contrária aos direitos de personalidade (*Persönlichkeitsrecht*) e à dignidade (*Menschenwürde*) do trabalhador(880). Os registos provenientes da utilização de tais meios não podem, por maioria de razão, ser utilizados como meio de prova, em sede de procedimento disciplinar(881).

Nos termos do número 2, o princípio em causa pode sofrer limitações quando esteja em causa a proteção e segurança de pessoas e bens ou quando particulares exigências inerentes à atividade profissional o justifiquem. Incluir-se-á no primeiro caso, por exemplo, a instalação de câmaras de vídeo em estabelecimentos de venda ao público, dependências bancárias, aeroportos ou postos de gasolina; no segundo caso, a escuta e registo de todas as comunicações estabelecidas entre um piloto de aviação e os controladores aéreos no decurso de uma viagem.

Em qualquer caso, importa atender aos já enunciados princípios da proporcionalidade, necessidade e adequação: qualquer decisão sobre a realização de controlo a distância da atividade laboral deve ser criteriosa, evitando-se que os benefícios que o empregador pretende obter sejam desproporcionados em relação ao grau de lesão que vai ser causado à privacidade dos trabalhadores. À luz destes princípios, conclui-se sem necessidade de ulteriores glosas que a utilização de equipamentos tecnológicos destinados a controlar a utilização pelos trabalhadores das instalações sanitárias é claramente abusiva e ilícita(882).

A licitude da utilização de meios de vigilância a distância, nos casos em que o admite o número 2, depende ainda do cumprimento de um dever de informação e de comunicação por parte do empregador relativamente à existência e finalidade dos meios utilizados. Os titulares do direito à informação são os trabalhadores afetados. Admite-se, contudo, que o cumprimento dos deveres em causa possa se realizar perante a comissão de trabalhadores, caso exista, sendo inexigível em tal caso a prestação de informações individualizadas a todos os trabalhadores. O preceito em causa não estabelece uma única forma especial para efeitos de cumprimento dos aludidos deveres: o empregador é livre de o fazer, nomeadamente, através de anúncios, missivas, tabuletas ou avisos afixados no local de trabalho, desde que o faça de modo adequado para que se torne possível o seu conhecimento por parte dos trabalhadores afetados. A única diretriz legislativa sobre esta matéria surge, no n. 3, a propósito da afixação de determinados dizeres, quando esteja em causa a utilização de "circuitos fechados de televisão", à semelhança do que sucedia no artigo 29º da LECT.

Em todo o caso, exige-se, nos termos do artigo subsequente, um ónus de procedimento acrescido: a utilização de meios de vigilância a distância no local de trabalho está sujeita à autorização da Comissão Nacional de Proteção de Dados.

---

(877) Cf. JÚLIO VIEIRA GOMES, *Direito do Trabalho*, v. I, cit., pp. 320-336 e 329.

(878) Cf. MENEZES LEITÃO, *Direito do Trabalho*, cit., p. 149, que cita, a este propósito, OLIVIER DE TISSOT, "La protection de la vie privée du salarié", *Droit Social*, cit., p. 226.

(879) Cf. MARIA REGINA REDINHA, "Utilização de Novas Tecnologias no Local de Trabalho (algumas questões)", ANTÓNIO MOREIRA (org.), *IV Congresso Nacional de Direito do Trabalho*, Almedina, Coimbra, 2002, pp. 115-125.

(880) Cf. FRANZ GAMILLSCHEG, *Arbeitsrecht I — Arbeitsvertrags — und Arbeitsschutzrecht*, 8ª ed., cit., pp. 92-93.

(881) Veja-se, a este propósito, GUILHERME DRAY, "Justa causa e esfera privada", *Estudos do Instituto de Direito do Trabalho*, II, cit., pp. 81-86 e ISABEL ALEXANDRE, *Provas Ilícitas em Processo Civil*, Almedina, Coimbra, 1988, pp. 233 e ss.

(882) Veja-se a nossa anotação ao artigo 20º do Código do Trabalho, em PEDRO ROMANO MARTINEZ; LUÍS MIGUEL MONTEIRO; JOANA VASCONCELOS; PEDRO MADEIRA DE BRITO; GUILHERME DRAY e LUÍS GONÇALVES DA SILVA, *Código do Trabalho Anotado*, 9ª ed., cit., pp. 162 a 164.

VIII. O artigo 21º, por sua vez, determina que a utilização de meios de vigilância a distância no local de trabalho está sujeita à autorização de uma entidade administrativa: a Comissão Nacional de Proteção de Dados. No essencial, o que se retira do presente preceito é que a utilização de meios de vigilância a distância, para além de só ser possível mediante o cumprimento dos requisitos previstos no artigo anterior e acima referenciado, depende também do cumprimento de um ónus de procedimento acrescido: a obtenção de uma autorização administrativa, sendo certo que esta só pode ser concedida se a utilização dos meios for necessária, adequada e proporcional aos objetivos a atingir (n. 2).

Do presente preceito resulta, ainda (n. 3), que os dados pessoais recolhidos através dos meios de vigilância a distância devem ser conservados durante o período necessário para a prossecução das finalidades da utilização a que se destinam, devendo ser destruídos no momento da transferência do trabalhador para outro local de trabalho ou da cessação do contrato de trabalho.

Exige-se, por fim (n. 4), que o pedido de autorização seja acompanhado de parecer da comissão de trabalhadores ou, dez dias após a consulta, de comprovativo do pedido de parecer(883).

IX. O artigo 22º, por fim, encerra a Subsecção do Código do Trabalho relativa aos direitos de personalidade, determinando que o trabalhador goza do direito de reserva e confidencialidade relativamente ao conteúdo das mensagens de natureza pessoal e acesso à informação de carácter não profissional que envie, receba ou consulte, nomeadamente através do correio eletrónico (n. 1). Em contrapartida, sem prejuízo de se estabelecer o referido direito à confidencialidade, o número 2 do preceito em causa estabelece que tal regime não prejudica o poder de o empregador estabelecer regras de utilização dos meios de comunicação na empresa, nomeadamente do correio eletrónico (n. 2)(884).

Afirma-se como princípio geral o de que são proscritas ao empregador intrusões ao conteúdo das mensagens de natureza não profissional que o trabalhador envie, receba ou consulte a partir ou no local de trabalho, independentemente da forma que as mesmas revistam. Assim, tanto é protegida a confidencialidade das tradicionais cartas missivas, como a das informações enviadas ou recebidas através da utilização de tecnologias de informação e de comunicação, nomeadamente do correio eletrónico. No mesmo sentido, os sítios da *internet* que hajam sido consultados pelo trabalhador e as informações por ele recolhidas gozam da proteção do presente artigo, bem como as comunicações telefónicas que haja realizado a partir do local de trabalho(885)(886).

Neste contexto, retira-se do preceito em apreço que o empregador ou quem o represente não pode aceder a mensagens de natureza pessoal que constem da caixa de correio eletrónico do trabalhador. A visualização de tais mensagens, que apenas se justifica em casos esporádicos, deve ser feita na presença do trabalhador ou de quem o represente e deve limitar-se à visualização do endereço do destinatário ou remetente da mensagem, do assunto, data e hora do envio. O controlo do correio eletrónico da empresa deve se realizar de forma aleatória e não persecutória e ter como finalidade a promoção da segurança do sistema e a sua *performance*. No mesmo sentido, o empregador não deve controlar os sítios da internet que hajam sido consultados pelos trabalhadores. Em regra, o controlo dos acessos à *internet* deve ser feito de forma não individualizada e global e não persecutória. Na mesma linha argumentativa, conclui-se que é vedado ao empregador, com recurso às centrais telefónicas, aceder a comunicações ou promover a utilização de dispositivos de escuta, armazenamento, intercessão e vigilância das mesmas(887).

(883) Veja-se a nossa anotação ao artigo 21º do Código do Trabalho, em PEDRO ROMANO MARTINEZ; LUÍS MIGUEL MONTEIRO; JOANA VASCONCELOS; PEDRO MADEIRA DE BRITO; GUILHERME DRAY e LUÍS GONÇALVES DA SILVA, *Código do Trabalho Anotado,* 9ª ed., cit., pp. 165-166.

(884) O presente artigo corresponde na íntegra ao artigo 21º do CT/2003, que havia inovado a este propósito. Apresenta pontos de contacto com o artigos 26º e 34º da Constituição e os artigos 70º e seguintes do Código Civil, em especial, com os artigos 75º a 78º e 80º deste último diploma.

(885) Veja-se a nossa anotação ao artigo 22º do Código do Trabalho, em PEDRO ROMANO MARTINEZ; LUÍS MIGUEL MONTEIRO; JOANA VASCONCELOS; PEDRO MADEIRA DE BRITO; GUILHERME DRAY e LUÍS GONÇALVES DA SILVA, *Código do Trabalho Anotado,* 9ª ed., cit., pp. 165-166.

(886) Veja-se, a este propósito, JÚLIO VIEIRA GOMES, *Direito do Trabalho,* v. I, cit., pp. 367-384.

(887) Veja-se, a este propósito, AMADEU GUERRA, *A privacidade no local de trabalho. As novas tecnologias e o controlo dos trabalhadores através de sistemas automatizados. Uma abordagem ao Código do Trabalho,* Almedina, Coimbra, 2004.

O número 2 do preceito em causa visa repor um justo equilíbrio entre a tutela do direito à confidencialidade de que goza o trabalhador, por um lado, e a liberdade de gestão empresarial, no polo oposto. A reserva da intimidade da vida privada do trabalhador não prejudica a possibilidade de o empregador estabelecer regras de utilização dos meios de comunicação e das tecnologias de informação e de comunicação manuseados na empresa, nomeadamente através da imposição de limites, tempos de utilização, acessos ou sítios vedados aos trabalhadores. O preceito em causa não estabelece a forma pela qual tais regras devem ser concebidas e comunicadas. Também neste caso (à semelhança do disposto no n. 3 do artigo 20º) vigora o princípio do consensualismo: qualquer meio utilizado será lícito, desde que se revele adequado para que se torne possível o seu conhecimento por parte dos trabalhadores da empresa. Admite-se, porém, que o regulamento da empresa se afigure o meio por excelência a adotar para o efeito[888].

O incumprimento das regras de utilização fixadas nos termos do número 2 consubstancia uma infração disciplinar, mas não legitima a violação, pelo empregador, do direito à confidencialidade a que se refere o número 1[889]. Admite-se por outro lado que a invocação pelo trabalhador do direito à confidencialidade previsto no número 1 como forma de justificar o cumprimento defeituoso do contrato ou a inobservância das regras de utilização fixadas nos termos do número 2 possa constituir uma hipótese típica de abuso de direito (artigo 334º do Código Civil).

X. O regime exposto é revelador: o Código do Trabalho acolheu, numa Subsecção especificamente reservada aos direitos de personalidade, um conjunto muito significativo de direitos que se prendem com a proteção de bens pessoais e pessoalíssimos do trabalhador. Trata-se de um núcleo irredutível de direitos que deverá manter-se, impor-se e sobreviver a qualquer conjuntura, por mais desfavorável que a mesma se revele.

Trata-se, em suma, de uma exigência do "princípio da proteção do trabalhador".

2. Os direitos fundamentais dos trabalhadores

2.1. A "Constituição laboral"

I. O texto inicial da Constituição de 1976 estabelecia, no Título III da I Parte, relativa aos *direitos e deveres económicos, sociais e culturais*, que incumbia "*ao Estado, através da aplicação de planos de política económica e social, garantir o direito ao trabalho*", designadamente "*a segurança no emprego, sendo proibidos os despedimentos sem justa causa ou por motivos políticos ou ideológicos*".

Com a revisão constitucional de 1982, foi-se mais longe neste domínio e autonomizou-se, no Título II, sobre *direitos, liberdades e garantias*, um capítulo específico respeitante aos direitos, liberdades e garantias dos trabalhadores — a Constituição passou a assumir um capítulo especificamente dedicado aos *trabalhadores*, enquanto categoria tendencialmente mais débil, simultaneamente como forma de reconhecimento dessa tendencial inferioridade e como ideia de promoção da igualdade real entre os portugueses.

Na nossa Constituição, como se viu *supra*, a igualdade assume também uma função social, que pressupõe o dever de eliminação ou atenuação, pelos poderes públicos, das desigualdades sociais, económicas e culturais, tendo em vista a prossecução de uma igualdade jurídico-material. Tal desiderato, que passa pela *"remoção dos obstáculos ou fornecimento dos instrumentos necessários ao ultrapassar de uma real desigualdade entre os cidadãos"*[890] por parte dos poderes públicos, surge como uma ideia estruturante

(888) A propósito de dispositivos tecnológicos de proteção, ou seja, de codificação ou encriptação, que têm por efeito restringir a livre utilização de determinados conteúdos por parte de terceiros, veja-se LUÍS MENEZES LEITÃO, "Dispositivos tecnológicos de protecção e direito de acesso do público", *Separata da Revista da Ordem dos Advogados*, Ano 71, III, Lisboa, jul./set. 2001, pp. 735-749.
(889) No mesmo sentido, MENEZES LEITÃO, *Direito do Trabalho*, cit., p. 149, que cita, a este propósito, OLIVIER DE TISSOT, "La protection de la vie privée du salarié", *Droit Social*, cit., p. 154 e ss., para quem o empregador tem o poder de sancionar uma utilização para fins privados do correio electrónico da empresa, mas não tem a possibilidade de tomar conhecimento do teor dessas conversas particulares.
(890) Cf. ANA PRATA, *A Tutela Constitucional da Autonomia Privada*, Almedina, Coimbra, p. 94.

de todo o sistema constitucional, como a afirmação constitucional do "Estado Social", assumindo-se pois, a igualdade real, como uma tarefa fundamental do Estado, ao qual incumbe "*promover o bem-estar e a qualidade de vida do povo e a igualdade real dos portugueses (...)*" (artigo 9º, alínea *d*), "*em especial das mais desfavorecidas*" (artigo 81º, alínea *a*, da Lei Fundamental).

Neste contexto, no âmbito da indicada meta político-constitucional de prossecução de uma igualdade real entre os portugueses, destacam-se e assumem particular relevância, para além dos mecanismos de tutela dos indicados grupos de cidadãos mais vulneráveis (crianças, mulheres, jovens e deficientes), os preceitos constitucionais especialmente dedicados a uma categoria específica de pessoas: os "trabalhadores"(891), reconhecidos enquanto grupo social homogéneo tendencialmente mais débil, designadamente do ponto de vista negocial, que, como tal, importa tutelar(892).

Foi com base neste entendimento, como se afirmou, que a revisão constitucional de 1982 autonomizou um capítulo (Capítulo III do Título II — artigos 53º a 57º) especificamente dedicado aos *direitos, liberdades e garantias dos trabalhadores*, dando corpo à habitualmente denominada "Constituição Laboral", garantindo em simultâneo, a par daqueles direitos de caráter precetivo, "direitos de crédito" previstos no Capítulo I do Título III, na parte atinente aos "direitos económicos, sociais e culturais" (artigos 58º e 59º)(893)(894).

2.2. Direitos, liberdades e garantias dos trabalhadores

I. No primeiro grupo de direitos, previstos no Capítulo III do Título II, é possível descortinar, sem grandes preocupações de desenvolvimento, direitos precetivos de índole individual e direitos precetivos de natureza coletiva, encontrando-se no primeiro caso o *direito à segurança no emprego*, através da proibição de despedimentos sem justa causa ou fundados em motivos políticos e ideológicos (artigo 53º)(895), o

(891) Quanto ao conceito de trabalhador constitucionalmente consagrado, seguimos a linha traçada por João Caupers, quando conclui que "*o conceito constitucional de trabalhador, enquanto titular de direitos, corresponde à noção de trabalhador subordinado*" — JOÃO CAUPERS, *Os Direitos Fundamentais dos Trabalhadores e a Constituição*, cit., p. 80.

(892) Veja-se, a este propósito, JOÃO FILIPE MOREIRA SABINO, "Os Direitos Fundamentais nas Relações de Trabalho", *Direitos Humanos e Direito do Trabalho*, FLÁVIA PIOVESAN/LUCIANA PAULA VAZ DE CARVALHO (coord.), Editora Atlas, São Paulo, 2010, pp. 64 e ss.

(893) Sobre a distinção entre "direitos, liberdades e garantias" e "direitos económicos, sociais e culturais", v. JORGE MIRANDA, "O regime dos direitos, liberdades e garantias", *Estudos sobre a Constituição*, III, pp. 41 e ss.

(894) A este propósito, no ordenamento jurídico italiano, Giuseppe Pera, ao constatar que a Constituição italiana de 1948 contém várias disposições de ordem económico-social, garantindo diversos direitos económicos e sociais, nomeadamente dirigidos aos trabalhadores, sustenta que a Constituição "*não tem apenas em consideração o Homem como um cidadão da* res publica, *mas sim enquanto pessoa inserida numa determinada realidade social, a quem devem ser atribuídos os direitos genericamente denominados de sociais*".A título emblemático, o autor cita o artigo 3º da Constituição italiana, que consagra o princípio da *eguaglianza sostanziale*, ao prescrever que "*Compete à República remover todos os obstáculos de ordem económica e social que, limitando de facto a liberdade e igualdade dos cidadãos, impedem o pleno desenvolvimento da personalidade humana e a efectiva participação de todos os trabalhadores na organização política, económica e social do país*". Cf. GIUSEPPE PERA, *Diritto del Lavoro*, 6ª ed., cit., pp. 61-63.

(895) Como afirmam Jorge Miranda e Rui Medeiros, em anotação ao artigo 53º da Constituição, na *Constituição Portuguesa Anotada*, cit., pp. 501 e ss., "*A garantia da segurança no emprego, à semelhança dos direitos fundamentais dos trabalhadores em geral, implica naturalmente a compressão, no domínio das relações laborais, da autonomia privada, da liberdade empresarial e de outros direitos ou interesses constitucionalmente protegidos*". Trata-se, todavia, de uma limitação imposta à autonomia contratual do empregador que não é inconstitucional, uma vez que o artigo 53º parte precisamente do reconhecimento de que as relações de trabalho subordinado envolvem tipicamente relações de poder nas quais o empregador assume uma posição de supremacia e o trabalhador carece de especial proteção [cf. Acórdão do Tribunal Constitucional n. 659/97, em <www.tribunalconstitucional.pt/tc/acordaos> (ano 1997)]; visa-se, por esta via, proteger a "*autonomia dos menos autónomos*" [cf. Acórdão do Tibunal Constitucional n. 581/95, em <www.tribunalconstitucional.pt/tc/acordaos> (ano 1995)]. Em qualquer caso, a garantia da segurança no emprego não é absoluta, sendo necessário, em nome da unidade de valores do sistema constitucional, articulá-la com a aludida liberdade de empresa e o direito de iniciativa económica privada, que constitui um direito fundamental (artigo 61º, n. 1) de natureza análoga à dos direitos, liberdades e garantias — é nesse sentido que se compreende a consagração do despedimento com justa causa, *maxime* com base em *justa causa subjetiva* ou relacionada com o comportamento ilícito e culposo do trabalhador [Acórdão do Tribunal Constitucional n. 570/99, em www.tribunalconstitucional.pt/tc/acordaos (ano 1999)]; é, nesse sentido, também, que se compreende o regime do *período experimental* [Acórdão do Tribunal Constitucional n. 64/91, em <www.tribunalconstitucional.pt/tc/acordaos> (ano 1991)], ou algumas especificidades ao nível do procedimento de despedimento atribuídas às pequenas empresas, admitindo-se a adoção de procedimentos mais simplificados de despedimento, contanto que se salvaguardem as garantias de defesa e de fundamentação [Acórdão do Tribunal Constitucional n. 581/95, em <www.tribunalconstitucional.pt/tc/acordaos> (ano 1995)]. A proibição de despedimentos sem justa causa contém, assim, um núcleo intransponível: o trabalhador não pode ser privado do

trabalho por mero arbítrio do empregador [Acórdão do Tribunal Constitucional n. 581/95, em <www.tribunalconstitucional.pt/tc/acordaos> (ano 1995)], sendo certo que a referida garantia da segurança no emprego se aplica também, nos termos do artigo 269º da Constituição, aos trabalhadores da Administração Pública, apesar de também neste caso se admitir a cessação da relação de trabalho na sequência de aplicação de pena de aposentação compulsiva [Acórdão do Tribunal Constitucional n. 745/98, em <www.tribunalconstitucional.pt/tc/acordaos> (ano 1998)]. Mais do que isso: o princípio da proibição de despedimentos sem justa causa não veda a cessação do contrato com base numa justa causa não disciplinar ou subjetiva. Por outras palavras, é constitucionalmente admissível a cessação do contrato com base em *justa causa objetiva*. É esse o sentido que se retira da jurisprudência do Tribunal Constitucional que, depois de uma posição muito restritiva [Acórdão do Tribunal Constitucional n. 107/88, em <www.tribunalconstitucional.pt/tc/acordaos> (ano 1988)], enveredou por uma posição firme, à luz da qual a Constituição não veda em absoluto ao legislador ordinário a consagração, ao lado da justa causa disciplinar, de certas causas de rescisão unilateral do contrato de trabalho pelo empregador com base em motivos objetivos, desde que os mesmos não resultem de culpa do empregador ou do trabalhador e tornem praticamente impossível a subsistência da relação laboral. Ou seja, também no caso do despedimento com justa causa objetiva se vedam os despedimentos aribtrários — estes devem fundar-se numa objetiva impossibilidade de subsistência do vínculo laboral e o despedimento deve ser visto como a *ultima ratio*, na sequência de uma ponderação adequada entre os direitos fundamentais em conflito e numa perspetiva relacional, confrontando os interesses contrastantes em concreto [a este propósito, os acórdãos do Tribunal Constitucional ns. 64/91, 252/92, 581/95, 39/97, 117/01, 550/01 e 306/03, em <www.tribunalconstitucional.pt/tc/acordaos> (anos 1991, 1992, 1995, 1997, 2001 e 2003)]. Por outro lado, a Constituição também não veda a possibilidade de a extinção de uma empresa implicar a caducidade dos contratos de trabalho, desde que o empregador não se furte ao pagamento da correlativa compensação pecuniária, análoga à que se verificaria em caso de despedimento colectivo (cf. acórdãos do Tribunal Constitucional ns. 232/01 e 255/92, em <www.tribunalconstitucional.pt/tc/acordaos> (anos 1992 e 2001)]. E o mesmo se verifica em relação aos trabalhadores da Administração Pública — também aqui poderão ocorrer causas objetivas ligadas à reestruturação e racionalização dos serviços e organismos públicos suscetíveis de comprimir o estatuto dos funcionários públicos, sem que daí resulte forçosamente violada a segurança no emprego protegida constitucionalmente [cf. acórdãos do Tribunal Constitucional ns. 285/92 e 340/92, em <www.tribunalconstitucional.pt/tc/acordaos> (ano 1992)].

Da garantia da segurança no emprego e da proibição dos despedimentos sem justa causa resulta, também, no plano adjetivo, a criação de mecanismos de defesa do trabalhador [Acórdão do Tribunal Constitucional n. 423/99, em <www.tribunalconstitucional.pt/tc/acordaos> (ano 1999)] e uma tutela jurisdicional efetiva, que garanta a possibilidade de acionamento de providências cautelares destinadas a acautelar violações levadas a efeito pelo empregador [Acórdão do Tribunal Constitucional n. 107/88, em <www.tribunalconstitucional.pt/tc/acordaos> (ano 1988)]. Em qualquer caso, nada obsta a que a impugnação do despedimento esteja, nos termos da lei, sujeita a um prazo razoável, ainda que relativamente dilatado e não desproporcionadamente exíguo [Acórdão do Tribunal Constitucional n. 148/87, em <www.tribunalconstitucional.pt/tc/acordaos> (ano 1999)] ou que o despedimento ilícito não impugnado judicialmente se consolide na ordem jurídica [Acórdão do Tribunal Constitucional n. 592/99, em <www.tribunalconstitucional.pt/tc/acordaos> (ano 1999)] — trata-se, em ambos os casos, de uma limitação conforme ao princípio da proporcionalidade que se mostra justificada à luz dos propósitos da segurança e da certeza jurídicas. No mesmo sentido, não foi considerada inconstitucional a norma do Código do Trabalho que admite a reabertura do procedimento disciplinar conducente ao despedimento com justa causa que haja sido judicialmente impugnado, dado que tal solução não ofende a perspetiva substantiva da proibição de despedimentos sem justa causa, nem viola a dimensão procedimental dessa garantia [Acórdão do Tribunal Constitucional n. 306/03, em <www.tribunalconstitucional.pt/tc/acordaos> (ano 2003)].

Em regra, o princípio constitucional da proibição de despedimentos sem justa causa tem como consequência, em caso de ilictude do despedimento, a reintegração do trabalhador no respectivo posto de trabalho [Acórdão do Tribunal Constitucional n. 583/00, em <www.tribunalconstitucional.pt/tc/acordaos> (ano 2000)], sendo através da reintegração laboral que a garantia constitucional da segurança no emprego se realiza na sua plenitude. Por essa razão, o Tribunal Constitucional defendeu que, em caso de despedimento ilícito, a substituição judicial da reintegração do trabalhador por uma indemnização, nomeadamente a pedido do empregador e com fundamento na impossibilidade de reatamento de boas relações de trabalho, é suscetível de violar a garantia da segurança no emprego, dado que por esta via o empregador poderia sempre despedir o trabalhador à margem de qualquer causa constitucionalmente lícita, bastando para tanto pagar-lhe uma indemnização [Acórdão do Tribunal Constitucional n. 107/88, em <www.tribunalconstitucional.pt/tc/acordaos> (ano 1988)]. A regra da reintegração no posto de trabalho em caso de ilicitude do despedimento não é, todavia, definitiva e absoluta, devendo conjugar-se com outros direitos ou interesses constitucionalmente protegidos — nesse sentido, o Tribunal Constitucional admite a constitucionalidade da substituição da reintegração por uma indemnização, quer nos casos em que seja o trabalhador a solicitá-lo ou quando o mesmo concorde com tal pedido feito pelo empregador [Acórdão do Tribunal Constitucional n. 583/00, em <www.tribunalconstitucional.pt/tc/acordaos> (ano 2000)], ou quando, no limite, *"o reatamento da relação de trabalho importar, numa avaliação objetiva e realizada por uma entidade com garantias de independência, grave prejuízo e perturbação para a prossecução da atividade da empresa"* [Acórdão do Tribunal Constitucional n. 306/03, em <www.tribunalconstitucional.pt/tc/acordaos> (ano 2003)].

Noutro plano: o princípio constitucional da segurança no emprego envolve também outras situações que extravasam o regime jurídico da cessação do contrato de trabalho. Assim, tem-se defendido que é deste princípio que decorre, também, a proscrição de formas de trabalho excessivamente precárias, como sejam as hipóteses de contratação diária que se prolongam no tempo, por vários anos [Acórdão do Tribunal Constitucional n. 280/00, em <www.tribunalconstitucional.pt/tc/acordaos> (ano 2000)]; é deste princípio que decorre a excecionalidade da contratação a termo e a sua admissibilidade mediante a imposição de particulares limites substantivos, formais e temporais à contratação em regime de *contrato de trabalho a termo* [acórdãos do Tribunal Constitucional ns. 581/95, 659/97, 12/99, 683/99, 545/03, 207/04 e 210/04, em <www.tribunalconstitucional.pt/tc/acordaos> (anos 1995, 1997, 1999, 2003 e 2004)]; é deste princípio, também, que decorre a necessidade de limitação no tempo do período experimental, ou seja, do período de tempo após a execução do contrato de trabalho que permite ao empregador denunciar livremente o contrato, sem necessidade de invocação de justa causa de despedimento [Acórdão do Tribunal Constitucional n. 64/91, em <www.tribunalconstitucional.pt/tc/acordaos> (ano 1991)]; e é deste princípio que decorre a regra segundo a qual, em caso de transmissão de estabelecimento, os contratos de trabalho se mantêm, ainda que na esfera jurídica da entidade adquirente [acórdãos do Tribunal Constitucional ns. 392/89 e 119/99, em <www.tribunalconstitucional.pt/tc/acordaos> (anos 1989 e 1999]. E tais considerações

direito à inscrição sindical (artigo 55º, n. 2, alínea *b*)[896] e o *direito de adesão individual à greve* (artigo 57º)[897]; no segundo caso, encontramos a *liberdade sindical* (artigo 55º)[898], o *direito de associação sin-*

---

valem, também, para os trabalhadores da Administração Pública — o direito à segurança no emprego não impede em absoluto, sempre que haja um interesse com relevo constitucional que o justifique, que possa existir uma relação jurídica de emprego na Administração Pública que envolva uma certa *precariedade*, nomeadamente nos casos de *contrato administrativo de provimento* e de *contrato de trabalho a termo certo* [acórdãos do Tribunal Constitucional ns. 233/97 e 345/93, em <www.tribunalconstitucional.pt/tc/acordaos> (anos 1993 e 1997)]. De resto, o Tribunal Constitucional já defendeu a ideia segundo a qual a eventual conversão de contratos de trabalho a termo celebrados pela Administração Pública em contratos sem termo, em função da violação dos limites máximos de duração dos contratos a termo, não só não é uma solução imposta pelo princípio da segurança no emprego, como seria suscetível de violar o princípio da igualdade e a regra da igualdade no acesso à função pública [acórdãos do Tribunal Constitucional ns. 683/99, 434/00 e 172/01, em <www.tribunalconstitucional.pt/tc/acordaos> (anos 1999, 2000 e 2001)].

Por fim: o Tribunal Constitucional tem entendido que o princípio da segurança no emprego não obsta a que possa ocorrer uma suspensão individual do trabalhador por facto que lhe seja imputável — o que importa é que tal suspensão tenha uma causa legítima, por exemplo, motivada numa prática ilícita e culposa do trabalhador em caso de suspensão da prestação laboral no decurso de um procedimento disciplinar [Acórdão do Tribunal Constitucional n. 423/99, em <www.tribunalconstitucional.pt/tc/acordaos> (ano 1999)]; não obsta a que o contrato de trabalho se possa suspender com base em causas objetivas que não sejam imputáveis, nem ao trabalhador, nem ao empregador, e que sejam determinantes para evitar a cessação do contrato por razões de natureza económica [Acórdão do Tribunal Constitucional n. 372/91, em <www.tribunalconstitucional.pt/tc/acordaos> (ano 1991)]; e não obsta à alteração ou mudança do local de trabalho do trabalhador, sempre que esta não lhe cause um prejuízo sério [Acórdão do Tribunal Constitucional n. 392/89, em <www.tribunalconstitucional.pt/tc/acordaos> (ano 1989)].

(896) Recorda-se que para além de uma *dimensão coletiva*, consistente no reconhecimento aos trabalhadores da liberdade de constituição de associações sindicais a todos os níveis, da liberdade de organização e regulamentação interna das associações sindicais, do exercício de atividade sindical na empresa e da independência das associações sindicais em relação ao patronato, ao Estado, às confissões religiosas, aos partidos e outras associações políticas, a liberdade sindical contém também uma *dimensão individual*, tanto positiva como negativa. Em termos positivos, a liberdade sindical individual consubstancia-se na liberdade de inscrição sindical (artigo 55º, n. 2, alínea *b*, I Parte); em termos negativos, a liberdade de inscrição garante o direito de não inscrição sindical, a inexigibilidade de pagamento de quotizações para sindicato em que o trabalhador não esteja inscrito (artigo 55º, n. 2, alínea *b*, *fine*) e o direito de desvinculação do sindicato [acórdãos do Tribunal Constitucional n. 445/93 e 437/00, em <www.tribunalconstitucional.pt/tc/acordaos> (anos 1993 e 2000), ambos citados em JORGE MIRANDA e RUI MEDEIROS, *Constituição Portuguesa Anotada*, cit., anotação ao artigo 55º, pp. 536 e ss.].

(897) O direito à greve é um direito fundamental dos trabalhadores. Apesar de constituir "*um instrumento de reivindicação que concorre para a promoção de condições de igualdade real entre indivíduos e grupos sociais*", "*integra o conjunto de direitos, liberdades e garantias enunciados no Título II e apresenta uma dimensão essencial de defesa ou liberdade negativa: a liberdade de recusar a prestação de trabalho contratualmente devida, postulando a ausência de interferências, estaduais ou privadas, que sejam suscetíveis de a pôr em causa*" — cf. Acórdão do Tribunal Constitucional n. 289/92, em www.tribunalconstitucional.pt/tc/acordaos (ano 1992), citado em JORGE MIRANDA e RUI MEDEIROS, *Constituição Portuguesa Anotada*, cit., anotação ao artigo 57º, pp. 576 e ss. Trata-se, no essencial, de um direito individual de exercício coletivo — a decisão, a declaração e o decretamento da greve são de exercício coletivo, *maxime* sindical, sendo certo que quanto à competência para declarar a greve se admita que a mesma possa ser exercida não apenas pelas associações sindicais, mas também por uma assembleia de trabalhadores da empresa, desde que a maioria dos trabalhadores não esteja representada por associações sindicais, a assembleia seja convocada para o efeito por 20% ou 200 trabalhadores, a maioria dos trabalhadores participe na votação e a deliberação seja aprovada por voto secreto pela maioria dos votantes (cf. artigos 531º e 534º, ambos do Código do Trabalho); a adesão à greve, por parte de cada trabalhador, é um direito individual, que se consubstancia na opção do trabalhador em aderir ou não à greve decretada. Trata-se, também, de um direito diretamente aplicável, que vincula entidades públicas e privadas, e que pode ser exercido por todos os trabalhadores subordinados, incluindo os da Administração Pública, sem prejuízo da obrigação de assegurar os serviços mínimos indispensáveis para ocorrer a satisfação de necessidades sociais impreteríveis — a este propósito, o número 2 do artigo 57º determina que a lei deve definir as condições de prestação, durante a greve, de serviços necessários à segurança e manutenção de equipamentos e instalações, bem como de serviços mínimos indispensáveis para ocorrer a satisfação de necessidades sociais impreteríveis, comando este concretizado no Código do Trabalho (artigos 537º e 538º, que dispõem, respetivamente, sobre a obrigação de prestação de serviços durante a greve e a definição de serviços a assegurar durante a greve). A consagração do direito à greve é, também, no artigo 57º da Constituição, acompanhada da proibição do *lockout*, como forma de proteção dos trabalhadores, enquanto contraentes mais débeis. A renúncia ao direito à greve é, por isso, tendencialmente ilícita, ainda que a jurisprudência do Tribunal Constitucional as não vede em absoluto, quando as mesmas resultem de cláusulas de paz social insertas em convenção coletiva de trabalho — nos termos do Acórdão n. 306/03 [em <www.tribunalconstitucional.pt/tc/acordaos> (ano 2003)], o Tribunal concluiu que não são admissíveis renúncias ao exercício do direito à greve por tempo ilimitado, nem renúncias absolutas, ainda que limitadas ao tempo de vigência das convenção coletiva. Nesse sentido, fica aberta a possibilidade de as partes, numa convenção coletiva, ajustarem uma renúncia ao exercício do direito à greve por parte do sindicato signatário com a finalidade de modificação do conteúdo dessa convenção coletiva, ficando sempre aberta a possibilidade, todavia, de a greve ser exercida, quer em caso de alteração das circunstâncias, quer em caso de incumprimento, por parte do empregador, do conteúdo da convecção coletiva. A renúncia (temporária) ao exercício do direito à greve surge, nestes casos, instrumentalmente associada ao exercício de outro direito fundamental: o direito das associações sindicais à contratação coletiva — cf. BERNARDO XAVIER, "Contratação coletiva — cláusulas de paz, vigência e sobrevigência", *Código do Trabalho — alguns aspectos cruciais*, Principia, Cascais, 2003.

(898) A liberdade sindical, como *supra* se afirmou, tem uma *dimensão coletiva*, consistente: *a)* no reconhecimento aos trabalhadores da liberdade de constituição de associações sindicais a todos os níveis para defesa e promoção dos seus interesses socioprofissionais (direito esse concretizado no artigo 440º do Código do Trabalho); *b)* na liberdade de organização e regulamentação interna das

dical e *contratação coletiva* (artigo 56º)[899] e o mesmo *direito à greve*[900], enquanto direito de decisão e declaração de natureza coletiva. Trata-se, em todas estas situações, de "direitos, liberdades e garantias"

---

associações sindicais (artigos 445º, 450º e 451º do Código do Trabalho), liberdade esta limitada pelos princípios da organização e da gestão democráticas, concretizados através de quatro "sub-princípios": i) do sufrágio periódico para eleições dos órgãos dirigentes; ii) do sufrágio secreto para eleição dos mesmos órgãos; iii) da não sujeição dos órgãos eleitos a qualquer autorização ou homologação; iv) da participação activa dos trabalhadores em todos os aspectos da atividade sindical [Acórdão do Tribunal Constitucional n. 449/91, em <www.tribunalconstitucional.pt/tc/acordaos> (ano 1991)]; c) no exercício da atividade sindical na empresa, que compreende diversas faculdades [Acórdão do Tribunal Constitucional n. 75/85, em <www.tribunalconstitucional.pt/tc/acordaos> (ano 1985)], nomeadamente a de promover reuniões de trabalhadores no local de trabalho (artigo 461º do Código do Trabalho), a de deter instalações no interior da empresa para o exercício das suas funções (artigo 464º do Código do Trabalho) e a de afixação e distribuição de informação sindical (artigo 465º); *d)* na independência das associações sindicais em relação ao empregador, ao Estado, aos partidos políticos, às instituições religiosas ou associações de outra natureza, a qual exige também que o exercício de cargo de direção de associação sindical seja incompatível com o exercício de qualquer cargo de direção em partido político, instituição religiosa ou outra associação relativamente à qual exista conflito de interesses (artigos 405º e 446º, ambos do Código do Trabalho) e que exista independência ao nível do financiamento das associações sindicais. O artigo 55º determina ainda (número 6) que os representantes eleitos dos trabalhadores gozam do direito à proteção legal adequada contra quaisquer formas de condicionamento, constrangimento ou limitação do exercício legítimo das suas funções — no essencial, estão em causa os direitos a crédito de horas (artigos 408º e 409º do Código do Trabalho), à proteção em caso de procedimento disciplinar ou despedimento (artigo 410º do Código do Trabalho) e à proteção em caso de transferência de local de trabalho (artigo 411º do Código do Trabalho). O exercício de direitos por parte dos membros das estruturas representativas de trabalhadores não pode, todavia, prejudicar o normal funcionamento da empresa, sendo que o exercício abusivo de tais direitos é passível de responsabilidade disciplinar, civil ou criminal, nos termos gerais (artigo 414º do Código do Trabalho).

(899) Nos termos do artigo 56º, compete aos sindicatos, antes de mais nada promover a defesa dos direitos e interesses dos trabalhadores que representam, ou seja, a defesa dos interesses coletivos dos trabalhadores neles filiados, sendo certo, todavia, que a jurisprudência do Tribunal Constitucional tem entendido que as associações sindicais têm também legitimidade para a defesa coletiva dos interesses dos seus interesses individuais [Acórdãos do Tribunal Constitucional ns. 118/97, 160/99 e 103/01, em: <www.tribunalconstitucional.pt/tc/acordaos> (anos 1997, 1999 e 2001)] e que podem igualmente promover a defesa mais abrangente dos interesses socioprofissionais, mesmo quanto aos trabalhadores não filiados — é nesse sentido que se compreende o direito de as associações sindicais participarem na elaboração da legislação do trabalho (artigo 56º, n. 2, alínea *a*), o direito de os sindicatos se pronunciarem sobre os planos económico-sociais (artigo 56º, n. 2, alínea *c*) e o de participarem na definição das principais medidas económico-financeiras (artigo 80º, alínea *g*). Ou seja, o papel relevante que a Constituição atribui às associações sindicais na elaboração da legislação do trabalho, na gestão das instituições de segurança social, na concertação social ou na reestruturação das empresas, evidencia que a Lei Fundamental não cingiu as associações sindicais à defesa dos interesses juslaborais dos seus filiados — cf. Acórdão do Tribunal Constitucional n. 306/03, em <www.tribunalconstitucional.pt/tc/acordaos> (ano 2003), citado em JORGE MIRANDA e RUI MEDEIROS, *Constituição Portuguesa Anotada*, cit., anotação ao artigo 56º, pp. 554 e ss.
O direito de participação na elaboração da legislação do trabalho constitui uma manifestação do princípio constitucional da democracia participativa (artigo 2º da Constituição), pelo que impõe que os representantes dos trabalhadores sejam realmente consultados perante projectos de intenção normativa [Acórdão do Tribunal Constitucional n. 430/93, em <www.tribunalconstitucional.pt/tc/acordaos> (ano 1993)] nos termos concretizados nos artigos 469º e ss. do Código do Trabalho, sendo certo que o próprio conceito de "legislação do trabalho" surge concretizado no referido Código do Trabalho — *"entende-se por legislação do trabalho a que regula os direitos e obrigações dos trabalhadores e empregadores, enquanto tais, e as suas organizações"* (artigo 469º, n. 1, sendo certo que o número 2 do mesmo preceito exemplifica como legislação do trabalho os diplomas que dispõem, nomeadamente, sobre o contrato de trabalho, o direito coletivo de trabalho, segurança e saúde no trabalho, acidentes de trabalho e doenças profissionais, formação profissional e processo do trabalho) — veja-se, a este propósito, os acórdãos do Tribunal Constitucional ns. 107/88, 218/89, 232/90, 233/90, 61/91, 24/92, 124/93, 468/95, 345/96, 178/97 e 468/02, todos citados na obra referenciada. Veja-se, também, LUÍS GONÇALVES DA SILVA, PEDRO ROMANO MARTINEZ; LUÍS MIGUEL MONTEIRO; JOANA VASCONCELOS; PEDRO MADEIRA DE BRITO; GUILHERME DRAY e LUÍS GONÇALVES DA SILVA, *Código do Trabalho Anotado*, 8ª ed., cit., anotação (IV) ao artigo 469º pp. 1141 e ss.
O direito de pronúncia sobre os planos económico-sociais e de acompanhamento da sua execução insere-se no direito à informação e ao acompanhamento da gestão das empresas, sendo similar ao que é conferido às comissões de trabalhadores (artigo 54º, n. 5, alínea *d*).
O direito de contratação coletiva a que se refere o número 3 do artigo 56º, que é garantido nos termos da lei e consequentemente concretizado nos artigos 485º e ss. do Código do Trabalho, é conferido a toda e qualquer associação sindical, independentemente da sua representatividade, enquanto corolário do pluralismo sindical e na medida em que o direito de contratação coletiva deve ser visto como um direito fundamental de todo e cada sindicato. À partida, dir-se-ia que o direito de contratação coletiva é um exclusivo das associações sindicais [Acórdão do Tribunal Constitucional n. 517/98, em www.tribunalconstitucional.pt/tc/acordaos (ano 1998)], mas a verdade é que a lei ordinária, a partir da revisão do Código do Trabalho levada a efeito em 2009, passou a admitir a possibilidade de a associação conferir a outra estrutura de representação coletiva dos trabalhadores da empresa poderes para, relativamente aos seus associados, contratar com empresa com, pelo menos, 500 trabalhadores (artigo 491º, n. 3, do Código do Trabalho). Por outras palavras, passou a se admitir que as associações sindicais possam delegar poderes a outras estruturas representativas de trabalhadores na empresa (artigo 404º do Código do Trabalho), nomeadamente comissões de trabalhadores, para que estas possam celebrar acordos de empresa. A tarefa de delimitação do direito de contratação coletiva é, pois, da competência do legislador [acórdãos do Tribunal Constitucional ns. 94/92, 581/95, 517/98, 391/04, em <www.tribunalconstitucional.pt/tc/acordaos> (anos 1992, 1995, 1998 e 2004)], ainda que a lei não possa, obviamente, esvaziar de conteúdo tal direito — o que ela pode fazer, isso sim, é regular o direito de negociação coletiva, delimitando-o ou restringindo-o, mas deixando sempre um

que gozam do mesmo regime dos restantes "direitos, liberdades e garantias" em geral, no sentido em que vinculam os poderes públicos e privados (artigo 18º), sendo como tal diretamente oponíveis aos próprios empregadores; as leis que se lhes refiram estão sujeitas à reserva de competência legislativa da Assembleia da República (artigo 165º, n. 1, alínea *b*); e o seu regime deve ser respeitado pelas leis de revisão constitucional (artigo 288º, alíneas *d* e *e*).

2.1.2. Os direitos económicos, sociais e culturais do trabalhador

I. No segundo grupo de direitos, previstos no Capítulo I do Título III, encontramos direitos programáticos, que têm como destinatário o próprio Estado e que se concretizam, designadamente, no *direito ao trabalho* (artigo 58º)[901], que passa pela aplicação de planos de política económica e social que assegurem a execução de políticas de pleno emprego, pela garantia da *"igualdade de oportunidades"* na escolha da profissão ou género de trabalho e pela garantia de *"condições para que não seja vedado ou limitado, em função do sexo, o acesso a quaisquer cargos, trabalhos ou garantias profissionais"*, bem como pela formação cultural, técnica e profissional dos trabalhadores; no *direito à retribuição do trabalho* (59º, n. 1, alínea *a*), segundo a quantidade, natureza e qualidade, observando-se o princípio de que *"para trabalho igual, salário igual"*, de forma a garantir uma *"existência condigna"* — impondo-se ao Estado a obrigação de estabelecer e atualizar o salário mínimo nacional[902]; no *direito à organização do trabalho em condições*

---

conjunto minimamente significativo de matérias aberto a essa negociação [Acórdão do Tribunal Constitucional n. 517/98, em <www.tribunalconstitucional.pt/tc/acordaos> (ano 1998)]. Nesse sentido, o artigo 478º do Código do Trabalho enuncia os limites ao conteúdo dos instrumentos de regulamentação coletiva de trabalho (os citados instrumentos não podem contrariar norma legal imperativa; regulamentar atividades económicas; nem conferir eficácia retroactiva a qualquer cláusula que não seja de natureza pecuniária), ao passo que o artigo 492º, n. 2, do mesmo Código indica as matérias que devem ser reguladas pelas convenções coletivas (a convenção coletiva deve regular as relações entre as entidades contratantes; as acções de formação profissional; as condições de prestação do trabalho relativas à segurança e saúde; as medidas que visem a efectiva aplicação do princípio da igualdade e não discriminação; outros direitos e deveres dos trabalhadores e dos empregadores, nomeadamente retributivos; os processos de resolução dos litígios emergentes de contratos de trabalho; a definição dos serviços necessários à segurança e manutenção de equipamentos e instalações e de serviços mínimos indispensáveis para ocorrer à satisfação de necessidades sociais impreteríveis, bem como dos meios necessários para os assegurar em situação de greve; os efeitos decorrentes da convenção em caso de caducidade, relativamente aos trabalhadores abrangidos por aquela, até à entrada em vigor de outro instrumento de regulamentação coletiva).

(900) Como supra se afirmou, o direito à greve é um direito fundamental (individual) dos trabalhadores de exercício colectivo — a decisão, a declaração e o decretamento da greve são de exercício colectivo, *maxime* sindical, sendo certo que quanto à competência para declarar a greve a lei admita que a mesma possa ser exercida não apenas pelas associações sindicais, mas também por uma assembleia de trabalhadores da empresa, desde que a maioria dos trabalhadores não esteja representada por associações sindicais, a assembleia seja convocada para o efeito por 20% ou 200 trabalhadores, a maioria dos trabalhadores participe na votação e a deliberação seja aprovada por voto secreto pela maioria dos votantes (cf. artigos 531º e 534º, ambos do Código do Trabalho).

(901) A Constituição não se limita a consagrar a liberdade de escolha e de exercício da profissão ou do género de trabalho (artigo 47º) — nos termos do artigo 58º proclama-se, no âmbito dos direitos económicos, sociais e culturais, o direito fundamental ao trabalho. Neste último caso, como sustentam JORGE MIRANDA e RUI MEDEIROS, *Constituição Portuguesa Anotada*, cit., anotação ao artigo 58º, pp. 589 e ss., não se está perante um direito com um conteúdo constitucionalmente determinado ou determinável — o direito ao trabalho não vale como uma disposição diretamente aplicável, mas sim como uma imposição aos poderes públicos, *"dentro de uma reserva do possível"*, tendo em vista a criação das condições que permitam que todos os cidadãos tenham acesso ao trabalho. O fundamento do direito ao trabalho reside na dignidade da pessoa humana e destina-se a "prover às necessidades de uma vida digna" [Acórdão do Tribunal Constitucional n. 635/99, em www.tribunalconstitucional.pt/tc/acordaos (ano 1999)], mas constitui, no essencial, por contraposição aos direitos, liberdades e garantias, um direito económico, social e cultural. O seu destinatário é o Estado e a sua plena efetividade pressupõe a criação, pelo Estado, de condições normativas e fáticas a tanto dirigidas — a promoção e execução de políticas de pleno emprego; a promoção da igualdade de oportunidades na escolha da profissão ou género de trabalho e de condições para que não seja vedado ou limitado, em função do sexo, o acesso a quaisquer cargos, trabalho ou categorias profissionais; a formação cultural e técnica e a valorização profissional dos trabalhadores, em vista à sua melhor inserção e realização no mercado de trabalho.

(902) Depois de enunciar, no artigo 58º, o *direito ao trabalho*, a Constituição passa a enunciar, no artigo 59º, os *direitos fundamentais dos trabalhadores*, que têm a natureza de *direitos económicos, sociais e culturais*. Em qualquer caso, na medida em que alguns desses direitos tenham uma natureza análoga à dos direitos, liberdades e garantias, aplica-se-lhes, nessa eventualidade, nos termos do artigo 17º, o regime dos referidos direitos, liberdades e garantias — cf. JORGE MIRANDA e RUI MEDEIROS, *Constituição Portuguesa Anotada*, cit., anotação ao artigo 59º, pp. 596 e ss. O corpo do número 1 do artigo 59º, ao afirmar que *"Todos os trabalhadores, sem distinção de idade, sexo, raça, cidadania, território de origem, religião, convicções políticas ou ideológicas, têm direito (...)"*, consagra o princípio geral da igualdade, na esteira do disposto no artigo 13º da Constituição. E consagra-o não apenas nas relações entre os particulares e o Estado, mas também no domínio das relações privadas. A alínea *a* do número 1 do artigo 59º, por sua vez,

socialmente dignificantes (59º, n. 1, alínea *b*) e no *direito à prestação do trabalho em condições de higiene e segurança* (59º, n. 1, alínea *c*)[(903)]; no *direito ao repouso e aos lazeres*, a um limite máximo da jornada de trabalho, ao descanso semanal e a férias periódicas pagas (artigo 59º, n. 1, alínea *d*) — impondo-se ao Estado a fixação, a nível nacional, dos limites da duração do trabalho e o desenvolvimento sistemático de uma rede de centros de repouso e de férias[(904)]; no *direito à assistência material* quando involuntariamente se encontrem em situação de desemprego (59º, n. 1, alínea e)[(905)]; no *direito à assistência e justa*

---

reafirmar o princípio da igualdade na sua vertente retributiva, através da fórmula "*a trabalho igual, salário igual*". Mais uma vez, e na esteira do artigo 13º da Constituição, o que se vedam não são quaisquer diferenças retributivas, mas sim diferenças retributivas injustificadas e arbitrárias, que não sejam objetivamente justificáveis em função da natureza e qualidade do trabalho prestado. *A contrario sensu* — são admitidas diferenças retributivas em função da natureza e da qualidade do trabalho prestado. Para além disso, o artigo 59º, n. 1, alínea *a*, garante também o direito fundamental a uma justa remuneração [Acórdão do Tribunal Constitucional n. 635/99, em <www.tribunalconstitucional.pt/tc/acordaos> (ano 1999)], que visa garantir ao trabalhador uma *existência condigna* e que se assume como um direito de natureza análoga ao dos direitos, liberdades e garantias [acórdãos do Tribunal Constitucional ns. 373/91 e 498/03, em www.tribunalconstitucional.pt/tc/acordaos (anos 1991 e 2003)]. O princípio de justiça subjacente a este comando constitucional tem um corolário lógico — exige-se que quando o trabalho seja prestado em igual quantidade, natureza e qualidade a remuneração seja igual, e que quando haja diferenças na forma de prestação da atividade a remuneração seja diferente, nomeadamente em função das habilitações do trabalhador, da sua antiguidade, do modo de exercício da atividade laboral, dos resultados atingidos na prestação da atividade ou do período normal de trabalho contratado. À luz deste princípio, é natural que o mesmo tipo de trabalho seja remunerado de forma diferente "*(...) conforme seja feito por pessoas, com mais ou menos habilitações e com mais ou menos tempo de serviço, pagando-se mais, naturalmente, aos que maiores habilitações possuem e mais tempo de serviço têm*" [Acórdão do Tribunal Constitucional n. 313/89, em www.tribunalconstitucional.pt/tc/acordaos (ano 1989)]. Questão distinta é a de saber se perante situações em que o trabalho seja manifestamente diferente em termos de natureza e qualidade a Constituição impõe — ou não — uma diferença retributiva. Neste caso, não se trata de vedar diferenças retributivas, mas sim de saber se a Constituição impõe uma diferença retributiva efetiva. O Tribunal Constitucional tem considerado que a existência de uma razão suficiente para diferenciar "*não aponta necessariamente para a obrigatoriedade de um tratamento desigual*" [Acórdão do Tribunal Constitucional n. 658/97, em www.tribunalconstitucional.pt/tc/acordaos (ano 1997)]. Noutro plano, todavia, o Tribunal já entendeu que nalguns casos o artigo 13º e em especial o artigo 59º, n. 1, alínea *a*, da Constituição não impõem apenas que a trabalho igual salário igual, mas impõe também ao legislador a obrigação de consagrar, tanto nas carreiras da função pública em geral, como nas carreiras das magistraturas judicial e do Ministério Público, "*para as várias categorias, a que correspondem diferentes níveis de experiência e de responsabilidade, diferenciações de níveis remuneratórios*" [acórdãos do Tribunal Constitucional ns. 273/98, 584/98, 625/98 e 310/01, em www.tribunalconstitucional.pt/tc/acordaos (anos 1998 e 2001)]. O princípio "*a trabalho igual, salário igual*" mostra-se concretizado no Código do Trabalho, respetivamente nos artigos 24º, n. 2, alínea *d* (*direito à igualdade no acesso a emprego e no trabalho*), 31º (*igualdade de condições de* trabalho) e 270º (*critérios de determinação da retribuição*).

(903) As alíneas *b* e *c* do número 1 do artigo 59º tornam clara a conexão entre os direitos fundamentais dos trabalhadores, o princípio da dignidade humana e os direitos fundamentais ao livre desenvolvimento da personalidade e à proteção da família e saúde. Está em causa, neste caso, "(...) *o direito de o trabalhador realizar o pleno desenvolvimento da sua personalidade pela forma socialmente mais dignificante*" [Acórdão do Tribunal Constitucional n. 951/96, em www.tribunalconstitucional.pt/tc/acordaos (ano 1996)]. Nesse sentido, os preceitos constitucionais em apreço são concretizados, respetivamente, nos artigos 14º e ss. (*direitos de personalidade*), 127º, n. 1, alíneas *a, c, d, g, h* e *i* (*deveres do empregador*) e artigos 281º e ss. (*princípios gerais em matéria de segurança e saúde no trabalho*), todos do Código do Trabalho.

(904) A alínea *d* do artigo 59º segue a mesma linha do princípio orientador consagrado na referida alínea *b*, na parte em que nesta se exige uma organização da prestação de trabalho suscetível de facilitar a realização dos interesses pessoais e familiares do trabalhador por conta de outrem. Neste caso, vai-se mais além: promove-se o direito ao repouso e aos lazeres, a um limite máximo da jornada de trabalho, ao descanso semanal e a férias periódicas pagas, tendo em vista, no essencial, evitar uma permanente disponibilidade do trabalhador para a prestação laboral e garantir que a sua disponibilidade esteja temporalmente limitada, ou seja, esteja sujeita a limites temporais que lhe garantam uma vida para além da vida profissional [Acórdão do Tribunal Constitucional n. 368/97, em <www.tribunalconstitucional.pt/tc/acordaos> (ano 1999)]. Os direitos em apreço estão concretizados na legislação ordinária, ou seja, no Código do Trabalho: o direito ao repouso manifesta-se no intervalo de descanso na mesma jornada de trabalho (artigo 213º), no direito ao descanso diário (artigo 214º) e no direito ao descanso semanal (artigo 232º); o limite máximo da jornada de trabalho resulta dos limites máximos ao período normal de trabalho diário e semanal (artigo 203º) e dos limites de duração do trabalho suplementar (artigo 218º); o direito a férias periódicas pagas consta, respetivamente, dos artigos 237º e ss. (*direito a férias*) e do artigo 264º (*retribuição do período de férias e subsídio*) — "*tendo começado por ser encarado coma recompensa devida pela pestação de bom e efectivo serviço de certos trabalhadores em determinadas empresas de maior dimensão (...) o direito a férias periódicas pagas passou a ser encarado como uma consequência do estatuto contratual de trabalhador subordinado*" e foi elevado à categoria de direito fundamental [Acórdão do Tribunal Constitucional n. 64/91, em www.tribunalconstitucional.pt/tc/acordaos (ano 1991)], conferindo aos trabalhadores um período de descanso prolongado, periodicamente estabelecido e com manutenção da contraparida salarial [Acórdão do Tribunal Constitucional n. 52/03, em www.tribunalconstitucional.pt/tc/acordaos (ano 2003)]. A Constituição não impede a realização de trabalho em regime de isenção de horário de trabalho (artigos 218º e ss. do Código do Trabalho), mas à luz deste preceito não é constitucionalmente admissível que por via deste regime o trabalhador fique obrigado a trabalhar ininterruptamente (cf., a este propósito, LUÍS MIGUEL MONTEIRO, PEDRO ROMANO MARTINEZ, JOANA VASCONCELOS, LUÍS MIGUEL MONTEIRO, PEDRO MADEIRA DE BRITO, GUILHERME DRAY e LUÍS GONÇALVES DA SILVA, *Código do Trabalho Anotado*, 8ª ed., cit., anotação (III) ao artigo 219º pp. 551 e ss.

(905) O direito dos trabalhadores à assistência material, quando involuntariamente se encontrem em situação de desemprego constitui um direito económico, social e cultural, que se articula com o direito a que se refere o artigo 63º da Constituição, segundo o qual "*Incumbe ao Estado organizar, coordenar e subsidiar um sistema de segurança social unificado e descentralizado (...)*" (número

reparação, quando vítimas de acidente de trabalho ou de doença profissional (59º, n. 1, alínea *f*)[(906)] e na imposição, feita ao Estado, de proteger especialmente o trabalho das mulheres durante a gravidez e após o parto, bem como o trabalho dos menores, dos diminuídos e dos que desempenhem atividades particularmente violentas ou em condições insalubres, tóxicas ou perigosas[(907)].

Trata-se, recorda-se, de direitos que, na qualidade de "direitos a prestações" do Estado, não são oponíveis às entidades empregadoras e não podem, sem que exista uma qualquer concretização legislativa, ser suporte de qualquer pretensão junto dos tribunais, contrariamente ao que sucede com os "direitos, liberdade e garantias dos trabalhadores". No entanto, é pacificamente reconhecido que a sua inobservância, pelo Estado, para além de poder ocasionar uma sanção política, é suscetível de configurar uma situação típica de inconstitucionalidade por omissão[(908)].

A ideia é, pois, a de promover uma igualdade real entre os cidadãos, através da concessão de especiais direitos de tutela atribuídos, neste caso, aos trabalhadores, tidos assim como uma categoria de cidadãos que pelo menos tendencialmente se encontra numa situação de inferioridade suscetível de pôr em causa a sua liberdade individual, designadamente a sua liberdade negocial.

Ou seja, na base dos direitos fundamentais dos trabalhadores, quer dos *direitos, liberdades e garantias,* quer dos *direitos económicos, sociais e culturais*, está uma preocupação de "proteção do trabalhador" — está, no fundo, como assinala Juliane Martins, uma ideia de proteção da sua dignidade, própria de um "*Estado Ético*"[(909)].

O "princípio da "proteção do trabalhador" é, assim, o "princípio-chave", que está por detrás dos valores do subsistema laboral e que justifica, consequentemente, uma abordagem autónoma, quer quanto ao seu sentido geral, quer quanto aos subprincípios operacionais que o projetam na situação jurídico-laboral.

---

2), que proteja *"(...) os trabalhadores na doença, velhice, invalidez, viuvez e orfandade, bem como no desemprego e em todas as outras situações de falta ou diminuição de meios de subsistência ou de capacidade para o trabalho"* (número 3). Trata-se, por isso, de um direito cuja plena concretização depende das disponibilidades financeiras e materiais do Estado, mas cujo incumprimento, pelo Estado, acarreta inconstitucionalidade por omissão. A matéria encontra-se regulamentada em diversos diplomas autónomos, em sede de legislação ordinária. Assim, quanto à *proteção nas eventualidades invalidez e velhice,* o preceito constitucional concretiza-se através da atribuição de "pensões" aos beneficiários do regime geral da segurança social (Decreto-Lei n. 187/2007, de 5 de maio) e aos aposentados (Decreto-Lei n. 498/72, de 9 de dezembro, objeto de múltiplas alterações); no que diz respeito à proteção no desemprego, o preceito constitucional concretiza-se através da atribuição de *prestações de desemprego*, que visam garantir a proteção social dos trabalhadores por conta de outrem em caso de ausência de emprego (Decreto-Lei n. 220/2006, de 3 de novembro, alterado e republicado pelo Decreto-Lei n. 72/2010, de 18 de junho, e alterado ainda pelo Decreto-Lei n. 64/2012, de 15 de março, pelo artigo 184º da Lei n. 66-B/2012, de 31 de dezembro e pelo Decreto-Lei n. 13/2013, de 25 de janeiro). Recorda-se, também, o regime do *rendimento social de inserção,* que visa a integração social dos cidadãos e seus familiares que se encontrem em situação de desemprego e não disponham de outros rendimentos, nomeadamente prestações sociais (Lei n. 13/2003, de 21 de maio, alterada pela Lei n. 45/2005, de 29 de agosto e por uma série de outros diplomas).

(906) O direito fundamental dos trabalhadores à assistência e justa reparação, quando vítimas de acidente de trabalho ou de doença profissional, foi introduzido no artigo 59º da Constituição na sequência da revisão constitucional de 1997. Deste direito fundamental resulta, desde logo, uma habilitação destinada ao legislador ordinário, tendo em vista a proteção dos trabalhadores vítimas de acidentes de trabalho ou de doença profissional, assegurando-lhes uma adequada assistência e uma justa remuneração [vejam-se, a este propósito, os acórdãos do Tribunal Constitucional ns. 392/99 e 150/00, em www.tribunalconstitucional.pt/tc/acordaos (anos 1999 e 2000)]. Em termos de legislação ordinária, a matéria encontra-se concretizada, respetivamente, nos artigos 281º e ss. do Código do Trabalho (*Prevenção e reparação de acidentes de trabalho e doenças profissionais*) e na Lei n. 98/2009, de 4 de setembro, que regulamenta o regime de reparação de acidentes de trabalho e de doenças profissionais, incluindo a reabilitação e reintegração profissionais, nos termos do artigo 284º do Código do Trabalho.

(907) A matéria surge concretizada, a este propósito, na Lei n. 102/2009, de 10 de setembro, que regulamenta: o regime jurídico da promoção e prevenção da segurança e da saúde no trabalho; a proteção da trabalhadora grávida, puérpera ou lactante em caso de atividades suscetíveis de apresentar risco específico de exposição a agentes, processos ou condições de trabalho, de acordo com o previsto no número 6 do artigo 62º do Código do Trabalho; e a proteção do menor em caso de trabalhos que, pela sua natureza ou pelas condições em que são prestados, sejam prejudiciais ao seu desenvolvimento físico, psíquico e moral, de acordo com o previsto no número 6 do artigo 72º do Código do Trabalho.

(908) A este propósito, veja-se JOÃO CAUPERS, Os Direitos Fundamentais dos Trabalhadores e a Constituição, *cit.*, pp. 103 e ss.; VIEIRA DE ANDRADE, *Os Direitos Fundamentais na Constituição Portuguesa de 1976*, cit., pp. 198 e ss.; ANA PRATA, A Tutela Constitucional da Autonomia Privada, *cit.*, pp. 105 e ss.; JOSÉ JOÃO ABRANTES, "Direito do Trabalho e Constituição", *Direito do Trabalho,* Ensaios, cit., pp. 41 e ss.

(909) Cf. JULIANE CARAVIERI MARTINS GAMBA, "Dignidade do Trabalhador e Políticas Públicas: Perspectivas no Âmbito do Estado Ético", *Direitos Humanos e Direito do Trabalho,* Flávia Piovesan/Luciana Paula Vaz de Carvalho (coord.), cit., pp. 115 e ss.

§ 3º OUTROS VALORES

1. Os interesses de gestão do empregador

I. O contrato de trabalho envolve duas partes: o trabalhador e o empregador. E a relação jurídica de trabalho exige, também, que o empregador possa gerir a sua unidade produtiva de forma a assumir os seus deveres para com o trabalhador — nomeadamente o de pagar a retribuição — e de forma a dela retirar o máximo proveito, tendo em vista, nomeadamente, a obtenção de lucro, a preservação da mesma e, consequentemente, a subsistência do próprio vínculo laboral. Sem unidade produtiva e sem empregador, não há emprego, não há contrato de trabalho e, em suma, não há trabalhador, no sentido jurídico do termo.

Nesse sentido, quer em sede constitucional, quer a nível da legislação ordinária, a ordem jurídica prevê um conjunto de princípios e de poderes que visam garantir ao empregador a possibilidade de gerir convenientemente a sua unidade produtiva e de emitir ordens e instruções ao trabalhador em ordem a promover o pleno funcionamento da mesma.

Analisados a nível juslaboral, é nesse sentido que se devem compreender os princípios constitucionais que consagram a iniciativa privada (artigo 61º, n. 1 da CRP), a liberdade na gestão das empresas privadas (artigos 80º, alínea *c*, e 86º, n. 2, da CRP), o direito à propriedade privada (artigo 62º da CRP) e o setor produtivo privado (artigos 80º, alínea *b* e 82º, ns. 1 e 3, da CRP): do ponto de vista do sistema laboral, tais princípios garantem ao empregador a liberdade de gerir a sua própria empresa, permitindo assim a inscrição na respetiva esfera jurídica de um conjunto de poderes que lhe conferem primazia e supremacia jurídicas perante o trabalhador através da possibilidade de modelação da respetiva atividade profissional segundo as suas ordens e instruções.

É, pois, com base nos aludidos princípios constitucionais que se devem compreender, a nível do Código do Trabalho, os poderes de direção, regulamentar e disciplinar do empregador.

II. O *poder de direcção,* previsto no artigo 97º do CT, faculta ao empregador, no essencial, a possibilidade de o mesmo dar ordens e instruções ao trabalhador quanto ao modo, ao tempo e ao local de execução do contrato de trabalho — é ao empregador que compete, nos termos do referido preceito legal, estabelecer os termos em que o trabalho deve ser prestado, dentro dos limites do contrato e das normas que o regem. É do poder de direção que resulta a possibilidade de o empregador determinar o tipo de função que o trabalhador deve prestar, correspondente à atividade para que este se encontra contratado (artigo 118º); a faculdade de o empregador exigir do trabalhador, quando o interesse da empresa o exija, o exercício temporário de funções não compreendidas na atividade contratada, desde que tal não implique modificação substancial da posição do trabalhador (artigo 120º); a possibilidade de o empregador transferir o trabalhador para outro local de trabalho, seja em caso de mudança ou extinção, total ou parcial, do estabelecimento onde aquele presta serviço, seja quando o interesse da empresa o exija e a transferência não implique prejuízo sério para o trabalhador (artigo 194º); ou a faculdade, atribuída ao empregador, de determinar (artigo 212º) ou alterar (artigo 217º) o horário de trabalho do trabalhador. Ou seja, a conformação da atividade contratada, a mobilidade funcional, a transferência de local de trabalho ou a fixação e alteração do horário de trabalho são consequências diretas do poder de direção e resultam da necessidade de salvaguarda dos interesses de gestão do empregador.

III. No mesmo sentido, o *poder regulamentar* (artigo 99º do CT), que consiste na faculdade de o empregador emitir regulamentos internos sobre a organização e disciplina do trabalho, e o *poder disciplinar* (artigo 98º), que se traduz na faculdade, totalmente singular no direito privado, conferida a uma das parte (o empregador) de aplicar unilateralmente sanções disciplinares (artigo 328º) à contraparte negocial (o trabalhador) em caso de prática de infrações disciplinares e no âmbito de um procedimento disciplinar extrajudicial (artigos 329º e ss., para o "procedimento comum", e 352º e ss., para o procedimento de despedimento com justa causa) resultam, também, da necessidade de salvaguarda dos interesses de gestão do empregador e são, nessa linha, uma concessão ao imperativo constitucional de liberdade de gestão das empresas privadas.

É nesse sentido que certa doutrina fala, a este propósito, como *supra* se afirmou, no "*princípio da salvaguarda dos interesses de gestão do empregador*"[910], de onde resultam também alguns subprincípios e múltiplas projeções normativas, todas positivadas no CT: o *princípio da colaboração entre as partes no contrato de trabalho* (artigo 126º, n. 2), pela dimensão necessariamente organizacional dessa dimensão; as referidas *projeções dos poderes diretivo e disciplinar*, quer em termos positivos e acima referidos, quer também como limitações ao "princípio da proteção do trabalhador"; algumas limitações ao "princípio da proteção do trabalhador" na sua vertente de *princípio da segurança no emprego,* de onde decorre a admissibilidade de contratos de trabalho precários (*v. g., contrato a termo resolutivo, trabalho em regime de comissão de serviço* ou *contrato de trabalho temporário* — respetivamente previstos nos artigos 139º e ss., 161º e ss. e 172º e ss. do CT) e a faculdade atribuída ao empregador de fazer cessar o contrato de trabalho com fundamento em justa causa objetiva (*despedimento coletivo*, cessação do contrato por *extinção do posto de trabalho* e *despedimento por inadaptação* do trabalhador, respetivamente previstos nos artigos 359º, 367º e 373º do CT).

IV. Do exposto resulta o seguinte: não obstante os valores do sistema juslaboral assentarem, de um modo geral, no propósito de proteção da dignidade do trabalhador e dos seus direitos pessoais e de dignificação do trabalho, quer dizer, na finalidade axiológica de proteção do trabalhador, o sistema comporta, também, um valor que atua no polo oposto e que não pode ser descurado, precisamente o que assenta no "*princípio da salvaguarda dos interesses de gestão do empregador*" e nas suas múltiplas projeções e concretizações. Nalguns casos, como seja no campo do *poder de direção*, do *poder regulamentar* e do *poder disciplinar*, aquele referido princípio concretiza-se através de previsões normativas específicas que conferem determinados poderes ao empregador: o poder de fixar e de modificar a forma de prestação da atividade laboral do trabalhador quanto ao modo, ao tempo e ao local, o poder de regulamentar, disciplinar e organizar o trabalho prestado na unidade produtiva e o poder de aplicar sanções disciplinares em caso de violação, pelo trabalhador, dos respetivos deveres laborais; noutros casos, a função deste "*princípio da salvaguarda dos interesses de gestão do empregador*" é, tão somente, a de servir de limite à extensão do "princípio da proteção do trabalhador". Noutros termos: o "*princípio da salvaguarda dos interesses de gestão do empregador*" comporta um núcleo de poderes e faculdades do empregador que são imprescindíveis ao exercício da liberdade de gestão empresarial e que não podem ser postergados, sob pena de obnubilação da autonomia privada e de se colocar em risco a própria manutenção da unidade produtiva e dos postos de trabalho.

A importância deste princípio é, pois, muito significativa, razão pela qual não pode deixar de integrar os valores do sistema laboral.

Todavia, contrariamente à doutrina acima exposta, defendida por Maria do Rosário Ramalho, não se acolhe a ideia de que o "*princípio da salvaguarda dos interesses de gestão do empregador*" se encontra no mesmo plano do "*princípio da proteção do trabalhador*", em termos tais que ambos seriam *vertentes paralelas* de um princípio mais abrangente e, este sim, tido como a valoração material máxima do Direito do trabalho — o *"princípio da compensação debitória complexa das partes no contrato de trabalho"*.

Para nós, nos termos adiante assinalados, o princípio material fundante do Direito do trabalho, aquele que está na sua génese, que integra o seu património genético, que ditou e que irá ditar toda a sua evolução é o "princípio da proteção do trabalhador": é da maior ou menor intensidade com que este atua e da sua maior ou menor projeção no subsistema laboral que se vão pautando os avanços e desenvolvimentos deste ramo do direito. O "princípio da proteção do trabalhador" é o único que carrega consigo toda a história, os avanços e os recuos do Direito do trabalho — o Direito do trabalho iniciou-se com este princípio e será este, por certo, que estará em condições de adaptar às constantes mudanças que se vão operando na sociedade. Não se pretende com isto dizer que este último princípio é o único que representa os valores axiológicos do sistema laboral — já vimos que existem outros valores, como os que fazem apelo à liberdade de gestão empresarial, que não podem deixar de ser tidos em considera-

(910) Cf. MARIA DO ROSÁRIO RAMALHO, *Direito do Trabalho,* Parte I — Dogmática Geral, cit., p. 498; e *Tratado de Direito do Trabalho,* Parte I, Dogmática Geral, cit., p. 520.

ção. Na mesma linha, não se pretende afirmar que o "princípio da proteção do trabalhador" não deva ser balizado, limitado ou condicionado por outros valores ou princípios com assento constitucional — ele deve, de facto, ser limitado pelo citado princípio da liberdade de gestão empresarial, aqui representado, no sistema laboral, pelo *"princípio da salvaguarda dos interesses de gestão do empregador"* e suas múltiplas concretizações. Mas o que a história e cultura nos dizem é que a génese do Direito do trabalho se centra, indubitavelmente, na finalidade de proteção do trabalhador e nas imposições que em nome desse princípio são impostas à autonomia privada.

V. O Direito do trabalho surge enquanto ramo de direito especial para proteger o trabalhador e como forma de reação à vocação neutral do Direito civil. Nalguns casos, a proteção será maior e, noutros, menor. Mas o ir e vir constante entre os valores gerais do sistema laboral (o "centro", na esteira de Cannaris) e os influxos provenientes da realidade socioeconómica (a "periferia", na terminologia daquele mesmo autor) concretiza-se e opera através do "princípio da proteção do trabalhador" cuja elasticidade, abertura e dinâmica têm possibilitado a preservação do Direito do trabalho, mesmo em ambientes que apontam para a sua *flexibilização, desregulamentação* ou mesmo *instrumentalização.*

Em qualquer caso, concorda-se com Maria do Rosário Ramalho quando esta afirma que *"(...) o princípio da proteção do trabalhador e o princípio da salvaguarda dos interesses de gestão do empregador e as respetivas projecções não se excluem, nem entram sistematicamente em oposição, mas limitam-se reciprocamente e podem ser valorizados em alternativa ou em conjunto pelo sistema jurídico"*[(911)]. A afirmação é válida, assim como se concorda com a ideia de que o Direito do trabalho não é uma área jurídica *exclusivamente* destinada à proteção dos trabalhadores subordinados, mas tal não exclui a circunstância de o "princípio-padrão", aquele de onde se retiram, em última instância, os valores mais profundos do sistema, ser o "princípio da proteção do trabalhador": ele pode ser limitado pelo *"princípio da salvaguarda dos interesses de gestão do empregador"*, mas o movimento de expansão parte do "princípio da proteção do trabalhador"; ele avança e recua em função do devir social, sendo certo que os seus avanços não podem, no limite, obnubilar ou extinguir os interesses de gestão empresarial e a autonomia privada do empregador. Mas reitera-se: não deixa de ser inquestionável que o edifício juslaboral foi construído de raiz em torno do imperativo de proteção do trabalhador e que estamos em presença de um ramo de direito finalisticamente orientado à proteção de um dos contraentes.

Trata-se de um dado histórico-cultural, retratado na evolução histórica deste ramo do direito acima analisado.

E a dimensão coletiva do Direito do trabalho vem confirmá-lo.

2. A dimensão coletiva do Direito do trabalho

I. Em torno da referida finalidade de proteção do trabalhador, o Direito do trabalho tem, também, como valor subjacente, uma componente coletiva[(912)], que parte da premissa de que os trabalhadores, por estarem em situação de inferioridade negocial perante o empregador, conseguem reivindicar de forma mais efetiva e eficaz as suas pretensões se o fizerem coletivamente.

Nesse contexto, a criação de estruturas representativas de trabalhadores — *v. g.*, associações sindicais e comissões de trabalhadores: artigo 404º do CT — e a atribuição, a estas entidades, não apenas de poderes de representação dos trabalhadores perante o empregador, mas também de poderes de fiscalização e controle da gestão empresarial, de capacidade negocial para efeitos de celebração de convenções coletivas de trabalho com os empregadores ou as associações empresariais e do direito de exercício legítimo de lutas laborais coletivas, em especial através do direito à greve, tem por base o aludido "princípio da

---

(911) Cf. MARIA DO ROSÁRIO RAMALHO, *Direito do Trabalho,* Parte I — Dogmática Geral, cit., p. 500, e *Tratado de Direito do Trabalho,* Parte I, Dogmática Geral, cit., pp. 520 e ss.

(912) A propósito das *situações laborais coletivas,* veja-se MARIA DO ROSÁRIO RAMALHO, *Tratado de Direito do Trabalho,* Parte III, Situações Laborais Colectivas, 3ª ed. Almedina, Coimbra, 2012.

proteção do trabalhador" — é deste princípio, mais uma vez, que resulta, enquanto projeção e segundo a terminologia utilizada pela doutrina, o *"princípio do coletivo"*[913] e as suas concretizações.

II. O *princípio do coletivo*, que assume individualidade própria atenta à multiplicidade de normas e subprincípios que o mesmo agrupa, marca assim de forma significativa o Direito do trabalho: o associativismo sindical, as lutas sindicais, a negociação coletiva e os efeitos que esta exerce enquanto fonte específica deste ramo do direito no contrato de trabalho, o direito (irrenunciável) à greve e a proibição do *lockout* incutem um traço de originalidade ao Direito do trabalho, que o diferencia do Direito civil. E comprovam a tese segundo a qual não existe, neste domínio, uma atuação *paralela* do *princípio da proteção do trabalhador* e do *princípio da salvaguarda dos interesses de gestão do empregador* — se assim fosse, o direito à greve e o *lockout*, por exemplo, seriam colocados no mesmo plano — ou tolerados, ou rejeitados pela ordem jurídica — numa solução *paralela*. Não é isso, todavia, o que se passa. Atendendo a que o sistema de valores do Direito do trabalho está preferencialmente centrado na proteção do trabalhador, o direito à greve é reconhecido pela ordem jurídica (artigos 57º da Constituição e 530º do CT), mas o *lockout* é proibido (artigo 544º do CT).

Mais uma vez: tal não significa que o "princípio da proteção do trabalhador", neste caso projetado no "princípio do coletivo" e, por via deste, no direito (coletivo e individual) à greve, não possa ou não deva ser limitado, nomeadamente em nome da liberdade de gestão empresarial e da necessidade de preservação das unidades produtivas. Não só pode, como deve ser limitado — é nesse sentido que se compreende, nomeadamente, a propósito em particular do direito à greve, a obrigatoriedade imposta às associações sindicais de atuarem no exercício do direito à greve segundo os ditames da boa-fé (artigo 522º do CT); a obrigatoriedade do pré-aviso de greve (artigo 534º do CT); ou a imposição de serviços mínimos, não apenas dos indispensáveis à satisfação de necessidades sociais impreteríveis (artigo 537º, ns. 1 e 2 do CT), mas também dos essenciais à preservação da segurança e manutenção dos equipamentos e instalações (artigo 537º, n. 3 do CT), em nome da preservação da manutenção das unidades produtivas. Por outras palavras, parte-se do "princípio da proteção do trabalhador" e, por via do princípio do coletivo, admite-se o direito à greve; tal direito, num segundo momento, é limitado pela necessidade de se garantir a salvaguarda dos interesses de gestão do empregador[914].

Os princípios em causa complementam-se e não se excluem, mas não atuam em *paralelo* — o princípio predominante é o "princípio da proteção do trabalhador". O *"princípio da salvaguarda dos interesses de gestão do empregador"* não está ao mesmo nível daquele: é um princípio que integra o sistema de valores do Direito do trabalho, mas não é o seu princípio central ou estruturante.

II. A dimensão coletiva do Direito do trabalho, condensada no *"princípio do coletivo"*, projeta-se a vários níveis e através de vários subprincípios: no essencial e em termos de incidência de atuação, o princípio em causa pode se desdobrar em duas áreas: ao nível das situações laborais coletivas, assumindo particular destaque, a este nível, o (sub)princípio da *autonomia coletiva* e o poder reconhecido aos trabalhadores de *intervenção na gestão empresarial*; e enquanto princípio que atua sobre a área regulativa individual e com incidência direta no contrato de trabalho, destacando-se, neste domínio, o *princípio da conformação coletiva dos contratos de trabalho*[915].

---

(913) A propósito do *"princípio do coletivo"*, veja-se MARIA DO ROSÁRIO RAMALHO, *Direito do Trabalho,* Parte I — Dogmática Geral, cit., pp. 502 e ss., e *Tratado de Direito do Trabalho, Parte I, Dogmática Geral,* cit., pp. 531 e ss. A autora, todavia, não reconduz o "princípio do coletivo" ao "princípio da proteção do trabalhador", como uma projeção deste último.

(914) A propósito dos preceitos acima referidos, designadamente da obrigatoriedade imposta às associações sindicais de atuarem no exercício do direito à greve segundo os ditames da boa-fé (artigo 522º do CT); da obrigatoriedade do pré-aviso de greve (artigo 534º do CT); ou da imposição de serviços mínimos, não apenas dos indispensáveis à satisfação de necessidades sociais impreteríveis (artigo 537º, ns. 1 e 2, do CT), mas também dos essenciais à preservação da segurança e manutenção dos equipamentos e instalações (artigo 537º, n. 3, do CT), vejam-se as anotações de Luís Gonçalves da Silva, em PEDRO ROMANO MARTINEZ; LUÍS MIGUEL MONTEIRO; JOANA VASCONCELOS; PEDRO MADEIRA DE BRITO; GUILHERME DRAY e LUÍS GONÇALVES DA SILVA, *Código do Trabalho Anotado,* 9ª ed., cit., pp. 1049-1072.

(915) Cf. MARIA DO ROSÁRIO RAMALHO, *Direito do Trabalho,* Parte I — Dogmática Geral, cit., pp. 502 e ss., e *Tratado de Direito do Trabalho,* Parte I — Dogmática Geral, cit., pp. 531 e ss., cuja exposição se segue. A autora, no entanto, adota uma terminologia e sistematização que não coincidem totalmente com a que ora se propõe — a propósito das situações juslaborais coletivas, alude como projeções do princípio do coletivo, o *princípio da autonomia coletiva* e o *princípio da intervenção dos trabalhadores na*

III. No essencial, ao nível das situações laborais coletivas, decorre do *princípio da autonomia coletiva* a capacidade de autorregulação das condições de trabalho pelos sujeitos laborais coletivos, num plano distinto ao da regulação laboral estadual. O Direito do trabalho contempla a possibilidade de as partes em presença autorregulamentarem as condições de trabalho, através dos *instrumentos de regulamentação coletiva de trabalho,* em especial através da contratação coletiva (artigo 56º, n. 3, da Constituição) e da celebração de convenções coletivas de trabalho (artigos 485º e ss. do CT)[(916)]. No caso dos trabalhadores, o fenómeno de regulamentação autónoma concretiza-se necessariamente através da intermediação das respetivas estruturas de representação, em especial das associações sindicais, dotadas de competência para a celebração de *convenções coletivas de trabalho* (artigos 52º, n. 2, alíneas *a* e *e* da Constituição, e 443º, n. 1, alínea *a* do CT)[(917)]; no caso dos empregadores, a lei tanto admite que os mesmos possam celebrar convenções coletivas de trabalho a título individual — *acordo coletivo* ou *acordo de empresa*: artigo 2º, n. 3, alíneas *b* e *c* do CT — como que o façam através de associações de empregadores — *contrato coletivo:* artigo 2º, n. 3, alínea *a* do CT. Em ambos os casos, a atuação dos sujeitos laborais coletivos resulta, nos termos supraexpostos, do princípio da *liberdade de associação* sindical e patronal (artigos 55º e 46º da Constituição e 440º do CT) e do princípio da *autonomia* e *independência* destas estruturas representativas em relação ao Estado, partidos políticos, instituições religiosas ou associações de outra natureza (artigos 55º, n. 2, alínea *c* e, e ns. 3, 4 e 5 da Constituição e artigos 405º, 445º e 446º do CT).

Da aludida dimensão coletiva e do *"princípio do coletivo"*, resulta, também, o direito das associações sindicais e das associações de empregadores participarem na *elaboração da legislação do trabalho* (artigos 443º, n. 1, alínea *b,* e 469º e ss. do CT), na definição das *políticas económico-sociais* e na *concertação social* (artigos 56º, n. 2, alíneas *a, c* e *d* da CRP), bem como o direito de *exercício da atividade sindical na empresa* (artigos 443º, n. 2, e 460º do CT), garantindo-se aos delegados sindicais as condições adequadas para o exercício da sua atividade e proteção adequada (*crédito de horas:* artigo 408º, *justificação de faltas:* artigo 409º; *proteção em caso de procedimento disciplinar ou despedimento:* artigo 410º; *proteção em caso de transferência:* artigo 411º, todos do CT, bem como artigos 55º, n. 2, alínea *d* e n. 6, da Constituição).

Noutro plano e agora em sede de conflitos coletivos de trabalho, para além dos fenómenos de *conciliação* (artigo 523º e ss. do CT), *mediação* (artigos 526º e ss. do CT) e *arbitragem* (artigos 529º e ss. do CT), destaca-se o já referido *direito à greve* (artigo 57º da Constituição e artigo 530º e ss. do CT), que surge como *expoente máximo* do exercício simultaneamente coletivo e individual de um direito consagrado no sistema laboral: a greve envolve uma abstenção coletiva e concertada da prestação de trabalho a efetuar por uma pluralidade de trabalhadores, dependendo simultaneamente de uma atuação coletiva — a competência para *decretar* e *declarar* a greve é, em regra, das associações sindicais: artigo 531º, n. 1, do CT, a quem compete também a representação dos trabalhadores durante a greve, a organização de piquetes de greve, o pré-aviso de greve e a prestação de serviços mínimos conjuntamente com os trabalhadores aderentes: artigos 532º a 537º do CT — e de uma atuação individual, que se reconduz à *adesão* à greve por parte de cada trabalhador individualmente considerado.

IV. Ainda, ao nível das situações laborais coletivas, assume-se também como traço caracterizador do Direito do trabalho o *princípio da intervenção dos trabalhadores na gestão empresarial*, que se caracteriza, no essencial, pelo reconhecimento atribuído aos trabalhadores de participação na gestão da empresa e na elaboração de legislação relativa ao respetivo setor de atividade, designadamente através das comissões de trabalhadores, a quem é constitucionalmente reconhecido o *direito à informação*, ao *controlo de gestão*

---

gestão; ao nível da incidência do princípio do coletivo no vínculo laboral, refere-se aos subprincípios da *primazia do coletivo,* da *interdependência dos vínculos laborais na organização* e, como consequência deste, o *princípio da igualdade de tratamento entre trabalhadores* — pp. 502 e 503 da cit.

(916) A propósito do regime de promoção e celebração da contratação colectiva, vejam-se as anotações aos artigos 485º e ss. do CT de Luís Gonçalves da Silva, em PEDRO ROMANO MARTINEZ; LUÍS MIGUEL MONTEIRO; JOANA VASCONCELOS; PEDRO MADEIRA DE BRITO; GUILHERME DRAY e LUÍS GONÇALVES DA SILVA, *Código do Trabalho Anotado,* 9ª ed., cit., pp. 961 e ss.

(917) Recorda-se, todavia, que, desde o CT/2009, a competência para celebrar convenções coletivas de trabalho deixou de ser um exclusivo das associações sindicais, passando a ser delegável a outras estruturas representativas de trabalhadores em empresas com, pelo menos, 500 trabalhadores — artigo 491º, n. 3 —, limite esse que subsequentemente foi reduzido para 150 trabalhadores no CT revisto pela Lei n. 23/2012.

das empresas, à intervenção nos processos de reestruturação das empresas (artigo 54º, n. 5, alíneas *a, b, c* e *e* da Constituição), o direito de participação na *gestão das empresas do setor público* (artigo 54º, n. 5, alínea *f,* da Constituição), bem como o direito de participação na elaboração da legislação do trabalho e dos planos económicos e sociais para o setor produtivo (artigo 54º, n. 5, alínea *d,* da Constituição).

Também neste caso, tal como sucede a propósito das associações sindicais, a lei atribui determinados direitos de atuação das comissões de trabalhadores na empresa (artigos 419º e ss. do CT) e atribui determinados direitos especiais que visam garantir a proteção dos membros da comissão de trabalhadores — *crédito de horas* para o exercício da sua atividade (artigo 408º), *direito a faltar justificadamente* para o desempenho de funções enquanto representantes coletivos dos trabalhadores (artigo 409º), *proteção em caso de procedimento disciplinar ou de despedimento* (artigo 410º) e *proteção em caso de transferência de local de trabalho* (artigo 411º).

V. Enquanto princípio que atua sobre a área regulativa individual, com incidência direta no contrato de trabalho, o *princípio do coletivo* determina que grande parte da regulação da situação juslaboral resulta da produção normativa emergente dos instrumentos de regulamentação coletiva de trabalho, em especial das convenções coletivas de trabalho, que tendem a prevalecer sobre o contrato de trabalho. Como veremos *infra* a propósito das *fontes* do Direito do trabalho, o contrato de trabalho está sujeito, em especial, aos instrumentos de regulamentação coletiva de trabalho, assim como aos usos laborais que não contrariem o princípio da boa-fé (artigo 1º do CT). O fenómeno da regulamentação autónoma de interesses é um traço distintivo do Direito do trabalho e o sistema laboral está centrado na promoção da contratação coletiva — nos termos do artigo 485º do Código do Trabalho, *"o Estado deve promover a contratação coletiva, de modo que as convenções coletivas sejam aplicáveis ao maior número de trabalhadores".* E, para efeitos de extensão ao maior número possível de trabalhadores e empregadores das convenções coletivas de trabalho, a lei estabelece diversos mecanismos, nomeadamente o *acordo de adesão* (artigo 504º do CT), pelo qual a associação sindical, a associação de empregadores ou o empregador podem aderir à convenção coletiva ou à decisão arbitral em vigor; a *portaria de extensão* (artigo 514º), através da qual a convenção coletiva ou decisão arbitral em vigor pode ser aplicada, no todo ou em parte, a empregadores e a trabalhadores integrados no âmbito do setor de atividade e profissional; e a *portaria de condições de trabalho* (artigo 517º) — quando circunstâncias sociais e económicas o justifiquem, não exista associação sindical ou de empregadores nem seja possível a portaria de extensão, o Estado pode emitir uma portaria de condições de trabalho, desde que não exista, também, qualquer instrumento de regulamentação coletiva de trabalho negocial[918].

Para além disso, a lei admite a prevalência dos instrumentos de regulamentação coletiva de trabalho sobre o contrato de trabalho, determinando que as disposições destes instrumentos só podem ser afastadas por contrato de trabalho quando este estabeleça condições mais favoráveis para o trabalhador (artigo 476º do CT) — trata-se de uma incidência direta do subprincípio do tratamento mais favorável ao trabalhador, enquanto projeção do "princípio da proteção do trabalhador" ao nível das fontes juslaborais. Por outro lado, a lei determina que sempre que uma norma legal reguladora de contrato de trabalho determine que a mesma pode ser afastada por instrumento de regulamentação coletiva de trabalho, entende-se que não pode ser por contrato de trabalho (artigo 3º, n. 5, do CT).

VI. Em suma, os valores do sistema laboral consagram, de forma vincada e manifesta, o *princípio do coletivo*, que confere um traço de absoluta originalidade ao Direito do trabalho em relação do Direito civil. E fazem-no, tendencialmente, em nome da "proteção do trabalhador".

VII. Vistos os valores gerais do sistema, por um lado, e os valores gerais do subsistema laboral, por outro lado, vamo-nos dedicar, finalmente e em exclusivo, à delimitação e concretização do "princípio da proteção do trabalhador".

---

(918) A propósito do acordo de adesão (artigo 504º), da portaria de extensão (artigo 514º) e da portaria de condições do trabalho (artigo 517º) positivadas no CT, vejam-se as anotações aos referidos preceitos legais de Luís Gonçalves da Silva, em PEDRO ROMANO MARTINEZ; LUÍS MIGUEL MONTEIRO; JOANA VASCONCELOS; PEDRO MADEIRA DE BRITO; GUILHERME DRAY e LUÍS GONÇALVES DA SILVA, *Código do Trabalho Anotado*, 9ª ed., cit., respectivamente pp. 1001 e ss., 1028 e ss. e 1040 e ss.

Parte III

O Princípio da Proteção do Trabalhador e suas Concretizações

CAPÍTULO I

A FUNÇÃO E AS PROJEÇÕES DO PRINCÍPIO DA PROTEÇÃO DO TRABALHADOR

PARÁGRAFO ÚNICO — OS PRINCÍPIOS JURÍDICOS NO DIREITO DO TRABALHO

1. Os princípios jurídicos que enformam o Direito do trabalho

I. Os princípios jurídicos são determinantes para a Ciência Jurídica, nos termos acima referidos.

Sendo algo mais geral do que a *regra jurídica*, o *princípio jurídico* serve para inspirá-la, para entendê-la e para supri-la, em caso de necessidade. E serve, também, para organizar as regras jurídicas sob pontos de vista unitários, harmonizando-as e conferindo-lhes sentido útil.

Sendo importantes para a afirmação de qualquer ramo do direito, os princípios jurídicos são particularmente determinantes para a afirmação, o desenvolvimento e a salvaguarda do Direito do trabalho. Sendo o Direito do trabalho um ramo de direito relativamente jovem e em permanente evolução, com algum caráter fragmentário, com uma clara tendência para o concreto e que assenta, não raras vezes, na proliferação de regras em contínuo processo de modificação e de aperfeiçoamento, muitas das vezes ao sabor de imperativos de natureza económica ou social, a necessidade de afirmação de princípios próprios neste ramo de Direito torna-se decisiva, em nome da sua *autonomia dogmática* e da sua solidez enquanto ramo de direito autónomo, quer do ponto de vista sistemático, quer do ponto de vista científico.

No fundo, os princípios próprios do Direito do trabalho servem de cimento a toda a estrutura jurídico-normativa laboral: eles estão por detrás, condicionam, harmonizam e permitem a cabal compreensão das regras jurídicas positivadas nas leis.

É por essa razão, como afirma Américo Plá Rodriguez, que no Direito do trabalho "*a principiologia adquire uma maior significação, porque constitui o alicerce fundamental da disciplina, que se mantém firme e sólida, malgrado a variação, fugacidade e profusão de normas*"[919]. A afirmação de princípios próprios do Direito do trabalho é, por isso, uma condição necessária para a afirmação da respetiva autonomia dogmática e para a manutenção deste ramo do Direito.

Neste contexto, enquanto ramo específico do Direito, o Direito do trabalho contém princípios próprios e especiais, relativamente aos do Direito comum. Trata-se de um corolário lógico da *autonomia dogmática* deste ramo do Direito. Como afirma Humberto Podetti, "*La identidad del derecho del trabajo como rama diferenciada resulta esencialmente de la existencia de principios propios*"[920].

---

(919) Cf. AMÉRICO PLÁ RODRIGUEZ, *Princípios de Direito do Trabalho,* LTr Editora, São Paulo, 1997, p. 11.
(920) Cf. HUMBERTO PODETTI, *"Los Principios del Derecho del Trabajo"*, obra disponível na internet, em <www.biblio.juridicas.unam.mx/libros/1/139/11.pdf> (acesso em: julho de 2013), p. 141.

Os princípios especiais do Direito do trabalho, como assinala Sergio Pinto Martins, "*informam, orientam e inspiram*" as "*respetivas regras legais*"[(921)]. Ou, visto de outro ponto de vista, como afirma Valentin Carrion, os "*princípios fundamentais do Direito do trabalho são os que norteiam e propiciam a sua existência, tendo como pressuposto a constatação da desigualdade das partes, no momento do contrato e durante o seu desenvolvimento*"[(922)].

Os princípios especiais do Direito do trabalho, nas palavras de Mauricio Godinho Delgado, são assim aqueles que "*formam o núcleo juslaboralista basilar por, a um só tempo, não apenas incorporarem a essência da função teleológica do Direito do trabalho, como por possuírem abrangência ampliada e generalizante ao conjunto desse ramo jurídico, sem que se confrontem de maneira inconciliável com importantes princípios jurídicos gerais, externos ao ramo jurídico especializado*"[(923)].

E a sua importância, como acentua Américo Plá Rodríguez, é enorme: "*A esta altura de la evolución del derecho laboral, no es posible dudar que este derecho aportó nuevos principios, nuevos criterios y nuevas soluciones, ya que los problemas que plantean los conflictos de trabajo deben ser pensados y resueltos a luz de estos principios y no de los que disciplinan el derecho civil*"[(924)].

Em suma, os princípios próprios do Direito do trabalho, como assinala Maria do Rosário Ramalho, "*não se reconduzem a arquétipos axiomáticos formais do sistema laboral, mas numa perspectiva substancial, correspondem às valorações materiais, de conteúdo ético ou cultural, que estão subjacentes a um conjunto de normas laborais, mais ou menos extenso, e que constituem o respectivo fundamento justificativo*"[(925)].

A este propósito, e atendendo também à relação do Direito do Trabalho com o Direito civil, Maria do Rosário Ramalho adianta as *características* e as *funções* típicas dos princípios juslaborais, algumas das quais comuns aos restantes princípios jurídicos[(926)].

II. Quanto às características: são *princípios gerais*, no sentido em que são comuns a todo o subsistema do Direito do trabalho, atuando sobre todas as áreas regulativas deste ramo do Direito; são *princípios específicos* do Direito do trabalho, diferenciando-se dos princípios jurídicos gerais e, em particular, no domínio do Direito privado, dos que decorrem do Direito civil; são *princípios que não têm uma pretensão de exclusividade e que têm áreas de sobreposição*, em termos tais que é possível que dois princípios se projetem em simultâneo sobre a mesma situação, importando nesse caso verificar qual o princípio que prevalece; são *princípios dinâmicos*, no sentido em que são inacabados, evoluindo em função do devir social e de elementos histórico-culturais, concretizando-se através de subprincípios ou valorações menores, com um conteúdo material próprio e, também eles, em constante evolução.

III. Quanto à *função* que desempenham: os princípios juslaborais funcionam como instância de controlo axiológico ou valorativo do próprio sistema normativo, ordenando e harmonizando as regras juslaborais; atuam, ao nível das operações de interpretação e de aplicação das regras laborais, como referente valorativo a ter em consideração, bem como, na relação do Direito do trabalho com o Direito civil, sempre que surja a necessidade de recurso de um princípio geral do Direito comum, como ponte ou elemento de controlo axiológico das normas provenientes deste sistema[(927)]; por fim, exercem a função de referente cultural e ético que norteia a evolução do sistema normativo e que harmoniza, internamente,

---

(921) Cf. SERGIO PINTO MARTINS, *Direito do Trabalho*, 25ª ed., Editora Atlas, São Paulo, 2009, pp. 58-59.

(922) Cf. VALENTIN CARRION, *Comentários à Consolidação das Leis do Trabalho*, Editora Saraiva, 26ª ed., São Paulo, 2001, p. 65.

(923) Cf. MAURICIO GODINHO DELGADO, *Curso de Direito do Trabalho*, 9ª ed., cit., p. 182.

(924) Cf. AMÉRICO PLÁ RODRIGUEZ, "*Los principios y el derecho del trabajo en Uruguay*", Os Novos Paradigmas do Direito do Trabalho (homenagem a Valentin Carrion), Rita Maria Silvestre/Amauri Mascaro Nascimento (coord.), Editora Saraiva, São Paulo, pp. 53 e ss. (56).

(925) Cf. MARIA DO ROSÁRIO RAMALHO, *Direito do Trabalho*, Parte I — Dogmática Geral, cit., p. 485, e *Tratado de Direito do Trabalho*, Parte I, cit., p. 515. A autora adota, a este propósito, uma conceção substancial ou valorativa de princípios jurídicos.

(926) Sobre as *funções* dos *princípios gerais do Direito*, veja-se CLAUS-WILHELM CANARIS, *Pensamento Sistemático e Conceito de Sistema na Ciência do Direito*, cit., pp. 88 e ss.

(927) A este propósito, a autora alude à necessidade de a norma civil revelar a sua "*aptidão social*" antes de poder ser aplicada no subsistema laboral.

o próprio subsistema do Direito do trabalho, ora condicionando a produção normativa, ora inspirando o legislador na tarefa criativa do Direito(928).

É em sentido similar, de resto, que Sergio Pinto Martins assinala que os princípios do Direito do trabalho têm uma função *informadora*, *normativa* e *interpretativa*: *"A função informadora serve de inspiração ao legislador e de fundamento para as normas jurídicas. A função normativa atua como uma fonte supletiva, nas lacunas ou omissões da lei. A função interpretativa serve de critério orientador para os intérpretes e aplicadores da lei"*(929).

No mesmo sentido e quanto à função que os mesmos desempenham, Mauricio Godinho Delgado afirma que, no Direito, em geral, os princípios atuam a dois níveis: na *fase pré-jurídica*, momento em que *"tendem a influir no processo de construção das regras jurídicas, orientando o legislador no desenvolvimento desse processo"*, atuando como verdadeiras *"fontes materiais do Direito, na medida em que (...) influenciam a produção da ordem jurídica"*; e na *fase jurídica*, desempenhando neste caso funções diferenciadas e combinadas: a) enquanto *princípios descritivos ou informativos*, cumprindo um papel relevante na interpretação do Direito, como veículo de auxílio à interpretação jurídica; b) enquanto *princípios normativos subsidiários*, cumprindo um papel no processo de integração jurídica, podendo assumir o papel de fontes normativas subsidiárias, em caso de recurso necessário à integração jurídica; c) e enquanto *princípios normativos concorrentes*, atuando neste caso com natureza de norma jurídica, independentemente da necessidade de ocorrência de integração jurídica, passando os princípios, neste caso, a valer como norma jurídica efetiva(930)(931). Relativamente, em particular, ao Direito do trabalho, o autor afirma que os seus princípios especiais têm ainda uma função de preservação deste ramo do Direito, dado que *"sem a presença e observância cultural e normativa deste núcleo basilar de princípios especiais, ou mediante a descaracterização acentuada das suas diretrizes indutoras, compromete-se a própria noção de Direito do Trabalho"*(932).

Em sentido similar, Humberto Podetti afirma que *"a los principios del derecho del trabajo (...) cabe atribuir una triple función"*. A primeira, segundo o autor, *"es de política legislativa"* e tem um alcance informador, destinado a orientar o legislador do Direito na sua tarefa criativa; a segunda, *"es la normativa"*, como fonte supletiva em caso de lacuna; a terceira *"es interpretativa"* e deve atuar na operação lógico-valorativa de apuramento das normas a interpretar(933).

Ou seja, os princípios juslaborais têm, sem margem para dúvidas, uma importante função a desempenhar a três diferentes níveis — a nível *normativo*, propiciando soluções destinadas a resolver casos concretos, seja por via de regras positivadas no sistema, seja em sede de integração de lacunas, na ausência daquelas regras; a nível *interpretativo*, enquanto elemento relevante para efeitos de interpretação das regras juslaborais; e enquanto elemento de *conformação legislativa*, orientando o legislador em sede de produção legislativa e criando, nos termos adiante desenvolvidos, um "núcleo irredutível de direitos" que não deve ser questionado ao nível do subsistema laboral.

IV. Os princípios juslaborais resultam dos valores que marcam o sistema laboral, enunciados no capítulo antecedente, e podem ser objeto de diversas classificações.

Recorda-se, por exemplo, que, no ordenamento jurídico brasileiro, Sergio Pinto Martins(934) alude a quatro princípios específicos do Direito do trabalho: a) *princípio da proteção*; b) *princípio da*

---

(928) Cf. MARIA DO ROSÁRIO RAMALHO, *Direito do Trabalho*, Parte I — Dogmática Geral, cit., pp. 486-487 e, quanto às operações de interpretação e de aplicação das normas laborais e na relação do Direito do trabalho com o Direito Civil, pp. 448-449. Veja-se também, da mesma autora, *Tratado de Direito do Trabalho*, Parte I, cit., p. 478 e 515 e ss.

(929) Cf. SERGIO PINTO MARTINS, *Direito do Trabalho*, cit., p. 59.

(930) Cf. MAURICIO GODINHO DELGADO, *Curso de Direito do Trabalho*, 9ª ed., cit., p. 174.

(931) Recorda-se que a qualificação dos *princípios* como verdadeiras *normas* jurídicas e defendida, nomeadamente, por Robert Alexy, para quem *"a distinção entre regras e princípios é pois uma distinção entre dois tipos de normas* — ROBERT ALEXY, *Teoria dos Direitos Fundamentais*, cit., p. 83; ou Paulo Bonavides, no Brasil — cf. PAULO BONAVIDES, *Curso de Direito Constitucional*, 15ª ed., Malheiros, São Paulo, 2004, p. 257.

(932) Cf. MAURICIO GODINHO DELGADO, *Princípios de Direito Individual e Coletivo do Trabalho*, LTr Editora, São Paulo, 2001, pp. 39-40.

(933) Cf. HUMBERTO PODETTI, *"Los Principios del Derecho del Trabajo"*, obra disponível em: <www.biblio.juridicas.unam.mx/libros/1/139/11.pdf> (acesso em julho de 2013), p. 144.

(934) 937 Cf. SERGIO PINTO MARTINS, *Direito do Trabalho*, 25ª ed., Editora Atlas, São Paulo, 2009, pp. 60 e 60 e ss.

irrenunciabilidade de direitos; c) *princípio da continuidade da relação de emprego*; e d) *princípio da primazia da realidade*.

Já Amauri Nascimento[(935)], por sua vez, enuncia como "*princípios universais do Direito do trabalho*": a) o *princípio da liberdade de trabalho;* b) o *princípio do direito de organização sindical;* c) o *princípio das garantias mínimas do trabalhador*; d) o *princípio da multinormatividade do direito do trabalho*; e) o *princípio da norma favorável ao trabalhador; f)* o *princípio da igualdade salarial*; g) o *princípio da justa remuneração*; h) o *princípio do direito ao descanso*; i) o *princípio do direito ao emprego; j)* o *princípio do direito à previdência social; k)* o *princípio da condição mais benéfica;* e *l)* o princípio da autonomia coletiva.

Por sua vez, Mauricio Godinho Delgado[(936)] enuncia os seguintes princípios específicos do Direito do trabalho: a) *princípio da proteção; b) princípio da norma mais favorável; c) princípio da imperatividade das normas trabalhistas; d) princípio da indisponibilidade dos direitos trabalhistas; e) princípio da condição mais benéfica; f) princípio da inalterabilidade contratual lesiva; g) princípio da intangibilidade salarial; h) princípio da primazia da realidade sobre a forma; i) princípio da continuidade da relação de emprego.*

Noutro quadrante, o citado uruguaio Américo Plá Rodriguez[(937)], na sua obra de referência *"Los principios del derecho del trabajo"*, depois de recordar que dentre 14 autores que abordam o tema conseguiu discernir 25 (!) princípios diferentes, elenca aqueles que são, para si, os seguintes princípios especiais deste ramo do Direito: a) *princípio da proteção*; b) *princípio da irrenunciabilidade de direitos*; c) *princípio da continuidade da relação de emprego*; d) *princípio da primazia da realidade*; e) *princípio da razoabilidade;* e f) *princípio da boa-fé*; fazendo notar que o "princípio da proteção", por sua vez, se subdivide em três regras: na regra "*in dubio pro operario*", na regra "*de la norma mas favorable*" e na regra "*de la condición más beneficiosa*[(938)].

O autor mexicano Nestor de Buen[(939)] enuncia os seguintes princípios especiais do Direito do trabalho: *"a) principio de que las normas de trabajo tienen como función conseguir el equilíbrio y la justicia social en las relaciones entre trabajadores y patrones; b) principio que el trabajo es un derecho y un deber social; c) principio que el trabajo no es artículo de comercio, exige respeto para las libertades y dignidade de quien lo presta; d) principio de igualdad (...); e) principio de libertad de trabajo; f) principio de imperatividad de las normas laborales que son calificadas como de orden público; g) principio de los derechos mínimos y de las obligaciones máximas de los trabajadores; h) principio de tutela; i) principio de que, en caso de duda sobre la interpretación de las normas de trabajo, debe tomarse en consideración la interpretación más favorable al trabajador; j) principio de presunción de la existencia de la relación de trabajo entre quien presta un servicio personal y quien lo recibe"*.

E o argentino Humberto Podetti[(940)], por sua vez, alude a três grandes princípios, sujeitos cada um deles a diversas concretizações: a) princípio "*nuclear*", que define como sendo "*el de la centralidad de la persona del trabajador*"; b) "*principio básico protectorio*", que concretiza por sua vez nos subprincípios da "*restricción dispositiva individual*" *(princípio da "indisponibilidade")*, no da "*jerarquía normativa*", no da "*incorporación en el tiempo*" *(principio de la condición más beneficiosa)*, no da "*aplicación entre los trabajadores (principio de igual trato)*" e no princípio da "*interpretación*"; c) "*principio básico de actuación colectiva*", que por sua vez se concretiza nos princípios da liberdade sindical, no da autonomia normativa ou regulamentação laboral coletiva, no da autotutela laboral coletiva e no da participação.

V. Salvo melhor opinião, a elencagem dos princípios especiais do Direito do trabalho ganha, em termos didáticos, em termos de clareza de exposição e em termos dogmáticos, se for simples, clara e

(935) Cf. AMAURI NASCIMENTO, *Curso de Direito do Trabalho,* 14ª ed., revista, Editora Saraiva, São Paulo, 1997, pp. 228 e ss.
(936) Cf. MAURICIO GODINHO DELGADO, *Curso de Direito do Trabalho,* 9ª ed., cit. pp. 183 e ss.
(937) Cf. AMÉRICO PLÁ RODRIGUEZ, *Los principios del derecho del trabajo,* Buenos Aires, 1975.
(938) Cf. AMÉRICO PLÁ RODRIGUEZ, *"Los principios y el derecho del trabajo en Uruguay"*, Os Novos Paradigmas do Direito do Trabalho (homenagem a Valentin Carrion), Rita Maria Silvestre/Amauri Mascaro Nascimento (coord.), cit., pp. 53 e ss. (58).
(939) Cf. NESTOR DE BUEN, *"Panorama del Derecho Laboral Mexicano"*, *Tendencias Actuales del Derecho del Trabajo. Perspectiva Iberoamericana,* obra coletiva de A. Plá/W. D. Giglio, M. Pasco/M. Ackermán/A. Montoya/J. M. Galiana/A. V. Sempere, cit., pp. 40-41.
(940) Cf. HUMBERTO PODETTI, *"Los Principios del Derecho del Trabajo"*, obra disponível na internet, em www.biblio.juridicas.unam.mx/libros/1/139/11.pdf (acesso em julho de 2013), pp. 144-145.

congregadora. Mais do que isso: em termos dogmáticos, vários dos princípios acima enunciados entroncam, na sua grande maioria e no que diz respeito ao Direito individual do trabalho, num único princípio, sujeito, este sim, a diversas concretizações: o "princípio da proteção do trabalhador". A subsunção dos vários (sub)princípios acima referidos num único princípio central, orientador e congregador, que marca finalisticamente o Direito do trabalho, é útil e permite sublinhar e potenciar numa fórmula mais simples os valores materiais que marcam este ramo do Direito. Além do mais, o "princípio da proteção do trabalhador", projetando-se como uma denominação geral que abrange diversas formas de aplicação, sem se confundir com as mesmas, ganha vida própria e vale mais do que a soma dos diversos subprincípios que o concretizam.

Trata-se, de resto, de uma solução lógica, atendendo a que, como sublinha Mauricio Godinho Delgado, o "princípio da proteção do trabalhador" abrange "*quase todos (senão todos) os princípios especiais do Direito Individual do Trabalho*"(941).

Mais do que isso: a recondução de vários subprincípios operativos a um único princípio central — o "princípio da proteção do trabalhador" — potencia novos desenvolvimentos dogmáticos no subsistema laboral. O "princípio da proteção do trabalhador", tido como o princípio estruturante do Direito do trabalho, extravasa a soma das parcelas ou dos subprincípios operativos que o compõem e concretizam. E, por esta via, podemos assentar no seguinte: ainda que os subprincípios operativos que o concretizam possam ser alterados, garantindo *mutabilidade* ao subsistema laboral, o "princípio da proteção do trabalhador", pelo contrário, atende a sua solidez dogmática, tende a ser *imutável* ou *intemporal,* dentro deste mesmo subsistema. Não há Direito do trabalho sem "princípio da proteção do trabalhador". Por outras palavras, onde há Direito do trabalho, há "princípio da proteção do trabalhador".

Assim, sem prejuízo da validade de outras classificações, sempre possíveis(942), julga-se que os princípios do Direito do trabalho podem ser agrupados nestes termos:

— Em primeiro lugar, o "*princípio da proteção do trabalhador*", que visa a tutela deste último e a defesa dos seus direitos pessoais, nomeadamente da sua dignidade enquanto trabalhador e cidadão, visando também, em paralelo, a dignidade do próprio trabalho. Este princípio, como veremos, marca todo o Direito do trabalho, consubstancia o seu "norte magnético" e projeta-se em vários subprincípios e concretizações: ao nível interpretativo-aplicativo, através do *favor laboratoris*; ao nível da formação, execução e cessação do contrato de trabalho, através de vários subprincípios operativos, como sejam o da "proteção dos direitos pessoais de cidadania do trabalhador", que engloba os direitos de personalidade e a igualdade e não discriminação, o da "proteção dos seus direitos e garantias", o da "proteção de certas categorias específicas de trabalhadores", ou o subprincípio da "segurança no emprego" e o da "proibição de despedimentos sem justa causa"; ou enquanto elemento de conformação normativa, destinado a orientar o legislador no processo de construção e evolução do Direito do trabalho. O fundamento deste princípio, como assinala o citado Américo Plá Rodriguez, "*está ligado à própria razão de ser do Direito do Trabalho*"(943);

— Em segundo lugar e no polo oposto, quanto aos interesses que defende, temos o "*princípio da salvaguarda dos interesses de gestão*", que visa no essencial a salvaguarda da liberdade de gestão empresarial e a sustentabilidade da unidade produtiva, princípio este que igualmente se concretiza e projeta em vários subprincípios operativos;

— Num terceiro plano e com uma área de incidência distinta, relativa à vertente coletiva do Direito do trabalho, temos o "*princípio do coletivo*", acima enunciado, que, no essencial, como se viu, se concretiza em vários subprincípios que afirmam a autonomia coletiva, a atuação de entes laborais coletivos, o direito à greve e a prevalência do fenómeno de regulamentação autónoma de interesses, nomeadamente quanto à conformação regulativa do contrato de trabalho.

---

(941) Cf. MAURICIO GODINHO DELGADO, *Curso de Direito do Trabalho,* 9ª ed., cit., p. 184.

(942) Cf. NESTOR DE BUEN, nomeadamente, sublinha a dificuldade em se "*intentar una enunciación exhaustiva de esos principios generales del derecho del trabajo", em "Panorama del Derecho Laboral Mexicano", Tendencias Actuales del Derecho del Trabajo. Perspectiva Iberoamericana,* obra coletiva de A. Plá/W. D. Giglio, M. Pasco/M. Ackermán/A. Montoya/J. M. Galiana/A. V. Sempere, cit., pp. 40-41.

(943) Cf. AMÉRICO PLÁ RODRIGUEZ, *Princípios de Direito do Trabalho,* cit., p. 301.

VI. Dentre os princípios que melhor refletem o estádio atual de evolução dogmática do Direito do trabalho, tendo em conta o edifício normativo e as tendências pós-modernas para a flexibilização e desregulação do mercado laboral impostas por finalidades macroeconómicas de reforço da competitividade das economias nacionais, há dois que se evidenciam e que tendencialmente se sobrepõem e opõem: o *princípio da proteção do trabalhador*, por um lado, que compreende, numa visão alargada, vários dos (sub)princípios defendidos pela doutrina acima referida, e o da *salvaguarda dos interesses empresariais*, no polo oposto(944). A *contraposição* entre estes dois princípios e as respetivas valorações subjacentes é evidente, mas resulta de um fenómeno normal na Ciência Jurídica: como recorda Karl Engisch, quer as *"contradições valorativas"*, quer as *"contradições de princípios (...) são frequentes e, dentro de certa medida, inevitáveis (...) numa ordem jurídica pelo facto de, na constituição desta, tomarem parte diferentes ideias fundamentais entre as quais se pode estabelecer um conflito"*(945).

Trata-se de princípios que marcam toda a evolução do Direito do trabalho e de cujo confronto resultam as novas soluções normativas e as tendências político-ideológicas que marcam este ramo do Direito: nalguns casos, nomeadamente em estádios sociais e civilizacionais em que a desproteção do trabalhador é mais manifesta e o arbítrio do empregador mais marcante, as soluções normativas pendem mais para o reforço da *proteção do trabalhador* como forma de reequilíbrio da relação de trabalho e de prossecução de uma efetiva igualdade substancial entre as partes — foi este o princípio, como se afirmou, que esteve na génese do Direito do trabalho e que marca o sistema de valores constitucional; noutros casos, pelo contrário, quando a preocupação dominante é a do reforço da competitividade da economia através da agilização do mercado de trabalho, através da sua flexibilização e da criação de instrumentos de gestão do empregador mais eficazes ou quando se conclui que a segmentação do mercado de trabalho, que a alguns muito protege e a outros desampara, requer uma diminuição dos índices de proteção dos primeiros, as soluções normativas tendem a evoluir no sentido do reforço do *princípio da salvaguarda dos interesses empresariais*.

VII. Ambos os princípios exercem uma função de proteção, ainda que perante objetos diferentes: o *princípio da proteção do trabalhador* tem em vista compensar a situação de inferioridade negocial e económica do trabalhador perante o empregador, protegendo-o a título pessoal e patrimonial — foi este princípio, como se viu, que esteve na génese do Direito do trabalho, na sequência da "Questão Social" e que tem norteado a sua evolução futura, garantindo unidade às diversas normas e princípios do subsistema juslaboral. Como afirma Mazzoni, o princípio da "proteção do trabalhador", que visa a proteção da pessoa física que trabalha(946), é o *princípio unificador* do Direito do trabalho — *"a tutela, a elevação e a igualdade dos trabalhadores estão na base de todo o direito do trabalho e representam o seu princípio unificador, na aparente heterogeneidade das suas leis"*(947). No polo oposto, o *princípio da salvaguarda dos interesses empresariais* visa facultar ao empregador os meios necessários para gerir e manter a respetiva estrutura produtiva, nomeadamente para que possa gerir uma atividade lucrativa que lhe permita cumprir os seus deveres retributivos para com o trabalhador e a Administração Pública, designadamente ao nível do financiamento do sistema de Segurança Social — está em causa, em última instância, a atribuição ao empregador dos meios necessários para efeitos de manutenção do vínculo laboral. E está em causa, em ambos os casos, uma lógica de proteção do interesse geral: do interesse geral no desenvolvimento e crescimento económico; do interesse geral na eliminação ou redução das situações de desemprego; e do

(944) A este propósito, MARIA DO ROSÁRIO RAMALHO, *Direito do Trabalho*, Parte I — Dogmática Geral, cit., p. 489, e *Tratado de Direito do Trabalho*, Parte I, Dogmática Geral, cit., pp. 520 e ss., unifica os dois princípios num único princípio geral, a que designa *"princípio da compensação da posição debitória complexa das partes no contrato de trabalho"*, transformando os dois mencionados princípios em vertentes ou elementos de concretização deste princípio mais vasto. Para além deste princípio geral, a autora identifica ainda o *princípio do colectivo*, que evidencia a presença do elemento colectivo no Direito do trabalho (Coletivo); e o *princípio da autotutela laboral*, que retrata a capacidade de o subsistema laboral se autossustentar, sem necessidade de dependência de jurisdição exterior.

(945) Cf. KARL ENGISCH, *Introdução ao Pensamento Jurídico*, 8ª ed., cit., pp. 315 e ss.

(946) Cf. KLAUS ZIMMERMANN, *Die juristische Person als Handlungsgehilfe*, Festschrift für Günther Wiese zum 70. Geburtstag, Hermann Luchterhand, 1998, pp. 657 e ss., citado por JÚLIO GOMES, *Direito do Trabalho*, v. I, cit., p. 82.

(947) Cf. GIULIANO MAZZONI, *Manuale di Diritto del Lavoro*, 6ª ed., v. 1, Giuffrè Editore, Milano, 1988, p. 53.

interesse geral que faz apelo a uma sociedade em que sejam simultaneamente respeitados o princípio da dignidade humana e da dignidade do trabalhador, por um lado, e o princípio da autonomia privada e da liberdade de gestão empresarial, por outro lado.

VIII. A estes dois princípios, como *supra* se afirmou, acresce o *princípio do coletivo*, de onde se retira uma dimensão do Direito do trabalho assente em atuações coletivas, em fenómenos de representação, em negociações coletivas e em conflitos coletivos de trabalho.

Trata-se de um princípio que confere originalidade ao Direito do trabalho e que contribui para a sua autonomia dogmática — as suas projeções, todavia, não serão objeto de análise aprofundada no âmbito do presente estudo.

IX. O âmbito de análise deste estudo, passe o *pleonasmo*, centra-se no centro: ele tem por objeto o "princípio da proteção do trabalhador", que é sem margem para dúvidas o princípio central ou *nuclear*[948] do Direito do trabalho e do corpo de normas e princípios do sistema juslaboral.

Poderíamos, é certo, enveredar pela problematização de todos os princípios que marcam o Direito do trabalho, quando é certo que o "princípio da proteção do trabalhador" não encerra, nem esgota, todos os princípios que marcam este ramo do Direito. Por outras palavras, poderíamos problematizar sobre quais são os princípios que marcam o Direito do trabalho e enveredar por uma discussão classificatória e enunciativa, mas não é esse o objeto do presente tema. O que nos importa, acima de tudo, é atermo-nos sobre aquele que julgamos ser, acima de tudo, o princípio que alberga a matriz ou o norte magnético do Direito do trabalho: "o princípio da proteção do trabalhador".

É este, julga-se, como afirma Amauri Nascimento, citando Américo Plá Rodriguez, o "*princípio maior*" do Direito do trabalho, face à sua "*finalidade de origem, que é a proteção jurídica do trabalhador*"[949].

E é este, acrescenta-se, o princípio específico do Direito do trabalho que deve orientar a sua dinâmica e evolução. Como afirma Miguel Reale[950], "*O Direito não é um fenómeno estático. É dinâmico*". Mas essa dinâmica não pode deixar de ser feita atendendo aos valores que marcam o Direito, ou seja, não pode deixar de ter por base a sua dimensão axiológica.

No caso vertente, a dinâmica do Direito do trabalho não pode deixar de atender ao "princípio da proteção do trabalhador". Negá-lo como princípio maior orientador do Direito do trabalho, seria negar a própria natureza e finalidade deste ramo do Direito — "*sem a ideia protetivo-aplicadora, o Direito Individual do Trabalho não se justificaria histórica e cientificamente*"[951].

O "princípio da proteção do trabalhador" é, julga-se, como afirma Américo Plá Rodriguez na sua obra, "*Los principios del derecho del trabajo*", o "cardeal" ou o "*primer principio*" do Direito do Trabalho, por influir em toda a estrutura e características próprias deste ramo do Direito[952]. Mais do que isso: diferentemente do que sucede com qualquer outro princípio do Direito do trabalho, o fundamento do "princípio da proteção do trabalhador" está ligado à própria razão de ser do Direito do trabalho, que surge com o propósito de nivelar desigualdades e de proteger o trabalhador, tendo em vista a promoção de uma igualdade substancial e verdadeira entre as partes.

O "princípio da proteção do trabalhador" está, em suma, na génese e na evolução do Direito do trabalho.

---

(948) Cf. HUMBERTO PODETTI, "*Los Principios del Derecho del Trabajo*", obra disponível na internet, em <www.biblio.juridicas.unam.mx/libros/1/139/11.pdf> (acesso em julho de 2013), p. 146.

(949) Cf. AMAURI MASCARO NASCIMENTO, *Curso de Direito do Trabalho*, cit., pp. 282 e ss., p. 283. Recorda-se, todavia, que o autor sustenta que o "*princípio protetor*", sendo central no Direito do trabalho, não é mais importante do que o "*princípio da razoabilidade*", dado que nem sempre a proteção do trabalhador se afigura viável — "*não é viável proteger o trabalhador quando a proteção não se mostra razoável*" (p. 285).

(950) Cf. MIGUEL REALE, Lições Preliminares de Direito, Editora Saraiva, São Paulo, 1980.

(951) Cf. MAURICIO GODINHO DELGADO, *Curso de Direito do Trabalho*, 9ª ed., cit., p. 183.

(952) Cf. AMÉRICO PLÁ RODRIGUEZ, *Princípios de Direito do Trabalho*, LTr Editora, São Paulo, 1993, pp. 42-43; e "*Los principios y el derecho del trabajo en Uruguay*", Os Novos Paradigmas do Direito do Trabalho (homenagem a Valentin Carrion), Rita Maria Silvestre/Amauri Mascaro Nascimento (coord.), Editora Saraiva, São Paulo, pp. 53 e ss.

2. As projeções do princípio da proteção do trabalhador

I. O "princípio da proteção do trabalhador" contém derivações ou concretizações menores — tanto tem uma propensão transversal, comum a todo o Direito do trabalho, ao nível das fontes e da interpretação e aplicação do direito, por um lado, como, em sede normativa, atua em diferentes fases analíticas do Direito do trabalho, manifestando-se através de previsões normativas específicas por si inspiradas nos domínios da formação, execução e cessação do contrato de trabalho, por outro lado. Acresce, ainda, uma função de conformação da produção legislativa ou de referencial ético e axiológico deste ramo do Direito, que visa, nomeadamente, a preservação do próprio Direito do trabalho.

O princípio em causa, partindo do pressuposto de que o trabalhador consubstancia o "*contraente più debole*", implica, como acentua Mazzoni, uma acentuada proteção do mesmo: o princípio em causa envolve "*a tutela da personalidade do trabalhador, realizada, através de normas imperativas, por força de um desvio da igualdade contratual do direito comum; o princípio da aplicação do tratamento mais favorável ao trabalhador, qualquer que seja a fonte reguladora; o princípio da inderrogabilidade do direito que protege a integridade física ou económica do trabalhador subordinado; (...) a proteção (...) da retribuição e da continuidade da relação de trabalho (...); o princípio da motivação do despedimento individual e o da nulidade do despedimento* contra legem; *a ilegitimidade da transferência disciplinar; a obrigatoriedade de reintegração no posto de trabalho e consequentemente a garantia de uma relativa estabilidade do posto de trabalho (...)*"(953).

Ou, como afirma Pedro Romano Martinez, "*como postulados do Direito do Trabalho há a evidenciar um princípio de tutela do trabalhador, de modo a garantir que a eventual desigualdade factual não conduza a uma dependência jurídica do prestador de trabalho, concretizado, designadamente, na proibição de despedimentos* ad nutum, *por um lado, e no valor atribuído à autonomia colectiva (...) na fixação de regras laborais, por outro lado*"(954).

Em suma, o "princípio da proteção do trabalhador", que "*estrutura (...) uma teia de proteção à parte hipossuficiente na relação empregatícia — o obreiro —, visando retificar (ou atenuar), no plano jurídico, o desequilíbrio inerente ao plano fático do contrato de trabalho*"(955), implica várias concretizações e diversos subprincípios operativos, abrangendo "*quase todos (senão todos) os princípios especiais do Direito Individual do Trabalho*"(956).

No fundo, é deste princípio que resulta, no essencial, todo o complexo de normas, institutos e subprincípios que compõem o Direito do trabalho, axiológica e finalisticamente orientado para a proteção da parte contratual mais fraca.

Enveredamos, por isso, por uma visão abrangente e alargada do "princípio da proteção do trabalhador"(957), admitindo a sua atuação a três grandes níveis: (i) em sede *interpretativo-aplicativo*, quer ao nível da interpretação das *regras* legais, quer em sede de integração de lacunas; (ii) em *sede normativa*, consagrando ou inspirando regimes específicos ao nível da formação, execução e cessação do contrato de trabalho; e (iii) ao nível da *conformação legislativa*, orientando o legislador na produção de normas com incidência no Direito do trabalho e garantindo um "núcleo irredutível" de direitos que deve ser sempre acautelado.

II. Em sede *interpretativo-aplicativo*, o "princípio da proteção do trabalhador" manifesta-se através do (sub)princípio do "*tratamento mais favorável ao trabalhador*", que opera ao nível da interpretação e

---

(953) Cf. GIULIANO MAZZONI, *Manuale di Diritto del Lavoro*, 6ª ed., cit., pp. 53-54.

(954) Cf. PEDRO ROMANO MARTINEZ, "Os princípios e o Direito do Trabalho em Portugal", *Os Novos Paradigmas do Direito do Trabalho (homenagem a Valentin Carrion)*, Rita Maria Silvestre/Amauri Mascaro Nascimento (coord.), cit.

(955) Cf. MAURICIO GODINHO DELGADO, *Curso de Direito do Trabalho*, 9ª ed., cit., p. 183.

(956) Cf. MAURICIO GODINHO DELGADO, *Curso de Direito do Trabalho*, 9ª ed., cit., p. 184.

(957) Enveredando por uma visão mais restritiva, o uruguaio Américo Plá Rodriguez (*Princípios de Direito do Trabalho*, LTr Editora, São Paulo, 1993, pp. 42 e ss.), por exemplo, reconduz o "princípio da proteção do trabalhador" a apenas três concretizações ou dimensões distintas: a) o princípio *in dubio pro operario;* b) o princípio da norma mais favorável; e c) o princípio da condição mais benéfica.

aplicação de fontes (gerais e específicas) no Direito do trabalho — a sua função, como se verá, será de atuação enquanto elemento de conexão de uma norma de conflitos, quer no domínio do conflito hierárquico de fontes, quer ao nível do conflito de fontes no tempo e no espaço, quer eventualmente enquanto ditame de interpretação.

III. A *nível normativo* e no domínio da *formação* do contrato, haverá que ter em conta o subprincípio da *"proteção dos direitos pessoais de cidadania do trabalhador"*, que encerra um conjunto de normas especificamente vocacionadas para proteger a dignidade pessoal do trabalhador — as normas relativas aos *direitos de personalidade* e à *igualdade e não discriminação,* nomeadamente no acesso ao emprego, especificamente previstas no Código do Trabalho. Tais normas, todavia, tendo em conta o seu abrangente âmbito de aplicação subjetivo e objetivo, não se cingem à formação do contrato de trabalho, mantendo-se e aplicando-se, também, no domínio da execução do mesmo — é por essa razão que, em ambos os casos, as normas juslaborais tanto fazem alusão a direitos de personalidade e a regras de igualdade e não discriminação do *candidato a emprego*, como do *trabalhador.*

IV. Também a *nível normativo* mas agora ao nível da *execução* do contrato e para além do referido subprincípio da *"proteção dos direitos pessoais do trabalhador"*, importará ainda atender a outro conjunto de subprincípios que têm em comum a finalidade de garantir a *"dignificação do trabalho"* (e não, em específico, do *trabalhador,* apesar de este ser o destino último do referido princípio) — assim sucede com os subprincípios da *"dignificação e da irredutibilidade da retribuição"*, o da *"limitação do tempo de trabalho"*, o da *"conciliação da vida familiar e profissional"* e o da *"proteção da parentalidade"*, bem como alguns subprincípios — garantias do trabalhador, tais como o da *"proteção da categoria profissional"* ou o da *"inamovibilidade"*. Ainda, em sede de execução do contrato de trabalho, importará analisar, também, outro subprincípio que marca a diferenciação entre várias categorias de trabalhadores subordinados e que manda atender à *"proteção de determinadas categorias mais desfavorecidas de trabalhadores"*, tais como a trabalhadora grávida, puérpera ou lactante, o trabalhador menor, o trabalhador-estudante ou o trabalhador portador de deficiência ou de doença crónica.

V. Ainda a nível normativo mas no domínio da *cessação* do contrato de trabalho, analisaremos o subprincípio da *"segurança no emprego"*, que concretiza, ao nível das regras e modalidades de cessação do contrato de trabalho, o aludido "princípio da proteção do trabalhador" — visa-se, por esta via, evitar despedimentos injustificados, arbitrários ou imotivados e, no mesmo plano, garantir ao trabalhador estabilidade no emprego. Nalguns casos, como no regime comum do contrato de trabalho por tempo indeterminado, a proteção atinge o seu expoente máximo, em termos tais que a cessação unilateral do contrato pelo empregador depende de justa causa de despedimento, ainda que a mesma possa ser objetiva e assente, consequentemente, em motivos de mercado, em situações de crise empresarial ou em inadaptação objetiva do trabalhador; noutros casos, nos chamados contratos de trabalho segundo regime especial, admitem-se outras formas de cessação e o grau de proteção do trabalhador tende a ser menor, em nome do aludido *princípio da salvaguarda dos interesses empresariais:* assim, no caso dos contratos de trabalho a termo certo, resultantes, por exemplo, da satisfação de necessidades temporárias da empresa, a sua modalidade de cessação, por excelência, é a caducidade do contrato, que cessa por decurso do tempo ou em caso de cessação superveniente do motivo justificativo que esteve na sua base; noutro caso, tratando-se de um contrato de trabalho em regime de comissão de serviço, que se fundamenta numa especial relação de confiança entre as partes, a lei admite que o empregador possa pôr termo ao contrato sem necessidade de invocação de justa causa de despedimento, mediante simples aviso-prévio. Quer dizer: o grau de intensidade de atuação do "princípio da proteção do trabalhador" é variável e depende, também, do nível de atuação do princípio que se lhe opõe — o da *salvaguarda dos interesses empresariais.*

VI. Por fim, analisaremos o "princípio da proteção do trabalhador" enquanto *referencial histórico--cultural e ético* do Direito do trabalho, ou seja, enquanto elemento determinante na evolução do sistema normativo e no desenvolvimento interno do subsistema juslaboral, ora condicionando a produção normativa, ora inspirando o legislador na tarefa criativa do Direito — o "princípio da proteção do trabalhador" funcionará, neste plano, como um limite interno e externo à modificação do Direito do trabalho, como instância de controlo axiológico ou valorativo do próprio sistema normativo e como farol que pode garantir a preservação e a evolução deste ramo de direito dentro do sistema jurídico, segundo premissas científicas e histórico-culturais e dentro dos parâmetros metodológicos facultados pelo novo pensamento sistemático acima analisado — o princípio da "proteção do trabalhador" permite concretizar o "círculo de entendimento" de Larenz e garantir, na esteira deste autor, que o Direito do trabalho é uma ciência jurídica compreensiva e orientada a valores; no mesmo sentido, é deste princípio que se retira a possibilidade de o Direito do trabalho se manter como Ciência Jurídica assente em decisões que se querem previsíveis, com base no princípio estruturante da igualdade do Direito civil, do qual se retira uma regra de adequação valorativa que manda tratar o igual de forma igual e o diferente de forma diferente, de acordo com a medida da diferença — o "princípio da proteção do trabalhador" permite uma atuação à luz do "sistema" de Cannaris: um sistema aberto e dinâmico, que permite a adaptação do Direito às novas realidades económico-sociais que o condicionam, mas que não o suprimem. A *mobilidade* do sistema a que se refere Oliveira Ascensão, para quem *"O sistema jurídico é (...) um sistema sempre em aperfeiçoamento (...)"*[958], pode ser levada a efeito através do "princípio da proteção do trabalhador".

VII. No caso do Direito do trabalho, o "princípio da proteção do trabalhador" integra — ou deve integrar — a "pré-compreensão" a que se refere Larenz, com base na qual o aplicador do direito acede ao texto jurídico. Mais do que isso: o "pensamento orientado a valores[959] a que se refere este autor encontra a sua âncora, no Direito do trabalho, no "princípio da proteção do trabalhador", que é assim determinante na concretização de pautas de valoração ou na concretização de conceitos indeterminados, como o de *justa causa de despedimento.* O "princípio da proteção do trabalhador" funciona, no Direito do trabalho, como um princípio "sustentador", nos termos a que se refere este autor: o princípio em causa representa a "pauta de valoração" do sistema juslaboral — não sendo uma regra jurídica imediatamente aplicável, permite, todavia, apresentar os "fundamentos justificativos" das mesmas.

VIII. Por outro lado, o "princípio da proteção do trabalhador" confere unidade e ordenação ao "sistema juslaboral", garantindo-lhe simultaneamente ordem e previsibilidade segundo valorações éticas e axiológicas.

No domínio laboral, o "princípio da proteção do trabalhador" garante, na terminologia de Savigny, *"a concatenação interior que liga todos os institutos jurídicos e as regras de Direito numa grande unidade"*[960]; garante que o Direito do trabalho se afirme e persista, parafraseando Stammler, como *"uma unidade totalmente ordenada"*[961]; e possibilita a unificação e ordenação dos vários conceitos juslaborais, agora na esteira de Binder, como *"um conjunto de conceitos jurídicos ordenado segundo pontos de vista unitários"*[962]. Por outras palavras, o *"conjunto unitário ordenado"* a que se refere Stoll[963] é possível, no Direito do trabalho, graças ao "princípio da proteção do trabalhador" — é este princípio que possibilita a autonomia dogmática do Direito do trabalho e a existência de um (sub)sistema laboral, facultando, nas palavras Menezes Cordeiro, *"uma ordenação de realidades jurídicas, tomadas nas suas conexões imanentes e nas suas fórmulas de exteriorização"*[964].

Mais do que garantir a *ordenação* do Direito segundo o postulado que manda tratar o igual de forma igual e o diferente de forma diferente, segundo a medida da diferença, o "princípio da proteção do trabalhador" garante também uma *ordenação axiológica* ou *teleológica*, que tem subjacentes determinadas considerações de natureza ética específicas deste ramo do direito e que tem em vista, em termos finalísticos, a proteção da parte mais fraca.

---

(958) Cf. OLIVEIRA ASCENSÃO, *O Direito. Introdução e Teoria Geral,* 13ª ed., cit., p. 233.

(959) A propósito da necessidade de a Jurisprudência atuar no âmbito de um "pensamento orientado a valores", KARL LARENZ, *Metodologia da Ciência do Direito,* cit., pp. 297-300.

(960) Cf. FRIEDRICH SAVIGNY, *System des heutigen römischen Rechts,* v. I (1840), p. 214, citado em CLAUS-WILHELM CANARIS, *Pensamento Sistemático e Conceito de Sistema na Ciência do Direito,* cit., p. 11.

(961) Cf. RUDOLF STAMMLER, *Theorie der Rechtswissenschaft,* 2ª ed. (1923), p. 221, citado em CLAUS-WILHELM CANARIS, *Pensamento Sistemático e Conceito de Sistema na Ciência do Direito,* cit., p. 11.

(962) Cf. JULIUS BINDER, *Philosophie des Rechts,* 1925, p. 922, citado em CLAUS-WILHELM CANARIS, *Pensamento Sistemático e Conceito de Sistema na Ciência do Direito* (Introdução), cit., p. 11.

(963) Cf. HEINRICH STOLL, *Begriff und Konstruktion der Lehre der Interessenjurisprudenz,* Fetsgabe für Heck, p. 77, citado em CLAUS-WILHELM CANARIS, *Pensamento Sistemático e Conceito de Sistema na Ciência do Direito* (Introdução), cit., p. 11.

(964) Cf. MENEZES CORDEIRO, "Os dilemas da Ciência do Direito no Final do Século XX", CLAUS-WILHELM CANARIS, *Pensamento Sistemático e Conceito de Sistema na Ciência do Direito,* cit., p. LXIX.

Na esteira da ideia de "sistema" de Claus-Wilhem Canaris, o (sub)sistema laboral não é (nem pode ser) fechado, pleno e lógico dedutivo. Nesse sentido, o "princípio da proteção do trabalhador" e as suas derivações não podem ser manifestados através de regras de lógica pura: os *valores* extravasam a lógica formal e a adequação entre os vários valores não opera de forma lógica, mas sim de forma axiológica e teleológica. E o princípio da "proteção do trabalhador" não pode ser, nem fechado, nem estático: ele deve ser aberto e dinâmico, de forma a adequar-se a todas as modificações e alterações que se vão operando na sociedade e na economia dos Estados. Hoje, de resto, mais do que nunca.

É à luz desta ideia que se deve compreender (e aplicar) o Direito do trabalho.

E é à luz desta ideia que se deve compreender o "princípio da proteção do trabalhador" — ele resulta do postulado da "Justiça", de tratar o igual de forma igual e o diferente de forma diferente, segundo a medida da diferença, aplicando-o de forma específica à realidade juslaboral.

Ele representa, como acima se afirmou, o princípio central ou *nuclear*[(965)] do Direito do trabalho e do corpo de regras e princípios do sistema juslaboral. O "princípio da proteção do trabalhador" assume-se, enfim, como o *"princípio maior"* do Direito do trabalho, como o seu *"norte magnético"* ou o *"primer principio"* deste ramo de Direito, face à sua *"finalidade de origem, que é a proteção jurídica do trabalhador"*[(966)].

É ele que garante, em suma, ao Direito do trabalho, a Ética que deve marcar o Direito.

IX. Segue-se uma análise dos diversos subprincípios operacionais do "princípio da proteção do trabalhador", para que possamos então, finalmente, atribuir um sentido atualista ao referido princípio e compreendê-lo como uma unidade maior que a soma dos subprincípios que o concretizam.

X. No final de cada um deles, procuraremos, sempre que possível, ensaiar uma síntese conclusiva, para que possamos mais tarde, no epílogo do presente trabalho, ensaiar as respetivas *teses* finais.

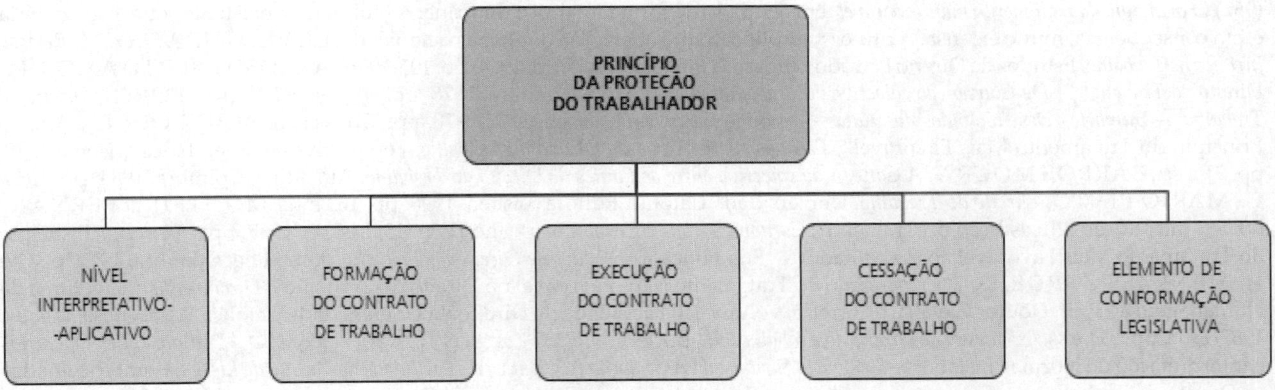

(965) Cf. HUMBERTO PODETTI, *"Los Principios del Derecho del Trabajo"*, obra disponível na internet, em <www.biblio.juridicas.unam.mx/libros/1/139/11.pdf> (acesso em julho de 2013), p. 146.

(966) Cf. AMAURI MASCARO NASCIMENTO, *Curso de Direito do Trabalho,* cit., pp. 282 e ss. Recorda-se, todavia, que o autor sustenta que o *"princípio protetor"*, sendo central no Direito do trabalho, não é mais importante do que o *"princípio da razoabilidade"*, dado que nem sempre a proteção do trabalhador se afigura viável — *"não é viável proteger o trabalhador quando a proteção não se mostra razoável"* (p. 285).

Capítulo II

O Princípio da Proteção do Trabalhador a Nível Interpretativo-Aplicativo

§ 1º AS FONTES DO DIREITO DO TRABALHO E O PRINCÍPIO *"PRO OPERARIO"*

1. Generalidades

I. O princípio do tratamento mais favorável ao trabalhador, ou o princípio do *favor laboratoris*(967), é uma concretização do "princípio da proteção do trabalhador" e é habitualmente tratado a propósito

(967) O *princípio do tratamento mais favorável* tem ocupado de forma intensa a doutrina. A bibliografia existente sobre esta matéria é, em consequência, muito extensa. A título exemplificativo, e apenas na doutrina nacional: RAÚL VENTURA, *Teoria da Relação Jurídica de Trabalho*, Estudos de Direito Privado, Imprensa Portuguesa, Porto, 1944, pp. 195-199; CARLOS ALBERTO AMORIM, *Direito do Trabalho — Da Convenção colectiva de Trabalho*, policopiado, Coimbra, 1978, pp. 60 e ss.; RIBEIRO LOPES, *Direito do Trabalho — Sumários Desenvolvidos das Aulas —*, policopiado, s.e., Lisboa, 1977-1978, pp. 57 e ss.; ACÁCIO LOURENÇO, "O Princípio do Tratamento Mais Favorável", *Estudos sobre Temas de Direito do Trabalho*, Perspectivas & Realidades, Lisboa, 1979, pp. 91 e ss.; BARROS MOURA, *A Convenção colectiva entre as Fontes de Direito do Trabalho*, Almedina, Coimbra, 1984, pp. 155 e ss.; MÁRIO PINTO, *Direito do Trabalho*, Universidade Católica Editora, Lisboa, 1996, pp. 163 e ss.; MONTEIRO FERNANDES, "Introdução à Jurisdição do Trabalho", *Estudos Sociais e Corporativos*, ano IV, n. 13, Lisboa, 1965, pp. 114 e ss., "Princípio do Tratamento Mais Favorável ao Trabalhador — Sua Função", *Estudos de Direito do Trabalho*, Almedina, Coimbra, 1972, pp. 7 e ss.; MENEZES CORDEIRO, "O Princípio do Tratamento Mais Favorável no Direito do Trabalho", *Direito e Justiça*, volume de Homenagem ao Prof. Doutor Cavaleiro Ferreira, volume III, Faculdade de Direito da Universidade Católica Portuguesa, Lisboa, 1987/1988, pp. 111 e ss., e *Manual de Direito do Trabalho*, cit., pp. 69 e ss. e 205 e ss.; ANTÓNIO ARAÚJO, "Princípio *Pro Operario*" e Interpretação de Normas Juslaborais", *Revista Jurídica da Associação Académica da Faculdade de Direito de Lisboa*, número temático — Direito do Trabalho, n. 15 (nova série), Associação Académica da Faculdade de Direito de Lisboa, Lisboa, 1991, pp. 29 e ss.; MÁRIO PINTO/FURTADO MARTINS/NUNES CARVALHO, *Comentário às Leis do Trabalho*, Lex, Lisboa, 1994, pp. 64 e ss.; ROMANO MARTINEZ, "Os Novos Horizontes do Direito do Trabalho", *III Congresso Nacional de Direito do Trabalho — Memórias*, coordenação de António José Moreira, Almedina, Coimbra, 2001, pp. 326 e ss. e *Direito do Trabalho*, 5ª ed., cit., pp. 237 e ss.; MARIA DO ROSÁRIO RAMALHO, *Da Autonomia Dogmática do Direito do Trabalho*, cit., pp. 926 e ss., *Direito do Trabalho*, Parte I — Dogmática Geral, cit., pp. 251 e ss., e 494 e ss., e *Tratado de Direito do Trabalho, Parte I, Dogmática Geral*, cit., pp. 524 e ss.; LUÍS GONÇALVES DA SILVA, *Da Eficácia Normativa das Convenção colectiva*, "Colecção Cadernos Laborais", n. 1, Instituto de Direito do Trabalho, Almedina, Coimbra, 2002, pp. 49 e ss., "O Código do Trabalho face à Constituição" e "Princípios Gerais da Contratação Colectiva no Código do Trabalho", *Estudos de Direito do Trabalho (Código do Trabalho)*, volume I, 2ª ed., Almedina, Coimbra, 2008, respetivamente pp. 18 e ss., e 179 e ss.; MENEZES LEITÃO, *Código do Trabalho Anotado*, 2ª ed., cit., pp. 22 e ss. e *Direito do Trabalho*, 3ª ed., cit., pp. 83 e ss.; JÚLIO GOMES, *Direito do Trabalho, Relações Individuais de Trabalho*, volume I, cit., pp. 50 e ss; BERNARDO DA GAMA LOBO XAVIER, com a colaboração de P. FURTADO MARTINS; A. NUNES DE CARVALHO; JOANA VASCONCELOS E TATIANA GUERRA DE ALMEIDA, *Manual de Direito do Trabalho*, cit., pp. 282 e ss. e 881 e ss.; LEAL AMADO, "Tratamento mais Favorável e art. 4º/1, do Código do Trabalho: o Fim de um Princípio", *Temas Laborais*, Coimbra Editora, Coimbra, 2005, pp. 11 e ss., e *Contrato de Trabalho à Luz do Novo Código do Trabalho*, Coimbra Editora, Coimbra, 2009, pp. 37 e ss.; NUNES ABRANTES, "A Autonomia do Direito do Trabalho, a Constituição Laboral e o Artigo 4º do Código do Trabalho", *Estudos sobre o Código do Trabalho*, Coimbra Editora, Coimbra, 2004, pp. 91 e ss.; ANDRADE MESQUITA, *Direito do Trabalho*, 2ª ed., Associação Académica da Faculdade de Direito de Lisboa, Lisboa, 2004, pp. 262 e ss, 283 e ss, 297 e ss. e 308 e ss.

das fontes deste ramo de direito[968] e da resolução dos problemas associados à aplicação dos mesmos: problemas ao nível da interpretação das normas laborais e de integração das suas lacunas; problemas que resultam de conflitos na aplicação das normas laborais — hierárquicos, no tempo e no espaço, ou resultantes da concorrência de fontes com o mesmo valor hierárquico; e problemas relativos à relação entre as fontes e o contrato de trabalho. Problemas, enfim, cuja resolução, estando tipicamente a cargo *"(...) dos tribunais de justiça e das autoridades administrativas do Estado"*[969] envolvem também a normal atividade de aplicação do Direito por parte daqueles que são *"os seus destinatários básicos*[970], ou seja, os agentes que atuam no mercado de trabalho".

O processo de *realização do Direito*, que ocorre entre a sua comunicação, realizada através das *fontes de Direito*, e a *decisão do caso concreto*, implica um conjunto analítico de operações, dentre as quais se destacam a *interpretação* e a *aplicação*. Tais operações, todavia, não são arbitrárias, nem seguem rumos arbitrários: devem ser processadas com observância das regras fixadas pela Ciência Jurídica nos termos acima assinalados. E a questão que se coloca é precisamente a de se saber se no caso do Direito do trabalho o processo de realização do Direito deve, ou não, ser influenciado pelo princípio do *favor laboratoris*, *"como forma de dar corpo, nas próprias regras de realização do Direito, aos móbeis juslaborais do início"*, ou seja, ao "princípio da proteção do trabalhador"[971].

Importa saber, em suma, se este princípio pode e deve atuar ao nível da interpretação das fontes, por um lado, ou ao nível dos conflitos hierárquicos de fontes, por outro lado, podendo, ainda, em tese, aludir-se à atuação deste princípio ao nível da prova em sede judicial.

II. As questões relativas à interpretação e aplicação das fontes ocorrem no Direito do trabalho como noutros ramos do direito, designadamente no Direito civil. Atentas as especificidades próprias do Direito do trabalho, a forma como este surgiu, a sua vocação tutelar e a autonomização que levou a efeito em relação ao Direito civil[972] com vista a proteger o trabalhador, em termos tais que *"já não se coloca em dúvida a autonomia justrabalhista*[973], cedo se colocou a questão de saber se o princípio do tratamento mais favorável deveria intervir em sede de interpretação e integração de lacunas[974]. O princípio em causa, no âmbito de relações jurídicas desequilibradas e perante a insuficiência do Direito civil para prover a proteção do contraente mais débil, poderia ser utilizado para efeitos de interpretação das normas jurídicas, atribuindo-lhes o sentido que, em concreto, se afigurasse mais favorável ao trabalhador. Tratar-se-ia de um privilégio em benefício do trabalhador, justificado à luz do referido desequilíbrio negocial[975]. O "(sub) princípio do tratamento mais favorável", perante um sistema jurídico desatento e neutral face à situação

---

(968) A este propósito, Menezes Cordeiro coloca, em abstrato, a questão de saber se o princípio do tratamento mais favorável pode ser configurado como princípio de "política legislativa", no seguinte sentido: o *favor laboratoris* condicionaria o legislador aquando da aprovação de diplomas com relevância laboral — à luz daquele princípio, os diplomas deveriam conter medidas mais favoráveis aos trabalhadores. O autor, todavia, rejeita tal hipótese, fazendo notar que *"nas sociedades modernas, ele só limitará (...) a soberania legislativa na medida em que resulte de prescrições constitucionais. As Constituições — designadamente a portuguesa — compreendem variadas normas laborais, que ao legislador ordinário cabe respeitar"*. Assim sendo, conclui, *"como princípio de política legislativa, o* favor laboratoris *poderá apenas exprimir a necessidade, em si evidente, de respeitar, na legislação infraconstitucional, as regras contidas na lei fundamental, quando visem a tutela do trabalhador"* — Cf. MENEZES CORDEIRO, *Manual de Direito do Trabalho*, cit., p. 71. Pela nossa parte, julga-se que pouco haverá a acrescentar a este propósito: o princípio do tratamento mais favorável, na atualidade, apenas poderá condicionar o legislador ordinário na medida em que esteja presente e decorra de comandos constitucionais, nos termos acima analisados a propósito da Constituição portuguesa. Todavia, afigura-se inquestionável que o seu papel enquanto princípio de "política legislativa" foi determinante na formação e autonomização do conjunto de normas juslaborais que esteve na génese do Direito do trabalho e que possibilitou a sua autonomização em relação ao Direito civil — cf., nomeadamente, PEDRO ROMANO MARTINEZ, *Direito do Trabalho*, cit., p. 239 (nota 1) e ANTÓNIO DE ARAÚJO, *"Princípio Pro Operario"* e Interpretação de Normas Juslaborais", cit., p. 30. Em qualquer caso, no Capítulo III da Presente Parte III, tentaremos ir mais além e propor uma nova formulação para o "princípio da proteção do trabalhador", enquanto elemento de conformação normativa.

(969) Cf. KARL ENGISCH, *Introducción al pensamiento jurídico*, Madrid, 1967, p. 62.

(970) Cf. ALFREDO MONTOYA MELGAR, *Derecho del Trabajo*, 30. ed., cit., Madrid, p. 213.

(971) Cf. MENEZES CORDEIRO, *Manual de Direito do Trabalho*, cit., p. 70.

(972) A propósito da autonomia dogmática do Direito do trabalho e do princípio do tratamento mais favorável ao trabalhador, veja-se MARIA DO ROSÁRIO RAMALHO, *Da Autonomia Dogmática do Direito do trabalho*, Almedina, cit., pp. 946 e ss.; MAURICIO GODINHO DELGADO, *Curso de Direito do Trabalho*, 9ª ed., cit., pp. 63 e ss.

(973) Cf. MAURICIO GODINHO DELGADO, *Curso de Direito do Trabalho, 9ª ed.*, cit., p. 65.

(974) Cf. PEDRO ROMANO MARTINEZ, *Direito do Trabalho*, cit., p. 236.

(975) Cf. GALVÃO TELLES, "Contratos Civis", *BMJ* 83, p. 169.

de inferioridade do trabalhador, poderia ser utilizado enquanto "cânone de interpretação" — a norma seria finalisticamente interpretada tendo em vista a proteção do contraente mais débil. E, em caso de dúvida quanto ao sentido a retirar da norma, a opção deveria residir no sentido mais favorável ao trabalhador. Trata-se do também designado princípio *pro operario*(976), ou princípio *da interpretação mais favorável*(977) que em bom rigor nunca teve consagração legal no ordenamento jurídico português.

Como veremos, o estádio de desenvolvimento atual do Direito do trabalho, a sua autonomia dogmática e a forma como se posicionou através de um corpo de normas e princípios destinados (também) a proteger o trabalhador, não só não justifica, como desaconselha esta visão de base do princípio do tratamento mais favorável ou, mais especificamente, do princípio *pro operario*(978), enquanto cânone geral de interpretação.

O "princípio da proteção do trabalhador", que atua a vários níveis e através de vários subprincípios operativos, tem essa virtude: nalguns momentos históricos, nomeadamente como sucedeu aquando da construção inicial do edifício juslaboral, o princípio em causa pode exigir uma atuação mais exigente em benefício do trabalhador, fazendo atuar, quando assim se revele necessário, determinados princípios operativos, como o "(sub)princípio do tratamento mais favorável"; noutros casos, quando se constata, por exemplo, que o tal edifício normativo se encontra construído e que as suas normas já contêm, em si mesmas, um propósito de tendencial proteção do trabalhador, o grau de atuação exigível aos subprincípios operativos pode diminuir, ser suspenso ou mesmo neutralizado, até ser apurada nova necessidade de atuação. Mas mantém ainda assim a sua importância, nos termos abaixo assinalados.

III. No Direito do trabalho, o problema da concorrência das fontes põe-se com particular delicadeza: é habitual e comum que determinadas situações laborais sejam objeto da aplicação potencial e simultânea de normas de diversos níveis — normas constitucionais, normas legais ou decorrentes de convenção coletiva de trabalho, importando nesse caso saber qual das normas se aplica ao caso concreto; é habitual e comum, também, sendo o contrato de trabalho um contrato de duração tendencialmente continuada, que se coloquem problemas relativos à aplicação de normas de diferente vigência temporal — a norma que se aplicou à constituição da relação laboral é substituída por uma nova norma que, por sua vez, apenas tende a reger para o futuro e a modelar o contrato celebrado ao abrigo de anterior legislação: cumpre saber, em tais casos, se a nova norma legal se aplica aos contratos já em vigor, ou apenas aos que se celebrem após a sua entrada em vigor; no mesmo sentido, na disciplina de uma determinada situação laboral, *maxime* em contextos de deslocalização e globalização do mercado laboral, podem concorrer normas com diferente âmbito de aplicação espacial, importando neste caso saber qual delas se aplica, em sede de Direito internacional privado; e podem ainda, nomeadamente ao nível da convenção coletiva de trabalho, colocar-se questões relacionadas com a concorrência de normas do mesmo nível hierárquico -se duas convenções coletivas são potencialmente aplicáveis à mesma situação laboral, importa saber qual delas se deve aplicar.

Ou seja, o conflito de *fontes* juslaborais (de diferentes níveis hierárquicos, ou do mesmo nível hierárquico) é uma realidade comum no processo de realização do Direito do trabalho.

O papel do *favor laboratoris*, neste domínio dos conflitos hierárquicos de fontes, ou de concorrência de fontes, sempre foi visto numa lógica redutora e exclusivamente destinada a garantir a proteção do trabalhador: o princípio atuaria, neste campo, como elemento de conexão de uma "norma de conflitos", com a função de escolher, dentre as várias fontes aplicáveis a uma determinada situação, qual a que melhor serve os interesses do trabalhador. Por outras palavras, em caso de conflito, aplicar-se-ia sempre, em nome deste princípio, a norma mais favorável ou de onde resultassem condições mais favoráveis para o trabalhador.

---

(976) Cf. ANTÓNIO DE ARAÚJO, "Princípio *Pro Operario*" e Interpretação de Normas Juslaborais", *Revista Jurídica*, cit., pp. 46 e ss.

(977) Cf. JOSÉ ANDRADE MESQUITA, *Direito do Trabalho*, 2ª ed., cit., p. 226.

(978) Cf., nomeadamente, MENEZES CORDEIRO, "O Princípio do Tratamento Mais Favorável no Direito do Trabalho Atual", *Direito e* Justiça, III (1987/1988), pp. 112 e 134 e ss.; PEDRO ROMANO MARTINEZ, *Direito do Trabalho*, cit., pp. 238-239; BERNARDO DA GAMA LOBO XAVIER, com a colaboração de P. FURTADO MARTINS; A. NUNES DE CARVALHO; JOANA VASCONCELOS E TATIANA GUERRA DE ALMEIDA, *Manual de Direito do Trabalho*, cit., p. 885.

Veremos se e em que termos esta tendência se mantém.

IV. O "(sub)princípio do tratamento mais favorável" tem sido utilizado, também, para resolver problemas relativos à relação entre as fontes e o contrato de trabalho — em regra, atento ao referido caráter tutelar do Direito do trabalho, as normas legais aplicam-se diretamente aos contratos de trabalho. E a relação entre os contratos de trabalho e tais normas tem sido marcada pelo referido princípio; as cláusulas dos contratos de trabalho apenas podem dispor de forma contrária à lei se cumprirem um duplo requisito: em primeiro lugar, as normas legais só podem ser derrogadas se revestirem caráter supletivo; em segundo lugar, o contrato de trabalho apenas pode afastar o regime legal se contiver um regime mais favorável para o trabalhador do que o regime legal (artigo 3º, n. 4, do CT/2009). Mais do que isso: também na relação entre o contrato de trabalho e a convenção coletiva de trabalho o princípio é o mesmo — a regulamentação convencionada mediante a intervenção de associação sindical só pode ser afastada pelo contrato de trabalho se este estabelecer condições mais favoráveis para os trabalhadores (artigo 476º).

V. Por fim, poder-se-ia também falar do princípio do *favor laboratoris* enquanto máxima probatória: em caso de dúvida na produção da prova, os factos menos favoráveis ou desfavoráveis ao trabalhador ter-se-iam por não verificados. Por outras palavras, em caso de dúvida em relação à prova produzida, o julgador deveria decidir a matéria de facto no sentido mais favorável ao trabalhador[(979)]. Em caso de dúvida, dever-se-ia, como alguns sustentaram, *"(...) decidir a favor do economicamente fraco, num litígio que visa, não satisfazer ambições, mas (...) prover às necessidades imediatas da vida"*[(980)]. Trata-se de uma configuração que tem sido afastada pela maioria da doutrina, de forma clara[(981)], enquanto máxima geral suscetível de facultar ao intérprete uma presunção na produção da prova favorável ao trabalhador — as presunções, se existirem, estão consagradas na lei[(982)]. Perante a omissão do legislador, não cabe ao intérprete estabelecer presunções legais[(983)]. Não nos dedicaremos, consequentemente, a este ponto, quer porque se trata de matéria processual e não substantiva, quer porque nunca teve acolhimento, nem doutrinário, nem ao nível da lei.

VI. Acima de tudo, o que importa reter a título prévio é o seguinte: o princípio *favor laboratoris*, ou o "(sub)princípio do tratamento mais favorável", enquanto projeção do "princípio da proteção do trabalhador", está historicamente associado ao aparecimento do Direito do trabalho e ao propósito tutelar deste ramo de direito, num duplo sentido.

Por um lado, é do *favor laboratoris* que resulta a ideia da natureza tendencialmente imperativa das normas laborais que regulam o contrato de trabalho — as normas que formam o Direito do trabalho, enquanto normas que visam a proteção do trabalhador, são tendencialmente de interesse e ordem pública e, consequentemente, inderrogáveis pela vontade das partes[(984)] e os sistemas normativos laborais evidenciam isso mesmo: a ideia de que a tutela dos trabalhadores passa pela emissão de normas imperativas orientadas para aquela tutela[(985)]. Poder-se-á admitir até, a este propósito, que o princípio do tratamento

(979) Cf. MENEZES CORDEIRO, *Manual de Direito do Trabalho*, cit., p. 72; e PEDRO ROMANO MARTINEZ, *Direito do Trabalho*, cit., p. 239.

(980) Cf. MOZART VICTOR RUSSOMANO, *Comentários à CLT*, 13ª ed., Forense, Rio de Janeiro, 1990, p. 44. No mesmo sentido, na doutrina brasileira, CESARINO JÚNIOR, "Direito Processual do Trabalho", *Tratado de Direito Judiciário do Trabalho*, *apud* BATALHA, WILSON DE SOUZA CAMPOS, LTr Editora, São Paulo, 1977, p. 533; SERGIO PINTO MARTINS, *Direito Processual do Trabalho*. 6ª ed., Editora Atlas, São Paulo, 1997, p. 65; e CARLOS HENRIQUE LEITE, *Curso de Direito Processual do Trabalho*, 2ª ed., LTr Editora, São Paulo, 2004.

(981) Cf. MENEZES LEITÃO, *Direito do Trabalho*, 3ª ed., cit., p. 83.

(982) Assim sucede, por exemplo, com as presunções previstas a propósito das matérias da parentalidade ou da igualdade, respetivamente previstas nos artigos 63º e 331º. No artigo 63º, n. 2, do CT/2009, determina-se que o despedimento, por facto imputável ao trabalhador, de trabalhadora grávida, puérpera ou lactante ou de trabalhador no gozo de licença parental, presume-se feito sem justa causa; no artigo 331º, n. 2, do CT/2009, presume-se *"abusivo"* o despedimento ou outra sanção aplicada para punir uma infracção, quando tenha lugar até um ano após reclamação ou outra forma de exercício de direitos relativos a igualdade e não discriminação.

(983) Cf. PEDRO ROMANO MARTINEZ, *Direito do Trabalho*, cit., p. 242.

(984) Cf. Bernardo da Gama Lobo Xavier, com a colaboração de P. FURTADO MARTINS; A. NUNES DE CARVALHO; JOANA VASCONCELOS e TATIANA GUERRA DE ALMEIDA, *Manual de Direito do Trabalho*, cit., p. 883.

(985) Cf. MARIA DO ROSÁRIO RAMALHO, *Direito do Trabalho*, Parte I — Dogmática Geral, Almedina, Coimbra, 2005, p. 252.

mais favorável terá servido como ditame de "política legislativa", orientando o legislador nos primórdios da criação do Direito do trabalho(986).

Por outro lado, é deste princípio que resulta, também, a ideia de "*cascata de regalias*" classicamente associada ao Direito do trabalho, segundo a qual haveria uma pirâmide invertida de fontes sucessiva e reiteradamente mais favoráveis ao trabalhador — as regalias cresceriam e desenvolver-se-iam desde o topo, onde estaria a Constituição, até a base, onde se posicionaria o contrato de trabalho, passando pelas leis e pelas convenções coletivas de trabalho, à luz de uma ideia de progresso social absolutamente irreversível e infinitamente mais amigo do trabalhador(987), ideia essa muito querida (e potenciada) pelos entes coletivos representativos dos trabalhadores, para quem o sentido progressivamente mais favorável ao trabalhador não admite retrocesso(988).

O princípio do *favor laboratoris* está assim, como sustenta Martinez Vivot, associado ao aparecimento da legislação laboral enquanto corpo de normas que visa "*proteger os trabalhadores, estabelecendo limitações à liberdade de contratação e desprezando, por desigualdade manifesta, a vigência do princípio liberal da autonomia da vontade das partes*"(989).

O princípio do *favor laboratoris*, no fundo, vem acrescentar às regras gerais de aplicação do Direito, nas quais se incluem as de carácter interpretativo, uma particularidade própria do Direito do trabalho. Como sublinha Montoya Melgar, "*o facto de a aplicação das normas laborais se efectuar de acordo com as técnicas comuns de aplicação do Direito não impede a existência de peculiaridades, congruentes com a singularidade do ordenamento jurídico-laboral. Por um lado (...) as específicas finalidades prosseguidas pelo Direito do Trabalho traduzem-se no estabelecimento de princípios informadores característicos deste setor do ordenamento, que inspiram toda a legislação laboral. Por outro lado, a hierarquia das normas laborais estrutura-se de um modo próprio; a existência de fontes estritamente jurídico-laborais, como são as convenções coletivas, aliada ao princípio do tratamento mais favorável, impregnam um sentido "sui generis" à ordenação hierárquica das normas no Direito do Trabalho (...)*"(990).

Por outras palavras, o princípio do *favor laboratoris* é a "*projeção interpretativo-aplicativa do princípio geral da proteção do trabalhador*"(991), que a este propósito se manifesta fundamentalmente a três níveis: ao nível da interpretação das fontes laborais e do contrato de trabalho; na resolução de conflitos de aplicação entre as fontes laborais; e na relação entre as fontes laborais e o contrato de trabalho.

Vejamos em que termos.

2. *O princípio do tratamento mais favorável como "cânone de interpretação" — a ultrapassagem do princípio* "pro operario"

I. Como já foi repetidas vezes afirmado, o Direito do trabalho, desde a sua génese, integra um corpo de regras e princípios destinados a garantir a tutela do trabalhador — fá-lo através da imposição de particulares limites à autonomia privada e da criação de um corpo de normas de natureza imperativa. Como assinala Bernardo Lobo Xavier, "*o Direito do trabalho é imperativo ao estabelecer mínimos de tratamento para o trabalhador*"(992).

O princípio do tratamento mais favorável enquanto cânone interpretativo teria como pressuposto o de que, no âmbito de relações jurídicas desequilibradas e perante a insuficiência do Direito civil para prover

(986) Cf. PEDRO ROMANO MARTINEZ, *Direito do Trabalho*, cit., p. 239.
(987) Cf. Bernardo da Gama Lobo Xavier, com a colaboração de P. FURTADO MARTINS; A. NUNES DE CARVALHO; JOANA VASCONCELOS e TATIANA GUERRA DE ALMEIDA, *Manual de Direito do Trabalho*, cit., p. 884.
(988) Cf. MARIA DO ROSÁRIO RAMALHO, *Direito do Trabalho*, Parte I — Dogmática Geral, cit., p. 252.
(989) Cf. J. MARTINEZ VIVOT, *Elementos de Derecho del Trabajo y de la Seguridad Social*, Buenos Aires, 1987, p. 56, citado por ALFREDO MONTOYA MELGAR, *Derecho del Trabajo*, cit., p. 221.
(990) Cf. ALFREDO MONTOYA MELGAR, cit., p. 214.
(991) Cf. MARIA DO ROSÁRIO RAMALHO, *Direito do Trabalho*, Parte I — Dogmática Geral, cit., p. 253.
(992) Cf. Bernardo da Gama Lobo Xavier, com a colaboração de P. FURTADO MARTINS; A. NUNES DE CARVALHO; JOANA VASCONCELOS E TATIANA GUERRA DE ALMEIDA, *Manual de Direito do Trabalho*, cit., p. 883.

a proteção do contraente mais débil, haveria que interpretar as normas jurídicas de forma a atribuir-lhes o sentido que, em concreto, se afigurasse mais favorável ao trabalhador. Tratar-se-ia de uma interpretação que visaria privilegiar o trabalhador, face à sua situação de inferioridade negocial. O princípio do tratamento mais favorável, perante um sistema jurídico desatento e neutral face à situação de inferioridade do trabalhador, poderia ser utilizado enquanto "cânone de interpretação" — a norma legal, qualquer que ela fosse, seria finalisticamente interpretada tendo em vista a proteção do contraente mais débil. Ou seja, o princípio em causa funcionaria como "pré-juízo interpretativo"[993]. Por outro lado, perante fontes polissémicas ou em caso de dúvidas de interpretação, o *favor laboratoris* levaria a escolher o sentido que mais favorável se mostrasse aos trabalhadores: em caso de dúvida quanto ao sentido a retirar da norma, mesmo quanto a normas desprovidas de uma finalidade de proteção do trabalhador, a opção deveria residir no sentido mais favorável a este contraente[994].

Trata-se do também designado princípio *pro operario*[995] que, no limite, tenderia a derrogar o artigo 9º do nosso Código Civil, a propósito das regras a observar na interpretação da lei.

No atual estádio de desenvolvimento do Direito do trabalho, a utilização do princípio *pro operario* como ditame geral de interpretação, obnubilador do regime geral do artigo 9º do Código Civil, não deve ser acolhida — por ausência de enquadramento legal; por desatualização e irrealismo; por empirismo e por excesso de subjetivismo.

II. Em primeiro lugar, a utilização do princípio *pro operario* como ditame de interpretação não tem suporte legal. Não consta, nem da Constituição, nem da legislação ordinária.

No artigo 13º do Projeto da Lei do Contrato de Trabalho (LCT) de 1966, bem como no anteprojeto de Código Civil do Professor Galvão Telles[996], fazia-se alusão à utilização do tratamento mais favorável em sede de interpretação e aplicação das normas de Direito do trabalho. Todavia, na versão da LCT que veio efetivamente a ser aprovada, pelo Decreto-lei n. 47.032, esse enunciado desapareceu e o artigo 13º da LCT, através da fórmula, "*As fontes de direito superiores prevalecem sempre sobre as fontes inferiores, salvo na parte em que estas, sem oposição daquelas, estabelecem tratamento mais favorável para o trabalhador*", apenas ficou afeto à resolução de conflitos hierárquicos de fontes — o legislador teve a intenção inequívoca de restringir a efetividade do *favor laboratoris* aos conflitos hierárquicos e o citado artigo 13º da LCT foi aprovado enquanto norma exclusivamente vocacionada para a solução de conflitos hierárquicos[997], ou seja e como sustenta António de Araújo, numa fase "*lógica e cronologicamente anterior ao da determinação do sentido da norma individualizada*"[998].

O princípio *pro operario* (enquanto ditame de interpretação) não tem, consequentemente, qualquer suporte legal.

III. Acresce, também, que não faz sentido, no estado atual do Direito do trabalho, continuar a admitir a possibilidade de o princípio do tratamento mais favorável ser utilizado como "cânone geral de interpretação". A ideia subjacente ao princípio *pro operario* e à interpretação das normas legais no sentido mais favorável ao trabalhador está historicamente associada à inexistência de um ramo de Direito especial composto por regras e princípios focados na proteção do trabalhador — a ideia da interpretação das normas

(993) Cf. terminologia utilizada por LUÍS MENEZES LEITÃO, *Direito do Trabalho*, cit., p. 83.
(994) Veja-se, a este propósito, RAUL VENTURA, *Teoria Geral da Relação Jurídica de Trabalho*, cit., p. 207, que defende uma aplicação (restrita) desta possibilidade.
(995) Cf. ANTÓNIO DE ARAÚJO, "Princípio *Pro Operario*" e Interpretação de Normas Juslaborais", cit., pp. 46 e ss. Recorda-se que o autor autonomiza expressamente o princípio *pro operario* da questão do conflito hierárquico de fontes, adiantando mesmo que "(...) — *e ainda que integrantes da mesma categoria unitária "concretização do Direito" — é absolutamente indispensável destrinçar a questão do conflito hierárquico de normas (princípio do tratamento mais favorável) da questão do conflito de interpretações sobre o sentido de uma norma cuja aplicabilidade ao caso foi já encontrada (princípio "pro operario") (...) demonstrando, se possível, que o art. 13º/1 da LC não se refere a este último e não tem qualquer utilidade para a aplicação do primeiro*".
(996) GALVÃO TELLES, Contratos Civis, *BMJ*, cit., pp. 163-171 e 252-257 (na parte relativa ao contrato de trabalho).
(997) Cf. ANTÓNIO DE ARAÚJO, "Princípio *Pro Operario*" e Interpretação de Normas Juslaborais", cit., pp. 39 e ss., que para o efeito cita MONTEIRO FERNANDES/ALMEIDA POLICARPO, *Lei do Contrato de Trabalho — Anotada*, onde se defende que "*o n. 1 do art. 13º refere-se à aplicação hirárquica das normas juslaborais*".
(998) Cf. ANTÓNIO DE ARAÚJO, "Princípio *Pro Operario*" e Interpretação de Normas Juslaborais", cit., p. 40.

legais (civis) conforme com o sentido mais favorável ao trabalhador resulta da incipiência e insuficiência do Direito civil para defender o trabalhador, enquanto contraente mais débil e é própria de um momento histórico marcado pela não autonomização do Direito do trabalho e pela ideia de igualdade formal entre as partes, que marca o Direito civil. A partir do momento em que o Direito do trabalho se autonomiza, criando um corpo de regras e princípios próprios que formam um sistema coerente, todo ele orientado, também, para a proteção do trabalhador e para a prossecução de uma igualdade substancial entre as partes, deixa de fazer sentido retomar-se a ideia tradicional do princípio do tratamento mais favorável como "ditame geral de interpretação" de normas legais[(999)] — como assinala Pedro Romano Martinez, "*É absurdo que, existindo um corpo de normas destinadas a proteger o trabalhador, se vá interpretá-lo no sentido do tratamento mais favorável ao próprio trabalhador. Isso só tinha sentido quando o Direito do trabalho era um ordenamento incipiente e se interpretavam as normas de direito civil no sentido mais favorável ao trabalhador*"[(1000)].

O desenvolvimento e amadurecimento do Direito do trabalho jogam, eles próprios, contra a manutenção operacional do princípio *pro operario.*

IV. Por fim, o processo de realização do Direito requer certeza, segurança e previsibilidade. A Ciência Jurídica, como *supra* se afirmou, requer certeza nas decisões e previsibilidade no processo de tomada das mesmas — assenta na "*determinação de regras que tornem previsíveis e objetivamente controláveis as saídas para os* litígios"[(1001)]. A existência do Direito assenta numa série de fenómenos que se concretizam com regularidade — "*sem essa regularidade, o Direito não teria qualquer consistência, ideal ou real: ininteligível, imperceptível e ineficaz, ele deveria ser afastado das categorias existentes*"[(1002)].

Incluir nas operações analíticas de interpretação e aplicação do Direito um fator subjetivo, consistente na aplicação, pelo agente aplicador do Direito, de um novo elemento de interpretação — o *favor laboratoris* — poderia redundar na subjetivação do *processo de aplicação do Direito* e, em última instância, no empirismo[(1003)]. Poderia produzir, se entendido enquanto regra geral de interpretação a levar a efeito pelo aplicador do Direito e utilizando as palavras de Montoya Melgar, uma "*perigosa insegurança e ambiguidade na aplicação do Direito do Trabalho*[(1004)].

A interpretação das normas juslaborais[(1005)] faz-se, pois, nos termos gerais, o mesmo é dizer, nos termos do artigo 9º do Código Civil, o que não significa que o "princípio da proteção do trabalhador" se torne por essa razão irrelevante: na exata medida em que o legislador, no referido artigo 9º, manda atender aos elementos não gramaticais da interpretação, nomeadamente aos elementos *sistemático, histórico* e *teleológico,* é evidente que o "princípio da proteção do trabalhador" tem uma palavra a dizer, não apenas porque se encontra na génese do Direito do trabalho, em termos *históricos*, mas também porque marca a finalidade das suas normas, do ponto de vista *teleológico,* e porque se posiciona como elemento central no sistema juslaboral, a nível *sistemático.*

V. Não sendo admissível o princípio do tratamento mais favorável como "cânone" geral de interpretação, chegou-se a defender que ele poderia servir para dissipar dúvidas interpretativas no âmbito da

---

(999) Cf. MENEZES CORDEIRO, "O Princípio do Tratamento Mais Favorável no Direito do Trabalho Atual", cit., p. 113; PEDRO ROMANO MARTINEZ, *Direito do Trabalho,* cit., p. 239; Bernardo da Gama Lobo Xavier, com a colaboração de P. FURTADO MARTINS; A. NUNES DE CARVALHO; JOANA VASCONCELOS e TATIANA GUERRA DE ALMEIDA, *Manual de Direito do Trabalho,* cit., p. 885.

(1000) Cf. PEDRO ROMANO MARTINEZ, *Direito do Trabalho,* cit., p. 239.

(1001) Cf. MENEZES CORDEIRO, *Manual de Direito do Trabalho,* cit., p. 72.

(1002) Cf. MENEZES CORDEIRO, na "Introdução" à edição portuguesa do *Pensamento Sistemático e Conceito de Sistema na Ciência do Direito,* de CLAUS-WILHELM CANARIS, cit., p. LXIII.

(1003) Cf. MENEZES CORDEIRO, *Manual de Direito do Trabalho,* cit., p. 72; PEDRO ROMANO MARTINEZ, *Direito do Trabalho,* cit., p. 239.

(1004) ALFREDO MONTOYA MELGAR, *Derecho del Trabajo,* cit., p. 222.

(1005) Para efeitos de interpretação, nas "normas juslaborais", deve se incluir também, para além das normas legais, as cláusulas que resultam de instrumentos de regulamentação coletiva de trabalho, tanto mais que a competência para a interpretação destas cláusulas pertence também aos tribunais do trabalho — cf. PEDRO ROMANO MARTINEZ, *Direito do Trabalho,* cit., p. 241 (nota 1).

própria norma laboral[1006] e na medida em que o *favor* se apresentasse como uma projeção interpretativa dos institutos laborais em si mesmo tomados. Nestes casos, quando estivesse em causa a interpretação da própria fonte laboral — e de uma fonte que já tivesse, em si mesma, ínsita a mensagem protetora do trabalhador — não se estaria a dotar o agente aplicador do Direito de uma margem (subjetiva e arbitrária) de criação do Direito: estar-se-ia tão somente a subordinar o processo interpretativo ao próprio objetivo da norma interpretada. Estar-se-ia a atuar não apenas tendo em conta a unidade do sistema jurídico, mas também, nos termos prescritos pelo artigo 9º do Código Civil, tendo em consideração *"as circunstâncias em que a lei foi elaborada e as condições específicas do tempo em que é* aplicada".

Por outras palavras, o princípio do *favor laboratoris* atuaria segundo um duplo pressuposto — em primeiro lugar, quando a norma a interpretar compreendesse objetivos de tutela do trabalhador; em segundo lugar, quando a norma a interpretar suscitasse dúvidas quanto ao sentido que dela deve ser retirado. Em qualquer caso, mesmo nestas situações, quem defendia tal solução propugnava que o *favor laboratoris* não deveria ser utilizado enquanto *regra geral*: *"só caso a caso — fonte a fonte — se poderá dizer qual o seu objectivo e, consequentemente, quais as suas projecções interpretativas. Apenas quando tais objectivos compreendessem a tutela do trabalhador se poderia falar em* favor laboratoris*"*[1007].

Também esta possibilidade se afigura complexa, pelas razões acima assinaladas, nomeadamente por ausência de suporte legal, porque no estado atual do Direito do trabalho continuar a admitir a possibilidade de o princípio do tratamento mais favorável ser utilizado como "cânone de interpretação" não parece consentâneo com a existência de um corpo de regras e princípios já alicerçados na ideia de proteção do trabalhador e, também, em terceiro lugar, porque a operação preconizada seria sempre uma operação complexa: interpretar a norma para descortinar que esta tem um objetivo de tratamento mais favorável ao trabalhador e, em simultâneo, invocar esse mesmo objetivo para efeitos de obtenção de um dos sentidos polissémicos dessa mesma norma, não só não se afigura tarefa simples, como não poderia nunca, pelo menos no primeiro momento de esclarecimento do sentido da norma, deixar de ser feita nos termos gerais do artigo 9º do Código Civil, ou seja, sem que o princípio *pro operario* tivesse consequentemente qualquer utilidade enquanto ditame de interpretação[1008].

VI. Mas o que verdadeiramente releva a este propósito é o estado atual do Direito do trabalho: perante o atual estádio de *"maturação do Direito do Trabalho"* e o reconhecimento do seu *"carácter compromissório"*, que manda atender ora aos interesses dos trabalhadores, ora ao dos empregadores, ora ao interesse geral, mas que no cômputo geral mantém um propósito mais vincado de proteção do trabalhador, *"não faz sentido reconhecer a existência de um prius geral de interpretação das fontes laborais em favor do trabalhador"*[1009].

Em qualquer caso, o "(sub)princípio do tratamento mais favorável" ao trabalhador é mais do que um resquício histórico e não deve ser reconduzido, por absorção, ao princípio civilista do *favor debitoris*, até porque em caso algum tal princípio se pode reconduzir à interpretação em favor do empregador, mesmo se este, hipoteticamente, surgisse como a parte mais fraca do contrato de trabalho[1010]. Todavia, no polo oposto, fica claro que ele também não pode servir de "cânone geral de interpretação", devendo as normas juslaborais (criadas, em larga medida, sob influência do princípio do tratamento mais favorável enquanto elemento geral de *política legislativa*) ser interpretadas nos termos gerais, não possuindo o atual Direito do trabalho nenhuma especialidade neste domínio.

(1006) Nesse sentido, ANTÓNIO DE ARAÚJO, "Princípio *Pro Operario"* e Interpretação de Normas Juslaborais", cit., pp. 46 e ss.; e MOZART VICTOR RUSSOMANO, "Aspectos da Hermenêutica do Direito do Trabalho", *Jurisprudência Brasileira Trabalhista,* Curitiba 1987, pp. 13-20 e ss.

(1007) Cf. MENEZES CORDEIRO, *Manual de Direito do Trabalho,* cit., pp. 71-72; contra, PEDRO ROMANO MARTINEZ, *Direito do Trabalho,* cit., p. 241 (nota 2), que entende que mesmo nestes casos estamos perante uma solução sem base legal que pode conduzir ao subjetivismo e à incerteza das decisões.

(1008) Entre nós, Menezes Cordeiro negou autonomia à função interpretativa do princípio *pro operario*, quer com base na experiência histórica alemã, quer com base na defesa da conceção unitária de todo o processo de realização do Direito — cf. MENEZES CORDEIRO, *O princípio do tratamento mais favorável no Direito do trabalho atual,* cit., pp. 118-120.

(1009) Cf. MARIA DO ROSÁRIO RAMALHO, *Direito do Trabalho,* Parte I — Dogmática Geral, cit., p. 267.

(1010) Cf. MARIA DO ROSÁRIO RAMALHO, *Direito do Trabalho,* Parte I — Dogmática Geral, cit., pp. 267-268.

O "(sub)princípio do tratamento mais favorável" não deve, todavia, ser totalmente menosprezado.

VII. Admite-se a este propósito o que *supra* se afirmou: não obstante o atual "adormecimento" do "(sub)princípio do tratamento mais favorável", as suas potencialidades não podem ser descuradas, em nome do "princípio da proteção do trabalhador". Admitindo-se, por hipótese, uma situação de desmantelamento do atual corpo de normas e princípios laborais, em nome de uma hipotética intervenção exclusivamente focada em objetivos de natureza económica que determinasse o fim do Direito do trabalho tal como hoje o conhecemos e a sua (re)integração no Direito civil, o *favor laboratoris* voltaria a ter razão de ser em sede interpretativo-aplicativo e voltaria a ser decisivo, por certo, para efeitos de *refundação* do Direito do trabalho.

Mas mais importante do que isso, apesar de não dever funcionar, na atualidade, como um "cânone geral de interpretação", o "princípio da proteção do trabalhador" pode, ainda assim, na exata medida em que marca todo o sistema juslaboral e dado que está na base, também, dos direitos fundamentais dos trabalhadores previstos na Constituição (nos termos abaixo examinados), funcionar como influxo *interpretativo* na busca de soluções concretas, à semelhança do esquema habitualmente conhecido por "interpretação conforme com a Constituição". Assim como a Constituição, enquanto lei fundamental e repositório dos valores mais característicos da sociedade em que está inserida, ocupa um papel fundamental na formação do *pré-entendimento* do intérprete-aplicador do Direito, exercendo uma influência marcante em todas as operações necessárias à solução do caso concreto[1011], também o "princípio da proteção do trabalhador" pode, a nível juslaboral, ter um papel similar a desenvolver. Não no sentido de que a interpretação das normas se deva fazer necessariamente pela via mais favorável ao trabalhador, como se defendia com o *principio pro operario*; mas sim enquanto elemento argumentativo ou metodológico relevante. Ou seja, perante fontes ou normas que inculquem dois ou mais sentidos, faz sentido que se deva evitar a opção pela que se revele contrária ao "princípio da proteção do trabalhador" e às suas concretizações; perante fontes polissémicas, não se deve optar por aquela que se revele, de forma manifesta, mais distante da ordem objetiva de valores proporcionada pelo "princípio da proteção do trabalhador" no âmbito do sistema laboral; tratando-se de uma operação de integração de lacunas ou de preenchimento de conceitos indeterminados, torna-se lícito e justificável o recurso a valorações decorrentes deste princípio; e perante uma igualdade de circunstâncias das vias interpretativas, o agente aplicador do Direito certamente ganhará, em termos argumentativos e em termos de solidez ao nível da fundamentação das decisões, se enveredar pela via que melhor se coadune com o "princípio da proteção do trabalhador".

Admite-se, pois, ao nível da operação de interpretação, que um fenómeno similar ao da "interpretação conforme com a Constituição" possa ser levada a efeito, no sistema laboral, a propósito do "princípio da proteção do trabalhador".

Além disso, e como também já se afirmou, tratando-se do princípio central do Direito do trabalho, o "princípio da proteção do trabalhador" deve, necessariamente, ser tido em consideração à luz do próprio artigo 9º do Código Civil, quando este determina, a propósito da interpretação das regras legais, que esta não deve cingir-se à letra da lei, mas reconstituir a partir dos textos o pensamento legislativo, tendo sobretudo em conta a unidade do sistema jurídico, as circunstâncias em que a lei foi elaborada e as condições específicas do tempo em que é aplicada.

Por outras palavras, não sendo um critério geral de interpretação à margem do artigo 9º do Código Civil, o "princípio da proteção do trabalhador" tem, todavia, uma palavra a dizer segundo as regras interpretativas daquele mesmo preceito: ao nível do subsistema laboral, o princípio em causa marca, de forma significativa, os elementos *sistemático*, *histórico* e *teleológico* a que se refere o citado artigo 9º, sendo consequentemente incontornável no exercício da tarefa interpretativa.

VIII. Para além da interpretação de normas legais, o Direito do trabalho, atenta a sua especificidade e como corolário da autonomia coletiva, coloca também a questão da interpretação dos preceitos das convenções coletivas de trabalho — tal como sucede em relação às normas legais, só a operação de in-

(1011) Cf. MENEZES CORDEIRO, *Manual de Direito do Trabalho*, cit., p. 154.

terpretação permite retirar das convenções coletivas as normas que constituem a sua razão de ser. Por isso, também, neste caso, cumpre saber se o Direito do trabalho traz alguma particularidade em sede de interpretação negocial.

Também, neste caso, a resposta deve ser a mesma: a interpretação das convenções coletivas de trabalho deve fazer-se de acordo com o regime geral do Código Civil, sem que o "(sub)princípio do tratamento mais favorável" atue como cânone geral de interpretação. Parafraseando Júlio Gomes, dir-se-ia que *"não cabe aqui invocar o pretenso princípio do tratamento mais favorável dos trabalhadores (...) como princípio hermenêutico — tal princípio não existe entre nós, mesmo na interpretação do contrato de trabalho ou da lei, mas seria particularmente inadequado no domínio da contratação colectiva, domínio por excelência da autonomia negocial colectiva em que se espera que as soluções contratuais resultem da composição de interesses colectivos contrapostos*[(1012)].

A questão que porventura se pode colocar é a de saber se a interpretação se deve realizar à luz do artigo 9º do Código Civil, a propósito da *interpretação da lei*, que no essencial segue uma linha marcadamente objetivista e atualista, ou dos artigos 236º e ss. do mesmo Código, que contêm o regime da *interpretação das declarações negociais* e que contêm uma configuração mais subjetivista, que manda atender à vontade das partes, ainda que temperada pelo princípio da tutela da confiança[(1013)]. A questão coloca-se por uma razão óbvia: não obstante constituir um *facto normativo juslaboral*, a convenção coletiva de trabalho tem natureza *negocial* e a sua constituição resulta de um fenómeno de autodeterminação de interesses, que envolve um processo negocial complexo entre sujeitos coletivos (associações sindicais *versus* associações de empregadores, ou empregador) colocados num plano de igualdade formal e substantiva. Este facto, aliado à circunstância de a convenção coletiva de trabalho dispor de um duplo conteúdo — de um lado, um conteúdo regulativo ou normativo, com incidência direta no contrato de trabalho; de outro lado, um conteúdo obrigacional, que rege a relação entre as partes contratantes — permite que se coloquem duas soluções distintas para dar resposta a esta questão: tanto podemos, em abstrato, defender a interpretação das convenções coletivas nos termos da interpretação das normas legais (artigo 9º do Código Civil), como podemos defender uma solução mista, que recorra ao artigo 9º para efeitos de interpretação das cláusulas com conteúdo normativo e aos artigos 236º e ss. para efeitos de interpretação das cláusulas com conteúdo obrigacional.

Pela nossa parte, porque o que está verdadeiramente em causa na convenção coletiva de trabalho é a regulação da situação laboral, assumindo o conteúdo obrigacional uma natureza puramente instrumental e funcionalizada à prossecução desse objetivo, e porque a convenção coletiva de trabalho extravasa o âmbito restrito de um simples negócio jurídico, valendo acima de tudo como *fonte* de Direito do trabalho, advogamos, na esteira do que defende significativa parte da doutrina nacional[(1014)] que as convenções coletivas de trabalho devem ser interpretadas segundo um critério unitário e não dualista[(1015)], seguindo as regras próprias de interpretação da lei, ainda que nalguns casos se possam retirar, da própria lei, algumas especificidades próprias aplicáveis ao processo interpretativo[(1016)].

Assim, a interpretação das convenções coletivas de trabalho deve realizar-se nos termos gerais do artigo 9º do Código Civil e não de acordo com o regime dos artigos 236º e ss. do Código Civil — o que

---

(1012) Cf. JÚLIO VIEIRA GOMES, "Da interpretação e integração das convenções colectivas", *Novos Estudos de Direito do Trabalho,* Wolters Kluwer Portugal e Coimbra Editora, Coimbra, 2010, p. 157.

(1013) Cf. MENEZES CORDEIRO, *Manual de Direito do Trabalho*, cit., p. 305.

(1014) Cf. MENEZES CORDEIRO, *Manual de Direito do Trabalho*, cit., pp. 305-307; e MARIA DO ROSÁRIO RAMALHO, *Direito do Trabalho,* Parte I — Dogmática Geral, cit., pp. 269-272.

(1015) Cf. nomeadamente, Bernardo da Gama Lobo Xavier, com a colaboração de P. FURTADO MARTINS; A. NUNES DE CARVALHO; JOANA VASCONCELOS e TATIANA GUERRA DE ALMEIDA, *Manual de Direito do Trabalho*, cit., p. 285, que defende a possibilidade de aplicação, com algumas adaptações, dos princípios que resultam das regras de interpretação dos negócios jurídicos (artigos 236º a 239º do Código Civil). Em qualquer caso, o autor admite que nem sempre é fácil encontrar a vontade real, tanto mais que a própria ambiguidade do texto é pretendida pelas partes. Além disso, avança, dado que a convenção não é apenas uma "lei entre as partes", destinando-se a ser aplicada a trabalhadores e empregadores que não a celebraram, fica fundamentada a pretensão aplicativa das normas do artigo 9º do Código Civil, pelo que *"deve-se ter em conta, sobretudo, o carácter objectivo e normativo das cláusulas das CCT"*.

(1016) Cf. PEDRO ROMANO MARTINEZ, *Direito do Trabalho*, cit., pp. 242-244.

está em causa, reitera-se, é a interpretação de uma fonte juslaboral e a interpretação de um instrumento negocial *sui generis*, que se caracteriza fundamentalmente pelo seu conteúdo normativo e pela sua eficácia externa para regular situações laborais de terceiros que não negociaram, nem outorgaram. Em qualquer caso, como assinala José Andrade Mesquita, a diferença entre o artigo 9º e os artigos 236º e ss. do Código Civil é ténue, atendendo a que ambos consagram uma "*orientação objetivista*" de interpretação — o desvio subjetivista estabelecido no artigo 236º, n. 2, não pode ser aplicado às convenções coletivas, dado que estas consubstanciam negócios jurídicos formais (artigo 477º do CT) e as razões que determinam essa forma especial não permitem que a vontade das partes se sobreponha ao seu texto, sendo assim o sentido deste texto que deve vigorar, nos termos do artigo 238º[1017].

A própria lei impõe, contudo, algumas especificidades de regime a propósito da interpretação das convenções coletivas.

Em primeiro lugar, nos termos do artigo 492º, n. 3, do CT, a lei determina que a convenção coletiva de trabalho deve prever a constituição e regular o funcionamento de *comissão paritária* com competência para interpretar e integrar as suas cláusulas. A comissão em causa é formada por igual número de representantes das associações sindicais e das associações de empregadores (ou empregador) e a deliberação tomada por unanimidade considera-se para todos os efeitos como integrando a convenção a que respeita (cf. artigo 493º, ns. 1 e 3)[1018][1019].

Em segundo lugar, e à margem da interpretação levada a efeito pela comissão mista paritária, o Código do Processo de Trabalho (CPT) estabelece um processo especial para efeitos de interpretação judicial de cláusulas de convenção coletiva de trabalho (artigos 183º e ss.). Nos termos do artigo 186º, o acórdão do Supremo Tribunal de Justiça que interpretar uma cláusula de uma convenção coletiva tem o valor ampliado de revista (artigo 186º do CPT). A lei não atribui, todavia, eficácia retroativa a esta interpretação judicial.

Em terceiro lugar, importa atender ao fenómeno das normas "convénio-dispositivas" — normas legais que podem ser afastadas por convenção coletiva de trabalho, mas que não podem ser derrogadas pelo contrato de trabalho. É o que resulta do artigo 3º, n. 5, do CT[1020], segundo o qual, sempre que uma norma legal reguladora de contrato de trabalho determine que a mesma pode ser afastada por instrumento de regulamentação coletiva de trabalho, entende-se que o não pode ser por contrato de trabalho[1021]. Trata-se, salvo melhor opinião, de uma projeção clara do "(sub)princípio do tratamento mais favorável", em sede conflito de fontes: partindo do pressuposto de que o trabalhador, enquanto contraente que atua isoladamente, se encontra numa posição de desfavor perante o empregador, o legislador limita a possibilidade de determinadas normas legais serem afastadas mediante simples acordo entre o empregador e o trabalhador, que poderia ser levado a aceitar condições menos favoráveis do que as que resultam da lei.

(1017) Cf. JOSÉ ANDRADE MESQUITA, *Direito do Trabalho*, Associação Académica da Faculdade de Direito de Lisboa, Lisboa, 2004, pp. 229-230.

(1018) Veja-se, a este propósito, a anotação aos artigos 492º e 493º do Código do Trabalho de Luís Gonçalves da Silva, em PEDRO ROMANO MARTINEZ; LUÍS MIGUEL MONTEIRO; JOANA VASCONCELOS; PEDRO MADEIRA DE BRITO; GUILHERME DRAY e LUÍS GONÇALVES DA SILVA, *Código do Trabalho Anotado*, 8ª ed., cit., pp. 1182-1189, e 9ª ed. da mesma obra, pp. 971-977.

(1019) A lei é omissa quanto ao método de interpretação a utilizar por parte da referida *comissão paritária*, mas não nos repugna que tal questão possa ser acautelada pela própria comissão e que esta possa, designadamente, a propósito do conteúdo obrigacional da convenção e estando os membros da comissão paritária em condições de carrear elementos relevantes para efeitos de reconstrução da vontade real das partes, recorrer à interpretação das respetivas cláusulas obrigacionais tendo por base os artigos 236º e ss. do Código Civil, quanto a aspetos que relevem (apenas) para as partes celebrantes. De resto, a previsão de uma comissão mista paritária, que integra no seu seio representantes de trabalhadores, é por si só um sinal claro de que o legislador terá, por esta via, ao reconduzir o processo interpretativo para entidades coletivas colocadas num plano de igualdade formal e substancial, sido motivado por um desígnio de proteção do trabalhador. Em qualquer caso, a interpretação produzida por esta via não é considerada autêntica, pelo que não tem a eficácia retroativa prevista no artigo 13º do Código Civil — veja-se, a este propósito, LUÍS MENEZES LEITÃO, *Direito do Trabalho*, cit., p. 85.

(1020) Recorda-se que norma similar constava já do artigo 5º do CT/2003, o qual, por sua vez, seguia o artigo 13º, n. 2, da LCT.

(1021) Veja-se, a este propósito, MENEZES CORDEIRO, *Manual de Direito do Trabalho*, cit., p. 308; PEDRO ROMANO MARTINEZ, *Direito do Trabalho*, cit., p. 243; MARIA DO ROSÁRIO RAMALHO, *Direito do Trabalho*, Parte I — Dogmática Geral, cit., pp. 216 e ss.; LUÍS GONÇALVES DA SILVA, em PEDRO ROMANO MARTINEZ; LUÍS MIGUEL MONTEIRO; JOANA VASCONCELOS; PEDRO MADEIRA DE BRITO; GUILHERME DRAY e LUÍS GONÇALVES DA SILVA, *Código do Trabalho Anotado*, cit., anotação (VIII) ao artigo 3º do Código do Trabalho, p. 105.

Nestes casos, assinalados na lei, a derrogação da norma legal, a ser levada a efeito, deverá sê-lo, apenas, através de instrumento de regulamentação coletiva de trabalho, que envolve a atuação de associações sindicais, colocadas num plano de igualdade substancial em relação às associações de empregadores ou empregador.

As especificidades em causa, de todo o modo, não nos afastam do essencial — em regra, as convenções coletivas de trabalho são interpretadas nos mesmos termos das normas legais, ou seja, de acordo com as regras do artigo 9º do Código Civil. E o "(sub)princípio do tratamento mais favorável" não constitui nenhum cânone geral de *interpretação* das convenções coletivas de trabalho, ainda que não deixe de se manifestar, nomeadamente, através das aludidas "normas convénio-dispositivas".

O mesmo se diga quanto à *integração* das referidas convenções coletivas de trabalho, ou mesmo das normas legais.

IX. Ainda que o processo de realização do Direito tenha uma essência unitária — a localização das fontes, a interpretação e, sempre que necessário, a integração de lacunas, atuam em simultâneo e fazem parte do mesmo processo[(1022)] — do ponto de vista analítico, bem como do ponto de vista didático, é usual distinguirem-se no âmbito do processo de realização do Direito as operações de *interpretação* das fontes e de *integração* de lacunas[(1023)]: sempre que existe uma lacuna, ou seja, uma questão que carece de ser resolvida pelo ordenamento jurídico e para a qual este não confere nenhuma norma diretamente aplicável, cumpre encontrar uma solução. Importa saber, a este propósito, se o "(sub)princípio do tratamento mais favorável" traz alguma especificidade a propósito da integração das lacunas laborais, quer no campo normativo, quer quanto à convenção coletiva de trabalho.

Sobre esta questão e a título prévio, cumpre recordar a relação de especialidade entre o Direito do trabalho e o Direito civil — na medida em que as regras do Direito civil e do Direito das obrigações se aplicam subsidiariamente ao Direito do trabalho, as *lacunas laborais* são muitas vezes aparentes e não reais[(1024)]. De todo modo, admitindo a existência de uma lacuna real, de previsão e de regulamentação na área específica das normas de trabalho, esta deve ser integrada nos termos gerais, com recurso aos critérios do artigo 10º do Código Civil — com recurso à norma aplicável aos casos análogos (n. 1) ou, na falta de caso análogo, através da aplicação da norma que o intérprete criaria se tivesse que legislar dentro do espírito do sistema (n. 3). Em relação à integração de lacunas na lei não se verificam quaisquer especialidades no âmbito do Direito do trabalho[(1025)].

Todavia, e tal como vimos suceder a propósito da interpretação das fontes, nos termos do artigo 9º do Código Civil, o "princípio da proteção do trabalhador" pode, também, ter uma palavra a dizer, em sede de integração de lacunas, neste caso, nos termos do artigo 10º do mesmo diploma.

Como previne Maria do Rosário Ramalho[(1026)], a operação de integração de lacunas deve ser feita de forma adequada e com particulares cautelas, de acordo com os princípios próprios do Direito do trabalho, o mesmo é dizer, acrescentamos nós, segundo a pauta de valoração fornecida pelo "princípio da proteção do trabalhador" — em sede de aplicação analógica, nos termos do artigo 10º, n. 1, do Código Civil, importa aferir a "*compatibilidade axiológica da norma civil a aplicar com os princípios próprios do Direito do trabalho*", verificando a sua "*adequação social*"[(1027)] com as valorações axiológicas específicas do domínio juslaboral e derivadas do seu princípio estruturante de proteção do trabalhador.

(1022) Cf. MENEZES CORDEIRO, *Manual de Direito do Trabalho*, cit., p. 75.

(1023) Cf. BERNARDO DA GAMA LOBO XAVIER, com a colaboração de P. FURTADO MARTINS; A. NUNES DE CARVALHO; JOANA VASCONCELOS e TATIANA GUERRA DE ALMEIDA, *Manual de Direito do Trabalho*, cit., p. 286.

(1024) Cf. BERNARDO DA GAMA LOBO XAVIER, com a colaboração de P. FURTADO MARTINS; A. NUNES DE CARVALHO; JOANA VASCONCELOS e TATIANA GUERRA DE ALMEIDA, *Manual de Direito do Trabalho*, cit., p. 286.

(1025) Cf. LUÍS MENEZES LEITÃO, *Direito do Trabalho*, cit., p. 85.

(1026) Cf. MARIA DO ROSÁRIO RAMALHO, *Direito do Trabalho*, Parte I — Dogmática Geral, cit., pp. 268-269.

(1027) A autora recupera, a este propósito, a expressão (*"die soziale Tauglichkeit"* — "adequação social") de FRANZ GAMILLSHEG, *Zivilrechtliche Denkformen und die Entwicklung des Individualarbeitsrechts*, Archiv für die civiistische Praxis (Heidelberg), 1976, 176, pp. 202 e ss. e 220.

Trata-se, no fundo, da solução que resulta da Consolidação das Leis do Trabalho brasileira: nos termos do parágrafo único do artigo 8º, determina-se que "*o direito comum será fonte subsidiária do direito do trabalho, naquilo em que não for incompatível com os princípios fundamentais deste*"[(1028)]. É, de resto, esta previsão normativa que permite a Sergio Pinto Martins concluir que os princípios gerais de Direito do Trabalho "*são fontes supletivas da referida matéria. Evidencia-se, portanto, o caráter informador dos princípios, de orientar o legislador na fundamentação das normas jurídicas, assim como o de fonte normativa, de suprir as lacunas e omissões da lei*"[(1029)].

Mais do que isso: na ausência de caso análogo, o artigo 10º, n. 3, determina que a situação deve ser resolvida segundo a norma que o próprio intérprete criaria, se houvesse de legislar "*dentro do espírito do sistema*" (artigo 10º, n. 3). Pois bem: o *sistema* a ter em consideração, tratando-se de uma lacuna no seio do Direito do trabalho, é o (sub)*sistema laboral*, e não o *sistema civil*. Por outras palavras, a norma a ser criada pelo intérprete deve ser feita tendo em conta e em consideração o "princípio da proteção do trabalhador", enquanto princípio unitário e prescritivo que marca o Direito do trabalho.

Nesse sentido, advoga-se que a construção da solução normativa a que se reporta o artigo 10º, n. 3, do Código Civil, possa e deva ter em consideração o "princípio da proteção do trabalhador", enquanto "*princípio descritivo-representativo do ordenamento laboral*" suscetível de condicionar a "*pré-compreensão*" que antecede o processo de concretização do Direito e a criação normativa a que se refere o citado preceito legal[(1030)]. É verdade que o artigo 10º do nosso Código Civil não refere, expressamente, o recurso aos princípios jurídicos enquanto processo de integração de lacunas. Tal não significa, porém, que tal processo seja inadmissível, dado que a formulação do citado artigo 10º, n. 3, é suficientemente ampla para abarcar a integração da lacuna mediante a concretização de princípios jurídicos — o que importa, a esse propósito, é que o intérprete, ao recorrer a um princípio jurídico, o faça sob a forma de uma proposição jurídica determinada, que resulte da concretização do mesmo princípio. O "princípio da proteção do trabalhador" pode, pois, ter uma palavra a dizer nesta sede.

No mesmo sentido, em sede de "*ponderação das consequências*", o *favor laboratoris* poderá intervir ao nível da aplicação sinépica do Direito, fazendo com que na aludida criação ou aplicação normativa se tenham em atenção as potenciais consequências para a situação do trabalhador subordinado[(1031)].

Além disso, existem lacunas de previsão e de regulamentação na área específica das normas do trabalho que não devem ser resolvidas pelas regras gerais do Código Civil — dentro da área normativa do Direito do trabalho, a maior parte das regras comportará aplicação analógica[(1032)], pelo que a questão pode e deve ser resolvida dentro do sistema laboral e sem necessidade, portanto, de recurso ao Direito civil. E, também aí, dentro do sistema laboral, a atuação do *favor laboratoris* far-se-á sentir por razões evidentes: porque o próprio corpo de normas juslaborais tem em vista, na sua génese, a proteção do trabalhador. Estando em causa uma operação de integração de lacunas ou de preenchimento de conceitos indeterminados, dever-se-á recorrer a valorações emergentes do "princípio da proteção do trabalhador".

Uma coisa é negar-se o *favor laboratoris* enquanto "cânone geral de interpretação" das normas juslaborais, ou enquanto critério único para efeitos de preenchimento de lacunas, pelas razões acima descritas; outra coisa, diversa, e que se defende, é admitir-se que, em caso de lacunas no próprio sistema juslaboral, estas devem preferencialmente ser preenchidas dentro deste subsistema e sem necessidade de recurso ao

---

(1028) Veja-se, a este propósito, ARISTEU DE OLIVEIRA, *Consolidação das Leis do Trabalho Anotada e Legislação Complementar*, Editora Atlas, São Paulo, 1999, p. 48, e VALENTIN CARRION, *Comentários à Consolidação das Leis do Trabalho*, cit., pp. 63-64 — para o autor em causa, a "*aplicação da norma jurídica, em cada momento, não desenvolve apenas o dispositivo de que se ressente; considera-se todo o universo de normas vigentes, os precedentes históricos e a evolução da sociedade, os conflitos das leis no espaço, no tempo e na hierarquia e os princípios, mesmo que não haja omissão da norma ou do contrato. (...). O direito do trabalho possui princípios específicos, além dos de direito comum. Sua tutela principal se resume em: a) norma mais favorável; b) condição mais benéfica; c) primazia da realidade. (...) Princípios fundamentais do Direito do trabalho são os que norteiam e propiciam a sua existência, tendo como pressuposto a constatação da desigualdade das partes, no momento do contrato e durante o seu desenvolvimento*".

(1029) Cf. SERGIO PINTO MARTINS, *Direito do Trabalho*, 25ª ed., Editora Atlas, São Paulo, 2009, p. 59.

(1030) Cf. ANTÓNIO DE ARAÚJO, "Princípio *Pro Operario*" e Interpretação de Normas Juslaborais", cit., p. 45.

(1031) Quanto à "sinépica" do Direito, em especial no Direito do trabalho, veja-se MENEZES CORDEIRO, *Manual de Direito do Trabalho*, cit., p. 75.

(1032) Cf. Bernardo da Gama Lobo Xavier, com a colaboração de P. FURTADO MARTINS; A. NUNES DE CARVALHO; JOANA VASCONCELOS e TATIANA GUERRA DE ALMEIDA, *Manual de Direito do Trabalho*, cit., p. 286.

Direito civil, em nome do "(sub)princípio do tratamento mais favorável". Ou, mesmo quando haja necessidade de recorrer ao Direito comum, em busca de uma solução análoga, afigura-se igualmente defensável sustentar que a aplicação desta solução no âmbito do subsistema laboral se deve fazer com adequação axiológica e valorativa, o mesmo é dizer, de acordo com o "princípio da proteção do trabalhador".

X. Relativamente à integração de lacunas das convenções coletivas de trabalho, pode igualmente colocar-se a questão a propósito da interpretação da convenção coletiva — a este propósito e pelas razões acima afloradas, ou seja, porque o que está verdadeiramente em causa na convenção coletiva de trabalho é a regulação da situação laboral, assumindo o conteúdo obrigacional uma natureza puramente instrumental e funcionalizada à prossecução desse objetivo, e porque a convenção coletiva de trabalho extravasa o âmbito restrito de um simples negócio jurídico, valendo acima de tudo como *fonte* de Direito do trabalho, advogamos, na esteira do que afirmámos a propósito da interpretação da convenção coletiva, que em sede de integração deverá enveredar-se pela aplicação do artigo 10º do Código Civil, utilizando-se um critério unitário e não dualista(1033). Em qualquer caso, tal não impede que nalguns casos se possam retirar, da própria lei, algumas especificidades próprias aplicáveis ao processo integrativo.

Nesse sentido, tal como vimos a propósito da interpretação da convenção coletiva de trabalho, o artigo 492º, n. 3, do CT, enuncia que a convenção coletiva deve prever a constituição e regular o funcionamento de comissão paritária com competência para integrar as suas cláusulas. Também, neste caso, tal como na interpretação, se admite a integração de lacunas mediante acórdão do Supremo Tribunal de Justiça (artigo 186º do CPT)(1034).

XI. Mas o "(sub)princípio do tratamento mais favorável" ao trabalhador, reitera-se, é mais do que um resquício. Ainda que não deva servir de "cânone geral de interpretação" das regras legais, na atual fase de desenvolvimento do Direito do trabalho, ele pode ter uma palavra a dizer, verificando-se uma real e acrescida debilidade negocial, em concreto, do trabalhador.

Assim sucede, para além do que vimos acontecer a propósito da interpretação das normas legais, nos termos do artigo 9º do Código Civil, no domínio da interpretação do contrato de trabalho.

Na interpretação do contrato de trabalho, o princípio do *favor laboratoris* pode justificar que, em caso de dúvida sobre o sentido de determinada declaração negocial aposta no contrato de trabalho, esta deva ser interpretada no sentido mais favorável ao trabalhador, sempre que este, em concreto, apresente uma debilidade negocial acrescida e patente perante o empregador. É esse, de resto, o sentido que se retira na remissão que é feita, no artigo 105º do CT, para o regime das cláusulas contratuais gerais.

Ou seja, no caso da celebração de contrato de trabalho de adesão (artigo 104º), em que a vontade contratual do empregador se manifesta através de regulamento interno da empresa e a do trabalhador pela adesão expressa ou tácita ao mesmo regulamento, ou quando os aspetos essenciais do contrato não resultem de prévia negociação específica, nomeadamente por força de remissão levada a efeito pelo instrumento de regulamentação coletiva de trabalho (artigo 105º), a lei manda aplicar o regime das cláusulas contratuais gerais. Ora, do regime das cláusulas contratuais resulta, nos termos do artigo 11º, n. 2, da Lei das Cláusulas Contratuais Gerais que, em caso de dúvida a atribuir a determinadas cláusulas contratuais, deve-se optar pelo *sentido mais favorável* ao aderente, o mesmo é dizer, ao trabalhador.

Nestes casos, em que não existe na esfera jurídica do trabalhador liberdade de estipulação, mas apenas de celebração, e em que a sua debilidade negocial é, por conseguinte, ainda mais intensa, a lei admite que a interpretação do contrato de trabalho se faça, na dúvida, no sentido mais favorável ao trabalhador, enquanto aderente do contrato de trabalho.

(1033) Defendendo uma posição dualista, à luz da qual a parte regulativa da convenção coletiva deve ser integrada nos termos do artigo 10º do Código Civil, e a parte obrigacional nos termos do artigo 239º do mesmo diploma, temos PEDRO ROMANO MARTINEZ, *Direito do Trabalho*, cit., p. 245. O autor, todavia, acaba por referir que não obstante tal distinção legal (artigos 10º e 239º do Código Civil), na grande maioria das situações as diferenças práticas não são relevantes, porque ambos os preceitos apontam para a mesma solução: em qualquer deles, a integração deve ser feita em moldes objetivistas. Mesmo no artigo 239º, a remissão para a vontade hipotética das partes "*está na dependência de uma boa-fé objetiva, e como esta prevalece sobre a vontade hipotética, prepondera a conceção objectivista*". Defendendo a primazia da integração nos termos do artigo 10º do Código Civil, mas admitindo "*cedências subjectivistas quando estejam em causa aspectos que apenas respeitem às partes que as hajam celebrado*", MENEZES CORDEIRO, *Manual de Direito do Trabalho*, cit., p. 307.

(1034) Cf. LUÍS MENEZES LEITÃO, *Direito do Trabalho*, cit., pp. 85-86.

Trata-se, neste caso excecional, de uma "projeção do princípio da proteção do trabalhador", que representa no domínio laboral o "princípio da proteção do contraente mais débil" que marca os contratos de consumo e que se encontra expressamente positivado na lei. Torna-se claro, por esta via, que não estamos a falar de um simples resquício histórico, mas sim de uma realidade atual e concreta, ainda que a sua aplicação esteja circunscrita a situações muito específicas em que seja manifesta, patente e expressamente reconhecida por lei, a inferioridade negocial do trabalhador, em função do processo de formação do contrato de trabalho.

Nesse caso, o "princípio da proteção do trabalhador" manifesta-se, também, através da intermediação que faz com o "princípio de proteção do contraente mais débil" que marca presença, nomeadamente, no Direito do consumo e em especial nos contratos de consumo celebrados com recurso a cláusulas contratuais gerais.

XII. Em suma, ao nível das operações de *interpretação* e *integração* de lacunas, não atuando como um "canône geral", o "princípio da proteção do trabalhador" mantém, ainda assim, plena utilidade, manifestando-se, pelo menos, da seguinte forma:

— Ao nível da *interpretação* de regras legais, enquanto elemento a ter em consideração ao nível dos elementos *sistemático*, *histórico* e *teleológico*, nos termos a que se refere o artigo 9º, n. 1, do Código Civil, bem como enquanto critério de interpretação que desempenha uma função similar à da *interpretação conforme com a Constituição*;

— Ao nível da *interpretação do contrato de trabalho*, nos casos em que este seja celebrado segundo a modalidade do contrato de trabalho de adesão (artigo 104º do Código do Trabalho) — neste caso, à luz do regime das cláusulas contratuais, havendo dúvida sobre o sentido de determinadas cláusulas contratuais, deve-se optar pelo *sentido mais favorável* ao aderente, o mesmo é dizer, ao trabalhador (artigo 11º, n. 2, da Lei das Cláusulas Contratuais Gerais), em nome daquele princípio juslaboral;

— Ao nível da *integração de lacunas*, quer como elemento que permite filtrar a aplicação de regras legais do Direito comum, em sede de aplicação analógica, exigindo que estas sejam aplicadas com adequação axiológica e funcional (artigo 10º, n. 1, do Código Civil), quer, na falta de caso análogo, enquanto elemento central que marca o espírito do subsistema laboral e que condiciona, consequentemente, a tarefa do intérprete, aquando da criação de uma norma segundo o *espírito do sistema* (artigo 10º, n. 3, do mesmo diploma).

3. As fontes do Direito do trabalho

3.1. Aspetos gerais

I. Tal como noutros ramos do Direito, o Direito do trabalho lida com várias fontes de direito, ou seja, com múltiplos modos de produção, formação ou de revelação das normas (*regras*) jurídicas(1035). No Direito do trabalho, todavia, existem especificidades que o distinguem dos demais, quer por uma razão extrínseca ou exterior ao sistema laboral, quer por uma razão intrinsecamente ligada à axiologia deste ramo de Direito(1036). O particularismo do Direito do trabalho exprime-se também, de algum modo, na especificidade das suas fontes(1037).

Em termos externos, existe uma diferença de vulto nas fontes juslaborais, quando comparadas com as de outras disciplinas jurídicas: ao contrário do que sucede habitualmente, as múltiplas fontes laborais

(1035) A propósito das *fontes de direito,* enquanto modos de formação e revelação de normas jurídicas, veja-se OLIVEIRA ASCENSÃO, *O Direito. Introdução e Teoria Geral,* 13ª ed., cit., pp. 51 e ss., e MIGUEL TEIXEIRA DE SOUSA, *Introdução ao Direito,* cit., pp. 127 e ss.

(1036) Veja-se, a propósito das fontes do Direito do trabalho *(Rechtsquellen des Arbeitsrechts)* no direito alemão, SCHAUB, *Arbeitsrechts-Handbuch,* 12ª ed., cit., pp. 5 e ss.

(1037) Cf. JÚLIO VIEIRA GOMES, *Direito do Trabalho,* Vol. I, cit., p. 43, que cita, a este propósito, MICHELE BONNECHÉRE, *Les tendences à la déreglementation et leur incidence sur la théorie des sources en droit du travail, Droit Social,* 1990, p. 40 e ss.

não emanam exclusivamente do Estado, mas sim de uma pluralidade de centros de poder — para além de fontes heterónomas, que provêm do Estado, nomeadamente sob a forma de leis ou decretos-lei, são da maior relevância as fontes laborais que emanam dos sujeitos laborais coletivos, em especial, as que decorrem das convenções coletivas de trabalho ou, a nível dos sujeitos individuais, do contrato de trabalho[(1038)]. A esta realidade acresce, por outro lado, o facto de entre as fontes juslaborais ser necessário contar não apenas com as fontes internas, com origem nacional, como, também, atento o fenómeno de internacionalização e globalização do Direito do trabalho, com fontes externas, com origem internacional (*v. g.*, convenções internacionais), que visam, como afirma Mazzoni, *"l´unificazione delle legislazioni nazionali"*[(1039)]. Ou, por outras palavras, como sublinha Giancarlo Perone, *"a consideração explícita quanto à pessoa do trabalhador e o reconhecimento de direitos (...) como pressuposto da sua situação de fragilidade de nível económico e social, são observados não apenas por parte dos ordenamentos jurídicos individuais nacionais, mas inclusive por parte do ordenamento internacional"*[(1040)].

Em terceiro lugar, importa ter em conta que no Direito do trabalho, para além de contarmos com fontes de direito comuns à da generalidade dos ramos do Direito, contamos também com a presença de fontes específicas desta disciplina, que são os instrumentos de regulamentação coletiva de trabalho e os usos laborais que não contrariem o princípio da boa-fé — é o que resulta, entre nós, do artigo 1º do CT. As fontes específicas do Direito do trabalho, sendo características apenas deste ramo do Direito, assumem consequentemente uma importância especial no estudo desta disciplina[(1041)].

A vocação tutelar e protecionista do trabalhador que marca o Direito do trabalho é também relevante ao nível da articulação das fontes juslaborais — como veremos *infra,* esta axiologia própria determina também, pelo menos em sede da resolução de conflitos de fontes, a existência de regras específicas no domínio laboral.

Em suma, encontramos no Direito do trabalho fontes *comuns* e fontes *específicas*; fontes *internacionais* e fontes *nacionais*. É da sua interpretação e aplicação e da articulação das mesmas com os princípios juslaborais, nomeadamente o "princípio da proteção do trabalhador" e o seu "(sub)princípio operativo do tratamento mais favorável", que se encontram as soluções necessárias para a aplicação do Direito do trabalho e para a resolução de casos concretos decorrentes das situações laborais.

II. A nível nacional, e quanto às fontes *comuns*, importa atender à Constituição, às leis da Assembleia da República e aos decretos-leis do Governo. Os costumes e os usos podem, também, ser relevantes para efeitos de revelação das regras de direito internas. As fontes nacionais *específicas* do Direito do trabalho são os instrumentos de regulamentação coletiva de trabalho, em especial as convenções coletivas de trabalho.

A nível internacional, importa atender às fontes *comuns* aos demais ramos do direito, nomeadamente as convenções internacionais ou o direito produzido no âmbito da União Europeia, bem como às fontes *específicas* do Direito do trabalho, em especial as que decorrem da Organização Internacional do Trabalho (OIT).

3.2. Fontes internas

a) Constituição (remissão)

I. A Constituição portuguesa, sendo fonte de direito comum a vários ramos do Direito, não podia deixar de ser tida em consideração no Direito do trabalho. Trata-se, em termos hierárquicos, da fonte que se encontra no nível superior e cuja ordem de valores tende a influenciar toda a Ordem Jurídica.

(1038) Formalmente, o contrato de trabalho não é uma *fonte* do Direito, na medida em que não contém qualquer "comando genérico". Todavia, quer porque contém comandos aplicáveis à situação laboral, quer porque as normas laborais a ele se referem expressamente em sede de resolução de conflitos de fontes (*v. g.*, artigo 3º, ns. 4 e 5, e artigo 476º, todos do CT/2009), a referência ao contrato de trabalho enquanto *fonte* juslaboral é não apenas usual, como necessária — veja-se, por todos, MENEZES CORDEIRO, *Manual de Direito do Trabalho*, cit., p. 207.

(1039) Cf. GIULIANO MAZZONI, *Manuale di Diritto del Lavoro*, 6ª ed., cit., p. 47.

(1040) Cf. GIANCARLO PERONE, *"Direitos do trabalhador como indivíduo. Os direitos sociais"*, *Os Novos Paradigmas do Direito do Trabalho (homenagem a Valentin Carrion)*, RITA MARIA SILVESTRE; AMAURI MASCARO NASCIMENTO (coord.), Editora Saraiva, São Paulo, 2001, pp. 60 e ss. (69).

(1041) Cf. LUÍS MENEZES LEITÃO, *Direito do Trabalho*, cit., p. 55.

Sendo uma fonte comum, aplicável a todos os ramos do direito, a Constituição, ao nível do Direito do trabalho, tem uma influência decisiva, que extravasa a simples aplicação de um conjunto de direitos fundamentais comuns a todos os cidadãos — a Constituição de 1976, na esteira de outras leis fundamentais, como a Constituição mexicana de 1917 (artigos 123º e ss.), ou a Constituição alemã de 1919 (artigos 157º e ss.), contém, como se viu *supra,* várias "normas laborais" com incidência específica no Direito do trabalho.

É por essa razão que é usual falar-se, entre nós, da "Constituição Laboral", como o conjunto de normas constitucionais com incidência específica na situação laboral[(1042)] ou um "*específico* corpus *de normas e princípios relativos ao trabalho*"[(1043)], nos termos acima assinalados e desenvolvidos — a Constituição dedicou um capítulo específico aos "direitos, liberdades e garantias" dos trabalhadores no Capítulo III do Título II (artigos 47º e 53º a 57º), garantindo em simultâneo, a par daqueles direitos de carácter precetivo, "direitos de crédito" previstos no Capítulo I do Título III, na parte atinente aos "direitos económicos, sociais e culturais" (artigos 58º e 59º)[(1044)]. A este propósito, fala-se, respetivamente, em direitos *preceptivos,* que valem independentemente de qualquer concretização, e direitos *programáticos*, que carecem de ser conformados tendo em vista a sua aplicação[(1045)].

II. Existe, em qualquer caso, quer no que diz respeito aos direitos preceptivos, quer quanto aos direitos *programáticos,* um ponto a reter: a consagração de direitos fundamentais dos trabalhadores parte de um pressuposto prévio — do reconhecimento de que "*as relações de trabalho subordinado envolvem tipicamente relações de poder, nas quais o empregador assume uma posição de supremacia e o trabalhador carece de especial proteção*"[(1046)]. Foi com base na constatação de que "*as relações de trabalho subordinado não se configuram como verdadeiras relações entre* iguais"[(1047)], ou no reconhecimento constitucional, como recorda Bernardo Lobo Xavier, da necessidade de "*uma compensação para uma situação desfavorecida e tendencialmente exposta do trabalhador subordinado*"[(1048)] que a Constituição admitiu atribuir aos trabalhadores, enquanto grupo social caracterizado, determinados direitos privilegiados que visam compensar uma tendencial situação de inferioridade em que se encontram, quer do ponto de vista negocial, quer do ponto de vista económico, social e jurídico. Numa frase, de origem jurisprudencial: "*as normas sobre direitos fundamentais detêm, no plano das relações de trabalho, uma eficácia de protecção da autonomia dos menos autónomos*"[(1049)].

A Constituição tem assim subjacente, no âmbito da sua "ordem de valores", o "princípio da proteção do trabalhador"[(1050)]. E isso sucede, como se afirmou, quer quanto às normas *preceptivas* relativas às *relações individuais* (artigo 47º, quanto à *liberdade de escolha da profissão ou género de* trabalho; artigo 53º, quanto à *segurança no emprego e proibição de despedimentos sem justa causa;* artigo 59º, quanto à

(1042) Cf. MENEZES CORDEIRO, *Manual de Direito do Trabalho,* cit., p. 138; PEDRO ROMANO MARTINEZ, *Direito do Trabalho,* cit., p. 179; JOSÉ JOÃO ABRANTES, "Os Direitos dos Trabalhadores na Constituição", cit., pp. 41 e ss.; JOÃO CAUPERS, *Os Direitos Fundamentais dos Trabalhadores e a Constituição,* cit., p. 108.

(1043) Cf. LUÍS MENEZES LEITÃO, *Direito do Trabalho,* cit., p. 56.

(1044) A propósito da distinção entre "direitos, liberdades e garantias" e "direitos económicos, sociais e culturais", veja-se JORGE MIRANDA, "O regime dos direitos, liberdades e garantias", *Estudos sobre a Constituição,* III, pp. 41 e ss.

(1045) Cf. VIEIRA DE ANDRADE, *Os Direitos Fundamentais na Constituição Portuguesa de 1976,* cit., pp. 254 e ss.

(1046) Cf. Acórdão do Tribunal Constitucional n. 659/97, de 4 de novembro, em www.tribunalconstitucional.pt/tc/acordaos (ano 1997).

(1047) Cf. Acórdão do Tribunal Constitucional n. 581/95, de 31 de outubro [em www.tribunalconstitucional.pt/tc/acordaos (ano 1995)], citado por JORGE MIRANDA e RUI MEDEIROS, *Constituição Portuguesa Anotada,* cit., anotação ao artigo 53º, p. 501.

(1048) Cf. Bernardo da Gama Lobo Xavier, com a colaboração de P. FURTADO MARTINS; A. NUNES DE CARVALHO; JOANA VASCONCELOS e TATIANA GUERRA DE ALMEIDA, *Manual de Direito do Trabalho,* cit., p. 235.

(1049) Cf. o citado Acórdão do Tribunal Constitucional n. 581/95, de 31 de outubro [em www.tribunalconstitucional.pt/tc/acordaos (ano 1995)].

(1050) Reconhecendo igualmente a importânciá significativa da tutela do trabalhador na Constituição italiana de 1948, que afirma, logo no artigo 1º, que "*L'Italia è una Repubblica democratica, fondata sul lavoro*", veja-se MATTIA PERSIANI e FRANCO CARINCI, *Trattato di Diritto del Lavoro,* Volume Primo, Le Fonti del Diritto del Lavoro, Cedam, Milan, 2010, p. 113. Os autores recordam, nomeadamente, as previsões do artigo 35º, n. 1, segundo o qual "*La Repubblica tutela il lavoro in tutte le sue forme ed applicazioni. Cura la formazione e l'elevazione professionale dei lavoratori. Promove e favorisce gli accordi e le organizzazioni internazionali intensi ad affermare e regolare i diritti del lavoro (...)*" e do artigo 36º, do qual resulta que "*Il lavoratore ha diritto ad una retribuzione proporzionata alla quantità e qualità del suo lavoro e in ogni caso suficiente ad assicurare a sé e alla famiglia un'esistenza libera e dignitosa. L durata massima della giornata lavorativa è stabilita dalla lege. Il lavoratore ha diritto al riposo settimanale e a ferie annuali retribuite, e non può rinunziarvi*".

proteção das condições de trabalho), quer quanto às normas *preceptivas* relativas às *relações coletivas* de trabalho (artigo 54º, quanto à constituição de *comissões de trabalhadores;* artigo 55º, relativo à *liberdade sindical*; artigo 56º, n. 2, alínea *a,* relativo ao direito das comissões de trabalhadores e dos sindicatos em participar na elaboração da legislação de trabalho; artigo 56º, ns. 3 e 4, respeitante à *negociação coletiva*; artigo 57º, relativo ao *direito à greve* e à *proibição do lockout*), quer quanto às normas *programáticas* (artigo 58º, quanto ao *direito ao trabalho*; artigo 59º, na parte relativa ao pagamento de uma retribuição que garanta uma *existência condigna* — alínea *a* —, bem como o *direito à organização do trabalho em condições socialmente dignificantes* — alínea *b*)(1051).

De resto, no que diz respeito às normas laborais preceptivas, importa recordar que à luz do artigo 18º, n. 1, da Constituição, os preceitos constitucionais respeitantes aos direitos, liberdades e garantias são diretamente aplicáveis e vinculam as entidades públicas e privadas, sendo consequentemente diretamente aplicáveis aos empregadores e trabalhadores(1052). Por outro lado, na grande maioria dos casos, as matérias em apreço já foram regulamentadas em sede de legislação ordinária, em especial, no Código do Trabalho.

III. Mas há outro ponto importante a reter: é que na medida em que a Constituição contém uma ordem objetiva de valores no seio da qual se encontra finalisticamente presente o desiderato de "proteção dos trabalhadores", a aplicação do Direito do trabalho não pode, em termos de direito constituído, deixar de atender a este princípio, nomeadamente através da chamada "interpretação conforme à Constituição"(1053) — a Constituição tem, por isso, uma importância decisiva no Direito do trabalho(1054).

Trata-se daquilo a que Menezes Cordeiro apelida de influxo *interpretativo-aplicativo* da Constituição: enquanto lei fundamental e repositório dos valores mais característicos da sociedade em que está inserida, a Constituição ocupa um papel fundamental na formação do *pré-entendimento* do intérprete-aplicador do Direito, exercendo uma influência marcante em todas as operações necessárias à solução do caso concreto(1055).

Tal não significa que em toda a interpretação se deva escolher a via mais conforme com a Constituição. Significa, isso sim, que essa é uma linha metodológica a ter em conta e que dela poderão resultar regras interpretativas relevantes. Assim, como previne Menezes Cordeiro, perante fontes ou normas que inculquem dois ou mais sentidos, deve se evitar desde logo o que redunde num vício de inconstitucionalidade ou o que esteja mais distante da valoração constitucional; tratando-se de uma operação de integração de lacunas ou de preenchimento de conceitos indeterminados, dever-se-á recorrer a valorações constitucionais; perante uma igualdade de circunstâncias das vias interpretativas, deve optar-se pela que melhor se coadune com a valoração constitucional(1056).

Trata-se de um dado a reter e que pode, nos termos acima expostos, justificar uma atuação similar do "princípio da proteção do trabalhador" enquanto elemento *interpretativo-aplicativo* com atuação no sistema laboral.

b) Leis ordinárias

I. As leis ordinárias são uma importante fonte de Direito do trabalho e representam o exercício da função legislativa — constituem, nos termos do artigo 1º do Código Civil, uma *fonte imediata* do Direito.

A este propósito, importa ter em conta, no essencial, de acordo com o elenco constitucional de atos normativos (artigo 112º da Constituição), as leis da Assembleia da República (artigos 161º e ss. da Cons-

(1051) Recorda-se, uma vez mais, que o sentido e o alcance das normas constitucionais preceptivas e programáticas acima referidas encontra-se desenvolvido, *supra,* no ponto relativo à "Constituição Laboral", para o qual se remete.
(1052) A propósito da eficácia civil dos direitos fundamentais veja-se, *supra,* o ponto 6.2.
(1053) Veja-se, a este propósito, J. J. GOMES CANOTILHO, *Direito Constitucional,* cit., pp. 1265 e ss.; MENEZES CORDEIRO, *Manual de Direito do Trabalho,* cit., pp. 154 e ss.
(1054) Cf. PEDRO ROMANO MARTINEZ, *Direito do Trabalho,* cit., p. 190; e BERNARDO DA GAMA LOBO XAVIER, "A Matriz Constitucional do Direito do Trabalho", *III Congresso Nacional de Direito do Trabalho, Memórias,* Coimbra, 2001, pp. 99 e ss.
(1055) Cf. MENEZES CORDEIRO, *Manual de Direito do Trabalho,* cit., p. 154.
(1056) Cf. MENEZES CORDEIRO, *Manual de Direito do Trabalho,* cit., p. 155.

tituição) e os decretos-leis do Governo (artigo 198º da Constituição). Acrescidamente, mas porventura com menos importância, podemos ainda admitir os decretos regulamentares e, com incidência espacial nas Regiões Autónomas, os decretos legislativos regionais e os decretos regulamentares regionais (artigos 227º e ss. da Constituição)[(1057)].

As leis da Assembleia da República têm um papel determinante na concretização da chamada "Constituição Laboral" acima enunciada, dado que nos termos do artigo 165º, n. 1, alínea *b*, da Constituição, é da competência (relativa) da Assembleia da República legislar sobre direitos, liberdades e garantias, salvo autorização concedida ao Governo, mediante autorização legislativa, que deve estabelecer limites quanto ao "objeto, sentido e extensão" (artigo 165º, n. 2). Trata-se de matéria que constitui reserva relativa da competência do Parlamento. Assim, todas as normas constitucionais que integram a referida "Constituição laboral" e que estão sistematicamente inseridas no Capítulo III do Título II (artigos 47º e 53º a 57º) da Constituição, relativo aos "direitos, liberdades e garantias", são da competência da Assembleia da República — é o que sucede, nomeadamente, com questões relativas à segurança no emprego, proibição de despedimentos sem justa causa, comissões de trabalhadores, sindicatos, greve ou *lockout*[(1058)].

É nesse sentido que se compreende, nomeadamente, a aprovação por Lei da Assembleia da República do CT/2003 (Lei n. 99/2003, de 27 de agosto) e da respetiva legislação regulamentar (Lei n. 35/2004, de 29 de julho), bem a aprovação do CT/2009 pela Lei n. 7/2009, de 12 de fevereiro (CT/2009) e as suas sucessivas revisões levadas a efeito pelas Leis ns. 105/2009, de 14 de setembro, 53/2011, de 14 de outubro, 23/2012, de 25 de junho, 47/2012, de 29 de agosto, 69/2013, de 30 de agosto, 27/2014, de 8 de maio e 55/2014, de 25 de agosto[(1059)] — como afirma Luís Menezes Leitão, o Código do Trabalho consubstancia, entre nós, a "*lei mais importante em matéria laboral*"[(1060)].

Já as normas constitucionais que corporizam os "direitos de crédito" previstos no Capítulo I do Título III, na parte atinente aos "direitos económicos, sociais e culturais" (artigos 58º e 59º), podem ser concretizadas pelo Governo, sem necessidade de autorização da Assembleia da República.

II. A Constituição prevê ainda um regime específico relativo à participação dos trabalhadores na elaboração da legislação do trabalho — os artigos 54º, n. 5, alínea *d*, e 56º, n. 2, alínea *a*, estabelecem um sistema de consulta prévia às estruturas representativas dos trabalhadores — sindicatos e comissões de trabalhadores — relativamente aos projetos legislativos. Em ambos os casos (artigos 54º, n. 5, alínea *d*, e 56º, n. 2, alínea *a*), a Constituição prescreve que tais sujeitos coletivos têm o direito de *"(...) participar na elaboração da legislação do trabalho"*.

A participação de tais estruturas representativas na elaboração da legislação do trabalho surge depois concretizada nos artigos 469º e ss. do CT, onde desde logo se encerra o conceito de *legislação do trabalho:* nos termos do referido artigo 469º, n. 1, entende-se por legislação do trabalho a que regula os direitos e obrigações dos trabalhadores e empregadores, enquanto tais, e as suas organizações. O número 2 do mesmo preceito exemplifica algumas matérias que, quando inseridas em diplomas legislativos, os qualificam como *legislação do trabalho:* contrato de trabalho; direito coletivo do trabalho; segurança e saúde no trabalho; acidentes de trabalho e doenças profissionais; formação profissional; processo do trabalho[(1061)].

(1057) Veja-se, a este propósito, o artigo 112º, n. 1, da Constituição da República Portuguesa, segundo qual "*São atos legislativos as leis, os decretos-leis e os decretos legislativos regionais*", sendo certo que nos termos do número 6 do mesmo preceito "*Os regulamentos do Governo revestem a forma de decreto regulamentar quando tal seja determinado pela lei que regulamentam, bem como no caso de regulamentos independentes*".

(1058) Veja-se, a este propósito, LUÍS MENEZES LEITÃO, *Direito do Trabalho*, cit., pp. 68-69.

(1059) Veja-se, a este propósito, PEDRO ROMANO MARTINEZ, *Direito do Trabalho*, cit., p. 192; e Bernardo da Gama Lobo Xavier, com a colaboração de P. FURTADO MARTINS; A. NUNES DE CARVALHO; JOANA VASCONCELOS e TATIANA GUERRA DE ALMEIDA, *Manual de Direito do Trabalho*, cit., pp. 239-241.

(1060) Cf. LUÍS MENEZES LEITÃO, *Direito do Trabalho*, cit., p. 69.

(1061) A propósito do artigo 469º e, nomeadamente, do conceito de "legislação do trabalho", veja-se Luís Gonçalves da Silva, em PEDRO ROMANO MARTINEZ; LUÍS MIGUEL MONTEIRO; JOANA VASCONCELOS; PEDRO MADEIRA DE BRITO; GUILHERME DRAY e LUÍS GONÇALVES DA SILVA, *Código do Trabalho Anotado, 9ª ed.*, cit., anotação ao artigo 469º do Código do Trabalho, pp. 937 e ss. A propósito do conceito em apreço, e sobre o que se deve entender em termos materiais por "legislação do trabalho", o autor envereda por um conceito amplo: "*entendemos que o conceito de legislação do trabalho deve ser entendido de forma ampla e abangente, de modo a incluir toda a legislação que afecte ou possa afectar qualquer sujeito laboral — aqui*

Nos termos do artigo 470º, qualquer projeto ou proposta de lei, projeto de decreto-lei ou proposta de decreto regional relativo à legislação do trabalho só pode ser discutido e votado depois de as comissões de trabalhadores, as associações sindicais e as associações de empregadores terem podido se pronunciar sobre ele — impõe-se uma obrigação de *precedência de discussão*. Para o efeito, o artigo 472º estabelece que os projetos e propostas legislativos devem ser publicados em separata em determinadas publicações oficiais, as quais devem conter o texto integral das propostas ou projetos, a designação sintética da matéria em causa e o prazo para apreciação pública. Tais publicações devem, por outro lado, ser anunciadas pelo respetivo proponente através de órgãos da comunicação social. O artigo 473º determina que o prazo de apreciação pública não pode ser inferior a 30 dias (n. 1), podendo ser reduzido a título excecional e por motivo de urgência a 20 dias (n. 2). Durante o prazo de apreciação pública, as estruturas representativas de trabalhadores e as associações de empregadores, ambas referidas no artigo 470º, podem pronunciar-se sobre o projeto ou proposta e emitir pareceres, assim como podem solicitar audição oral à Assembleia da República. Os pareceres são meramente consultivos, mas as posições das entidades que se pronunciaram em pareceres ou audições são tidas em conta pelo legislador como elementos de trabalho, devendo constar do preâmbulo do diploma aprovado[1062]. Não sendo o processo legislativo precedido de consulta das estruturas representativas dos trabalhadores, há motivo para a declaração de inconstitucionalidade do diploma, por violação do direito de participação e dos citados artigos 54º, n. 5, alínea *d* e 56º, n. 2, alínea *a*, da Constituição. Diferentemente, se o que for inobservado for o direito de participação das associações de empregadores, a consequência desta inobservância não deverá ser a inconstitucionalidade do diploma, dado que o direito de participação conferido aos empregadores não decorre da Constituição (como sucede com as comissões de trabalhadores e as associações sindicais), mas sim da lei[1063][1064].

Trata-se, também neste caso, de um reflexo do "princípio da proteção do trabalhador", que se manifesta no próprio procedimento legislativo conducente à aprovação da legislação do trabalho: as associações representativas de trabalhadores gozam de um direito constitucional especial a participar na elaboração da legislação do trabalho[1065].

Paralelamente, o artigo 471º estabelece que "*A Comissão Permanente de Concertação Social*" pode pronunciar-se sobre qualquer projeto ou proposta de legislação do trabalho.

c) Costume

I. O costume é fonte imediata (e involuntária) do direito e consubstancia, no essencial, uma prática reiterada com convicção de obrigatoriedade ou de vinculatividade[1066]. O costume distingue-se do uso, que também é uma prática reiterada, mas que não tem a referida convicção de obrigatoriedade. O costume,

---

se subsumindo, trabalhadores, sindicatos, comissões de trabalhadores, empregadores, associações de empregadores ou outro ente representativo — enquanto tal (...). Assim sendo (...) estamos ante um conceito que deve ser interpretado de modo expansivo" (anotação IV) ao citado artigo 469º, p. 938). Quanto à noção formal de "legislação do trabalho", ou seja, o tipo de atos legislativos incluídos no conceito, o mesmo autor adota também uma posição abrangente, incluindo leis da Assembleia da República, leis de autorização legislativa, diplomas provenientes do Governo e das Assembleias Regionais, atos regulamentares, normas de Direito internacional e normas de Direito da União Europeia — anotação (V) ao citado artigo 469º, pp. 938-939.

(1062) A propósito do procedimento em causa e das suas várias *fases* vejam-se as anotações aos artigos 470º a 474º do CT/2009 de Luís Gonçalves da Silva, em PEDRO ROMANO MARTINEZ; LUÍS MIGUEL MONTEIRO; JOANA VASCONCELOS; PEDRO MADEIRA DE BRITO; GUILHERME DRAY e LUÍS GONÇALVES DA SILVA, *Código do Trabalho Anotado*, cit., anotação ao artigo 469º do Código do Trabalho, pp. 1144-1151.

(1063) Cf. Luís Gonçalves da Silva, em PEDRO ROMANO MARTINEZ; LUÍS MIGUEL MONTEIRO; JOANA VASCONCELOS; PEDRO MADEIRA DE BRITO; GUILHERME DRAY e LUÍS GONÇALVES DA SILVA, *Código do Trabalho Anotado*, cit., anotação ao artigo 470º do Código do Trabalho, p. 1145.

(1064) Veja-se, também, o Acórdão do Tribunal Constitucional n. 178/97, de 16 de Maio, que declarou a inconstitucionalidade de um artigo de um diploma por tal preceito não ter sido submetido à consulta prévia das organizações de trabalhadores — em www.tribunalconstitucional.pt/tc/acordaos (ano 1997).

(1065) A propósito deste direito, veja-se também JORGE BACELAR GOUVEIA, "Os direitos de participação dos representantes dos trabalhadores na elaboração da legislação laboral", em PEDRO ROMANO MARTINEZ (org.), *Estudos do Instituto de Direito do Trabalho*, Almedina, Coimbra, 2001, pp. 109-152.

(1066) Cf. MENEZES CORDEIRO, *Costume*, Enciclopédia Pólis 3 (1983), pp. 1348-1352.

nas palavras de Miguel Teixeira de Sousa, "*consiste no uso que é assumido pelo agente com a convicção da sua juridicidade*"[(1067)].

Historicamente, o costume foi fonte primordial de direito. Atualmente, porém, a importância do costume é absolutamente residual, face à enorme produção legislativa, que praticamente não deixa espaços normativos livres ou por regular e que tudo resolve. É assim na generalidade dos ramos do direito e é assim, também, no Direito do trabalho, onde a existência da convenção coletiva de trabalho torna ainda mais diminuta (ou mesmo inexistente) a relevância dos costumes enquanto fonte de direito.

II. Historicamente, porém, como se disse, o costume assumiu um papel importante no Direito e também no Direito do trabalho, quer enquanto costume *contra legem*, quer enquanto costume *praeter legem.*

O exemplo clássico, entre nós, de costume *contra legem* é o das lutas laborais coletivas, em especial, da greve: a greve esteve proibida no nosso ordenamento jurídico até 1910 e entre 1927 e 1974; não obstante tal proibição, verificaram-se inúmeras práticas grevistas durante aqueles períodos proibitivos; também as associações de trabalhadores foram proibidas, no período compreendido entre 1834 e 1891; não obstante tal proibição, várias associações de trabalhadores foram constituídas, ainda que fossem ilegais[(1068)(1069)].

Os instrumentos de regulamentação coletiva de trabalho, por sua vez, surgem enquanto costume *praeter legem*: mesmo antes de a lei os admitir, em 1924, através do Decreto n. 10.415, de 27 de dezembro e 1924, estes já valiam, enquanto prática reiterada com convicção de obrigatoriedade[(1070)]. Em bom rigor, grande parte do Direito do trabalho coletivo é de origem consuetudinária[(1071)].

Atualmente, contudo, face à proliferação de legislação laboral, o costume não assume importância relevante. O artigo 3º do Código Civil, de resto, não se refere ao costume enquanto fonte de direito, mas tão somente aos usos, enquanto fonte mediata do Direito, que representam uma prática social reiterada não acompanhada da convicção de obrigatoriedade.

d) Usos

I. O uso é uma prática reiterada (tal como o costume), mas sem convicção de obrigatoriedade. Assim sendo, o uso não é uma *fonte imediata* de direito, pois não retira de si próprio o fundamento da jurídica positividade: ele só pode revelar normas jurídicas quando, para ele, remeta uma *fonte imediata*, ou seja, quando a lei para ele remeta. O uso é, por isso, uma *fonte mediata* do direito[(1072)]. É por essa razão, aliás, que o artigo 3º do Código Civil determina que os usos que não forem contrários aos princípios da boa-fé só são juridicamente atendíveis quando a lei o determinar. O uso é, em suma, como refere Miguel Teixeira de Sousa, uma fonte *interna* e *mediata* do direito[(1073)].

Enquanto prática geral e padrão de conduta, os usos assumem uma importância significativa no domínio laboral — no âmbito do Direito do trabalho, a relevância dos usos é tradicional e consiste, em regra, na reiteração regular de comportamentos (ações e omissões) do empregador que, por não terem oposição dos trabalhadores, acabam por delimitar o modo de prestação de trabalho[(1074)]. Desde a LCT de 1969, aliás, que o legislador atribuiu uma eficácia genérica aos usos.

II. O artigo 12º, n. 2, da LCT dispunha que "*Desde que não contrariem as normas acima indicadas e não sejam contrários aos princípios da boa-fé, serão atendíveis os usos da profissão do trabalhador e*

(1067) Cf. MIGUEL TEIXEIRA DE SOUSA, *Introdução ao Direito,* cit., p. 154. Sobre as várias modalidades do costume, nomeadamente o costume *secundum legem* (aquele em que a regra consuetudinária coincide com a regra legal), o *costume prater legem* (aquele em que o costume complementa a lei) ou o *costume contra legem* (aquele em que o costume que contraria a lei), veja-se, do mesmo autor e na mesma obra, as páginas 157 e ss.
(1068) Cf. PEDRO ROMANO MARTINEZ, *Direito do Trabalho,* cit., p. 195.
(1069) Cf. LUÍS MENEZES LEITÃO, *Direito do Trabalho,* cit., p. 75.
(1070) Cf. PEDRO ROMANO MARTINEZ, *Direito do Trabalho,* cit., p. 196.
(1071) Cf. MENEZES CORDEIRO, *Manual de Direito do Trabalho,* cit., p. 163.
(1072) Cf. MENEZES CORDEIRO, *Manual de Direito do Trabalho,* cit., p. 165.
(1073) Cf. MIGUEL TEIXEIRA DE SOUSA, *Introdução ao Direito,* cit., p. 160.
(1074) Cf. LUÍS MENEZES LEITÃO, *Direito do Trabalho,* cit., p. 76.

da empresa, salvo se outra coisa for convencionada por escrito". Ou seja, ao contrário do artigo 3º do Código Civil, que faz depender o uso de uma norma legal *habilitante* que assim o determine, a LCT, por si só, admitia como atendíveis os usos da profissão do trabalhador e da empresa que não fossem contrários aos princípios da boa-fé, desde que os mesmos não fossem afastados (por simples declaração escrita) pelas partes. Em termos hierárquicos, porém, os usos ocupavam um lugar modesto nas fontes laborais — encontravam-se posicionados abaixo das *normas legais de regulamentação do trabalho*, das *emitidas pelo Ministro das Corporações e Previdência Social*, das *normas emanadas das corporações* e das *convenções coletivas de trabalho,* segundo a ordem indicada (artigo 12º, n. 2, da LCT).

III. O CT/2003 manteve a referência aos usos, ainda que se tenha referido especificamente aos *usos laborais,* atribuindo-lhes a categoria de fonte específica de Direito do trabalho, desde que não contrariem o princípio da boa-fé. Nos termos do artigo 1º, determinou-se que *"O contrato de trabalho está sujeito, em especial, aos instrumentos de regulamentação coletiva de trabalho, assim como aos usos laborais que não contrariem o princípio da boa-fé"*. No essencial, a redação do artigo 1º do CT/2003 correspondia à do artigo 12º da LCT: a diferença residia apenas no facto de apenas se enunciarem as fontes específicas (internas) do Direito do trabalho — por essa razão, foram suprimidas as referências às normas legais (*v. g.*, às *normas legais de regulamentação do trabalho*), não se aludindo, também, nem a outras fontes comuns (*v. g.*, a Constituição), nem a fontes internacionais (*v. g.*, as convenções da Organização Internacional do Trabalho)[1075].

IV. O CT/2009, mesmo após as sucessivas revisões que sofreu, manteve a mesma regra, sem alterações, determinando (artigo 1º) que o contrato de trabalho está sujeito, em especial, aos instrumentos de regulamentação coletiva de trabalho, assim como aos usos laborais que não contrariem o princípio da boa-fé.

O CT manteve, pois, a possibilidade de os usos conformarem o contrato de trabalho[1076] e as Leis ns. 23/2012, de 25 de junho, 69/2013, de 30 de agosto, 27/2014, de 8 de maio, e 55/2014, de 25 de agosto, não modificaram aquele preceito legal.

Tal possibilidade consta, aliás, de alguns preceitos específicos do CT.

Assim, o artigo 197º, n. 2, alínea *a,* considera compreendida no tempo de trabalho a interrupção de trabalho resultante, nomeadamente, de *uso* da empresa; nos termos do artigo 258º, n. 1, considera-se retribuição, aquilo a que, nos termos do contrato, das normas que o regem ou dos *usos*, o trabalhador tem direito como contrapartida do seu trabalho; nos termos do artigo 260º, n. 1, alínea *b,* as despesas recebidas a título de ajudas de custo ou abonos de viagem não devem, em regra, ser qualificadas como retribuição, salvo se, sendo tais deslocações ou despesas frequentes, essas importâncias tenham sido previstas no contrato ou se devam considerar pelos *usos* como parte integrante da retribuição do trabalhador; o artigo 260º, n. 3, alínea *a,* admite que as gratificações possam excecionalmente ser consideradas parte integrante da retribuição, se os *usos* apontarem nesse sentido; o artigo 272º admite que, na ausência de estipulação das partes e sendo o instrumento de regulamentação do trabalho omisso, o valor da retribuição possa ser judicialmente determinado, tendo em conta os *usos* do setor ou locais; o artigo 278º, n. 1, por sua vez, admite a possibilidade de o tempo do cumprimento da obrigação de pagamento da retribuição não ser a semana, a quinzena ou o mês de calendário, caso exista um *uso* que aponte em sentido diverso.

V. Os usos laborais podem, pois, moldar ou conformar o contrato de trabalho, sendo certo que, quando falamos em usos laborais, podemos incluir usos no domínio do estabelecimento, no âmbito da empresa ou grupos de empresas, ou no domínio do setor ou profissão[1077][1078].

(1075) Veja-se, a este propósito, a anotação de Luís Gonçalves da Silva ao artigo 1º do CT/2003, em PEDRO ROMANO MARTINEZ; LUÍS MIGUEL MONTEIRO; JOANA VASCONCELOS; PEDRO MADEIRA DE BRITO; GUILHERME DRAY e LUÍS GONÇALVES DA SILVA, *Código do Trabalho Anotado,* 1ª ed., anotação ao artigo 1º, p. 63.

(1076) Veja-se, a propósito do regime das fontes de Direito do trabalho consagradas no CT/2009, LEAL AMADO, *Contrato de Trabalho à Luz do Novo Código do Trabalho,* Coimbra Editora, 2009, pp. 27 e ss.

(1077) Cf. Bernardo da Gama Lobo Xavier, com a colaboração de P. FURTADO MARTINS; A. NUNES DE CARVALHO; JOANA VASCONCELOS e TATIANA GUERRA DE ALMEIDA, *Manual de Direito do Trabalho,* cit., p. 273.

(1078) A propósito dos usos laborais veja-se, em particular, JÚLIO GOMES, "Dos usos da empresa em Direito do trabalho", Revista de Direito e de Estudos Sociais, 2008, n. 1-4, pp. 101 e ss.

e) Jurisprudência e doutrina

I. O Direito do trabalho não apresenta especificidades neste domínio[(1079)]: a jurisprudência tem o mesmo valor que nos demais ramos do direito[(1080)]. Trata-se de um elemento a reter e que não deve ser descurado: o conjunto de decisões que exprimem a orientação seguida pelos tribunais do trabalho é relevante e, mesmo sem ser vinculativa, deve ser tida em consideração para a boa compreensão do Direito do trabalho, para além de ser um elemento importante em termos de previsibilidade quanto à resolução de casos concretos juslaborais — qualquer decisão dos tribunais, em especial, a dos tribunais superiores, "*constitui um modelo para outras decisões sobre a mesma questão de direito. Se é verdade que a jurisprudência não é fonte do direito, ela é sempre uma fonte do conhecimento do direito*", além de que desempenha um importante papel de adaptação dos textos legais "*à evolução dos tempos*"[(1081)]. De resto, tratando-se de um domínio da vida sujeito à forte litigiosidade, e sendo o Direito do trabalho um ramo do direito relativamente jovem e em constante evolução, a importância da produção jurisprudencial, no Direito do trabalho, é muito grande[(1082)].

II. O mesmo sucede com a doutrina: o Direito do trabalho não apresenta qualquer especificidade. A doutrina, como sustenta Miguel Teixeira de Sousa, "*não é fonte do direito*", dado que não tem qualquer poder vinculativo para os tribunais ou para qualquer outro órgão de aplicação do Direito, mas "*isto não deve fazer esquecer o papel da doutrina na vida jurídica. É indiscutível que a doutrina molda o direito vigente, criticando as soluções legais e propondo novas soluções*"[(1083)]. A doutrina pode, consequentemente, ter um papel indireto de revelação das normas laborais, mas, verdadeiramente, tal como a jurisprudência, não é uma fonte imediata de direito, nem sequer mediata: não só não têm uma juridicidade intrínseca, como nenhuma norma para elas remete.

Em qualquer caso, o papel da doutrina (tal como o da jurisprudência) não deve ser desvalorizado: ambas, têm "*um papel decisivo e imprescindível em toda a função realizadora do Direito: aquando da decisão final surge, constituído, o Direito em sentido próprio. Ora apenas a doutrina e a jurisprudência podem confeccionar os competentes modelos de decisão e, criativamente, tomar a decisão final*"[(1084)].

f) Instrumentos de regulamentação coletiva de trabalho

I. Para além das fontes heterónomas e de origem no Estado, comuns a todos os ramos do direito, o Direito do trabalho contém uma especificidade: neste ramo do direito, as fontes autónomas, que resultam de um fenómeno de regulamentação autónoma de interesses, jogam um papel decisivo. Os instrumentos de regulamentação coletiva de trabalho, previstos na Constituição (artigo 56º, ns. 3 e 4 da Constituição) e nos artigos 1º, 2º e 476º e ss. do CT, são uma importante fonte de Direito do trabalho, que condiciona e molda os contratos de trabalho quanto a inúmeros aspetos — retribuição, carreiras profissionais, condições de trabalho, tempo do trabalho, férias, faltas, etc.[(1085)].

A lei distingue, no artigo 2º, n. 1, do CT/2009[(1086)], dois tipos de instrumentos de regulamentação coletiva de trabalho: os negociais e os não negociais. Os negociais, previstos no artigo 2º, n. 2, são a

(1079) Recorda-se, apenas, que no Direito do trabalho, ao lado da jurisprudência uniformizada que é admitida no Direito civil — artigos 686º a e 695º do atual Código do Processo Civil —, o Código do Processo do Trabalho determina no artigo 186º que o acórdão do Supremo Tribunal de Justiça sobre questões de anulação ou interpretação de cláusulas de convenção coletiva de trabalho tem o valor ampliado de revista em processo civil.

(1080) Veja-se, a este propósito, JOSÉ DE OLIVEIRA ASCENSÃO, *O Direito. Introdução e Teoria Geral*, 13ª ed., Almedina, Coimbra, 2005, pp. 318 e ss.

(1081) Cf. MIGUEL TEIXEIRA DE SOUSA, *Introdução ao Direito*, cit., p. 136.

(1082) Cf. LUÍS MENEZES LEITÃO, *Direito do Trabalho*, cit., p. 75.

(1083) Cf. MIGUEL TEIXEIRA DE SOUSA, *Introdução ao Direito*, cit., p. 134.

(1084) Cf. MENEZES CORDEIRO, *Manual de Direito do Trabalho*, cit., p. 168.

(1085) Veja-se, a este propósito, MENEZES CORDEIRO, *Manual de Direito do Trabalho*, cit., pp. 172 e ss.; PEDRO ROMANO MARTINEZ, *Direito do Trabalho*, cit., pp. 194 e ss.; LUÍS MENEZES LEITÃO, *Direito do Trabalho*, cit., pp. 70 e ss.; e BERNARDO DA GAMA LOBO XAVIER, com a colaboração de P. FURTADO MARTINS; A. NUNES DE CARVALHO; JOANA VASCONCELOS e TATIANA GUERRA DE ALMEIDA, *Manual de Direito do Trabalho*, cit., p. 247 e ss.

(1086) Veja-se, a este propósito, a anotação de Luís Gonçalves da Silva ao artigo 2º do CT/2009, em PEDRO ROMANO MARTINEZ; LUÍS MIGUEL MONTEIRO; JOANA VASCONCELOS; PEDRO MADEIRA DE BRITO; GUILHERME DRAY e LUÍS GONÇALVES DA SILVA, *Código do Trabalho Anotado*, cit., anotação ao artigo 2º, pp. 95 e ss.

convenção coletiva[1087], o *acordo de adesão*[1088] e a *decisão arbitral* em processo de *arbitragem voluntária*[1089]; os não negociais, previstos no artigo 2º, n. 4, são a *portaria de extensão*[1090], a *portaria de condições de trabalho*[1091] e a *decisão arbitral* em processo de *arbitragem obrigatória* ou *necessária*[1092].

As convenções coletivas de trabalho, por sua vez, subdividem-se entre o *contrato coletivo*, que é a convenção celebrada entre uma associação sindical e uma associação de empregadores; o *acordo coletivo*, que é a convenção celebrada entre uma associação sindical e uma pluralidade de empregadores para uma pluralidade de empresas; e o *acordo de empresa*, que é a convenção celebrada entre uma associação sindical e um empregador para uma empresa ou estabelecimento (artigo 2º, n. 3). No *contrato coletivo,* intervém sempre representantes das partes do contrato de trabalho — a associação sindical e a associação de empregadores, representando, respetivamente, os trabalhadores e o empregador; no *acordo coletivo* e no *acordo de empresa* apenas intervêm representantes dos trabalhadores — as associações sindicais —, na medida em que os empregadores atuam a título isolado, ou em número superior a um empregador (*acordo coletivo*) ou com a intervenção de um único empregador para uma única empresa (*acordo de empresa*).

II. A *convenção coletiva* é o instrumento de regulamentação coletiva por excelência, na medida em que resulta de um fenómeno de regulamentação autónoma de interesses e atendendo a que todos os outros instrumentos gravitam em seu redor: o *acordo de adesão* consubstancia uma aderência a uma convenção (ou uma decisão arbitral) em vigor; a *portaria de extensão* parte da convenção coletiva em vigor e estende os seus efeitos a outros sujeitos; a *decisão arbitral* visa solucionar conflitos laborais coletivos, nomeadamente relativos à interpretação, integração, celebração ou revisão de convenção coletiva e tem os mesmos efeitos desta; e a *portaria de condições de trabalho* consiste, no essencial, num ato normativo da Administração destinado a criar *ex novo* uma convenção coletiva de trabalho.

Para além de constituir um fenómeno de regulamentação autónoma de interesses, permitindo que trabalhadores e empregadores, nomeadamente através dos seus representantes (sindicatos e associações de empregadores, respetivamente), diligenciem no sentido da concertação dos seus interesses e sem a intervenção do Estado, a *convenção coletiva de trabalho* tem também uma importante função de adaptação do Direito do trabalho aos novos problemas e desafios que a sociedade coloca: a convenção coletiva de

---

(1087) A *convenção coletiva* consiste, no essencial, no acordo de vontades entre o empregador ou o seu representante e uma associação sindical, destinada a regulamentar determinados aspectos da relação jurídica laboral. Está prevista no artigo 2º do CT/2009 e o procedimento negocial subjacente à sua celebração, bem como as normas relativas ao seu conteúdo e âmbito de aplicação, estão previstos nos artigos 485º e ss. do mesmo diploma.

(1088) O *acordo de adesão* consiste, no essencial, no acordo que permite a um sujeito colectivo com capacidade negocial aderir a uma convenção coletiva ou a uma decisão arbitral em vigor. Para além de referido no artigo 2º, o acordo de adesão está previsto no artigo 504º do CT/2009, de onde se retira que a adesão se opera por acordo entre a entidade interessada e aquela ou aquelas que se lhe contraporiam na negociação da convenção se nela tivessem participado, e que da adesão não pode resultar a modificação do conteúdo da convenção ou da decisão arbitral.

(1089) A *arbitragem voluntária* é, no essencial, um meio de resolução de conflitos laborais coletivos, nomeadamente relativos à interpretação, integração, celebração ou revisão de convenção coletiva, através da submissão da questão controvertida a árbitros que emitem uma decisão com a qual as partes se comprometem antecipadamente a aderir e que produz os mesmos efeitos da convenção coletiva (artigo 505º do CT/2009). A arbitragem *voluntária distingue-se da obrigatória* porque, tal como o nome inculca, surge na sequência de um acordo entre as partes. Para além de referida no artigo 2º, a *arbitragem voluntária* está prevista nos artigos 506º e 507º do CT/2009, de onde se retiram as regras sobre a sua admissibilidade e o seu funcionamento.

(1090) A *portaria de extensão* é, no essencial, um ato normativo pelo qual o Ministro responsável pela área laboral estende o clausulado de uma convenção coletiva ou de uma decisão arbitral a trabalhadores e empregadores que não se encontravam abrangidos pelo respetivo âmbito de aplicação pessoal. Para além de referida no artigo 2º, a portaria de extensão está prevista no artigo 514º do CT/2009, de onde se retira que a aplicação pode ser feita a empregadores e a trabalhadores integrados no âmbito do setor de atividade e profissional definido naquele instrumento, sendo possível, apenas, mediante ponderação de circunstâncias sociais e económicas que a justifiquem, nomeadamente a identidade ou semelhança económica e social das situações no âmbito da extensão e do instrumento a que se refere.

(1091) A *portaria de condições de trabalho* consiste, no essencial, num ato normativo da Administração que cria *ex novo* uma convenção coletiva de trabalho, sendo consequentemente subsidiária em relação, quer aos instrumentos negociais, quer à *portaria de extensão* — nos termos do artigo 517º do CT/2009, a *portaria de condições de trabalho* só pode ser emitida quando circunstâncias económicas e sociais o justifiquem, não exista associação sindical ou de empregadores, não seja possível o recurso a portaria de extensão e na falta de instrumento de regulamentação coletiva de trabalho negocial.

(1092) A *arbitragem obrigatória,* tal como a *necessária* (ao contrário da *voluntária*), resulta de um despacho fundamentado do Ministro responsável pela área laboral, que sujeita o conflito resultante da celebração de convenção coletiva a uma decisão arbitral. Os casos em que a arbitragem *obrigatória* pode ocorrer e a forma como a mesma é determinada constam dos artigos 508º e 509º do CT/2009. A admissibilidade e a forma de determinação da arbitragem *necessária* constam dos artigos 510º e 511º do CT/2009.

trabalho, estando num nível intermédio, entre a norma legal e o contrato de trabalho, tem essa virtude — permite, através do princípio constitucional da autonomia coletiva, que os próprios intervenientes da situação jurídica laboral (sindicatos, por um lado, e associações de empregadores ou empregador, por outro lado) vão adaptando o respetivo ordenamento às diferentes conjunturas económicas e sociais[(1093)]. Por outro lado, ao estabelecer condições que têm que ser respeitadas pelo contrato de trabalho, a convenção coletiva funciona como fonte de Direito do trabalho (artigos 1º, 3º e 476º do CT), em regra através do estabelecimento de condições mínimas para as relações de trabalho, abrindo a possibilidade de os contratos de trabalho incluírem condições mais favoráveis para o trabalhador (artigo 476º)[(1094)].

III. Também a *convenção coletiva do trabalho* é uma concretização, em sede negocial, do "princípio da proteção do trabalhador": é através das convenções coletivas de trabalho que os trabalhadores, estando representados pelos sindicatos, garantem uma posição de igualdade material efetiva com o empregador ao nível da negociação das respetivas condições de trabalho (férias, tempo do trabalho, carreiras, retribuição, etc.). A convenção coletiva de trabalho permite, no fundo, como assinalam Hueck/Nipperdey, citados em Bernardo da Gama Lobo Xavier, *"(...) uma forma jurídica que possibilita aos trabalhadores organizados em autodefesa contratar, como coletivo, as condições de trabalho e, assim, transformar a igualdade jurídica formal da relação individual de trabalho, baseada no princípio da liberdade contratual, numa real equiparação"*[(1095)].

Por outras palavras, o ordenamento jurídico confere, por esta via, aos trabalhadores, a possibilidade de obterem uma força negocial que não teriam a título individual e que lhes permite, através dos seus representantes, alcançar, pelo menos em abstrato, melhores condições de trabalho do que aquelas que resultariam de uma negociação individual entre o trabalhador e o empregador ao nível do contrato de trabalho.

O ordenamento jurídico, a este propósito, limita-se a aceitar, dentro de certos limites, o ajuste alcançado entre os sindicatos[(1096)] e a associação de empregadores (ou o empregador individualmente considerado, no caso do acordo de empresa).

Mais do que isso: o CT determina que o Estado deve promover a contratação coletiva, de modo a que as convenções coletivas sejam aplicáveis ao maior número possível de *trabalhadores* e de empregadores (artigo 485º).

Estamos, pois, perante uma "*expressão da sociedade livre*", em que se reconhece a autonomia das forças sociais e o Estado "*aceita a criação do Direito pelos grupos interessados*"[(1097)].

IV. O processo negocial[(1098)] subjacente à celebração de convenções coletivas de trabalho[(1099)], que concretiza o direito à contratação coletiva previsto no artigo 56º, n. 3, da Constituição, consta dos artigos

(1093) Cf. Bernardo da Gama Lobo Xavier, com a colaboração de P. FURTADO MARTINS; A. NUNES DE CARVALHO; JOANA VASCONCELOS e TATIANA GUERRA DE ALMEIDA, *Manual de Direito do Trabalho*, cit., p. 247.

(1094) Cf. LUÍS MENEZES LEITÃO, *Direito do Trabalho*, cit., p. 71.

(1095) Cf. Hueck/Nipperdey, citados em Bernardo da Gama Lobo Xavier, com a colaboração de P. FURTADO MARTINS; A. NUNES DE CARVALHO; JOANA VASCONCELOS e TATIANA GUERRA DE ALMEIDA, *Manual de Direito do Trabalho*, cit., p. 249.

(1096) Recorda-se, todavia, que desde a aprovação do CT/2009 passou a admitir-se a possibilidade de a associação sindical delegar noutra estrutura de representação coletiva dos trabalhadores na empresa (*comissões de trabalhadores*) poderes para, relativamente aos seus associados, contratar diretamente com a empresa. O CT/2009 estabeleceu que tal possibilidade de delegação só seria válida em empresas com, pelo menos, 500 trabalhadores (artigo 491º, n. 3); a Lei n. 23/2012 aumentou tal possibilidade, ao diminuir a dimensão das empresas em que tal é possível — passou a ser possível em empresas com, pelo menos, 150 trabalhadores.

(1097) Cf. Bernardo da Gama Lobo Xavier, com a colaboração de P. FURTADO MARTINS; A. NUNES DE CARVALHO; JOANA VASCONCELOS e TATIANA GUERRA DE ALMEIDA, *Manual de Direito do Trabalho*, cit., p. 137.

(1098) No essencial, o procedimento em causa inicia-se com uma proposta negocial de celebração ou de revisão de uma convenção coletiva, emitida por uma das partes. A proposta deve ser escrita, devidamente fundamentada e conter determinados elementos (artigo 486º); segue-se a *resposta à proposta*, que deve também ser escrita e fundamentada, dela devendo constar posição sobre todas as cláusulas das propostas, aceitando, recusando ou contrapropondo (artigo 487º, n. 3); durante o processo negocial, as partes devem atuar de boa-fé, nomeadamente respondendo com a brevidade possível a propostas e contrapropostas e observando o protocolo negocial, caso exista (artigo 489º); havendo acordo, a convenção coletiva é assinada pelos representantes das entidades celebrantes (artigo 491º), devendo conter um conjunto de indicações obrigatórias, nomeadamente a designação das entidades celebrantes, o âmbito do setor de atividade, profissional e geográfico de aplicação, a data de celebração, os valores

486º e ss. do CT[1100] e o conteúdo das convenções coletivas, quanto àquilo que as mesmas devem regular, consta do artigo 492º, n. 2, do Código. No essencial, a convenção coletiva deve regular as relações entre as entidades celebrantes, em particular quanto à verificação do cumprimento da convenção e a meios de resolução de conflitos coletivos decorrentes da sua aplicação ou revisão (alínea *a*); as ações de formação profissional, tendo presentes as necessidades do trabalhador e do empregador (alínea *b*); as condições de prestação do trabalho relativas à segurança e saúde (alínea *c*); as medidas que visem a efetiva aplicação do princípio da igualdade e não discriminação (alínea *d*); os outros direitos e deveres dos trabalhadores e dos empregadores, nomeadamente a retribuição base para todas as profissões e categorias profissionais (alínea *e*); os processos de resolução dos litígios emergentes de contratos de trabalho, nomeadamente através de conciliação, mediação ou arbitragem (alínea *f*); a definição de serviços necessários à segurança e manutenção de equipamentos e instalações e de serviços mínimos indispensáveis para ocorrer à satisfação de necessidades sociais impreteríveis, bem como dos meios necessários para os assegurar em situação de greve (alínea *g*); o instrumento de regulamentação coletiva de trabalho negocial e respetiva data de publicação, para efeitos de afastamento dos critérios de preferência em caso de concorrência entre instrumentos de regulamentação coletiva de trabalho (alínea *h*). O número 3 do mesmo artigo 492º determina ainda que a convenção coletiva deve prever a constituição e regular o funcionamento de comissão paritária com competência para interpretar e integrar as suas cláusulas.

Como se vê, a própria lei determina a necessidade de inclusão, na convenção coletiva, de um conjunto de matérias que se prendem com os "direitos pessoais de cidadania" dos trabalhadores (*v. g.*, em matéria de igualdade e não discriminação) ou com a "dignificação do trabalho", nomeadamente quanto às condições de trabalho relativas à retribuição ou à segurança e saúde no trabalho — as preocupações manifestadas têm por base a "pauta de valoração" emergente do "princípio da proteção do trabalhador".

V. À luz deste conteúdo, é habitual distinguirem-se dois tipos de cláusulas das convenções coletivas: as *obrigacionais* e as *normativas.*

As cláusulas *obrigacionais* são as que definem as regras de relacionamento e de concertação entre os sujeitos laborais outorgantes das convenções coletivas de trabalho — cf. artigo 492º, n. 2, alínea *a* ou *f*. São as que mais similitudes apresentam com os negócios jurídicos do Direito civil.

As *normativas* são as que se destinam a moldar em termos normativos o contrato de trabalho e que dizem diretamente respeito às condições de trabalho, vinculando diretamente os empregadores e trabalhadores por elas abrangidos — é o que sucede, nomeadamente, com a fixação das condições de prestação do trabalho relativas à segurança e saúde (alínea *c*) ou com as cláusulas que prevejam outros direitos e deveres dos trabalhadores e dos empregadores, nomeadamente retribuição base para todas as profissões e categorias profissionais (alínea *e*).

VI. Em termos de âmbito de aplicação pessoal, as convenções coletivas de trabalho não dispõem de eficácia *erga omnes* — as suas cláusulas normativas regem-se pelo *princípio da filiação*, à luz do qual a convenção obriga o empregador que a subscreveu, ou o filiado em associação de empregadores celebrante, bem como os trabalhadores ao seu serviço que sejam membros de associação sindical celebrante (artigo 496º, n. 1). A convenção celebrada por união, federação ou confederação pode, ainda, obrigar os

---

expressos de retribuição base para todas as profissões e a estimativa dos números de empregadores e de trabalhadores abrangidos pela convenção (artigo 492º, n. 1); a convenção coletiva é, depois, entregue para depósito no serviço competente do Ministério responsável pela área laboral; subsequentemente, a convenção coletiva é publicada no Boletim do Trabalho e Emprego e entra em vigor, após a publicação, nos termos da lei (artigo 519º, n. 1).

(1099) Sobre a contratação coletiva, veja-se, nomeadamente, LUÍS GONÇALVES DA SILVA, *Estudos de Direito do Trabalho*, v. I, 2ª ed., Coimbra, 2008.

(1100) Sobre a contratação coletiva no Código do Trabalho (ainda que sobre o CT/2003), veja-se MARIA DO ROSÁRIO RAMALHO, "O Novo Código do Trabalho — Reflexões sobre a Proposta de Lei relativa ao Novo Código do Trabalho", *Estudos do Direito do Trabalho*, cit., pp. 65 e ss. Sobre os artigos 486º e ss. do CT/2009, veja-se a anotação de LUÍS GONÇALVES DA SILVA aos citados preceitos normativos, em PEDRO ROMANO MARTINEZ; LUÍS MIGUEL MONTEIRO; JOANA VASCONCELOS; PEDRO MADEIRA DE BRITO; GUILHERME DRAY e LUÍS GONÇALVES DA SILVA, *Código do Trabalho Anotado*, 8ª ed., cit., pp. 1172 e ss.

empregadores e os trabalhadores filiados, respetivamente, em associações de empregadores ou sindicatos representados por aquela organização, nos termos definidos no número 2 do citado artigo 496º.

A lei admite, contudo, diversas exceções ao *princípio da filiação*: é o que sucede no acordo de adesão (artigo 504º) e, em especial, na portaria de extensão (artigo 514º), que amplia os efeitos de uma convenção em vigor a trabalhadores e empregadores que a não subscreveram. Por outro lado, o CT/2009, ao admitir a possibilidade de o trabalhador sem filiação sindical aderir, individualmente, a uma convenção coletiva, nos casos em que sejam aplicáveis, no âmbito de uma empresa, uma ou mais convenções coletivas ou decisões arbitrais, esvaziou fortemente o referido princípio — por força da regra contida no artigo 497º, que consta do actual CT, o trabalhador não filiado pode, por ato unilateral, escolher ser destinatário de uma convenção coletiva aplicável na empresa, até o termo da vigência desse instrumento ou, no caso de não ter vigência, no prazo mínimo de um ano[(1101)].

VII. O âmbito de aplicação territorial depende da zona geográfica em que a convenção coletiva se aplica, a qual deve constar do respetivo texto, nos termos do artigo 492º, n. 1, alínea *c*.

O âmbito de aplicação temporal, por sua vez, é fixado pelas partes; em princípio, são as partes outorgantes que definem o tempo de vigência da convenção coletiva de trabalho — nos termos do artigo 499º, n. 1, a convenção coletiva vigora pelo prazo ou prazos que dela constarem e renova-se nos termos nela previstos. Caso as partes não fixem o tempo de vigência da convenção, considera-se que esta vigora pelo prazo de um ano e que se renova sucessivamente por esse período (artigo 499º, n. 2).

A ideia que prevalece a este propósito é a de uma certa *estabilidade* das convenções coletivas de trabalho, de forma a garantir que as condições de trabalho nelas fixadas perduram no tempo e a garantir um ambiente de paz social entre as associações sindicais e os empregadores. A referida estabilidade temporal não é, todavia, sinónimo de inalterabilidade ou de perpetuidade: as convenções coletivas de trabalho podem e devem adaptar-se às necessidades da empresa, às conjunturas económicas e às modificações sociais que vão ocorrendo durante a sua vigência. O regime legal, relativo à vigência temporal das convenções coletivas de trabalho é, por isso, ambivalente: por um lado, visa dotá-las de *estabilidade*, garantindo a sua vigência pelo período mínimo de um ano, caso a convenção não preveja prazo distinto (artigo 499º, n. 2), criando mecanismos de renovação sucessiva e automática (artigo 499º, n. 2) e de sobrevigência, após a cessação do prazo de vigência da convenção (artigo 501º) e estabelecendo um regime de denúncia "construtiva", que só vale enquanto tal se for acompanhada de proposta negocial global destinada à substituição da convenção que se visa denunciar (artigo 500º)[(1102)]; por outro lado, procura garantir que as mesmas possam ser revistas e atualizadas (artigo 500º, n. 2), nomeadamente do ponto de vista retributivo, matéria sobre a qual, a título excecional, a lei admite que possa ser conferida eficácia retroativa às cláusulas da convenção (artigo 478º, n. 1, alínea *c*), assim como se admite a cessação da convenção coletiva não apenas por *caducidade* (como efeito da *denúncia*), mas também por *revogação*, ou seja, por acordo das partes, caso em que os direitos decorrentes da convenção ficam prejudicados, salvo se os mesmos forem expressamente ressalvados pelas partes (artigo 502º)[(1103)].

(1101) Contra esta possibilidade, Luís Gonçalves da Silva, em PEDRO ROMANO MARTINEZ; LUÍS MIGUEL MONTEIRO; JOANA VASCONCELOS; PEDRO MADEIRA DE BRITO; GUILHERME DRAY e LUÍS GONÇALVES DA SILVA, *Código do Trabalho Anotado*, 8ª ed., cit., anotação (V) ao artigo 497º, p. 1199, para quem esta alteração legislativa constitui uma "*instigação (...) à não filiação sindical com todos os efeitos nefastos que isso acarreta*".

(1102) Recorda-se que a *denúncia*, enquanto declaração de vontade que visa a substituição ou a cessação da convenção coletiva, não tem efeitos imediatos: a almejada *substituição* ou *cessação* só ocorre depois de decorrido um moroso e processo complexo negocial, previsto nos artigos 500º e ss., que envolve designadamente a *sobrevigência* da convenção coletiva em causa durante o período em que decorra a negociação (que inclui a *conciliação, mediação* ou *arbitragem*) ou, no mínimo, durante 18 meses (artigo 501º, n. 3). Se, findo este período, as partes não tiverem chegado a acordo, a convenção mantém-se até que se perfaçam sessenta dias contados da comunicação feita por qualquer das partes ao Ministério responsável pela área laboral e à contraparte negocial que o processo negocial terminou sem acordo, após o que caduca (artigo 501º, n. 4),

(1103) A propósito da possibilidade de revogação *parcial* da convenção colectiva, veja-se Luís Gonçalves da Silva, em PEDRO ROMANO MARTINEZ; LUÍS MIGUEL MONTEIRO; JOANA VASCONCELOS; PEDRO MADEIRA DE BRITO; GUILHERME DRAY e LUÍS GONÇALVES DA SILVA, *Código do Trabalho Anotado*, 9ª ed., cit., anotação (V) ao artigo 502º, pp. 998-999.

Em suma, a fixação de um termo de vigência a definir pelas partes ou, na ausência de estipulação, fixado supletivamente pelo legislador em um ano (artigo 499º), garante alguma estabilidade à convenção coletiva, mas permite, por outro lado, a possibilidade da mesma ser atualizada e renovada.

Em qualquer caso, a cessação da convenção coletiva não acarreta o desaparecimento de todos os efeitos que a mesma produziu no contrato de trabalho — nos termos do artigo 501º, n. 8, com a redacção dada pela Lei n. 55/2014, de 25 de agosto(1104), após a caducidade da convenção e até à entrada em vigor de outra convenção ou de decisão arbitral mantêm-se os efeitos acordados pelas partes ou, na sua falta, os já produzidos pela convenção nos contratos de trabalho no que respeita à retribuição do trabalhador, categoria e respetiva definição, duração do tempo de trabalho e regimes de proteção social cujos benefícios sejam substitutivos dos assegurados pelo regime geral de segurança social ou com protocolo de substituição do Serviço Nacional de Saúde.

Ou seja, a lei fixa um conjunto mínimo de matérias (um "núcleo irredutível") que, no silêncio das partes, se deve manter em caso de caducidade da convenção coletiva de trabalho. Trata-se, como adiante se verá, de uma das concretizações do "princípio da proteção do trabalhador": ele tem a capacidade de fixar, tendo por base a sua pauta de valoração, o conjunto de matérias mais sensível e que mais importante se afigura para efeitos de proteção do trabalhador, em termos tais que o tal conjunto ou núcleo irredutível passa, quer a nível interno, quer a nível externo ao Direito do trabalho, a merecer uma tutela mais intensa quanto a eventuais investidas que visem o seu afastamento.

VIII. As convenções coletivas de trabalho, enquanto tipo de instrumento de regulamentação coletiva de trabalho, podem entrar em *concorrência* com outros instrumentos — quando tal suceda, a lei estabelece os critérios de determinação dos que prevalecem perante os demais.

Assim, os instrumentos de regulamentação coletiva *negociais* prevalecem sobre os *não negociais*, a três níveis: a entrada em vigor de instrumento de regulamentação coletiva de trabalho negocial afasta a aplicação, no respetivo âmbito, de anterior instrumento não negocial (artigo 484º); a portaria de extensão só pode ser emitida na falta de instrumento de regulamentação coletiva de trabalho negocial (artigo 515º) e a portaria de condições de trabalho só pode ser emitida na falta de instrumento de regulamentação coletiva de trabalho negocial (artigo 517º, n. 2).

Por outro lado, dentro dos instrumentos de regulamentação coletiva negociais, há uma preferência do instrumento *vertical* — o instrumento de regulamentação coletiva de trabalho negocial de um setor de atividade afasta a aplicação de instrumento da mesma natureza cujo âmbito se define por profissão ou profissões relativamente àquele setor de atividade (artigo 481º).

Ainda, no âmbito dos instrumentos negociais (*convenção coletiva*), os *acordos de empresa* prevalecem sobre os *acordos coletivos* e os *contratos coletivos* (artigo 482º, n. 1, alínea *a*), e os *acordos coletivos* prevalecem sobre os *contratos coletivos* (artigo 482º, n. 1, alínea *b*).

Assim, a concorrência entre instrumentos de regulamentação coletiva resolve-se, em princípio, à luz do princípio da especialidade — prevalecem os instrumentos de âmbito mais restrito do que os mais abrangentes, por se considerar que os primeiros estão melhor vocacionados para regular as especificidades próprias do campo de aplicação (mais restrito) para o qual foram concebidos(1105).

Se o critério da especialidade não for suficiente para resolver a aplicação concorrencial e se as partes nada tiverem previsto sobre esta questão, prevalece o instrumento de regulamentação coletiva de trabalho escolhido pelos trabalhadores (artigo 482º, n. 2). Na ausência de escolha dos trabalhadores, aplica-se o instrumento mais recente (artigo 482º, n. 3, alínea *a*) e, por fim, prefere o instrumento que regular a principal atividade da empresa (artigo 482º, n. 3, alínea *b*).

(1104) Recorda-se que a Lei n. 55/2014, de 25 de agosto, procedeu à sétima alteração ao Código do Trabalho, aprovado pela Lei n. 7/2009, de 12 de fevereiro, alterando os artigos 501º (*Sobrevigência e caducidade de convenção colectiva*) e 502º (*Cessação e suspensão da vigência da convenção colectiva*).

(1105) Cf. Bernardo da Gama Lobo Xavier, com a colaboração de P. FURTADO MARTINS; A. NUNES DE CARVALHO; JOANA VASCONCELOS e TATIANA GUERRA DE ALMEIDA, *Manual de Direito do Trabalho*, cit., p. 265.

IX. Por fim, cumpre recordar que a lei também regula a *sucessão* de convenções coletivas. Nos termos do artigo 503º, a convenção coletiva posterior revoga integralmente a convenção anterior, salvo nas matérias expressamente ressalvadas pelas partes.

Como expressão do *princípio da proteção do trabalhador*, o artigo 503º determina que a mera sucessão de convenções coletivas não pode ser invocada para diminuir o nível de proteção global dos trabalhadores (n. 2) e que os direitos decorrentes de convenção só podem ser reduzidos por nova convenção de cujo texto conste, em termos expressos, o seu caráter globalmente mais favorável (n. 3). Apesar desta redação, parece claro que não fica vedada a possibilidade de, havendo acordo entre as partes, ocorrer uma diminuição dos direitos dos trabalhadores, tanto mais que a cláusula a que se refere o número 3 do artigo 503º, a propósito da natureza globalmente mais favorável da nova convenção, é da exclusiva responsabilidade das partes, não sendo a mesma sindicável, nem administrativa nem judicialmente — as partes podem, consequentemente e a título exemplificativo, considerar globalmente mais favorável uma convenção que diminua alguns direitos face à anterior mas que, em contrapartida, garanta a preservação do emprego e impeça o recurso ao despedimento coletivo[(1106)][(1107)].

Todavia, a opção legislativa no sentido de o novo instrumento de regulamentação coletiva dever ser globalmente mais favorável do que o substituído está positivada na lei e corresponde, reitera-se, a um afloramento do "princípio da proteção do trabalhador". O artigo 503º, n. 3, não pode, pois, ser interpretado como se dele fosse possível retirar a conclusão de que a nova convenção coletiva pode, sem mais, ser globalmente menos favorável para o trabalhador, pois tal interpretação seria frontalmente contrária à letra da lei e não teria o mínimo de correspondência com a mesma, sendo, como tal, proscrita pelo artigo 9º, n. 2, do Código Civil. A única forma de atribuir um sentido útil à referida previsão normativa sem, contudo, fechar a porta à flexibilização da negociação coletiva e até a diminuição de alguns direitos, é a que assenta na vontade das partes: se as partes declararem que a nova convenção é globalmente mais favorável para o trabalhador e o fizeram de boa-fé, a sucessão poderá produzir efeitos, ainda que nalguns pontos possam ser aprovadas cláusulas menos favoráveis e prejudicados direitos criados ao abrigo da convenção substituída; caso, pelo contrário, tal declaração expressa não seja aposta na nova convenção, esta não pode poderá em causa os direitos decorrentes da convenção anterior.

É o que se retira, literalmente, do artigo 503º, n. 2.

E é o único sentido possível, à luz do "princípio da proteção do trabalhador" — é deste princípio e da sua pauta de valoração que se retira a ideia de proteção do trabalhador, nomeadamente, como no caso, ao nível da sucessão no tempo de convenções coletivas de trabalho. Qualquer interpretação contrária seria, pois, contrária não apenas ao referido preceito legal e ao disposto no artigo 9º do Código Civil, como ao subsistema laboral e à respetiva ordem de valores, nomeadamente aos elementos histórico, sistemático e teleológico do referido preceito legal.

3.3. Fontes externas

a) Enunciado geral

I. O Direito do trabalho é, por assim dizer, um ramo de direito "globalizado". Para além de estar presente em diversos ordenamentos jurídicos, é objeto de atenção por parte de diversas organizações

(1106) Cf. PEDRO ROMANO MARTINEZ, *Direito do Trabalho*, cit., p. 265-266. A este propósito, veja-se ainda MENEZES CORDEIRO, "Dos Conflitos Temporais de Instrumentos de Regulamentação coletiva de Trabalho", *Estudos em Memória do Professor Doutor João de Castro Mendes*, Lex, Lisboa, 1995, pp. 460 e ss., bem como a anotação (VI) ao artigo 503º do CT de Luís Gonçalves da Silva, em PEDRO ROMANO MARTINEZ; LUÍS MIGUEL MONTEIRO; JOANA VASCONCELOS; PEDRO MADEIRA DE BRITO; GUILHERME DRAY e LUÍS GONÇALVES DA SILVA, *Código do Trabalho Anotado*, 9ª ed., cit., p. 999.

(1107) Recorda-se, aliás, que, quer o artigo 503º do CT/2009, quer o artigo 560º do CT/2003, não fazem a alusão aos "*direitos adquiridos*" do instrumento de regulamentação coletiva de trabalho substituído, expressão essa que era utilizada no artigo 15º, n. 2, da LRCT.

internacionais, algumas das quais exclusivamente dedicadas às questões do trabalho e do emprego e com forte preocupação de harmonização e padronização de soluções normativas. Nos tempos modernos, as economias nacionais deixaram de estar isoladas, por força do incremento das trocas comerciais internacionais, no processo habitualmente conhecido por *globalização*. No espaço europeu do pós-II Guerra Mundial, por sua vez, enveredou-se por um processo de unificação política e económica, centrada nomeadamente na livre circulação de pessoas, mercadorias e capitais, ao nível da atual União Europeia. Tudo isto tornou natural, também, a internacionalização do Direito do trabalho(1108), falando-se assim com propriedade, como o fazem Mattia Persiani e Franco Carinci, na *"Rilevanza del lavoro nell'ordinamento internazionale"*, onde se registam, também, *"previsione di speciali tutele atte a compensare la situazione di debolezza socialtipica quale versa la persona che lo svolge"*(1109).

As fontes externas têm, por isso, um papel importante no Direito do trabalho, podendo no essencial ter origem internacional ou europeia, ambas com relevância no nosso ordenamento jurídico. No primeiro caso, importa ter em consideração as convenções internacionais, em especial, as que resultam da agência especializada das Nações Unidas para estas questões — a Organização Internacional do Trabalho (OIT); no segundo caso, importa ter em consideração as diretivas e os regulamentos da União Europeia.

II. O Direito internacional integra-se na nossa ordem jurídica nos termos do artigo 8º da Constituição, no seguinte sentido: as normas e os princípios de direito internacional geral ou comum fazem parte integrante do direito português (n. 1); as normas constantes de convenções internacionais regularmente ratificadas ou aprovadas vigoram na ordem interna após a sua publicação oficial e enquanto vincularem internacionalmente o Estado Português (n. 2); as normas emanadas dos órgãos competentes das organizações internacionais de que Portugal seja parte vigoram diretamente na ordem interna, desde que tal se encontre estabelecido nos respetivos tratados constitutivos (n. 3); e as disposições dos tratados que regem a União Europeia e as normas emanadas das suas instituições, no exercício das respetivas competências, são aplicáveis na ordem interna, nos termos definidos pelo direito da União, com respeito pelos princípios fundamentais do Estado de direito democrático (n. 4).

A Constituição parece assim acolher a teoria do *monismo moderado de Direito internacional*(1110). Quer dizer: admite a prevalência do Direito internacional, mas de forma moderada, ele só vincula os particulares se e na medida em que forem cumpridos, previamente, determinados requisitos.

Assim: o Direito internacional convencional não se aplica diretamente aos cidadãos; as convenções internacionais, que em bom rigor são a fonte relevante para efeitos do Direito do trabalho, só valem na ordem jurídica interna depois de respeitado um processo interno — devem ser regularmente ratificadas ou aprovadas e vigoram na ordem interna após a sua publicação oficial no *Diário da República* (artigo 119º, n. 1, alínea *b,* da Constituição)(1111).

Relativamente à hierarquia das fontes e com exceção da Declaração Universal dos Direitos do Homem — a qual, nos termos do artigo 16º, n. 2, da Constituição, tem valor diverso do das restantes convenções internacionais, na medida em que se prevê nesse mesmo preceito que os preceitos constitucionais e legais relativos aos direitos fundamentais devem ser interpretados e integrados de harmonia com a *Declaração Universal dos Direitos do Homem*(1112) — a ideia prevalecente na doutrina é a de que as convenções internacionais estão abaixo da Constituição e acima da legislação ordinária. Encontram-se hierarquicamente numa posição infraconstitucional, o mesmo é dizer, valem no ordenamento jurídico português se e na medida em que não contrariarem a Constituição — é o que se retira do regime relativo ao processo de fiscalização da constitucionalidade das convenções internacionais previsto nos artigos 204º, 277º, n. 2, 278º, n. 1 e 280º, n. 3, todos da Lei Fundamental e é a única posição consentânea, também com a existência de princípios constitucionais não derrogáveis, nomeadamente o da dignidade humana previsto

(1108) Cf. GIUSEPPE PERA, *Diritto del Lavoro,* 6ª ed., cit., p. 53.

(1109) Cf. MATTIA PERSIANI e FRANCO CARINCI, *Trattato di Diritto del Lavoro, Volume Primo,* cit., p. 184.

(1110) Cf. PEDRO ROMANO MARTINEZ, *Direito do Trabalho,* cit., p. 214, que cita, a este propósito, GONÇALVES PEREIRA; FAUSTO DE QUADROS, Manual de *Direito Internacional Público,* 3ª ed., Coimbra, 1993, pp. 92 e ss.

(1111) Cf. PEDRO ROMANO MARTINEZ, *Direito do Trabalho,* cit., p. 215.

(1112) Fala-se, a esse propósito, em *constitucionalização* da *Declaração Universal dos Direitos do Homem.*

no artigo 1º; e encontram-se, hierarquicamente, acima da legislação ordinária, na exata medida em que o artigo 8º, n. 2, da Constituição, atribui valor ao direito internacional convencional sem necessidade de qualquer adaptação[(1113)].

b) Convenções internacionais

I. Nos termos do artigo 8º da Constituição, o Direito internacional, cujas fontes são as *convenções* e os *tratados,* integra-se na nossa ordem jurídica.

E o Direito internacional tem uma importância decisiva no Direito do trabalho, manifestada em várias fontes que se integram na nossa ordem jurídica e cujas normas têm valor hierárquico superior ao da lei ordinária (leis, decretos-leis e decretos legislativos regionais).

De um modo geral, todas elas assentam num pressuposto comum: na necessidade de proteção do trabalhador, enquanto contraente mais débil.

Por outras palavras, todas elas estão inspiradas, com maior ou menor grau de intensidade, pelo "princípio da proteção do trabalhador".

II. A preocupação de tutela do trabalhador encontra-se presente, desde logo, na Declaração Universal dos Direitos do Homem (DUDH), aprovada pela Assembleia Geral das Nações Unidas em 10 de dezembro de 1948.

Partindo precisamente desse pressuposto — o da necessidade de proteção do trabalhador —, os artigos 23º e 24º da DUDH consagram vários direitos fundamentais dos trabalhadores, estando igualmente previstos, no artigo 25º, diversos direitos sociais.

O artigo 23º da DUDH determina que toda a pessoa tem *"direito ao trabalho, à livre escolha do trabalho, a condições equitativas e satisfatórias de trabalho e à proteção contra o desemprego"* (n. 1), prescrevendo ainda que todos têm direito, sem discriminação alguma, a *"salário igual por trabalho igual"* (n. 2), a uma *"remuneração equitativa e satisfatória"* (n. 3) e a *"fundar com outras pessoas sindicatos e de se filiar em sindicatos para defesa dos seus interesses"* (n. 4). Por outro lado, o artigo 24º prevê o direito ao repouso e ao lazer, bem como à limitação da duração do trabalho e a férias periódicas pagas. O artigo 25º desta mesma Declaração consagra um conjunto de direitos sociais — *"Toda a pessoa tem direito a um nível de vida suficiente para lhe assegurar e à sua família a saúde e o bem-estar, principalmente quanto à alimentação, ao vestuário, ao alojamento, à assistência médica e ainda quanto aos serviços sociais necessários, e tem direito à segurança no desemprego, na doença, na invalidez, na viuvez, na velhice ou noutros casos de perda de meios de subsistência por circunstâncias independentes da sua vontade"* (n. 1), prevendo também a proteção da maternidade e da infância (n. 2).

III. Ainda, no âmbito das Nações Unidas, importa atender ao Pacto Internacional sobre Direitos Civis e Políticos e ao Pacto Internacional sobre os Direitos Económicos, Sociais e Culturais.

O *Pacto Internacional sobre Direitos Civis e Políticos*, de 7 de outubro de 1976, aprovado para ratificação pela Lei n. 29/78, de 12 de junho, garante a liberdade de trabalho, proibindo a escravatura e a servidão (artigo 8º), assim como a liberdade sindical, prescrevendo que *"Toda e qualquer pessoa tem o direito de se associar livremente com outras, incluindo o direito de constituir sindicatos e de a eles aderir para a proteção dos seus interesses"* (artigo 22º).

Por outro lado, o *Pacto Internacional sobre os Direitos Económicos, Sociais e Culturais* (PIDESC), de 7 de outubro de 1976, aprovado para ratificação pela Lei n. 45/78, de 11 de julho, garante o *"direito ao trabalho, que compreende o direito que têm todas as pessoas de assegurar a possibilidade de ganhar a sua vida por meio de um trabalho livremente escolhido ou aceite"* (artigo 6º), assim como reconhece *"o direito de todas as pessoas de gozar de condições de trabalho justas e favoráveis"*, nomeadamente

(1113) Cf. PEDRO ROMANO MARTINEZ, *Direito do Trabalho*, cit., pp. 215-216.

através de uma remuneração que garanta uma existência decente para os trabalhadores e suas famílias e que assente no princípio *"remuneração igual para um trabalho de valor igual"*, mediante *"condições de trabalho seguras e higiénicas"* e através da consagração do direito ao *"repouso, lazer e limitação razoável das horas de trabalho e férias periódicas pagas, bem como remuneração nos dias de feriados públicos"* (artigo 7º). O artigo 8º deste Pacto garante, por sua vez, o *"direito de todas as pessoas de formarem sindicatos e de se filiarem no sindicato da sua escolha"* e o *"direito de greve"*, exercido em conformidade com as leis de cada país. E o artigo 9º reconhece *"o direito de todas as pessoas à segurança social"*.

IV. No âmbito do Conselho da Europa, a *Convenção Europeia dos Direitos do Homem* (CEDH), de 4 de novembro de 1950, aprovada para ratificação pela Lei n. 65/78, de 13 de outubro, prescreve a *"proibição da escravatura e do trabalho forçado"* (artigo 4º) e garante a liberdade sindical, dispondo que *"Qualquer pessoa tem direito à liberdade de reunião pacífica e à liberdade de associação, incluindo o direito de, com outrem, fundar e filiar-se em sindicatos para a defesa dos seus interesses"* (artigo 11º).

Por outro lado, a *Carta Social Europeia*[1114], de 18 de outubro de 1961, garante, na Parte I, uma série de direitos aos trabalhadores, dispondo nomeadamente que: *toda a pessoa deve ter a possibilidade de ganhar a sua vida por um trabalho livremente empreendido"* (n. 1) e que todos os trabalhadores têm direito *a condições de trabalho justas* (n. 2), *à segurança e à higiene no trabalho* (n. 3) e a uma *remuneração justa* que lhes assegure, assim como às suas famílias, um nível de vida satisfatório (n. 4). Por outro lado, assegura-se que todos os trabalhadores e empregadores têm o direito de se *associar livremente em organizações nacionais ou internacionais* para a proteção dos seus interesses económicos e sociais (n. 5) e *negociar coletivamente* (n. 6). As *crianças* e os *adolescentes* têm direito a uma proteção especial contra os perigos físicos e morais a que se encontrem expostos (n. 7) e as *trabalhadoras*, em caso de maternidade, têm direito a uma proteção especial (n. 8). Prescreve-se ainda que todas as pessoas têm direito a meios apropriados de *orientação profissional* (n. 9) e a meios apropriados de *formação profissional* (n. 10), bem como o *direito à segurança social* (n. 12), o *direito de exercer no território de uma outra Parte qualquer atividade lucrativa, em pé de igualdade com os nacionais desta última* (n. 18) e o *direito a proteção e à assistência no território de qualquer outra Parte* (n. 19).

A propósito da igualdade e não discriminação, determina-se que todos os trabalhadores têm *direito à igualdade de oportunidades e de tratamento em matéria de emprego e de profissão*, sem discriminação baseada no sexo (n. 20) e as *pessoas com responsabilidades familiares têm direito de fazer sem ser submetidas a discriminações e, tanto quanto possível, sem que haja conflito entre o seu emprego e as suas responsabilidades familiares* (n. 27).

Em sede de atuação coletiva, estabelece-se que os trabalhadores têm *direito à informação e à consulta na empresa* (n. 21) e o *direito de participar na determinação e na melhoria das condições de trabalho e do meio de trabalho na empresa* (n. 22), tendo os representantes dos trabalhadores na empresa *direito à proteção contra os atos suscetíveis de lhes causarem prejuízo,* devendo *beneficiar de facilidades adequadas ao desempenho das suas funções"* (n. 28).

Em matéria de cessação do contrato de trabalho, dispõe-se que todos os trabalhadores têm direito a uma *proteção em caso de despedimento"* (n. 24), *à proteção dos seus créditos em caso de insolvência do seu empregador"* (n. 25) e que *o direito de serem informados e consultados nos processos de despedimentos colectivos* (n. 29).

Por fim: afirma-se que todos os trabalhadores têm direito à dignidade no trabalho (n. 26).

Ou seja, guiada por um evidente propósito de proteção do trabalhador, a *Carta Social Europeia* consagra um conjunto de direitos e liberdades que visam garantir a dignidade do trabalhador, a dignificação do trabalho, a igualdade e não discriminação, a conciliação entre a vida profissional e a vida familiar e a

(1114) Recorda-se que a Carta Social Europeia, tendo sido aprovada em 1961, foi entre nós ratificada pelo Decreto n. 38/91, de 6 de agosto, tendo sido alterada pelo Decreto n. 61/92 de 30 de dezembro, e pelo Decreto n. 72/97, de 6 de dezembro, que aprovou um Protocolo adicional à referida *Carta*. Posteriormente, a *Carta* foi revista, passando o novo texto, aprovado em 1996, a designar-se "Carta Social Europeia Revista", tendo esta sido ratificada pelo Decreto n. 54-A/2001, de 17 de outubro.

proteção contra despedimentos arbitrários, para além de um conjunto significativo de direitos em matéria de Direito do trabalho coletivo. Acaso se perguntasse qual o princípio unificador que está na base daquela panóplia de direitos e liberdades, a resposta só poderia ser uma: o "princípio da proteção do trabalhador".

Mas verdadeiramente, em sede de Direito do trabalho, os trabalhos mais importantes são os que decorrem da Organização Internacional do Trabalho.

c) Convenções e recomendações da Organização Internacional do Trabalho

I. As Nações Unidas têm uma agência especializada que atua no domínio específico do Direito do trabalho e que se ocupa de questões relacionadas com o trabalho e o emprego — trata-se da Organização Internacional do Trabalho (OIT) que, no essencial, como afirmam Jean-Maurice Verdier, Alain Coeuret e Marie-Armelle Souriac, visa *"promouvoir un droit international du travail"*(1115).

Fundada em 1919 junto da Sociedade das Nações, pelo próprio Tratado de Versalhes (Parte XIII) e assumindo-se como a mais antiga organização internacional dedicada à promoção dos direitos, a OIT, na sequência da Declaração de Filadélfia de 10 de maio de 1944, que afirmou a *"l´importance des valeurs de liberté, de dignité et d´égalité*(1116), e após a II Guerra Mundial, transitou para as Nações Unidas como agência especializada no domínio juslaboral. A sua atuação, que visa no essencial a obtenção de condições de trabalho dignas e justas, caracteriza-se pela sua estruturação tripartida(1117) e consubstancia-se basicamente na elaboração de *convenções* e *recomendações,* que se distinguem no essencial da seguinte forma: as *convenções* são acordos internacionais aprovados pela Conferência Geral (órgão legislativo interno) da OIT que devem ser ratificados pelos diversos Estados-membros e que operam diretamente como fontes, porquanto obrigam os Estados outorgantes; as *recomendações,* sendo igualmente aprovadas pela Conferência Geral, apenas adstringem os Estados a adotar medidas tendentes à prossecução de certos resultados, não constituindo por si só fontes juslaborais(1118)(1119).

II. A OIT tem um papel importante no domínio do Direito do trabalho, visando em última instância melhorar, numa base de justiça social, as condições de trabalho em todos os seus países aderentes(1120), bem como a salvaguarda, como afirma Mazzoni, da *"persona física"* e da *"tutela giurico-economica del lavoratore"*(1121). A OIT visa, em última instância, nas palavras de Mattia Persiani e Franco Carinci, a defesa *"della dignità e del valore della persona"*(1122). Fá-lo, fundamentalmente, na sequência dos trabalhos da Conferência Geral, que tem competência para aprovar, por maioria de dois terços, convenções e recomendações, nos termos do artigo 19º da Constituição da OIT — as convenções aprovadas no âmbito da OIT, depois de ratificadas pelos Estados, correspondem a verdadeiros tratados internacionais(1123)(1124).

(1115) Cf. JEAN-MAURICE VERDIER/ALAIN COEURET/MARIE-ARMELLE SOURIAC, *Droit du Travail,* 11ª ed., Dalloz, Paris, 1999, p. 24.

(1116) Cf. BERNARD TEYSSIÉ, *Droit du Travail, 1. Relations individuelles de travail,* 12ª ed., cit., p. 64.

(1117) Para além de organicamente ser constituida por três órgãos — a *Conferência Geral de Membros,* com poderes legislativos internos; o *Conselho de Administração,* a quem compete reunir, estudar e elaborar todas as questões com significado para a regulamentação internacional das condições de vida e de laboração dos trabalhadores; e o *Gabinete Internacional do Trabalho,* que dispõe de um Diretor Geral a quem compete secretariar a organização, preparando e executando decisões —, a estrutura da OIT caracteriza-se também por incluir representantes dos Governos, dos empregadores e dos trabalhadores, que atuam em termos autónomos.

(1118) Quanto aos antecedentes históricos que rodearam a criação da OIT, bem como os seus objectivos, estrutura orgânica e produções legislativas, veja-se, designadamente, ANTÓNIO JORGE DA MOTA VEIGA, *Direito do Trabalho Internacional e Europeu,* Lisboa, 1994, pp. 33 ss.; e MENEZES CORDEIRO, *Manual de Direito do Trabalho,* cit., pp. 152 ss.

(1119) Para uma análise exaustiva de todas as convenções e recomendações aprovadas pela OIT até meados da década de noventa, veja-se JORGE LEITE, F. JORGE COUTINHO DE ALMEIDA, *Legislação do Trabalho,* 10ª ed., Coimbra Editora, outubro 1996, pp. 44-53.

(1120) Cf. GIULIANO MAZZONI, *Manuale di Diritto del Lavoro,* 6ª ed., cit., pp. 62 e ss., p. 69.

(1121) Cf. GIULIANO MAZZONI, *Manuale di Diritto del Lavoro,* 6ª ed., cit., p. 141. Recorda-se que, para o autor, o primeiro princípio que emana das fontes e dos trabalhos da OIT é, precisamente, o princípio segundo o qual o trabalhador não deve ser tratado como uma mercadoria ou um artigo de comércio, mas sim como um cidadão.

(1122) Cf. MATTIA PERSIANI e FRANCO CARINCI, *Trattato di Diritto del Lavoro, Volume Primo,* cit., p. 207.

(1123) Cf. PEDRO ROMANO MARTINEZ, Direito do Trabalho, cit., p. 220.

(1124) Veja-se, a este propósito, GIUSEPPE PERA, *Diritto del Lavoro,* 6ª ed., cit., pp. 55-60.

A OIT contém várias convenções relacionadas com os direitos fundamentais dos trabalhadores (*v. g.*, Convenção n. 87, sobre a *liberdade sindical*; Convenção n. 95, sobre a *proteção do salário*; Convenção n. 98, sobre o *direito de negociação coletiva*; Convenção n. 100, sobre a *igualdade retributiva entre homens e mulheres*; Convenção n. 111, sobre a *discriminação no emprego e profissão*; Convenção n. 156, sobre a *igualdade de oportunidades e tratamento para os trabalhadores de ambos os sexos: trabalhadores com responsabilidades familiares*) ou com questões mais técnicas (*v. g.*, Convenção n. 22, sobre o *contrato de trabalho dos marítimos*; Convenção n. 77, sobre *exames médicos dos adolescentes na indústria*).

Das mais de 180 aprovadas pela OIT, Portugal subscreveu 77 convenções, estando 70 em vigor.

d) Direito da União Europeia

I. O Direito da União Europeia, que é composto pelo conjunto normas e princípios de origem comunitária que resultam dos tratados que instituíram a Comunidade Económica Europeia (atual União Europeia) e dos atos legislativos produzidos pelos respetivos órgãos, exerce uma influência decisiva e cada vez mais abrangente no nosso ordenamento jurídico[(1125)]. O Direito da União Europeia, nas palavras de Maria Luísa Duarte, é a "*expressão de um verdadeiro ordenamento jurídico-autónomo no que tange às fontes e aos órgãos de decisão e de aplicação das normas; tentacular no que se refere ao âmbito material de regulação*"[(1126)]. Portugal, enquanto Estado-membro da União Europeia, obriga-se a cumprir os atos legislativos comunitários, sejam os tratados originais, seja o chamado *direito derivado*, resultante da aprovação de *diretivas* e de *regulamentos*. Hoje em dia, perante a transversalidade do acervo comunitário e a horizontalidade dos respetivos atos legislativos, raros são os espaços de normatividade que não são influenciados pelo Direito da União Europeia.

O Direito do trabalho não foge à regra: dentro do Direito da União Europeia, é possível falar-se em *Direito social europeu*, enquanto conjunto de normas e princípios que incidem sobre a política de trabalho e emprego, a regulação das condições de trabalho, as políticas de segurança, higiene e saúde no trabalho, a igualdade de tratamento, os sistemas de segurança social e a harmonização dos sistemas laborais dos diferentes Estados-membros; em *Direito europeu do trabalho*, enquanto conjunto de regras laborais de origem europeia aplicáveis a todos os trabalhadores que desempenham uma atividade laboral subordinada em Estados da União Europeia, ou seja, relativas ao estatuto do trabalhador comunitário, independentemente do local em que este presta a sua atividade; e em *Direito do trabalho europeu*, entendido este de forma mais restrita, na medida em que pressupõe uma situação de transnacionalidade, nomeadamente quando um trabalhador de um Estado desenvolve a sua atividade em outro Estado da União Europeia[(1127)].

Em qualquer caso, independentemente do âmbito de análise — mais alargado (*Direito social* europeu) ou mais restrito (*Direito europeu do trabalho*) — a adotar, importa assentar no seguinte: as regras comunitárias que relevam e que incidem sobre o nosso ordenamento jurídico são as que resultam dos tratados que instituíram a Comunidade Económica Europeia (atual União) — *Direito originário* — e dos instrumentos legislativos produzidos no seio da União Europeia — *diretivas* e *regulamentos: Direito derivado.*

Por outras palavras, o Direito da União Europeia assenta, quer nos tratados que instituíram a Comunidade Económica Europeia (atual União), quer nos instrumentos legislativos produzidos no seio da União Europeia — *diretivas* e *regulamento* — sendo certo que ambos produzem efeitos na nossa ordem jurídica nos termos do artigo 8º da Constituição.

(1125) Veja-se, a este propósito, GIUSEPPE PERA, *Diritto del Lavoro,* 6ª ed., cit., pp. 55-60.

(1126) MARIA LUISA DUARTE, "Direito Comunitário do Trabalho. Tópicos de Identificação", *Estudos do Instituto de Direito do Trabalho,* v. I, Coimbra, 2001, pp. 153 e ss.

(1127) Cf. PEDRO ROMANO MARTINEZ, *Direito do Trabalho,* cit., p. 224. O autor em causa distingue *direito europeu do trabalho,* enquanto conjunto de regras laborais de origem comunitária aplicáveis a todos os trabalhadores que desempenham a sua atividade em Estados da União Europeia, de *direito do trabalho europeu,* entendido este de forma mais restrita, na medida em que pressupõe uma situação de transnacionalidade, nomeadamente quando um trabalhador de um Estado desenvolve a sua atividade em outro Estado da União Europeia.

II. Inicialmente, como *supra* se afirmou, as primeiras referências a normas e princípios relativos ao *Direito social europeu* surgem numa lógica instrumental face à criação do mercado económico europeu. O que estava em causa, inicialmente, era a criação do mercado comum europeu, assente fundamentalmente nos princípios da livre-iniciativa económica e da livre concorrência, os quais exigiam, para o efeito, a institucionalização da livre circulação de trabalhadores[(1128)] e a eliminação de todos os obstáculos à liberdade de circulação de pessoas, de mercadorias, de serviços e de capitais[(1129)].

Não se descortinava, consequentemente, qualquer preocupação especial de proteção do trabalhador, enquanto contraente mais débil.

Mas paulatinamente, essa situação foi-se alterando, sendo a política social, atualmente, um dos traços mais emblemáticos da União Europeia — "*un acquis réel*"[(1130)] — e que marca o chamado "Modelo Social Europeu[(1131)], acima desenvolvido.

III. Atualmente, quer o *Tratado da União Europeia*, quer o *Tratado sobre o Funcionamento da União Europeia*, com a redação que lhes foi dada pelo *Tratado de Lisboa* e na sequência de uma longa e paulatina evolução do projeto europeu, são absolutamente claros quanto à existência de uma Política Social Europeia que, por sua vez, está na origem de um "Direito Social Europeu", assente num conjunto de regras e princípios que tem em vista a criação de uma sociedade empenhada na promoção de emprego elevado e duradouro, nomeadamente através de políticas ativas de emprego; na melhoria das condições de vida e de trabalho; numa proteção social adequada na gravidez, na maternidade, na paternidade, no desemprego, na doença e na velhice; no diálogo entre os parceiros sociais; na luta contra as exclusões; e na igualdade de oportunidades.

O "princípio da proteção do trabalhador" está assim presente, de forma manifesta, no acervo da União Europeia — quer em termos gerais, quer no que tange a determinadas categorias mais desfavorecidas de trabalhadores, nomeadamente as mulheres, em especial as grávidas, puérperas ou lactantes, ou os jovens.

IV. Os instrumentos legislativos utilizados pela União Europeia para pôr em prática os seus objetivos reconduzem-se no essencial, nos termos do artigo 249º do Tratado, aos *regulamentos* e às *diretivas*, que tanto podem ser adotados pelo Conselho — isolada ou conjuntamente com o Parlamento Europeu — como pela Comissão (artigo 288º do Tratado).

Os *regulamentos* têm caráter geral e valem na ordem jurídica diretamente, sem necessidade de qualquer intervenção legislativa por parte do Estado-membro (artigo 288º, II, do Tratado e artigo 8º, n. 3, da Constituição); as *diretivas*, pelo contrário, vinculam o Estado-membro apenas quanto ao objetivo a alcançar, deixando ao citado Estado e ao legislador nacional liberdade quanto à escolha da forma e dos meios para o atingir — por essa razão, a diretiva não vale no ordenamento jurídico interno e não é diretamente aplicável aos cidadãos (artigo 288º, III, do Tratado), apesar de ter aplicabilidade imediata na medida em que vincula o Estado desde a sua entrada em vigor: relativamente aos cidadãos, ela só vale depois de transposta para o ordenamento jurídico nacional sendo certo que, entre nós, tal transposição é levada a efeito por regulamentação legislativa, por lei ou decreto-lei. Em caso de omissão do Estado e de não transposição da diretiva comunitária, este pode ser responsabilizado. Em qualquer caso, no domínio do *Direito social europeu* ou no do *Direito europeu do trabalho*, a diretiva surge como a forma de

---

(1128) Veja-se, a este propósito, a obra *Le travail en perspectives,* Paris, 1998, A. SUPIOT (dir.), Paris, 1998. Entre nós, MARIA DO ROSÁRIO RAMALHO, *Direito Social da União Europeia,* Almedina, 2009, pp. 29-41; MIGUEL GORJÃO HENRIQUES, *Direito Comunitário,* 4ª ed., Coimbra, 2006, pp. 479 e ss.; MARIA LUISA DUARTE, "Direito Comunitário do Trabalho. Tópicos de Identificação", *Estudos do Instituto de Direito do Trabalho,* Vol. I, Coimbra, 2001, pp. 153 e ss.

(1129) Cf. GIULIANO MAZZONI, *Manuale di Diritto del Lavoro,* 6ª ed., cit., pp. 72 e ss., p. 72.

(1130) Cf. BRIGITTE FAVAREL-DAPAS; ODILE QUINTIN, *L'Europe Sociale,* 2ᵉ édition, Réflexe Europe, Paris, 2007, p. 5. Veja-se, também, a propósito da evolução do Direito comunitário em matéria social e laboral, JOSÉ JOÃO ABRANTES, "Do Tratado de Roma ao Tratado de Amsterdão. A caminho de um Direito do trabalho Europeu?", em *Questões Laborais,* n. 16 (2000), pp. 162 a 175; SABINA PEREIRA DOS SANTOS, *Direito do Trabalho e Política Social na União Europeia,* Principia, Cascais, 2000; e MOTTA VEIGA, *Direito do Trabalho Internacional e Europeu,* Universidade Lusíada, Lisboa, 1994, pp. 65 a 85.

(1131) Veja-se, a este propósito, MARIA DO ROSÁRIO RAMALHO, *Da Autonomia Dogmática do Direito do Trabalho,* cit., p. 624.

ato mais adequada à realização do objetivo de *harmonização* (e não de uniformização) das legislações nacionais[1132][1133].

É possível, ainda, ter em conta, para além dos *regulamentos* e das *diretivas*, as *recomendações*, que não são vinculativas, bem como as *decisões*, que são *obrigatórias* (artigo 288º, IV e V, do Tratado). Em matéria social, é igualmente relevante a jurisprudência do Tribunal das Comunidades[1134].

Recorda-se, por fim, que o próprio Tratado estabelece uma relação entre os seus instrumentos legislativos e o direito internacional, nomeadamente as convenções da OIT — a União Europeia pode, ela mesma, figurar como parte contratante em convénios internacionais, nomeadamente nas convenções celebradas no âmbito da OIT sobre matéria juslaboral[1135].

V. Tudo visto: o Direito do trabalho é objeto de ampla e extensa consagração internacional, quer ao nível das Nações Unidas, em especial no âmbito da Declaração Universal dos Direitos do Homem e, por outro lado, através da OIT, quer ao nível da União Europeia, não apenas no que tange aos tratados que instituíram a Comunidade mas também — e principalmente — no *direito derivado*. E, em todos estes quadrantes, a preocupação subjacente é a mesma: garantir relações de trabalho equilibradas e que garantam a dignificação do trabalho. Garantir a proteção do trabalhador e, por essa via, promover o equilíbrio entre as partes que atuam na relação laboral, seja ao nível do Direito do trabalho individual — condições de trabalho, igualdade e não discriminação, dignificação e proteção do salário, segurança no trabalho, etc. —, quer ao nível do Direito do trabalho coletivo — direito à greve, direito à negociação coletiva, direito à constituição de conselhos de empresa europeus, etc.

VI. Em suma, o "princípio da proteção" do trabalhador está na génese e tem orientado a produção legislativa, também a nível internacional — ele assume aqui, com plenitude, a sua função de conformação da ordem juslaboral, a nível nacional e internacional. E, na exata medida em que ele está presente na ordem de valores dos textos acima enunciados, em especial na da Declaração Universal dos Direitos do Homem — que, como se viu, condiciona, a interpretação dos direitos fundamentais previstos na Constituição portuguesa, nos termos do artigo 16º, n. 2, da Constituição — naturalmente que o seu papel no âmbito do subsistema laboral torna-se, por isso, mais claro, mais incisivo e mais central: o "princípio da proteção do trabalhador" afirma-se, também por esta via, como o princípio atomístico do Direito do trabalho.

§ 2º O PRINCÍPIO DO TRATAMENTO MAIS FAVORÁVEL ENQUANTO "NORMA DE CONFLITOS"

1. O sistema tradicional

I. No Direito do trabalho, o problema de concorrência de fontes para efeitos de aplicação na situação laboral é comum e ultrapassa a dimensão normal da questão.

(1132) Cf. MARIA LUISA DUARTE, "Direito Comunitário do Trabalho. Tópicos de Identificação", cit., p. 159. Neste mesma obra (pp. 156 a 159), poderá ser consultada a temática da articulação entre a competência nacional — que é a *regra* — e a competência comunitária — que é a *excepção* e que se baseia no princípio da legalidade da competência ou da *competência por atribuição*. Assim, sem prejuízo de existirem no acervo comunitário várias disposições que fundamentam a titularidade pela União Europeia de poderes de regulação sobre matéria laboral ou social, estas não excluem o direito de atuação legislativa dos Estados-membros, nalguns casos até em sede de competência reservada, sempre que esteja em causa a invocação de cláusulas de exceção baseadas em questões de ordem pública, segurança pública e saúde pública.

(1133) A propósito da relação de atos comunitários em matéria social já adotados veja-se, nomeadamente, *Legislação do Trabalho*, organizada por Jorge Leite/Coutinho de Abreu, bem como o *Compêndio de Leis do Trabalho*, organizado por António José Moreira. Informação mais atualizada e completa pode ser obtida no *site* oficial da União Europeia — <http://europa.eu/index_pt.htm> — nomeadamente no *link* "domínios de intervenção" e no "*sublink*" *Emprego e Assuntos Sociais*, onde consta o resumo da legislação e das políticas sociais já adotadas.

(1134) A jurisprudência do TJUE pode ser consultada no citado *site* oficial da União Europeia — <http://europa.eu/index_pt.htm> — nomeadamente no referido *link* "domínios de intervenção" e no "sublink" *Emprego e Assuntos Sociais*.

(1135) A este propósito, e como lembra Maria Luisa Duarte, em "Direito Comunitário do Trabalho. Tópicos de Identificação", cit., p. 151, a questão da competência comunitária para celebrar convenções adoptadas sob a égide da OIT esteve na origem do Parecer n. 2/91 do Tribunal de Justiça, de 19 de março de 1993, relativo à Convenção sobre substâncias químicas n. 170. A propósito da Convenção n. 170, relativa à segurança na utilização de produtos químicos no trabalho, o Tribunal reconheceu que a competência comunitária sobre a matéria, apesar de existir, não era exclusiva — estávamos perante uma competência partilhada que exigia um procedimento de "acordo misto", de celebração conjunta entre a Comunidade e os Estados-membros.

A existência de diversas fontes de Direito é normal em qualquer disciplina jurídica e o problema, em regra, é solucionado por uma via natural: as fontes de direito superiores prevalecem sobre as inferiores.

No Direito do trabalho, contudo, como *supra* se afirmou, o problema ganha outra dimensão, quer por uma razão extrínseca ao sistema laboral, quer por uma razão intrinsecamente ligada à axiologia deste ramo de Direito.

Por um lado, em termos externos e ao contrário do que sucede habitualmente, as fontes laborais emanam de uma pluralidade de centros de poder — para além de fontes que provêm do Estado, nomeadamente sob a forma de leis ou decretos-lei, são da maior relevância as fontes laborais que resultam dos sujeitos laborais coletivos (*v. g.*, através das convenções coletivas de trabalho) e do ajuste privado dos sujeitos laborais individuais (através do contrato de trabalho)[(1136)]. Ou seja, os conflitos de fontes, para além de serem enquanto tal, facilmente se transformam, também, em disputas de influência entre diferentes centros de poder e entre fontes de origem heterónoma e de origem autónoma.

Por outro lado, atenta a sua vocação tutelar e protecionista do trabalhador, o Direito do trabalho contém regras específicas, que interferem na resolução dos conflitos hierárquicos, através da intervenção do complexo "(sub)*princípio do tratamento mais favorável ao trabalhador*"[(1137)], enquanto projeção do "princípio da proteção do trabalhador". É neste contexto que se compreendem as palavras de Valentin Carrion, quando afirmava que "*As normas de Direito do Trabalho são geralmente imperativas, inafastáveis pela vontade das partes, salvo para conferir maior proteção ao empregado*"[(1138)].

Temos, pois, três fatores que tornam o concurso hierárquico de fontes uma operação complexa: a *multiplicidade* de fontes, a *diferente natureza* das fontes e o "(sub)*princípio do tratamento mais favorável ao trabalhador*", enquanto projeção do "princípio da proteção do trabalhador"[(1139)].

Assim sendo, é habitual, no Direito do trabalho, que as situações laborais sejam objeto da aplicação potencial de *fontes* diversas[(1140)], todas elas aptas, em abstrato, a resolver o caso concreto. É normal que *fontes* de diversos níveis — normas constitucionais, normas legais ou decorrentes de convenções coletivas de trabalho — e provenientes de diferentes centros de poder — do Estado, da negociação coletiva ou do contrato de trabalho — se possam aplicar em simultâneo à mesma situação, assim como é habitual e comum, também, sendo o contrato de trabalho um contrato de duração tendencialmente continuada, que se coloquem problemas relativos à aplicação de normas de diferente vigência: cumpre saber, em tais casos, qual das normas se aplica ao caso concreto. No mesmo sentido, na disciplina de uma determinada situação laboral, podem concorrer normas com diferente âmbito de aplicação espacial, importando neste caso saber qual delas se aplica, em sede de Direito internacional privado. Por fim, podem ainda, nomeadamente ao nível das convenções coletivas de trabalho, colocar-se questões relacionadas com a concorrência de normas do mesmo nível hierárquico — se duas convenções coletivas são potencialmente aplicáveis à mesma situação laboral, ainda que ambas sejam autónomas e que ambas decorram do mesmo *centro de poder*, importa (ainda assim) saber qual delas se deve aplicar.

Em suma, e como *supra* se afirmou — o conflito de *fontes* juslaborais (de diferentes níveis hierárquicos, ou do mesmo nível hierárquico) é uma realidade comum no processo de realização do Direito do trabalho, marcado pela presença de várias fontes hierarquicamente diferentes, de diferente proveniência mas de igual âmbito de competência.

(1136) Em bom rigor, o contrato de trabalho não é uma *fonte* do Direito, na medida em que não contém qualquer "comando genérico". Todavia, na medida em que contém comandos aplicáveis à situação laboral, por um lado, e em que as normas laborais a ele se referem, expressamente, em sede de resolução de conflitos de fontes (*v. g.*, artigo 3º, ns. 4 e 5, e artigo 476º, todos do CT/2009), a referência ao contrato de trabalho nesta problemática é não apenas usual, como necessária — veja-se, por todos, MENEZES CORDEIRO, *Manual de Direito do Trabalho*, cit., p. 207.

(1137) Veja-se, a este propósito, MENEZES CORDEIRO, *Manual de Direito do Trabalho*, cit., p. 205.

(1138) Cf. VALENTIN CARRION, *"Comentários à Consolidação das Leis do Trabalho"*, 24ª ed., Editora Saraiva, São Paulo, 1999, p. 19.

(1139) Veja-se, a este propósito, JOSÉ ANDRADE MESQUITA, *Direito do Trabalho*, cit., pp. 235-236.

(1140) Veja-se também, a este propósito, LUÍS MENEZES LEITÃO, *Direito do Trabalho*, 3ª ed., cit., pp. 78 e ss.

O "(sub)princípio do tratamento mais favorável" joga, aqui, um papel decisivo: o de seleção ou escrutínio das normas a aplicar, optando por aquela que se afigure mais favorável ao trabalhador, nos termos legalmente previstos.

O "(sub)princípio do tratamento mais favorável", neste caso, utilizando a terminologia de Menezes Cordeiro, funciona como um elemento de conexão de uma norma de conflitos, *"destinada a solucionar os conflitos hierárquicos de normas juslaborais, com recurso ao referido elemento de conexão"*[(1141)].

A cabal compreensão da matéria impõe, contudo, que se destrincem três fases na evolução do Direito do trabalho em Portugal a propósito desta matéria: a *fase tradicional*, desde a LCT de 1969 até o CT/2003; a *fase de rutura*, que surge com o advento do CT/2003; e a *fase de normalização*, que surge com o CT/2009 e se mantém até a atualidade.

II. O sistema *tradicional* juslaboral assentava num sistema de normas de conteúdos mínimos sucessivamente mais favoráveis ao trabalhador. O Direito do trabalho, formado por normas imperativas que estabeleciam estatutos mínimos para o trabalhador, assentava num sistema em que as normas de fontes inferiores estabeleciam sempre e invariavelmente, sob pena de não serem aplicáveis, soluções mais favoráveis para os trabalhadores. Entendia-se, pois, que o Direito do trabalho não deveria estabelecer de forma inflexível as condições de trabalho, mas apenas *limites mínimos*, *"pelo que as fontes de valor superior poderiam ser afastadas por fontes de valor inferior desde que estas estabelecessem condições mais favoráveis para o trabalhador"*[(1142)].

Assim sucedia, entre nós, no âmbito dos *conflitos hierárquicos de fontes* — entre as normas legais e os instrumentos de regulamentação coletiva (artigo 13º, n. 1, da LCT, e artigo 6º, n. 1, alíneas *b* e *c* da LRCT); entre as normas legais e os contratos de trabalho (artigo 14º, n. 2, da LCT); entre os instrumentos de regulamentação coletiva e os contratos de trabalho (artigo 14º, n. 1, da LRCT) —, bem como no âmbito da *concorrência* (artigo 14º, n. 2, alínea *b*, da LRCT) ou da *sucessão no tempo* das convenções coletivas de trabalho (artigo 15º, n. 1, da LRCT).

Vejamos em que termos.

III. O artigo 13º da LCT, sob a epígrafe, *"Prevalência na aplicação das normas"*, dispunha que *"As fontes de direito superiores prevalecem sempre sobre as fontes inferiores, salvo na parte em que estas, sem oposição daquelas, estabelecem tratamento mais favorável para o trabalhador"*.

A doutrina interpretou de forma diversa o preceito em apreço quanto ao seu *modus operandi*, mas no essencial todos confluíam no mesmo resultado: nos casos em que as fontes superiores admitissem ser derrogadas por fontes inferiores estas só poderiam prevalecer se estabelecessem um tratamento mais favorável para os trabalhadores do que aquele que já constava das fontes superiores.

A razão era simples: a génese do Direito do trabalho determinaria que todo o desenvolvimento do sistema laboral deveria representar mais um passo na defesa dos trabalhadores[(1143)]. Construídos os alicerces de um ramo de direito privado especial centrado na defesa do trabalhador, todo o seu sistema tenderia, como consequência lógica, a confluir nesse sentido finalisticamente afirmado: o da proteção dos trabalhadores. E todo o sistema de fontes, bem como a articulação entre as mesmas, deveria ser articulado e operacionalizado nesse mesmo sentido.

Nesse contexto, o Direito do trabalho, para além de se socorrer da tradicional hierarquia das fontes e do método natural de solução de conflitos, segundo o qual as fontes de direito superiores prevalecem sobre as inferiores, estabeleceu ainda, no que representa uma especificidade deste ramo de direito, uma forma peculiar de resolução do conflito de fontes, alicerçada no mencionado "princípio do tratamento mais favorável ao trabalhador", enquanto concretização no campo da aplicação do Direito do "princípio da proteção do trabalhador".

(1141) MENEZES CORDEIRO, *Manual de Direito do Trabalho*, cit., p. 219.
(1142) Cf. LUÍS MENEZES LEITÃO, *Direito do Trabalho*, 3ª ed., cit., p. 78.
(1143) Cf. RAUL VENTURA, Teoria da relação jurídica de trabalho, cit., pp. 195 e ss.

A hierarquia de fontes, contudo, não apresenta especificidades em relação aos demais ramos do Direito, para além das que resultam da especificidade da própria fonte, em si mesma considerada. Assim, no Direito do trabalho, a hierarquia faz-se nos seguintes termos: em primeiro lugar, regras constitucionais a respeitar pelas leis de revisão constitucional; em segundo lugar, regras constitucionais; em terceiro lugar, normas internacionais — comuns, convencionais ou derivadas do Direito da União Europeia; em quarto lugar, normas legais emanadas do Estado, de acordo com a sua ordem normal — Leis da Assembleia da República, decretos-leis do Governo, decretos, portarias, etc.; em quinto lugar, instrumentos de regulamentação coletiva de trabalho, em especial, convenções coletivas de trabalho; em sexto lugar, e com a precisão de formalmente não serem verdadeiras *fontes* de Direito, os contratos de trabalho; em sétimo lugar, os usos da profissão ou empresa; e, por fim, também neste caso com a precisão de formalmente não serem uma verdadeira *fonte* de Direito, os regulamentos internos da empresa, resultantes do exercício do poder de direção.

À luz do critério tradicional, o conflito entre fontes seria facilmente resolvido: as fontes superiores prevaleceriam sempre sobre as inferiores.

Simplesmente, à luz do citado artigo 13º da LCT, admitia-se que as fontes inferiores pudessem superar as fontes superiores sempre que estas fixassem garantias mínimas de proteção do trabalhador e da fonte inferior resultasse um tratamento mais favorável ao trabalhador. Mais do que isso: nos termos do artigo 6º, n. 1, alínea *c*, da LRCT, estabelecia-se, também, que os instrumentos de regulamentação coletiva não podiam "*incluir qualquer disposição que importe para os trabalhadores tratamento menos favorável do que o estabelecido por lei*"; o artigo 14º, n. 2, da LCT, determinava que "*as cláusulas do contrato de trabalho que importarem para o trabalhador regime menos favorável do que o estabelecido em preceitos imperativos consideram-se substituídos por estes*" e o artigo 14º, n. 1, da LRCT, determinava que "*a regulamentação coletiva (...) não pode ser afastada pelos contratos individuais de trabalho, salvo para estabelecerem condições mais favoráveis para os trabalhadores*".

Quer dizer, por um lado, admitia-se que as fontes inferiores pudessem superar as fontes superiores, desde que fossem mais favoráveis para o trabalhador. Inversamente, as fontes inferiores nunca poderiam consagrar um regime menos favorável para os trabalhadores, mesmo quando as fontes superiores não fossem imperativas. E isto, quer ao nível do conflito entre a lei e os IRCT, quer entre estes e o contrato de trabalho, quer entre este e as normas legais.

Do ponto de vista da "explicação" do "*modus operandi*" do tratamento mais favorável ao nível do conflito hierárquico de fontes, a doutrina apresentava diferentes explicações.

Monteiro Fernandes[1144], alicerçado na orientação de Raúl Ventura[1145] defendia aquilo a que Menezes Cordeiro intitulava "solução de tipo estatutário"[1146] — determinada uma norma superior, a fonte inferior deveria ceder; caso, porventura, a norma superior fosse supletiva, a inferior afinal levaria a melhor, suplantando-a; dentro da supletividade, se a fonte superior fixasse uma "vantagem mínima", a fonte inferior poderia derrogá-la se fosse mais além, mas não a poderia reduzir; se a fonte superior fixasse uma "vantagem máxima", a fonte inferior não poderia ultrapassá-la; se a fonte superior estabelecesse "margens máximas e mínimas", a fonte inferior poderia operar dentro dessa margem de atuação; se a fonte superior fosse absolutamente supletiva, não estabelecendo qualquer limite, nem máximo, nem mínimo, a fonte inferior poderia dispor em qualquer sentido.

Com base nesta construção, Monteiro Fernandes atribuiu um sentido útil ao artigo 13º, n. 1, da LCT: o preceito levaria o intérprete a presumir que a fonte superior era uma norma imperativa mínima, indicando apenas vantagens mínimas para o trabalhador, sendo totalmente supletiva quanto à atribuição, pelas fontes inferiores, de vantagens acrescidas ao trabalhador. Seria este, pois, o sentido do "(sub)princípio do tratamento mais favorável": em princípio e por força da presunção ("ilidível") do citado preceito legal,

(1144) MONTEIRO FERNANDES, "Princípio do Tratamento Mais Favorável ao Trabalhador — Sua Função", *Estudos de Direito do Trabalho*, Almedina, Coimbra, 1972, pp. 7 e ss.

(1145) RAUL VENTURA, *Teoria da relação jurídica de trabalho*, cit., pp. 199 e ss.

(1146) Cf. MENEZES CORDEIRO, *Manual de Direito do Trabalho*, cit., pp. 212-213.

as fontes superiores poderiam ser afastadas pelas fontes inferiores, desde que estas consagrassem, para o trabalhador, um tratamento mais favorável.

Menezes Cordeiro, por sua vez, reviu a questão, defendendo que o princípio do tratamento mais favorável, sendo *"qualquer coisa com sentido profundo — e não (...) mero incidente causado pelo legislador de 1969"*, deveria ser equacionado de forma mais abrangente em todo o *sistema laboral*, e não apenas em círculos estreitos de fontes e no apertado elenco do artigo 13º. Deveria, por outras palavras, ultrapassar-se o *subaproveitamento*(1147) do princípio do tratamento mais favorável proposto pela tese de tipo estatutário, que assentava apenas na relação entre normas imperativas e supletivas. Por isso, para o autor, o princípio deveria valer não apenas nas relações entre a lei e a convenção coletiva, mas nas relações entre todas as fontes — o problema da hierarquia das fontes deveria ser ponderado no seu conjunto, desde as normas constitucionais até o regulamento da empresa, razão pela qual o autor advoga o abandono das orientações de tipo estatutário a favor da técnica, mais ampla e generalista, das *"normas de conflito"*(1148).

No essencial, a técnica da "norma de conflitos" seria mais adequada para responder à teleologia do Direito do trabalho, centrada na proteção do trabalhador. Tratamento mais favorável do trabalhador, entendido em termos atualistas, corresponderia, segundo o autor, ao *"conjunto dos valores que o Direito do trabalho, de modo adaptado, particularmente defende e entre os quais, naturalmente, avulta a proteção necessária ao trabalhador subordinado"*. Assim sendo, o papel do princípio do tratamento mais favorável seria simples: o de funcionar como *elemento de conexão* de uma "norma de conflitos", destinada a solucionar os conflitos hierárquicos de normas juslaborais(1149). Tratar-se-ia, pois, de um "princípio geral", aplicável a todas as fontes juslaborais, associado à evolução e à finalidade do Direito do trabalho e que estaria positivado em vários preceitos laborais — no artigo 13º, n. 1, da LCT, e artigo 6º, n. 1, alíneas *b* e *c* da LRCT (conflitos entre as normas legais e os instrumentos de regulamentação coletiva); no artigo 14º, n. 2, da LCT (conflitos entre as normas legais e os contratos de trabalho); no artigo 14º, n. 1, da LRCT (conflitos entre os instrumentos de regulamentação coletiva e os contratos de trabalho); no artigo 14º, n. 2, alínea *b*, da LRCT (no âmbito da concorrência entre instrumentos de regulamentação coletiva de trabalho) e no artigo 15º, n. 1, da LRCT (conflitos no âmbito da sucessão no tempo da convenção coletiva de trabalho).

A fórmula proposta pelo autor, neste contexto, surge do seguinte modo: quando haja um conflito hierárquico entre fontes do Direito do trabalho, devem aplicar-se as normas que estabelecem o "tratamento mais favorável para o trabalhador", sejam elas quais forem; só assim não sucederá quando a norma superior tiver uma *"pretensão de aplicação efetiva"*, afastando a inferior. Ou seja, ao invés de se partir da *natureza* supletiva ou imperativa da norma (como na solução de tipo estatutário), parte-se da *solução* da norma; e apenas se admite a prevalência total da norma superior quando esta tenha uma *"assumida intenção de aplicação absoluta"*, e não apenas quando a mesma tenha uma natureza imperativa(1150).

IV. Ambas as teses — de "tipo estatutário" ou da "norma de conflitos" — assentavam num denominador comum: a fonte inferior deveria prevalecer sobre a fonte superior apenas nos casos em que conferisse, aos trabalhadores, um tratamento mais favorável do que o atribuído pelas fontes superiores. E ambas assentavam também — com maior ou menor amplitude, e com maior ou menor aproveitamento das potencialidades do princípio em causa — na ideia clássica segundo a qual o sistema de fontes juslaboral estaria articulado e preparado, em termos legais, para garantir que o regime das convenções coletivas de trabalho fosse sempre mais favorável para o trabalhador do que o previsto nas normas legais(1151) e que,

---

(1147) Cf. MENEZES CORDEIRO, *Manual de Direito do Trabalho*, cit., p. 219.
(1148) Cf. MENEZES CORDEIRO, *Manual de Direito do Trabalho*, cit., p. 215.
(1149) Cf. MENEZES CORDEIRO, *Manual de Direito do Trabalho*, cit., p. 219.
(1150) Cf. MENEZES CORDEIRO, *Manual de Direito do Trabalho*, cit., p. 220. António Araújo criticou esta solução, dando a entender que a alteração era quase de semântica — *"a distinção faz-se agora não entre normas impositivas ou dispositivas mas entre normas com ou sem assumida intenção de aplicação absoluta (...)."*. Por outro lado, invocando *"(...) ser difícil determinar quando é que a norma possui ou não essa intenção"* e que esta construção é contrária à *"actual flexibilização do* favor laboratoris", este último autor acaba por julgar *"mais correcto o entendimento tradicional segundo o qual o art. 13º/1 da LCT não tem qualquer utilidade para a resolução dos conflitos hierárquicos de normas juslaborais"*. cf. ANTÓNIO DE ARAÚJO, "Princípio *Pro Operario*" e Interpretação de Normas Juslaborais", cit., p. 34.
(1151) Alguns autores, porém, negavam que do artigo 13º resultasse qualquer especialidade em sede de conflito hierárquico de fontes. Mário Pinto, por exemplo, defendia que a ressalva do artigo 13º *"não contém qualquer excepção ou especialidade, visto que*

num plano mais inferior, as estipulações dos contratos de trabalho fossem por sua vez mais favoráveis do que o regime previsto nas convenções coletivas de trabalho e, por consequência, nas normas legais. Trata-se do *"modelo sempre a somar"* a que se refere Bernardo Lobo Xavier[(1152)] e que, segundo o autor, tinha subjacente um "otimismo cósmico" quanto ao progresso social, desfasado da realidade. Por outro lado, a produção em excesso de legislação laboral marcadamente imperativa e sem abertura a uma modelação livre por parte das convenções coletivas terá precipitado a paralisação da contratação coletiva e representado, na ótica do autor, um atestado de "menoridade" às associações sindicais, não lhes conferindo margem para, em determinadas situações conjunturais ou setoriais, estabelecerem regimes laborais diferenciados (e não necessariamente mais favoráveis) do que o previsto nas normas legais[(1153)].

2. *O sistema instituído pelo CT/2003*

I. O CT/2003 rompeu com o sistema tradicional — diminuiu a imperatividade das normas legais face às convenções coletivas de trabalho e aumentou a imperatividade destas face aos contratos individuais de trabalho. A relação entre as normas legais e as convenções coletivas de trabalho flexibilizou-se, passando-se a admitir-se, nos termos do artigo 4º, n. 1 (CT/2003), que *"as normas deste Código podem (...) ser afastadas por instrumento de regulamentação coletiva de trabalho, salvo quando delas resultar o contrário"*. Quer dizer: o CT/2003 passou a admitir a intervenção dos instrumentos de regulamentação coletiva de trabalho[(1154)], quer em sentido mais favorável aos trabalhadores, quer em sentido menos favorável, tendo por base o pressuposto de que *"nesta situação os trabalhadores são representados — instrumentos de natureza negocial — pelos sindicatos, razão pela qual se encontram em situação de igualdade (formal e material) com os empregadores"*[(1155)]. Manteve-se, porém, o limite que já constava do artigo 13º da LCT: as fontes de direito inferiores (quer dizer, os instrumentos de regulamentação coletiva) já não poderão (sendo mais ou menos favoráveis) prevalecer sobre as fontes superiores *"quando delas resultar o contrário"*, o mesmo é dizer: quando o legislador, na norma legal, impedir a intervenção dos instrumentos de regulamentação coletiva, estes não poderão intervir; quando admitir a sua intervenção, estes tanto poderão (e aqui reside a novidade do CT/2003) conter um regime mais favorável, como um regime menos favorável aos trabalhadores. Assim: tratando-se de uma norma imperativa de conteúdo fixo (por exemplo, o artigo 210º do CT/2003, relativo ao *regime dos feriados*)[(1156)], o instrumento de regulamentação coletiva não poderia dispor de modo diferente, independentemente de ser mais ou menos favorável; se

---

exprime pura e simplesmente o princípio geral da hierarquia das normas, que fica intocado quando a norma superior permite, ela própria ser substituída por uma disposição hierarquicamente inferior. (...) E se é isto, o que ele veio consagrar não foi o princípio da maior favorabilidade. Mas, precisamente ao invés, o que ele veio fazer foi negar que o princípio do favor laboratoris *prejudique o princípio geral da hierarquia das normas"* — Cf. MÁRIO PINTO, *Direito do Trabalho*, cit., pp. 163-164.

(1152) Cf. Bernardo da Gama Lobo Xavier, com a colaboração de P. FURTADO MARTINS; A. NUNES DE CARVALHO; JOANA VASCONCELOS e TATIANA GUERRA DE ALMEIDA, *Manual de Direito do Trabalho*, cit., p. 884.

(1153) Cf. Bernardo da Gama Lobo Xavier, com a colaboração de P. FURTADO MARTINS; A. NUNES DE CARVALHO; JOANA VASCONCELOS e TATIANA GUERRA DE ALMEIDA, *Manual de Direito do Trabalho*, cit., p. 885. Recorda-se que Bernardo da Gama Lobo Xavier já se tinha manifestado anteriormente a favor de uma alteração similar à introduzida no artigo 4º, n. 1, do CT/2003, no seu *Curso de Direito do Trabalho*, Verbo, cit., pp. 257-260.

(1154) Recorda-se que o artigo 4º, n. 2, excecionava o regulamento de condições mínimas, determinando que *"As normas do Código não podem ser afastadas por regulamento de condições* mínimas". O número 2 do citado artigo 4º não constava, nem do Anteprojeto, nem do Projeto do Código — foi introduzido na versão final do Código na sequência do acórdão do Tribunal Constitucional n. 306/2003, de 25 de junho de 2003, que considerou inconstitucional a possibilidade conferida *"a atos administrativos (...) de afastamento das garantias ou direitos consagrados em ato legislativo — a Lei que aprova o Código do Trabalho"*. Segundo o acórdão, o artigo 4º, n. 1, na medida em que não excecionava do seu campo de aplicação os regulamentos de condições mínimas, admitindo a possibilidade de estes atos administrativos derrogaram atos normativos, violava *"irremissivelmente o disposto no artigo 112º, n. 6, da CRP"* — cf. Acórdão do Tribunal Constitucional n. 306/2003, de 25 de junho, em www.tribunalconstitucional.pt/tc/acordaos (ano 2003).

(1155) Cf. Luís Gonçalves da Silva, em PEDRO ROMANO MARTINEZ; LUÍS MIGUEL MONTEIRO; JOANA VASCONCELOS; PEDRO MADEIRA DE BRITO; GUILHERME DRAY e LUÍS GONÇALVES DA SILVA, *Código do Trabalho Anotado*, 1ª ed., cit., anotação (IV) ao artigo 3º do Código do Trabalho, p. 101.

(1156) O artigo 210º do CT/2003 dispunha que *"São nulas as disposições de contrato de trabalho ou de instrumento de regulamentação coletiva de trabalho que estabeleçam feriados diferentes dos indicados nos artigos anteriores"*. Trata-se de uma norma absolutamente imperativa.

a lei consubstanciasse uma norma imperativo-permissiva, isto é, com uma parte imperativa (proibitiva) e outra permissiva, o instrumento de regulamentação coletiva apenas poderia incidir sobre esta última parte (por exemplo, o artigo 213º do CT/2003, quanto à *duração do período de férias*)[(1157)]; se se tratasse de uma norma supletiva, o instrumento de regulamentação coletiva do trabalho passaria a poder dispor livremente, ou seja, tanto num sentido mais favorável, como num sentido menos favorável ao trabalhador (por exemplo, artigo 255º do CT/2003, quanto ao momento do *pagamento do subsídio de férias*)[(1158)(1159)].

A razão de ser desta modificação é simples de explicar: considerou-se que não se justificaria exigir o estabelecimento de condições mais favoráveis ao trabalhador nos instrumentos de regulamentação coletiva de trabalho por estes resultarem normalmente de negociação coletiva, onde os sindicatos não se encontram em nenhuma situação de inferioridade face aos empregadores ou suas associações, "*não havendo assim necessidade de protecção de uma parte mais fraca nas relações colectivas de trabalho*"[(1160)].

Nesse sentido, o artigo 533º do CT/2003, sucessor do citado artigo 6º da LRCT, continuando a determinar que as convenções coletivas não podem "*contrariar normas legais imperativas*", deixou de acrescentar, como no referido artigo 6º, que aquelas também "*não podem incluir qualquer disposição que importe para os trabalhadores tratamento menos favorável do que o estabelecido por lei*".

II. A alteração levada a efeito no CT/2003 deu azo, por parte de alguma doutrina — a que apoiou a modificação — à desvalorização do "(sub)princípio do tratamento mais favorável"; noutros casos, a alteração motivou uma forte contestação doutrinária.

Pedro Romano Martinez, que se situou entre os primeiros, enunciou que, na sequência desta alteração, "*o conflito hierárquico de fontes deve ser resolvido de acordo com as regras gerais. Não parece que existam razões para estabelecer soluções diversas das que vigoram nos outros ramos do Direito*". A título exemplificativo e a propósito do conflito entre uma norma legal dispositiva, designadamente supletiva, e uma convenção coletiva de trabalho, o autor conclui dizendo que a norma inferior pode estatuir em sentido diverso, estabelecendo uma regra mais favorável ao trabalhador, mas, "*(...) em contrapartida, atendendo ao disposto no artigo 4º, n. 1, do CT, nada obsta a que, sendo a norma dispositiva, uma convenção coletiva estabeleça um regime mais gravoso para os trabalhadores do que o prescrito na lei (...)*"[(1161)].

No mesmo sentido, José Andrade Mesquita escreveu que "*Ao contrário da legislação anterior (LCT e LRCT), o Código não consagra o princípio do tratamento mais favorável no concurso entre a lei e os instrumentos de regulamentação coletiva. O art. 4º, n. 1, pelo contrário, permite o livre afastamento das normas do Código através de IRC, salvo quando delas resultar o contrário. À partida, garante-se a liberdade colectiva para alterar o regime legal, melhorando ou piorando a posição dos trabalhadores. O legislador retirou consequências do facto de os sindicatos se encontrarem numa posição negocial semelhante à dos empregadores, não carecendo de especial proteção (...). De qualquer modo, a alteração é importante porque, antes do Código, na dúvida, os IRC apenas podiam introduzir melhorias para os trabalhadores. Hoje, na dúvida, tudo lhes é permitido*"[(1162)].

Bernardo Xavier enalteceu também a mudança radical do sistema das fontes do Direito do trabalho português operada pelo CT/2003 — "*Como referimos, o sistema das fontes (...) seguia um modelo comum, podendo ser apresentado nos já descritos moldes clássicos do Direito do trabalho como pirâmide que se inverte de acordo com o princípio do tratamento mais favorável ou como cascata da qual emana em vários níveis um conjunto de direitos e regalias para o trabalhador ou de conteúdos mínimos inspi-*

(1157) O artigo 213º, n. 1, do CT/2003, dispunha que "*O período anual de férias tem a duração mínima de vinte e dois dias úteis*".
(1158) Nos termos do artigo 255º, n. 3, do CT/2003, dispunha-se que "*salvo acordo escrito em contrário, o subsídio de férias deve ser pago antes do início do período de férias (...)*".
(1159) Cf. Luís Gonçalves da Silva, em PEDRO ROMANO MARTINEZ; LUÍS MIGUEL MONTEIRO; JOANA VASCONCELOS; PEDRO MADEIRA DE BRITO; GUILHERME DRAY e LUÍS GONÇALVES DA SILVA, *Código do Trabalho Anotado*, cit., anotação (IV) ao artigo 3º do Código do Trabalho, p. 101.
(1160) Cf. LUÍS MENEZES LEITÃO, *Direito do Trabalho*, cit., p. 79.
(1161) Cf. PEDRO ROMANO MARTINEZ, *Direito do Trabalho*, 2ª ed., 2005, pp. 263-265, em especial p. 263.
(1162) Cf. JOSÉ ANDRADE MESQUITA, *Direito do Trabalho*, cit., p. 268.

rados pelo princípio do tratamento mais favorável. Este modelo mudou radicalmente com o CT/2003. A mudança teve como causa predominante a necessidade de dinamização da contratação colectiva. Com efeito, o esquema de imperatividade do sistema legal quanto aos mínimos deixava, em larga medida, de "mãos atadas" a contratação colectiva, limitando-se em muito o seu papel no que se refere à modelação, flexibilização e intercâmbio das regalias legais. Este era, na verdade, o principal inconveniente do antigo carácter em cascata do nosso sistema normativo, com peso excessivo de normas legais imperativas e inderrogáveis pela contratação colectiva". Os instrumentos de regulamentação coletiva deixaram de ser "*um sistema donde promanam regalias complementares às legais*" para se transformarem numa "*fonte sucedânea e até privilegiada, sem preocupação de se ater a limites legais de conteúdos mínimos de favorabilidade para o trabalhador*"[(1163)].

III. Noutro plano, Monteiro Fernandes, afirmou que "*a posição do legislador alterou-se, de modo significativo, com o CT. Não é feita, na nova lei, nenhuma específica afirmação de uma ordem hierárquica das fontes (...)*". E quanto às diferenças face ao regime anterior, salienta, por um lado, a "*(implícita) admissibilidade de disposições menos favoráveis, estabelecidas por instrumentos de regulamentação coletiva, quando as disposições legais em confronto sejam de natureza dispositiva ou estabeleçam vantagens máximas para os trabalhadores*" e, por outro lado, sublinha que o princípio do tratamento mais favorável "*deixa de constituir um referencial interpretativo. (...). No CT, o ponto de partida da operação interpretativo-qualificativa incidente sobre a norma legal (para se saber se pode aplicar-se a fonte inferior de conteúdo diferente) já não é a presunção de que essa norma admite variação em sentido mais favorável ao trabalhador, mas a de que admite variação em qualquer dos sentidos. Tal presunção só é afastada se da norma legal resultar inequivocamente que nenhuma variação é legítima, ou que só o será num dos sentidos possíveis*"[(1164)]. Em todo o caso, não obstante reiterar que esta inflexão "*supõe um entendimento diferente acerca do significado e da função social e económica do Direito do Trabalho*", reconhece que "*(...) lhe está associado um efeito prático positivo: o de abrir espaços à contratação colectiva para novos arranjos negociais e novos equilíbrios de interesses na regulamentação do trabalho*".

João Leal Amado, de forma mais veemente, redigiu um artigo sob o título "*Tratamento mais favorável e art. 4º/1, do Código do Trabalho: o fim de um princípio*"[(1165)], no qual sustenta que o número 1 do artigo 4º "(...) *traduz-se, bem vistas as coisas, num verdadeiro atestado de óbito do* favor laboratoris *relativamente à contratação colectiva, dele se extraindo que, em princípio, o Direito do Trabalho legislado possui um carácter facultativo ou supletivo face à contratação colectiva. (...) Destarte, doravante o quadro legal poderá ser alterado* in pejus *pela convenção colectiva, o que implica uma mutação (dir-se-ia: uma revolução) na filosofia básica inspiradora do Direito do Trabalho: de um direito com uma vocação tutelar relativamente às condições de trabalho, imbuído do princípio da norma social mínima, transitamos para uma espécie de direito neutro, em que o Estado recua e abandona a definição das condições de trabalho à autonomia colectiva. É pois, um novo Direito do Trabalho aquele que parece resultar do art. 4º do Código, um Direito do Trabalho menos garantístico e mais transaccional, em que aumenta o espaço concedido à autonomia colectiva em virtude do relaxamento da regulação estadual das condições de trabalho — um Direito do Trabalho que, assim, muda de alma (alguns dirão: perde a alma)*"[(1166)]. O Direito do trabalho torna-se mais flexível, nomeadamente no campo da concorrência e articulação das fontes juslaborais[(1167)]. Constatando, porém, que no caso do conflito entre normas legais e o contrato de trabalho, o artigo 4º, n. 3, manteve a regra segundo a qual "*As normas deste Código só podem ser afastadas por contrato de trabalho quando este estabeleça condições mais favoráveis para o trabalhador e se delas não resultar o contrário*", o autor conclui que as normas do CT/2003 se perfilam como "*normas*

(1163) Cf. Bernardo da Gama Lobo Xavier, com a colaboração de P. FURTADO MARTINS; A. NUNES DE CARVALHO; JOANA VASCONCELOS e TATIANA GUERRA DE ALMEIDA, *Manual de Direito do Trabalho*, cit., p. 891.

(1164) MONTEIRO FERNANDES, *Direito do Trabalho*, 12ª ed., cit., p. 121.

(1165) O artigo foi publicado na obra *A Reforma do Código do Trabalho*, sob o patrocínio da Inspecção Geral do Trabalho e do Centro de Estudos Judiciários, Coimbra Editora, 2004, pp. 111 e ss.

(1166) Cf. JOÃO LEAL AMADO, "Tratamento mais favorável e art. 4º/1, do Código do Trabalho: o fim de um princípio", *A Reforma do Código do Trabalho*, cit., p. 115.

(1167) Cf. JOÃO LEAL AMADO, *Contrato de Trabalho*, 2ª ed., cit., pp. 44-45.

bifrontes ou bidimensionais", isto é, relativamente imperativas face ao contrato de trabalho e supletivas face à convenção coletiva de trabalho[1168].

IV. Em suma, o CT/2003 rompeu com o passado, passando a admitir que as convenções coletivas de trabalho pudessem, em regra, dispor, quer no sentido mais favorável, quer no sentido menos favorável ao trabalhador.

O "princípio da proteção do trabalhador" não foi obnubilado, mas o seu subprincípio com atuação ao nível da interpretação e aplicação das fontes — o "princípio do tratamento mais favorável ao trabalhador" — foi relativizado, pelo menos que diz respeito às relações entre a lei e os instrumentos de regulamentação coletiva de trabalho, mantendo-se apenas no confronto entre a lei e o contrato de trabalho.

3. A solução de compromisso do CT/2009

I. O CT/2009, sem pôr em causa, de forma absoluta, a rutura levada a efeito pelo CT/2003, introduziu menos flexibilidade na relação entre a lei e a convenção coletiva de trabalho e, como afirma Luís Menezes Leitão, *"recuperou (...) alguma aplicação do princípio do tratamento mais favorável nas relações entre os IRC e as normas legais, que passou a vigorar novamente em relação a determinadas matérias"*[1169]. Sem pôr em causa a regra inaugurada no CT/2003, segundo a qual as convenções coletivas de trabalho podem, em regra, estabelecer um tratamento mais ou menos favorável para os trabalhadores do que o que consta da norma legal, não estando, portanto, vinculadas (como na LCT e na LRCT) a produzir normas sempre mais favoráveis para o trabalhador, o CT/2009 atenuou essa flexibilização, através da definição de um conjunto de matérias em que é taxativamente vedada a criação, via convenção coletiva de trabalho, de regimes menos favoráveis do que os consagrados na lei. Por outro lado, e agora no que diz respeito à relação entre as convenções coletivas de trabalho e o contrato de trabalho, o CT/2009 retomou o relacionamento tradicional, admitindo apenas, nos termos do artigo 476º, a validade de estipulações contratuais mais favoráveis do que o previsto na convenção coletiva de trabalho[1170]. O mesmo sucede, aliás, quanto à relação entre as normas legais e as cláusulas do contrato de trabalho — estas só valem se forem mais favoráveis do que aquelas (artigo 3º, n. 4, do CT/2009).

O "princípio do tratamento mais favorável" voltou a atuar com mais intensidade e de forma mais garantística — não de forma tão tutelar quanto acontecia antes do CT/2003, mas claramente mais orientado para a proteção do trabalhador, quanto a matérias que jogam com a sua dignidade e a dignificação do trabalho. O legislador elegeu, em suma, um grupo de normas particularmente importante para a tutela do trabalhador, blindando-as contra potenciais investidas capazes de o afetar, mesmo se provenientes de instrumentos de regulamentação coletiva de trabalho.

II. No primeiro caso-conflito entre normas legais e convenções coletivas de trabalho — o artigo 3º, n. 1, do CT/2009, manteve a regra geral do artigo 4º, n. 1, do CT/2003, ao determinar que *"As normas legais reguladoras de contrato de trabalho podem ser afastadas por instrumento de regulamentação coletiva de trabalho, salvo quando delas resultar o* contrário".

Todavia, numa lógica de maior proteção dos trabalhadores quanto a matérias consideradas essenciais para a preservação do seu estatuto, relacionadas com a sua *dignidade* (*v. g.*, direitos de personalidade, igualdade e não discriminação), com *situações de maior fragilidade* (*v. g.*, parentalidade; trabalho de menores; trabalhador com capacidade de trabalho reduzida, com deficiência ou doença crónica; trabalhador-estudante), com o *tempo de trabalho* (*v. g.*, limites máximos dos períodos normais diários e semanais), com o *direito ao repouso* (*v. g.*, a duração mínima do período anual de férias), com o *direito à retribuição*

(1168) Cf. JOÃO LEAL AMADO, "Tratamento mais favorável e art. 4º/1, do Código do Trabalho: o fim de um princípio", *A Reforma do Código do Trabalho*, cit., p. 117.

(1169) Cf. LUÍS MENEZES LEITÃO, *Direito do Trabalho*, cit., p. 80.

(1170) Cf. Bernardo da Gama Lobo Xavier, com a colaboração de P. FURTADO MARTINS; A. NUNES DE CARVALHO; JOANA VASCONCELOS e TATIANA GUERRA DE ALMEIDA, *Manual de Direito do Trabalho*, cit., p. 886.

(*v. g.*, forma de cumprimento e garantias), com a *proteção da segurança e saúde do trabalhador* (*v. g.*, regime de prevenção e reparação de acidentes de trabalho e doenças profissionais) ou com determinadas *vicissitudes do contrato de trabalho* (*v. g.*, transmissão de estabelecimento), o artigo 3º, n. 3, reduziu a margem de manobra das convenções coletivas de trabalho, determinando que as normas legais reguladoras de contrato de trabalho só podem ser afastadas por instrumento de regulamentação coletiva de trabalho que, sem oposição daquelas normas, disponha em sentido mais favorável aos trabalhadores quando respeitem às seguintes matérias: *direitos de personalidade*, *igualdade e não discriminação*; proteção na *parentalidade*; trabalho de *menores*; trabalhador com *capacidade de trabalho reduzida, com deficiência ou doença crónica*; *trabalhador-estudante*; *dever de informação* do empregador; limites à *duração dos períodos normais de trabalho* diário e semanal; duração mínima dos *períodos de repouso*, incluindo a duração mínima do período anual de *férias*; duração máxima do trabalho dos *trabalhadores noturnos*; forma de cumprimento e garantias da *retribuição*; prevenção e reparação de *acidentes de trabalho e doenças profissionais*; *transmissão de empresa ou estabelecimento*; e *direitos dos representantes eleitos dos trabalhadores*.

III. Ou seja, para a generalidade das matérias, manteve-se a regra do artigo 4º, n. 1, do CT/2003, segundo o qual as convenções coletivas podem afastar o regime das normas legais, quer em sentido mais favorável, quer em sentido menos favorável para os trabalhadores (*elevada margem de flexibilidade negocial*), salvo quando as normas legais consubstanciarem disposições imperativas (artigo 3º, n. 1, do CT/2009); para um núcleo mais restrito de matérias, que envolve com particular acuidade o estatuto do trabalhador, a defesa dos seus direitos pessoais, a dignificação do trabalho e a conciliação entre a vida profissional e a vida pessoal, o legislador retomou o regime tradicional do anterior artigo 13º, n. 1, da LCT, à luz do qual as convenções coletivas de trabalho só podem afastar o regime das normas legais se estabelecerem um regime mais favorável para os trabalhadores (*reduzida margem de flexibilidade negocial*) e, mesmo neste caso, apenas se a norma legal não consubstanciar uma disposição imperativa (artigo 3º, n. 3, do CT/2009). No artigo 3º, n. 1, do CT/2009, a resolução do conflito entre fonte superior e fonte inferior não se encontra condicionada pelo princípio do tratamento mais favorável, que não é assumido pelo legislador nem interfere na resolução do conflito hierárquico[(1171)]; no artigo 3º, n. 3, pelo contrário, o legislador (re)assume o "(sub)princípio do tratamento mais favorável" — a aplicação da convenção coletiva de trabalho, quanto ao citado elenco restrito de matérias, apenas pode ser feita preenchidos que estejam dois pressupostos: se as convenções coletivas estabelecerem um tratamento mais favorável para o trabalhador do que o que resulta da lei e, por outro lado, se as normas do Código do Trabalho não forem imperativas.

Retomou-se, neste caso, o sistema tradicional do artigo 13º, n. 1, da LCT, atenuando-se a rutura levada a efeito no CT/2003[(1172)].

E a alteração levada a efeito, uma vez mais, realizou-se dentro do sistema juslaboral, pautada que foi pelo "princípio da proteção do trabalhador", que revelou, por esta via, a sua natural elasticidade: nalguns momentos pode flexibilizar-se e atuar com menos intensidade, através da desvalorização de alguns dos seus subprincípios operacionais, como o do "tratamento mais favorável"; tal não significa, porém, que num momento subsequente ele não possa retomar uma atuação mais intensa, calibrando o sistema e readaptando-o às necessidades de equilíbrio interno do subsistema laboral.

IV. O mesmo sucede na relação entre as *normas legais* e as *cláusulas contratuais* — estas só podem prevalecer sobre aquelas se estabelecerem condições mais favoráveis para o trabalhador e se as normas do Código do Trabalho forem supletivas (artigo 3º, n. 4, do CT/2009).

(1171) Cf. PEDRO ROMANO MARTINEZ, *Direito do Trabalho*, 5ª ed., cit., p. 286 e *Direito do Trabalho*, 6ª ed., p. 267.

(1172) Contra, Luís Gonçalves da Silva, para quem o número 3 do artigo 3º do CT/2009 *"(...) é novo, mas não introduz alterações significativas. Com efeito, a redação agora expressamente consagrada já resultava do regime geral existente, pois as matérias constantes da lista eram entendidas como fixando mínimos e, portanto, apenas suscetíveis de regulação por instrumentos colectivos em sentido mais favorável"* — Luís Gonçalves da Silva, em PEDRO ROMANO MARTINEZ; LUÍS MIGUEL MONTEIRO; JOANA VASCONCELOS; PEDRO MADEIRA DE BRITO; GUILHERME DRAY e LUÍS GONÇALVES DA SILVA, *Código do Trabalho Anotado*, 8ª ed., cit., anotação (VI) ao artigo 3º do Código do Trabalho, p. 104.

E o mesmo sucede, também, na relação entre as *convenções coletivas de trabalho* e o *contrato de trabalho*: o CT/2009 retomou o relacionamento tradicional, determinando que as disposições de instrumento de regulamentação coletiva de trabalho (só) podem ser afastadas por cláusula de contrato de trabalho quando estas estabelecerem condições mais favoráveis para o trabalhador. É o que se retira do artigo 476º do CT/2009, que determina que as disposições de instrumento de regulamentação coletiva de trabalho só podem ser afastadas por contrato de trabalho quando este estabeleça condições mais favoráveis para o trabalhador.

Fica claro, à luz desta redação, que apenas se admite a validade de estipulações contratuais se estas forem mais favoráveis do que o previsto na convenção coletiva de trabalho. E, ao contrário do que sucedia no artigo 531º do CT/2003, de onde constava, na parte final do preceito, "*e se daquelas disposições não resultar o contrário*", o CT/2009 eliminou a possibilidade de os instrumentos coletivos bloquearem a intervenção do contrato de trabalho. À luz do CT/2009, os instrumentos de regulamentação coletiva de trabalho "*não podem (...) assumir o carácter de normas máximas relativamente aos contratos individuais, proibindo que as suas disposições sejam afastadas por cláusulas contratuais individuais mais favoráveis*"[(1173)]. Ou seja, o CT/2009 exige um único requisito para que o contrato de trabalho possa valer no confronto com a convenção coletiva: ser aquele mais favorável do que esta[(1174)]. O único requisito exigível retira-se, portanto, direta e expressamente, do "(sub)princípio do tratamento mais favorável"[(1175)], enquanto projeção do "princípio da proteção do trabalhador".

V. Temos, assim, duas alterações de vulto no CT/2009 (face ao CT/2003), e todas elas a favor do "princípio do tratamento mais favorável ao trabalhador":

— Por um lado, quanto ao conflito entre normas legais e convenções coletivas de trabalho, o legislador diminuiu a margem de manobra das convenções coletivas, ao elencar um conjunto de matérias relativamente às quais as convenções só podem afastar as normas legais se estabelecerem um regime mais favorável para os trabalhadores (artigo 3º, n. 3), estando-lhes vedado, nestes casos (quanto a este "núcleo duro") estabelecer um regime menos favorável;

— Por outro lado, quanto ao conflito entre convenções coletivas de trabalho e contratos de trabalho, o artigo 476º clarificou que os contratos podem sempre prevalecer sobre as convenções coletivas de trabalho se estabelecerem para o trabalhador um tratamento mais favorável do que o que consta daquelas, sem que estas, agora, se possam opor a tal ultrapassagem nos termos em que o artigo 531º do CT/2003 o permitia.

VI. As revisões levadas a efeito ao CT/2009, nomeadamente através da Lei n. 23/2012, de 25 de junho, não alteraram, nem o artigo 3º, nem o artigo 476º daquele diploma, mantendo a "solução de compromisso" aprovada neste último[(1176)], pelo que as regras gerais de resolução de conflitos hierárquicos de fontes, constantes do artigo 3º, ns. 1 e 3, do CT/2009, mantiveram-se até a atualidade.

(1173) Cf. Bernardo da Gama Lobo Xavier, com a colaboração de P. FURTADO MARTINS; A. NUNES DE CARVALHO; JOANA VASCONCELOS e TATIANA GUERRA DE ALMEIDA, *Manual de Direito do Trabalho*, cit., p. 894.

(1174) Cf. Luís Gonçalves da Silva, em PEDRO ROMANO MARTINEZ; LUÍS MIGUEL MONTEIRO; JOANA VASCONCELOS; PEDRO MADEIRA DE BRITO; GUILHERME DRAY e LUÍS GONÇALVES DA SILVA, *Código do Trabalho Anotado*, 8ª ed., cit., anotação (II) ao artigo 476º do Código do Trabalho, p. 1153. Contra, PEDRO ROMANO MARTINEZ, *Direito do Trabalho*, 5ª ed., cit., p. 287, que não vê na alteração legislativa qualquer modificação quanto aos requisitos exigidos, ao afirmar que "*(...) no artigo 476º do CT/2009 reitera-se solução idêntica, determinando que as disposições de instrumento de regulamentação coletiva de trabalho podem ser afastadas por cláusula de contrato de trabalho quando estas estabelecerem condições mais favoráveis para o trabalhador, desde que daquelas disposições não resultar o contrário*", e *Direito do Trabalho*, 6ª ed., pp. 260-261.

(1175) Contra, PEDRO ROMANO MARTINEZ, *Direito do Trabalho*, 5ª ed., cit., p. 287, para quem esta regra, bem como a do artigo 3º, n. 4, do CT/2009, em que se alude ao tratamento mais favorável para o trabalhador "*não trazem nada de novo relativamente aos pressupostos em que assenta o conflito de normas. (...) Em segundo lugar, admite-se que as normas legais ou disposições de instrumento de regulamentação colectiva de trabalho possam ser afastadas por cláusula contratual, na medida em que daquelas não resulte o contrário; ou seja, a própria lei ou a disposição de convenção colectiva já prevêem, ainda que implicitamente, a possibilidade de não se aplicarem*", e *Direito do Trabalho*, 6ª ed., pp. 260-261. Julga-se, porém, que esta opinião não atende convenientemente à nova redação resultante do artigo 476º do CT/2009 que, manifestamente, não impõe como requisito a não imperatividade da convenção coletiva no confronto com o contrato de trabalho, ao contrário do que sucedia — aí sim — no artigo 531º do CT/2003.

(1176) De facto, a Lei n. 23/2012 não alterou, nem o artigo 3º, nem o artigo 476º do CT/2009, mantendo a "solução de compromisso" aprovada neste último. A única intervenção realizada, a este propósito, surge na Lei n. 23/2012, de 25 de junho, que procedeu à alteração do Código do Trabalho: o artigo 7º desta Lei enunciou o caráter absolutamente imperativo das normas legais objeto de alteração legislativa, nomeadamente das relativas ao regime de cessação do contrato de trabalho, incluindo as atinentes ao montante

4. O princípio do tratamento mais favorável e a relação entre as fontes e o contrato de trabalho

I. A propósito da hierarquia de fontes, importa ainda atender aos conflitos entre as regras que provêm dos contratos de trabalho e as normas (legais ou provenientes de instrumentos de regulamentação coletiva de trabalho) aplicáveis aos contratos de trabalho. E a este propósito cumpre recordar, a título prévio, o que já foi enunciado: não obstante os contratos de trabalho não consubstanciarem verdadeiras *fontes* de Direito — e apesar de não constituírem verdadeiras *regras jurídicas* — não deixa de ser verdade que o contrato é "*lei entre as partes*" e que regula de forma direta a situação jurídica laboral. Importa, pois, atender à relação entre as fontes e o contrato de trabalho e saber em que medida o "(sub)princípio do tratamento mais favorável" atua neste domínio específico.

Ao contrário do que sucede na relação entre normas legais e as convenções coletivas de trabalho, na qual, desde o CT/2003, a margem de flexibilização das convenções passou a ser elevada (apesar da redução a que foi sujeita no CT/2009) e o princípio do tratamento mais favorável a ter um papel menos intenso, em termos tais que se admite (quando a norma legal não for absolutamente imperativa) que as convenções coletivas de trabalho estabeleçam um regime menos favorável para os trabalhadores do que o regime legal (salvo quanto às matérias previstas no artigo 3º, n. 3), no caso dos contratos de trabalho não é assim: o princípio geral é o da aplicação das cláusulas contratuais que forem mais favoráveis para o trabalhador.

Sempre foi assim, desde a LCT, e assim se mantém na atualidade.

II. Na LCT, o artigo 14º, n. 2, determinava que "*As cláusulas do contrato de trabalho que importarem para o trabalhador regime menos favorável do que o estabelecido em preceitos imperativos consideram-se substituídas por estes*". O artigo 14º, n. 1, da LRCT, por sua vez, estabelecia que "*A regulamentação estabelecida por qualquer dos modos referidos no artigo 2º não pode ser afastada pelos contratos individuais de trabalho, salvo para estabelecer condições mais favoráveis para os trabalhadores*".

O artigo 4º, n. 1, do CT/2003, tal como o artigo 14º, n. 2 da LCT, determinava que "*As normas deste Código só podem ser afastadas por contrato de trabalho quando este estabeleça condições mais favoráveis para o trabalhador e se delas não resultar o contrário*", e o artigo 531º estabelecia que "*As disposições dos instrumentos de regulamentação coletiva de trabalho só podem ser afastadas por contrato de trabalho quando este estabeleça condições mais favoráveis para o trabalhador e se daquelas disposições não resultar o contrário*".

---

das compensações e as relativas à organização do tempo do trabalho e ao direito ao repouso. A lei em apreço determinou a nulidade das disposições de instrumentos de regulamentação coletiva de trabalho celebrados antes da entrada em vigor da lei que determinassem valores e critérios de atribuição de compensações em caso de cessação do contrato, distintos dos previstos na lei (artigo 7º, n. 1); a nulidade das disposições de instrumentos de regulamentação coletiva de trabalho e das cláusulas de contratos de trabalho celebrados antes da entrada em vigor da lei que dispusessem sobre descanso compensatório por trabalho suplementar prestado em dia útil, em dia de descanso semanal complementar ou em feriado, distintos dos previstos na lei (artigo 7º, n. 2); a redução, em montante equivalente até três dias, das majorações ao período anual de férias estabelecidas em disposições de instrumentos de regulamentação coletiva de trabalho ou cláusulas de contratos de trabalho celebrados após 1 de dezembro de 2003 e anteriores à entrada em vigor da lei (artigo 7º, n. 3); a suspensão, durante dois anos a contar da entrada em vigor da lei, das disposições de instrumentos de regulamentação coletiva de trabalho e das cláusulas de contratos de trabalho que dispusessem sobre acréscimos de pagamento de trabalho suplementar superiores aos fixados no Código do Trabalho, bem como sobre retribuição do trabalho normal prestado em dia de feriado ou descanso compensatório por essa mesma prestação, em empresa não obrigada a suspender o funcionamento nesse dia (artigo 7º, n. 4); e, por fim, a lei determinou também que decorrido o prazo de dois anos sem que as referidas disposições ou cláusulas tivessem sido alteradas os montantes por ela previstos seriam reduzidos para metade, não podendo, porém, ser inferiores aos estabelecidos pelo Código do Trabalho (artigo 7º, n. 5). Em suma, as alterações legislativas assumiram caráter imperativo relativamente aos instrumentos de regulamentação coletiva de trabalho, pondo em causa, quanto a tais matérias, a solução antes prevista no artigo 3º do CT/2009 para efeitos de solução de conflitos hierárquicos de fontes. Neste caso, a alteração, fundada em alegadas razões de interesse geral e de competitividade da economia nacional, é no sentido da imperatividade absoluta da lei, o que significa que se retira espaço para que as convenções coletivas, ainda que apenas quanto a determinadas matérias pontuais (as que foram objeto de alteração na Lei n. 23/2012), atuem no sentido mais favorável aos trabalhadores.
Algumas destas alterações foram, todavia, nos termos acima enunciados, declaradas inconstitucionais pelo Acórdão do Tribunal Constitucional n. 602/2013, de 20 de setembro, que declarou a inconstitucionalidade dos números 2 e 5 do artigos 7º da Lei n. 23/2012: neste caso, os citados números 2 e 5 do artigo 7º foram, mais tarde, revogados pelao artigo 3º da Lei n. 48-A/2014, de 31 de julho.

O CT/2009 manteve, na relação entre as normas legais e o contrato de trabalho, por um lado, e entre os instrumentos de regulamentação coletiva e trabalho e o contrato de trabalho, por outro lado, respetivamente nos artigos 3º, n. 4, e 476º, a mesma lógica de aplicação do princípio do tratamento mais favorável enquanto norma de conflitos, reforçando-o até, porventura, no confronto entre o artigo 476º do CT/2009 e o artigo 531º do CT/2003.

A diferença de tratamento que a lei confere ao conflito de fontes entre normas legais e os instrumentos de regulamentação coletiva de trabalho (*maxime* convenções coletivas de trabalho), relativamente ao conflito de fontes entre normas legais e o contrato de trabalho, tem uma razão de ser, necessariamente decorrente dos valores axiológicos que marcam o sistema do Direito do trabalho e do seu propósito de proteção do contraente mais fraco: enquanto nas convenções coletivas de trabalho quem negocia com o empregador ou as associações de empregadores são os sindicatos, fazendo-o num plano de igualdade formal e material, razão que justifica uma maior *flexibilidade* na aplicação do aludido subprincípio, pelo contrário, no caso do contrato de trabalho, a negociação das cláusulas contratuais é feita individualmente pelo trabalhador, colocado numa posição de inferioridade negocial e de desigualdade material, pelo que as cautelas do legislador são maiores — neste último caso, a solução é mais *rígida* e mais influenciada pelo princípio do tratamento mais favorável.

Trata-se de um dado a reter e que não deve ser desvalorizado: o facto de o sistema laboral atribuir, nalguns casos (*v. g.*, conflitos hierárquicos entre normas legais e convenções coletivas de trabalho) uma importância menor ao "subprincípio do tratamento mais favorável" do que o faz noutros casos (*v. g.*, nos conflitos hierárquicos entre normas legais e contratos de trabalho) tem uma razão de ser fundada nos valores axiológicos do sistema laboral e no princípio mais genérico da proteção do trabalhador: é do "princípio da proteção do trabalhador", que atua aqui como um "megaprincípio", que resulta uma atuação, ora mais intensa, ora menos intensa, do princípio do tratamento mais favorável ao trabalhador, fazendo-o fluir com maior ou menor volume de intensidade consoante seja maior ou menor a necessidade de proteção do trabalhador.

III. A forma de resolução do conflito entre as normas legais e o contrato de trabalho decorre do citado artigo 3º, n. 4, do CT, segundo o qual as normas legais reguladoras de contrato de trabalho só podem ser afastadas por contrato individual que estabeleça condições mais favoráveis para o trabalhador, se delas não resultar o contrário. Exige-se, a este propósito, um duplo requisito para que o contrato de trabalho possa prevalecer: por um lado, a disposição contratual estabelecer condições mais favoráveis para o trabalhador do que as que resultam da lei; por outro lado, que as normas do Código do Trabalho sejam supletivas, no sentido em que admitem derrogação em contrário.

Como consequência lógica daquele preceito, o artigo 121º, n. 2, do Código do Trabalho, determina que a cláusula de contrato de trabalho que viole norma imperativa considerar-se-á substituída por esta.

O "(sub)princípio do tratamento mais favorável" atua, neste caso, da seguinte forma: nos casos em que a norma legal seja supletiva e admita, consequentemente, ser derrogada em sentido contrário por normas do contrato individual de trabalho, tal derrogação só poderá ser feita num único sentido: no sentido mais favorável ao trabalhador, em nome do "princípio da proteção do trabalhador". É do "princípio da proteção do trabalhador" que resulta esta limitação, ou requisito, que impede a possibilidade de o contrato de trabalho dispor de forma menos favorável do que o que consta do regime legal.

IV. Por sua vez, o conflito entre as normas de instrumentos de regulamentação coletiva de trabalho e os contratos de trabalho resolve-se com recurso ao artigo 476º do CT, segundo o qual, as disposições de instrumento de regulamentação coletiva de trabalho só podem ser afastadas por contrato de trabalho quando este estabeleça condições mais favoráveis para o trabalhador. Como *supra* se afirmou, também neste caso apenas se admite a possibilidade de as estipulações contratuais prevalecerem sobre as convenções coletivas de trabalho se consagrarem um regime mais favorável para o trabalhador do que o regime previsto na convenção coletiva de trabalho. E, ao contrário do que sucedia no artigo 531º do CT/2003, de onde constava, na parte final do preceito, "*e se daquelas disposições não resultar o contrário*", o CT/2009 eliminou a possibilidade de os instrumentos coletivos bloquearem a intervenção do contrato de trabalho

— estes valem, portanto, sempre que consagrarem um regime mais favorável para o trabalhador(1177), solução esta que se mantém no CT.

O "(sub)princípio do tratamento mais favorável", neste caso, surge como o único elemento de aplicação do contrato de trabalho: se este estabelecer um regime mais favorável para o trabalhador do que o constante do instrumento de regulamentação coletiva de trabalho, será o regime do contrato de trabalho que prevalecerá.

Por outras palavras e citando Luís Menezes Leitão: "*O princípio do tratamento mais favorável em matéria de IRC consta do art. 476º*", do qual resulta que os IRCT "*podem ser normalmente afastados por contrato de trabalho sempre que este estabeleça condições mais favoráveis para o trabalhador. Os IRC estabelecem assim normalmente condições mínimas laborais, podendo os trabalhadores acordar individualmente com os empregadores estabelecer condições mais favoráveis do que as que resultam do IRC*"(1178).

IV. Cumpre, por fim, a este propósito, recordar mais uma vez as denominadas normas "convénio-dispositivas" — normas legais que podem ser afastadas por convenções coletivas de trabalho, mas que não podem ser derrogadas pelo contrato de trabalho (artigo 3º, n. 5, do CT/2009). Também neste caso a filosofia subjacente é a mesma: trata-se, em nome do "princípio da proteção do trabalhador", de uma projeção do "(sub)princípio do tratamento mais favorável" em sede conflito de fontes. Partindo do pressuposto de que o trabalhador, enquanto contraente que atua isoladamente, se encontra numa posição de desfavor perante o empregador, o legislador limita a possibilidade de determinadas normas legais serem afastadas mediante simples ajuste entre o empregador e o trabalhador, que poderia ser levado a aceitar condições menos favoráveis do que as que resultam da lei. A derrogação da norma legal, a ser levada a efeito, deverá sê-lo, apenas, através de instrumento de regulamentação coletiva de trabalho, que envolve a atuação de associações sindicais, colocadas num plano de igualdade substancial em relação às associações de empregadores ou empregador. Por exemplo: quando o artigo 328º, n. 2, do CT, admite que, para além das sanções previstas na lei podem ser fixadas outras em instrumentos de regulamentação coletiva de trabalho, tal significa, à luz do citado artigo 3º, n. 5, que o contrato de trabalho não pode prever outras sanções disciplinares para além das que estão previstas na lei.

Trata-se, também aqui, de uma consequência do "princípio da proteção do trabalhador".

E também neste caso a solução não resulta apenas do CT/2009, ela remonta à LCT (artigo 13º, n. 2), tendo igualmente constado do CT/2003 (artigo 5º), mantendo-se atualmente no CT.

VI. O supraexposto permite que ensaiemos a seguinte tese: o "(sub)princípio do tratamento mais favorável" é um corolário lógico e direto do "princípio da proteção do trabalhador" e decorre dos valores axiológicos e finalísticos do Direito, vocacionado para proteger o contraente mais débil. Enquanto corolário do "princípio da proteção do trabalhador", é deste princípio superior que se retiram as diretrizes com que deve atuar o "(sub)princípio do tratamento mais favorável": nalguns casos, de forma mais intensa, noutros, de forma menos intensa, consoante a necessidade de proteção do trabalhador assim o imponha. Entendido o "princípio da proteção do trabalhador" como um princípio atual e moderno, que não manda atender apenas ao interesse do trabalhador em si e individualisticamente considerado, mas como parte do

---

(1177) Como *supra* se afirmou, esta posição foi alvo de crítica por Luís Gonçalves da Silva, em PEDRO ROMANO MARTINEZ; LUÍS MIGUEL MONTEIRO; JOANA VASCONCELOS; PEDRO MADEIRA DE BRITO; GUILHERME DRAY e LUÍS GONÇALVES DA SILVA, *Código do Trabalho Anotado,* 8ª ed., cit., anotação (II) ao artigo 476º do Código do Trabalho, p. 1154, para quem esta alteração legislativa *"afectará especialmente a contratação colectiva, colocando em causa uma das suas mais valias: a paz laboral. De facto , agora parece ser possível haver uma convenção colectiva com cláusulas imperativas e — apesar disso — os trabalhadores abrangidos reclamarem por melhores condições, colocando em causa o clausulado acordado pelas partes"*. O autor manteve a mesma posição na 9ª ed. do mesmo *Código do Trabalho Anotado,* nas anotações II a V ao citado artigo 476º, pp. 946-947. Pela nossa parte, não concordamos com esta crítica — não faria sentido impedir o livre exercício da autonomia privada (individual), nem a capacidade de esta se adaptar às especificidades da empresa e da realidade *microlaboral,* salvo perante um interesse mais consentâneo com os valores axiológicos do sistema juslaboral. E foi essa a opção do legislador: a autonomia privada individual pode prevalecer sobre a autonomia coletiva, salvo se desse exercício resultar um tratamento mais desfavorável para o trabalhador. Por outras palavras, o contrato de trabalho pode (e deve) prevalecer sobre a convenção coletiva, caso ambas as partes (empregador e trabalhador) acordem no sentido da atribuição ao trabalhador de um regime mais favorável do que o que consta do instrumento de regulamentação coletiva de trabalho.

(1178) Cf. LUÍS MENEZES LEITÃO, *Direito do Trabalho,* cit., p. 512.

interesse geral da comunidade, que exige também o bom funcionamento das empresas, a elevação dos níveis de emprego e a "dessegmentação do mercado laboral" — tornando-o aberto a todos os candidatos a emprego, nomeadamente aos jovens, e não apenas àqueles que já dispõem de um posto de trabalho tendencialmente perpétuo —, podemos assentar no seguinte:

— 1º O "princípio da proteção do trabalhador" não justifica, na atualidade, a utilização do "(sub)princípio do tratamento mais favorável", como cânone geral de interpretação. O "princípio da proteção do trabalhador" esteve na génese da criação de um corpo de regras e princípios próprios do Direito do trabalho, finalisticamente orientados para a tutela do contraente mais débil — assim sendo, não se justifica, atualmente, nem tal faz sentido, que esse corpo de regras e princípios seja também ele interpretado de forma mais favorável para o trabalhador. De resto, não existe nenhuma previsão legal que aponte nesse sentido. Tal não significa, porém, que tal atuação não possa, no futuro, colocar-se de novo — tal sucederia, por exemplo, na hipótese (não muito) remota de o Direito do trabalho ser fragmentado, extinto ou reabsorvido pelo Direito civil. Nessa eventualidade, haveria, por certo, em nome do "princípio da proteção do trabalhador", que recuperar o princípio *pro operario.* E tal não significa, também, que o "princípio do tratamento mais favorável" não possa servir de elemento argumentativo no processo de interpretação e aplicação da lei — o "princípio da proteção do trabalhador" pode servir de elemento de referência, num fenómeno similar ao da "interpretação conforme a Constituição", sendo certo, por outro lado, que ele terá sempre uma palavra a dizer ao nível dos elementos da interpretação — *sistemático, histórico* e *teleológico* — previstos no artigo 9º do Código Civil;

— 2º o "princípio da proteção do trabalhador" manteve o "(sub)princípio do tratamento mais favorável" como elemento de resolução de conflitos hierárquicos de fontes, mas fê-lo de forma dinâmica e diferenciada, nos seguintes termos:

2.1. Quando se trata da relação entre normas legais e convenções coletivas de trabalho e a proteção do trabalhador se encontra quase que assegurada, atenta a igualdade substantiva e material com que os sindicatos se posicionam perante o empregador, o "(sub)princípio do tratamento mais favorável", tem uma atuação mais limitada — em regra, ele apenas atua perante um "núcleo restrito de matérias" que podem atingir de forma particularmente intensa os direitos pessoais, a dignidade e o estatuto do trabalhador — matérias relacionadas com direitos de personalidade, igualdade e não discriminação, parentalidade, limites máximos da duração do trabalho, tempos de repouso e prevenção e reparação de acidentes de trabalho e doenças profissionais (artigo 3º, n. 3, do CT/2009). À parte deste "núcleo restrito", o "(sub)princípio do tratamento mais favorável" em regra não atua, pela simples razão de que a sua atuação é desnecessária à luz do "princípio da proteção do trabalhador". A sua atuação, nestes casos, só ocorre quando uma previsão normativa específica, mesmo fora dos casos previstos no artigo 3º, n. 3, assim o determine — é o que sucede, a título meramente exemplificativo, nos casos dos artigos 204º, n. 3 (quanto à redução dos limites máximos do período normal de trabalho); 214º, n. 2, alínea *d* (quanto à redução do período de descanso diário); 250º (quanto às faltas justificadas previstas na alínea *g* do n. 2 do artigo 249º); e 328º, n. 2 (quanto à criação de novas sanções disciplinares para além das que constam do elenco do número 1 do mesmo preceito).

2.2. Quando esteja em causa a relação entre as normas legais e o contrato de trabalho o "(sub)princípio do tratamento mais favorável" tem uma atuação ampla e determinante: os contratos de trabalho só podem estabelecer um regime diverso do regime legal quando estabelecerem um tratamento mais favorável do que o previsto nas normas legais. Só assim se protege verdadeiramente o trabalhador, pois no caso dos contratos de trabalho, atento o isolamento do trabalhador na sua negociação e a sua particular situação de vulnerabilidade face ao desequilíbrio jurídico e económico em que se encontra face ao empregador, qualquer solução que passasse pela flexibilização desta relação e pela possibilidade de os contratos de trabalho disporem em qualquer sentido, tanto favorável, como desfavorável em relação ao trabalhador, seria condenar este último ao arbítrio do empregador e à lei da oferta e do mercado no sistema laboral.

2.3. O mesmo sucede quando esteja em causa a relação entre instrumentos de regulamentação coletiva de trabalho e o contrato de trabalho — também aqui os trabalhadores, em sede da negociação do contrato de trabalho, se encontram desprotegidos, pelo que também neste caso os contratos de trabalho só podem prevalecer perante a convenção coletiva de trabalho se forem mais favoráveis do que esta. E é do princípio da proteção do trabalhador, também, que decorre a regra (introduzida no CT/2009 e que se mantém no CT) segundo a qual os contratos de trabalho, caso garantam ao trabalhador um tratamento mais favorável do que o previsto nas convenções coletivas de trabalho podem sempre, em qualquer circunstância, prevalecer perante estas, não podendo as convenções opor-se a tal aplicação (artigo 476º). Mais uma vez, a lógica subjacente a esta solução é simples e decorre do "princípio da proteção do trabalhador" — se o próprio empregador, na sua empresa, porventura em nome da procura do aumento da produtividade da empresa e por razões de gestão empresarial, admite atribuir ao trabalhador um regime mais favorável do que o que consta da convenção coletiva de trabalho, por que razão impedi-lo de o fazer? Em nome de que princípio se deveria impedir tal possibilidade, se o que está em causa é a atribuição de um regime mais favorável ao trabalhador com o acordo do próprio empregador e no contexto dos valores axiológicos do Direito do trabalho?

2.4. Quando, por fim, estivermos perante as denominadas normas "convénio-dispositivas", a solução será similar e terá o mesmo fundamento: nestes casos, a norma legal apenas admite ser afastada por convenções coletivas de trabalho, mas não por contratos de trabalho, pois só assim se garante a proteção do trabalhador. O "princípio da proteção do trabalhador", neste caso, atua enquanto elemento de identificação do tipo de fontes que pode afastar as normas legais, esclarecendo que apenas os instrumentos de regulamentação coletiva de trabalho (e não o contrato de trabalho) o podem fazer.

VII. A aplicação do exercício acima identificado implica, contudo, uma operação prévia e complexa — a de identificação da fonte mais favorável para o trabalhador.

Não raras vezes, do confronto entre as fontes em conflito resulta que nas respetivas normas coexistem disposições mais favoráveis e disposições menos favoráveis para o trabalhador. Por exemplo: pode suceder que o contrato de trabalho contenha, no confronto com a norma legal, cláusulas mais favoráveis e cláusulas menos favoráveis do que o as que resultam do regime legal e que tais cláusulas, dentro do contrato, obedeçam a um equilibro interno, em termos tais que as mais favoráveis só foram estabelecidas e ajustadas porque com elas coexistem outras menos favoráveis.

Quando assim for, cumpre saber como escolher a fonte(s) a aplicar.

E importa fazê-lo segundo diretrizes metodológicas certas e seguras — é nesse sentido que podemos lidar, em abstrato, com três métodos distintos: o do *cúmulo*, o da *conglobação* e o da *conexão interna*.

VIII. A "teoria do cúmulo" levar-nos-ia a recolher, de cada norma potencialmente aplicável (norma legal, norma da convenção coletiva do trabalho e do contrato de trabalho) tudo o que se afigurasse mais favorável ao trabalhador. O exemplo clássico é o das férias, ou o das fardas: imaginemos que a lei preveja um regime de férias de 22 dias úteis com possibilidade de majoração de mais 3 dias úteis (em caso de não absentismo) e que uma convenção coletiva de trabalho, sobre a mesma matéria, estabeleça um regime de férias de 22 dias úteis apenas, sem direito à majoração, mas que em contrapartida garanta ao trabalhador um subsídio de férias correspondente a 30 dias úteis, ou seja, superior ao legal[(1179)]. Noutro plano, imaginemos que uma convenção coletiva de trabalho estabeleça a obrigatoriedade de fornecimento de uniformes a certos trabalhadores e que o contrato de trabalho garanta a atribuição de um subsídio para compra de uniformes[(1180)]. Pela teoria do cúmulo, a solução seria esta: o trabalhador teria direito ao regime de férias da lei (com direito à majoração), ao regime de subsídio de férias de 30 dias da convenção coletiva, a receber o uniforme nos termos previstos na convenção coletiva de trabalho e, ainda, a receber o subsídio para uniforme previsto no contrato de trabalho. Teria direito a um pouco de tudo, recolhendo de cada norma o que lhe fosse mais favorável. O método em causa assenta, pois, na

(1179) Veja-se, a este propósito, GUILHERME DRAY, "Período anual de férias: articulação entre o regime do Código do Trabalho e o do Acordo Colectivo de Trabalho Vertical do Sector Bancário", *Separata da Revista "O Direito"*, Almedina, Coimbra, 2005, pp. 657-685.

(1180) Exemplos recolhidos de Bernardo da Gama Lobo Xavier, com a colaboração de P. FURTADO MARTINS; A. NUNES DE CARVALHO; JOANA VASCONCELOS e TATIANA GUERRA DE ALMEIDA, *Manual de Direito do Trabalho*, cit., p. 898.

análise isolada de cada regra em cada fonte: recolhidas que são as melhores soluções de cada uma delas, somam-se os resultados mais vantajosos e encontra-se, por esta via, o regime aplicado ao trabalhador, que poderá resultar do somatório (do *cúmulo*) parcial de regras provenientes de diversas fontes — *v. g.*, de normas legais, de convenções coletivas do trabalho e do contrato de trabalho — que apenas têm em comum serem mais favoráveis para os trabalhadores[(1181)].

Não faz sentido que assim seja.

Como assinalava Raúl Ventura, a aplicação do "(sub)princípio do tratamento mais favorável" pelo cúmulo de regalias "*põe em causa a harmonia, o equilíbrio e a ligação orgânica entre as várias condições estabelecidas pelo próprio contrato (ou colectivo, ou individual)*"[(1182)]; quebra, nas palavras de Menezes Cordeiro, a "*unidade da disciplina da situação jurídica laboral*"[(1183)]; é incoerente, segundo Pedro Romano Martinez, "*porque põe em causa a unidade do diploma, na medida em que as regras, no seu conjunto, têm um determinado sentido, que se perde caso as mesmas sejam vistas* isoladamente"[(1184)]; menospreza, segundo Bernardo Lobo Xavier, "*o equilíbrio das situações*"[(1185)] e pode, em suma, conduzir a soluções absurdas e inaceitáveis, que não atendem convenientemente à *sinépica*, enquanto fórmula que manda atender à ponderação das consequências[(1186)].

IX. Em substituição à "teoria do cúmulo" e como resposta à mesma preconizou-se a "teoria da conglobação" — à luz deste método, a regra do tratamento mais favorável deveria ser aplicável comparando as fontes em presença na sua globalidade, prevalecendo o estatuto normativo que globalmente fosse mais favorável para o trabalhador.

Também esta tese é suscetível de críticas, nomeadamente por parte de Pedro Romano Martinez, que alude à dificuldade que existe em comparar conjuntos de normas — "*cada diploma, no seu conjunto, parte de pressupostos diversos e, por isso, comparar regras, mesmo no seu conjunto, que assentam em parâmetros diferentes, pode levar (...) a soluções aberrantes*"[(1187)].

Surge, então, como subespécie da teoria da conglobação, a tese intermédia, intitulada "teoria da conexão interna", segundo a qual a comparação não deve ser feita, nem entre normas individualizadas, nem entre as fontes no seu conjunto, mas entre grupos incindíveis de normas que se encontrem entre si numa particular conexão interna. Feita a comparação entre grupos de normas, segundo critérios objetivos, importará, depois, atentar nos resultados da comparação à luz dos interesses dos trabalhadores singulares[(1188)].

Trata-se, ainda assim, de um método de difícil aplicação, desde logo por força da dificuldade de apuramento do conceito de grupos incindíveis de normas[(1189)].

Em qualquer caso, ao afastar a teoria do cúmulo, por um lado, e ao sugerir que a comparação entre fontes se faça por conjuntos homogéneos de normas, esta teoria parece, de facto, ser a que melhores resultados pode oferecer.

X. A aplicação da "teoria da conexão interna", temperada pela necessidade de ponderação dos resultados na lógica do trabalhador, pelo princípio geral da boa-fé na execução do contrato — quer no exercício

---

(1181) Veja-se, a este propósito, MENEZES CORDEIRO, *Manual de Direito do Trabalho*, cit., pp. 208 e ss.; PEDRO ROMANO MARTINEZ, *Direito do Trabalho*, 5ª ed., cit., pp. 288 e ss. e *Direito do Trabalho*, 6ª ed., pp. 261 e ss.; e BERNARDO DA GAMA LOBO XAVIER, com a colaboração de P. FURTADO MARTINS; A. NUNES DE CARVALHO; JOANA VASCONCELOS E TATIANA GUERRA DE ALMEIDA, *Manual de Direito do Trabalho*, cit., pp. 898 e ss.

(1182) Cf. RAÚL VENTURA, "O cúmulo e a conglobação na disciplina das relações de trabalho", *O Direito, 94 (1962)*, pp. 201-221, p. 204.

(1183) Cf. MENEZES CORDEIRO, *Manual de Direito do Trabalho*, cit., p. 208.

(1184) Cf. PEDRO ROMANO MARTINEZ, *Direito do Trabalho*, 5ª ed., cit., pp. 288 e 289 e *Direito do Trabalho*, 6ª ed., p. 262.

(1185) Cf. Bernardo da Gama Lobo Xavier, com a colaboração de P. FURTADO MARTINS; A. NUNES DE CARVALHO; JOANA VASCONCELOS e TATIANA GUERRA DE ALMEIDA, *Manual de Direito do Trabalho*, cit., p. 898.

(1186) Recorda-se, todavia, como sublinha MAZZONI, que, em Itália, a jurisprudência da *Cassazione* chegou a se orientar, no período corporativo, pela "teoria do cúmulo", em especial em caso de conflitos entre leis e usos, mas a doutrina desde sempre se inclinou pela "teoria da conglobação" — Cf. GIULIANO MAZZONI, *Manuale di Diritto del Lavoro*, 6ª ed., pp. 214 e ss., p. 216.

(1187) Cf. PEDRO ROMANO MARTINEZ, *Direito do Trabalho*, 5ª ed., cit., p. 289 e *Direito do Trabalho*, 6ª ed., p. 262.

(1188) Cf. MENEZES CORDEIRO, *Manual de Direito do Trabalho*, cit., pp. 210 e 211.

(1189) PEDRO ROMANO MARTINEZ, *Direito do Trabalho*, 5ª ed., cit., pp. 289-290 e *Direito do Trabalho*, 6ª ed., p. 263.

dos direitos (nomeadamente através da figura parcelar do *abuso do direito*), quer no cumprimento das obrigações, nos termos previstos no artigo 126º do CT — e pela aplicação do regime da substituição automática das cláusulas violadoras pelas normas imperativas, nos termos a que se refere o artigo 121º, n. 2, do CT[1190], parece ser a mais adequada para garantir a aplicação efetiva do "(sub)princípio do tratamento mais favorável" no conflito hierárquico de fontes.

A aplicação do princípio da boa-fé na execução do contrato de trabalho, nos termos a que se refere o artigo 126º do CT, deve ser aproveitada.

Assim, no exemplo dos uniformes: admitindo que a convenção coletiva de trabalho estabelece a obrigatoriedade de atribuição de um subsídio para compra de uniforme no valor de 100 e que o contrato de trabalho, por sua vez, estabelece a atribuição de subsídio de idêntica natureza, mas no valor de 150, a invocação, pelo trabalhador, do direito à perceção dos dois subsídios (100 + 150) seria contrária à boa-fé na execução dos contratos prevista no artigo 126º do CT, por consubstanciar uma hipótese típica de *abuso do direito*.

O mesmo sucederia se a convenção coletiva determinasse a atribuição do uniforme e se o contrato estabelecesse a atribuição de um subsídio para compra do mesmo. Caso o trabalhador recebesse o subsídio, ou o uniforme, não deveria, sob pena de *abuso do direito*, invocar o direito a receber o que não lhe houvesse sido atribuído, pois como é evidente apenas um dos dois é necessário para efeitos de execução da prestação de trabalho.

Noutro exemplo, também ele clássico: admitamos que a convenção coletiva de trabalho estabeleça que o período anual de férias será de apenas 22 dias úteis, não podendo ser majorado, mas que, em compensação, o subsídio de férias será superior ao previsto na lei. Neste caso, a invocação, pelo trabalhador do direito ao subsídio de férias superior ao legal e, em simultâneo, do direito a férias previsto na lei (22 dias úteis + 3 dias de majoração em caso de não absentismo — solução consagrada no CT/2003 e que se manteve até à revisão do CT/2009, tendo sido apenas revogada pela Lei n. 23/2012) seria, também, um caso típico de abuso do direito, atendendo a que o regime previsto na convenção coletiva só se compreende no seu conjunto e no seu equilíbrio interno.

A boa-fé pode, a este nível, exercer um papel de *equilibrador do sistema*, ou de *válvula de escape*, corrigindo desequilíbrios ou injustiças relativas e prevenindo soluções erráticas, absurdas ou inaceitáveis, decorrentes de uma aplicação cega do princípio do tratamento mais favorável.

XI. Em suma: o "princípio da proteção do trabalhador", através do "(sub)princípio do tratamento mais favorável", mantém plena atualidade enquanto elemento de resolução de conflitos hierárquicos de fontes, ainda que atue de forma dinâmica e diferenciada, nos seguintes termos:

— Estando em causa a relação entre *normas legais* e *convenções coletivas de trabalho*, o "(sub)princípio do tratamento mais favorável" apenas atua perante um "núcleo restrito de matérias" que podem atingir de forma particularmente intensa os direitos pessoais, a dignidade e o estatuto do trabalhador — nestes casos, as convenções coletivas de trabalho só podem afastar a lei se contiverem um regime mais favorável ao trabalhador do que esta (artigo 3º, n. 3, do CT);

— Estando em causa a relação entre as *normas legais* e o *contrato de trabalho*, o "(sub)princípio do tratamento mais favorável" tem uma atuação ampla e determinante: os contratos de trabalho só podem estabelecer um regime diverso do regime legal quando estabelecerem um tratamento mais favorável ao trabalhador do que o previsto nas normas legais (artigo 3º, n. 4);

— No mesmo sentido, estando em causa a relação entre *instrumentos de regulamentação coletiva de trabalho* e o *contrato de trabalho*, os contratos de trabalho só podem prevalecer perante a convenção coletiva de trabalho se forem mais favoráveis do que esta (artigo 476º);

(1190) A propósito da aplicação do artigo 121º, n. 2, como forma de solucionar o problema da comparação entre fontes, Bernardo da Gama Lobo Xavier, com a colaboração de P. FURTADO MARTINS; A. NUNES DE CARVALHO; JOANA VASCONCELOS e TATIANA GUERRA DE ALMEIDA, *Manual de Direito do Trabalho*, cit., p. 899.

— Estando em causa, por fim, as denominadas *normas convénio-dispositivas*, a solução é similar e tem o mesmo fundamento: nestes casos, a norma legal apenas admite ser afastada por convenções coletivas de trabalho, mas não por contratos de trabalho, pois só assim se garante a proteção do trabalhador (artigo 3º, n. 5).

4.1. O princípio do tratamento mais favorável e a aplicação das fontes no espaço

I. É normal que o contrato de trabalho apresente pontos de contacto com diferentes ordenamentos jurídicos, *maxime* numa sociedade globalizada como a atual — a existência de contratos de trabalho celebrados com trabalhadores de uma nacionalidade, num determinado Estado, tendo em vista a execução da prestação laboral noutro Estado distinto daquele em que o contrato foi celebrado e onde se situa a sede do empregador, não é inusual.

Como afirma Massimo Roccella, a *"globalizzazione è il fenómeno socio-economico piú rilevante dei nostri tempi"* e que implica a atuação *"dei diversi sistemi nazionali di diritto del lavoro"*[1191].

O contrato de trabalho "plurilocalizado", visto como aquele que apresenta pontos de contato ou conexão com diferentes ordens jurídicas, é uma realidade comum: pode suceder, por exemplo, no caso de um empregador português contratar um cidadão português para executar uma atividade laboral no estrangeiro; pode suceder, noutra hipótese, no caso de uma empresa estrangeira contratar, no estrangeiro, um cidadão português para trabalhar em Portugal; pode suceder, ainda, no caso de uma sociedade estrangeira, com uma sucursal instalada em Portugal, contratar um cidadão português para trabalhar no nosso país; pode suceder, também, no caso de uma empresa portuguesa, sediada em Portugal, contratar um trabalhador estrangeiro residente no nosso País; e pode suceder, por fim, no âmbito de missões diplomáticas e consulares estrangeiras em Portugal ou portuguesas no estrangeiro[1192].

Quando assim sucede, coloca-se a questão de saber qual a lei aplicável, o mesmo é dizer, qual a ordem jurídica potencialmente aplicável. A questão em causa, relativa ao apuramento da lei aplicável, tende a ser resolvida pelo Direito internacional privado, nos termos gerais[1193].

Mais uma vez, porém, o Direito do trabalho apresenta especificidades.

E mais uma vez, tal como vimos suceder no domínio do conflito hierárquico de fontes, o "princípio da proteção do trabalhador" tem uma palavra a dizer, através do "(sub)princípio do tratamento mais favorável".

II. Em termos internacionais, importa atender à Convenção de Roma de 1980, intitulada *Convenção sobre a Lei Aplicável às Obrigações Contratuais*, assinada em Roma em 19 de junho de 1980[1194] — nos termos do artigo 6º, n. 1, desta Convenção, o contrato de trabalho rege-se, em princípio, pela lei escolhida pelas partes, em obediência ao princípio da autonomia privada. Todavia, o mesmo preceito adianta expressamente que tal escolha deixa de ser válida se desta opção resultar um afastamento das normas imperativas do ordenamento jurídico determinado pelas regras de conflitos que visem *proteger* o trabalhador. Quer dizer: a autonomia privada na escolha da lei aplicável tem limites — e os limites decorrem, precisamente, do "princípio da proteção do trabalhador". É nesse sentido, de resto, que a jurisprudência nacional tem defendido que as normas legais relativas à cessação do contrato[1195], ou as que envolvem

(1191) Cf. MASSIMO ROCCELLA, *Manuale di Diritto del Lavoro*, 4ª ed., cit., p. 16.
(1192) Os cinco exemplos acima referidos foram retirados de PEDRO ROMANO MARTINEZ, *Direito do Trabalho*, cit., pp. 268-269.
(1193) Veja-se, a este propósito, PHILIPPE COURSIER, *Le conflito de lois en matière de contrat de travail*, Librairie Générale de Droit et de Jurisprudence, Paris, 1993.
(1194) Recorda-se que Portugal aderiu a esta Convenção em 1994, tendo esta entrado em vigor na nossa ordem jurídica a 1º de setembro de 1994. A convenção de adesão foi aprovada para ratificação pela Resolução da Assembleia da República n. 3/94 e ratificada pelo Decreto do Presidente da República n. 1/94, publicados no Diário da República, I Série-A de 3 de fevereiro de 1994.
(1195) Cf. acórdãos da Relação de Lisboa de 18 de novembro de 1987, *in* BMJ 371, p. 534, de 10 de janeiro de 1996, *in* CJ XXI (1996), Tomo I, p. 160, e de 5 de julho de 2000, *in* CJ XXV, T. IV, p. 159; Acórdão da Relação do Porto, de 25 de novembro de 1991, *in* CJ XVI (1991), Tomo V, p. 332 — arestos retirados de PEDRO ROMANO MARTINEZ, *Direito do Trabalho*, cit., p. 271.

a responsabilidade do empregador em caso de acidente de trabalho[1196] são normas de aplicação necessária e imediata, razão pela qual a sua aplicação não pode ser afastada por vontade das partes mediante escolha da lei aplicável noutro ordenamento jurídico. De resto, o artigo 7º, n. 2, da Convenção, dispõe no mesmo sentido, ao determinar que "*O disposto na presente Convenção não pode prejudicar a aplicação das regras do país do foro que regulem imperativamente o caso concreto, independentemente da lei aplicável ao contrato*".

Não havendo escolha das partes, aplica-se o número 2 do artigo 6º, segundo o qual, naquela eventualidade, o contrato de trabalho é regulado: *a)* pela lei do país em que o trabalhador, no cumprimento do contrato, presta habitualmente o seu trabalho, mesmo que tenha sido destacado[1197] temporariamente para outro país; ou *b)* se o trabalhador não prestar habitualmente o seu trabalho no mesmo país, pela lei do país em que esteja situado o estabelecimento que contratou o trabalhador. Havendo, todavia, a existência de uma conexão mais estreita entre o contrato de trabalho e outro país, será aplicável a lei desse mesmo país (artigo 6º, n. 2, *in fine*).

III. O regime da Convenção de Roma foi seguido de perto pelo Regulamento Roma I (Regulamento n. CE/593/2008, do Parlamento Europeu e do Conselho, de 17 de junho de 2008, sobre a lei aplicável às obrigações contratuais)[1198].

Nos termos dos artigos 8º e 9º do Regulamento n. CE/593/2008, ao contrato de trabalho deverá ser aplicável, em princípio, a lei escolhida pelas partes, imperando, consequentemente, o princípio da autonomia privada. Mas, também aqui, com limites: desse preceituado resulta, também, que a escolha em causa não pode ter como consequência privar o trabalhador da proteção que lhe garantem as normas do ordenamento jurídico que naturalmente lhe seria aplicável pela simples aplicação das regras de conflito, caso estas garantam maior proteção ao trabalhador.

Por outras palavras, a autonomia privada não pode ser utilizada para afastar um regime laboral mais favorável ao trabalhador, mas pode, no polo oposto, ser utilizada para lhe conferir a aplicação de um regime laboral mais favorável.

Não havendo, contudo, escolha das partes, quanto ao ordenamento jurídico aplicável, aplicar-se-á então a lei da execução habitual do contrato ou, sendo este executado em mais do que um ordenamento jurídico, a lei do Estado onde esteja situado o estabelecimento do empregador para o qual o trabalhador tenha sido contratado.

O Regulamento determina, ainda, que existindo, todavia, uma lei que apresente uma conexão mais estreita com o contrato de trabalho em causa, será esta a lei aplicável, ressalvadas que sejam as exceções que decorram da ideia de ordem pública[1199].

Quer dizer: tal como sucede na Convenção de Roma, o Regulamento tem subjacente uma lógica de *proteção do trabalhador*. E é essa lógica e essa finalidade que justificam, axiologicamente, a escolha por uma solução que difere da que resultaria da aplicação do regime previsto no Código Civil: dos artigos 41º e 42º do Código Civil não resulta nenhuma preocupação de proteção do trabalhador — nos termos do artigo 41º, n. 1, admite-se que sejam as partes (os *cives*, ou o *contraente comum*) a escolher a lei aplicável, sendo certo que a única exigência feita pelo número 2 é a de que tal escolha corresponda a um

(1196) Veja-se, a este propósito, ANTÓNIO MARQUES DOS SANTOS, *As Normas de Aplicação Imediata no Direito Internacional Privado — Esboço de uma Teoria Geral*, v. II, Almedina, Coimbra, 1991, pp. 857 e ss.

(1197) A este propósito, recorda-se que com a finalidade de evitar situações de *dumping social*, a Diretiva do Parlamento Europeu e do Conselho n. 96/71/CE, de 16 de dezembro, transposta para a ordem jurídica portuguesa pela Lei n. 9/2000, de 15 de junho, e subsequentemente pelos artigos 6º a 8º do CT/2009, estabeleceu que aos trabalhadores, independentemente da sua nacionalidade, destacados para prestar trabalho em território de um país da União Europeia por uma empresa estabelecida noutro Estado, se aplicam as condições de trabalho vigentes no local para onde o trabalhador é destacado, nomeadamente quanto ao período de trabalho, férias, retribuição mínima, segurança, higiene e saúde no trabalho.

(1198) Veja-se, a este propósito, LIMA PINHEIRO, "O Novo Regulamento Comunitário sobre a Lei Aplicável às Obrigações Contratuais (Roma I). Uma Introdução", Revista da Ordem dos Advogados, ano 68 (2008), II/III, pp. 575 e ss.

(1199) Cf. Bernardo da Gama Lobo Xavier, com a colaboração de P. FURTADO MARTINS; A. NUNES DE CARVALHO; JOANA VASCONCELOS e TATIANA GUERRA DE ALMEIDA, *Manual de Direito do Trabalho*, cit., p. 999.

interesse sério dos declarantes ou que exista uma conexão entre a lei escolhida e o contrato em causa; nos termos do artigo 42º, não havendo escolha das partes aplica-se, a título supletivo, o critério da residência habitual comum das partes, a qual se reconduz, no caso do contrato de trabalho, à residência habitual comum do empregador e do trabalhador (n. 1); não havendo residência comum, aplicar-se-ia a lei do local da celebração do contrato (artigo 42º, n. 2).

Por outras palavras, ao passo que o regime do Código Civil é axiologicamente neutro quanto à proteção do *contraente comum* e o regime da Convenção de Roma, bem como o do Regulamento Roma I, apresentam soluções diversificadas, que atendem à necessidade de proteção do *contraente mais débil*, inspiradas consequentemente pelo referido *princípio da proteção do trabalhador*.

O mesmo sucede no Código do Trabalho, desde o CT/2003 até o atual CT[(1200)].

IV. O artigo 6º do CT/2003 seguiu de perto a Convenção de Roma e segue uma orientação similar à *supra* descrita: nos termos do número 1, o contrato de trabalho rege-se pela lei escolhida pelas partes; na falta de escolha, o contrato é regulado pela lei com a qual apresente a conexão mais estreita (n. 2), sendo certo que o apuramento da conexão mais estreita se afere em função do caso concreto, tendo em consideração o local da execução do contrato de trabalho, a localização da empresa ou, sendo caso disso, a natureza imperativa e a vontade de aplicação por parte de outro ordenamento que apresente pontos de conexão com o contrato (ns. 3, 4, 5 e 6).

Em todo o caso, o preceito em causa determina que mesmo ocorrendo escolha pelas partes da lei aplicável ao contrato de trabalho, a escolha não pode privar o trabalhador da proteção que lhe é garantida pelas disposições imperativas do Código do Trabalho, caso o ordenamento português se apresente como a conexão mais estreita. Mais uma vez, a solução é inspirada pelo "princípio da proteção do trabalhador".

V. O CT/2009 trata também da matéria, respetivamente nos artigos 6º a 8º.

O artigo 6º caracteriza as situações de "*destacamento em território português*", admitindo para o efeito as hipóteses nas quais o trabalhador, contratado por empregador estabelecido noutro Estado, presta a sua atividade em território português: a) em execução de contrato entre o empregador e o beneficiário que exerce a atividade, desde que o trabalhador permaneça sob a autoridade e direção daquele; b) em estabelecimento do mesmo empregador, ou empresa de outro empregador com o qual exista uma relação societária de participações recíprocas, de domínio ou de grupo; c) ao serviço de um utilizador, à disposição do qual foi colocado por empresa de trabalho temporário ou outra empresa. O preceito em causa, todavia, exceciona o pessoal navegante da marinha mercante.

O artigo 7º encerra o regime relativo às "*Condições de trabalho de trabalhador destacado*". E a projeção do "princípio da proteção do trabalhador" é cristalina, resultando logo do proémio do número 1, na parte em que se determina que "*Sem prejuízo de regime mais favorável constante de lei ou contrato de trabalho*", o trabalhador destacado tem direito às condições de trabalho previstas na lei e em regulamentação coletiva de trabalho de eficácia geral aplicável que respeitem a: *a)* segurança no emprego; *b)* duração máxima do tempo de trabalho; *c)* períodos mínimos de descanso; *d)* férias; *e)* retribuição mínima e pagamento de trabalho suplementar; *f)* cedência de trabalhadores por parte de empresa de trabalho temporário; *g)* cedência ocasional de trabalhadores; *h)* segurança e saúde no trabalho; *i)* proteção na parentalidade; *j)* proteção do trabalho de menores; *k)* igualdade de tratamento e não discriminação.

O mesmo é dizer: a lei garante-lhe um regime de proteção mínimo, resultante da lei e de instrumento de regulamentação coletiva de trabalho e quanto a um conjunto significativo de matérias. Mas, mais do que lhe garantir um regime de proteção mínimo, admite que outro regime legal ou resultante de contrato de trabalho possa ser aplicado ao trabalhador, na exata medida em que se trate de um *regime mais favorável*.

A mesma lógica se verifica no artigo 8º, agora quanto ao trabalhador contratado por uma empresa estabelecida em Portugal, que preste atividade no território de outro Estado em situação similar às referidas no artigo 6º. Nessa eventualidade, o artigo 8º prescreve que o trabalhador tem direito às condições

(1200) A este propósito, veja-se LUÍS MENEZES LEITÃO, *Direito do Trabalho*, 3ª ed., cit., pp. 87-88.

de trabalho previstas no artigo 7º, acima descritas. Mas mais uma vez, todavia, o legislador determina que o trabalhador tem direito a tais condições *"sem prejuízo de regime mais favorável constante da lei aplicável ou do contrato"*.

Trata-se, também neste caso, de mais uma projeção do *princípio da proteção do trabalhador*, levada a efeito através do "(sub)princípio do tratamento mais favorável".

VI. Em suma, ao contrário do regime axiologicamente neutro dos artigos 41º e 42º do Código Civil, os artigos 6º e 8º do Código do Trabalho, à semelhança, de resto, dos regimes da Convenção de Roma e do Regulamento Roma I sobre a lei aplicável às obrigações contratuais, contêm, de forma explícita, um regime de proteção do trabalhador em sede de aplicação da lei no espaço, regime esse alicerçado e movido, acrescentamos nós, em torno do "princípio da proteção do trabalhador".

4.2. O princípio do tratamento mais favorável e a aplicação das fontes no tempo

I. Coloca-se a questão de se saber se o "princípio da proteção do trabalhador" encerra alguma especificidade ao nível da aplicação de fontes no tempo, dotando o Direito do trabalho de particularidades próprias relativamente aos demais ramos do direito, um pouco à semelhança, por exemplo, do que sucede no Direito penal, à luz do qual, em matéria de sucessão de leis no tempo, se admite a aplicação retroativa de leis penais de conteúdo mais favorável ao arguido (artigo 29º, n. 4, da Constituição) e é sempre aplicado o regime que concretamente se mostrar mais favorável ao agente, salvo se este já tiver sido condenado por sentença transitada em julgado (artigo 2º, n. 4, do Código Penal).

No essencial, a questão que se coloca é a seguinte: atendendo à necessidade de proteção do trabalhador, resultará do princípio da proteção do trabalhador um subprincípio especial de preservação dos direitos adquiridos dos trabalhadores, em termos tais que, em caso de sucessão de fontes no tempo, a fonte nova não poderá, por imperativos de proteção do trabalhador, determinar a supressão de direitos anteriormente concedidos ao trabalhador através da fonte antiga?

Vigorará no Direito do trabalho, por outras palavras, um princípio de manutenção dos direitos adquiridos como decorrência lógica do "princípio da proteção do trabalhador", nomeadamente de um alegado subprincípio do *não retrocesso social*?

A resposta, no essencial, é negativa, mas, em todo o caso, importa distinguir duas situações autónomas: por um lado, os casos de sucessão de leis no tempo, em que se afigura relativamente cristalino que não existe, neste ramo do direito, qualquer princípio específico de manutenção dos direitos adquiridos; por outro lado, as hipóteses de sucessão de convenções coletivas de trabalho nas quais, ao contrário da sucessão de leis no tempo, a lei consagra uma regra específica segundo a qual os direitos decorrentes de convenção coletiva só podem ser reduzidos por nova convenção de cujo texto conste, em termos expressos, o seu carácter globalmente mais favorável (artigo 503º, n. 3, do CT) — a este nível, concordando-se ou discordando-se da solução, parece-nos indubitável que em termos de direito constituído se acolhe uma projeção do "(sub)princípio do tratamento mais favorável".

Vejamos ambas as situações, de forma autónoma.

4.2.1. Sucessão no tempo de leis laborais

I. O artigo 12º, n. 1, do Código Civil, que contém, nas palavras de Miguel Teixeira de Sousa, o *regime geral do direito transitório formal*, ou seja, daquele que *"resolve os problemas suscitados pelos conflitos de leis no tempo"*[1201], determina que a *lei só dispõe para o futuro;* ainda que lhe seja atribuída eficácia

(1201) Cf. MIGUEL TEIXEIRA DE SOUSA, *Introdução ao Direito*, cit., p. 283.

retrativa, presume-se que ficam ressalvados os efeitos já produzidos pelos factos que a lei se destina a regular. E o número 2 do mesmo preceito estabelece, por sua vez, que quando a lei dispõe sobre as condições de validade substancial ou formal de quaisquer factos ou sobre os seus efeitos, entende-se, em caso de dúvida, que só visa os factos novos; mas, quando dispuser diretamente sobre o conteúdo de certas relações jurídicas, abstraindo dos factos que lhes deram origem, entender-se-á que a lei abrange as próprias relações já constituídas, que subsistam à data da sua entrada em vigor.

O artigo 12º do Código Civil consagra, no fundo, o *princípio geral da aplicação imediata da lei nova*, segundo o qual a lei nova revoga a lei antiga e rege as relações jurídicas após a sua entrada em vigor. Por outras palavras, a regra geral é a da não retroatividade da lei — a lei nova só dispõe para o futuro e, mesmo quando lhe seja atribuída eficácia retroativa, ficam ressalvados os efeitos já produzidos ao abrigo da lei anterior. O ordenamento jurídico não obsta à retroatividade legal, exceto quanto às leis criminais e fiscais (artigos 29º e 103º da Constituição, respetivamente), mas a regra é a da não retroatividade da lei. A retroatividade da lei ocorre apenas, em regra, no caso das *leis interpretativas,* nos termos previstos no artigo 13º do Código Civil. Fora desta hipótese, o princípio geral é o da não retroatividade da lei. Assim sendo, na medida em que a lei só dispõe para o futuro, os direitos adquiridos emergentes da aplicação da lei antiga não são afetados pela lei nova.

O número 2 do artigo 12º do Código Civil, por sua vez, distingue duas situações: por um lado, a lei nova não se aplica às condições de validade substancial ou formal de um ato jurídico ou ao conteúdo de situações jurídicas que não possam abstrair do seu título constitutivo, falando-se, a esse propósito, em *sobrevigência da lei antiga*(1202); por outro lado, a lei nova aplica-se ao conteúdo das situações jurídicas ocorridas ao abrigo da lei antiga e que persistam após a entrada em vigor da lei nova, bem como aos factos jurídicos duradouros iniciados na vigência da lei antiga e que se mantêm no momento do início de vigência da lei nova, falando-se, a esse propósito, em *aplicação imediata da lei nova*(1203).

Esta destrinça, quando aplicada ao contrato de trabalho, é de simples percepção: a lei nova não se pode aplicar às regras relativas à constituição do contrato de trabalho, nomeadamente às regras de forma aplicáveis à sua formação — por hipótese, admitindo que, ao abrigo da lei, antiga a lei não exigia nenhuma forma especial para a celebração do contrato de trabalho, a lei nova, mesmo que venha a exigi-lo, não pode pôr em causa a validade do contrato verbal celebrado ao abrigo da lei antiga; do mesmo passo, se ao abrigo da lei antiga se exigia determinado procedimento para efeitos de revogação do contrato e se as partes o seguiram, ao abrigo dessa mesma lei antiga, a lei nova não pode, subsequentemente, pôr em causa tal extinção do contrato de trabalho, mesmo que passe a prever ou a impor requisitos adicionais. Pelo contrário, quanto aos direitos e obrigações das partes, ou seja, quanto ao conteúdo das relações jurídicas emergentes do contrato de trabalho, nomeadamente ao nível da organização do tempo de trabalho, da mobilidade funcional, da transferência do local de trabalho ou do valor das compensações pecuniárias devidas em caso de cessação do contrato, a lei nova, a partir do momento em que estabelece novas regras, passa a condicionar e a regular todas as situações jurídico-laborais que estejam em vigor. A ideia é simples: tratando-se de um contrato de execução continuada, que se prolonga no tempo, o seu conteúdo tem de se adaptar às novas regras constantes da lei nova, prevalecendo neste caso, nas palavras de Miguel Teixeira de Sousa, um "*interesse na adaptação*", que se sobrepõe ao "*interesse na estabilidade*" (que determinaria, em tese, a aplicação da lei antiga)(1204). O contrato não pode ser visto como algo estático, nem pode ser imune às alterações legislativas que venham a ocorrer durante a sua execução.

II. Este princípio tem sido respeitado no domínio laboral.

O artigo 8º, n. 1, da Lei n. 99/2003, que aprovou o CT/2003, determina que "*ficam sujeitos ao regime do Código do Trabalho os contratos de trabalho e os instrumentos de regulamentação coletiva de trabalho celebrados ou aprovados antes da sua entrada em vigor, salvo quanto às condições de validade e aos efeitos de factos ou situações totalmente passados anteriormente àquele momento*"; no mesmo

(1202) Cf. MIGUEL TEIXEIRA DE SOUSA, *Introdução ao Direito,* cit., p. 287.
(1203) Cf. MIGUEL TEIXEIRA DE SOUSA, *Introdução ao Direito,* cit., p. 285.
(1204) Cf. MIGUEL TEIXEIRA DE SOUSA, *Introdução ao Direito,* cit., p. 281.

sentido, o artigo 7º, n. 1, da Lei n. 7/2009, que aprovou o CT/2009, consagrou uma redação exatamente similar à do artigo 8º da Lei n. 99/2003[1205].

Trata-se, como afirma Pedro Romano Martinez, de uma solução que não encerra "*qualquer especificidade de regime, pois dispõe exatamente no mesmo sentido do artigo 12º, n. 2, do CC; de facto, o citado n. 1 do art. 7º (tal como o antecedente art. 8º, n. 1) corresponde ao art. 9º do Decreto-lei n. 49.408, de 24 de novembro de 1969 (diploma que aprovou o regime do contrato individual de trabalho, LCT), conjugado com o artigo 12º, n. 2, do CC (...)*"[1206] — em regra, a lei só dispõe para o futuro, mas, em relação às situações jurídicas de execução prolongada, a lei nova passa a aplicar-se-lhes, pelo que sempre que se aprova ou altera o Código do Trabalho, este passa a abranger o conteúdo das "*relações já constituídas, que subsistam à data da sua entrada em vigor*", nos termos do artigo 12º, n. 2, *in fine*, do Código Civil.

O princípio geral da aplicação da lei nova ao conteúdo de situações jurídicas ocorridas no passado sofre, todavia, algumas exceções: por um lado, como se afirmou, a lei nova não se aplica às condições de validade das situações jurídicas passadas, que se aferem em função da lei que então as regia — assim sucede, nomeadamente, com as exigências de forma quanto à formação do contrato ou com outras condições de validade substancial do contrato, como seja, por exemplo, a idade mínima de admissão do trabalhador; por outro lado, a lei nova não se aplica aos factos produzidos ou às situações totalmente passadas antes da entrada em vigor do novo regime jurídico, como sejam, por exemplo, as férias já vencidas ou as retribuições pagas ao abrigo do regime anterior; mas um novo Código do Trabalho, seguindo o mesmo exemplo, não dispondo sobre as férias que o trabalhador gozou no domínio da lei antiga ou se venceram durante a sua vigência, aplica-se às férias que o trabalhador terá direito a gozar nos anos seguintes. Assim, por exemplo: à luz do CT/2003 e do CT/2009, o trabalhador tinha direito a 22 dias úteis de férias, acrescido de uma majoração que poderia ir até 3 dias úteis, em caso de inexistência de faltas ao trabalho ou da prática de faltas justificadas até determinado número; com a revisão do CT/2009 levada a efeito pela Lei n. 23/2012, de 25 de junho, essa majoração deixou de existir, pelo que a partir de então o trabalhador só terá o direito a gozar 22 dias úteis de férias, ao abrigo do novo regime emergente da revisão do Código do Trabalho. Ou seja, verificados os respetivos pressupostos, o trabalhador manteria o direito a gozar 25 dias úteis de férias (22 dias acrescidos de 3 dias de majoração) pelo trabalho prestado em 2011, caso tal direito se tivesse vencido a 1º de janeiro de 2012; todavia, a partir da entrada em vigor da nova lei e com efeitos a partir de então, o trabalhador não mais poderá invocar o direito ao gozo de 25 dias úteis de férias.

Admite-se, ainda, uma terceira exceção, quando esta resulte de uma previsão legal constante da lei nova: nesse sentido, o artigo 7º, n. 5, da Lei n. 7/2009, determinou expressamente que o regime estabelecido no Código do Trabalho não se aplica a situações constituídas ou iniciadas antes da sua entrada em vigor e relativas à duração do período experimental, aos prazos de prescrição e de caducidade, aos procedimentos para aplicação de sanções, bem como para a cessação de contrato de trabalho, e à duração do contrato de trabalho a termo certo; no mesmo sentido, a Lei n. 53/2011, de 14 de outubro, que procedeu à segunda alteração ao CT/2009 e que estabeleceu um novo valor para as compensações decorrentes do despedimento coletivo, diminuindo o valor de referência de 30 dias para 20 dias de retribuição base e diuturnidades por cada ano de antiguidade, estabelecendo um limite máximo de 12 meses e suprimindo o limite mínimo de 3 meses, determinou, no novo artigo 366º-A, aditado ao Código do Trabalho pelo artigo 2º daquela Lei, que o novo valor da referida compensação só se aplicaria "*aos novos contratos*", isto é, aos celebrados ao abrigo e após a entrada em vigor da Lei n. 53/2011, e não aos contratos celebrados antes da entrada em vigor deste diploma e que se prolongassem para além do início da sua vigência.

Trata-se, neste caso, da criação de um regime de *direito transitório material*, que cria uma solução específica e diversa da que resultaria do regime geral do *direito transitório formal* constante do artigo 12º do Código Civil.

(1205) Veja-se, a este propósito, a anotação de Pedro Romano Martinez ao artigo 7º da Lei n. 7/2009, de 12 de fevereiro, em PEDRO ROMANO MARTINEZ; LUÍS MIGUEL MONTEIRO; JOANA VASCONCELOS; PEDRO MADEIRA DE BRITO; GUILHERME DRAY e LUÍS GONÇALVES DA SILVA, *Código do Trabalho Anotado*, 9ª ed., cit., pp. 72-76.

(1206) Cf. PEDRO ROMANO MARTINEZ, *Direito do Trabalho*, 5ª ed., cit., pp. 250-251 e *Direito do Trabalho*, 6ª ed., p. 230.

III. O regime acima exposto não consubstancia uma aplicação retroativa do Código do Trabalho a situações antigas — em bom rigor, nem o CT/2003 (artigo 8º, n. 1, da Lei n. 99/2003), nem o CT/2009 (artigo 7º, n. 1, da Lei n. 7/2009), nem o atual CT revisto, nomeadamente, pela Lei n. 23/2012 (*v. g.*, artigos 7º, 9º e 10º da citada Lei n. 23/2012) se aplicam a situações antigas, já verificadas; os novos regimes laborais apenas se aplicam aos factos iniciados antes, mas que ocorrem ou são apreciados já depois da entrada em vigor da lei nova. Trata-se do fenómeno habitualmente designado por *retroconexão*(1207), que se caracteriza pela ultra-atividade de um facto passado que, por se encontrar relacionado com factos presentes, passa a ser regido pela lei nova e cai no âmbito de aplicação temporal desta última.

Exemplificando: o ato de constituição e os efeitos já produzidos por um contrato de trabalho celebrado ao abrigo da lei antiga não são postos em causa pela lei nova; se a lei nova regulamenta, por exemplo, aspetos relacionados com o regime de férias ou o regime de cessação do contrato de trabalho, ela não se aplica, nem às férias já vencidas e gozadas, nem aos contratos que já cessaram, mas passa a aplicar-se às novas férias que o trabalhador vai gozar ou às subsequentes situações de cessação contratual, salvo se a própria lei nova dispuser em sentido contrário, ou seja, no sentido da sua não aplicação.

A não aplicação retroativa do Código do Trabalho, aliado à sua aplicação a todas as situações que, tendo sido formadas antes da sua entrada em vigor, se prolonguem no tempo depois do início da sua vigência é, também, um imperativo de uniformização ou harmonização das relações de trabalho e, em última instância, um imperativo de igualdade: admitir que as situações criadas ao abrigo da lei antiga têm um determinado regime e que as novas situações passam a ter um regime diverso é, em última instância, admitir diferentes condições de trabalho para trabalhadores que prestam a mesma atividade segundo a natureza, quantidade e qualidade. Por outras palavras, seria admitir tratamentos diferenciados para situações idênticas, em claro contraste com o princípio geral que manda tratar o igual de forma igual e o diferente de forma diferente.

IV. A questão que porventura se poderia colocar ao nível do contrato de trabalho seria a de se saber se a este nível se poderia descortinar um princípio próprio — *princípio do não retrocesso social* — decorrente do "princípio da proteção do trabalhador" e que tivesse como concretização o princípio da manutenção dos direitos adquiridos.

Quer dizer, o princípio dos direitos adquiridos seria uma especificidade do Direito do trabalho e ditaria que os direitos adquiridos dos trabalhadores, criados ao abrigo de determinada lei, nunca poderiam ser questionados ou postos em causa, nem sequer pelo legislador, através de uma nova lei. Às regalias atribuídas ao trabalhador ao abrigo de uma determinada lei somar-se-iam, de forma ilimitada, as criadas por uma nova lei e assim sucessivamente. Tudo o que de novo aparecesse deveria ser somado ao que já existisse e nada que houvesse sido criado em favor dos trabalhadores ao abrigo de determinada lei poderia, no futuro, ser suprimido por uma nova lei.

Caminhar-se-ia, em suma, num sentido ilimitadamente mais favorável ao trabalhador ou num — porventura utópico — *progresso social contínuo:* haveria como que um *metaprincípio* que determinaria que a evolução legislativa só poderia operar num único sentido: no sentido mais favorável ao trabalhador. E tal *metaprincípio* vincularia, nomeadamente, o legislador ordinário: este só poderia legislar se fosse para criar mais e melhores condições de trabalho ao trabalhador e nunca para reduzir ou suprimir os direitos que já estivessem legalmente positivados.

Trata-se, obviamente e sem necessidade de ulteriores glosas, de uma ideia simultaneamente pueril e autoritária: admitir que o curso da história é sempre propício a melhorar o nível de vida dos cidadãos é, por si só, uma perspetiva ingénua, que não atende, sequer, ao registo da história e aos ensinamentos

(1207) Cf. PEDRO ROMANO MARTINEZ, *Direito do Trabalho*, 5ª ed., cit., p. 252 e *Direito do Trabalho*, 6ª ed., pp. 228-229. A propósito da *retroconexão*, veja-se MIGUEL TEIXEIRA DE SOUSA, *Introdução ao Direito*, cit., pp. 294 e ss., para quem *"a retroconexão decorre do preenchimento da previsão da LN com factos passados ou efeitos já produzidos. A retroconexão não conduz a nenhuma alteração do passado, mas à definição do presente em função de factos ou efeitos do passado"*, podendo ser *total*, quando o facto ou efeito que serve de previsão da lei nova já se verificou totalmente no passado, ou *parcial*, quando a previsão da lei nova abrange quer factos que ocorreram ou efeitos que se produziram na vigência da lei antiga, quer factos ou efeitos que se verificaram na vigência da lei nova.

que esta nos faculta, nomeadamente quanto à existência de períodos economicamente recessivos e socialmente adversos; pretender que, independentemente do curso da história, das suas vicissitudes e das condições socioeconómicas, o legislador está adstrito a legislar, apenas, num único sentido, sempre mais favorável ao trabalhador, é querer impor autoritariamente uma solução legislativa em nome de um dogma que não é absoluto, mas sim relativo: o "princípio da proteção do trabalhador" pode e deve querer ambicionar as melhores soluções para o contraente mais débil, pode e deve orientar o legislador para que este não legisle contra os valores subjacentes ao Direito do trabalho, mas não o pode fazer de forma absoluta, sem atender a outros princípios, liberdades e garantias e, mais do que isso, sem atender ao devir social e à necessidade que pode existir, em determinados momentos, de sacrificar determinados direitos dos trabalhadores em benefício da manutenção do emprego e de outros interesses coletivos. A tutela dos direitos adquiridos faz-se, por isso, relativamente aos direitos concretamente obtidos pelo trabalhador, não se podendo considerar, como afirma Luís Menezes Leitão, que o trabalhador tem um "*direito à manutenção do regime legal que lhe era aplicável, o qual pode naturalmente evoluir consoante a decisão política do legislador*"[(1208)].

Como sublinha Wolfgang Sarlet, a dinâmica das relações sociais e económicas, por si só, "(...) *demonstra a inviabilidade de se sustentar uma vedação absoluta de retrocesso em matéria de direitos sociais. Se somarmos estes factores à vulnerabilidade e instabilidade da capacidade prestacional do Estado e da própria sociedade (...) como um todo, especialmente num contexto de crise económica e incremento dos níveis de exclusão social (...) acompanhado de problemas na esfera da arrecadação de recursos (...) o reconhecimento de um princípio da proibição de retrocesso não pode (...) resultar numa vedação absoluta de qualquer medida que tenha por objeto a promoção de ajustes, eventualmente até mesmo de alguma redução ou flexibilização em matéria de segurança social*"[(1209)].

V. Mais do que isso: o princípio do não retrocesso social tenderia a "*estabelecer desigualdades entre os trabalhadores de uma mesma empresa, consoante o momento em que tivessem sido contratados*"[(1210)], o que seria naturalmente contraproducente quanto à harmonia interna do estatuto dos trabalhadores da mesma empresa.

O "princípio da proteção do trabalhador", que está na génese do Direito do trabalho e que marcou a sua evolução, não contém nenhum imperativo geral que determine que toda e qualquer intervenção legislativa deva, necessariamente, ser mais favorável ao trabalhador: ele terá uma função a desempenhar em sede de direito a constituir, não se nega, tendo em vista a preservação dos valores axiomáticos do subsistema juslaboral; mas tal função não se pode confundir com uma alegada regra de manutenção dos direitos adquiridos de especificidade laboral.

Admite-se que o "princípio da proteção do trabalhador" possa ter uma função importante em sede de produção legislativa. A sua função, todavia, deverá centrar-se no seguinte: por um lado, o "princípio da proteção do trabalhador" deve servir para orientar a tarefa do criador do Direito, facultando-lhe as pautas de valoração, os valores do sistema juslaboral e o sentido próprio do Direito do trabalho — os valores do subsistema laboral devem centrar-se no "princípio da proteção do trabalhador" e não em qualquer imperativo de ordem económica ditado nomeadamente por instâncias internacionais, dado que a finalidade do Direito do trabalho centra-se, primordialmente, na proteção do trabalhador e não na competitividade das economias nacionais; por outro lado, o princípio em causa poderá ter por função a salvaguarda de um núcleo intransponível ou irredutível de direitos e garantias do trabalhador que deve permanecer intocável em qualquer caso, em qualquer circunstância e mesmo nas conjunturas mais adversas, por assentar nos valores mais fortes da dignidade humana e da necessidade de proteção de alguns direitos pessoais e fundamentais do trabalhador e por estar, em suma, intimamente relacionado com os valores mais profundos do Direito do trabalho, sem os quais este se desvirtuaria. O "princípio da proteção do trabalhador", contudo, não pode ser utilizado como uma obrigatoriedade de produção legislativa sucessiva

(1208) Cf. LUÍS MENEZES LEITÃO, *Direito do Trabalho*, 3ª ed., cit., p. 87.
(1209) Cf. INGO WOLFGANG SARLET, *A eficácia dos direitos fundamentais*, 6ª ed., Livraria do Advogado, Porto Alegre, 2006, pp. 454-455.
(1210) Cf. LUÍS MENEZES LEITÃO, *Direito do Trabalho*, 3ª ed., cit., p. 86.

e infinitamente mais favorável ao trabalhador, até porque tal atuação, no limite, poderia redundar na própria morte deste princípio, na exata medida em que uma aplicação cega do mesmo, nesta vertente, certamente conduziria a uma situação de total insustentabilidade das relações laborais tal qual as concebemos: o ónus seria excessivamente penoso para o empregador e seria o emprego, em última instância, que seria afetado e questionado.

VI. A esta impossibilidade, de base, acrescem ainda outros fatores técnicos que inviabilizam a tese da manutenção dos direitos adquiridos sempre que uma lei revoga a lei anterior.

Em primeiro lugar, como sustenta Pedro Romano Martinez, "*manter em vigor normas revogadas é inadequado*" e admitir que as normas de determinado diploma, depois de revogado, se mantêm em vigor relativamente ao conteúdo dos contratos ajustados durante a sua vigência "*é inaceitável*"[(1211)]— no limite, aceitar uma situação destas poderia conduzir a soluções absurdas, bastando para tal recordar o exemplo clássico dos uniformes e do respetivo subsídio: se admitirmos que a lei antiga garantia ao trabalhador o fornecimento de um uniforme e que a lei nova, pelo contrário, revogando a primeira, garante ao trabalhador o direito a um subsídio de uniforme, aplicar a tese dos *direitos adquiridos* traria como resultado que o trabalhador teria direito ao subsídio, ao abrigo da lei nova, e ao uniforme, ao abrigo da lei antiga que lhe havia inscrito um direito adquirido a tal prestação em espécie.

Não faz sentido: se a lei nova substitui a oferta de um uniforme por um subsídio de uniforme, não se justifica que o primeiro direito, criado ao abrigo da lei antiga, se mantenha em nome do "princípio da proteção do trabalhador". A lei nova, em suma, afasta a aplicação da lei antiga, não se justificando a cumulação dos direitos criados por ambas as leis.

Acresce, num segundo plano, que as normas legais não devem ser analisadas de forma isolada — elas fazem parte de um todo que se quer equilibrado e interligado: a utilização do "princípio da proteção do trabalhador" como uma espécie de "cana de pesca" de tudo o que se afigura mais favorável ao trabalhador, criando por essa via uma mescla de situações jurídicas ativas sem qualquer regra de harmonia ou de equilíbrio interno, seria contrária à ideia de "sistema laboral", tido como o conjunto concatenado, ordenado e equilibrado de normas e princípios do Direito do trabalho, pautados pelo "princípio da proteção do trabalhador".

Por essa razão, como se verá de seguida, a projeção do "princípio da proteção do trabalhador" ao nível da sucessão no tempo de convenções coletivas de trabalho assume uma feição diversa: alude-se à necessidade de a nova convenção coletiva ser *globalmente* mais favorável do que a convenção coletiva substituída, mas não à salvaguarda de alegados *direitos adquiridos* à luz da convenção anterior.

4.2.2. Sucessão no tempo de convenção coletiva de trabalho

I. A sucessão no tempo de convenção coletiva de trabalho rege-se por regras autónomas e distintas, que se afastam do regime que vimos *supra* a propósito da sucessão de leis no tempo.

Os números 3 e 4 do artigo 503º do CT são claros, ao dispor que os direitos decorrentes de convenção coletiva só podem ser reduzidos por nova convenção de cujo texto conste, em termos expressos, o seu carácter globalmente mais favorável (n. 3), sendo certo que, nesse caso, e só nesse caso, a nova convenção prejudica os direitos decorrentes de convenção precedente, salvo se forem expressamente ressalvados pelas partes na sua negociação.

A redação em causa não deixa margem para dúvidas quanto à finalidade subjacente: visa-se garantir a irreversibilidade tendencial das garantias laborais previstas em convenção coletiva de trabalho. A nova convenção só pode reduzir os direitos decorrentes de convenção anterior se do seu texto constar, em termos expressos, o seu carácter globalmente mais favorável face à convenção substituída. A lei é cristalina, quanto a esta questão.

(1211) Cf. PEDRO ROMANO MARTINEZ, *Direito do Trabalho*, 5ª ed., cit., pp. 256 e 257 e *Direito do Trabalho*, 6ª ed., p. 233.

Trata-se de uma concretização clara e expressa do "princípio da proteção do trabalhador", que se segue, de resto, à tradição legislativa verificada nesta matéria: o artigo 503º do CT (que advém do CT/2009) segue de perto o artigo 560º do CT/2003, o qual, por sua vez, dava sequência ao artigo 15º da LRCT, embora neste último se utilizasse a expressão *direitos adquiridos,* a qual deixou de ser utilizada a partir do CT/2003.

A ideia é simples: a mera sucessão de convenções não pode ser utilizada para diminuir o nível global de proteção dos trabalhadores — a nova convenção pode retirar regalias, sim, mas, ao fazê-lo, deve, em compensação, acrescentar novas regalias, em termos tais que no cômputo geral seja globalmente mais favorável do que a convenção anterior.

A lei é clara: em termos de direito constituído, temos um afloramento cristalino do "princípio da proteção do trabalhador".

II. A solução em causa pode ser discutida e criticada e tem-no sido: Pedro Romano Martinez sustenta que "*deste preceito consta (...) uma regra de conteúdo irrealista, cuja aplicação se pode apresentar problemática. Não tem sentido determinar que uma convenção coletiva só pode retirar regalias se admitir a constituição de uma situação, globalmente, mais favorável para o trabalhador (...) há convenções coletivas que não estabelecem, globalmente, nenhuma melhoria, pois, perante uma conjuntura depressiva, não há outra solução senão aceitar uma redução das regalias, para evitar, designadamente, um despedimento colectivo*"[(1212)]; Bernardo Lobo Xavier, por sua vez, invoca que em sede de sucessão de convenção coletiva "*(...) está em geral estabelecido um princípio, aliás chocante, de manutenção das regalias. No que se refere à sucessão de IRCT e, portanto, de CCT, o princípio legal parece ser, de facto, o do acautelamento dos direitos adquiridos (...)*". Por isso, sustenta, "*O art. 503º (...) tem (...) de ser entendido cautelosamente e de acordo com todo o seu texto. Na verdade, o princípio do tratamento mais favorável parecia ter na base ideias inexatas do sentido único do progresso social ou pelo menos a de não retrocesso da ordem social. Mas, em conjuntura desfavorável, torna-se necessário que sejam emanadas normas legais ou coletivas menos favoráveis para os trabalhadores, normas essas que se têm de tornar imediatamente aplicáveis aos antigos contratos. (...) Por outro lado, os próprios princípios de autonomia coletiva e de liberdade sindical opõem-se a uma petrificação das regalias anteriormente constantes de IRCT caducado e demais compromissos do passado (...). Propendemos, pois, a dar um significado muito limitado à declaração de favorabilidade global (art. 503º, n. 3), que entendemos sobretudo como princípio interpretativo, e às consequências jurídicas decorrentes da sua falta*". O autor conclui, em suma, que "*o sistema é o de que as novas condições laborais (estabelecidas na lei ou nos instrumentos de regulamentação coletiva) são de aplicação imediata, regendo mesmo os contratos de trabalho anteriormente celebrados. Mas este sistema executa-se com salvaguarda do princípio do tratamento mais favorável para o trabalhador, nos termos do qual persistem as regalias para este previstas em normas diversas das antigas, nomeadamente nas cláusulas contidas em convenções subalternas anteriores (CCT e contratos individuais anteriores relativamente às novas leis, contratos individuais anteriores relativamente às novas CCT) na medida em que sejam mais benéficas para o trabalhador. Não é de excluir, contudo, que essas cláusulas mais favoráveis se considerem revogadas quando estiverem incindivelmente ligadas ao regime substituído ou estejam com ele conexas em tais termos que a sua sobrevigência distorça o equilíbrio contratual. Por outro lado, essas cláusulas não têm de se manter quando, por vocação própria ou por determinação prevista no regime posterior, hajam de ser absorvidas, compensadas ou neutralizadas pelas condições da nova norma. A ideia de 'nível de proteção global', presente no n. 2 do art. 503º dá apoio a este modo de conceber o sistema*"[(1213)].

III. Sem prejuízo das críticas acima assinaladas, que partem no essencial da ideia segundo a qual em determinados momentos recessivos as regalias contidas em determinada convenção coletiva podem ter que ceder, aquando da sua substituição pela nova convenção, como forma de evitar males maiores (*v. g.*, *o despedimento coletivo*) parece-nos claro, em qualquer caso, que o artigo 503º consagra efetivamente

---

(1212) PEDRO ROMANO MARTINEZ, *Direito do Trabalho*, 5ª ed., cit., p. 265-266 e *Direito do Trabalho*, 6ª ed., pp. 240-241.
(1213) Cf. Bernardo da Gama Lobo Xavier, com a colaboração de P. FURTADO MARTINS; A. NUNES DE CARVALHO; JOANA VASCONCELOS e TATIANA GUERRA DE ALMEIDA, *Manual de Direito do Trabalho*, cit., pp 906-907.

— e de forma expressa — uma consagração do "subprincípio do tratamento mais favorável", enquanto projeção do princípio da proteção do trabalhador em matéria de sucessão de fontes no tempo.

Trata-se de uma concretização do princípio em causa que está *circunscrita*, é certo, na exata medida em que apenas se aplica em caso de sucessão de convenção coletiva de trabalho e não em caso de sucessão de leis no tempo, dado que como se viu o "subprincípio do tratamento mais favorável" não impõe ao legislador idêntica regra quanto às modificações levadas a efeito por via legal; trata-se de uma concretização do princípio que é *flexível*, por outro lado, na medida em que não exige que todas as disposições da nova convenção sejam mais favoráveis do que as da convenção substituída, mas apenas que a nova convenção seja *globalmente* mais favorável do que a antiga; e trata-se, por fim, de uma concretização do princípio que é em certa medida *discricionária* e *insindicável,* dado que permite que sejam as próprias partes outorgantes a expressar a natureza globalmente mais favorável da nova convenção, sem necessidade de qualquer fundamentação substantiva ou de *procedimento* — apenas se exige que as partes expressem no texto da nova convenção, em termos expressos, o seu carácter *globalmente mais favorável,* sendo certo que tal cláusula se afigura judicial ou administrativamente insindicável, nomeadamente porque a autonomia coletiva não se compadeceria com tal ingerência[1214]. Luís Gonçalves da Silva, enveredando pela mesma linha, defende que a lógica da negociação não pode ser um mero somatório de direitos dos trabalhadores, pois tal seria "*falsear o realismo dos factos, pois muitas são — e serão — as situações em que o aumento de qualquer direito pode ter como consequência o fim de todos os direitos de todos os trabalhadores: basta pensar que em momentos de crise, por exemplo, o objectivo pode ser apenas manter o contrato de trabalho*". Por essa razão, o autor atribui à norma como vantagem e razão de ser o facto de esta permitir "(...) *alertar as associações sindicais — e porque não, as patronais! — para a responsabilidade da tutela da situação dos trabalhadores e, por outro lado, facultar com maior intensidade um controlo dos representados aos representantes*"[1215].

Em qualquer caso, concorde-se mais ou menos com a solução legal, a verdade é esta: em termos de direito constituído, o artigo 503º encerra uma concretização evidente do "princípio da proteção do trabalhador" — a nova convenção só pode substituir a anterior se se assumir como uma convenção globalmente mais favorável do que a que por ela vai ser substituída. Toda e qualquer interpretação que se faça a este preceito, de acordo com os elementos de interpretação — *literal,* por um lado, e *sistemático, histórico e teleológico*, por outro lado — a que se refere o artigo 9º do Código Civil, não pode deixar de conduzir a esta conclusão: o artigo 503º do Código do Trabalho contém uma especificidade de regime ao nível do conflito de fontes no tempo que foge ao regime geral do artigo 12º do Código Civil e que assenta no "princípio da proteção do trabalhador".

IV. É nesse sentido, também, que aponta Maria do Rosário Ramalho, que alude a uma aplicação efetiva deste princípio em sede de sucessão no tempo de convenções coletivas de trabalho, defendendo que dele resulta a necessidade de a nova convenção deve ser real e globalmente mais favorável do que a convenção anterior, em nome do *favor laboratoris* positivado na lei. Mais do que isso: a autora defende que, em nome dos princípios gerais de substancialidade no exercício das posições jurídicas, não basta que as partes façam constar da nova convenção coletiva que esta é mais favorável do que a anterior — para além de estar expressamente consignado na nova convenção coletiva o caráter mais favorável do novo instrumento de regulamentação coletiva de trabalho, "*esta declaração deve corresponder, de facto à realidade*". Todavia, a aplicação do princípio do *favor laboratoris* deve ser feita em termos globais e é compatível com a redução pontual de direitos. A propósito do conceito de direitos adquiridos, que afirma ser a "*projecção, por excelência, do* favor laboratoris *na sucessão de fontes laborais*", a autora adota uma posição restrita, afastando-se da visão tradicional em que se defende um conceito amplo de direitos adquiridos como toda e qualquer situação de vantagem obtida pelos trabalhadores ao abrigo do instrumento de

(1214) Veja-se, a este propósito, Luís Gonçalves da Silva, anotação (VI) ao artigo 503º do Código do Trabalho, em PEDRO ROMANO MARTINEZ; LUÍS MIGUEL MONTEIRO; JOANA VASCONCELOS; PEDRO MADEIRA DE BRITO; GUILHERME DRAY e LUÍS GONÇALVES DA SILVA, *Código do Trabalho Anotado*, 8ª ed., cit., p. 1215.
(1215) Luís Gonçalves da Silva, anotação (VI) ao artigo 503ºº do Código do Trabalho, em PEDRO ROMANO MARTINEZ; LUÍS MIGUEL MONTEIRO; JOANA VASCONCELOS; PEDRO MADEIRA DE BRITO; GUILHERME DRAY e LUÍS GONÇALVES DA SILVA, *Código do Trabalho Anotado*, 8ª ed., cit., p. 1215.

regulamentação coletiva; para a autora, este entendimento amplíssimo do conceito de direitos adquiridos não só não é razoável, como não tem correspondência na lei, devendo consequentemente ser revisto. Em alternativa, defende que o que a lei pretendeu salvaguardar foram apenas "*direitos subjetivos e não outras situações de vantagem decorrentes do instrumento normativo anterior, como as simples expectativas — assim, por exemplo, se a previsão de acréscimo salarial ao abrigo de uma convenção colectiva era de 5% e a nova convenção colectiva de trabalho veio estabelecer um aumento de apenas 3%, verifica-se apenas uma quebra das expectativas dos trabalhadores relativamente aos seus ganhos salariais futuros, mas não um direito subjetivo à manutenção de uma determinada percentagem de aumento salarial. (...) Noutra perspectiva, porque revestem a natureza de direitos adquiridos e não de expectativas, os direitos dos trabalhadores que esta norma tutela correspondem, na esfera do empregador, a verdadeiros deveres ou sujeições e não a outras situações jurídicas — assim, por exemplo, se a situação de vantagem dos trabalhadores decorre de uma prática de benevolência do empregador, não pode invocar-se o princípio dos direitos adquiridos para obstar à supressão dessa prática, mesmo que ela tenha sido mantida ao longo de muito tempo. (...) Por fim, um regime mais favorável decorrente de instrumento de regulamentação colectiva do trabalho não pode continuar a aplicar-se e deve obrigatoriamente ser modificado num sentido menos favorável, se, entretanto, a lei tiver estabelecido um regime imperativo naquela matéria*"[1216].

Propendemo-nos para aderir a esta posição, que não enjeita a necessidade de a nova convenção coletiva ser *realmente* (em termos de materialidade subjacente) globalmente mais favorável, por um lado, mas que admite, em qualquer caso, que da nova convenção possa resultar a supressão de determinadas expectativas dos trabalhadores.

V. O "princípio do tratamento mais favorável ao trabalhador", enquanto projeção do "princípio da proteção do trabalhador", marca presença no regime relativo à sucessão de convenções coletivas de trabalho, através de um *regime específico*. Trata-se, no fundo, de um *regime específico* de *direito transitório formal* relativo à aplicação das fontes no tempo e que vigora, apenas, no Direito do trabalho e neste segmento em especial[1217].

VI. Em suma, podemos concluir, à luz de tudo quanto se viu em sede interpretativo-aplicativo, que o "princípio da proteção do trabalhador" atua, como tivemos oportunidade de verificar, a *nível interpretativo*, nos termos gerais do artigo 9º do Código Civil; em sede de *integração de lacunas*, nos termos do artigo 10º do mesmo diploma; em sede de *conflito hierárquico de fontes*, nos termos previstos, respetivamente, nos artigos 3º e 476º do CT/2009; a propósito do *conflito de fontes no espaço*, nos termos dos artigos 6º e 8º do CT/2009 e, agora, ao nível do *conflito de fontes no tempo*, nos termos do artigo 503º do mesmo diploma.

O "princípio da proteção do trabalhador" tem, pois, uma importante projeção ao nível da interpretação e aplicação do Direito, nos termos acima expostos e abaixo esquematizados: mais do que um mero resquício histórico, ele desempenha, de facto, um importante papel ao nível da interpretação e da aplicação das fontes do Direito.

(1216) Cf. MARIA DO ROSÁRIO RAMALHO, *Direito do Trabalho*, Parte I — Dogmática Geral, cit., pp. 275-277 e *Tratado de Direito do Trabalho, Parte I, Dogmática Geral*, cit., pp. 300-301.

(1217) A propósito da classificação do *direito transitório* em *direito transitório material* ou em *direito transitório formal*, e da subdivisão deste último em *direito transitório formal geral, especial* ou *específico*, veja-se MIGUEL TEIXEIRA DE SOUSA, *Introdução ao Direito*, cit., p. 283.

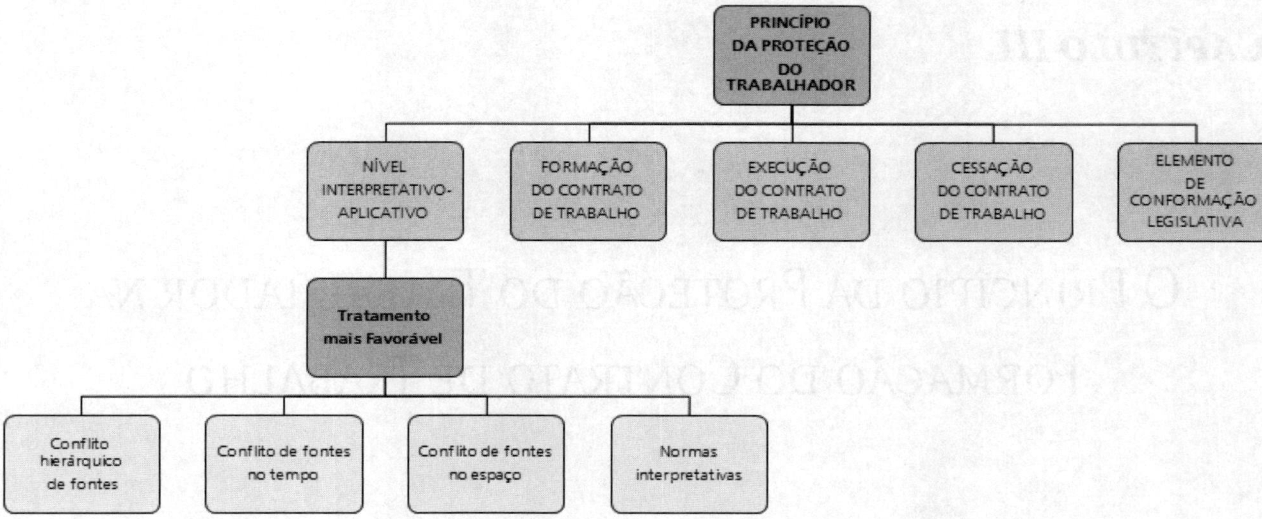
PRINCÍPIO DA PROTEÇÃO DO TRABALHADOR
NÍVEL INTERPRETATIVO-APLICATIVO
FORMAÇÃO DO CONTRATO DE TRABALHO
EXECUÇÃO DO CONTRATO DE TRABALHO
CESSAÇÃO DO CONTRATO DE TRABALHO
ELEMENTO DE CONFORMAÇÃO LEGISLATIVA
Tratamento mais Favorável
Conflito hierárquico de fontes
Conflito de fontes no tempo
Conflito de fontes no espaço
Normas interpretativas

CAPÍTULO III

O PRINCÍPIO DA PROTEÇÃO DO TRABALHADOR NA FORMAÇÃO DO CONTRATO DE TRABALHO

§ 1º O PROCESSO DE FORMAÇÃO CONTRATUAL

1. Generalidades

I. O principal instrumento da autonomia negocial é o contrato[(1218)]: negócio jurídico bilateral cujos efeitos jurídicos permitem descortinar, tendencialmente, duas (ou mais) declarações de vontade, duas partes e dois interesses.

Em termos correntes, o negócio diz-se *unilateral* quando tenha uma única parte e consubstancia um *contrato* quando se assuma como o produto de duas ou mais partes. A ideia de parte, todavia, não se confunde com a ideia de pessoa, pois várias pessoas podem associar-se de modo a prefigurar uma única parte contratual.

No negócio jurídico *unilateral,* existe tendencialmente uma única declaração negocial, ainda que eventualmente feita por várias pessoas, que se assumem como uma única parte; no *contrato*, pelo contrário, existem pelo menos duas declarações negociais, que se contrapõem. Pode suceder, todavia, que existam duas ou mais declarações de vontade feitas pela mesma parte, de forma não contraditória ou paralela, que prefigurem um negócio jurídico unilateral e não um contrato.

A ideia de contraposição entre duas ou mais declarações de vontade, utilizando um critério de normalidade social, pode retirar-se do conceito de interesse oposto ou divergente, em termos tais que se pode afirmar que tendencialmente existe um único interesse no *negócio unilateral* e vários interesses, ou interesses opostos, no *contrato.* Em todo o caso, pode suceder que as várias pessoas que se manifestam num negócio jurídico unilateral, mesmo que o façam através de uma única declaração negocial, tenham interesses diversos, quer do ponto de vista subjetivo, quer objetivo.

Assim sendo, ainda que tendencialmente o contrato se caraterize pela existência de uma multiplicidade de partes, de duas ou mais declarações negociais e de interesses opostos ou divergentes, a pedra de toque que marca a figura do *contrato* é, como afirma Menezes Cordeiro, a circunstância de os seus efeitos diferenciarem duas ou mais pessoas, fazendo surgir na respetiva esfera jurídica regras próprias e diferenciadas, que protagonizam o isolamento de duas ou mais partes e, em consequência, determinam tendencialmente a existência de uma multiplicidade de pessoas, de declarações negociais e de interesses divergentes. Pelo contrário, no *negócio jurídico unilateral* os efeitos jurídicos dele emergente não diferenciam

---

(1218) Cf. CARLOS FERREIRA DE ALMEIDA, *Contratos, Conceito, Fontes, Formação,* I, Almedina, 2000, p. 27.

as pessoas que neles tenham intervindo, pelo que a tendência é a de neles existir uma única pessoa, uma única declaração negocial e um único interesse. Por outras palavras, o *negócio jurídico unilateral* tende a se concretizar com a declaração negocial que o consubstancie[1219]. É o que sucede, no nosso Código Civil, com a *confirmação* — artigo 288º —, a *renúncia* — artigo 1.476º, n. 1, alínea *e* — ou o *testamento* — artigo 2.179º, n. 1. Pelo contrário, o *contrato* forma-se na sequência da confluência de duas declarações de vontade, provenientes de duas partes, cujos interesses tendencialmente são divergentes — é o que sucede na *compra e venda* — artigo 874º —, na *doação* — artigo 940º —, na *sociedade* — artigo 980º —, no *contrato de prestação de serviço* — artigo 1.154º ou no *casamento* — artigo 1.577º. E é o que sucede, também, nos contratos de *fornecimento* de bens, *prestação de serviços* ou *transmissão de direitos* que envolvam o consumidor e a pessoa que exerça com carácter profissional uma atividade económica que vise a obtenção de benefícios — artigo 2º da Lei n. 24/96, de 31 de julho, que estabelece o regime legal aplicável à defesa do consumidor — ou no *contrato de trabalho* — artigo 11º do Código do Trabalho — em que os interesses das partes são manifestamente divergentes: de um lado, o empregador visa a maximização do lucro e a satisfação dos interesses objetivos da entidade produtiva, eventualmente à custa de baixos custos operacionais e salariais; no lado oposto, o trabalhador visa obter o maior rendimento pessoal possível, eventualmente com menos horas de trabalho, em ordem ao seu sustento e ao da sua família.

Trata-se, nas palavras de Manuel Carlos López e Manuel Álvarez de la Rosa, do *"conflicto social"* que está na base do Direito do trabalho, que assenta em interesses que se opõem, visando equilibrá-los: *"Desde un punto de vista estructural y en esquema, el interés del empresário en la relación de trabajo coincide en términos absolutos con la prolongación de los tiempos de trabajo, que habrá de redundar en mayor cantidad del produto, y en la moderación de los salarios, con la consiguiente repercusión en la limitación de los costes de producción. (...) Por contra, el interés de los trabajadores se manifesta en la reivindicación de salários cada vez mayores, que les permita preservar sus economias familiares (...) y de jornadas laborales progresivamente más reducidas, procurando incrementar así los tiempos dedicados al descanso o al ocio"*[1220].

Existirão, por certo, no campo laboral, interesses comuns entre empregador e trabalhador — no essencial, porém, o que finalisticamente é procurado por cada uma das partes é substancialmente distinto.

II. Os contratos consubstanciam, nos termos acima enunciados, o encontro confluente de duas vontades, na sequência de uma *proposta* e *aceitação* negociais. Consoante os efeitos que produzam os contratos, podem assumir várias classificações: podem ser *sinalagmáticos* ou *não sinalagmáticos*, consoante deem lugar a obrigações recíprocas que originam situações jurídicas simultaneamente ativas e passivas na esfera jurídica das partes, ficando estas simultaneamente na posição de credores ou devedores, ou, pelo contrário, apenas facultem uma única prestação[1221]; podem ser *monovinculantes* ou *bivinculantes*, consoante vinculem apenas uma das partes ou ambas fiquem colocadas nessa situação, sendo certo que os contratos *monovinculantes* podem, simultaneamente, ser *sinalagmáticos* (*v. g.*, o contrato — promessa unilateral, em que apenas uma das partes se obriga a celebrar o contrato definitivo, mas a sua efetivação depende de declarações de ambas as partes e gera obrigações recíprocas).

Em qualquer caso, a celebração do contrato obedece a um *processo de formação*, que é juridicamente relevante.

E é precisamente na fase de formação do contrato que a questão relacionada com a *autonomia* ou *heteronomia* negocial, ou seja, com a maior ou menor intensidade conferida à autonomia privada, em função da intensidade com que o Estado exerce a sua autoridade, se revela com particular nitidez.

O tema em apreço assume-se com particular acuidade no processo de *formação do contrato de trabalho*.

(1219) Cf. MENEZES CORDEIRO, *Tratado de Direito civil Português*, I, Parte Geral, Tomo I, 3ª ed., Almedina, 2005, pp. 459-460.
(1220) Cf. MANUEL CARLOS LÓPEZ e MANUEL ÁLVAREZ DE LA ROSA, *Derecho del Trabajo*, Décimoctava edición, Editorial Universitaria Ramón Areces, Madrid, 2010, pp. 44-45.
(1221) Recorda-se, a este propósito, que todos os contratos são bilaterais, pelo que não se afigura correta a equiparação entre negócios sinalagmáticos e não sinalagmáticos, por um lado, e negócios bilaterais e unilaterais, por outro lado, ensaiada por alguma doutrina. Veja-se, a este propósito, GALVÃO TELLES, *Direito das Obrigações*, 6ª ed., Coimbra Editora, Coimbra, 1989, pp. 453 e ss.

III. O *contrato de trabalho* consubstancia um negócio jurídico bilateral e obrigacional, correspondendo a um dos contratos em especial consagrados no Código Civil (artigo 1.152º), de que resultam efeitos meramente obrigacionais, inserindo-se nos regimes especiais previstos no Título II, do Livro respeitante ao Direito das obrigações e que tem como característica fundamental a prestação de uma atividade, pelo trabalhador, em regime de subordinação jurídica, ou seja, sob a autoridade e direção do empregador[(1222)]. Trata-se, pois, de uma figura negocial de direito privado[(1223)]. Trata-se, por outro lado, de um negócio jurídico *nominado*, na medida em que a lei lhe atribuiu um *nomen iuris* ("contrato de trabalho" — artigos 1.152º do Código Civil e 11º do Código do Trabalho); de um negócio *típico*, atendendo a que a lei lhe atribui (*v. g.*, no Código do Trabalho e legislação complementar) um regime e regulamentação próprios e autónomos que atendem às respetivas especificidades; de um negócio *causal*, dado que as obrigações das partes dependem de uma causa e não valem por si, como nos negócios abstratos; de um negócio *sinalagmático*, atendendo a que dele emergem, para ambas as partes, direitos e obrigações recíprocos e interdependentes, *maxime* o dever de prestação da atividade, por parte do trabalhador, a que corresponde o dever de retribuir, por parte do empregador; de um negócio jurídico *oneroso*, na medida em que preconiza um dispêndio económico para ambas as partes (a prestação do trabalho, no caso do trabalhador, e o pagamento da retribuição, no caso do empregador) com vantagens correlativas, equivalentes ou não equivalentes; de um negócio *comutativo*, no sentido em que não é aleatório, dado que a repartição do risco não recai de forma aleatória sobre nenhuma das partes; de um negócio *de execução tendencialmente continuada*, dado que gera obrigações que tendencialmente se prolongam no tempo e que não se esgotam na sequência da obtenção de determinado resultado; e de um negócio jurídico *intuitu personae*, na medida em que assenta numa relação fiduciária, em que a confiança recíproca, mesmo nas relações laborais mais massificadas, tem sempre um papel de relevo, ainda que esta possa variar em função da prestação contratada e do respetivo grau de especificidade.

Nesse sentido, enquanto negócio jurídico obrigacional, aplicam-se ao contrato de trabalho as regras gerais do negócio jurídico, nomeadamente quanto à formação do contrato (artigos 217º e ss. do Código Civil — CC), à autonomia privada (artigo 405º do CC), ao cumprimento das obrigações (artigos 762º e ss. do CC) e ao não cumprimento das obrigações (artigos 790º e ss. do CC).

Não obstante a aplicação das regras gerais do Código Civil ao contrato de trabalho, atentas às respetivas especificidades, à sua complexidade e ao grau diversificado de situações jurídicas ativas e passivas que dele emanam, segue um regime próprio e especial, que o distingue do regime do contrato de prestação de serviço e dos demais contratos de natureza obrigacional previstos no Código Civil[(1224)], regime esse que entre nós se encontra fundamentalmente tipificado no Código do Trabalho.

A razão é simples e já foi diversas vezes assinalada ao longo do presente trabalho: a situação jurídico-laboral põe em confronto os interesses das partes contratuais de forma manifesta, vincada e muito específica — na esfera jurídica do empregador, eleva-se a desiderato principal a salvaguarda dos interesses da empresa, mediante o recurso a instrumentos de gestão dinâmicos e flexíveis; na esfera do trabalhador, joga-se fundamentalmente com a tutela dos respetivos interesses pessoais e patrimoniais, com a segurança no emprego, a garantia salarial e a conciliação entre a vida profissional e a vida privada. Joga-se, em suma, como afirma Júlio Vieira Gomes, com a proteção da *"pessoa de carne e osso que trabalha"*[(1225)], atendendo a que esta presta a sua atividade em regime de subordinação jurídica.

Por essa razão, no contrato de trabalho, mais do que noutros negócios jurídicos de direito privado, verifica-se um elevado número de normas injuntivas e limites à liberdade contratual, mesmo no domínio da respetiva formação, que visam essencialmente a tutela do trabalhador, enquanto contraente mais débil.

O *consentimento* ou a liberdade das partes para celebrar o contrato de trabalho é obviamente um elemento essencial do contrato de trabalho[(1226)] — o regime do contrato de trabalho, todavia, mesmo na fase

---

(1222) Cf. LUÍS MENEZES LEITÃO, *Direito do Trabalho*, 3ª ed., cit., p. 96.

(1223) Cf. PEDRO ROMANO MARTINEZ, *Direito do Trabalho*, 4ª ed., Almedina, 2007, p. 287.

(1224) Veja-se, a este propósito, GIUSEPPE PERA, *Diritto del Lavoro*, 6ª ed., cit., pp. 387 e ss.

(1225) Cf. JÚLIO GOMES, *Direito do Trabalho*, v. I, cit., p. 83.

(1226) Sobre o exercício da liberdade de celebração no contrato de trabalho e o *consentimento* das partes, em especial do trabalhador, como elemento essencial do contrato de trabalho, veja-se MONTOYA MELGAR, *Derecho del Trabajo*, cit., pp. 305 e ss.

da sua formação, é também marcado pelo "princípio da proteção do trabalhador". Este princípio, como se verá, não se aplica apenas após a celebração do contrato e o início da sua execução: a sua aplicação ocorre desde logo no âmbito do *processo de formação do contrato de trabalho,* onde é manifesta a existência de limitações à autonomia privada, quer à *liberdade de celebração,* quer à *liberdade de estipulação*[1227].

IV. No essencial, o que se segue já foi dito: foi fundamentalmente a propósito das relações laborais que se constatou com maior incidência, em especial a partir da segunda metade do século XIX, a existência de relações privadas desiguais, tanto no plano factual como no plano jurídico, quer ao nível da execução e cessação dos contratos, quer numa fase prévia à celebração dos mesmos — ou seja, o desequilíbrio negocial verifica-se, desde logo, aquando do processo de formação do contrato de trabalho.

No plano factual e numa fase prévia à própria celebração do contrato de trabalho, as negociações conducentes a essa celebração revelam-se, em regra, negociações desiguais. O processo de formação do contrato de trabalho não assenta à partida numa relação equilibrada. De um lado e numa posição de clara supremacia, especialmente fortalecida em períodos recessivos e de crise de emprego como os que hoje se vivem, temos o empregador, que dispõe da possibilidade de impor o conteúdo do potencial contrato de trabalho da forma que melhor lhe convier, nomeadamente e em especial do ponto de vista retributivo. No lado contrário, temos o potencial trabalhador que disponibiliza a sua força de trabalho tendo em vista a satisfação das suas necessidades e das do seu agregado familiar, encontrando-se numa situação que não lhe possibilita fazer exigências a propósito do conteúdo contratual que lhe é oferecido, em especial a propósito da retribuição que lhe é proposta. A liberdade contratual, neste particular domínio, reconduz-se na grande generalidade dos casos a uma mera liberdade de celebração no que tange à parte que disponibiliza a sua força de trabalho, estando a liberdade de estipulação e modelação contratual na disposição, apenas, do empregador — é normal, por isso, que o trabalhador não discuta no processo de formação do contrato a inclusão de cláusulas que o podem prejudicar, mesmo após a cessação do mesmo contrato, nomeadamente pactos de não concorrência pós-laboral. A igualdade, como pressuposto necessário da liberdade contratual, mostra-se tendencialmente ausente no início dos contactos preliminares conducentes à formação de um contrato, em especial, como se disse, em ciclos económicos recessivos e em que se verificam índices de desemprego elevados.

Tal não significa que a validade do contrato possa ser posta em causa, que se possa falar de um vício na formação da vontade ou de uma ausência de vontade. Como sublinha Montoya Melgar, "*carece de relevância jurídica e não pode considerar-se como um autêntico vício na formação da vontade a possível situação de pressão económica que obriga o trabalhador a celebrar um contrato de trabalho. As pressões que as necessidades económicas podem exercer sobre os contraentes não são tidas em conta pelo Direito, que opera, nesta como em tantas ocasiões, com uma ótica formalista, muito cruamente expressa nas seguintes palavras de Carnelutti: "o contrato é uma noção formal: o elemento necessário e suficiente para o constituir é a manifestação da vontade. Se a vontade for ao menos livre a sua existência não é afetada: nesse caso existirá sempre contrato*"[1228].

Todavia, a consideração da existência de uma desigualdade real das partes em confronto põe em causa a liberdade individual da parte mais débil e determina a necessidade de intervenção do Direito do trabalho, nomeadamente no *processo de formação do contrato de trabalho.*

V. Neste contexto, a intervenção do Direito do trabalho centra-se na imposição de particulares limites à autonomia privada do empregador, mesmo nos preliminares da formação do contrato de trabalho. Visa-se, no essencial, proteger o trabalhador contra atuações do empregador que possam pôr em causa

(1227) Como recorda Luís Menezes Leitão, as liberdades de celebração e de estipulação decorrentes do artigo 405º do Código Civil encontram-se claramente limitadas no processo de formação do contrato de trabalho — a *liberdade de celebração* é restringida por diversas imposições da legislação laboral, como o dever de tratamento igualitário dos candidatos a emprego (artigos 24º e ss. do Código do Trabalho) ou a obrigação de manutenção do mesmo nível de emprego em caso de despedimento por inadaptação (artigo 380º); e a *liberdade de estipulação* é muito restringida, uma vez que normalmente as normas laborais apenas podem ser derrogadas pelos contratos de trabalho quando estes ofereçam condições mais favoráveis para o trabalhador (artigo 3º, n. 4) — Cf. LUÍS MENEZES LEITÃO, *Direito do Trabalho,* 3ª ed., cit., p. 197.
(1228) Cf. MONTOYA MELGAR, *Derecho del Trabajo,* cit., p. 305.

a sua dignidade e os seus direitos pessoais de cidadania, nomeadamente os que decorrem do regime dos direitos de personalidade e do princípio da igualdade, respetivamente positivados nos artigos 14º a 22º e 23º a 32º do CT.

Em qualquer caso, o que importa, para já, reter e assinalar é o seguinte: os regimes em apreço visam a limitação da liberdade negocial do empregador tendo em vista a prevenção, atenuação e penalização de práticas contrárias à dignidade do trabalhador, ao princípio da igualdade ou aos seus direitos de personalidade, mas não têm em vista a obnubilação ou supressão dessa liberdade negocial nem, sequer, o condicionamento da autonomia privada ou a criação de uma hipotética obrigação de contratação. O que está em causa, fundamentalmente, é uma limitação da liberdade negocial do trabalho em nome dos valores do sistema laboral. O que está em causa é a aplicação do "princípio da proteção do trabalhador" contra práticas do empregador que possam, *in contrahendo,* violar garantias pessoais do trabalhador.

VI. A tutela do trabalhador não pode perder de vista a liberdade contratual. Assim como no domínio da *execução* do contrato a existência de particulares limites ao poder de direção do empregador — resultantes, quer das garantias gerais dos trabalhadores (limites gerais), quer do regime dos direitos de personalidade e da igualdade e não discriminação (limites excecionais) — não pode fazer perder de vista que o poder de direção é um elemento estruturante do contrato de trabalho e funda-se num princípio constitucional da maior importância — o da liberdade de gestão empresarial — também no caso da *formação* do contrato de trabalho se deve ter presente que a autonomia negocial do empregador não pode ser obnubilada.

Mais do que isso: a ideia de que apenas um dos contraentes se encontra em situação de debilidade e que o empregador se encontra isento de riscos é uma ideia por vezes ultrapassada e desadequada da realidade. O risco empresarial é enorme, *maxime* numa sociedade globalizada que concorre com produtos provenientes de países emergentes, onde o grau de proteção social é quase inexistente; as obrigações patrimoniais e pessoais do empregador, nomeadamente perante entidades financiadoras da sua atividade, perante a administração fiscal e *paratributária* é exigente e fragiliza-o nas opções que toma; o regime legal de proteção do emprego (ou melhor, de proteção do emprego do trabalhador), nomeadamente na parte em que concorre para a quebra do sinalagma negocial (exigindo o pagamento de subsídios de férias e de Natal, ou da retribuição em caso de falta justificada ao trabalho) ou para a rigidez da cessação contratual (impedindo o despedimento sem justa causa e impondo elevadas compensações em caso de despedimento coletivo ou por extinção do posto de trabalho) impõe, não raras vezes, ónus patrimoniais desmesurados que dificultam a gestão empresarial, que impedem a reconversão profissional dos quadros da empresa e a sua adaptação a conjunturas económicas negativas e que colocam o empresário (em especial o pequeno e médio empresário) numa posição de especial fragilidade, que pode contrastar com a tranquilidade patrimonial do trabalhador.

O quadro tradicional segundo o qual o empregador está, invariavelmente, numa situação de superioridade e o trabalhador, necessariamente, numa situação de especial vulnerabilidade e inferioridade, nem sempre corresponde à realidade.

O "princípio da proteção do trabalhador", sendo uma realidade que está na génese e que marca o Direito do trabalho, pode — e deve — readaptar-se e moldar-se em função do devir social e económico e dos influxos que dele emergem.

Por outras palavras, na medida em que a liberdade de celebração, por vezes, é puramente formal, ainda que se afigure, do ponto de vista da formação do contrato, como "*elemento necessário e suficiente para o constituir*"[1229], a aplicação do "princípio da proteção do trabalhador" justifica-se plenamente como forma de compensar a manifesta desigualdade entre as partes. Mas a sua atuação deve se orientar para o essencial: ele deve ter por finalidade a proteção dos "direitos pessoais de cidadania" do trabalhador e da sua dignidade, enquanto cidadão, não devendo assumir como finalidade a obrigatoriedade de contratação do mesmo pelo empregador nem a imposição a este de soluções que afrontem contra a liberdade de gestão empresarial.

(1229) Cf. MONTOYA MELGAR, *Derecho del Trabajo,* cit., p. 305.

2. O processo de formação do contrato de trabalho — enunciado geral

I. A tutela do contraente mais débil, designadamente do trabalhador, também se coloca no domínio da formação do contrato de trabalho: também neste campo se colocam questões relacionadas com a tutela do contraente mais débil, ainda que em moldes diferentes.

No processo de formação contratual, vigora o princípio da liberdade contratual, correspondente à autonomia privada, que tem consagração no artigo 405º do Código Civil — à luz deste princípio basilar e no âmbito do processo de formação do contrato, as partes podem fixar livremente o conteúdo dos contratos, celebrar contratos diferentes dos previstos na lei ou incluir nestes as cláusulas que lhes aprouver. Ou seja, o processo de formação contratual é marcado, *prima facie*, por uma ideia de *liberdade:* liberdade de *celebração* e *liberdade de estipulação*[1230].

É esta ideia que marca, do ponto de vista axiológico, todo o regime da formação contratual, sendo certo que o Direito do trabalho não foge à regra. Como afirma Luís Menezes Leitão, *"ao contrato de trabalho é aplicável o princípio da autonomia privada, nos termos gerais (art. 405º CC), com as consequentes liberdade de celebração e liberdade de estipulação"*[1231].

A propósito do contrato de trabalho, de resto, a ideia de liberdade contratual também surge aflorada a nível constitucional, quer no que diz respeito à liberdade de trabalho do trabalhador, quer quanto à liberdade de gestão empresarial, relativa ao empregador.

II. O artigo 47º da Constituição garante a "liberdade de escolha de profissão", determinando que todos têm o direito de escolher livremente a profissão ou o género de trabalho, salvas as restrições legais impostas pelo interesse coletivo ou inerentes à sua própria capacidade. Por outras palavras, o artigo 47º da Constituição garante, ao trabalhador ou candidato a emprego, a liberdade de escolha da respetiva profissão, liberdade essa que assume uma dupla função — por um lado, o trabalhador é livre de celebrar o contrato de trabalho que pretende, dispondo de liberdade de celebração, estado vedada ao Estado a possibilidade de imposição de profissões específicas aos cidadãos ou a determinadas categorias destes; por outro lado e *a contrario sensu*, o trabalhador não pode ser obrigado a celebrar um contrato de trabalho contra a sua própria vontade ou a aceitar um emprego que não queira desempenhar.

III. Por outro lado, o artigo 61º da Constituição garante a liberdade de gestão empresarial, ao determinar que a iniciativa económica privada exerce-se livremente nos quadros definidos pela Constituição e pela lei e tendo em conta o interesse geral. Deste preceito constitucional, e da aplicação do artigo 405º do Código Civil resulta, do mesmo modo, que o empregador também atua segundo o aludido princípio de liberdade contratual, no sentido de que pode celebrar o contrato de trabalho que lhe aprouver, por um lado, e de que ninguém pode obrigá-lo a celebrar um contrato de trabalho contra a sua vontade, por outro lado.

A autonomia privada surge, pois, como o princípio geral que norteia todo o regime jurídico relativo ao processo de formação contratual e que se confunde, de resto, com o ideal de liberdade que marca o Direito privado: as pessoas são livres de contratar, ou de não contratar, sendo este o princípio geral e axiológico que orienta todo o regime legal relativo ao processo de formação contratual, nomeadamente ao processo de formação do contrato de trabalho.

O princípio em causa, todavia, não significa que o processo de formação contratual não deva obedecer a determinados limites impostos pela ordem jurídica em geral e pelo "princípio da proteção do trabalhador",

(1230) Cf. JEAN PÉLISSIER/ALAIN SUPIOT/ANTOINE JEAMMAUD, *Droit du Travail,* 24ª ed., cit., p. 363. Veja-se também, na mesma obra, a indicação das várias *"modalidades de recrutamento"* habitualmente utilizadas pelas empresas da atualidade e que passam, nomeadamente, pelo recrutamento direto ou indirecto, através neste último caso do recurso a intermediários de serviço público ou agências privadas de recrutamento, bem como as diversas *"operações de recrutamento"* que podem ser levadas a efeito e os correlativos limites, nomeadamente o tipo de informações que pode e que não pode ser exigido aos candidatos a emprego, os limites às investigações levadas a efeito pelo empregador e a regra que impõe a confidencialidade das informações recolhidas pelo empregador, pp. 357-361.
(1231) Cf. LUÍS MENEZES LEITÃO, *Direito do Trabalho,* 3ª ed., cit., p. 197.

em especial: limites que decorrem nomeadamente da boa-fé, da ordem pública, dos bons costumes, por um lado, e que resultam do "princípio da proteção do trabalhador" e das suas concretizações, por outro lado — assim sucederá com a aplicação do princípio da igualdade no subsistema laboral ou do regime dos direitos de personalidade do trabalhador.

Em ambos os casos, na exata medida em que promovem a limitação da autonomia privada, tais institutos ou princípios acabam também por contribuir para a limitação do contraente mais forte e, em consequência, para a proteção do contraente mais débil — o trabalhador.

§ 2º A PROTEÇÃO DO TRABALHADOR NA FORMAÇÃO DO CONTRATO DE TRABALHO

1. Aspetos gerais

I. No processo de formação do contrato de trabalho(1232), o candidato a emprego encontra-se particularmente exposto, por várias razões: do ponto de vista social e económico, a sua debilidade resulta do facto de estar em situação de procura de um emprego e de um meio de subsistência, cuja obtenção depende da vontade (unilateral) do potencial empregador, dependência esta que é agravada no caso de crises de emprego e em períodos recessivos; do ponto de vista jurídico, a sua maior fragilidade ou debilidade resulta do facto de ainda não existir um contrato de trabalho: a inexistência de um contrato de trabalho tenderia a afastar a aplicação do Direito do trabalho, ou seja, a impedir a aplicação do corpo de regras e princípios destinados a proteger o trabalhador, enquanto contraente mais débil. Por essa razão, aliás, a fase de formação do contrato de trabalho, como assinala Júlio Vieira Gomes, *"escapou durante muito tempo a uma vigilância mais atenta por parte das normas laborais"*(1233).

A total e absoluta desproteção do candidato a emprego, todavia, seria juridicamente incongruente e contrária aos valores do sistema: se enquanto candidato a emprego a pessoa em causa está mais desprotegida do que o trabalhador empregado, não faria sentido que o ordenamento apenas dedicasse atenção ao trabalhador subordinado de prevenir, pelo menos, a prática de comportamentos atentatórios da dignidade do candidato a emprego, enquanto cidadão que procura garantir através do trabalho um meio de subsistência.

O sistema, como vimos *supra*, consubstancia uma *ordenação axiológica* ou *teleológica de princípios gerais de Direito*(1234) que intenta ordenar, de forma racional e coerente, um conjunto de princípios constitutivos da Ciência Jurídica. O "sistema" a que se reporta Canaris, que em última instância se retira da ideia de Justiça, do princípio da igualdade e das respetivas derivações, assenta, consequentemente, numa ordenação "axiológica" ou "teleológica", cientificamente demonstrável, que visa *"tratar o igual de modo igual e o diferente de forma diferente, de acordo com a medida da sua diferença"*(1235). Porque assim é, ou seja, porque o "sistema" assenta numa *"ordem axiológica ou teleológica de princípios gerais de Direito"* ou em "valores fundamentais" que se retiram de uma multiplicidade de valores singulares, formando uma unidade lógica e racional que enforma todo o ordenamento jurídico(1236), parece relativamente evidente que o candidato a emprego não poderia, por razões óbvias, ficar totalmente desprotegido e sujeito às arbitrariedades do potencial empregador. O Direito é uma ciência normativa, compreensiva e orientada a

(1232) A propósito do *acesso ao emprego*, das várias modalidades de recrutamento e dos limites à liberdade de contratação, quer de origem legal (regras que concedem prioridades ao nível da contratação restrições de emprego ou proibições de discriminações), quer convencional (pactos de não concorrência pós-laboral), veja-se JEAN PÉLISSIER; ALAIN SUPIOT e ANTOINE JEAMMAUD, *Droit du Travail*, 24ª ed. cit., pp. 363 e ss.

(1233) Cf. JÚLIO VIEIRA GOMES, *Direito do Trabalho*, v. I, cit., p. 337.

(1234) Cf. CLAUS-WILHELM CANARIS, *Pensamento Sistemático e Conceito de Sistema na Ciência do Direito* (Introdução), cit., p. 77.

(1235) Cf. CLAUS-WILHELM CANARIS, *Pensamento Sistemático e Conceito de Sistema na Ciência do Direito* (Introdução), cit., p. 75.

(1236) Cf. CLAUS-WILHELM CANARIS, *Pensamento Sistemático e Conceito de Sistema na Ciência do Direito* (Introdução), cit., p. 79. Quanto à razão da escolha de um sistema de princípios, em detrimento da opção por um sistema de normas, conceitos, institutos ou valores, pp. 83. e ss.

valores e é à luz desta ideia que se deve compreender (e aplicar) o Direito e que se deve compreender o "princípio da proteção do trabalhador" *in contrahendo*, ou seja, nos preliminares da formação do contrato de trabalho e tendo por âmbito de aplicação pessoal o candidato a emprego.

O Direito do trabalho não pode, pois, ignorar a fase pré-contratual, pela "*necessidade de proteger a pessoa do candidato ao emprego já na fase de seleção e de recrutamento, como durante eventuais negociações*"[(1237)].

É nesse contexto que se faz sentir, em sede normativa, a atuação do "princípio da proteção do trabalhador".

II. E o Direito do trabalho fá-lo, de forma especial, por várias vias e a vários níveis: por um lado, através da imposição de determinados deveres de conduta *in contrahendo* a ambas as partes, nos termos a que se refere o artigo 102º do CT/2009 — a tutela da confiança e a boa-fé na formação dos contratos joga, aqui, um papel determinante; por outro lado, mediante a aplicação do princípio da igualdade no acesso ao emprego, que procura prevenir e impedir a ocorrência de práticas distintivas contrárias à dignidade humana e postergadas, enquanto tal, pelo ordenamento jurídico, nos termos previstos nos artigos 23º e ss. do CT; em terceiro lugar, através da aplicação do regime dos direitos de personalidade nos preliminares da formação do contrato de trabalho, nos termos regulados nos artigos 14º e ss. do mesmo Código.

A aplicação diferenciada, mas simultânea e articulada, do instituto civil da boa-fé, do princípio da igualdade no acesso ao emprego e dos direitos de personalidade *in contrahendo,* permite à Ciência Jurídica promover a proteção da pessoa que negoceia com o potencial empregador a celebração de um hipotético contrato de trabalho. Permite, por assim dizer, fazer chegar ao caso concreto o conjunto de princípios constitutivos da Ciência Jurídica, que radica na citada ideia de Justiça e no princípio constitutivo da igualdade. Permite, em suma, estender o "princípio da proteção do trabalhador" ao *candidato a emprego*. Permite, afinal, concretizar o "princípio da proteção do trabalhador" em duas variantes, que em certa medida se entrecruzam: por um lado, a que visa a proteção do *trabalhador* propriamente dito, ou seja, o trabalhador subordinado que executa um contrato de trabalho; por outro lado, a que procura proteger o *candidato a emprego*, que ainda não celebrou qualquer contrato de trabalho, é certo, mas que já iniciou e desenvolveu com o empregador um conjunto de atos com relevância jurídica, na exata medida em que tais atos integram o processo de formação do contrato de trabalho.

E essa proteção, como se verá, tanto pode incidir sobre interesses patrimoniais do trabalhador — no caso da boa-fé *in contrahendo* —, como pode atuar tendo em vista essencialmente a proteção de interesses não patrimoniais, ou seja, de interesses pessoais — é o que sucede com a aplicação do princípio da igualdade ou com o regime dos direitos de personalidade *in contrahendo*.

E é desta proteção, de resto, bem como do corpo de normas e princípios que as sustentam, que decorre a seguinte constatação de facto, decorrente do "princípio da proteção do trabalhador": no caso do contrato de trabalho, o respetivo conteúdo é fundamentalmente moldado pela lei — para além de o regime do contrato de trabalho estar regulamentado na lei, em especial no Código do Trabalho (o contrato de trabalho é, como *supra* se afirmou, um "contrato *típico*"), ele lida, no essencial, com normas imperativas, seja normas imperativas mínimas, que apenas admitem ser derrogadas pelo contrato de trabalho no sentido mais favorável ao trabalhador (artigo 3º, n. 4, do CT), seja, noutros casos, normas imperativas absolutas, que não admitem qualquer derrogação em contrário. Mais do que isso: o contrato de trabalho sujeita-se e é moldado, também, pelos instrumentos de regulamentação coletiva de trabalho, que apenas admitem ser afastados pelo contrato de trabalho se este contiver normas mais favoráveis para o trabalhador (artigo 476º do CT). Ou seja, no contrato de trabalho, fruto do princípio da proteção do trabalhador, a liberdade das partes na fixação do respetivo conteúdo é reduzida e encontra-se amplamente limitada. A autonomia privada é comprimida e a liberdade de estipulação é amplamente condicionada em nome daquele *metaprincípio*. Em suma, como assinala Guimarães Feliciano, no âmbito do Direito do trabalho e por força do "*princípio da proteção (...) percebe-se (...) uma nítida blindagem em favor do trabalhador*"[(1238)],

---

(1237) Cf. JÚLIO VIEIRA GOMES, *Direito do Trabalho*, v. I, cit., pp. 337-338.

(1238) Cf. GUILHERME GUIMARÃES FELICIANO, *Do Pré-Contrato de Trabalho, O Contrato Preliminar de Trabalho no* Iter *da Contratação Laboral*, cit., p. 154.

dado que o processo de formação contratual "*assimila elementos normativos e axiológicos inerentes ao regime (...) do contrato definitivo (princípio da proteção)*"[1239].

Importa agora verificar como se processa a aplicação deste princípio no processo de *formação* do contrato de trabalho em que, como *supra* se afirmou, as limitações às liberdades de celebração e de estipulação são também evidentes[1240].

2. *A aplicação de institutos civis no processo de formação do contrato de trabalho: boa-fé e tutela da confiança*

2.1. Generalidades

I. O processo conducente à formação do contrato de trabalho consubstancia um encadeamento de atos concatenados tendo em vista a obtenção de um contrato de trabalho válido[1241]. A violação de eventuais regras de conduta *in contrahendo* gera responsabilidade pré-contratual: no período pré-contratual, independentemente da posterior celebração de um contrato válido, as partes envolvidas devem, desde logo, observar determinados deveres de conduta e atuar de acordo com o princípio geral da boa-fé, sob pena de *culpa in contrahendo* (cf. artigo 227º do Código Civil)[1242]. Está em causa, por esta via, um dos mais significativos institutos jurídicos civis contemporâneos: a boa-fé, enquanto regra geral de conduta[1243].

Da *culpa in contrahendo,* enquanto figura parcelar da boa-fé, resultam deveres de segurança, informação e de lealdade pré-contratuais, que exigem nos preliminares da formação do contrato o respeito pelos vetores fundamentais comunicados por aquele instituto civilístico: a *tutela da confiança* e a *primazia da materialidade subjacente*. Do primeiro, resulta a obrigatoriedade de as partes não suscitarem nos preliminares dos contratos situações de confiança que, depois, venham injustificadamente romper e defraudar — a violação da confiança legítima provoca responsabilidade. Da *primazia da materialidade subjacente* decorre, por sua vez, que o rompimento das negociações, sendo um corolário da autonomia privada, não pode ser utilizado para além dos propósitos de obtenção de um consenso livre e querido pelas partes — as negociações devem ter em vista a obtenção de um consenso final, não sendo admissíveis meras atuações formais consistentes na participação em negociações emulativas, dilatórias, chicaneiras e como tal estranhas à autonomia privada e à boa-fé.

O Código do Trabalho de 2003, no então artigo 93º, acolheu a boa-fé e introduziu a figura parcelar da *culpa in contrahendo* como limite ao processo de formação do contrato de trabalho — o artigo 102º do CT/2009, seguindo aquela tradição, consagra a *culpa na formação do* contrato, determinando que quem negoceia com outrem para a conclusão de um contrato de trabalho deve, tanto nos preliminares como na formação dele, proceder segundo as regras da boa-fé, sob pena de responder pelos danos culposamente causados.

(1239) Cf. GUILHERME GUIMARÃES FELICIANO, *Do Pré-Contrato de Trabalho, O Contrato Preliminar de Trabalho no* Iter *da Contratação Laboral,* cit., p. 199.

(1240) Cf. LUÍS MENEZES LEITÃO, *Direito do Trabalho,* 3ª ed., cit., p.197.

(1241) A propósito do processo de formação do contrato de trabalho, veja-se GUILHERME DRAY, *O princípio da igualdade no Direito do trabalho,* cit., pp. 201-233. Veja-se, também, GUILHERME GUIMARÃES FELICIANO, *Do Pré-Contrato de Trabalho, O Contrato Preliminar de Trabalho no* Iter *da Contratação Laboral: Abordagem Comparativa e Jusfundamental,* LTr Editora, São Paulo, 2010.

(1242) Para uma análise extensa e desenvolvida da *culpa contrahendo,* veja-se MENEZES CORDEIRO, *Da Boa-fé no Direito Civil,* cit., pp. 528 e ss.; e *Tratado de Direito Civil,* I, 4ª ed., reformulada e actualizada, cit., pp. 958-979; *Manual de Direito do Trabalho,* cit., pp. 557 e ss.; *"A boa-fé nos finais do século XX"*, ROA, ano 56, dezembro de 1996, pp. 887 e ss.; *Tratado de Direito Civil Português,* pp. 331 e ss.

(1243) Recorda-se que, enquanto regra de conduta, a boa-fé, como sublinha Menezes Cordeiro, veio facultar o desenvolvimento de vários institutos que, para além de prosseguirem em comum a tutela da confiança e a primazia da materialidade subjacente, gozam atualmente de autonomia dogmática. Assim sucede com a *culpa contrahendo* — que postula que, antes de celebrado um contrato, as partes devem observar deveres de proteção (e segurança), informação e lealdade; com os *deveres acessórios* — que determinam que o devedor, em nome da boa-fé, fica adstrito a cumprir todos os deveres instrumentais destinados a garantir a integralidade da prestação principal; com o *abuso de direito* — que não admite o exercício inadmissível de posições jurídicas; com a *alteração das circunstâncias* — que admite a inexecução ou alteração contratual quando as condições ambientais que o rodeiam tenham sofrido alterações; com a *proteção do consumidor* — que exige a atuação da boa-fé como bitola para o apuramento de cláusulas abusivas no domínio das cláusulas contratuais gerais. (Cf. "A boa-fé nos finais do século XX", ROA, cit., p. 896).

Por outras palavras, não obstante os princípios constitucionais da liberdade de trabalho (artigo 47º) e da liberdade de gestão empresarial (artigo 61º) e o princípio civilístico da autonomia privada (artigo 405º do Código Civil), a boa-fé *in contrahendo* surge como um limite à atuação das partes nos preliminares e na formação do contrato — estas podem e devem atuar com total liberdade e autonomia, mas devem em qualquer caso atuar segundo as regras da boa-fé, sob pena de incorrerem em *culpa in contrahendo*.

Trata-se de uma imposição que se aplica a ambas as partes — empregador e trabalhador. E de uma imposição que está fundamentalmente ligada a preocupações de natureza patrimonial, e não de natureza pessoal. É por essa razão que, a par da boa-fé, enquanto limite à autonomia privada, importa atender ao princípio constitucional da igualdade — só este princípio veda a prática de condutas discriminatórias *in contrahendo*.

II. Importa, em qualquer caso, reter o seguinte: ainda que o âmbito de aplicação pessoal do artigo 102º do CT tenha por objeto ambas as partes — empregador e trabalhador — a sua atuação é mais intensa quando se trata de proteger o trabalhador (neste caso, o *candidato a emprego*). A *culpa in contrahendo,* enquanto concretização do instituto civil geral da boa-fé, não deixa de atender ao equilíbrio e justiça negociais e, consequentemente, à tutela do *contraente mais débil,* exigindo uma especial intensidade na observância dos deveres dela emergentes (*proteção, lealdade* e *informação*) por parte do contraente que se mostra numa posição de supremacia.

Tendo na sua génese, como finalidade única, evitar que as negociações fossem utilizadas para prejudicar as pessoas, a *culpa in contrahendo* evoluiu no sentido da *tutela da parte mais fraca,* no seguinte sentido: o contratante que por razões de necessidade, razões económicas ou por falta de conhecimentos se considere inferiorizado poderá ter direito, nos preliminares da formação do contrato, a uma proteção, esclarecimento e lealdade acrescidos. Cabe à parte mais forte, inversamente, pela observância daqueles deveres, evitar que fraqueza do seu parceiro contratual se venha a traduzir em desequilíbrios acrescidos[1244]. O trabalhador, enquanto contraente mais débil, tende, consequentemente, a ser titular de um direito de informação acrescido.

E o ordenamento juslaboral garante-lhe esse dever de informação acrescido.

2.2. O dever de informação

I. O dever de informação obriga no geral as partes a trocar informações quanto aos elementos necessários à formação do contrato[1245], mas a lei atribui, manifestamente, maior atenção ao dever de informação do empregador perante o trabalhador: para além de enunciar, no número 1 do artigo 106º do CT, que o empregador deve informar o trabalhador sobre aspetos relevantes do contrato de trabalho, o número 3 do mesmo preceito legal enuncia as informações mínimas que devem ser prestadas. E fá-lo, apenas, no que tange ao dever de informação do empregador perante o trabalhador, não o inverso. Da formulação geral do número 1 resulta, assim, que para o empregador o dever de informação é mais intenso e determina a obrigatoriedade de avisar o trabalhador de quaisquer circunstâncias anormais que possam rodear o exercício da atividade laboral e de particulares situações que possam pôr em risco o cumprimento devido das obrigações retributivas, *maxime* a própria situação económica da empresa, quando tal se justifique.

(1244) Vejam-se, a este propósito, os particulares deveres de informação consagrados no artigo 6º do Decreto-Lei n. 446/85, de 25 de outubro (Lei das Cláusulas Contratuais Gerais) e nos artigos 7º e 8º da Lei n. 24/96, de 31 de julho (Lei de Defesa do Consumidor).

(1245) Vejam-se os exemplos citados por MENEZES CORDEIRO, *Manual de Direito do Trabalho,* p. 559, notas 8 e 9:

— Uma trabalhadora escolhida na sequência de um concurso para ocupar determinado cargo incorre em *culpa contrahendo* quando, estando doente e não lhe sendo possível assumir tais funções laborais, omite tal circunstancialismo na fase de seleção e, de seguida, falta sucessivamente a várias convocatórias para iniciar funções, acabando mais tarde por comunicar tal impossibilidade — com a sua atitude, inutilizou todo um processo de negociação (cf. decisão do Tribunal Supremo Federal Alemão do Trabalho — BAG 7 fev. 1964, NJW 1964, 1197-1199(1198));

— Um trabalhador que concorrera a um lugar de camionista sem esclarecer que já não conduzia há dez anos deve ser responsabilizado.

No caso do dever de informação que impende sobre o empregador o Código do Trabalho vai mesmo mais longe e identifica o objeto do dever de informação: nos termos do artigo 106º, n. 3, o empregador deve, pelo menos, prestar ao trabalhador as seguintes informações relativas ao contrato de trabalho[(1246)]: a respetiva *identificação* e, sendo sociedade, a existência de uma relação de coligação societária, de participações recíprocas, de domínio ou de grupo, bem como a sede ou domicílio; o *local de trabalho*; a *categoria do trabalhador* ou a descrição sumária das funções correspondentes; a *data da celebração do contrato* e a do início dos seus efeitos; a *duração previsível do contrato*, se este for celebrado a termo; a *duração das férias* ou o critério para a sua determinação; os *prazos de aviso-prévio* a observar pelo empregador e pelo trabalhador para a cessação do contrato, ou o critério para a sua determinação; o valor e a periodicidade da *retribuição*; o *período normal de trabalho* diário e semanal, especificando os casos em que é definido em termos médios; o número da *apólice de seguro de acidentes de trabalho* e a identificação da entidade seguradora; bem como o *instrumento de regulamentação coletiva* aplicável, se o houver[(1247)].

II. É verdade que o dever de informação é recíproco: à luz do artigo 106º, n. 2, o trabalhador deve esclarecer o empregador sobre aspetos relevantes para a prestação laboral — informações sobre as suas reais habilitações, competências e qualificações técnicas e quanto a situações anómalas que eventualmente o impeçam de exercer a atividade para a qual vai ser admitido, nomeadamente nos casos em que o exercício de determinada atividade se encontre legalmente condicionado à posse de título profissional, designadamente carteira profissional, cuja falta determina a nulidade do contrato (cf. artigo 117º do CT)[(1248)].

A diferença de regime, todavia, entre o dever de informação que impende sobre o empregador e o que se aplica ao trabalhador é manifesta: por um lado, como se viu, porque no caso do dever de informação do empregador, a lei, para além de estabelecer um conteúdo mínimo (artigo 106º, n. 3), determina que o mesmo obedeça a uma regra de forma — a informação que impende sobre o empregador deve ser prestada por escrito (artigo 107º do CT/2009); por outro lado, porque no caso do dever de informação do trabalhador, para além de não se identificar qualquer conteúdo mínimo nem regra de forma, a lei limita tal dever de informação, através do regime dos direitos de personalidade. É por essa razão, aliás, que alguma doutrina, designadamente João Leal Amado, admite a existência, na esfera jurídica do trabalhador e perante questões ilícitas que lhe sejam colocadas pelo empregador, de um verdadeiro *"direito à mentira", "em nome da preservação da reserva da vida privada e da prevenção de práticas discriminatórias"*[(1249)].

Na verdade, a lei garante ao trabalhador o direito à reserva da intimidade da vida privada (artigo 16º, n. 2 do CT), que abrange, quer o acesso, quer a divulgação de aspetos atinentes à sua esfera íntima, nomeadamente relacionados com a respetiva vida familiar, afetiva e sexual, com o estado de saúde e as convicções políticas e religiosas[(1250)]; por outro lado, nos termos do artigo 17º, n. 1, a lei estabelece como regra geral a de que o empregador não pode exigir ao candidato a emprego ou ao trabalhador informações relativas à sua vida privada, salvo quando sejam estritamente necessárias e relevantes para avaliar a respetiva aptidão no que respeita à execução do contrato de trabalho e seja fornecida por escrito a respetiva fundamentação (alínea *a*), nem informações relativas à sua saúde ou estado de gravidez, salvo quando particulares exigências inerentes à atividade o justifiquem e seja fornecida por escrito a respetiva fundamentação (alínea *b*), exigindo-se ainda, neste caso, a intermediação de um médico, que só pode comunicar ao empregador se o trabalhador está ou não apto a desempenhar a atividade (n. 2).

Mais do que isso: o dever de informação que impende unilateralmente sobre o empregador e que se mostra especificado no artigo 106º do CT resulta, no âmbito da União Europeia, da Diretiva do Con-

---

(1246) Recorda-se que o dever de informação que impende unilateralmente sobre o empregador e que se mostra especificado no artigo 106º do CT resulta, no âmbito da União Europeia, da Diretiva do Conselho n. 91/533/CEE, de 14 de outubro, inicialmente transposta para o nosso ordenamento jurídico pelo Decreto-Lei n. 5/94, de 11 de janeiro, subsequentemente revogado pelo CT/2003.
(1247) Veja-se, a este propósito, a anotação de Pedro Romano Martinez ao artigo 106º do CT, em PEDRO ROMANO MARTINEZ; LUÍS MIGUEL MONTEIRO; JOANA VASCONCELOS; PEDRO MADEIRA DE BRITO; GUILHERME DRAY e LUÍS GONÇALVES DA SILVA, *Código do Trabalho Anotado*, 9ª ed., cit., pp. 291-293.
(1248) Cf. PEDRO ROMANO MARTINEZ, *Direito do Trabalho*, 5ª ed., pp. 479-480 e *Direito do Trabalho*, 6ª ed., pp. 428-429.
(1249) Cf. JOÃO LEAL AMADO, *Contrato de Trabalho*, 2ª ed., cit., pp. 180-181.
(1250) Veja-se, a este propósito, WILHELM DÜTZ, *Arbeitsrecht*, 6ª ed., Verlag C.H. Beck, München, 2001, pp. 44 e ss.

selho n. 91/533/CEE, de 14 de outubro[1251], inicialmente transposta para o nosso ordenamento jurídico pelo Decreto-lei n. 5/94, de 11 de janeiro, a qual, como recorda Pedro Romano Martinez, teve "*como principal finalidade, melhorar a protecção dos trabalhadores, dando-lhes conhecimento dos seus direitos e oferecendo uma maior transparência no mercado de trabalho*"[1252]. Basta, de resto, ver o preâmbulo da Diretiva para se perceber que o dever de informação nela positivado impende acima de tudo sobre o empregador como mecanismo de proteção do trabalhador — "*estas disposições têm como objectivo uma melhor protecção dos trabalhadores contra um eventual desconhecimento dos seus direitos e oferecer uma maior transparência no mercado de trabalho*".

Por outras palavras, torna-se claro, à luz do regime acima enunciado, que o dever de informação do empregador perante o trabalhador é mais forte, mais intenso, mais concretizado e mais exigente do que o dever de informação do trabalhador perante o empregador; o dever de informação do trabalhador perante o empregador, para além de ser menos intenso, encontra-se protegido pelo regime dos direitos de personalidade, que afasta do âmbito de atuação do dever de informação as matérias que insiram sobre bens de personalidade do trabalhador. A obrigação de informação a cargo do empregador é, em suma, como afirma Júlio Vieira Gomes, "*significativamente mais extensa*" e surge como "*um meio de redistribuir o poder numa relação fortemente assimétrica, como um meio de proporcionar ao trabalhador o conhecimento indispensável para reagir contra certos atropelos dos seus direitos de que, de outro modo, poderia nem sequer se aperceber*"[1253].

III. A diferença de regime não surge por obra do acaso: ela obedece a um padrão, ditado pelo "princípio da proteção do trabalhador" e pelos valores do sistema juslaboral, finalisticamente orientados para a proteção da parte mais fraca, como de resto resulta do citado preâmbulo da referida Diretiva do Conselho n. 91/533/CEE.

2.3. O dever de lealdade

I. O dever de lealdade reclama em geral que as partes não podem, *in contrahendo*, adotar comportamentos que se desviem injustificadamente da procura de um consenso final, defraudando desta forma expectativas legitimamente adquiridas[1254]. No domínio particular da formação do contrato de trabalho, para além de se exigir que as partes negoceiem segundo um propósito real de obtenção de um consenso final, proscrevendo-se toda e qualquer atuação meramente formal (*v. g.*, dilatória, chicaneira), impõe-se ainda o dever de confidencialidade quanto aos elementos pessoais revelados pelas partes durante as negociações[1255]. E esse dever de confidencialidade, na exata medida em que o candidato a emprego se

---

(1251) Veja-se, a propósito da citada Diretiva, ANTÓNIO MARTIN VALVERDE, *La Directiva 91/533/CEE sobre obligación del empresario de informar al trabajador de sus condiciones de trabajo,* Actualidad Laboral, n. 12, marzo 1992, pp. 181 e ss.; e ANNA RIVA-RA, *"La Direttiva sull´Ínformazione e l´Effettività dei Diritti", Giornale di Diritto del Lavoro e di Relazioni Industriali,* 1999, pp. 133 e ss.

(1252) Cf. PEDRO ROMANO MARTINEZ, *Direito do Trabalho,* 5ª ed., p. 483 e *Direito do Trabalho,* 6ª ed., p. 431.

(1253) Cf. JÚLIO VIEIRA GOMES, *Direito do Trabalho,* v. I, cit., p. 480.

(1254) Por exemplo, se nos preliminares da celebração do contrato de trabalho um dos intervenientes tem uma intenção muito remota de contratar, não deve convencer a contraparte do contrário e, depois, frustar as suas legítimas expectativas; o empregador que induz o trabalhador a deixar um bom emprego para o contratar incorre em *culpa contrahendo* se, afinal, depois daquele se mostrar disponível, desiste de contratá-lo.

(1255) Assim, a boa-fé *contrahendo* impõe o carácter confidencial das informações reveladas pelos trabalhadores candidatos, mesmo quando não venham a ser admitidos, devendo tal dever estender-se não apenas às potenciais entidades empregadoras, como também às eventuais agências de recrutamento contratadas para a gestão do processo de selecção de pessoal. As informações recolhidas devem ser as estritamente necessárias ao processo de selecção do trabalhador e não devem ser utilizadas para outras finalidades; deve ser facultado ao trabalhador candidato o direito de consultar o resultado de testes e provas de recrutamento que porventura haja realizado, quer em ficheiros manuais, quer em ficheiros informáticos; n ordenamento jurídico francês, por exemplo, resulta claro que os resultados obtidos nos aludidos testes devem permanecer confidenciais, nos termos do artigo L. 1221-7 do *"Code du Travail"* francês. Para maiores desenvolvimentos, veja-se CH. LENOIR e B. WALLON, *Informatique, travail et libertés,* Droit Social, n. 3, 1988, p. 213 e JEAN PÉLISSIER; ALAIN SUPIOT e ANTOINE JEAMMAUD, *Droit du Travail,* 24ª ed. cit, pp. 360-361.

No mesmo sentido, os trabalhadores candidatos devem guardar sigilo quanto aos métodos de produção, instrumentos de gestão, técnicas de fabrico e resultados económicos que porventura lhes tenham sido revelados no decurso do processo de seleção.

encontra mais exposto, atenta a sua posição de fragilidade negocial, tende também a ser mais útil e eficaz no que tange à proteção do trabalhador.

II. Do instituto da *"culpa in contrahendo"* resultam, assim, as seguintes preocupações: (i) tutela dos deveres de segurança, informação e de lealdade nos preliminares da formação do contrato, tendo em vista a proteção da aparência, o cumprimento da palavra dada e a garantia da confidencialidade em relação aos elementos revelados; (ii) tutela das partes contratantes inferiorizadas através do reforço dos deveres de informação e de lealdade da contraparte negocial; (iii) tutela, em última instância e em relação a ambas as partes, dos respetivos interesses patrimoniais.

Ou seja, a *culpa in contrahendo,* no seu estrito campo de atuação, serve o desiderato de proteção do contraente mais débil, ou seja, do trabalhador. Ao impor particulares e reforçados deveres de informação, de lealdade e de confidencialidade, ela promove, por esta via, a salvaguarda do contraente que se encontra numa posição desfavorecida nos preliminares da formação do contrato.

Mas a *culpa in contrahendo* tem um alcance diminuto: ela não contém qualquer preocupação de tutela da dignidade das pessoas enquanto pessoas. Dela não resulta qualquer preocupação de proteção contra atos discriminatórios atentatórios da dignidade pessoal dos sujeitos, faltando, como assinalada Menezes Cordeiro, *"um equivalente moral — portanto: não patrimonial — para aquilo que a boa-fé representa no domínio patrimonial".* Tal desiderato, segundo o mesmo autor, deve *"ser representado pelos direitos fundamentais"*(1256) — a tutela da dignidade das pessoas contra a existência de práticas discriminatórias no âmbito da celebração (ou na constância) de contratos de trabalho deve partir do próprio preceito constitucional (artigo 13º da CRP), sem necessidade de ulteriores inovações e/ou criações jurídicas potencialmente possibilitadas pela boa-fé ou por qualquer outro instituto civilístico. Diríamos mais: a tutela da dignidade do trabalhador na formação do contrato é um corolário lógico do princípio fundador do Direito do trabalho e que marca os valores gerais deste subsistema — o "princípio da proteção do trabalhador". É dele que se retiram os valores axiológicos que determinam a proteção do candidato a emprego no processo de formação do contrato de trabalho.

III. A proteção do trabalhador pode, deste ponto de vista, ser levada a efeito por duas vias, em sede de formação dos contratos: a tutela dos seus interesses patrimoniais pode ser levada a efeito pela boa-fé e pela figura parcelar da *culpa in contrahendo;* a tutela e garantia da dignidade humana, atentos os valores em jogo, não resultam de institutos civilísticos concebidos e pensados para atuar em sede de relações equilibradas, mas sim de direitos fundamentais rodeados de particular formalismo e de regimes especiais previstos no Código do Trabalho (*v. g.,* quanto aos *direitos de* personalidade e à *igualdade e não* discriminação) que representam, a este nível, uma projeção do "princípio da proteção do trabalhador". A proteção do trabalhador contra práticas discriminatórias, mesmo a nível privado, parte do próprio texto constitucional (artigo 13º da Constituição), que serve de alicerce ao regime da igualdade e não discriminação *in contrahendo* previsto nos artigos 23º e ss. do Código do Trabalho. E a proteção dos direitos de personalidade resulta, por sua vez, quer do regime constitucional (artigos 24º e ss.), quer do regime previsto nos artigos 14º e ss. do CT. Em ambos os casos, estamos perante uma manifestação do aludido "princípio da proteção do trabalhador".

O artigo 28º do CT, de resto, é absolutamente claro a este propósito, afirmando de forma expressa a ideia de proteção dos interesses não patrimoniais do trabalhador ou do candidato a emprego: nos termos deste preceito, que corresponde ao inovador artigo 26º do CT/2003, a prática de ato discriminatório lesivo de trabalhador ou *candidato a emprego* (isto é, no processo de *formação do contrato de trabalho*) confere-lhe o direito à indemnização por danos patrimoniais e não patrimoniais, nos termos gerais de direito(1257).

(1256) Cf. MENEZES CORDEIRO, *"A boa-fé nos finais do século XX"*, ROA, cit., p. 910. Importa adiantar, porém, que para este autor, na senda do que sempre defendeu, os direitos fundamentais, enquanto mecanismos suscetíveis de proteger as pessoas, devem ser *"civilizados e, portanto, definitivamente desligados da turbulência que, ainda hoje, representam* as *afirmações políticas"*.

(1257) Veja-se, a este propósito, a nossa anotação ao artigo 28º do CT, em PEDRO ROMANO MARTINEZ; LUÍS MIGUEL MONTEIRO; JOANA VASCONCELOS; PEDRO MADEIRA DE BRITO; GUILHERME DRAY e LUÍS GONÇALVES DA SILVA, *Código do Trabalho Anotado,* 9ª ed., cit., pp. 182-184.

Mais uma vez, a tutela dos interesses pessoais e da dignidade do candidato a trabalhador surge como corolário e projeção do "princípio da proteção do trabalhador", que visa, neste caso, a proteção do cidadão "candidato a emprego".

3. Igualdade no acesso ao emprego

3.1. Colocação do problema

I. A proteção do trabalhador e dos seus direitos de cidadania faz-se também através da proscrição de comportamentos discriminatórios, atentatórios da respetiva dignidade pessoal. E faz-se, quer na execução do contrato de trabalho, quer aquando da sua formação. De facto, se a prática discriminatória pode ocorrer na pendência do contrato de trabalho já em execução, ela pode também, com muito maior intensidade, fazer-se sentir no processo de formação do contrato de trabalho, por razões óbvias: por um lado, porque durante o processo de formação do contrato o desequilíbrio entre as partes é maior, atenta a posição de maior fragilidade do candidato a emprego, que ambiciona obter um emprego e negocia com quem lhe pode proporcionar tal possibilidade; por outro lado, atento o tendencial vazio legal no que diz respeito a normas juslaborais suscetíveis de proteger o candidato a emprego, que ainda não assumiu o estatuto de trabalhador subordinado — o "ordenamento laboral", por natureza, encontra-se habilitado a regular a situação jurídico-laboral, que se inicia e que assenta no contrato de trabalho. Antes de celebrado o contrato de trabalho, durante o processo de formação negocial, não existe ainda situação jurídico-laboral e as normas de proteção típicas do Direito do trabalho, de um modo geral, ainda não se fazem sentir.

A intervenção do Direito não pode deixar de se fazer sentir, até porque o que está em causa, em última instância, é a promoção da *igualdade de oportunidades (equality of opportunity)*, enquanto "*political ideal*": à luz desta concepção, o acesso ao emprego deve ser livre e, na medida do possível, ser aberto ao maior número possível de candidatos; a seleção entre os mesmos não deve ser feita com base em práticas discriminatórias atentatórias da dignidade das pessoas, mas sim, na medida do possível, com base no respetivo mérito[(1258)].

II. O Código do Trabalho português, nos termos abaixo desenvolvidos, tomou posição a este propósito desde 2003: atuou no sentido de positivar a aplicação de normas laborais *in contrahendo*, não apenas no que tange à proteção dos interesses patrimoniais das partes, nos termos acima referidos — através da consagração, no atual artigo 102º, da "*Culpa na formação do contrato*" —, mas fundamentalmente e acima de tudo através da proteção dos respetivos interesses pessoais: é nesse sentido que se compreende o regime da igualdade e não discriminação *in contrahendo*, ou seja, no acesso ao emprego — *v. g.*, no artigo 23º —, bem como o regime da proteção dos direitos de personalidade *in contrahendo*, ou seja, o regime de proteção dos direitos de personalidade do candidato a emprego (*v. g.*, artigo 17º).

A proibição de práticas discriminatórias no acesso ao emprego consubstancia, pois, como afirmam Jean Pélissier, Alain Supiot e Antoine Jeammaud, uma limitação à liberdade de contratação do empregador[(1259)] e resulta, em regra, como recorda Montoya Melgar, do sistema de valores constitucional — "*En*

(1258) Cf. RICHARD ARNESON, "Equality of Opportunity", *The Stanford Encyclopedia of Philosophy* (Fall 2008 Edition), Edward N. Zalta (ed.), cit., p. 1.

(1259) Cf. JEAN PÉLISSIER; ALAIN SUPIOT e ANTOINE JEAMMAUD, *Droit du Travail*, 24ª ed. cit., pp. 363 e 364-365. Recorda-se que, em França, o *princípio da não discriminação* consta do artigo L. 1132-1 do *Code du Travail*, com a redação que lhe foi dada pelo artigo 4º da *Loi n. 2012-954* de 6 de agosto de 2012, segundo o qual "*Aucune personne ne peut être écartée d'une procédure de recrutement ou de l'accès à un stage ou à une période de formation en entreprise, aucun salarié ne peut être sanctionné, licencié ou faire l'objet d'une mesure discriminatoire, directe ou indirecte, telle que définie à l'article 1er de la Loi n. 2008-496, du 27 mai 2008 portant diverses dispositions d'adaptation au droit communautaire dans le domaine de la lutte contre les discriminations, notamment en matière de rémunération, au sens de l'article L. 3221-3, de mesures d'intéressement ou de distribution d'actions, de formation, de reclassement, d'affectation, de qualification, de classification, de promotion professionnelle, de mutation ou de renouvellement de contrat en raison de son origine, de son sexe, de ses moeurs, de son orientation ou identité sexuelle, de son âge, de sa situation de famille ou de sa grossesse, de ses caractéristiques génétiques, de son appartenance ou de sa non-appartenance, vraie ou supposée, à une ethnie, une nation ou une race, de ses opinions politiques, de ses activités syndicales ou mutualistes, de ses convictions religieuses, de son apparence physique, de son nom de famille ou en raison de son état de santé ou de son handicap*".

cuanto persona, el trabajador dependiente es titular de un haz de derechos fundamentales (...) basados en el valor de la dignidad de la persona"[(1260)]. É nesse sentido, também, que Maria do Rosário Ramalho recorda que o dever de não discriminação entre os vários candidatos a emprego *"(...) que impende sobre o empregador e limita a sua liberdade negocial, decorre do princípio constitucional da igualdade (art. 13º da CRP) e da concretização laboral deste princípio no domínio do acesso ao emprego (art. 58º, n. 1, b, da CRP), bem como dos princípios comunitários da igualdade entre homens e mulheres e da não discriminação em razão da raça ou etnia, da nacionalidade ou do território de origem, da idade, do sexo, da orientação sexual ou da situação familiar, e das convicções religiosas ou ideológicas (art. 119º do Tratado de Roma, arts. 2º, 13º e 137º e ss. do TCE e, actualmente, arts. 8º, 10º, 19º e 157º e ss. do TFUE, e ainda arts. 21º e 23º da CDFUE)*[(1261)]. Mais do que isso: a autora recorda, também, que o que está em causa, em termos de valoração, é o *"respeito pelo valor fundamental da igualdade de género e pelo princípio geral de não discriminação"*[(1262)].

Em qualquer caso, para além de constar da generalidade das constituições do Estado moderno, integrando enquanto tal o respetivo sistema de valores, o princípio da igualdade e não discriminação ou, como se afirma na doutrina italiana, o princípio da *paritá di tratamento*[(1263)] é, também, habitualmente concretizado em sede de legislação ordinária[(1264)].

A celebração do contrato de trabalho encontra-se, em suma, como sublinha João Leal Amado, sujeita a dois princípios basilares: o *princípio da liberdade contratual*, resultante do artigo 405º do Código Civil, e o *princípio da igualdade* no acesso ao emprego, previsto nos artigo 13º e 58º, n. 1, alínea *b, da Constituição*, bem como nos artigos 23º e ss. do Código do Trabalho[(1265)].

3.2. A igualdade e não discriminação *in contrahendo — o* exemplo do concurso para a formação de contratos

I. Na esteira da ideia de *"processo"* subjacente à formação do contrato de trabalho, o *concurso* para a admissão de trabalhadores pode assumir um papel significativo, enquanto fase dotada de autonomia analítica.

E pode, até, no domínio privado, como se afirmou, ser um importante fator de promoção da *igualdade de oportunidades*, potenciando a *social mobility* anglo-saxónica: como assinala Richard Arneson, *"when equality of opportunity prevails, the assignment of individuals to places in the social hierarchy is determined by some form of competitive process, and all members of society are eligible to compete on equal terms"*[(1266)].

Por outras palavras, o concurso público, por regra, abre a possibilidade de todos os que desejam poderem concorrer a um posto de trabalho de forma justa e transparente, promovendo a escolha dos melhores candidatos e afastando, à partida, critérios de estrato social, de género, político-partidários ou de simples "clientelismo" ou "compadrio".

(1260) Cf. MONTOYA MELGAR, *Derecho del Trabajo*, 30ª ed., cit., p. 311. Recorda-se que, em Espanha, o princípio da igualdade e da proibição de discriminação constam do artigo 4º, n. 2, alínea *c*, segundo o qual, *"En la relación de trabajo, los trabajadores tienen derecho: c) a no ser discriminados directa o indirectamente para el empleo, o una vez empleados, por razones de sexo, estado civil, edad dentro de los límites marcados por esta Ley, origen racial o étnico, condición social, religión o convicciones, ideas políticas, orientación sexual, afiliación o no a un sindicato, así como por razón de lengua, dentro del Estado español"*.

(1261) Cf. MARIA DO ROSÁRIO RAMALHO, *Tratado de Direito do Trabalho*, Parte II — Situações Laborais Individuais, cit., p. 149.

(1262) Cf. MARIA DO ROSÁRIO RAMALHO, *Tratado de Direito do Trabalho*, Parte II — Situações Laborais Individuais, cit., p. 149.

(1263) Veja-se, na doutrina italiana, FRANCESCO SANTORO-PASSARELLI, *Nozioni di Diritto del Lavoro*, 35ª ed., cit., pp. 148 e ss., em especial em relação às mulheres.

(1264) Veja-se, a este propósito, o nosso *O Princípio da Igualdade no Direito do Trabalho*, cit., pp. 262 e ss., onde se enuncia o conceito de discriminação adotado, respectivamente, nos seguintes países: França, Alemanha, Itália, Espanha, Bélgica e Irlanda.

(1265) Cf. JOÃO LEAL AMADO, *Contrato de Trabalho*, 3ª ed., Coimbra Editora, Coimbra, 2011, p. 168.

(1266) Cf. RICHARD ARNESON, "Equality of Opportunity", *The Stanford Encyclopedia of Philosophy* (Fall 2008 Edition), cit., p. 1.

O concurso público pode, pois, jogar um papel importante na promoção da *igualdade de oportunidades* e, bem assim, na competitividade das economias de mercado[1267].

Na função pública, o acesso realiza-se, em regra, por via de concurso (cf. artigo 47º da Constituição). Pelo contrário, a celebração de contratos de trabalho no domínio privado não se mostra sujeita à realização de qualquer concurso, inexistindo qualquer imperativo legal nesse sentido[1268] — como sublinha Maria do Rosário Ramalho, "*Os concursos para a celebração de contratos de trabalho são, regra geral, facultativos, o que se justifica pela inserção global do Direito do trabalho no Direito Privado e pela consequente sujeição do contrato de trabalho ao princípio civil geral da liberdade negocial (art. 405º do CC)*"[1269][1270]. Quando muito, tal obrigatoriedade resultará, no domínio laboral, de instrumentos de regulamentação coletiva ou de normas de conduta empresariais, *maxime* em empresas cotadas na bolsa e por razões de legitimação da escolha.

Assim, em regra, pode-se afirmar que o concurso para a celebração de contratos de trabalho no domínio privado é "*facultativo*" e "*unilateral*", ficando na disponibilidade do empregador a sua abertura, procedimento e decisão de contratação. Uma vez aberto, porém, o concurso tende a ser "*vinculativo*", exceto se do respetivo ato de abertura constar o seu carácter meramente indicativo[1271].

II. A abertura de concursos para a seleção e subsequente contratação de trabalhadores pode ser utilizada por qualquer potencial empregador, tendo em vista a prossecução dos objetivos tipicamente associados a qualquer concurso público: (i) a escolha do melhor candidato; (ii) o aproveitamento dos mecanismos da concorrência; e (iii) a legitimação da escolha efetuada. No que diz respeito ao trabalhador, o concurso pode, também, como recorda Menezes Cordeiro, ser vantajoso, dado que lhe permite aceder a ofertas de trabalho a que não teria acesso de outra forma[1272]. E, do ponto de vista social, a abertura de concursos para a contratação de trabalhadores, como já se afirmou, pode ter um importante papel ao nível da *mobilidade social*, garantindo uma competição real e saudável (*fair competition*), à luz da qual são realmente contratados os mais *qualificados* (*the winner or winners*) e não os melhor *relacionados.* Por outras palavras, o concurso pode dar conteúdo ao ambicionado *slogan*, "*careers open to talents*", que expressa a aspiração de uma sociedade em que os cargos são atribuídos aos melhores e mais qualificados e em que as oportunidades estão à disposição de todos, independentemente do seu estrato social, do seu nome de família ou da titularidade de títulos aristocráticos[1273].

(1267) Segundo Richard Arneson ("Equality of Opportunity", *The Stanford Encyclopedia of Philosophy* (Fall 2008 Edition), cit., p. 12), "*A market economy conforms to formal equality of opportunity only if jobs offered by business firms are publicized in advance, so that anyone who might want to apply has a reasonable opportunity to do so*". Recorda-se, todavia, que o autor recorda que o campo por execelência da esfera de aplicação desta *igualdade de oportunidades* é a esfera pública, precisamente porque no setor privado não existe nenhuma *regra* geral que obrigue os empregadores a lançarem concursos públicos para a admissão dos respetivos trabalhadores (pp. 3 e ss.).

(1268) Veja-se, a este propósito, PEDRO ROMANO MARTINEZ, *Direito do Trabalho*, 5ª ed., cit., pp. 457-459 e *Direito do Trabalho*, 6ª ed., pp. 409-410.

(1269) Cf. MARIA DO ROSÁRIO RAMALHO, *Tratado de Direito do Trabalho*, Parte II — Situações Laborais Individuais, cit., p. 128.

(1270) Recorda-se, todavia, que no caso da contratação de trabalhadores por entidades empregadoras públicas a lei prevê, como regra, um procedimento concursal, nos termos dos artigos 50º e ss. da *Lei dos Vínculos, Carreiras e Remunerações dos Trabalhadores que exercem Funções Públicas*, sendo certo que tais regras são aplicáveis, tanto aos trabalhadores que desempenham funções públicas em regime de nomeação, como aos trabalhadores com contrato de trabalho em funções públicas, regime este desenvolvido pela Portaria n. 83-A/2009, de 22 de janeiro.

(1271) Quanto aos possíveis tipos e classificações dos concursos, veja-se MENEZES CORDEIRO, "Da abertura de concurso para a celebração de um contrato no direito privado", BMJ, n. 369, outubro 1987, pp. 27 e ss. Assim, quanto aos *destinatários* do concurso, este poderá ser nacional, caso se dirija apenas a nacionais, ou internacional, caso se dirija também a cidadãos estrangeiros; quanto ao seu *regime*, diz-se obrigatório se a respetiva realização for imposta por lei e facultativo quando derive da livre opção do autor do concurso; unilateral quando for decidido e estruturado, apenas, pelo autor do concurso, e contratual quando derive de um acordo prévio entre todos os interessados e, por fim, vinculativo quando do concurso subsista o dever de o levar até o fim, celebrando o contrato visualizado, ou indicativo quando do concurso apenas surge uma indicação facultativa, na disponibilidade do seu autor; quanto ao seu *âmbito*, o concurso poderá ser público, quando a ele se possam apresentar quaisquer pessoas, ou limitado, quando apenas se possam apresentar aquelas que disponham de certas habilitações profissionais e determinados requisitos e características exigidas pelo autor do concurso.

(1272) Cf. MENEZES CORDEIRO, *Manual de Direito do Trabalho*, cit., pp. 562 e ss.

(1273) Cf. RICHARD ARNESON, "Equality of Opportunity", *The Stanford Encyclopedia of Philosophy* (Fall 2008 Edition), cit., p. 2.

Tratando-se, no domínio privado, de um negócio preliminar facultativo, caberá ao seu autor fixar os termos e condições em que se deve reger o concurso para o recrutamento de trabalhadores: compreende-se, a este nível, a realização de provas curriculares, entrevistas, provas públicas ou de aferição ou negociações individuais com os potenciais concorrentes.

No mesmo sentido, compreende-se que o empregador possa limitar o concurso a candidatos que reúnam determinadas características, competências, qualificações técnicas, experiência profissional, ou que residam no âmbito de um espaço geográfico circunscrito. O concurso poderá, assim, ser um concurso *público,* quando a ele se possam apresentar quaisquer candidatos, ou um concurso *limitado,* quando apenas se possam apresentar aqueles candidatos que disponham de certas habilitações profissionais, determinados requisitos e as características exigidas pelo autor do concurso(1274).

Sendo possível e juridicamente admissível a abertura de concursos limitados, o âmbito e conteúdo dessas limitações devem realizar-se, porém, dentro dos limites impostos por alguns princípios gerais de direito e por algumas previsões normativas específicas. Tratando-se de uma concretização do princípio geral da autonomia privada, a abertura do concurso e o seu regime não deixam de ser dominados e limitados, também, pelo princípio geral da boa-fé pré-contratual, de onde decorrem exigências de seriedade e transparência do concurso; pelo princípio geral da igualdade, de onde decorrem deveres de igualdade e não discriminação entre os candidatos; e ainda por deveres de confidencialidade e de respeito pela reserva da vida privada dos concorrentes(1275).

III. Da boa-fé *in contrahendo*, nos termos acima enunciados, resulta fundamentalmente um imperativo de tutela da confiança, devendo o autor do concurso autovincular-se aos termos e condições do próprio regulamento do concurso, quando exista, ou pelo menos ao teor do anúncio público da sua abertura, não frustrando desta forma as legítimas expectativas dos respetivos candidatos(1276).

Em regra, salvo qualquer indicação expressa em sentido contrário, o concurso será vinculativo, pelo que, uma vez aberto os seus termos, devem ser seguidos até o fim, culminando com a celebração de um contrato de trabalho. Por outro lado, da tutela da confiança decorre, também, a cargo da entidade "adjudicante", a obrigatoriedade de se ater às regras que ela própria haja determinado, estando-lhe vedada a possibilidade de alteração e modificação, na constância do concurso, das regras processuais e substanciais nele inseridas aquando da sua abertura, *maxime* dos respetivos critérios de seleção. Por outro lado, a alteração genérica das regras de concurso eventualmente apresentadas, para além de frustrar as legítimas expectativas dos interessados, pode determinar, pelo menos em abstrato, a violação do princípio da igualdade, beneficiando-se desta forma uma das partes em presença e prejudicando-se de forma seletiva a posição dos demais candidatos(1277).

A boa-fé, que, como acima se afirmou, se encontra expressa no artigo 102º do Código do Trabalho(1278), surge aqui, uma vez mais, como imperativo de proteção da confiança, tendo em vista a proteção da aparência e o cumprimento da palavra dada, visando salvaguardar em última instância o interesse patrimonial dos trabalhadores candidatos: dela não resulta qualquer preocupação de tutela da dignidade das pessoas contra atos discriminatórios atentatórios da sua dignidade pessoal(1279).

Esse papel, reitera-se, deve caber ao princípio constitucional da igualdade.

(1274) Cf. PEDRO ROMANO MARTINEZ, *Direito do Trabalho,* 5ª ed., p. 459 e *Direito do Trabalho,* 6ª ed., pp. 409-410.

(1275) Cf. MARIA DO ROSÁRIO RAMALHO, *Tratado de Direito do Trabalho,* Parte II — Situações Laborais Individuais, cit., p. 129.

(1276) Cf. MENEZES CORDEIRO, *Manual de Direito do Trabalho,* cit., p. 564.

(1277) Cf. GUILHERME DRAY, *O Princípio da Igualdade no Direito do Trabalho,* cit., p. 219.

(1278) Veja-se, a este propósito, a anotação de Pedro Romano Martinez ao artigo 102º do CT, em PEDRO ROMANO MARTINEZ; LUÍS MIGUEL MONTEIRO; JOANA VASCONCELOS; PEDRO MADEIRA DE BRITO; GUILHERME DRAY e LUÍS GONÇALVES DA SILVA, *Código do Trabalho Anotado,* 9ª ed., cit., pp. 285 e ss. O autor recorda que apesar de o dever de atuar segundo as regras da boa-fé na formação do contrato já decorrer do artigo 227º do Código Civil, a sua reiteração ao nível do Código do Trabalho é útil por três razões: *"facilita a exposição sistemática da matéria respeitante à negociação do contrato; justifica que o princípio seja reiterado em sede de negociação coletiva (artigo 489º do CT), assim como a propósito do dever de informação (artigo 106º do CT), de deveres a execução do contrato (artigo 126º do CT) e de conflitos coletivos (artigo 522º do CT); dá ênfase a um princípio que pode não estar presente por parte dos negociadores de um contrato de trabalho".*

(1279) Cf. GUILHERME DRAY, *O Princípio da Igualdade no Direito do Trabalho,* cit., p. 219.

IV. Importa reter este ponto: mesmo no domínio privado e mesmo na constância do processo de formação contratual, em que a autonomia privada tende a atuar na plenitude das suas aptidões, o concurso para a formação de contratos individuais de trabalho deve se realizar, também, em termos de igualdade de tratamento dos candidatos que a ele se apresentem, sendo possível afirmar, na esfera jurídica dos interessados, um direito a serem tratados em pé de igualdade com os demais candidatos, de acordo com os critérios que hajam sido previamente delineados pelo autor do concurso[(1280)].

Desta forma, sempre que o autor do concurso beneficie um dos candidatos em detrimento dos outros, por razões que extravasam o âmbito do concurso e que se não relacionem com os critérios de decisão que porventura tenham sido estabelecidos, a posição dos demais concorrentes estará, por essa razão, a ser prejudicada.

Do princípio da igualdade decorre, também, a ideia segundo a qual os candidatos que se apresentem a um concurso não podem ser objeto de discriminações desautorizadas, ilegítimas e juridicamente inadmissíveis, contrárias, como tal, ao artigo 13º da Constituição e aos artigos 23º e ss. do CT[(1281)].

Por outras palavras e parafraseando João Leal Amado: *"as partes poderão escolher livremente se e com quem querem celebrar o contrato de trabalho (liberdade de escolha do parceiro contratual), mas os critérios de seleção do empregador, nos processos de contratação de pessoal, não deverão basear-se em fatores discriminatórios,* maxime *os previstos no art. 24º, n. 1, do CT (ascendência, idade, sexo, orientação sexual, estado civil, situação familiar, situação económica, instrução, origem ou condição social, património genético, capacidade de trabalho reduzida, deficiência, doença crónica, nacionalidade, origem étnica ou raça, território de origem, língua, religião, convicções políticas ou ideológicas e filiação sindical)"*[(1282)].

Sendo perfeitamente legítimo (e porventura imprescindível) que a entidade empregadora assegure alguma margem de discricionariedade na escolha do candidato preferido, tendo por base um princípio de *liberdade* de escolha, esta, porém, não poderá confundir-se com a tomada de decisões discriminatórias de carácter arbitrário, assentes, designadamente, em distinções étnicas, em função do sexo, em função de convicções religiosas ou partidárias ou em função da orientação sexual[(1283)] do candidato[(1284)]. Tais distinções, como sustenta Montoya Melgar, por serem atentatórias da dignidade pessoal do candidato a emprego, são juridicamente inadmissíveis — trata-se de um dado axiomático e que se prende com a dignidade da pessoa[(1285)].

Em suma, como afirma Menezes Leitão, em processos de recrutamento, *maxime* de recrutamento externo, *"o empregador é sujeito a regras específicas relativamente à proibição de discriminação de candidatos a emprego"*[(1286)].

Não basta, porém, que a distinção seja efetuada com base num dos motivos enunciados no artigo 13º da Constituição para que de imediato se possa concluir pela existência de uma discriminação desautorizada: cumpre sempre apurar, atentos aos elementos materiais fornecidos pelo caso concreto, se a distinção em causa assenta em motivos e razões manifestamente arbitrárias ou se, pelo contrário, cabe no âmbito do poder de gestão e da liberdade negocial do empregador e não é suscetível de afetar os valores do sistema; importa sempre verificar se na base da distinção efetuada existe uma finalidade dis-

(1280) Veja-se, a este propósito, GUILHERME DRAY, "Autonomia Privada e Igualdade na Formação e Execução de Contratos Individuais de Trabalho", *Estudos do Instituto de Direito do Trabalho,* cit., pp. 54 e ss.

(1281) Cf. PEDRO ROMANO MARTINEZ, *Direito do Trabalho,* 5ª ed., p. 459 e *Direito do Trabalho,* 6ª ed., p. 411.

(1282) Cf. JOÃO LEAL AMADO, *Contrato de Trabalho,* 2ª ed., cit., pp. 177-178.

(1283) Sobre a discriminação com base na orientação sexual do trabalhador, veja-se TERESA COELHO MOREIRA, "Discriminação com base na orientação sexual dos trabalhadores", *Igualdade e Não Discriminação, Estudos de Direito do Trabalho,* Almedina, Coimbra, 2013, pp. 129-163. A autora defende que *"a orientação sexual do trabalhador inclui-se na sua privacidade e deve, em princípio, estar protegida de toda e qualquer indagação por parte do empregador, quer na fase de acesso e formação do contrato de trabalho, quer na sua execução, impedindo comportamentos discriminatórios ou juízos de censura"* (p. 129).

(1284) Cf. GUILHERME DRAY, *O Princípio da Igualdade no Direito do Trabalho,* cit., p. 220.

(1285) Cf. MONTOYA MELGAR, *Derecho del Trabajo,* 30ª ed., cit., p. 311, que recorda, a este propósito, o artigo 14º da Constituição espanhola, que estabelece o *direito à igualdade e à não discriminação,* ao determinar que *"Los españoles son iguales ante la Ley, sin que pueda prevalecer discriminación alguna por razón de nacimiento, raza, sexo, religión, opinión o cualquier otra condición o circunstancia personal o social"*.

(1286) Cf. LUÍS MENEZES LEITÃO, *Direito do Trabalho,* 3ª ed., cit., p. 204.

criminatória ou se, pelo contrário, a vontade de diferenciar não tem intuitos discriminatórios e pode ser acolhida pelo sistema juslaboral.

Admitamos o exemplo de uma empresa de base tecnológica que limita o acesso a candidatos que apresentem competências no domínio das novas tecnologias, rejeitando todos aqueles que não disponham de tais competências — tratar-se-á, por razões óbvias, de uma distinção admitida, na exata medida em que se justifica em função do tipo de função a desenvolver; pense-se, ainda, na hipótese de um concurso lançado por uma empresa de certo distrito do país que limita a admissão a candidatos que residam naquele distrito: tratando-se de um concurso limitado do ponto de vista regional, parece imperioso admitir-se a validade de tal limitação, atenta à inexistência de uma discriminação atentatória da dignidade da pessoa humana. No mesmo sentido, parecem ser de admitir distinções baseadas na experiência profissional, na língua ou na instrução, quando seja essa a vontade do empregador. Será legítimo, nestes casos, um concurso limitado à admissão de candidatos com um número mínimo de anos de experiência numa determinada função, ou limitado a candidatos formados numa determinada Universidade, ou ainda um concurso pelo qual apenas se aceitem candidatos que dominem na perfeição a língua portuguesa, inglesa, castelhana ou o mandarim, atenta à natureza do trabalho que irão desempenhar[1287].

No mesmo sentido, mesmo outras discriminações que à partida poderiam julgar-se juridicamente inadmissíveis, porque baseadas no sexo, na religião ou em convicções políticas, poderão ser aceitas. Imagine-se por exemplo que um publicitário pretenda lançar uma campanha promocional e que apenas pretende contratar, para o efeito, ou candidatos do sexo masculino, ou candidatas do sexo feminino; que uma congregação religiosa, através de um concurso, limite a admissão a candidatos que pratiquem a religião que professe; que um partido político lança um concurso para o preenchimento do cargo de *chief economist* ou de *speechwriter* e o limite aos seus filiados; ou que um jornal clubístico ou partidário limite a admissão de um concurso a jornalistas que sejam sócios ou filiados no clube ou no partido que o promove.

Nestes casos, parece ser possível afirmar, com elevado grau de segurança, que as distinções operadas não consubstanciam uma discriminação juridicamente inadmissível. Mesmo quando tenham por base os elementos diferenciadores que se mostram contemplados no artigo 13º da Constituição e mesmo quando praticadas por uma entidade colocada numa posição de domínio as distinções operadas, nestas hipóteses, não se fundamentam apenas e em exclusivo na origem, língua, grau de instrução, sexo, religião ou convicção política. Em todos os casos, com maior ou menor intensidade, as distinções operadas estão intimamente relacionadas com o local onde irá ser prestada a atividade, o cargo que se visa preencher, a religião que se visa professar, a ideologia que se tem em vista promover e o tipo de funções laborais que se espera venham a ser desempenhadas. Em qualquer uma das situações presentes, as razões invocadas para as distinções empreendidas não são arbitrárias nem irrazoáveis: as diferenciações em causa não são como tal, "discriminatórias" e não embatem nos valores do "sistema laboral".

Daqui resulta, como se vê, que o conceito de discriminação a ter em conta no domínio privado deverá, necessariamente, ser restrito e cauteloso.

3.3. O conceito de discriminação a adotar na formação do contrato de trabalho

3.3.1. Generalidades

I. A questão relativa à aplicação do princípio da igualdade na celebração do contrato de trabalho reconduz-se no essencial à suprarreferida tentativa de compatibilização entre a igualdade e a liberdade negocial, por um lado, e aos influxos emergentes do "princípio da proteção do trabalhador", por outro lado. Sendo certo que a defesa da dignidade humana exige a aplicabilidade imediata do princípio da

(1287) Estes e outros exemplos podem ser consultados em PEDRO ROMANO MARTINEZ, *Direito do Trabalho*, 6ª ed., cit., pp. 409 e ss.; TERESA COELHO MOREIRA, *Igualdade e Não Discriminação*, cit., pp. 9 e ss. (*discriminação em função da* idade), pp. 129 e ss. (*discriminação em função da orientação sexual*) e pp. 165 e ss. (*discriminação dos trabalhadores em razão da deficiência*); e GUILHERME DRAY, *O Princípio da Igualdade no Direito do Trabalho*, cit., pp. 221 e ss.

igualdade constitucionalmente afirmado nas relações privadas em que sobressai uma relação de domínio, como sucede no campo laboral, a realidade, porém, é que da aplicação do princípio da igualdade não pode resultar uma obnubilação da liberdade negocial: sendo admissível a sua limitação, não se pode admitir a sua total compressão.

A ideia de arbítrio na formação do contrato de trabalho não deve, consequentemente, ser entendida como imperativo de racionalidade, de fundamentação e de invocação ou existência de um motivo sério para a contratação de um sujeito em detrimento do outro: tal possibilidade redundaria numa total subversão da liberdade de gestão empresarial e numa excessiva e indesejável rigidez da vida social. A igualdade, neste particular domínio, deverá funcionar como um postulado essencialmente proibitivo, através do qual se proscrevem determinadas formas de tratamento desvantajoso, dela não se podendo extrair uma intenção de racionalidade e de fundamentação.

Assim, sendo de admitir particulares limitações à autonomia privada em nome da tutela da dignidade das pessoas enquanto pessoas, papel que a boa-fé *in contrahendo* não logra representar, a ideia de igualdade no domínio da celebração de contratos de trabalho deve operar, apenas, enquanto proibição de discriminações ilegítimas, desautorizadas e juridicamente inadmissíveis, de forma aberta e dinâmica, obedecendo aos elementos materiais fornecidos pelo caso concreto e variando de intensidade em função do maior ou menor grau de desequilíbrio negocial revelado no momento da celebração do contrato individual de trabalho[(1288)].

No fundo, o "princípio da proteção" do trabalhador visa garantir a preservação da dignidade do mesmo e dos respetivos direitos pessoais. Visa impedir que o mesmo seja injustamente prejudicado e visa, enfim, garantir um "núcleo intransponível" de direitos pessoais que decorrem da sua dignidade enquanto pessoa e enquanto trabalhador — o direito à igualdade e à não discriminação inscreve-se nesta linha[(1289)].

II. A discriminação na celebração de contratos individuais de trabalho ocorrerá, assim, no âmbito de práticas diferenciadoras que se consubstanciem no tratamento diminuído ou desvantajoso perpetrado pelo empregador em função de certos elementos caracterizadores de grupos ou categorias específicas de trabalhadores. Será ilegítima, como tal, a prática diferenciadora que se baseie apenas na verificação de certa característica comum a um conjunto de indivíduos, como seja a raça, o sexo, a orientação sexual, a religião, a filiação ou a idade[(1290)], entre outros elementos característicos enunciados a título exemplificativo na Constituição.

O que está em causa, consequentemente, é um juízo de desvalor e de censura relativamente a determinadas motivações "categoriais" de tratamento diferenciado que são contrárias aos valores do sistema laboral e não são admitidas, enquanto tal, pelo "princípio da proteção do trabalhador" e respetiva pauta de valoração. Como sustenta Monteiro Fernandes, não é a diferenciação, em si mesma, que está em causa, mas sim a não razoabilidade da sua motivação, bem como a insusceptibilidade da adoção de práticas distintivas fundadas em certas características comuns a certos conjuntos de indivíduos[(1291)]. A raça, o sexo, a religião, a filiação partidária, as convicções político-ideológicas ou a pertença a uma determinada comunidade religiosa não são, em princípio, face ao padrão socialmente enraizado na consciência jurídica comunitária e face aos valores axiológicos do sistema, motivos lícitos de práticas distintivas, pelo que qualquer diferença de tratamento baseada, sem mais, num destes aspetos, deverá nessa conformidade

---

(1288) Veja-se, a este propósito, o nosso *O Princípio da Igualdade no Direito do Trabalho,* cit., pp. 270 e ss., cuja exposição se seguirá, com adaptações, nas próximas páginas. Do mesmo autor, "Autonomia privada e igualdade na formação e execução de contratos individuais de trabalho", *in Estudos do Instituto de Direito do Trabalho,* cit., pp. 83 e ss.

(1289) Cf. MONTOYA MELGAR, *Derecho del Trabajo,* 30ª ed., cit., p. 311.

(1290) Sobre a discriminação em função da idade, veja-se TERESA COELHO MOREIRA, "A discriminação em razão da idade no contexto de uma população envelhecida na EU", *Igualdade e Não Discriminação, Estudos de Direito do Trabalho,* Almedina, Coimbra, 2013, pp. 9-78, para quem, as mais recentes atuações, ao nível da União Europeia, em torno da discriminação em função da idade, não estão diretamente relacionadas com uma maior preocupação em torno dos direitos de personalidade ou até da dignidade dos trabalhadores mais idosos, mas sim, e sobretudo, com *"razões económicas e com as dificuldades de financiamento dos sistemas de segurança social. Assim, se até há pouco tempo se encorajava a pré-reforma voluntária, atualmente acontece o oposto, pois, com a crise da segurança social, o trabalhador é penalizado se tentar retirar-se antes e tenta-se adiar cada vez mais a idade da reforma"* (pp. 12-13).

(1291) Cf. MONTEIRO FERNANDES, "Observações sobre o princípio da igualdade de tratamento no Direito do Trabalho", I, *Estudos de Homenagem ao Prof. António de Arruda Ferrer Correia,* pp. 1014 e ss.

ser considerada discriminatória e consequentemente juridicamente inadmissível(1292). E se a ideia discriminação parte, nestes casos, do próprio sistema de valores da Constituição, que eleva a dignidade da pessoa humana a princípio fundamental, ela não deixa de se afirmar, também, na própria legislação ordinária, em especial no Código do Trabalho, que contém disposições normativas — artigos 23º e ss. — fundadas no "princípio da proteção do trabalhador" e especificamente vocacionadas para prevenir e afastar a prática de comportamentos discriminatórios na relação laboral(1293).

Não se exigindo uma fundamentação séria, racional e objetivamente justificável na escolha de um determinado trabalhador, não se pode admitir, no polo oposto, que a exclusão ou preferência seja feita com base em elementos que por si só não retratam a individualidade de cada um enquanto potencial trabalhador por conta de outrem e que não tenham o mínimo de relação ou afinidade com a natureza da atividade em causa. Ou seja, como afirma Montoya Melgar, não se pode admitir que a discriminação seja feita tendo por base "*motivos típicos, historicamente arraigados y contrários a la dignidade de la persona*"(1294).

No fundo, não é apenas a defesa da dignidade da pessoa humana que se proclama, mas a própria irrelevância de certos fatores socialmente identificáveis por notas ou elementos distintivos (*maxime* a raça ou o sexo) como elementos suscetíveis de justificar, na grande generalidade dos casos, diferenças de tratamento.

III. Julga-se, pois, que a ideia de discriminação a adotar em sede de formação de contratos de trabalho deve envolver, necessariamente, o preenchimento cumulativo de três elementos, os quais deverão atuar em termos de recíproca interdependência: (i) um elemento *objetivo*, consistente na existência de uma prática diferenciadora que se consubstancie num privilégio, benefício, prejuízo ou privação de qualquer direito baseada em elementos distintivos rejeitados pela ordem jurídica, como sejam a ascendência, o sexo, a raça, a língua, etc.; (ii) um elemento *subjetivo*, que se traduz na realização daquela distinção com o objetivo ou o efeito de comprometer ou destruir o reconhecimento, o gozo ou o exercício de direitos em condições de igualdade; (iii) um elemento *causal*, consistente na violação do princípio da igualdade por força da discriminação operada.

O apuramento de uma prática discriminatória, neste domínio, deverá envolver, sempre, o preenchimento cumulativo dos indicados elementos objetivo e subjetivo que compõem o conceito de discriminação(1295).

Estamos no cerne da autonomia privada e da liberdade negocial, pelo que a sua limitação só deve ocorrer em hipóteses extremas, quando mais altos valores o exijam, ou seja, quando seja posto em causa o "princípio da proteção do trabalhador", nesta sua vertente de "proteção dos direitos de cidadania" do candidato a emprego.

(1292) Cf. LUÍS MENEZES LEITÃO, *Direito do Trabalho*, 3ª ed., cit., pp. 204-205.

(1293) A doutrina francesa, tendo por base o o princípio da não discriminação previsto nos artigos L. 1132-1 do *Code du Travail* e 225-1 do *Code Pénal*, afirma que se é verdade que o empregador pode, em princípio, escolher livremente um dentre vários candidatos a emprego, ele não pode, todavia, excluir um candidato por um motivo que seja contrário ao aludido princípio da não discriminação, *"notamment en raison de son sexe, de sa situation de famille, ou de sa grossesse, de son activité syndicale, de sa race, de sa religion, de son age, de ses mouers, de son état de santé ou de son handicap"* — Cf. JEAN PÉLISSIER; ALAIN SUPIOT e ANTOINE JEAMMAUD, *Droit du Travail*, 24ª ed. cit., p. 364.

(1294) Cf. MONTOYA MELGAR, *Derecho del Trabajo*, 30ª ed., cit., p. 313.

(1295) Quanto ao elemento *objectivo*, reafirma-se a ideia segundo a qual, no domínio privado, designadamente no campo da celebração de contratos de trabalho, só haverá discriminação desautorizada no âmbito dos fatores contemplados no artigo 13º da Constituição e nos artigos 23º e ss. do CT, preceitos estes que, para além de conterem um elenco exemplificativo, refletem e corporizam uma consciência jurídica comunitária fundada na história e no devir social. Quanto ao elemento *subjetivo*, a preservação da autonomia privada requer e implica que se seja particularmente exigente no seu apuramento: haverá discriminação se a prática distintiva efectuada tiver como único (ou, pelo menos, primacial) motivo subjacente o reconhecimento, no indivíduo lesado, de traços característicos que o distingam e o associem a um determinado grupo de pessoas, seja em função da raça, sexo, convicção política ou ideológica ou condição social e, bem assim, se a prática diferenciadora tiver finalisticamente por objectivo ou efeito comprometer ou destruir o reconhecimento, o gozo ou o exercício de direitos do trabalhador lesado pelo simples facto de este ser mulher, homem, branco, negro, católico, protestante, muçulmano, ocidental, árabe, judeu, rico, pobre, etc. Nestes casos, quando se trate de "discriminar por discriminar", sem qualquer motivação ulterior, a prática distintiva será discriminatória. Finalisticamente, deve existir, na esfera jurídica do empregador, uma intenção de prejudicar outrem em função de determinados traços categoriais — veja-se, a este propósito, o nosso *O Princípio da Igualdade no Direito do trabalho*, cit., pp. 271-277.

IV. Nessa medida, não devem cair no âmbito da discriminação desautorizada as situações nas quais a diferenciação não seja realizada finalisticamente com o propósito de impedir o reconhecimento do exercício de direitos por parte dos cidadãos que sejam objeto de uma exclusão. Ou, por outras palavras, quando a distinção não tenha em vista ou como efeito a violação da dignidade do trabalhador ou do candidato a emprego. Assim sucederá, em regra, quando: (i) a distinção assente na natureza da relação laboral que se visa constituir e no tipo de funções exigíveis; (ii) da relação laboral a constituir resulte a exigência de uma especial comunhão ideológica entre a entidade empregadora e os respetivos trabalhadores. Nestes casos, ou sempre que não esteja em causa uma distinção atentatória da dignidade do trabalhador ou candidato a emprego, prevalece a liberdade de contratação do empregador.

No fundo, como afirmam Simon Deakin e Gillian Morris, "*Discrimination in hiring is prohibited by statute only in relation to a number of specific criteria. In particular, decisions may not be based on sex, race or disability of the applicant (...). Outside these areas of statutory intervention, the common law principle of freedom applies: an employer is free to refuse to hire a person for any reason, no matter how capricious, or for no reason at all*"[(1296)].

É nesse sentido, pois, que determinadas distinções levadas a efeito pelo empregador, como oportunamente tivemos oportunidade de assinalar no nosso "*O Princípio da Igualdade no Direito do Trabalho*"[(1297)], não devem ser consideradas *discriminatórias*.

É o que sucede com as distinções efetuadas com base na natureza da relação laboral que se visa constituir, por um lado, e no âmbito de relações que exigem uma especial relação de comunhão ideológica, por outro lado.

No nosso citado "*O Princípio da Igualdade no Direito do Trabalho*", incluíamos, ainda, uma terceira categoria de distinções que julgávamos ser de admitir: as efetuadas com base em convicções enraizadas na sociedade (*estereótipos*), nomeadamente quanto a certas profissões que são usualmente desempenhadas por determinado tipo de trabalhadores, geralmente em função do sexo. Defendíamos, na altura, que algumas profissões — nomeadamente as de trabalhadora doméstica, secretária, parteira, manicura, costureira, lavadeira, *baby-sitter* ou educadora de infância — estavam, de um modo geral, associadas às trabalhadoras femininas, ao passo que outras — nomeadamente as de pedreiro, carpinteiro, pintor, serralheiro, estivador, mineiro, motorista, pescador ou guarda — florestal — estavam, em sentido contrário, socialmente associadas a trabalhadores masculinos. Por essa razão, sustentávamos, "*nestes casos, a exclusão de um trabalhador em função do sexo, por exemplo, não deverá, em nossa opinião, consubstanciar de imediato e sem ulteriores indagações uma discriminação juridicamente inadmissível (...). Em termos finalísticos, poderá não estar em causa uma intenção de prejudicar o exercício de direitos por parte de um trabalhador pelo simples facto deste ser homem ou ser mulher (...). Advoga-se, assim, que a escolha do parceiro contratual por parte do empregador, quando (...), assente em convicções enraizadas na sociedade, é tendencialmente ilimitada, estando-lhe facultada em qualquer circunstância a escolha do trabalhador que julgue mais adequado ao desempenho das funções que lhe irão ser atribuídas, seja com base na sua competência, seja com base na indicada convicção enraizada na sociedade*"[(1298)].

Evoluímos neste ponto, e este é o local ideal para afirmá-lo: as *convicções enraizadas na sociedade* ou os *estereótipos sociais* não devem servir de fundamento a práticas diferenciadoras, no domínio do acesso ao emprego[(1299)]. A evolução da sociedade tem se verificado de forma tal, que, hoje em dia, pouco

---

(1296) Cf. SIMON DEAKIN/GILLIAN MORRIS, *Labour Law*, 3ª ed., Butterworths, Londres, 2001, pp. 140-141.
(1297) Cf. GUILHERME DRAY, *O Princípio da Igualdade no Direito do Trabalho*, cit., pp. 270-285.
(1298) Cf. GUILHERME DRAY, *O Princípio da Igualdade no Direito do Trabalho*, cit., p. 278.
(1299) Veja-se, a este propósito, LARRY ALEXANDER, *"What Makes Wrongful Discrimination Wrong? Biases, Preferences, Stereotypes, and Proxies"*, *University of Pennsylvania Law Review*, n. 141, 1992, pp. 149-219. O autor parte do pressuposto de que, na atual sociedade ocidental, já se encontra suficientemente sedimentada a ideia de que a discriminação contra outras pessoas não deve ser tolerada: *"All of us well-socialized Westerners know that discrimination against other human beings is wrong. (...). We all know it is wrong to refuse to hire women as truck drivers, to refuse to let blacks practice law, to bar Moslems from basketball teams, or to refuse to sit next to Rastafarians at lunch counters. At the same time, we also know it is not wrong to refuse to hire the blind as truck drivers, to refuse to admit those who flunk the bar exam to the practice of law, to bar short, slow, uncoordinated persons from the basketball team, or to refuse to sit next to people who haven't bathed recently"*.

ou nenhum sentido faz invocar a existência de determinadas profissões intimamente associadas a homens e outras a mulheres[(1300)]. A sociedade ocidental é *plural* e, cada vez mais, *cosmopolita* e *multicultural*[(1301)], combatendo, nomeadamente, a desigualdade de género[(1302)]. Deve afirmar-se pelos valores da *abertura* e da *tolerância* e pela *mobilidade social,* em nome da *igualdade de oportunidades.* A *convicção enraizada na sociedade* ou o *estereótipo social* podem, pois, confundir-se com o mero *preconceito* ou com simples *conservadorismo.* E estes não devem servir de base a práticas discriminatórias[(1303)].

Restam, pois, as duas hipóteses acima enunciadas: i) distinções efetuadas com base na natureza da relação laboral que se visa constituir; e ii) distinções realizadas no âmbito de relações que exigem uma especial relação de comunhão ideológica.

3.3.2. Distinções admissíveis

a. Distinções efetuadas com base na natureza da relação laboral que se visa constituir e no tipo de atividade que ela venha a exigir

I. O princípio da igualdade não é absoluto e não impõe um tratamento absolutamente igual a todos os trabalhadores ou candidatos a emprego, como se todos eles fossem idênticos entre si[(1304)].

Nesse sentido, não deverão constituir práticas discriminatórias as que tenham por base a natureza da relação laboral que se visa constituir e o tipo de atividade laboral que ela venha a exigir, independentemente de qualquer estereótipo social[(1305)].

Para além das profissões legalmente vedadas ou condicionadas a determinadas categorias de trabalhadores (em especial, mulheres e menores — profissões e atividades essas positivadas no Código do Trabalho e em legislação complementar ou extravagante), pela especial dureza das respetivas condições de trabalho, pelo esforço físico que envolvem, pelo grau de perigosidade que lhes é inerente ou pelos riscos que envolvem para a função genética[(1306)], designadamente as atividades laborais exercidas em

(1300) Referindo-se à discriminação em função da idade como sendo fruto de "*preconceitos generalizados ou estereótipos superficiais*", que têm um "*impacto fortemente negativo no contexto laboral, quer na fase de acesso e formação do contrato de trabalho quer na fase de execução ou cessação do mesmo*", veja-se TERESA COELHO MOREIRA, "A discriminação em razão da idade no contexto de uma população envelhecida na U.E", *Igualdade e Não Discriminação, Estudos de Direito do Trabalho,* cit., p. 14.

(1301) 1304 Veja-se, a este propósito, SARAH SONG, "Multiculturalism", *The Stanford Encyclopedia of Philosophy* (Winter 2010 Edition), Edward N. Zalta (ed.), disponível em: http://plato.stanford.edu/archives/win2010/entries/multiculturalism/ (disponível em 21 de setembro de 2013). A autora define o *multiculturalismo* como "*(...) a body of thought in political philosophy about the proper way to respond to cultural and religious diversity. Mere toleration of group differences is said to fall short of treating members of minority groups as equal citizens; recognition and positive accommodation of group differences are required through "group-differentiated rights"* (p. 2).

(1302) Veja-se, a este propósito, o recente Relatório da Comissão Europeia, *Tackling the Gender Pay Gap in the European Union,* European Union, 2014, disponível em: <http://ec.europa.eu/justice/genderequality/files/gender_pay_gap/gpg_brochure_2013_final_en.pdf> acesso em: 20 de outubro de 2014.

(1303) 1306 Contra, RICHARD ARNESON, "Equality of Opportunity", *The Stanford Encyclopedia of Philosophy* (Fall 2008 Edition), cit., pp. 5 e ss., para quem, se o estereótipo for preciso e correto (*sufficiently accurate*), pode justificar-se a prática de um empregador que se limite a segui-lo, sem realizar nenhum investimento adicional destinado a aferir a bondade desse mesmo estereótipo. O autor exemplifica nos seguintes termos: imaginando que o dono de uma fábrica quer contratar novos trabalhadores, privilegiando acima de tudo o critério da assiduidade, e admitindo que existe uma convicção enraizada na sociedade segundo a qual o absentismo dos jovens *afro-americanos* é, em regra, superior ao dos demais jovens americanos, não deve ser considerada discriminatória a prática do empregador que, face àquela convicção, pura e simplesmente põe de parte as candidaturas dos jovens *afro-americanos,* sem investir qualquer tempo e recursos na apreciação das mesmas. O autor fala, a esse propósito, em *statistical discrimination,* concluindo que "*the results for people who become the objects of statistical discrimination can obviously be bad. But this does not mean that statistical discrimination violates formal equality of opportunity*". Em qualquer caso, o mesmo autor reconhece que nalgumas sociedades a *statistical discrimination* é proibida, quando na sua origem estão distinções efetuadas com base no sexo ou na raça. Nesses casos, o empregador deve contratar tendo exclusivamente por base o mérito e as competências individuais dos candidatos, e não atendendo ao facto de este ser branco ou negro, homem ou mulher. A razão de ser desta *legal policy,* para o mesmo, reside no facto de as sociedades pretenderem pôr cobro a práticas tradicionais de discriminação, que historicamente prejudicaram certos grupos desfavorecidos. Quando assim seja, a *statistical discrimination* deixa de estar legitimada e torna-se ilícita.

(1304) Cf. MONTOYA MELGAR, *Derecho del Trabajo,* 30ª ed., cit., p. 312.

(1305) Cf. LUÍS MENEZES LEITÃO, *Direito do Trabalho,* 3ª ed., cit., pp. 154-155.

(1306) A aplicação de disposições relativas à proteção gravidez não pode, todavia, servir de fundamento ou ter como consequência um tratamento desfavorável no que respeita ao acesso ao emprego de mulheres grávidas. Assim tem afirmado o TJUE, segundo

paióis, caldeiras, minas, carvoarias, siderurgia, indústria de extração de carvão, do ferro ou do aço, ou as atividades de pesca a bordo de longo curso, de transportes de longa duração, em forças policiais especializadas no combate ao terrorismo e outros trabalhos que exijam a utilização e manipulação frequente e regular de substâncias tóxicas[1307], é perfeitamente admissível condicionar o exercício de determinadas profissões a certas características físicas dos trabalhadores candidatos, atenta à *"natureza da tarefa a desempenhar"*[1308].

II. Assim, ao nível da discriminação em função do sexo, nos termos do artigo 25º, n. 2, do Código do Trabalho, não é discriminatória a contratação de mulheres em detrimento de homens quando se trate de realizar uma passagem de modelos para promover roupa feminina; ou que não será discriminatória a contratação de homens em detrimento de mulheres quando se trate de contratar desportistas profissionais para participar num campeonato federativo masculino. O preceito é claro a este propósito, determinando que não constitui discriminação o comportamento baseado em fator de discriminação que constitua um requisito justificável e determinante para o exercício da atividade profissional, em virtude da natureza da atividade em causa ou do contexto da sua execução, desde que o objetivo seja legítimo e o requisito proporcional. E o número 3 do citado artigo 25º vai ainda mais longe, ao prescrever, de forma expressa, que são, nomeadamente, permitidas diferenças de tratamento baseadas na idade que sejam necessárias e apropriadas à realização de um objetivo legítimo, designadamente de política de emprego, mercado de trabalho ou formação profissional[1309].

Sendo claro, nestes casos, que a natureza da tarefa a desempenhar permite às entidades empregadoras distinguir e diferenciar trabalhadores, nomeadamente em função do sexo, o mesmo se deve concluir relativamente a outros elementos diferenciadores como seja a língua ou a etnia dos trabalhadores a contratar, quando tais qualidades sejam igualmente importantes para o exercício da tarefa a desempenhar.

Assim, será lícito excluir um trabalhador que não domine na perfeição a língua inglesa quando o cargo a desempenhar seja o de intérprete; será lícito excluir a contratação de um indivíduo negro quando

---

o qual *"O artigo 2º, ns. 1 e 3, da Diretiva 76/207/CEE do Conselho, de 9 de fevereiro de 1976, relativa à concretização do princípio da igualdade de tratamento entre homens e mulheres (...) opõe-se à recusa de contratação de uma mulher grávida para um lugar a que corresponde um contrato por tempo indeterminado pelo facto de uma proibição legal de prestação de trabalho associada a este estado impedir, durante a gravidez, que ela ocupe de imediato o referido lugar"* (cf. Acórdão TJUE de 3 de fevereiro de 2000, Processo n. C-207/98, *Silke-Karin Mahlburg*). O TJUE entendeu, no essencial, que as disposições da Lei de Proteção de Maternidade (*Mutterschutzgesetz*) alemã, de 24 de janeiro de 1952, que proíbem a atribuição às trabalhadoras grávidas de *"trabalhos físicos pesados ou que as exponham aos efeitos nocivos de substâncias ou de radiações nocivas para a saúde, poeiras, gases ou vapores, calor, frio ou umidade, vibrações e ruído"* (§ 4 da *Mutterschutzgesetz*), não justificam que o empregador recuse a admissão de uma candidata a um posto de trabalho livre, para que tem a necessária habilitação, por se encontrar grávida e não poder ocupar, de imediato, o referido lugar por, nos termos da *Mutterschutzgesetz*, lhe ser vedado o exercício da atividade laboral durante a gravidez.

No mesmo sentido, o TJUE já havia afirmado, noutro aresto, que *"a recusa de contratação com base em gravidez não pode ser justificada por motivos assentes no prejuízo financeiro sofrido pela entidade patronal em caso de contratação de uma mulher grávida durante a sua licença de maternidade"* (cf. Acórdão TJUE, de 8 de novembro de 1990, Processo n. C-177/88, *Dekker*).

(1307) Nesse sentido, por exemplo, ao nível da OIT, temos a Convenção n. 4, referente ao trabalho nocturno das mulheres na indústria, aprovado para ratificação pelo Decreto n. 20.988, de 25 de novembro de 1931; a Convenção n. 6, referente ao trabalho nocturno de menores na indústria, aprovado pelo Decreto n. 20.992, de 25 de novembro de 1931; a Recomendação n. 13, referente ao trabalho nocturno das mulheres na agricultura; a Convenção n. 15, referente à idade mínima de admissão em paióis e caldeiras (substituída pela Convenção n. 138); a Convenção n. 41, referente ao trabalho nocturno das mulheres (revista pela Convenção n. 89); a Convenção n. 45, referente ao emprego das mulheres em trabalhos subterrâneos, aprovada pelo Decreto-Lei n. 27.891, de 26 de julho de 1937; a Recomendação n. 80, referente ao trabalho nocturno das crianças e adolescentes em trabalhos não industriais; a Recomendação n. 96, referente à idade mínima de admissão para as minas de carvão; a Convenção n. 123, referente à idade mínima de admissão em trabalhos subterrâneos nas minas (substituída pela Convenção n. 138). Ao nível da União Europeia, temos a Resolução n. 84/428, referente à investigação social nas carvoarias e na siderurgia; a Resolução n. 86/1014, referente à investigação nas indústrias de extracção de carvão e do ferro e do aço. Entre nós, o artigo 8º do Decreto-Lei n. 392/79, de 20 de setembro, dispunha que *"são proibidos ou condicionados os trabalhos que, por diploma legal, sejam considerados como implicando riscos efectivos ou potenciais para a função genética"*, cabendo a definição dos aludidos trabalhos, naquela altura, à Portaria n. 186/73, de 13 de março. Atualmente, a matéria encontra-se prevista na Lei n. 102/2009, de 10 de setembro, que estabelece o regime jurídico da promoção da segurança e saúde no trabalho, respectivamente nos artigos 41º e ss. (*proteção do património genético*), 48º e ss. (*atividades proibidas ou condicionadas em geral*), 61º e ss. (*atividades, agentes, processos e condições de trabalho proibidos a menor*).

(1308) Veja-se, a este propósito, o nosso *O Princípio da Igualdade no Direito do Trabalho*, cit., pp. 279-282.

(1309) Veja-se, a este propósito, a nossa anotação ao artigo 25º do Código do Trabalho, em PEDRO ROMANO MARTINEZ; LUÍS MIGUEL MONTEIRO; JOANA VASCONCELOS; PEDRO MADEIRA DE BRITO; GUILHERME DRAY e LUÍS GONÇALVES DA SILVA, *Código do Trabalho Anotado*, 9ª ed., cit., pp. 174-179.

se trate de contratar um ator que irá representar uma figura histórica branca, ou excluir um trabalhador branco quando se trate de retratar uma figura negra; assim como será lícito excluir a contratação de um deficiente motor quando se trate de admitir um motorista de condução de veículos automóveis. No mesmo sentido, como foi recentemente decidido pelo *Ombudsperson for Gender Equality* de um Estado-membro da União Europeia (Croácia), pode ser legítimo optar pela contratação de uma mulher (em detrimento de um homem) para desempenhar a função de guarda noturno de uma residência universitária para estudantes femininas, quando tais funções envolvam, também, o contacto com tais alunas no período compreendido entre as 22 h e as 6 h e quando o guarda tem autorização para inspecionar os dormitórios, para intervir em caso de necessidades médicas ou mesmo para servir de confidente das alunas residentes, quando solicitado[1310].

Em todas estas situações, uma vez mais, a distinção em causa, ainda que realizada, porventura, com base em certos elementos caracterizadores de grupos ou categorias específicas de trabalhadores, não é feita com o escopo de recusar ou comprometer o reconhecimento, o gozo ou o exercício de direitos em condições de igualdade. O que está em causa é a adaptação do trabalhador à natureza da tarefa a desempenhar. A motivação para a exclusão não é arbitrária e não se funda, em suma, numa intenção de "discriminar por discriminar". Por outras palavras, não devem ser qualificados como discriminatórios os comportamentos distintivos que se justifiquem à luz da relação laboral que se visa constituir e das exigências da sua execução, sempre que o fator distintivo se revele justificável e determinante para a execução do contrato de trabalho. Em todo o caso, importa que o objeto seja lícito e o requisito proporcional. Por outras palavras, a finalidade subjacente à distinção deve se relacionar com a necessidade de adequar o trabalhador ou o candidato a emprego ao posto de trabalho e à natureza das atividades profissionais em causa, sendo ainda necessário atender aos princípios da proporcionalidade e da adequação: a distinção apenas será lícita quando necessária e adequada à prossecução do objetivo proposto. Foi por essa razão, alás, por entender que tais requisitos (*v. g.*, o da proporcionalidade) não estavam preenchidos, que o Tribunal do Trabalho de Colónia, decidiu, recentemente, em decisão de 23 de novembro de 2013, que a exigência, imposta numa convenção coletiva segundo a qual uma companhia aérea apenas poderia contratar pilotos com altura superior a 165 cm constituía uma *discriminação indireta* contra as mulheres, dado que mais de 40% das mulheres candidatas foram excluídas por terem uma altura inferior à exigida, quando apenas 4% dos homens foi excluído por idêntica razão — o Tribunal entendeu que a altura mínima de 165 cm não era indispensável para o exercício da função de aviador, nem sequer para garantir a segurança dos voos[1311].

b. Distinções efetuadas no âmbito de relações que exigem uma especial comunhão ideológica entre a entidade empregadora e os trabalhadores

I. No mesmo sentido, não deverão ser consideradas discriminatórias as distinções feitas com base em convicções políticas ou religiosas quando se trate de profissões que exigem uma particular comunhão ideológica entre o empregador e os respetivos trabalhadores, designadamente ao nível de partidos políticos, sindicatos, congregações religiosas ou jornais que perfilhem uma certa linha partidária bem definida[1312] — nestes casos, a prestação de trabalho deixa de assumir um caráter neutro, estando subordinada a fins religiosos ou políticos. Trata-se das habitualmente denominadas, no direito alemão, *Tendenzbetriebe*, as quais, como afirmam Löwisch, Caspers e Klumpp, se caracterizam por ser empresas que não têm como

(1310) Veja-se, a este propósito, a decisão do *Ombudsperson for Gender Equality* da Croácia, de 2013, citado por Nada Boridoga-Vukobrat, em *European Gender Equality Law Review*, cit., p. 48.

(1311) Para consultar a decisão do Tribunal do Trabalho de Colónia, veja-se, Ulrike Lembke, em *European Gender Equality Law Review*, cit., p. 64.

(1312) Trata-se, nestes casos, de relações laborais que se desenvolvem no seio das denominadas "empresas ideológicas" (*"tendenzbetriebe"*, de acordo com a doutrina alemã; *"Le organizzazioni di tendenza"*, de acordo com a doutrina italiana, ou *"enterprises ideologiques"*, de acordo com a doutrina francesa). As especificidades destas relações, designadamente em sede de cessação do contrato de trabalho, justificam, por si só, um tratamento autónomo da matéria, o qual, porém, não cabe no âmbito limitado do presente estudo. Sobre o tema, veja-se, por todos, F. SANTONI, *Le organizzazioni di tendenza e i rapporti di lavoro*, Giuffrè, Milano, 1993.

principal objetivo a obtenção do lucro, mas sim a defesa de uma ideologia ou de uma tendência de natureza ideológica[1313]. A vinculação do trabalhador aos fins prosseguidos pela organização em que se insere torna-se, nestas situações, muito mais evidente.

É habitual excecionar-se, pois, como fazem Jean-Maurice Verdier, Alain Coeuret e Marie-Armelle Souriac, *"le cas particulier des entreprises de tendance (religieuses, politiques, syndicales, associatives...) pour lesquelles la jurisprudence admet des engagements particuliers des salariés, pour certaines fonctions ou tâches au moins, relativement à certains aspects de leur vie privée ou personelle"*[1314].

Assim, será perfeitamente legítimo, por exemplo, que um partido político recuse a contratação de um trabalhador que não perfilhe a sua ideologia, *maxime* quando este esteja filiado noutro partido político ou, em qualquer caso, quando o mesmo seja contratado tendo em vista a redação de discursos políticos para os respetivos líderes partidários[1315]. Será igualmente legítimo, no mesmo sentido, que uma congregação religiosa apenas admita a contratação de docentes que comunguem da mesma religião para lecionarem num Curso para Seminaristas. Assim como será legítimo, por fim, que um jornal oficial de um partido político não aceite como redatores jornalistas que estejam filiados noutros partidos políticos que perfilhem ideologias contrárias ou distantes dos da entidade empregadora[1316].

No mesmo sentido, neste tipo de empresas, admite-se uma maior restrição à liberdade de expressão dos trabalhadores — a título meramente exemplificativo, é normal que o porteiro de um partido político não possa ostentar emblemas alusivos a outro partido ou, como exemplifica Luís Menezes Leitão, que o empregado de limpeza de uma mesquita não possa trabalhar exibindo um crucifixo[1317].

Em suma, tratando-se de empresas cuja atividade é indissolúvel de um determinado postulado ideológico (instituições religiosas, partidos políticos, sindicatos, etc.) e de trabalhadores cujo serviço, como sublinha Montoya Melgar, está vinculado *"al desarrollo de los valores ideológicos defendidos por essa empresa, es lógico que deban compartir esos valores y princípios"*, na exata medida em que a prestação de trabalho exija tal comunhão ideológica[1318].

Nestes casos, não admitir as distinções operadas conduziria à perversão do princípio da igualdade e traduzir-se-ia numa compressão excessiva da autonomia privada, alcançando-se por esta via resultados inaceitáveis. O princípio da igualdade e o da não discriminação, neste domínio, atuarão apenas ao nível dos demais elementos distintivos contemplados na Constituição e no Código do Trabalho, como sejam o sexo, a etnia, a ascendência, a condição social, etc.

4. A proteção dos direitos de personalidade in contrahendo

4.1. Generalidades

I. A proteção do candidato a emprego *in contrahendo* faz-se, também, através do regime dos direitos de personalidade[1319].

Sem prejuízo da reciprocidade que surge afirmada no artigo 14º do CT quanto à tutela dos direitos de personalidade de ambas as partes do contrato de trabalho, o regime em causa está especialmente vocacionado para a proteção do trabalhador — o que se preconiza, nos termos acima assinalados, é a

(1313) Cf. LÖWISCH, CASPERS E KLUMPP, *Arbeitsrecht*, 9ª ed., cit., p. 419.
(1314) Cf. JEAN-MAURICE VERDIER/ALAIN COEURET/MARIE-ARMELLE SOURIAC, *Droit du Travail*, v. 2, *Rapports Individuels*, 16ª ed., Dalloz, Paris, 2011, p. 95.
(1315) Recorda-se, aliiás, que o artigo 38º da Lei dos Partidos Políticos — Lei Orgânica n. 2/2003, de 22 de agosto, alterada e republicada pela Lei Orgânica n. 2/2008, de 14 de maio, considera como *"justa causa de despedimento o facto de um funcionário se desfiliar ou fazer propaganda contra o partido que o emprega ou a favor de uma candidatura sua concorrente"*.
(1316) Veja-se, a este propósito, o nosso *O Princípio da Igualdade no Direito do Trabalho*, cit., pp. 282-284.
(1317) Exemplo retirado de LUÍS MENEZES LEITÃO, *Direito do Trabalho*, 3ª ed., cit., p. 190.
(1318) Cf. MONTOYA MELGAR, *Derecho del Trabajo*, 30ª ed., cit., p. 316.
(1319) Cf. OLIVIER DE TISSOT, *La protection de la vie privée du salarié, Droit Social*, cit., p. 222.

proteção dos direitos pessoais, pessoalíssimos e com especial conteúdo ético do trabalhador subordinado no âmbito da relação laboral resultante da celebração do contrato de trabalho. Os artigos 14º e ss. do Código do Trabalho visam a proteção do trabalhador subordinado, no que diz respeito aos seus interesses não patrimoniais No essencial, o regime dos direitos de personalidade visa a proteção de interesses similares aos tutelados pelo princípio da igualdade, quando confrontados com os interesses protegidos pela boa-fé *in contrahendo:* a boa-fé na formação dos contratos visa a proteção dos interesses patrimoniais das partes contratantes, em especial do trabalhador; o princípio da igualdade e o regime dos direitos de personalidade visam, cada um à sua maneira, proteger os interesses pessoais dos trabalhadores e a sua dignidade, enquanto pessoas e cidadãos[(1320)]. No primeiro caso, tem-se em vista a proteção do trabalhador contra atos discriminatórios, atentatórios da sua dignidade; no caso dos direitos de personalidade o que está em causa é a proteção de interesses pessoais do trabalhador (ou do candidato a emprego) que não se relacionam com a sua identidade categorial, mas que se prendem com bens pessoalíssimos que contêm um especial conteúdo ético: bens relativos à integridade física e moral, à reserva da intimidade da vida privada ou à proteção de dados pessoais[(1321)].

E o que se disse acima, a propósito do princípio da igualdade, mantém-se agora, no que tange aos direitos de personalidade: também neste caso se justifica uma tutela de tais direitos nos preliminares da formação do contrato, ou seja, *in contrahendo*. Simplesmente, o regime laboral dos direitos de personalidade está especialmente concebido, como se disse, para proteger o trabalhador que já está a executar o contrato de trabalho — é nesse sentido que se compreende, por exemplo, o regime da *liberdade de expressão e de opinião* no âmbito da empresa (artigo 14º do Código do Trabalho), o regime dos *testes e exames médicos* regularmente realizados no decurso da relação de trabalho (artigo 19º), o do *controle a distância da atividade do trabalhador* na empresa com a finalidade de controlar o desempenho profissional do trabalhador (artigo 20º) ou o da *confidencialidade de mensagens e de acesso à informação* (artigo 22º): todas estas disposições têm por objeto a prestação laboral do trabalhador e a tutela dos seus interesses na constância do contrato de trabalho. Em regra, as citadas disposições constantes dos artigos 14º e ss. do Código do Trabalho não estão concebidas ou vocacionadas para promover a proteção do candidato a emprego, pelo que a sua tutela faz-se através do regime geral dos direitos de personalidade aplicável a todas as pessoas — o regime dos artigos 70º e ss. do Código Civil.

Em qualquer caso, o Código do Trabalho contém, ainda assim, no regime dos direitos de personalidade, determinadas disposições cujo âmbito de aplicação abrange os candidatos a emprego. É o que sucede, nomeadamente, com o regime da *proteção de dados pessoais* (artigo 17º) ou o da realização de *testes e exames médicos para efeitos de admissão ao emprego* (artigo 19º).

Num caso, como noutro, como afirma Menezes Leitão, seja na execução do contrato de trabalho, seja na sua formação, o dever de respeito pelos direitos de personalidade expresso no Código do Trabalho "*assume especial relevo em relação aos trabalhadores, a parte mais fraca da relação, não sendo assim admitidos tratamentos vexatórios e humilhantes, que podem lesar gravemente a sua personalidade*"[(1322)].

O regime dos direitos de personalidade, nomeadamente na formação do contrato de trabalho é, pois, inspirado e moldado pelo "princípio da proteção do trabalhador".

4.2. A aplicação *in contrahendo* de alguns direitos de personalidade positivados no Código do Trabalho

I. Já demos nota do regime dos direitos de personalidade previsto no Código do Trabalho e já analisámos as respetivas previsões normativas específicas (artigos 16º e ss.), pelo que não iremos repetir o que *supra* foi referido a este propósito. Cumpre, apenas, recordar que, nalguns casos, tais *regras jurídicas* se aplicam ao processo de formação do contrato de trabalho.

(1320) Cf. MONTOYA MELGAR, *Derecho del Trabajo,* 30ª ed., cit., p. 311.
(1321) Veja-se, a este propósito, JÚLIO VIEIRA GOMES, *Direito do Trabalho,* v. I, cit., pp. 265 e ss.
(1322) Cf. LUÍS MENEZES LEITÃO, *Direito do Trabalho,* 3ª ed., cit., p. 131.

É o que sucede com os já analisados artigos 17º e 19º do Código do Trabalho, cujos traços essenciais nos limitaremos agora a recordar.

II. O artigo 17º (*"Proteção de dados pessoais"*)(1323) disciplina as situações em que o empregador solicita ao *trabalhador* ou ao *candidato a emprego* informações relativas à respetiva vida privada, regulando também o regime da proteção dos dados pessoais que hajam sido fornecidos ao empregador. O âmbito de aplicação pessoal do artigo 17º é claro: abrange, quer o trabalhador, quer o candidato a emprego, aplicando-se consequentemente ao processo de formação contratual e aos atos jurídicos neste praticados. Nesse sentido, caem na alçada deste preceito, nomeadamente, as provas de seleção realizadas nos preliminares da formação do contrato, as entrevistas e as conversas havidas entre o candidato a emprego e o empregador ou quem o represente, ou as respostas a questionários destinados a obter elementos informativos do potencial trabalhador a contratar(1324).

Na esteira do direito à reserva da intimidade da vida privada (previsto no artigo 16º), que surge, como afirma Renato Sconamiglio, como um direito irradiante(1325), que inspira o regime do artigo 17º, também neste preceito se afirma como princípio geral o de que o empregador não pode exigir ao candidato a emprego que preste informações relativas à sua vida privada. Em todo o caso, como já se assinalou, o princípio em causa não é absoluto, podendo o empregador, verificados determinados requisitos de natureza substantiva, formal e de procedimento, exigir ao trabalhador determinadas informações quando estas sejam necessárias para avaliar da respetiva aptidão no que respeita à execução do contrato de trabalho. Para o efeito, exige-se que o empregador forneça ao trabalhador, por escrito, o fundamento invocado para tal exigência e, quando se trate de questões relativas à saúde ou estado de gravidez, o acesso às informações exige a intermediação de um médico. Sem o preenchimento cumulativo de tais requisitos, o candidato a emprego pode recusar-se legitimamente a prestar tais informações e não pode, em última instância, ser prejudicado por tal facto(1326).

No que diz respeito à saúde e ao estado de gravidez, a proteção do candidato a emprego (bem como a do trabalhador) surge reforçada: nos termos do número 2 do artigo 17º, tal pedido de informação apenas pode ser admitido quando particulares exigências inerentes à atividade profissional o justifiquem e desde que envolvam a intermediação de um médico, o qual só pode comunicar ao empregador se o trabalhador está — ou não — apto a desempenhar a atividade(1327).

Os números 3 e 4 do artigo 17º, por sua vez, concretizam o direito à proteção de dados pessoais, garantindo-se ao candidato a emprego o direito ao controlo dos respetivos dados pessoais e a tomar conhecimento do teor dos dados que estão na posse do empregador e dos fins a que os mesmos se destinam(1328).

III. O artigo 19º, relativo à realização de testes ou exames médicos, também abrange o *candidato a emprego*.

(1323) O atual artigo 17º do CT apresenta pontos de contato com os artigos 26º e 35º da Constituição e com a Lei n. 67/98, de 26 de outubro (Lei de Proteção de Dados Pessoais face à Informática) e afinidades com os artigos 328º do Código Suíço e L. 1221.6 e L 1221.7 do *Code du Travail* (França). Recorda-se, aliás, que o artigo L. 1221-6 do citado *Code du Travail*, com a redacção que lhe foi dada pela Ordonnance n. 2007-329 du 12 mars 2007, determina que *"Les informations demandées, sous qualque forme que ce soit, au candidat à un emploi ne peuvent avoir comme finalité que d'apprécier sa capacité à occuper l'emploi proposé ou ses aptitudes professionnelles. Ces informations doivent présenter un lien direct et nécessaire avec l'emploi proposé ou avec l'évaluation des aptitudes professionnelles"*. Por outro lado, importa relacionar o preceito em causa com os artigos 102º, 106º e 109º do Código do Trabalho, atinentes, respetivamente, à culpa na formação do contrato e aos deveres de informação na formação e execução do contrato de trabalho. A violação do disposto nos números 1 ou 2 do presente preceito constitui contraordenação muito grave (cf. n. 5).

(1324) Veja-se, a este propósito, LUÍS MENEZES LEITÃO, "A protecção de dados pessoais no contrato de trabalho", Centro de Estudos Judiciários/Inspecção Geral do Trabalho, *A Reforma do Código do Trabalho*, Coimbra Editora, Coimbra, 2004, pp. 123-138.

(1325) Veja-se, a este propósito, RENATO SCONAMIGLIO, *Diritto del lavoro*, cit., pp. 354 e ss.

(1326) Cf. GUILHERME DRAY, *Direitos de Personalidade — Anotações ao Código Civil e ao Código do Trabalho*, cit., pp. 77-81.

(1327) Cf. GUILHERME DRAY, *Direitos de Personalidade — Anotações ao Código Civil e ao Código do Trabalho*, cit., pp. 79-80.

(1328) Veja-se a este propósito, em França, o teor dos artigos 1.221-8 e 1.221-9 do *Code du Travail*, que consagram, respectivamente, o direito do candidato a emprego a ser *"expressément informe, préablement à leur mise en oeuvre, des méthodes et techniques d'aide au recrutement utilisées à son égard"* (art. L 1.221-8, al. 1), e a regra segundo a qual *"Aucune information concernant personnellement un salarié ou un candidat à un emploi du salarié ne peut être collectée par un dispositif qui n'as pas été porté à la connaissance du salarié ou du candidat à l'emploi"* (art. L. 1.221-9).

Por um lado, afirma-se como princípio geral o de que o empregador não pode, para efeitos de admissão ou permanência no emprego e ressalvadas as situações previstas na legislação relativa à segurança, à higiene e à saúde no trabalho, exigir do candidato a emprego ou do trabalhador a realização ou apresentação de testes ou exames médicos, de qualquer natureza, para comprovação das respetivas condições físicas ou psíquicas. A lei assegura, consequentemente, a proteção da esfera íntima do candidato a emprego, bem como a respetiva integridade moral ou física (artigo 19º, n. 1, I Parte).

Por outro lado, nos termos já referenciados, admitem-se limitações ao referido princípio geral, mediante o preenchimento cumulativo de três requisitos: em termos substantivos, o empregador poderá exigir a realização ou a apresentação de exames médicos quando a finalidade de tal exigência se prenda com a proteção e segurança do trabalhador ou de terceiros, ou quando particulares exigências inerentes à atividade o justifiquem; em termos formais, exige-se que o empregador forneça por escrito ao candidato a emprego a fundamentação que preside à referida exigência; em termos de procedimento, exige-se a intermediação de um médico[(1329)].

O artigo 19º, n. 2, em nome do "princípio da proteção do trabalhador", na sua vertente de proteção de determinadas categorias de trabalhadores, determina que o empregador não pode, em circunstância alguma, exigir da candidata a emprego ou da trabalhadora a apresentação de testes ou exames de gravidez. Trata-se, pois, de um preceito absolutamente imperativo, que não admite derrogação em contrário. Não obstante o preceito não o afirmar expressamente, advoga-se, como acima se afirmou, que o respetivo regime também não legitima em qualquer circunstância e por idênticas razões a exigência de realização de testes genéticos a candidatos a emprego, nomeadamente com a finalidade de despistar potenciais patologias futuras impeditivas ou deterioradoras da respetiva prestação profissional.

O artigo 19º, n. 3, por fim, garante ao candidato a emprego a confidencialidade dos testes ou exames médicos realizados: o médico responsável pela sua realização só pode comunicar ao empregador se o trabalhador está ou não apto para desempenhar a atividade, salvo autorização escrita deste. Trata-se de um corolário do direito à reserva da intimidade da vida privada e de uma concretização do "princípio da proteção do trabalhador" no processo de formação do contrato de trabalho[(1330)].

Por outras palavras e numa fórmula simples, como afirmam Jean Pélissier, Alain Supiot e Antoine Jeammaud, as informações relativas ao candidato a emprego não podem ter outra finalidade "*que d´apprécier sa capacite à occuper l´emploi proposé*"[(1331)].

IV. Quer dizer, seja através da boa-fé, através da figura parcelar da *culpa in contrahendo* e dos deveres de informação dela decorrentes, seja através do *princípio da igualdade* ou do regime dos *direitos de personalidade*, o Direito promove a proteção do *candidato a emprego* na sua exata condição de potencial trabalhador, protegendo os seus interesses pessoais e de cidadão. Ainda que a proteção não seja tão regulamentada e tão especificada quanto a que se aplica ao trabalhador subordinado, o *candidato a emprego*, enquanto contraente que se encontra numa posição de particular debilidade, é protegido pelo ordenamento jurídico globalmente considerado e, em especial, pelo Direito do trabalho, através da aplicação do "princípio da proteção do trabalhador" na formação do contrato de trabalho.

O elemento unificador daquela panóplia de institutos civis, princípios jurídicos e normas legais finalisticamente orientadas para a defesa da parte mais fraca é, de facto, o "princípio da proteção do trabalhador", estendido agora ao "candidato a emprego" — é este princípio que fornece as pautas de valoração que conferem unidade aos referidos instrumentos jurídicos; é este princípio que permite unificar e dar corpo comum a uma pluralidade de intervenções jurídicas destinadas a proteger os interesses patrimoniais e sobretudo pessoais do "candidato a emprego"; é deste princípio que resulta a ideia segundo a qual o

(1329) Veja-se, a propósito da realização de atos médicos e da necessidade de consentimento, MANUEL ALONSO OLEA, *"El consentimiento informado en los actos médicos"*, *Os Novos Paradigmas do Direito do Trabalho (homenagem a Valentin Carrion)*, Rita Maria Silvestre/Amauri Mascaro Nascimento (coord.), Editora Saraiva, São Paulo, 2001, pp. 9 e ss.

(1330) Cf. GUILHERME DRAY, *Direitos de Personalidade — Anotações ao Código Civil e ao Código do Trabalho*, cit., p. 80.

(1331) Cf. JEAN PÉLISSIER; ALAIN SUPIOT e ANTOINE JEAMMAUD, *Droit du Travail*, 24ª ed., cit., p. 361.

regime dos direitos de personalidade juslaborais, como sublinha Luís Menezes Leitão, acima citado, está partuicularmente vocacionado para proteger os trabalhadores, *"a parte mais fraca da relação"*(1332).

5. O princípio da proteção do trabalhador e a exigência de regras de forma

5.1. Generalidades

I. Na esteira do princípio geral do consensualismo, previsto no artigo 219º do Código Civil, o contrato de trabalho é consensual; nos termos do artigo 110º do CT o contrato de trabalho não depende da observância de forma especial, salvo quando a lei determina o contrário.

Em regra, portanto, o contrato de trabalho submete-se ao princípio geral do consensualismo a que se refere o citado artigo 219º do Código Civil, à luz do qual a validade da declaração negocial não depende da observância de forma especial, podendo as partes concretizar o acordo de vontades pelo modo que melhor entenderem. Ou seja, o contrato tanto pode ser celebrado por escrito, como pode ser verbal. Podemos, enfim, utilizar a expressão simbólica expressa no artigo 8º do *Estatuto de los Trabajadores* espanhol, segundo o qual *"El contrato de trabajo se podrá celebrar por escrito o de palabra"* o que significa que o princípio geral, nesta matéria, como sublinha José Moya Castilla, é o *"principio de libertad de forma"*(1333).

O consensualismo do contrato de trabalho consubstancia, por si só, um reflexo do "princípio da proteção do trabalhador". O princípio do consensualismo relativo ao contrato de trabalho, para além da vantagem da celeridade associada, constitui, como escreve Romano Martinez, *"uma vantagem de quem, sem subscrever qualquer documento, "inicia a sua actividade laboral para outrem"*(1334); ou, dito de outra forma, *"a não exigência genérica de forma para o contrato de trabalho (...) constitui uma excelente tutela do trabalhador que inicia a prestação da sua actividade sem subscrever qualquer documento, permitindo-lhe provar o contrato por qualquer meio de prova (arts. 362º e ss. CC) (...). Por outro lado, a exigência de uma forma especial para o contrato de trabalho teria, em princípio, por consequência, a nulidade, caso essa forma não fosse observada (art. 220º CC), o que não se apresentaria como forma adequada de tutelar a posição do trabalhador, já que o empregador poderia tentar elidir a aplicação da legislação laboral, recusando-se a celebrar o contrato pela forma legalmente exigida"*(1335).

É por essa razão que João Leal Amado afirma que *"seja quanto aos requisitos formais estabelecidos, seja quanto à inobservância da forma legal, o Direito do Trabalho procura dar expressão a um certo princípio de protecção do trabalhador nestas matérias: por um lado, porque, ao consagrar a regra da consensualidade, a lei facilita a válida constituição de relações laborais; por outro lado, porque, em regra, a inobservância da forma requerida para certas declarações negociais não implica a invalidade do contrato, mas sim a consideração deste como um contrato de trabalho* standard*"*(1336).

Em suma, é do "princípio da proteção do trabalhador" e da sua finalidade de proteção deste último que se retira a regra do consensualismo do contrato de trabalho e, como veremos adiante, a exigência de forma quanto a certos contratos sujeitos a regime especial, bem como a conversão dos mesmos, em caso de inobservância da regra de forma, em contrato de trabalho segundo o regime comum.

II. Há casos, porém, em que a lei exige uma forma especial no contrato de trabalho: assim sucede no caso de contratos de trabalho sob regime especial; no caso dos contratos de trabalho com estrangeiros; perante a aposição de cláusulas contratuais típicas no contrato de trabalho, como sejam o termo ou condição suspensivos (artigo 135º do CT); e, em especial, no caso da aposição de cláusulas que estabeleçam regimes mais gravosos para o trabalhador, em que se verifica uma especial necessidade de proteção deste último.

(1332) Cf. LUÍS MENEZES LEITÃO, *Direito do Trabalho,* 3ª ed., cit., p. 131.
(1333) Cf. JOSÉ MOYA CASTILLA, *Relaciones Laborales,* CISS Grupo Wolters Kluwer, Barcelona, 2010, p. 144.
(1334) Cf. PEDRO ROMANO MARTINEZ, *Direito do Trabalho,* 5ª ed., cit., p. 500 e *Direito do Trabalho,* 6ª ed., p. 446.
(1335) Cf. LUÍS MENEZES LEITÃO, *Direito do Trabalho,* 3ª ed., cit., p. 217.
(1336) Cf. JOÃO LEAL AMADO, *Contrato de Trabalho,* 2ª ed., cit., p. 185.

III. Os casos de contratos de trabalho sob regime especial que exigem forma escrita estão tipificados no CT: assim sucede com o *contrato de trabalho com trabalhador estrangeiro ou apátrida* (artigo 5º), com o *contrato de trabalho com pluralidade de empregadores* (artigo 101º), com o *contrato de trabalho a termo resolutivo* (artigos 141º), com o *contrato de trabalho a tempo parcial* (artigo 153º), com o *contrato de trabalho intermitente* (artigo 158º), com o *contrato de trabalho em regime de comissão de serviço* (artigo 162º), com o *contrato de trabalho em regime de teletrabalho* (artigo 166º), com o *contrato de utilização de trabalho temporário* (artigo 177º) e o *contrato de trabalho temporário* (artigo 181º), bem como, em sede de legislação extravagante, com o *contrato de trabalho do praticante desportivo* e o *contrato de formação desportiva* (artigos 5º e 32º da Lei n. 28/98, de 26 de junho) e o *contrato de trabalho a bordo de embarcações de pesca* (artigo 6º da Lei n. 15/97, de 31 de maio).

IV. A exigência de forma especial relativamente a determinados tipos de contratos de trabalho particularmente gravosos para o trabalhador está, também, relacionada com o "princípio da proteção do trabalhador". É deste princípio que resulta a necessidade de alguns contratos em especial, em que é exposta com maior grau de incidência a fragilidade do trabalhador, serem rodeados de particulares cautelas quanto à forma que os mesmos devem revestir. Assim sucede com os contratos limitados no tempo, em que é maior a precariedade do trabalhador e menor a sua segurança no emprego — *v. g.*, *contrato de trabalho a termo* (artigo 141º) e *contrato de trabalho temporário* (artigo 181º); com os contratos que podem cessar sem necessidade de invocação de justa causa, havendo consequentemente uma menor proteção do trabalhador quanto ao princípio da segurança no emprego — *v. g.*, *contrato em regime de comissão de serviço* (artigo 162º, n. 3); ou com aqueles em que, atenta a forma de execução do contrato de trabalho e a distância física, o trabalhador fica colocado numa situação de menor inserção na organização da unidade produtiva e, consequentemente, de maior vulnerabilidade e isolamento, como sucede com o *contrato de trabalho em regime de teletrabalho* (artigo 166, n. 4).

Ou seja, como recorda Bernardo Lobo Xavier, exige-se forma escrita para "*certas cláusulas mais atípicas ou modalidades mais gravosas para os trabalhadores*"[(1337)].

Quer dizer: assim como é do "princípio da proteção do trabalhador" que resulta a ideia segundo a qual o contrato de trabalho paradigmático é consensual, é deste mesmo princípio, por outro lado, que resulta a exigência de forma relativamente a determinados tipos especiais de contrato de trabalho em que a fragilidade do trabalhador está mais exposta: assim sucede, em especial, com o contrato de trabalho a *termo resolutivo*, com o contrato de *trabalho temporário*, com o trabalho em regime de *comissão de serviço* ou, por outras razões, com o contrato de trabalho em regime de *teletrabalho*.

E é deste princípio, também, que resulta a regra segundo a qual a falta de forma pode não acarretar a nulidade do contrato, ao contrário do que sucede no Direito civil, em que a preterição da forma implica a nulidade do contrato (artigo 220º do Código Civil) — no Direito do trabalho, como afirma Pedro Romano Martinez, atendendo a que a exigência de forma é estabelecida para relações de trabalho especiais, "*a preterição da forma exigida por lei, por via de regra, não determina a nulidade do contrato, mas o estabelecimento de uma relação laboral comum. Se as partes deveriam ter celebrado por escrito o contrato, porque pretendiam ajustar um contrato de trabalho sujeito a um regime especial, não tendo respeitado a forma escrita, não será o contrato de trabalho nulo, considerando-se ter sido celebrado um contrato nos termos do regime geral*"[(1338)].

Assim, se as partes queriam celebrar um contrato de trabalho a *termo,* mas não respeitaram a forma escrita, o contrato considera-se celebrado sem termo (artigo 147º do CT); se pretendiam celebrar um contrato de trabalho em regime de *comissão de serviço* mas não respeitaram a forma escrita, o contrato deixa de ser considerado em regime de comissão de serviço, mantendo-se sob a forma do regime comum (artigo 162º, n. 4); se desejavam celebrar um contrato de *trabalho temporário* mas não observaram a

(1337) Cf. Bernardo da Gama Lobo Xavier, com a colaboração de P. FURTADO MARTINS; A. NUNES DE CARVALHO; JOANA VASCONCELOS e TATIANA GUERRA DE ALMEIDA, *Manual de Direito do Trabalho,* cit., p. 616.
(1338) Cf. PEDRO ROMANO MARTINEZ, *Direito do Trabalho,* 2010, 5ª ed., cit., p. 502.

forma escrita, considera-se que o trabalho é prestado à empresa de trabalho temporário em regime de contrato de trabalho sem termo (artigo 181º, n. 2)[(1339)(1340)].

Nos termos gerais de direito, a consequência geral para a preterição da forma do negócio jurídico é a nulidade da declaração negocial, nos termos do artigo 220º do Código Civil. Esta solução, porém, como assinala Luís Menezes Leitão, não seria "*adequada ao contrato de trabalho, dado que poderia permitir que o empregador utilizasse a não observância da forma especial para elidir a aplicação do regime protector da legislação laboral. Por esse motivo, deve entender-se que no contrato de trabalho a forma é essencialmente* ad probationem *em relação ao regime especial adoptado, pelo que a não observância da forma não deve determinar a nulidade do contrato, mas apenas a sua sujeição ao regime laboral comum*"[(1341)(1342)].

O mesmo se passa quanto à nulidade de certas cláusulas especiais para as quais o regime laboral exige forma especial — também nestes casos a falta de forma determina a sua nulidade, mas o contrato subsiste sem essas cláusulas, não podendo invocar-se, em nome do "princípio da proteção do trabalhador", o regime da redução previsto no artigo 292º do Código Civil com o intuito de determinar a nulidade integral do contrato. Mais uma vez, "*a proteção ao trabalhador exige que se mantenha vigente o contrato, apesar da não adopção da forma especial exigida para certas cláusulas do mesmo, independentemente da demonstração de qualquer vontade hipotética das partes em sentido contrário*"[(1343)].

V. Em suma, face à proliferação de contratos de trabalho sujeitos a regimes especiais, que fazem do Direito do trabalho de hoje, nas palavras de António Nunes de Carvalho, um ramo do direito constituído por diversos "*subtipos contratuais, sem que o contrato de trabalho do regime geral (...) assuma a posição de modelo hierárquica ou logicamente superior aos demais*"[(1344)], o "princípio da proteção do trabalhador" atua, quer através da imposição de regras e regimes específicos que procuram defender substantivamente o trabalhador no âmbito dos referidos contratos especiais (vejam-se, por exemplo, as regras que impõem, no teletrabalho, particulares deveres de proteção quanto à intimidade do trabalhador, *v. g.*, quando o contrato se execute no domicílio do teletrabalhador), quer através das regras de forma.

(1339) Para além da *forma* do contrato de trabalho, a lei exige também, nalguns casos, a observância de determinadas *formalidades*, como seja o registo do contrato de trabalho de desportistas profissionais na respetiva federação (artigo 6º da Lei n. 28/98, de 26 de junho, alterada pela Lei n. 114/99, de 3 de agosto e pela Lei n. 74/2013, de 6 de setembro) ou a comunicação, à Autoridade para as Condições de Trabalho, da contratação de trabalhadores estrangeiros (artigo 5º, n. 5, do CT); noutros casos, exige a inclusão de algumas menções obrigatórias nalguns regimes especiais, como seja na contratação de estrangeiros (artigo 5º, n. 1 do CT), na contratação a termo (artigo 141º, n. 1, do CT), no trabalho em regime de comissão de serviços (artigo 162º, n. 3 do CT) ou no trabalho temporário (artigo 181º, n. 1 do CT). Pois bem: ao contrário do que sucede com a violação das regras de forma, a preterição das formalidades não pressupõe a nulidade do contrato, atendendo a que, em princípio, a falta pode ser suprida — assim, por exemplo, no caso de falta comunicação quanto à contratação de trabalhador estrangeiro, o empregador incorre numa contraordenação (artigo 5º, n. 7, do CT), mas o contrato mantém-se válido; no caso de falta de registo do contrato de trabalho do praticante desportivo, a consequência é a inviabilização da participação do desportista em competições organizadas pela federação, mas o contrato mantém-se válido (artigo 6º da citada Lei n. 28/98); se no contrato de trabalho a termo não for indicada a data de início do trabalho, valerá a da data da sua celebração (artigo 141º, n. 2, do CT); se no contrato de trabalho temporário faltar a assinatura das partes, a empresa e trabalho temporário incorrerá em contraordenação leve (artigo 181º, n. 5), mas a validade do contrato ou o seu regime especial não são postos em causa.

(1340) No ordenamento jurídico espanhol, acima citado a propósito do artigo 8º do *Estatuto de los Trabajadores*, a doutrina, em caso de violação de regras de forma nos casos especiais em que a lei o exige, defende que "*la falta de forma escrita cuando así venga impuesta por la norma legal, comporta la presunción iuris tantum (...) de que el contrato lo es a jornada completa y por tiempo indefinido*" — Cf. JOSÉ MOYA CASTILLA, *Relaciones Laborales*, cit., p. 146.

(1341) Cf. LUÍS MENEZES LEITÃO, *Direito do Trabalho*, 3ª ed., cit., p. 219.

(1342) Recorda-se, aliás, que idêntica solução surge expressamente contemplada no artigo 8º, n. 2, do *Estatuto de los Trabajadores*, que depois de enunciar os contratos de trabalho sujeitos à forma especial, comina como consequência para a inobservância de forma a aplicação do regime geral aplicável aos contratos de trabalho a tempo completo e por tempo indeterminado, nos seguintes termos: "2. *Deberán constar por escrito los contratos de trabajo cuando así lo exija una disposición legal y, en todo caso, los de prácticas y para la formación y el aprendizaje, los contratos a tiempo parcial, fijos-discontinuos y de relevo, los contratos para la realización de una obra o servicio determinado, los de los trabajadores que trabajen a distancia y los contratados en España al servicio de empresas españolas en el extranjero. Igualmente constarán por escrito los contratos por tiempo determinado cuya duración sea superior a cuatro semanas. De no observarse tal exigencia, el contrato se presumirá celebrado por tiempo indefinido y a jornada completa, salvo prueba en contrario que acredite su naturaleza temporal o el carácter a tiempo parcial de los servicios*". Veja-se, a este propósito, MONTOYA MELGAR, *Derecho del Trabajo*, 30ª ed., cit., pp. 306-307.

(1343) Cf. LUÍS MENEZES LEITÃO, *Direito do Trabalho*, 3ª ed., cit., p. 220.

(1344) Cf. ANTÓNIO NUNES DE CARVALHO, "O pluralismo do Direito do Trabalho", em ANTÓNIO MOREIRA (org.), *III Congresso Nacional de Direito do Trabalho. Memórias*, Almedina, Coimbra, 2001, pp. 269-294 (280).

Vejamos alguns casos em especial.

5.2. Contrato de trabalho a termo

I. O contrato de trabalho a termo que, no essencial, se reconduz a uma modalidade de contrato de trabalho cujos efeitos se encontram na dependência de um evento futuro e certo, tem uma relevância prática enorme no sistema juslaboral[1345][1346], apresentando vantagens e desvantagens, quer para o empregador, quer para o trabalhador, quer para a sociedade em geral.

Do ponto de vista do empregador, a principal vantagem do contrato a termo prende-se com imperativos de gestão empresarial — o contrato a termo permite-lhe fazer face a necessidades de gestão corrente, *maxime* em caso de necessidades temporárias da empresa ou quando esteja em causa o lançamento de uma nova atividade de duração incerta, no âmbito da gestão da empresa[1347]. A contratação "a prazo" permite ao empregador diminuir o risco de contratação de um trabalhador e constitui, por isso, um importante instrumento de gestão empresarial e de flexibilização da relação de trabalho[1348].

No polo oposto, a contratação a termo pode ter para o trabalhador a vantagem de lhe permitir o acesso ao mercado de trabalho ou de lhe garantir uma vinculação laboral durante um reduzido período de tempo, no caso de não lhe convir uma vinculação por um longo período de tempo. Todavia, no que diz respeito ao trabalhador, o contrato a termo está habitualmente associado a uma situação de precariedade laboral por si indesejada — o contrato cessa por simples decurso do tempo, não se exigindo do empregador, como no contrato de trabalho sob o regime comum, a invocação de justa causa para efeitos de cessação do contrato de trabalho a termo. Por outro lado, o trabalhador assim contratado não integra os quadros

---

(1345) A propósito do contrato a termo, a bibliografia nacional é bastante extensa, destacando-se os seguintes trabalhos especializados — ALBINO MENDES BAPTISTA, "Inovações do Código do Trabalho em matéria de contrato a termo resolutivo", *in Estudos sobre o Código do Trabalho*, 2ª ed., Coimbra Editora, 2006, pp. 133-162; *Idem*, "Contrato de trabalho a termo. Regras especiais em matéria de cessação", *in Prontuário de Direito do Trabalho*, n. 59, pp. 99-114; e *Idem*, "Efeitos da ilicitude do despedimento no contrato de trabalho a termo — indemnização por danos não patrimoniais e o Acórdão do Tribunal da Relação de Lisboa de 14 de fevereiro de 2007", *in Revista do Ministério Público*, n. 110 (2007), pp. 135 e ss.; ANTÓNIO JOSÉ MOREIRA, "Caducidade do contrato de trabalho a termo", *in IV Congresso Nacional de Direito do Trabalho*, Almedina, Coimbra, 2002, pp. 381-385; BERNARDO XAVIER, "Contrato de trabalho a prazo", *in Revista de Direito e de Estudos Sociais*, 1988, n. 4, pp. 424-436; CARLOS ANTUNES/AMADEU GUERRA, *Despedimentos e outras formas de cessação do contrato de trabalho*, Almedina, Coimbra, 1984, pp. 29-57; FILIPE FRAÚSTO DA SILVA, "30 Anos de Contrato de Trabalho a Termo", *in A Reforma do Código do Trabalho*, Coimbra Editora, 2004, pp. 271-274; SÉRGIO GONÇALVES DO CABO, "O novo regime do contrato de trabalho a prazo", *in Revista Jurídica da Associação Académica da Faculdade de Direito de Lisboa*, n. 15, pp. 85-123; IRENE GOMES, "Considerações sobre o regime jurídico do contrato a termo certo no Código do Trabalho", *in Questões Laborais*, n. 24, pp. 137-169; JOANA NUNES VALENTE, *A fuga à relação de trabalho (típica)*, Coimbra Editora, 2008; JORGE LEITE, "Contrato a termo para lançamento de nova atividade", *in Questões Laborais*, n. 5, pp. 76-87; *Idem*, "Contrato de trabalho a prazo: Direito português e Direito comunitário", *in Questões Laborais*, n. 27, pp. 1 e ss.; JOSÉ AYRES DE SÁ, "O Contrato de trabalho a termo", *in A Reforma do Código do Trabalho*, cit., pp. 277-293; JOSÉ JOÃO ABRANTES, *Do contrato de trabalho a prazo*, Almedina, Coimbra, 1992; *Idem*, "Breve apontamento sobre o regime jurídico do contrato de trabalho a prazo", *Ensaios*, Lisboa, 1995, pp. 93-101; *Idem*, "Contrato de trabalho a termo", *in Estudos do Instituto de Direito do Trabalho*, III, Almedina, Coimbra, 2002, pp. 157-177; JÚLIO GOMES, "O contrato de trabalho a termo certo ou a tapeçaria de Penélope", *in Estudos do Instituto de Direito do Trabalho*, v. IV, Coimbra, Almedina, 2003, pp. 35-101; LEAL AMADO, "Contrato de trabalho e condição resolutiva (breves considerações a propósito do Código do Trabalho)", *in Estudos de Direito do Trabalho em Homenagem ao Professor Manuel Alonso Olea*, Almedina, Coimbra, 2004, pp. 343-356; Amadora, 1996; PAULA PONCES CAMANHO, "O contrato de trabalho a termo", *in A Reforma do Código do Trabalho*, cit., pp. 300-304; *Idem*, "Limites da Contratação a Termo", *in Código do Trabalho — Alguns Aspectos Cruciais*, Cascais, 2003, pp. 85-86; *Idem*, "Algumas reflexões sobre o regime jurídico do contrato de trabalho a termo", *Juris et de Jure*, Porto, 1998, pp. 969-986; SUSANA SOUSA MACHADO, *Contrato de trabalho a termo*, Coimbra Editora, 2009, pp. 263-287.

(1346) MARIA DO ROSÁRIO RAMALHO, *Direito do Trabalho*, Parte II, cit., pp. 225-226 — alude, a este propósito, a vários níveis de importância: em termos *práticos*, o contrato de trabalho a termo tem importância por força da sua frequente utilização; do ponto de vista *económico*, o contrato a termo é importante a nível empresarial, potenciando o empreendedorismo e a assunção de riscos pelos empregadores, nomeadamente quanto ao lançamento de novos projetos; do ponto de vista *regimental*, o contrato a termo apresenta diversos traços desviantes do regime geral do contrato de trabalho comum; do ponto de vista *dogmático*, o contrato a termo contribui significativamente para o *"equilíbrio global do sistema juslaboral"*, nomeadamente no caso português, por constituir uma forma de compensação do regime legal restritivo em matéria de despedimento.

(1347) Cf. LUÍS MENEZES LEITÃO, *Direito do Trabalho*, 3ª ed., cit., p. 419.

(1348) Cf. DARIO LUPI/GIORGIO AVAIOLI, *Il Lavoro Flessibile. Tutti gli Strumenti Legale per Superare la "Rigidità" nel Rapporto di Lavoro*, Giuffrè, Milano, 1997, pp. 1 e ss.

da empresa, ao contrário do que sucede com o trabalhador contratado por tempo indeterminado. Por isso, no que tange ao trabalhador, é habitual afirmar-se, como Maria do Rosário Ramalho, que o contrato de trabalho a termo o coloca numa posição particularmente vulnerável e fragilizada: "*enquanto num contrato de trabalho comum, o despedimento por iniciativa do empregador depende de um incumprimento grave do trabalhador (a justa causa de despedimento) ou de um motivo gravoso de gestão, no caso do contrato de trabalho a termo o empregador tem apenas que aguardar a verificação do termo para fazer cessar o contrato por caducidade, se assim o entender*"[(1349)].

Do ponto de vista do interesse geral, a contratação a termo pode potenciar o desenvolvimento de políticas de emprego e a criação de postos de trabalho, bem como a inclusão no mercado de trabalho de determinadas categorias de trabalhadores com maiores dificuldades de acesso, como os jovens à procura do primeiro emprego ou os desempregados de longa duração.

O contrato de trabalho a termo é, por isso, uma figura de uma enorme importância no sistema laboral e de grande utilização prática[(1350)], que tem vindo a se expandir de forma massiva, fundamentalmente, como sublinha Júlio Vieira Gomes, a partir de 1973 e do início da crise do Direito do trabalho: é a partir deste momento que o contrato a termo se expande, "*apresentando-se como um instrumento alternativo ao emprego estável e deixando de ser um fenómeno específico e pontual. Pode, pois, dizer-se que um dos traços característicos da evolução do contrato a termo foi precisamente este, o seu carácter expansivo e o incremento da sua utilização*"[(1351)].

Como se verá, sendo à partida uma modalidade contratual menos favorável para o trabalhador do que o contrato de trabalho por tempo indeterminado é, ainda assim, uma figura altamente moldada e condicionada pelo "princípio da proteção do trabalhador", quer em termos substantivos, quer em termos formais que, por esta via, limita e *condiciona* a liberdade de gestão empresarial do empregador[(1352)].

II. Nos termos da lei, as partes podem incluir no contrato de trabalho cláusulas acessórias típicas, nomeadamente o *termo* ou a *condição*, nos termos gerais dos artigos 270º e ss. do Código Civil. Todavia, se relativamente ao termo ou condição *suspensivos* a liberdade contratual é plena, já o mesmo não sucede quando as referidas cláusulas acessórias sejam *resolutivas*: neste caso e em função do "princípio da proteção do trabalhador" e do subprincípio da "segurança no emprego" dele emergente, o legislador é particularmente cauteloso, quer impedindo a celebração de contratos de trabalho sob condição resolutiva, quer impondo determinados requisitos substantivos, de forma e quanto à duração relativamente aos contratos de trabalho a termos resolutivos.

Por outras palavras, nos termos do artigo 135º do CT, o legislador admite, sem necessidade de invocação de qualquer motivo justificativo, a celebração de contratos de trabalho sob termo ou condição *suspensivos,* facultando-se às partes a possibilidade de fazerem depender o início de vigência ou a produção de efeitos do contrato de trabalho a um evento futuro e certo, no caso do *termo* (por exemplo, as partes ajustam que o contrato de trabalho, celebrado num determinado dia, só produz efeitos 60 dias depois) ou a um evento futuro e incerto, no caso da *condição* (por exemplo, o contrato só produz efeitos se a empresa vencer um concurso público de prestação de serviços para o qual concorreu). A única exigência que se coloca, a este propósito, é uma exigência de forma: a cláusula acessória (termo ou condição suspensivos) deve constar de documento escrito assinado pelas partes (artigo 135º do CT).

Pelo contrário, no que diz respeito à condição e termo resolutivos, a liberdade contratual é amplamente limitada, em nome do subprincípio da "segurança no emprego" (artigo 53º, CRP) e do princípio

---

(1349) Cf. MARIA DO ROSÁRIO RAMALHO, *Direito do Trabalho,* Parte II, cit., pp. 224-225.

(1350) Como refere BERNARDO LOBO XAVIER, *Manual de Direito do Trabalho,* com a colaboração de P. FURTADO MARTINS; A. NUNES DE CARVALHO; JOANA VASCONCELOS e TATIANA GUERRA DE ALMEIDA, cit., pp. 696-698, entre nós, durante muitos anos, nomeadamente entre 1976 e 1989, a contratação a termo passou a representar a forma corrente de admissão nas empresas, estimando-se que representasse cerca de 70% do total das contratações. Em 2007, o total de contratos a termo no mercado de trabalho ascendia a cerca de 16,94%, o que não deixa, em todo o caso, de ser significativo.

(1351) Cf. JÚLIO VIEIRA GOMES, *Direito do Trabalho,* Vol. I, cit., p. 581.

(1352) A este propósito, JOÃO LEAL AMADO, aludindo à existência de *requisitos materiais e requisitos formais* para a celebração do contrato a termo, fala numa *liberdade condicional* para o *"aparazemento do contrato de trabalho"*. cf. JOÃO LEAL AMADO, *Contrato de trabalho,* 3ª ed., cit., pp. 94-95.

da "proteção do trabalhador": por um lado, como se afirmou, o legislador não prevê a possibilidade de as partes celebrarem contratos sob condição resolutiva, caso em que a cessação do contrato ficaria sujeita a um evento futuro e incerto (por exemplo, o contrato de trabalho cessaria, caso, em determinado mês, o *cash flow* da empresa não atingisse determinado limite mínimo) — a precariedade laboral seria enorme e a segurança no emprego seria flagrantemente desvirtuada[(1353)]; por outro lado, mesmo quanto à celebração de contratos de trabalho a termo resolutivo, em que a cessação do vínculo contratual fica sujeita a um evento futuro e certo (por exemplo, o contrato cessa no dia 31 de dezembro de 2013), o legislador impõe um conjunto de requisitos substantivos, de forma e quanto à duração do contrato, em nome da proteção do trabalhador: o contrato só pode ser celebrado em determinadas circunstâncias e perante determinados motivos justificativos legalmente enunciados (artigo 140º do CT), deve revestir forma escrita e conter determinadas menções obrigatórias (artigo 141º do CT), a sua duração máxima, bem como o número de renovações, são legalmente limitadas (artigos 148º e 149º do CT) e a cessação de contrato de trabalho a termo, por motivo não imputável ao trabalhador, impede nova admissão ou afetação de trabalhador através de contrato de trabalho a termo ou de trabalho temporário cuja admissão se concretize no mesmo posto de trabalho (artigo 143º do CT).

Neste contexto, a lei admite o contrato de trabalho sob condição ou termo suspensivos (artigo 135º do CT), na exata medida em que tais cláusulas acessórias não põem em causa a estabilidade do emprego; pelo contrário, relativamente à condição ou termo resolutivos, a lei não admite a primeira modalidade e condiciona fortemente a segunda (artigos 139º e ss. do CT), em nome do "princípio da proteção do trabalhador" e do "subprincípio da segurança no emprego" (artigo 53º, CRP).

É por essa razão que determinados autores, como Bernardo Lobo Xavier, consideram que "*no contrato de trabalho o termo extintivo não é uma mera cláusula acessória típica*"[(1354)]: em bom rigor, o contrato de trabalho a termo é uma modalidade especial de contrato de trabalho, um contrato de trabalho sujeito a regime especial[(1355)] que dispõe de um regime tipificado na lei e relativamente restritivo, contendo regras quanto à sua motivação, à respetiva forma, à duração, à renovação e à cessação do contrato[(1356)].

III. As atuais limitações impostas à liberdade negocial previstas nos artigos 139º e ss. do CT, no que diz respeito ao contrato sob termo resolutivo, são o culminar de uma longa evolução histórica, sempre marcada pela dialética que opõe o "princípio da proteção do trabalhador" e o "princípio da proteção dos interesses de gestão do empregador", por um lado, e os propósitos de criação de emprego, por outro lado, nos seguintes termos: em fases marcadas pelo acentuar da proteção da segurança no emprego e pela rigidez das regras de cessação do contrato de trabalho a tendência, por parte dos empregadores, para optar pela celebração de contratos a termo, tende a ser maior, como forma de fugir às regras que

---

(1353) A propósito da nulidade da condição resolutiva, veja-se o Acórdão da Relação de Lisboa de 8.11.1995, in *CJ* XX, T. V, p. 177.

(1354) Cf. BERNARDO LOBO XAVIER, *Curso de Direito do Trabalho*, cit., p. 468 e MARIA DO ROSÁRIO RAMALHO, *Direito do Trabalho*, Parte II, cit., p. 226 — a autora em apreço reitera esta opinião, não obstante o CT/2003, do ponto de vista sistemático, ter iniciado o tratamento da figura do contrato a termo de molde diverso ao modelo tradicional: no CT/2003, ao contrário do regime anterior, o contrato a termo deixou de ser tratado como um contrato com regime especial, passando a apresentar-se sistematicamente em sede de cláusulas acessórias do contrato de trabalho, a par de outras cláusulas acessórias, passando o seu regime a estar distribuído ao longo das diversas seções que regulam o contrato de trabalho. Tal disposição sistemática, todavia, segundo a autora, não altera a qualificação do contrato de trabalho como um contrato de trabalho especial, dado que o respectivo regime contém um conjunto de especificidades muito extenso e com incidência em diversas matérias, desde a formação do contrato até à sua cessação, tornando-o num contrato globalmente distinto do contrato de trabalho por tempo indeterminado, precisamente por se afastar da característica da tendencial estabilidade do vínculo laboral.

(1355) Cf. LUÍS MENEZES LEITÃO, *Direito do Trabalho*, 3ª ed., cit., pp. 322 e 417.

(1356) Recorda-se que no ordenamento jurídico francês, na sequência da *ordonnance du 5 février 1982*, os *contrats à durée determiné* são igualmente vistos como *contrats d'exception*. De resto, por força do artigo L. 121-5 do *Code du Travail*, vigora o princípio geral segundo o qual *"le contrat de travail est conclu sans détermination de durée"*, o mesmo é dizer: em regra, as partes devem celebrar contratos de trabalho por tempo indeterminado. A celebração de contratos a termo fica circunscrita a *"quelques cas particuliers, limitativement énumérés par le législateur"*. cf. JEAN PÉLISSIER; ALAIN SUPIOT e ANTOINE JEAMMAUD, *Droit du Travail*, 24ª ed., cit., p. 421.

Em Espanha, o *Estatuto de los Trabajadores* admite expressamente o contrato de trabalho a termo, em paralelo com o trabalho de trabalho por tempo indeterminado, mas confirma a excecionalidade do primeiro ao estabelecer expressamente que o contrato a termo apenas pode ser celebrado nalgumas situações excecionais, previstas nas alíneas *a* a *c* do artigo 15º, n. 1, daquele diploma. Sobre a matéria, veja-se MONTOYA MELGAR, *Derecho del Trabajo*, 30ª ed., cit., pp. 338 e ss.

impedem a cessação (livre) do contrato de trabalho — em sistemas jurídicos mais restritivos quanto à cessação do contrato de trabalho pelo empregador, o recurso à contratação a termo, por parte deste último, funciona como uma fuga àquela rigidez; nestas mesmas fases, quando se verifica a utilização massificada deste tipo de contratos e uma natural tendência, por parte dos empregadores, de se refugiarem no regime do contrato a termo enquanto instrumento patronal destinado a flexibilizar o contrato de trabalho, o legislador, como forma de impedir a "fuga" ao regime comum do contrato de trabalho e a subversão do "princípio da segurança no emprego", tende a impor maiores restrições à celebração dos contratos de trabalho a prazo, limitando de forma mais incisiva a liberdade negocial das partes e a liberdade de gestão empresarial; todavia, atendendo a que tais intervenções são também marcadas pela necessidade de preservação de determinados níveis de emprego tidos por adequados, as limitações impostas tendem a ser menores em momentos históricos de crise de emprego ou de elevadas taxas de desemprego, sob pena de a adoção de um regime muito apertado ao nível da contratação a termo impedir a admissão de novos trabalhadores e conduzir, em consequência, a um aumento do desemprego.

Dentro destas condicionantes, a evolução em torno do contrato a termo passou, essencialmente, por quatro fases: o período correspondente à redação originária da LCT, em que a aposição do termo era praticamente livre; o período da sua autonomização legal como contrato de trabalho especial, a partir do Decreto-lei n. 781/76, de 28 de outubro, que inicia uma fase de maior restrição na admissibilidade destes contratos; o período da LCCT, que disciplinou este regime a par das modalidades de cessação do contrato de trabalho, impondo-lhe particulares restrições, quer quanto à motivação subjacente, quer quanto à forma; e o período do pós-Código do Trabalho, que vem incutindo uma tendência de maior flexibilização do contrato de trabalho a termo.

IV. Numa primeira fase, o contrato de trabalho a termo (resolutivo) era admitido sem qualquer limitação e poderia ser adotado sempre que motivos sérios justificassem a aposição de um termo — o artigo 10º da LCT, na versão de 1969, pouco ou nada limitava a "contratação a prazo": o estabelecimento do contrato a termo justificava-se apenas no interesse em não se constituir um vínculo laboral definitivo, de acordo com a "*natureza do trabalho ou dos usos*"[1357]. Não se exigia um motivo justificativo específico para a celebração do contrato, mas apenas a observância de forma escrita e a fixação de um prazo. Em caso de inobservância de forma escrita ou caso o trabalhador continuasse ao serviço do empregador após o termo do prazo, certo ou incerto, do contrato, este passava a se considerar um contrato sem prazo. No mesmo sentido, a estipulação do prazo seria nula se tivesse por fim "*iludir as disposições que regulam os contratos sem prazo*".

V. Com a consagração, na Constituição de 1976, do "princípio da segurança no emprego" (artigo 53º), tudo se alterou, impondo-se então uma intervenção legislativa que melhor regulasse a contratação a termo. Por um lado, haveria que condicionar e limitar a liberdade das partes, de forma a evitar a adoção de práticas fraudulentas por parte dos empregadores ou a simples fuga às regras restritivas da cessação do contrato de trabalho, em especial, à regra da proibição de despedimentos sem justa causa; por outro lado, haveria que atender a preocupações sociais de proteção do emprego: um regime muito restritivo quanto à "contratação a prazo" poderia conduzir ao aumento do desemprego. Em qualquer caso, na base das intervenções legislativas que a partir de então passaram a ocorrer, estiveram sempre presente o "princípio da proteção do trabalhador" e a necessidade de evitar a excessiva precarização da relação de trabalho.

Nesse sentido, como recorda Pedro Romano Martinez, com o Decreto-lei n. 781/76, de 28 de outubro, estabeleceu-se um regime "*relativamente limitativo, apesar de, neste diploma, o princípio da proteção do trabalhador não ter sido levado ao extremo a que se chegou noutros países, porque foi tida em conta a consequência de um eventual aumento do desemprego*"[1358] — no Preâmbulo do diploma afirmava-se expressamente "*(...) a contratação a prazo, desde que rodeada das necessárias cautelas, pode propiciar, a breve trecho, um significativo aumento da oferta de emprego, susceptível de posterior estabilização, assim se dando seguimento a uma das preocupações constantes no Programa do Governo*".

(1357) Cf. PEDRO ROMANO MARTINEZ, *Direito do Trabalho*, 5ª ed., cit., p. 703 e *Direito do Trabalho*, 6ª ed., p. 621.
(1358) Cf. PEDRO ROMANO MARTINEZ, *Direito do Trabalho*, 5ª ed., cit., pp. 703-704 e *Direito do Trabalho*, 6ª ed., p. 621.

O artigo 1º deste diploma admitia a liberdade de celebração de contratos a prazo, desde que os mesmos fossem sujeitos a termo certo — "*1. É permitida a celebração de contratos de trabalho a prazo, desde que este seja certo*" — e nos termos do número 2 do mesmo preceito, apenas se exigia uma fundamentação para este tipo de contratação quando o contrato tivesse uma duração inferior a 6 meses — "*2. Poderão celebrar-se contratos por prazos inferiores a seis meses, quando se verifique a natureza transitória do trabalho a prestar, designadamente quando se trate de um serviço determinado ou de uma obra concretamente definida*". Por outro lado, estabelecia-se um limite máximo de duração — "*O contrato de trabalho a prazo apenas poderá ser sucessivamente renovado até ao máximo de três anos, passando a ser considerado depois daquele limite como contrato sem prazo, contando-se a antiguidade desde a data do início do primeiro contrato*" (artigo 3º, n. 1) — e exigia-se a observância de forma escrita, sob pena de se considerar que o contrato valia como contrato sem termo — "*A inobservância da forma escrita e a falta de indicação de prazo certo transforma o contrato em contrato sem prazo*" (artigo 8º, n. 1).

Ou seja, admitia-se a contratação a termo, mas estabeleciam-se limitações, nomeadamente quanto à forma e à duração do contrato. O regime, todavia, não era muito restritivo, na exata medida em que se admitia a celebração de contratos a termo certo "imotivados", desde que os mesmos tivessem um prazo superior a 6 meses. No fundo, a maior rigidez da legislação sobre despedimentos, decorrente da constitucionalização do princípio da "segurança no emprego" e da proibição de despedimentos sem justa causa, "*(...) foi de certa forma "compensada" por um regime liberal dos contratos a prazo, acabando a contratação a termo ou a prazo por constituir o instrumento patronal de flexibilização dos contratos de trabalho*"(1359).

VI. Mais tarde, em 1989, surge a habitualmente designada Lei da Cessação do Contrato de Trabalho e da Celebração e Caducidade do Contrato de Trabalho a Termo (LCCT), aprovada pelo Decreto-lei n. 64-A/89, de 27 de fevereiro, que associa o regime do contrato a termo às demais formas de cessação do contrato de trabalho dado que, em ambos os casos, o que verdadeiramente estava em causa era a cessação do contrato de trabalho e a estabilidade ou precariedade do emprego. A LCCT veio dificultar significativamente a contratação a prazo, admitindo-a apenas nos casos tipificados na lei, ainda que tenha admitido, simultaneamente, a celebração do contrato de trabalho a termo incerto. Assumiu-se, definitivamente, a excecionalidade do contrato de trabalho a termo(1360) e procurou-se evitar a utilização abusiva desta modalidade contratual(1361).

Ou seja, por um lado, cria-se um regime mais restritivo quanto à contratação a termo, em nome do "princípio da proteção do trabalhador", determinando-se que esta contratação só pode ser adotada nas "*situações rigorosamente tipificadas*"; por outro lado, passa a se admitir, ao lado da contratação a termo *certo*, o contrato de trabalho a *termo incerto*, em obediência aos "interesses de gestão do empregador" e em nome de políticas de emprego, "*com o objectivo de permitir que as empresas adoptem medidas de gestão conducentes ao desenvolvimento do mercado de emprego*".

Em qualquer caso e em sede de apreciação geral, o contrato a termo passa ser amplamente limitado e a proteção dos trabalhadores é reforçada de forma significativa: apenas é admitido nos casos e pelos motivos expressamente previstos na lei (artigo 41º da LCCT)(1362); exige-se a observância de forma escrita

---

(1359) Cf. Bernardo Lobo Xavier, com a colaboração de P. FURTADO MARTINS; A. NUNES DE CARVALHO; JOANA VASCONCELOS e TATIANA GUERRA DE ALMEIDA, *Manual de Direito do Trabalho*, cit., p. 696.

(1360) Cf. JOSÉ JOÃO ABRANTES, *Breve Apontamento sobre o regime jurídico do contrato de trabalho a prazo*, em Revista da Faculdade de Direito da Universidade de Lisboa, sep. 1990, pp. 241-247.

(1361) Recorda-se que os objetivos subjacentes a esta intervenção legislativa, relativa ao contrato a termo, constam do Preâmbulo da LCCT, onde se afirmava que "*A amplitude da contratação a termo passa a restringir-se a situações rigorosamente tipificadas, das quais umas resultam de adaptação das empresas às flutuações do mercado ou visam criar condições para absorção de maior volume de emprego, favorecendo os grupos socialmente mais vulneráveis, e outras atendem a realidades concretas pacificamente aceites como justificativas de trabalho de duração determinada. De acordo com este princípio e com o objectivo de permitir que as empresas adoptem medidas de gestão conducentes ao desenvolvimento do mercado de emprego, reintroduz-se no nosso ordenamento a figura dos contratos de trabalho a termo incerto para os casos em que a natureza da tarefa o aconselhe. (…) As soluções consubstanciadas no projecto traduzem um esforço de compatibilização de interesses dificilmente coincidentes, constituindo, por isso, o resultado de um longo período de análise que se iniciou com a consulta ao Conselho Permanente de Concertação Social*".

(1362) Na sua versão inicial, o artigo 41º da LCCT dispunha o seguinte:

e a aposição de determinadas menções obrigatórias (artigo 42º, n. 1, da LCCT) sob pena da conversão do contrato em contrato sem termo (artigo 42º, n. 3, da LCCT); e impõem-se regras quanto à duração mínima e máxima do contrato a termo — no caso do contrato a termo certo, apenas se admitem duas renovações e o prazo máximo não pode exceder, em regra, os três anos consecutivos (artigo 44º, n. 1, da LCCT), sendo certo que, caso fossem excedidos tais prazos de duração, o contrato se converteria em contrato de trabalho sem termo (artigo 47º da LCCT).

Em 1996, a Lei n. 38/96, de 31 de agosto, alterou a LCCT e reforçou a necessidade de indicação do motivo justificativo do contrato, regulando também os efeitos revogatórios do contrato; mais tarde, em 2001, na sequência da Diretiva comunitária que aprovou o Acordo-Quadro sobre o contrato a termo (Diretiva n. 99/70, do Conselho, de 28 de junho de 1999), a Lei n. 18/2001, de 3 de julho, dispôs nomeadamente sobre os contratos a termo sucessivos e sobre a prova dos factos que justificam a aposição do termo ao contrato.

A partir da entrada em vigor da LCCT, o número de contratações a termo reduziu drasticamente; em contrapartida, a opção legal pela especial excecionalidade da contratação a termo teve efeitos perversos: os empregadores diminuíram os postos de trabalho e começaram a recorrer a práticas de *outsourcing*; a oferta de trabalho diminuiu e os acordos revogatórios e denúncias do contrato de trabalho assinadas pelo trabalhador e com data em branco banalizaram-se; e os falsos *recibos verdes* passaram a proliferar. A fraude à lei agravou-se e o trabalhador, neste cenário, viu-se ainda mais desprotegido[(1363)].

VII. O CT/2003, que procedeu à transposição da Diretiva 1999/70/CE do Conselho, de 28 de junho, respeitante ao acordo quadro CES/UNICE/CEEP relativo a contratos de trabalho a termo[(1364)], ainda que tenha mantido grande parte das restrições à contratação a termo decorrentes da LCCT, nomeadamente a exigência de apenas permitir a celebração desta modalidade contratual para prover a satisfação das necessidades temporárias do empregador e pelo período de tempo estritamente necessário à satisfação dessas necessidades, atenuou algumas das limitações à contratação a termo decorrentes daquele diploma de 1989, em nome da promoção da flexibilidade da disciplina laboral: o elenco de situações em que é admitida a contratação a termo deixou de ser "fechado" ou absolutamente "taxativo" e potenciou-se, por outro lado, uma certa abertura à fixação deste regime em sede de contratação coletiva (artigo 139º). O contrato a termo passa a ser visto como um contrato de trabalho sujeito a uma cláusula acessória típica, de natureza civilística e o seu regime, "*em homenagem à qualificação do termo como clásusula acessória do contrato*", surge em paralelo com a condição e as cláusulas de limitação da liberdade de trabalho[(1365)].

"Artigo 41º (Admissibilidade do contrato a termo)

1 — Sem prejuízo do disposto no artigo 5º, a celebração de contrato de trabalho a termo só é admitida nos casos seguintes:

a) Substituição temporária de trabalhador que, por qualquer razão, se encontre impedido de prestar serviço ou em relação ao qual esteja pendente em juízo acção de apreciação da licitude do despedimento;

b) Acréscimo temporário ou excepcional da atividade da empresa;

c) Actividades sazonais;

d) Execução de uma tarefa ocasional ou serviço determinado precisamente definido e não duradouro;

e) Lançamento de uma nova actividade de duração incerta, bem como o início de laboração de uma empresa ou estabelecimento;

f) Execução, direcção e fiscalização de trabalhos de construção civil, obras públicas, montagens e reparações industriais, incluindo os respectivos projectos e outras actividades complementares de controlo e acompanhamento, bem como outros trabalhos de análoga natureza e temporalidade, tanto em regime de empreitada como de administração directa;

g) Desenvolvimento de projectos, incluindo conceção, investigação, direcção e fiscalização, não inseridos na actividade corrente da entidade empregadora;

h) Contratação de trabalhadores à procura de primeiro emprego ou de desempregados de longa duração ou noutras situações previstas em legislação especial de política de emprego.

2 — *A celebração de contratos a termo fora dos casos previstos no número anterior importa a nulidade da estipulação do termo."*

(1363) Cf. MARIA DO ROSÁRIO RAMALHO, *Direito do Trabalho, Parte II*, cit., p. 226.

(1364) Sobre a citada Directiva, veja-se JÚLIO VIEIRA GOMES, *Direito do Trabalho*, v. I, cit., pp. 585 e ss., que recorda que os principais objetivos da Diretiva, previstos no artigo 1º, foram, *"melhorar a qualidade do trabalho sujeito a contrato a termo garantindo a aplicação do princípio da não discriminação"* (alínea *a*) e *"estabelecer um quadro para evitar os abusos decorrentes da utilização de sucessivos contratos de trabalho ou relações laborais a termo"* (alínea *b*).

(1365) Cf. LUÍS MENEZES LEITÃO, *Direito do Trabalho*, 3ª ed., cit., p. 417. O autor, no entanto, criticou esta solução, que não atendia à natureza especial do contrato a termo. Por essa razão, aplaudiu a solução estabelecida no CT/2009, que passou a tratar o contrato a termo como um contrato de trabalho especial (artigos 139º e ss.), solução que para o autor parece ser mais *"(...) adequada, uma vez que o contrato de trabalho a termo resolutivo se apresenta efectivamente como um contrato com regime especial"*.

Por outras palavras, verificou-se uma redução do nível geral de proteção dos trabalhadores contratados a termo(1366).

Com o CT/2009, o contrato a termo passa a ser visto como uma "modalidade de contrato de trabalho" e não apenas como um contrato ao qual é aposto uma cláusula acessória típica, mas o regime, em geral, não sofre grandes alterações.

VIII. O regime da contratação a termo atualmente constante dos artigos 139º e ss. do CT, na sequência das alterações legislativas que foram sendo introduzidas ao CT/2009, procura também ir simultaneamente ao encontro dos propósitos de proteção do trabalhador, por um lado, e da necessidade de fomento do mercado de trabalho e de combate ao desemprego, por outro lado.

Neste caso, porém, nota-se uma maior preocupação em flexibilizar a relação de trabalho e em facultar novos instrumentos de gestão ao empregador.

O regime em causa assume-se, desde logo, como um regime convénio-dispositivo, no sentido em que apenas admite ser derrogado em contrário por instrumento de regulamentação coletiva de trabalho, o mesmo é dizer, não pode ser afastado por contrato de trabalho(1367)(1368).

Num segundo momento, como já se afirmou, a lei estabelece, nos artigos 140º e ss. do CT, um regime que, sem prejuízo de admitir a contratação a termo, a condiciona fortemente, impondo-lhe requisitos substantivos, formais e quanto à duração, bem como regras que proíbem a sucessão de contratação a termo e que determinam a conversão (ou o reconhecimento) deste contrato em (ou como) contrato sem termo em caso de violação dos requisitos acima enunciados.

IX. Quanto aos *requisitos substantivos* e numa claríssima fórmula de limitação da liberdade negocial das partes, em nome da proteção do trabalhador, a lei estabelece no artigo 140º do CT quais os motivos que admitem a celebração do contrato de trabalho a termo resolutivo, impondo consequentemente um conjunto de requisitos substantivos adequados e típicos sem cuja observância o contrato de trabalho se considera sem termo (artigo 147º, n. 1, alínea *b*). Nos termos do citado artigo 140º, n. 1 do CT, o contrato a termo resolutivo só pode ser celebrado para satisfação de necessidade temporária da empresa e pelo período estritamente necessário à satisfação dessa necessidade — é esta a regra geral de admissibilidade de contratação a termo(1369), sendo certo que o número 2 do citado artigo 140º se encarrega, num segundo momento, de exemplificar alguns casos típicos de "*necessidade temporária da empresa*", nomeadamente

(1366) Cf. JÚLIO VIEIRA GOMES, *Direito do Trabalho*, v. I, cit., p. 591.

(1367) Recorda-se que, nos termos conjugados dos artigos 139º e 3º, n. 5, ambos do CT, "*o regime do contrato de trabalho a termo resolutivo (...) pode ser afastado por instrumento de regulamentação coletiva de trabalho, com exceção da alínea* b *do n. 4 do artigo seguinte e dos ns. 1, 4 e 5 do artigo 148º*" (artigo 139º), o que significa, por maioria de razão, que "(...) *o não pode ser por contrato de trabalho*" (artigo 3º, n. 5).

(1368) Recorda-se, todavia, que até a aprovação do CT/2003 o regime do contrato a termo era globalmente imperativo, nos termos então definidos pelo artigo 2º da LCCT, segundo o qual "*Salvo disposição legal em contrário, não pode o presente regime ser afastado ou modificado por instrumento de regulamentação colectiva de trabalho ou por contrato individual de trabalho*" (n. 1). A passagem de um regime globalmente imperativo para um regime "convénio-dispositivo" deu-se com o artigo 128º do CT/2003, que rompeu com a natureza imperativa das normas sobre contratação a termo. É por essa razão que Luís Miguel Monteiro e Pedro Madeira Brito, em anotação ao artigo 139º do CT/2009, afirmam que "*a norma em análise confere natureza supletiva ao regime legal do contrato a termo, restrita, porém, ao afastamento por regulamentação colectiva, de acordo com o disposto no artigo 3º, em especial o seu n. 5*" — cf. *Código do Trabalho Anotado*, PEDRO ROMANO MARTINEZ, LUÍS MIGUEL MONTEIRO, JOANA VASCONCELOS, PEDRO MADEIRA BRITO, GUILHERME DRAY e LUÍS GONÇALVES DA SILVA, 7ª ed., cit., p. 369.

(1369) Recorda-se, aliás, que a exigência de um motivo justificativo para a celebração de um contrato a termo resulta do artigo 5º (Disposições para evitar abusos) do "Acordo Quadro CES, UNICE, CEEP, relativo a contratos de trabalho a termo", aprovado pela Diretiva 1999/70/CE do Conselho, de 28 de junho de 1999, preceito esse que exige não apenas a necessidade de um motivo justificativo, mas também a imposição de prazos máximos e regras limitadoras da possibilidade de renovação destes contratos, nos seguintes termos: "*Disposições para evitar os abusos (artigo 5º).*
1. Para evitar os abusos decorrentes da conclusão de sucessivos contratos de trabalho ou relações laborais a termo e sempre que não existam medidas legais equivalentes para a sua prevenção, os Estados-membros, após consulta dos parceiros sociais e de acordo com a lei, acordos colectivos ou práticas nacionais, e/ou os parceiros sociais deverão introduzir, de forma a que se tenham em conta as necessidades de sectores e/ou categorias de trabalhadores específicos, uma ou várias das seguintes medidas:
Razões objectivas que justifiquem a renovação dos supramencionados contratos ou relações laborais;
Duração máxima total dos sucessivos contratos de trabalho ou relações laborais a termo;
Número máximo de renovações dos contratos ou relações laborais a termo".

a substituição direta ou indireta de trabalhador, a substituição de trabalhador a tempo completo que passe a prestar trabalho a tempo parcial por período determinado, a realização de atividade sazonal, o acréscimo excecional de atividade da empresa, a execução de tarefa ocasional ou serviço determinado precisamente definido e não duradouro ou a execução de obra, projecto ou outra atividade definida e temporária. Por outro lado, o artigo 140º, n. 4, admite ainda a possibilidade de ser celebrado contrato de trabalho a termo certo para lançamento de nova atividade de duração incerta, bem como início de laboração de empresa ou de estabelecimento pertencente à empresa com menos de 750 trabalhadores, ou para contratação de trabalhador à procura de primeiro emprego, em situação de desemprego de longa duração ou noutra prevista em legislação especial de política de emprego (artigo 140º, n. 4, alíneas *a* e *b*).

Quer dizer: o legislador admite apenas três fundamentos para a celebração do contrato a termo: por um lado, razões relacionadas com as *necessidades temporárias da empresa*, ou seja, com o aludido "princípio da proteção dos interesses de gestão empresarial" — assim sucede com os motivos que se prendem com a transitoriedade do trabalho a efetuar, como sejam os que resultam da necessidade de substituição temporária de trabalhadores, o acréscimo temporário ou excecional da atividade ou a prestação de trabalho para acudir a uma atividade sazonal ou tarefa ocasional (artigo 140º, ns. 1 e 2); por outro lado, admite-se a contratação a termo como forma de *redução do risco empresarial* em caso de lançamento de nova atividade ou início de laboração de empresa ou estabelecimento, mais uma vez como forma de dar resposta aos interesses de gestão do empregador (artigo 140º, n. 4, alínea *a*)[(1370)]; em terceiro lugar e agora em obediência a imperativos de *políticas ativas de emprego* e de *combate ao desemprego*, admite-se a contratação a termo de trabalhadores à procura do primeiro emprego ou de desempregados de longa duração (artigo 140º, n. 4, alínea *b*)[(1371)]. No caso de as partes celebrarem um contrato a termo em que a estipulação de termo tenha por fim iludir as disposições que regulam o contrato sem termo, ou no caso de o contrato ser celebrado fora dos casos previstos nos números 1, 3 e 4 do artigo 140º, a cominação legal é simples: o contrato de trabalho considera-se sem termo, passando a reger-se, consequentemente, pelo regime comum do contrato de trabalho por tempo indeterminado (artigo 147º, n. 1, alíneas *a* e *b*).

Para além destas três razões justificativas da contratação a termo, o legislador admite, excecionalmente, a conversão automática do contrato por tempo indeterminado em contrato de trabalho a termo certo (com regras próprias, nomeadamente quanto à duração, que será de 6 meses) no caso do trabalhador reformado ou que complete 70 anos de idade (artigo 348º do CT), ou a obrigatoriedade de contratação a termo no caso das relações laborais com desportistas profissionais (Lei n. 28/98, de 26 de junho).

Em qualquer caso, a imposição de requisitos substantivos à contratação a termo prende-se, fundamentalmente, com o propósito de proteção do trabalhador.

X. Do ponto de vista formal, a lei exige a observância de forma escrita e que sejam respeitadas determinadas menções obrigatórias (artigo 141º), determinando que se considera contrato sem termo, aquele em que falte a redução a escrito, a identificação ou a assinatura das partes, ou, simultaneamente, as datas de celebração do contrato e de início do trabalho, bem como aquele em que se omitam ou sejam insuficientes as referências ao termo e ao motivo justificativo (artigo 147º, n. 1, alínea *c*). Alguma doutrina fala, a este propósito, de "*severos requisitos formais (...) para a estipulação do contrato de trabalho a termo*" — forma escrita, assinatura das partes e variadíssimas indicações, em especial a necessidade de se mencionar expressamente os factos que integram o motivo justificativo do termo e o estabelecimento da relação entre a justificação invocada e o termo estipulado (artigo 141º, n. 3), de modo a poder ser facilmente controlado o cumprimento dos requisitos substantivos[(1372)].

(1370) Naqueles dois primeiros grupos de casos, estamos perante aquilo a que alguma doutrina chama de "casos de *carácter objetivo*", que têm a ver com a precariedade dos próprios postos de trabalho ou com a falta de consolidação de um conjunto de atividades do empregador — Cf. Bernardo Lobo Xavier, com a colaboração de P. FURTADO MARTINS; A. NUNES DE CARVALHO; JOANA VASCONCELOS e TATIANA GUERRA DE ALMEIDA, *Manual de Direito do Trabalho*, cit., p. 700.

(1371) Nestas situações, estamos perante os chamados "casos de carácter subjetivo", que têm a ver com propósitos de promoção de emprego de certo tipos de desempregados — contratação de trabalhadores à procura do primeiro emprego ou de desempregados de longa duração — Cf. Bernardo Lobo Xavier, com a colaboração de P. FURTADO MARTINS; A. NUNES DE CARVALHO; JOANA VASCONCELOS e TATIANA GUERRA DE ALMEIDA, *Manual de Direito do Trabalho*, cit., p. 701.

(1372) Cf. Bernardo Lobo Xavier, com a colaboração de P. FURTADO MARTINS; A. NUNES DE CARVALHO; JOANA VASCONCELOS e TATIANA GUERRA DE ALMEIDA, *Manual de Direito do Trabalho*, cit., pp. 701-702.

Quanto à *duração*, o artigo 148º, n. 1, estabelece que o contrato de trabalho a termo *certo* pode ser renovado até três vezes e a sua duração não pode exceder: a) 18 meses, quando se tratar de pessoa à procura do primeiro emprego; b) 2 anos, nos casos de lançamento de nova atividade de duração incerta, bem como em caso de início de laboração de empresa ou de estabelecimento pertencente à empresa com menos de 750 trabalhadores, ou em caso de contratação de desempregado de longa duração; e c) 3 anos, nos restantes casos, relativos à satisfação de necessidades temporárias da empresa. Quanto ao contrato de trabalho a termo *incerto*, o número 4 do citado artigo 148º estabelece 6 anos como prazo máximo de duração. Nos termos do artigo 147º, n. 2, alínea *b*, a violação dos prazos de duração ou do limite de renovações determina a conversão do contrato de trabalho a termo (*certo* ou *incerto*) em contrato de trabalho sem termo. E nos termos do artigo 143º a cessação de contrato de trabalho a termo, por motivo não imputável ao trabalhador, impede nova admissão ou afetação de trabalhador através de contrato de trabalho a termo ou de trabalho temporário cuja execução se concretize no mesmo posto de trabalho ou, ainda, de contrato de prestação de serviço para o mesmo objeto, antes de decorrido um período de tempo equivalente a um terço da duração do contrato, incluindo renovações.

XI. O regime é restritivo e assume o propósito de proteção do trabalhador, em nome da segurança e estabilidade no emprego. Mas as alterações que paulatinamente foram sendo introduzidas no regime da contratação a termo, após o CT/2009, foram-no em nome dos interesses de gestão do empregador, da flexibilização da relação de trabalho e do propósito de aumento do emprego.

Num primeira fase, com a Lei n. 3/2012, de 10 de janeiro, legislou-se no sentido da flexibilização, ainda que temporária, do regime dos contratos de trabalho a termo certo, alargando-se a sua duração máxima, que ascendia ao limite máximo de 3 anos (artigo 148º, n. 1, alínea *c*) em mais 18 meses, com o limite de vigência de 31 de dezembro de 2014. Quanto a estas renovações extraordinárias, alinhou-se o valor da respetiva compensação por caducidade ao que já resultava da Lei n. 53/2011, de 14 de outubro, a propósito de outras modalidades de cessação do contrato de trabalho, que havia enveredado pela redução do valor das compensações pecuniárias, pela eliminação do limite mínimo de três meses e pela criação de um novo limite máximo até então inexistente. Ou seja, legislou-se no sentido do aumento da precarização da relação do trabalho, por um lado, e da redução das compensações pecuniárias por caducidade, por outro lado[(1373)(1374)].

Num segundo momento, a Lei n. 23/2012, de 25 de junho, reforçou a possibilidade de celebração de *contrato de trabalho a termo consensual*, ou seja, sem necessidade de sujeição à forma escrita, no caso de contratos de muito curta duração para situações de trabalho sazonal agrícola ou em eventos turísticos, alargando os prazos de duração destes contratos. Por outro lado, alargou a duração destes contratos, passando a ser admitidos até um prazo não superior a 15 dias, quando o limite anterior era de 7 dias, e dentro do limite máximo de 70 dias em cada ano civil e com o mesmo empregador, quando antes a duração total de contratos a termo com o mesmo empregador não podia exceder 60 dias de trabalho no mesmo ano civil (artigo 142º, ns. 1 e 2)[(1375)].

(1373) A Lei n. 3/2012, de 10 de janeiro, estabeleceu um regime de renovação extraordinária dos contratos de trabalho a termo certo que teve em vista, numa conjuntura de desemprego, garantir a continuidade da manutenção de contratos de trabalho a termo que, de outra forma, tenderiam a cessar por caducidade, conduzindo os trabalhadores para uma situação de desemprego involuntário num contexto de grave crise internacional e nacional. O diploma em apreço determinou que *"Podem ser objeto de duas renovações extraordinárias os contratos de trabalho a termo certo que, até 30 de junho de 2013, atinjam os limites máximos de duração estabelecidos no n. 1 do artigo 148º do Código do Trabalho"* (n. 2), estabelecendo-se ainda que a duração total das renovações em causa não pode exceder 18 meses (n. 2). Determinou-se, também, que a duração de cada renovação extraordinária não pode ser inferior a um sexto da duração máxima do contrato de trabalho a termo certo ou da sua duração efetiva, consoante a que for inferior (n. 3). E fixou-se como limite máximo de vigência do contrato de trabalho a termo certo objeto de renovação extraordinária o dia 31 de dezembro de 2014.

(1374) Recorda-se que já em 2013 o Governo aprovou em Conselho de Ministros, em 1º de agosto, uma nova proposta de lei, que garante nova renovação extraordinária de contratos a termo, neste caso alargando de três para quatro anos a duração máxima dos contratos, desde que não vão além de dezembro de 2016. Nos termos da referida proposta de lei, podem ser objeto de duas renovações extraordinárias os contratos de trabalho a termo certo que, até dois anos após a publicação daquele diploma, atinjam os limites máximos de duração estabelecidos no Código do Trabalho — três renovações com o máximo de três anos. A renovação extraordinária não pode ir além de 12 meses, nem ultrapassar 31 de dezembro de 2016. À data da entrega do presente trabalho, o diploma em apreço ainda não havia entrado em vigor.

(1375) Recorda-se que esta possibilidade é fortemente criticada por algum setor da doutrina, nomeadamente por Leal Amado, que entende que se trata de uma *"solução agilizadora de bondade muito discutível (uma espécie de* offshore *turístico e agrícola), que*

XII. Em suma, após o CT/2009 e em nome da flexibilidade da relação de trabalho, dos interesses de gestão do empregador e de propósitos de criação de emprego, o regime da contratação a termo, ainda que movido e alicerçado em torno do "princípio da proteção do trabalhador" no que diz respeito aos requisitos que lhe estão associados, foi sendo flexibilizado, quer pela criação de um regime excecional de renovação extraordinária destes contratos até mais 18 meses, caso em que se verifica a redução das respetivas compensações por caducidade, quer através do alargamento dos casos em que este passa a ser celebrado sem necessidade de observância de forma escrita.

O "princípio da proteção do trabalhador" volta, porém, a revelar a sua especial elasticidade: ora se amplia, ora se comprime, em função do devir social e dos influxos provenientes da periferia. E mesmo nos casos em que se comprime, potenciando uma maior flexibilidade da contratação a termo, ele mantém um núcleo irredutível que se mantém estável e inexpugnado a proteção do trabalhador manteve-se sempre, quer pela limitação do tipo de motivação que pode originar a celebração do contrato a termo (artigo 140º), quer pela proibição de sucessão de contratos a termo para o mesmo posto de trabalho (artigo 143º), quer pelo regime da transformação do contrato a termo em contrato de trabalho por tempo indeterminado (artigo 147º), quer pelo regime da cessação por caducidade do contrato a termo: nos termos dos artigos 344º e 345º do CT, o contrato de trabalho a termo cessa na sequência de um aviso-prévio do empregador e, mais importante do que isso, a caducidade do contrato tem sempre associada uma compensação pecuniária para o trabalhador, que varia em função da duração do contrato.

As oscilações em torno do contrato de trabalho a termo, que de resto não são caso único no nosso ordenamento jurídico[(1376)], têm como pano de fundo a *supra* referida dialética entre os valores da estabilidade do emprego, por um lado, que constituem uma manifestação do "princípio da proteção do trabalhador" e que apontam no sentido da restrição desta modalidade contratual, e os objetivos de flexibilização e de promoção do emprego, por outro lado, que justificam o alargamento desta modalidade contratual.

A evolução em causa é sempre moldada, em qualquer caso, pelo "princípio da proteção do trabalhador".

5.3. Contrato de trabalho temporário

I. O trabalho temporário assenta numa relação triangular: neste regime, ao contrário do que sucede no contrato de trabalho segundo o regime comum, descortinam-se dois negócios jurídicos bilaterais e três sujeitos — por um lado, duas entidades que partilham entre si os poderes típicos do empregador; no polo oposto, um único trabalhador, contratado por uma Empresa de Trabalho Temporário (ETT) para ser cedido temporária e onerosamente a um terceiro beneficiário[(1377)].

---

destrói um dos pilares tradicionais do nosso ordenamento juslaboral: o de que não há contrato a termo se não houver documento escrito que o formalize adequadamente" — cf. LEAL AMADO, *"Contrato de trabalho e condição resolutiva (breves considerações a propósito do Código do Trabalho)"*, cit., pp. 103-104.

(1376) Veja-se, a este propósito, MARIA DO ROSÁRIO RAMALHO, *Direito do Trabalho*, Parte II, cit., pp. 233-235, que expõe a evolução que tem ocorrido nos sistemas alemão, espanhol, italiano e francês em torno do contrato a termo, evolução essa que tem sido caracterizada, também, pela oscilação entre períodos de maior rigidez e outros de maior abertura na admissibilidade da contratação a termo.

(1377) A propósito do regime do trabalho temporário veja-se, nomeadamente, MARIA DO ROSÁRIO RAMALHO, *Da Autonomia Dogmática do Direito do Trabalho*, Coimbra, 2002, pp. 635-637, e *Tratado de Direito do Trabalho*, Parte II, cit., pp. 273-289; LUÍS MENEZES LEITÃO, *Direito do Trabalho*, 3ª ed., pp. 440 e ss.; PEDRO ROMANO MARTINEZ, *Direito do Trabalho*, 5ª ed., cit., pp. 729 e ss. e *Direito do Trabalho*, 6ª ed., pp. 649 e ss.; GUILHERME DRAY, "Trabalho Temporário", cit., pp. 101-143; MARIA REGINA REDINHA, *"A Relação Laboral Fragmentada, Estudo sobre o Trabalho Temporário"*, Boletim da Faculdade de Direito da Universidade de Coimbra, Coimbra Editora, 1995 e *Trabalho Temporário: Apontamento sobre a Reforma do seu Regime Jurídico*, Estudos do Instituto de Direito do Trabalho, I, Coimbra 2001, pp. 443 e ss.; ANTÓNIO JOSÉ MOREIRA, *Trabalho temporário. Regime jurídico anotado*, 2ª ed., Coimbra, 2001; JÚLIO VIEIRA GOMES, *Algumas observações sobre o contrato de trabalho por tempo indeterminado para cedência temporária*, Questões Laborais (QL), n. 17 (2001), pp. 41 e ss.; PEDRO FURTADO MARTINS, *Aplicação ao trabalhador de convenção coletiva de trabalho em vigor na empresa* utilizadora, Revista de Direito e de Estudos Sociais (RDES), XXXVII (1995), ns. 1-3, pp. 255 e ss.; PAULA CAMANHO/MIGUEL DA CUNHA/SOFIA PAIS/PAULO VILARINHO, *Trabalho Temporário*, RDES, XXXIV (1992), ns. 1-3, pp. 171 e ss.; BERNARDO DA GAMA LOBO XAVIER, *"O Direito do Trabalho na Crise (Portugal)"*, Temas de Direito do Trabalho, Coimbra Editora, 1990; ANTÓNIO MONTEIRO FERNANDES, *Direito*

O trabalho temporário caracteriza-se, assim, por dois aspetos: por um lado, pela dissociação entre o empregador (ETT) e a pessoa individual ou coletiva que se beneficia efetivamente da atividade do trabalhador temporário (utilizador); por outro lado, pela existência de duas relações jurídicas distintas: uma relação de trabalho (contrato de trabalho) entre a ETT e o trabalhador e uma relação obrigacional de direito comum (contrato de prestação de serviço) entre a ETT e o utilizador, circunstância que confere natureza especial ao regime do trabalho temporário(1378). Como sublinha João Leal Amado, "*ao invés da dialéctica relacional trabalhador-empregador, aqui temos uma dialéctica mais complexa, entre o trabalhador temporário, a empresa de trabalho temporário e o utilizador, dando azo, portanto, a um modelo tripartido de vínculo laboral que, enquanto tal, foge ao paradigma clássico da relação de trabalho*"(1379).

É essa particularidade, aliás, que afasta o trabalho temporário de outras figuras afins, nomeadamente do *contrato de trabalho a termo*(1380) e da *cedência ocasional de trabalhadores*(1381)(1382).

No trabalho temporário, a ETT contrata, remunera, cumpre as obrigações para com a segurança social e o fundo de compensação do trabalho ou mecanismo equivalente, subscreve o seguro contra acidentes de trabalho e exerce (potencialmente) o poder disciplinar sobre o trabalhador temporário, cedendo-o onerosamente ao utilizador; este último, por sua vez, exerce sobre o trabalhador os poderes de direção próprios do empregador, designadamente os poderes determinativo e conformativo da prestação, ficando o trabalhador temporário sujeito ao regime de trabalho aplicável ao utilizador no que respeita ao modo, lugar, duração e suspensão da prestação de trabalho, higiene, segurança e medicina no trabalho e acesso aos seus equipamentos sociais.

---

do Trabalho, 1, 1ª ed., Coimbra, 1999, pp. 158 e ss., Almedina, Coimbra, 1981; LUÍS SILVA MORAIS, *"Dois estudos: justa causa e motivo atendível de despedimento. O trabalho temporário"*, Cosmos, Lisboa, 1991; JOSÉ BARROS MOURA, *"A propósito do trabalho temporário"*, Anais III Jornadas Luso-Hispano-Brasileiras de Direito do Trabalho, Salvador da Baía, 1984; ANTÓNIO PINTO MONTEIRO, *"Contratos de agência, de concessão e de franquia"*, Boletim da Faculdade de Direito (BDF), Estudos em homenagem ao Prof. Doutor Eduardo Correia, III, Coimbra, 1984.

(1378) Cf. GUILHERME DRAY, "Trabalho Temporário", *Estudos do Direito do Trabalho,* IV, Almedina, Coimbra, 2003, pp. 101 a 143.

(1379) Cf. JOÃO LEAL AMADO, *Contrato de trabalho,* 3ª ed., cit., p. 125.

(1380) O *trabalho temporário* distingue-se, desde logo, do *contrato de trabalho a termo:* ao passo que este último, nos termos acima assinalados, assenta numa estrutura bilateral e no binómio empregador-trabalhador, o *trabalho temporário,* pelo contrário, tem por base uma estrutura tripartida, envolvendo a articulação entre três entidades distintas — ETT, utilizador e trabalhador; ao passo que o *contrato a termo* se caracteriza, no essencial, pela circunstância de se tratar de um contrato de trabalho ao qual é aposto um termo resolutivo, no *trabalho temporário* coexistem duas modalidades contratuais típicas — uma de natureza laboral (CTT) e outra de direito privado comum (CUTT); ao passo que no *contrato a termo* o titular da disponibilidade da força de trabalho e o seu beneficiário *coincidem,* no *trabalho temporário* existe uma dissociação entre o empregador (ETT) e o beneficiário da prestação laboral (o utilizador).

Em todo o caso, as semelhanças são óbvias, dado que em ambos os casos estamos perante contratos especiais, que se afastam do regime geral do contrato de trabalho por tempo indeterminado. Por essa razão, o recurso ao *contrato a termo* (artigo 140º) e ao *trabalho temporário* (artigos 175º e 180º) apenas é admitido a título excecional, mediante o preenchimento cumulativo de requisitos substantivos, de forma e temporais, em nome do princípio constitucional da *estabilidade do emprego,* enquanto projeção do "princípio da proteção do trabalhador". De resto, o regime legal do trabalho temporário apresenta, no que diz respeito às causas justificativas que possibilitam o recurso a esta modalidade contratual, uma grande similitude com o regime da contratação a termo (cf. artigo 175º, n. 1, que remete expressamente para as causas justificativas constantes do artigo 140º, n. 2, alíneas *a* a *g*).

(1381) O trabalho temporário distingue-se da *cedência ocasional de trabalhadores,* prevista nos artigos 288º e ss. do CT. Na *cedência ocasional de trabalhadores,* existe um contrato através do qual uma empresa cede temporariamente a outra um ou mais trabalhadores, conservando, no entanto, o vínculo jurídico-laboral que com eles mantinha e a correspondente qualidade de empregador. A este nível existe uma semelhança com o trabalho temporário. Simplesmente, a *cedência temporária ou ocasional* verifica-se apenas em relação a trabalhadores que integram o quadro de efetivos da empresa cedente. Não está em causa, como no *trabalho temporário,* a cedência de trabalhadores especificamente contratados para o efeito. A empresa cedente não tem por atividade exclusiva ou principal a cedência onerosa de trabalhadores para outras organizações produtivas. Ao contrário do que sucede no *trabalho temporário,* a cedência de mão de obra surge, na *cedência ocasional,* acidentalmente e sem intuitos lucrativos. Por outro lado, na *cedência ocasional,* quem retribui o trabalhador, em regra, é o cessionário, ao passo que no trabalho temporário quem o faz é a ETT. Na *cedência ocasional,* findo o período de cedência, o trabalhador regressa à empresa de origem tendo em vista a prestação do mesmo tipo de funções anteriormente desempenhadas, circunstância que não se verifica, em regra, no *trabalho temporário* — veja-se, a este propósito, Guilherme Dray, anotação ao artigo 288º do Código do Trabalho, em PEDRO ROMANO MARTINEZ; LUÍS MIGUEL MONTEIRO; JOANA VASCONCELOS; PEDRO MADEIRA DE BRITO; GUILHERME DRAY e LUÍS GONÇALVES DA SILVA, *Código do Trabalho Anotado,* 9ª ed., cit., pp. 635-639.

(1382) Cf. GUILHERME DRAY, "Trabalho Temporário", *Estudos do Direito do Trabalho,* cit., pp. 101 e ss., e anotação ao artigo 172º do Código do Trabalho, em PEDRO ROMANO MARTINEZ; LUÍS MIGUEL MONTEIRO; JOANA VASCONCELOS; PEDRO MADEIRA DE BRITO; GUILHERME DRAY e LUÍS GONÇALVES DA SILVA, *Código do Trabalho Anotado,* 9ª ed., cit., pp. 432-433.

O trabalhador temporário, em suma, é contratado pela ETT, mas presta a sua atividade em benefício direto do utilizador.

Assim, apesar de se ter por adquirido, quer em termos doutrinários, quer a nível jurisprudencial, que a titularidade do vínculo jurídico-laboral é da ETT, parece igualmente clara e inequívoca a existência de uma cisão ou diluição da posição patronal: compete à ETT o cumprimento da quase totalidade das obrigações patronais, bem como o exercício do poder disciplinar, e ao utilizador o exercício do poder de direção. É o que se retira, de resto, pelo menos em parte, dos conceitos específicos constantes do artigo 172º do CT, bem como do regime previsto na Divisão V (*regime da prestação de trabalho do trabalhador temporário*) — artigos 185º e ss. deste mesmo diploma.

Por essa razão, face à precariedade da posição do trabalhador temporário[1383], que não se integra, nem nos quadros da entidade onde presta a sua atividade, nem (no caso do contrato de trabalho temporário) nos daquela que o contratou, o regime jurídico do trabalho temporário, desde os seus primórdios (*i. e.*, desde a aprovação, entre nós, do Decreto-lei n. 358/89, de 17 de outubro), é movido por uma

---

(1383) Recorda-se que, nos termos do artigo 185º do Código do Trabalho, o estatuto do trabalhador temporário e as suas condições de trabalho reconduzem-se no essencial ao seguinte:

a) O trabalhador temporário pode ser cedido a mais de um utilizador, ainda que não seja titular de contrato de trabalho por tempo indeterminado para cedência temporária, salvo se o contrato de trabalho temporário não o permitir (n. 1) — trata-se de uma solução similar à do artigo 35º, n. 4, da LTT;

b) Durante a cedência, o trabalhador temporário está sujeito ao regime aplicável ao utilizador no que respeita ao modo, lugar, duração do trabalho e suspensão do contrato de trabalho, segurança e saúde no trabalho e acesso a equipamentos sociais, a quem compete elaborar o horário de trabalho e marcar o período de férias do trabalhador gozadas ao seu serviço (ns. 2 e 3) — trata-se de uma solução similar à do artigo 35º, n. 1, da LTT;

c) O poder disciplinar mantém-se na esfera jurídica da empresa de trabalho temporário (n. 4); ao utilizador caberá o ónus de comunicar à empresa de trabalho temporário a ocorrência de eventuais factos que consubstanciem uma infracção disciplinar cometida pelo trabalhador temporário — trata-se de uma solução similar à do artigo 35º, n. 3, da LTT;

d) Relativamente à retribuição, mantém-se a mesma regra antes prevista no artigo 37º da LTT: o trabalhador tem direito à retribuição mínima de instrumento de regulamentação coletiva de trabalho aplicável à empresa de trabalho temporário ou ao utilizador que corresponda às suas funções, ou à praticada por este para trabalho igual ou de valor igual, consoante a que for mais favorável, tendo ainda direito, em proporção da duração do respectivo contrato, a férias, subsídios de férias e de Natal, bem como a outras prestações regulares e periódicas a que os trabalhadores do utilizador tenham direito por trabalho igual ou de valor igual (ns. 5 e 6). No essencial, prefigura-se uma equiparação, ainda que tendencial, entre a retribuição auferida pelos trabalhadores temporários ao serviço do utilizador e os trabalhadores subordinados deste último. Assim sendo, a retribuição do trabalhador temporário, constituindo um encargo da empresa de trabalho temporário, pode ser determinada em função de elementos fornecidos pelo utilizador. A solução legal resulta, no fundo, do entrecruzar de dois princípios juslaborais: o princípio *"a trabalho igual, salário igual"* e o princípio do *"tratamento mais favorável ao trabalhador"*;

e) Nos termos do n. 10 do artigo 185º, após 60 dias de prestação de trabalho, é aplicável ao trabalhador temporário o instrumento de regulamentação coletiva de trabalho (IRCT) aplicável a trabalhadores do utilizador que exerçam as mesmas funções. Ou seja, ao fim de 60 dias de prestação de trabalho no utilizador, a equiparação, que antes se cingia apenas a questões de natureza retributiva, pode passar a ser total, no sentido em que abrange as demais matérias insertas no IRCT aplicável a trabalhadores do utilizador que exerçam as mesmas funções (*v. g.*, regalias sociais, acesso a benefícios e equipamentos do utilizador, etc.);

f) Nos termos do artigo 186º, o trabalhador temporário, tal como sucedia ao abrigo da LTT (artigo 36º), beneficia do mesmo nível de proteção em matéria de segurança e saúde no trabalho que os restantes trabalhadores do utilizador (n. 1), devendo este, antes da cedência do trabalhador temporário, informar por escrito a empresa de trabalho temporário sobre um conjunto de questões relativas a esta matéria (n. 2), competindo por sua vez à empresa de trabalho temporário prestar tais informações ao trabalhador temporário, antes da cedência (n. 3);

g) Os exames de admissão, periódicos e ocasionais são da responsabilidade da empresa de trabalho temporário (artigo 186º, n. 4), que deve informar o utilizador de que o trabalhador está considerado apto em resultado do exame de saúde, dispõe das qualificações profissionais adequadas e tem a informação a que se refere o número 2 do preceito (n. 5);

h) O utilizador deve comunicar o início de atividade do trabalhador temporário, nos 5 dias úteis subsequentes, aos serviços de segurança e saúde no trabalho, aos representantes dos trabalhadores para a segurança e saúde no trabalho, aos trabalhadores com funções específicas neste domínio e à comissão de trabalhadores (artigo 186º, n. 8);

i) Não obstante o Código do Trabalho ser omisso a este propósito, mantém-se o mesmo regime relativo à segurança social e ao seguro de acidentes de trabalho, dado que o artigo 12º, n. 1, alínea *c*, da Lei n. 7/2009, que aprovou a revisão do Código do Trabalho, não revogou o artigo 41º da LTT, que se mantém em vigor. Assim sendo, os trabalhadores temporários são abrangidos pelo regime geral de segurança social dos trabalhadores por conta de outrem, competindo à empresa de trabalho temporário o cumprimento das respetivas obrigações legais. A empresa de trabalho temporário é, também, obrigada a transferir a responsabilidade pela indemnização devida por acidente de trabalho para empresas legalmente autorizadas a realizar este seguro (artigo 41º da LTT).

preocupação fundamental de garantir a *"clarificação do exercício da atividade"* e a *"proteção social"* dos trabalhadores temporários[(1384)].

É movido, em suma, pelo "princípio da proteção" do trabalhador, um pouco nos mesmos termos do que vimos suceder a propósito do contrato a termo: se é certo que o trabalho temporário tem por objetivo manifesto o de facultar aos empregadores um importante instrumento de gestão empresarial, permitindo-lhes adaptar a contratação de trabalhadores às necessidades temporárias da empresa e, bem assim, recorrer para o efeito aos serviços de empresas especializadas na cedência de trabalhadores a terceiros, o regime em causa não deixa de ser marcado, também, pelo referido "princípio da proteção do trabalhador", que procura — mais uma vez — garantir um núcleo mínimo de direitos de proteção dos trabalhadores temporários, quer através da imposição de um conjunto significativo de regras que limitam a celebração deste tipo de contratos, quer através da tipificação de alguns motivos justificativos, quer através da imposição de regras de forma, quer através da imposição de limites ao nível da duração dos contratos e da proibição da sucessão de contratos de trabalho temporários para o mesmo posto de trabalho.

Trata-se, de resto, de uma imposição decorrente, quer da Organização Internacional do Trabalho, quer da própria União Europeia, que visam conter a mercantilização da força de trabalho e a obtenção de lucros através da colocação de trabalhadores, por um lado, e proteger a sua particular vulnerabilidade face aos trabalhadores por tempo indeterminado, por outro lado[(1385)].

A Convenção n. 96 da OIT, ratificada entre nós pelo Decreto do Governo n. 68/84, de 17 de outubro[(1386)], proíbe a existência ou impõe a regulamentação das *agências de colocação* (de trabalhadores) *não gratuitas com fins lucrativos*; a União Europeia, por sua vez, através da Diretiva n. 91/383/CEE, do Conselho, de 25 de junho de 1991, reconhecendo no seu Preâmbulo que *"de um modo geral, os trabalhadores com uma relação de trabalho a termo ou uma relação de trabalho temporário estão, em certos sectores, mais expostos aos riscos de acidentes de trabalho e de doenças profissionais do que os outros trabalhadores"*, estabelece um conjunto de regras relativas à aplicação das medidas tendentes a promover a melhoria da segurança e da saúde dos trabalhadores que têm uma relação de trabalho a termo ou uma relação de trabalho temporário.

II. A relação triangular que marca o trabalho temporário implica, necessariamente, a existência de dois ajustes contratuais: por um lado, um contrato entre a ETT e o utilizador (contrato de utilização de trabalho temporário — CUTT); por outro lado, um contrato entre a ETT e o trabalhador (contrato de trabalho temporário ou contrato de trabalho por tempo indeterminado para cedência temporária).

O CUTT é um tipo contratual em especial: um contrato de prestação de serviço a termo resolutivo, celebrado entre o utilizador e a ETT, pelo qual esta se obriga, mediante retribuição, a colocar à disposição do utilizador um ou mais trabalhadores temporários, em função das conveniências deste. Trata-se,

---

(1384) Tradicionalmente, o regime do trabalho temporário, no nosso ordenamento jurídico, não integrava a legislação geral relativa ao contrato de trabalho, constando sempre de legislação extravagante — Decreto-Lei n. 358/1989, de 17 de outubro, alterado pelas Leis ns. 39/1996, de 31 de agosto, e 146/1999, de 1º de setembro; e Lei n. 19/2007, de 22 de maio, que revogou o citado Decreto-Lei n. 358/1989. A revisão do Código do Trabalho, levada a efeito pela Lei n. 7/2009, de 12 de fevereiro, alterou este panorama e incidiu também sobre o regime do trabalho temporário, designadamente quanto à sua sistematização e inserção legislativa. Com a revisão do CT/2003, levada a efeito pela referida Lei n. 7/2009, o regime do trabalho temporário passou a constar do CT/2009, em particular dos artigos 172º a 192º deste diploma, tradição essa mantida nas subsequentes revisões a este CT. A incorporação do regime do trabalho temporário no CT/2009, todavia, não foi, nem plena, nem total, na medida em que não abrangeu as matérias relacionadas com a empresa de trabalho temporário e com o exercício da respetiva atividade, cujo regime se manteve na Lei n. 19/2007, de 22 de maio (subsequentemente revogada e substituída pelo Decreto-Lei n. 260/2009, de 25 de setembro).
Relativamente ao regime substantivo incorporado no CT/2009 e que se manteve no CT/2012, que diz respeito aos contratos envolvidos no trabalho temporário e ao regime da prestação de trabalho, as alterações introduzidas relativamente à LTT não foram significativas, mantendo-se a relação triangular que envolve três sujeitos — o *trabalhador*, a *empresa de trabalho temporário* e o *utilizador* — e dois contratos — o *contrato de trabalho temporário* ou o *contrato de trabalho por tempo indeterminado para cedência temporária*, por um lado, celebrado entre a ETT e o trabalhador, e o *contrato de utilização de trabalho temporário*, celebrado entre a empresa utilizadora e a ETT.

(1385) Cf. LUÍS MENEZES LEITÃO, *Direito do Trabalho*, 3ª ed., p. 439.

(1386) *Diário da Repúplica*, I Série, n. 241, de 17.10.1984.

pois, de um contrato subsidiariamente sujeito ao regime dos artigos 1.154º e seguintes do Código Civil, nomeadamente quanto à respetiva extinção.

Todavia, atendendo à referida preocupação de tutela do trabalhador temporário e ao "princípio da proteção do trabalhador", o legislador nacional consagrou um modelo de trabalho temporário centrado no CUTT e estabeleceu, por outro lado, em clara dissonância com os princípios gerais do direito privado comum, uma série de requisitos de natureza substantiva (artigo 175º), formal (artigo 177º) e temporal (artigo 178º) que condicionam a celebração dos contratos que suportam o recurso ao trabalho temporário.

III. Do ponto de vista *substantivo*, a lei tipifica, no artigo 175º do CT[1387], os motivos que podem sustentar a celebração do CUTT, enunciando-os de forma taxativa e fazendo-os aproximar, no essencial, dos motivos justificativos da contratação a termo previstos no artigo 140º.

As semelhanças entre os motivos justificativos que suportam a celebração do CUTT e a do contrato de trabalho a termo são significativas. Trata-se, em ambos os casos, de modalidades de trabalho subordinado "atípicas" ou especiais (quando confrontadas com o paradigma do contrato de trabalho por tempo indeterminado) que se movem dentro de regimes jurídicos restritivos. O recurso ao *contrato a termo* (artigo 140º) e ao *trabalho temporário* (artigos 175º e 180º) apenas é admitido a título excecional, segundo motivações objetivas taxativamente contempladas na lei e desde que respeitados determinados requisitos de forma e limites temporais.

Assim o impõe o princípio constitucional da *estabilidade do emprego,* decorrente do "princípio da proteção do trabalhador".

O trabalho temporário apresenta, consequentemente, no que diz respeito às causas justificativas que possibilitam o recurso a esta modalidade contratual, uma grande similitude com o regime da contratação a termo (cf. artigo 175º, n. 1, que remete expressamente para as causas justificativas constantes do artigo 140º, n. 2, alíneas *a* a *g,* com a especificidade a que se refere o n. 2 deste preceito quanto à alínea *f* do citado artigo 140º, n. 2)[1388][1389].

O CUTT consubstancia, em suma, um negócio jurídico causal, que não pode ser celebrado para além das hipóteses taxativamente estabelecidas na lei.

O artigo 175º estabelece, também, algumas regras adicionais que visam evitar a utilização indiscriminada do trabalho temporário e garantir o princípio da estabilidade do emprego: por um lado, a propósito da duração do CUTT, determina-se que este não pode exceder o período de tempo estritamente necessário à satisfação da necessidade do utilizador a que se refere o n. 1 (cf. n. 3); por outro lado, estabelece-se que não é permitido celebrar o CUTT para satisfação de necessidades que foram asseguradas por trabalhador cujo contrato tenha cessado nos 12 meses anteriores por despedimento coletivo ou despedimento por extinção de posto de trabalho (n. 5).

Tal como sucede no contrato a termo (artigo 147º), também neste caso a lei enuncia as consequências decorrentes da inobservância dos mencionados requisitos substantivos: nos termos do artigo 176º, o

---

(1387) A propósito do regime do trabalho temporário positivado no Código do Trabalho seguimos, de perto, a anotação de Guilherme Dray aos artigos 172º a 192º em PEDRO ROMANO MARTINEZ; LUÍS MIGUEL MONTEIRO; JOANA VASCONCELOS; PEDRO MADEIRA DE BRITO; GUILHERME DRAY e LUÍS GONÇALVES DA SILVA, *Código do Trabalho Anotado,* 9ª ed., cit. pp. 428-461.

(1388) No essencial, o legislador apenas reservou para o domínio exclusivo da contratação a termo razões que se prendem com a execução de obra, projeto ou outra atividade definida e temporária (artigo 140º, n. 2, alínea *h*), com a diminuição do risco empresarial no caso de lançamento de nova atividade ou de início de laboração de empresa ou de estabelecimento (artigo 140º, n. 4, alínea *a*) ou de promoção de políticas de emprego (artigo 140º, n. 4, alínea *b*); no plano oposto, reservou para âmbito exclusivo do trabalho temporário quatro situações específicas, respetivamente previstas nas alíneas *a* a *d* do n. 1 do preceito em apreço: *provimento de postos de trabalho na pendência de processo de recrutamento para o seu preenchimento* (alínea *a*); *necessidades intermitentes de mão de obra determinadas por flutuações diárias ou semanais de atividade* (alínea *b*); *necessidade intermitente para a prestação de apoio familiar direto ou de natureza social* (alínea *c*); e *realização de projecto temporário, designadamente instalação ou reestruturação de empresa ou estabelecimento, montagem ou reparação profissional* (alínea *d*). Veja-se, a este propósito, MARIA REGINA REDINHA, *Relação Laboral Fragmentada. Estudo sobre o Trabalho Temporário,* Coimbra Editora, Coimbra, 1995, pp. 400 e ss.

(1389) Veja-se, a este propósito, LUÍS MENEZES LEITÃO, *Direito do Trabalho,* 3ª ed., cit., pp. 441-443 e PEDRO ROMANO MARTINEZ, *Direito do Trabalho,* 5ª ed., cit., pp. 733-735 e *Direito do Trabalho,* 6ª ed., pp. 646-648.

contrato celebrado fora das situações a que se refere o número 1 do artigo 175º é nulo, considerando-se que o trabalho é prestado pelo trabalhador ao utilizador em regime de contrato de trabalho sem termo, sem prejuízo da possibilidade conferida ao trabalhador de optar, nos 30 dias seguintes ao do início da prestação da atividade, por uma indemnização nos termos do artigo 396º do Código do Trabalho, a título de resolução do contrato por justa causa (artigo 176º, n. 3).

O artigo 176º, número 1, determina ainda que cabe ao utilizador a prova dos factos que justificam a celebração de contrato de utilização de trabalho temporário. Trata-se, mais uma vez, de um corolário do "princípio da proteção do trabalhador".

IV. Sempre com o escopo de proteção do trabalhador temporário e agora em desconformidade com o princípio do consensualismo, o legislador exige, no artigo 177º, a observância da *forma escrita* para o contrato de utilização de trabalho temporário, bem como a aposição, neste, de um conjunto de menções obrigatórias — a indicação dos contraentes, com referência ao número e data do alvará de autorização da ETT para o exercício da atividade; a indicação dos motivos que justificam o recurso ao trabalho temporário por parte do utilizador; as características genéricas do posto de trabalho a preencher, dos respetivos riscos profissionais; a indicação do local e período normal de trabalho; o montante da retribuição devida pelo utilizador a trabalhador do quadro próprio que exerça as mesmas funções do trabalhador temporário; o pagamento devido pelo utilizador à empresa de trabalho temporário; o início e duração, certa ou incerta, do contrato e a data da respetiva celebração (n. 1).

A indicação do motivo justificativo, tal como sucede no regime do contrato a termo (artigo 141º, n. 3), deve ser feita pela menção expressa dos factos que o integram, devendo se estabelecer a relação entre a justificação invocada e o termo estipulado, não sendo suficiente, por exemplo, uma mera remissão para determinada previsão legal (artigo 177º, n. 2).

A falta de forma escrita ou a omissão, no contrato, dos motivos determinantes para a contratação implicam, automaticamente, que se considere que o trabalho prestado pelo trabalhador temporário ao serviço do utilizador é realizado com base em contrato sem termo (ns. 4 e 5), salvo se o trabalhador exercer, nos termos do n. 6 do artigo 173º, o direito de opção que a lei lhe confere, optando, nos 30 dias seguintes ao início da prestação da atividade, por uma indemnização a título de resolução do contrato por justa causa, nos termos do artigo 396º.

V. O CT consagra também, à semelhança do que sucede no contrato de trabalho a termo, regras quanto à duração do CUTT. O artigo 178º, a este propósito, determina que o contrato de utilização de trabalho temporário é celebrado a termo resolutivo, certo ou incerto (n. 1) e que a duração do contrato de utilização de trabalho temporário, incluindo renovações, não pode exceder a duração da causa justificativa nem o limite de dois anos, ou de 6 ou 12 meses em caso de, respetivamente, vacatura de posto de trabalho quando já decorra processo de recrutamento para o seu preenchimento ou acréscimo excecional da atividade da empresa (n. 2).

O que se retira deste preceito, é que, para além da consagração de requisitos de natureza substantiva (artigo 175º) e formais (artigo 177º), o legislador estabeleceu também, ao arrepio da liberdade de estipulação contratual, limites temporais atinentes à *duração* dos contratos de utilização, fixando prazos tendencialmente curtos.

Nestes termos e de acordo com o n. 2 do preceito, o legislador, tendo em vista a proteção do princípio constitucional da *estabilidade do emprego,* impôs a necessidade de serem apostos nos contratos de utilização termos resolutivos, que não podem exceder a duração da respetiva causa justificativa. Por outro lado, para a generalidade das causas justificativas previstas no artigo 175º (e, por remissão deste, no artigo 140º, n. 2, alíneas *a* a *d*), impôs-se também o limite adicional de 2 anos, pelo que o contrato deve cessar assim que ocorra o primeiro destes dois eventos (final da duração da causa justificativa ou o limite máximo de 2 anos); tratando-se de contrato celebrado para fazer face a acréscimo excecional da atividade da empresa, o prazo máximo de duração é de 12 meses; sendo o motivo justificativo a vacatura de posto de trabalho quando já decorra processo de recrutamento para o seu preenchimento, o prazo máximo de duração é de 6 meses. Em qualquer destes dois últimos casos, aplica-se, também, o limite geral — os contratos não podem exceder a duração da respetiva causa justificativa.

Em suma, a duração do CUTT não pode exceder a duração da respetiva causa justificativa nem, no limite, ultrapassar o prazo máximo de 2 anos (para a generalidade dos casos), de 12 meses (para os casos de acréscimo excecional da atividade da empresa) ou de 6 (quando o motivo justificativo é a vacatura de posto de trabalho quando já decorra processo de recrutamento para o seu preenchimento), considerando-se como um único contrato o que seja objeto de renovação e não se impõem limites ao número de renovações do CUTT (artigo 178º, n. 3).

No caso de o trabalhador temporário continuar ao serviço do utilizador, decorridos 10 dias após da cessação do contrato de utilização sem a celebração de contrato que o justifique, considera-se que o trabalho passa a ser prestado ao utilizador com base em contrato sem termo (artigo 178º, n. 4).

VI. Por outro lado e também à semelhança do que sucede no regime do contrato de trabalho a termo, igualmente com o intuito de evitar situações de fraude à lei, o artigo 179º do CT, sob a epígrafe "*proibição de contratos* sucessivos", determina que no caso de se ter completado a duração máxima de contrato de utilização de trabalho temporário, é proibida a sucessão no mesmo posto de trabalho de trabalhador temporário ou de trabalhador contratado a termo, antes de decorrer um período de tempo igual a um terço da duração do referido contrato, incluindo renovações (n. 1).

O que se retira do preceito em causa é que no caso de se ter completado a duração máxima do contrato de utilização de trabalho temporário é proibida a sucessão no mesmo *posto de trabalho* de trabalhador temporário ou de trabalhador contratado a termo, antes de decorrer um período de tempo igual a um terço da duração do referido contrato, incluindo renovações[1390].

Trata-se de uma regra que tem semelhanças com a do artigo 143º do CT, relativa ao contrato de trabalho a termo, e que tem por escopo, neste caso, desencorajar o recurso sistemático e desenfreado a uma modalidade de contratação que está na fronteira do princípio constitucional da estabilidade do emprego.

A regra em causa é, por isso, uma decorrência do "princípio da proteção do trabalhador".

Em qualquer caso, não se trata de uma regra de proibição absoluta: por um lado, porque a proibição só ocorre se se tratar do preenchimento do mesmo *posto de trabalho,* pelo que tratando-se de um posto de trabalho diferente já não há qualquer limitação quanto à celebração de contratos sucessivos; por outro lado, porque a lei admite expressamente duas exceções, mesmo tratando-se de contratos para o mesmo posto de trabalho, as quais constam do n. 2 — nova ausência do trabalhador substituído, quando o contrato de utilização tenha sido celebrado para sua substituição; e acréscimo excecional de necessidade de mão de obra em atividade sazonal.

VII. Tal como sucedia na LTT, o legislador reconhece também, no CT, que o contrato de utilização detém primazia sobre o contrato de trabalho temporário e condiciona-o quanto à respetiva celebração (artigo 180º), quanto à forma que o mesmo deve revestir e às formalidades que deve respeitar (artigo 181º) e quanto à sua duração (artigo 182º).

Nesse sentido, o artigo 180º do Código do Trabalho é sintomático quanto à primazia do contrato de utilização, ao determinar que o contrato de trabalho temporário a termo resolutivo, certo ou incerto, só pode ser celebrado nas situações previstas para a celebração de contrato de utilização (n. 1), razão pela qual importa conjugar este preceito com o artigo 175º.

Estamos, no essencial, perante uma união de contratos funcional, necessária e tendencialmente unilateral: as vicissitudes do contrato de utilização repercutem-se no contrato de trabalho temporário, mas nem todas as vicissitudes deste se repercutem no contrato de utilização. A cessação do contrato de trabalho temporário ou a suspensão da prestação laboral do trabalhador temporário, em regra, não acarretam a cessação do CUTT (artigo 188º)[1391].

(1390) Veja-se, a este propósito, PEDRO FURTADO MARTINS, "Questões sobre Trabalho Temporário", *Revista de Direito e de Estudos Sociais,* XXXX (1999), n. 1, pp. 68 e ss.
(1391) Veja-se, a este propósito, PEDRO ROMANO MARTINEZ, *Direito do Trabalho*, 5ª ed., pp. 729-730 e 740 e *Direito do Trabalho,* 6ª ed., pp. 643-646 e 652-653.

O contrato de trabalho temporário celebrado fora das hipóteses do artigo 175º é nulo (artigo 180º, n. 2). Em caso de nulidade, considera-se que o trabalho é prestado em regime de contrato de trabalho sem termo perante a empresa de trabalho temporário, podendo o trabalhador, todavia, nos termos do artigo 173º, n. 6, optar por uma indemnização nos termos do artigo 396º do Código do Trabalho. Se esta nulidade concorrer com as que resultam da nulidade do contrato de utilização, nos termos dos artigos 176º, n. 2, ou 177º, n. 5, considera-se então que o trabalho é prestado em regime de contrato de trabalho sem termo perante o utilizador, podendo o trabalhador, também neste caso, optar por uma indemnização nos termos conjugados dos artigos 173º, n. 6, e 396º.

VIII. O mesmo propósito de proteção do trabalhador consta no regime do contrato de trabalho temporário. Tal como o contrato de utilização, o contrato de trabalho temporário é um contrato formal (artigo 181º), obrigatoriamente reduzido a escrito e sujeito a um conjunto de formalidades, devendo conter a indicação dos contraentes; a indicação dos motivos que justificam a celebração do contrato; a atividade contratada; o local e período normal de trabalho; a retribuição; o início de vigência do contrato; o termo do contrato; e a data da respetiva celebração. Em caso de falta de forma, omissão ou insuficiência dos motivos determinantes da contratação, considera-se que o trabalho é prestado em regime de contrato de trabalho sem termo perante a empresa de trabalho temporário, podendo o trabalhador optar, nos termos do artigo 173º, n. 6, por uma indemnização nos termos do artigo 396º do Código do Trabalho (n. 2). Nos termos do n. 3 do citado artigo 181º, se o contrato for omisso quanto ao seu termo, considera-se que o mesmo é celebrado pelo prazo de um mês e, nesse caso, não é permitida a sua renovação.

IX. A duração do contrato de trabalho temporário, regulamentada no artigo 182º, segue, no essencial, as seguintes regras: a) a duração do contrato de trabalho temporário a termo certo não pode exceder a do contrato de utilização, podendo, em qualquer caso, ser celebrados contratos de trabalho temporário de duração inferior a 6 meses, sem sujeição aos limites aplicáveis a este propósito ao contrato a termo certo (artigo 148º, n. 2) e sem limitações quanto ao número de renovações (ns. 1 e 2); b) para além do referido limite indexado ao da duração do contrato de utilização, o contrato de trabalho temporário tem a duração máxima de dois anos (para a generalidade dos casos) ou, respetivamente, de 12 meses (em caso de *acréscimo excecional da atividade da empresa*) ou de 6 meses (em caso de *vacatura de posto de trabalho quando decorra processo de recrutamento para o seu preenchimento*), podendo ser renovado, sem limites, enquanto se mantiver o motivo justificativo (n. 3); c) o contrato de trabalho temporário a termo incerto dura pelo tempo necessário à satisfação das necessidades temporárias do utilizador, não podendo em qualquer caso exceder os limites de duração relativos ao contrato de trabalho temporário a termo certo constantes dos ns. 1, 2 e 3 (n. 4).

O n. 5 do preceito em apreço encerra uma nova regra, quanto ao cômputo dos limites de duração do contrato de trabalho temporário: à luz deste preceito e por força da remissão levada a efeito para o artigo 148º, n. 5, é incluído no cômputo dos limites temporais de 2 anos, 12 meses ou 6 meses, consoante os casos, a duração de contratos de trabalho a termo ou de trabalho temporário cuja execução se concretiza no mesmo *posto de trabalho*, bem como de contrato de prestação de serviço para o mesmo objeto, entre o trabalhador e o mesmo empregador ou sociedades que com este se encontrem em relação de domínio ou de grupo ou mantenham estruturas organizativas comuns.

Nos termos do n. 6, a caducidade do contrato de trabalho temporário a termo certo ou incerto segue, respetivamente, o regime da caducidade dos contratos de trabalho a termo certo (artigo 344º) ou incerto (artigo 345º) — o trabalhador tem direito, em caso de cessação do contrato de trabalho temporário, a uma compensação por caducidade.

X. O CT atual, na esteira da versão original do CT/2009[1392], contém também uma Divisão (IV) relativa ao "*contrato de trabalho por tempo indeterminado para cedência temporária*" (artigos 183º e 185º). De-

(1392) Recorda-se que até a reforma da Lei do Trabalho Temporário levada a efeito pela Lei n. 146/99, a cedência de trabalhadores temporários implicava, necessariamente, que estes estivessem vinculados à empresa de trabalho temporário mediante um contrato de trabalho a termo, indexado a um contrato de utilização. A contratação de trabalhadores temporários por parte da empresa de trabalho temporário dependia, sempre, da invocação de um motivo justificativo decalcado das razões subjacentes à celebração do contrato de utilização. Não fazia sentido que assim fosse: quer para as empresas de trabalho temporário, quer para

pois de fixar o regime do contrato de utilização (Divisão II) e do contrato de trabalho temporário (Divisão III), o legislador admite uma modalidade de cedência temporária que envolve trabalhadores vinculados à empresa de trabalho temporário, não através de contrato de trabalho temporário a termo, mas sim através de contrato de trabalho por tempo indeterminado que tem por objeto a cedência temporária do trabalhador contratado[(1393)].

Trata-se, também, neste caso, de um contrato formal, sujeito à forma escrita e à observância de um conjunto de menções obrigatórias, enunciadas no n. 1 do artigo 183º do CT — exige-se, nomeadamente, a indicação expressa de que o trabalhador aceita que a empresa de trabalho temporário o ceda temporariamente a utilizadores, a indicação da atividade contratada ou a descrição genérica das funções a exercer e da qualificação profissional adequada, bem como a área geográfica na qual o trabalhador pode exercer funções e a retribuição mínima durante as cedências que ocorram, nos termos do artigo 185º. Apesar da maior proximidade em relação ao princípio constitucional da estabilidade no emprego, a figura contratual em apreço implica, em qualquer caso, que o trabalhador contratado se disponibilize a ser cedido a uma pluralidade de potenciais utilizadores da sua força de trabalho, circunstância que torna menos confortável o respetivo regime de prestação de trabalho, quando confrontado com o regime comum — por essa razão e em nome do "princípio da proteção do trabalhador", a lei exige algumas regras especiais de proteção, nomeadamente regras de forma.

É igualmente obrigatória a identificação da empresa de trabalho temporário, com expressa menção do número e data de emissão do respetivo alvará da licença.

Na falta de documento escrito ou em caso de omissão da declaração de aceitação do trabalhador quanto à possibilidade de o mesmo ser cedido temporariamente pela empresa de trabalho temporário, ou caso do contrato não resulte a indicação da atividade contratada ou a descrição genérica das funções a exercer e da qualificação profissional adequada, considera-se que o trabalho é prestado à empresa de trabalho temporário mediante contrato de trabalho sem termo, podendo o trabalhador, em alternativa, nos termos do artigo 173º, n. 6, optar por uma indemnização de acordo com o artigo 396º do Código do Trabalho (artigo 183º, n. 3)[(1394)].

No artigo 184º ("*período sem cedência temporária*"), o legislador esclarece a situação do trabalhador sempre que este não se encontrar em situação de cedência temporária: durante o período em que não se encontre em situação de cedência, o trabalhador em causa pode prestar atividade à empresa de trabalho temporário, caso em que deverá receber a retribuição correspondente à atividade desempenhada, sem prejuízo do valor referido no contrato de trabalho celebrado nos termos do artigo 183º (artigo 184º n. 2, alínea *b*). Caso, pelo contrário, o trabalhador se mantenha inativo, adquire o direito a uma compensação prevista em instrumento de regulamentação coletiva de trabalho, caso prevista, ou no valor de dois terços da última retribuição ou da retribuição mínima mensal garantida, consoante o que foi mais favorável (artigo 184º, n. 2, alínea *a*). Trata-se de um regime similar ao do artigo 32º da LTT[(1395)].

---

os próprios trabalhadores, pode ser benéfica a possibilidade de cedência temporária de trabalhadores contratados por tempo indeterminado. Para as empresas de trabalho temporário, cria-se uma nova fórmula contratual que lhes permite contratar, sem necessidade de invocação de qualquer motivo justificativo, um trabalhador com que podem contar no sentido da sua futura e sucessiva disponibilização a terceiros, em função das solicitações do mercado; para os trabalhadores, a nova figura contratual tem a virtude de estar mais próxima do paradigma de postos de trabalho fixos e estáveis — o contrato tem uma duração indeterminada e a precariedade laboral é significativamente reduzida. A modalidade contratual em causa aproxima-se mais do princípio constitucional da "estabilidade no emprego" do que o contrato de trabalho temporário *stricto sensu*.

Criou-se, pois, esta nova possibilidade, que se manteve na LTT (Lei n. 19/2007, de 22 de maio), no CT/2009 original e no atual CT: as empresas de trabalho temporário podem ceder temporariamente trabalhadores vinculados por contrato de trabalho por tempo indeterminado para cedência temporária, em alternativa à cedência de trabalhadores temporários contratados a termo.

(1393) Veja-se, a este propósito, Guilherme Dray, anotação aos artigos 183º e 185º do Código do Trabalho, em PEDRO ROMANO MARTINEZ; LUÍS MIGUEL MONTEIRO; JOANA VASCONCELOS; PEDRO MADEIRA DE BRITO; GUILHERME DRAY e LUÍS GONÇALVES DA SILVA, *Código do Trabalho Anotado,* 9ª ed., cit., pp. 448-456.

(1394) Veja-se, a este propósito, Guilherme Dray, anotação ao artigo 183º do Código do Trabalho, em PEDRO ROMANO MARTINEZ; LUÍS MIGUEL MONTEIRO; JOANA VASCONCELOS; PEDRO MADEIRA DE BRITO; GUILHERME DRAY e LUÍS GONÇALVES DA SILVA, *Código do Trabalho Anotado,* 9ª ed., cit., pp. 448-450.

(1395) Veja-se, a este propósito, Guilherme Dray, anotação ao artigo 184º do Código do Trabalho, em PEDRO ROMANO MARTINEZ; LUÍS MIGUEL MONTEIRO; JOANA VASCONCELOS; PEDRO MADEIRA DE BRITO; GUILHERME DRAY e LUÍS GONÇALVES DA SILVA, *Código do Trabalho Anotado,* 9ª ed., cit., pp. 450-451.

Para além da questão retributiva, expressamente resolvida pelo legislador, julga-se que durante o período de inatividade se devem manter os direitos e deveres das partes na medida em que não pressuponham a prestação efetiva de trabalho. Os deveres acessórios de conduta não integrantes do dever principal (*maxime* os deveres *de urbanidade* e *respeito, lealdade, sigilo* e *não concorrência*) devem manter-se, à semelhança do que sucede no regime da suspensão do contrato individual de trabalho (artigo 295º).

A liberdade de trabalho do trabalhador em situação de inatividade mantém-se: respeitados que sejam os aludidos deveres acessórios de conduta, o trabalhador pode desenvolver uma atividade remunerada em benefício de terceiros. Será de exigir, em todo o caso, à semelhança das hipóteses de suspensão do contrato de trabalho por motivo respeitante ao empregador (artigo 304º, n. 1, alínea *b*), um particular *dever de informação* a cargo do trabalhador: este deve informar a empresa de trabalho temporário da sua intenção de desenvolver uma nova atividade remunerada durante o período de inatividade.

5.4. Contrato em regime de comissão de serviço

I. O "princípio da proteção do trabalhador" manifesta-se, também, no contrato de trabalho em regime de comissão de serviço — neste caso, não enquanto princípio fundador deste contrato de trabalho especial, mas enquanto princípio que limita a atuação do princípio da salvaguarda dos interesses de gestão do empregador através da preservação de um núcleo de direitos especiais e intransponíveis do trabalhador em regime de comissão de serviço.

Na base do contrato de trabalho em comissão de serviço está, todavia, a ideia de proteção dos interesses de gestão do empregador quando esteja em causa a contratação de trabalhadores que requerem uma especial relação de confiança ou, como diz Pedro Romano Martinez, quando *"a qualidade e a responsabilidade exigidas ao trabalhador são elevadas"*[1396] — mediante a contratação em comissão de serviço, permite-se a ocupação de determinados postos de trabalho através de nomeações transitórias, que podem cessar por simples iniciativa do empregador, sem necessidade de invocação de justa causa, mediante mero aviso-prévio por escrito com a antecedência mínima de 30 dias ou 60 dias, consoante aquela tenha durado, respetivamente, até dois anos ou período superior.

II. O trabalho em regime de comissão de serviço tem por base a ideia de que em determinado tipo de funções, quando esteja em causa uma especial relação de confiança, ou um *particular laço fiduciário*[1397], importa atender aos interesses de gestão do empregador, ainda que dessa cedência possa resultar uma menor atenção ao princípio constitucional da segurança no emprego (artigo 53º da Constituição) e ao princípio juslaboral da irreversibilidade da categoria (artigo 129º, n. 1, alínea *e*, do CT). Nestes casos, quando está em causa uma especial valoração do elemento fiduciário, em especial no que diz respeito aos cargos de direção, justifica-se uma maior atenção ao princípio da proteção dos interesses de gestão em detrimento dos aludidos subprincípios decorrentes do "princípio da proteção do trabalhador — neste caso, a prevalência destes subprincípios, como sublinha Luís Miguel Monteiro, "(...) *imporia a permanência dos trabalhadores nos mencionados cargos mesmo após o desaparecimento do laço fiduciário que justificara a nomeação, solução inaceitável à luz da valoração da confiança como elemento decisivo de determinadas relações laborais"*[1398]. Donde, a solução legal assenta na seguinte formulação: o exercício das funções em comissão de serviço só se mantém enquanto perdurar a relação de confiança que as caracteriza; havendo quebra da relação de confiança, o empregador pode pôr livremente termo ao desempenho das funções em regime de comissão de serviço e, eventualmente, à própria relação de trabalho (artigos 163º e 164º do CT). Em suma, como recorda Luís Menezes Leitão, *"a principal especificidade do contrato de trabalho em comissão de serviço respeita à sua forma de extinção"*[1399].

(1396) Cf. PEDRO ROMANO MARTINEZ, *Direito do Trabalho*, 5ª ed., p. 721 e *Direito do Trabalho*, 6ª ed., p. 636.
(1397) Cf. JOÃO LEAL AMADO, *Contrato de trabalho*, 3ª ed., cit., p. 146.
(1398) Cf. LUÍS MIGUEL MONTEIRO, *Código do Trabalho Anotado*, 9ª ed., cit., anotação (III) ao artigo 161º, pp. 402-408.
(1399) Cf. LUÍS MENEZES LEITÃO, *Direito do Trabalho*, 3ª ed., cit., p. 434.

A comissão de serviço consubstancia, pois, um importante instrumento de flexibilização das relações laborais — permite ao empregador adequar os recursos humanos de que dispõe e colocá-los, durante determinado período de tempo, no exercício de funções que requerem uma especial relação de confiança, fazendo-os regressar às atividades anteriormente desempenhadas sem violação da garantia da irreversibilidade da categoria profissional; por outro lado, permite também ao empregador recrutar externamente novos trabalhadores, para o exercício de cargos de confiança em regime de comissão de serviço, sendo facultada ao empregador, nesta modalidade de contrato especial, a possibilidade de fazer cessar o contrato de trabalho sem necessidade de invocação de justa causa, possibilidade essa cuja importância é obviamente muito significativa nos ordenamentos jurídicos — como o português — que se caracterizam por ser muito tutelares em matéria de cessação do contrato de trabalho e que não contêm qualquer flexibilização do regime para os cargos dirigentes[1400].

A faculdade, atribuída ao empregador, de fazer cessar o contrato em regime de comissão de serviço sem necessidade de invocação de justa causa, sendo uma solução moldada em nome dos interesses de gestão do empregador que se afasta dos moldes tradicionais do sistema juslaboral, coloca o trabalhador numa situação de especial fragilidade e justifica, consequentemente, perante um regime menos favorável para o trabalhador do que o regime comum, uma particular atuação do "princípio da proteção do trabalhador", em nome da tutela mínima do trabalhador em comissão de serviço. É nesse sentido que se compreendem, nomeadamente, as regras relativas à delimitação do âmbito subjetivo da comissão de serviço (artigo 161º), à forma do contrato e às menções obrigatórias que dele devem constar (artigo 162º)[1401], bem como as regras que consagram os direitos do trabalhador decorrentes da cessação da comissão de serviço (artigo 164º).

III. Historicamente, o trabalho em comissão de serviço, originário do Direito administrativo[1402], surge entre nós — no Direito do trabalho — com a aprovação do Decreto-lei n. 404/91, de 16 de outubro.

O preâmbulo do diploma é absolutamente elucidativo quanto aos objetivos de flexibilização e de criação de novos instrumentos de gestão empresarial, em especial para os cargos dirigentes[1403] — *"O exercício de funções que pressuponham uma especial relação de confiança entre a entidade empregadora e o trabalhador não apresenta, no quadro do atual regime jurídico do contrato individual de trabalho,*

(1400) Cf. MARIA DO ROSÁRIO RAMALHO, *Direito do Trabalho, Parte II — Situações Laborais Individuais*, cit., p. 286, para quem *"a rigidez do sistema laboral nacional em matéria de despedimento é (...) a principal responsável pela grande aplicação prática desta figura, entre nós"*. Da mesma autora e sobre o mesmo tema, *Tratado de Direito do Trabalho*, Parte II, cit., pp. 297 e ss. (p. 299).

(1401) Trata-se, segundo MARIA DO ROSÁRIO RAMALHO, da *"manifestação do princípio de proteção do trabalhador na matéria da forma, que se evidencia nas maiores exigências de forma quando estejam em causa regime menos favoráveis para o trabalhador do que o regime comum" — in Direito do Trabalho*, Parte II — Situações Laborais Individuais, cit., p. 288.

(1402) Recorda-se que a figura da comissão de serviço, para o exercício temporário de cargos de direcção e chefia, foi inspirada no instituto típico do direito administrativo designado pelo mesmo nome e que é conhecido entre nós desde 1913. A figura do provimento em comissão de serviço, aquando da aprovação do Decreto-Lei n. 404/91, de 16 de outubro, era aplicada a todo o pessoal dirigente dos serviços e organismos do Estado (*v. g.*, artigos 5º e 7º do Decreto-Lei n. 323/89, de 26 de setembro, e artigo 7º do Decreto-Lei n. 427/89, de 7 de dezembro), sendo certo que desde 1974 a lei previa a possibilidade de os trabalhadores por conta de outrem manterem todos os direitos anteriormente adquiridos, face à respetiva entidade patronal, enquanto estivesse suspensa a prestação de trabalho por força do desempenho, a título transitório, de funções de administração ou de gestão ou, ainda, de fiscalização nas próprias empresas a que pertencessem ou em outras, de natureza pública ou privada, fossem ou não designados pelo Estado (artigo 1º do Decreto-Lei n. 729/74, de 20 de dezembro, norma que inspirou o artigo 32º, n. 1, das bases gerais do estatuto das empresas públicas, Decreto-Lei n. 260/76, de 8 de abril; estas disposições, por seu turno, influenciaram o disposto no artigo 398º, n. 2, do Código das Sociedades Comerciais de 1986). O regime da comissão de serviço foi, por isso, importado da função pública — cf. BERNARDO LOBO XAVIER, *Curso de Direito do Trabalho*, cit., p. 345.

(1403) Recorda-se que já nessa altura, mesmo antes da aprovação do citado Decreto-Lei n. 404/91, de 16 de outubro, a doutrina nacional aludia às especificidades próprias do trabalho desempenhado por cargos dirigentes. Menezes Cordeiro, a esse propósito, defendia já na altura que a problemática da prestação de serviços das categorias dirigentes justificava uma autonomização no seio do Direito do trabalho, distinguindo-se *"dos restantes por desfrutar de privilégios funcionais e remuneratórios, por ser destinatário de deveres mais intensos, por carecer de menor protecção e por implicar uma maior confiança por parte da entidade empregadora. Este último aspecto, que tem sido frequentemente enfocado na jurisprudência [...], deve ser sublinhado: o trabalhador dirigente, como delegado da entidade empregadora, deve colocar-se, perante esta, numa posição de lealdade e de confiança, cuja falta, a ocorrer, compromete com gravidade os canais hierárquicos da empresa"* (cf. *Manual de Direito do Trabalho*, cit., p. 672). O mesmo autor dava igualmente nota da estipulação em instrumentos laborais coletivos de regimes diferenciados para o pessoal dirigente — tais instrumentos coletivos dispõem que, *"sem quebra na estabilidade do emprego, as funções dirigentes sejam desempenhadas a título precário ou por um horizonte temporalmente limitado por trabalhadores não dirigentes, os quais, terminado esse período de direcção, regressam à posição base que detinham"* (cf. cit., p. 673).

qualquer especialidade relativamente ao dos demais trabalhadores. Hoje em dia, porém, reconhece-se que a necessidade de assegurar níveis cada vez mais elevados de qualidade, responsabilidade e dinamismo na gestão das organizações empresariais implica soluções adequadas à salvaguarda da elevada e constante lealdade, dedicação e competência em que se traduz a confiança que o exercício de certos cargos exige (...)", circunstância que "*(...) justifica a adoção de um regime excecional de recrutamento para o desempenho dos referidos cargos (...)*".

O trabalho em comissão de serviço consubstancia, pois, um regime especial para o desempenho de atividades que envolvem uma especial relação de confiança entre o empregador e o trabalhador.

Em termos de âmbito de aplicação subjetivo, o artigo 1º do citado Decreto-lei n. 404/91 determinava que só "*Podem ser exercidos em regime de comissão de serviço os cargos de administração, de direcção diretamente dependentes da Administração e, bem assim, as funções de secretariado pessoal relativas aos titulares desses cargos e a outras funções previstas em convenção colectiva de trabalho, cuja natureza se fundamente numa especial relação de confiança*" (n. 1), sendo certo que o número 2 do mesmo preceito excluía do referido âmbito de aplicação "*(...) os cargos de chefia directa e todos os outros cargos hierárquicos que não envolvam coordenação de outras chefias, salvo tratando-se de dirigente máximo de estabelecimento com um número de trabalhadores não superior a 20, desde que, neste caso, envolva capacidade de gestão e chefia directamente dependentes da Administração*".

E quanto à forma de cessação do contrato, o artigo 4º era claro: "*A todo o tempo pode qualquer das partes fazer cessar a prestação de trabalho em regime de comissão de serviço*" (n. 1), ficando a cessação sujeita apenas a um "*(...) aviso-prévio de 30 ou 60 dias, consoante a prestação de trabalho em regime de comissão de serviço tenha tido uma duração de até dois anos ou mais de dois anos*" (n. 2).

A solução legal, quanto à forma de cessação da comissão de serviço, era clara: a cessação da comissão de serviço poderia ser levada a efeito pelo empregador sem necessidade de invocação de justa causa, mediante simples denúncia com pré-aviso. Mais do que isso: no caso dos trabalhadores especialmente contratados para o efeito (a habitualmente denominada comissão de serviço *externa*) a cessação da comissão de serviço acarretava a cessação da relação de trabalho (artigo 4º, n. 3, alínea *a, in fine*).

IV. Tal circunstância, potencialmente violadora do princípio constitucional da estabilidade no emprego, em especial, a possibilidade de as partes convencionarem a extinção do próprio contrato de trabalho com a cessação da comissão de serviço sem necessidade de invocação de justa causa, foi objeto de apreciação pelo Tribunal Constitucional no Acórdão n. 64/91, de 11 de abril[1404]. No essencial, foi colocada a questão de saber se o consentimento prévio pelo trabalhador da possibilidade de despedimento por mero efeito de cessação da comissão de serviço pode constituir disposição de direitos irrenunciáveis do trabalhador e a sua convenção pelas partes pode constituir a derrogação de normas inderrogáveis, em violação do disposto no artigo 53º da Constituição, que garante a segurança no emprego e proíbe os despedimentos sem justa causa.

O Tribunal, analisando a regulamentação constante do decreto em apreciação, começou por distinguir três situações distintas: i) o acordo ter sido celebrado com um trabalhador da empresa e, uma vez determinada a cessação da comissão de serviço por decisão unilateral de qualquer das partes, ser assegurado a esse trabalhador o direito à categoria que antes detinha ou às funções que vinha desempenhando, quando as últimas confiram direito a categoria ou nível remuneratório previsto em convenção coletiva de trabalho aplicável, ou ainda à que, entretanto, tenha sido promovido (artigo 2º, n. 3, alínea *d*, § 2º, primeira parte) — neste caso, o Tribunal concluiu que "*existe plena garantia de segurança de emprego, não havendo violação do artigo 53º da Constituição*"; ii) ter sido contratada para o exercício de funções, em regime de comissão de serviço, uma pessoa estranha à empresa, acordando as partes na colocação do contratado num lugar e numa categoria existente ou a criar, uma vez cessada a comissão de serviço (artigo 2º, n. 3, alínea *d*, § 2º, segunda parte) — também neste caso, o Tribunal entendeu que "*é evidente que não se verifica qualquer violação da garantia constitucional prevista no artigo 53º da Constituição, visto ocorrer, pelo contrário, a criação de um novo posto de trabalho*"; iii) a celebração de

(1404) O Acórdão em apreço pode ser consultado em <http://dre.pt/cgi/dr>.

acordo para desempenho de funções em comissão de serviço com pessoas estranhas à empresa, tendo as partes convencionado a extinção do contrato com a cessação da comissão de serviço — foi em relação a esta hipótese específica[1405] que foi colocada uma questão de constitucionalidade, podendo perguntar-se, de facto, se não ocorre aí violação do princípio da proibição de cessação do contrato individual de trabalho sem justa causa e a disposição de um direito irrenunciável — o direito à segurança no emprego. O Tribunal acabou por reconhecer que "*os cargos dirigentes ou a eles equiparados se revestem de um evidente carácter fiduciário, de tal forma que, pela sua própria natureza, são exercidos pelos titulares de forma precária, estando subjacente sempre uma ideia de que a todo o tempo pode cessar a comissão, por decisão de qualquer das partes no contrato*", o mesmo sucedendo, de resto, quanto às funções de "secretariado pessoal", em que "*a obrigação de lealdade constitui uma parcela essencial, e não apenas acessória, da posição jurídica do trabalhador*". Por essa razão, por entender que "*nestes casos, a quebra de relação fiduciária torna absolutamente impossível o serviço comissionado, como se de impossibilidade objetiva se tratasse*", o Tribunal acabou por concluir que, para todas estas hipóteses, "*não vale o princípio de segurança do emprego consagrado no artigo 53º da Constituição. Daí o juízo de que a norma questionada não está afectada de inconstitucionalidade material*"[1406].

V. A atuação do "princípio da proteção do trabalhador" centrou-se, pois, no âmbito do regime especial da comissão de serviço, na salvaguarda de alguns direitos basilares do trabalhador contratado segundo este regime especial.

Assim, o artigo 3º do citado Decreto-lei n. 404/91, ao arrepio do princípio do consensualismo, exigiu a observância de forma escrita e a aposição de um conjunto de menções obrigatórias — na falta de redução a escrito do contrato ou da indicação do "*Cargo ou funções a desempenhar com menção expressa do regime de comissão de serviço*" (artigo 3º, n. 1, alínea *b*), considerava-se que o cargo ou as funções eram exercidas com carácter permanente.

O artigo 4º, a propósito do regime de cessação da comissão de serviço, apesar de admitir, nos termos acima assinalados, que "*A todo o tempo pode qualquer das partes fazer cessar a prestação de trabalho em regime de comissão de serviço*" (n. 1), em clara cedência ao princípio da proteção dos interesses de gestão do empregador, determinou também que "*a cessação da comissão de serviço está sujeita a um aviso-prévio de 30 ou 60 dias, consoante a prestação de trabalho em regime de comissão de serviço tenha tido uma duração de até dois anos ou mais de dois anos*" (n. 2) e que, "*Cessando a comissão de serviço, o trabalhador tem direito: a) Ao regresso às funções correspondentes à categoria que antes detinha ou às funções que vinha exercendo quando estas confiram direito a categoria ou nível remuneratório previsto em convenção colectiva de trabalho aplicável, ou ainda à que entretanto tenha sido promovido ou, no caso de ter sido contratado para o efeito, à colocação na categoria constante do acordo, salvo se, neste, as partes tiverem convencionado a extinção do contrato com a cessação da comissão de serviço; b) À rescisão do contrato nos 30 dias seguintes à decisão da entidade empregadora que ponha termo à comissão de serviço; c) A uma indemnização correspondente a um mês da remuneração de base auferida no desempenho da comissão de serviço, por cada ano ou fracção de antiguidade na empresa, no caso previsto na alínea anterior e na parte final da alínea a), salvo se a cessação ocorrer ao abrigo de processo disciplinar do qual resulte cessação do contrato de trabalho*" (n. 3). Mais do que isso: o preceito em apreço, em clara aproximação ao princípio do tratamento mais favorável, enquanto projeção do "princípio

(1405) Recorda-se que a doutrina, habitualmente, distingue duas *modalidades* de trabalho em regime de comissão de serviço: a *comissão de serviço externa*, pela qual se recrutam novos trabalhadores, com os quais é celebrado um contrato de trabalho para o desempenho de uma atividade que pressupõe uma especial relação de confiança, recrutamento esse que dá origem a um contrato de trabalho especial; e a *comissão de serviço interna*, na qual o empregador recorre a trabalhadores da empresa para o desempenho de funções de especial confiança, caso em que os contratos destes trabalhadores sofrem uma vicissitude modificativa, por acordo das partes: enquanto durar a comissão de serviço, eles desempenham as novas funções que requerem uma especial relação de confiança; cessando a comissão de serviço, regressam tendencialmente ao anterior posto de trabalho para desempenhar a atividade que exerciam antes do início da comissão de serviço, ultrapassando-se por esta via a garantia da irreversibilidade da categoria profissional prevista no artigo 129º, n. 1, alínea *e*, do CT — cf. MARIA DO ROSÁRIO RAMALHO, *Direito do Trabalho*, Parte II — Situações Laborais Individuais, cit., p. 285, e *Tratado de Direito do Trabalho*, Parte II, cit., p. 299.

(1406) Recorda-se que a constitucionalidade do diploma havia sido defendida, também, por MENEZES CORDEIRO, "Da Constitucionalidade das Comissões de Serviços Laborais", *Revista de Direito e de Estudos Sociais* XXXIII (1991), ns. 1/2, pp. 129 e ss.

da proteção do trabalhador" no domínio da aplicação de fontes, determinou ainda que "*O disposto nos ns. 2 e 3 não prejudica a aplicação de regimes mais favoráveis constantes de convenção colectiva ou de contrato individual de trabalho*" (n. 4).

VI. Quer dizer: não obstante o regime do contrato de trabalho em comissão de serviço ter por finalidade primordial a criação de um importante instrumento de gestão empresarial, *maxime* no caso da contratação de cargos dirigentes, regime esse que encerra um importante desvio ao princípio constitucional da estabilidade do emprego, ele não deixa também, no polo oposto, de conter regras de proteção do trabalhador contratado segundo este regime, nomeadamente nas hipóteses de cessação do contrato em regime de comissão de serviço, quer através da imposição de prazos mínimos de denúncia, quer através da inscrição, na esfera jurídica do trabalhador, de um direito de resolução do contrato de trabalho de origem com direito à indemnização (no caso da chamada comissão de serviço interna), quer através da consagração de um direito à compensação em caso de cessação da comissão de serviço acompanhada da cessação do vínculo laboral (no caso da comissão de serviço externa), quer através da criação de um regime imperativo mínimo, que admite ser derrogado em contrário em sentido mais favorável ao trabalhador, quer por instrumento de regulamentação coletiva de trabalho, quer por contrato de trabalho.

O "princípio da proteção do trabalhador" atuou, pois, no sentido da limitação do regime e da criação de um corpo mínimo de regras de proteção do trabalhador em regime de comissão de serviço.

VII. O regime do trabalho em comissão de serviço foi evoluindo, no nosso ordenamento jurídico, nomeadamente quanto ao respetivo âmbito de aplicação subjetivo.

Inicialmente, regulado no aludido Decreto-lei n. 404/91, de 16 de outubro, o regime da comissão de serviço consta atualmente dos artigos 161º a 164º do CT, tendo sido inicialmente importado para o Código do Trabalho em 2003 (CT/2003, artigos 244º e ss.).

VIII. No CT/2003, o âmbito de aplicação subjetivo do regime em causa foi ampliado — ao passo que no artigo 1º do Decreto-lei n. 404/91, de 16 de outubro, apenas se admitia o exercício em regime de comissão de serviço de "*(...) cargos de administração, <u>de direcção diretamente dependentes</u> da Administração e, bem assim, as funções de secretariado pessoal relativas aos titulares desses cargos e a outras funções previstas em convenção colectiva de trabalho, cuja natureza se fundamente numa especial relação de confiança*" (sublinhado nosso), o artigo 244º do CT/2003 dispensou o requisito da *dependência direta* em relação à Administração, determinando que *"Podem ser exercidos em comissão de serviço os cargos de administração ou equivalentes, <u>de direcção dependentes da administração</u> e as funções de secretariado pessoal relativas aos titulares desses cargos, bem como outras, previstas em instrumento de regulamentação colectiva de trabalho, cuja natureza também suponha, quanto aos mesmos titulares, especial relação de confiança"* (sublinhado nosso); por outro lado e ao contrário do que sucedia no artigo 1º, n. 2, do Decreto-lei n. 404/91, o artigo 244º dispensou também como requisito a "*coordenação de outras chefias*". Ou seja, alargou-se o âmbito de aplicação da comissão de serviço a novos cargos de chefia, passando a admitir-se a prestação de trabalho em comissão de serviço de cargos de direção que não dependessem diretamente da Administração e que não envolvessem a coordenação de outras chefias. Em qualquer caso, a comissão de serviço apenas era admitida a cargos de direção dependentes da administração.

IX. O CT/2009 ampliou ainda mais o conceito, ao determinar que *"Pode ser exercido, em comissão de serviço, cargo de administração ou equivalente, <u>de direção ou chefia diretamente dependente da administração ou de diretor-geral ou equivalente</u>, funções de secretariado pessoal de titular de qualquer desses cargos, ou ainda, desde que instrumento de regulamentação coletiva de trabalho o preveja, funções cuja natureza também suponha especial relação de confiança em relação a titular daqueles cargos e funções de chefia"* (sublinhado nosso). Quer dizer, não obstante a reintrodução do advérbio "*diretamente*", relativo aos cargos de direção ou chefia dependentes da administração, de diretor-geral ou equivalente, a verdade é que o CT/2009 passou admitir o exercício em comissão de serviço de cargos de chefia dependentes não apenas da administração, mas da direção geral. Ou seja, como recorda Luís Miguel Monteiro, o "*trabalhador investido em cargo de chefia pode exercê-lo em regime de comissão de serviço, desde que se encontre na dependência direta do diretor-geral. A redacção do preceito apela,* *por isso, a dois conteúdos distintos dentro da categoria "direcção" — a mera direcção e a direcção geral. Ambas podem ser exercidas em comissão de serviço (...). Deste modo, não relevam apenas cargos em plano imediatamente inferior ao da administração empresarial (...) mas igualmente outros, mais próximos dos trabalhadores de base, desde que encerrem poderes de autoridade e esteja presente o laço de dependência direta face à direcção geral"*(1407)(1408).

X. O atual CT, na sequência das alterações promovidas pela Lei n. 23/2012, enveredou por uma nova ampliação do objeto da comissão de serviço — o artigo 161º determina que "*Pode ser exercido, em comissão de serviço, cargo de administração ou equivalente, de direção ou chefia diretamente dependente da administração ou de diretor-geral ou equivalente, funções de secretariado pessoal de titular de qualquer desses cargos, ou ainda, desde que instrumento de regulamentação coletiva de trabalho o preveja, funções cuja natureza também suponha especial relação de confiança em relação a titular daqueles cargos e funções de chefia*" (sublinhado nosso). Ou seja, para além dos já anteriormente conhecidos casos de exercício de "*cargo de administração ou equivalente, de direção ou chefia diretamente dependente da administração ou de diretor-geral ou equivalente*", o CT admite agora que, mediante previsão em instrumento de regulamentação coletiva de trabalho, possam ser exercidos em comissão de serviço quaisquer *funções de chefia*, independentemente, portanto, de ser um cargo de direção diretamente dependente da administração ou de ser um cargo de diretor-geral ou equivalente.

XI. A tendência tem vindo, portanto, a ser a da ampliação do objeto da comissão de serviço, dentro da lógica mais abrangente de flexibilização da relação laboral: do Decreto-lei n. 404/91, de 16 de outubro, ao actual CT, passando pelo CT/2003 e pelo CT/2009, fomos sempre observando um alargamento da figura — no CT/2003, passou-se a admitir o exercício em comissão de serviço de cargo de direção que não dependesse diretamente da Administração e que não envolvesse a coordenação de outras chefias; no CT/2009, ainda que se tenha retomado o requisito da dependência direta da administração, ampliou-se o objeto da comissão de serviço a diretores gerais ou "equivalentes", para além dos cargos de direção dependentes da administração; e na Lei n. 23/2012, por fim, admitiu-se, ainda que por força de previsão em instrumento de regulamentação coletiva do trabalho, o exercício em regime de comissão de serviço de *qualquer* função de chefia, independentemente, portanto, de se tratar de um cargo dependente da

(1407) Cf. Luís Miguel Monteiro, em PEDRO ROMANO MARTINEZ, JOANA VASCONCELOS, PEDRO MADEIRA DE BRITO, GUILHERME DRAY e LUÍS GONÇALVES DA SILVA, *Código do Trabalho Anotado*, 9ª ed., cit., anotação (V) ao artigo 161º, pp. 402 e ss., que cita, a este propósito, IRENE GOMES, "A comissão de serviço", *A Reforma do Código do Trabalho*, Coimbra Editora, Coimbra, 2004, p. 371.

(1408) Recorda-se que, na sequência da aprovação do CT/2009 pela Lei n. 7/2009, de 12 de fevereiro, a questão da constitucionalidade do regime da comissão de serviço, mais propriamente do regime da cessação da comissão de serviço prevista no artigo 163º, nos casos em que esta cessação determina também a extinção da relação de trabalho (*comissão de serviço externa*, em que as partes nada ajustem quanto á permanência futura do trabalhador após a cessação da comissão de serviço), foi mais uma vez apreciada pelo Tribunal Constitucional. No seu Acórdão n. 338/2010, de 22 de setembro (que pode ser consultado em <http://bdjur.almedina.net/>), o Tribunal concluiu, à semelhança do citado Acórdão n. 64/91 e tendo por base a fundamentação que neste havia sido aduzida, que *"nestes casos "não vale o princípio de segurança do emprego consagrado no artigo 53º da Constituição", por a situação não caber no âmbito de aplicação da norma. Não se veem razões para alterar o então decidido. Assim, havendo comissão de serviço, a tutela do trabalhador é apenas de carácter indemnizatório. Nos termos do atual Código, o mesmo trabalhador terá direito a uma indemnização [artigo 164º, n. 1, alínea c] cujo regime se equipara ao da indemnização por despedimento colectivo com justa causa objetiva (por motivos de mercado, estruturais ou tecnológicos), que está previsto no artigo 366º do Código do Trabalho. O artigo 163º, n. 1, do Código do Trabalho não viola, portanto, o direito à segurança no emprego consagrado no artigo 53º da Constituição"*. Recorda-se que do ponto de vista doutrinário a defesa da inconstitucionalidade do diploma foi levada a efeito por Jorge Leite ("A comissão de serviço", in *Questões Laborais*, n. 16, Coimbra Editora, ano VII, 2000, p. 158), para quem "*O problema não é, com efeito, saber se o empregador pode, mesmo sem justa causa, pôr termo à comissão de serviço [...]; o problema é o de saber se à decisão do empregador de pôr termo, sem justa causa, à comissão de serviço pode corresponder a perda (automática) do emprego do trabalhador. É que ou o despedimento em que, afinal, se traduz aquela decisão é lícito e, nessa hipótese, nada lhe acrescenta o exigido consentimento prévio do trabalhador, ou é ilícito e, neste caso, a ilicitude não seria excluída pelo prévio consentimento do titular do respectivo direito indisponível*" e por Júlio Gomes (*Direito do Trabalho*, cit., p. 753): "*Nesta última hipótese de o contrato ser celebrado com trabalhador não vinculado anteriormente, é necessário que o acordo para o exercício de cargo em regime de comissão de serviço indique qual a atividade que o trabalhador irá exercer quando a comissão de serviço cessar, se for esse o caso. Tal significa que no silêncio do acordo celebrado com um trabalhador 'externo' a cessação da comissão de serviço acarreta agora a cessação do próprio contrato de trabalho. Uma vez que, para a doutrina existente na matéria, o trabalho prestado em regime de comissão de serviço é trabalho subordinado, não compreendemos como é que esta situação é considerada compatível com a exigência constitucionalmente consagrada de justa causa para o despedimento. Tal exigência deveria, desde logo, traduzir-se na inadmissibilidade de uma denúncia por parte do empregador, de um contrato de trabalho subordinado, permitindo-se apenas a resolução de tal contrato pelo empregador, ou melhor, o seu despedimento*".

administração ou de um cargo de diretor-geral ou equivalente e de envolver a coordenação de outras chefias[(1409)].

XI. O papel do "princípio da proteção do trabalhador" surge, aqui, como se referiu, não enquanto princípio inspirador deste regime, mas enquanto garante da proteção de direitos mínimos do trabalhador em regime de comissão de serviço, nomeadamente no domínio da exigência de forma do contrato (artigo 162º, n. 2) e das regras de cessação do contrato (regras de procedimento e quanto ao direito à compensação pecuniária — artigos 163º e 164º). Mas, mais do que isso, o princípio em causa, através do seu subprincípio da segurança no emprego, que proscreve os despedimentos *ad nutum*, e através do princípio da igualdade, que proíbe a prática de comportamentos discriminatórios atentatórios da dignidade humana, pode também ter um papel importante em sede de sindicância da cessação unilateral do contrato em regime de comissão de serviço levada a efeito pelo empregador. Assim, se o empregador fizer cessar o contrato de trabalho em regime de comissão de serviço por razões de natureza político-partidária, por exemplo, estaremos perante um exercício abusivo do direito de cessação do contrato, que não é admitido em nome do "princípio da proteção do trabalhador".

Nesse sentido, o Supremo Tribunal de Justiça (STJ), em Acórdão de 22 de outubro de 2003[(1410)], tendo por base "*a precariedade da relação titulada por comissão de serviço*" e fundamentando a sua opinião com base no princípio da igualdade, tido como "*um princípio estruturante do sistema constitucional português*" que "*proíbe que qualquer cidadão possa ser privilegiado, beneficiado, prejudicado, privado de qualquer direito ou isento de qualquer dever em razão da ascendência, sexo, raça, língua, território de origem, religião, convicções políticas ou ideológicas, instrução, situação económica ou condição social*" (artigo 3º, n. 2, da Constituição), defendeu que apesar de o artigo 4º, n. 1, do Decreto-lei n. 404/91, admitir que a comissão de serviço possa ser feita cessar a todo o tempo, não especificando os motivos que poderão servir de base à decisão, no quadro de uma estreita relação entre as partes que pressupõe a permanência de confiança, "(...) *é inadmissível — por representar uma clara violação do princípio da igualdade — que uma tal decisão possa traduzir-se numa mera manifestação discriminatória dos trabalhadores*", fundada em razões de filiação partidária.

Tendo por base o aludido princípio da igualdade, o Supremo Tribunal de Justiça afirmou que "*Neste caso, impõe-se uma interpretação conforme à Constituição. Conforme refere, Jorge Miranda, numa acepção genérica, a interpretação conforme à Constituição traduz-se, antes de mais, em conceder todo o relevo, dentro do elemento sistemático da interpretação, à referência da Constituição: "cada disposição legal não tem somente de ser captada no conjunto das disposições da mesma lei e no conjunto da ordem legislativa; tem, outrossim de se considerar no contexto da ordem constitucional; e isto tanto mais quanto mais se tem dilatado, no século XX, a esfera de acção desta como centro de energias dinamizadoras das demais normas da ordem jurídica positiva"* (*Manual de Direito Constitucional*, tomo II, 3ª edição, Coimbra, p. 263).

Ora, no caso concreto, a única forma de evitar um resultado interpretativo absolutamente contrário ao princípio constitucional da igualdade é entender — efectuando uma interpretação restritiva do preceito — que a referida norma do artigo 4º, n. 1, do Decreto-lei n. 404/91 exclui a invocação de razões que objetivamente representem fatores de discriminação ilegítimos, como seria o caso de estarem em causa apenas razões de natureza política na decisão de fazer cessar a comissão de serviço de um trabalhador". O STJ decidiu, pois, que "*a deliberação do conselho de gerência viola o disposto no citado artigo 4º, n. 1, do Decreto-lei n. 404/91, interpretado no sentido conforme à Constituição*".

(1409) Quanto ao regime, em concreto, do trabalho em comissão de serviço, veja-se LUÍS MENEZES LEITÃO, *Direito do Trabalho*, 3ª ed., cit., pp. 432-435; PEDRO ROMANO MARTINEZ, *Direito do Trabalho*, 5ª ed., cit., pp. 721-725 e *Direito do Trabalho*, 6ª ed., pp. 637-638; MARIA DO ROSÁRIO RAMALHO, *Direito do Trabalho, Parte II — Situações Laborais Individuais*, cit., pp. 284 e ss. e *Tratado de Direito do Trabalho, Parte II*, cit., pp. 297 e ss.; e a anotação de Luís Miguel Monteiro aos artigos 161º a 164º do Código do Trabalho, em PEDRO ROMANO MARTINEZ, JOANA VASCONCELOS, PEDRO MADEIRA DE BRITO, GUILHERME DRAY e LUÍS GONÇALVES DA SILVA, *Código do Trabalho Anotado*, 9ª ed., cit., pp. 402-415.

(1410) O aresto em apreço pode ser consultado em <http://www.dgsi.pt/jstj.nsf/>.

Em última instância, trata-se de uma decisão suportada no "princípio da proteção do trabalhador": em nome do princípio da igualdade e da necessidade de proteção da parte mais fraca do contrato de trabalho, o STJ decidiu, com base nos valores axiológicos do sistema, que a cessação da comissão de serviço, sendo imotivada, não pode fundamentar-se em motivações discriminatórias, irrazoáveis, contrárias ao princípio da igualdade e aos valores (gerais) do subsistema laboral.

Dito de outra forma: a decisão judicial em apreço teve por base, afinal, o "princípio da proteção do trabalhador", através do subprincípio da "proteção dos direitos pessoais de cidadania do trabalhador", em especial, do princípio da igualdade no Direito do trabalho.

5.5. Contrato de trabalho em regime de teletrabalho

I. Nos termos do artigo 165º do Código do Trabalho, considera-se *teletrabalho* a prestação laboral realizada com subordinação jurídica, habitualmente fora da empresa e através do recurso a tecnologias de informação e de comunicação(1411)(1412)(1413).

Trata-se de uma modalidade específica de contrato de trabalho, assente em especificidades de natureza *geográfica* — o trabalho é realizado a distância — e *funcional* — a prestação laboral envolve necessariamente o recurso a tecnologias de informação e de comunicação — e cuja regulamentação ocorreu, pela primeira vez, no CT/2003, que disciplinou uma nova realidade que tende a se consolidar e a se desenvolver enquanto vetor que integra o ideal de flexibilização laboral: a prestação de trabalho em regime de teletrabalho(1414). Com o teletrabalho, como afirma Massimo Roccella, "*un´attività lavorativa assolutamete tradizionale, si puó tornare a discutere della modernità*", face à "*crescente diffusione della innovazioni tecnologiche nei processi produttivi*"(1415).

(1411) Sobre o Teletrabalho, veja-se GUILHERME DRAY, "Teletrabalho, Sociedade de Informação e Direito", *Estudos do Instituto de Direito do Trabalho,* Volume III, Almedina, Coimbra, 2002, pp. 261-287.

(1412) Recorda-se que segundo dados da Comissão Europeia de 2000 (cf. Relatório da Comissão Europeia, "*e-Work 2000 — Status Report on New Ways to Work the Information Society*", 2000, p. 29) o número de teletrabalhadores ascendia em 1999 a cerca de 9 milhões, representativos de 6% da força de trabalho europeia, estimando-se a existência de 10 milhões em 2000, sendo certo que, tanto quanto se sabe, aquando da aprovação do CT/2003, apenas em Itália se havia legislado expressamente sobre esta matéria (Lei de 16 de junho de 1998, n. 191, relativa ao teletrabalho na Administração Pública).
Em 2007, segundo dados do *Eurofound,* citados no Livro Branco para as Relações Laborais do Ministério do Trabalho e da Solidariedade Social, da Comissão do Livro Branco das Relações Laborais (2007, pp. 62-63), a percentagem de pessoas que trabalha com computador pessoal a partir da sua residência não é, em média, muito elevada na União Europeia, mas ainda assim ascende a cerca de 8%, sendo certo, todavia, que há países em que essa percentagem é o dobro da média comunitária — é o caso da República Checa (cerca de 19%), da Croácia (cerca de 17%) e da Dinamarca (cerca de 18%). A análise das respostas ao inquérito da citada Fundação Europeia revela que Portugal se situa entre os países europeus em que o teletrabalho assume menor significado — cerca de 3%, sendo certo que apenas a Roménia e a Bulgária assumem valores percentuais inferiores aos nacionais.
Tendo em conta o desenvolvimento das tecnologias de informação e comunicação (TIC), que tem vindo a diversificar os espaços de trabalho e a desenvolver novas formas de trabalho, de que a figura do teletrabalho é emblemática, o CT/2003 optou por tomar posição e regulamentar o teletrabalho e o CT/2009 manteve esta tendência, que não sofreu qualquer alteração nas suas subsequentes revisões.

(1413) O artigo em apreço, constante do CT, inaugura a Subsecção V (artigos 165º a 171º), da Secção IX (Modalidades de contrato de trabalho), do Capítulo I (Disposições Gerais), do Título II (Contrato de trabalho) do Livro I do CT/2009 (Parte Geral) (artigos 233º a 243º), que segue, no essencial, a Secção IV do Capítulo II, do Título II, do Livro I do CT/2003 (artigos 233º a 243º), que havia introduzido no ordenamento nacional o regime do teletrabalho subordinado, sendo na altura inovador e sem correspondência na anterior legislação. No essencial, o regime do atual CT apenas se distingue do regime que constava do CT/2003 na medida em que suprimiu algumas das regras especiais que constavam daquele normativo e que tinham em vista a tutela do teletrabalhador subordinado, designadamente os preceitos relativos à *segurança, higiene e saúde no trabalho* (artigo 239º), ao *período normal de trabalho* (artigo 240º), à *isenção de horário de trabalho* (artigo 241º), bem como a especificação de alguns *deveres secundários* (artigo 242º) especificamente dirigidos a esta forma de prestação da atividade laboral. Os preceitos suprimidos tinham em vista, por um lado, garantir que o facto de o teletrabalhador prestar a sua atividade, em regra, fora da empresa, não punha, todavia, em causa a aplicação de regras de *segurança, higiene e saúde no trabalho,* bem como regras relativas ao *direito ao repouso;* por outro lado, visavam configurar determinados *deveres secundários* especificamente dirigidos a esta particular modalidade de prestação laboral e que, salvo melhor opinião, se deveriam manter. Em qualquer caso, parte do regime ora suprimido passou a constar do atual artigo 169º (*igualdade de tratamento de trabalhador em regime de teletrabalho*).

(1414) A propósito dos referidos fatores *geográfico* e *funcional* que caracterizam o teletrabalho, veja-se MARIA DO ROSÁRIO RAMALHO, *Direito do Trabalho,* Parte II — Situações Laborais Individuais, cit., p. 277.

(1415) Cf. MASSIMO ROCCELLA, *Manuale di Diritto del Lavoro,* 4ª ed., cit., pp. 221 e ss. (p. 221).

O teletrabalho, cujo conceito normativo é relativamente amplo(1416), permitindo que se aluda à existência de diversas modalidades(1417), assume uma importância crescente na sociedade laboral, fruto do incremento da informática e das tecnologias de informação e de comunicação, bem como do peso crescente dos setores terciário e quaternário da economia e dos problemas associados ao tráfego urbano e à rarefação e encarecimento dos combustíveis fósseis, que condicionam a deslocação maciça e diária dos cidadãos no trajeto casa-trabalho. Por outro lado, assume-se como uma forma de prestação de trabalho que permite ao empregador reduzir custos associados à manutenção de postos de trabalho nas respetivas instalações. Fala-se, a este propósito, na "*empresa virtual, como centro de convergência de uma rede telemática*"(1418).

II. No plano teórico, o teletrabalho apresenta várias vantagens, confirmadas à luz das várias experiências-piloto já realizadas um pouco por todo o mundo (*v. g.*, na Alemanha, Áustria, Bélgica, Dinamarca, Espanha, Estados Unidos da América, França, Grécia, Holanda, Japão, Irlanda, Itália, Luxemburgo, Portugal, Reino Unido e Suécia)(1419), quer para o trabalhador, quer para o empregador(1420), quer para a sociedade em geral.

No que diz respeito ao *trabalhador*, é habitual indicarem-se as seguintes vantagens: redução ou eliminação de tempo despendido na deslocação casa-trabalho; redução ou eliminação de despesas inerentes ao exercício de uma atividade profissional longe de casa, nomeadamente de transporte e alimentação; diminuição do *stress;* maior gosto pelo trabalho desenvolvido; melhor conciliação da vida profissional

---

(1416) O conceito de teletrabalho adotado pelo legislador no artigo 165º do CT é um conceito amplo, cujos elementos essenciais se reconduzem ao facto de a atividade laboral ser *habitualmente*, isto é, primordialmente, prestada fora da empresa (mas não necessariamente em exclusivo), por um lado, e à circunstância de tal atividade envolver a utilização de tecnologias de informação e de comunicação, por outro lado. As características principais do teletrabalho são, consequentemente, a distância do trabalhador em relação à sede social e instalações principais da empresa e o recurso a meios informáticos e/ou telemáticos para a execução do contrato de trabalho. Em qualquer caso, a subordinação jurídica mantém-se. O método indiciário, todavia, habitualmente utilizado para efeitos de apuramento da subordinação jurídica, deve ser relativizado e adaptado: alguns elementos, tais como a propriedade dos instrumentos de trabalho, a assunção dos encargos relativos ao consumo de energia elétrica ou de telecomunicações, ou a incidência do risco de imperfeição ou inutilização do trabalho executado, devem ser valorizados; inversamente, dever-se-ão desvalorizar enquanto indícios relevantes o local de trabalho e a inexistência de um horário de trabalho predefinido pelo beneficiário da prestação — veja-se, a este propósito, REGINA REDINHA, "O Teletrabalho", *II Congresso Nacional de Direito do Trabalho*, Almedina, Coimbra, 1999, pp. 95 e ss.

(1417) Atento à amplitude do conceito, admitem-se várias modalidades de prestação laboral em regime de teletrabalho: quanto ao local onde é exercida a atividade laboral, admite-se que o seja no domicílio do trabalhador (*home-based telework*), em vários locais de trabalho, tais como aeroportos, hotéis ou em instalações de clientes (*mobile telework*), em centros de multimédia especialmente concebidos para o efeito, em locais desconcentrados, em especial, na periferia das grandes cidades (*telecenters*), em centros de multimédia criados em zonas rurais, especificamente destinados às respetivas comunidades locais (*telecottages*) ou, de forma alternada, nalgum destes locais e nas instalações da empresa; relativamente às tecnologias de informação e de comunicação utilizadas, poderão envolver a utilização de telefones fixos ou móveis e computadores pessoais, bem como das redes de internet, sistemas de videoconferência ou correio eletrónico, que garantam uma efetiva comunicabilidade entre o trabalhador, os respetivos colegas de trabalho e o empregador; quanto à ligação entre o empregador e o trabalhador, esta poderá ser contínua (*on-line*) ou descontínua (*off-line*). Para além destas modalidades, admite-se também a prestação de teletrabalho em regime de contrato de trabalho a termo ou de trabalho temporário, reunidos que estejam os pressupostos destes tipos contratuais e na medida em que os respetivos requisitos (*maxime* quanto ao motivo justificativo) estejam preenchidos. Por outro lado, tal como sucede no domínio do contrato em regime de comissão de serviço, o legislador distingue duas hipóteses distintas — a da contratação de um trabalhador externo ou a da afetação de um trabalhador interno da empresa, que passa a exercer a sua atividade em regime de teletrabalho — trata-se da habitual distinção entre *teletrabalho interno* e *teletrabalho externo*, respectivamente, seguindo-se, a este propósito, um regime similar ao do trabalho em regime de comissão de serviço (artigo 162º, n. 1). O artigo 165º, n. 2, procura, por sua vez, garantir a proteção de trabalhadores em situação de particular vulnerabilidade e surgem na sequência do disposto no artigo 195º o trabalhador vítima de violência doméstica tem direito a ser transferido, temporária ou definitivamente, a seu pedido, para outro estabelecimento da empresa, ou a passar a exercer a sua atividade em regime de teletrabalho, quando este seja compatível com a atividade desempenhada. Trata-se, mais uma vez, de uma aplicação do "princípio da proteção do trabalhador" cirúrgica, aplicada apenas a quem se encontra numa especial situação de fragilidade. Naturalmente que, na medida em que um dos requisitos a que se refere o artigo 195º diz respeito à saída da casa de morada de família do trabalhador vítima de violência doméstica, o teletrabalho a que se refere o referido artigo 166º não deverá reconduzir-se à modalidade típica de teletrabalho no domicílio habitual (casa de morada de família) do trabalhador.

(1418) Cf. JOÃO LEAL AMADO, *Contrato de trabalho*, 3ª ed., cit., p. 149.

(1419) Cf. *eWork 2000*, obra citada, pp. 47 e ss.

(1420) Veja-se, a este propósito, PEDRO ROMANO MARTINEZ, *Direito do Trabalho*, 5ª ed., cit., p. 717 e *Direito do Trabalho*, 6ª ed., p. 634; LUÍS MENEZES LEITÃO, *Direito do Trabalho*, 3ª ed., cit., pp. 435-436; M. DE CRISTOFARO, *Il lavoro a Domicilio*, Cedam, Padova, 1978.

e familiar; flexibilização do horário de trabalho; ambiente de trabalho mais confortável; desempenho profissional com maior autonomia; maior facilidade de emprego e acréscimo da liberdade de trabalho.

Quanto ao *empregador*, as vantagens habitualmente apontadas são a diminuição de custos em instalações, energia, transportes e pessoal; otimização dos espaços disponíveis; maior eficiência e produtividade relativamente ao trabalho desenvolvido pelos teletrabalhadores, de quem se exige maior responsabilidade e criatividade e cujo grau de motivação é maior; a possibilidade de adoção de esquemas de gestão por objetivos ou resultados; maior flexibilização da gestão empresarial; melhor fixação do trabalhador; maior facilidade de recrutamento de pessoal; maior resistência perante fatores externos que poderiam pôr em causa o regular funcionamento da unidade produtiva, tais como greves de transportes, atos de terrorismo ou calamidades naturais.

Quanto à *sociedade em geral*, as vantagens emergentes do teletrabalho podem ser as seguintes: diminuição do tráfego urbano e do *commuting* — deslocações diárias e maciças de trabalhadores dos subúrbios para os grandes centros urbanos; redução dos níveis de poluição atmosférica; melhor gestão dos espaços urbanos e requalificação das cidades, em especial, dos subúrbios; redução das disparidades e desníveis de natureza económico-social existentes entre os centros urbanos e os centros rurais, fruto da fixação, nestes, dos telecentros comunitários e rurais; descongestionamento do centro das cidades e desenvolvimento de zonas menos favorecidas e mais remotas, designadamente rurais; aumento da produtividade e eficiência no trabalho; criação de novos empregos, designadamente para trabalhadores portadores de deficiências físicas; e contribuição para a divisão internacional do trabalho, através do teletrabalho *"off shore"*.

A estas vantagens classicamente atribuídas ao teletrabalho, desde finais do século XX, acrescentam-se as que decorrem dos desafios que o século XXI encerra. É habitual referir-se que o século XXI, entre outras tendências que se podem manifestar, tede a ser marcado por algumas "megatendências" que, em bom rigor, já se têm vindo a revelar, nomeadamente a "globalização"[(1421)], o combate às "alterações climáticas"[(1422)], a proteção da segurança e saúde das populações, nomeadamente contra "fenómenos pandémicos"[(1423)] e a defesa da dignidade humana. O Direito, em geral, e o Direito do trabalho, em especial, não poderiam ficar imunes a estes fenómenos e têm de estar à altura do devir social. E o teletrabalho, quem diria, pode ter um importante papel a desempenhar a estes vários níveis[(1424)].

(1421) A globalização é, sem dúvida, uma das "megatendências" do último quartel do séc. XX e do séc. XXI. Os mercados, de um modo geral, estão abertos. O protecionismo esmoreceu e a abertura económica, dentro de espaços regionais ou entre blocos regionais tende a imperar. A deslocalização das empresas multinacionais e a sua proliferação por vários mercados é enorme e crescente. E os efeitos sentidos na economia de um Estado rapidamente se proliferam pelos demais. As tecnologias de informação e de comunicação, por sua vez, desenvolvem-se a um ritmo absolutamente frenético: os computadores pessoais massificaram-se; o acesso à internet em banda larga (*v. g.*, móvel) passou a universalizar-se e constitui um dos principais objetivos das políticas públicas, enquanto instrumento de prossecução de políticas de igualdade de oportunidades nomeadamente nas zonas rurais e despovoadas; os Estados promovem a construção de novas infraestruturas de comunicações — as Redes de Nova Geração — que irão potenciar uma utilização da *internet* mais abrangente, mais célere e com mais conteúdos. O teletrabalho encaixa-se nestas tendências: enquanto fenómeno laboral que permite o trabalho a distância, ele faculta a possibilidade de trabalhadores residentes num estado prestarem serviço para empresas sedeadas noutro Estado, através do recurso a tecnologias de informação e de comunicação. O teletrabalho é ou tende a ser, por isso, um importante instrumento do mercado laboral global.

(1422) A redução do tráfego urbano e do *commuting* — deslocações diárias e maciças de trabalhadores dos subúrbios para os grandes centros urbanos — potenciada pelo teletrabalho pode ter um importante efeito de redução dos níveis de poluição atmosférica e de emissão de CO^2, sendo consequentemente um fator a ter em conta na atenuação ou desaceleração das alterações climáticas.

(1423) O teletrabalho, enquanto fenómeno que permite o trabalho a distância, é certamente um dos mais poderosos instrumentos destinados a impedir a cadeia de transmissão de fenómenos pandémicos, atendendo a que por esta via os trabalhadores possem desenvolver a sua atividade no seu próprio domicílio e com diminuição de risco de contágio — não foi por acaso que o teletrabalho surgiu enunciado nos mais diversos planos de contingência empresariais aprovados aquando do aparecimento do vírus H1N1, como forma de evitar a propagação da Gripe A. O teletrabalho surge, também, como um importante instrumento de proteção da dignidade humana, ao promover a empregabilidade de pessoas deficientes, designadamente pessoas com problemas de locomoção — o teletrabalho permite quebrar barreiras físicas, permitindo que o trabalhador deficiente preste a sua atividade no seu próprio domicílio. É por isso que, em Portugal, o recentemente aprovado regime jurídico de concessão de apoio técnico e financeiro para o desenvolvimento de políticas de emprego e de apoio às pessoas com deficiência — Decreto-Lei n. 290/2009, de 12 de outubro, alterado pela Lei n. 24/2011, de 16 de junho, e pelo Decreto-Lei n. 131/2013, de 11 de setembro — alude especificamente ao teletrabalho. O teletrabalho, enfim, tem ou pode ter um importante papel a desempenhar no mercado laboral do século XXI.

(1424) Veja-se, a este propósito, GUILHERME DRAY, "A Globalização e as Novas Tendências do Mercado de Trabalho. Teletrabalho e Deslocalização do Trabalho. O caso Português", *II Congresso Internacional de Direito (Brasil — Europa), Análise Contemporânea*

III. Mas o teletrabalho também apresenta desvantagens para o trabalhador, do ponto de vista juslaboral: o potencial isolamento do trabalhador pode contribuir para o seu desenraizamento social e profissional, para maiores dificuldades de progressão na carreira e para um afastamento relativamente aos órgãos de decisão da empresa e às estruturas de representação dos trabalhadores; a integração na empresa pode, nestes casos, ser mais complexa e o trabalhador pode ser colocado numa situação de maior fragilidade negocial; e o perigo de invasão da esfera privada é acrescido, designadamente quando o local da prestação laboral coincida com o domicílio do teletrabalhador.

É nesse sentido, mais uma vez, que se justifica a intervenção do "princípio da proteção do trabalhador", através de previsões normativas específicas destinadas a colmatar a situação de maior fragilidade do teletrabalhador: é deste princípio que resultam as regras relativas à forma do contrato de trabalho em regime de teletrabalho (artigo 166º, n. 4, do CT), as relativas ao prazo de duração do teletrabalho em relação a trabalhadores anteriormente vinculados ao empregador (artigo 167º), as referentes à propriedade dos instrumentos de trabalho e ao pagamento das respetivas despesas de instalação e manutenção (artigo 168º do CT), as que dizem respeito à igualdade de tratamento do teletrabalhador em relação aos demais trabalhadores (artigo 169º do CT), as atinentes à preservação da privacidade do teletrabalhador (artigo 170º do CT) e as que garantem a participação e representação coletivas do trabalhador em regime de teletrabalho (artigo 171º do CT).

IV. Tal como sucede com o *contrato a termo*, o *contrato de trabalho temporário* e o contrato de trabalho em *comissão de serviço*, o contrato de trabalho para prestação subordinada de *teletrabalho* é um negócio jurídico formal, no sentido em que exige forma escrita (artigo 166º, n. 4), para além da observância de um conjunto de formalidades.

Nesse sentido, o legislador enuncia um conjunto de menções obrigatórias que devem constar do contrato de trabalho para prestação subordinada de teletrabalho.

O legislador exige que as partes indiquem: a atividade a prestar pelo trabalhador, com menção expressa do regime de teletrabalho e a correspondente retribuição (artigo 166º, n. 4, alínea *b*); o período normal de trabalho do teletrabalhador (artigo 166º, n. 4, alínea *c*); sempre que o período previsto para a duração do trabalho em regime de teletrabalho seja inferior à duração previsível do contrato de trabalho, a atividade a exercer após aquele período, o que leva a concluir que as partes, querendo, podem optar por celebrar um contrato de trabalho para prestação subordinada de teletrabalho em que a prestação de trabalho segundo este regime especial tem uma duração limitada, finda a qual o vínculo laboral, em princípio, persiste segundo o regime comum, nos termos ajustados no contrato (artigo 166º, n. 4, alínea *d*)[1425]; a propriedade dos instrumentos de trabalho bem como o responsável pela respetiva instalação e manutenção e pelo pagamento das inerentes despesas de consumo e de utilização (artigo 166º, n. 4, alínea *e*)[1426]; e a

---

do Direito em Face da Globalização e da Crise Económica, organização do Instituto de Direito do Trabalho da Faculdade de Direito de Lisboa, Programa de Pós-Graduação em Direito da PUC/SP e Comunidade de Juristas de Língua Portuguesas, Almedina, Coimbra, 2010, pp.81-92, cuja exposição seguimos de perto, quanto à importância do *teletrabalho* no âmbito das aludidas "megatendências" do século XXI.

(1425) Importa reter, porém, que a possibilidade conferida às partes de ajustar uma duração inicial para o contrato em causa não significa que o teletrabalho seja, em si mesmo, um motivo justificativo válido para a celebração de um contrato de trabalho a termo: a contratação a termo segue o regime imperativo dos artigos 139º e ss. e a sua celebração apenas se justifica nos casos e condições previstos nos referidos preceitos. Admitem-se, assim, à luz desta alínea *d,* três hipóteses distintas: *i)* o trabalhador é contratado em regime de contrato para prestação subordinada de teletrabalho sem termo, no qual se indica uma duração máxima (qualquer que ela seja) para a prestação de trabalho segundo este regime especial, finda a qual o trabalhador passa a desenvolver a sua atividade em regime comum, de acordo com o estipulado pelas partes no contrato inicial (cf. alínea *d*); *b)* o trabalhador é contratado em regime de contrato de trabalho para prestação subordinada de teletrabalho sem termo e as partes não indicam a duração do trabalho em regime de teletrabalho, caso em que o aludido regime especial se mantém ao longo da execução do contrato; *c)* as partes celebram um contrato de trabalho para prestação subordinada de teletrabalho, a termo (à luz de um dos motivos referidos no artigo 140º), findo o qual se extingue o vínculo laboral entre as partes; nesta última hipótese, ainda se pode admitir que no âmbito do contrato a termo, parte da sua execução seja prestada em regime de teletrabalho e parte em regime de trabalho na empresa — cf. Guilherme Dray, anotação (III) ao artigo 166º do Código do Trabalho, em *Código do Trabalho Anotado,* em coautoria com PEDRO ROMANO MARTINEZ, JOANA VASCONCELOS, PEDRO MADEIRA DE BRITO, LUÍS MIGUEL MONTEIRO e LUÍS GONÇALVES DA SILVA, 9ª ed., p. 422.

(1426) A alínea *e* do artigo 166º, n. 4, do CT, visa garantir total transparência quanto à questão de se saber de quem é a propriedade dos instrumentos de trabalho e quem se responsabiliza pela respetiva instalação, manutenção e pagamento das inerentes despesas

identificação do estabelecimento ou departamento da empresa em cuja dependência fica o trabalhador, bem como quem este deve contactar no âmbito da prestação de trabalho, de forma a se impedir que o teletrabalhador fique condenado ao abandono, ao ostracismo e ao isolamento, as partes devem identificar no próprio contrato a quem deve reportar o trabalhador, bem como identificar o representante da empresa com quem este pode contactar — trata-se de uma imposição do "princípio da proteção do trabalhador" (artigo 166º, n. 4, alínea *f*)(1427).

V. O artigo 167º, sob a epígrafe "*Regime no caso de trabalhador anteriormente vinculado ao empregador*" torna clara a dicotomia entre *teletrabalho externo* (contratação de pessoas que até então não mantinham qualquer vínculo laboral com a empresa) e *teletrabalho interno* (celebração de contrato para prestação subordinada de teletrabalho com trabalhador que já se encontrava vinculado à empresa). O preceito em apreço tem por objeto esta última modalidade, estabelecendo que a duração inicial deste contrato não pode exceder três anos ou o prazo estabelecido em instrumento de regulamentação coletiva de trabalho e que, cessando o contrato para prestação subordinada de teletrabalho, o trabalhador retoma a prestação de trabalho, nos termos acordados ou nos previstos naquele instrumento de regulamentação coletiva(1428).

A exigência de um limite máximo de três anos, quanto à duração da prestação laboral em regime de teletrabalho, resulta mais uma vez do referido "princípio da proteção do trabalhador" e prende-se com a necessidade de evitar situações de ausência prolongada por parte do trabalhador, potencialmente geradoras de situações de isolamento, desenraizamento social e profissional e dificuldades acrescidas na progressão na carreira. O "princípio da proteção do trabalhador" cumpre, aqui, a sua função tutelar perante especiais situações de fragilidade do trabalhador(1429).

É com esse mesmo intuito tutelar, de resto, que o número 2 do citado artigo 167º admite uma hipótese de *direito de arrependimento*: o contrato conducente à prestação de trabalho em regime de teletrabalho pode ser unilateralmente denunciado pelas partes, sem necessidade de invocação de qualquer motivo justificativo, durante os primeiros 30 dias da sua execução. Trata-se, afinal, de um mecanismo que

---

de consumo e de utilização — importa, a este propósito, atender ao disposto no artigo 168º do mesmo diploma, mas o objectivo do legislador é claro: no silêncio das partes, presume-se que o fornecimento dos instrumentos de trabalho, bem como o pagamento das respetivas despesas de instalação e de manutenção, pertencem ao empregador, não correndo por conta da parte mais fraca.

(1427) Recorda-se que muitas das exigências do presente preceito (e de outros que integram a presente Secção) se inspiraram no *Framework Agreement on Telework*, celebrado em 16 de julho de 2002 entre parceiros sociais à escala europeia (*European Trade Union Confederation*, por um lado, e a *UNICE*, *UEAPME* e *CEEP*, por outro lado).

(1428) Não obstante o artigo 167º do CT/2009 (que se mantém no CT), ao contrário do que sucedia no artigo 235º do CT/2003, ter deixado de fazer alusão à liberdade contratual e à necessidade de a passagem de uma situação de regime comum para uma situação de prestação laboral em regime de teletrabalho exigir um acordo escrito entre empregador e trabalhador, entende-se que se deve continuar a exigir o acordo do trabalhador para efeitos de passagem do regime de contrato de trabalho normal para o regime de contrato de trabalho em regime de teletrabalho. Como se continua a exigir a celebração de um *contrato para prestação subordinada de teletrabalho*, cuja duração inicial não pode exceder três anos, é de continuar a aplicar o regime do artigo 166º e, nessa conformidade, continua a ser exigível, necessariamente, o acordo (neste caso, escrito) do trabalhador. Esta solução, de resto, sempre resultaria dos princípios gerais — a alteração do regime comum de prestação do trabalho para um regime especial não pode ser unilateralmente imposta ao trabalhador, no âmbito do exercício do poder de direção do empregador. A transformação do vínculo laboral, no sentido da sua passagem para o regime especial do teletrabalho, apenas é possível mediante acordo das partes. Assim sendo, a ideia de liberdade de celebração ou de adesão, por parte do trabalhador, a esta modalidade contratual, que constava expressamente do artigo 235º do CT/2003, não foi posta em causa, nem pelo CT/2009, nem pela Lei n. 23/2012 — veja-se, a este propósito, Guilherme Dray, anotação ao artigo 167º do Código do Trabalho, em PEDRO ROMANO MARTINEZ; LUÍS MIGUEL MONTEIRO; JOANA VASCONCELOS; PEDRO MADEIRA DE BRITO; GUILHERME DRAY e LUÍS GONÇALVES DA SILVA, *Código do Trabalho Anotado*, 9ª ed., cit., pp. 422-424.

(1429) A circunstância de neste preceito se aludir a um prazo máximo de três anos quanto à duração da prestação laboral em regime de teletrabalho não pode ser entendida, contudo, como uma nova possibilidade de contratação a termo, com fundamento na adoção deste regime especial, para além das hipóteses previstas no regime (imperativo) dos artigos 139º e ss. O presente preceito tem por objeto, apenas, o *teletrabalho interno*, isto é, as situações relativas ao trabalhador que já exercia a sua atividade na empresa e que passa, por acordo, a prestar a sua atividade em regime de teletrabalho, caso em que não o pode fazer para além do mencionado limite de três anos. Findo tal prazo, o trabalhador deve retomar o seu posto de trabalho inicial, mantendo-se consequentemente o vínculo laboral segundo o regime comum, nos termos acordados ou nos previstos em instrumento de regulamentação coletiva de trabalho (artigo 167º, n. 3). O limite temporal em apreço não se aplica ao *teletrabalho externo*, ou seja, às situações em que alguém é contratado inicialmente em regime de contrato para prestação subordinada de teletrabalho (cf. artigo 166º, n. 1).

desempenha um papel similar ao do período experimental, *maxime* no domínio do contrato em regime de comissão de serviço (cf. artigos 111º e ss. e, em especial, quanto à comissão de serviço, o artigo 112º, n. 3). Importa, no entanto, ter presente que a denúncia do acordo, no caso do teletrabalho interno, não acarreta a extinção do vínculo laboral: o contrato de trabalho inicial mantém-se; aquilo que se extingue é, tão somente, a prestação laboral segundo o regime especial do teletrabalho, pelo que o trabalhador adquire o direito a retomar a prestação de trabalho, segundo o regime comum. Por essa razão, o *direito de arrependimento* previsto no artigo 167º é essencialmente concebido em nome do "princípio da proteção do trabalhador", para que este possa, querendo, retomar a prestação laboral segundo o regime comum.

VI. O Código do Trabalho prevê, depois, um conjunto de direitos especificamente atribuídos ao teletrabalhador e que têm em vista compensá-lo de uma especial situação de isolamento e risco de desenraizamento social e profissional. No mesmo sentido, procura regulamentar determinados aspetos relacionados com o exercício da atividade em regime de teletrabalho.

Trata-se, como se afirmou, da manifestação do "princípio da proteção do trabalhador" — visa-se por esta via limitar os propósitos de flexibilidade da relação de trabalho e conter o princípio da proteção dos interesses de gestão do empregador, de forma a preservar um grau mínimo de proteção do trabalhador e a minimizar os aspetos negativos do regime especial do teletrabalho.

Nesse sentido, o artigo 168º, sob a epígrafe "*Instrumentos de trabalho em prestação subordinada de teletrabalho*", determina que, na falta de estipulação no contrato, presume-se que os instrumentos de trabalho respeitantes a tecnologias de informação e de comunicação utilizados pelo trabalhador pertençam ao empregador, que deve assegurar as respetivas instalação e manutenção e o pagamento das inerentes despesas.

Através do presente preceito cria-se a presunção (ilidível, ou *iuris tantum*) de que os instrumentos de trabalho relacionados com o manuseamento de tecnologias de informação e de comunicação (computador, telefone, etc.) constituem propriedade do empregador, sendo este o responsável pela sua instalação, manutenção e pagamento das respetivas despesas de utilização.

A norma é supletiva, como o demonstra a alínea *e* do número 4 do artigo 166º.

O número 2 do citado artigo 168º, em contrapartida, ao determinar que o trabalhador deve observar as regras de utilização e funcionamento dos instrumentos de trabalho que lhe forem disponibilizados, preconiza um reforço do dever geral de custódia aplicável à generalidade dos trabalhadores (artigo 128º, n. 1, alínea *g*), relativamente aos equipamentos facultados ao teletrabalhador pelo empregador, não podendo o teletrabalhador utilizá-los para outras funções que extravasem o cumprimento do contrato de trabalho, reforço esse que se justifica, *maxime* no teletrabalho no domicílio, atendendo a que o trabalhador os utiliza fora da órbita do empregador.

A violação destes deveres, por parte do trabalhador, consubstancia uma infração disciplinar[1430].

VII. O artigo 169º, sob a epígrafe "*Igualdade de tratamento de trabalhador em regime de teletrabalho*", determina que o trabalhador em regime de teletrabalho tem os mesmos direitos e deveres dos demais trabalhadores, nomeadamente no que se refere à formação e promoção ou carreira profissionais, limites do período normal de trabalho e outras condições de trabalho, segurança e saúde no trabalho e reparação de danos emergentes de acidente de trabalho ou doença profissional (n. 1).

O preceito em causa reafirma o princípio da igualdade neste particular domínio, com uma finalidade clara: evitar que a prestação de uma atividade em regime de teletrabalho seja desfavorável para o respetivo trabalhador, nomeadamente em sede de progressão na carreira e acesso à formação profissional. Trata-se, em última instância, de uma concretização do princípio da igualdade (enquanto subprincípio do "princípio da proteção do trabalhador") no sentido de garantir que o estatuto do teletrabalhador não é

(1430) Veja-se, a este propósito, Guilherme Dray, anotação ao artigo 168º do Código do Trabalho, em PEDRO ROMANO MARTINEZ; LUÍS MIGUEL MONTEIRO; JOANA VASCONCELOS; PEDRO MADEIRA DE BRITO; GUILHERME DRAY e LUÍS GONÇALVES DA SILVA, *Código do Trabalho Anotado*, 9ª ed., cit., p. 425.

prejudicado relativamente ao da generalidade dos trabalhadores subordinados contratados segundo o regime comum. É nesse sentido, também, que se compreendem determinadas garantias especificamente dirigidas ao teletrabalhador, como sejam a reserva da respetiva privacidade (artigo 170º) e a preservação da participação e representação coletiva dos teletrabalhadores (artigo 171º). Mais uma vez, estamos perante projeções normativas decorrentes do "princípio da proteção do trabalhador".

Ao passo que no CT/2003, haviam sido criadas regras específicas relativas à organização do tempo de trabalho (artigos 240º e 241º do CT/2003), o CT/2009 optou por afirmar, no citado artigo 169º, que o teletrabalhador goza dos mesmos direitos e deveres em matéria de limites do período normal de trabalho, segurança e saúde no trabalho e reparação de danos emergentes de acidente de trabalho ou doença profissional, princípio este que se mantém na versão actual do CT. O número 2 do preceito em apreço, por sua vez, garante ações de formação específicas ao teletrabalhador, para efeitos de manuseamento e utilização das tecnologias de informação e comunicação necessárias ao exercício da respetiva prestação laboral, ao passo que o número 3, ao dispor que o empregador deve evitar o isolamento do trabalhador, nomeadamente garantindo-lhe contactos regulares com a empresa e os demais trabalhadores visa, em nome do "princípio da proteção do trabalhador", protegê-lo contra situações de isolamento[(1431)].

VIII. O artigo 170º, a propósito da "*Privacidade de trabalhador em regime de teletrabalho*", determina, como regra geral, que o empregador deve respeitar a privacidade do trabalhador e os tempos de descanso e de repouso da família deste, bem como proporcionar-lhe boas condições de trabalho, tanto do ponto de vista físico como psíquico. Trata-se de uma concretização do direito à reserva da intimidade da vida privada previsto no artigo 16º, *maxime* em caso de teletrabalho no domicílio — em nome do "princípio da proteção do trabalhador", optou-se por se dedicar um regime específico sobre esta matéria em caso de prestação de trabalho em regime de teletrabalho. A tutela da reserva da intimidade da vida privada e familiar do teletrabalhador é garantida por duas vias: por um lado, circunscreve-se o escopo das visitas ao local de trabalho ao controlo da prestação laboral ou à manutenção dos respetivos equipamentos; por outro lado, determina-se que as visitas em causa apenas podem ser efetuadas dentro de determinado hiato temporal e nas condições a que se refere a segunda parte do número 2 — só pode ser efetuada entre as 9 h e as 19 h e com a assistência do trabalhador ou de pessoa por ele designada.

Trata-se de uma limitação à atuação do empregador e ao princípio da proteção dos respetivos interesses de gestão, justificável à luz dos direitos de personalidade do teletrabalhador. A existência da presente regra, todavia, não afasta a aplicação dos artigos 15º a 22º, relativos ao regime dos direitos de personalidade.

Impõe-se, pois, para efeitos de tutela dos direitos de personalidade do teletrabalhador, quer a aplicação do direito consagrado no artigo 170º, quer o recurso ao regime geral emergente dos citados preceitos legais, em especial, os regimes consagrados a propósito do *direito à reserva da intimidade da vida privada* (artigo 16º) e dos *meios de vigilância a distância* (artigos 20º e 21º), nos termos acima assinalados.

Mais uma vez, trata-se de uma hipótese típica em que se impõe a articulação de diversos princípios e regras jurídicas, em nome do "princípio da proteção do trabalhador"[(1432)].

IX. O artigo 171º, por fim, a propósito da "*Participação e representação coletivas de trabalhador em regime de teletrabalho*", garante ao teletrabalhador o exercício dos direitos de participação e representação coletivos — o direito de se candidatar às estruturas representativas de trabalhadores (cf. número 1, em articulação com os artigos 415º e 462º); o direito a utilizar os instrumentos de trabalho do empregador, em especial, as tecnologias de informação e de comunicação afetas à prestação do trabalho, para efeitos de participação nas reuniões promovidas no local de trabalho pelas estruturas de representação coletivas

---

(1431) Veja-se, a este propósito, Guilherme Dray, anotação ao artigo 169º do Código do Trabalho, em PEDRO ROMANO MARTINEZ; LUÍS MIGUEL MONTEIRO; JOANA VASCONCELOS; PEDRO MADEIRA DE BRITO; GUILHERME DRAY e LUÍS GONÇALVES DA SILVA, *Código do Trabalho Anotado*, 9ª ed., cit., pp. 426-427.
(1432) Veja-se, a este propósito, Guilherme Dray, anotação ao artigo 170º do Código do Trabalho, em PEDRO ROMANO MARTINEZ; LUÍS MIGUEL MONTEIRO; JOANA VASCONCELOS; PEDRO MADEIRA DE BRITO; GUILHERME DRAY e LUÍS GONÇALVES DA SILVA, *Código do Trabalho Anotado*, 9ª ed., cit., p. 427.

dos trabalhadores (n. 2); e o direito, neste caso atribuído às referidas estruturas de representação, de utilização das referidas tecnologias para, no exercício da sua atividade, comunicar com o trabalhador em regime de teletrabalho, nomeadamente para efeitos de divulgação de informações e de afixação e divulgação de textos, convocatórias, comunicações ou informações relativos à vida sindical e aos interesses socioprofissionais dos trabalhadores.

Visa-se, como se afirmou, evitar o isolamento, o ostracismo e o desenraizamento social e profissional do teletrabalhador, em nome do "princípio da proteção do trabalhador".

X. Em suma, sendo o teletrabalho um tipo especial de contrato de trabalho, concebido em torno do ideal de flexibilização laboral e enquanto instrumento de gestão empresarial, o seu regime não deixa, contudo, de ser profundamente marcado pelo "princípio da proteção do trabalhador" — as regras de forma e as exigências quanto a determinadas menções obrigatórias (artigo 166º), o *direito de arrependimento* (artigo 167º, n. 2), os mecanismos destinados a evitar o isolamento do trabalhador (artigos 166º e 169º, n. 3), a enunciação expressa do princípio da igualdade no âmbito do teletrabalho (artigo 169º), a criação de um regime especial de proteção da privacidade do trabalhador (artigo 170º) e de regras próprias no domínio da representação e participação coletivas (artigo 171º) são, de um modo geral, orientadas e moldadas por um único princípio que as unifica e lhes dá coerência: o "princípio da proteção do trabalhador".

Não se trata de previsões normativas avulsas e "desgarradas": todas elas emanam do aludido princípio e a função que desempenham resulta da mesma entente finalística: evitar que um regime especial, tendencialmente menos garantístico que o regime comum do contrato de trabalho, possa prejudicar o trabalhador. No fundo, como recorda Maria do Rosário Ramalho, *"a lei preocupa-se, em particular, com a regulamentação dos aspetos do estatuto do teletrabalhador que o colocam em situação de desvantagem relativamente ao trabalhador subordinado comum"*[1433].

E fá-lo — acrescentamos nós — em nome do "princípio da proteção do trabalhador".

XI. Tudo visto: a proteção do *candidato a emprego* faz-se, nos preliminares da formação do contrato, em nome do "princípio da proteção do trabalhador, através de vários mecanismos a tanto dirigidos:

a) Através da imposição de determinados deveres de conduta *in contrahendo*, nos termos a que se refere o artigo 102º do CT — a este propósito, os deveres de informação do empregador perante o trabalhador são, nos termos do artigo 106º do CT, particularmente mais fortes, intensos e exigentes do que os do trabalhador perante o empregador;

b) Mediante a aplicação do *princípio da igualdade* no acesso ao emprego, que procura prevenir e impedir a ocorrência de práticas distintivas contrárias à dignidade humana e postergadas, enquanto tal, pelo ordenamento jurídico, nos termos previstos nos artigos 23º e ss. do CT;

c) Por via da aplicação do regime dos *direitos de personalidade* nos preliminares da formação do contrato de trabalho, nos termos regulados nos artigos 14º e ss. do mesmo Código, direitos esses que estão concebidos, no essencial, como direitos de proteção do trabalhador perante o empregador; e

d) Através da imposição do princípio do consensualismo relativamente ao contrato de trabalho segundo o regime normal e, no polo oposto, de regras de forma, quando estejam em causa contratos de trabalho segundo regime especial particularmente mais desfavoráveis ao trabalhador, nomeadamente nos casos do contrato de trabalho a *termo*, do contrato de trabalho *temporário*, do contrato em regime de *comissão de serviço* e do contrato em regime de *teletrabalho*. No mesmo sentido, é deste princípio que resulta a regra segundo a qual a falta de forma pode não acarretar a nulidade do contrato, ao contrário do que sucede no Direito civil, em que a preterição da forma implica a nulidade do contrato (artigo 220º do Código Civil).

XII. No essencial, a *boa-fé* na formação dos contratos visa a proteção dos interesses patrimoniais das partes contratantes, em especial, do trabalhador; o *princípio da igualdade* e o regime dos *direitos de personalidade* visam, cada um à sua maneira, proteger os interesses pessoais dos trabalhadores e a sua dignidade, enquanto pessoas e cidadãos — no primeiro caso, tem-se em vista a proteção do trabalhador

---

(1433) MARIA DO ROSÁRIO RAMALHO, *Direito do Trabalho, Parte II — Situações Laborais Individuais*, cit., p. 283 e *Tratado de Direito do Trabalho, Parte II*, cit., p. 296.

contra atos discriminatórios, atentatórios da sua dignidade; no caso dos direitos de personalidade, o que está em causa é a proteção de interesses pessoais do trabalhador (ou do candidato a emprego) que não se relacionam com a sua identidade categorial, mas que se prendem com bens pessoalíssimos que contêm um especial conteúdo ético. Por fim, as *regras de forma*, quer as que afirmam o princípio do consensualismo do contrato de trabalho segundo o regime normal, quer as que exigem a observância de forma escrita relativamente a contratos segundo regimes especialmente mais desfavoráveis ao trabalhador, apontam, também, no sentido da proteção do trabalhador, como sucede com o contrato de trabalho a *termo resolutivo*, o contrato de *trabalho temporário*, o trabalho em regime de *comissão de serviço* ou, por outras razões, o contrato de trabalho em regime de *teletrabalho*.

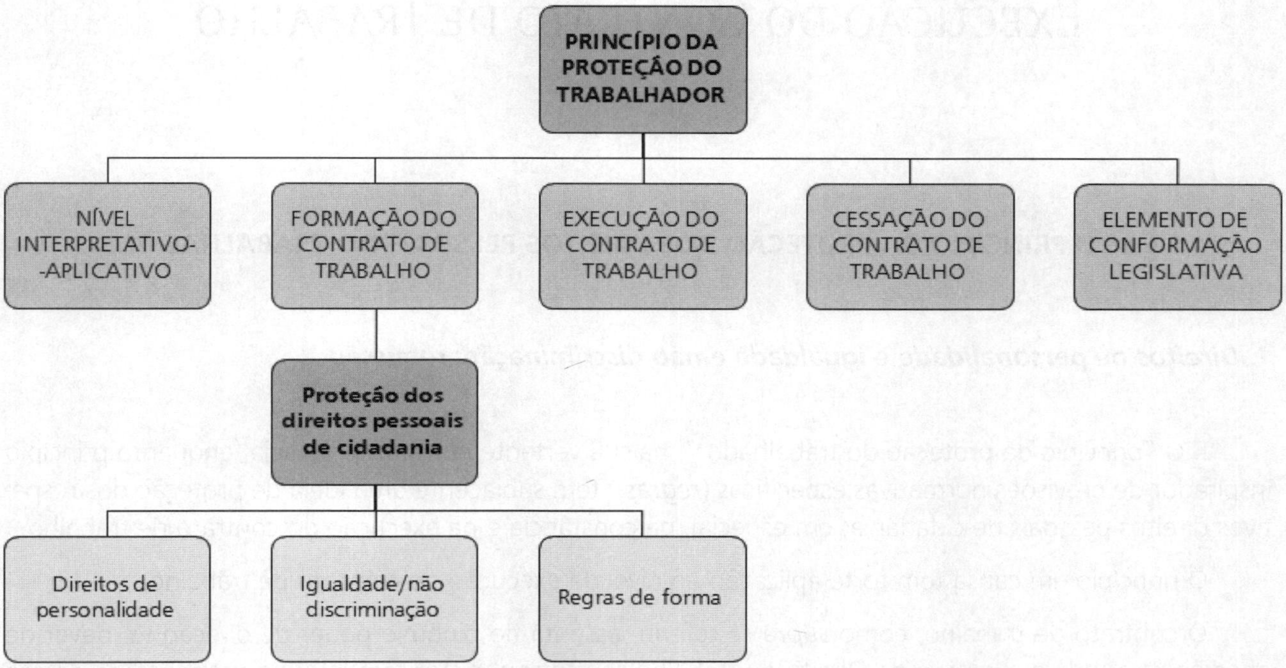

Capítulo IV

O Princípio da Proteção do Trabalhador na Execução do Contrato de Trabalho

§ 1º O PRINCÍPIO DA PROTEÇÃO DOS DIREITOS PESSOAIS DO TRABALHADOR

1. Direitos de personalidade e igualdade e não discriminação: remissão

I. O "princípio da proteção do trabalhador", na sua vertente normativa, ou seja, enquanto princípio inspirador de previsões normativas específicas (*regras*), tem subjacente uma ideia de proteção dos respetivos direitos pessoais de cidadania, em especial, na constância e na execução do contrato de trabalho.

O princípio em causa tem forte aplicação ao nível da execução do contrato de trabalho.

O contrato de trabalho, como *supra* se referiu, assenta no binómio poder de direção *vs.* dever de obediência e toda a evolução do Direito do trabalho se centrou, historicamente, no propósito de defesa do trabalhador contra os abusos do empregador no exercício do poder de direção. E a defesa da posição do trabalhador, por sua vez, foi uma defesa essencialmente centrada na tutela da sua dignidade e dos seus direitos pessoais[(1434)], de forma a evitar que a disponibilidade da força de trabalho se convertesse, afinal, na disponibilidade da sua vida pessoal a favor do empregador[(1435)].

O papel desempenhado pelos direitos de personalidade do trabalhador é determinante, numa lógica de proteção dos seus direitos pessoais de cidadania e é uma manifestação da atualidade do "princípio da proteção do trabalhador": perante a emergência da revolução tecnológica e da sociedade da informação, face ao desenvolvimento galopante de novas tecnologias da informação e da comunicação aplicadas ao local de trabalho e suscetíveis de determinar uma intrusão do empregador na esfera privada do trabalhador de forma nunca antes vista, o Direito do trabalho, movido pelo "princípio da proteção do trabalhador", soube dar a devida resposta e conceber, como se afirmou, um regime de direitos de personalidade especificamente focado na proteção do trabalhador, quer nos preliminares da formação do contrato, quer, principalmente, na execução do contrato de trabalho[(1436)]. Nesse sentido, o regime dos direitos de personalidade positivado no Código do Trabalho corresponde a uma certa constitucionalização da rela-

(1434) Cf. MONTOYA MELGAR, *Derecho del Trabajo,* 30ª ed., cit., pp. 311.
(1435) Cf. JEAN PÉLISSIER; ALAIN SUPIOT e ANTOINE JEAMMAUD, *Droit du Travail,* 24ª ed., cit., pp. 41-42.
(1436) Cf. GUILHERME DRAY, *Direitos de Personalidade — Anotações ao Código Civil e ao Código do Trabalho,* cit., pp. 64-65.

ção laboral[(1437)] e à assunção expressa de que o trabalhador é também um cidadão[(1438)], cujos direitos de personalidade importa acautelar[(1439)].

Assim se compreende, como *supra* se afirmou, o regime da *liberdade de expressão e de opinião* (artigo 14º do CT), o da *integridade física e moral* (artigo 15º do CT), o da *reserva da intimidade da vida privada* (artigo 16º do CT), o da *proteção de dados pessoais* (artigo 17º do CT), o do *tratamento de dados biométricos* (artigo 18º do CT), o dos *testes e exames médicos* (artigo 19º do CT), o dos *meios de vigilância a distância* (artigo 20º do CT), o da *utilização de meios de vigilância a distância* (artigo 21º do CT) ou o da *confidencialidade de mensagens e de acesso à informação* (artigo 22º do CT).

O regime dos *direitos de personalidade do trabalhador* é uma projeção (moderna) do "princípio da proteção do trabalhador", na sua vertente de proteção dos direitos pessoais desta categoria de contraente mais débil, e é sintomático da atualidade, da modernidade e da capacidade de adequação e de adaptação deste princípio ao devir social e às mutações que se vão operando na sociedade e na relação de trabalho.

II. O regime dos direitos de personalidade, como já foi dito, abrange quer o empregador, quer o trabalhador, quer os preliminares da formação do contrato de trabalho, quer fundamentalmente a sua execução. Mas o cerne do regime, a sua finalidade primeira e última e a teleologia que lhe está subjacente são cristalinos: visa-se, acima de tudo, proteger o trabalhador contra potenciais investidas do empregador no decurso da relação de trabalho que possam pôr em causa os seus direitos pessoais que contêm um especial conteúdo ético. O que está em causa no regime dos direitos de personalidade, no essencial, é a proteção da esfera privada do trabalhador ou da sua liberdade de expressão e de opinião na execução do contrato de trabalho, atenta à situação de especial debilidade contratual em que este se encontra perante o empregador. O que está em causa, no essencial, como afirma Júlio Gomes, é a proteção do trabalhador quer do ponto de vista físico, quer noutras facetas ou domínios da sua pessoa, como sejam a sua imagem ou a sua dignidade[(1440)]. O que está em causa, no essencial, nas palavras de Menezes Leitão, é a proteção da parte mais fraca da relação jurídica laboral, de forma a evitar tratamentos vexatórios e humilhantes que possam afetar a sua personalidade[(1441)].

O regime dos direitos de personalidade inaugurado entre nós no CT/2003, que foi ampliado no CT/2009 e que se manteve, porventura para se perpetuar, na revisão de 2012, é uma projeção clara do "princípio da proteção do trabalhador" e uma projeção, como se disse, moderna e atualista, na exata medida em que procura dar resposta aos novos desafios trazidos pela sociedade da informação, pela revolução tecnológica, pelo advento e desenvolvimento das tecnologias da informação e do conhecimento e pelos avanços na ciência médica que possibilitariam, se mal utilizados, uma ingerência excessiva do empregador na esfera privada do trabalhador.

III. É nesse sentido que se compreendem os referidos (e supradesenvolvidos) direitos à *proteção de dados pessoais* (artigo 17º do CT), ao *tratamento de dados biométricos* (artigo 18º do CT), à proibição (tendencial) de *testes e exames médicos* (artigo 19º do CT), à proscrição dos *meios de vigilância a distância* (artigo 20º do CT) e à regulação da sua utilização (artigo 21º do CT) ou à *confidencialidade de mensagens e de acesso à informação* (artigo 22º do CT). Trata-se, numa frase, de direitos que visam a proteção dos direitos pessoais do trabalhador, em nome do "princípio da proteção do trabalhador".

E é nesse sentido, também, que se pode afirmar, como Luís Menezes Leitão, que no âmbito do dever de proteção da personalidade do trabalhador se impõe ao empregador, nomeadamente "*por força do princípio da boa-fé (art. 126º, n. 1), um dever de protecção específico da personalidade do trabalhador, nos termos do qual, este poderá exigir ao empregador que se abstenha de lesões aos seus direitos de*

(1437) Cf. JOSÉ JOÃO ABRANTES, *Contrato de trabalho e Meios de Vigilância da Actividade do Trabalhador (Breves Considerações)*, Estudos em Homenagem ao Prof. Doutor Raul Ventura, Coimbra Editora, Coimbra, 2003, Vol. II, pp. 809 e ss.

(1438) Cf. BERNARD BOSSU, *Droits de l'homme et pouvoirs du chef d'enterprise: vers un nouvel équilibre, Droit Social*, Dalloz, Paris, 1994, pp. 747 e ss. e JEAN-MAURICE VERDIER, *Libertés et travail. Problématique des droits de l'homme et rôle du juge*, Recueil Dalloz Sirey, Chronique XI, Paris, 1988, pp. 63 e ss.

(1439) Cf. JÚLIO VIEIRA GOMES, *Direito do Trabalho*, v. I, cit., p. 265.

(1440) Cf. JÚLIO VIEIRA GOMES, *Direito do Trabalho*, v. I, cit., p. 268.

(1441) Cf. LUÍS MENEZES LEITÃO, *Direito do Trabalho*, 3ª ed., cit., p. 131.

personalidade (art. 16º, n. 1, in principio*), mas também que os proteja de agressões de terceiros, como no caso de assédio sexual ou moral ocorridos no ambiente de trabalho (art. 29º), pelos quais o empregador deva ser responsabilizado".* Nesse sentido, *"no âmbito deste dever de protecção da personalidade do trabalhador incluem-se o dever de respeitar e tratar com urbanidade o trabalhador (art. 127º, n. 1, a), e o dever de lhe proporcionar boas condições de trabalho do ponto de vista moral (art. 127º, n. 1, c)"*[(1442)(1443)].

IV. O mesmo se diga quanto à igualdade e não discriminação na execução do contrato de trabalho — vigora, a este propósito, como sublinham Simon Deakin e Gillian Morris, *"the right of an individual worker to be treated equally with others regardless of his sex, race or disability*[(1444)].

E tal princípio encontra-se, nos termos acima assinalados, expressamente previsto no nosso CT, o qual, na sequência do CT/2003, consagra uma Subsecção (a Subsecção III, da Secção II — *sujeitos* — do Capítulo II — *Aplicação do Direito do trabalho* — do Título I — *Fontes e aplicação do Direito do trabalho* — do Livro I — *Parte geral*) relativa à *Igualdade e não discriminação,* especificamente dedicada à igualdade e não discriminação no acesso ao emprego e nas condições de trabalho.

A Subsecção em apreço enuncia as "Disposições Gerais" sobre a matéria e concretiza, depois, na Divisão II, o tema propósito da "Igualdade e não discriminação em função do sexo".

No essencial: a Divisão I da Subsecção III do atual CT contém disposições gerais sobre igualdade e não discriminação, que abrange diversos fatores de diferenciação — nomeadamente em razão da ascendência, idade, sexo, orientação sexual, estado civil, situação familiar, situação económica, instrução, origem ou condição social — ao passo que a Divisão III (artigos 30º a 32º) consagra regras específicas sobre igualdade e não discriminação em função do sexo. De permeio, a Divisão II (artigo 29º) consagra uma regra de proibição de assédio.

V. No âmbito da referida Divisão I, depois de o artigo 23º do CT enunciar *"conceitos em matéria de igualdade e não* discriminação", os artigos 24º e 25º, por sua vez, contêm os fatores de discriminação a que se refere o artigo 23º: haverá *discriminação direta* sempre que, em razão de um dos fatores de discriminação indicados nos artigos 24º e 25º uma pessoa seja sujeita a tratamento menos favorável do que aquele que é, tenha sido ou venha a ser dado a outra pessoa em situação comparável; e *discriminação indireta* sempre que uma disposição, critério ou prática aparentemente neutros sejam suscetíveis de colocar pessoas que se incluam num dos fatores caraterísticos indicados nos referidos preceitos legais numa posição de desvantagem comparativamente com outras, a não ser que essa disposição, critério ou prática sejam objetivamente justificados por um fim legítimo e que os meios para os alcançar sejam adequados e necessários.

O artigo 24º rege o *"direito à igualdade no acesso a emprego e no trabalho"*, determinando que o trabalhador ou candidato a emprego tem direito à igualdade de oportunidades e de tratamento no que se refere ao acesso ao emprego, à formação e promoção ou carreira profissionais e às condições de trabalho, ao passo que o artigo 25º encerra a ideia de *"proibição de discriminação"* — à luz deste preceito, o empregador não pode praticar qualquer discriminação, direta ou indireta, em função, nomeadamente, dos fatores referidos no artigo 24º. O artigo 26º considera nulas as regras constantes de instrumentos de regulamentação coletiva de trabalho ou de regulamento interno que sejam contrárias aos princípios da igualdade e não discriminação e o artigo 27º, por sua vez, à luz do princípio da igualdade em sentido material, admite as habitualmente denominadas *"medidas de ação positiva"* que visem beneficiar certo grupo, desfavorecido em função de fator de discriminação, com o objetivo de garantir o exercício, em condições de igualdade, dos direitos previstos na lei ou corrigir situações de desigualdade que persistam na vida social. O artigo 28º, como *supra* se referiu, garante que a prática de ato discriminatório confere ao trabalhador o direito à *indemnização por danos patrimoniais e não patrimoniais*, nos termos gerais de direito, ao passo que o artigo 29º contempla a regra de *proibição do assédio.*

(1442) Cf. LUÍS MENEZES LEITÃO, *Direito do Trabalho,* 3ª ed., cit., p. 131.

(1443) A propósito do artigo 127º do Código do Trabalho, veja-se a anotação de Pedro Romano Martinez, Pedro Madeira de Brito e Guilherme Dray, em PEDRO ROMANO MARTINEZ; LUÍS MIGUEL MONTEIRO; JOANA VASCONCELOS; PEDRO MADEIRA DE BRITO; GUILHERME DRAY e LUÍS GONÇALVES DA SILVA, *Código do Trabalho Anotado,* 9ª ed., cit., pp. 334-338.

(1444) Cf. SIMON DEAKIN/GILLIAN MORRIS, *Labour Law,* 3ª ed., cit., p. 537.

Por fim, os artigos 30º e ss., constantes da Divisão III, dispõem acerca da igualdade e não discriminação em função do sexo, quer no acesso ao emprego, quer ao nível da formação profissional, quer quanto às condições de trabalho, nomeadamente quanto à retribuição.

Em suma e nos termos acima assinalados, o princípio da igualdade e não discriminação nas condições de trabalho, através dos normativos previstos no CT, é mais uma forma de limitação da autonomia privada — *"a further erosion of contractual autonomy"* — tendo em vista, no essencial, segundo os referidos autores Simon Deakin e Gillian Morris, a prossecução de três objetivos: *"protect the dignity of the individual worker in a situation where he or she is in a relationship of economic subordination; (...) correcting for sistematic disadvantage suffered by particular groups; (...) overcoming certain market failures, in particuler barriers to market access on the part of excluded groups, in such a way as to make the labour market more transparent"*(1445).

Trata-se de um dos mais importante princípios operativos do "princípio da proteção do trabalhador".

2. Direitos fundamentais: remissão

I. A consagração de direitos fundamentais dos trabalhadores, enquanto categoria especialmente identificada pela Constituição e que nela merece um tratamento distintivo e particularmente tutelar é, igualmente, uma projeção do "princípio da proteção do trabalhador"(1446).

Como *supra* se afirmou, a nossa Constituição contempla um capítulo especificamente dedicado aos *trabalhadores*, enquanto categoria tendencialmente mais débil, simultaneamente como forma de reconhecimento dessa tendencial inferioridade e como ideia de promoção da igualdade real entre os portugueses(1447). O regime dos direitos fundamentais dos trabalhadores não corresponde a uma contemporização ideológica — surge, sim, com base no reconhecimento da sua situação de inferioridade substancial, o mesmo é dizer, como uma projeção do "princípio da proteção do trabalhador". É em nome deste princípio que a Constituição atribuiu aos trabalhadores determinados direitos que visam compensar uma tendencial situação de inferioridade em que se encontram, quer do ponto de vista negocial, quer do ponto de vista económico, social e jurídico. E é com base neste princípio, consequentemente, que se deve compreender o Capítulo III do Título II — artigos 53º a 57º — da Constituição, especificamente dedicado aos *direitos, liberdades e garantias dos trabalhadores*, que dá corpo à habitualmente denominada "Constituição Laboral", bem como o Capítulo I do Título III, na parte atinente aos "direitos económicos, sociais e culturais" — artigos 58º e 59º(1448).

II. O regime dos direitos fundamentais dos trabalhadores supraexplicitado e desenvolvido, nomeadamente o *direito à segurança no emprego*, através da proibição de despedimentos sem justa causa ou fundados em motivos políticos e ideológicos (artigo 53º da Constituição), o *direito à inscrição sindical* (artigo 55º, n. 2, alínea *b*, da Constituição), o *direito à greve* (artigo 57º da Constituição), a *liberdade sindical* (artigo 55º da Constituição), o *direito de associação sindical* e *contratação coletiva* (artigo 56º da Constituição) e o mesmo direito à greve, enquanto direito de decisão e declaração de natureza coletiva, aliados ao regime dos direitos de personalidade acima enunciado, garante um núcleo de proteção dos "direitos pessoais de cidadania do trabalhador", em nome do "princípio da proteção do trabalhador".

O quadro fica assim completo: por um lado, no plano constitucional, a Constituição garante determinados direitos fundamentais a todos os cidadãos, enquanto quadro geral de aplicação (artigos 18º e ss. da Constituição), tendo em conta, todavia, a especial debilidade do trabalhador, a Constituição vai mais longe e consagra um conjunto de direitos fundamentais especificamente dirigidos aos trabalhadores

(1445) Cf. SIMON DEAKIN/GILLIAN MORRIS, *Labour Law*, 3ª ed., cit., p. 537.

(1446) Cf. MONTOYA MELGAR, *Derecho del Trabajo*, 30ª ed., cit., p. 312.

(1447) Quanto ao conceito de trabalhador constitucionalmente consagrado, seguimos a linha traçada por João Caupers, quando conclui que *"o conceito constitucional de trabalhador, enquanto titular de direitos, corresponde à noção de trabalhador subordinado"* — *Os Direitos Fundamentais dos Trabalhadores*, cit., p. 80.

(1448) Sobre a distinção entre "direitos, liberdades e garantias" e "direitos económicos, sociais e culturais", v. JORGE MIRANDA, "O regime dos direitos, liberdades e garantias", *Estudos sobre a Constituição*, III, pp. 41 ss.

(artigos 53º e ss. da Constituição), sendo certo que este regime especial, encerrando "direitos, liberdades e garantias", vincula os poderes públicos e privados (artigo 18º da Constituição), sendo como tal diretamente oponível aos próprios empregadores, para além de o seu regime dever ser respeitado pelas leis de revisão constitucional (artigo 288º, alíneas *d* e *e* da Constituição); por outro lado, no plano infraconstitucional, o Código Civil garante determinados direitos de personalidade a todos os cidadãos, em geral (artigos 70º e ss.), tendo em conta, todavia, a especial debilidade do trabalhador na relação laboral, o subsistema laboral consagra, também, no Código do Trabalho (artigos 14º e ss.) um regime de direitos de personalidade especialmente vocacionado para garantir a proteção dos trabalhadores, proporcionando-lhes um regime de tutela especificamente autonomizado face ao regime geral do Código Civil; em ambos os casos: quer a autonomização de *direitos fundamentais dos trabalhadores* (artigo 53º e ss. da Constituição), quer a consagração, no Código do Trabalho, de um regime especial de *direitos de personalidade* aplicáveis à relação de trabalho, bem como de um regime relativo à *igualdade e não discriminação*, tem uma linha condutora e um guião únicos — ambos decorrem do "princípio da proteção do trabalhador" e ambos são projeções diretas deste princípio na parte relativa à defesa dos direitos pessoais daquele que é a parte mais fraca do contrato de trabalho: o trabalhador.

III. O "princípio da proteção do trabalhador" exerce, pois, esta função marcadamente tutelar: ele intenta, quer por via constitucional, quer por via infraconstitucional, garantir um conjunto de direitos que visam a proteção dos direitos pessoais do trabalhador e, por esta via, a proteção da sua dignidade. E não se trata, como se vê, de uma fórmula vazia ou de um princípio sem aplicação concreta: ele atua através da consagração de preceitos normativos específicos que podem ser diretamente invocados pelo trabalhador contra o empregador, nalguns casos, com recurso ao artigo 18º da Constituição e ao regime da aplicabilidade imediata dos direitos fundamentais, nos termos acima explicitados; noutros casos, com recurso direto ao próprio regime laboral positivado no Código do Trabalho (*v. g.*, artigos 14º e ss. ou 23 e ss. do CT). Num ou noutro caso: na origem e no desenvolvimento destes regimes especiais encontra-se o "princípio da proteção do trabalhador", que demonstra mais uma vez, por esta via, a sua especial elasticidade — por um lado, os regimes em causa não encerram toda a linha de proteção do trabalhador; por outro lado, os esquemas de defesa em apreço não consubstanciam modelos estanques e desligados entre si: ambos resultam do mesmo princípio e ambos atuam, cada um no seu plano, de forma a garantir a tutela dos direitos pessoais do trabalhador, enquanto contraente mais débil na relação de trabalho.

É deste princípio geral que resulta, consequentemente, a defesa da dignidade do trabalho na constância ou execução do contrato de trabalho, nos termos abaixo desenvolvidos. E é o princípio em causa que pode, consequentemente, servir de elemento de referência à resolução de casos concretos, atuando de forma similar ao esquema de "interpretação conforme com a Constituição", nos termos acima assinalados. A interpretação conforme com o "princípio da proteção do trabalhador" pode, afinal, facilitar a utilização de elementos argumentativos destinados a permitir a solução de casos concretos, de acordo com os valores do sistema juslaboral. Em última instância, tal como na interpretação conforme à Constituição, a interpretação conforme com o "princípio da proteção do trabalhador" pode traduzir-se em conceder algum relevo, dentro do elemento sistemático da interpretação, a este princípio e à pauta de valores dele emergente.

§ 2º O PRINCÍPIO DA DIGNIFICAÇÃO DO TRABALHO

1. O princípio da dignificação e da irredutibilidade da retribuição

1.1. Generalidades

I. A necessidade de garantir a dignificação do trabalho, como sublinha Victor Hugo Struchi, esteve na génese do Direito do trabalho e marcou toda a sua evolução[1449]. E tal necessidade resultou, como reitera-

(1449) A propósito da relação entre o trabalho e a defesa da dignidade humana, veja-se, nomeadamente, VICTOR HUGO STRUCHI, "O Trabalho Penoso e a Dignidade da Pessoa Humana", *Direitos Humanos e Direito do Trabalho*, FLÁVIA PIOVESAN/LUCIANNA PAULA VAZ DE CARVALHO (coord.), cit., pp. 222 e ss.

damente se tem afirmado, da constatação de que o trabalho é o principal ou exclusivo meio de sustento do assalariado e de que este, por outro lado, em situação de manifesta debilidade negocial perante o empregador, nem sempre teria condições para negociar o respetivo contrato e as correlativas condições de trabalho ou para se proteger perante quem, legitimamente, ambicionaria pagar menos e exigir mais[(1450)].

Neste contexto, como sublinha Santoro-Passarelli, *"Costituendo l´oggetto dell´obbligazione fondamentale dell´imprenditore e quindi del diritto fondamentale del prestatore di lavoro, la retribuizone è il punto piú importante per la disciplina del rapporto di lavoro"*[(1451)].

A ideia de dignificação do trabalho está intimamente associada à da obrigatoriedade da retribuição e à da sua proteção e ambas resultam, sem margem para dúvidas, do "princípio da proteção do trabalhador": é deste princípio que resulta a necessidade de tutelar o trabalhador e de dignificação do seu trabalho, a qual passa, imperiosamente, pela garantia de que quem trabalha tem direito a uma retribuição e que esta deve ser justa e condigna, de forma a garantir ao trabalhador e à sua família o mínimo de dignidade na sua vida extralaboral. É por essa razão que, como afirmam Gonçalo Diéguez e Jaime Cabeza, *"La primera obligación del empresário es la de retribuir el trabajo que se le presta mediante el pago de un salario"*[(1452)].

O "princípio da proteção do trabalhador" está, pois, na génese da natureza necessariamente onerosa do contrato de trabalho e da tutela da retribuição: desde a famosa Questão Social, até a atualidade, a retribuição do trabalho, como recorda João Leal Amado, foi sempre objeto de particular atenção por parte do legislador e uma das temáticas mais relevantes do Direito do trabalho[(1453)], quer quanto à sua determinação qualitativa, quer quanto à sua determinação quantitativa — em especial através da fixação da regra do "salário mínimo" —, quer quanto às garantias que lhe estão associadas. E, mais do que isso, é deste princípio que resulta a ideia de que o contrato de trabalho corresponde a um negócio jurídico sinalagmático e oneroso, no sentido em que o mesmo implica necessariamente uma contraprestação patrimonial por parte do empregador[(1454)] como contrapartida da prestação da atividade que o trabalhador se obriga a prestar — o dever de pagar a retribuição é, de resto, o dever principal do empregador[(1455)].

A este propósito, importa recordar, na esteira de Montoya Melgar, que na génese do Direito do trabalho esteve sempre a preocupação evitar práticas que estiveram na origem de *"una estrutura salarial que sumió al trabajador en la indigência"*[(1456)].

II. A onerosidade do contrato de trabalho resulta, desde logo, do artigo 11º do CT, segundo o qual contrato de trabalho é aquele pelo qual uma pessoa singular se obriga, mediante retribuição, a prestar a sua atividade a outra ou outras pessoas, no âmbito de organização e sob autoridade destas — a noção de retribuição, por sua vez, consta do artigo 258º do CT, segundo o qual se considera *"(...) retribuição a prestação a que, nos termos do contrato, das normas que o regem ou dos usos, o trabalhador tem direito em contrapartida do seu trabalho"* (cf. artigo 258º, n. 1, do Código do Trabalho), incluindo-se nesta contrapartida *"(...) a retribuição base e outras prestações regulares e periódicas feitas, direta ou indiretamente, em dinheiro ou em espécie"* (cf. artigo 258º, n. 2, do Código do Trabalho).

Por outro lado, o propósito de tutela da retribuição consta, quer da Constituição, quer do CT.

III. O direito à retribuição e à perceção de créditos laborais assume relevância constitucional, nomeadamente quanto à necessidade de estabelecimento do salário mínimo e ao princípio da igualdade retributiva — artigo 59º, n. 1, alínea *a*, n. 2, alínea *a*, e n. 3, todos da Constituição — e assenta, como se disse, num regime de proteção que marca de forma particularmente intensa todo o acervo normativo

(1450) Cf. JEAN PÉLISSIER; ALAIN SUPIOT e ANTOINE JEAMMAUD, *Droit du Travail,* 24ª ed., cit., p. 38.
(1451) Cf. FRANCESCO SANTORO-PASSARELLI, *Nozioni di Diritto del Lavoro,* 35ª ed., cit., pp. 216-217.
(1452) GONÇALO DIÉGUEZ/JAIME CABEZA, *Derecho del Trabajo,* Segunda Edición, Marcial Pons, Madrid/Barcelona, 2003, p. 183.
(1453) Veja-se, a este propósito, JOÃO LEAL AMADO, *A Proteção do Salário,* suplemento do Boletim da Faculdade de Direito da Universidade de Coimbra (BFDUC), v. XXXIX, Coimbra, 1995, pp. 1 e ss.
(1454) Cf. PEDRO ROMANO MARTINEZ, *Direito do Trabalho,* 5ª ed., cit., p. 605 e *Direito do Trabalho,* 6ª ed., cit., p. 538.
(1455) Cf. MARIA DO ROSÁRIO RAMALHO, *Direito do Trabalho,* Parte II — Situações laborais individuais, cit., pp. 535-536.
(1456) Cf. MONTOYA MELGAR, *Derecho del Trabajo,* 30ª ed., cit., p. 69.

laboral[1457]. O artigo 258º, n. 4, do CT, é disso sintomático, ao prescrever que se deve aplicar à retribuição o correspondente regime de garantias previsto no Código[1458].

O dispositivo em apreço, moldado e orientado pelo "princípio da proteção do trabalhador" e pelas aludidas referências constitucionais, acarreta uma multiplicidade de consequências no plano jurídico, todas elas orientadas no sentido da proteção da retribuição e positivadas no CT, a saber:

a) É proibido ao empregador diminuir a retribuição, salvo nos casos previstos no Código do Trabalho ou em instrumento de regulamentação coletiva de trabalho (artigo 129º, n. 1, alínea *d*, do CT)[1459];

b) A retribuição deve ser satisfeita em dinheiro ou, estando acordado, parcialmente em prestações de outra natureza, caso em que estas devem destinar-se à satisfação das necessidades pessoais do trabalhador ou da sua família e para nenhum efeito pode ser-lhes atribuído valor superior ao corrente na região (artigo 259º do CT)[1460];

c) O empregador deve retribuir o trabalhador em diversas situações em que este não presta qualquer atividade laboral, havendo, portanto, uma quebra do sinalagma contratual favorável ao trabalhador — é o que sucede nos dias de férias (artigo 264º, n. 1, do CT), feriados (artigo 269º do CT) e, em regra, em caso de ocorrência de falta justificada ao trabalho (artigo 255º, n. 1 do CT);

d) Nalguns casos, o empregador deve pagar ao trabalhador alguns complementos retributivos (*subsídios*) que acrescem à retribuição — é o que sucede com os subsídios de Natal (artigo 263º do CT) e de férias (artigo 264º, n. 2, do CT);

e) Na determinação do valor da retribuição deve ter-se em conta a quantidade, natureza e qualidade do trabalho, observando-se o princípio de que "para trabalho igual, salário igual" (artigo 270º do CT)[1461];

f) A retribuição não pode ser inferior ao salário mínimo nacional (artigo 59º, n. 2, alínea *a*, da Constituição) e a todos os trabalhadores é garantida uma retribuição mínima mensal garantida (artigo 273º do CT)[1462];

(1457) A propósito do regime de tutela que envolve a "retribuição" proveniente do trabalho subordinado, veja-se, ainda que com referência ao regime da LCT, PEDRO ROMANO MARTINEZ, *Direito do Trabalho*, Almedina, Coimbra, 2002, pp. 561-571; JOÃO LEAL AMADO, "*A Proteção do Salário*", Suplemento do BFDUC, v. XXXIX, Coimbra, 1995, pp. 39-56 e 137-260; RUI CARLOS PEREIRA, "*A Garantia das Obrigações Emergentes do Contrato de Trabalho*", O Direito, p. 106-119 (1974/1987), pp. 225-270; MÁRIO PINTO/FURTADO MARTINS/NUNES DE CARVALHO, *Comentário às Leis do Trabalho*, v. I, Lex, Lisboa, 1994, anotação aos artigos 21º, 25º, 95º e 97º, pp. 99-102, 125-127 e 273-276. Com referência ao Código do Trabalho de 2009 e 2012, veja-se PEDRO ROMANO MARTINEZ, *Direito do Trabalho*, 5ª ed., cit., pp. 605 e ss. 605 e *Direito do Trabalho*, 6ª ed., cit., pp. 538 e ss.; LUÍS MENEZES LEITÃO, *Direito do Trabalho*, 3ª ed., cit., pp. 293 e ss.; JOANA VASCONCELOS, anotação aos artigos 258º e ss. e 333º e ss., em PEDRO ROMANO MARTINEZ; LUÍS MIGUEL MONTEIRO; JOANA VASCONCELOS; PEDRO MADEIRA DE BRITO; GUILHERME DRAY e LUÍS GONÇALVES DA SILVA, *Código do Trabalho Anotado*, 9ª ed., cit., pp. 586 e ss. e 704 e ss.

(1458) A propósito do regime do instituído no preceito em referência, veja-se Joana Vasconcelos, anotação ao artigo 258º do CT, em PEDRO ROMANO MARTINEZ; LUÍS MIGUEL MONTEIRO; JOANA VASCONCELOS; PEDRO MADEIRA DE BRITO; GUILHERME DRAY e LUÍS GONÇALVES DA SILVA, *Código do Trabalho Anotado*, 9ª ed., cit., pp. 586-589.

(1459) A propósito do artigo 129º do CT, veja-se a anotação ao preceito em referência de Pedro Romano Martinez, Pedro Madeira de Brito e Guilherme Dray, em PEDRO ROMANO MARTINEZ; LUÍS MIGUEL MONTEIRO; JOANA VASCONCELOS; PEDRO MADEIRA DE BRITO; GUILHERME DRAY e LUÍS GONÇALVES DA SILVA, *Código do Trabalho Anotado*, 9ª ed., cit., pp. 342-344.

(1460) A propósito do artigo 259º do CT, veja-se a anotação ao preceito em referência de Joana Vasconcelos, em PEDRO ROMANO MARTINEZ; LUÍS MIGUEL MONTEIRO; JOANA VASCONCELOS; PEDRO MADEIRA DE BRITO; GUILHERME DRAY e LUÍS GONÇALVES DA SILVA, *Código do Trabalho Anotado*, 9ª ed., cit., pp. 589-590.

(1461) A propósito do artigo 270º do CT, veja-se a anotação ao preceito em referência de Joana Vasconcelos, em PEDRO ROMANO MARTINEZ; LUÍS MIGUEL MONTEIRO; JOANA VASCONCELOS; PEDRO MADEIRA DE BRITO; GUILHERME DRAY e LUÍS GONÇALVES DA SILVA, *Código do Trabalho Anotado*, 9ª ed., cit., pp. 607-609. A propósito do princípio "a trabalho igual, salário igual", vejam-se NUNES DE CARVALHO, "Trabalho Igual, Salário Igual", *Revista de Direito e de Estudos Sociais*, 1992, n. 4, pp. 357 e ss.; BERNARDO XAVIER/NUNES DE CARVALHO, "Princípio da Igualdade: a trabalho igual, salário igual", *Revista de Direito e de Estudos Sociais*, 1997, n. 4, pp. 401 e ss.; GUILHERME DRAY, "Autonomia Privada e igualdade na formação e execução de contratos individuais de trabalho", *Estudos do Instituto de Direito do Trabalho*, v. I, Almedina, Coimbra, 2001, pp. 21 e ss.

(1462) A propósito do artigo 273º do CT, veja-se a anotação ao preceito em referência de Joana Vasconcelos, em PEDRO ROMANO MARTINEZ; LUÍS MIGUEL MONTEIRO; JOANA VASCONCELOS; PEDRO MADEIRA DE BRITO; GUILHERME DRAY e LUÍS GONÇALVES DA SILVA, *Código do Trabalho Anotado*, 9ª ed., cit., pp. 610-611. A propósito da fixação de salários mínimos, veja-se BERNARDO XAVIER, *Curso de Direito do Trabalho*, 2ª ed., Verbo, Lisboa, 1993, pp. 370 e ss.; MONTEIRO FERNANDES, *Direito do Trabalho*, cit., pp. 437 e ss.

g) Sem prejuízo da possibilidade de ser paga através de cheque bancário, vale postal ou depósito à ordem do trabalhador, a retribuição deve ser satisfeita no lugar onde o trabalhador presta a sua atividade, salvo se outro for acordado, caso em que o tempo que o trabalhador gastar para receber a retribuição considera-se tempo de trabalho (artigo 277º do CT)[(1463)];

h) A obrigação de satisfazer a retribuição vence-se por períodos certos e iguais que, salvo estipulação ou uso diversos, são a semana, a quinzena ou o mês de calendário, e o empregador fica constituído em mora se o trabalhador, por facto que não lhe seja imputável, não puder dispor do montante da retribuição na data do vencimento (artigo 278º do CT)[(1464)];

i) Na pendência do contrato de trabalho, o empregador não pode, em regra, compensar a retribuição em dívida com créditos que tenha sobre o trabalhador, nem fazer quaisquer descontos ou deduções no montante da referida retribuição (artigo 279º do CT)[(1465)];

j) O trabalhador não pode ceder, a título gratuito ou oneroso, os seus créditos a retribuições na medida em que estes sejam impenhoráveis (artigo 280º do CT)[(1466)];

k) Se o empregador faltar culposamente ao cumprimento de prestações pecuniárias constitui-se na obrigação de pagar os correspondentes juros de mora e, caso esta perdure, respetivamente por quinze ou sessenta dias, o trabalhador tem a faculdade de *suspender* ou de *resolver* o contrato de trabalho (artigo 325º, quanto à *suspensão* do contrato, e artigo 394º ns. 1 e 2, alínea *a*, e n. 3, alínea *c*, quanto à *resolução* do contrato, todos do CT)[(1467)];

l) Os créditos emergentes do contrato de trabalho e da sua violação ou cessação, pertencentes ao trabalhador, gozam de privilégios creditórios (artigo 333º do CT)[(1468)];

m) Pelos montantes pecuniários resultantes de créditos emergentes do contrato de trabalho e da sua violação ou cessação, vencidos há mais de três meses, respondem solidariamente o empregador e as sociedades que com este se encontrem em relação de participações recíprocas, de domínio ou de grupo, nos termos previstos nos artigos 481º e ss. do Código das Sociedades Comerciais (artigo 334º do CT)[(1469)];

n) O sócio que, por si ou juntamente com outros a quem esteja ligado por acordos parassociais, se encontre numa das situações previstas no artigo 83º do Código das Sociedades Comerciais, responde solidariamente com o empregador pelos montantes pecuniários resultantes de créditos emergentes do contrato de trabalho e da sua violação ou cessação, desde que se verifiquem os pressupostos dos artigos 78º, 79º e 83º daquele diploma e pelo modo neles estabelecidos (artigo 335º do CT)[(1470)];

(1463) A propósito do lugar e tempo do cumprimento da retribuição e do artigo 277º do CT, veja-se a anotação ao preceito em referência de Joana Vasconcelos, em PEDRO ROMANO MARTINEZ; LUÍS MIGUEL MONTEIRO; JOANA VASCONCELOS; PEDRO MADEIRA DE BRITO; GUILHERME DRAY e LUÍS GONÇALVES DA SILVA, *Código do Trabalho Anotado*, 9ª ed., cit., p. 615.

(1464) A propósito do artigo 278º do CT, veja-se a anotação ao preceito em referência de Joana Vasconcelos, em PEDRO ROMANO MARTINEZ; LUÍS MIGUEL MONTEIRO; JOANA VASCONCELOS; PEDRO MADEIRA DE BRITO; GUILHERME DRAY e LUÍS GONÇALVES DA SILVA, *Código do Trabalho Anotado*, 9ª ed., cit., pp. 615-616.

(1465) A propósito do artigo 279º do CT, veja-se a anotação ao preceito em referência de Joana Vasconcelos, em PEDRO ROMANO MARTINEZ; LUÍS MIGUEL MONTEIRO; JOANA VASCONCELOS; PEDRO MADEIRA DE BRITO; GUILHERME DRAY e LUÍS GONÇALVES DA SILVA, *Código do Trabalho Anotado*, 9ª ed., cit., p. 617.

(1466) A propósito do artigo 280º do CT, veja-se a anotação ao preceito em referência de Joana Vasconcelos, em PEDRO ROMANO MARTINEZ; LUÍS MIGUEL MONTEIRO; JOANA VASCONCELOS; PEDRO MADEIRA DE BRITO; GUILHERME DRAY e LUÍS GONÇALVES DA SILVA, *Código do Trabalho Anotado*, 9ª ed., cit., pp. 617-618.

(1467) A propósito das consequências da mora do empregador no cumprimento de prestações pecuniárias, vejam-se as anotações de Pedro Romano Martinez e Joana Vasconcelos aos artigos 325º e 394º do CT, em PEDRO ROMANO MARTINEZ; LUÍS MIGUEL MONTEIRO; JOANA VASCONCELOS; PEDRO MADEIRA DE BRITO; GUILHERME DRAY e LUÍS GONÇALVES DA SILVA, *Código do Trabalho Anotado*, 9ª ed., cit., respetivamente pp. 691 e ss. e 829 e ss.

(1468) A propósito dos privilégios creditórios relativos aos créditos emergentes do contrato de trabalho, veja-se a anotação de Joana Vasconcelos ao artigo 333º do CT, em PEDRO ROMANO MARTINEZ; LUÍS MIGUEL MONTEIRO; JOANA VASCONCELOS; PEDRO MADEIRA DE BRITO; GUILHERME DRAY e LUÍS GONÇALVES DA SILVA, *Código do Trabalho Anotado*, 9ª ed., cit., pp. 704-710.

(1469) A propósito do artigo 334º do CT, veja-se a anotação ao preceito em referência de Joana Vasconcelos, em PEDRO ROMANO MARTINEZ; LUÍS MIGUEL MONTEIRO; JOANA VASCONCELOS; PEDRO MADEIRA DE BRITO; GUILHERME DRAY e LUÍS GONÇALVES DA SILVA, *Código do Trabalho Anotado*, 9ª ed., cit., pp. 710-717.

(1470) A propósito do artigo 335º do CT, veja-se a anotação ao preceito em referência de Joana Vasconcelos, em PEDRO ROMANO MARTINEZ; LUÍS MIGUEL MONTEIRO; JOANA VASCONCELOS; PEDRO MADEIRA DE BRITO; GUILHERME DRAY e LUÍS GONÇALVES DA SILVA, *Código do Trabalho Anotado*, 9ª ed., cit., pp. 718-721.

o) A garantia do pagamento dos créditos emergentes do contrato de trabalho e da sua violação ou cessação, pertencentes ao trabalhador, que não possam ser pagos pelo empregador por motivo de insolvência ou de situação económica difícil é assumida e suportada pelo Fundo de Garantia Salarial (artigo 336º do CT)[(1471)];

p) Os créditos emergentes do contrato de trabalho e da sua violação ou cessação podem ser reclamados até um ano após a cessação do contrato (artigo 337º, n. 1, do CT), sendo certo que o crédito correspondente a compensação por violação do direito a férias, indemnização por aplicação de sanção abusiva ou pagamento de trabalho suplementar pode ser reclamado até cinco anos após o respetivo vencimento, desde que provado por documento idóneo (artigo 337º, n. 2, do CT)[(1472)];

q) A retribuição goza, por fim, de um regime de parcial intangibilidade: em termos processuais, a retribuição goza de uma garantia (parcial) de impenhorabilidade prevista no artigo 738º, n. 1, do Código do Processo Civil, aprovado pela Lei n. 41/2013, de 26 de junho, nos termos do qual dois terços do valor do salário são impenhoráveis, estabelecendo-se como limite máximo para efeitos de impenhorabilidade o valor equivalente a três salários mínimos nacionais e como limite mínimo o valor equivalente ao salário mínimo nacional; por outro lado, os trabalhadores gozam de um privilégio mobiliário geral sobre os créditos da empresa em situação de insolvência, nos termos previstos no artigo 17º-H do Código da Insolvência e da Recuperação de Empresas, aprovado pelo Decreto-lei n. 53/2004, de 18 de março, e alterado pelos Decretos-lei ns. 200/2004, de 18 de agosto, 76-A/2006, de 29 de março, 282/2007, de 7 de agosto, 116/2008, de 4 de julho, 185/2009, de 12 de agosto, 16/2012, de 20 de abril, e pelo artigo 234º da Lei n. 66-B/2012, de 31 de dezembro.

IV. Dentre as várias concretizações do referido propósito de proteção da retribuição, há duas que se destacam, na exata medida em que marcam de forma decisiva o desenvolvimento da relação laboral: por um lado, a ideia de retribuição mensal mínima garantida, que visa garantir que a retribuição devida ao trabalhador lhe garante a sua subsistência e lhe confere um mínimo de dignidade na prestação da sua atividade — trata-se do habitualmente denominado "*princípio da suficiência salarial*"; por outro lado, o correntemente denominado "*princípio da irredutibilidade da retribuição*", de onde resulta que o empregador, em regra, não pode diminuir unilateralmente a retribuição devida ao trabalhador, mas tão somente aumentá-la.

Ambos são pautados pelo "princípio da proteção do trabalhador".

1.2. A ideia de retribuição mensal mínima garantida

I. A ideia de retribuição mensal mínima garantida centra-se na ideia de justo salário e na necessidade de se garantir uma vida condigna ao trabalhador — trata-se, pois, de uma projeção do "princípio da proteção do trabalhador" intimamente associada à ideia de dignidade do trabalho e de quem o presta[(1473)] e que se concretiza naquilo a que Maria do Rosário Ramalho denomina de "princípio da suficiência salarial"[(1474)]: à luz deste princípio, que entronca no princípio cristão do *salário justo*[(1475)], a retribuição não pode ficar abaixo de um valor que é considerado o patamar mínimo necessário para garantir a sobrevivência e a satisfação das necessidades básicas do trabalhador e da sua família, não devendo a determinação de um salário mínimo, consequentemente, como afirmam Jean Pélissier; Alain Supiot e Antoine Jeammaud, ficar sujeita "*a la loi de l´offre et de la demande, conformemente a la doctrine libérale*"[(1476)]. Visa-se, em suma,

(1471) A propósito do artigo 336º do CT, veja-se a anotação ao preceito em referência de Joana Vasconcelos, em PEDRO ROMANO MARTINEZ; LUÍS MIGUEL MONTEIRO; JOANA VASCONCELOS; PEDRO MADEIRA DE BRITO; GUILHERME DRAY e LUÍS GONÇALVES DA SILVA, *Código do Trabalho Anotado*, 9ª ed., cit., pp. 721-722.

(1472) A propósito do artigo 337º do CT, veja-se a anotação ao preceito em referência de PEDRO ROMANO MARTINEZ, em PEDRO ROMANO MARTINEZ; LUÍS MIGUEL MONTEIRO; JOANA VASCONCELOS; PEDRO MADEIRA DE BRITO; GUILHERME DRAY e LUÍS GONÇALVES DA SILVA, *Código do Trabalho Anotado*, 9ª ed., cit., pp. 722-723.

(1473) Sobre a fixação do salário mínimo, veja-se, nomeadamente, MONTEIRO FERNANDES, *Direito do Trabalho*, 13ª ed., cit., pp. 439-441; LUÍS MENEZES LEITÃO, *Direito do Trabalho*, 3ª ed., cit., pp. 303 e ss.; PEDRO ROMANO MARTINEZ, *Direito do Trabalho*, 2010, 5ª ed., cit., pp. 639-641; MARIA DO ROSÁRIO RAMALHO, *Direito do Trabalho*, II, cit., pp. 571-572; Bernardo Lobo Xavier, com a colaboração de P. FURTADO MARTINS; A. NUNES DE CARVALHO; JOANA VASCONCELOS E TATIANA GUERRA DE ALMEIDA, *Manual de Direito do Trabalho*, cit., 2011, cit., pp. 540-541.

(1474) Cf. MARIA DO ROSÁRIO RAMALHO, *Direito do Trabalho*, Parte II — Situações laborais individuais, cit., pp. 555 e ss.

(1475) Cf. MENEZES CORDEIRO, *Direito do Trabalho*, cit., p. 719.

(1476) Cf. JEAN PÉLISSIER; ALAIN SUPIOT e ANTOINE JEAMMAUD, *Droit du Travail*, 24ª ed., cit, p. 957.

através do salário mínimo e como sublinha Montoya Melgar, garantir "*el mantenimiento o subsistencia del trabajador. A la estricta misión de retribuición o equivalencia en las prestaciones, se suma esta misión político-social (...) al reconhecer el derecho (de los trabajadores) a una remuneración suficiente para satisfacer sus necessidades y las de su familia*" (art. 35.1)[1477]. A fixação do salário mínimo assenta, pois, como sustenta Bernard Teyssié, em "*motifs à la fois sociaux, économiques et politiques*"[1478].

Por outras palavras, para que o salário possa desempenhar a sua função de assegurar a subsistência do trabalhador e da sua família, como afirma Luís Menezes Leitão, "*a sua fixação é sujeita a limites mínimos, através da denominada retribuição mínima garantida*"[1479]. Trata-se de garantir, afinal, a "*tutti lavoratori delle diverse categorie professionali*", como afirma Luisa Galantino a propósito do artigo 36º da Constituição italiana, "*una retribuzione suficiente ai sensi dell´art. 36 Cost*"[1480].

Por essa razão, aliás, o direito a uma retribuição mínima encontra-se previsto a nível internacional, nomeadamente na Declaração Universal dos Direitos do Homem (DUDH), de 1948, na Convenção n. 26 da OIT (1928), ratificada entre nós em 1959 pelo Decreto-lei n. 42.521, de 23 de setembro de 1959, e na Convenção desta mesma entidade n. 131 (1970), ratificada entre nós em 1981 pelo Decreto-lei n. 77/81, de 19 de junho.

II. A DUDH determina, no artigo 23º, n. 3, que "*Quem trabalha tem direito a uma remuneração equitativa e satisfatória, que lhe permita e à sua família uma existência conforme com a dignidade humana, e completada, se possível, por todos os outros meios de proteção social*" — associa-se a retribuição à tutela da dignidade humana.

A Convenção n. 26, sobre os "*Métodos de fixação dos salários mínimos*", alude à necessidade de os Estados-membros instituírem ou conservarem "*(...) métodos que permitam fixar os salários mínimos dos trabalhadores empregados na indústria ou partes da indústria (e em particular nas indústrias caseiras), em que não exista regime eficaz para a fixação de salários por meio de contrato coletivo ou de outra modalidade e nas quais os salários sejam excecionalmente baixos*"; a Convenção n. 131, por sua vez, relativa à "*Fixação de salários mínimos, especialmente em países em vias de desenvolvimento*", é mais elucidativa quanto à finalidade subjacente à fixação de salários mínimos e alude expressamente, no seu preâmbulo, à necessidade de assegurar "*(...) uma proteção aos assalariados contra os salários excessivamente baixos*"; nesse sentido, a referida Convenção n. 131 determina (artigo II, n. 1) que "*os salários mínimos terão força de lei e não poderão ser diminuídos*" e que na fixação do seu montante deverão ser tidas em consideração "*(...) as necessidades dos trabalhadores e de suas famílias*" (artigo III, alínea *a*).

A lógica de proteção do trabalhador e da sua família ou de dignificação do salário e do trabalho é, pois, manifesta e expressamente assumida.

III. A ideia de salário mínimo dispõe, também, de relevância constitucional — entre nós, o artigo 59º, n. 2, alínea *a*, da Constituição, determina que incumbe ao Estado o estabelecimento e a atualização do salário mínimo nacional, tendo em conta, entre outros fatores, as necessidades dos trabalhadores, o aumento do custo de vida, o nível de desenvolvimento das forças produtivas, as exigências da estabilidade económica e financeira e a acumulação para o desenvolvimento.

A nível infraconstitucional, o citado artigo 59º da Constituição encontra correspondência no artigo 273º do CT, que garante aos trabalhadores uma *retribuição mínima mensal*, cujo valor é determinado anualmente por legislação específica, ouvida a Comissão Permanente de Concertação Social (n. 1)[1481]. O número 2 do citado artigo 273º é, de resto, elucidativo quanto à finalidade subjacente à fixação do salário

(1477) Cf. MONTOYA MELGAR, *Derecho del Trabajo*, 30ª ed., cit., p. 375.
(1478) Cf. BERNARD TEYSSIÉ, *Droit du Travail, 1. Relations individuelles de travail*, 12ª ed., cit., p. 511.
(1479) Cf. LUÍS MENEZES LEITÃO, *Direito do Trabalho*, 3ª ed., cit., p. 303.
(1480) Cf. LUISA GALANTINO, *Diritto del Lavoro, Unidecisa Edizione*, G. Giappichelli Editore, Torino, 2001, p. 272.
(1481) Recorda-se que, antes da aprovação, em 2003, do Código do Trabalho, a obrigatoriedade do salário mínimo foi desenvolvida pelo Decreto-Lei n. 217/74, de 27 de maio, alterado pelo Decreto-Lei n. 440/79, de 6 de novembro, e depois substituído pelo Decreto-lei n. 69-A/87, de 9 de fevereiro, que foi objeto de sucessivas alterações. Atualmente e por força do Decreto-Lei n. 143/2010, de 31 de dezembro, a retribuição mínima mensal garantida, em Portugal, ascende a 485, para todas as atividades, com efeitos desde 1º de janeiro de 2011. Em 2012 e 2013, não se verificou qualquer aumento desta retribuição.

mínimo, ao estatuir que na determinação da referida retribuição mínima são ponderados, entre outros fatores, as necessidades dos trabalhadores, o aumento de custo de vida e a evolução da produtividade, tendo em vista a adequação aos critérios da política de rendimento e preços[(1482)].

IV. O "princípio da proteção do trabalhador", através do subprincípio da *"suficiência salarial"*, tem aqui um papel decisivo: é dele que resulta, em última instância, a ideia de que a fixação da retribuição, elemento essencial do contrato de trabalho, não deve ficar ao livre critério das partes e não resulta de um ajuste totalmente livre e decorrente do normal exercício da liberdade negocial de ambas as partes. O princípio em causa impõe às partes um patamar mínimo de negociação, determinando que a retribuição a ajustar pelas partes obedece a um mínimo legal — o que garanta, em nome da proteção do trabalhador, o mínimo de dignidade para a sua subsistência e a da sua família.

Estamos, portanto, perante uma projeção clara do "princípio da proteção do trabalhador", neste caso, na execução do contrato do trabalho e em sede retributiva.

1.3. O princípio da irredutibilidade da retribuição

I. O regime de proteção da retribuição é articulado, harmonioso e assenta num valor subjacente, que consiste na proteção do trabalhador contra potenciais investidas do empregador que possam afetar (prejudicar) o direito à retribuição. O princípio geral neste domínio é, por isso, o da proibição de diminuição da retribuição, de onde decorre, consequentemente, que só excecionalmente se podem admitir soluções contrárias.

Por outras palavras, à luz do princípio da irredutibilidade da retribuição o valor da retribuição ajustado pelas partes (e que há-de ser igual ou superior ao "salário mínimo") não pode ser diminuído (*maxime* por iniciativa unilateral do empregador), exceto nos casos previstos na lei ou por instrumento de regulamentação coletiva.

Deve-se, pois, partir do princípio geral e da norma proibitiva constante do artigo 129º, n. 1, alínea *d*, do CT, com o seguinte sentido: os desvios ao princípio em referência apenas se admitem excecionalmente, dentro de condicionalismos muito específicos[(1483)].

Em princípio, portanto, é proibido diminuir a retribuição do trabalhador, salvo nos casos previstos no Código do Trabalho — *v. g.*, em caso de *mudança do trabalhador para categoria inferior* (artigo 119º), em caso de *mobilidade funcional,* aquando do regresso do trabalhador às funções anteriormente exercidas depois de ter beneficiado temporariamente de condições de trabalho mais favoráveis (artigo 120º, ns. 4 e 5), em caso de *passagem do trabalhador em regime de trabalho a tempo inteiro para o trabalho a tempo parcial* (artigo 154º, n. 3, alínea *a*), quando, findo o *contrato de trabalho em regime de comissão de serviço*, o trabalhador volte a exercer as funções anteriores à sua contratação no regime de comissão de serviço (artigo 164º) e em caso *redução ou suspensão do contrato de trabalho em situação de crise empresarial* (artigo 298º) — ou em instrumento de regulamentação coletiva de trabalho, o que significa, consequentemente, que tal diminuição não pode ser diminuída por contrato de trabalho. Estamos, neste caso, perante uma norma "convénio-dispositiva", nos termos a que se refere o artigo 3º, n. 5, do CT.

Em qualquer caso, o regime é restritivo e a regra é clara: em princípio, é proibido ao empregador diminuir unilateralmente a retribuição do trabalhador, tanto que mais que, sendo a retribuição um ele-

---

(1482) Sobre o artigo 273º do Código do Trabalho, veja-se a anotação ao preceito em referência de Joana Vasconcelos, em PEDRO ROMANO MARTINEZ; LUÍS MIGUEL MONTEIRO; JOANA VASCONCELOS; PEDRO MADEIRA DE BRITO; GUILHERME DRAY e LUÍS GONÇALVES DA SILVA, *Código do Trabalho Anotado,* 9ª ed., cit., pp. 610-611; e JOÃO LEAL AMADO, *Contrato de trabalho — à luz do novo Código do Trabalho,* Coimbra Editora, Coimbra, 2009, pp. 305-306.

(1483) A propósito do artigo 129º do CT, veja-se a anotação ao preceito em referência de Pedro Romano Martinez, Pedro Madeira de Brito e Guilherme Dray, em PEDRO ROMANO MARTINEZ; LUÍS MIGUEL MONTEIRO; JOANA VASCONCELOS; PEDRO MADEIRA DE BRITO; GUILHERME DRAY e LUÍS GONÇALVES DA SILVA, *Código do Trabalho Anotado,* 9ª ed., cit., pp. 342-344.

mento essencial do contrato, a questão sempre se colocaria, em qualquer caso, como afirma Júlio Gomes, à luz do *pacta sunt servanda*(1484).

II. Em sentido inverso, contudo, o princípio da irredutibilidade da retribuição não impede o aumento da retribuição, seja por acordo das partes, seja por força de mecanismos de promoção automática na carreira, nomeadamente decorrentes de instrumentos de regulamentação coletiva de trabalho.

A regra, uma vez mais, decorre do "princípio da proteção do trabalhador": é dele que decorre a ideia de proibição de diminuição unilateral da retribuição do trabalhador, mas não do seu aumento. A limitação à autonomia privada e à liberdade negocial funciona apenas num sentido — no sentido mais favorável ao trabalhador, em nome da sua proteção.

III. O princípio em referência não veda em absoluto a diminuição ou a supressão de determinadas parcelas retributivas, nomeadamente quando tais operações não afetam a habitualmente denominada "retribuição global". Como refere Pedro Romano Martinez, "*a irredutibilidade da retribuição não se opõe (...) a que se façam ajustamentos salariais compensatórios, isto é, que deixem de ser pagos complementos salariais, aumentando, na respetiva proporção, a remuneração de base*"(1485)(1486).

No mesmo sentido, a doutrina e a jurisprudência têm considerado que o "princípio da irredutibilidade da retribuição" não obsta a que sejam afetadas as parcelas correspondentes ao maior esforço ou penosidade do trabalho sempre que ocorram, factualmente, modificações ao nível do modo específico de execução da prestação laboral(1487). Tais subsídios apenas são devidos enquanto persistir a situação de base que lhes serve de fundamento(1488) e o princípio da irredutibilidade da retribuição não impede, consequentemente, que sejam retiradas ao trabalhador prestações retributivas complementares quando se verifica a cessação do motivo para a sua atribuição(1489).

Simplesmente, à luz do ordenamento jurídico globalmente considerado e dos valores que o enformam, tais práticas só podem ser admitidas com particular parcimónia, em casos muito excecionais e, em qualquer caso, dentro dos limites da boa-fé.

Por outras palavras, a diminuição da retribuição não pode ser admitida em qualquer circunstância, na sequência de decisões arbitrárias e, muito menos, ainda, em clara violação do referido princípio geral de Direito, pois tem de encontrar uma justificação plausível no âmbito empresarial, nomeadamente relacionada com uma necessidade de reestruturação da "arquitetura" retributiva.

IV. Nesse sentido, não se duvida de que são admitidas variações e ajustamentos salariais compensatórios quando esteja em causa a implementação de reestruturações ou reformas na organização da empresa; quando haja a intenção de reformular ou readaptar internamente o esquema de pagamento da retribuição por imperativos de gestão, ou quando tais modificações decorram de processos de fusão, cisão ou aquisição societárias. Nestes casos, como noutros em que o ajustamento salarial seja engendrado dentro de uma lógica gestionária global e articulada, a modificação da forma de pagamento da retribuição, na medida em que não envolva a diminuição da "retribuição global" do trabalhador, é lícita e juridicamente irrepreensível. Por um lado, porque não acarreta a diminuição da retribuição real efetivamente auferida pelo trabalhador; por outro lado, porque é promovida dentro dos limites da boa-fé, segundo critérios de razoabilidade, de normalidade social e dentro de uma lógica empresarial séria e objetiva. No essencial, desde a antiga LCT que a doutrina, nomeadamente através de Mário Pinto, Furtado Martins e Nunes de Carvalho, tem considerado que "*(...) a garantia da irredutibilidade da retribuição se deve entender em*

(1484) Cf. JÚLIO VIEIRA GOMES, *Direito do Trabalho*, v. I, cit., p. 777.

(1485) PEDRO ROMANO MARTINEZ, *Direito do Trabalho*, 5ª ed., cit., p. 651 605 e *Direito do Trabalho*, 6ª ed., cit., p. 578.

(1486) Perfilhando uma orientação mais restritiva, à luz do princípio do *pacta sunt servanda*, JÚLIO VIEIRA GOMES, *Direito do Trabalho*, v. I, cit., pp. 776-777.

(1487) Cf. PEDRO ROMANO MARTINEZ, *Direito do Trabalho*, 5ª ed., cit., pp. 649-650 e *Direito do Trabalho*, 6ª ed., cit., pp. 577-578. A este propósito, veja-se também os acórdãos do STJ, respetivamente de 31.10.2001 (Proc. n. 589/01), de 20.2.2002 (Proc. n. 1967/01) e de 8.5.2002 (Proc. n. 3446/01).

(1488) Cf. MONTEIRO FERNANDES, *Direito do Trabalho*, cit., p. 471; MÁRIO PINTO/FURTADO MARTINS/NUNES DE CARVALHO, *Comentário às Leis do Trabalho*, cit., anotação (4) ao artigo 21º da LCT, p. 100.

(1489) Cf. LUÍS MENEZES LEITÃO, *Direito do Trabalho*, 3ª ed., cit., p. 307.

termos globais, não proibindo modificações na arquitetura de cada um dos componentes da retribuição (...)"[(1490)].

Quando assim seja, *i. e.*, quando a modificação salarial se insira num processo gestionário de reformulação do esquema retributivo da empresa, justifica-se que a aferição do cumprimento do aludido "princípio da irredutibilidade da retribuição" seja feita, também ela, segundo uma visão de conjunto, atendendo à globalidade das prestações retributivas ("retribuição global") efetivamente auferidas pelo trabalhador. Ou seja, quando o empregador, de forma unilateral, aumenta e diminui determinadas prestações retributivas que estão na sua disponibilidade (no sentido em que a fonte de que emergem tais complementos retributivos não é a lei, o instrumento de regulamentação coletiva de trabalho ou o contrato de trabalho), promovendo uma reforma no esquema retributivo da empresa sem prejuízo da "retribuição global" do trabalhador, o "princípio da irredutibilidade da retribuição" deve atuar à luz de uma visão macroscópica, que atende à "retribuição global" do trabalhador e não a cada uma das parcelas retributivas que a integram.

Nestes casos, a "proteção do salário" não é posta em causa e os "valores" subjacentes ao "princípio da irredutibilidade da retribuição" não são afetados.

No mesmo sentido, como se afirmou, no caso de complementos salariais devidos enquanto contrapartida de um modo específico de prestação da atividade — *v. g.*, subsídio de "penosidade", de "isolamento", de "trabalho noturno" ou de "trabalho por turnos" — estes podem ser reduzidos, ou até suprimidos, na medida em que se verifique uma diminuição ou supressão dos condicionalismos externos que determinam aquele modo específico de prestação da atividade.

Em qualquer caso: o "princípio da proteção do trabalhador" proscreve, como regra geral, uma diminuição da retribuição e neste domínio em particular atua num único sentido — no da proteção da retribuição, de forma a evitar a sua diminuição e não o seu aumento.

O "princípio da irredutibilidade da retribuição" é, pois, uma projeção do "princípio da proteção do trabalhador".

V. Questão diversa é saber se o princípio da irredutibilidade da retribuição tem assento constitucional e se limita, consequentemente, a atuação do legislador ordinário. Por outras palavras, importa saber se o princípio em causa impede o legislador de atuar no sentido da redução da retribuição, por via legal.

Como ponto prévio, importa adiantar o seguinte: não se retira da Constituição qualquer previsão normativa específica que contenha o princípio da irredutibilidade da retribuição — não consta da Constituição qualquer preceito que, à semelhança do artigo 129º, n. 1, alínea *d*, do Código do Trabalho, imponha ao legislador ordinário a proibição de redução da retribuição dos trabalhadores, *maxime* por via legal.

A questão, todavia, não é absolutamente linear e o Tribunal Constitucional (TC), recentemente, a propósito das leis do Orçamento de Estado para 2011, 2012 e 2013, pronunciou-se sobre a matéria, respetivamente nos acórdãos n. 396/2011, de 21 de setembro, n. 353/2012, de 5 de julho, e n. 187/2013, de 5 de abril, em termos tais que se pode concluir, no essencial, a defesa de uma *redutibilidade condicionada* ou de uma *irredutibilidade relativa*: o legislador pode diminuir a retribuição dos trabalhadores, por via legislativa, desde que tal redução obedeça a critérios de *necessidade, adequação* e *proporcionalidade*, desde de que a mesma não afete o *princípio da igualdade* e, bem assim, desde que a mesma não ponha em causa uma existência minimamente condigna dos trabalhadores, neles se incluindo, materialmente, os desempregados, à luz do princípio da dignidade humana aplicável ao Direito do trabalho.

VI. No Acórdão n. 396/2011[(1491)], a propósito da Lei do Orçamento de Estado para 2011, o TC pronunciou-se pela não inconstitucionalidade de uma redução retributiva aplicável a diversas categorias de trabalhadores e dirigentes da Administração Pública e instituições equiparadas que auferissem uma retribuição mensal acima dos 1.500 €[(1492)]. No essencial, o TC aludiu a dois critérios: por um lado, à inexistência

---

(1490) Cf. MÁRIO PINTO/FURTADO MARTINS/NUNES DE CARVALHO, *Comentário às Leis do Trabalho*, cit., anotação (4) ao artigo 21º da LCT, p. 99.

(1491) Disponível em: <http://www.tribunalconstitucional.pt/tc/acordaos/20110396.html>.

(1492) No acórdão em apreço, esteve em causa a fiscalização da constitucionalidade dos artigos 19º, 20º e 21º da Lei n. 55-A/2010, de 31 de dezembro (Lei do Orçamento de Estado para 2011), que estabeleciam reduções remuneratórias dos funcionários públicos, quanto às *"remunerações totais ilíquidas mensais (...) de valor superior a € 1500€"*.

de qualquer consagração constitucional do "princípio da irredutibilidade da retribuição"; por outro lado, entendeu que a redução levada a efeito, sendo imposta pela necessidade de redução do déficit público e de cumprimento de acordos internacionais, não era atentatória aos princípios constitucionais da confiança e da igualdade, por se afigurar *necessária, idónea* e *proporcional*.

Relativamente ao "princípio da irredutibilidade da retribuição", o TC entendeu que — *"(...) não consta da Constituição qualquer regra que estabeleça a se, de forma direta e autónoma, uma garantia de irredutibilidade dos salários. Essa regra inscreve-se no direito infraconstitucional, tanto no Regime do Contrato de Trabalho em Funções Públicas (artigo 89º, alínea d), como no Código do Trabalho (artigo 129º, n. 1, alínea d)"* — e à natureza relativa desse princípio — *"(...) importa sobretudo sublinhar que a regra não é absoluta. De facto, a norma que proíbe ao empregador, na relação laboral comum, diminuir a retribuição (artigo 129º, n. 1, alínea d, do Código de Trabalho) ressalva os "casos previstos neste Código ou em instrumento de regulamentação colectiva do trabalho (...). O que se proíbe, em termos absolutos, é apenas que a entidade empregadora, tanto pública como privada, diminua arbitrariamente o quantitativo da retribuição, sem adequado suporte normativo. (...) não se pode dizer, uma vez garantido um mínimo, que a irredutibilidade do salário seja uma exigência da dignidade da pessoa humana ou que se imponha como um bem primário ou essencial, sendo esses os critérios materiais para determinar quando estamos perante um direito subjetivo que se possa considerar "fundamental" apesar de não estar consagrado na Constituição e sim apenas na lei ordinária* (cf. VIEIRA DE ANDRADE, *Os Direitos Fundamentais na Constituição Portuguesa de 1976*, 4ª ed., Coimbra Editora, Coimbra, 2009, p. 79-80)"[1493].

Relativamente ao princípio constitucional da confiança, o TC, recorrendo à jurisprudência dos seus anteriores Acórdãos ns. 188/2009 e 3/2010, recordou que o princípio da confiança, "*que traduz a incidência subjetiva da tutela da segurança jurídica, representando ambas, em conceção consolidadamente aceita, uma exigência de realização do princípio do Estado de direito democrático (artigo 2º da CRP)*", só é merecedor de tutela verificados que sejam determinados requisitos: "*Para que para haja lugar à tutela jurídico-constitucional da "confiança" é necessário, em primeiro lugar, que o Estado (mormente o legislador) tenha encetado comportamentos capazes de gerar nos privados "expectativas" de continuidade; depois, devem tais expectativas ser legítimas, justificadas e fundadas em boas razões; em terceiro lugar, devem os privados ter feito planos de vida tendo em conta a perspectiva de continuidade do "comportamento" estadual; por último, é ainda necessário que não ocorram razões de interesse público que justifiquem, em ponderação, a não continuidade do comportamento que gerou a situação de expectativa*". Ora, no caso vertente, o TC considerou que a redução levada a efeito se fundou na salvaguarda do interesse público atendendo à *"(...) conjuntura de absoluta excepcionalidade, do ponto de vista da gestão financeira dos recursos públicos"*, que exigia, *"(...) no quadro de uma estratégia global delineada a nível europeu (...) a necessidade de uma drástica redução das despesas públicas, incluindo as resultantes do pagamento de remunerações"*. Por essa razão, considerando que aquelas medidas de redução remuneratória visavam a salvaguarda de um interesse público que deve ser tido por prevalecente, o TC rejeitou a alegação de

(1493) Em qualquer caso, no referido Acórdão, o TC recordou que *"o legislador constituinte teve a preocupação de estabelecer uma densa rede protectiva da contrapartida remuneratória da prestação laboral, dando consagração formal, no texto da Constituição, às garantias que entendeu serem postuladas pelas exigências de tutela, a este nível, da condição dos trabalhadores. Assim é que, para além do reconhecimento do direito básico à retribuição, manda-se observar o princípio de que "para trabalho igual salário igual, de forma a garantir uma existência condigna" (alínea* a*) do n. 1 do artigo 59º), fixa-se como incumbência do Estado "o estabelecimento e a atualização do salário mínimo nacional" (alínea* a*) do n. 2 do mesmo artigo), acrescentando-se, na revisão de 1997, a imposição constitucional de "garantias especiais dos salários" (n. 3 do artigo 59º). Não é de crer que o programa constitucional, tão exaustivamente delineado, nesta matéria, só fique integralmente preenchido com a atribuição da natureza de direito fundamental legal ao direito à irredutibilidade da retribuição, qualificação para a qual não se descortina fundamento material bastante. Direito fundamental, esse sim, é o "direito à retribuição", e direito de natureza análoga aos direitos, liberdades e garantias, como é pacífico na doutrina e este Tribunal tem também afirmado (cfr., por exemplo, o Acórdão n. 620/2007). Mas uma coisa é o direito à retribuição, outra, bem diferente, é o direito a um concreto montante dessa retribuição, irredutível por lei, sejam quais forem as circunstâncias e as variáveis económico-financeiras que concretamente o condicionam. Não pode, assim, entender-se que a intocabilidade salarial é uma dimensão garantística contida no âmbito de protecção do direito à retribuição do trabalho ou que uma redução do* quantum *remuneratório traduza uma afectação ou restrição desse direito.*

Inexistindo qualquer regra, com valor constitucional, de direta proibição da diminuição das remunerações e não sendo essa garantia inferível do direito fundamental à retribuição, é de concluir que só por parâmetros valorativos decorrentes de princípios constitucionais, em particular os da confiança e da igualdade, pode ser apreciada a conformidade constitucional das soluções normativas em causa".

se estar perante uma desproteção da confiança constitucionalmente desconforme. Mais do que isso, o TC considerou que a redução levada a efeito era simultaneamente *idónea* e *necessária* para fazer face à situação de déficit orçamental e crise financeira; e *proporcional*, não se podendo considerar excessiva, em face das dificuldades a que visavam fazer face — as medidas eram *transitórias* e considerou-se patente o esforço em minorar a medida do sacrifício exigido aos particulares, fazendo-a corresponder ao quantitativo dos vencimentos afetados: para além da isenção de que gozavam as remunerações inferiores a 1500 euros, as taxas aplicáveis eram progressivas, nunca ultrapassando, em todo o caso, o limite de 10% — inferior ao aplicado em países da União Europeia com idênticos problemas financeiros.

No mesmo sentido e agora quanto ao princípio da igualdade, o TC considerou que sendo *"(...) indiscutível que, com as medidas em apreciação, a repartição dos sacrifícios impostos pela situação excecional de crise financeira não se faz de igual forma entre todos os cidadãos com igual capacidade contributiva, uma vez que elas não têm um alcance universal, recaindo apenas sobre as pessoas que têm uma relação de emprego público"*, as normas em causa, todavia, não violavam o princípio constitucional da igualdade, por não se afigurarem normas *arbitrárias* — *"O não prescindir-se de uma redução de vencimentos, no quadro de distintas medidas articuladas de consolidação orçamental, que incluem também aumentos fiscais e outros cortes de despesas públicas, apoia-se numa racionalidade coerente com uma estratégia de atuação cuja definição cabe ainda dentro da margem de livre conformação política do legislador"*.

Em suma, atendendo aos aludidos princípios da *necessidade, adequação* e *proporcionalidade*, o TC decidiu não declarar a inconstitucionalidade, com força obrigatória geral, das normas constantes dos artigos 19º, 20º e 21º da Lei n. 55-A/2010, de 31 de dezembro (Lei do Orçamento de Estado para 2011).

VII. Pelo contrário, no Acórdão n. 353/2012[(1494)], a propósito da Lei do Orçamento de Estado para 2012[(1495)], que veio suspender total ou parcialmente o pagamento dos subsídios de férias e de Natal, ou quaisquer prestações correspondentes aos 13º e ou 14º meses, quer para pessoas que auferiam remunerações salariais de entidades públicas, quer para pessoas que auferiam pensões de reforma ou aposentação através do sistema público de segurança social de valor superior a 600,00, estabelecendo que tal medida, qualificada como excecional, teria a duração do período de vigência (2012-2014) do Programa de Assistência Económica e Financeira (PAEF), o TC considerou tais normas inconstitucionais, por violação do princípio da igualdade na repartição dos encargos públicos consagrado no artigo 13º da Constituição.

Por outras palavras, o TC considerou que apesar de ser *"(...) certamente admissível alguma diferenciação entre quem recebe por verbas públicas e quem atua no setor privado da economia, não se podendo considerar, no atual contexto económico e financeiro, injustificadamente discriminatória qualquer medida de redução dos rendimentos dirigida apenas aos primeiros"*, a liberdade do legislador recorrer ao corte das remunerações e pensões das pessoas que auferem verbas públicas, na mira de alcançar um equilíbrio orçamental, mesmo num quadro de uma grave crise económico-financeira, *"não pode ser ilimitada. A diferença do grau de sacrifício para aqueles que são atingidos por esta medida e para os que não o são não pode deixar de ter limites. Na verdade, a igualdade jurídica é sempre uma igualdade proporcional, pelo que a desigualdade justificada pela diferença de situações não está imune a um juízo de proporcionalidade. A dimensão da desigualdade do tratamento tem que ser proporcionada às razões que justificam esse tratamento desigual, não podendo revelar-se excessiva"*. Ora, segundo o TC, no caso da Lei do Orçamento de Estado para 2012, a diferença de tratamento entre as pessoas afetadas e os demais cidadãos com outras fontes de rendimento era de tal modo acentuada e significativa *"que as razões de eficácia da medida adotada na prossecução do objetivo da redução do déficit público para os valores apontados nos memorandos de entendimento não têm uma valia suficiente para justificar a dimensão de tal diferença, tanto mais que poderia configurar-se o recurso a soluções alternativas para a diminui-*

(1494) Disponível em: <http://www.tribunalconstitucional.pt/tc/acordaos/20120353.html>.

(1495) No Acórdão em apreço, esteve em causa a fiscalização da constitucionalidade das normas constantes dos artigos 21º e 25º, da Lei n. 64-B/2011, de 30 de dezembro (Lei do Orçamento de Estado para 2012), que dispunham no sentido da *suspensão do pagamento de subsídios de férias e de Natal ou equivalentes* dos *funcionários públicos* (artigo 21º) e dos *aposentados* e *reformados* (artigo 25º), durante o Período de Asisstência Financeira a Portugal.

ção do déficit, quer pelo lado da despesa (v. g., as medidas que constam dos referidos memorandos de entendimento), quer pelo lado da receita (v. g., através de medidas de carácter mais abrangente e efeito equivalente à redução de rendimentos)". O TC considerou pois "*(...) evidente que o diferente tratamento imposto a quem aufere remunerações e pensões por verbas públicas ultrapassa os limites da proibição do excesso em termos de igualdade proporcional. (...) A Constituição não pode certamente ficar alheia à realidade económica e financeira e em especial à verificação de uma situação que se possa considerar como sendo de grave dificuldade. Mas ela possui uma específica autonomia normativa que impede que os objetivos económicos ou financeiros prevaleçam, sem quaisquer limites, sobre parâmetros como o da igualdade, que a Constituição defende e deve fazer cumprir*".

Deste modo, o TC concluiu que "*as normas que prevêem a medida de suspensão do pagamento dos subsídios de férias e de Natal ou quaisquer prestações correspondentes aos 13º e, ou, 14º meses, quer para pessoas que auferem remunerações salariais de entidades públicas, quer para pessoas que auferem pensões de reforma ou aposentação através do sistema público de segurança social, durante os anos de 2012 a 2014, violam o princípio da igualdade, na dimensão da igualdade na repartição dos encargos públicos, consagrado no artigo 13º da Constituição*", declarando assim inconstitucionais as normas constantes dos artigos 21º e 25º, da Lei n. 64-B/2011, de 30 de dezembro (Orçamento do Estado para 2012)[1496].

VIII. Já em 2013, através do seu Acórdão n. 187/2013, de 5 de abril, o Tribunal Constitucional (TC) voltou a declarar inconstitucionais quatro normas da Lei do Orçamento de Estado para 2013 (LOE), a Lei n. 66-B/2012, de 31 de dezembro, fundamentalmente por violação do princípio da igualdade na sua vertente de exigência de *proporcionalidade*. As normas declaradas inconstitucionais e os motivos da declaração de inconstitucionalidade foram, no essencial, os seguintes:

— A norma do artigo 29º, n. 1, da LOE[1497], segundo a qual durante "*a vigência do PAEF, como medida excecional de estabilidade orçamental é suspenso o pagamento do subsídio de férias ou quaisquer prestações correspondentes ao 14º mês às pessoas a que se refere o n. 9 do artigo 27º,cuja remuneração base mensal seja superior a € 1100*". Neste caso, o TC, começando por admitir a inexistência de uma regra de irredutibilidade da retribuição por via legal, afirma, todavia, que esta descida não pode ser imposta de forma arbitrária, devendo ser fundamentada e obedecer aos princípios da *igualdade* e da *proporcionalidade*. A este propósito, o TC afirma que "*A ablação por via ordinária de parte significativa dos rendimentos do trabalho imposta aos trabalhadores do setor público, apesar de não se encontrar constitucionalmente vedada nos termos em que o é a supressão, a suspensão ou a extinção do direito à retribuição propriamente dito, não se torna por isso constitucionalmente insindicável e pressupõe o esclarecimento das razões, necessariamente de interesse público, que conduziram o Estado a intervir unilateralmente naquele sentido no âmbito da relação de emprego público a que se acha vinculado enquanto empregador*". Reconhecendo a existência de um interesse público na suspensão do subsídio de férias ou 14º mês aos trabalhadores do setor público, interesse esse resultante da "*consecução de fins de redução da despesa pública e de correção de um excessivo desequilíbrio orçamental*", o TC concluiu, todavia, que tal norma viola o princípio da igualdade, na parte em que este exige que, "*a par da existência de um fundamento material para a opção de diferenciar*", o tratamento diferenciado assim imposto deve ser *proporcionado* — "*Se o princípio da igualdade permite (ou até requer, em certos termos) que o desigual seja desigualmente tratado, simultaneamente impõe que não seja desrespeitada a medida da diferença*". Ora, segundo o TC, "*a distinção introduzida no âmbito da repartição dos encargos públicos não se*

(1496) Recorda-se que, não obstante declarar a inconstitucionalidade, com força obrigatória geral, por violação do princípio da igualdade consagrado do artigo 13º da Constituição, dos artigos 21º e 25º da lei do Orçamento de Estado para 2012, o TC, encontrando-se a execução orçamental de 2012 já em curso avançado e reconhecendo que as consequências da declaração de inconstitucionalidade acima anunciada, sem mais, poderiam determinar, inevitavelmente, esse incumprimento, pondo em perigo a manutenção do financiamento acordado e a consequente solvabilidade do Estado, decidiu também, invocando uma situação de interesse público de excecional relevo, restringir os efeitos da declaração de inconstitucionalidade, nos termos permitidos pelo artigo 282º, n. 4, da Constituição, não os aplicando à suspensão do pagamento dos subsídios de férias e de Natal, ou quaisquer prestações correspondentes aos 13º e, ou, 14º meses, relativos ao ano de 2012.

(1497) O artigo 29º, n. 1, da LOE, estabelecia que durante "*a vigência do PAEF, como medida excecional de estabilidade orçamental é suspenso o pagamento do subsídio de férias ou quaisquer prestações correspondentes ao 14º mês às pessoas a que se refere o n. 9 do artigo 27º, cuja remuneração base mensal seja superior a €1100*". O n. 2 deste artigo estabelecia, por sua vez, que"*[a]s pessoas a que se refere o n. 9 do artigo 27º, cuja remuneração base mensal seja igual ou superior a €600 e não exceda o valor de €1100 ficam sujeitas a uma redução no subsídio de férias ou nas prestações correspondentes ao 14º mês, auferindo o montante calculado nos seguintes termos: subsídio/prestações = 1320 — 1,2 x remuneração base mensal*".

revela proporcional à medida daquela diferença, tornando-se intolerável, do ponto de vista daquela dimensão da igualdade". Ou seja, o TC considerou que *"A imposição de sacrifícios mais intensos aos trabalhadores que exercem funções públicas não pode ser justificada por fatores macroeconómicos relacionados com a recessão económica e o aumento do desemprego, que terão de ser solucionados por medidas de política económica e financeira de caráter geral, e não por via de uma maior penalização dos trabalhadores que, no plano da empregabilidade, não suportam, ou não suportam em idêntico grau, os efeitos recessivos da conjuntura económica"*. Por essa razão, segundo o TC, *"os efeitos cumulativos e continuados dos sacrifícios impostos às pessoas com remunerações do setor público, sem equivalente para a generalidade dos outros cidadãos que auferem rendimentos provenientes de outras fontes, corresponde a uma diferença de tratamento que não encontra já fundamento bastante no objetivo da redução do déficit público. E implica por isso uma violação do princípio da igualdade proporcional, assente na ideia de que a desigualdade justificada pela diferença de situações não está imune a um juízo de proporcionalidade e não pode revelar-se excessiva"*. O Tribunal pronunciou-se, pois, no sentido da inconstitucionalidade da norma do artigo 29º, por violação do princípio da igualdade na repartição dos encargos públicos e do princípio da igualdade proporcional, e da inconstitucionalidade consequencial da norma do artigo 31º da mesma LOE, na medida em que manda aplicar o disposto no artigo 29º dessa Lei aos contratos de docência e de investigação.

— A norma do artigo 77º da LOE[1498], que estabelecia a suspensão de 90% do subsídio de férias dos pensionistas. A este propósito, o TC começa por considerar que *"do ponto de vista da tutela jurídico-constitucional, a proteção conferida ao direito à pensão não é substancial ou qualitativamente diferente da dispensada ao direito ao salário. De facto, trata-se, em ambos os casos, de direitos económicos, previstos, respetivamente, no artigo 63º e no artigo 59º da Constituição"*, ainda que reconheça que *"a Constituição é bastante mais explícita quanto ao elevado grau de proteção que lhe merece o salário"*. Também neste caso, o TC considerou que *"os efeitos cumulativos e continuados dos sacrifícios impostos às pessoas com remunerações ou pensões do setor público — resultante da redução salarial imposta aos trabalhadores da Administração Pública, implementada em 2011 e mantida em 2012, acrescida da supressão dos subsídios de férias e de Natal, aplicada em 2012, e que se estendeu, nesse ano, aos reformados e pensionistas —, não tem equivalente para a generalidade dos outros cidadãos que auferem rendimentos provenientes de outras fontes, correspondendo a uma diferença de tratamento que não encontra justificação bastante no objetivo da redução do déficit público"*. O TC concluiu, pois, que mesmo no âmbito de uma grave situação económico-financeira, *"o diferente tratamento imposto a quem aufere remunerações e pensões por verbas públicas ultrapassa os limites da proibição do excesso em termos de igualdade proporcional"*, razão pela qual considerou inconstitucional a referida norma, por violação do princípio da igualdade proporcional.

— A norma do artigo 117º, n. 1, da LOE[1499], que sujeitava os beneficiários de prestações do sistema previdencial a uma contribuição de 5% sobre o montante dos subsídios concedidos por doença e de 6% sobre o montante de subsídios concedidos em caso de desemprego. Neste caso concreto, a argumentação do TC assenta, fundamentalmente, no princípio da dignidade humana e na ideia segundo a qual o Estado deve assegurar a todos, nomeadamente aos mais desfavorecidos, uma existência condigna, através de um mínimo de apoio social, mesmo em períodos excecionais de crise económica e financeira. Alude-se, em suma, a um conteúdo mínimo de direitos que deve, em qualquer caso, beneficiar os desempregados e aqueles que estão em situação de especial vulnerabilidade por razões de doença, utilizando-se para o efeito e como padrão o princípio da existência condigna através da fixação do *salário mínimo nacional*. Neste caso concreto, invocando o n. 3 do artigo 63º da Constituição, inserido no capítulo dedicado aos "Direitos e deveres sociais", que estabelece que *"[o] sistema de segurança social protege os cidadãos na doença, velhice, invalidez, viuvez e orfandade, bem como no desemprego e em todas as outras situações de falta ou diminuição de meios de subsistência ou de capacidade para o trabalho"*, bem como, especificamente quanto aos trabalhadores que *"involuntariamente se encontrem em situação de desemprego"*, o artigo 59º, n. 1, alínea e, da mesma Lei Fundamental, inserido no capítulo dedicado aos "Direitos e deveres económicos", o TC sustenta que *"o subsídio de desemprego,*

(1498) Recorda-se que o artigo 77º da Lei n. 66-B/2012, de 31 de dezembro, suspendia parcialmente o pagamento do subsídio de férias de aposentados e reformados, determinando, durante a vigência do Programa de Assistência Económica e Financeira, e como medida excecional de estabilidade orçamental, *"a suspensão do pagamento de 90% do subsídio de férias ou quaisquer prestações correspondentes ao 14º mês, pagas pela Caixa Geral de Aposentações, pelo Centro Nacional de Pensões e, diretamente ou por intermédio de fundos de pensões, por quaisquer entidades públicas, aos aposentados, reformados, pré-aposentados ou equiparados cuja pensão mensal seja superior a €1100"* (n. 1).

(1499) O artigo 177º da LOE dispunha o seguinte: *"1. As prestações do sistema previdencial concedidas no âmbito das eventualidades de doença e desemprego são sujeitas a uma contribuição nos seguintes termos: a) 5% sobre o montante dos subsídios concedidos no âmbito da eventualidade de doença; b) 6% sobre o montante dos subsídios de natureza previdencial concedidos no âmbito da eventualidade de desemprego"*.

que tem uma "função sucedânea da remuneração salarial de que o trabalhador se viu privado", constitui um *"direito fundamental dos trabalhadores"*, embora a sua concretização esteja dependente das *"disponibilidades financeiras e materiais do Estado" (...) Em suma, a Constituição assegura diretamente um direito dos trabalhadores a assistência material quando involuntariamente se encontrem em situação de desemprego e dirige um comando ao legislador no sentido de este prever, no sistema de segurança social, formas de assistência material aos trabalhadores em situação de doença"*. Mas, mais importante do que isso, o TC defende que se deve reconhecer, *"ainda que indiretamente, a garantia do direito a uma sobrevivência minimamente condigna ou a um mínimo de sobrevivência, seja a propósito da atualização das pensões por acidentes de trabalho (acórdão n. 232/91), seja a propósito da impenhorabilidade de certas prestações sociais (acórdãos ns. 62/02, 349/91, 411/93, 318/99, 177/02), fundando um tal direito na conjugação do princípio da dignidade da pessoa humana e do direito à segurança social em situações de carência, e estabelecendo como padrão o salário mínimo nacional ou o salário mínimo garantido"*. Assim sendo, reconhecendo que *"Embora não possa pôr-se em dúvida a reversibilidade dos direitos concretos e das expectativas subjetivamente alicerçadas, não pode deixar de reconhecer-se que haverá sempre de ressalvar, ainda que em situação de emergência económica, o núcleo essencial da existência mínima já efetivado pela legislação geral que regula o direito às prestações nas eventualidades de doença ou desemprego, pelo que poderá estar, também, aqui em causa o parâmetro constitucional da existência condigna"*. O Tribunal pronunciou-se, nestes termos, no sentido da inconstitucionalidade da sobredita norma do artigo 117º, n. 1, tendo por base o princípio da dignidade humana que, acrescentamos nós, do ponto de vista juslaboral, resulta do "princípio da proteção do trabalhador". E isto, reitera-se, mesmo tendo por base uma situação de emergência económica do país[1500].

IX. Em suma, os acórdãos n. 396/2011, de 21 de setembro, n. 353/2012, de 5 de julho, e n. 187/2013, de 5 de abril, todos do Tribunal Constitucional, afirmam a defesa de uma *redutibilidade salarial condicionada* no que diz respeito à atuação do legislador ordinário: por um lado, o legislador pode diminuir a retribuição dos trabalhadores, por via legislativa, desde de que tal redução obedeça a critérios de *necessidade, adequação* e *proporcionalidade* e não afete o *princípio da igualdade;* por outro lado, essa diminuição salarial não pode pôr em causa, mesmo num contexto de emergência e de grave crise económica, *"o direito a uma sobrevivência minimamente condigna ou a um mínimo de sobrevivência"*, à luz do *princípio da dignidade da pessoa humana*. Este último princípio, na sua projeção laboral, consubstancia-se precisamente, nos termos acima assinalados, no "princípio da proteção do trabalhador".

2. A organização do tempo de trabalho

2.1. Generalidades

I. O tempo de trabalho corresponde ao período durante o qual o trabalhador exerce a atividade ou permanece adstrito à realização da prestação, encontrando-se disponível para efeitos da referida prestação laboral — é esse, de resto, o sentido emergente do artigo 197º, n. 1, do CT, que inclui ainda na noção legal de tempo de trabalho as interrupções e os intervalos de descanso previstos no número 2 do mesmo preceito.

A temática do tempo de trabalho é absolutamente determinante para a concretização do conteúdo do contrato de trabalho e está igualmente na génese do Direito do trabalho, na exata medida em que um dos problemas associados à referida "Questão Social" prendia-se, precisamente, com a necessidade de limitação do tempo de trabalho e com a preservação da vida pessoal e familiar do trabalhador — as regras da limitação do tempo de trabalho, nomeadamente a regra que mandava *trabalhar de sol a sol,* bem como as respeitantes ao descanso aos domingos e feriados e à limitação de trabalho durante o período

(1500) Recorda-se que o TC reconhece, no âmbito do seu acórdão, que *"De acordo com o enquadramento constante do Relatório que acompanhou a Lei do Orçamento de Estado para 2013, o conjunto das normas impugnadas inscreve-se no âmbito da concretização de uma orientação estratégica comprometida com o prosseguimento do esforço de consolidação orçamental previsto no Programa de Ajustamento Económico e Financeiro (PAEF) acordado entre o Governo português e o FMI, a Comissão Europeia e o BCE, nos termos do qual os limites quantitativos para o déficit orçamental em 2012, 2013 e 2014, apesar de inicialmente fixados em 4,5%, 3,0% e 2,3%, respetivamente, foram revistos para 5%, 4,5% e 2,5%"*.

noturno, estão na origem do Direito do trabalho e contribuíram, decisivamente, para a consolidação do "princípio da proteção do trabalhador" que é característico do Direito do trabalho e que surge na sequência da referida "Questão Social"[(1501)]. Como afirmam Jean-Maurice Verdier, Alain Coeuret e Marie-Armelle Souriac, *"la durée du travail en particulier a constitué depuis longtemps un thème de revendication et de lutte des travailleurs, soumis à certaines époques et parfois encore à des temps et rythmes de travail excessifs"*[(1502)].

As regras em apreço, que vão ser acolhidas pelo "princípio da proteção do trabalhador", são projetadas ao nível da execução do contrato através do subprincípio da dignificação do trabalho.

II. Do ponto de vista do trabalhador, a limitação do tempo de trabalho é decisiva para efeitos de garantia do direito ao descanso, ao repouso e à sua recuperação física, bem como para a preservação da sua vida familiar e da sua saúde, sendo igualmente determinante para efeitos de limitação da subordinação jurídica do trabalhador perante o empregador — a limitação do tempo de trabalho, como afirma Maria do Rosário Ramalho, assegura a liberdade pessoal do trabalhador, que *"constitui um pressuposto axiológico fundamental do vínculo laboral"*, assegurando a *"compatibilidade da subordinação do trabalhador com a sua liberdade"*[(1503)].

As matérias relativas ao limite máximo da jornada de trabalho, ao direito ao descanso semanal e, mais tarde, ao direito a férias, corresponderam, por isso mesmo, a uma das primeiras reivindicações do operariado do século XIX e estão na génese do desenvolvimento do Direito do Trabalho na transição do século XIX para o século XX[(1504)]. A inexistência de regras limitadoras da jornada de trabalho e a correlativa e *"calamitosa situación de los trabajadores, especialmente de las industrias extractivas, sometidos a duríssimas condiciones de trabajo y a graves riesgos de acidente, fue sin duda uno de los hechos que de un modo más acuciante reclamaron la intervención de los poderes públicos*[(1505)]. Por outras palavras, a limitação da jornada de trabalho esteve na génese do Direito do trabalho e foi *"le premier objectif des salariés et des syndicats (...) pendant plus d´un siécle (de 1840 à 1950 environ)"*[(1506)].

E é por esta razão, também, que a matéria do tempo de trabalho e da sua limitação é objeto de atenção a nível internacional, quer ao nível da Declaração Universal dos Direitos do Homem (DUDH), quer ao nível da Organização Internacional do Trabalho, quer ao nível da União Europeia, estando igualmente prevista na nossa Constituição e no Código do Trabalho.

III. A nível internacional, a matéria do tempo de trabalho consta, desde logo, da DUDH, cujo artigo 24º determina que *"Toda a pessoa tem direito ao repouso e aos lazeres e, especialmente, a uma limitação razoável da duração do trabalho e a férias periódicas pagas"* — eleva-se, portanto, o direito ao repouso e a limitação da duração do trabalho a direito humano de todos os trabalhadores.

A Convenção da OIT n. 106 (1957), ratificada entre nós pelo Decreto-lei n. 43.005, de 3 de março de 1960, por sua vez, dispõe que "*1. Todas as pessoas às quais se aplica a presente Convenção terão direito (...) a um período de descanso semanal de pelo menos 24 horas consecutivas em cada período de 7 dias*", o qual deverá coincidir *"(...) sempre que possível, com o dia da semana reconhecido como tal pela tradição ou pelos usos do país ou da região"* (n. 2).

(1501) Cf. Bernardo da Gama Lobo Xavier, com a colaboração de P. FURTADO MARTINS; A. NUNES DE CARVALHO; JOANA VASCONCELOS E TATIANA GUERRA DE ALMEIDA, *Manual de Direito do Trabalho*, cit., p. 41.

(1502) Cf. JEAN-MAURICE VERDIER/ALAIN COEURET/MARIE-ARMELLE SOURIAC, *Droit du Travail*, cit., 1999, p. 375.

(1503) Cf. MARIA DO ROSÁRIO RAMALHO, *Direito do Trabalho*, Parte II, cit., p. 496. Recorda-se que a autora segue, a este propósito, ALONSO OLEA, *De la Servidumbre al Contrato de Trabajo*, 2ª ed., Madrid, 1987, p. 156, para quem duas das condições que asseguram a compatibilização entre a subordinação jurídica e a liberdade pessoal do trabalhador são a objetivação da prestação de trabalho, que limita a dependência do trabalhador ao débito contratual definido, e a delimitação temporal da disponibilidade do trabalhador para a prestação do trabalho perante o empregador, quer através da proibição de vínculos de trabalho perpétuos, quer através da garantia de manutenção de tempos de não trabalho durante a vigência do contrato.

(1504) Cf. MARIA DO ROSÁRIO RAMALHO, *Direito do Trabalho*, Parte II, cit., p. 496, e *Tratado de Direito do Trabalho*, Parte II, cit., pp. 445 e ss.

(1505) Cf. MONTOYA MELGAR, *Derecho del Trabajo*, 30ª ed., cit., p. 68.

(1506) Cf. JEAN PÉLISSIER; ALAIN SUPIOT e ANTOINE JEAMMAUD, *Droit du Travail*, 24ª ed., cit, p. 865.

E, ao nível da União Europeia, existe extensa produção normativa em matéria de tempo de trabalho: a Diretiva n. 2003/88/CE, de 4 de novembro, determina que os Estados-membros tomarão as medidas necessárias para que todos os trabalhadores se beneficiem de períodos mínimos de descanso de diário, semanal e de férias anuais[(1507)]. E, num claro reflexo do "princípio da proteção do trabalhador", o artigo 15º da mesma Diretiva estabelece que "*A presente diretiva não impede os Estados-membros de aplicarem ou introduzirem disposições legislativas, regulamentares ou administrativas mais favoráveis à proteção da segurança e da saúde dos trabalhadores, ou de promoverem ou permitirem a aplicação de convenções coletivas ou acordos celebrados entre parceiros sociais mais favoráveis à proteção da segurança e da saúde dos trabalhadores*.

IV. A filosofia subjacente a estes vários textos internacionais é clara: visa-se proteger o trabalhador e a sua vida pessoal, garantindo-lhe liberdade pessoal, direito ao repouso e à recuperação física e psíquica. Visa-se, em suma, proteger o contraente mais débil, em nome do "princípio da proteção do trabalhador".

Nalguns casos, a proteção relativamente ao tempo de trabalho e à sua limitação é ainda mais garantística, quando se trata de algumas categorias específicas de trabalhadores, tidas como particularmente mais débeis: é o que sucede nomeadamente com o trabalho de menores[(1508)].

Entre nós, o CT[(1509)], à semelhança, de resto, do que acontece com as trabalhadoras grávidas, puérperas e lactantes (artigos 58º e ss.), ou com os trabalhadores portadores de deficiência ou doença crónica (artigos 87º e ss.), confere aos trabalhadores menores um regime especial em matéria do tempo de trabalho, promovendo a redução dos limites máximos do período normal de trabalho (artigo 73º), a dispensa de algumas formas de organização do tempo de trabalho, nomeadamente do regime de adaptabilidade, banco de horas e horário concentrado (artigo 74º), a proibição tendencial do trabalho suplementar prestado por menor (artigo 75º), especiais limitações quanto ao trabalho noturno (artigo 76º) e um regime especial, quer quanto ao intervalo de descanso (artigo 77º), quer quanto ao descanso diário do trabalhador menor (artigo 78º).

(1507) À luz da referida Diretiva, que revogou a Diretiva n. 2000/34/CE, os trabalhadores devem se beneficiar de onze horas consecutivas de descanso por cada período de vinte e quatro horas (artigo 3º); no caso de o período de trabalho diário ser superior a seis horas, todos devem se beneficiar de pausas (artigo 4º); por cada período de sete dias, todos devem se beneficiar de um período mínimo de descanso ininterrupto de vinte e quatro horas às quais se adicionam as onze horas, de descanso diário previstas no artigo 3º (artigo 5º); a duração média do trabalho em cada período de sete dias não deve exceder quarenta e oito horas, incluindo as horas extraordinárias, em cada período de sete dias (artigo 6º); todos devem se beneficiar de férias anuais remuneradas de pelo menos quatro semanas, sendo certo que o período mínimo de férias anuais remuneradas não pode ser substituído por retribuição financeira, exceto nos casos de cessação da relação de trabalho (artigo 7º); o tempo de trabalho normal dos trabalhadores noturnos não deve ultrapassar oito horas, em média, por cada período de vinte e quatro horas (artigo 8º); e as entidades patronais devem organizar o trabalho tendo em conta o *princípio da adaptação do trabalho ao homem*, com vista, nomeadamente, a atenuar o trabalho monótono e o trabalho cadenciado em função do tipo de atividade e das exigências em matéria de segurança e de saúde, em especial no que se refere às pausas durante o tempo de trabalho (artigo 13º).

(1508) No caso do trabalho de menores, a Diretiva 94/33/CE do Conselho, de 22 de junho de 1994, alterada pela Diretiva 2007/30/CE, do Parlamento Europeu e do Conselho, de 20 de junho de 2007, relativa à proteção dos jovens no trabalho, para além de instar os Estados-membros a tomar "*(...) todas as medidas necessárias para proibir o trabalho infantil*" (artigos 1º e 4º) e de obrigar os empregadores a "*(...) tomar as medidas necessárias para proteger a segurança e a saúde dos jovens" admitidos ao trabalho, nomeadamente através da realização de avaliação de riscos associados ao trabalho*" (artigo 6º), contém também normas específicas atinentes ao tempo de trabalho (artigo 8º), ao trabalho noturno (artigo 9º), ao período de descanso (artigo 10º), ao descanso anual (artigo 11º) e às pausas no âmbito do trabalho prestado por menores (artigo 12º), regime esse cuja transposição, entre nós, é levada a efeito nos artigos 73º a 80º do CT e que se carateriza por uma especial proteção do trabalhador menor face à generalidade dos trabalhadores quanto à organização do tempo de trabalho.

(1509) Recorda-se que, entre nós, antes da aprovação do CT/2003, a matéria do tempo de trabalho se encontrava dispersa por vários diplomas: a LCT de 1969 continha algumas normas gerais sobre a duração do contrato (artigos 45º a 50º); a Lei da Duração do Contrato, aprovada pelo Decreto-Lei n. 409/71, de 27 de setembro, que foi objeto de diversas alterações, nomeadamente levadas a efeito pela Lei n. 21/96, de 23 de julho, e pela Lei n. 73/98, de 10 de novembro, continha o essencial do regime da duração do trabalho, nomeadamente as regras relativas ao período normal do trabalho e ao horário de trabalho; a Lei do Trabalho Suplementar, aprovada pelo Decreto-Lei n. 421/83, de 2 de dezembro, e subsequentemente modificada pelo Decreto-Lei n. 398/91, de 16 de outubro, continha o regime do trabalho suplementar; a Lei n. 21/96, de 23 de julho, que alterou a Lei da Duração do Trabalho, aprovou o regime da redução do período normal de trabalho e da adaptabilidade dos horários; o regime dos períodos de funcionamento constava do Decreto-Lei n. 48/96, de 15 de maio; e o regime do trabalho a tempo parcial constava da Lei n. 103/99, de 26 de julho. Paralelamente e conexo com a matéria da organização do tempo de trabalho, tínhamos ainda a Lei das Férias, Feriados e Faltas, aprovada pelo Decreto-Lei n. 397/91, de 16 de outubro.

Em suma, o "princípio da proteção do trabalhador" joga um papel determinante em sede de organização do tempo de trabalho, mas não o faz apenas a nível internacional: fá-lo também a nível interno.

V. Internamente, o direito à limitação da jornada de trabalho e o direito ao repouso constam, também, da nossa Constituição.

O artigo 59º, n. 1, da Constituição, determina que todos os trabalhadores, sem distinção de idade, sexo, raça, cidadania, território de origem, religião, convicções políticas ou ideológicas, têm direito à organização do trabalho em condições socialmente dignificantes, de forma a facultar a realização pessoal e a permitir a conciliação da atividade profissional com a vida familiar (alínea *b*), bem como o direito ao repouso e aos lazeres, a um limite máximo da jornada de trabalho, ao descanso semanal e a férias periódicas pagas (alínea *d*). Por outro lado, o artigo 59º, n. 2, determina que incumbe ao Estado assegurar as "*condições de repouso*" a que os trabalhadores têm direito, bem como a fixação, a nível nacional, dos limites da duração do trabalho (alínea *b*).

Ou seja, a Constituição eleva a valor fundamental do sistema a necessidade de delimitação do tempo de trabalho, em ordem a garantir-se a preservação da saúde do trabalhador e o propósito de conciliação da sua vida pessoal e familiar com a sua vida profissional. Nalguns casos, em especial, atenta a especial debilidade associada a algumas categorias de trabalhadores, a Constituição impõe ao legislador ordinário um especial dever de proteção na gestão do tempo de trabalho e no direito ao repouso. Nesse sentido, o artigo 59º, n. 2, alínea *c*, determina que incumbe ao Estado garantir a *"especial proteção do trabalho das mulheres durante a gravidez e após o parto, bem como do trabalho dos menores, dos diminuídos e dos que desempenhem atividades particularmente violentas ou em condições insalubres, tóxicas ou perigosas"*, tarefa essa que, como se viu, surge concretizada nos artigos 58º e ss. do CT, quanto às trabalhadoras grávidas, puérperas e lactantes, nos artigos 73º e ss., quanto ao trabalho de menores, e nos artigos 87º e ss. do CT, quanto aos trabalhadores portadores de deficiência ou doença crónica.

Por outras palavras, do "princípio da proteção do trabalhador", resultam diversas preocupações em sede de organização do tempo de trabalho, em termos tais que se pode, a este propósito, falar nalgumas projeções em especial do referido princípio, como sejam o "*princípio da limitação do tempo de trabalho*", tendo em vista a proteção da saúde e o direito ao repouso do trabalhador, ou o "*princípio da conciliação entre a vida profissional e a vida pessoal e familiar do trabalhador*", que visa garantir uma separação entre a vida profissional e a vida pessoal e familiar do trabalhador e a salvaguarda destas últimas. No polo oposto, mas agora como concretização ou projeção do "princípio da salvaguarda dos interesses de gestão" no domínio da organização do tempo de trabalho e em benefício das necessidades de gestão empresarial, o nosso ordenamento consagra, ainda, o "*princípio da gestão flexível do tempo de trabalho*", de onde resulta, nomeadamente, a possibilidade de utilização pelo empregador dos instrumentos de agilização na organização do tempo de trabalho, como sejam a adaptabilidade do tempo de trabalho, o regime do banco de horas ou o do horário concentrado, o da isenção de horário de trabalho ou os regimes especiais do trabalho a tempo parcial e do trabalho intermitente. Todavia, mesmo nestes casos, é do "princípio da proteção do trabalhador" que resultam determinadas limitações à utilização daqueles instrumentos de flexibilidade, para que as mesmas não sejam utilizadas de forma arbitrária e suscetíveis de obnubilar os referidos princípios da "*limitação do tempo de trabalho*" e da "*conciliação entre a vida profissional e a vida pessoal e familiar do trabalhador*"[1510].

2.2. O princípio da limitação do tempo de trabalho

I. Nos termos acima assinalados e com os referenciais provenientes das convenções e tratados internacionais, por um lado, e da nossa Constituição (artigo 59º, n. 1, alínea *b*, e n. 2, alínea *d*), por outro lado, ambos moldados em torno do "princípio da proteção do trabalhador" no que à organização do tempo

(1510) Sobre tais princípios, ainda que com recurso à terminologia nem sempre coincidente com a utilizada no presente trabalho, veja-se MARIA DO ROSÁRIO RAMALHO, *Direito do Trabalho*, Parte II — Situações Laborais Individuais, cit., pp. 498 e ss.; e *Tratado de Direito do Trabalho*, Parte I — Dogmática Geral, cit., pp. 522 e ss.

de trabalho diz respeito, o princípio basilar nesta matéria e que projeta o referido "princípio da proteção do trabalhador" é o "*princípio da limitação do tempo de trabalho*", que visa garantir a proteção da saúde do trabalhador e o seu direito ao repouso, quer diário, quer semanal, quer anual.

O Código do Trabalho enuncia uma série de regras que visam garantir este desiderato[(1511)].

II. No essencial, é do "*princípio da limitação do tempo de trabalho*" que resultam:

a) A regra da limitação máxima do período normal de trabalho em 8 horas por dia e 40 horas por semana (artigo 203º do CT)[(1512)];

b) O limite máximo da duração média do trabalho semanal, incluindo o trabalho suplementar, que não pode ser superior a 48 horas num período de referência estabelecido em instrumento de regulamentação coletiva de trabalho que não ultrapasse doze meses ou, na falta deste, num período de referência tendencial de quatro meses (artigo 211º)[(1513)];

c) A exigência de um intervalo de descanso que permita a interrupção do período de trabalho diário, de duração não inferior a 1 hora nem superior a 2, de modo a que o trabalhador não preste mais de 5 horas de trabalho consecutivo ou 6 horas de trabalho consecutivo caso aquele período seja superior a 10 horas (artigo 213º)[(1514)];

d) O direito a um período de descanso de, pelo menos, 11 horas seguidas entre dois períodos diários de trabalho consecutivos (artigo 214º)[(1515)];

e) A regra segundo a qual o trabalho em regime de turnos, quando necessário, deve ser organizado de acordo com os interesses e as preferências manifestadas pelos trabalhadores e a duração de trabalho de cada turno não pode ultrapassar os limites máximos dos períodos normais de trabalho (artigo 221º, ns. 2 e 3)[(1516)];

f) A imposição de limites máximos ao trabalho noturno, em termos tais que o trabalhador não deve prestar mais de 8 horas de trabalho noturno num período de 24 horas em que efetua trabalho noturno no caso de atividades que implicam riscos especiais ou tensão física ou mental significativas (artigo 224º, n. 4)[(1517)];

g) A exigência de condições especiais para que o empregador possa exigir ao trabalhador a prestação de trabalho suplementar (artigo 227º)[(1518)], bem como a imposição de limites à duração do trabalho suplementar, que oscilam entre o máximo de 75 horas por ano (no caso de microempresa ou pequena empresa) e o máximo de 150 horas por ano (no caso de média ou grande empresa) (artigo 228º)[(1519)] e a atribuição de descanso compensatório em caso de prestação de trabalho suplementar (artigo 229º)[(1520)];

(1511) Veja-se, a este propósito, LUÍS MENEZES LEITÃO, *Direito do Trabalho*, 3ª ed., cit., pp. 253-254.

(1512) Veja-se, a este propósito, a anotação de Luís Miguel Monteiro ao artigo 203º do CT, em PEDRO ROMANO MARTINEZ; LUÍS MIGUEL MONTEIRO; JOANA VASCONCELOS; PEDRO MADEIRA DE BRITO; GUILHERME DRAY e LUÍS GONÇALVES DA SILVA, *Código do Trabalho Anotado*, 9ª ed., cit., pp. 485 e ss.

(1513) Veja-se, a este propósito, a anotação de Luís Miguel Monteiro ao artigo 211º do CT, em PEDRO ROMANO MARTINEZ; LUÍS MIGUEL MONTEIRO; JOANA VASCONCELOS; PEDRO MADEIRA DE BRITO; GUILHERME DRAY e LUÍS GONÇALVES DA SILVA, *Código do Trabalho Anotado*, 9ª ed., cit., pp. 507 e ss.

(1514) Veja-se, a este propósito, a anotação de Luís Miguel Monteiro ao artigo 213º do CT, em PEDRO ROMANO MARTINEZ; LUÍS MIGUEL MONTEIRO; JOANA VASCONCELOS; PEDRO MADEIRA DE BRITO; GUILHERME DRAY e LUÍS GONÇALVES DA SILVA, *Código do Trabalho Anotado*, 9ª ed., cit., pp. 512 e ss.

(1515) Veja-se, a este propósito, a anotação de Luís Miguel Monteiro ao artigo 214º do CT, em PEDRO ROMANO MARTINEZ; LUÍS MIGUEL MONTEIRO; JOANA VASCONCELOS; PEDRO MADEIRA DE BRITO; GUILHERME DRAY e LUÍS GONÇALVES DA SILVA, *Código do Trabalho Anotado*, 9ª ed., cit., pp. 515 e ss.

(1516) Veja-se, a este propósito, a anotação de Luís Miguel Monteiro ao artigo 221º do CT, em PEDRO ROMANO MARTINEZ; LUÍS MIGUEL MONTEIRO; JOANA VASCONCELOS; PEDRO MADEIRA DE BRITO; GUILHERME DRAY e LUÍS GONÇALVES DA SILVA, *Código do Trabalho Anotado*, 9ª ed., cit., pp. 528 e ss.

(1517) Veja-se, a este propósito, a anotação de Luís Miguel Monteiro ao artigo 224º do CT, em PEDRO ROMANO MARTINEZ; LUÍS MIGUEL MONTEIRO; JOANA VASCONCELOS; PEDRO MADEIRA DE BRITO; GUILHERME DRAY e LUÍS GONÇALVES DA SILVA, *Código do Trabalho Anotado*, 9ª ed., cit., pp. 532 e ss.

(1518) Veja-se, a este propósito, a anotação de Luís Miguel Monteiro ao artigo 227º do CT, em PEDRO ROMANO MARTINEZ; LUÍS MIGUEL MONTEIRO; JOANA VASCONCELOS; PEDRO MADEIRA DE BRITO; GUILHERME DRAY e LUÍS GONÇALVES DA SILVA, *Código do Trabalho Anotado*, 9ª ed., cit., pp. 540 e ss.

(1519) Veja-se, a este propósito, a anotação de Luís Miguel Monteiro ao artigo 228º do CT, em PEDRO ROMANO MARTINEZ; LUÍS MIGUEL MONTEIRO; JOANA VASCONCELOS; PEDRO MADEIRA DE BRITO; GUILHERME DRAY e LUÍS GONÇALVES DA SILVA, *Código do Trabalho Anotado*, 9ª ed., cit., pp. 543 e ss.

(1520) Veja-se, a este propósito, a anotação de Luís Miguel Monteiro ao artigo 229º do CT, em PEDRO ROMANO MARTINEZ; LUÍS MIGUEL MONTEIRO; JOANA VASCONCELOS; PEDRO MADEIRA DE BRITO; GUILHERME DRAY e LUÍS GONÇALVES DA SILVA, *Código do Trabalho Anotado*, 9ª ed., cit., pp. 544 e ss.

h) A atribuição ao trabalhador do direito a, pelo menos, um dia de descanso por semana, sendo certo que o empregador deve, sempre que possível, proporcionar o descanso semanal no mesmo dia a trabalhadores do mesmo agregado familiar que o solicitem (artigo 232º, ns. 1 e 4)(1521);

i) A regra segundo a qual o descanso semanal obrigatório deve ser gozado em continuidade com um período de 11 horas correspondente ao descanso diário, considerando-se tal regra cumprida, no todo ou em parte, pelo descanso semanal complementar gozado em continuidade ao descanso semanal obrigatório (artigo 233º, ns. 1 e 3)(1522);

j) A existência de feriados obrigatórios — 1º de janeiro, Sexta-Feira Santa, Domingo de Páscoa, 25 de abril, 1º de maio, 10 de junho, 15 de agosto, 8 e 25 de dezembro(1523) e facultativos — a terça-feira de Carnaval e o feriado municipal da localidade — no decurso dos quais o trabalhador não trabalha mas mantém o direito à retribuição (artigo 234º); e

k) O direito a férias, segundo o qual o trabalhador tem direito, em cada ano civil, a um período de 22 dias úteis de férias retribuídas, que se vence em 1 de janeiro, que não está condicionado à assiduidade ou efetividade de serviço e que é irrenunciável (artigos 237º e 238º)(1524)(1525).

III. Estando em causa, como se afirmou, categorias de trabalhadores particularmente mais débeis — trabalhadoras grávidas, puérperas e lactantes, trabalhadores menores e trabalhadores portadores de deficiência ou doença crónica — a lei reforça determinadas regras de proteção em matéria de gestão do tempo de trabalho, designadamente quanto ao trabalho noturno e ao trabalho suplementar, atentas particulares exigências em matéria de proteção da saúde ou, no caso dos menores, de tutela do seu desenvolvimento físico, psíquico e educacional.

Em qualquer caso: o *"princípio da limitação do tempo de trabalho"* é uma projeção do "princípio da proteção do trabalhador" no domínio da organização do tempo de trabalho e em sede de execução do contrato de trabalho.

O mesmo sucede com o *"princípio da conciliação entre a vida profissional e a vida pessoal e familiar do trabalhador"*.

2.3. O princípio da conciliação entre a vida profissional e a vida pessoal e familiar do trabalhador

I. O princípio em causa insere-se noutro prisma e os valores subjacentes visam atingir uma finalidade diversa da simples proteção da saúde do trabalhador: o que está em causa, neste caso, é a compatibilização entre a vida profissional do trabalhador, por um lado, e a sua vida pessoal, por outro lado; o que se pretende é evitar que a vida profissional do trabalhador esgote toda a sua vida e que deixe um espaço de liberdade para que este possa gozar a sua vida pessoal e familiar, enquanto cidadão livre; o que está em causa é a preservação de um espaço de liberdade ao trabalhador, durante o qual este se possa dedicar ao lazer, à prática de atividades culturais ou desportivas e à sua família; o que está em causa, enfim, na

(1521) Veja-se, a este propósito, a anotação de Luís Miguel Monteiro ao artigo 232º do CT, em PEDRO ROMANO MARTINEZ; LUÍS MIGUEL MONTEIRO; JOANA VASCONCELOS; PEDRO MADEIRA DE BRITO; GUILHERME DRAY e LUÍS GONÇALVES DA SILVA, *Código do Trabalho Anotado*, 9ª ed., cit., pp. 552 e ss.

(1522) Veja-se, a este propósito, a anotação de Luís Miguel Monteiro ao artigo 233º do CT, em PEDRO ROMANO MARTINEZ; LUÍS MIGUEL MONTEIRO; JOANA VASCONCELOS; PEDRO MADEIRA DE BRITO; GUILHERME DRAY e LUÍS GONÇALVES DA SILVA, *Código do Trabalho Anotado*, 9ª ed., cit., pp. 554 e ss.

(1523) Recorda-se que na sequência da Lei n. 23/2012, de 25 de junho, foram abolidos os feriados do Corpo de Deus, de 5 de outubro, de 1º de novembro e de 1º de dezembro.

(1524) Veja-se, a este propósito, a anotação de Luís Miguel Monteiro aos artigos 237º e 238º do CT, em PEDRO ROMANO MARTINEZ; LUÍS MIGUEL MONTEIRO; JOANA VASCONCELOS; PEDRO MADEIRA DE BRITO; GUILHERME DRAY e LUÍS GONÇALVES DA SILVA, *Código do Trabalho Anotado*, 9ª ed., cit., pp. 558 e ss.

(1525) Recorda-se que a Lei n. 23/2012, de 25 de junho, aboliu o regime da majoração das férias que havia sido inaugurado no CT/2003 e que se manteve no CT/2009, segundo o qual a duração do período de férias era aumentada (entre um e três dias de férias, consoante a assiduidade do trabaalhdor) no caso de o trabalhador não ter faltado ou apenas ter incorrido em faltas justificadas no ano a que as férias se reportam.

esteira de Montoya Melgar, é *"la necesidad de que el trabajador dispone de un tiempo de ocio (de no — trabajo) — necesidad psicofísica que ha de ser atendida por razones sociales y económicas (...)"*[(1526)].

A finalidade última de proteção do trabalhador, através da preservação da sua vida pessoal e familiar, é manifesta. E, também neste caso, está presente não apenas em textos de direito internacional, mas também a nível da Constituição.

II. Em 1981, a OIT aprovou uma Recomendação (n. 165) sobre os trabalhadores com responsabilidades familiares e, ao nível da União Europeia, a preocupação em garantir a conciliação entre a vida profissional e a vida familiar tem sido uma constante, quer no que tange ao trabalho a tempo parcial (Diretiva n. 97/81/CE, do Conselho, de 15 de dezembro), quer quanto à tutela das trabalhadoras grávidas, puérperas e lactantes (Diretiva n. 92/85/CEE, de 19 de outubro), quer quanto à licença parental (Diretiva n. 2010/18/UE, de 8 de março), destacando-se, ainda, a Resolução do Conselho de 29.6.2000, relativa à participação equilibrada das mulheres e dos homens na atividade profissional e na vida familiar.

III. A Recomendação n. 165 da OIT, de 23 de junho de 1981, tendo por base a Declaração de Filadélfia, relativa aos objetivos e finalidades desta organização, que reconhece que todos os seres humanos, independentemente da sua raça, religião ou sexo, têm o direito de prosseguir o seu bem-estar material e espiritual em condições de liberdade e de dignidade, e tendo em consideração, também, a Declaração relativa à Igualdade de Oportunidades das Mulheres Trabalhadoras adotada pela própria OIT em 1975, bem como as demais convenções e recomendações desta organização relativas à igualdade entre as partes, começa por admitir que *"os problemas dos trabalhadores com responsabilidades familiares são problemas mais abrangentes que envolvem a família e a sociedade e que devem ser tidos em consideração ao nível das políticas nacionais"*. Nesse sentido, perante o reconhecimento da *"necessidade de criar uma verdadeira igualdade de oportunidades entre os trabalhadores com responsabilidades familiares e os que não têm tais responsabilidades"*, a Resolução determina que *"tendo em vista a criação de uma efetiva igualdade de oportunidades entre homens e mulheres trabalhadores, cada Estado-membro deve inscrever tal finalidade nas suas políticas nacionais, de forma a garantir que as pessoas com responsabilidades familiares que são ou pretendam vir a ser trabalhadores possam exercer os seus direitos sem serem objeto de discriminação e, se possível, sem que daí decorra qualquer conflito entre o seu emprego e as suas responsabilidades familiares"* (parágrafo 6), devendo os Estados adotar para o efeito medidas que previnam *"discriminações diretas ou indiretas com base no estado civil ou nas responsabilidades familiares"* (parágrafo 7º)[(1527)].

IV. Ao nível da União Europeia, a Diretiva n. 97/81/CE, do Conselho, de 15 de dezembro, respeitante ao Acordo-Quadro relativo ao trabalho a tempo parcial celebrado a 6 de junho de 1997 pela UNICE, pelo CEEP e pela CES, determina que os Estados-membros têm devem legislar em matéria de trabalho a tempo parcial, tendo em consideração, nomeadamente, "(...) o ponto 7 da *Carta Comunitária dos Direitos Sociais Fundamentais dos Trabalhadores"*, segundo o qual *"a concretização do mercado interno deve conduzir a uma melhoria das condições de vida e de trabalho dos trabalhadores na Comunidade. Este processo efetuar-se-á pela aproximação no progresso dessas condições, nomeadamente no que se refere às formas de trabalho para além do trabalho de duração indeterminada, tais como o trabalho de duração determinada, o trabalho a tempo parcial, o trabalho temporário, o trabalho sazonal"* (Considerando 3). Acrescidamente, a Diretiva em causa alude à *"(...) necessidade de serem tomadas medidas destinadas a promover o emprego e a igualdade de oportunidades entre homens e mulheres (...) designadamente mediante uma organização mais flexível do trabalho, que respondam tanto às aspirações dos trabalhadores, como às exigências da concorrência"* (Considerando 5).

(1526) Cf. MONTOYA MELGAR, *Derecho del Trabajo*, 30ª ed., cit., p. 354.

(1527) No mesmo sentido, com a finalidade de criar uma efetiva igualdade de oportunidades e tratamento entre homens e mulheres trabalhadores, a Recomendação determina, ainda, que os Estados devem adotar todas as medidas necessárias de forma a: *"a) permitir que os trabalhadores com responsabilidades familiares exerçam os seus direitos à formação profissional e à liberdade de escolha de emprego; b) que sejam tidas em consideração as suas necessidades ao nível das condições trabalho e da segurança social; e c) que sejam desenvolvidas ou promovidas políticas e serviços de apoio à criança, à família (...), públicos ou privados, que respondam às suas necessidades"* (parágrafo 9).

Por sua vez, a Diretiva 92/85/CEE do Conselho, de 19 de outubro de 1992, relativa à *implementação de medidas destinadas a promover a melhoria da segurança e da saúde das trabalhadoras grávidas, puérperas ou lactantes no trabalho*, determina que os Estados-membros devem legislar de forma a que sejam adotadas "*medidas tendentes a promover a melhoria da segurança e da saúde das trabalhadoras grávidas, puérperas ou lactantes no trabalho*" (artigo 1º), enunciando, depois, uma série de regras sobre a proteção da saúde destas trabalhadoras (artigos 3º a 6º), a organização do tempo de trabalho (artigo 7º), a atribuição e duração de licença de maternidade (artigo 8º) e de dispensa para exames pré-natais (artigo 9º) e a proteção destas trabalhadores em caso de despedimento (artigo 10º).

No mesmo sentido, a Diretiva n. 96/34/CE, do Conselho, de 3 de junho, relativa ao *Acordo-Quadro sobre a licença parental* celebrado pela UNICE, pelo CEEP e pela CES[(1528)], aludindo ao ponto 16 da Carta comunitária dos direitos sociais fundamentais dos trabalhadores, relativo à igualdade de tratamento entre homens e mulheres, que prevê, nomeadamente, a necessidade de "*(...) desenvolver medidas que permitam aos homens e às mulheres conciliar as suas obrigações profissionais e familiares*", envereda pela aplicação do referido Acordo-quadro sobre a licença parental, que estabelece as prescrições mínimas sobre a licença parental e as faltas ao trabalho por motivo de força maior, enquanto meio importante de conciliar a vida profissional e a vida familiar dos trabalhadores com filhos e de promover a igualdade de oportunidades e de tratamento entre homens e mulheres.

V. O "princípio da conciliação entre a vida profissional e a vida familiar" tem, também, assento na nossa Constituição, que garante a todos os trabalhadores o direito à organização do trabalho em condições socialmente dignificantes, de forma a permitir a conciliação da atividade profissional com a vida familiar (artigo 59º, n. 1, alínea *b*). De resto, na sequência da revisão constitucional de 2004[(1529)], o princípio em causa foi reforçado, através da introdução de uma nova alínea no artigo 67º da Constituição, que impôs ao Estado, para efeitos de proteção da família, a incumbência de "*promover, através da concertação das várias políticas setoriais, a conciliação da atividade profissional com a vida familiar*" (artigo 67º, n. 2, alínea *h*).

E a matéria em apreço tem, obviamente, assento no Código do Trabalho.

VI. No Código do Trabalho, na sequência do enquadramento proveniente das aludidas convenção da OIT e diretivas comunitárias e, bem assim, do texto constitucional, o "*princípio da conciliação entre a vida profissional e a vida familiar*" tem múltiplas projeções — é do princípio em causa que resultam:

a) O regime do trabalho a tempo parcial (artigos 150º e ss.)[(1530)], que tem como principal finalidade subjacente a tentativa de se permitir a aludida compatibilização, em termos tais que que a lei determina que os instrumentos de regulamentação coletiva de trabalho devem estabelecer, para a admissão em regime de tempo parcial, preferências em favor, nomeadamente, de pessoa com responsabilidades familiares (artigo 152º, n. 1)[(1531)];

b) A regra da fixação em 6 meses do período de referência supletivo em regime de adaptabilidade, quando se trate de atividade caracterizada por implicar afastamento entre o local de trabalho e a residência do trabalhador (artigo 207º, n. 2, alínea c)[(1532)];

c) A regra segundo a qual, na determinação do horário de trabalho, o empregador deve facilitar ao trabalhador a conciliação da atividade profissional com a vida familiar, devendo igualmente facilitar-lhe a frequência de curso escolar, bem como de formação técnica ou profissional (artigo 212º, n. 2, alíneas *b* e *c*)[(1533)];

(1528) Recorda-se que o Acordo em apreço, concedia *"(...) aos trabalhadores de ambos os sexos um direito individual à licença parental, com fundamento no nascimento ou na adoção de um filho, para dele poderem cuidar durante pelo menos três meses até uma determinada idade, que poderá ir até aos oito anos de idade, a definir pelos Estados-membros e/ou pelos parceiros sociais"* (Cláusula 2ª).

(1529) Lei Constitucional n. 1/2004, de 24 de julho.

(1530) Veja-se, a este propósito, a anotação de Luís Miguel Monteiro ao artigo 150º do CT, em PEDRO ROMANO MARTINEZ; LUÍS MIGUEL MONTEIRO; JOANA VASCONCELOS; PEDRO MADEIRA DE BRITO; GUILHERME DRAY e LUÍS GONÇALVES DA SILVA, *Código do Trabalho Anotado,* 9ª ed., cit., pp. 389 e ss.

(1531) Veja-se, a este propósito, a anotação de Luís Miguel Monteiro ao artigo 152º do CT, em PEDRO ROMANO MARTINEZ; LUÍS MIGUEL MONTEIRO; JOANA VASCONCELOS; PEDRO MADEIRA DE BRITO; GUILHERME DRAY e LUÍS GONÇALVES DA SILVA, *Código do Trabalho Anotado,* 9ª ed., cit., pp. 392 e ss.

(1532) Veja-se, a este propósito, a anotação de Luís Miguel Monteiro ao artigo 207º do CT, em PEDRO ROMANO MARTINEZ; LUÍS MIGUEL MONTEIRO; JOANA VASCONCELOS; PEDRO MADEIRA DE BRITO; GUILHERME DRAY e LUÍS GONÇALVES DA SILVA, *Código do Trabalho Anotado,* 9ª ed., cit., pp. 496 e ss.

(1533) Veja-se, a este propósito, a anotação de Luís Miguel Monteiro ao artigo 212º do CT, em PEDRO ROMANO MARTINEZ; LUÍS MIGUEL MONTEIRO; JOANA VASCONCELOS; PEDRO MADEIRA DE BRITO; GUILHERME DRAY e LUÍS GONÇALVES DA SILVA, *Código do Trabalho Anotado,* 9ª ed., cit., pp. 510 e ss.

d) A regra segundo a qual o direito a férias deve ser exercido de modo a proporcionar ao trabalhador, nomeadamente, condições de disponibilidade pessoal, integração na vida familiar e participação social e cultural (artigo 237º, n. 4)[1534] e, ainda sobre a mesma matéria, a norma segundo a qual os cônjuges, bem como as pessoas que vivam em união de facto ou economia comum e que trabalhem na mesma empresa ou estabelecimento têm direito a gozar férias em idêntico período, salvo se houver prejuízo grave para a empresa (artigo 241º, n. 8)[1535]; e

e) A possibilidade de o trabalhador faltar justificadamente ao trabalho por altura do casamento, por falecimento de cônjuge, parente ou afim, para prestar prova em estabelecimento de ensino, por motivo de doença, pela prestação de assistência inadiável e imprescindível a filho, neto ou a membro do agregado familiar do trabalhador ou para efeitos de deslocação a estabelecimento de ensino por parte do responsável pela educação do menor por motivo de situação educativa deste, pelo tempo necessário, até 4 horas por trimestre, por cada um (artigo 249º, n. 2, alíneas *a, b, c, d, e* e *f*, respetivamente)[1536].

VII. É do princípio em causa, também, que resultam regras específicas em relação ao trabalhador-estudante, tendo em vista a conciliação da sua vida profissional com a sua vida educacional, bem como regras relativas à proteção da parentalidade e da trabalhadora grávida, puérpera e lactante, ambos nos termos infrarreferidos a propósito do regime de proteção conferido a determinadas categorias específicas de trabalhadores tidos como particularmente mais débeis e vulneráveis.

Em suma, estamos perante uma clara projeção do "princípio da proteção do trabalhador".

2.4. O princípio da gestão flexível do tempo de trabalho

I. Atuando num plano oposto em termos de finalidade subjacente ao que vimos suceder a propósito dos princípios da "*limitação do tempo de trabalho*" e da "*conciliação entre a vida profissional e a vida pessoal*", o "*princípio da gestão flexível do tempo de trabalho*" insere-se fundamentalmente no objetivo de flexibilização do Direito do trabalho e tem em vista, acima de tudo, facultar ao empregador instrumentos de gestão mais maleáveis e eficazes, que lhe permitam ajustar a unidade produtiva às exigências do mercado.

Em primeira instância, o "*princípio da gestão flexível do tempo de trabalho*" é uma projeção do "princípio da salvaguarda dos interesses de gestão" e é à luz deste último que, como acentua Alain Supiot, "*na organização do trabalho na empresa e na vida dos trabalhadores instalam-se novas formas de relação com o tempo*". Segundo o mesmo autor, "*as novas formas de organização do trabalho, e nomeadamente a flexibilização do tempo de trabalho (horários variáveis, anualizados, trabalho à tarefa —* on call *—, trabalho a tempo parcial ou intermitente) trazem à luz uma nova concepção do tempo de trabalho, simultaneamente heterogénea (...) e individualizada*"[1537].

Em qualquer caso, como se verá, o "princípio da proteção do trabalhador" não deixa de ter uma palavra a dizer neste domínio: não em sede de configuração do regime da gestão flexível do tempo do trabalho ou das suas valorações mais profundas, mas enquanto elemento condicionador e limitador do mesmo, de forma a serem preservados os citados subprincípios da "*limitação do tempo de trabalho*" e da "*conciliação entre a vida profissional e a vida pessoal*".

(1534) Veja-se, a este propósito, a anotação de Luís Miguel Monteiro ao artigo 237º do CT, em PEDRO ROMANO MARTINEZ; LUÍS MIGUEL MONTEIRO; JOANA VASCONCELOS; PEDRO MADEIRA DE BRITO; GUILHERME DRAY e LUÍS GONÇALVES DA SILVA, *Código do Trabalho Anotado,* 9ª ed., cit., pp. 558 e ss.

(1535) Veja-se, a este propósito, a anotação de Luís Miguel Monteiro ao artigo 241º do CT, em PEDRO ROMANO MARTINEZ; LUÍS MIGUEL MONTEIRO; JOANA VASCONCELOS; PEDRO MADEIRA DE BRITO; GUILHERME DRAY e LUÍS GONÇALVES DA SILVA, *Código do Trabalho Anotado,* 9ª ed., cit., pp. 566 e ss.

(1536) Veja-se, a este propósito, a anotação de Luís Miguel Monteiro ao artigo 249º do CT, em PEDRO ROMANO MARTINEZ; LUÍS MIGUEL MONTEIRO; JOANA VASCONCELOS; PEDRO MADEIRA DE BRITO; GUILHERME DRAY e LUÍS GONÇALVES DA SILVA, *Código do Trabalho Anotado,* 9ª ed., cit., pp. 575 e ss.

(1537) Cf. ALAIN SUPIOT; MARÍA EMILIA CASAS; JEAN DE MUNCK; PETER HANAU; ANDRES JOHANSSON; PAMELA MEADOWS; ENZO MINGIONE; ROBERT SALAIS; PAUL VA DER HEIJDEN, *Transformações do Trabalho e futuro do Direito do Trabalho na Europa,* Coimbra Editora, Coimba, 2003, respetivamente pp. 13 e 111.

II. O *"princípio da gestão flexível do tempo de trabalho"* lida, fundamentalmente, com os instrumentos de gestão do tempo de trabalho que a lei confere ao empregador, tendo em vista o exercício do seu poder de direção: o regime da fixação do *horário de trabalho* e o da sua modificação (artigos 212º e 217º); o regime da *adaptabilidade do tempo de trabalho* — por regulamentação coletiva (artigo 204º), individual (artigo 205º) ou grupal (artigo 206º); o regime do *banco de horas* — por regulamentação coletiva (artigo 208º), individual (artigo 208º-A) ou grupal (artigo 208º-B)[(1538)]; o regime do *horário de trabalho concentrado* (artigo 209º); e, ao nível dos contratos com regimes especiais, o regime do *trabalho a tempo parcial* (artigos 150º e ss.) e o do *trabalho intermitente* (artigos 157º e ss.)[(1539)].

III. Nos termos do artigo 212º do CT, compete ao empregador determinar o horário de trabalho do trabalhador dentro dos limites da lei e, designadamente, do regime de funcionamento aplicável.

A fixação do horário de trabalho insere-se, pois, no exercício do poder de direção e prende-se com o poder de conformação da prestação de trabalho que a lei atribui ao empregador, tendo em vista a gestão da respetiva unidade produtiva. Mais do que isso: a regra geral, em matéria de alteração do horário de trabalho, é a que consta do artigo 217º, n. 1, do mesmo diploma[(1540)]: a alteração do horário de trabalho é, também, da competência do empregador e insere-se no normal exercício do poder de direção[(1541)].

Estamos, pois, no domínio da flexibilização interna do Direito do trabalho: o legislador pretende atribuir ao empregador mecanismos necessários para que este possa gerir convenientemente a sua unidade produtiva, adaptando-a às exigências do mercado. O princípio subjacente, nesta matéria, é consequentemente o "princípio da salvaguarda dos interesses de gestão".

Todavia, ainda que assim seja, é do "princípio da proteção do trabalhador" que resultam, depois, diversas regras de procedimento e substantivas que condicionam ou limitam o exercício do poder de direção e a faculdade unilateralmente atribuída ao empregador de alteração do horário de trabalho. Assim, o mapa de horário de trabalho deve ser afixado no local de trabalho a que respeita, em lugar bem visível (artigo 216º, n. 1)[(1542)(1543)]; ao arrepio da regra geral de livre alterabilidade, a lei já não admite a alteração unilateral do horário de trabalho levada a efeito pelo empregador quando se trate de um horário individualmente acordado entre as partes (artigo 217º, n. 4); a alteração de horário deve, em qualquer caso, ser precedida de consulta aos trabalhadores envolvidos e à comissão de trabalhadores ou, na sua falta, à comissão sindical ou intersindical ou aos delegados sindicais, bem como, ainda que vigore o regime de adaptabilidade, ser afixada na empresa com antecedência de sete dias relativamente ao início da sua aplicação, ou três dias em caso de microempresa (artigo 217º, n. 2); a alteração que implique acréscimo de despesas para o trabalhador confere direito à compensação económica (artigo 217º, n. 5). Mais do que isso, em termos doutrinários, tem-se defendido, nomeadamente o autor Luís Miguel Monteiro, que, mesmo nos casos em que o horário não haja sido individualmente acordado com o trabalhador, tratando-se de uma *"alteração substancial"* (por exemplo, passagem de um regime diurno para um regime noturno) que *"determine perturbação visível na vida do trabalhador"*, a alteração deverá sempre carecer do assentimento deste[(1544)].

A mesma lógica preside ao regime da isenção de horário de trabalho (artigos 218º e ss. do CT): sendo feito em benefício do empregador, que pode contar com a disponibilidade do trabalhador (alterna-

---

(1538) Recorda-se que o banco de horas individual e grupal resultou da Lei n. 23/2012, de 25 de junho que esteve na origem do CT.

(1539) Veja-se, a este propósito, LUÍS MENEZES LEITÃO, *Direito do Trabalho*, 3ª ed., cit., pp. 254-258.

(1540) Veja-se, a este propósito, a anotação de Luís Miguel Monteiro ao artigo 217º do CT, em PEDRO ROMANO MARTINEZ; LUÍS MIGUEL MONTEIRO; JOANA VASCONCELOS; PEDRO MADEIRA DE BRITO; GUILHERME DRAY e LUÍS GONÇALVES DA SILVA, *Código do Trabalho Anotado*, 9ª ed., cit., pp. 521 e ss.

(1541) Veja-se, a este propósito, LUÍS MENEZES LEITÃO, *Direito do Trabalho*, 3ª ed., cit., pp. 258-259.

(1542) Recorda-se que o artigo 216º, n. 4, exigia também, até o CT/2009, a obrigatoriedade de remessa de cópia do mapa de horário de trabalho para o serviço com competência inspetiva do ministério responsável pela área laboral; dever de comunicação esse que, todavia, foi revogado pela Lei n. 23/2012, de 25 de junho.

(1543) Veja-se, a este propósito, a anotação de Luís Miguel Monteiro ao artigo 216º do CT, em PEDRO ROMANO MARTINEZ; LUÍS MIGUEL MONTEIRO; JOANA VASCONCELOS; PEDRO MADEIRA DE BRITO; GUILHERME DRAY e LUÍS GONÇALVES DA SILVA, *Código do Trabalho Anotado*, 9ª ed., cit., pp. 518-520.

(1544) Cf. Luís Miguel Monteiro, anotação ao artigo 217º do CT, em PEDRO ROMANO MARTINEZ; LUÍS MIGUEL MONTEIRO; JOANA VASCONCELOS; PEDRO MADEIRA DE BRITO; GUILHERME DRAY e LUÍS GONÇALVES DA SILVA, *Código do Trabalho Anotado*, 9ª ed., cit., pp. 521-523.

tivamente, sem sujeição aos limites máximos do período normal de trabalho (artigo 219º, n. 1, alínea *a*), com possibilidade de determinado aumento do período normal de trabalho, por dia ou por semana (artigo 219º, n. 1, alínea *b*), ou com observância do período normal de trabalho acordado, mas em regime de horário flexível (artigo 219º, n. 1, alínea *c*), tratando-se consequentemente de um importante instrumento de gestão empresarial, a lei não deixa, todavia, em nome do "princípio da proteção do trabalhador", de enunciar as condições e limites em que o trabalho pode ser prestado em regime de isenção de horário de trabalho.

É nesse sentido que se compreende a tipificação das *condições de isenção de horário de trabalho* previstas no artigo 218º, n. 1 — a isenção de horário de trabalho *só pode* ser praticada: a) para o exercício de cargos de administração ou direção, ou de funções de confiança, fiscalização ou apoio a titular desses cargos; b) para a execução de trabalhos preparatórios ou complementares que, pela sua natureza, só possam ser efetuados fora dos limites do horário de trabalho; c) em caso de teletrabalho e outros casos de exercício regular de atividade fora do estabelecimento, sem controlo imediato por superior hierárquico —; a exigência de redução a escrito do acordo de isenção de horário de trabalho (o mesmo artigo 218º, n. 1) e, até o atual CT, a necessidade de remessa do acordo em apreço para o serviço com competência inspetiva do ministério responsável pela área laboral, dever de comunicação esse que, todavia, foi revogado pela Lei n. 23/2012, de 25 de junho[(1545)].

IV. Importantes instrumentos de gestão e organização do tempo de trabalho, em benefício do empregador, são a *adaptabilidade do tempo de trabalho* (artigos 204º a 207º), o *banco de horas* (artigos 208º, 208º-A e 208º-B) e o *horário concentrado* (artigo 209º). Trata-se, em todos os casos, de instrumentos que se inserem no "princípio da salvaguarda dos interesses de gestão" e que foram sendo introduzidos, numa lógica crescente de flexibilização da organização do tempo de trabalho, no CT/2003 (a *adaptabilidade por regulamentação coletiva* e a *adaptabilidade individual*), no CT/2009 (a *adaptabilidade grupal* — artigo 207º, o *banco de horas* — artigo 208º e o *horário concentrado* — artigo 209º) e no CT revisto pela Lei n. 23/2012 (o *banco de horas individual* — artigo 208º-A — e o *banco de horas grupal* — artigo 208º-B)[(1546)].

V. A *adaptabilidade* do tempo de trabalho corresponde, no essencial, ao cálculo do período normal de trabalho semanal em termos médios, dentro de determinado período de referência, em termos tais que, nalguns dias da semana, o trabalhador trabalha mais desde que, em compensação, noutros dias da semana, trabalhe menos. O que importa é que dentro do referido "período de referência" o trabalhador cumpra a média de 40 h semanais, que corresponde ao limite máximo do período normal de trabalho semanal (artigo 203º).

Na adaptabilidade, joga-se, portanto e em exclusivo, com o "tempo de trabalho". Nalguns casos trabalha-se mais e noutros trabalha-se menos, mas a compensação do trabalho realizado a mais é sempre feita com trabalho a menos, em função dos interesses e das necessidades de gestão da unidade produtiva[(1547)]. O regime de adaptabilidade, contudo, varia consoante este venha a ser estabelecido por instrumento de regulamentação coletiva de trabalho ou por acordo entre o empregador e os trabalhadores[(1548)].

As diferenças entre a *adaptabilidade por regulamentação coletiva* (artigo 204º do CT) e a *adaptabilidade individual* (artigo 205º do CT) prendem-se, no essencial, para além da fonte de onde emergem (no primeiro caso, de um instrumento de regulamentação coletiva de trabalho e no segundo de um ajuste contratual entre empregador e trabalhador), com o *quantum* do aumento do limite máximo do período normal de trabalho que é permitido. Resultando de *regulamentação coletiva*, a adaptabilidade admite que

(1545) Cf. Luís Miguel Monteiro, anotação ao artigo 218º do CT, em PEDRO ROMANO MARTINEZ; LUÍS MIGUEL MONTEIRO; JOANA VASCONCELOS; PEDRO MADEIRA DE BRITO; GUILHERME DRAY e LUÍS GONÇALVES DA SILVA, *Código do Trabalho Anotado*, 9ª ed., cit., p. 524.

(1546) Veja-se, a este propósito, PEDRO ROMANO MARTINEZ, *Direito do Trabalho*, 5ª ed., cit., pp. 564 e ss. e *Direito do Trabalho*, 6ª ed., cit., pp. 502 e ss.

(1547) Cf. Luís Miguel Monteiro, anotação ao artigo 203º do CT, em PEDRO ROMANO MARTINEZ; LUÍS MIGUEL MONTEIRO; JOANA VASCONCELOS; PEDRO MADEIRA DE BRITO; GUILHERME DRAY e LUÍS GONÇALVES DA SILVA, *Código do Trabalho Anotado*, 9ª ed., cit., pp. 485-487.

(1548) Veja-se LUÍS MENEZES LEITÃO, *Direito do Trabalho*, 3ª ed., cit., p. 254.

o período normal de trabalho diário seja aumentado até 4 h e a duração do trabalho semanal atinja 60 h (artigo 204º); se a adaptabilidade for *individual* (resultar de acordo individual), o período normal de trabalho diário poderá ser aumentado até 2 h e a duração do trabalho semanal atingir 50 h (artigo 205º)(1549).

Admite-se ainda que a adaptabilidade por regulamentação coletiva possa ser objeto de extensão a outros trabalhadores, mesmo que não estejam filiados no sindicato outorgante, desde que pelo menos 60% dos trabalhadores dessa estrutura sejam por eles abrangidos, mediante filiação em associação sindical celebrante da convenção e por escolha dessa convenção como aplicável, nos termos previstos na lei (artigo 206º, ns. 1 e 4), e que a adaptabilidade individual, caso seja aceita por pelo menos 75% dos trabalhadores da equipe, secção ou unidade económica a quem for dirigida, possa ser aplicada pelo empregador ao conjunto dos trabalhadores dessa estrutura (artigo 206º, n. 2) — nesse caso, estaremos perante a *adaptabilidade grupal* (artigo 206º do CT)(1550).

VI. A *adaptabilidade* corresponde a um importante instrumento de gestão empresarial, na medida em que permite adaptar a prestação do trabalho às necessidades de produção empresarial, "*de modo a dosear o esforço e a disponibilidade exigidos aos trabalhadores em função do interesse produtivo*" — ela visa, como se afirmou, promover a agilização da gestão empresarial, relegando para um plano inferior os imperativos de proteção do trabalhador.

Ainda assim, o "princípio da proteção do trabalhador" não deixa de atuar, ora limitando, em termos gerais, o regime da adaptabilidade, ora condicionando-o quanto a determinadas categorias específicas de trabalhadores em especial.

Em termos gerais, é do "princípio da proteção do trabalhador" que resulta: a diferença de regime quanto ao número máximo de horas semanais permitido na *adaptabilidade por regulamentação coletiva* (60 h – artigo 204º, n. 1, do CT) e na *adaptabilidade individual* (50 h – artigo 205º, n. 2), atenta a convicção de que, estando coletivamente representados, os trabalhadores estão melhor protegidos do que quando atuam a título individual; a regra segundo a qual, na *adaptabilidade por regulamentação coletiva*, o período normal de trabalho não pode exceder 50 h em média num período de dois meses, de forma a evitar que o trabalhador esteja dois meses consecutivos a trabalhar 60 h semanais (artigo 204º, n. 2); a obrigatoriedade de a *adaptabilidade individual* ser ajustada mediante acordo escrito (artigo 205º, n. 4); os requisitos exigidos para efeitos de aplicação da *adaptabilidade grupal*, nomeadamente a não aplicação do regime a trabalhador abrangido por convenção coletiva que disponha de modo contrário a esse regime ou, quanto à adaptabilidade por regulamentação coletiva, a não aplicação a trabalhador representado por associação sindical que tenha deduzido oposição à portaria de extensão da convenção coletiva em causa (artigo 206º, n. 4); a regra que estabelece um período de referência máximo de 12 meses, quando estabelecida em instrumento de regulamentação coletiva de trabalho, e um período supletivo tendencial de 4 meses, na falta de estipulação em regulamentação coletiva (artigo 207º); bem como a norma que determina que sem prejuízo do regime da adaptabilidade, a duração média do trabalho semanal, incluindo o trabalho suplementar, não pode ser superior a 48 h, num período de referência estabelecido em instrumento de regulamentação coletiva de trabalho que não ultrapasse 12 meses ou, na falta deste, num período de referência de 4 meses, ou de 6 meses no caso previsto no artigo 207º, n. 2, do CT (artigo 211º).

Em especial, é do "princípio da proteção do trabalhador" que resulta a dispensa da prestação de trabalho em regime de *adaptabilidade* para determinadas categorias específicas de trabalhadores, tendo em vista a proteção da sua saúde: é o que sucede com a dispensa facultada à mulher grávida, puérpera ou lactante (artigo 58º, n. 1); ao progenitor, em caso de aleitação, quando a prestação de trabalho em regime de adaptabilidade afete a regularidade daquela (artigo 58º, n. 2); ao trabalhador menor, quando a prestação de trabalho em regime de adaptabilidade possa prejudicar a sua saúde ou segurança no

---

(1549) Cf. Luís Miguel Monteiro, anotação aos artigos 204º e 205º do CT, em PEDRO ROMANO MARTINEZ; LUÍS MIGUEL MONTEIRO; JOANA VASCONCELOS; PEDRO MADEIRA DE BRITO; GUILHERME DRAY e LUÍS GONÇALVES DA SILVA, *Código do Trabalho Anotado*, 9ª ed., cit., pp. 487-491.

(1550) Veja-se, a este propósito, Luís Miguel Monteiro, anotação ao artigo 206º do CT, em PEDRO ROMANO MARTINEZ; LUÍS MIGUEL MONTEIRO; JOANA VASCONCELOS; PEDRO MADEIRA DE BRITO; GUILHERME DRAY e LUÍS GONÇALVES DA SILVA, *Código do Trabalho Anotado*, 9ª ed., cit., pp. 492-495.

trabalho (artigo 74º, n. 1); ou ao trabalhador com deficiência ou doença crónica, quando a prestação de trabalho neste regime possa, também, prejudicar a sua saúde ou segurança no trabalho (artigo 87º, n. 1).

VII. O *banco de horas* consubstancia também uma forma de contabilização do período normal de trabalho em termos médios, mas com uma diferença fundamental em relação à adaptabilidade: enquanto nesta última, como se viu, a compensação do trabalho realizado para além dos limites normais do tempo de trabalho opera apenas através de "trabalho a menos", jogando-se exclusivamente com o "tempo do trabalho"; no caso do banco de horas, pelo contrário, a compensação pode ser feita: i) por redução equivalente do tempo de trabalho (tal como na adaptabilidade); ii) por aumento do período de férias; iii) por pagamento em dinheiro; iv) ou por um pouco de cada uma delas (cf. artigo 208º, n. 4, alínea *a* e artigo 208º-A, n. 1, ambos do CT)[1551].

Ou seja, à partida, as alternativas que se colocam ao empregador para efeitos de compensação do trabalho prestado a mais são maiores no *banco de horas* do que no regime de *adaptabilidade*, pelo que a faculdade de exercício do poder de direção aparenta, no caso vertente, ser mais abrangente do que a que resulta da aplicação do regime de adaptabilidade.

Por outro lado, com a alteração do Código do Trabalho levada a efeito pela Lei n. 23/2012, de 25 de junho, o banco de horas passou a assumir um maior paralelismo com a adaptabilidade, quanto às respetivas modalidades: assim, para além do *banco de horas por regulamentação coletiva* (artigo 208º), que já constava do CT/2009, o CT passou a conter, também, o *banco de horas individual* (artigo 208º-A), segundo o qual o regime do banco de horas pode ser instituído não apenas por regulamentação coletiva, mas também por simples acordo entre o empregador e o trabalhador (caso em que o período normal de trabalho pode ser aumentado até 2 h diárias e atingir 50 h semanais, tendo o acréscimo por limite 150 h por ano) e o *banco de horas grupal,* que admite, nos mesmos moldes da *adaptabilidade grupal*, a extensão do regime a trabalhadores que não estavam abrangidos pelo instrumento de regulamentação coletiva que a prevê ou que não manifestaram o seu acordo individual a este regime de trabalho (artigo 208º-B).

Estamos, mais uma vez, perante um importante instrumento de flexibilização da organização do tempo do trabalho, em nome do "princípio da salvaguarda dos interesses de gestão". Mas, mais uma vez, também, o "princípio da proteção do trabalhador" não deixa de atuar, através de um conjunto significativo de regras que limitam e condicionam o exercício do poder de direção, quer em termos gerais, quer quanto a determinadas categorias específicas de trabalhadores em especial.

Em termos gerais, é do "princípio da proteção do trabalhador" que resulta a diferença de regime quanto ao número máximo de horas semanais permitido no *banco de horas por regulamentação coletiva* (60 h — artigo 208º, n. 1, do CT) e no *banco de horas individual* (50 h — artigo 209º, n. 1), atenta a convicção de que, estando coletivamente representados, os trabalhadores estão melhor protegidos do que quando atuam a título individual; a obrigatoriedade de o banco de horas ser ajustado mediante acordo escrito (artigo 208º-A, n. 2); os requisitos exigidos para efeitos de aplicação do *banco de horas grupal*, nomeadamente a não aplicação do regime a trabalhador abrangido por convenção coletiva que disponha de modo contrário a esse regime ou, quanto ao banco de horas por regulamentação coletiva, a não aplicação a trabalhador representado por associação sindical que tenha deduzido oposição à portaria de extensão da convenção coletiva em causa (artigo 208º-B, n. 3); bem como a norma que determina que, sem prejuízo do regime do *banco de horas*, a duração média do trabalho semanal, incluindo o trabalho suplementar, não pode ser superior a 48 h, num período de referência estabelecido em instrumento de regulamentação coletiva de trabalho que não ultrapasse 12 meses ou, na falta deste, num período de referência de 4 meses, ou de 6 meses no caso previsto no artigo 207º, n. 2, do CT (artigo 211º).

Em especial, é do "princípio da proteção do trabalhador", mais uma vez, que resulta a dispensa da prestação de trabalho em regime de *banco de horas* para a mulher grávida, puérpera ou lactante (artigo 58º, n. 1); o progenitor, em caso de aleitação, quando a prestação de trabalho em regime de banco de horas afete a regularidade daquela (artigo 58º, n. 2); o trabalhador menor, quando a prestação de traba-

---

(1551) Veja-se, a este propósito, LUÍS MENEZES LEITÃO, *Direito do Trabalho,* 3ª ed., cit., pp. 255-256.

lho em regime de banco de horas possa prejudicar a sua saúde ou segurança no trabalho (artigo 74º, n. 1); ou ao trabalhador com deficiência ou doença crónica, quando a prestação de trabalho neste regime possa, também, prejudicar a sua saúde ou segurança no trabalho (artigo 87º, n. 1)[(1552)].

VIII. À semelhança dos regimes da *adaptabilidade* e do *banco de horas*, o regime do *horário concentrado* (artigo 209º do CT) surge enquanto instrumento de flexibilização da organização do tempo de trabalho e como concretização do "princípio da salvaguarda dos interesses de gestão"[(1553)].

Neste caso, permite-se que, por acordo entre empregador e trabalhador ou por instrumento de regulamentação coletiva, se concentre o período normal de trabalho semanal até quatro dias por semana, através do aumento do período normal de trabalho diário até 4 h diárias (artigo 209º, n. 1, alínea *a*, do CT), ou que, por instrumento de regulamentação coletiva, se estabeleça um horário que contenha, no máximo, três dias de trabalho consecutivos, seguidos no mínimo de dois dias de descanso, devendo a duração do período normal de trabalho semanal ser respeitado, em média, num período de referência de 45 dias (artigo 209º, n. 1, alínea *b*) Ou seja, admite-se que se trabalhe mais nalguns dias da semana (*concentração de horário*) de forma a encurtar a duração desta. Em bom rigor, trata-se de uma modalidade muito próxima do regime da adaptabilidade, na exata medida em que assenta na lógica do cálculo médio do tempo de trabalho que caracteriza aquele regime, mas com uma vantagem para o empregador: no *horário concentrado* o acordo individual entre empregador e trabalhador permite que se trabalhe mais 4 h por dia, quando é certo que na *adaptabilidade individual* só se pode trabalhar até mais 2 h por dia (artigo 205º).

Por essa razão, o regime do *horário concentrado* configura mais um instrumento de flexibilidade de gestão atribuído ao empregador.

Mas também neste caso se constata a aplicação do "princípio da proteção do trabalhador", que atua de forma a limitar e condicionar o exercício do poder de direção, quer em termos gerais, quer mais uma vez quanto a determinadas categorias específicas de trabalhadores em especial.

Em termos gerais, é do "princípio da proteção do trabalhador" que resulta a diferença de regime quanto ao número máximo de dias de trabalho semanal que pode ser objeto de concentração (4 dias, por acordo entre empregador e trabalhador — artigo 209º, n. 1, alínea *a*, do CT); e 3 dias, por instrumento de regulamentação coletiva de trabalho (artigo 209º, n. 1, alínea *b*); a regra segundo a qual, aos trabalhadores abrangidos por regime de horário concentrado não pode ser simultaneamente aplicável o regime da adaptabilidade (artigo 209º, n. 2); bem como a norma que determina que, sem prejuízo do regime da adaptabilidade, a duração média do trabalho semanal, incluindo o trabalho suplementar, não pode ser superior a 48 h, num período de referência estabelecido em instrumento de regulamentação coletiva de trabalho que não ultrapasse 12 meses ou, na falta deste, num período de referência de 4 meses, ou de 6 meses no caso previsto no artigo 207º, n. 2, do CT (artigo 211º).

Em especial, é do "princípio da proteção do trabalhador", uma vez mais, que resulta a dispensa da prestação de trabalho em regime de horário concentrado para a mulher grávida, puérpera ou lactante (artigo 58º, n. 1); para o progenitor, em caso de aleitação, quando a prestação de trabalho em regime de horário concentrado afete a regularidade daquela (artigo 58º, n. 2); para o trabalhador menor, quando a prestação de trabalho em regime de horário concentrado possa prejudicar a sua saúde ou segurança no trabalho (artigo 74º, n. 1); ou para o trabalhador com deficiência ou doença crónica, quando a prestação de trabalho neste regime possa, também, prejudicar a sua saúde ou segurança no trabalho (artigo 87º, n. 1).

IX. Em suma, mesmo quando estamos no âmago de regras que visam dar concretização ao movimento de flexibilização do Direito do trabalho, nomeadamente em nome do "princípio da salvaguarda

---

(1552) Vejam-se, a esse propósito, as anotações de Guilherme Dray aos referidos artigos 58º, 74º e 87º do CT, em PEDRO ROMANO MARTINEZ; LUÍS MIGUEL MONTEIRO; JOANA VASCONCELOS; PEDRO MADEIRA DE BRITO; GUILHERME DRAY e LUÍS GONÇALVES DA SILVA, *Código do Trabalho Anotado*, 9ª ed., cit., p. 219, pp. 244-245 e p. 262, respetivamente.

(1553) Veja-se, a este propósito, Luís Miguel Monteiro, anotação ao artigo 209º do CT, em PEDRO ROMANO MARTINEZ; LUÍS MIGUEL MONTEIRO; JOANA VASCONCELOS; PEDRO MADEIRA DE BRITO; GUILHERME DRAY e LUÍS GONÇALVES DA SILVA, *Código do Trabalho Anotado*, 9ª ed., cit., pp. 504-505.

dos interesses de gestão" e da gestão flexível da organização do tempo de trabalho, o "princípio da proteção do trabalhador" continua a ter uma palavra a dizer, limitando e condicionando o poder de direção do empregador, quer quanto à generalidade dos trabalhadores, quer quanto a algumas categorias de trabalhadores em especial.

X. O mesmo se passa, aliás, ao nível dos contratos de trabalho sujeitos a regime especial e relacionados também com a organização do tempo de trabalho, como sejam o *trabalho a tempo parcial* e o *trabalho intermitente*.

No primeiro caso, joga-se fundamentalmente com a finalidade de conciliação da vida profissional com a vida familiar, por um lado, e com o propósito de flexibilização da organização do tempo do trabalho, por outro lado — o *trabalho a tempo parcial* corresponde à prestação laboral em período normal de trabalho inferior ao praticado a tempo completo em situação comparável (artigo 150º do CT)[1554]. Também neste caso, ainda que este contrato de regime especial sirva também aos propósitos de salvaguarda dos interesses de gestão empresarial, a lei rodeia o trabalho a tempo parcial de particulares cautelas, em nome do "princípio da proteção do trabalhador": por um lado, exige que, quer a celebração de um contrato desta natureza, *ab initio,* quer a passagem de um regime de trabalho a tempo completo para trabalho a tempo parcial, ou vice-versa, sejam sempre feitos com o acordo do trabalhador (artigos 151º e 155º do CT)[1555], não podendo resultar do mero exercício do poder de direção; por outro lado, a lei impõe a observância da forma escrita (artigo 153º), determinando igualmente que, em caso de inobservância de forma escrita, o contrato se considera contrato a tempo completo; por fim, a lei sujeita o regime do trabalho a tempo parcial a dois princípios que o norteiam e condicionam: o da *igualdade de tratamento* entre os trabalhadores a tempo integral e os trabalhadores a tempo completo e o princípio da *proporcionalidade*. Do princípio da *igualdade,* resulta que os trabalhadores a tempo parcial não podem ter tratamento menos favorável que os trabalhadores a tempo completo em situação comparável, a menos que um tratamento diferente seja justificado por razões objetivas, que podem ser definidas por instrumento de regulamentação coletiva de trabalho (artigo 154º, n. 2); do princípio da proporcionalidade, *maxime* em matéria remuneratória, resulta que o trabalhador tem direito à retribuição base e outras prestações, com ou sem caráter retributivo, previstas na lei ou em instrumento de regulamentação coletiva de trabalho ou, caso sejam mais favoráveis, às auferidas por trabalhador a tempo completo em situação comparável, na proporção do respetivo período normal de trabalho semanal (artigo 154º, n. 3, alínea *a*), sendo certo que, apesar desta regra de proporcionalidade, o trabalhador a tempo parcial tem direito a subsídio de refeição por inteiro desde que trabalhe um período de tempo igual ou superior a 5 h por dia (artigo 154º, n. 3, alínea *b*).

No caso do *trabalho intermitente* (artigos 157º e ss. do CT)[1556], o que está em causa é fundamentalmente a criação de um instrumento de flexibilização da gestão empresarial, em nome do aludido

---

(1554) A propósito do *trabalho a tempo parcial,* veja-se, nomeadamente, PEDRO ROMANO MARTINEZ, *Direito do Trabalho,* cit., pp. 584-585; MARIA DO ROSÁRIO RAMALHO, *Tratado de Direito do Trabalho, Parte II, Situações Laborais Individuais,* pp. 304 e ss.; PAULA PONCES CAMANHO, "Contrato de Trabalho a Tempo Parcial", em *Estudos do Instituto de Direito do Trabalho,* v. IV, pp. 205 e ss.; ANTÓNIO NUNES DE CARVALHO, "Duração e Organização do Tempo de Trabalho no Código do Trabalho", *VI Congresso Nacional de Direito do Trabalho. Memórias,* Coimbra, 2004, pp. 95 e ss.; DIAS COIMBRA, "Negociação Colectiva Europeia: o Trabalho a Tempo Parcial", *Questões Laborais,* n. 13 (1999), pp. 60 a 89; CATARINA CARVALHO, "A Regulamentação Nacional do Tempo de Trabalho e o Direito Comunitário: Omissões e Incompatibilidades", *Questões Laborais,* n. 27 (2006), pp. 33 e ss.; a propósito, em particular, do regime estabelecido no CT, vejam-se as anotações de Pedro Madeira de Brito aos artigos 150º e ss. do Código do Trabalho, em PEDRO ROMANO MARTINEZ; LUÍS MIGUEL MONTEIRO; JOANA VASCONCELOS; PEDRO MADEIRA DE BRITO; GUILHERME DRAY e LUÍS GONÇALVES DA SILVA, *Código do Trabalho Anotado,* 9ª ed., Almedina, Coimbra, 2013, pp. 389 a 397.

(1555) Veja-se, a este propósito, Luís Miguel Monteiro, anotações aos artigos 151º a 155º do CT, em PEDRO ROMANO MARTINEZ; LUÍS MIGUEL MONTEIRO; JOANA VASCONCELOS; PEDRO MADEIRA DE BRITO; GUILHERME DRAY e LUÍS GONÇALVES DA SILVA, *Código do Trabalho Anotado,* 9ª ed., cit., pp. 392-396.

(1556) A propósito do *trabalho intermitente* veja-se, nomeadamente, PEDRO ROMANO MARTINEZ, *Direito do Trabalho,* cit., pp. 584-585; MARIA DO ROSÁRIO RAMALHO, *Tratado de Direito do Trabalho, Parte II — Situações Laborais Individuais,* pp. 314 e ss.; JOÃO LEAL AMADO/JOANA NUNES VICENTE, "Contrato de trabalho intermitente", *IX-X Congressos Nacionais de Direito do Trabalho. Memórias,* Coimbra, 2007, pp. 117 e ss. A propósito, em particular, do regime estabelecido no CT, vejam-se as anotações de Pedro Madeira de Brito aos artigos 157º e ss. do Código do Trabalho, em PEDRO ROMANO MARTINEZ; LUÍS MIGUEL MONTEIRO; JOANA VASCONCELOS; PEDRO MADEIRA DE BRITO; GUILHERME DRAY e LUÍS GONÇALVES DA SILVA, *Código do Trabalho Anotado,* 9ª ed., Almedina, Coimbra, 2013, pp. 397-402.

"princípio da salvaguarda dos interesses de gestão": neste caso, permite-se que a prestação de trabalho seja intercalada por um ou mais períodos de inatividade, em empresas que exerçam a sua atividade com descontinuidade ou intensidade variável, em função dos interesses do empregador (artigo 157º, n. 1)[1557]. Quer dizer: ao invés de prestar a sua atividade de forma contínua, o trabalhador trabalha de forma *alternada* (sempre que os períodos de inatividade estão pré-programados — artigo 159º, n. 1, I parte) ou *à chamada* (quando tais períodos de inatividade não estão pré-delimitados, ocorrendo em função de uma "chamada" do empregador, feita com aviso-prévio — artigo 159º, n. 1, II parte), conciliando períodos de atividade com períodos de inatividade, em função das necessidades da empresa e dos seus interesses de gestão[1558].

Em qualquer caso, também aqui as regras cautelares, em função do "princípio da proteção do trabalhador", marcam presença: desde logo, porque a lei só admite esta modalidade de contrato especial no caso de trabalhadores contratados por tempo indeterminado, vedando tal possibilidade no caso de trabalhadores contratados a termo ou em regime de trabalho temporário (artigo 159º), de forma a evitar a duplicação de regimes especiais particularmente desfavoráveis ao trabalhador; em segundo lugar, porque a lei sujeita o contrato à forma escrita, considerando que, em caso de violação da regra de forma, o contrato considera-se celebrado sem período de inatividade (artigo 158º); em terceiro lugar, porque se estabelece um período mínimo legal de atividade do trabalhador — a prestação de trabalho deve ser igual ou superior a 6 meses a tempo completo, dos quais pelo menos 4 meses devem ser consecutivos (artigo 159º, n. 2); por fim, a lei atribui ao trabalhador o direito a uma compensação pecuniária correspondente a pelo menos 20% da retribuição base, a pagar pelo empregador com periodicidade igual à da retribuição, durante os períodos de inatividade (artigo 160º, n. 1), permitindo ainda que, durante este mesmo período em que não se encontra a trabalhar, o trabalhador possa exercer outra atividade profissional remunerada (artigo 160º, n. 3).

Em suma, também aqui, ainda que a especificidade do regime tenha sido fundamentalmente concebida em nome dos propósitos de flexibilização da relação laboral, se verifica uma atuação tutelar do trabalhador, em nome do citado "princípio da proteção do trabalhador".

3. Proteção das garantias do trabalhador

I. O princípio da dignificação do trabalho, enquanto subprincípio concretizador do "princípio da proteção do trabalhador", passa também pela preservação de algumas garantias do trabalhador — garantias que se prendem nomeadamente com o objeto do contrato e a sua limitação, com a proteção da categoria do trabalhador, com o local do trabalho e a tendencial inamovibilidade do trabalhador e com os direitos de defesa deste último em caso de exercício do poder disciplinar por parte do empregador.

As garantias em apreço partem de um pressuposto — o de que a desigualdade jurídica e económica entre as partes exige que o Direito do trabalho intervenha de forma a limitar o exercício, pelo empregador, dos respetivos poderes de *direção* e *disciplinar*, impedindo-o de conformar o exercício da atividade laboral do trabalhador de forma arbitrária e atentatória do aludido "princípio da dignificação do trabalho". É por essa razão que alguma doutrina sustenta que os principais deveres do empregador são dois: "*la obligación de retribuir y de respetar personal y laboralmente el trabajador*"[1559].

Em qualquer caso, a função que o princípio em causa encerra é apenas limitadora — e não obnubiladora — do exercício dos referidos poderes diretivo e disciplinar por parte do empregador: não se trata

(1557) Veja-se, a este propósito, Luís Miguel Monteiro, anotação ao artigo 157º do CT, em PEDRO ROMANO MARTINEZ; LUÍS MIGUEL MONTEIRO; JOANA VASCONCELOS; PEDRO MADEIRA DE BRITO; GUILHERME DRAY e LUÍS GONÇALVES DA SILVA, *Código do Trabalho Anotado*, 9ª ed., cit., pp. 398-399.
(1558) Veja-se, a este propósito, Luís Miguel Monteiro, anotação ao artigo 159º do CT, em PEDRO ROMANO MARTINEZ; LUÍS MIGUEL MONTEIRO; JOANA VASCONCELOS; PEDRO MADEIRA DE BRITO; GUILHERME DRAY e LUÍS GONÇALVES DA SILVA, *Código do Trabalho Anotado*, 9ª ed., cit., pp. 400-401.
(1559) Cf. MONTOYA MELGAR, *Derecho del Trabajo*, 30ª ed., cit., p. 373.

de os limitar ou restringir de forma a pôr em causa o princípio constitucional da "liberdade de gestão empresarial"; trata-se, apenas, de impedir que esse exercício possa ser utilizado de forma arbitrária, excessiva, desproporcional e injustamente penosa para o trabalhador. Nalguns casos, como seja na proteção da categoria do trabalhador, está em causa o estatuto do trabalhador na empresa e a limitação do objeto contratual, o mesmo é dizer: protege-se a categoria do trabalhador, evitando-se por esta via que o empregador possa, de forma arbitrária e unilateral, diminuir a categoria do trabalhador no âmbito da respetiva unidade produtiva, prejudicando — o quer quanto ao exercício da atividade contratada, quer eventualmente do ponto de vista retributivo; noutros casos, quando se trata de garantir uma tendencial inamovibilidade do trabalhador ou a alteração do respetivo local de trabalho, visa-se proteger a sua vida familiar e garantir a conciliação da sua vida profissional e pessoal, evitando-se que o empregador possa, arbitrariamente, alterar o local de trabalho do trabalhador, quando é certo que este pode ter organizado a sua vida em função do respetivo local de trabalho; no terceiro caso, procuram-se garantir determinados direitos de defesa basilares ao trabalhador em caso de exercício do poder disciplinar pelo empregador, *maxime* o direito à audiência prévia.

De todo o modo, como se afirmou, tais limitações não podem obnubilar o exercício dos poderes próprios do empregador, necessários à gestão da unidade produtiva. Como afirmam, Jean-Maurice Verdier, Alain Coeuret e Marie-Armelle Souriac, *"L´organisation de l´enterprise reste principalement hiérarchique, l´enterprise étant le siege d´un pouvoir de commandement détenu par le chef d´enterprise (direction) (...) assorti d´un pouvoir disciplinaire, exercé directement ou par delegation"*[1560].

II. Os poderes próprios do empregador visam a conformação da prestação laboral, o estabelecimento de regras de conduta e a aplicação de sanções disciplinares, em caso de ocorrência de uma infração disciplinar, sem necessidade de recurso à via judicial. Nessa perspetiva dualista, que separa concetualmente os poderes de *direção* e de *disciplina*[1561], o *poder diretivo*, como afirma Maria do Rosário Ramalho, *"é a faculdade através da qual o empregador procede à determinação da função do trabalhador e emite ordens e instruções com vista ao cumprimento da atividade laboral e de outros deveres acessórios pelo trabalhador"*, ao passo que o *poder disciplinar*, por sua vez, *"permite ao empregador estabelecer regras de conduta do trabalhador na organização que não se reportam à atividade laboral (é a faceta prescritiva deste poder) e aplicar sanções, que recaem sobre a pessoa do trabalhador, em caso de incumprimento dos comandos emitidos ao abrigo do poder de direção ou do poder disciplinar prescritivo (é a faceta sancionatória deste poder)"*[1562].

Noutra abordagem: o *poder diretivo* é *funcionalmente necessário* para o desenvolvimento do contrato de trabalho, dado que é através deste último que o empregador concretiza o modo de prestação da atividade laboral genericamente indicado no contrato, podendo assim ser identificado, como afirma Giuseppe Pera, como um poder de *conformazione* ou de *specificazione*[1563]; já o *poder disciplinar* é, fundamentalmente, um poder de reação do empregador contra os comportamentos do trabalhador violadores da lei ou do contrato — trata-se, no fundo de um poder do empregador de *"farsi giustizia da sé"*[1564]. Esta

---

(1560) Cf. JEAN-MAURICE VERDIER/ALAIN COEURET/MARIE-ARMELLE SOURIAC, *Droit du Travail,* v. 2, *Rapports Individuels,* 16ª ed., Dalloz, Paris, 2011, p. 93.

(1561) A propósito da destrinça entre as conceções *monista* — que assenta no reconhecimento de um poder amplíssimo ao poder de direção, fazendo do poder disciplinar um mera concretização deste último — e *dualista* — que considera os dois poderes como poderes paralelos e autónomos — entre os poderes de *direção* e *disciplinar,* veja-se MARIA DO ROSÁRIO RAMALHO, *Tratado de Direito do Trabalho,* Parte II — Situações Laborais Individuais, cit., pp. 609-610 (bem como a extensa bibliografia nacional e estrangeira ali citada), que adota a conceção *dualista,* por duas razões essenciais que se subscrevem: por um lado, porque a conceção *monista,* que tem como pressuposto o esvaziamento do poder disciplinar, empobrece-o do ponto de vista dogmático e deixa sem enquadramento as regras de disciplina que não são atinentes à função do trabalhador e ao modo de execução do trabalho, não sendo por isso explicáveis pelo poder diretivo; por outro lado, porque ao privilegiar o poder diretivo na posição de domínio do empregador, esta conceção faz assentar neste poder o critério decisivo de delimitação do contrato de trabalho relativamente a figuras próximas, quando é certo que este poder é comum a outros contratos que envolvem a prestação continuada de uma atividade laborativa e que o que verdadeiramente torna singular a posição do empregador relativamente a outros credores de prestações laborativas é o exercício, não do poder de direção, mas sim do poder disciplinar. Acolhe-se, pois, a conceção *dualista,* que distingue os poderes de *direção* e *disciplinar.*

(1562) Cf. MARIA DO ROSÁRIO RAMALHO, *Tratado de Direito do Trabalho,* Parte II — Situações Laborais Individuais, cit., p. 608.

(1563) Cf. GIUSEPPE PERA, *Diritto del Lavoro,* 6ª ed., cit., pp. 435-436.

(1564) Cf. GIUSEPPE PERA, *Diritto del Lavoro,* 6ª ed., cit, pp. 447-448.

"*soma de poderes*" (de direção e disciplinar), como afirma Montoya Melgar, "*constituye el lado activo de la situación passiva de sujeción o dependência a que se encuentra sometido el trabajador*"[(1565)] ou, como sustentam Jean-Maurice Verdier, Alain Coeuret e Marie-Armelle Souriac, consubstancia o elemento característico do contrato de trabalho, que "*est la subordination juridique*"[(1566)].

III. No CT, os poderes *diretivo* e *disciplinar* são tratados de forma conjunta, do ponto de vista sistemático, numa Subsecção dedicada ao *empregador* e à *empresa,* respetivamente nos artigos 97º (*poder de direção*) e 98º (*poder disciplinar*), a par do *poder regulamentar* (artigo 99º), mas a forma de exercício de ambos os poderes e as suas limitações são, depois, tratados de forma autónoma.

Assim, quanto ao poder de *direção,* importa, caso a caso, atender a algumas regras específicas, nomeadamente: tratando-se de uma questão relativa à *categoria* do trabalhador, importa atender às regras relativas à *determinação da atividade do trabalhador* (artigo 115º), às *funções desempenhadas pelo trabalhador* (artigo 118º), à *mudança para categoria inferior* (artigo 119º) ou à *mobilidade funcional* (artigo 120º), bem como às regras relativas à *proteção da categoria* (artigo 129º, n. 1, alínea *e*); tratando-se de uma questão relativa à *modificação do local de trabalho*, importa atender às regras relativas à *noção de local de trabalho* (artigo 193º) e à *transferência de local de trabalho* (artigos 194º a 196º), bem como à norma referente à proteção do local de trabalho e à garantia de inamovibilidade (artigo 129º, n. 1, alínea *f*).

Tratando-se do exercício do poder disciplinar, importa atender às regras específicas autonomizadas nos artigos 328º e ss. do mesmo diploma, nas quais sobressaem, nomeadamente, os direitos de defesa do trabalhador.

Num ou noutro caso: o "princípio da proteção do trabalhador", através do subprincípio da dignificação do trabalho, visa garantir o exercício dos poderes de direção e disciplinar dentro dos valores do sistema, o mesmo é dizer, de forma justa, proporcional e não atentatória de algumas garantias elementares do trabalhador. Por outras palavras, sendo certo que o essencial da posição de domínio do empregador reside na titularidade dos aludidos poderes, colocando-o numa ampla situação ativa de vantagem relativamente ao trabalhador, que se encontra genericamente numa situação passiva de subordinação jurídica, não deixa de ser verdade, por outro lado, que os dois referidos poderes de direção e disciplinar, permitindo conferir um grau de singularidade ao contrato de trabalho e um grau de supremacia ao empregador, são, todavia, poderes limitados, na exata medida em que não podem deixar de respeitar os direitos e garantias do trabalhador, quer no que diz respeito ao exercício do poder de direção (neste caso, nos termos gerais do artigo 129º e de acordo com algumas regras específicas), quer quanto ao exercício do poder disciplinar (neste caso, nos termos das regras processuais e de defesa constantes dos artigos 328º e ss.)[(1567)].

De resto, a lei é clara: o dever de obediência do trabalhador cessa a partir do momento em que as ordens e instruções do empregador respeitantes à execução ou disciplina do trabalho sejam contrárias aos direitos ou garantias do trabalhador — a desobediência do trabalhador a uma ordem ou instrução que desrespeite o seu contrato ou que viole os seus direitos e garantias é, consequentemente, uma desobediência legítima (artigo 128º, n. 1, alínea *e, in fine*).

3.1. O princípio da proteção da categoria

I. O poder de direção "desdobra-se" em três manifestações: no poder *determinativo* da função, pelo qual o empregador atribui ao trabalhador, no âmbito da atividade para que este se encontra contratado, as funções mais adequadas às suas aptidões e qualificação profissional (artigo 118º); no poder *confor-*

(1565) Cf. MONTOYA MELGAR, *Derecho del Trabajo,* 30ª ed., cit., p. 365.

(1566) Cf. JEAN-MAURICE VERDIER/ALAIN COEURET/MARIE-ARMELLE SOURIAC, *Droit du Travail,* 11ª ed., cit., p. 278.

(1567) Veja-se, a este propósito, as anotações de Pedro Romano Martinez, Pedro Madeira de Brito e Guilherme Dray ao artigo 129º do CT, e as anotações de Pedro Romano Martinez aos artigos 328º e ss. do mesmo diploma, ambas em PEDRO ROMANO MARTINEZ; LUÍS MIGUEL MONTEIRO; JOANA VASCONCELOS; PEDRO MADEIRA DE BRITO; GUILHERME DRAY e LUÍS GONÇALVES DA SILVA, *Código do Trabalho Anotado,* 9ª ed., cit., respectivamente pp. 342-344 e 694-697.

mativo da função, pelo qual o empregador, em concreto, direciona a atividade do trabalhador quanto ao modo, ao tempo e ao local de exercício da atividade laboral, estabelecendo os termos em que o trabalho deve ser prestado dentro dos limites decorrentes do contrato e das normas que o regem (artigo 97º); e no poder de *vigilância e controlo* do cumprimento da prestação de trabalho.

O poder diretivo não é, todavia, um poder absoluto ou ilimitado. Como decorre do próprio artigo 97º do CT, o poder em causa é limitado pelo próprio contrato e pelas normas que o regem, de entre as quais se destacam, como *supra* se afirmou, as normas relativas aos direitos e garantias do trabalhador (artigo 129º), em termos tais que a desobediência do trabalhador a uma ordem ou instrução que desrespeite o seu contrato ou que viole os seus direitos e garantias é legítima (artigo 128º, n. 1, alínea *e, in fine*).

E essa natureza limitada do poder de direção manifesta-se, desde logo, na proteção da categoria do trabalhador.

II. A *categoria* do trabalhador não é um conceito unívoco, prestando-se antes a diversos sentidos e acepções. De resto, mesmo do ponto de vista legal, a lei refere-se à categoria em diversas passagens — a propósito da atividade concretamente exercida pelo trabalhador (artigos 115º, n. 2, e 118º, n. 2); a propósito do estatuto do trabalhador no seio da organização do empregador (artigos 26º, n. 2, 127º, n. 1, alínea *j*, 162º, n. 5, 164º, n. 1, alínea *a*, 276º, n. 3, 360º, n. 2, alínea *d*, 368º, n. 2, 369º, n. 1, alínea *b* e 389º, n. 1, alínea *b*); ou a propósito dos direitos e garantias do trabalhador e da irreversibilidade da categoria (respetivamente, artigos 129º, n. 1, alínea *e*, e 119º).

Por essa razão, alguma doutrina, designadamente Maria do Rosário Ramalho, distingue as seguintes aceções do termo *categoria:* a *categoria profissional,* vista como o conjunto de qualificações e aptidões profissionais do trabalhador, que se compreende numa fase anterior e a montante da celebração do contrato de trabalho, mas que pode ser determinante para o mesmo, *maxime* quando o exercício de certa atividade depende da posse de título profissional (artigo 117º)[1568]; a *categoria normativa ou estatutária*, que no essencial corresponde à designação formal atribuída pelo lei ou pelos instrumentos de regulamentação coletiva de trabalho a determinado conjunto de tarefas, tendo em vista a sua regulamentação; e a *categoria interna à empresa*, que se prende com a posição (vertical) do trabalhador na hierarquia da organização do empregador e que se encontra associada, consequentemente e de forma dinâmica, à progressão profissional do trabalhador no seio da mesma[1569], ou à ideia de *carreira profissional*[1570].

Ora é precisamente a esta *categoria* que a lei, em nome do "princípio da proteção do trabalhador", consagra uma das mais importantes garantias do trabalhador: a garantia da irreversibilidade da categoria, consignada no artigo 129º, n. 1, alínea *e* do CT.

III. Genericamente, a atividade laboral do trabalhador resulta de dois momentos, que se podem isolar do ponto de vista analítico: num primeiro momento, através da definição genérica, feita pelas partes, da atividade para que o trabalhador é contratado, levada a efeito por via contratual ou por remissão para um instrumento de regulamentação coletiva de trabalho (artigo 115º, ns. 1 e 2); num segundo momento, pela atribuição, em concreto, pelo empregador, de uma função específica a prestar pelo trabalhador, que seja correspondente à atividade para que se encontra contratado e adequada às suas aptidões e qualificações profissionais (artigo 118º, n. 1, do CT).

Desta determinação da atividade laboral, resulta, por sua vez, uma delimitação do objeto do contrato — por esta via, fica claro que o trabalhador se obriga a desempenhar as funções diretamente corresponden-

---

(1568) Veja-se, a este propósito, a anotação de Pedro Madeira de Brito ao artigo 117º do CT em PEDRO ROMANO MARTINEZ; LUÍS MIGUEL MONTEIRO; JOANA VASCONCELOS; PEDRO MADEIRA DE BRITO; GUILHERME DRAY e LUÍS GONÇALVES DA SILVA, *Código do Trabalho Anotado*, 9ª ed., cit., p. 310.

(1569) A propósito destas três referidas acepções, veja-se MARIA DO ROSÁRIO RAMALHO, *Tratado de Direito do Trabalho*, Parte II, cit., pp. 395-396.

(1570) A propósito do conceito de *carreira profissional*, veja-se ANTÓNIO NUNES DE CARVALHO, "Mobilidade Funcional (do Código de Trabalho de 2003 à revisão de 2009)", *Código do Trabalho, a Revisão de 2009,* Paulo Morgado Carvalho (coord.), Coimbra Editora, Coimbra, 2011; e "Reflexões sobre a carreira profissional (a propósito do Código do Trabalho)", *in Estudos de Direito do Trabalho em Homenagem ao Professor Manuel Alonso Olea*, Coimbra, Editora, 2004, pp. 123-161; MARIA DO ROSÁRIO RAMALHO, *Tratado de Direito do Trabalho,* Parte II, cit., pp. 414-415.

tes à atividade contratada, ou seja, as que correspondem ao *núcleo* do respetivo objeto contratual (artigo 118º, n. 1), bem como as funções afins ou funcionalmente ligadas à atividade nuclear (artigo 118º, n. 2), que correspondem a outras atividades compreendidas no mesmo grupo ou carreira profissional (artigo 118º, n. 3) e que conferem, por esta via, uma maior *amplitude* e *elasticidade* ao objeto contratual, que vê assim o seu núcleo ser alargado em nome das necessidades de gestão empresarial e da flexibilização da relação laboral, permitindo-se por esta via a habitualmente denominada *polivalência funcional*(1571).

Mas a lei vai mais longe ainda, em nome do aludido desiderato de flexibilização da relação laboral e em nome dos interesses de gestão empresarial: nos termos do artigo 120º, sob a epígrafe *mobilidade funcional*, o empregador pode, quando o interesse da empresa o exija, encarregar o trabalhador de exercer temporariamente funções não compreendidas na atividade contratada, desde que tal não implique modificação substancial da posição do trabalhador (artigo 120º, n. 1, do CT). Por outras palavras, verificados que sejam determinados requisitos, impostos pelo "princípio da proteção do trabalhador", a lei admite que o empregador possa, temporariamente, exigir ao trabalhador o desempenho de funções que extravasam a atividade contratada e que foi definida nos termos nucleares e alargados dos números 1 e 2 do artigo 118º acima citado. Trata-se do habitualmente denominado *ius variandi*, que permite ao empregador alterar unilateralmente o objeto do contrato, num claro desvio ao princípio da invariabilidade da prestação e ao princípio do cumprimento pontual dos contratos previsto no artigo 406º do Código Civil.

Ainda assim, como se disse, o exercício do *ius variandi* está sujeito a determinados requisitos cumulativos, que visam proteger o trabalhador contra o exercício arbitrário deste poder de modificação unilateral: nos termos da lei, a mobilidade funcional depende da existência de um *interesse objetivo da empresa* e da justificação da ordem de alteração da atividade (artigo 120º, ns. 1 e 3); da *natureza transitória da variação* da função (artigo 120º, n. 1), razão pela qual a ordem de alteração deve indicar a duração previsível da mesma (artigo 120º, n. 3); e da *inexistência de uma alteração substancial da posição do trabalhador* decorrente dessa ordem de alteração, em termos tais que este não deve ser colocado a exercer uma atividade que não tenha qualquer afinidade com a atividade por si habitualmente prestada ou que o coloque numa situação injustamente penosa, vexatória ou atentatória da sua dignidade(1572).

O "princípio da proteção" do trabalhador atua, neste caso, como um limite ao exercício do poder de direção. E o mesmo sucede, como se disse, com o "princípio da irreversibilidade da categoria", previsto no artigo 129º, n. 1, alínea *e)*, do CT, que funciona, como sublinha Luís Menezes Leitão, como "*salvaguarda da posição do trabalhador neste* âmbito"(1573).

IV. Nos termos do citado artigo 129º, n. 1, alínea e, é proibido ao empregador mudar o trabalhador para categoria inferior, salvo nos casos previstos no Código. Ou seja, em princípio, ao nível da *categoria interna* do trabalhador no seio da empresa, admite-se uma evolução ascendente, mas não descendente, salvo nos casos previstos no próprio Código ou noutros diplomas legais. Trata-se, de resto, de um regime imperativo, que assume a natureza de *garantia* do trabalhador e que, como tal, apenas pode ser afastado pelos instrumentos de regulamentação coletiva de trabalho ou pelo contrato de trabalho em sentido mais favorável ao trabalhador (artigo 3º, n. 1, *in fine*, e 3º, n. 4, ambos do CT)(1574).

(1571) Veja-se, a este propósito, a anotação de Pedro Madeira Brito aos artigos 115º e 118º do CT, em PEDRO ROMANO MARTINEZ; LUÍS MIGUEL MONTEIRO; JOANA VASCONCELOS; PEDRO MADEIRA DE BRITO; GUILHERME DRAY e LUÍS GONÇALVES DA SILVA, *Código do Trabalho Anotado*, 9ª ed., cit., respetivamente pp. 305 e ss. e 310º e ss.

(1572) A propósito dos requisitos necessários da *mobilidade funcional* previstos no artigo 120º do CT, veja-se, MARIA DO ROSÁRIO RAMALHO, *Tratado de Direito do Trabalho*, Parte II — Situações Laborais Individuais, cit., pp. 404-407, bem como a anotação de Pedro Madeira Brito ao artigo 120º do CT, em PEDRO ROMANO MARTINEZ; LUÍS MIGUEL MONTEIRO; JOANA VASCONCELOS; PEDRO MADEIRA DE BRITO; GUILHERME DRAY e LUÍS GONÇALVES DA SILVA, *Código do Trabalho Anotado*, 9ª ed., cit., pp. 316 e ss.

(1573) Cf. LUÍS MENEZES LEITÃO, *Direito do Trabalho*, 3ª ed., cit., p. 162.

(1574) A propósito da natureza imperativa do artigo 119º, veja-se MARIA DO ROSÁRIO RAMALHO, *Tratado de Direito do Trabalho*, Parte II — Situações Laborais Individuais, cit., pp. 419-420, que apesar de reconhecer que a atual redacção do preceito não é tão clara quanto à sua imperatividade quanto a que resultava do artigo 313º do CT/2003, que dispunha que *"O trabalhador só pode ser colocado em categoria inferior (...)"* (sublinhado nosso), defende ainda assim que ela não pode deixar de ser vista como uma norma imperativa atendendo a que se trata de um regime que se reporta a um direito, liberdade e garantia do trabalhador, razão pela qual *"impõe-se quer à contratação coletiva quer às partes no contrato de trabalho"*. Pela nossa parte, aderimos a esta tese, acrescentando apenas que tal imperatividade consubstancia, também, uma consequência lógica e direta do "princípio da proteção do trabalhador".

Assim sendo, a mudança do trabalhador para categoria inferior àquela para que se encontra contratado apenas pode ter lugar por acordo, com fundamento em necessidade premente da empresa ou do trabalhador, devendo ainda ser autorizada pelo serviço com competência inspetiva do ministério responsável pela área laboral no caso de determinar diminuição da retribuição (artigo 119º do CT). Exige-se, pois, que exista um motivo sério e ponderado e que exista acordo entre as partes, bem como uma intervenção inspetiva por parte de uma entidade pública, que visa apreciar da efetiva vontade das partes e, em especial, da vontade livre e esclarecida do trabalhador no caso de a despromoção acarretar uma descida de retribuição[(1575)]. Por outras palavras, não basta o acordo das partes no sentido da descida de categoria — tal acordo deve estar fundado em razões objetivas, ser fundamentado e, havendo diminuição da retribuição, passar pelo crivo da Administração do Trabalho. É por esta razão que alguma doutrina, entre nós, designadamente, Júlio Vieira Gomes, compreendendo a razão de ser deste regime restritivo face à gravidade das consequências que uma descida de categoria acarretaria, cinja tal possibilidade de acordo aos casos em que esteja em causa "*uma medida indispensável para a salvaguarda do posto de trabalho (...) ou da saúde ou integridade do trabalhador (...), embora, em rigor, se concebam outras situações em que o trabalhador pode ter um interesse legítimo que considere mais importante que a tutela da sua profissionalidade*"[(1576)].

Para além desta situação, o CT admite ainda outras situações de descida de categoria, legalmente autorizadas: no caso de o trabalhador, findo o exercício temporário de funções de categoria superior em regime de *mobilidade funcional*, regressar às funções anteriormente exercidas e que correspondem a uma categoria inferior, atendendo a que, salvo disposição em contrário o trabalhador não adquire a categoria correspondente às funções temporariamente exercidas (artigo 120º, n. 5); e no caso de o trabalhador ter exercido funções de categoria superior em regime de *comissão de serviço* — finda a comissão de serviço, de natureza tendencialmente temporária, ele pode retomar as funções anteriormente desempenhadas, ainda que de categoria inferior (artigo 164º, n. 1, alínea *a*). Trata-se, em bom rigor, de situações em que o trabalhador retoma a categoria originária que lhe pertence e que apenas temporariamente foram como que "suspensas", fruto do exercício temporário de funções correspondentes à categoria superior[(1577)].

V. O essencial reside, pois, no seguinte: em nome do "princípio da proteção do trabalhador", a lei limita o exercício do poder de direção do empregador e protege a categoria profissional do trabalhador contra eventuais despromoções unilateralmente levadas a efeito pelo empregador ou por este pressionadas, sendo certo que, no polo oposto, as promoções dos trabalhadores (*maxime* as automáticas) não são legalmente regulamentadas e não dependem da observância de quaisquer requisitos, sejam substantivos, sejam formais, nem da intervenção da Administração do Trabalho[(1578)].

Trata-se, pois, de uma projeção clara do "princípio da proteção do trabalhador": ele atua para evitar despromoções ou mudanças para categoria inferior, mas é complacente quando se trata de admitir

---

(1575) A propósito dos requisitos para a descida de categoria previstos no artigo 119º, veja-se PEDRO ROMANO MARTINEZ, *Direito do Trabalho,* 5ª ed., cit., pp. 420 e ss. 605 e *Direito do Trabalho,* 6ª ed., cit., pp. 377 e ss.; e a anotação de PEDRO MADEIRA BRITO ao artigo 119º do CT, em PEDRO ROMANO MARTINEZ; LUÍS MIGUEL MONTEIRO; JOANA VASCONCELOS; PEDRO MADEIRA DE BRITO; GUILHERME DRAY e LUÍS GONÇALVES DA SILVA, *Código do Trabalho Anotado,* 9ª ed., cit., pp. 315 e ss. Recorda-se, a este propósito, que enquanto no CT/2003 se exigia sempre (artigo 313º) a intervenção da administração do trabalho para toda e qualquer mudança para categoria inferior, a partir do CT/2009 esta intervenção só passou a ser exigida quando daquela mudança resultasse também uma diminuição de retribuição.

(1576) Cf. JÚLIO VIEIRA GOMES, *Direito do Trabalho,* v. I, cit., p. 512.

(1577) A propósito destas hipóteses legais de descida da categoria, veja-se LUÍS MENEZES LEITÃO, *Direito do Trabalho,* 3ª ed., cit., pp. 163-164.

(1578) A propósito das promoções, ou seja, da subida de categoria do trabalhador, veja-se PEDRO ROMANO MARTINEZ, *Direito do Trabalho,* 5ª ed., cit., pp. 420 e ss. e 605 e *Direito do Trabalho,* 6ª ed., cit., pp. 376 e ss., nomeadamente quanto à destrinça entre promoções *automáticas* (que funcionam independentemente de um acordo específico das partes nesse sentido, resultando antes de regras predeterminadas, *v. g.,* previstas em convenções colectivas de trabalho ou regulamentos internos da empresa) e *acordadas* (que derivam de um acordo específico entre o empregador e o trabalhador); e MARIA DO ROSÁRIO RAMALHO, *Tratado de Direito do Trabalho,* Parte II — Situações Laborais Individuais, cit., pp. 420-421, que distingue também as *promoções por mérito* (promoções individuais, baseadas no juízo do empregador sobre a atividade desenvolvida em concreto por cada trabalhador e relativamente às quais este tem uma mera expectativa) das *promoções automáticas* (as que estão previstas em instrumentos de regulamentação coletiva de trabalho e que ocorrem de forma automática, de tanto em tanto tempo ou em função de determinadas condições, mas independentemente de qualquer juízo de mérito sobre o trabalhador e que configuram um direito deste).

mudanças para categoria superior, deixando-as ao livre critério das partes; cria para a descida de categoria um princípio geral de *irreversibilidade* (artigo 129º, n. 1, alínea *e* do CT) e rodeia-a de particulares requisitos substantivos e de procedimento de natureza imperativa, conferindo ao trabalhador uma dupla tutela neste domínio (artigo 119º), mas é omisso quanto às variações ascendentes da categoria, que são apenas reguladas de acordo com as regras civis gerais.

O mesmo sucede, como se verá, quanto à proteção do trabalhador contra a variação do local do trabalho.

3.2. O princípio da inamovibilidade

I. Nos termos do artigo 193º do CT, o trabalhador deve, em princípio, exercer a atividade no local contratualmente definido (n. 1), sem prejuízo de se encontrar adstrito a deslocações inerentes às suas funções ou indispensáveis à sua formação profissional (n. 2).

A determinação do local de trabalho depende, pois, de estipulação expressa ou tácita das partes ou, na falta de estipulação, da interpretação do contrato de trabalho, atendendo às circunstâncias em que o trabalho se desenvolve, sendo certo que, em regra e atendendo à natureza das coisas, o local de trabalho tende a ser na empresa ou junto do empregador.

Em qualquer caso, uma vez definido e determinado o local de trabalho, o trabalhador deve, em princípio, exercer a sua atividade nesse local e não noutro local. Entre as garantias do trabalhador, encontra-se, em suma, a proibição de o empregador o transferir para outro local de trabalho, salvo nos casos previstos no Código do Trabalho, em regulamentação coletiva de trabalho ou quando haja acordo[1579], tendo em conta que o local de trabalho é, do ponto de vista do trabalhador, um dos elementos mais importantes e essenciais do contrato de trabalho[1580].

Pode suceder, todavia, face à vocação duradoura do contrato de trabalho e a necessidade deste se adaptar a circunstâncias que se podem alterar significativamente[1581], que no decurso da sua execução surjam vicissitudes que determinem uma necessidade de alteração do local de trabalho, sendo certo que a este propósito se colocam, no essencial, duas hipóteses distintas: ou a alteração do local de trabalho resulta de um acordo das partes, sendo certo que nesse caso, havendo manifestação de vontade livre e esclarecida do trabalhador nesse sentido, não se suscita qualquer intervenção do Direito limitadora da autonomia privada; ou, pelo contrário, a alteração do local de trabalho resulta de uma iniciativa unilateral do empregador — neste caso, sim: o Direito do trabalho, em nome do "princípio da proteção do trabalhador", atua de forma a limitar o exercício do poder de direção, criando para o efeito, tal como vimos acontecer com o *princípio da irreversibilidade da categoria* a propósito da proteção da categoria, um princípio próprio que visa tutelar o trabalhador, o *princípio da inamovibilidade* (artigo 129º, n. 1, alínea *f*, do CT), que impõe um conjunto de requisitos substantivos, formais e de procedimento necessários à alteração do local de trabalho promovida pelo empregador (artigos 194º e 196º).

II. A razão subjacente à tutela do trabalhador quanto ao seu local de trabalho é simples de enunciar: como assinala Monteiro Fernandes, o local de trabalho é um *"elemento relevante para a situação socioprofissional do trabalhador*[1582], tendo em conta que este, na grande maioria dos casos, condiciona a sua vida privada em função do local de trabalho, nomeadamente quanto à compra ou arrendamento de casa, quanto à inscrição dos filhos na escola, quanto à escolha da rede de transportes ou pura e simplesmente quanto à vida social e de vizinhança que estabelece[1583].

Nesse sentido, havendo uma necessidade de tutela do trabalhador quanto à modificação do local de trabalho, o "princípio da proteção do trabalhador" atua através da imposição de particulares limitações ao

(1579) Cf. LUÍS MENEZES LEITÃO, *Direito do Trabalho*, 3ª ed., cit., p. 242.
(1580) Cf. PIETRO ICHINO, *Il contrato di lavoro*, v. I, Giuffrè, Milano, 2003, pp. 237 e ss.
(1581) Cf. JÚLIO VIEIRA GOMES, *Direito do Trabalho*, v. I, cit., p. 641.
(1582) Cf. MONTEIRO FERNANDES, *Direito do Trabalho*, 12ª ed., cit., p. 416.
(1583) Cf. PEDRO ROMANO MARTINEZ, *Direito do Trabalho*, 5ª ed., cit., p. 802 e *Direito do Trabalho*, 6ª ed., cit., p. 698.

poder de direção do empregador, *maxime* através da criação de uma garantia específica do trabalhador consistente no aludido *"princípio da inamovibilidade"*, bem como na imposição de requisitos substantivos (artigo 194º do CT), de forma e de procedimento (artigo 196º) necessários à modificação unilateral do local de trabalho. Mais do que isso: o princípio em causa veda também que a mudança de local de trabalho seja unilateralmente aplicada pelo empregador a título de sanção disciplinar (artigo 328º, n. 2), na exata medida em que a inamovibilidade consubstancia um direito e garantia do trabalhador que se impõe, inclusivamente, aos instrumentos de regulamentação coletiva de trabalho em matéria disciplinar — a modificação unilateral do local de trabalho só se justifica por imperativos de gestão e não por motivos disciplinares[(1584)].

III. O *princípio da inamovibilidade* consta do citado artigo 129º, n. 1, alínea *f*, do CT, e dele resulta que é proibido ao empregador transferir o trabalhador para outro local de trabalho, salvo nos casos previstos no Código ou em instrumento de regulamentação coletiva de trabalho ou, ainda, quando haja acordo[(1585)].

A regra geral é, pois, de índole proibitiva: o empregador, em regra, não pode transferir o trabalhador para outro local de trabalho, salvo nos casos previstos na lei, em instrumento de regulamentação coletiva de trabalho ou quando haja acordo[(1586)].

Os casos previstos na lei são os que constam do artigo 194º do CT, que a este propósito determina, em termos substantivos, que o empregador só pode transferir o trabalhador para outro local de trabalho, temporária ou definitivamente, em duas situações:

— Em caso de mudança ou extinção, total ou parcial, do estabelecimento onde aquele presta serviço (artigo 194º, n. 1, alínea *a*);

— Quando outro motivo do interesse da empresa o exija e a transferência não implique prejuízo sério para o trabalhador (artigo 194º, n. 2, alínea *b*).

No primeiro caso, tratando-se de uma mudança ou extinção, total ou parcial, do estabelecimento em que o trabalhador presta a sua atividade, está em causa uma transferência coletiva, que tem por fundamento uma mutação na organização empresarial, razão pela qual, estando em causa a operacionalidade da organização e imperativos de gestão empresarial que não afetam, em particular, um trabalhador em detrimento de outro, a lei não exige outros requisitos substantivos para além deste mesmo: basta que haja uma decisão empresarial de mudança de estabelecimento para que a ordem do empregador esteja consequentemente legitimada, não ficando dependente da ausência de prejuízo sério para o trabalhador[(1587)]. Ou seja, há uma cedência do *princípio da proteção do trabalhador* ao *princípio da prevalência dos interesses de gestão*, por uma razão óbvia: não faria sentido que um único trabalhador pudesse obstaculizar uma decisão empresarial mais abrangente que visa a mudança ou a extinção do estabelecimento em que aquele presta a sua atividade, por imperativos de gestão empresarial, seja eles quais forem — fiscais, redução de custos, busca de uma melhor localização do ponto de vista das infraestruturas de transportes, etc.

Em qualquer caso, o "princípio da proteção do trabalhador" não deixa de fazer a sua aparição, tutelando o trabalhador mesmo nestas situações. Assim, caso dessa modificação de local de trabalho resulte

---

(1584) Cf. MARIA DO ROSÁRIO RAMALHO, *Tratado de Direito do Trabalho, Parte II — Situações Laborais Individuais* cit., p. 439.

(1585) Como alerta PEDRO ROMANO MARTINEZ, *Direito do Trabalho,* 5ª ed., cit., pp. 803, 605 e *Direito do Trabalho,* 6ª ed., cit., p. 699, o *princípio da inamovibilidade* não afeta as "transferências internas" do local de trabalho que o empregador realiza dentro da empresa ou estabelecimento ou na respetiva área geográfica, determinando, por exemplo, que o trabalhador deixa de prestar a sua atividade no rés do chão e passa para o 5º andar. Tais alterações podem ocorrer ao abrigo do normal exercício do poder de direção e não devem ser vistas, para efeitos dos artigos 129º, n. 1, alínea *f*, e 194º, ambos do CT, como modificações ao local de trabalho.

(1586) Veja-se, a este propósito, a anotação (VIII) de Pedro Romano Martinez, Pedro Madeira de Brito e Guilherme Dray ao artigo 129º, n. 1, alínea *f*, do CT, em PEDRO ROMANO MARTINEZ; LUÍS MIGUEL MONTEIRO; JOANA VASCONCELOS; PEDRO MADEIRA DE BRITO; GUILHERME DRAY e LUÍS GONÇALVES DA SILVA, *Código do Trabalho Anotado,* 9ª ed., cit., p. 344. Veja-se, também, CATARINA CARVALHO, *A mobilidade geográfica dos trabalhadores no Código do Trabalho,* VII Congresso Nacional de Direito do Trabalho, coord. António Moreira, Almedina, Coimbra, 2004, pp. 43 e ss.

(1587) Cf. MARIA DO ROSÁRIO RAMALHO, *Tratado de Direito do Trabalho,* Parte II — Situações Laborais Individuais, cit., p. 441, para quem *"o interesse da empresa é subentendido numa decisão de gestão sobre a deslocação de um estabelecimento ou serviço (...) que (...) manifesta o direito de iniciativa económica e de livre gestão dos empresários e não o seu poder diretivo"*, razão pela qual *"a mudança coletiva é incondicionada, porque se reconduz a uma projecção de uma decisão de gestão que ultrapassa a dimensão do próprio contrato de trabalho, mas que se impõe ao acordo contratual, em nome do princípio da prevalência dos interesses de gestão"*.

um prejuízo sério ao trabalhador este pode resolver o contrato de trabalho com direito à indemnização (artigo 194º, n. 5, do CT), cumulável com um pedido de indemnização nos termos previstos no artigo 366º, n. 1, mesmo que a atuação do empregador não seja culposa(1588). Mais do que isso: não obstante a mudança de estabelecimento se reconduzir a um ato de gestão empresarial que se insere na liberdade (constitucional) de iniciativa económica, ainda assim esta fica sujeita a parecer prévio da comissão de trabalhadores (artigo 425º, alínea *b*, do CT).

No segundo caso, tratando-se de uma mudança individual, o empregador apenas pode determinar uma mudança de local de trabalho de determinado trabalhador quando haja um *interesse da empresa* que o exija e desde que essa *alteração não cause um prejuízo sério ao trabalhador*(1589)(1590). Ou seja, não só se exige que a mudança se fundamente num interesse sério e objetivo da empresa, como se exige que a mesma não origine um prejuízo sério ao trabalhador afetado, sob pena de este, havendo prejuízo sério, poder legitimamente recusar-se a obedecer à ordem do empregador. E, tratando-se de uma transferência individual de membro de uma estrutura de representação de trabalhadores, esta só poderá ser realizada com o acordo do trabalhador (artigo 411º, n. 1, I Parte)(1591).

IV. Para além disso, a lei impõe requisitos formais e de procedimento para a mudança de local de trabalho operada pelo empregador: nos termos do artigo 196º do CT, a decisão de transferência do trabalhador deve ser comunicada pelo empregador ao visado, por escrito, com 8 ou 30 dias de antecedência, consoante a mudança seja temporária ou definitiva; além disso, a comunicação deve ser fundamentada e indicar a duração previsível da transferência, mencionando, sendo caso disso, a existência de um acordo de transferência ajustado pelas partes ao abrigo do artigo 194º, n. 2.

Mais do que isso: mesmo nos casos em que a transferência opera, o artigo 194º, n. 4, impõe ao empregador, em caso de transferência definitiva, o pagamento das despesas do trabalhador decorrentes do acréscimo dos custos de deslocação e da mudança de residência ou, em caso de transferência temporária, o pagamento das despesas de alojamento(1592).

(1588) Cf. PEDRO ROMANO MARTINEZ, *Direito do Trabalho*, 5ª ed., cit., p. 808 e *Direito do Trabalho*, 6ª ed., cit., p. 704.

(1589) A propósito dos requisitos substantivos do artigo 194º, n. 1, alínea *b*, nomeadamente da necessidade de existência, em termos cumulativos, de um *interesse da empresa* e da inexistência de *prejuízo sério* para o trabalhador, veja-se nomeadamente PEDRO ROMANO MARTINEZ, *Direito do Trabalho*, 5ª ed., cit., pp. 804-808 e *Direito do Trabalho*, 6ª ed., cit., pp. 700-705 (bem como a extensa jurisprudência por si citada), segundo o qual "*o prejuízo sério tem de ser apreciado perante o caso concreto e dependerá, designadamente, de uma deslocação muito mais morosa, de uma dificuldade acrescida de transporte (...)*" e "*deverá ser avaliado de acordo com um parâmetro de boa-fé no cumprimento do contrato*", sendo certo que "*o dever de colaboração impõe que o trabalhador sacrifique conveniências pouco relevantes ao interesse da empresa; em contrapartida, tem de se verificar, do ponto de vista empresarial, uma razão económica, técnica, organizacional (...) ponderosa, que justifique a mudança de local*"; MARIA DO ROSÁRIO RAMALHO, *Tratado de Direito do Trabalho*, Parte II — Situações Laborais Individuais, cit., pp. 433 e ss., para quem o requisito do *interesse da empresa* deve ser apreciado em termos objetivos (ou seja, como um interesse de gestão) e não ser confundido com as conveniências pessoais do empresário, e o requisito da *inexistência de prejuízo sério para o trabalhador* deve significar, na esteira da jurisprudência sobre a matéria, que só haverá *prejuízo sério* quando a mudança "*acarrete desvantagens económicas ou pessoais para o trabalhador e não quando determine inconvenientes ou incomodidades de ordem subjetiva*"; e a anotação de Pedro Madeira Brito ao artigo 194º do CT, em PEDRO ROMANO MARTINEZ; LUÍS MIGUEL MONTEIRO; JOANA VASCONCELOS; PEDRO MADEIRA DE BRITO; GUILHERME DRAY e LUÍS GONÇALVES DA SILVA, *Código do Trabalho Anotado*, 9ª ed., cit., pp. 464 e ss., para quem, em matéria de repartição do ónus da prova da existência de prejuízo sério, o ónus da prova, em princípio, deve caber ao empregador, dado que a inexistência de prejuízo sério é pressuposto do exercício do poder de direção. Por outras palavras, se o exercício do poder de direção do empregador depende, neste caso, da inexistência de prejuízo sério, deverá ser este, no âmbito do procedimento a que se refere o artigo 196º, que se deve inteirar da situação do trabalhador para proceder à avaliação do interesse da empresa em contraposição com o interesse do trabalhador. Em qualquer caso, o autor reconhece que discussão sobre o ónus da prova não deve ser feita em abstrato, mas sim em concreto, tendo em conta a posição das partes no processo — assim, no caso da transferência definitiva, se o trabalhador intentar uma ação para que seja reconhecido o direito à resolução lícita do contrato e à indemnização a que se refere o artigo 194º, n. 5, caber-lhe-á a ele, nos termos do artigo 342º do Código Civil, alegar e provar a existência de prejuízo sério (p. 472).

(1590) A nível jurisprudencial e sobre o requisito da *inexistência de prejuízo sério*, vejam-se os seguintes acórdãos do Supremo Tribunal de Justiça: Acórdão do STJ de 23.11.1994, BMJ, 441-178; Acórdão do STJ de 3.11.1994, *in Questões Laborais*, 1995, 2, 58; Acórdão do STJ de 24.3.1999, BMJ, 485-239; e Acórdão do STJ de 2.12.2004, CJ (STJ), 2004, III, p. 290; Ac. STJ de 8.1.2010 (Processo n. 125/08.4TTMAI.P1), disponível em eee.dgsi.pt.

(1591) A este propósito veja-se, *infra*, o ponto 4.6.

(1592) A propósito do pagamento das despesas com deslocações e inerentes à mudança de residência, veja-se anotação (XVI) de Pedro Madeira Brito ao artigo 194º do CT, em PEDRO ROMANO MARTINEZ; LUÍS MIGUEL MONTEIRO; JOANA VASCONCELOS; PEDRO MADEIRA DE BRITO; GUILHERME DRAY e LUÍS GONÇALVES DA SILVA, *Código do*

V. A atuação do "princípio da proteção do trabalhador" é, assim, manifesta: o empregador só pode impor unilateralmente uma alteração do local de trabalho verificados que sejam os requisitos (cumulativos) substantivos, formais e de procedimento constantes dos artigos 194º e 196º; não estando verificados tais requisitos cumulativos, o trabalhador pode legitimamente recusar-se a mudar de local de trabalho, ao abrigo do citado *princípio da inamovibilidade*.

Pelo contrário, tratando-se de um pedido de transferência de local de trabalho, temporário ou definitivo, feito por trabalhador que seja vítima de violência doméstica, o legislador qualifica-o como um *direito*, ainda que sujeito à ocorrência de determinadas condições — apresentação de queixa-crime e saída da casa de morada de família no momento em que se efetive a transferência. Nestes casos, o empregador apenas pode adiar a transferência com fundamento em exigências imperiosas ligadas ao funcionamento da empresa ou serviço, até que exista posto de trabalho compatível disponível (artigo 195º do CT)[(1593)].

3.3. As garantias inerentes ao exercício do poder disciplinar

I. Tal como foi dito *supra*, o *poder disciplinar* é um poder autónomo do empregador, que lhe confere a faculdade de aplicar unilateralmente e sem necessidade de intervenção judicial sanções disciplinares à contraparte negocial — o trabalhador — em caso de infração disciplinar cometida por esta, com um fito punitivo[(1594)]. Trata-se, pois, como afirma Menezes Cordeiro, de um poder singular[(1595)], que se caracteriza pela sua coercibilidade[(1596)] e que pode redundar no despedimento do trabalhador com justa causa e que, por essa mesma razão, singulariza o contrato de trabalho como sendo um contrato em que o desequilíbrio jurídico entre as partes é manifesto e que não tem paralelo noutros contratos[(1597)], mesmo admitindo outras situações em que as partes, nos termos da lei, autotutelam os seus interesses, como sucede na exceção de não cumprimento do contrato (artigos 428º e ss. do Código Civil), na exclusão de associados (artigos 167º, n. 2, e 1003º do Código Civil), na destituição de titulares de órgãos associativos (artigo 172º, n. 2, do Código Civil) ou na resolução do contrato com base em incumprimento definitivo do mesmo (artigo 801º, n. 2, do Código Civil)[(1598)]. Por outras palavras, a singularidade do poder disciplinar, como recorda

Trabalho Anotado, 9ª ed., cit., pp. 469-471, para quem *"não é configurável uma situação em que o empregador deva suportar simultaneamente os dois tipos de despesa. Com efeito, o empregador deve suportar os custos com a mudança de residência para que o trabalhador fique próximo do seu local de trabalho, mas neste caso, não deve estar obrigado a suportar os custos com as deslocações. Inversamente, se o trabalhador não muda de residência, só haverá lugar a pagamento do acréscimo correspondente aos custos de deslocação. Apenas só pode haver pagamento de acréscimo de despesas com deslocações e de mudança de residência se o trabalhador só mudar de residência passado algum tempo sobre a alteração do local de trabalho. Mas, neste caso, as despesas são pagas sucessivamente"*. Contra, JÚLIO VIEIRA GOMES, *Direito do Trabalho,* v. I, cit., p. 646, que considera que é possível que o trabalhador mude de residência e ainda assim o empregador deva pagar o acréscimo de despesas de transporte, porque o trabalhador escolheu um local de residência distante do local de trabalho.

(1593) Veja-se, a este propósito, a anotação (XVI) de Pedro Madeira Brito ao artigo 195º do CT, em PEDRO ROMANO MARTINEZ; LUÍS MIGUEL MONTEIRO; JOANA VASCONCELOS; PEDRO MADEIRA DE BRITO; GUILHERME DRAY e LUÍS GONÇALVES DA SILVA, *Código do Trabalho Anotado,* 9ª ed., cit., pp. 473-474.

(1594) Recorda-se que alguns autores, como MARIA DO ROSÁRIO RAMALHO, *Tratado de Direito do Trabalho,* Parte II — Situações Laborais Individuais, cit., pp. 636-637, enfatizam a existência de uma dupla vertente do poder disciplinar: por um lado, um *conteúdo prescritivo ou ordenador,* à luz do qual o empregador pode emitir regras de comportamento ou de disciplina que extravasam o âmbito da prestação de trabalho, como sejam regras de apresentação ou de comportamento do trabalhador, de acesso e circulação nas instalações da empresa ou regras de segurança ou de utilização de equipamentos para fins não relacionados com a atividade laboral; por outro lado, um *conteúdo sancionatório ou punitivo,* que permite ao empregador aplicar sanções disciplinares ao trabalhador em razão do incumprimento dos seus deveres laborais, principais ou acessórios, decorrentes do incumprimento da lei, do contrato, de instrumentos de regulamentação coletiva de trabalho ou do regulamento interno da empresa. Esta faceta sancionatória surge, pois, como o garante da eficácia das ordens e instruções emitidas pelo empregador ao abrigo, quer do poder diretivo, quer do citado poder disciplinar ordenador. Mais do que isso: mesmo admitindo duas facetas ao poder disciplinar, a autora reconhece, também, que *"(...) a parcela o conteúdo desse poder, que reveste uma maior singularidade e que melhor evidencia a essência dominial da posição jurídica do empregador no contrato de trabalho, é a parcela punitiva, uma vez que um poder com esta configuração não tem paralelo noutros negócios jurídicos de direito privado"* — p. 637.

(1595) Cf. MENEZES CORDEIRO, *Manual de Direito do Trabalho,* cit., p. 746, para quem o poder disciplinar ultrapassa os quadros do Direito Civil, onde não se descortina a mesma função punitiva subjacente à aplicação da sanção disciplinar.

(1596) Cf. LUÍS MENEZES LEITÃO, *Direito do Trabalho,* 3ª ed., cit., p. 316.

(1597) A propósito da singularidade do poder disciplinar, veja-se MARIA DO ROSÁRIO RAMALHO, *Do Fundamento do Poder Disciplinar Laboral,* Almedina, Coimbra, 1993.

(1598) A propósito de outras situações de autotutela de interesses no domínio privado, veja-se PEDRO ROMANO MARTINEZ, *Direito do Trabalho,* 5ª ed., cit., pp. 673-674 605 e *Direito do Trabalho,* 6ª ed., cit., pp. 595-596, que em qualquer caso, não

Montoya Melgar, reside no facto de que o mesmo *"permite al empresário adoptar decisiones sancionadoras de eficácia imediata, sin necesidad de acudir a las instancias judiciales"*[(1599)].

O poder disciplinar é, pois, como afirma Maria do Rosário Ramalho, um instituto-chave do Direito do trabalho, que confirma a respetiva autonomia dogmática, ao criar na esfera jurídica do empregador um poder unilateral e privado que, *maxime* na sua vertente sancionatória, o dispensa de recorrer aos meios jurisdicionais comuns para efeitos de reintegração dos seus direitos, tornando assim clara e manifesta a desigualdade jurídica entre as partes[(1600)].

Entre nós, o poder disciplinar decorre da noção de contrato de trabalho e da referência feita no artigo 11º do CT ao desempenho da atividade laboral sob a *"autoridade"* do empregador, bem como do artigo 98º do mesmo diploma, segundo o qual o empregador tem poder disciplinar sobre o trabalhador ao seu serviço enquanto vigorar o contrato de trabalho — sedimenta-se, por esta via, a componente dominial do contrato de trabalho, tornando-se clara a desigualdade jurídica entre as partes e a essência essencialmente punitiva deste poder unilateral do empregador[(1601)].

II. Na exata medida em que o poder disciplinar confere ao empregador uma clara posição de supremacia sobre o trabalhador, facultando-lhe nomeadamente a possibilidade de aplicação unilateral de sanções disciplinares (*maxime* o despedimento) em caso de responsabilidade disciplinar do trabalhador, ou seja, sempre que este incorra na violação de um dever laboral e pratique, nessa medida, uma *infração disciplinar,* a lei rodeia o exercício deste poder de particulares cautelas, em nome do "princípio da proteção do trabalhador".

No essencial, como forma de atenuação deste poder de conteúdo dominial e unilateral, que prossegue apenas os interesses próprios do empregador[(1602)], o legislador, para além de impor um determinado procedimento tipificado na lei, estabelece uma tipologia de *sanções disciplinares* e impõe determinados princípios que devem nortear o exercício do poder disciplinar, nomeadamente o *princípio do contraditório* e o da *proporcionalidade,* com o objetivo de diminuir o grau de discricionariedade do exercício do poder disciplinar. Paralelamente, alguns instrumentos de regulamentação coletiva de trabalho dedicam atenção a esta matéria, com o mesmo objetivo de limitação do exercício deste poder, ora atuando ao nível das sanções disciplinares, ora regulando outros aspetos substantivos e processuais do procedimento disciplinar[(1603)]. Por fim, como afirma Júlio Vieira Gomes[(1604)], o poder disciplinar mostra-se igualmente condicionado por outros limites: por um lado, não poderá ser exercido com desrespeito pela dignidade da pessoa do trabalhador; por outro lado, terá que ser exercido de acordo com os ditames e exigências da boa-fé.

Tudo, reitera-se, com o propósito de limitação do exercício do poder disciplinar e, nessa medida, de proteção da parte mais fraca: o trabalhador.

---

obstante aludir à existência, no domínio contratual, de várias situações de autotutela, acaba por concluir que *"o poder disciplinar corresponde a uma autotutela que não encontra paralelo em outros contratos"* (*Direito do Trabalho,* 6ª ed., cit., p. 596).

(1599) Cf. MONTOYA MELGAR, *Derecho del Trabajo,* 30ª ed., cit., p. 369.

(1600) Por esta razão, MARIA DO ROSÁRIO RAMALHO, *Tratado de Direito do Trabalho,* Parte II — Situações Laborais Individuais, cit., p. 666 — defende que o poder disciplinar laboral, pela sua singularidade estrutural e por fugir aos cânones tradicionais do Direito civil, é um "instituto-chave" do Direito do trabalho, na medida em que confirma a sua autonomia dogmática e a sua dinâmica específica.

(1601) Cf. MARIA DO ROSÁRIO RAMALHO, *Tratado de Direito do Trabalho,* Parte II — Situações Laborais Individuais, cit., pp. 633-634. Recorda-se que a autora criticava a opção sistemática do CT/2003, que relegava o tratamento do poder disciplinar apenas para as situações de incumprimento do contrato de trabalho (fase *patológica* do vínculo laboral), circunstância que, segundo a autora, reconduzia o poder disciplinar a um poder eventual e residual do empregador, quando é certo que o mesmo, pelo contrário, deve ser visto como um poder central que delimita o contrato de trabalho de figuras afins. Nesse sentido, a autora aplaude a sua inserção sistemática, a partir do CT/2009, a propósito dos poderes próprios do empregador, opção essa que se coaduna melhor com a importância decisiva deste poder na posição de domínio do empregador e que ao mesmo tempo viabiliza as suas duas valências: a ordanória-prescritiva e a sancionatória.

(1602) Por esta razão, alguns autores configuram também o poder disciplinar como um direito de conteúdo egoísta, na medida em que apenas prossegue os interesses do respetivo titular. cf. MARIA DO ROSÁRIO RAMALHO, *Tratado de Direito do Trabalho,* Parte II — Situações Laborais Individuais, cit., p. 639.

(1603) Cf. MARIA DO ROSÁRIO RAMALHO, *Tratado de Direito do Trabalho,* Parte II — Situações Laborais Individuais, cit., p. 631.

(1604) Cf. JÚLIO VIEIRA GOMES, *Direito do Trabalho,* v. I, cit., pp. 888-889.

O "princípio da proteção do trabalhador" não atua, neste caso, como princípio gerador ou inspirador do poder disciplinar, que antes decorre da necessidade de gestão empresarial e de disciplina da relação de trabalho; ele atua, isso sim, como elemento que condiciona, limita e baliza o exercício do poder disciplinar, de forma a evitar que este se converta numa arma de arremesso arbitrária e injustamente penosa para o trabalhador.

III. O exercício do poder disciplinar é *discricionário,* no sentido em que só é exercido pelo empregador se este julgar oportuno e se assim o decidir, pelo que não consubstancia, como tal, um *poder funcional*[(1605)] [(1606)]. Mas o exercício do poder disciplinar não deve ser *arbitrário* — ele depende, desde logo, da observância de determinado *procedimento,* previsto nos artigos 329º e ss. do CT, bem como da observância de determinados princípios, respetivamente plasmados no artigo 329º, n. 6 — *princípio do contraditório*[(1607)] — e artigo 330º, n. 1 — *princípio da proporcionalidade* na aplicação da sanção disciplinar[(1608)]. No limite, ele deve, também, respeitar o princípio da igualdade — artigos 23º e ss. do CT — e o princípio geral da boa-fé no exercício dos direitos — artigo 126º do CT — de forma a evitar tratamentos arbitrariamente desiguais ou com intuitos persecutórios[(1609)] e a impedir o exercício abusivo deste poder, que pudesse prosseguir um fim contrário àquele para que foi concebido ou que resultasse de um exercício abusivo do direito de punição[(1610)].

O *procedimento disciplinar*[(1611)] tanto pode ser exercido diretamente pelo empregador, como pelo superior hierárquico do trabalhador, nos termos estipulados por aquele (artigo 329º, n. 4), ou mesmo por instrutor nomeado para o efeito (artigo 356º, n. 1, quanto ao procedimento para despedimento com justa causa), mas obedece a prazos de prescrição e de caducidade quanto ao seu exercício, a saber: o procedimento disciplinar prescreve um ano após a prática da infração, ou no prazo de prescrição da lei penal

---

(1605) Cf. PEDRO ROMANO MARTINEZ, *Direito do Trabalho,* 5ª ed., cit., pp. 676 e 605 e *Direito do Trabalho,* 6ª ed., cit., p. 598. Maria do Rosário Ramalho, neste mesmo sentido, defende que o poder disciplinar, enquanto *direito subjetivo potestativo,* que permite ao empregador alterar unilateralmente a esfera jurídica do trabalhador, que fica numa situação de sujeição, corresponde a um *direito funcional,* na medida em que se justifica pelos interesses de gestão do empregador enquanto tal; todavia, como a autora também reconhece, é um *direito de exercício livre e não vinculado,* que contém uma dose de *discricionariedade,* no sentido em que perante uma infracção disciplinar o empregador não é obrigado a sancionar o trabalhador nem tem que sancionar de modo rigorosamente igual todos os trabalhadores pela prática da mesma sanção — cf. *Tratado de Direito do Trabalho,* Parte II — Situações Laborais Individuais, cit., p. 638.

(1606) Montoya Melgar afirma, a este propósito, que genericamente falando, o poder disciplinar é irrenunciável, por uma questão de ordem pública laboral; o empregador pode, todavia, renunciar ocasionalmente ao exercício desse mesmo poder. Nesse sentido, alude à distinção entre *"la renuncia definitiva e irrevocable del poder disciplinar, que sería nula, y la renuncia ocasional al ejercicio de tal poder, admisible en Derecho"*. cf. MONTOYA MELGAR *Derecho del Trabajo,* 30ª ed., cit., p. 370.

(1607) Do *princípio do contraditório,* resulta que a sanção disciplinar não pode ser aplicada sem audiência prévia do trabalhador, o mesmo é dizer, sem que lhe seja facultada a possibilidade de defesa.

(1608) *Do princípio da proporcionalidade* entre a infração e a sanção disciplinar, resulta a necessidade d eo empregador realizar um juízo de adequação entre a gravidade da infracção cometida e o grau de culpa do trabalhador e a sanção disciplinar a aplicar. No âmbito do procedimento disciplinar, com vista ao despedimento com justa causa, o legislador enuncia, expressamente, que na apreciação da infração disciplinar deve se atender, no quadro da gestão da empresa, ao grau de lesão dos interesses do empregador, ao caráter das relações entre as partes ou entre o trabalhador e os seus companheiros e às demais circunstâncias que no caso sejam relevantes.

(1609) Incorreria na prática de um ato discriminatório o empregador que, perante duas infrações disciplinares exatamente iguais e com o mesmo grau de culpabilidade praticadas em simultâneo por dois trabalhadores, apenas sancionasse um deles, simplesmente pelo facto de este professar determinada religião ou ter determinada filiação partidária — a diferença de tratamento, neste caso, não se sustentaria num interesse de gestão objetivamente atendível, mas sim num elemento categorial estranho ao contrato de trabalho e que não justifica qualquer diferença de tratamento. Tal não significa, todavia, que o empregador não possa, quando se descortina um grau de culpa diferente, punir de forma distinta dois trabalhadores ainda que os mesmos tenham praticada idêntica infração disciplinar, tal como de resto tem sido recorrentemente reconhecido em termos jurisprudenciais — cf., nomeadamente, Acórdão do Supremo Tribunal de Justiça de 21.5.1997, CJ (STJ), 1997, II, p. 288; Acórdão da Relação do Porto, de 10.4.2000, CJ, 2000, II, p. 258.

(1610) Incorreria em *abuso do direito* o empregador que desse uma ordem ilegal ao trabalhador e que depois, face ao incumprimento da mesma por este último, lhe aplicasse uma sanção disciplinar por incumprimento contratual — cf., em termos conjugados, artigos 126º do CT e 334º do Código Civil.

(1611) Alguns autores aludem, a este propósito, ao *princípio da processualidade,* de onde resulta que a aplicação de qualquer sanção disciplinar deve ser necessariamente precedida de um processo tendente a apurar a gravidade da infração e o grau de culpa do trabalhador e a determinar a sanção disciplinar adequada. cf. MARIA DO ROSÁRIO RAMALHO, *Tratado de Direito do Trabalho,* Parte II — Situações Laborais Individuais, cit., p. 652.

se o facto constituir igualmente crime (artigo 329º, n. 1), e tem que ter início nos 60 dias subsequentes àquele em que o empregador, ou o superior hierárquico com competência disciplinar, teve conhecimento da infração (artigo 329º, n. 2). A lei não prevê expressamente um prazo máximo para efeitos de decisão, mas a doutrina tem recorrido aos princípios gerais da boa-fé e da celeridade processual para que se evite o eternizar da ação disciplinar[(1612)].

O procedimento contém várias *fases*, que se podem identificar do ponto de vista analítico: a fase da *instrução*; a fase da *acusação*; a fase da *defesa;* e a fase da *decisão*.

Na fase da *instrução*, o empregador averígua os factos indiciadores da infração disciplinar — em princípio, esta fase não pode exceder 60 dias (artigo 329º, n. 1, do CT), salvo se o empregador tiver iniciado um processo prévio de inquérito (artigo 352º); na fase da *acusação*, o empregador acusa o trabalhador da prática de uma infração disciplinar, sendo certo que esta deve consistir na elaboração de uma nota de culpa que deve descrever de forma circunstanciada os factos imputados ao trabalhador e respeitar a forma escrita, na hipótese de se tratar de um procedimento disciplinar com intenção de despedimento com justa causa (artigo 353º, n. 1); o procedimento disciplinar exige, sempre, a audiência prévia do trabalhador, tendo em vista a sua *defesa* (artigo 329º, n. 6, para o procedimento comum, e artigo 355º, para o procedimento disciplinar com intenção de despedimento com justa causa), que deverá ser feita no prazo de 10 dias úteis, podendo o trabalhador, nesse período, consultar o processo e responder à nota de culpa, deduzindo por escrito os elementos que considera relevantes para esclarecer os factos e a sua participação nos mesmos, podendo juntar documentos e solicitar as diligências probatórias que se mostrem pertinentes para o esclarecimento da verdade (artigo 355º, n. 1), diligências essas que devem ser realizadas pelo empregador (artigo 356º). Findas as diligências probatórias, segue-se a fase da *decisão*, absolutória ou condenatória, dispondo o empregador do prazo de 30 dias para proferir decisão (artigo 357º, n. 1, relativo à decisão de *despedimento*), que deve ser fundamentada (artigo 357º, n. 5), sendo certo que esta deve ainda atender ao *princípio da proporcionalidade*, acima enunciado — a sanção disciplinar deve ser proporcional à gravidade da infração e à culpabilidade do infrator, não podendo aplicar-se mais de uma pela mesma infração (artigo 330º, n. 1) e devendo a sua execução ter lugar nos 3 meses subsequentes à decisão, sob pena de caducidade (artigo 330º, n. 2)[(1613)].

IV. A lei regula, também, o regime das sanções disciplinares — o legislador tipifica (artigo 328º do CT) [(1614)] as sanções disciplinares que podem ser aplicadas pelo empregador no exercício do poder disciplinar — *repreensão; repreensão registada; sanção pecuniária; perda de dias de férias; suspensão do trabalho com perda de retribuição e antiguidade; despedimento sem indemnização ou compensação* — mas admite que os instrumentos de regulamentação coletiva de trabalho possam prever outras sanções disciplinares, desde que estas não prejudiquem os direitos e garantias dos trabalhadores (artigo 329º, n. 2, conjugado com o artigo 129º)[(1615)].

Mais do que isso: a lei estabelece limites à aplicação das sanções disciplinares, nomeadamente às *sanções pecuniárias* e às que acarretem *perda de dias de férias* ou *suspensão do trabalho* (artigo 329º, n. 3), considerando-se ainda abusivas as sanções motivadas pelo facto de o trabalhador ter reclamado legitimamente contra as condições de trabalho, se recusar a cumprir ordem a que não devesse obediência, exercer ou candidatar-se ao exercício de funções em estrutura de representação coletiva de trabalhadores ou, em geral, exercer, ter exercido, pretender exercer ou invocar os seus direitos e garantias (artigo 331º).

(1612) Cf. PEDRO ROMANO MARTINEZ, *Direito do Trabalho*, 5ª ed., cit., pp. 678 e 605 e *Direito do Trabalho*, 6ª ed., cit., p. 601.

(1613) A propósito do procedimento disciplinar no ordenamento jurídico francês, nomeadamente da necessidade de notificação do trabalhador por escrito (*exigence minimale*) e da obrigatoriedade de audiência prévia do trabalhador (*audition du salarié*), veja-se, por todos, FRANÇOIS DUQUESNE, *Le Droit du Travail, Éditions actualisée avec les reformes votées et les chantiers sociaux 2008/2009*, Gualino éditeur, Paris, 2008, pp. 194 e ss.

(1614) Veja-se, a este propósito, a citada anotação de Pedro Romano Martinez ao artigo 129º do CT, em PEDRO ROMANO MARTINEZ; LUÍS MIGUEL MONTEIRO; JOANA VASCONCELOS; PEDRO MADEIRA DE BRITO; GUILHERME DRAY e LUÍS GONÇALVES DA SILVA, *Código do Trabalho Anotado*, 9ª ed., cit., pp. 342-344.

(1615) Recorda-se, a este propósito, que em termos jurisprudenciais o Supremo Tribunal de Justiça, no Acórdão de 1º.2.1995, BMJ 444-452, declarou a nulidade de uma sanção de suspensão do contrato de trabalho por 180 dias, consagrada numa convenção coletiva de trabalho.

O empregador que aplicar sanção abusiva ao trabalhador fica obrigado a indemnizar o trabalhador, nos termos a que se refere o artigo 331º, n. 6[(1616)].

Por fim, a lei reconhece ainda ao trabalhador o direito de reclamar contra a aplicação de sanção disciplinar que considere ilícita ou abusiva, podendo impugná-la judicialmente ou, querendo, reclamar para o escalão hierarquicamente superior ao que aplicou a sanção, ou recorrer a processo de resolução de litígio quando previsto em instrumento de regulamentação coletiva de trabalho ou na lei (artigo 329º, n. 7).

V. Em suma, a lei cria um conjunto de regras que visam limitar o exercício do poder disciplinar e atribuir garantias de defesa ao trabalhador. Fá-lo, mais uma vez, em nome do "princípio da proteção do trabalhador", de onde resultam os aludidos princípios do *contraditório*, do *processualismo* e da *proporcionalidade* na aplicação de sanções disciplinares.

4. Proteção de categorias específicas de trabalhadores

4.1. Generalidades

I. Sem prejuízo de o Direito do trabalho visar globalmente a proteção do trabalhador subordinado[(1617)], genericamente tido como contraente mais débil, ele não deixa, todavia, de atender a determinadas categorias específicas de trabalhadores (*Arbeitnehmergruppen,* na expressão de Söllner)[(1618)], que, por se encontrarem numa especial posição de fragilidade, justificam uma atenção particular e uma tutela acrescida relativamente à generalidade dos trabalhadores. Trata-se daquilo a que, na doutrina italiana, nomeadamente através de Oronzo Mazzotta, se refere como *"classi di lavoratori subordinati svantaggiati"*[(1619)]: nalguns casos, a proteção acrescida visa fundamentalmente garantir o direito ao repouso e à saúde e a conciliação entre a vida profissional e a vida familiar, designadamente na *maternidade* e a *paternidade*; noutros casos, procura-se garantir a proteção da saúde e o desenvolvimento físico, psíquico e educacional do trabalhador, como sucede com o *trabalho de menores*; noutros casos, ainda, atendendo a particulares patologias que afetam o trabalhador, visa-se garantir a adaptação do posto de trabalho e o desenvolvimento de medidas de ação positivas em relação a determinados trabalhadores, como sejam os trabalhadores com *capacidade de trabalho reduzida*, com *deficiência* ou *doença crónica*; por fim, atentas as funções que exercem e fundamentalmente de forma a garantir-lhes o pleno desenvolvimento das suas funções e a proteção contra eventuais atos de retaliação, a lei protege, ainda, os trabalhadores eleitos para *as estruturas de representação coletiva dos trabalhadores*.

Em suma e utilizando as palavras de Bernard Teyssié: *"la situation personelle des salariés impose, en quelque circonstances, l´adoption de mesures particulières de protection. Telle est le cas pour les jeunes et les femmes (...), les pères et meres de famille (...)"*[(1620)].

II. É nesse sentido que, como iremos ver de seguida, o CT contém determinados regimes especiais, que comportam: regras especiais dedicadas à *trabalhadora grávida, puérpera e lactante* e que visam, nomeadamente, a tutela da parentalidade, nos termos previstos nos artigos 33º e ss. do CT; regras especiais relativas ao *trabalho de menores*, que procuram conciliar a possibilidade de menores de idade poderem trabalhar e auferir uma retribuição pelo trabalho que prestam sem que a sua atividade, todavia, afete o seu desenvolvimento físico, psíquico, moral e educacional, nos termos previstos nos artigos 66º e ss. do CT; regras especiais destinadas aos *trabalhadores com capacidade de trabalho reduzida* (artigo 84º do CT) ou com *deficiência ou doença crónica* (artigos 85º e ss. do CT), tendo em vista, por um lado, proporcionar a tais trabalhadores boas condições de trabalho e, por outro lado, promover medidas de ação

---

(1616) Cf. LUÍS MENEZES LEITÃO, *Direito do Trabalho,* 3ª ed., cit., p. 319.

(1617) A proteção dos trabalhadores constitui, segundo Alfred Söllner, uma função tradicional do Direito do trabalho — *Dir Funktion des Arbeitsschutzrechts.* cf. ALFRED SÖLLNER, *Grundriss des Arbeitsrechts,* cit., p. 217.

(1618) Cf. ALFRED SÖLLNER, *Grundriss des Arbeitsrechts,* cit., p. 232.

(1619) Cf. ORONZO MAZZOTTA, *Trattato di Diritto Privato, Diritto del Lavoro,* 3ª ed., cit., pp. 154 e ss. (p. 154).

(1620) Cf. BERNARD TEYSSIÉ, *Droit du Travail,* 1. Relations individuelles de travail, 12ª ed., Litec, Paris, 1992, p. 76.

positivas que potenciem a respetiva empregabilidade e que promovam a sua readaptação profissional; e regras especiais relativas aos trabalhadores que sejam *membros das estruturas representativas de trabalhadores* (artigos 408º e ss.), tendo em vista, quer o cabal desempenho dessas funções, quer a proteção dos mesmos contra potenciais atos de retaliação do empregador.

III. Em todos estes casos, o papel desempenhado pelo "princípio da proteção do trabalhador" é claro e manifesto: perante determinadas fragilidades de certas categorias específicas de trabalhadores, o princípio em causa atua através da criação de grupos de normas particularmente tutelares — normas que visam proteger a segurança e saúde destas categorias de trabalhadores; normas que os dispensam da prestação de trabalho segundo determinados modelos de organização do tempo de trabalho tendencialmente mais penosos, como sejam o trabalho suplementar ou o trabalho noturno; normas relativas à formação profissional destas categorias de trabalhadores; e, nalguns casos, normas que visam conferir uma proteção acrescida em matéria de despedimento com justa causa, em especial no caso das trabalhadoras grávidas, puérperas e lactantes ou dos membros de estruturas de representação coletiva de trabalhadores.

Veremos, de seguida, cada uma destas situações.

4.2. Trabalhadora grávida, puérpera e lactante

I. A tutela da parentalidade, nela se incluindo a maternidade e a paternidade, resulta de fontes de direito internacional e, entre nós, tem consagração constitucional.

Complementarmente, a matéria encontra-se prevista, em sede de legislação ordinária, no CT.

No essencial, o que está em causa é a proteção da maternidade. Do ponto de vista do contrato de trabalho e da relação laboral subjacente, visa-se acima de tudo a proteção da trabalhadora grávida, quer quanto à realização de atividades potencialmente perigosas para a sua saúde e para a saúde do nascituro, quer quanto à conservação do posto de trabalho após o nascimento da criança[(1621)]. Como assinala Gammillscheg, a proteção da mulher grávida assenta, no essencial, sobre três pilares: por um lado, visa-se garantir a proteção da mesma relativamente à prática de atividades perigosas (*Gefahrenschutz);* por outro lado, procura-se salvaguardar o respetivo salário (*Entgeldschutz)*; e, em terceiro lugar, garantir a proteção da trabalhadora quanto à matéria do despedimento (*Kündigungsschutz*)[(1622)]. Todas justificam a atuação do Direito do Trabalho: no primeiro caso, para atender às exigências próprias da maternidade; no segundo caso, para atenuar ou eliminar as desigualdades e as práticas discriminatórias[(1623)(1624)]. Por outras palavras e na esteira de Schaub: a proteção da trabalhadora grávida faz-se, quer durante o período de gravidez, quer após o nascimento da criança, tendo em vista a proteção da sua saúde e das respetivas condições de trabalho[(1625)]. Paulatinamente, como recorda Luisa Galantino, foi-se evoluindo, também, para uma "*parificazione de trattamento fra madre (...) e padre lavoratore*", conferindo-se também uma tutela especial aos pais trabalhadores[(1626)(1627)].

Trata-se, aliás, de um desiderato assumido a nível internacional.

II. A Declaração Universal dos Direitos do Homem determina, desde logo (artigo 25º, n. 2), que "*A maternidade e a infância têm direito a ajuda e a assistência especiais*".

(1621) Cf. GIUSEPPE PERA, *Diritto del Lavoro*, 6ª ed., cit., pp. 365 e ss. (Cap'. XXII, *La Donna e il Lavoro*).

(1622) Cf. FRANZ GAMILLSCHEG, *Arbeitsrecht I — Arbeitsvertrags — und Arbeitsschutzrecht*, 8ª ed., cit., p. 472.

(1623) Cf. MONTOYA MELGAR, *Derecho del Trabajo*, 30ª ed., cit., p. 526 e 527 e ss.

(1624) Sobre a *Mutterschutz* (proteção das mães trabalhadoras) e a proteção das trabalhadoras grávidas (*werdende Mütter*), veja-se, também, LÖWISCH, CASPERS E KLUMPP, *Arbeitsrecht*, cit., pp. 134 e ss.

(1625) Cf. SCHAUB, *Arbeitsrechts-Handbuch*, 12ª ed., cit., p. 1648.

(1626) Cf. LUISA GALANTINO, *Diritto del Lavoro*, G. Giappichelli Editore, Torino, 2001, pp. 195 e ss.

(1627) Veja-se também, a propósito da proteção da maternidade, ALFRED SÖLLNER, *Grundriss des Arbeitsrechts*, cit., pp. 232 e ss., e SCHAUB, *Arbeitsrechts-Handbuch*, 12ª ed., cit., pp. 1682 e ss.

Ao nível da OIT, a Convenção n. 103 (1952), ratificada entre nós através do Decreto do Governo n. 63/84, de 10 de outubro, relativa à proteção da maternidade, determina (artigo 3º) que *"Todas as mulheres têm direito (...) mediante um certificado médico (...) a uma licença por maternidade"* (n. 1), sendo certo que, na altura, se aludia a uma licença com a duração de *"pelo menos"*, 12 semanas, devendo uma parte de ela ser *"obrigatoriamente gozada após o parto"* (n. 2) em *"duração nunca (...) inferior a 6 semanas"* (n. 3), com direito a *"prestações pecuniárias e prestações* médicas" (artigo 4º). Aludia-se, também, ao direito da mulher que aleite o filho a uma interrupção do trabalho para este fim, durante um ou mais períodos, nos termos a fixar em legislação nacional (artigo 5º).

Por outro lado, ainda ao nível da OIT, a já referida Convenção n. 156, relativa à *igualdade de oportunidades e de tratamento para os trabalhadores de ambos os sexos: trabalhadores com responsabilidades familiares,* estabelece como regra a de que *"as responsabilidades familiares não podem, enquanto tais, constituir motivo válido para pôr fim à relação de trabalho"* (artigo 8º).

Ao nível da União Europeia, a Diretiva n. 92/85/CEE, de 19 de outubro, relativa à implementação de medidas destinadas a promover a melhoria da segurança e da saúde das trabalhadoras grávidas, puérperas ou lactantes no trabalho, considerando que: *"os grupos sujeitos a riscos especialmente sensíveis devem ser protegidos contra os perigos que os afetam especificamente"*; *"as trabalhadoras grávidas, puérperas ou lactantes devem ser consideradas, sob diversos pontos de vista, como um grupo sujeito a riscos específicos (...)"*; *"a proteção da segurança e da saúde das trabalhadoras grávidas, puérperas e lactantes não deve desfavorecer as mulheres no mercado de trabalho e (...) torna necessário um direito a um período de licença de maternidade de pelo menos 14 semanas consecutivas, repartidas antes e/ou após o parto, e o carácter obrigatório de um período de licença de maternidade de pelo menos duas semanas, repartidas antes e/ou após o parto"*; e que por força do *"risco de serem despedidas por motivos relacionados com o seu estado (...) é necessário prever uma proibição de despedimento"*, aprovou um conjunto de regras relativas à proteção da saúde da trabalhadora grávida puérpera e lactante.

As regras de proteção em causa passam, nomeadamente, pela obrigatoriedade imposta ao empregador de avaliação dos riscos associados à prestação laboral, de forma a verificar se existem riscos de exposição aos agentes e condições de trabalho (artigos 4º e 5º); pela proibição de trabalho noturno durante a gravidez e um período a seguir ao parto (artigo 6º); pelo estabelecimento de uma *"licença de maternidade de, pelo menos, 14 semanas consecutivas, a gozar antes e/ou depois do parto em conformidade com as legislações e/ou práticas nacionais"* (artigo 8º); pela criação de uma *"dispensa de trabalho sem perda de remuneração para (...) exames pré-natais, caso esses exames tenham de ser efetuados durante o horário de trabalho"* (artigo 9º); e pela indicação, dada aos Estados-membros, de que deveriam tomar *"(...) as medidas necessárias para proibir que as trabalhadoras (...) sejam despedidas durante o período compreendido entre o início da gravidez e o termo da licença de maternidade (...), salvo nos casos excecionais não relacionados com o estado de gravidez admitidos pelas legislações e/ou práticas nacionais e, se for caso disso, na medida em que a autoridade competente tenha dado o seu acordo"* (artigo 10º).

No mesmo sentido, a Carta dos Direitos Fundamentais da União Europeia determina, no seu artigo 33º, que *"A fim de poderem conciliar a vida familiar e a vida profissional, todas as pessoas têm direito a proteção contra o despedimento por motivos ligados à maternidade, bem como a uma licença por maternidade paga e a uma licença parental pelo nascimento ou adoção de um filho"*.

O quadro acima exposto é claro: visa-se proteger a tradicional situação de inferioridade social da mulher, que marcava a sua posição nos primórdios do Direito do trabalho[1628].

III. A nível constitucional, para além de se afirmar que a maternidade e a paternidade *"constituem valores sociais eminentes"* (artigo 68º, n. 2, da Constituição), afirma-se, também, que *"As mulheres têm direito a especial proteção durante a gravidez e após o parto, tendo as mulheres trabalhadoras ainda*

(1628) Veja-se, a este propósito, a obra de referência de JOHN STUART MILL, *La esclavitud femenina*, em *De la libertad, del Gobierno representativo, la esclavitud feminina"*, Tecnos, Madrid, 1965, nomeadamente pp. 368 e ss. Entre nós, veja-se, nomeadamente, JÚLIO VIEIRA GOMES, *Direito do Trabalho,* v. I, cit., pp. 443 e ss.

direito a dispensa do trabalho por período adequado, sem perda da retribuição ou de quaisquer regalias" (artigo 68º, n. 3), cabendo ao Estado garantir "*A especial proteção do trabalho das mulheres durante a gravidez e após o parto*" (artigo 59º, n. 2, alínea *c*).

O papel desempenhado, a este nível, pelo "princípio da proteção do trabalhador" é determinante: é dele que resulta, em última instância, a lógica de especial proteção conferida a determinadas categorias específicas de trabalhadores que, por força de uma particular situação de fragilidade ou por força de valores sociais eminentes, requerem uma proteção e cuidado acrescidos quando comparados com a generalidade dos trabalhadores.

Por esta via, o "princípio da proteção do trabalhador" revela a sua elasticidade e capacidade de adaptação: nalguns casos, ele atua através da criação de regras gerais de proteção da generalidade dos trabalhadores; noutros, como se viu a propósito das regras que visam nomeadamente a flexibilização da organização do tempo de trabalho, ele atua fundamentalmente enquanto elemento que condiciona e limita o "princípio da salvaguarda dos interesses de gestão"; noutros ainda, como neste caso, atua tendo em vista uma tutela acrescida de determinadas categorias de trabalhadores, como sucede com as mulheres grávidas, puérperas e lactantes.

IV. A legislação ordinária nacional reflete os aludidos propósitos de proteção da parentalidade e de especial proteção da trabalhadora grávida, puérpera e lactante e concretiza, por esta via, as fontes de direito internacional e os parâmetros constitucionais acima enunciados.

O CT consagra, de resto, uma Subsecção especificamente dedicada à parentalidade. Trata-se da Subsecção IV da Secção II -*sujeitos* — do Capítulo I — *Disposições Gerais* — do Título II — *Contrato de trabalho* — do Livro I — *Parte Geral*, prevista nos artigos 33º a 66º.

Nesse sentido, o artigo 33º do CT afirma, como enunciado geral, que a maternidade e a paternidade constituem "*valores sociais eminentes*" (n. 1) e que os trabalhadores têm direito à proteção da sociedade e do Estado em relação ao exercício da parentalidade (n. 2)[(1629)(1630)(1631)].

Para além disso e no essencial, depois delimitar os conceitos normativos mais relevantes em matéria de proteção na parentalidade[(1632)], o regime em apreço compreende quatro grupos de normas, que têm

(1629) Recorda-se que a Subsecção IV (artigos 33º a 65º), da Secção II (*Sujeitos*), do Capítulo I (*Disposições* Gerais), do Título II (*Contrato de Trabalho*) do CT inaugura a matéria relativa à *parentalidade* e corresponde, com alterações, à Subsecção relativa à *proteção da maternidade e da paternidade* (artigos 33º a 52º) do CT/2003. Trata-se de uma das matérias em que foram introduzidas, no CT/2009, transformações de relevo, quer do ponto de vista terminológico (deixou-se de se fazer referência às licenças de *maternidade* e de *paternidade* para se aludir, apenas, à *licença parental*), quer do ponto de vista substantivo, na medida em que se verificou um aumento da proteção dos progenitores, nalguns casos extensível aos avós.

(1630) A propósito desta matéria, veja-se, nomeadamente, os textos de GUILHERME DRAY, "Autonomia Privada e Igualdade na Formação e Execução de Contratos Individuais de Trabalho", *Estudos do Instituto de Direito do Trabalho*, v. I, Almedina, Coimbra, 2000, pp. 102-104 e de MARIA DO ROSÁRIO RAMALHO, "Igualdade, Conciliação da Vida Profissional e Familiar", *Estudos de Direito do Trabalho*, I, Almedina, Coimbra, 2003, pp. 215-279. Sobre o regime positivado no Código do Trabalho, veja-se ROMANO MARTINEZ, *Direito do Trabalho*, Almedina, Coimbra, 4ª ed., 2007, pp. 374-376 e MARIA DO ROSÁRIO RAMALHO, *Direito do Trabalho*, II, Almedina, Coimbra, 2006, pp. 518-531).

(1631) Recorda-se que, a fim de conferir eficácia plena à proteção social conferida aos pais e mães trabalhadores, o artigo 34º do CT determina que "*A proteção social nas situações previstas na presente subsecção, designadamente os regimes de concessão de prestações sociais para os diferentes períodos de licença por parentalidade, consta de legislação específica*" (n. 1), sendo certo que tal regime foi aprovado pelo Decreto-Lei n. 91/2009, de 9 de abril, que estabelece as condições de atribuição dos subsídios de parentalidade, caracteriza as condições específicas para a sua atribuição e estabelece regras quanto ao cálculo e montante dos subsídios, bem como regras relativas à suspensão, cessação e articulação dos subsídios e deveres dos beneficiários.

(1632) O legislador enuncia, no artigo 36º do CT, um conjunto de conceitos normativos cujo manuseamento é imprescindível para efeitos de aplicação do regime da parentalidade. Nos termos do número 1 do citado preceito legal, entende-se por "*trabalhadora grávida*" a trabalhadora em estado de gestação que informe o empregador do seu estado, por escrito, com apresentação de atestado médico; por "*trabalhadora puérpera*" a trabalhadora parturiente e durante um período de 120 dias subsequentes ao parto que informe o empregador do seu estado, por escrito, com apresentação de atestado médico ou certidão de nascimento do filho; e por "*trabalhadora lactante*" a que amamenta o filho e informe o empregador do seu estado, por escrito, com apresentação de atestado médico, sendo certo que nos termos da lei "*O regime de proteção da parentalidade é ainda aplicável desde que o empregador tenha conhecimento da situação ou do facto relevante*" (n. 2). A este propósito e relativamente ao CT/2003, o CT/2009 introduziu duas alterações, que foram mantidas nas suas subsequentes revisões: em primeiro lugar, passou admitir-se que a trabalhadora faça prova de que se trata de uma trabalhadora puérpera através da apresentação de certidão de nascimento do filho, dispensando-se, nesse caso, a apresentação de atestado médico; em segundo lugar, o número 2 admite que o regime da proteção da parentalidade

em vista o mesmo desiderato de conciliação entre a vida profissional e familiar e a proteção das aludidas situações de maternidade e paternidade: no primeiro grupo, normas que preveem a ausência justificada ao trabalho, através de *licenças, faltas* e *dispensas* (artigos 37º a 53º); no segundo grupo, normas relativas à *organização do tempo de trabalho,* consagrando regimes especiais quanto ao trabalho a tempo parcial, à flexibilidade de horários, à dispensa de prestação de trabalho em regime de adaptabilidade, banco de horas, horário concentrado, trabalho suplementar e de trabalho no período noturno (artigos 54º a 60º); num terceiro grupo, normas relativas à *formação* e *reinserção profissional* (artigo 61º) e à *proteção da segurança e saúde* da trabalhadora grávida, puérpera ou lactante (artigo 62º); e, por fim, normas de *proteção no despedimento* (artigo 63º).

V. No primeiro grupo de casos — normas que consagram regras de ausência justificada ao trabalho — o artigo 35º do CT(1633) elenca, em concreto, as várias *licenças, faltas* e *dispensas* destinadas a garantir a proteção na parentalidade, em nome do "princípio da proteção do trabalhador"(1634), sendo que no essencial a destrinça entre ambas pode ser assim delimitada:

— As *licenças* traduzem ausências ao trabalho prolongadas por motivo de maternidade ou de paternidade, com perda de retribuição mas, nalguns casos, com direito a subsídio previdencial substitutivo — as hipóteses previstas na lei são: a *licença em situação de risco clínico durante a gravidez,* independentemente de se tratar de uma situação de risco para a trabalhadora ou para o nascituro (artigo 37º)(1635); a *licença por interrupção da gravidez* (artigo 38º)(1636); a *licença parental* (artigo 39º)(1637), que por sua vez comporta a *licença parental*

é sempre aplicável desde que o empregador tenha conhecimento da situação ou do facto relevante, ou seja, mesmo que a trabalhadora não cumpra os ónus de informação previstos no número 1.

Em qualquer caso, a qualificação de uma trabalhadora como grávida, puérpera ou lactante não depende apenas da existência de uma situação de facto, suscetível de ser subsumível do ponto de vista naturalístico nalgum daqueles conceitos. As qualificações em causa, bem como o regime de proteção que lhes está associado, dependem, ou do cumprimento por parte da trabalhadora do já referido ónus de informação, perante o empregador, relativamente ao estado que invoca (*v. g.*, de gravidez), ou do conhecimento da situação pelo mesmo empregador, independentemente de qualquer comunicação da trabalhadora.

(1633) Veja-se, a este propósito, a anotação de Guilherme Dray ao artigo 35º do CT, em PEDRO ROMANO MARTINEZ; LUÍS MIGUEL MONTEIRO; JOANA VASCONCELOS; PEDRO MADEIRA DE BRITO; GUILHERME DRAY e LUÍS GONÇALVES DA SILVA, *Código do Trabalho Anotado,* 9ª ed., cit., pp. 195-196.

(1634) Recorda-se que o artigo 64º do CT procede à extensão de alguns direitos atribuídos a progenitores a outras pessoas que podem desempenhar um papel similar, designadamente ao adotante, ao tutor, à pessoa a quem for deferida a confiança judicial ou administrativa do menor, bem como ao cônjuge ou a pessoa em união de facto com qualquer daqueles ou com o progenitor, desde que viva em comunhão de mesa e habitação com o menor. Estas pessoas, nos termos do citado artigo 64º, podem beneficiar dos seguintes direitos:

a) Dispensa para aleitação;
b) Licença parental complementar em qualquer das modalidades, licença para assistência a filho e licença para assistência a filho com deficiência ou doença crónica;
c) Falta para assistência a filho ou a neto;
d) Redução do tempo de trabalho para assistência a filho menor com deficiência ou doença crónica;
e) Trabalho a tempo parcial de trabalhador com responsabilidades familiares;
f) Horário flexível de trabalhador com responsabilidades familiares.

Sempre que o exercício dos direitos referidos nos números anteriores dependa de uma relação de tutela ou confiança judicial ou administrativa do menor, o respectivo titular deve, para que o possa exercer, mencionar essa qualidade ao empregador (n. 2).

(1635) Nos termos do artigo 37º do CT (*Licença em situação de risco clínico durante a gravidez*), *"Em situação de risco clínico para a trabalhadora grávida ou para o nascituro, impeditivo do exercício de funções, independentemente do motivo que determine esse impedimento e esteja este ou não relacionado com as condições de prestação do trabalho, caso o empregador não lhe proporcione o exercício de atividade compatível com o seu estado e categoria profissional, a trabalhadora tem direito a licença, pelo período de tempo que por prescrição médica for considerado necessário para prevenir o risco, sem prejuízo da licença parental inicial"* (n. 1), devendo para o efeito informar o empregador e apresentar atestado médico que indique a duração previsível da licença (n. 2). O preceito em apreço deve ser relacionado com o artigo 62º, n. 3, alínea *c,* do mesmo diploma, no seguinte sentido: a situação prevista no artigo 62º é especial relativamente à que consta do artigo 37º. Assim, se o risco clínico resultar da exposição a agentes, processos ou condições de trabalho, nos termos a que se refere o artigo 62º, a trabalhadora poderá ter direito a dispensa do trabalho, mas não a licença por maternidade anterior ao parto.

(1636) Nos termos do artigo 38º do CT (*Licença por interrupção da gravidez*), *"Em caso de interrupção da gravidez, a trabalhadora tem direito a licença com duração entre 14 e 30 dias"* (n. 1), devendo, para o efeito, informar o empregador e apresentar, logo que possível, atestado médico com indicação do período da licença. A violação do disposto no número 1 constitui contraordenação muito grave. O preceito em causa corresponde, no essencial, ainda que com alterações, ao artigo 35º, n. 6, do CT/2003. A principal alteração consagrada neste preceito em relação ao CT/2003, que remonta ao CT/2009 e que se mantém no CT, é a seguinte: ao passo que no CT/2003, de forma muito discutível, se restringia o direito ao gozo da licença por maternidade aos casos de *aborto espontâneo* e às situações previstas no artigo 142º do Código Penal, a atual redação faz alusão, apenas, à situação fatual de *interrupção voluntária da gravidez,* retomando, em certa medida, o disposto no artigo 10º da Lei n. 4/84. A nova redação parece mais consentânea com

inicial (artigo 40º)[1638], a *licença parental inicial exclusiva da mãe* (artigo 41º)[1639], a *licença parental inicial a gozar pelo pai por impossibilidade da mãe* (artigo 42º)[1640] e a *licença parental exclusiva do pai* (artigo 43º)[1641]; a *licença por adoção*, em caso de adoção de menor com idade inferior a 15 anos (artigo 44º)[1642]; a

---

o personalismo ético do diploma e com o princípio da dignidade humana, por força de duas ordens de ideias: por um lado, na medida em que a prática de aborto, mesmo nos casos não admitidos por lei, não deixa de configurar uma situação que justifica um especial regime de proteção; por outro lado, atendendo a que por esta via deixou de se atribuir ao empregador o poder de dispor acerca da licitude ou ilicitude de uma prática de interrupção da gravidez, quando tal competência não lhe é atribuída por lei.

(1637) O artigo 39º do CT enuncia quatro modalidades de licença parental: a) *licença parental inicial*; b) *licença parental inicial exclusiva da mãe*; c) *licença parental inicial* a gozar pelo pai por impossibilidade da mãe; d) *licença parental exclusiva do pai*. O preceito em causa foi inaugurado pelo CT/2009 (e mantém-se no CT) e configurou, na altura, uma inovação, em termos terminológicos: ao passo que antes se distinguia entre *licença por maternidade* e *licença por paternidade*, opta-se, agora, por se aludir apenas à *licença parental*, ainda que esta possa, nalguns casos, ser exclusiva da mãe e noutros, exclusiva do pai.

(1638) O artigo 40º do CT rege a "*Licença parental inicial*", determinando que "*A mãe e o pai trabalhadores têm direito, por nascimento de filho, a licença parental inicial de 120 ou 150 dias consecutivos, cujo gozo podem partilhar após o parto, sem prejuízo dos direitos da mãe a que se refere o artigo seguinte*" (n. 1). O número 2 determina que "*A licença referida no número anterior é acrescida em 30 dias, no caso de cada um dos progenitores gozar, em exclusivo, um período de 30 dias consecutivos, ou dois períodos de 15 dias consecutivos, após o período de gozo obrigatório pela mãe a que se refere o n. 2 do artigo seguinte*" ao passo que o número 3 admite que "*No caso de nascimentos múltiplos, o período de licença previsto nos números anteriores é acrescido de 30 dias por cada gémeo além do primeiro*". Também neste caso o regime em apreço foi inaugurado pelo CT/2009, na medida em que antes não se previa qualquer *licença parental inicial*, mas sim uma *licença por maternidade* e uma *licença por paternidade*, respetivamente. A principal e significativa inovação introduzida no CT/2009 e que se mantém na atualidade prende-se com dois pontos: em primeiro lugar, a duração da *licença parental inicial* foi alargada — ao passo que no CT/2003 a *licença por maternidade* tinha a duração de 120 dias consecutivos, podendo eventualmente acrescer em mais 25% (artigo 69º da LECT), no preceito em apreço a licença parental inicial passou a ser de 120 ou 150 dias consecutivos, podendo ser acrescida em 30 dias, no caso de um dos progenitores gozar, em exclusivo, um período de 30 dias consecutivos, ou dois períodos de 15 dias consecutivos, após o período de gozo obrigatório pela mãe de seis semanas de licença a seguir ao parto; em segundo lugar, e não menos significativa, é a regra segundo a qual a referida licença de 120 a 180 dias não consubstancia uma licença atribuída exclusivamente à mãe, mas sim uma licença de ambos os progenitores, cujo gozo podem partilhar após o parto, salvaguardado que seja o gozo obrigatório, por cada um deles, de um período mínimo de licença.

(1639) O artigo 41º do CT estabelece o regime relativo aos "*Períodos de licença parental exclusiva da mãe*" — nos termos do número 1, "*A mãe pode gozar até 30 dias da licença parental inicial antes do parto*", determinando-se no número 2 que "*É obrigatório o gozo, por parte da mãe, de seis semanas de licença a seguir ao parto*". A trabalhadora que pretenda gozar parte da licença antes do parto deve informar desse propósito o empregador e apresentar atestado médico que indique a data previsível do parto, prestando essa informação com a antecedência de 10 dias ou, em caso de urgência comprovada pelo médico, logo que possível. No essencial, o que se retira do preceito em apreço é que sem prejuízo de a licença parental inicial pertencer, em conjunto, à mãe e ao pai, existem períodos exclusivos de gozo obrigatório de licença por cada um dos progenitores. No caso vertente, o período de licença parental exclusiva da mãe é de seis semanas de licença a seguir ao parto (n. 2), podendo gozar até 30 dias de licença antes do parto (n. 1).

(1640) O artigo 42º do CT estabelece o regime da "*Licença parental inicial a gozar por um progenitor em caso de impossibilidade do outro*", determinando, a esse propósito, que "*O pai ou a mãe tem direito a licença, com a duração referida nos ns. 1, 2 ou 3 do artigo 40º, ou do período remanescente da licença, nos casos seguintes: a) Incapacidade física ou psíquica do progenitor que estiver a gozar a licença, enquanto esta se mantiver; b) Morte do progenitor que estiver a gozar a licença.*". Em caso de morte ou incapacidade física ou psíquica da mãe, a licença parental inicial a gozar pelo pai tem a duração mínima de 30 dias (n. 3) e em caso de morte ou incapacidade física ou psíquica de mãe não trabalhadora nos 120 dias a seguir ao parto, o pai tem direito a licença nos termos do n. 1, com a necessária adaptação, ou do número anterior. O preceito em apreço foi inaugurado no CT/2009 e mantém-se no atual CT. No essencial, visa-se garantir o gozo efectivo e integral da *licença parental inicial* por parte de um dos progenitores em caso de impedimento (por incapacidade física ou psíquica) ou em caso de morte do outro progenitor.

(1641) O artigo 43º do CT estabelece o regime relativo à "*Licença parental exclusiva do pai*", determinando que "*É obrigatório o gozo pelo pai de uma licença parental de 10 dias úteis, seguidos ou interpolados, nos 30 dias seguintes ao nascimento do filho, cinco dos quais gozados de modo consecutivos imediatamente a seguir a este*" (n. 1). Após o gozo da licença prevista no número anterior, o pai tem ainda direito a 10 dias úteis de licença, seguidos ou interpolados, desde que gozados em simultâneo com o gozo da licença parental inicial por parte da mãe (n. 2) e no caso de nascimentos múltiplos, à licença prevista nos números anteriores acrescem dois dias por cada gémeo além do primeiro (n. 3). Tal como na generalidade dos casos, o exercício do direito à licença exige o cumprimento de um ónus de informação — o trabalhador deve avisar o empregador com a antecedência possível que, no caso previsto no número 2, não deve ser inferior a cinco dias. O preceito em causa foi também inaugurado no CT/2009, à luz do qual o período mínimo de gozo obrigatório de licença por parte do pai passou de 5 dias úteis, seguidos ou interpolados (CT/2003), para 10 dias úteis, seguidos ou interpolados, nos 30 dias seguintes ao nascimento do filho, 5 dos quais gozados de modo consecutivo imediatamente a seguir a este (n. 1), regime este que se mantém no atual CT.

(1642) O artigo 44º do CT estabelece o regime da "*Licença por adoção*", determinando uma regra de equiparação entre a licença por adoção e a licença parental inicial — "*Em caso de adoção de menor de 15 anos, o candidato a adoptante tem direito à licença referida nos ns. 1 ou 2 do artigo 40º*". Nos termos do número 2, no caso de adopções múltiplas, o período de licença referido no número anterior é acrescido de 30 dias por cada adoção além da primeira. O número 3 determina que "*Havendo dois candidatos a adoptantes, a licença deve ser gozada nos termos dos números 1 e 2 do artigo 40º*" e o número 4 estabelece um limite — "*O candidato a adoptante não tem direito a licença em caso de adoção de filho do cônjuge ou de pessoa com quem viva em união de facto*". Recorda-se que o CT/2009 procedeu ao aumento do número de dias de licença: no artigo 38º do CT/2003 dispunha-se que a licença para acompanhamento do menor adotado era de 100 dias consecutivos; o CT/2009 alargou a duração da *licença por adoção*, equiparando-a à *licença parental inicial*, regime este que se mantém no atual CT.

licença parental complementar (artigo 51º)[1643]; a *licença para assistência a filho* (artigo 52º)[1644]; e a *licença para assistência a filho portador de deficiência ou de doença crónica* (artigo 53º)[1645]. As licenças *em situação de risco clínico durante a gravidez, por interrupção da gravidez, por adoção,* e *parental complementar*, em qualquer das modalidades, não determinam perda de quaisquer direitos e são equiparadas à prestação efetiva de serviço, exceto para efeitos retributivos (artigo 65º, n. 1);

— As *faltas,* que se consubstanciam em ausências (neste caso, justificadas) ao local e tempo de trabalho, subdividem-se, por sua vez, nas *faltas para assistência a filhos* (artigo 49º)[1646] e para *assistência a neto* (artigo 50º)[1647]. As faltas em apreço são *justificadas,* não determinam perda de quaisquer direitos e são equiparadas à prestação efetiva de serviço, exceto para efeitos retributivos (artigo 65º, n. 1);

— As *dispensas ao trabalho*, por sua vez, abrangem as seguintes modalidades: *dispensa ao trabalho por motivo de proteção da saúde da trabalhadora grávida, puérpera ou lactante* (artigo 62º)[1648], *para avaliação para adoção* (artigo 45º)[1649], *para consultas pré-natais* (artigo 46º)[1650] e *para amamentação ou aleitação* (artigo

---

(1643) O artigo 51º do CT estabelece o regime da *"Licença parental complementar"*, determinando que *"O pai e a mãe têm direito, para assistência a filho ou adoptado com idade não superior a seis anos, a licença parental complementar, em qualquer das seguintes modalidades: a) Licença parental alargada, por três meses; b) Trabalho a tempo parcial durante 12 meses, com um período normal de trabalho igual a metade do tempo completo; c) Períodos intercalados de licença parental alargada e de trabalho a tempo parcial em que a duração total da ausência e da redução do tempo de trabalho seja igual aos períodos normais de trabalho de três meses; d) Ausências interpoladas ao trabalho com duração igual aos períodos normais de trabalho de três meses, desde que previstas em instrumento de regulamentação coletiva de trabalho"* (n. 1). Também neste caso, o exercício dos direitos relacionados com este regime depende de informação sobre a modalidade pretendida e o início e o termo de cada período, dirigida por escrito ao empregador com antecedência de 30 dias relativamente ao seu início (n. 5).

(1644) O artigo 52º do CT estabelece o regime da *"Licença para assistência a filho"*, determinando que *"Depois de esgotado o direito referido no artigo anterior, os progenitores têm direito a licença para assistência a filho, de modo consecutivo ou interpolado, até ao limite de dois anos"* (n. 1), sendo certo que no caso de terceiro filho ou mais, a licença prevista no número anterior tem o limite de três anos (n. 2). Também neste caso, o número 6 impõe ao trabalhador um ónus procedimental para efeitos do exercício do direito — o trabalhador deve informar o empregador, por escrito e com a antecedência de 30 dias, da sua intenção de exercício do direito, devendo prestar as informações previstas na lei.

(1645) O artigo 53º do CT estabelece o regime da *"Licença para assistência a filho com deficiência ou doença crónica"*, determinando que *"Os progenitores têm direito a licença por período até seis meses, prorrogável até quatro anos, para assistência de filho com deficiência ou doença crónica"* (n. 1).

(1646) O artigo 49º do CT estabelece o regime de *"Falta para assistência a filho"*, determinando, no essencial, que *"O trabalhador pode faltar ao trabalho para prestar assistência inadiável e imprescindível, em caso de doença ou acidente, a filho menor de 12 anos ou, independentemente da idade, a filho com deficiência ou doença crónica, até 30 dias por ano ou durante todo o período de eventual hospitalização"* (n. 1) e que *"O trabalhador pode faltar ao trabalho até 15 dias por ano para prestar assistência inadiável e imprescindível em caso de doença ou acidente a filho com 12 ou mais anos de idade que, no caso de ser maior, faça parte do seu agregado familiar"* (n. 2). Aos períodos de ausência previstos nos números anteriores acresce um dia por cada filho além do primeiro (n. 3).

(1647) O artigo 50º do CT estabelece o regime da *"Falta para assistência a neto"*, determinando que *"O trabalhador pode faltar até 30 dias consecutivos, a seguir ao nascimento de neto que consigo viva em comunhão de mesa e habitação e que seja filho de adolescente com idade inferior a 16 anos"* (n. 1). Paralelamente, *"o trabalhador pode também faltar, em substituição dos progenitores, para prestar assistência inadiável e imprescindível, em caso de doença ou acidente, a neto menor ou, independentemente da idade, com deficiência ou doença crónica"* (n. 3).

(1648) O artigo 62º do CT estabelece o regime de *"Proteção da segurança e saúde de trabalhadora grávida, puérpera ou lactante"*, determinando que *"A trabalhadora grávida, puérpera ou lactante tem direito a especiais condições de segurança e saúde nos locais de trabalho, de modo a evitar a exposição a riscos para a sua segurança e saúde (...)"*. O preceito em causa carece de concretização, em sede da legislação complementar a que se refere o artigo 52º. Importa, nomeadamente, a propósito dos números 2 e 5 deste preceito, recorrer à referida legislação para efeitos de apuramento das atividades *condicionadas* e *proibidas* a trabalhadoras grávidas, puérperas e lactantes (*v. g.*, as que envolvem a exposição a agentes físicos, biológicos ou químicos suscetíveis de provocar lesões fetais ou afectar a função genética).

(1649) O artigo 45º do CT estabelece o regime da *"Dispensa para avaliação para a adoção"* e determina que *"Para efeitos de realização de avaliação para a adoção, os trabalhadores têm direito a três dispensas de trabalho para deslocação aos serviços da segurança social ou receção dos técnicos em seu domicílio, devendo apresentar a devida justificação ao empregador"*. O preceito em apreço foi inaugurado pelo CT/2009 (e manteve-se no CT em vigor), que criou uma nova modalidade de dispensa ao trabalho relacionada com a proteção da maternidade e da paternidade: a dispensa para efeitos de realização de avaliação para a adoção.

(1650) O artigo 46º do CT estabelece o regime da *"Dispensa para consulta pré-natal"*, determinando-se que *"A trabalhadora grávida tem direito a dispensa do trabalho para consultas pré-natais, pelo tempo e número de vezes necessários"* (n. 1) e que *"A trabalhadora deve, sempre que possível, comparecer a consulta pré-natal fora do horário de trabalho"* (n. 2). O preceito em causa estabelece ainda que a preparação para o parto é equiparada a consulta pré-natal e que o pai tem direito a três dispensas do trabalho para acompanhar a trabalhadora às consultas pré-natais. A violação do disposto neste preceito constitui contraordenação grave. O CT/2009 introduziu o regime constante do número 5 — com a entrada em vigor deste regime do CT/2009, que se mantém no atual CT, o pai passou a ter direito a três dispensas do trabalho para acompanhar a trabalhadora às consultas pré-natais.

47º)[1651], sendo certo que as duas últimas, nos termos do artigo 65º, n. 2, do CT, não determinam a perda de quaisquer direitos (*v. g.*, retributivos) e são consideradas como prestação efetiva de trabalho.

VI. Num segundo grupo de casos, agora com incidência direta na organização do tempo de trabalho, o artigo 58º[1652] contempla a *dispensa de prestação de trabalho em regime de adaptabilidade* (artigos 204º a 207º), de *banco de horas* (artigos 208º a 208º- B) *ou de horário concentrado* (artigo 209º)[1653]; o artigo 59º a dispensa de *prestação de trabalho suplementar* (artigos 226º e ss.)[1654]; e o artigo 60º a dispensa de *prestação de trabalho no período noturno* (artigos 223º e ss.)[1655]. Por outro lado, o CT contém ainda regimes especiais quanto à *redução do tempo de trabalho* (artigo 54º)[1656], ao *trabalho a*

(1651) O artigo 47º do CT contém o regime da "*Dispensa para amamentação ou aleitação*", determinando que "*A mãe que amamenta o filho tem direito a dispensa de trabalho para o efeito, durante o tempo que durar a amamentação*" (n. 1). No caso de não haver amamentação, desde que ambos os progenitores exerçam atividade profissional, qualquer deles ou ambos, consoante decisão conjunta, têm direito a dispensa para aleitação, até o filho perfazer um ano (n. 2), sendo certo que a dispensa diária para amamentação ou aleitação é gozada em dois períodos distintos, com a duração máxima de uma hora cada, salvo se outro regime for acordado com o empregador (n. 3). No caso de nascimentos múltiplos, a dispensa referida no número anterior é acrescida de mais 30 minutos por cada gémeo além do primeiro (n. 4) e, se qualquer dos progenitores trabalhar a tempo parcial, a dispensa diária para amamentação ou aleitação é reduzida na proporção do respectivo período normal de trabalho, não podendo ser inferior a 30 minutos (n. 5). Relativamente aos números 1 e 2, importa atender à diferença entre *amamentação* e *aleitação*: a *amamentação* corresponde à aleitação materna, que naturalmente só pode ser desempenhada pela trabalhadora lactante; a *aleitação*, pelo contrário, corresponde à aleitação não materna, que pode consequentemente ser executada por qualquer dos progenitores. No primeiro caso, a dispensa para amamentação é exclusiva da trabalhadora e dura por todo o tempo que durar a amamentação, sem sujeição a limites temporais pré-determinados; no segundo caso, a dispensa tanto pode beneficiar a trabalhadora como o respectivo cônjuge, mas em qualquer caso apenas até o filho perfazer um ano. O artigo 48º, por sua vez, encerra o procedimento de dispensa para amamentação ou aleitação, respetivamente previsto nos números 1 e 2 deste diploma — e ambos os casos, a trabalhadora que amamenta ou o trabalhador que pretenda gozar da dispensa para aleitação tem o ónus de comunicar ao empregador tal intenção, com a antecedência mínima legalmente estabelecida.

(1652) Veja-se, a este propósito, a anotação de Guilherme Dray ao artigo 58º do CT, em PEDRO ROMANO MARTINEZ; LUÍS MIGUEL MONTEIRO; JOANA VASCONCELOS; PEDRO MADEIRA DE BRITO; GUILHERME DRAY e LUÍS GONÇALVES DA SILVA, *Código do Trabalho Anotado*, 9ª ed., cit., p. 219.

(1653) O artigo 58º do CT estabelece o regime da "*Dispensa de algumas formas de organização do tempo de trabalho*", determinando que "*A trabalhadora grávida, puérpera ou lactante tem direito a ser dispensada de prestar trabalho em horário de trabalho organizado de acordo com regime de adaptabilidade, de banco de horas ou de horário concentrado*" (n. 1).

(1654) O artigo 59º do CT estabelece o regime da "*Dispensa de prestação de trabalho suplementar*", determinando que "*A trabalhadora grávida, bem como o trabalhador ou trabalhadora com filho de idade inferior a 12 meses, não está obrigada a prestar trabalho suplementar*". Para além disso, o número 2 determina que a trabalhadora também não está "(...) *obrigada a prestar trabalho suplementar durante todo o tempo que durar a amamentação se for necessário para a sua saúde ou para a da criança*". O preceito em causa constitui uma excepção à regra geral do artigo 226º, tal como sucede no que diz respeito aos trabalhadores menores (artigo 75º) e aos trabalhadores deficientes ou com doença crónica (artigo 88º).

(1655) O artigo 60º do CT estabelece o regime da "*Dispensa de prestação de trabalho no período noturno*", determinando que "*A trabalhadora tem direito a ser dispensada de prestar trabalho entre as 20 horas de um dia e as 7 horas do dia seguinte: a) Durante um período de 112 dias antes e depois do parto, dos quais pelo menos metade antes da data previsível do mesmo; b) Durante o restante período de gravidez, se for necessário para a sua saúde ou para a do nascituro; c) Durante todo o tempo que durar a amamentação, se for necessário para a sua saúde ou para a da criança*" (n. 1). O número 2 determina que "*À trabalhadora dispensada da prestação de trabalho noturno deve ser atribuído, sempre que possível, um horário de trabalho diurno compatível*" e o número 4 estabelece um ónus procedimental necessário ao exercício do direito — a trabalhadora que pretenda ser dispensada de prestar trabalho nocturno deve informar o empregador e apresentar atestado médico, no caso da alínea *b* ou *c* do número 1, com a antecedência de 10 dias. Sem prejuízo do disposto nos números 1 a 5 deste preceito, o número 6 determina que a dispensa da prestação de trabalho nocturno deve ser determinada por médico do trabalho sempre que este, no âmbito da vigilância da saúde dos trabalhadores, identificar qualquer risco para a trabalhadora grávida, puérpera ou lactante. O preceito em apreço deve relacionar-se com o artigo 223º, em especial com o n. 2 deste último preceito, com o seguinte alcance: enquanto que para a generalidade dos trabalhadores o CT dispõe que período de trabalho noturno supletivo passa a ser o compreendido entre as 22 horas de um dia e as 7 horas do dia seguinte, relativamente às trabalhadoras grávidas, puérperas e lactantes manteve-se o período supletivo anteriormente consagrado no n. 3 do artigo 29º da LDT (entre as 20 horas de um dia e as 7 horas do dia seguinte). Recorda-se que também os trabalhadores menores (artigo 76º) e os trabalhadores deficientes ou com doença crónica (artigo 87º) dispõem de um regime especial em sede de trabalho nocturno.

(1656) O artigo 54º do CT estabelece o regime da "*Redução do tempo de trabalho para assistência a filho menor com deficiência ou doença crónica*", determinando que "*Os progenitores de menor com deficiência ou doença crónica, com idade não superior a um ano, têm direito a redução de cinco horas do período normal de trabalho semanal, ou outras condições de trabalho especiais, para assistência ao filho*" (n. 1), ainda que o número 2 determine que não há lugar ao exercício do referido direito quando um dos progenitores não exerça atividade profissional e não esteja impedido ou inibido totalmente de exercer o poder paternal. Se ambos os progenitores forem titulares do direito, a redução do período normal de trabalho pode ser utilizada por qualquer deles ou por ambos em períodos sucessivos (n. 3), devendo o empregador adequar o horário de trabalho resultante da redução do período normal de trabalho tendo em conta a preferência do trabalhador, sem prejuízo de exigências imperiosas do funcionamento da empresa (n. 4). O preceito em causa estabelece, ainda que a redução do período normal de trabalho semanal não implica diminuição de direitos consagrados na lei, salvo quanto à retribuição, que só é devida na medida em que a redução, em cada ano, exceda o número de faltas substituíveis por perda de gozo de dias de férias. O número 6 impõe um ónus procedimental a cargo do trabalhador, para que possa beneficiar do direito à redução do período normal do trabalho, o qual passa, nomeadamente, por uma comunicação prévia de tal intenção com a antecedência de 10 dias e pela disponibilização de documentação (*v. g.*, testado médico) comprovativa da situação legitimadora da aplicação deste regime.

tempo parcial (artigo 55º)[1657] e à *flexibilidade de horários* (artigos 56º e 57º) da trabalhadora grávida, puérpera e lactante[1658].

Os períodos de dispensa *por motivo de proteção da saúde da trabalhadora grávida, puérpera ou lactante*, de *prestação de trabalho no período noturno* e de *avaliação para adoção* são considerados, para todos os efeitos, como prestação efetiva do trabalho, exceto para efeitos retributivos (artigo 65º, n. 1). O regime de licenças, faltas e dispensas consta, por sua vez, do artigo 65º, à luz do qual não determinam perda de quaisquer direitos, salvo quanto à retribuição, e são consideradas como prestação efetiva de trabalho as ausências ao trabalho resultantes de:

a) Licença em situação de risco clínico durante a gravidez;

b) Licença por interrupção de gravidez;

c) Licença parental, em qualquer das modalidades;

d) Licença por adoção;

e) Licença parental complementar em qualquer das modalidades;

f) Falta para assistência a filho;

g) Falta para assistência a neto;

h) Dispensa de prestação de trabalho no período noturno;

i) Dispensa da prestação de trabalho por parte de trabalhadora grávida, puérpera ou lactante, por motivo de proteção da sua segurança e saúde; e

j) Dispensa para avaliação para adoção.

No termo de qualquer situação de licença, faltas, dispensa ou regime de trabalho especial, o trabalhador tem direito a retomar a atividade contratada (n. 5)[1659].

(1657) O artigo 55º do CT estabelece o regime relativo ao "*Trabalho a tempo parcial de trabalhador com responsabilidades familiares*", determinando que "*O trabalhador com filho menor de 12 anos ou, independentemente da idade, filho com deficiência ou doença crónica que com ele viva em comunhão de mesa e habitação tem direito a trabalhar a tempo parcial*". O direito pode ser exercido por qualquer dos progenitores ou por ambos em períodos sucessivos, depois da licença parental complementar, em qualquer das suas modalidades e, salvo acordo em contrário, o período normal de trabalho a tempo parcial corresponde a metade do praticado a tempo completo numa situação comparável e, conforme o pedido do trabalhador, é prestado diariamente, de manhã ou de tarde, ou em três dias por semana (números 2 e 3). O número 4 determina que a prestação de trabalho a tempo parcial pode ser prorrogada até dois anos ou, no caso de terceiro filho ou mais, três anos, ou ainda, no caso de filho com deficiência ou doença crónica, quatro anos. A prestação de trabalho a tempo parcial cessa no termo do período para que foi concedida ou no da sua prorrogação, retomando o trabalhador a prestação de trabalho a tempo completo (n. 6).

(1658) O artigo 56º do CT contém o regime relativo ao "*Horário flexível de trabalhador com responsabilidades familiares*", determinando-se que "*O trabalhador com filho menor de 12 anos ou, independentemente da idade, filho com deficiência ou doença crónica que com ele viva em comunhão de mesa e habitação tem direito a trabalhar em regime de horário de trabalho flexível, podendo o direito ser exercido por qualquer dos progenitores ou por ambos*" (n. 1). O número 2 determina que se entende por se por horário flexível aquele em que o trabalhador pode escolher, dentro de certos limites, as horas de início e termo do período normal de trabalho diário e o número 3 estabelece as regras que o trabalhador deve respeitar para efeitos da elaboração do "horário flexível". A violação do disposto no n. 1 constitui contraordenação grave. O artigo 57º, por sua vez, estabelece o regime da "*Autorização de trabalho a tempo parcial ou em regime de horário flexível*", determinando a obrigatoriedade de o trabalhador que pretenda trabalhar a tempo parcial ou em regime de horário de trabalho flexível o solicitar ao empregador, por escrito, com a antecedência de 30 dias, e com indicação de um conjunto significativo de elementos. O empregador apenas pode recusar o pedido com fundamento em exigências imperiosas do funcionamento da empresa, ou na impossibilidade de substituir o trabalhador se este for indispensável.

(1659) Recorda-se que o número 2 do citado artigo 65º do CT acrescenta que a dispensa para consulta pré-natal, amamentação ou aleitação não determina perda de quaisquer direitos e é considerada como prestação efectiva de trabalho, sendo certo, por outro lado, que nos termos do número 3 do mesmo preceito, as licenças por situação de risco clínico durante a gravidez, por interrupção de gravidez, por adoção e licença parental em qualquer modalidade: a) suspendem o gozo das férias, devendo os dias remanescentes ser gozados após o seu termo, mesmo que tal se verifique no ano seguinte; b) não prejudicam o tempo já decorrido de estágio ou acção ou curso de formação, devendo o trabalhador cumprir apenas o período em falta para o completar; e c) adiam a prestação de prova para progressão na carreira profissional, a qual deve ter lugar após o termo da licença. O número 4 do preceito adianta ainda que a licença parental e a licença parental complementar, em quaisquer das suas modalidades, por adoção, para assistência a filho e para assistência a filho com deficiência ou doença crónica se suspendem por doença do trabalhador, se este informar o empregador e apresentar atestado médico comprovativo, e prosseguem logo após a cessação desse impedimento e terminam com a cessação da situação que originou a respetiva licença que deve ser comunicada ao empregador no prazo de cinco dias.

O preceito determina ainda que, no caso específico da licença para assistência a filho ou para assistência a filho com deficiência ou doença crónica, se suspendem os direitos, deveres e garantias das partes na medida em que pressuponham a efetiva prestação de trabalho, designadamente a retribuição, mas não são prejudicados os benefícios complementares de assistência médica e medicamentosa a que o trabalhador tenha direito.

VII. Num terceiro grupo de normas, o regime da parentalidade inclui ainda normas tutelares relativas à formação profissional do trabalhador (artigo 61º) e regras de proteção da segurança e saúde de trabalhadora grávida, puérpera ou lactante (artigo 62º)[1660].

O artigo 61º determina que o empregador deve facultar ao trabalhador, após a licença para assistência a filho ou para assistência a pessoa com deficiência ou doença crónica, a participação em ações de formação e atualização profissional, de modo a promover a sua plena reinserção profissional.

O artigo 62º determina que a trabalhadora grávida, puérpera ou lactante tem direito a especiais condições de segurança e saúde nos locais de trabalho, de modo a evitar a exposição a riscos para a sua segurança e saúde (n. 1). Para o efeito, impõe-se que, sem prejuízo de outras obrigações previstas em legislação especial, em atividade suscetível de apresentar um risco específico de exposição a agentes, processos ou condições de trabalho, o empregador deve proceder à avaliação da natureza, grau e duração da exposição de trabalhadora grávida, puérpera ou lactante, de modo a determinar qualquer risco para a sua segurança e saúde e as repercussões sobre a gravidez ou a amamentação, bem como as medidas a tomar, as quais poderão passar por proceder à adaptação das condições de trabalho, atribuir à trabalhadora outras tarefas compatíveis com o seu estado e categoria profissional ou, no limite, dispensar a trabalhadora de prestar trabalho durante o período necessário (números 2 e 3). Paralelamente, a lei veda o exercício por parte destas trabalhadoras de atividades cuja avaliação tenha revelado riscos de exposição a agentes ou condições de trabalho que ponham em perigo a sua segurança ou saúde ou o desenvolvimento do nascituro, remetendo-se para legislação específica (Lei n. 102/2009, de 10 de setembro) as atividades suscetíveis de apresentarem um risco específico de exposição a agentes, processos ou condições de trabalho, bem como os referidos agentes e condições de trabalho que ponham em perigo a segurança ou saúde da trabalhadora ou o desenvolvimento do nascituro (ns. 5 e 6)[1661].

VIII. Por fim, o artigo 63º[1662] estabelece um regime especial de "*proteção em caso de despedimento*", determinando que o despedimento de trabalhadora grávida, puérpera ou lactante ou de trabalhador no gozo de licença parental carece de parecer prévio da entidade competente na área da igualdade de oportunidades entre homens e mulheres (n. 1) e que se presume feito sem justa causa o despedimento por facto imputável a trabalhador que se encontre em qualquer das situações referidas no número anterior (n. 2), impondo-se ainda ao empregador o ónus de remeter cópia do processo de despedimento à entidade competente na área da igualdade de oportunidade entre homens e mulheres depois das diligências probatórias referidas no n. 2 do artigo 356º (*despedimento por facto imputável ao trabalhador*)[1663],

---

(1660) Vejam-se, a este propósito, as anotações de Guilherme Dray aos artigos 61º e 62º do CT, em PEDRO ROMANO MARTINEZ; LUÍS MIGUEL MONTEIRO; JOANA VASCONCELOS; PEDRO MADEIRA DE BRITO; GUILHERME DRAY e LUÍS GONÇALVES DA SILVA, *Código do Trabalho Anotado*, 9ª ed., cit., pp. 221-223.

(1661) O preceito em apreço corresponde no essencial ao artigo 21º da Lei n. 4/84, de 5 de abril, e carece de concretização, que é levada a efeito pela legislação complementar a que se refere o artigo 52º. Importa, nomeadamente, a propósito dos números 2 e 5 do artigo 62º, recorrer à referida legislação para efeitos de apuramento das atividades *condicionadas* e *proibidas* a trabalhadoras grávidas, puérperas e lactantes (*v. g.*, as que envolvem a exposição a agentes físicos, biológicos ou químicos suscetíveis de provocar lesões fetais ou afectar a função genética). Assim, importa atender aos seguintes artigos: *a)* artigos 51º a 56º da Lei n. 102/2009, de 10 de setembro, que identificam as atividades proibidas a trabalhadoras grávidas e lactantes; e *b)* artigos 57º a 60º do mesmo diploma, que identificam as atividades condicionadas a trabalhadoras grávidas.

(1662) Veja-se, a este propósito, a anotação de Guilherme Dray ao artigo 63º do CT, em PEDRO ROMANO MARTINEZ; LUÍS MIGUEL MONTEIRO; JOANA VASCONCELOS; PEDRO MADEIRA DE BRITO; GUILHERME DRAY e LUÍS GONÇALVES DA SILVA, *Código do Trabalho Anotado*, 9ª ed., cit., pp. 224-228.

(1663) Recorda-se, a este propósito, que o CT/2009, ao contrário do que sucedia no CT/2003, pôs em causa a natureza obrigatória da instrução, em caso de despedimento individual por facto imputável ao trabalhador. No CT/2003 e nos termos do artigo 414º, a instrução era obrigatória, pelo que o despedimento não poderia ocorrer sem esta fase procedimental; no CT/2009, o regime de obrigatoriedade que constava do citado artigo 414º, para a generalidade dos trabalhadores, manteve-se (agora no artigo 356º) apenas para uma categoria específica de trabalhadores: precisamente para a trabalhadora grávida, puérpera ou lactante, depois da fase de informações e negociação prevista no artigo 361º (*despedimento coletivo*), depois das consultas referidas no n. 1 do artigo 370º (*despedimento por extinção de posto de trabalho*) ou depois das consultas referidas no artigo 377º (*despedimento por inadaptação*) (n. 3). Se o parecer da entidade competente para se pronunciar for desfavorável ao despedimento, o empregador só o pode efetuar após decisão judicial que reconheça a existência de motivo justificativo, devendo a ação ser intentada nos 30 dias subsequentes à notificação do parecer (n. 6), sendo certo que a suspensão judicial do despedimento só não é decretada se o parecer for favorável ao despedimento e o tribunal considerar que existe probabilidade séria de verificação da justa causa (n. 7)(1664). Por outro lado, cria-se também um regime específico para a eventualidade de o despedimento ser declarado ilícito — se o despedimento for declarado ilícito, o empregador não se pode opor à reintegração do trabalhador nos termos do n. 1 do artigo 392º e o trabalhador tem direito, em alternativa à reintegração, à indemnização calculada nos termos do n. 3 do referido artigo (n. 8)(1665).

A não solicitação do parecer da entidade competente na área da igualdade de oportunidades entre homens e mulheres para efeitos de despedimento de trabalhadora grávida, puérpera ou lactante ou de trabalhador durante o gozo de licença parental inicial, em qualquer das suas modalidades, determina a

---

ou para trabalhador no gozo de licença parental — neste caso, o empregador, por si ou através de instrutor nomeado para o efeito, deveria realizar sempre as diligências probatórias requeridas na resposta à nota de culpa, a menos que as considerasse patentemente dilatórias ou impertinentes, devendo nesse caso alegá-lo por escrito (artigo 356º, n. 2). Por força da declaração de inconstitucionalidade do referido preceito legal, levada a efeito no Acórdão do Tribunal Constitucional n. 338/2010, de 22 de setembro, por se entender que a regra do artigo 414º do CT/2009 violava o artigo 32º, n. 10, conjugado com o artigo 53º, ambos da Constituição, foi reposta no citado artigo 356º a obrigatoriedade de o empregador proceder a diligências probatórias em todos os casos e em relação a todos os trabalhadores.

(1664) À primeira vista, resulta do preceito em apreço um regime probatório mais favorável para a trabalhadora grávida, puérpera ou lactante que haja sido despedida com justa causa, do que aquele que se aplica à generalidade dos trabalhadores em situações similares. Aparentemente, o regime de favor reside na circunstância de, neste caso, ao contrário das demais situações, se presumir que o despedimento da trabalhadora grávida, puérpera ou lactante foi feito sem justa causa, cabendo consequentemente ao empregador fazer prova dos factos constitutivos do despedimento. A verdade, porém, é que o regime de favor em apreço, em termos substantivos, é mais aparente do que efetivo. Na verdade, em qualquer caso de despedimento com justa causa, compete sempre ao empregador, nos termos gerais do artigo 342º do Código Civil, provar no âmbito do procedimento disciplinar a existência dos factos que integram a justa causa e que justificam a extinção imediata do contrato. Neste contexto, julga-se que o regime contemplado na presente regra, do ponto de vista substantivo, pouco traz de novo, em sede de proteção da trabalhadora grávida, puérpera, ou lactante, na exata medida em que não existe, no Código do Trabalho, qualquer presunção de justa causa de despedimento, pelo que o ónus da prova está sempre a cargo do empregador: compete-lhe em qualquer caso provar que o trabalhador incorreu em violação contratual e que as infracções por si cometidas foram de tal forma graves que tornaram inexigível a subsistência do contrato de trabalho. Em qualquer caso, o regime de favor a esta categoria específica de trabalhadores resulta, de forma inquestionável, a nível procedimental, com a exigência de obtenção de parecer prévio da entidade competente na área da igualdade de oportunidades entre homens e mulheres, facto que não sucede com o despedimento da generalidade dos trabalhadores.

A propósito desta matéria veja-se, também, Luís Gonçalves da Silva, anotação ao número 2 do artigo 410º do Código do Trabalho, em PEDRO ROMANO MARTINEZ; LUÍS MIGUEL MONTEIRO; JOANA VASCONCELOS; PEDRO MADEIRA DE BRITO; GUILHERME DRAY e LUÍS GONÇALVES DA SILVA, *Código do Trabalho Anotado*, 9ª ed., cit., p. 878, a propósito do regime de proteção atribuído aos trabalhadores candidatos a corpos sociais das associações sindicais e aos que exerçam ou hajam exercido funções nos mesmos corpos sociais há menos de três anos. A este propósito, aquele autor defende que a presunção de inexistência de justa causa tem um alcance prático — em regra, o trabalhador tem o ónus de provar, perante uma situação de incumprimento de um dever contratual, que o mesmo não foi devido a culpa sua, dado que joga contra si uma presunção de culpa pelo incumprimento, cumprimento defeituoso ou mora na prestação (artigo 799º do Código Civil); a regra da presunção da inexistência de justa causa permitiria então afastar a presunção de culpa que onera o trabalhador nos termos do referido artigo 799º, passando a caber ao empregador o ónus de provar os factos constitutivos da culpa.

(1665) O preceito em apreço corresponde no essencial ao artigo 24º da Lei n. 4/84, de 5 de abril. Registam-se, todavia, algumas alterações de natureza essencialmente terminológica. Assim, ao passo que o n. 1 do artigo 24º aludia à necessidade de obtenção de parecer prévio em caso de "*cessação do contrato de trabalho (...) promovida pela entidade empregadora*", o presente preceito é mais incisivo e rigoroso, ao afirmar que tal parecer apenas é devido em caso de "despedimento" de trabalhadora grávida, puérpera ou lactante. Trata-se de uma alteração que afasta todas as dúvidas (se é que estas existiam) quanto às formas de cessação do contrato de trabalho que exigem a obtenção do aludido parecer prévio: *a*)pela positiva, ficam abrangidos o despedimento por facto imputável ao trabalhador (artigos 351º e ss.), o despedimento colectivo (artigos 359º e ss.), o despedimento por extinção de posto de trabalho (artigo 367º e ss.) e o despedimento por inadaptação (artigos 373º e ss.); *b*) pela negativa, ficam excluídas a denúncia durante o período experimental (artigo 114º), a caducidade (artigos 343º e ss.), a revogação (artigos 349º e ss.), bem como a resolução e denúncia do contrato por iniciativa do trabalhador (artigos 394º e ss. e 400º e ss, respetivamente) [a propósito do Parecer a que se refere o número 1 do presente preceito, veja-se a *Edição Comemorativa dos 20 anos da CITE (1979-1999) — Pareceres*, Colecção "Jurisprudência e Pareceres", Ministério do Trabalho e da Solidariedade, Comissão para a Igualdade no Trabalho e Emprego, Lisboa, 1999].

ilicitude do despedimento (artigo 381º, alínea *d*), o que permite concluir que o parecer a que se refere o número 1 é *obrigatório,* no sentido em que é necessário para o despedimento do trabalhador em causa; tal parecer, no entanto, não é *vinculativo*, atendendo a que o empregador não fica obrigado a respeitar o sentido do aludido parecer, mesmo quando este é desfavorável ao despedimento. Todavia, caso o parecer em causa seja desfavorável ao despedimento, o empregador apenas poderá despedir licitamente a trabalhadora se, previamente, em sede de ação judicial de simples apreciação intentada nos 30 dias subsequentes à notificação do parecer, obtiver junto de instância judicial uma decisão que reconheça a existência de justa causa para despedir, não obstante o teor do aludido parecer apontar em sentido contrário (artigo 63º, n. 6). Por outras palavras, apesar de não ser vinculativo, o parecer em causa, caso seja desfavorável aos propósitos do empregador, condiciona-o quanto à possibilidade de fazer extinguir o contrato de trabalho, impondo-lhe um ónus de procedimento que se afasta da lógica do despedimento extrajudicial: o despedimento do trabalhador passa a depender de uma diligência judicial prévia, consistente no reconhecimento da existência de justa causa. Tal diligência, porém, não dispensa o prosseguimento do procedimento conducente ao despedimento, nos termos gerais dos artigos 351º e ss. (*despedimento por facto imputável ao trabalhador*), 359º e ss. (*despedimento coletivo*), 367º e ss. (*despedimento por extinção de posto de trabalho*) e 373º e ss. (*despedimento por inadaptação*).

Ou seja, o regime em causa é, claramente, deste ponto de vista, um regime de proteção mais acrescido e tutelar do que aquele que é dedicado à generalidade dos trabalhadores.

IX. Em suma, a atuação do "princípio da proteção do trabalhador", neste domínio específico da proteção da parentalidade e, em especial, ao nível da proteção da trabalhadora grávida, puérpera e lactante, é manifesta, atuando quer ao nível da concessão de diversos tipos de *licenças* e *dispensas*, quer ao nível da *organização do tempo de trabalho*, quer através da criação de especiais *regras de segurança* destinadas a proteger a saúde da trabalhadora, quer ao nível da *proteção do despedimento*.

4.3. Trabalhador menor

I. Tal como vimos a propósito da parentalidade e do trabalho prestado por trabalhadoras grávidas, puérperas e lactantes, também a proteção *do trabalho de menores* é assumida não apenas a nível de fontes internacionais, mas também ao nível da Constituição e, em sede de legislação ordinária, no nosso CT, nos termos abaixo desenvolvidos.

Trata-se, também neste caso, de uma consequência direta do "princípio da proteção do trabalhador" e, como afirma Luciana Vaz de Carvalho, da *"defesa da sua dignidade"*[(1666)], face a particulares condições de debilidade naturais e da necessidade de se garantir o desenvolvimento físico, psíquico e educacional do trabalhador menor.

Em relação aos menores, o Direito do trabalho abarca, como afirma Montoya Melgar, *"una seria de normas laborales de claro sentido protector, cuya aparición va unida (...) a las primeras leyes tutelares del trabajo feminino"*[(1667)]. Está em causa, no essencial, como afirmam Jean-Maurice Verdier, Alain Coeuret e Marie-Armelle Souriac, uma *"préoccupation médicale et sociale (santé physique et formation intellectuelle) (...) entre la fin de l´obligation scolaire et le début de la vie du travail"*[(1668)].

É nesse sentido, também, que, na Alemanha, se alude à *Jugendarbeitsschutz* — como assinala Gamillscheg, visa-se não apenas evitar o trabalho infantil, mas, mais do que isso, garantir uma

(1666) Veja-se, a este propósito, LUCIANA PAULA VAZ DE CARVALHO, "A violação da dignidade da criança e do adolescente no trabalho infantil. Normas e Acções de Proteção", *Direitos Humanos e Direito do Trabalho,* Flávia Piovesan/Luciana Paula Vaz de Carvalho (coord.), cit., pp. 193 e ss.

(1667) Cf. MONTOYA MELGAR, *Derecho del Trabajo,* 30ª ed., cit., p. 529.

(1668) Cf. JEAN-MAURICE VERDIER/ALAIN COEURET/MARIE-ARMELLE SOURIAC, *Droit du Travail,* v. 2, *Rapports Individuels,* 16ª ed. cit, p. 10.

transição saudável entre a vida escolar (*Schule*) e a vida profissional (*Berufsleben)* dos trabalhadores menores[(1669)]. Em qualquer caso, na base deste regime de proteção, como assinalam Löwisch, Caspers e Klumpp, está a proibição do trabalho infantil, nos termos previstos no § 5, I, da *Jugendarbeitsschutzgesetz* (JArbSchG)[(1670)], a qual, como assinala Söllner, esteve na origem do desenvolvimento do Direito do trabalho — a proibição do trabalho infantil, nomeadamente em fábricas e minas, surge, na Prússia, em 1839, através da *Regulativ Über die Beschäftigung jugendlicher Arbeiter in Bergwerken und Fabriken*, tendo sido o primeiro passo para a institucionalização da proteção do trabalho (*Arbeitsschutz*)[(1671)].

II. A nível da OIT, a preocupação de garantir a proteção do trabalho de menores sempre foi uma constante. Numa primeira fase, a nível setorial e, mais tarde, em termos transversais.

A Convenção n. 7 (1919), ratificada entre nós pelo Decreto n. 20.992, de 25 de novembro de 1931, estabelece a regra geral (artigo 2º) de proibição de trabalho noturno, no período compreendido entre as 22 h e as 5 h, prestado por trabalhadores menores de 18 anos em "*estabelecimentos industriais públicos ou privados*", admitindo-se contudo uma exceção para os menores com idade igual ou superior a 16 anos no caso de estes *"(...) terem ao seu serviço cargos que, pela sua própria natureza, não comportem, nem de dia nem de noite, interrupção alguma"*.

A Convenção n. 77 (1946), ratificada entre nós pelo Decreto n. 115/82, de 15 de outubro, impõe a realização de um exame médico de aptidão para o emprego na indústria de crianças e de adolescentes menores de 18 anos — nos termos do artigo 2º, estes só podem ser admitidos a prestar trabalho na indústria se, após um exame médico aprofundado, "*forem reconhecidos como aptos para o emprego em que serão ocupados*", exame este que deverá ser realizado por um médico qualificado e aprovado pela autoridade competente, que deverá elaborar um "*documento certificador da aptidão para o emprego"*.

No mesmo sentido, mas agora para os trabalhos não industriais, a Convenção da OIT n. 78 (1946), ratificada entre nós pelo Decreto n. 11/82, de 7 de outubro, determina também que "*as crianças e os adolescentes com idade inferior a 18 anos não poderão ser admitidos ao emprego ou ao trabalho nas atividades não industriais se não tiverem sido reconhecidos aptos para o trabalho em questão, após um exame médico rigoroso*" (artigo 2º).

Ainda com a mesma finalidade, a Convenção da OIT n. 124 (1965), ratificada entre nós pelo Decreto do Governo n. 61/84, de 4 de outubro, exige um exame médico de aptidão para os trabalhadores adolescentes, para efeitos de realização de trabalhos subterrâneos em minas, bem como a realização de "*exames médicos ulteriores em intervalos que não excedam os 12 meses, para as pessoas menores de 21 anos, com vista ao emprego e ao trabalho subterrâneos nas minas*" (artigo 2º).

Já em sede transversal, mas agora a propósito da fixação da idade mínima de admissão ao emprego, a Convenção da OIT n. 138 (1973), ratificada entre nós por Resolução da Assembleia da República n. 11/98, de 19 de março, considerando que "*(...) chegou o momento de adotar um instrumento geral sobre esta questão (...) com vista à abolição total do trabalho das crianças"*, determinou que todos os Estados-membros deveriam "(...) *seguir uma política nacional que tenha como fim assegurar a abolição efetiva do trabalho das crianças e elevar progressivamente a idade mínima de admissão ao emprego ou ao trabalho a um nível que permita aos adolescentes atingirem o mais completo desenvolvimento físico e mental*" (artigo 1º). A Convenção em causa determinou ainda, no artigo 2º, n. 3, que a referida idade mínima de admissão *"(...) não deverá ser inferior à idade em que terminar a escolaridade obrigatória, nem, em qualquer caso, a 15 anos*".

Por fim, a Convenção n. 182 (1999), ratificada entre nós pelo Decreto do Presidente da República, n. 28/2000, de 1º de junho, relativa à "*interdição das piores formas de trabalho das crianças e à ação imediata com vista à sua eliminação"*, determina que os Estados-membros devem legislar no sentido da

---

(1669) Cf. FRANZ GAMILLSCHEG, *Arbeitsrecht I — Arbeitsvertrags — und Arbeitsschutzrecht*, 8ª ed., cit., p. 494.
(1670) Cf. LÖWISCH, CASPERS E KLUMPP, *Arbeitsrecht*, 9ª ed., cit., p. 135.
(1671) Cf. ALFRED SÖLLNER, *Grundriss des Arbeitsrechts*, cit., p. 11.

identificação dos trabalhos que, pela sua natureza ou pelas condições em que são exercidos, *"são suscetíveis de prejudicar a saúde, a segurança ou moralidade da criança"* (artigo 4º).

III. A nível da União Europeia, a Diretiva n. 94/33/CE do Conselho, de 1994, relativa à "proteção dos jovens no trabalho", determina, no seu artigo 1º, que *"Os Estados-membros tomarão todas as medidas necessárias para proibir o trabalho infantil"* e que *"(...) a idade mínima de admissão ao emprego ou ao trabalho não seja inferior à idade em que cessa a escolaridade obrigatória a tempo inteiro imposta pela legislação nacional nem, em caso algum, a 15 anos"* (n. 1). Acrescidamente, o mesmo preceito determina a necessidade de o trabalho dos adolescentes ser *"estritamente regulamentado e protegido"* (n. 2) e de os Estados-membros assegurarem que, *"(...) de um modo geral, (...) qualquer entidade patronal garanta aos jovens condições de trabalho adaptadas à sua idade"*, devendo os mesmos ser protegidos *"(...) contra a exploração económica e todo e qualquer trabalho suscetível de ser prejudicial à sua segurança, saúde ou desenvolvimento físico, psicológico, moral ou social, ou de pôr em causa a sua educação"* (n. 3).

A mesma Diretiva estabelece, ainda, um conjunto de regras especificamente destinadas aos menores sobre a organização do tempo de trabalho (artigo 8º); a proibição de trabalho infantil em período noturno (artigo 9º); o período de descanso (artigo 10º), o descanso anual (artigo 11º) e as pausas (artigo 12º).

No mesmo sentido, a Carta dos Direitos Fundamentais da União Europeia determina, no seu artigo 32º, que *"É proibido o trabalho infantil"* e que *"Os jovens admitidos ao trabalho devem beneficiar de condições de trabalho adaptadas à sua idade e de proteção contra a exploração económica e contra todas as atividades suscetíveis de prejudicar a sua segurança, saúde ou desenvolvimento físico, mental, moral ou social, ou ainda de pôr em causa a sua educação"*.

IV. A nível constitucional, o artigo 59º, n. 2, alínea *c*, prescreve que incumbe ao Estado assegurar as condições de trabalho, retribuição e repouso a que os trabalhadores têm direito, nomeadamente: *"A especial proteção do trabalho (...) dos menores"*, ao passo que o artigo 69º, n. 3, da nossa Constituição determina que *"É proibido, nos termos da lei, o trabalho de menores em idade escolar"*.

Os valores constitucionais são claros: para além da proteção que deve ser dispensada aos trabalhadores, em geral, a proteção conferida aos trabalhadores menores deve ser acrescida e mais intensa.

V. Neste contexto e com as referidas condicionantes e orientações pautadas pelo "princípio da proteção do trabalhador", na sua vertente de proteção de determinadas categorias específicas de trabalhadores, o CT consagra, também, à semelhança do que sucede em relação à matéria da parentalidade, uma Subsecção especificamente dedicada ao trabalhador menor: trata-se da Subsecção V da Secção II — *Sujeitos* — do Capítulo I — *Disposições Gerais* — do Título II — *Contrato de trabalho* — do Livro I — *Parte Geral*, prevista nos artigos 66º a 83º.

No essencial, o CT assenta em regras de aligeiramento e de proteção. Se é verdade, por um lado, que se admite que menores de idade sejam titulares de capacidade de exercício para efeitos de celebração de contratos de trabalho, ao arrepio das regras gerais dos artigos 122º e ss. do Código Civil e do instituto da representação legal, não deixa de ser verdade, por outro lado, que a admissão de menores ao trabalho é rodeada de particulares cautelas. O regime do trabalho de menores caracteriza-se assim pela tentativa de conciliação de diferentes interesses e perspetivas[1672] e por uma certa ambivalência quanto à filosofia subjacente às respetivas regras: por um lado, aligeiram-se as regras de capacidade dos artigos 122º e ss. do Código Civil, ao admitir-se que menores de idade celebrem diretamente contratos de trabalho e, por esta via, possam obter um rendimento de trabalho, eventualmente necessário para o seu sustento e para garantir uma vida condigna; por outro lado, consagra-se um conjunto de regras

(1672) Cf. JÚLIO VIEIRA GOMES, *Direito do Trabalho*, v. I, cit., p. 455.

que visam garantir a saúde e o desenvolvimento físico e psíquico do menor, bem como a sua educação e formação profissional[(1673)].

Ou seja, a atuação do "principio da proteção do trabalhador" manifesta-se no seguinte sentido: sem prejuízo de admitir que um trabalhador menor possa prestar uma atividade laboral, com vista a auferir um rendimento de trabalho e a garantir a sua sobrevivência, o regime especial que lhe está destinado visa garantir, por outro lado, que tal prestação laboral não afeta a saúde, o desenvolvimento físico, psíquico e educacional do mesmo menor.

É nesse sentido, aliás, que, nos termos do artigo 3º, n. 3, alínea c, do CT, se determina que as normas que integram a Subsecção relativas ao trabalho de menor são imperativas, pelo que não podem ser derrogadas nem por Instrumento de Regulamentação Coletiva de Trabalho (IRCT), salvo no sentido mais favorável ao trabalhador, nem por contrato de trabalho. De resto, a circunstância de o regime em causa ter em vista, acima de tudo, a proteção da segurança, saúde e o desenvolvimento físico, psíquico e educacional do trabalhador menor revela-se com particular acuidade no artigo 66º, n. 4, do CT: ainda que o menor seja emancipado e seja consequentemente titular de plena capacidade de exercício para efeitos de celebração de qualquer negócio jurídico (artigo 133º do Código Civil), continuam a aplicar-se-lhe as regras relativas à proteção da sua saúde, educação e formação. Não está em causa a liberdade de discernimento do menor quanto à celebração e execução do contrato de trabalho: o que está em causa é a proteção da sua saúde, desenvolvimento físico, psíquico e educacional.

Por outro lado, nos termos do artigo 67º do Código do Trabalho, o Estado impõe ao empregador a necessidade de garantir a formação do menor. A ideia subjacente é clara: mesmo quando o menor já concluiu a escolaridade obrigatória, mantêm-se as exigências em sede de formação profissional do mesmo, tendo em vista a sua preparação para a vida ativa.

Trata-se de uma obrigação não apenas do empregador, mas também do Estado.

VI. A proteção do menor opera, também, através da afirmação de determinados requisitos para a sua admissão ao trabalho.

O artigo 68º, n. 1, do CT, a título de princípio geral, estabelece os pressupostos necessários para que um menor possa ser admitido a prestar trabalho, exigindo-se, cumulativamente, que este tenha completado a idade mínima de admissão (16 anos, nos termos do n. 2); tenha concluído a escolaridade obrigatória ou esteja matriculado e a frequentar o nível secundário de educação[(1674)]; e disponha de capacidades físicas e psíquicas adequadas ao posto de trabalho[(1675)].

(1673) A propósito do trabalho de menores, veja-se, nomeadamente, MENEZES CORDEIRO, *Manual de Direito do Trabalho*, Almedina, Coimbra, 1991, pp. 541 e ss.; ROMANO MARTINEZ, *Direito do Trabalho*, Coimbra, 5ª ed., 2010, pp. 399-405; MARIA DO ROSÁRIO RAMALHO, *Direito do Trabalho*, II —, Coimbra, 2006, pp. 90-105 e 23-324 e Tratado de Direito do Trabalho, Parte II, Situações Laborais Individuais, cit., pp. 96 e ss. e 349 e ss.; e JÚLIO VIEIRA GOMES, *Direito do Trabalho*, v. I, cit., pp. 455 e ss.

(1674) Recorda-se que o citado artigo 68º do CT foi objeto de alteração através da Lei n. 47/2012, de 28 de agosto, que procedeu à quarta alteração ao Código do Trabalho, neste caso através da introdução de nova redação aos números 1 e 3 do referido artigo: no essencial, procurou-se ajustar o preceito em causa à Lei de Bases do Sistema Educativo com a redação que lhe foi dada pela Lei n. 85/2009, de 27 de agosto e que elevou a idade escolar obrigatória até aos 18 anos, de forma a permitir-se que o menor com 16 anos, mas que ainda não tenha concluído a escolaridade obrigatória, possa ser admitido a prestar trabalho, desde que *"esteja matriculado e a frequentar o nível secundário de educação"*. Ou seja, resolveu-se a incongruência que permanecia no CT/2009, na parte em que se afirmava que os menores com 16 anos só podiam ser admitidos a prestar trabalho se tivessem concluído a escolaridade obrigatória, quando é certo que esta, nos termos da referida Lei n. 85/2009, só se atingia aos 18 anos. O dilema resolveu-se, na medida em que, a partir de então, se passou a reconhecer que pode ser pode ser admitido a prestar trabalho o menor que tenha completado a idade mínima de admissão (16 anos) e que esteja (apenas) *"matriculado e a frequentar o nível secundário de educação"*, mesmo sem ter, portanto, concluído a escolaridade mínima obrigatória. Veja-se, a este propósito, a anotação de Guilherme Dray ao referido artigo 68º, em PEDRO ROMANO MARTINEZ; LUÍS MIGUEL MONTEIRO; JOANA VASCONCELOS; PEDRO MADEIRA DE BRITO; GUILHERME DRAY e LUÍS GONÇALVES DA SILVA, *Código do Trabalho Anotado*, 9ª ed., cit., pp. 237-237.

(1675) Como sustenta Maria do Rosário Ramalho, o termo *"capacidade"* utilizado no preceito em apreço não deve ser entendido em sentido técnico, mas sim naturalístico. O que está em causa, é a aptidão natural do menor para a prestação da tarefa em concreto, quer do ponto de vista físico, quer do ponto de vista psíquico, e não a sua capacidade jurídica de exercício — cf. *Tratado de Direito do Trabalho*, Parte II — Situações Laborais Individuais, cit., p. 101.

A regra geral do número 1 sofre, no entanto, duas exceções: nalguns casos, admite-se que menores que ainda não tenham completado a idade mínima de admissão, mas já tenham concluído a escolaridade obrigatória ou que estejam matriculados e a frequentar o nível secundário de educação, possam ser admitidos para prestar trabalhos leves (n. 3 do referido artigo 68º)[1676]; noutros casos e no polo oposto, admite-se que menores que já tenham completado a idade mínima de admissão, mas que não tenham concluído a escolaridade obrigatória, não estejam matriculados e a frequentar o nível secundário de educação ou não possuam qualificação profissional possam ser admitidos a prestar trabalho desde que frequentem modalidade de educação ou formação que confira, consoante o caso, a escolaridade obrigatória, qualificação profissional, ou ambas (artigo 69º, n. 1, II Parte)[1677].

Em qualquer caso, e em nome do "princípio da proteção do trabalhador", a celebração de contrato de trabalho com menor em desrespeito do disposto no regime em apreço, nomeadamente nos casos em que não sejam respeitados os requisitos relativos à idade mínima de admissão, à escolaridade mínima ou às aptidões física e psíquica do trabalhador, determina a nulidade do mesmo, por violação de normas imperativas, nos termos gerais (artigos 280º e 294º do Código Civil) — nestes casos, estão em causa valores gerais, atinentes à proscrição do trabalho infantil e à proteção da saúde e segurança do menor. Já nos casos em que seja desrespeitado o requisito atinente à autorização ou não oposição dos representantes legais do menor, julga-se que a consequência deverá redundar na anulabilidade do contrato, nos termos gerais[1678].

Por outro lado, e ainda como corolário do "princípio da proteção do trabalhador" e do interesse público que norteia a necessidade de proteção da saúde e do desenvolvimento educacional do menor, a contratação de menor com idade inferior à idade mínima de admissão, sem a observância dos requisitos atinentes à escolaridade obrigatória, ou para a prática de atividades prejudiciais à sua segurança ou saú-

---

(1676) No número 3 do referido artigo 68º, encontramos a primeira das duas referidas exceções à regra geral do número 1 — por força deste preceito, admite-se que um menor que não tenha completado a idade mínima de admissão, ou seja, que tenha idade inferior a 16 anos, possa ser admitido a prestar trabalho, desde que para o efeito se verifiquem cumulativamente as seguintes condições:
a) Tenha concluído a escolaridade obrigatória [recorda-se que nos termos da Lei de Bases do Sistema Educativo, com a redação que lhe foi dada pela Lei n. 85/2009, consideram-se em idade escolar "as crianças e os jovens com idades compreendidas entre os 6 e os 18 anos"] ou esteja matriculado e a frequentar o nível secundário de educação (alteração levada a efeito pela Lei n. 47/2012, de 28 de agosto, que procurou ajustar o Código do Trabalho à citada Lei de Bases do Sistema Educativo);
b) Ser admitido para prestar *trabalhos leves*, que não sejam suscetíveis de o prejudicar no que respeita à integridade física, segurança e saúde, assiduidade escolar, participação em programas de orientação ou de formação, capacidade para beneficiar da instrução ministrada, ou ainda ao seu desenvolvimento físico, psíquico, moral, intelectual e cultural. A este propósito, recorda-se que a Lei n. 102/2009, de 10 de setembro, que aprovou o regime de segurança e saúde no trabalho, elenca um conjunto de atividades proibidas ou condicionadas aos menores, por razões de saúde e de segurança, respetivamente nos artigos 61º e ss. e 68º e ss.

(1677) Recorda-se que o artigo 69º do CT (ns. 1 e 6) foi também alterado pela Lei n. 47/2012, de 29 de agosto, que procedeu à quarta alteração ao Código do Trabalho, de forma a adequá-lo à Lei n. 85/2009, de 27 de agosto, que elevou a escolaridade obrigatória até aos 18 anos. Sem prejuízo dessa alteração, que consiste na introdução da possibilidade de o menor poder prestar trabalho se apenas estiver a frequentar o nível secundário de educação, ainda que não tenha completado a escolaridade obrigatória, a estrutura do referido preceito corresponde no essencial à do CT/2009 e ao artigo 56º do CT/2003, o qual, por sua vez, seguia de perto o n. 4 do artigo 122º da Lei do Contrato de Trabalho, com a redação que lhe foi dada pelo Decreto-Lei n. 58/2002, de 15 de março. Tal como no CT/2003, que neste aspecto se afastou da LCT, manteve-se a regra segundo a qual o presente preceito abrange também os menores com idade inferior a 16 anos que, nos termos do artigo 68º, possam ser admitidos a prestar trabalho, e não apenas (como sucedia no n. 4 do artigo 122º da LCT) os menores com 16 anos que não tivessem concluído a escolaridade obrigatória ou que não fossem possuidores de qualificação profissional. Visou-se, com esta extensão de regime, garantir que também os menores com idade inferior a 16 anos de idade que não possuam uma qualificação profissional beneficiem de especiais condições de trabalho, destinadas a possibilitar a obtenção de formação e qualificação profissional. Recorda-se, a este propósito, que no essencial a solução em causa, já acolhida no CT/2003 e, antes disso, no Decreto-Lei n. 58/2002, de 15 de março, que conferiu nova redação ao artigo 122º da LCT, resultou do Acordo sobre Política de Emprego, Mercado de Trabalho, Educação e Formação, celebrado em 9 de fevereiro de 2001, pelo Governo, pela Confederação Geral dos Trabalhadores Portugueses-Intersindical, pela União Geral dos Trabalhadores, pela Confederação dos Agricultores de Portugal, pela Confederação do Comércio e Serviços de Portugal e pela Confederação da Indústria Portuguesa.
Veja-se, a este propósito, a anotação de Guilherme Dray ao referido artigo 68º, em PEDRO ROMANO MARTINEZ; LUÍS MIGUEL MONTEIRO; JOANA VASCONCELOS; PEDRO MADEIRA DE BRITO; GUILHERME DRAY e LUÍS GONÇALVES DA SILVA, *Código do Trabalho Anotado*, 9ª ed., cit., pp. 238-240.

(1678) Cf., nomeadamente, ROMANO MARTINEZ, *Direito do Trabalho*, 5ª ed., cit., p. 401, e MARIA DO ROSÁRIO RAMALHO, *Tratado de Direito do Trabalho, Parte II, — Situações Laborais Individuais, cit.*, p. 103.

de, constitui crime, punível com pena de prisão até 2 anos ou com pena de multa até 240 dias, se pena mais grave não couber por força de outra disposição legal (artigo 82º, n. 1, do CT). No caso de o menor não ter completado a idade mínima de admissão, não ter concluído a escolaridade obrigatória ou não esteja matriculado e a frequentar o nível secundário de educação, os limites das penas são elevados para o dobro (artigo 82º, n. 2).

VII. O desiderato de proteção do desenvolvimento educacional do menor surge, também, no artigo 69º, n. 1, do CT, em matéria de formação educacional: à luz deste preceito, determina-se que o menor com idade inferior a 16 anos que tenha concluído a escolaridade obrigatória ou esteja matriculado e a frequentar o nível secundário de educação, mas que não possua qualificação profissional, ou o menor com pelo menos 16 anos idade mas que não tenha concluído a escolaridade obrigatória, não esteja matriculado e a frequentar o nível secundário de educação ou que não possua qualificação profissional, só pode ser admitido a prestar trabalho desde que frequente modalidade de educação ou formação que confira, consoante o caso, a escolaridade obrigatória, qualificação profissional, ou ambas[(1679)].

Visa-se, em suma, impedir que a prestação de trabalho pelo trabalhador menor afete o seu desenvolvimento educacional.

VIII. O artigo 70º contém o regime relativo à capacidade do menor para celebrar contrato de trabalho e receber a retribuição, determinando que é válido o contrato de trabalho celebrado por menor que tenha completado 16 anos de idade e tenha concluído a escolaridade obrigatória ou esteja matriculado e a frequentar o nível secundário de educação, salvo oposição escrita dos seus representantes legais (n. 1). Nos termos do número 2, o contrato celebrado por menor que não tenha completado 16 anos de idade, não tenha concluído a escolaridade obrigatória ou não esteja matriculado e a frequentar o nível secundário de educação só é válido mediante autorização escrita dos seus representantes legais.

O regime em apreço inscreve-se no referido propósito de permitir que o trabalhador menor, para fazer face ao seu sustento e ao da sua família, possa celebrar diretamente o contrato de trabalho, ao arrepio do que sucederia da aplicação direta do regime plasmado no Código Civil. Ao passo que nos artigos 122º e ss. do Código Civil, em especial no artigo 123º, se proscreve a possibilidade de os menores celebrarem diretamente negócios jurídicos (salvo nas hipóteses do artigo 127º), exigindo-se que tais negócios sejam celebrados pelo respetivo representante legal em nome do menor (artigo 124º), no artigo 70º do CT admite-se que o menor possa celebrar por si e diretamente o contrato de trabalho[(1680)]. Assim, quem celebra

---

(1679) O número 1 do artigo 69º abrange duas realidades distintas: na I parte, tem-se em vista abranger os menores com idade inferior a 16 anos a que se refere o artigo 68º, n. 3, que já concluíram a escolaridade obrigatória ou estejam matriculados e a frequentar o nível secundário de educação mas que não possuem uma qualificação profissional; na II parte, tem-se em vista os menores já com 16 anos de idade mas que não concluíram a escolaridade obrigatória, não estejam matriculados e a frequentar o nível secundário de educação ou que não possuem qualificação profissional. Em ambos os casos (I ou II parte do n. 1), o menor só pode ser admitido a prestar trabalho desde que frequente modalidade de educação ou formação que confira, consoante o caso, a escolaridade obrigatória, qualificação profissional, ou ambas. A este propósito, recorda-se ainda que com a nova redação conferida ao artigo 69º, n. 1, pela citada Lei n. 47/2012, foi eliminada a inovação que havia sido consagrada no CT/2009 e que admitia que a modalidade de educação ou formação a que se faz referência no presente preceito pudesse ser obtida mediante frequência dos Centros de Novas Oportunidades, lançados pelo XVII Governo Constitucional. Por outro lado, a excepção consagrada no n. 3 do artigo 68º (menor com idade inferior a 16 anos que já concluiu a escolaridade obrigatória) era dificilmente atingível, dado que com a aprovação da Lei n. 85/2009 a escolaridade obrigatória passou a ser até aos 18 anos de idade. Assim sendo, com a nova redação conferida ao artigo 68º e ao presente artigo 69º pela citada Lei n. 47/2012, o Código do Trabalho procurou adequar-se à referida Lei de Bases do Sistema Educativo, na medida em que se passou a admitir que um menor com idade inferior a 16 anos possa prestar trabalhos leves não apenas nos casos (raros) em que já tenha concluído a escolaridade obrigatória, mas também na eventualidade de ainda não a ter concluído mas de estar matriculado e a frequentar o nível secundário de educação. Em qualquer caso, como se disse, caso ele não possua qualificação profissional complementar, só pode ser admitido a prestar trabalho se frequentar modalidade de educação ou formação que confira, consoante o caso, a escolaridade obrigatória, qualificação profissional, ou ambas. A este propósito, veja-se a anotação de Guilherme Dray ao citado artigo 69º do CT, em *Código do Trabalho Anotado,* 9ª ed., Almedina, Coimbra, 2013, PEDRO ROMANO MARTINEZ; LUÍS MIGUEL MONTEIRO; JOANA VASCONCELOS; PEDRO MADEIRA DE BRITO; GUILHERME DRAY e LUÍS GONÇALVES DA SILVA, pp. 238-240.

(1680) Recorda-se que o referido artigo 70º do CT foi alterado pela já citada Lei n. 47/2012, de 29 de agosto, que procedeu à quarta alteração ao Código do Trabalho, tendo em vista a adequação deste Código à Lei n. 85/2009, de 27 de agosto que estabelece o

o contrato de trabalho é sempre o menor e não o seu representante legal[1681]. O papel do representante legal não deve, todavia, ser descurado e o "princípio da proteção do trabalhador" atua, aqui, no duplo sentido acima enunciado: por um lado, permite que o trabalhador menor preste uma atividade laboral e celebre diretamente o correlativo contrato de trabalho; por outro lado, impõe particulares regras de proteção e, neste domínio específico, continua a atribuir um papel relevante ao representante legal, enquanto "válvula de escape" do sistema. Assim, o representante legal pode atuar nos seguintes termos: a) se o menor já tiver completado 16 anos de idade e concluído a escolaridade obrigatória ou esteja matriculado e a frequentar o nível secundário de educação, os seus representantes legais podem ainda assim opor-se à execução do contrato de trabalho, caso em que a validade do contrato é posta em causa. Em qualquer caso, nesta hipótese, não se exige qualquer autorização escrita dos aludidos representantes legais — a validade do contrato só é posta em causa se os mesmos se opuserem; nada fazendo, o contrato é válido (n. 1 do referido artigo 70º do CT); b) se o menor não tiver completado 16 anos de idade (artigo 68º, n. 3) ou se, mesmo tendo 16 anos, não tiver concluído a escolaridade obrigatória (artigo 69º, n. 1, II parte) nem esteja matriculado e a frequentar o nível secundário de educação, o regime é mais exigente: exige-se uma autorização escrita dos seus representantes legais, sob pena de invalidade do contrato de trabalho (n. 2 do presente preceito)[1682].

A celebração de contrato de trabalho em violação do disposto nos números 1 e 2 das referidas normas torna o contrato anulável, nos termos gerais[1683].

IX. O artigo 72º do CT[1684], por sua vez, na sequência das várias fontes de direito internacional acima enunciadas, do disposto na Constituição quanto à necessidade de proteção do trabalho dos menores e em nome do "princípio da proteção do trabalhador" enunciado, neste domínio, no artigo 66º do CT, que alude à necessidade de se garantir o desenvolvimento físico, psíquico e moral, a educação e a formação do menor, contém regras especiais quanto à proteção da segurança e saúde do trabalhador menor. No essencial e sem prejuízo de outras obrigações estabelecidas em disposições especiais, o legislador determina que o empregador deve submeter o menor a exames de saúde específicos (n. 1)[1685]. Por outro lado, determina-se que os trabalhos que, pela sua natureza ou pelas condições em que são prestados, sejam prejudiciais ao desenvolvimento físico, psíquico e moral dos menores são proibidos ou condicionados por legislação específica (n. 2), devendo a esse propósito consultar-se a Lei n. 102/2009, de 10 de setembro, nomeadamente na parte em que se enunciam as atividades, agentes, processos e condições de trabalho

---

regime da escolaridade obrigatória e que na altura a elevou até aos 18 anos. Assim sendo, de forma a conjugar os dois regimes, a Lei n. 47/2012, consciente de que um menor dificilmente conseguiria completar a escolaridade obrigatória (que foi elevada até aos 18 anos), passou a admitir a possibilidade de o menor ser admitido a prestar trabalho caso *"esteja matriculado e a frequentar o nível secundário de educação"*. Fora esta nova possibilidade, introduzida pela aludida Lei n. 47/2012, o atual artigo 70º reproduz no essencial o artigo 58º do CT/2003, o qual seguia os ns. 2 a 6 do artigo 123º da LCT.

(1681) No mesmo sentido, em nome do aludido propósito de garantir a subsistência do menor, o artigo 70º, n. 3, reconhece, ainda, que qualquer menor que celebre um contrato de trabalho válido tem capacidade para receber a retribuição devida pelo seu trabalho, salvo oposição escrita dos seus representantes legais. Trata-se, também neste caso, de um desvio às regras gerais do Código Civil, tendo em conta que nos termos da alínea *a* do número 1 do artigo 127º deste diploma apenas podem cobrar a respetiva retribuição os menores com idade superior a 16 anos, quando é certo que no Código do Trabalho se admite que possam fazê-lo menores com idade inferior a 16 anos, na medida em que sejam admitidos a prestar trabalho (artigo 68º, n. 3).

(1682) Recorda-se que em termos doutrinários se tem defendido que, não obstante o citado artigo 70º do Código do Trabalho não o afirmar, importa conjugá-lo com o artigo 133º do Código Civil. Assim, se o menor se emancipar pelo casamento e adquirir plena capacidade de exercício de direitos, a oposição a que se refere o n. 1 do referido artigo 70º do CT não será eficaz, desde logo porque deixam de existir representantes legais, não se exigindo por outro lado a autorização escrita a que alude o n. 2 do mesmo preceito — veja-se, nesse sentido, ROMANO MARTINEZ, *Direito do Trabalho*, 5ª ed., cit., 2007, p. 402.

(1683) Cf. ROMANO MARTINEZ, *Direito do Trabalho*, 5ª ed., cit., p. 404, e MARIA DO ROSÁRIO RAMALHO, *Tratado de Direito do Trabalho*, Parte II — Situações Laborais Individuais, cit., p. 103.

(1684) A este propósito, veja-se a anotação de Guilherme Dray ao citado artigo 72º do CT, em PEDRO ROMANO MARTINEZ; LUÍS MIGUEL MONTEIRO; JOANA VASCONCELOS; PEDRO MADEIRA DE BRITO; GUILHERME DRAY e LUÍS GONÇALVES DA SILVA, *Código do Trabalho Anotado*, 9ª ed., cit., p. 243.

(1685) Exige-se, nomeadamente, a realização dos seguintes exames: a) exame de saúde que certifique a adequação da sua capacidade física e psíquica ao exercício das funções, a realizar antes do início da prestação do trabalho, ou nos 15 dias subsequentes à admissão se esta for urgente e com o consentimento dos representantes legais do menor; b) exame de saúde anual, para que do exercício da atividade profissional não resulte prejuízo para a sua saúde e para o seu desenvolvimento físico e psíquico.

proibidos ao menor (artigos 61º a 67º), bem como o trabalho condicionado a menor com idade igual ou superior a 16 anos (artigos 68º a 72º).

X. Os artigos 73º a 77º do CT[1686] estabelecem, depois, à semelhança do que sucede com a trabalhadora grávida, puérpera e lactante, um conjunto de regras mais favoráveis aos trabalhadores menores, quando comparadas com as que se aplicam à generalidade dos trabalhadores, a propósito do tempo de trabalho e da sua organização.

O artigo 73º estabelece limites máximos do período normal de trabalho do trabalhador menor, distintos dos que constam nos artigos 203º e ss. para a generalidade dos trabalhadores, determinando que o período normal de trabalho de menor não pode ser superior a oito horas em cada dia e a quarenta horas em cada semana (n. 1), que os instrumentos de regulamentação coletiva de trabalho devem reduzir, sempre que possível, os limites máximos do período normal de trabalho de menor (n. 2) e que, no caso de trabalhos leves efetuados por menor com idade inferior a 16 anos, o período normal de trabalho não pode ser superior a sete horas em cada dia e trinta e cinco horas em cada semana (n. 3).

O artigo 74º, por sua vez, garante no seu número 1 a dispensa de algumas formas de organização do tempo de trabalho do trabalhador menor a propósito dos regimes especiais previstos nos artigos 204º a 207º (*adaptabilidade*), 208º, 208º-A e 208º-B (*banco de horas*) e 209º (*horário concentrado*), devendo o trabalhador, para o efeito, ser submetido a exame de saúde previamente ao início da aplicação dos regimes em causa (n. 2).

O artigo 75º cria um regime especial a propósito do trabalho suplementar, previsto no artigo 227º. Nos termos do artigo 75º e a título de princípio geral, dispõe-se que o trabalhador menor não pode prestar trabalho suplementar (n. 1), salvo tratando-se de trabalho suplementar por parte de menor com idade igual ou superior a 16 anos em situações excecionais: nos casos em que o mesmo seja indispensável para prevenir ou reparar prejuízo grave para a empresa, devido a facto anormal e imprevisível ou a circunstância excecional ainda que previsível, cujas consequências não podiam ser evitadas, desde que não haja outro trabalhador disponível e por um período não superior a cinco dias úteis (n. 2).

O artigo 76º estabelece regras mais restritivas quanto ao trabalho realizado por trabalhador menor no período noturno. Nos termos deste preceito, é proibido o trabalho de menor com idade inferior a 16 anos entre as 20 horas de um dia e as 7 horas do dia seguinte (n. 1). O número 2, por sua vez, determina que o menor com idade igual ou superior a 16 anos não pode prestar trabalho entre as 22 horas de um dia e as 7 horas do dia seguinte, mas admitem-se regimes de maior tolerância quando fixados em instrumentos de regulamentação coletiva de trabalho (n. 3, alínea *a*), em atividades de natureza cultural, artística, desportiva ou publicitária (n. 3, alínea *b*) ou quando a prestação de trabalho pelo menor for indispensável devido a factos anormais e imprevisíveis ou a circunstâncias excecionais, ainda que previsíveis (n. 5). Mesmo nestes casos, a prestação de trabalho noturno por menor deve ser vigiada por um adulto, se for necessário para proteção da sua segurança ou saúde. A ideia é esta: ao passo que, para a generalidade dos trabalhadores, o Código do Trabalho dispõe que período de trabalho noturno supletivo é o compreendido entre as 22 horas de um dia e as 7 horas do dia seguinte (artigo 223º), relativamente ao menor com idade inferior a 16 anos, manteve-se o período supletivo anteriormente consagrado no número 3 do artigo 29º da Lei da Duração do Trabalho — considera-se trabalho noturno o prestado entre as 20 horas de um dia e as 7 horas do dia seguinte. Durante este período, o menor com idade inferior a 16 anos não pode prestar trabalho.

O artigo 77º, por fim, estabelece um regime especial para os menores em matéria de intervalo de descanso, face ao que consta dos artigos 213º e ss. para a generalidade dos trabalhadores. Nos termos do número 1, o período de trabalho diário de menor deve ser interrompido por intervalo de duração entre

(1686) A este propósito, vejam-se a anotação de Guilherme Dray aos citados artigos 73º a 77º do CT, em PEDRO ROMANO MARTINEZ; LUÍS MIGUEL MONTEIRO; JOANA VASCONCELOS; PEDRO MADEIRA DE BRITO; GUILHERME DRAY e LUÍS GONÇALVES DA SILVA, *Código do Trabalho Anotado*, 9ª ed., cit., pp. 238-248.

uma e duas horas, por forma a não prestar mais de quatro horas de trabalho consecutivo se tiver idade inferior a 16 anos, ou quatro horas e trinta minutos se tiver idade igual ou superior a 16 anos, sendo certo que o número 2 admite que possa ser estabelecido, por instrumento de regulamentação coletiva de trabalho, ou uma duração do intervalo de descanso superior a duas horas, ou a frequência de outros intervalos de descanso no período de trabalho diário.

XI. Os artigos 78º[1687], 79º[1688] e 80º[1689] do CT[1690], por sua vez, estabelecem regras mais favoráveis aos trabalhadores menores, quando comparadas com as que se aplicam à generalidade dos trabalhadores, a propósito do período de descanso diário e semanal.

Por fim, ainda a propósito dos menores: o artigo 81º do CT[1691] determina que a participação de menor em espetáculo ou outra atividade de natureza cultural, artística ou publicitária é regulada em legislação específica. O preceito em apreço, na esteira do que havia sido feito no artigo 70º do CT/2003 e no CT/2009, remete para legislação especial a participação de menores naquele tipo de atividades, rodeando-a de especiais cautelas substantivas e de procedimento[1692].

XII. Tudo visto: o "princípio da proteção do trabalhador" joga um papel decisivo no regime jurídico do trabalho de menores, garantindo a sua proteção em ordem a permitir o respetivo desenvolvimento físico, psíquico e educacional e a proteção da sua segurança e saúde.

(1687) A propósito do descanso diário, o artigo 78º, n. 1, determina que o menor tem direito a descanso diário, entre os períodos de trabalho de dois dias sucessivos, com a duração mínima de catorze horas consecutivas se tiver idade inferior a 16 anos, ou doze horas consecutivas se tiver idade igual ou superior a 16 anos. Trata-se de um regime mais favorável, quando confrontado com o que consta do artigo 214º do Código do Trabalho para a generalidade dos trabalhadores, dado que para estes o que se exige é apenas um período de descanso de pelo menos onze horas consecutivas. Em qualquer caso, em relação a menor com idade igual ou superior a 16 anos, admite-se que o descanso diário possa ser reduzido por instrumento de regulamentação coletiva de trabalho, se for justificado por motivo objetivo, desde que não afete a sua segurança ou saúde e a redução seja compensada nos três dias seguintes, no setor da agricultura, turismo, hotelaria ou restauração, em embarcação da marinha do comércio, hospital ou outro estabelecimento de saúde ou em atividade caracterizada por períodos de trabalho fracionados ao longo do dia (artigo 3º, n. 2).

(1688) Relativamente ao descanso semanal do menor, o artigo 79º determina que este tem a duração de dois dias, se possível, consecutivos, em cada período de sete dias, salvo havendo razões técnicas ou de organização do trabalho, a definir por instrumento de regulamentação coletiva de trabalho, que justifiquem que o descanso semanal de menor com idade igual ou superior a 16 anos tenha a duração de trinta e seis horas consecutivas. Tratando-se de menor com idade igual ou superior a 16 anos, admite-se que o descanso semanal possa ser de um dia nas situações excecionais a que se referem os números 2 ou 3 do artigo 78º, desde que a redução se justifique por motivo objetivo e, no primeiro caso, seja estabelecida em instrumento de regulamentação coletiva de trabalho, devendo em qualquer caso ser assegurado descanso adequado. Trata-se, uma vez mais, de um regime mais favorável do que o previsto para a generalidade dos trabalhadores (artigos 205º e ss.) e que deve atender, também à norma interpretativa constante do artigo 3º, n. 5, do CT: a referência expressa a instrumentos de regulamentação coletiva de trabalho afasta a possibilidade de derrogação deste regime por contrato de trabalho.

(1689) O artigo 80º do CT contém uma regra específica para o descanso semanal e os períodos de trabalho do menor em caso de pluriemprego. Se o menor trabalhar para vários empregadores, os descansos semanais devem ser coincidentes e a soma dos períodos de trabalho não deve exceder os limites máximos do período normal de trabalho. A violação do disposto neste preceito constitui contraordenação, sendo responsáveis pela infração todos os empregadores para quem o menor trabalhe que se encontrem informados da situação. Para efeitos de informação, a lei impõe que o menor ou os representantes legais informem por escrito o novo empregador sobre a existência de outro emprego e a duração do trabalho e os descansos semanais correspondentes.

(1690) A este propósito, vejam-se as anotações de Guilherme Dray aos citados artigos 78º a 80º do CT, em PEDRO ROMANO MARTINEZ; LUÍS MIGUEL MONTEIRO; JOANA VASCONCELOS; PEDRO MADEIRA DE BRITO; GUILHERME DRAY e LUÍS GONÇALVES DA SILVA, *Código do Trabalho Anotado*, 9ª ed., cit., pp. 248-250.

(1691) A este propósito, veja-se a anotação de Guilherme Dray ao citado artigo 81º do CT, em PEDRO ROMANO MARTINEZ; LUÍS MIGUEL MONTEIRO; JOANA VASCONCELOS; PEDRO MADEIRA DE BRITO; GUILHERME DRAY e LUÍS GONÇALVES DA SILVA, *Código do Trabalho Anotado*, 9ª ed., cit., pp. 251-256.

(1692) Recorda-se que o exercício da atividade dos profissionais de espectáculos vigorou entre nós no Decreto-Lei n. 43181, de 23.9.1960, tendo sido objeto de regulamentação no Decreto-Lei n. 43190, da mesma data. Tal regime foi, no entanto, revogado pelo Decreto-Lei n. 38/87, de 26 de janeiro. Em 1991, na sequência do Decreto-Lei n. 396/91, de 14 de outubro, que deu sequência ao Acordo Económico e Social de 1990, de 19 de setembro, o número 5 do artigo 124º da LCT volta a aludir à necessidade de se criar um regime especial para o trabalho dos menores dos espectáculos. Em 1999, com a Lei n. 58/99, de 30 de junho, o referido número 5 do artigo 124º foi revogado (pelo menos tacitamente), voltando-se à estaca zero quanto à criação de uma legislação especial neste domínio. O CT/2003 readmitiu a criação de um regime especial para participação de menores em espectáculos e outras atividades de natureza cultural, artística ou publicitária, situação que se manteve no CT/2009 e nas subsequentes revisões do mesmo. O regime a que se refere o artigo 81º, para já, até ser aprovada a legislação a que se refere o artigo 12º, n. 6, alínea *g* da Lei n. 7/2009, de 12 de fevereiro, que aprovou o CT/2009, é o que consta dos artigos 139º a 146º da LECT, que se mantêm em vigor. No essencial, estabelecem-se requisitos substantivos que condicionam o exercício deste tipo de atividade e a limitam no tempo — *atividades permitidas ou proibidas* (artigo 139º), *períodos de atividade* (artigo 140º) e necessidade de obtenção de *autorização* da *Comissão de Proteção de Crianças e Jovens* (artigo 141º); regras que estabelecem o *procedimento* para efeitos de obtenção de autorização (artigos 142º a 146º).

4.4. Trabalhador com capacidade de trabalho reduzida, deficiente ou com doença crónica

I. À semelhança do que sucede com a trabalhadora grávida, puérpera ou lactante ou com o trabalhador menor, o "princípio da proteção do trabalhador" está na origem, também, da criação de um corpo de normas especificamente destinadas à proteção do trabalhador com capacidade de trabalho reduzida, deficiente ou com doença crónica, em nome, como sublinha Zélia Montal, da preservação da sua dignidade(1693). Em última instância, está em causa a necessidade de evitar a discriminação de trabalhadores deficientes ou com capacidade de trabalho reduzida(1694) e, bem assim, como assinala Söllner, a intenção de facilitar a integração dos mesmos no mercado de trabalho(1695). Por outras palavras, está em causa, acima de tudo e como assinala Schaub, um direito básico, à luz do qual ninguém deve ser discriminado em função da sua deficiência(1696).

E isso tanto sucede a nível internacional, como a nível interno, quer ao nível da Constituição, quer ao nível da legislação ordinária, designadamente nas Bases Gerais do Regime Jurídico da Prevenção, Habilitação, Reabilitação e Participação da Pessoa com Deficiência, aprovadas pela Lei n. 38/2004, de 18 de agosto, e no Código do Trabalho.

II. A nível internacional, a Convenção das Nações Unidas de 13 de dezembro de 2006 sobre os *Direitos das Pessoas com Deficiência*, ratificada pela União Europeia em 23 de dezembro de 2010 e, entre nós, pela Resolução da Assembleia da República n. 56/2009, de 7 de maio, reconhecendo que "(...) *a deficiência resulta da interação entre pessoas com incapacidades e barreiras comportamentais e ambientais que impedem a sua participação plena e efetiva na sociedade em condições de igualdade com as outras pessoas*", determina, no artigo 27º, que os Estados devem reconhecer o direito das pessoas a trabalhar, em condições de igualdade com as demais, o que inclui "(...) *o direito à oportunidade de ganhar a vida através de um trabalho livremente escolhido ou aceite num mercado e ambiente de trabalho aberto, inclusivo e acessível a pessoas com deficiência*", circunstância que implica, necessariamente, segundo a referida Convenção, a adoção pelos Estados de medidas legislativas destinadas a evitar a discriminação com base na deficiência no que respeita a todas as matérias relativas a todas as formas de emprego, incluindo condições de recrutamento, contratação e emprego, progressão na carreira, condições de segurança e saúde no trabalho, igualdade retributiva, condições de trabalho seguras e saudáveis e proteção contra o assédio (artigo 27º, n. 1, alíneas *a* a *d*). Trata-se, no fundo, de proteger os direitos das pessoas com deficiência em condições de igualdade com as demais.

Ao nível da OIT, a Convenção n. 159 (1983), ratificada entre nós pela Resolução da Assembleia da República n. 63, de 9 de outubro de 1998, relativa à *readaptação profissional e ao emprego de deficientes,* determina que os Estados-membros devem atuar no sentido de garantir a readaptação profissional do trabalhador deficiente, de modo a permitir aos deficientes obterem e conservarem um emprego conveniente, progredirem profissionalmente e, por essa via, lograrem a sua inserção ou reinserção na sociedade (artigo 1º, n. 2). Para o efeito, a Convenção alude à implementação de políticas nacionais que assentem sobre "*o princípio da igualdade de oportunidades entre os trabalhadores deficientes e os trabalhadores em geral*", deixando claro que não devem ser consideradas discriminatórias, sendo, portanto, juridicamente aceitáveis, todas as "*medidas positivas especiais que visem garantir a igualdade de oportunidades e de tratamento entre os* trabalhadores *deficientes e outros trabalhadores*" (artigo 4º)(1697).

Também com o mesmo desiderato, mas agora ao nível da União Europeia, importa atender à Diretiva n. 2.000/78, de 27 de novembro de 2000, que estabelece um quadro geral de igualdade de tratamento

(1693) Cf. ZÉLIA MARIA CARDOSO MONTAL, "O Trabalho como Direito Humano da Pessoa com Deficiência", *Direitos Humanos e Direito do Trabalho,* Flávia Piovesan/Luciana Paula Vaz de Carvalho (coord.), cit., pp. 166 e ss.

(1694) Veja-se, a este propósito, FRANZ GAMILLSCHEG, *Arbeitsrecht I — Arbeitsvertrags — und Arbeitsschutzrecht,* 8ª ed., cit., p. 501, que, a propósito da matéria dos direitos dos deficientes (*Schwerbehinderte),* recorda que a legislação sobre a matéria surgiu a partir do pós-II Guerra Mundial.

(1695) Cf. ALFRED SÖLLNER, *Grundriss des Arbeitsrechts,* cit., p. 241.

(1696) Cf. SCHAUB, *Arbeitsrechts-Handbuch,* 12ª ed., cit., p. 1739.

(1697) Ainda ao nível da OIT, importa atender também à Recomendação n. 168 (1983), sobre *reabilitação profissional e emprego da pessoa portadora de deficiência,* que aponta no mesmo sentido.

no emprego e na atividade profissional, dispondo que "*É necessário prever medidas apropriadas, ou seja, medidas eficazes e práticas destinadas a adaptar o local de trabalho em função da deficiência, por exemplo, adaptações das instalações ou dos equipamentos, dos ritmos de trabalho, da atribuição de funções, ou da oferta de meios de formação ou de enquadramento*", considerando ainda, no artigo 2º, n. 2, alínea *b*, que existe discriminação indireta "*sempre que uma disposição, critério ou prática aparentemente neutra seja suscetível de colocar numa situação de desvantagem pessoas com uma determinada (...) deficiência, (...) comparativamente com outras pessoas*".

Mais do que isso: sob a epígrafe "*Adaptações razoáveis para as pessoas deficientes*", o artigo 5º da aludida Diretiva n. 2000/78 prevê que, para garantir o respeito do princípio da igualdade de tratamento, a entidade patronal deve tomar as medidas adequadas a fim de que uma pessoa deficiente tenha acesso a um emprego, possa exercê-lo ou nele progredir, ou para que lhe seja ministrada formação, exceto se essas medidas implicarem encargos desproporcionados para a entidade patronal. Os encargos não serão considerados desproporcionados quando forem suficientemente compensados por medidas previstas pela política do Estado-membro em causa em matéria de pessoas deficientes", ao passo que o artigo 7º, a propósito de medidas de ação positiva, prescreve que "*No que respeita às pessoas deficientes, o princípio da igualdade de tratamento não afeta o direito dos Estados-membros de manterem ou adotarem disposições em matéria de proteção da saúde e da segurança no local de trabalho nem medidas destinadas a criar ou a manter (...) facilidades para salvaguardar ou fomentar a sua inserção no mundo do trabalho*".

No mesmo sentido, a Carta dos Direitos Fundamentais da União Europeia determina, no seu artigo 26º, que "*A União reconhece e respeita o direito das pessoas com deficiência a beneficiarem de medidas destinadas a assegurar a sua autonomia, a sua integração social e profissional e a sua participação na vida da comunidade*".

III. A nossa Constituição alude também, em termos genéricos, à necessidade de proteção desta categoria de trabalhadores — o artigo 59º, n. 2, alínea *c*, determina que incumbe ao Estado assegurar as condições de trabalho, retribuição e repouso a que os trabalhadores têm direito, nomeadamente a especial proteção do trabalho dos "*diminuídos*", ao passo que o artigo 71º determina a obrigatoriedade de o Estado desenvolver políticas de apoio à reabilitação e integração dos cidadãos portadores de deficiência.

E a legislação ordinária segue essa tendência, designadamente no domínio laboral, fundamentalmente tendo em vista a proscrição de práticas discriminatórias que possam prejudicar esta categoria de trabalhadores; através da promoção de medidas de ação positivas que favoreçam a sua empregabilidade; através de normas que procuram garantir a adaptação das condições de trabalho à situação especial decorrente da deficiência destes trabalhadores e, por fim, através de normas relativas à organização do tempo de trabalho, que visam garantir um regime mais favorável a estes trabalhadores quando comparado com o regime aplicável à generalidade dos trabalhadores.

IV. Neste contexto, o CT consagra uma Subsecção especificamente dedicada ao *trabalhador com capacidade de trabalho reduzida* — Subsecção VI da Secção II — *sujeitos* — do Capítulo I — *Disposições Gerais* — do Título II — *Contrato de trabalho* — do Livro I — *Parte Geral* (artigo 84º), bem como uma Subsecção imediatamente subsequente — Subsecção VII — dedicada ao *trabalhador com deficiência ou doença crónica*[1698].

(1698) Recorda-se que, até a aprovação do CT/2003, os trabalhadores portadores de deficiência não se beneficiavam de um regime especial quanto à disciplina do contrato de trabalho. O Regime Jurídico do Emprego Protegido, aprovado pelo do Decreto-Lei n. 40/83, de 25 de janeiro [rectificado por Declaração de Rectificação publicada no DR, de 28.2.1983 (supl.), alterado pelo Decreto-Lei n. 194/85, de 24 de junho e rectificado no DR de 31.7.1985 (supl.)], remetia o regime das relações de trabalho estabelecidas entre a entidade responsável por qualquer das modalidades de emprego protegido e os trabalhadores deficientes para a legislação geral reguladora do contrato de trabalho, com as adaptações exigidas pela sua natureza que viessem a ser fixadas por portaria emitida pelo Ministro do Trabalho (artigo 19º). No mesmo sentido, o Decreto Regulamentar n. 37/85, de 24 de julho [rectificado por Declaração de Rectificação publicada no DR, de 31.7.1985 (supl.)] não avançou no sentido da criação de um regime especial quanto ao contrato de trabalho do trabalhador deficiente.
A partir do CT/2003, os trabalhadores portadores de deficiência ou com doença crónica passaram a ser objeto de uma referência especial no cerne da legislação laboral — o Código do Trabalho, tradição essa que se manteve no CT/2009, mesmo após as suas sucessivas revisões.

O CT, porém, não contém nenhum conceito normativo classificatório e distintivo destas duas categorias de trabalhadores, pelo que do ponto de vista doutrinário, designadamente a autora Maria do Rosário Ramalho, se tem ensaiado a seguinte destrinça: no que diz respeito ao trabalhador com *capacidade de trabalho reduzida,* o que está em causa é uma inaptidão do trabalhador para a prestação laboral, valorizando-se os efeitos da sua incapacidade — o trabalhador não é deficiente nem tem uma doença crónica clinicamente assinalada, mas intrinsecamente tem uma quase incapacidade que é valorada como capacidade de trabalho reduzida e que o diminui em termos de prestação profissional, quando comparado com a generalidade dos trabalhadores; no caso do *trabalhador com deficiência ou doença crónica,* o que está em causa é o próprio motivo dessa incapacidade (ou seja, a deficiência ou a doença crónica, clinicamente assinaladas), sendo que desta resulta, por sua vez, uma redução da aptidão para o trabalho[(1699)].

No essencial, apesar de alguma doutrina classificar as medidas de proteção previstas no Código do Trabalho para esta categoria de trabalhadores como "*medidas modestas*"[(1700)], o CT atua no sentido da proteção destas categorias especiais e desfavorecidas fundamentalmente através de três grupos de normas, em nome do personalismo ético que anima o diploma: normas que visam facilitar o acesso de trabalhadores deficientes ao mercado de trabalho, nomeadamente através da promoção de medidas de ação positivas (*v. g.*, artigo 84º, n. 2 e 3, artigo 85º, n. 2, e artigo 86º, todos do CT); normas que procuram garantir a adaptação das condições de trabalho à situação especial decorrente da deficiência destes trabalhadores (*v. g.*, artigo 84º, ns. 1 e 3, e artigo 85º n. 1, parte final, do CT); e normas relativas à organização do tempo de trabalho, que visam garantir um regime mais favorável a estes trabalhadores quando comparado com o regime aplicável à generalidade dos trabalhadores (artigos 87º e 88º do CT).

V. No caso do *trabalhador com capacidade de trabalho reduzida* (Subsecção VI), o artigo 84º do CT estabelece os princípios gerais quanto ao emprego desta categoria de trabalhador. A este propósito, determina-se que o empregador deve facilitar o emprego a trabalhador com capacidade de trabalho reduzida, proporcionando-lhe adequadas condições de trabalho, nomeadamente a adaptação do posto de trabalho, retribuição e promovendo ou auxiliando ações de formação e aperfeiçoamento profissional apropriadas (n. 1). Determina-se ainda que o Estado deve estimular e apoiar, pelos meios convenientes, a ação das empresas na realização daqueles objetivos e que, em qualquer caso, podem ser estabelecidas, por lei ou instrumento de regulamentação coletiva de trabalho, especiais medidas de proteção de trabalhador com capacidade de trabalho reduzida, particularmente no que respeita à sua admissão e condições de prestação da atividade, tendo sempre em conta os interesses do trabalhador e do empregador.

No essencial, o preceito em apreço tem em vista facilitar o acesso ao emprego a candidatos com *capacidade de trabalho reduzida*, bem como proporcionar-lhes boas condições de trabalho, adequadas à situação particular dos mesmos. Trata-se, em última instância, de uma concretização do princípio da igualdade, em particular do conceito de *igualdade de oportunidades* expresso no artigo 27º do CT, nos termos acima assinalados.

O número 4 do preceito em apreço remete o desenvolvimento do regime específico nele consagrado para legislação específica. A este propósito, importa atender às *bases gerais do regime jurídico da prevenção, habilitação, reabilitação e participação da pessoa com deficiência*, aprovado pela Lei n. 38/2004, de 18 de agosto, designadamente na parte relativa ao emprego[(1701)]: no artigo 26º, alude-se ao *direito ao trabalho e emprego* (artigo 26º), afirmando-se que compete ao Estado adotar medidas específicas necessárias para assegurar o direito de acesso ao emprego, ao trabalho, à orientação, formação, habilitação e reabilitação profissionais e a adequação das condições de trabalho da pessoa com deficiência, devendo ser fomentado o recurso ao autoemprego, teletrabalho, trabalho a tempo parcial e no domicílio; no artigo 27º, à *conciliação entre a atividade profissional e à vida familiar*, afirmando-se que compete ao Estado adotar medidas específicas necessárias para assegurar o direito de conciliação entre a atividade

(1699) Cf. MARIA DO ROSÁRIO RAMALHO, *Tratado de Direito do Trabalho,* Parte II — Situações Laborais individuais, cit., pp. 349-353.

(1700) Cf. JÚLIO VIEIRA GOMES, *Direito do Trabalho,* Vol. I, cit., p. 454.

(1701) Veja-se, a este propósito, ROMANO MARTINEZ, *Direito do Trabalho,* Almedina, Coimbra, 5ª ed., 2010, pp. 405-406, MARIA DO ROSÁRIO RAMALHO, *Tratado de Direito do Trabalho,* Parte II — Situações Laborais individuais, cit., pp. 349-353.

profissional e a vida familiar da pessoa com deficiência, bem como dos familiares com pessoas com deficiência a cargo; no artigo 28º, contêm-se normas relativas à *criação de quotas de emprego*, em moldes a regulamentar, afirmando-se que as empresas devem, tendo em conta a sua dimensão, contratar pessoas com deficiência, mediante contrato de trabalho ou de prestação de serviço, em número até 2% do total de trabalhadores, devendo a Administração Pública proceder à contratação de pessoas com deficiência em percentagem igual ou superior a 5%(1702).

VI. O artigo 85º inaugura a Subsecção VII, relativa ao *trabalhador com deficiência ou doença crónica*, estabelecendo os princípios gerais quanto a esta matéria: nos termos do número 1, o trabalhador com deficiência ou doença crónica é titular dos mesmos direitos e está adstrito aos mesmos deveres dos demais trabalhadores no acesso ao emprego, à formação, promoção ou carreira profissionais e às condições de trabalho, sem prejuízo das especificidades inerentes à sua situação. O número 2, por sua vez, estabelece que o Estado deve estimular e apoiar a ação do empregador na contratação de trabalhador com deficiência ou doença crónica e na sua readaptação profissional.

O número 1 do referido artigo 85º constitui uma concretização dos artigos 24º (*direito à igualdade no acesso ao emprego e no trabalho*) e 25º (*proibição de discriminação*), pelo que a sua violação segue o regime do artigo 28º (*indemnização por ato discriminatório*). O número 2, que surge desenvolvido no artigo 86º, encerra por sua vez uma concretização do artigo 27º (*medidas de ação positiva)* — trata-se pois, também neste caso, de uma concretização do princípio da igualdade, em particular do conceito de *igualdade de oportunidades* expresso no artigo 27º deste Código.

O artigo 86º consagra de forma expressa o princípio da adoção de medidas de ação positiva em favor de trabalhador com deficiência ou doença crónica. Nos termos do número 1, o empregador deve adotar medidas adequadas para que a pessoa com deficiência ou doença crónica tenha acesso a um emprego, o possa exercê-lo e nele progredir, ou para que tenha formação profissional, exceto se tais medidas implicarem encargos desproporcionados. O número 2, por sua vez, determina que o Estado deve estimular e apoiar, pelos meios convenientes, a ação do empregador na realização dos objetivos referidos no número anterior, admitindo-se ainda que possam ser estabelecidas por lei ou instrumento de regulamentação coletiva de trabalho medidas de proteção específicas de trabalhador com deficiência ou doença crónica e incentivos a este ou ao empregador, particularmente no que respeita à admissão, condições de prestação da atividade e adaptação de posto de trabalho, tendo em conta os respetivos interesses.

No essencial, o preceito em causa encerra a admissibilidade de consagração de medidas de ação positiva a favor do trabalhador deficiente ou com doença crónica. Importa, consequentemente, relacionar o preceito em apreço com o artigo 27º do CT (*medidas de ação positiva*) e com o ideal de igualdade de oportunidades, em sentido material, nele enunciado — mais do que a proclamação de uma igualdade formal, assente na asserção clássica de que todos são iguais perante a lei, afirma-se (e incentiva-se) a licitude de medidas de carácter temporário que consagram um tratamento desigual como forma de compensar desigualdades de oportunidades e de tratamento que persistem na vida social. Estão em causa as correntemente denominadas *medidas de ação positiva,* que concretizam a ideia de *discriminação positiva* e que se compreendem no âmbito de um ideal de justiça social, que vê na igualdade não um ponto de partida, mas sim um ponto de chegada.

Tal como sucede no artigo 84º, n. 3, a propósito do trabalhador com capacidade de trabalho reduzida, o número 4 do artigo 86º contém um convite à negociação coletiva, que poderá assumir um papel importante neste domínio, através da criação de medidas de proteção específica a estes trabalhadores e de incentivos destinados à sua contratação.

VII. Como corolário do "princípio da proteção do trabalhador", os artigos 87º(1703) e 88º(1704) estabelecem, depois, à semelhança do que vimos suceder a propósito das trabalhadoras grávidas, puérperas e

---

(1702) Veja-se, a este propósito, ROMANO MARTINEZ, *Direito do Trabalho,* Almedina, Coimbra, 5ª ed., cit., pp. 405-406, MARIA DO ROSÁRIO RAMALHO, *Tratado de Direito do Trabalho,* II — *Situações Laborais Individuais,* cit., pp. 350-352.

(1703) O artigo 87º garante a dispensa de algumas formas de organização do tempo de trabalho dos trabalhadores portadores de deficiência ou doença crónica se as mesmas puderem prejudicar a sua saúde ou segurança no trabalho, nomeadamente o trabalho prestado segundo os regimes especiais da *adaptabilidade* (artigos 204º a 207º), do *banco de horas* (artigos 208º a 208º-B) e *horário*

lactantes e dos trabalhadores menores, um conjunto de regras a propósito do tempo de trabalho mais favoráveis aos trabalhadores portadores de deficiência ou com doença crónica, quando comparadas com as que se aplicam à generalidade dos trabalhadores.

VIII. Em suma, trata-se de um regime fortemente marcado e influenciado pelo "princípio da proteção do trabalhador": é deste princípio, conjugado com o da igualdade, que resultam a criação e as características principais deste regime.

4.5. Trabalhador-estudante

I. O "princípio da proteção do trabalhador" atua também no domínio da conciliação entre a vida profissional e a vida académica ou educacional dos trabalhadores, procurando garantir a compatibilização entre a sua vida profissional e a frequência, pelos mesmos, de cursos escolares, como forma de tutela dos respetivos interesses pessoais.

Trata-se, de resto, também, neste caso, de uma imposição constitucional — o artigo 59º, n. 2, alínea *f*, da Constituição determina que incumbe ao Estado a *"proteção das condições de trabalho dos trabalhadores-estudantes"*.

Nesse contexto, o Código do Trabalho, com as alterações introduzidas pela Lei n. 23/2012, de 25 de junho, consagra também uma Subsecção especificamente dedicada ao trabalhador-estudante — Subsecção VIII da Secção II — *Sujeitos* — do Capítulo I — *Disposições Gerais* — do Título II — *Contrato de trabalho* — do Livro I — *Parte Geral* (artigos 89º a 96º). A Subsecção em apreço integra parte da disciplina anteriormente contida nos artigos 79º a 85º do CT/2003 e nos artigos 147º a 156º da LECT que, por sua vez, se haviam inspirado na Lei n. 116/97, de 4 de novembro ("Estatuto do Trabalhador-Estudante"), relativa à relação contratual (contrato de trabalho) que se estabelece entre o empregador e o trabalhador-estudante.

Trata-se, no essencial, de um regime que tem por escopo garantir mecanismos de conciliação entre a formação escolar e académica e a atividade profissional do "trabalhador-estudante", através da instituição de um regime especial de prestação de trabalho, designadamente quanto à organização do tempo de trabalho, ainda que algumas das normas de garantia do "trabalhador-estudante" tenham sido amenizadas ou diminuídas pela referida Lei n. 23/2012.

Ao contrário do regime plasmado no CT/2003, em que se optou por enunciar apenas alguns princípios gerais nesta matéria, remetendo-se para legislação especial (LECT, artigos 147º a 156º) a regulamentação dos preceitos que integravam aquela Subsecção nomeadamente quanto aos procedimentos necessários que devem ser adotados pelo trabalhador para que possa se beneficiar dos direitos especiais que lhe são atribuídos, a referida Subsecção do CT/2009, alterado pela Lei n. 23/2012, abarca no essencial toda a matéria (substantiva e de procedimento) relativa ao trabalhador-estudante, procurando fundir nos mesmos preceitos legais o que antes se encontrava disperso, pelas razões acima enunciadas, entre o CT/2003 e a LECT.

---

concentrado (artigo 209º), bem como o trabalho (*noturno*) prestado entre as 20 horas de um dia e as 7 horas do dia seguinte (n. 1). Para o efeito, o trabalhador deve ser submetido a exame de saúde previamente ao início da aplicação do regime em causa (n. 2). O regime instituído é similar ao existente para a trabalhadora grávida, puérpera e lactante (artigo 58º) e para os trabalhadores menores (artigo 74º). Por outro lado, ao passo que, para a generalidade dos trabalhadores, o Código do Trabalho dispõe que período de trabalho noturno supletivo é o compreendido entre as 22 horas de um dia e as 7 horas do dia seguinte (artigo 223º), relativamente ao trabalhador portador de deficiência ou doença crónica, bem como à trabalhadora grávida, puérpera ou lactante (artigo 60º) e ao trabalhador menor com idade inferior a 16 anos (artigo 76º), manteve-se o período supletivo anteriormente consagrado no número 3 do artigo 29º da Lei da Duração do Trabalho — considera-se trabalho noturno o prestado entre as 20 horas de um dia e as 7 horas do dia seguinte.

(1704) O artigo 88º, por sua vez, cria um regime especial a propósito do trabalho suplementar, previsto no artigo 227º, determinando que o trabalhador com deficiência ou doença crónica não é obrigado a prestar trabalho suplementar. Também neste caso, recorda-se, segue-se, em nome do "princípio da proteção do trabalhador", o regime atribuído à trabalhadora grávida, puérpera e lactante (artigo 59º) e aos trabalhadores menores (artigo 75º), ainda que neste último caso se descortine uma exceção para o trabalho prestado por menor com idade igual ou superior a 16 anos, em certos casos especiais (artigo 75º, n. 2).

Todavia, ao contrário do que sucede com o regime da *trabalhadora grávida, puérpera e lactante*, com o *trabalhador menor* ou com o regime do *trabalhador com capacidade de trabalho diminuída* ou com *deficiência ou doença crónica*, que são moldados pelo "princípio da proteção do trabalhador" com o escopo exclusivo de proteção daquelas categorias de trabalhadores face a uma especial situação de debilidade, no caso do trabalhador-estudante o que está em causa é uma lógica de conciliação da vida profissional com a vida estudantil e de promoção das qualidades pessoais, de formação e educacionais deste tipo de trabalhadores. Não está em causa uma intenção de proteção da segurança e saúde destes trabalhadores, nem sequer uma lógica de promoção de medidas de ação positivas, mas apenas um propósito de tutela do interesse pessoal do trabalhador-estudante tendo em vista a melhoria das suas habilitações escolares[(1705)].

Por essa razão, a maioria das normas em causa assenta no regime da organização do tempo de trabalho e no das faltas e licenças. O regime do trabalhador-estudante afirma-se, pois, como salienta Mazzoni, pela imposição de particulares limites ao poder de direção do empregador[(1706)].

II. O artigo 89º encerra o conceito normativo de "trabalhador-estudante" e enuncia como requisito para a manutenção do respetivo estatuto que o trabalhador tenha aproveitamento escolar. O legislador considera como trabalhador-estudante o trabalhador que frequenta qualquer nível de educação escolar, bem como curso de pós-graduação, mestrado ou doutoramento em instituição de ensino ou, ainda, curso de formação profissional ou programa de ocupação temporária de jovens com duração igual ou superior a seis meses (n. 1). O número 2, por sua vez, estabelece que a manutenção do estatuto de trabalhador-estudante depende de aproveitamento escolar no ano letivo anterior.

O que se retira, do referido preceito, é que o conceito de "trabalhador-estudante" não é um conceito naturalístico, mas sim acentuadamente normativo — exige-se não só a qualidade de trabalhador subordinado, como também a circunstância de este frequentar determinado nível de educação escolar, incluindo cursos de pós-graduação em instituições de ensino. Por outro lado, exige-se como requisito para a manutenção do estatuto de trabalhador-estudante que este comprove desde logo perante o empregador a sua condição de estudante[(1707)], mas também que tenha aproveitamento escolar, devendo fazer prova da respetiva condição de estudante, nos termos enunciados nos artigos 94º e 95º do CT/2009, alterado pela Lei n. 23/2012[(1708)].

III. O artigo 90º estabelece um conjunto de regras sobre a organização do tempo de trabalho do trabalhador-estudante, no que consiste o essencial do respetivo regime tutelar.

No essencial, o horário de trabalho do trabalhador-estudante deve, sempre que possível, ser ajustado de modo a permitir a frequência das aulas e a deslocação para o estabelecimento de ensino (n. 1) e, quando não for possível a aplicação desta regra, o trabalhador-estudante terá direito à dispensa de trabalho para frequência de aulas, se assim o exigir o horário escolar, sem perda de direitos e que conta como prestação efetiva de trabalho (n. 2), sendo certo que a dispensa de trabalho para frequência de aulas pode ser utilizada de uma só vez ou de forma fracionada, à escolha do trabalhador-estudante, tendo uma duração máxima variável (entre 3 e 6 horas semanais), dependendo do período normal de trabalho semanal (n. 3)[(1709)].

(1705) Cf., a este propósito, MARIA DO ROSÁRIO RAMALHO, *Tratado de Direito do Trabalho, Parte II — Situações Laborais individuais*, cit., pp. 356-357, para quem a motivação originária deste regime era outra: a de promover a educação geral dos trabalhadores portugueses, tradicionalmente de nível muito elementar. Com o aumento do nível global da escolaridade em Portugal e com a constatação da natureza ilusória da presunção de que o empregador se beneficia sempre do aumento do grau de escolaridade do trabalhador, a motivação deste regime passou a ser, apenas, o da tutela do interesse pessoal dos próprios trabalhadores na melhoria das suas habilitações e da sua cultura, circunstância que comprova, do ponto de vista da autora, *"a lógica peculiar do contrato de trabalho, que permite, por vezes, o sacrifício do consenso negocial a interesses próprios de uma das partes"*.

(1706) Cf. GIULIANO MAZZONI, *Manuale di Diritto del Lavoro*, 6ª ed., p. 128, que vê no regime de proteção do trabalhador estudante mais uma *"limitazione ai poteri dispositivi dell'imprenditore"*.

(1707) Cf. JÚLIO VIEIRA GOMES, *Direito do Trabalho*, v. I, cit., p. 464.

(1708) A propósito do Estatuto do trabalhador-estudante, veja-se MENDES BAPTISTA, "Considerações sobre o Estatuto do Trabalhador-Estudante", *Revista da Ordem dos Advogados*, ano 59, III, Lisboa, dezembro 1999, pp. 1061 e ss. Sobre o regime previsto na presente Subsecção, veja-se ROMANO MARTINEZ, *Direito do Trabalho*, Almedina, Coimbra, 4ª ed., cit., pp. 382-384; MARIA DO ROSÁRIO RAMALHO, *Direito do Trabalho*, II, cit., pp. 330-332 e *Tratado de Direito do Trabalho*, Parte II – Situações Laborais Individuais, pp. 356 e ss.; e Cf. JÚLIO VIEIRA GOMES, *Direito do Trabalho*, v. I, cit., pp. 464 e ss.

(1709) A propósito da dispensa de trabalho para frequência de aulas, o que se retira do citado artigo 90º é o seguinte:

No essencial, o que está em causa é garantir a existência de horários de trabalho suscetíveis de permitir a frequência das aulas, numa lógica de conciliação entre a vida profissional e a vida estudantil: enuncia-se a aplicação de horários de trabalho flexíveis (n. 1) e, subsidiariamente, no caso de a referida flexibilidade não ser possível, garante-se a dispensa de trabalho para frequência das aulas, sem perda de direitos, dispensa essa que conta com prestação efetiva do trabalho (ns. 2 e 3).

O artigo 90º abrange também, respetivamente nos números 6 e 7, o regime do trabalho suplementar e o da prestação de trabalho em regime de adaptabilidade, banco de horas ou horário concentrado. À luz destas regras, o trabalhador-estudante não é obrigado a prestar trabalho suplementar, exceto por motivo de força maior, nem trabalho em regime de adaptabilidade, banco de horas ou horário concentrado quando o mesmo coincida com o horário escolar ou com prova de avaliação (n. 6). Em qualquer caso, ao trabalhador-estudante que preste trabalho em regime de adaptabilidade, banco de horas ou horário concentrado é assegurado um dia por mês de dispensa, sem perda de direitos, contando como prestação efetiva de trabalho (n. 7), sendo certo que o trabalhador-estudante que preste trabalho suplementar tem direito à descanso compensatório com duração de metade do número de horas prestadas (n. 8). Ou seja, no caso de o trabalhador-estudante realizar trabalho suplementar, o descanso compensatório será, pelo menos, igual à metade do número de horas de trabalho suplementar prestado, quando é certo que para a generalidade dos trabalhadores o trabalho suplementar prestado em dia útil, em dia de descanso semanal complementar ou em dia de feriado não confere com a revogação do n. 1 do artigo 229º levada a efeito pela Lei n. 23/2012, de 25 de junho, direito a descanso compensatório (artigo 229º, n. 1)[1710].

IV. Tendo em vista a aludida conciliação entre a vida profissional e a vida estudantil, o artigo 91º estabelece o regime de *faltas* para prestação de provas de avaliação. Nos termos deste artigo, o trabalhador-estudante pode faltar justificadamente por motivo de prestação de prova de avaliação, nos seguintes termos: a) No dia da prova e no imediatamente anterior; b) No caso de provas em dias consecutivos ou de mais de uma prova no mesmo dia, os dias imediatamente anteriores são tantos, quantas as provas a prestar; c) Os dias imediatamente anteriores incluem dias de descanso semanal e feriados; d) As faltas dadas ao abrigo das alíneas atrás mencionadas não podem exceder quatro dias por disciplina em cada ano letivo (n. 1, alíneas *a* a *d*); o direito previsto no número anterior só pode ser exercido em dois anos letivos relativamente a cada disciplina (n. 2), considerando-se ainda justificadas as faltas dadas por trabalhador-estudante na estrita medida das deslocações necessárias para prestar provas de avaliação, sendo retribuídas até 10 faltas em cada ano letivo, independentemente do número de disciplinas (n. 3). O número 4 esclarece ainda que se considera prova de avaliação o exame ou outra prova, escrita ou oral, ou a apresentação de trabalho, quando este o substitua ou complemente e desde que determine direta ou indiretamente o aproveitamento escolar.

Também com o objetivo de melhor permitir a conciliação entre a vida profissional e estudantil, o artigo 92º estabelece um regime especial quanto às férias e licenças do trabalhador-estudante, determinando que este tem direito a marcar o período de férias de acordo com as suas necessidades escolares, podendo gozar até 15 dias de férias interpoladas, na medida em que tal seja compatível com as exigências impe-

---

1) A dispensa de trabalho para frequência de aulas prevista no número 2 pode ser utilizada de uma só vez ou fracionadamente, à escolha do trabalhador-estudante, dependendo do período normal de trabalho semanal aplicável, nos seguintes termos:
i) Período normal de trabalho semanal igual ou superior a vinte horas e inferior a trinta horas: dispensa até 3 horas semanais;
ii) Período normal de trabalho igual ou superior a trinta horas e inferior a trinta e quatro horas: dispensa até 4 horas semanais;
iii) Período normal de trabalho igual ou superior a trinta e quatro horas e inferior a trinta e oito horas: dispensa até 5 horas semanais;
iv) Período normal de trabalho igual ou superior a trinta e oito horas: dispensa até 6 horas semanais.
2) Sempre que a pretensão formulada pelo trabalhador-estudante no sentido de lhe ser aplicado o disposto nos números 1, 2 e 3 do citado preceito se revele, manifesta e comprovadamente, comprometedora do normal funcionamento da empresa, nomeadamente por causa do número de trabalhadores-estudantes existentes, fixa-se, por acordo entre o empregador, trabalhador interessado e comissão de trabalhadores ou, na sua falta, comissão intersindical, comissões sindicais ou delegados sindicais, as condições em que é decidida a pretensão apresentada. Na falta de acordo, o empregador decide fundamentadamente, informando por escrito o trabalhador interessado.

(1710) A este propósito, veja-se a anotação de Guilherme Dray ao citado artigo 90º do CT, e a de Luís Miguel Monteiro ao artigo 229º do mesmo Código, ambos em PEDRO ROMANO MARTINEZ; LUÍS MIGUEL MONTEIRO; JOANA VASCONCELOS; PEDRO MADEIRA DE BRITO; GUILHERME DRAY e LUÍS GONÇALVES DA SILVA, *Código do Trabalho Anotado*, 9ª ed., cit., respectivamente pp. 265-267 e 544 e ss.

riosas do funcionamento da empresa (n. 1). O número 2 garante ao trabalhador-estudante o direito, em cada ano civil, à licença sem retribuição, com a duração de 10 dias úteis seguidos ou interpolados. Mais uma vez, tendo em consideração a mencionada lógica de conciliação entre a vida profissional e a vida estudantil, procura-se garantir que a prestação de atividade laboral não é inconciliável com a formação educacional do trabalhador. No caso concreto, confere-se a possibilidade de o trabalhador marcar férias de acordo com as respetivas necessidades escolares, salvo se daí resultar comprovada incompatibilidade com o mapa de férias elaborado pelo empregador[(1711)].

V. O artigo 93º visa a promoção profissional do trabalhador-estudante. À luz deste preceito, o empregador deve possibilitar ao trabalhador-estudante promoção profissional adequada à qualificação obtida, não sendo, todavia, obrigatória a reclassificação profissional por mero efeito da qualificação. Quer dizer, o "princípio da proteção do trabalhador" atua neste domínio de forma a criar as condições para que o trabalhador-estudante se enriqueça pessoalmente do ponto de vista educacional, mas não vai ao ponto de obrigar o empregador a retirar direta e necessariamente as consequências da qualificação educacional obtida. Por outras palavras, não se cria na esfera jurídica do trabalhador um direito subjetivo à promoção, mas apenas uma orientação programática dirigida ao empregador, no sentido da promoção profissional do trabalhador-estudante por efeito da respetiva qualificação profissional[(1712)].

VI. Na sequência do conceito (normativo) de trabalhador-estudante previsto no artigo 89º, o artigo 94º determina que apenas pode se beneficiar deste regime o trabalhador que cumpra determinados requisitos legais, nomeadamente fazendo prova perante o empregador da sua condição de estudante e apresentando o respetivo horário escolar. Por outro lado, a lei define o conceito de "aproveitamento escolar" que, nos termos do artigo 89º, n. 2, é condição para a manutenção do estatuto de trabalhador-estudante[(1713)].

O regime do trabalhador-estudante é, manifestamente, um regime mais favorável do que o da generalidade dos trabalhadores, nomeadamente quanto à organização do tempo de trabalho, quanto ao regime de faltas para prestação de provas de avaliação e quanto ao regime de férias e licenças. Por essa razão, o legislador estabelece que o trabalhador-estudante deve escolher, entre as possibilidades existentes, o horário mais compatível com o horário de trabalho, sob pena de não se beneficiar dos inerentes direitos (artigo 94º, n. 2), sendo certo, todavia, que "o trabalhador-estudante" não pode cumular os direitos previstos no Código com quaisquer regimes que visem os mesmos fins, nomeadamente no que respeita a dispensa de trabalho para frequência de aulas, licenças por motivos escolares ou faltas para prestação de provas de avaliação" (n. 5).

Com a mesma função limitadora do exercício deste regime mais favorável e com o objetivo de prevenir e evitar situações de utilização fraudulenta do mesmo, o artigo 95º esclarece as situações que determinam a cessação e a renovação dos direitos do trabalhador-estudante, designadamente em caso de falta de aproveitamento escolar[(1714)]. Por outras palavras, fica claro, ao abrigo deste preceito, que os

(1711) A este propósito, vejam-se as anotações de Guilherme Dray aos citados artigo 91º e 92º do CT, em PEDRO ROMANO MARTINEZ; LUÍS MIGUEL MONTEIRO; JOANA VASCONCELOS; PEDRO MADEIRA DE BRITO; GUILHERME DRAY e LUÍS GONÇALVES DA SILVA, *Código do Trabalho Anotado*, 9ª ed., cit., pp. 268-270.

(1712) A este propósito, veja-se a anotação de Guilherme Dray ao citado artigo 93º do CT, em PEDRO ROMANO MARTINEZ; LUÍS MIGUEL MONTEIRO; JOANA VASCONCELOS; PEDRO MADEIRA DE BRITO; GUILHERME DRAY e LUÍS GONÇALVES DA SILVA, *Código do Trabalho Anotado*, 9ª ed., cit., p. 270.

(1713) Nos termos do artigo 94º, n. 3, do CT/2009, alterado pela Lei n. 23/2012, "*Considera-se aproveitamento escolar a transição de ano ou a aprovação ou progressão em, pelo menos, metade das disciplinas em que o trabalhador-estudante esteja matriculado, a aprovação ou validação de metade dos módulos ou unidades equivalentes de cada disciplina, definidos pela instituição de ensino ou entidade formadora para o ano letivo ou para o período anual de frequência, no caso de percursos educativos organizados em regime modular ou equivalente que não definam condições de transição de ano ou progressão em disciplinas*". O número 4 admite ainda no conceito de "aproveitamento escolar" "*(...) o trabalhador que não satisfaça o disposto no número anterior devido a acidente de trabalho ou doença profissional, doença prolongada, licença em situação de risco clínico durante a gravidez, ou por ter gozado licença parental inicial, licença por adoção ou licença parental complementar por período não inferior a um mês*".

(1714) Nos termos do artigo 95º, n. 1, "*o direito a horário de trabalho ajustado ou a dispensa de trabalho para frequência de aulas, a marcação do período de férias de acordo com as necessidades escolares ou a licença sem retribuição cessa quando o trabalhador-estudante não tenha aproveitamento no ano em que beneficie desse direito*", sendo certo que os restantes direitos cessam quando o trabalhador-estudante não tenha aproveitamento em dois anos consecutivos ou três interpolados (n. 2). Em caso de falsas declarações relativamente aos factos de que depende a concessão do estatuto ou a factos constitutivos de direitos, bem como quando estes sejam utilizados para outros fins, os direitos do trabalhador-estudante cessam imediatamente (n. 3).

direitos conferidos ao trabalhador-estudante não devem ser vistos como "direitos adquiridos": cessam quando o mesmo não conclua com aproveitamento o ano escolar ao abrigo de cuja frequência beneficiou desses mesmos direitos[1715].

VII. Também, com a mesma filosofia, o artigo 96º estabelece um procedimento para o exercício de direitos de trabalhador-estudante: o trabalhador-estudante deve comprovar perante o empregador o respetivo aproveitamento, no final de cada ano letivo (n. 1) e o controlo de assiduidade do trabalhador-estudante pode ser feito, por acordo com o trabalhador, diretamente pelo empregador, através dos serviços administrativos do estabelecimento de ensino (n. 2). Na falta de acordo, o empregador pode, nos 15 dias seguintes à utilização da dispensa de trabalho para esse fim, exigir a prova da frequência de aulas, sempre que o estabelecimento de ensino proceder ao controlo da frequência (n. 3)[1716].

O preceito em apreço estabelece, também, o procedimento que deve ser seguido pelo trabalhador -estudante para efeitos de obtenção de *licença sem retribuição*[1717].

Em suma, estamos perante um regime mais favorável do que o da generalidade dos trabalhadores, atribuído a uma categoria específica de trabalhador subordinado — o trabalhador-estudante — em nome do "princípio da proteção do trabalhador".

4.6. Membros de estruturas representativas de trabalhadores

I. Como *supra* se afirmou, em torno da referida finalidade de proteção do trabalhador, o Direito do trabalho tem também como valor subjacente uma componente coletiva, que parte da premissa de que os trabalhadores, por estarem em situação de inferioridade negocial perante o empregador, conseguem reivindicar de forma mais efetiva e eficaz as suas pretensões se o fizerem coletivamente[1718].

Nesse contexto, a criação de estruturas representativas de trabalhadores — *v. g.*, associações sindicais e comissões de trabalhadores: artigo 404º do CT — e a atribuição, a estas entidades, não apenas de poderes de representação dos trabalhadores perante o empregador, mas também de poderes de fiscalização e controle da gestão empresarial, de capacidade negocial para efeitos de celebração de convenções coletivas de trabalho com os empregadores ou as associações empresariais e do direito de exercício legítimo de lutas laborais coletivas, em especial através do direito à greve, tem por base o aludido "princípio da proteção do trabalhador" — é deste princípio, mais uma vez, que resulta, enquanto projeção, o *"princípio do coletivo"*[1719] e as suas concretizações.

II. Não obstante a individualidade própria do *princípio do coletivo*, atenta à multiplicidade de normas e subprincípios que o mesmo agrupa no domínio do associativismo sindical, das lutas sindicais, da negociação coletiva e dos efeitos que esta exerce enquanto fonte específica deste ramo do direito no contrato de trabalho, do direito (irrenunciável) à greve e da proibição do *lockout*, subprincípios esses que não são objeto da presente investigação, a verdade é que existe também um conjunto de normas que, ainda que por razões distintas, visam a proteção específica e reforçada dos membros das estruturas representativas

(1715) A este propósito, veja-se a anotação de Guilherme Dray ao citado artigo 95º do CT, em PEDRO ROMANO MARTINEZ; LUÍS MIGUEL MONTEIRO; JOANA VASCONCELOS; PEDRO MADEIRA DE BRITO; GUILHERME DRAY e LUÍS GONÇALVES DA SILVA, *Código do Trabalho Anotado*, 9ª ed., cit., p. 276.

(1716) O presente preceito fixa o procedimento para efeitos de exercício dos direitos do trabalhador-estudante antes consagrados na LECT, nomeadamente nos artigos 148º (que correspondia aos artigos 9º e 10º da Lei n. 116/97) e 152º (que correspondia ao artigo 6º da Lei n. 116/97), respetivamente a propósito da prova anual do aproveitamento escolar e da forma e dos prazos de pré-aviso para efeitos de requerimento de licença sem retribuição. A título inovador, o CT/2009 previu a possibilidade de o controlo da assiduidade do trabalhador-estudante ser feito diretamente pelo empregador, mediante acordo com o trabalhador, através dos serviços administrativos do estabelecimento de ensino, faculdade esta que não constava do CT/2003.

(1717) Nos termos do artigo 96º, n. 4, a *licença sem retribuição* deve ser requerida com a antecedência mínima de: *a)* quarenta e oito horas ou, sendo inviável, logo que possível, no caso de um dia de licença; *b)* oito dias, no caso de dois a cinco dias de licença; *c)* 15 dias, no caso de mais de cinco dias de licença.

(1718) Veja-se, a este propósito, GIUSEPPE PERA, *Diritto del Lavoro*, , 6ª ed., cit., pp. 83 e ss.

(1719) Cf. terminologia utilizada por MARIA DO ROSÁRIO RAMALHO, *Direito do Trabalho*, Parte I — Dogmática Geral, cit., pp. 502 e ss.

de trabalhadores, quando confrontados com a generalidade dos trabalhadores. Nesse sentido e por essa razão, porque está em causa uma proteção especial conferida pelo sistema juslaboral a esta categoria específica de trabalhadores, encontramos aqui pontos de contacto com o regime das *trabalhadoras grávidas, puérperas e lactantes*, dos *menores*, dos *trabalhadores com capacidade de trabalho reduzida, deficientes ou com doença crónica* ou dos *trabalhadores-estudantes*.

O objetivo subjacente ao regime de especial proteção dos representantes dos trabalhadores tem, todavia, uma particularidade própria: a sua proteção não resulta nem de uma especial situação de debilidade física ou natural, nem da necessidade de garantir a sua segurança e saúde no trabalho, nem de um desiderato de promoção da conciliação entre a sua vida profissional e a sua vida educacional — visa-se, apenas, atento o tipo de funções de representação coletiva desempenhadas por tais trabalhadores, facultar-lhes os meios necessários para o exercício das suas funções de representação, por um lado, e protegê-los contra eventuais atos de retaliação perpetrados pelo empregador, por outro lado.

III. A nível internacional, a necessidade de proteção dos representantes dos trabalhadores surge enunciada na Convenção n. 135 (1971) da OIT, ratificada entre nós pelo Decreto n. 263/76, de 8 de abril, relativa à "*proteção e facilidades a conceder aos representantes dos trabalhadores na empresa*".

No essencial, determina-se (artigo 1º) que os representantes dos trabalhadores na empresa devem "*(...) beneficiar de uma proteção eficaz contra todas as medidas que lhes possam causar prejuízo, incluindo o despedimento, e que sejam motivadas pela sua condição de representantes dos trabalhadores ou pelas atividades dela decorrentes, pela sua filiação sindical ou pela sua participação em atividades sindicais, na medida em que atuem em conformidade com as leis, convenções coletivas ou outras disposições convencionais em vigor*". Para além desta necessidade de proteção contra eventuais atos de retaliação, a Convenção dispõe ainda que "*Na empresa devem ser estabelecidas facilidades aos representantes dos trabalhadores, de forma a permitir-lhes desempenharem rápida e eficazmente as suas funções*", ainda que a concessão de tais facilidades não deva dificultar o funcionamento eficaz da empresa em causa (artigo 3º).

A nível constitucional, o artigo 54º, n. 4, a propósito das comissões de trabalhadores, determina (n. 4) que "*Os membros das comissões gozam da proteção legal reconhecida aos delegados sindicais*", sendo certo que o artigo 55º, n. 6, a propósito da liberdade sindical, estabelece que os representantes eleitos dos trabalhadores gozam do direito à informação e consulta, bem como à proteção legal adequada contra quaisquer formas de condicionamento, constrangimento ou limitação do exercício legítimo das suas funções.

E o regime em causa consta, em sede de legislação ordinária, do Código do Trabalho, moldado pelas fontes acima enunciadas: por um lado, estabelece-se um regime de proteção dos representantes dos trabalhadores contra atos de "retaliação", quer em aspetos relacionados com a execução do contrato (*v. g.*, com a alteração do local de trabalho), quer em aspetos relacionados com a cessação do mesmo (*v. g.*, em caso de despedimento); por outro lado, estabelece-se um conjunto de "facilidades" destinadas a garantir o pleno exercício da atividade de representação, quer em termos de tempo de trabalho (*v. g.*, crédito de horas), quer em termos "logísticos" (*v. g.*, direito a instalações adequadas).

Trata-se, bem entendido, de um regime de proteção que como se enunciou tem suporte constitucional (os citados artigos 54º e 55º) e que não afronta o princípio da igualdade, atendendo a que, como se faz notar na jurisprudência do Tribunal Constitucional acima referida[1720], parte-se do pressuposto de que a segurança no emprego pode estar mais facilmente em risco quando o trabalhador assume perante o empregador a representação dos interesses dos demais trabalhadores, razão pela qual se justifica a criação de um mecanismo que compense essa desigualdade contra "*represálias patronais, de forma a evitar quaisquer discriminações destinadas a não incentivar o desempenho de funções eletivas nas organizações sindicais*"[1721].

(1720) Cf. Acórdãos do Tribunal Constitucional ns. 126/84, 309/85, 122/86, 576/94 e 581/95, disponíveis em www.tribunalconstitucional.pt/tc/acordaos (anos 1984, 1985, 1986, 1994 e 1995).

(1721) Cf. Acórdão do Tribunal Constitucional n. 1172/96, disponível em: <www.tribunalconstitucional.pt/tc/acordaos> (ano 1996).

IV. O regime de proteção contra "atos de retaliação" assenta, desde logo, na proteção do representante dos trabalhadores em caso de transferência de local de trabalho.

Nos termos do artigo 411º do CT/2009, o trabalhador membro de estrutura de representação coletiva dos trabalhadores não pode ser transferido de local de trabalho sem o seu acordo, salvo quando tal resultar de extinção ou mudança total ou parcial do estabelecimento onde presta serviço (n. 1). Para além disso, determina-se ainda que o empregador deve comunicar a transferência do trabalhador à estrutura a que este pertence, com antecedência igual à da comunicação feita ao trabalhador (n. 2).

Trata-se de uma regra que lhe garante uma proteção acrescida quando comparada com a que decorre do princípio geral da inamovibilidade previsto no artigo 129º, alínea *f*, para a generalidade dos trabalhadores. Nos termos deste regime geral, previsto no artigo 129º, o empregador pode transferir o trabalhador para outro local de trabalho nos casos previstos no Código do Trabalho (artigos 194º a 196º), em instrumento de regulamentação coletiva de trabalho, ou em caso de acordo. As hipóteses previstas na lei constam dos artigos 194º e 195º do CT — em regra, o empregador pode transferir o trabalhador para outro local de trabalho, temporária ou definitivamente, em duas situações: a) em caso de mudança ou extinção, total ou parcial, do estabelecimento onde aquele presta serviço; b) quando outro motivo do interesse da empresa o exija e a transferência não implique prejuízo sério para o trabalhador. Quer dizer, a transferência de local de trabalho, em regra, decorre do simples exercício do poder de direção (na sua vertente de modificação unilateral do contrato) por parte do empregador, ainda que condicionado à verificação de determinados requisitos no caso de se tratar de uma transferência individual do trabalhador, seja a título tendencialmente definitivo ou temporário — nestes casos, exige-se que haja um interesse legítimo do empregador e que desta transferência não decorra um prejuízo sério para o trabalhador. No caso de transferência definitiva e existindo prejuízo sério para o trabalhador, este pode, ou não, cumprir a ordem, obstaculizando a mudança de local de trabalho, assim como pode resolver o contrato, tendo neste caso direito à compensação prevista no artigo 366º do mesmo Código. Em qualquer caso, não ocorrendo "prejuízo sério", o trabalhador deve obediência à ordem de modificação do local de trabalho e a ela não se pode opor[1722].

Não é isso o que se passa no caso dos representantes dos trabalhadores: nos termos do artigo 411º, acima assinalado, o trabalhador membro de estrutura de representação coletiva dos trabalhadores não pode ser transferido de local de trabalho sem o seu acordo, salvo quando tal resultar de extinção ou mudança total ou parcial do estabelecimento onde presta serviço (n. 1). Quer dizer, nos casos de transferência individual, a modificação do local de trabalho, ao contrário do que sucede com a generalidade dos trabalhadores nos termos do aludido artigo 194º, não decorre do mero exercício unilateral do poder de direção do empregador — exige sempre o acordo do representante dos trabalhadores, sendo certo que, mesmo que este dê o seu assentimento, o empregador deve comunicar a transferência do trabalhador à estrutura a que este pertence com a antecedência igual à da comunicação feita ao trabalhador. O regime do artigo 411º é, por isso, um regime especial face ao regime geral de transferência do artigo 194º. E é um regime especial moldado pelo "princípio da proteção do trabalhador", na sua subespécie de proteção de algumas categorias específicas de trabalhadores, sendo como tal mais favorável ao trabalhador representante dos trabalhadores, dado que o objetivo da norma é precisamente o de impedir o afastamento deste último dos seus colegas, de modo a que os representados não sejam privados das suas ações e reivindicações e o representante possa exercer livremente as suas funções de representação em defesa dos interesses coletivos dos trabalhadores[1723].

V. O mesmo sucede com a proteção em caso de procedimento disciplinar ou de despedimento-nos termos do artigo 410º, o trabalhador membro de estrutura de representação coletiva é merecedor de um

---

(1722) Veja-se, a este propósito, Pedro Madeira de Brito, em PEDRO ROMANO MARTINEZ; LUÍS MIGUEL MONTEIRO; JOANA VASCONCELOS; PEDRO MADEIRA DE BRITO; GUILHERME DRAY e LUÍS GONÇALVES DA SILVA, *Código do Trabalho Anotado,* 9ª ed., cit., pp. 492 e ss.

(1723) Cf. LUÍS GONÇALVES DA SILVA, *Código do Trabalho Anotado,* PEDRO ROMANO MARTINEZ; LUÍS MIGUEL MONTEIRO; JOANA VASCONCELOS; PEDRO MADEIRA DE BRITO; GUILHERME DRAY e LUÍS GONÇALVES DA SILVA, *Código do Trabalho Anotado,* cit., anotação ao artigo 411º, pp. 879-880.

regime especial de favor no que diz respeito, quer ao exercício do poder disciplinar do empregador, quer à cessação do contrato em caso de despedimento por motivo que lhe seja imputável. No primeiro caso, a lei determina que, mesmo em caso de suspensão preventiva do trabalhador na sequência da instauração de procedimento disciplinar, este possa continuar a ter acesso a locais e a exercer atividades que se compreendem no exercício das suas funções sindicais ou de membro da comissão de trabalhadores (n. 1); no mesmo sentido, determina que na pendência de processo judicial para apuramento de responsabilidade disciplinar, civil ou criminal com fundamento no exercício abusivo de direitos na qualidade de membro de estrutura de representação coletiva de trabalhadores, o trabalhador em causa possa, também neste caso, ter acesso aos referidos locais e exercer as suas atividades normais (n. 2).

No segundo caso, relativo à proteção do trabalhador contra "despedimentos de retaliação", o legislador vai mais longe: estabelece que o despedimento de trabalhador candidato a membro de qualquer dos corpos sociais de associação sindical ou que exerça ou haja exercido funções nos mesmos corpos sociais há menos de três anos presume-se feito sem justa causa (n. 3), determinando, também, um regime de favor quanto à providência cautelar de suspensão de despedimento — no caso de trabalhador membro de estrutura de representação coletiva dos trabalhadores a referida providência só não é decretada se o tribunal concluir pela existência de probabilidade séria de verificação da justa causa invocada (n. 4). Por outras palavras, cria-se uma presunção de inexistência de justa causa que só tem paralelo com o regime das trabalhadoras grávidas, puérperas e lactantes, previsto no artigo 63º[(1724)].

VI. A lei estabelece também um conjunto de "facilidades" destinadas a garantir o pleno exercício da atividade de representação, quer em termos de tempo de trabalho (*v. g.*, crédito de horas), quer em termos "logísticos" (*v. g.*, direito a instalações adequadas).

Relativamente ao tempo de trabalho, o artigo 408º do CT atribui aos representantes dos trabalhadores eleitos para estruturas de representação *crédito de horas* para efeitos de exercício das suas atividades. Mais do que isso: o *crédito de horas* conta como tempo de serviço efetivo, inclusivamente para efeitos de retribuição e de antiguidade. Assim sucede com os membros das subcomissões de trabalhadores, das comissões de trabalhadores e comissões coordenadoras (artigo 422º, n. 1), com os delegados sindicais (artigo 467º, n. 1) e com os membros da direção das associações sindicais (artigo 468º, n. 1). Por outro lado, nos termos do artigo 409º, a ausência do trabalhador por motivo de desempenho de funções em estrutura de representação coletiva dos trabalhadores de que seja membro, que exceda o crédito de horas, considera-se *justificada* e conta como tempo de serviço efetivo, salvo para efeitos de retribuição (n. 1). O mesmo sucede com a ausência de delegado sindical motivada pela prática de atos necessários e inadiáveis no exercício das correspondentes funções: a ausência considera-se justificada, exceto para efeitos retributivos (n. 2). Aquilo que se exige, apenas, é o cumprimento de um ónus processual: o trabalhador em causa, ou a respetiva estrutura de representação coletiva, deve comunicar ao empregador, por escrito, as datas e os números de dias em que aquele necessita se ausentar para o exercício das suas funções, com um dia de antecedência ou, em caso de imprevisibilidade, nas quarenta e oito horas posteriores ao primeiro dia de ausência (n. 3), sob pena de se considerar a falta injustificada (n. 4)[(1725)].

E, do ponto de vista "logístico", a lei estabelece que o empregador deve apoiar a comissão de trabalhadores e a difusão de informação, pondo à disposição da comissão ou subcomissão de trabalhadores instalações adequadas, bem como os meios materiais e técnicos necessários ao exercício das suas funções (artigo 421º); relativamente aos delegados sindicais, o empregador deve pôr à disposição daqueles que o requeiram um local apropriado ao exercício das suas funções, no interior da empresa ou na sua proximidade, disponibilizado a título permanente em empresa ou estabelecimento com mais de 150 trabalhadores (artigo 464º). Por outro lado, quer a comissão ou subcomissão de trabalhadores, quer os delegados

(1724) Veja-se, a este propósito, a anotação de Guilherme Dray ao artigo 63º do CT, em PEDRO ROMANO MARTINEZ; LUÍS MIGUEL MONTEIRO; JOANA VASCONCELOS; PEDRO MADEIRA DE BRITO; GUILHERME DRAY e LUÍS GONÇALVES DA SILVA, *Código do Trabalho Anotado*, cit., pp. 223 e ss.

(1725) Veja-se, a este propósito, as anotações de Luís Gonçalves da Silva, aos artigos 408º (pp. 1063 e ss.), 409º (pp. 1065 e ss.), 422º (pp. 1085 e ss.), 467º (pp. 1137 e ss.) e 468º (pp. 1138 e ss.), em PEDRO ROMANO MARTINEZ; LUÍS MIGUEL MONTEIRO; JOANA VASCONCELOS; PEDRO MADEIRA DE BRITO; GUILHERME DRAY e LUÍS GONÇALVES DA SILVA, *Código do Trabalho Anotado*, cit., pp. 1063 e ss., 1085 e ss. e 1137 e ss.

sindicais, têm o direito de afixar, nas instalações da empresa e em local apropriado disponibilizado pelo empregador, convocatórias, comunicações, informações ou outros textos relativos à vida sindical e aos interesses socioprofissionais dos trabalhadores, bem como proceder à sua distribuição, sem prejuízo do funcionamento normal da empresa (artigo 465º).

Tudo visto: na medida em que a atuação dos representantes dos trabalhadores na prossecução dos respetivos direitos e interesses coletivos pode ser malvista ou querida pelos empregadores, a lei, para além de proibir a prática de atos discriminatórios que lhes possam ser prejudiciais (artigo 406º), garante-lhes um regime de proteção especial, quer em sede de tempo de trabalho (artigo 408º), quer em termos de local de trabalho (artigo 409º), quer quanto à cessação do contrato de trabalho, em especial em caso de despedimento individual (artigo 410º), para além de lhes proporcionar algumas facilidades para efeitos de exercício da respetiva atividade representativa (artigos 421º e 464º).

Trata-se de mais uma situação em que é manifesta, também, a atuação do "princípio da proteção do trabalhador". O princípio em causa, em sede de execução do contrato de trabalho, manifesta-se, pois, a vários níveis, nomeadamente ao nível da proteção de certas categorias de trabalhadores.

VII. Em suma, ao nível da execução do contrato de trabalho, o "princípio da proteção do trabalhador" marca a sua presença através de diversos subprincípios e previsões (regras jurídicas) normativas específicas, que formam um conjunto concatenado e harmonioso de normas jurídicas destinadas a proteger o trabalhador, nomeadamente por esta via:

a) Através do subprincípio da *proteção dos direitos pessoais de cidadania* do trabalhador, à luz do qual este deve, no domínio da execução do contrato de trabalho, ser livre de exercer os seus direitos pessoais de cidadania, fundamentalmente através do exercício dos direitos de personalidade e do regime da igualdade e não discriminação previstos, em ambos os casos, no Código do Trabalho;

b) Por força do subprincípio da *dignificação do trabalho*, de onde resultam, nomeadamente, as regras atinentes à fixação de uma retribuição mínima mensal, as regras relativas à irredutibilidade da retribuição, bem como as que dizem respeito à limitação do tempo de trabalho, ao direito ao repouso e à conciliação da vida profissional com a vida pessoal;

c) Por via da *proteção das garantias do trabalhador*, nomeadamente através das regras que garantem a proteção da categoria e a inamovibilidade do local de trabalho, bem como daquelas que fixam limites ao exercício do poder disciplinar e que garantem a *proteção de categorias específicas de trabalhadores*, como sejam as mulheres *grávidas, puérperas e lactantes*, os trabalhadores *menores,* os trabalhadores com *capacidade de trabalho reduzida, deficiência ou doença crónica*, os *trabalhadores-estudantes* e, ainda que por razões distintas, os *membros das estruturas representativas de trabalhadores.*

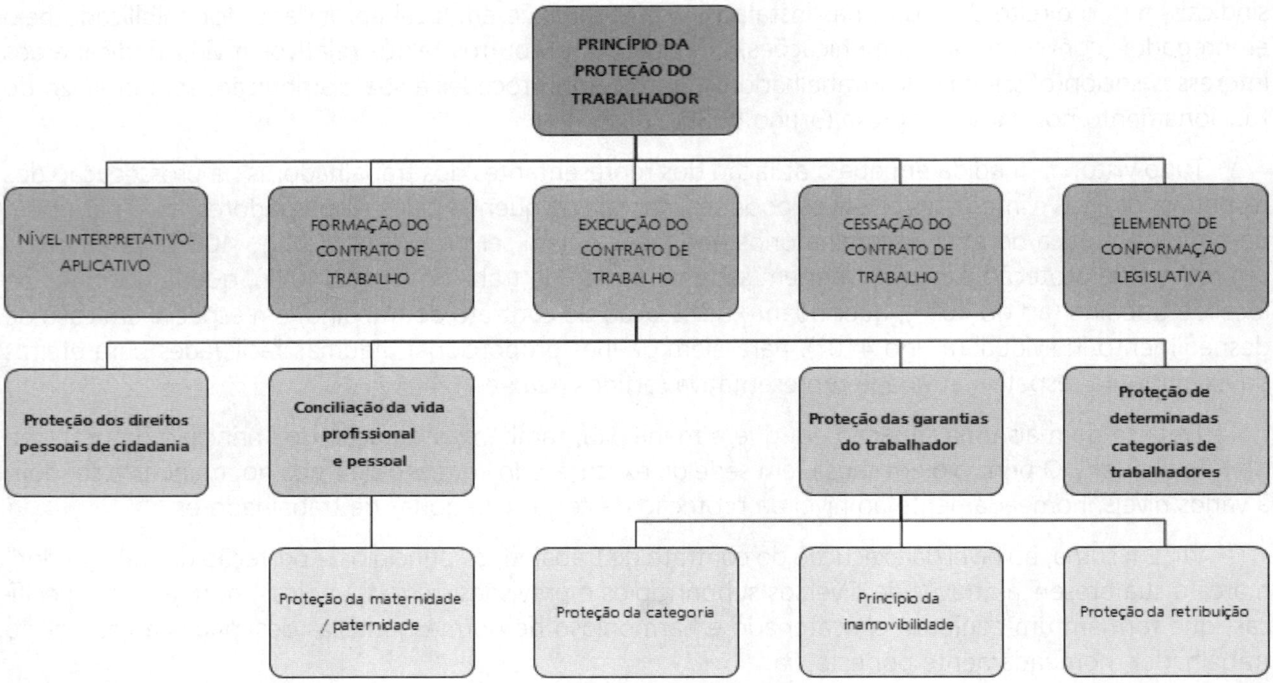
PRINCÍPIO DA PROTEÇÃO DO TRABALHADOR
NÍVEL INTERPRETATIVO-APLICATIVO
FORMAÇÃO DO CONTRATO DE TRABALHO
EXECUÇÃO DO CONTRATO DE TRABALHO
CESSAÇÃO DO CONTRATO DE TRABALHO
ELEMENTO DE CONFORMAÇÃO LEGISLATIVA
Proteção dos direitos pessoais de cidadania
Conciliação da vida profissional e pessoal
Proteção das garantias do trabalhador
Proteção de determinadas categorias de trabalhadores
Proteção da maternidade / paternidade
Proteção da categoria
Princípio da inamovibilidade
Proteção da retribuição

Capítulo V

O Princípio da Proteção do Trabalhador na Cessação do Contrato de Trabalho

§ 1º O PRINCÍPIO DA SEGURANÇA NO EMPREGO

1. Generalidades

I. Uma das mais importantes concretizações do "princípio da proteção do trabalhador" em sede normativa ocorre ao nível do regime da cessação do contrato, através da regra da proibição de despedimentos sem justa causa, imotivados ou *ad nutum,* que visa no essencial proteger a posição do trabalhador perante o empregador.

Trata-se de uma consequência lógica da finalidade subjacente ao Direito do trabalho e da concepção segundo a qual o contrato de trabalho constitui um importante meio de subsistência do trabalhador e do seu agregado familiar.

Por essa razão, como sustenta Montoya Melgar, na exata medida em que a perda de emprego implica também a perda dos rendimentos que garantem ao trabalhador o seu sustento e o da sua família, as modalidades de extinção do contrato de trabalho devem ser tratadas *"con un especial estado de alerta hacia sus implicaciones sociales"*[1726], dado que, como afirma Bernard Teyssié, *"le licenciement est un acte grave de nature à précipiter pour longtemps le salarié dans la catégorie des travailleurs privés de l´emploi"*[1727]. O tema da cessação do contrato é, por isso, como afirma João Leal Amado, *"um tema particularmente sensível, nele se entrecruzando aspectos sociais, humanos e económicos da maior relevância. A extinção do contrato significa, para o trabalhador, perder o emprego"*[1728]. Por essa razão, o Direito do trabalho é mais exigente quanto à regulação do despedimento do trabalhador, do que quanto à da denúncia do contrato pelo trabalhador. Como afirma François Duquesne, *"Les enjeux du maintien dans l´emploi sont (...) d´une importance telle que le legislateur s´est préoccupé d´encadrer le regime de la rupture du contrat de travail à l´initiative de l´employeur"*[1729].

O "princípio da proteção do trabalhador" atua, pois, como um fator de limitação da liberdade contratual do empregador em nome do *"principio de protección de la estabilidad del empleo del trabalhador"*, afirmando-se, consequentemente, como um princípio que *"contrasta vivamente conm el principio civilista*

(1726) Cf. MONTOYA MELGAR, *Derecho del Trabajo,* 30ª ed., cit., p. 453.
(1727) Cf. BERNARD TEYSSIÉ, *Droit du Travail, 1. Relations individuelles de travail,* 12ª ed., cit., p. 646.
(1728) Cf. JOÃO LEAL AMADO, *Contrato de trabalho,* 3ª ed., cit., p. 351.
(1729) Cf. FRANÇOIS DUQUESNE, *Le Droit du Travail, Éditions actualisée avec les reformes votées et les chantiers sociaux 2008/2009,* Gualino éditeur, Paris, 2008, p. 259.

de igualdad de las partes en cuanto a la posibilidad de resolver las relaciones jurídicas". No Direito do trabalho, enquanto que, o trabalhador *"puede resolver* ad nutum *(esto es, sin necesidad de causa justa) el contrato de trabajo de duración indefinida (...) el empresário sólo puede extinguir válida y procedentemente el contrato basando se en alguna de las causas (...) que conoce nuestro Derecho*"[1730].

O princípio da "proteção do trabalhador" garante, pois, ao trabalhador, numa zona tão sensível quanto esta (a da cessação do contrato), um regime de proteção que é cristalinamente evidenciado pela diferença de regime entre as modalidades de cessação do contrato de trabalho: ao passo que o trabalhador pode fazer cessar o contrato de trabalho de forma livre e imotivada, ainda que sujeito a prazos de pré-aviso, o empregador, pelo contrário, vê a sua liberdade de atuação limitada pelo subprincípio da "proteção da estabilidade do emprego", que proíbe os despedimentos sem justa causa.

Admitir a livre revogabilidade do contrato de trabalho para ambas as partes seria colocar o trabalhador numa situação de insustentável precariedade e potenciaria a arbitrariedade no exercício dos poderes próprios do empregador. Nesse sentido, como sustentam Jean PÉliSsier; Alain Supiot e Antoine Jeammaud, "*contrairement au mythe libéral de la reciprocité*", o Direito do trabalho tende a consagrar "*une distinction (...) primordiale entre la démission du salarié (...) et le licenciement, aux graves répercussions sociales*", fazendo incidir sobre o despedimento levado a efeito pelo empregador "*un controle judiciaire ou administratif*" que tem em vista, em última instância, "*la protection du salarié*"[1731].

A razão que está na base desta distinção é simples de enunciar, como o faz, entre nós, Pedro Romano Martinez — "(...) *o direito do trabalho é particularmente sensível no que tange à proteção do trabalhador, e um dos aspetos em que a tutela do prestador da atividade se apresenta de considerável relevância é a da segurança no emprego, com previsão constitucional (artigo 53º da CRP)*"[1732]. E a razão pela qual a proteção do trabalhador é particularmente necessária, neste campo, é porque, como sustenta Monteiro Fernandes, o vínculo laboral é, para o trabalhador, "*o suporte de um estatuto económico, social e profissional*"[1733], em termos tais que, como afirma Pera, "*specialmente in una situazione di larga disoccupazione, il licenziamento à un dramma per il lavoratore e per la sua famiglia*"[1734].

O regime da cessação do contrato de trabalho é, por isso, nos seus traços essenciais, um regime de proteção, que visa a tutela do emprego e da posição do trabalhador e que se afasta, consequentemente, do regime da livre revogabilidade próprio do contrato de prestação de serviço. No contrato de trabalho, ao passo que o trabalhador pode, sem necessidade de invocação de justa causa e mediante simples pré -aviso, fazer cessar de forma unilateral o contrato de trabalho, já o empregador, pelo contrário, só pode fazê-lo em caso de justa causa, atendendo nomeadamente ao princípio constitucional da proibição de despedimentos sem justa causa à luz do qual (artigo 53º da Constituição) "*é garantida aos trabalhadores a segurança no emprego, sendo proibidos os despedimentos sem justa causa ou por motivos políticos ou ideológicos*".

Ou seja, o "princípio da proteção do trabalhador" opera, neste domínio, de forma manifesta e atuante, tornando clara a diferença de tratamento do trabalhador em relação ao empregador: o sistema de cessação do contrato de trabalho está clara e manifestamente moldado e concebido numa lógica de proteção do trabalhador.

E tal desiderato tanto resulta da legislação ordinária, quanto das fontes internacionais e da própria Constituição, ainda que o grau de intensidade com que o princípio atua varie em função do devir económico-social, nos termos abaixo enunciados: se nalguns momentos históricos o grau de proteção do trabalhador é mais elevado e intenso, tornando o regime da cessação do contrato de trabalho francamente protetor, noutros, pelo contrário, quando se constata uma maior atuação do "princípio da proteção dos interesses de gestão", tende a se verificar alguma flexibilidade no regime da proteção do emprego, sem

(1730) Cf. MONTOYA MELGAR, *Derecho del Trabajo*, 30ª ed., cit., pp. 470-471.
(1731) Cf. JEAN PÉLISSIER; ALAIN SUPIOT, ANTOINE JEAMMAUD, *Droit du Travail*, 24ᵉ édition, cit., pp. 526-527.
(1732) Cf. PEDRO ROMANO MARTINEZ, *Direito do Trabalho*, 5ª ed., cit., p. 955 605, e *Direito do Trabalho*, 6ª ed., cit., p. 833.
(1733) Cf. MONTEIRO FERNANDES, *Direito do Trabalho*, 12ª ed., cit., p. 449.
(1734) Cf. GIUSEPPE PERA, *Diritto del Lavoro*, 6ª ed., cit., p. 529.

que esta, contudo, chegue ao ponto de afetar o pilar do "princípio da proteção do trabalhador" neste domínio específico — a regra da proibição de despedimentos sem justa causa.

2. A segurança no emprego nas fontes internacionais

I. A nível internacional, a Convenção n. 158 (1982) da OIT, ratificada, entre nós, pela Resolução da Assembleia da República n. 55/94, de 27 de agosto, aplicável a todos os ramos de atividade e a todos os "*trabalhadores assalariados*", determina que o "despedimento", ou seja, a cessação do contrato de trabalho por iniciativa do empregador, deva conter necessariamente uma justificação — "*um trabalhador não deverá ser despedido sem que exista um motivo válido de despedimento relacionado com a aptidão ou com o comportamento do trabalhador, ou baseado nas necessidades de funcionamento da empresa, estabelecimento ou serviço*" (artigo 4º). Mais do que isso: a Convenção enuncia de forma expressa que não pode ser considerado "motivo válido" a filiação sindical, o exercício de funções de representação dos demais trabalhadores, a raça, o sexo, a cor, o estado civil, as responsabilidades familiares, a gravidez, a religião, a opinião política, a ascendência nacional ou a origem social, bem como a ausência ao trabalho por maternidade (artigo 5º) ou por motivo de doença ou acidente (artigo 6º).

Por outro lado, para além de exigir, do ponto de vista substantivo, um "motivo válido", a Convenção determina, também, que o despedimento deve implicar necessariamente a audiência prévia do trabalhador (artigo 7º) e que este deve poder recorrer de uma eventual decisão de despedimento para um órgão imparcial, nomeadamente para um tribunal do trabalho (artigo 8º).

A Convenção determina, também, que "*um trabalhador que vá ser alvo de uma medida de despedimento terá direito a um pré-aviso de duração razoável ou a uma indemnização que faça as suas vezes, a não ser que seja culpado de uma falta grave, isto é, uma falta de tal natureza que não se possa razoavelmente exigir ao empregador que continue a ocupar esse trabalhador durante o período de pré-aviso*" (artigo 11º) e que um trabalhador despedido terá direito, de acordo com a legislação nacional e nos casos em que o despedimento não fique a dever a *falta grave* do trabalhador, quer a uma "*indemnização por despedimento*", paga pelo empregador ou por um fundo constituído por cotizações dos empregadores (cujo montante dependerá, entre outros elementos, da antiguidade e do nível de salário), quer a prestações de desemprego, quer a uma combinação entre aquela indemnização e estas prestações (artigo 12º). Tratando-se de um despedimento levado a efeito por razões de natureza económica, tecnológica, estrutural ou similar, a Convenção impõe uma consulta aos representantes dos trabalhadores (artigo 13º) e uma notificação às autoridades competentes (artigo 14º).

II. Ao nível da União Europeia, ainda que de forma menos especificada, afirma-se também, na Carta dos Direitos Fundamentais da União Europeia, que *"Todos os trabalhadores têm direito a proteção contra os despedimentos sem justa causa, de acordo com o direito da União e com as legislações e práticas nacionais*" (artigo 30º), e que *"(...) todas as pessoas têm direito a proteção contra o despedimento por motivos ligados à maternidade*" (artigo 33º), sendo certo que no que diz respeito, em especial, ao despedimento coletivo, a Diretiva n. 98/59/CE do Conselho, de 20 de julho de 1998, fixa um conjunto de regras substantivas e de procedimento que visam regulamentar o despedimento coletivo, exigindo nomeadamente a consulta aos representantes dos trabalhadores e a intervenção das autoridades competentes, como forma de evitar o arbítrio e os potenciais abusos do empregador no emprego desta modalidade de despedimento.

III. Em suma, o regime da cessação do contrato move-se, em nome do "princípio da proteção do trabalhador", por um desiderato garantístico, que procura proteger o trabalhador contra eventuais despedimentos imotivados ou arbitrários. Torna-se claro, pois, como afirma Mazzoni, que "*il principio generale che regola, nel diritto del lavoro, questa matéria è quello della continuazione del contrato per favorire il contraente più debole, cio è il laboratore*"[1735], ainda que as modalidades de despedimento por razões de mercado operem fundamentalmente em benefício dos interesses de gestão do empregador.

(1735) Cf. GIULIANO MAZZONI, *Manuale di Diritto del Lavoro*, 6ª ed., cit., p. 786.

E esse desiderato faz-se notar, com particular intensidade, no nosso ordenamento jurídico, quer a nível constitucional, através do princípio constitucional da estabilidade no emprego previsto no artigo 53º da Constituição, que assenta na proibição dos despedimentos *sem justa causa,* quer ao nível da legislação ordinária, ainda que recentemente se tenha verificado, com o CT, uma ligeira inflexão, centrada na flexibilização da relação laboral e na facilitação dos despedimentos.

IV. Segue-se a análise da evolução que a matéria tem sofrido, entre nós, e que está essencialmente centrada em torno do conceito de "justa causa" de despedimento.

§ 2º JUSTA CAUSA DE DESPEDIMENTO

1. O conceito de justa causa — considerações gerais

I. O princípio constitucional da estabilidade no emprego previsto no artigo 53º da Constituição assenta na proibição dos despedimentos *sem justa causa* e constitui, em matéria de cessação do contrato de trabalho — como afirma Júlio Vieira Gomes — "*a pedra angular do nosso sistema*[1736]. Trata-se de uma garantia que tem por base o reconhecimento de que "*as relações do trabalho subordinado não se configuram como verdadeiras relações entre iguais, ao jeito das que se estabelecem no sistema civilístico dos contratos*", razão pela qual o citado preceito constitucional "*envolve um desvio claro da autonomia contratual clássica e do 'equilíbrio de liberdades' que a caracteriza*". Nesse sentido, "*(...) a proibição dos despedimentos sem justa causa apresenta-se como elemento central da segurança no emprego, como a 'garantia das garantias'*"[1737].

Trata-se de uma garantia que, nos termos acima assinalados, parte precisamente do reconhecimento de que as relações de trabalho subordinado envolvem tipicamente relações de poder nas quais o empregador assume uma posição de supremacia e o trabalhador carece de especial proteção. Por essa razão, a garantia da segurança no emprego implica a compressão, na esfera jurídica do empregador, da respetiva autonomia privada e da liberdade de gestão empresarial[1738]. Em qualquer caso, a garantia da segurança no emprego não é absoluta, sendo necessário, em nome da unidade de valores do sistema constitucional, articulá-la com a aludida *liberdade de gestão empresarial* e o *direito de iniciativa económica privada*, que constitui também ele um direito fundamental (artigo 61º, n. 1) de natureza análoga à dos direitos, liberdades e garantias — é nesse sentido que se compreende a consagração do despedimento com justa causa, *maxime* com base em justa causa subjetiva ou relacionada com o comportamento ilícito e culposo do trabalhador; é nesse sentido, também, que se compreende o regime do período experimental ou algumas especificidades ao nível do procedimento de despedimento atribuídas às pequenas empresas, admitindo-se a adoção de procedimentos mais simplificados de despedimento, contanto que se salvaguardem as garantias de defesa e de fundamentação. A proibição de despedimentos sem justa causa contém, assim, um núcleo intransponível, em nome do referido "princípio da proteção do trabalhador": este não pode ser privado do trabalho por mero arbítrio do empregador.

É esse, também, o sentido que resulta do artigo 338º do CT, que corresponde ao artigo 382º do CT/2003, o qual teve por base o artigo 3º, n. 1, da Lei da Cessação do Contrato de Trabalho — nos termos do referido artigo 338º, é proibido o despedimento sem justa causa ou por motivos políticos ou ideológicos[1739].

(1736) Cf. JÚLIO VIEIRA GOMES, *Direito do Trabalho*, v. I, cit., p. 944.

(1737) Cf. Acórdão do Tribunal Constitucional n. 581/95, de 31 de outubro, disponível em: <www.tribunalconstitucional.pt/tc/acordaos (ano 1995).

(1738) Cf. JEAN PÉLISSIER; ALAIN SUPIOT, ANTOINE JEAMMAUD, *Droit du Travail*, 24e édition, cit., p 526.

(1739) Como sublinha Pedro Romano Martinez, "*o regime de cessação do contrato de trabalho estabelecido no CT/2009 (artigos 338º e ss.) não se afasta substancialmente do que constava da precedente regulamentação (CT/2003 e LCCT), até porque a diretriz constitucional (artigo 53º da CRP) não permitiria significativas modificações*" — cf. Pedro Romano Martinez, anotação ao artigo 338º do Código do Trabalho, em PEDRO ROMANO MARTINEZ; LUÍS MIGUEL MONTEIRO; JOANA VASCONCELOS; PEDRO MADEIRA DE BRITO; GUILHERME DRAY e LUÍS GONÇALVES DA SILVA, *Código do Trabalho Anotado*, cit., p. 907.

II. O despedimento individual promovido pela entidade empregadora encontra-se, assim, limitado e legalmente condicionado: contrariamente à regra da livre revogabilidade dos contratos de prestação de serviços, os contratos de trabalho só podem ser denunciados pelo empregador perante um motivo atendível, objetivamente determinado, ou em situações extremas de "*justa causa disciplinar*", mediante a observância de determinadas regras de procedimento. O despedimento com "*justa causa*", ou "*despedimento disciplinar*", que se traduz "*na sanção disciplinar máxima susceptível de ser aplicada ao trabalhador*"[(1740)], ou como afirma José Moya Castilla, na "*extinción del contrato de trabajo, por voluntad unilateral del empresario, fundada en un incumplimiento previo, grave y culpable de las obligaciones que al trabajador competen en la relación laboral*"[(1741)], surge assim como um (o principal) dos mecanismos legalmente admissíveis de cessação do contrato de trabalho pelo empregador.

A limitação dos poderes do empregador quanto à cessação do contrato de trabalho consubstancia, também neste caso, um corolário do "princípio da proteção do trabalhador".

2. O regime da cessação do contrato — evolução

I. O papel atualmente conferido à justa causa de despedimento no nosso ordenamento jurídico foi objeto de uma evolução histórica marcada por diversas fases[(1742)], que no essencial se reconduzem a quatro períodos: a) o período que vai do Código de Seabra à LCT, quer a de 1937, quer a de 1969; b) o período imediatamente subsequente à Revolução do 25 de abril, com a Lei dos Despedimentos de 1975 e a aprovação da Constituição de 1976; c) o período marcado pela LCCT de 1989, até o aparecimento do Código do Trabalho de 2003; e d) o período atual, marcado pela aprovação do CT/2009 e das alterações que o mesmo sofreu, em especial, as decorrentes da Lei n. 23/2012[(1743)].

II. Numa primeira fase, no âmbito do Código de Seabra, a cessação do contrato de trabalho — contrato de serviço doméstico e contrato de serviço salariado — era livre e imotivada, podendo ser levada a efeito por qualquer das partes (artigo 1.371º, quanto ao contrato de serviço doméstico). Já se se tratasse de um contrato "por tempo certo", exigia-se justa causa para a cessação do mesmo antes do respetivo termo (artigos 1.376º e 1.380º, relativamente ao contrato de serviço doméstico, e artigo 1.394º, quanto ao contrato de serviço doméstico). No mesmo sentido, com o aparecimento da Lei n. 1.952, de 10 de março de 1937, no âmbito do Estado Novo corporativo, a justa causa surgia apenas como um mecanismo de afastamento das limitações normais do despedimento — a denúncia de um contrato de trabalho pelo empregador, desde que com aviso-prévio ou mediante compensação pecuniária era livre, apesar de limitada. A justa causa consubstanciava, apenas, uma forma de exclusão das situações normais do despedimento e não o seu fundamento. Existindo justa causa, o contrato de trabalho poderia ser denunciado antes do termo do seu prazo ou, quando por tempo indeterminado, tornava-se consequentemente "*prática e imediatamente impossível*", no sentido em que a sua cessação poderia operar de forma imediata. As garantias de pré-aviso e de pagamento de compensação pecuniária poderiam ser afastadas se o despedimento tivesse fundamento em justa causa.

Num segundo momento, marcado pela publicação do Decreto-lei n. 47.032, de 27 de maio de 1966 e do Decreto-lei n. 49.408, de 24 de novembro de 1969, diplomas que instituíram a Lei do Contrato Individual de Trabalho, a justa causa de despedimento ganhou novos contornos, por força da associação que a partir de então foi feita com o incumprimento, pelo trabalhador, de deveres laborais. A violação de

---

(1740) Cf. JOÃO LEAL AMADO, *Contrato de Trabalho,* 2ª ed., cit., p. 383.

(1741) Cf. JOSÉ MOYA CASTILLA, *Relaciones Laborales,* cit., p. 842.

(1742) A propósito da evolução legislativa do conceito de justa causa de despedimento no nosso ordenamento jurídico até a aprovação do Código do Trabalho de 2003, veja-se Joana Vasconcelos, "O conceito de justa causa de despedimento. Evolução legislativa e situação atual", *Estudos do Instituto de Direito do Trabalho, Justa Causa de Despedimento,* Vol. II, pp. 15 e ss. Veja-se, também, da mesma autora, sobre a revogação do contrato de trabalho, *A Revogação do Contrato de Trabalho,* Almedina, *Coleção Teses de Doutoramento,* Coimbra, 2011.

(1743) A propósito da evolução normativa da matéria da cessação do contrato de trabalho, veja-se MARIA DO ROSÁRIO RAMALHO, *Tratado de Direito do Trabalho, Parte II — Situações Laborais Individuais,* cit., pp. 762-767.

deveres laborais surge como a situação típica de justa causa de despedimento. Todavia, na ausência de justa causa, o despedimento continuava a ser permitido, desde que com aviso-prévio e mediante compensação pecuniária, ainda que o período do aviso-prévio e a compensação pecuniária tenham sido elevados quando comparados com o regime da Lei n. 1.952.

III. O período revolucionário do 25 de abril deu origem a uma nova fase no tratamento da matéria da cessação do contrato de trabalho.

Com a primeira "Lei do Despedimento", aprovada pelo Decreto-lei n. 372-A/75, ainda na fase pré-constitucional, opera-se uma alteração de fundo: substitui-se a divisão até então existente entre despedimento com justa causa e despedimento sem justa causa por duas novas formas de despedimento — o despedimento com justa causa (imediato e sem indemnização) e o despedimento por "*motivo atendível*", neste caso, precedido de aviso-prévio e com pagamento de compensação. O valor das indemnizações foi aumentado e consagrou-se o "*princípio da necessidade de motivação de todos os despedimentos*"(1744).

Alguns meses mais tarde, com a Constituição de 1976 e a consagração constitucional do princípio da estabilidade no emprego, a situação altera-se de forma ainda mais marcante. A proteção do trabalhador no seu posto de trabalho surge pela primeira vez na nossa Lei Fundamental, sob a fórmula acima enunciada do artigo 53º da Constituição — é garantida aos trabalhadores a segurança no emprego, sendo proibidos os despedimentos sem justa causa ou por motivos políticos ou ideológicos.

A filosofia subjacente a esta positivação é simples de enunciar: a garantia da segurança no emprego e a correlativa compressão, no domínio das relações laborais, da autonomia privada e da liberdade empresarial partiu do reconhecimento de que as relações de trabalho subordinado envolvem tipicamente relações de poder nas quais o empregador assume uma posição de supremacia e o trabalhador carece de especial proteção. Visou-se, por esta via, garantir a proteção dos mais fracos. Mas enveredou-se por uma linha protecionista até então inexistente: passam a se proibir os despedimentos sem justa causa.

A partir de então, a justa causa surge como o verdadeiro fundamento do despedimento por iniciativa do empregador, afastando-se consequentemente qualquer hipótese de rescisão do contrato de trabalho por iniciativa do mesmo, com aviso-prévio ou mediante compensação pecuniária. A justa causa surge então como expediente "aflitivo", "excecional", ou "sancionatório", como um mecanismo tendente a reagir contra a prática de infrações disciplinares graves praticadas culposamente pelo trabalhador e, por esse motivo, a pôr termo à subsistência da relação laboral. O direito de denúncia do empregador foi limitado e a justa causa deixou de ser um meio de legitimar o despedimento imediato do empregador e de exonerá-lo das obrigações de pré-aviso e de pagamento de indemnização, para passar a ser "*condição de licitude do despedimento*", circunstância que deu origem à invalidade dos despedimentos sem justa causa. Mais do que isso, como afirma Bernardo Lobo Xavier, "*os comportamentos lesivos do trabalhador que ficassem aquém dos extremos da justa causa, como a inaptidão ou a incompetência, bem como as necessidades mais imperiosas de conservação empresarial deixaram de ser considerados como motivos que tornam lícito o despedimento individual. Só a existência de justa causa (entendida esta em sentido restrito, como um comportamento culposo que tornasse impossíveis as relações de trabalho) permitia ao empresário a desvinculação do contrato de trabalho*"(1745).

Como forma de se atenuar os efeitos da restrição do conceito de justa causa no mercado de trabalho, aprovou-se, através do Decreto-lei n. 781/76, de 28 de outubro, nova legislação sobre contratos a prazo, a qual prescindia de qualquer justificação para a limitação da duração do contrato — foi aberta a possibilidade de celebração de contratos por tempo determinado e criou-se, por esta via, uma conexão inafastável entre a regulamentação do despedimento e a dos contratos a prazo, surgindo esta como forma de compensação à rigidez daquela.

(1744) Cf. Bernardo da Gama Lobo Xavier, com a colaboração de P. FURTADO MARTINS; A. NUNES DE CARVALHO; JOANA VASCONCELOS e TATIANA GUERRA DE ALMEIDA, *Manual de Direito do Trabalho*, cit., p. 671.

(1745) Cf. Bernardo da Gama Lobo Xavier, com a colaboração de P. FURTADO MARTINS; A. NUNES DE CARVALHO; JOANA VASCONCELOS e TATIANA GUERRA DE ALMEIDA, *Manual de Direito do Trabalho*, cit., p. 672.

O conceito de justa causa chegou ainda a ser objeto de alguma flexibilização, preconizada pelo Decreto-lei n. 841-C/76, de 7 de dezembro. Pretendia-se, segundo o Preâmbulo do diploma, *"uma maior flexibilidade na resolução dos contratos de trabalho e na averiguação das suas causas determinantes"*, a fim de por esta via se garantir *"a normalização do mercado de trabalho e* (...) *a salvaguarda do equilíbrio das empresas, facilitando a admissão de trabalhadores e* (...) *a criação de novos postos de trabalho, hoje desanimada pelo espartilho do regime em vigor"*. A preconizada flexibilização do sistema de despedimentos não conseguiu, porém, afirmar-se. Do diploma resultou, apenas, uma pequena alteração do conceito de justa causa e um alargamento do elenco de casos exemplificativos de justa causa.

Esta fase, cujo início remonta ao Decreto-lei n. 372-A/75, é marcada, em suma, pela proibição dos despedimentos *ad nutum*, sem condicionantes nem motivos controláveis. A partir de então, consolida-se a regra segundo a qual os despedimentos apenas são admissíveis em situações de justa causa, ou seja, perante um conjunto de situações que justifiquem a cessação de um contrato tendencialmente duradouro. A estabilidade do emprego é elevada a princípio fundamental, passando-se do designado "*despedimento oportunidade*" para o "*despedimento necessidade*".

IV. O conceito de justa causa passou, mais tarde, numa terceira fase, a constar do Decreto-lei n. 64-A/89, de 27 de fevereiro, que aprovou o regime jurídico da cessação do contrato individual de trabalho, incluindo as condições de celebração e caducidade do contrato de trabalho a termo. O diploma passou a ser comummente designado por Lei da Cessação dos Contratos de Trabalho (LCCT), tratando conjuntamente todas as formas de cessação do contrato de trabalho e o regime da contratação a termo. No essencial: a possibilidade de celebração de contratos a termo foi limitada, passando a se exigir uma causa justificativa para a respetiva outorga, taxativamente prevista na lei e assente na existência de uma necessidade temporária do empregador; em contrapartida, simplificou-se o procedimento relativo ao *despedimento coletivo* e criou-se mais uma modalidade de *justa causa objetiva*, consistente no *despedimento por extinção do posto de trabalho*. Cria-se, assim, uma divisão entre *justa causa subjetiva*, assente no comportamento ilícito e culposo do trabalhador, e *justa causa objetiva*, assente em motivos objetivos não imputáveis, nem ao trabalhador, nem ao empregador, relacionados com motivos de mercado, estruturais ou tecnológicos, ligados à empresa. O diploma, porém, como nota Bernardo Lobo Xavier, não foi do agrado, nem dos trabalhadores, nem dos empregadores[1746].

Quanto à *justa causa subjetiva*, o artigo 9º, n. 1, da LCCT, determinava que *"o comportamento culposo do trabalhador que, pela sua gravidade e consequências, torne imediata e praticamente impossível a subsistência da relação de trabalho, constitui justa causa de despedimento"*[1747].

Tratava-se, no essencial, de uma definição de justa causa disciplinar que assentava num particular juízo de censura sobre um comportamento culposo do trabalhador, violador dos respetivos deveres laborais. A justa causa tinha como ponto de partida a existência de uma infração disciplinar perpetrada por um trabalhador. Mas não apenas.

Nos termos da definição legal em apreço, não bastava que um trabalhador incorresse numa infração disciplinar mediante a violação culposa dos seus deveres laborais para que de imediato se pudesse afirmar a existência de justa causa de despedimento: para além do comportamento culposo do trabalhador exigia-se ainda que o mesmo fosse de tal forma significativo que, pela sua gravidade e consequências, tornasse imediata e praticamente impossível a subsistência da relação de trabalho.

O despedimento com justa causa torna-se, assim, a mais grave de todas as sanções disciplinares legalmente admitidas. Tratava-se, aliás, da única sanção disciplinar extintiva da relação laboral, por dela

(1746) Como nota Bernardo da Gama Lobo Xavier, o diploma em apreço (LCCT) não podia agradar, como não agradou, nem a empregadores nem a trabalhadores. Os empregadores perderam a possibilidade de recorrer, com normalidade, aos contratos a termo, sem que em contrapartida tivesse sido facilitado o despedimento; os trabalhadores, por sua vez, viram introduzido o "despedimento por extinção do posto de trabalho". BERNARDO DA GAMA LOBO XAVIER, *Manual de Direito do Trabalho,* com a colaboração de P. Furtado Martins; A. Nunes de Carvalho; Joana Vasconcelos e Tatiana Guerra de Almeida, cit., p. 673.
(1747) O número 2 deste mesmo artigo 9º enunciava, por sua vez, em termos exemplificativos, alguns comportamentos do trabalhador suscetíveis de constituírem justa causa de despedimento.

resultar o "*despedimento imediato sem qualquer indemnização ou compensação*"[(1748)]. A concretização do conceito de justa causa passou a impor, consequentemente, a observância de um princípio de proporcionalidade, que manda atender à gravidade das infrações disciplinares e à graduação das correspondentes sanções disciplinares.

Haverá justa causa de despedimento quando, perante a ocorrência de uma determinada infração disciplinar, dela resulte uma crise contratual de tal forma grave que deixe de ser exigível ao empregador a manutenção do trabalhador ao seu serviço. Nestes casos (e só nestes casos), haverá *justa causa de despedimento*, justificando-se a aplicação da mais grave de todas as sanções disciplinares de que o empregador pode dispor. Nestes casos, e só nestes casos, poderá haver despedimento, para além das situações de crise empresarial por motivos de mercado, estruturais ou tecnológicos.

Na sequência e como concretização do artigo 53º da Constituição, a justa causa passou, assim, a ser não apenas uma condição de licitude, mas verdadeiramente uma condição da própria validade do despedimento. Se por um lado esta rigidez conferiu mais segurança aos trabalhadores, ela terá concorrido, no polo oposto, juntamente com a limitação da contratação a termo, para a diminuição da empregabilidade, incidindo negativamente sobre o mercado de trabalho.

V. Seguiu-se, na década de noventa, uma tentativa de maior flexibilização do mercado de trabalho.

Por um lado, através do desenvolvimento do conceito de *justa causa objetiva*; por outro lado, através da criação do contrato de trabalho em comissão de serviço, que conta com um regime especial em matéria de cessação do contrato de trabalho.

Como *supra* se observou, o princípio da proibição de despedimentos sem justa causa não veda a cessação do contrato com base numa justa causa não disciplinar ou subjetiva. Por outras palavras, é constitucionalmente admissível a cessação do contrato com base em justa causa objetiva. É esse o sentido que se retira da jurisprudência do Tribunal Constitucional que, depois de uma posição muito restritiva[(1749)], enveredou por uma posição firme, à luz da qual a Constituição não veda em absoluto ao legislador ordinário a consagração, ao lado da justa causa disciplinar, de certas causas de rescisão unilateral do contrato de trabalho pelo empregador com base em motivos objetivos, desde que os mesmos não resultem de culpa do empregador ou do trabalhador e tornem praticamente impossível a subsistência da relação laboral. Ou seja, o princípio constitucional da segurança no emprego não veda os despedimentos com base em motivos objetivos. O que se proíbe são os despedimentos arbitrários. Admite-se, pois, a figura da *justa causa objetiva*, desde que esta tenha por fundamento uma objetiva impossibilidade de subsistência do vínculo laboral e o despedimento seja visto como a *ultima ratio*, na sequência de uma ponderação adequada entre os direitos fundamentais em conflito e numa perspetiva relacional, confrontando os interesses contrastantes em concreto[(1750)].

Foi dentro deste parâmetro constitucional que o legislador, em 1991 (Decreto-lei n. 400/91, de 16 de outubro), criou uma nova figura de cessação do contrato de trabalho motivada em *justa causa objetiva*, ainda que baseada também em elementos subjetivos, relativos à atuação do trabalhador — trata-se do *despedimento por inadaptação*, baseado na inadaptação do trabalhador ao respetivo posto de trabalho[(1751)(1752)].

(1748) Artigo 27º n. 1, alínea *e* do Decreto-Lei n. 49.408, de 24.11.1969.

(1749) Cf. o já citado Acórdão do Tribunal Constitucional n. 107/88.

(1750) Vejam-se, a este propósito, os já citados acórdãos do Tribunal Constitucional ns. 64/91, 252/92, 581/95, 39/97, 117/01, 550/01 e 306/03, disponíveis em www.tribunalconstitucional.pt/tc/acordaos (anos de 1991, 1992, 1995, 1997, 2001 e 2003).

(1751) O artigo 1º do Decreto-Lei n. 400/91 dispunha que "*A entidade empregadora pode fazer cessar o contrato de trabalho com fundamento em inadaptação do trabalhador ao posto de trabalho, nos termos dos artigos seguintes*". O artigo 2º, por sua vez, enunciava as situações caracterizadoras da inadaptação do trabalhador — *redução reiterada de produtividade ou de qualidade;as avarias reiteradas nos meios afetos ao posto de trabalho* ou a existência de *riscos para a segurança e saúde do próprio ou dos restantes trabalhadores ou de terceiros*. Considerava-se, ainda, existir inadaptação do trabalhador quando, tratando-se de cargos de complexidade técnica ou de direção, não tivessem sido cumpridos os objetivos previamente fixados e formalmente aceites. Em todos os casos, exigia-se como requisito para o despedimento por inadaptação que o circunstancialismo previsto no artigo 2º tornasse "*praticamente impossível a subsistência da relação de trabalho*". De forma a evitar a arbitrariedade no exercício desta forma de despedimento e a garantir a proteção do trabalhador, o artigo 3º do mesmo diploma, por sua vez, estabelecia as "*condições da cessação do contrato de trabalho*",

Nesse mesmo "pacote laboral", o legislador criou, através do Decreto-lei n. 404/91, também de 16 de outubro, o *contrato de trabalho em regime de comissão de serviço*, admitindo a contratação neste regime de cargos de administração, de direção diretamente dependentes da Administração e, bem assim, as funções de secretariado pessoal relativas aos titulares desses cargos, bem como outras funções previstas em convenção coletiva de trabalho, cuja natureza se fundamente numa especial relação de confiança[(1753)]. O contrato em regime de comissão de serviço criou um mecanismo mais flexível de cessação do contrato de trabalho nos termos do artigo 4º do diploma em apreço, previu-se, nos termos acima assinalados, a possibilidade de a comissão de serviço poder cessar a todo o tempo e por iniciativa de qualquer das partes, mediante pré-aviso com a antecedência de 30 ou 60 dias, consoante a prestação de trabalho em regime de comissão de serviço tenha tido uma duração de até dois anos ou mais de dois anos (artigo 4º, ns. 1 e 2). Cessando a comissão de serviço, o trabalhador teria direito: a) ao regresso às funções correspondentes à categoria que antes detinha ou às funções que vinha exercendo ou, no caso de ter sido contratado para o efeito, à colocação na categoria constante do acordo, salvo se, neste, as partes tiverem convencionado a extinção do contrato com a cessação da comissão de serviço; b) à rescisão do contrato nos 30 dias seguintes à decisão da entidade empregadora que pusesse termo à comissão de serviço; c) a uma indemnização correspondente a um mês da remuneração de base auferida no desempenho da comissão de serviço, por cada ano ou fração de antiguidade na empresa, no caso previsto na alínea anterior e na parte final da alínea *a*, salvo se a cessação ocorrer ao abrigo de processo disciplinar do qual resulte cessação do contrato de trabalho (n. 3).

Desde a década de noventa até o Código do Trabalho não se registaram alterações significativas a registar no domínio da cessação do contrato de trabalho. As inovações surgiram no CT/2003 e, em especial, a partir das alterações ao CT/2009, nelas se englobando, por uma questão de facilitação de exposição, as alterações levadas a efeito pelas Leis n. 53/2011, de 14 de outubro, pela Lei n. 3/2012, de 10 de janeiro, e pela Lei n. 23/2012, de 25 de junho.

VI. O CT/2003 manteve no essencial o regime da cessação do contrato de trabalho resultante das intervenções legislativas de 1989 e de 1991 — manteve-se o conceito de justa causa individual de despedimento (artigos 396º e ss.), o despedimento coletivo (artigos 397º e ss.), o despedimento por extinção do posto do trabalho (artigos 402º e ss.) e o despedimento por inadaptação (artigos 405º e ss.); por outro lado, mantiveram-se as limitações à contratação a termo (artigos 128º e ss.) e o regime especial de contratação em regime de comissão de serviço, com a correlativa forma de cessação simplificada (artigos 244º e ss.).

Em qualquer caso, no domínio da cessação do contrato de trabalho, registaram-se quatro tipos de alterações[(1754)]: alterações de sistematização[(1755)]; modificações de terminologia[(1756)]; ajustamentos

---

determinando que "1. *A cessação do contrato de trabalho prevista no n. 1 do artigo 2º só pode ter lugar desde que, cumulativamente, se verifiquem os seguintes requisitos: a) Tenham sido introduzidos modificações no posto de trabalho resultantes de novos processos de fabrico, de novas tecnologias ou equipamentos baseados em diferente ou mais complexa tecnologia, nos seis meses anteriores à comunicação a que se refere o artigo 4º; b) Tenha sido ministrada acção de formação profissional adequada às modificações introduzidas no posto de trabalho, sob controlo pedagógico da autoridade competente ou de entidade por esta credenciada; c) Tenha sido facultado ao trabalhador, após a formação, um período suficiente de adaptação no posto de trabalho ou fora deste sempre que o exercício de funções naquele posto seja susceptível de causar prejuízos ou riscos para a segurança e saúde do próprio ou dos restantes trabalhadores ou de terceiros; d) A entidade empregadora não disponha de outro posto de trabalho que seja compatível com a qualificação profissional do trabalhador ou, existindo o mesmo, aquele não aceite a alteração do objeto do contrato de trabalho; e) A situação de inadaptação não ter sido determinada pela falta de condições de segurança, higiene e saúde no trabalho imputável à entidade empregadora; f) Seja posta à disposição do trabalhador a compensação devida.* (...)".

(1752) Recorda-se que o despedimento por inadaptação consta, hoje, dos artigos 373º e ss. do CT/2009.

(1753) Recorda-se que o contrato de trabalho em regime de comissão de serviço consta, hoje, dos artigos 161º e ss. do CT/2009.

(1754) Cf. Pedro Romano Martinez, anotação ao artigo 338º do CT, em PEDRO ROMANO MARTINEZ; LUÍS MIGUEL MONTEIRO; JOANA VASCONCELOS; PEDRO MADEIRA DE BRITO; GUILHERME DRAY e LUÍS GONÇALVES DA SILVA, *Código do Trabalho Anotado*, 8ª ed., cit., pp. 907 e ss.

(1755) Relativamente às primeiras, a sistematização do Capítulo IX do Código do Trabalho 2003 diferiu substancialmente da que constava da Lei da Cessação do Contrato de Trabalho. No CT/2003, depois das disposições gerais (artigos 382º e ss.), foram criadas quatro secções que correspondem a quatro diferentes formas de extinção do vínculo laboral: caducidade (artigos 387º e ss.); revogação (artigos 393º e ss.); cessação por iniciativa do empregador (artigos 396º e ss.), que incluiu o despedimento por facto imputável ao trabalhador (artigos 396º), o despedimento coletivo (artigos 397º e ss.), o despedimento por extinção do posto de trabalho (artigos 402º e ss.) e o despedimento por inadaptação (artigos 405º e ss.); e a cessação por iniciativa do trabalhador (artigos 441º e ss.). Por outro lado, na versão de 2003, além de se reunirem na mesma secção as diferentes formas de cessação do contrato por iniciativa do empregador, operou-se uma distinção entre o fundamento do despedimento e as suas consequências,

e esclarecimentos de dúvidas[1757] e modificações substanciais, sendo estas últimas, naturalmente, as mais relevantes.

Quanto às alterações substanciais, há três modificações introduzidas no CT/2003 em matéria de cessação do contrato de trabalho que importa registar:

Em primeiro lugar, admitiu-se a possibilidade de reabertura do procedimento disciplinar nas condições previstas no artigo 436º, n. 2, do CT/2003, de modo a evitar que as falhas de ordem formal ponham em causa a apreciação da verdade material. Ou seja, passou a se admitir a reabertura do procedimento disciplinar, até a contestação, tendo em vista a respetiva convalidação, no caso de o despedimento ser impugnado com base na invalidade daquele. O artigo 429º do CT/2003 previa fundamentalmente três causas que podiam motivar a ilicitude do despedimento individual por facto relativo ao trabalhador: a inexistência ou irregularidade do procedimento de despedimento; o despedimento fundado em ato discriminatório e que atente contra valores fundamentais; e a improcedência do motivo que justifica o despedimento. A possibilidade de reabertura do procedimento disciplinar ocorria, apenas, em caso de invalidade do procedimento disciplinar, não sendo de aplicar, consequentemente, nem em caso de inexistência daquele, nem quando o despedimento fosse ilícito por razões substantivas[1758].

Em segundo lugar, passou a se admitir, no artigo 438º, n. 2, do CT/2003, a hipótese de o empregador se opor à reintegração de um trabalhador ilicitamente despedido, na medida em que o regresso à empresa fosse gravemente prejudicial e perturbador para a prossecução da atividade empresarial. O regime em causa, aliás, manteve-se no CT/2009, agora no artigo 392º[1759].

Em terceiro lugar, alteraram-se os valores a pagar em caso de cessação do contrato face aos parâmetros da Lei da Cessação do Contrato de Trabalho, solução que subsistiu no artigo 391º do CT/2009, mas que veio a ser alterada no âmbito das alterações a este Código iniciadas em 2011. A indemnização deixou de ser certa (1 mês por cada ano de antiguidade), passando a ser variável (entre 15 e 45 dias de retribuição base e diuturnidades), sendo o montante fixado pelo tribunal atendendo ao valor da retribuição e ao grau de ilicitude da conduta do empregador, decorrente da ordenação então estabelecida no artigo 429º do CT/2003. Por outro lado, distinguiram-se os casos de pagamento de uma "compensação" pelo de pagamento de uma "indemnização". No primeiro caso, é devido um montante em razão do exercício de um direito, sem que o empregador tenha agido ilícita e culposamente, a título de responsabilidade civil sem culpa, por intervenções lícitas; no caso da "indemnização", trata-se de um montante devido pelo empregador na sequência de uma atuação ilícita e culposa, ou seja, a título de responsabilidade civil subjetiva. Ainda, no cálculo, mas neste caso só da indemnização, em vez da regra fixa do artigo 13º, n. 3, da LCCT, no CT/2003 (solução reiterada na revisão de 2009), ponderam-se todos os danos causados, patrimoniais e não patrimoniais, dentro da referida moldura, entre 15 e 45 dias, cabendo ao julgador

---

por um lado, e o procedimento a seguir nas diversas modalidades de despedimento, por outro lado, terminando-se com a indicação das causas e consequências da ilicitude do despedimento.

(1756) As alterações terminológicas mais significativas, em relação à LCCT, centraram-se na modificação de referência a termos habitualmente usados no Direito do Trabalho, como "rescisão", que deu lugar à "resolução", ou "processo", que deu lugar a "procedimento". A este propósito, veja-se PEDRO ROMANO MARTINEZ, *Direito do Trabalho*, 4ª ed., cit., pp. 893 e ss., 908 e ss. e 992 e ss.

(1757) Quanto aos designados ajustamentos e esclarecimentos de dúvidas, foram introduzidas várias alterações. A título exemplificativo: a inserção do artigo 386º (*Devolução de instrumentos de trabalho*) e do artigo 416º, sobre a declaração de cessação; a alteração do prazo de resposta à nota de culpa no artigo 413º; a previsão de suspensão antes da nota de culpa (artigo 417º, n. 2); a fixação do prazo para impugnar o despedimento no número 2 do artigo 435º ou a superação da dúvida quanto ao regime aplicável em caso de falta de pagamento da retribuição, devido à difícil compatibilização entre o artigo 35º da LCCT e o regime da Lei dos Salários em Atraso.

(1758) Veja-se, a este propósito, a anotação de Pedro Romano Martinez, ao artigo indicado, em PEDRO ROMANO MARTINEZ; LUÍS MIGUEL MONTEIRO; JOANA VASCONCELOS; PEDRO MADEIRA DE BRITO; GUILHERME DRAY e LUÍS GONÇALVES DA SILVA, *Código do Trabalho Anotado*, 8ª ed., cit., pp. 998 e ss. Recorda-se que este mecanismo de convalidação deixou de constar do CT/2009, atendendo à diferente postura no âmbito da invalidade formal constante, nomeadamente, do artigo 382º do CT/2009.

(1759) Veja-se, a este propósito, a anotação de Pedro Romano Martinez ao citado artigo 392º, em PEDRO ROMANO MARTINEZ; LUÍS MIGUEL MONTEIRO; JOANA VASCONCELOS; PEDRO MADEIRA DE BRITO; GUILHERME DRAY e LUÍS GONÇALVES DA SILVA, *Código do Trabalho Anotado*, 7ª ed., cit., pp. 870-876.

decidir o valor da indemnização. Em qualquer caso, tratou-se de um agravar das consequências para o empregador na fase que antecede a decisão judicial que declara a ilicitude do despedimento, dado que na Lei da Cessação do Contrato de Trabalho a ilicitude do despedimento implicava apenas a condenação no pagamento da retribuição que o trabalhador deixou de auferir, ao passo que no CT/2003 o empregador passou a ser obrigado a indemnizar todos os danos patrimoniais e não patrimoniais, com o mínimo correspondente àquelas retribuições.

VII. O CT/2009, aprovado pela Lei n. 7/2009, manteve também o essencial das alterações introduzidas em 2003 quanto às modalidades de cessação do contrato de trabalho: *caducidade* (artigos 343º e ss.); *revogação* (artigos 349º e ss.); *despedimento por facto imputável ao trabalhador* (artigos 351º e ss.); *despedimento coletivo* (artigos 359º e ss.); *despedimento por extinção do posto de trabalho* (artigos 367º e ss.); *despedimento por inadaptação* (artigos 374º e ss.); *resolução pelo trabalhador* (artigos 394º e ss.); e *denúncia* pelo trabalhador (artigos 400º e ss.).

Em qualquer caso, registaram-se algumas alterações no regime da cessação do contrato de trabalho, tendo os seus efeitos sido suspensos até a entrada em vigor do diploma que reviu o Código de Processo do Trabalho — Decreto-lei n. 295/2009, de 13 de outubro — que entrou em vigor em 1º de janeiro de 2010. No essencial, registaram-se alterações em matéria de sistematização, em aspetos de procedimento, em determinados pontos do regime do despedimento ilícito e nos casos em que a ilicitude resulta do incumprimento de regras formais.

Em termos de sistematização, o ponto mais importante a reter é o seguinte: apesar de na versão de 2009, tal como no CT/2003, o legislador ter mantido a autonomia das causas e consequências da ilicitude (artigos 381º e ss. do CT/2009), ele optou agora por incluir as regras de procedimento relativas às diferentes modalidades de cessação do contrato depois de enunciada a respetiva noção jurídica. Quer dizer, as modalidades de despedimento por iniciativa do empregador são reguladas, agrupando, por um lado, o regime dos fundamentos, procedimento e direitos do trabalhador em cada modalidade e, por outro, as causas de ilicitude do despedimento e seus efeitos[1760]. Na versão de 2009, há também algumas alterações de terminologia, normalmente relacionadas com a repetição (porventura desnecessária) de qualificações, especialmente nas epígrafes.

Em termos substantivos, é sobretudo de assinalar a simplificação do despedimento no caso de despedimento por facto imputável ao trabalhador, que passa pela simplificação e encurtamento do procedimento através da eliminação da instrução obrigatória, em termos subsequentemente considerados inconstitucionais[1761]. Nos termos do artigo 356º, n. 1, determinou-se que "*cabe ao empregador decidir a realização das diligências probatórias requeridas na resposta à nota de culpa*". A instrução passou, assim, a ser *facultativa*, pelo que, no despedimento com justa causa por facto imputável ao trabalhador, o procedimento disciplinar (artigos 352º e ss. do CT/2009) poderia circunscrever-se à nota de culpa e respetiva resposta, podendo o empregador, dispensando a instrução, proferir desde logo a decisão fundamentada de despedimento. O regime de obrigatoriedade que constava do artigo 414º, n. 1, do CT/2003, para a generalidade dos trabalhadores, manteve-se apenas para uma categoria específica de trabalhadores: tratando-se de despedimento de trabalhadora grávida, puérpera ou lactante, ou de trabalhador no gozo de licença parental, o empregador, por si ou através de instrutor nomeado para o efeito, deveria sempre realizar as diligências probatórias requeridas na resposta à nota de culpa, a menos que as considerasse patentemente dilatórias ou impertinentes, devendo nesse caso alegá-lo por escrito (artigo 356º, n. 2).

Por outro lado, registou-se também, em termos substantivos, a modificação do regime processual de impugnação judicial do despedimento por iniciativa do trabalhador, concretizada na revisão do Código de Processo do Trabalho — nos termos conjugados do artigo 387º do Código do Trabalho e do artigo 98º-D, n. 2, do Código do Processo do Trabalho, na redação introduzida pelo citado Decreto-lei n. 295/2009,

---

(1760) Veja-se, a este propósito, a *Exposição de Motivos da Proposta de Código do Trabalho (versão 2009)*.

(1761) Recorda-se que o artigo 356º, n. 1, foi declarado inconstitucional pelo Tribunal Constitucional, no Acórdão n. 338/2010, de 22 de setembro. Acórdão disponível em: <www.tribunalconstitucional.pt/tc/acordaos (ano 2010).

o trabalhador passa a poder se opor, no novo prazo de 60 dias[1762], a qualquer despedimento individual que tenha sido objeto de comunicação escrita do trabalhador mediante a entrega de um simples "*formulário para a ação de impugnação judicial da regularidade e licitude do despedimento*", cujo modelo foi subsequentemente aprovado pela Portaria n. 1.460-C/2009, de 31 de dezembro. À luz deste regime, o tribunal deve apreciar a regularidade e licitude do despedimento, não apenas quanto aos respetivos aspetos formais, mas também quanto aos fundamentos invocados pelo empregador para o despedimento.

Por fim, o CT/2009 suprimiu a possibilidade de reabertura e sanação do procedimento disciplinar impugnado com base em invalidade do procedimento disciplinar, anteriormente prevista no artigo 436º do CT/2003. O artigo 436º, n. 2, admitia que "*No caso de ter sido impugnado o despedimento com base em invalidade do procedimento disciplinar, este pode ser reaberto até ao termo do prazo para contestar (...)*". O CT/2009 suprimiu aquela possibilidade de sanação do procedimento disciplinar.

VIII. Em qualquer caso, em termos substantivos e no que mais importa quanto à proteção do trabalhador: quer o CT/2003, quer o CT/2009, no que diz respeito ao despedimento individual por facto imputável ao trabalhador, mantiveram intacto o conceito de justa causa de despedimento que constava do artigo 9º da Lei da Cessação do Contrato de Trabalho. E, tal como anteriormente, mantiveram também a solução que vinha da legislação anterior e que estabelece a imperatividade ou inderrogabilidade do regime da cessação do contrato de trabalho, que não pode ser afastado por instrumento de regulamentação coletiva de trabalho ou por contrato de trabalho, salvo quanto aos critérios de definição de indemnizações, aos valores das indemnizações (dentro dos limites fixados no Código) e aos prazos de procedimento e de aviso-prévio, que podem ser regulados por instrumento de regulamentação coletiva de trabalho (artigo 339º).

IX. As alterações mais significativas ao regime do despedimento surgem com as modificações levadas a efeito ao CT/2009, após a crise das dívidas soberanas, inaugurando-se a partir de então uma nova fase — a fase da *facilitação* dos despedimentos.

Com efeito, seja por força da diminuição do valor das indemnizações a pagar ao trabalhador em caso de cessação do contrato de trabalho, seja por força de mudanças significativas levadas a efeito no domínio do despedimento por justa causa objetiva, em especial no despedimento por inadaptação, as alterações ao CT/2009, nelas se incluindo as decorrentes da Lei n. 53/2011, de 14 de outubro (que prevê um novo sistema de compensação em diversas modalidades de cessação do contrato de trabalho, aplicável apenas aos novos contratos de trabalho), da Lei n. 3/2012, de 10 de janeiro (que estabelece um regime de renovação extraordinária dos contratos de trabalho a termo certo, bem como o regime e o modo de cálculo da compensação aplicável aos contratos objeto dessa renovação), da Lei n. 23/2012 (em especial, quanto ao despedimento por extinção do posto de trabalho e ao despedimento por inadaptação) e da Lei n. 69/2013, de 30 de agosto (que diminuiu o valor da compensação devida pela cessação do contrato de trabalho, procedendo à alteração dos 344º, 345º e 366º daquele diploma, reduzindo o valor das compensações pagas ao trabalhador em caso de caducidade dos contratos de trabalho a termo certo ou incerto ou em caso de despedimento coletivo, por extinção do posto de trabalho ou por inadaptação), têm por escopo a flexibilização do regime de cessação do contrato de trabalho e, por conseguinte, têm como efeito a diminuição do regime garantístico em matéria de proteção do emprego.

X. Num primeiro momento e nos termos acima enunciados, a citada Lei n. 53/2011, de 14 de outubro, através do novo artigo 366º-A, alterou o regime de compensação do trabalhador em caso de cessação do contrato de trabalho: a base de cálculo para efeitos de apuramento passou a ser mais baixa, foi suprimido o limite mínimo de 3 meses de retribuição base e diuturnidades antes existente e criou-se um teto máximo, sendo certo que este novo regime teve por âmbito de aplicação, não apenas o despedimento, mas também a cessação do contrato em regime de comissão de serviço, a caducidade do contrato de trabalho a termo ou a caducidade do contrato de trabalho por extinção do empregador ou na sequência da sua declaração de insolvência. No essencial, procedeu-se à diminuição do valor da compensação por

(1762) Recorda-se que, nos termos do artigo 435º, n. 2, do CT/2003, o prazo para a impugnação do despedimento era de um ano para o despedimento individual e de seis meses para o despedimento coletivo. Agora, no CT/2009, o prazo para o despedimento individual passa a ser de apenas 60 dias (artigo 387º do CT/2009), mantendo-se o prazo de seis meses para o despedimento coletivo (artigo 388º do CT/2009).

cada ano de antiguidade de 1 mês para 20 dias de retribuição base e diuturnidades; estabeleceu-se um limite máximo de compensação (até então inexistente), correspondente ao montante correspondente a 12 vezes a retribuição base mensal e diuturnidades por cada ano completo de antiguidade; e suprimiu-se o limite mínimo de 3 meses de compensação constante do regime do artigo 366º do CT/2009.

XI. Numa segunda fase, a Lei n. 3/2012, de 10 de janeiro, que estabeleceu um regime de renovação extraordinária dos contratos de trabalho a termo certo, admitindo que "*Podem ser objeto de duas renovações extraordinárias os contratos de trabalho a termo certo que, até 30 de junho de 2013, atinjam os limites máximos de duração estabelecidos no n. 1 do artigo 148º do Código do Trabalho*", voltou a atuar no domínio da compensação pela cessação dos contratos de trabalho, neste caso, no que diz respeito à compensação por caducidade dos contratos de trabalho a termo objeto da renovação extraordinária em causa. Procurou-se, no essencial, garantir que o sistema de compensação em caso de renovação extraordinária fosse fixado em função das alterações já levadas a efeito pela Lei n. 53/2011, de 14 de outubro, sem, contudo, colidir com o regime da aplicação da lei no tempo previsto no artigo 3º daquele diploma, segundo o qual o novo sistema de compensação só se aplica aos novos contratos de trabalho, celebrados após a entrada em vigor daquela lei. Assim, nos termos do artigo 4º, estabeleceu-se que em relação ao período de vigência do contrato até à primeira renovação extraordinária, o montante da compensação dos contratos a termo continuou a ser calculado de acordo com o regime jurídico aplicável a um contrato de trabalho a termo certo celebrado à data do início de vigência daquele contrato; em relação ao período de vigência do contrato a partir da primeira renovação extraordinária, o montante da compensação passou a ser calculado de acordo com o regime aplicável a um contrato a termo certo à data daquela renovação extraordinária, regime esse decorrente da aplicação da citada Lei n. 53/2011, que equiparou (nos artigos 344º e 345º) a compensação a que o trabalhador tem direito em caso de caducidade dos contratos de trabalho a termo certo e incerto à compensação devida em caso de despedimento coletivo (artigo 366º-A), de despedimento por extinção do posto de trabalho (artigos 372º e 366º-A) ou ao despedimento por inadaptação (artigos 379º e 366º-A).

XII. Num terceiro momento, a Lei n. 23/2012, que maiores alterações introduziu ao CT/2009, veio, nos termos acima assinalados, reforçar a flexibilização do despedimento, por várias vias:

— Por um lado, o regime de compensação pela cessação do contrato de trabalho que havia sido aprovado pela citada Lei n. 53/2011, para os novos contratos de trabalho, foi alargado aos contratos de trabalho em execução, tendo por base a indemnização devida em caso de despedimento coletivo — para o efeito, foi conferida nova redação ao artigo 366º e revogado o artigo 366º-A. A lei admitiu, contudo, um regime de direito transitório, com vista a salvaguardar o período de execução do contrato anterior à própria lei, aplicando a este período o regime anterior (artigo 6º, n. 1, 3 e 4);

— Por outro lado, o novo regime de *compensação pela cessação do contrato* passa a ser aplicado a todas as formas de cessação do contrato (e não apenas ao despedimento) e aos contratos em vigor, bem como à caducidade dos contratos a termo, tendo para o efeito sido revogado o artigo 4º da Lei n. 3/2012, de 10 de janeiro, ainda que mantida a salvaguarda do período contratual anterior (regras transitórias do artigo 6º, ns. 2 e 3, da Lei n. 23/2012);

— No *despedimento por motivo imputável ao trabalhador*, foi reintroduzida (artigo 356º, n. 1) a obrigatoriedade de fase instrutória do processo disciplinar, neste caso não como instrumento de flexibilização do despedimento, mas como consequência da declaração de inconstitucionalidade daquele preceito do CT/2009 levada a efeito pelo Acórdão do Tribunal Constitucional n. 338, de 22 de setembro de 2010;

— O *despedimento por extinção do posto de trabalho* foi facilitado, a dois níveis: por um lado, substituiu-se o critério da antiguidade quanto aos postos de trabalho a extinguir, em caso de pluralidade de postos de trabalho de conteúdo funcional idêntico, por outro critério, a ser determinado pelo empregador; por outro lado, suprimiu-se a exigência antes existente de se fornecer um posto de trabalho alternativo e compatível com a qualificação profissional do trabalhador (artigo 368º, ns. 2 e 4)[1763];

(1763) Recorda-se, a este propósito, o Acórdão do Tribunal Constitucional n. 602/2013, de 20 de setembro, que declarou a inconstitucionalidade dos números 2 e 4 do artigo 368º introduzido pela citada Lei n. 23/2012. No essencial, o Tribunal concluiu que tais normativos violavam a *proibição de despedimentos sem justa causa* consagrada no artigo 53º da Constituição.

— Por fim, por força das alterações operadas nos artigos 374º e ss. do CT/2009, o *despedimento por inadaptação* foi igualmente flexibilizado, a vários níveis: em primeiro lugar, porque se passa a admitir o despedimento por inadaptação mesmo quando não tenham sido introduzidas modificações no posto de trabalho, quer quanto ao despedimento da generalidade dos trabalhadores, quer quanto ao despedimento dos cargos dirigentes (artigo 375º, ns. 2 e 3); em segundo lugar, porque deixa de se fazer depender o despedimento da inexistência de posto de trabalho compatível com a qualificação profissional do trabalhador (revogação do anterior artigo 375º, n. 1, alínea *d*)[1764]; em terceiro lugar, porque no caso do trabalhador que tenha sido colocado no posto de trabalho para o qual é inapto há menos de 3 meses, a sua recolocação no posto de trabalho de origem deixa de ser exigida se aquele posto já estiver definitivamente ocupado (artigo 375º, n. 6), quando antes tal inexigibilidade só ocorria se o posto tivesse sido extinto; em quarto lugar, porque em termos de procedimento, o empregador passa a dispor de mais tempo (30 dias) para decidir o despedimento depois da fase de consultas, quando antes só dispunha de 5 dias (artigo 378º); em quinto lugar, porque o valor das compensações pecuniárias é mais reduzido do que na versão originária do CT/2009, por força da remissão feita para o artigo 366º do CT acima explicitado (artigo 379º)[1765].

XIII. Já em 20123, com a aprovação da Lei n. 69/2013, de 30 de agosto, o valor das compensações pela cessação do contrato de trabalho sofreu nova redução, passando-se agora de 20 para 12 dias por cada ano de antiguidade, na sequência da alteração do citado artigo 366º do CT. O artigo 366º, que dispõe acerca da compensação em caso de *despedimento coletivo*, de *despedimento por extinção do posto de trabalho* (por força da remissão do artigo 372º) e de *despedimento por inadaptação* (por força da remissão do artigo 379º), reduziu a compensação de 20 dias para 12 dias de retribuição base e diuturnidades por cada ano completo de antiguidade, sendo certo que também as compensações devidas pela caducidade dos contratos de trabalho a termo certo e incerto foram diminuídas. O artigo 344º, a propósito da caducidade do *contrato de trabalho a termo certo*, passou a prescrever que, em caso de caducidade deste contrato decorrente de declaração de denúncia do empregador, o trabalhador tem direito à compensação correspondente a 18 dias de retribuição base e diuturnidades por cada ano completo de antiguidade, calculada nos termos do artigo 366º, quando é certo que, na versão anterior, decorrente da Lei n. 23/212, o trabalhador (que já vira o valor da sua compensação ser reduzido) tinha direito à compensação correspondente a 20 dias de retribuição base e diuturnidades por cada ano completo de antiguidade, por força da remissão feita para o artigo 366º vigente àquela data. Por outro lado, quanto ao *contrato de trabalho a termo incerto*, a redução foi ainda mais intensa a partir do quarto ano de duração do contrato, passando a se determinar, nos termos do número 4 do artigo 345º, que, em caso de caducidade, o trabalhador tem direito à compensação que corresponde à soma dos seguintes montantes: a) a 18 dias de retribuição base e diuturnidades por cada ano completo de antiguidade, no que respeita

---

(1764) Recorda-se, a este propósito, uma vez mais, o Acórdão do Tribunal Constitucional n. 602/2013, de 20 de setembro, que declarou a inconstitucionalidade, pelas mesmas razões que estiveram na origem da inconstitucionalidade do artigo 368º, n. 4, da revogação da alínea *d* do n. 1 artigo 375º do Código do Trabalho, que exigia a verificação da impossibilidade de subsistência do vínculo laboral pela inexistência na empresa de um outro posto de trabalho disponível e compatível com a qualificação profissional do trabalhador. A citada alínea *d)* prescrevia, como requisito do despedimento, que não existisse na empresa outro posto de trabalho disponível e compatível com a qualificação profissional do trabalhador, exigência essa que estava ligada ao requisito da impossibilidade prática da subsistência da relação de trabalho, que continua a constar do n. 1 do artigo 374º do CT. Nesse sentido, o Tribunal concluiu também, que "*o despedimento por causas objetivas deve ser configurado como* ultima ratio, *o que não é compatível com a dispensa de integrar o trabalhador em posto de trabalho alternativo, quando este exista*", razão pela qual declarou inconstitucional a revogação da alínea *d* do n. 1, artigo 375º do Código do Trabalho. No mesmo sentido e agora quanto à modalidade de despedimento por inadaptação sem que tenham ocorrido modificações no local de trabalho (o habitualmente denominado *despedimento por inaptidão*), o Tribunal, sem prejuízo de admitir que em termos substantivos se trata de uma modalidade de *justa causa objetiva*, concluiu, também, pelas mesmas razões, que "*se, para formular o juízo de inexigibilidade de manutenção do trabalhador cuja inaptidão se revelou na sequência da introdução de modificações no seu posto de trabalho, é essencial que o empregador não disponha na empresa de outro posto de trabalho compatível com a qualificação profissional do trabalhador, conforme exigido pela alínea* d *do n. 1 do artigo 375º, não se vê por que razão a situação deva ser diferente, no tocante ao juízo de inexigibilidade, nos casos em que a inadaptação do trabalhador se revele independentemente de terem sido introduzidas modificações no seu posto de trabalho. O problema, em termos de impossibilidade prática de subsistência da relação de trabalho — e é esse o critério da inexigibilidade em causa — é exatamente o mesmo nas duas situações*". Em suma, o Tribunal declarou a inconstitucionalidade da norma do artigo 9º, n. 2, da Lei n. 23/2012, de 25 de junho, na parte em que procedeu à revogação da alínea *d* do n. 1 do artigo 375º do Código do Trabalho, por violação da proibição de despedimentos sem justa causa consagrada no artigo 53º da Constituição.

(1765) Veja-se, a este propósito, as anotações de Pedro Romano Martinez, aos artigos 375º a 378º do CT, em PEDRO ROMANO MARTINEZ; LUÍS MIGUEL MONTEIRO; JOANA VASCONCELOS; PEDRO MADEIRA DE BRITO; GUILHERME DRAY e LUÍS GONÇALVES DA SILVA, *Código do Trabalho Anotado*, 8ª ed., cit., pp. 791 e ss.

aos três primeiros anos de duração do contrato; b) a 12 dias de retribuição base e diuturnidades por cada ano completo de antiguidade, nos anos subsequentes.

Reforçou-se, em suma, por esta via, a tendência que já vinha da Lei n. 23/2012 no sentido da diminuição do valor do trabalho.

XIV. Quer dizer, visou-se, através desta torrente legislativa, flexibilizar o mercado de trabalho e garantir maior competitividade às empresas, tendo por pressuposto a ideia de que o problema da competitividade da economia assenta numa alegada excessiva rigidez da legislação laboral. Do ponto de vista juslaboral e tendo em vista o aludido propósito economicista, enveredou-se por uma flexibilização do regime da cessação do contrato de trabalho: os custos associados à cessação do contrato de trabalho diminuíram e os despedimentos por *extinção do posto de trabalho* e por *inadaptação* foram facilitados. A linha de atuação que esteve na origem destas modificações não teve por base, certamente, o "princípio da proteção do trabalhador", mas sempre se dirá, em qualquer caso, que terá sido este, nomeadamente através da regra basilar da proibição de despedimentos sem justa causa e do princípio constitucional da *segurança no emprego*, que terá servido de travão a uma atuação ainda mais intensa e mais flexibilizante, como sucedeu, de resto, a propósito da habitualmente denominada *"Lei da Requalificação de Funcionários Públicos"*[(1766)].

Apesar de tudo e não obstante a maior flexibilização do regime da cessação do contrato de trabalho, a pedra de toque que marca este regime, que decorre do "princípio da proteção do trabalhador" e que assenta na regra (constitucional) da proibição dos despedimentos sem justa causa, não foi posta em causa. Manteve-se, pois, em nome do referido princípio, a regra segundo a qual o trabalhador só pode ser despedido em caso de justa causa de despedimento. Como afirma Massimo Roccella, *"il licenziamento, per la sua particolare rilevanza sociale, rivesta un ruolo di primaria importanza"* e assenta no conceito de *"giusta causa o giustificato motivo"*[(1767)].

XV. A *"justa causa"* constitui, porém, um conceito indeterminado, que não nos faculta uma ideia precisa quanto ao seu conteúdo. Dela não resulta com precisão uma ideia quanto ao tipo de comportamento que pode ser considerado de tal forma grave que torne imediata e praticamente impossível a subsistência da relação laboral, justificando por essa razão o despedimento do trabalhador[(1768)]. Trata-se, por outras

---

(1766) Recorda-se, a este propósito, que o Tribunal Constitucional, no seu Acórdão n. 474/2013, de 29 de agosto, pronunciou-se *"pela inconstitucionalidade da norma constante do n. 2 do artigo 18º do Decreto n. 177/XII, enquanto conjugada com a segunda, terceira e quarta partes do disposto no n. 2 do artigo 4º do mesmo diploma, por violação da garantia da segurança no emprego e do princípio da proporcionalidade, constantes dos artigos 53º e 18º, n. 2, da Constituição da República Portuguesa"*, bem como pela *"inconstitucionalidade da norma constante do n. 1 do artigo 4º, bem como da norma prevista na alínea* b *do artigo 47º do mesmo Decreto n. 177/XII, na parte em que revoga o n. 4 do artigo 88º da Lei n. 12-A/2008, de 27 de fevereiro, e na medida em que impõem, conjugadamente, a aplicação do n. 2 do artigo 4º do mesmo Decreto aos trabalhadores em funções públicas com nomeação definitiva ao tempo da entrada em vigor daquela lei, por violação do princípio da tutela da confiança ínsito no artigo 2º da Constituição Republica Portuguesa"*. No essencial, o TC entendeu que o mecanismo de cessação do contrato de trabalho em funções públicas na sequência de um *processo de requalificação*, que decorreria durante o prazo de 12 meses, findo o qual, caso não ocorresse reenício de funções, seria praticado o ato de cessação do contrato em funções públicas, era inconstitucional, *"por violação da garantia da segurança no emprego e do princípio da proporcionalidade, constantes dos artigos 53º e 18º, n. 2, da Constituição da República Portuguesa"*; por outro lado, entendeu que a aplicação imediata deste regime de *requalificação* com possibilidade de *despedimento* aos trabalhadores com vínculo de nomeação no momento da entrada em vigor da Lei n. 12-A/2008, de 27 de fevereiro, que passariam assim a estar sujeitos às causas de cessação da relação laboral dos trabalhadores contratados, mormente à causa objetiva de cessação contida nos preceitos conjugados do n. 1 do artigo 4º e do n. 2 do artigo 18º, ambos do Decreto n. 177/XII, era inconstitucional *"por violação do princípio da tutela da confiança ínsito no artigo 2º da Constituição Republica Portuguesa"* (cf. Acórdão do Tribunal Constitucional n. 474/2013, disponível em: <http://www.tribunalconstitucional.pt/tc/acordaos/20130474.html>. Acesso em: 17 de setembro de 2013).

(1767) CF. MASSIMO ROCCELLA, *Manuali di Diritto del Lavoro*, 4ª ed., cit., pp. 422 e ss. (pp. 422 e 433).

(1768) Recorda-se que esta ideia já resultava do artigo 9º, n. 1, da Lei da Cessação do Contrato de Trabalho, que estabelecia que *"O comportamento culposo do trabalhador que, pela sua gravidade e consequências, torne imediata e praticamente impossível a subsistência da relação de trabalho constitui justa causa de despedimento"*. O mesmo se verifica no artigo 351º do CT/2009, que corresponde ao artigo 396º do CT/2003 — *"Constitui justa causa de despedimento o comportamento culposo do trabalhador que, pela sua gravidade e consequências, torne imediata e praticamente impossível a subsistência da relação de trabalho"*. Exige-se, pois, o preenchimento cumulativo de três elementos:

— O comportamento do trabalhador deveria ser *ilícito*: só é possível falar de culpa após um juízo prévio de ilicitude. A justa causa postula sempre uma infracção, uma violação (por acção ou omissão) dos deveres contratuais e legais do trabalhador;

— A ilicitude deve merecer um juízo de censura: o comportamento do trabalhador, doloso ou negligente, deve ser *culposo*;

— O comportamento em causa deve determinar consequências gravosas na relação laboral: para além de ilícita e culposa, a atuação do trabalhador deve *tornar imediata e praticamente impossível a manutenção da relação de trabalho.*

palavras, de "*um instituto que não admite subsunção pura e simples. Antes haverá que preenchê-lo com recurso a coordenadas valorativas, facultadas pela Ciência do Direito*"[1769].

Nessa medida, tendo em vista uma melhor concretização e compreensão do conceito, o legislador optou por enunciar, entre nós, a título meramente exemplificativo, alguns comportamentos que tendem a constituir justa causa de despedimento, nos termos acima assinalados. Trata-se, no fundo, de uma chamada de atenção para certo tipo de infrações disciplinares que em termos de normalidade social são suscetíveis de pôr em causa a subsistência da relação laboral, atenta à respetiva gravidade.

A enumeração feita pelo legislador quanto a certo tipo de comportamentos que constituem justa causa de despedimento não dispensa que se ponderem a gravidade e os efeitos da conduta do trabalhador na respetiva relação laboral, nomeadamente porque as hipóteses elencadas não são por si só suficientemente determinadas. Por outras palavras, o facto de um trabalhador praticar um comportamento exemplificado na lei como constitutivo de justa causa de despedimento não determina, à partida, que o empregador o possa despedir mediante a instauração de um procedimento disciplinar a tanto destinado. Na verdade, verificada a ocorrência de alguma factualidade prevista na lei (desobediência ilegítima, violação de direitos e garantias de trabalhadores da empresa, provocação repetida de conflitos, etc.) torna-se sempre necessário verificar se esse comportamento, apesar de tudo, é de tal forma censurável que, *"pela sua gravidade e consequência, torne imediata e praticamente impossível a subsistência da relação de trabalho"*.

O conceito de justa causa implica, sempre, que se pondere a repercussão de certo tipo de infração disciplinar no normal desenvolvimento da relação de trabalho[1770]. Só haverá justa causa, em suma, se o comportamento do trabalhador for de tal forma grave que deixe de ser exigível à entidade patronal a manutenção da respetiva relação de trabalho[1771] ou, nas palavras de Pedro Romano Martinez, "*importa verificar se o comportamento culposo de uma das partes (o trabalhador) põe em causa a subsistência de uma relação contratual duradoura*"[1772]. A justa causa subjetiva, como sublinha Bernardo Lobo Xavier, referencia-se a uma "*situação anormal e patológica, em que não há outra saída senão a extinção, imediata e livre de qualquer ónus, do contrato de trabalho*"[1773].

(1769) Cf. MENEZES CORDEIRO, "Justas causas de despedimento", coordenação de Pedro Romano Martinez, Volume II, Almedina, Coimbra, 2001, p. 11.

(1770) Cf. BERNARDO DA GAMA LOBO XAVIER, *Justa causa de Despedimento: conceito e ónus da prova*, RDES, Ano XXX (III da 2ª série), janeiro-março, n. 1, p. 17. No mesmo sentido, MONTEIRO FERNANDES, *Justa causa de rescisão*, Estudos Sociais e Corporativos, n. 20, out./dez. 1996, pp. 58-60.

(1771) Naturalmente que a ideia de *impossibilidade* de subsistência da relação laboral não pode ser tomada à letra e não assenta em elementos naturalísticos: enquanto houver trabalhador e entidade patronal a relação laboral será, naturalmente, sempre possível, independentemente do seu grau de deterioração. Por isso, do que se trata, é de uma impossibilidade jurídica, que atende ao limite do exigível em termos de normalidade social. E de uma impossibilidade jurídica futura, que exige desse modo a realização de um juízo de probabilidade sobre a viabilidade da relação de trabalho após a prática de um infração disciplinar grave por parte de um trabalhador — cf. RAÚL VENTURA, *Extinção da Relação Jurídica de Trabalho*, ROA, 1950, ns. 1 e 2, pp. 306-306. No mesmo sentido, BERNARDO DA GAMA LOBO XAVIER, *Justa causa de despedimento: conceito e ónus da prova*, cit., p. 27. Para o efeito, na apreciação da existência de justa causa de despedimento, o legislador aponta alguns critérios que podem ser tidos em consideração.

Nesse sentido, o artigo 12º, n. 5, da LCCT, determinava que para apreciação da justa causa, deveriam ser tidos em consideração, no quadro de gestão da empresa, o grau de lesão dos interesses da entidade empregadora, o carácter das relações entre as partes ou entre o trabalhador e seus companheiros e as demais circunstâncias que no caso se mostrem relevantes. No mesmo sentido, o número 3 do artigo 351º do CT/2009 dispõe que "*na apreciação da justa causa, deve atender-se, no quadro de gestão da empresa, ao grau de lesão dos interesses do empregador, ao carácter de relação entre as partes ou entre o trabalhador e os seus companheiros e às demais circunstâncias que no caso sejam relevantes*". Nessa medida, será relevante para apuramento do conceito de justa causa, por exemplo, a subsistência (ou não) de uma relação de confiança entre a entidade patronal e o trabalhador após a ocorrência da infração disciplinar em causa, a prática disciplinar da empresa em situações similares, o passado disciplinar o trabalhador, o grau de relacionamento que se perspectiva venha a prevalecer após a ocorrência do comportamento do trabalhador, a personalidade do trabalhador, a sua antiguidade e os serviços já prestados à entidade patronal, o prejuízo efectivo causado à empresa, etc.

(1772) Cf. Pedro Romano Martinez, anotação (V) ao artigo 351º do Código do Trabalho, em PEDRO ROMANO MARTINEZ; LUÍS MIGUEL MONTEIRO; JOANA VASCONCELOS; PEDRO MADEIRA DE BRITO; GUILHERME DRAY e LUÍS GONÇALVES DA SILVA, *Código do Trabalho Anotado*, 8ª ed., p. 935. A este propósito e do mesmo autor, que considera que esta questão não é específica do contrato de trabalho, sendo comum (ainda que com especificidades próprias) a outras relações duradouras, veja-se *Da Cessação do Contrato*, 2ª ed., Almedina, Coimbra, 2006, pp. 229 e ss.

(1773) BERNARDO DA GAMA LOBO XAVIER, *Manual de Direito do Trabalho*, com a colaboração de P. FURTADO MARTINS; A. NUNES DE CARVALHO; JOANA VASCONCELOS e TATIANA GUERRA DE ALMEIDA, cit., p. 733.

A este propósito, Menezes Cordeiro fala, com propriedade, de uma verdadeira "*espiral de concretização*"(1774): numa primeira fase, o legislador (artigo 351º, n. 1, do CT, que corresponde ao artigo 396º, n. 1, do CT/2003, o qual teve por fonte o artigo 9º, n. 1, da LCCT) faculta-nos, numa fórmula muito genérica, o conceito de "justa causa de despedimento"; atento ao carácter indeterminado, móvel ou maleável desta fórmula, intenta-se (artigo 351º, n. 2, que corresponde e teve por fonte, respetivamente, os números 2 dos citados artigos 396º do CT/2003 e 9º LCCT) concretizá-la casuisticamente, através de uma enumeração exemplificativa de um determinado conjunto de comportamentos; numa terceira e última fase, os elementos concretizadores daquela fórmula genérica devem, por fim, ser reponderados à luz do mesmo conceito geral, de forma a indagar se o comportamento em causa e naquele caso concreto torna imediata e praticamente impossível a manutenção da relação de trabalho. Quer dizer, importa saber se a "crise" contratual decorrente do comportamento ilícito e culposo do trabalhador torna insustentável a manutenção da relação de trabalho, põe irremediavelmente em causa o pressuposto fiduciário do contrato e faz prevalecer a emergência do despedimento perante as garantias do trabalhador contra o despedimento. A este propósito, o número 3 do artigo 351º dispõe, ainda, que "*na apreciação da justa causa, deve atender-se, no quadro de gestão da empresa, ao grau de lesão dos interesses do empregador, ao caráter de relação entre as partes ou entre o trabalhador e os seus companheiros e às demais circunstâncias que no caso sejam relevantes*".

O paradigma da justa causa centra-se, assim, num comportamento de um trabalhador, ocorrido no local e tempo de trabalho, que configure uma infração disciplinar de tal forma grave que torne imediata e praticamente possível a subsistência da relação laboral(1775).

XVI. O princípio da segurança no emprego reflete-se em todo o regime da cessação do contrato de trabalho — é dele que resulta, também, a limitação de contratação a termo e do trabalho temporário, através da aposição de requisitos substantivos e formais quanto à celebração deste tipo de contratos (respetivamente, artigos 140º e 141º e 175º, 180º e 181º, todos do CT); um regime relativamente rígido e tutelar dos trabalhadores na caducidade do contrato de trabalho (artigos 343º e ss.), bem como a imposição de especiais requisitos de forma na revogação do contrato por mútuo acordo e a criação de um direito de arrependimento do trabalhador quanto à celebração deste acordo revogatório (artigos 349º e 350º do CT).

Em qualquer caso, o expoente máximo do princípio constitucional da segurança no emprego, que resulta do "princípio da proteção do trabalhador", centra-se na proibição de despedimentos sem justa causa, nos termos acima assinalados: o despedimento do trabalhador não depende apenas da prática de um ato ilícito e culposo, mas também de um juízo de prognose que assenta na inexigibilidade de o empregador manter o trabalhador ao seu serviço atento à gravidade do comportamento do trabalhador e os seus reflexos na relação de trabalho. E isto em situações normais, quando esteja em causa um comportamento praticado no exercício da atividade profissional.

Estando em causa comportamentos que tendencialmente se inscrevem na esfera privada do trabalhador, o grau de exigência quanto ao apuramento de uma situação de justa causa de despedimento

---

(1774) Cf. MENEZES CORDEIRO, *Manual de Direito do Trabalho*, cit., p. 819.

(1775) A propósito da "justa causa de despedimento", veja-se, nomeadamente, BAPTISTA MACHADO, "Pressupostos da resolução por incumprimento", *Estudos em homenagem ao Prof. Doutor Teixeira Ribeiro*, v. II, Coimbra, 1979; BERNARDO DA GAMA LOBO XAVIER, *Curso*, cit., pp. 486-501; *Da justa causa de despedimento no contrato de trabalho*, Separata ao v. XIV do Suplemento ao Boletim da Faculdade de Direito da Universidade de Coimbra, Coimbra, 1965; "Justa causa de despedimento: conceito e ónus da prova", *Revista de Direito e de Estudos Sociais*, 1988; JOANA VASCONCELOS, "O conceito de justa causa de despedimento". Evolução legislativa e situação actual", *Estudos do Instituto de Direito do Trabalho*, v. II, *Justa Causa de Despedimento*, Instituto de Direito do Trabalho da Faculdade de Direito da Universidade de Lisboa, Almedina, Coimbra, 2001, pp. 15 e ss.; MENEZES CORDEIRO, "Concorrência laboral e justa causa de despedimento", *Revista da Ordem dos Advogados*, 1986 e "Justas Causas de Despedimento", *Estudos do Instituto de Direito do Trabalho*, v. II, *Justa Causa de Despedimento*, Instituto de Direito do Trabalho da Faculdade de Direito da Universidade de Lisboa, Almedina, Coimbra, 2001, pp. 15 e ss.; MONTEIRO FERNANDES, "Justa causa de rescisão", *ECS*, n. 20; PEDRO ROMANO MARTINEZ, "A justa causa de despedimento", *I Congresso Nacional de Direito do Trabalho — Memórias*, 173-180, e "Incumprimento contratual e justa causa de despedimento", *Estudos do Instituto de Direito do Trabalho*, v. II, *Justa Causa de Despedimento*, Coimbra, Almedina, 2001, pp. 93 e ss.

acentua-se, pela simples razão de que passam a estar em jogo, também, os direitos de personalidade do trabalhador[1776].

XVII. Em suma, a proibição de despedimentos sem justa causa ou, numa versão mais abrangente, o princípio constitucional da segurança no emprego é um dos pilares do "princípio da proteção do trabalhador", ainda que o seu grau de intensidade possa variar, quer em função de razões de política de emprego, quer em função da maior ou menor necessidade de proteção de determinadas categorias de trabalhadores.

3. *Alguns regimes especiais quanto à cessação do contrato de trabalho*

3.1. Regimes mais favoráveis para certas categorias desfavorecidas: trabalhadoras grávidas, puérperas ou lactantes e representantes dos trabalhadores

I. O princípio constitucional da segurança no emprego pode variar, também, em função da maior ou menor necessidade de proteção de determinadas categorias de trabalhadores. Ou seja, o "princípio da proteção do trabalhador", neste domínio, revela também a sua elasticidade.

Nalguns casos, atento à especial situação de fragilidade de determinadas categorias mais vulneráveis, ele pode ser mais exigente e protetor: é o que sucede com as *trabalhadoras grávidas, puérperas ou lactantes* ou com os *representantes dos trabalhadores*, nos termos acima assinalados — em ambos os casos, havendo despedimento individual, presume-se que o mesmo seja feito sem justa causa e a suspensão judicial do despedimento só não seja decretada se o parecer for favorável ao despedimento e o tribunal considerar que existe probabilidade séria de verificação de justa causa (artigos 63º, ns. 2 e 7 e 410º, ns. 3 e 4 respetivamente); no caso da trabalhadora grávida, puérpera ou lactante, o despedimento carece de parecer prévio da entidade competente na área da igualdade de oportunidades entre homens e mulheres (artigo 63º, n. 1); no caso do despedimento de representantes dos trabalhadores, a ação de apreciação da licitude do despedimento tem natureza urgente (artigo 410º, n. 2); em ambos os casos, em caso de ilicitude do despedimento de trabalhadora grávida, puérpera ou lactante ou de trabalhador membro de estrutura de representação coletiva, estes têm o direito de optar entre a reintegração e uma indemnização mais generosa, calculada nos termos do artigo 393º, n. 2, ou seja, determinada pelo tribunal entre 30 e 60 dias de retribuição base e diuturnidades por cada ano completo ou fração de antiguidade, não podendo ser inferior a seis meses de retribuição base e diuturnidades, tal como se a ilicitude do despedimento se tivesse ficado a dever a motivo político, ideológico, étnico ou religioso, ainda que com a invocação de fundamento diverso (artigos 63º, n. 8, e 410º, n. 6, respetivamente).

II. Ambos os regimes se compreendem e o facto de estas categorias de trabalhadores serem beneficiadas de um regime de proteção no despedimento que é mais forte e acrescido, quando comparado com o regime de cessação aplicável à generalidade dos trabalhadores, não afronta o princípio da igualdade previsto no artigo 13º da Constituição.

No caso das trabalhadoras grávidas, puérperas e lactantes, está em causa, desde logo, a concretização de um direito constitucional — o artigo 59º, n. 2, alínea *c*, da Constituição determina que incumbe ao Estado assegurar a "*especial proteção do trabalho das mulheres durante a gravidez e após o parto (...)*". Compreende-se que assim seja: durante a gravidez e após o parto, a trabalhadora encontra-se numa situação de maior fragilidade, do ponto de vista laboral, nomeadamente por força das ausências ao trabalho decorrentes, quer da necessidade de realização de consultas pré-natais, quer das ausências decorrentes do parto e do pós-parto. A situação em que a mesma se encontra é, consequentemente, de maior fragilidade do que aquela em que se encontra a generalidade dos trabalhadores, sendo consequentemente justificável, à luz do princípio da igualdade, um tratamento mais favorável e que lhe confira uma proteção acrescida em caso de despedimento.

(1776) A propósito deste tema, veja-se GUILHERME DRAY, "Justa causa e esfera privada", *Estudos do Instituto de Direito do Trabalho, Justa Causa de Despedimento*, v. II, pp. 35 e ss.

Em qualquer caso: a proteção em caso de despedimento a que se refere o artigo 63º do Código do Trabalho e supraenunciada, centrada designadamente na necessidade de obtenção de parecer prévio da entidade competente na área da igualdade de oportunidades entre homens e mulheres (n. 1) — o qual, sendo desfavorável, condiciona o despedimento à obtenção, pelo empregador, de uma decisão judicial que reconheça a existência de motivo justificativo — e na presunção de inexistência de justa causa (n. 2), aplica-se apenas, quanto à referida presunção de inexistência de justa causa, aos casos de despedimento individual por facto imputável ao trabalhador (artigo 351º), ficando excluídos do âmbito de aplicação desta norma, exceto quanto à necessidade de obtenção de parecer prévio, as hipóteses de despedimento coletivo (artigo 359º), por extinção de posto de trabalho (artigo 367º) e por inadaptação (artigo 373º)[(1777)].

Por outras palavras, no caso do despedimento por facto imputável ao trabalhador, não só se exige um parecer prévio da entidade competente na área da igualdade de oportunidades entre homens e mulheres (artigo 63º, ns. 1 e 3), como se presume a inexistência de justa causa de despedimento (n. 2); no caso das hipóteses típicas de despedimento por justa causa objetiva, apenas se exige a obtenção do referido parecer prévio (ns. 1 e 3), mas não se presume a inexistência de justa causa.

III. No caso do despedimento de membros de estruturas de representação coletiva de trabalhadores, o regime de proteção tem suporte no texto da Constituição, respetivamente no artigo 54º, n. 5 (membros das comissões de trabalhadores), e no artigo 55º, n. 6 (representantes sindicais), do qual resulta que "*os representantes eleitos dos trabalhadores gozam do direito (...) à proteção legal adequada contra quaisquer formas de condicionamento, constrangimento ou limitação do exercício legítimo das suas funções*".

O direito a um regime especial de proteção tem uma dupla razão de ser: por um lado, como se faz notar na jurisprudência do Tribunal Constitucional[(1778)], parte-se do pressuposto de que a segurança no emprego pode estar mais facilmente em risco quando o trabalhador assume perante o empregador a representação dos interesses dos demais trabalhadores, razão pela qual se justifica a criação de um mecanismo que compense essa desigualdade contra "*represálias patronais, de forma a evitar quaisquer discriminações destinadas a não incentivar o desempenho de funções eletivas nas organizações sindicais*"[(1779)]; por outro lado, a proteção específica dos representantes dos trabalhadores constitui, também, um instrumento de exercício pleno da liberdade sindical.

No que diz respeito, em particular, à garantia da segurança no emprego, o artigo 55º, n. 6, habilita o legislador ordinário a limitar o poder do empregador em matéria de despedimento[(1780)], de forma a evitar que este "(...) *recorra ao despedimento como meio de atacar os representantes dos trabalhadores enquanto tais, mesmo que a pretexto de uma conduta alheia ao exercício de funções de representação*"[(1781)]. E habilita-o a fazê-lo "*no espaço de liberdade de conformação do legislador, ressalvados que sejam sempre o fim e o efeito de proteção, constitucionalmente devida, aos representantes dos trabalhadores pelas atividades decorrentes dessa condição (e que se manifesta em especial proteção destes, nomeadamente em caso de despedimento*"[(1782)]; no mesmo sentido, "(...) *o legislador não pode anular a determinação constitucional de existência de uma proteção adequada dos representantes dos trabalhadores (e das suas funções), mas é livre para modular essa proteção, modificá-la ou construí-la em "novidade permanente*"[(1783)]. Esta ideia, de que compete ao legislador ordinário concretizar a proteção do trabalhador em causa, tem sido alicerçada em numerosos arestos do Tribunal Constitucional[(1784)] — no Acórdão n. 122/86, de 16 de

(1777) Veja-se, a este propósito, a nossa anotação ao artigo 63º do *Código do Trabalho Anotado*, PEDRO ROMANO MARTINEZ; LUÍS MIGUEL MONTEIRO; JOANA VASCONCELOS; PEDRO MADEIRA DE BRITO; GUILHERME DRAY e LUÍS GONÇALVES DA SILVA, 9ª ed., cit., pp. 224 e ss.

(1778) Cf. Acórdãos do Tribunal Constitucional ns. 126/84, 309/85, 122/86, 576/94 e 581/95, disponíveis em www.tribunalconstitucional.pt/tc/acordaos (anos 1984, 1985, 1986, 1994 e 1995).

(1779) Cf. Acórdão do Tribunal Constitucional n. 1172/96, disponível em: <www.tribunalconstitucional.pt/tc/acordaos> (ano 1996).

(1780) Cf. Acórdãos do Tribunal Constitucional ns. 126/84, 309/85, 18/86 e 122/86, disponíveis em: <www.tribunalconstitucional.pt/tc/acordaos (anos 1984, 1985 e 1986).

(1781) Cf. Acórdão do Tribunal Constitucional, n. 122/86, disponível em: <www.tribunalconstitucional.pt/tc/acordaos> (ano 1986).

(1782) Cf. Acórdão do Tribunal Constitucional n. 362/01, disponível em: <www.tribunalconstitucional.pt/tc/acordaos> (ano 2001).

(1783) Cf. Acórdão do Tribunal Constitucional n. 581/95, disponível em: <www.tribunalconstitucional.pt/tc/acordaos> (ano 1995).

(1784) Veja-se, a este propósito, a anotação ao artigo 55º da Constituição, em JORGE MIRANDA e RUI MEDEIROS, *Constituição Portuguesa Anotada*, Tomo I, cit., pp. 531 e ss., em especial, a anotação (XIII) ao referido preceito, pp. 546-549.

abril, esclarece-se que a Constituição não proíbe "*o despedimento dos trabalhadores com funções de representação*", assim como não impõe uma restrição dos "*motivos que podem constituir justa causa de despedimento*"; nos Acórdãos ns. 107/88, de 31 de maio, e 581/95, de 31 de outubro, determina-se que o legislador não está obrigado a instituir um despedimento por meio de ação judicial, podendo, alternativamente, segundo o Acórdão n. 576/94, de 26 de outubro, optar pela previsão do pagamento de uma indemnização correspondente ao dobro daquela que é atribuída à generalidade dos trabalhadores, preferindo assim "*uma medida* a posteriori *que onerando patrimonialmente o empregador desenvolve a funcionalidade de o dissuadir do despedimento*"; o Acórdão n. 1.172/96, de 20 de novembro, por sua vez, a propósito da prática de faltas justificadas pelos dirigentes sindicais decorrentes do exercício da sua atividade sindical, esclarece que o que está em causa é "*compatibilizar as soluções em conflito, estabelecendo uma solução compromissória: a entidade patronal não pode pôr termo ao contrato de trabalho invocando a ausência de serviço do trabalhador quando este dê faltas por causa da sua atividade de dirigente sindical, não podendo verificar se se justificam tais ausências; o trabalhador não tem o direito de exigir remuneração pelos períodos de ausência justificada ao serviço da organização sindical que dirige e que excedam um crédito máximo de dias atribuído por lei*".

O regime de proteção dos representantes dos trabalhadores em caso de despedimento consta atualmente do artigo 410º do CT e corresponde, com alterações, ao artigo 456º do CT/2003. Acrescidamente, no caso de despedimento de representantes sindicais, a respetiva associação deve ser ouvida ou notificada nos momentos fundamentais do procedimento (artigos 353º, n. 2, 356º, n. 5 e 357º, n. 6).

Mas o essencial do regime de proteção reside efetivamente no artigo 410º e centra-se no seguinte: a suspensão preventiva de trabalhador membro da estrutura de representação coletiva não obsta a que o mesmo tenha acesso a locais e exerça atividades que se compreendem no exercício das suas funções no âmbito daquela estrutura (n. 1); o mesmo se aplica estando em causa a pendência de processo judicial para apuramento de responsabilidade disciplinar, civil ou criminal com fundamento em exercício abusivo de direitos na qualidade de membro de estrutura de representação coletiva de trabalhadores (n. 2) — o legislador não admite a comunicabilidade entre a suspensão preventiva e o exercício da atividade do trabalhador enquanto membro da estrutura de representação, assim como não admite que tal suceda no âmbito de processo de apuramento de responsabilidades do mesmo no exercício da sua atividade de representante coletivo[1785]; os membros das organizações representativas de trabalhadores gozam de uma inversão do sistema tendo em vista a suspensão do despedimento: esta só não é decretada se o tribunal concluir pela probabilidade séria de existência de justa causa de despedimento (artigo 410º, n. 4); as ações de despedimento dos representantes dos trabalhadores têm natureza urgente (artigo 410º, n. 5); e, porventura mais importante do que tudo o resto, o despedimento de trabalhador candidato a membro de qualquer dos corpos sociais de associação sindical ou que exerça ou haja exercido funções nos mesmos corpos sociais há menos de três anos[1786] presume-se feito sem justa causa (artigo 410º n. 3).

A presunção de inexistência de justa causa deverá ter um sentido útil — tal como sucede, de resto, na presunção de inexistência de justa causa da trabalhadora grávida, puérpera ou lactante.

A propósito dos membros das estruturas de representação dos trabalhadores, a solução poderá residir, nos termos acima expostos, na inversão do ónus da prova de inexistência de culpa a que se refere o artigo 799º. É esta a solução propugnada, entre nós, por Luís Gonçalves da Silva[1787]: em princípio, sempre que o trabalhador pratica uma infração disciplinar, ou seja, sempre que incorre em incumprimento contratual, cumprimento defeituoso ou mora na prestação, fica com o ónus de provar, nos termos gerais do artigo 799º do Código Civil, que a violação de um dever contratual não se ficou a dever a culpa sua.

(1785) Cf. LUÍS GONÇALVES DA SILVA, *Código do Trabalho Anotado*, Pedro Romano Martinez; Luís Miguel Monteiro; Joana Vasconcelos; Pedro Madeira de Brito; Guilherme Dray e Luís Gonçalves da Silva, 9ª ed., Almedina. Coimbra, 2012, anotação ao artigo 410º, pp. 875 e ss.

(1786) Recorda-se que no CT/2003 a presunção em causa tinha como período de referência o período de 5 anos, que foi reduzido para 3 anos no CT/20009.

(1787) Cf. LUÍS GONÇALVES DA SILVA, "Sujeitos Colectivos", *Estudos do Instituto de Direito do Trabalho,* coordenação de Pedro Romano Martinez, v. III, Almedina, Coimbra, 2002, pp. 375 e ss.

Fica, por outras palavras, com o ónus de afastar o juízo de censurabilidade associado à sua conduta. Ora, por força desta presunção legal, o ónus em causa é afastado: a presunção de culpa do artigo 799º do Código Civil é afastada pelo número 3 do artigo 410º, passando a caber ao empregador a prova dos factos constitutivos da culpa(1788).

3.2. Regimes menos favoráveis para certas categorias de trabalhadores: os trabalhadores em regime de comissão de serviço e os que exercem cargos de direção

I. Noutros casos, pelo contrário, atenta à menor necessidade de proteção dos trabalhadores em causa, nomeadamente porque exercem cargos de administração, de direção diretamente dependente da administração ou funções que requerem uma especial relação de confiança, o princípio da segurança no emprego pode atuar com menor intensidade — é o que sucede na cessação do contrato de trabalho do trabalhador em regime de *comissão de serviço*: a cessação do contrato de trabalho é imotivada, estando apenas dependente de um aviso-prévio.

É o que resulta do já citado artigo 163º do CT: nos casos em que esteja em causa a prestação de atividade laboral em regime de comissão de serviço, designadamente em cargos de administração ou equivalente, de direção ou chefia diretamente dependente da administração ou de diretor-geral ou equivalente, ou funções de secretariado pessoal de titular de qualquer desses cargos ou, ainda, desde que instrumento de regulamentação coletiva de trabalho o preveja, funções cuja natureza também suponha especial relação de confiança quanto a titular daqueles cargos (artigo 161º), a comissão de serviço pode cessar a todo o tempo e por iniciativa de qualquer das partes, mediante pré-aviso com a antecedência de 30 ou 60 dias, consoante a prestação de trabalho em regime de comissão de serviço tenha tido uma duração de até dois anos ou por período superior, sendo certo que a falta de aviso-prévio não obsta a cessação da comissão de serviço, constituindo apenas a parte faltosa na obrigação de indemnizar a contraparte nos termos do artigo 401º, a título de denúncia sem cumprimento do prazo de aviso-prévio e por indemnização de valor igual à retribuição base e diuturnidades correspondentes ao período em falta, sem prejuízo de indemnização por danos causados pela inobservância do prazo de aviso-prévio ou de obrigação assumida em pacto de permanência.

II. O "princípio da proteção do trabalhador" revela, por esta via, a sua elasticidade e capacidade de adaptação: erigindo a subprincípio fundamental do Direito do trabalho o da "segurança do emprego", aplicável à generalidade dos trabalhadores, o princípio em causa não deixa, todavia, de atuar com maior ou menor intensidade consoante os sujeitos e categorias de trabalhadores sobre os quais incide: estando em causa categorias de trabalhadores mais frágeis ou que se encontram numa particular situação de debilidade perante o empregador, como sucede com as *trabalhadoras grávidas, puérperas ou lactantes* ou, por outras razões, com os *membros das estruturas representativas dos trabalhadores*, o subprincípio da segurança no emprego atua de forma mais intensa, protegendo melhor tais categorias de trabalhadores; tratando-se, pelo contrário, de trabalhadores altamente qualificados que exercem uma função que exige uma especial relação de confiança, *maxime* trabalhadores que desempenham funções típicas de cargos dirigentes, o princípio atua com menos intensidade, por se afigurar menos necessária a proteção do trabalhador, que não se encontra numa posição tão fragilizada quanto a generalidade dos trabalhadores.

Em qualquer caso e como denominador comum, o princípio da segurança no emprego e a proibição de despedimentos *ad nutum* e imotivados são uma projeção — uma das mais importantes projeções — do "princípio da proteção do trabalhador".

III. Em suma, o princípio constitucional da segurança no emprego, previsto no artigo 53º da Constituição, que assenta fundamentalmente na proibição dos despedimentos *sem justa causa*, constitui uma

(1788) Veja-se, do mesmo autor, a anotação (V) ao artigo 410º do CT/2009, em *Código do Trabalho Anotado*, Pedro Romano Martinez; Luís Miguel Monteiro; Joana Vasconcelos; Pedro Madeira de Brito; Guilherme Dray e Luís Gonçalves da Silva, 8ª ed., Almedina, Coimbra, 2009, p. 1071.

das mais importantes concretizações do "princípio da proteção do trabalhador", neste caso, em sede de cessação do contrato de trabalho. O "princípio da proteção do trabalhador" atua, pois, como um fator de limitação da liberdade contratual do empregador, garantindo ao trabalhador um regime de proteção particularmente tutelar num domínio tão sensível quanto o da cessação do contrato de trabalho.

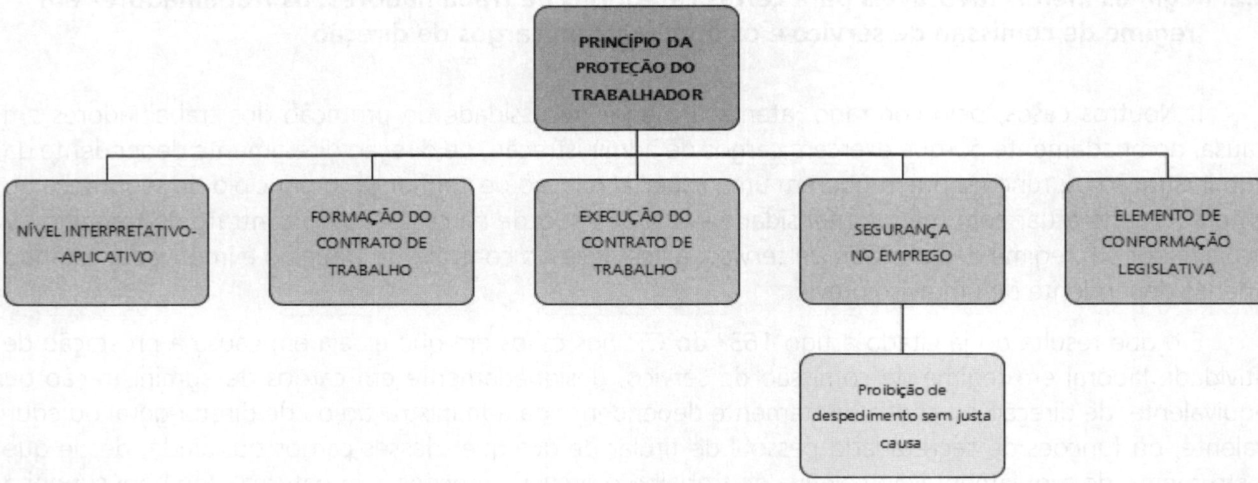

CAPÍTULO VI

O MODERNO PRINCÍPIO DA PROTEÇÃO DO TRABALHADOR — A PROTEÇÃO DA CIDADANIA

§ 1º LINHAS DE AÇÃO

1. Generalidades

I. Chegados ao ponto a que chegámos, depois de feito o enquadramento metodológico da Ciência do Direito; de termos passado em revista os valores-âncora que a enformam; de analisados os fundamentos, a evolução histórica e a orientação finalística do Direito do trabalho e os valores que sempre lhe estiveram associados; depois de termos analisado e compreendido o sentido e o conteúdo do "princípio da proteção do trabalhador" e as suas diversas concretizações e, acima de tudo, depois de termos analisado a fase contemporânea que marca a atual crise deste ramo do direito e a crise do Estado Social de Direito, as quais têm vindo a conduzir o Direito do trabalho a um mero instrumento ao serviço de políticas económicas que apostam na competitividade das economias nacionais através, no essencial, da redução do custo do trabalho e da flexibilização e desregulamentação da relação do trabalho; cumpre, por fim, tomar posição quanto ao papel que este ramo do direito deve assumir e, em especial, o papel que o "princípio da proteção do trabalhador" deve assumir, hoje e no futuro.

II. A ideia que irá servir de base às teses que se irão desenvolver assenta no seguinte pilar: a Ciência do Direito, na esteira de Karl Larenz, é simultaneamente uma ciência "normativa", "compreensiva" e orientada a "valores".

A linguagem normativa deve ter por objeto o Direito, ou seja, o Direito vigente, no seu sentido normativo(1789), quer dizer, deve ter por base uma "ideia de Direito" ou o princípio do Direito.

A linguagem normativa deve, por outro lado, ser entendida como uma "Ciência compreensiva"(1790), que visa a compreensão do sentido normativo inerente a determinadas expressões linguísticas, sem descurar a ligação, necessária, entre a proposição normativa, a situação fática da vida e as valorações subjacentes(1791) — nesse sentido, assume importância a "pré-compreensão(1792) com que se acede ao texto normativo, a

(1789) A propósito da Jurisprudência como uma "Ciência normativa", KARL LARENZ, *Metodologia da Ciência do Direito*, cit., pp. 270-282.

(1790) A propósito da Jurisprudência como uma "Ciência compreensiva", KARL LARENZ, *Metodologia da Ciência do Direito*, cit., pp. 282-297.

(1791) Veja-se, a este propósito, KARL ENGISCH, *Introdução ao Pensamento Jurídico*, Fundação Calouste Gulbenkian, 8ª ed., cit., pp. 363 e ss.

(1792) A propósito da "pré-compreensão", ou "pré-entendimento" no processo de realização do Direito, veja-se MENEZES CORDEIRO, "Os dilemas da Ciência do Direito no Final do Século XX", CLAUS-WILHELM CANARIS, *Pensamento Sistemático e Conceito de Sistema na Ciência do Direito* (Introdução), cit., p. CIX.

qual deve ter por base os contextos sociais, as situações de interesse e as estruturas das relações da vida a que se referem as normas jurídicas. Nesse sentido, a crise económica europeia e a necessidade de os Estados apostarem no reforço da competitividade das suas economias nacionais são um dado extrajurídico que não pode ser descurado, é certo, mas que também não pode, no polo oposto, condicionar e orientar toda a evolução do Direito do trabalho: tal como no domínio do arrendamento, onde, mais do que atender aos interesses privados das partes, importa ter em consideração que a habitação constitui uma das necessidades elementares da população, razão pela qual o atual direito de arrendamento para habitação procura dar satisfação, em simultâneo, a estes diferentes aspetos numa relação equilibrada, o mesmo não pode deixar de suceder no Direito do trabalho: as proposições jurídicas que o animam não podem deixar de atender ao propósito de proteção da "parte mais fraca", quer dizer, de proteção do trabalhador — o "princípio da proteção do trabalhador" integra — ou deve integrar — a referida "pré-compreensão" com que o aplicador do direito acede ao texto jurídico.

Em terceiro lugar, como *supra* se afirmou, a Ciência do Direito pressupõe um "pensamento orientado a valores"(1793): ao interpretar as leis, o juiz não deve entendê-las como um qualquer tipo de enunciados, mas sim como preceitos que devem ser seguidos, ou como bitolas de julgamento prescritas. O legislador que estatui uma norma deixa-se guiar por certas intenções de regulação e por considerações de justiça ou de oportunidade, às quais subjazem, em última instância, certas valorações (a lei confere proteção absoluta a certos bens, deixa outros sem proteção ou protege-os em menor escala). Ora, na esteira de Larenz, os princípios jurídicos representam "pautas de valoração" em relação à ideia de Direito, que, todavia, não chegaram a se condensar em regras jurídicas imediatamente aplicáveis, mas que permitem apresentar "fundamentos justificativos" das mesmas. É nesse sentido, consequentemente, que deve compreender-se o "princípio da proteção do trabalhador" — ele deve atuar como pauta de valoração que, à luz de um pensamento simultaneamente "sistemático" e "orientado a valores", deve determinar a decisão jurídica e procurar soluções justas e harmónicas no quadro das leis vigentes e dos princípios jurídicos, o mesmo é dizer, dentro dos quadros do "sistema jurídico". Mais do que isso, o "princípio da proteção do trabalhador" não pode, também, deixar de condicionar o próprio legislador e a evolução do Direito do trabalho; não de forma rígida e utopicamente avessa ao devir social e às dificuldades económicas que afetam os Estados e os cidadãos, mas enquanto princípio intransponível que está na génese e na pauta de valores que marcam o Direito do trabalho.

Poderá, pois, falar-se com propriedade de um "núcleo irredutível", no seguinte sentido: o "princípio da proteção do trabalhador" faz parte do código genético do Direito do trabalho e a sua obnubilação ou absoluta secundarização corresponderia, por consequência, à supressão do próprio Direito do trabalho. A ideia de proteção da dignidade do trabalho e de quem o presta, bem como a ideia de proteção de um conjunto de direitos pessoais de cidadania do trabalhador independentemente de qualquer circunstância constituem, pois, valores intemporais do Direito do trabalho, que não podem deixar de ser preservados e tidos em consideração.

III. Por outro lado, também como *supra* se afirmou: a evolução do Direito do trabalho não pode deixar de ter em consideração a ideia de "sistema", que é a base para qualquer discurso científico na Ciência do Direito(1794).

O Direito não pode se assentar no arbítrio puro, nem em guinadas ideológico-económicas que o desvirtuam, antes requerendo relações e soluções estáveis e previsíveis, decorrentes do princípio da igualdade, o mesmo é dizer, de uma lógica interna (o "sistema interno", na visão de Heck), bem como de uma sistematização assente em parâmetros lógicos, quer na sua aprendizagem, quer na respetiva comunicação (o "sistema externo")(1795). Apenas a ideia de "sistema", desenvolvida por Claus-Wilhem Canaris,

---

(1793) A propósito da necessidade de a Jurisprudência atuar no âmbito de um "pensamento orientado a valores", KARL LARENZ, *Metodologia da Ciência do Direito*, cit., pp. 297-300.

(1794) Cf. MENEZES CORDEIRO, "Os dilemas da Ciência do Direito no Final do Século XX", CLAUS-WILHELM CANARIS, *Pensamento Sistemático e Conceito de Sistema na Ciência do Direito* (Introdução), cit., p. LXV.

(1795) Recorda-se, contudo, na esteira de Menezes Cordeiro, que a alegada dicotomia entre sistema *interno* e *externo* deve ser superada — "Os dilemas da Ciência do Direito no Final do Século XX", CLAUS-WILHELM CANARIS, *Pensamento Sistemático e Conceito de Sistema na Ciência do Direito*, cit., p. LXVII e p. LXIX.

garante conhecimento científico(1796) — a Ciência Jurídica assenta em decisões que se querem previsíveis, com base no princípio estruturante da igualdade, do qual se retira uma regra de adequação valorativa que manda tratar o igual de forma igual e o diferente de forma diferente, de acordo com a medida da diferença. A regularidade e a previsibilidade do Direito são, pois, absolutamente necessárias e essenciais à própria ideia de Direito, tal como necessária é a aprendizagem do Direito, enquanto fenómeno cultural, bem como a sua exteriorização.

O "sistema" consubstancia uma *ordenação axiológica* ou *teleológica de princípios gerais de Direito*(1797), que intenta ordenar, de forma racional e coerente, um conjunto de princípios constitutivos da Ciência Jurídica. E o "princípio da proteção do trabalhador", no campo do Direito do trabalho, corresponde ao "Princípio-Mãe", ou ao *"primer principio"* de onde decorre todo um conjunto de subprincípios e institutos que orientam os processos de criação, interpretação e aplicação do Direito. A rejeição da ideia de "sistema" conduz-nos ao irrealismo metodológico, à ausência de controle das fontes e, em última instância, ao arbítrio nas decisões. O Direito assenta, assim, em particulares exigências ético-jurídicas, que não podem ser postergadas e também aqui o princípio da "proteção do trabalhador" tem uma palavra a dizer.

Mas mais uma vez, não se defende, com isto, uma visão estática e rígida do "princípio da proteção do trabalhador", dado que o sistema não é fechado, pleno e lógico-dedutivo. Assim como o princípio da igualdade e as suas derivações não podem ser manifestados através de regras de lógica pura, mas sim de forma axiológica e teleológica, também o "princípio da proteção do trabalhador" não pode assentar em modelos de dedução pura e aritmética, que advoguem que a legislação tem que ser sempre em sentido mais favorável ao trabalhador e, ao nível das fontes, que a fonte mais favorável tem que prevalecer sempre sobre a menos favorável. Importa, por isso, atender ao "princípio da proteção do trabalhador" de forma aberta e dinâmica, tendo em conta os influxos resultantes do mundo social e económico.

Seja como for, o "sistema" a que se reporta Canaris, derivando em última instância da ideia de Justiça, do princípio da igualdade e respetivas derivações, assenta necessariamente numa ordenação "axiológica" ou "teleológica", cientificamente demonstrável, que tem por base determinados princípios gerais ou "valores fundamentais", que se retiram de uma multiplicidade de valores singulares, formando uma unidade lógica e racional, enformando todo o ordenamento jurídico.

O "princípio da proteção do trabalhador" é, indubitavelmente, o "valor fundamental" que marca o Direito do trabalho.

Mais uma vez, ele deve ser concebido como um princípio atomístico nuclear, primário e reprodutor; como — em linguagem físico-naturalística — o *átomo* ou a *partícula de Higgs*(1798), de onde emanam os demais princípios que formam, neste caso, o universo do Direito do trabalho — ele está na génese e na evolução do Direito do trabalho e assume-se como o princípio estruturante de todo o edifício normativo deste ramo do Direito. Compreendê-lo de forma atualista é não apenas admissível, como vantajoso: permite que o princípio em causa se robusteça e continue a exercer a sua função de princípio estruturante e de polo aglutinador; preconizar a sua abolição, entendê-lo como um mero resquício histórico ou invocar a sua inutilidade significaria, afinal, advogar a supressão, o desaparecimento ou a falta de autonomia dogmática do Direito do trabalho, ou não compreender a sua origem.

(1796) Cf. SAUER, *Juristische Methodenlehre* (1940), p. 171, citado por CLAUS-WILHELM CANARIS, *Pensamento Sistemático e Conceito de Sistema na Ciência do Direito* (Introdução), cit., pp. 9 e 5.

(1797) Cf. CLAUS-WILHELM CANARIS, *Pensamento Sistemático e Conceito de Sistema na Ciência do Direito* (Introdução), cit., p. 77.

(1798) Recorda-se que a existência do "bosão" ou partícula de *Higgs* resulta de uma teoria elaborada pelo físico britânico Peter Higgs, em 1964, na sua obra, *Broken Symmetries and the Masses of Gauge Bosons, Tait Institute of Mathematical Physics, University of Edinburgh, Edinburgh, Scotland,* 1964, *The American Physical Society, Physical Review Letters 13 (16): 508-509.* Subsequentemente, foi atribuída à referida partícula a denominação de *"partícula de Deus"*, pelo físico, Leon Lederman (Prémio Nobel de Física, 1988), na sua obra *The God Particle: If the Universe Is the Answer, What Is the Question?*, editora Dell Publishing, 1993, *United States of America.* No essencial, admite-se que a referida partícula subatómica é central e crucial: é a chave para entender a estrutura fundamental da matéria, na exata medida em que é a citada partícula que atribui massa a todas as demais partículas, segundo a teoria conhecida como "modelo padrão". No fundo, a "partícula de Deus" representa a chave para explicar a origem da massa das outras partículas elementares. A explicação da existência do Universo residirá, pois, na partícula de *Higgs*. Em 4 de julho de 2012, a Organização Europeia para Pesquisa Nuclear (CERN) anunciou ter descoberto uma partícula subatómica nova, que tendencialmente corresponderia à aludida " partícula de Deus".

2. A abertura do sistema e o novo princípio da proteção do trabalhador

I. Importa reter o que *supra* se afirmou: o "sistema" é "aberto", no sentido em que não é nem completo, nem definitivo. Pelo contrário, o "sistema" é necessariamente provisório e adapta-se às mudanças operadas na sociedade. O Direito não é estático, mas sim dinâmico[(1799)]. O Direito privado de hoje não é o Direito privado do início do século XX, nem sequer o Direito privado de meados daquele século. E o Direito do trabalho de hoje não é manifestamente o Direito do trabalho configurado na sequência da eclosão da "Questão Social" — como ficou demonstrado na evolução do Direito do trabalho no nosso ordenamento jurídico, o Direito do trabalho tradicional, exclusivamente assente na proteção do trabalhador e numa lógica (quase "cósmica") de progresso social infinito e de absolutização dos chamados "direitos adquiridos", conduziu a uma injusta segmentação do mercado do trabalho, com claro sacrifício para as gerações mais jovens, criando um fosso entre os que dispõem de empregos estáveis e híper protegidos e outros que ou não conseguem aceder ao mercado de trabalho, ou o fazem em condições altamente precárias.

A Ciência Jurídica, por natureza, é provisória e suscetível de evolução (fala-se, a este propósito, em evolução do "sistema científico") e os próprios valores fundamentais da ordem jurídica, mesmo os constitutivos do "sistema", podem se modificar, ser substituídos ou suplantados. É desse ponto de vista que devemos ver o "princípio da proteção do trabalhador". Ele pode (e deve) ser atualizado. Todavia, como assinala Larenz, alguns dos princípios vigentes do Direito privado atual são como que intemporais, por expressarem ideias de validade supratemporal — assim sucede com a regra que manda tratar igualmente o que é igual; outros, ainda que não sejam intemporais[(1800)], pertencem há séculos à nossa ordem jurídica — como, por exemplo, os que se relacionam com a autonomia privada, a força vinculativa dos contratos ou o princípio da confiança no tráfego jurídico, pelo que não se deve "*sublinhar em excesso a capacidade de mudança dos princípios*"[(1801)]. Na maior parte dos casos, *maxime* quando se trate de princípios que exijam uma concretização permanente, "*a capacidade de mudança reporta-se (...) mais às decisões de valor secundárias, às concretizações, à acentuação e ao jogo concertado dos princípios*"[(1802)], do que propriamente aos próprios princípios em si mesmos.

É esta a visão que se advoga para o "princípio da proteção do trabalhador": ainda que o princípio possa (e deva) ser (re)analisado à luz da "abertura" do sistema e ainda que possa (e deva) ser atualizado, *maxime* quanto às suas concretizações, ele pode (e deve) permanecer, como princípio intemporal que é — ele deve, no fundo, funcionar como o "núcleo irredutível", o "átomo criador" ou o norte magnético do Direito do trabalho, sem o qual este, mais do que entrar em crise, corre risco de extinção ou de implosão.

II. O "princípio da proteção do trabalhador" pode, enfim, por esta via, assumir plenamente a *função informadora* ou *condicionadora* do poder legislativo acima referida de que falam, nomeadamente Maria do Rosário Ramalho, Sergio Pinto Martins, Mauricio Godinho Delgado, Humberto Podetti ou Américo Plá Rodriguez — o "princípio da proteção do trabalhador" pode e deve exercer a função de referente cultural e ético que norteia a evolução do sistema normativo e que harmoniza, internamente, o próprio subsistema do Direito do trabalho, ora condicionando a produção normativa, ora inspirando o legislador na tarefa criativa do Direito[(1803)]; pode e deve assumir uma *função informadora*, servindo de inspiração ao legislador e de fundamento para as normas jurídicas[(1804)]; pode e deve, na *fase pré-jurídica*, influir no processo de construção das regras jurídicas, orientando o legislador no desenvolvimento desse processo", atuando como verdadeira *fonte material do Direito*[(1805)]; pode e deve, enfim, exercer uma função de preservação

---

(1799) Cf. MIGUEL REALE, *Lições Preliminares de Direito*, Editora Saraiva, São Paulo, 1980.

(1800) Trata-se, na terminologia de Karl Larenz, dos princípios que se integram nos "*princípios do Direito justo* idealmente válidos (que não pertencem apenas ao Direito positivo, comungando, nessa conformidade, do seu modo de ser)". *Metodologia da Ciência do Direito*, cit., p. 694, nota (113).

(1801) Cf. KARL LARENZ, *Metodologia da Ciência do Direito*, cit., p. 694.

(1802) Cf. KARL LARENZ, *Metodologia da Ciência do Direito*, cit., p. 695.

(1803) Cf. MARIA DO ROSÁRIO RAMALHO, *Direito do Trabalho*, Parte I — Dogmática Geral, cit., pp. 486-487 e, quanto às operações de interpretação e de aplicação das normas laborais e na relação do Direito do trabalho com o Direito Civil, pp. 448-449. Veja-se também, da mesma autora,*Tratado de Direito do Trabalho*, Parte I, cit., p. 478 e 515 e ss.

(1804) Cf. SERGIO PINTO MARTINS, *Direito do Trabalho*, cit., p. 59.

(1805) Cf. MAURICIO GODINHO DELGADO, *Curso de Direito do Trabalho*, 9ª ed., cit., p. 174.

deste ramo do Direito, dado que "*sem a presença e observância cultural e normativa do núcleo basilar de princípios especiais dele decorrentes, ou mediante a descaracterização acentuada das suas diretrizes indutoras, é a própria noção de Direito do trabalho que fica comprometida*[1806]; pode e deve, enfim, exercer uma função de *politica legislativa,* orientando o legislador do Direito na sua tarefa criativa[1807]. O "princípio da protecção do trabalhador" deve, pois, assumir a sua primazia axológica relativamente às regras jurídicas que compõem o sistema laboral, condicionando, por outro lado, o surgimento de novas regras, que deverão adequar-se valorativamente ao referido princípio tendo em vista a sua "entrada" no sistema normativo laboral.

Não quer isto dizer, todavia, que esta "primazia axiológica" seja, por si só, suficiente para impedir a entrada no sistema de regras tendencialmente contrárias aos valores irradiados do "princípio da protecção do trabalhador": a sua primazia axiológica não significa, necessariamente, uma primazia hierárquica, pelo que o princípio em causa não tem o condão, por si só, de tornar inválidas regras jurídicas aprovadas pelo poder legislativo que eventualmente o contradigam. Todavia, na exata medida em que este princípio se encontra incorporado no sistema de valores da Constituição, atendendo a que é do mesmo que resulta, nos termos atrás expostos, o elenco de *direitos, liberdades* e *garantias* dos trabalhadores expresso nos artigos 53º e ss. da Constituição, tendo em conta a "constitucionalização" da Declaração Universal dos Direitos do Homem contemplada no artigo 16º, n. 2, da nossa Lei Fundamental, a qual, como foi visto, tem subjacente uma lógica de proteção dos trabalhadores (artigos 23º a 25º) e atendendo, por fim, ao sistema de fiscalização da constitucionalidade previsto nos artigos 277º e ss. da Constituição, naturalmente que, qualquer regra que venha a ser aprovada e que se mostre contrária ao "princípio da protecção do trabalhador" tende, consequentemente, a ser uma regra inconstitucional e, consequentemente, inválida (artigo 3º, n. 3, da Constituição).

O "princípio da protecção do trabalhador" pode e deve, consequentemente, assumir-se como um bastião ou o *mínimo ético* do Direito do Trabalho, afirmando a *ideia* ou o *sentido* deste ramo do Direito.

Para o efeito, a ideia de "átomo criador" e de "núcleo irredutível" pode ser relevante.

§ 2º A IDEIA DE "ÁTOMO CRIADOR" E DE "NÚCLEO IRREDUTÍVEL"

1. Generalidades

I. A ideia de "núcleo irredutível" de direitos tem expressão na Ciência Jurídica, quer no Direito público, quer no Direito privado.

A título meramente exemplificativo, ela é defendida, no Direito constitucional, a propósito do *princípio da dignidade da pessoa* e de determinados *direitos, liberdades e garantias* que constituem *limites materiais* aos processos de revisão constitucional; é defendida, no Direito administrativo, a propósito de determinados princípios gerais que não podem deixar de ser acautelados no âmbito de procedimentos administrativos de contratação, como sejam os *princípios* da *legalidade* ou da *transparência*; é defendido, no Direito privado comum, a propósito do *princípio da igualdade* e de determinados direitos subjetivos que não podem deixar de ser conferidos aos cidadãos pelo simples facto de o serem, como os *direitos de personalidade*; é defendido, nos Direitos reais, a propósito da *propriedade privada*, que é a chave de todo o tráfego negocial de natureza patrimonial que confere harmonia às sociedades livres; é defendido, no Direito das obrigações, a propósito da *autonomia privada*, que tem como corolário máximo a liberdade negocial; e é defendido, no Direito processual, a propósito do *princípio do contraditório* e do *processua-*

(1806) Cf. MAURICIO GODINHO DELGADO, *Princípios de Direito Individual e Coletivo do Trabalho,* LTr Editora, São Paulo, 2001, pp. 39-40.
(1807) Cf. HUMBERTO PODETTI, *"Los Principios del Derecho del Trabajo"*, obra disponível na internet, em <www.biblio.juridicas.unam.mx/libros/1/139/11.pdf> (acesso em julho de 2013), p. 144.

lismo, segundo os quais ninguém pode ser condenado sem que lhe tenha sida facultada a oportunidade de se defender e de fazer valer os seus direitos de defesa no âmbito de um procedimento tipificado na lei.

Em todos os casos, o que está em causa é uma lógica de intransponibilidade de um determinado núcleo de princípios ou direitos de onde resultam outras concretizações que formam um determinado sistema normativo; o que está em causa é a preservação dos "valores-âncora" que conformam e conferem matéria a determinado ramo do direito; o que está em causa é a intangibilidade do "*bosão*" de onde se retiram os demais princípios e normas que dão vida a um determinado ramo do direito; o que está em causa, enfim, é a preservação de um ramo do direito, por força da salvaguarda da sua "partícula de Deus" ou do seu norte magnético.

Não se compreenderia o *Direito constitucional* sem a existência de um conjunto de direitos que garante dignidade à pessoa humana e que confere natureza intemporal a determinados princípios solenemente consagrados nos textos constitucionais; não se compreenderia o *Direito administrativo* sem a existência dos princípios da legalidade ou da transparência, que norteiam a relação do Estado com os cidadãos; não teríamos *Direitos reais* sem o reconhecimento da propriedade privada; não compreenderíamos o *Direito das obrigações* sem o reconhecimento da autonomia privada e da liberdade negocial; e não reconheceríamos o *Direito processual* penal ou civil sem a existência do princípio do contraditório, de onde resultam direitos de defesa atribuídos ao arguido ou ao réu no âmbito do processo penal ou civil.

No mesmo sentido, não se compreenderia o *Direito do trabalho* sem o "princípio da proteção do trabalhador".

Resta, apenas, procurar conferir um sentido atualista ao princípio da proteção do trabalhador, de forma a procurar discernir o que é verdadeiramente intangível ou qual o seu núcleo irredutível, por um lado, e qual a elasticidade que pode ser admitida ao nível dos seus princípios concretizadores, em termos de compressão ou extensão, consoante os influxos provenientes do devir social e económico, por outro lado.

Para o efeito, atenderemos a duas ou três previsões normativas que nos sinalizam aquelas que são, no subsistema laboral atual, as matérias que fazem parte do seu núcleo irredutível, no que ao Direito individual do trabalho diz respeito.

2. *A tutela conferida aos contratos legalmente equiparados ao contrato de trabalho: direitos de personalidade, igualdade e não discriminação e regras de segurança, higiene e saúde no trabalho*

I. Quando analisámos o artigo 3º do CT, a propósito do *conflito hierárquico de fontes*, verificámos que o legislador elencou, no artigo 3º, n. 3, um conjunto de matérias que, por se prenderem com "direitos pessoais de cidadania" do trabalhador e com aspetos relativos à proteção da sua dignidade, só podem ser afastadas por instrumentos de regulamentação coletiva de trabalho se tal afastamento for no sentido mais favorável para o trabalhador.

É o que sucede com as matérias relativas aos *direitos de personalidade, igualdade e não discriminação; proteção na parentalidade; trabalho de menores; trabalhador com capacidade de trabalho reduzida, com deficiência ou doença crónica; trabalhador-estudante; dever de informação do empregador; limites à duração dos períodos normais de trabalho diário e semanal; duração mínima dos períodos de repouso, incluindo a duração mínima do período anual de férias; duração máxima do trabalho dos trabalhadores noturnos; forma de cumprimento e garantias da retribuição; capítulo sobre prevenção e reparação de acidentes de trabalho e doenças profissionais e legislação que o regulamenta; transmissão de empresa ou estabelecimento* e *direitos dos representantes eleitos dos trabalhadores*.

Ou seja, o legislador elegeu um núcleo restrito de matérias, que envolve com particular acuidade o estatuto do trabalhador, a defesa dos seus direitos pessoais, a dignificação do trabalho e a conciliação entre a vida profissional e a vida pessoal, relativamente às quais as convenções coletivas de trabalho só podem afastar o regime das normas legais se estabelecerem um regime mais favorável para os trabalhadores e, mesmo neste caso, apenas se a norma legal não consubstanciar uma disposição imperativa.

II. Verificámos também, por outro lado, a propósito do *conflito de fontes no espaço*, que o legislador, quer relativamente ao trabalhador *destacado,* quer quanto ao *trabalhador contratado por uma empresa estabelecida em Portugal que preste atividade no território de outro Estado*, estabeleceu também, nos artigos 7º e 8º, que tais trabalhadores, sem prejuízo de regime mais favorável constante de lei ou contrato de trabalho, têm direito às condições de trabalho previstas na lei e em regulamentação coletiva de trabalho de eficácia geral aplicável que respeitem a *segurança no emprego*; *duração máxima do tempo de trabalho*; *períodos mínimos de descanso*; *férias*; *retribuição mínima* e *pagamento de trabalho suplementar*; *cedência de trabalhadores por parte de empresa de trabalho temporário*; *cedência ocasional de trabalhadores*; *segurança e saúde no trabalho*; *proteção na parentalidade*; *proteção do trabalho de menores*; *igualdade de tratamento e não discriminação*.

O mesmo é dizer: a lei garante-lhes um regime de proteção mínimo, resultante da lei e de instrumento de regulamentação coletiva de trabalho e quanto a um conjunto significativo de matérias. Mas, mais do que lhe garantir um regime de proteção mínimo, admite que outro regime legal ou resultante de contrato de trabalho possa ser aplicado ao trabalhador na exata medida em que se trate de um *regime mais favorável.*

E idêntico sinal resulta, também, do regime aplicável aos contratos legalmente equiparados ao contrato de trabalho.

III. A tutela atribuída aos contratos equiparados ao contrato de trabalho pode ser útil na compreensão do aludido "núcleo irredutível" do Direito do trabalho decorrente do princípio da proteção do trabalhador.

O que está em causa, nos contratos legalmente equiparados ao contrato de trabalho, é um fenómeno de *parassubordinação*: por um lado, trata-se de contratos em que o prestador da atividade não atua em regime de subordinação jurídica — ele presta a sua atividade em regime de autodeterminação e não de *heterodeterminação,* como se de um normal prestador de serviço se tratasse, não se sujeitando às ordens e direção de um empregador; no polo oposto, por força das condições sociais e económicas em que o faz, o referido prestador da atividade encontra-se, todavia, em situação de dependência económica em relação ao beneficiário da sua atividade — por um lado, insere-se num processo produtivo que não é dominado por si, mas sim pelo referido beneficiário da sua atividade, encontrando-se numa situação em que não consegue colocar o produto da sua atividade no mercado, mas apenas junto de um único beneficiário; por outro lado, na exata medida em que atua em regime de tendencial exclusividade, depende dos rendimentos que aufere daquele beneficiário[(1808)].

O prestador de serviço legalmente equiparado ao contrato de trabalho encontra-se, portanto, numa situação de fronteira: por um lado, porque não presta a sua atividade em regime de subordinação jurídica e não se insere na unidade produtiva para a qual contribui nos mesmos termos em que o faz o trabalhador subordinado, não é merecedor de um sistema de proteção tão abrangente quanto aquele que é proporcionado ao trabalhador subordinado; por outro lado, na medida em que se encontra em situação de dependência económica perante o beneficiário da sua atividade, circunstância que acarreta a perda da sua autonomia (ao contrário do que sucede com o normal prestador de serviço), o prestador de serviço legalmente equiparado é merecedor de um sistema mínimo de tutela, o mesmo é dizer, é-lhe facultada uma tutela mínima, a qual poderá, julga-se, aproximar-se, em termos analíticos, do conceito de "núcleo irredutível" do princípio da proteção do trabalhador.

(1808) Pedro Romano Martinez fala, a este propósito, de dois critérios para determinar a situação de *dependência económica:* por um lado, um critério socioeconómico (que o autor critica), segundo o qual a dependência económica ocorre quando o prestador de trabalho aufere do beneficiário da atividade uma remuneração necessária ao seu sustento e da sua família; por outro lado, um critério económico-jurídico, à luz do qual a dependência económica está relacionada com o facto de o prestador de trabalho receber encomendas do beneficiário da atividade e de essas encomendas só terem interesse para aquele beneficiário, havendo uma exclusividade — cf. PEDRO ROMANO MARTINEZ, *Direito do Trabalho,* 5ª ed., cit., p. 367 e ss., p. 368, 605 e *Direito do Trabalho,* 6ª ed., cit., pp. 329 e ss., p. 330.

IV. Os trabalhadores equiparados aos trabalhadores subordinados, como acima se afirmou, correspondem a uma categoria híbrida, que foi sendo objeto de apuramento e desenvolvimento doutrinal[(1809)]. Do ponto de vista jurídico e formal, são trabalhadores independentes do beneficiário da sua prestação e prestam a sua atividade em regime de autodeterminação — são eles que definem o modo, tempo e local da prestação da atividade que exercem; todavia, do ponto de vista material, ao contrário do que sucede com a generalidade dos trabalhadores independentes, os equiparados ao trabalhador subordinado dependem economicamente do referido beneficiário da sua atividade, ou porque trabalham para o mesmo em regime de exclusividade, ou porque recebem desse beneficiário a matéria-prima sobre a qual realizam a sua atividade, voltando depois a remeter-lhe o produto final.

Quer dizer, por um lado, são trabalhadores autónomos, na medida em que não se encontram em situação de subordinação jurídica — distinguem-se, por isso, do tradicional *trabalhador subordinado*; por outro lado, dependem economicamente do credor da sua atividade, como se de um normal trabalhador subordinado se tratasse — distinguem-se, por isso, do tradicional *prestador de serviço*, que atua em regime de autodeterminação e sem qualquer dependência económica. Fala-se, pois, com propriedade, em *parassubordinação,* razão pela qual os ordenamentos jurídicos, de forma mais ou menos intensa, procuram atribuir um regime especial de proteção acrescida a estes prestadores de atividade, quando confrontados com o normal prestador de serviços, sendo certo, no polo oposto, que esta mesma proteção não é tão intensa quanto aquela que é conferida aos trabalhadores subordinados[(1810)].

A tutela especial conferida aos trabalhadores equiparados aos trabalhadores subordinados, tutela essa que a lei não atribui aos trabalhadores autónomos, passa no essencial pela extensão, total ou parcial, do ordenamento jurídico-laboral a estes trabalhadores *parassubordinados*, fenómeno que se inscreve na *tendência expansionista do Direito do trabalho*[(1811)] e que é justificada por razões de justiça material. Nesse sentido, compreende-se que a referida tutela seja acolhida, nomeadamente, no plano do direito internacional — a propósito do *trabalho no domicílio*, que consubstancia uma modalidade de contrato legalmente equiparado ao trabalho subordinado, a OIT emitiu dois instrumentos jurídicos — a Convenção n. 177 e a Recomendação n. 184 — destinados a garantir um conjunto mínimo de regras de proteção aos trabalhadores (*parassubordinados*) no domicílio, e vários ordenamentos jurídicos — *v. g.*, o alemão[(1812)], o italiano[(1813)] e o espanhol[(1814)] — disciplinaram a matéria, equiparando tais contratos ao contrato de trabalho e garantindo-lhes uma certa margem de proteção.

V. Entre nós, a regulação do fenómeno da parassubordinação foi tradicionalmente enquadrada através da figura dos "contratos equiparados" prevista no artigo 2º da antiga LCT de 1969 — os con-

(1809) Cf. MARIA DO ROSÁRIO RAMALHO, *Direito do Trabalho,* Parte I — Dogmática Geral, cit., p. 304. A autora cita, a este propósito e sobre o tema, M. PEDRAZZOLI, *Prestazione d'opera e parasubordinazione, Rivista di diritto del lavoro* (Milano), 1984, pp. 506-556; G. SANTORO-PASSARELLI, *Il lavoro parasubordinato,* Milano, 1983, M. VITORIA BALLESTRERO, *L'ambigua nozione di lavoro parasubordinato, Lavoro e diritto* (Bologna), 1987, 1, pp. 41-67.

(1810) Como assinala Luís Menezes Leitão, esta técnica de escolher uma "*terceira via*" entre o trabalho subordinado e o trabalho independente iniciou-se em Itália, com a Lei n. 533/1973, codificada no artigo 409º do Código do Processo Civil, que estende o regime processual laboral aos litígios relativos às relações de agência e de representação comercial, bem como às outras relações de colaboração, que se concretizam em prestações de trabalho continuado e coordenado, mesmo que sem cariz subordinado. Posteriormente, o fenómeno estende-se à Alemanha, onde o § 12 da *Tarifvertragsgesetz*, de 1974, define as *Arbeitnehmerähnliche Personen* como trabalhadores juridicamente independentes, mas economicamente dependentes, que têm necessidade de uma proteção semelhante aos trabalhadores subordinados. Simplesmente, como nota o autor, ao passo que os "quase assalariados" alemães são definidos por uma necessidade de proteção social idêntica à dos trabalhadores subordinados, a qual lhes é por esse motivo concedida, os "parassubordinados" italianos caracterizam-se por continuarem a ser trabalhadores independentes, aos quais a legislação laboral não é aplicável, a não ser nos casos previstos na lei, como o processo laboral ou a higiene e segurança no trabalho. cf. LUÍS MENEZES LEITÃO, *Direito do Trabalho,* 3ª ed., cit., p. 126.

(1811) Cf. MARIA DO ROSÁRIO RAMALHO, *Direito do Trabalho,* Parte II — Situações Laborais Individuais, cit., p. 69.

(1812) No ordenamento jurídico alemão, alude-se à semelhança destes trabalhadores com os trabalhadores subordinados — *Arbeitnehmerähnliche Personen* — e é-lhes atribuída alguma proteção laboral. Cf. § 12º-A da *Tarifvertragsgesetz*, de 1974.

(1813) Recorda-se, a este propósito, a Lei n. 533/1973 e, em especial, a Lei do Trabalho no Domicílio — *Legge n. 877*, de 18 de dezembro de 1973, que garante a extensão da tutela laboral aos trabalhadores no domicílio.

(1814) Em Espanha, o *Estatuto de los Trabajadores* prevê, no artigo 13º, o contrato de trabalho no domicílio, garantindo ao trabalhador no domicílio alguns direitos similares aos dos trabalhadores subordinados, nomeadamente quanto a segurança, higiene e saúde no trabalho e à determinação do salário. "*El salario, cualquiera que sea la forma de su fijación, será, como mínimo, igual al de un trabajador de categoría profesional equivalente en el setor económico de que se trate*" (artigo 13º, n. 3).

tratos que tivessem por objeto a prestação de uma atividade de trabalho sem subordinação jurídica, se realizada no domicílio do prestador, bem como as situações em que o prestador do trabalho comprasse matérias-primas ao credor da prestação e as vendesse subsequentemente a esse mesmo credor, deveriam sujeitar-se aos "*princípios laborais*", remetendo-se para *legislação especial* os demais aspetos relativos à regulamentação deste regime[1815].

VI. A questão ficou facilitada com o surgimento do Decreto-lei n. 440/91, de 14 de novembro, que criou o regime jurídico do *trabalho no domicílio*, concretizando a remissão legislativa constante do aludido artigo 2º da LCT. O diploma passou, pois, a se aplicar aos contratos que tivessem por objeto a prestação de trabalho realizado, sem subordinação jurídica, no domicílio do trabalhador, bem como aos contratos em que aquele comprasse as matérias-primas e fornecesse por certo preço ao vendedor delas o produto acabado, sempre que, num ou noutro caso, o trabalhador devesse considerar-se na dependência económica do dador de trabalho (artigo 2º do Decreto-lei n. 440/91)[1816].

Adotou-se assim, no essencial, uma solução híbrida, de extensão limitada do regime comum a determinadas matérias — *v. g.*, reserva da privacidade do domicílio do trabalhador e dos tempos de descanso e de repouso da família (artigo 2º); regras de segurança, saúde e ambiente de trabalho (artigo 3º); fixação da remuneração (artigo 6º); regime da cessação do contrato (artigo 8º); e regras relativas à aplicação do regime geral de segurança social, com particularidades (artigo 11º) — com exclusão das relativas ao exercício do poder disciplinar, próprias da presença da subordinação jurídica, ou à presença do trabalhador na empresa.

VII. O CT/2003 inaugurou uma nova formulação para a regulação dos contratos equiparados, concretizando — ao invés do que sucedia no artigo 2º da LCT — os princípios aplicáveis aos contratos equiparados.

Ou seja, na contraposição com o artigo 2º da LCT, o artigo 13º do CT/2003[1817] passou a exemplificar os regimes — *direitos de personalidade*, *igualdade e não discriminação*, *segurança higiene e saúde*

(1815) O citado artigo 2º da LCT determinava o seguinte: "*Artigo 2º (contratos equiparados): ficam sujeitos aos princípios definidos neste diploma, embora com regulamentação em legislação especial, os contratos que tenham por objeto a prestação de trabalho realizada no domicílio ou em estabelecimento do trabalhador, bem como os contratos em que este compra as matérias-primas e fornece por preço certo ao vendedor delas o produto acabado, sempre que num ou noutro caso o trabalhador deva considerar-se na dependência económica daquele*". Ou seja, não obstante admitir a criação de legislação especial para regulamentar a figura dos contratos equiparados, o legislador desde logo enunciava que os contratos equiparados ficavam sujeitos aos *princípios* definidos na própria LCT, desde que, em qualquer caso, o trabalhador se devesse considerar na *dependência económica* do beneficiário da sua atividade. Por outro lado e quanto à remissão para os princípios definidos na LCT e para uma legislação especial que só veio a ser produzida mais de 20 anos volvidos — através do Decreto-Lei n. 440/91, de 14 de novembro — a doutrina nacional oscilava entre dois entendimentos: para alguns autores, a referência feita no artigo 2º à aplicação dos aludidos princípios constantes da LCT tinha apenas um conteúdo programático, pelo que, até o aparecimento da legislação especial prevista naquele preceito legal, os contratos equiparados deveriam sujeitar-se pura e simplesmente ao regime do contrato de prestação de serviço, ou seja, ao *direito comum* — assim o defendiam, nomeadamente, MENEZES CORDEIRO, *Manual de Direito do Trabalho*, cit., p. 115 e MONTEIRO FERNANDES, *Notas sobre os contratos equiparados ao contrato de trabalho* (art. 2º da LCT), Estudos Sociais e Corporativos, 1970, 34, pp. 11-35; para outros, pelo contrário, a norma tinha um conteúdo precetivo, pelo que se justificava, de imediato, a equiparação destas situações a situações laborais — assim o defendiam, nomeadamente, BERNARDO XAVIER, *Regime Jurídico do Contrato de Trabalho Anotado*, 2ª ed., Coimbra, 1972, pp. 38 e ss. e BARROS MOURA, *Notas para uma Introdução ao Direito do Trabalho*, Lisboa, 1979/80; outros, ainda, como MARIA DO ROSÁRIO RAMALHO, *Direito do Trabalho*, Parte II — Situações Laborais Individuais, cit., pp. 71-72 — advogavam que a solução mais correta para a interpretação do citado artigo 2º da LCT seria uma solução intermédia, ou de *equiparação limitada*: a norma do artigo 2º da LCT teria aplicação imediata, justificando-se a sujeição dos trabalhadores ao regime laboral como forma de integração da lacuna regulativa então existente; todavia, a equiparação em causa apenas se deveria estender às normas laborais que não pressupusessem a subordinação jurídica; justificava-se, assim, a aplicação a estes trabalhadores equiparados de regras relativas à retribuição, ao exercício do poder de direção, à segurança, higiene e saúde no trabalho ou à tutela dos acidentes de trabalho, deixando de fora, consequentemente, as normas sobre o poder disciplinar, o tempo de trabalho, as faltas, as férias ou a cessação do contrato, entre outras — veja-se, a este propósito, a exposição de MARIA DO ROSÁRIO RAMALHO, *Direito do Trabalho, Parte II — Situações Laborais Individuais*, cit., pp. 71 e ss.

(1816) Recorda-se, aliás, que o Preâmbulo do diploma elucidou de forma cristalina os objetivos subjacentes à aprovação daquele diploma e a natureza híbrida do regime: "*fundado na verificação da debilidade inerente à situação de dependência económica*", mas sem perder de vista que, "*normalmente, no trabalho realizado no domicílio (...) não estão presentes os traços caracterizadores essenciais do contrato de trabalho, ou seja, a subordinação jurídica traduzida na dependência pessoal do trabalhador, na sua sujeição às ordens do empregador e à disciplina da empresa, (...) o regime contido neste diploma não se confunde com o do contrato de trabalho, em que subsiste a subordinação jurídica, nem com o do trabalho autónomo, em que se dilui a dependência económica em relação ao dador do trabalho*".

(1817) Recorda-se, a este propósito, o disposto no artigo 13º do CT/2003: "*ficam sujeitos aos princípios definidos neste Código, nomeadamente quanto a direitos de personalidade, igualdade e não discriminação e segurança, higiene e saúde no trabalho, sem prejuízo de*

no trabalho — cujos princípios devem nortear os contratos equiparados ao contrato de trabalho; este facto, aliado à circunstância de se ter substituído a expressão utilizada no artigo 2º da LCT — "*embora com regulamentação em legislação especial*" — pela expressão "*sem prejuízo de regulamentação especial*", levou a doutrina a concluir, logo em 2003, que, para além de ser "*mais abrangente pois aplica-se a todos os contratos em que a atividade seja prestada, sem subordinação jurídica, na dependência económica do respectivo beneficiário*", o Código do Trabalho confere "*maior tutela ao trabalhador equiparado*"(1818).

Por um lado, passou a estar sedimentado que o conceito de trabalho equiparado se caracteriza por três elementos: a prestação de uma atividade; a ausência de subordinação jurídica, e a existência de dependência económica do prestador da atividade em relação ao seu beneficiário, tendo sido suprimidos os indícios tradicionais da dependência económica, ou seja, a necessidade de o trabalhador desenvolver a sua atividade no seu domicílio e a referência à compra de matérias-primas e posterior venda de produtos acabados ao mesmo sujeito — o artigo 13º passou, por conseguinte, a ter um âmbito de aplicação mais abrangente que o artigo 2º da LCT, não se circunscrevendo apenas ao "trabalho no domicílio(1819); por outro lado e porventura mais importante para o desenvolvimento do presente trabalho — o legislador enunciou de forma precisa e detalhada os princípios previstos no Código do Trabalho que se devem aplicar em qualquer circunstância, quer dizer, não apenas ao trabalho subordinado, mas também e até as situações equiparadas ao trabalho subordinado: assim sucede com os princípios relativos aos *direitos de personalidade*, *igualdade e não discriminação* e *segurança, higiene e saúde no trabalho*, para além também da matéria dos *acidentes de trabalho e das doenças profissionais,* cujo regime de reparação, constante do Código, se aplica também e diretamente aos contratos equiparados e aos trabalhadores economicamente dependentes por força do artigo 18º, n. 1, alíneas *a* e *d* do Diploma Preambular do CT/2003.

Quanto ao trabalho no domicílio, em particular, este passou a estar regulamentado, com pequenas alterações, nos artigos 14º e ss. da LECT.

VIII. O CT/2009 manteve no essencial a tendência do CT/2003, mas introduziu algumas alterações. O artigo 10º do CT/2009(1820) manteve a linha do CT/2003 quanto ao âmbito alargado de aplicação do preceito, que não se circunscreve ao trabalho no domicílio, mas foi mais além na concretização do regime aplicável e trouxe três alterações significativas: por um lado, a referência à aplicação de *princípios* contidos no Código do Trabalho é substituída pela referência à aplicação de *normas legais;* por outro lado, a remissão deixou de ser exemplificativa; em terceiro lugar, deixa de se fazer alusão à eventual previsão em regimes legais(1821).

Por outras palavras, ficou claro, com o CT/2009, que as *normas legais* relativas aos *direitos de personalidade* (artigos 14º a 22º do CT/2009), à *igualdade e não discriminação* (artigos 23º a 32º do CT/2009) e à *segurança e saúde no trabalho*, incluindo a prevenção e reparação de acidentes de trabalho e doenças profissionais (artigos 281º e ss. do CT/2009 e legislação especial)(1822), devem ser aplicadas não apenas ao trabalho subordinado, mas também ao trabalho equiparado ao trabalho subordinado, nomeadamente —

---

regulamentação em legislação especial, os contratos que tenham por objeto a prestação de trabalho, sem subordinação jurídica, sempre que o trabalhador deva considerar-se na dependência económica do beneficiário da atividade".

(1818) Cf. Pedro Romano Martinez, em PEDRO ROMANO MARTINEZ; LUÍS MIGUEL MONTEIRO; JOANA VASCONCELOS; PEDRO MADEIRA DE BRITO; GUILHERME DRAY e LUÍS GONÇALVES DA SILVA, *Código do Trabalho Anotado,* 2003, cit., anotação (II) ao artigo 13º do Código do Trabalho de 2003, p. 88.

(1819) MARIA DO ROSÁRIO RAMALHO, *Direito do Trabalho,* Parte II — Situações Laborais Individuais, cit., p. 73.

(1820) Recorda-se, a este propósito, a redação do artigo 10º do CT/2009: "*As normas legais respeitantes a direitos de personalidade, igualdade e não discriminação e segurança e saúde no trabalho são aplicáveis a situações em que ocorra prestação de trabalho por uma pessoa a outra, sem subordinação jurídica, sempre que o prestador de trabalho deva considerar-se na dependência económica do beneficiário da atividade*".

(1821) Cf. Pedro Romano Martinez, em PEDRO ROMANO MARTINEZ; LUÍS MIGUEL MONTEIRO; JOANA VASCONCELOS; PEDRO MADEIRA DE BRITO; GUILHERME DRAY e LUÍS GONÇALVES DA SILVA, *Código do Trabalho Anotado,* 8ª ed., cit., anotação (II) ao artigo 10º do Código do Trabalho de 2009, p. 119.

(1822) Numa primeira fase e nos termos do artigo 12º, n. 3, alínea *a* e n. 6, alínea *m*, da Lei n. 7/2009, a matéria relativa à segurança e saúde no trabalho foi regulamentada na LECT, respetivamente nos artigos 212º a 289º deste diploma; mais tarde, o regime dos acidentes de trabalho e doenças profissionais passou a ser regulado pela Lei n. 98/2009, de 4 de setembro, ao passo que a matéria relativa à segurança, higiene e saúde no trabalho passou a constar da Lei n. 102/2009, de 10 de setembro.

mas não apenas — ao trabalho no domicílio, sendo certo que este último passou a estar regulado na Lei n. 101/2009, de 8 de setembro[1823].

Esta lógica expansionista de algumas regras tutelares próprias do trabalho subordinado, que passam por esta via a ser aplicadas, também, ao trabalhador equiparado ao trabalhador subordinado, tem uma razão de ser: estamos perante normas que fazem parte do *núcleo central* do regime de proteção do trabalhador; estamos perante normas que lidam diretamente com a dignidade do trabalhador (*direitos de personalidade* e *igualdade e não discriminação*) e normas que procuram garantir em termos mínimos a sua proteção física e a prevenção e reparação de eventuais danos decorrentes de acidentes ocorridos no local e tempo de trabalho (*segurança e saúde no trabalho* e *prevenção e reparação de acidentes de trabalho e de doenças profissionais*), respetivamente.

Por outras palavras, estamos perante grupos de normas que são intransponíveis numa lógica de proteção do trabalhador subordinado, em termos tais que o legislador até admite, nos termos acima enunciados, a sua extensão a trabalhadores que, não sendo trabalhadores subordinados, ainda assim justificam um grau mínimo de proteção, face à situação de dependência económica em que se encontram.

Esse grau mínimo de proteção está previsto na lei e corresponde, por isso, a um reduto intransponível da tutela juslaboral: *direitos de personalidade*, *igualdade e não discriminação* e *segurança e saúde no trabalho*, incluindo a *prevenção e reparação de acidentes de trabalho e doenças profissionais.*

Trata-se, de resto, de um regime que se manteve inalterado no CT — o artigo 10º do CT/2009 não foi objeto de qualquer alteração pela Lei n. 23/2012, de 25 de junho.

IX. Podemos, assim, assentar no seguinte: tal como vimos a propósito do *conflito hierárquico de fontes* (artigo 3º do CT), ou do *conflito de fontes no espaço* (artigos 6º e 7º do CT), também neste caso podemos constatar que há determinadas normas que fazem parte do edifício do Direito do trabalho e que são absolutamente intransponíveis, não podendo, em caso algum, ser derrogadas numa qualquer alteração legislativa motivada, nomeadamente, por motivos economicistas.

Há normas e (sub)princípios próprios do Direito do trabalho que estão na sua génese e que integram de forma incindível o "princípio da proteção do trabalhador", moldando-o e permitindo que dele resultem determinadas concretizações suscetíveis de ser aplicadas ao caso concreto e de proteger, na prática, a posição jurídica do trabalhador. As referidas matérias que se prendem com a dignidade do trabalhador — *igualdade e não discriminação* e *direitos de personalidade* — por um lado, bem como as que dizem respeito à proteção da sua saúde — *segurança, higiene e saúde no trabalho* e prevenção e reparação de danos emergentes de *acidentes de trabalho* e de *doenças profissionais* — por outro lado, fazem parte daquilo a que podemos apelidar de "núcleo irredutível" do Direito do trabalho.

Só assim se compreende a lógica de expansão destas normas e princípios laborais às situações de parassubordinação, ou seja, àquelas que em bom rigor não comportam qualquer subordinação jurídica.

Nestes termos, ainda que a lógica expansionista do Direito do trabalho[1824] esteja em crise e em situação de regressão, eventualmente *"por força dos efeitos perversos do excesso de garantis-*

(1823) Recorda-se que antes da aprovação da referida lei n. 101/2009, de 8 de setembro, o regime jurídico do trabalho no domicílio constava dos artigos 14º a 26º da LETC.

(1824) Recorda-se, a este propósito, que Maria do Rosário Ramalho, em *Direito do Trabalho,* Parte I — Dogmática Geral, cit., pp. 108 a 110, e no seu *Tratado de Direito do Trabalho,* I — Dogmática Geral, cit., pp. 129-131, refere que a aludida *tendência expansionista* do Direito do trabalho se verifica a três níveis: em primeiro lugar, ao estender o âmbito da sua tutela para além das suas fronteiras originárias, numa primeira fase através da extensão das suas normas dos operários fabris a todas as categorias de trabalhadores subordinados e, numa segunda fase, ao abranger o seu regime de proteção aos referidos trabalhadores equiparados, nos termos acima assinalados a propósito da parassubordinação (ainda que, segundo a autora, esta tendência se encontre actualmente em regressão, fruto da perversão associada ao excesso de garantismo das normas laborais); em segundo lugar, através da exportação de alguns dos seus institutos para o trabalho subordinado público, nomeadamente no caso do direito de greve, dos direitos sindicais aplicáveis aos trabalhadores públicos e da negociação coletiva na função pública; em terceiro lugar, porque influenciou o próprio Direito civil, que constituiu o seu berço originário, seja no caso do regime especial relativo aos efeitos da invalidade dos contratos de trabalho nulos, mas executados (com ressalva dos efeitos produzidos durante a execução do contrato), no que constitui o primeiro exemplo do que viria a ser o regime geral da invalidade dos contratos de execução continuada, seja no caso do princípio da proteção do trabalhador que deu o mote para o desenvolvimento do princípio geral de proteção do contraente

mo"[1825], podemos dar por assente que o Direito do trabalho comporta um "núcleo irredutível" de normas e princípios que fazem parte do "princípio da proteção do trabalhador" e que não devem ser subvertidos ou afastados, sob pena do desvirtuamento ou obnubilação daquele "princípio-mãe" e, por conseguinte, do próprio Direito do trabalho, enquanto ramo de direito finalística e valorativamente orientado para a proteção do trabalhador.

Por outras palavras, sem prejuízo de o Direito do trabalho ser particularmente sensível ao ambiente socioeconómico que o rodeia, sendo consequentemente permeável às mutações políticas, sociais e económicas que operam ao seu redor, circunstância que está na origem de uma certa *porosidade* ou *volatilidade* deste ramo de direito, a verdade, porém, é que este comporta um "núcleo duro" de normas e princípios que o caracterizam e sem os quais ele deixa de fazer sentido.

Faz sentido, pois, aludir-se a um "núcleo irredutível" de normas e princípios do Direito do trabalho que compõem, em conjunto e de forma articulada, o aludido "princípio da proteção do trabalhador".

E este núcleo não se cinge apenas, necessariamente, às aludidas normas a que se refere o artigo 10º do Código do Trabalho.

Ele abrange também outras matérias, que integram os diversos subprincípios que concretizam o "princípio da proteção do trabalhador".

3. A expansão do direito do trabalho ao regime do trabalho subordinado público — direito à greve, direitos sindicais e direito à negociação coletiva

I. O mesmo fenómeno expansionista do Direito do trabalho que vimos ocorrer a propósito do trabalho legalmente equiparado ao contrato de trabalho verifica-se, também, no campo do regime do trabalho subordinado público, por força da extensão de alguns institutos próprios do Direito do trabalho como sejam o direito à greve, os direitos sindicais ou o direito à negociação coletiva.

Sendo, em ambos os casos, direitos com consagração constitucional ao nível dos *direitos, liberdades* e *garantias*, previstos nos artigos 56º e 57º da Constituição, tais direitos começaram, numa primeira fase, por estar associados apenas ao Direito do trabalho enquanto ramo de direito privado, ou seja, às relações privadas de trabalho com subordinação jurídica.

Paulatinamente, porém, as normas legais associadas aos referidos institutos foram estendidas ao denominado direito da função pública — num primeiro momento e no caso da greve, a extensão do *direito à greve* aos trabalhadores da função pública constou expressamente do artigo 12º da Lei da Greve, que garantiu "*(...) o exercício do direito à greve na função pública*", sendo certo que, com a aprovação do CT/2003, o regime geral da greve constante do Código do Trabalho passou a aplicar-se aos trabalhadores da função pública por força do artigo 5º da Lei Preambular ao Código; no caso dos *direitos sindicais*, a extensão aos trabalhadores públicos foi operada, pela primeira vez, através do regime jurídico da atividade sindical na função pública, aprovado pelo Decreto-lei n. 84/99, de 19 de março; e no caso da *negociação coletiva* na função pública a citada extensão ocorreu, entre nós, através do Decreto-lei n. 45-A/84, de 3 de fevereiro, subsequentemente revogado pela Lei n. 23/98, de 26 de maio[1826].

---

mais débil, seja no caso da responsabilidade por acidentes de trabalho, que foi a primeira forma de responsabilidade civil objetiva pelo risco, seja ainda ao nível das cláusulas de convenções colectivas de trabalho que, em certa medida, foram os primeiros exemplos de cláusulas contratuais gerais.

(1825) Cf. MARIA DO ROSÁRIO RAMALHO, *Direito do Trabalho*, Parte I — Dogmática Geral, cit., p. 109.

(1826) Recorda-se que, subsequentemente, através da Lei n. 12-A/2008, de 27 de fevereiro, alterada pelas Leis ns. 64-A/2008, de 31 de dezembro, 3-B/2010, de 28 de abril, 34/2010, de 2 de setembro, 55-A/2010, de 31 de dezembro, 64-B/2011, de 31 de dezembro, 66/2012 e 66-B/2012, ambas de 31 de dezembro, e pelo Decreto-Lei n. 47/2013, de 5 de abril, foi aprovada a Lei que estabelece os regimes de *vinculação*, de *carreiras* e de *remunerações* dos trabalhadores que exercem funções públicas, distinguindo-se (artigo 9º) duas formas de constituição da relação jurídica de emprego público: por nomeação ou por contrato de trabalho em funções públicas. A *nomeação* é o ato unilateral da entidade empregadora pública cuja eficácia depende da aceitação do nomeado; o *contrato* é o ato bilateral celebrado entre uma entidade empregadora pública, com ou sem personalidade jurídica, agindo em

Gradualmente, como afirma Pedro Madeira de Brito, foi-se sedimentando na doutrina a ideia de que "*A matriz constitucional do trabalho e da função pública estão numa relação de especialidade, aplicando-se na Administração Pública todos os direitos que constitucionalmente têm os trabalhadores por destinatários, em especial o direito à contratação pública, que inclui o direito de celebrar convenção coletiva com natureza de fonte de direito. O reconhecimento do princípio do tratamento mais favorável no domínio do trabalho subordinado na Administração Pública e a previsão de convenção coletiva aplicáveis ao emprego público demonstram a unidade do sistema de fontes em relação a todos os trabalhadores subordinados. O facto de o trabalho subordinado na Administração Pública pressupor a aplicação de um conjunto de regras de direito administrativo decorrentes da natureza do empregador público não afasta a consideração deste fenómeno do Direito do Trabalho (...). Os trabalhadores da Administração Pública são assim sujeitos de um contrato de trabalho especial ao qual é aplicável o Direito do Trabalho*"[(1827)].

II. A lógica expansionista do Direito do trabalho fez sobressair o fenómeno de "privatização do emprego público", passando o contrato de trabalho a assumir de forma crescente um papel central no seio da Administração Pública — é nesse sentido que se compreende a aprovação da Lei n. 23/2004, de 22 de junho, que aprovou o regime jurídico do contrato individual de trabalho na Administração Pública, bem como a aprovação da Lei n. 59/2008, de 11 de setembro, que aprovou o regime do contrato de trabalho em funções públicas, legalmente qualificado como fonte de "(...) *uma relação de trabalho subordinado de natureza administrativa*" — o diploma em apreço acolhe o *princípio do tratamento mais favorável* (artigo 4º), estabelece um conjunto alargado de *direitos de personalidade* (artigos 6º a 10º), disciplina o regime da *igualdade e não discriminação* (artigos 13º a 23º), contempla regras sobre *segurança, higiene e saúde no trabalho* (artigos 221º a 229º), proíbe os *despedimentos* sem justa causa ou por motivos políticos ou ideológicos (artigo 246º), garante determinados *direitos sindicais* (artigos 308º a 312º), nomeadamente no âmbito do órgão ou serviço (artigos 330º a 338º) e prevê a *negociação coletiva* (artigos 351º e ss.).

A referida Lei n. 59/2008, inspirada no CT/2003, abrange muito mais matérias do que aquelas que estiveram na origem da expansão do Direito do trabalho ao trabalho subordinado público, comportando também normas relativas à *proteção da maternidade e paternidade* (artigos 24º e ss.), ao *trabalhador com capacidade de trabalho reduzida e com deficiência ou doença crónica* (artigos 44º e ss.), ao *trabalhador estudante* (artigos 52º e ss.), à *formação do contrato* (artigos 64º e ss.), aos *direitos, deveres e garantias das partes* (artigos 86º e ss.), às *cláusulas acessórias* (artigos 91º e ss.), à *prestação do trabalho* (artigos 111º e ss.), à *remuneração* e outras atribuições patrimoniais (artigos 205º e ss.), às *vicissitudes contratuais* (artigos 230º e ss.), à *cessação do contrato* (artigos 246º e ss.) e a diversas matérias relativas ao *Direito do trabalho coletivo* (artigos 289º e ss.).

Em qualquer caso, na origem desta expansão do Direito do trabalho ao emprego público estiveram, acima de tudo, três grupos de direitos basilares que, para além dos *direitos de personalidade*, da *igualdade e não discriminação* e da *segurança, higiene e saúde no trabalho* (incluindo o direito à *prevenção e reparação de acidentes de trabalho e doenças profissionais*), não podem deixar de integrar o núcleo irredutível de direitos do Direito do trabalho — o *direito à greve*, a *negociação coletiva* e os *direitos sindicais.*

---

nome e em representação do Estado, e um particular, nos termos do qual se constitui uma relação de trabalho subordinado de natureza administrativa; excecionalmente, a relação jurídica de emprego público pode ainda constituir-se por comissão de serviço, nomeadamente quando se trate do exercício de cargos não inseridos em carreiras (*v. g.*, dirigentes). Como se afirma no Acórdão do Tribunal Constitucional n. 474/2013, de 29 de agosto, a citada Lei n. 12-A/2008 "*abandona na sua terminologia as noções de funcionário e de agente administrativo (que não mais são utilizadas e permanecem hoje como definições conceptuais) e afasta a nomeação como regime-regra da constituição da relação de emprego público, colocando nesse lugar o contrato de trabalho. Deu dessa forma novo impulso ao movimento de laboralização da relação de emprego público, mesmo que continuando relação laboral específica, apenas aplicável na Administração Pública. (...). A constituição do vínculo de nomeação passou a ser reservada aos trabalhadores cuja carreira esteja diretamente adstrita ao exercício de poderes de autoridade ou de soberania,* i. e., *ao que já se designou de núcleo duro da função pública*" (Disponível em: <http://www.tribunalconstitucional.pt/tc/acordaos/20130474.html>. Acesso em: 11 de setembro de 2013). O quadro normativo dessa alteração de paradigma completa-se meses depois, com a publicação da Lei n. 59/2008, de 11 de setembro, que aprovou o Regime do Contrato de Trabalho em Funções Públicas, com aproximação ainda mais marcada ao regime do Código do Trabalho, mesmo que convivendo com a qualificação dessa relação de trabalho subordinado como de natureza administrativa (artigo 9º, n. 3).

(1827) Cf. PEDRO MADEIRA BRITO, *Contrato de trabalho da administração pública e sistema de fontes,* Repositório da Universidade de Lisboa, Faculdade de Direito, FD — Teses de Doutoramento, 2010, em: <http://repositorio.ul.pt/handle/10451/4703>.

A estes, acrescentaríamos nós, importa adicionar a regra da *proibição de despedimentos sem justa causa* ou por motivos políticos ou ideológicos prevista no artigo 246º da citada Lei n. 59/2008; regra esta que concretiza, no direito do emprego público, a regra constitucional expressa no artigo 53º da Constituição.

4. A ideia de "núcleo irredutível" de proteção ou a "reserva de Direito do trabalho"

4.1. No direito constitucional — limites ao poder constituinte originário e limites materiais expressos de revisão constitucional

I. A ideia de "núcleo irredutível" de direitos é muito utilizada no Direito constitucional, quer ao nível dos chamados limites externos ao poder constituinte originário, ou seja, aos que se impõem à totalidade dos Estados, quer, acima de tudo, a propósito dos limites internos ou dos habitualmente denominados "limites materiais" da revisão constitucional.

II. No primeiro caso, a propósito dos limites ao poder constituinte originário, do que se trata é de saber se existem limites, impostos à comunidade humana, quanto às opções que esta faz em relação à sua auto-organização. Por outras palavras, importa saber se a margem de liberdade da comunidade humana é totalmente soberana ou se, pelo contrário, no âmbito, por exemplo, de Estados de Direito democráticos de matriz ocidental, se pode conceber a existência de limites ao próprio poder constituinte. A resposta que tem sido dada a esta questão tem sido positiva, quer por força da existência de limites internos ao poder constituinte, quer pela existência de limites externos a este mesmo poder. À luz desta ideia, as escolhas do legislador constituinte estão sempre condicionadas por um conjunto de normas e princípios de Direito internacional, independentemente do sistema de receção de Direito internacional na ordem jurídica interna que esteja consagrado no texto constitucional.

Os *limites internos* ao poder constituinte são os que resultam de uma opção por uma determinada ideia de direito subjacente à Constituição. Neste caso, falamos de uma autolimitação, que pode, naturalmente, ser ultrapassada pela vontade conjugada dos governantes e dos governados; os *limites externos*, pelo contrário, resultam de uma heterodeterminação, que se aplica à totalidade dos Estados e que não podem, consequentemente, ser afastados pela vontade de uma determinada comunidade humana.

Quando falamos em *limites externos* ao poder constituinte, falamos de uma *ideia de Direito* que regula as relações entre os Estados e que os condiciona quanto às suas opões constituintes. A este propósito, o problema que se coloca é, naturalmente, o de se proceder a uma densificação dos limites externos ao poder constituinte que seja consensual e que possa ser aceito em termos potencialmente universais pela comunidade de Estados no seu conjunto, sendo certo que a via mais utilizada para o efeito consiste no recurso ao Direito internacional, em particular às normas de *ius cogens* (normas de direito internacional imperativas) e ao costume internacional geral, cuja vigência internacional e a consequente produção de efeitos internos não está dependente do consentimento de qualquer um dos Estados existentes. Idêntico raciocínio se aplica aos tratados com âmbito de aplicação universal ou potencialmente universal, como a Declaração Universal dos Direitos do Homem[1828], que correspondem a manifestações da *ideia de Direito* que está subjacente ao Direito internacional aplicável à comunidade internacional dos Estados considerada na sua totalidade[1829][1830].

(1828) Para além daquela Declaração, existem outros exemplos particularmente significativos, ao nível dos tratados multilaterais, de tratados de âmbito de aplicação territorial ou potencialmente universal, a saber: Convenção sobre a Prevenção e Punição do Crime de Genocídio, de 1948; Convenção Internacional sobre a Eliminação de Todas as Formas de Discriminação Racial, de 1966; Convenção Internacional sobre a Supressão e a Punição do Crime de *Apartheid*, de 1973; Convenção sobre a Eliminação de Todas as Formas de Discriminação sobre a Mulher, de 1979; Convenção sobre a Tortura e Outros Tratamentos ou Penas Cruéis, Desumanas e Degradantes, de 1984; Convenção sobre os Direitos da Criança, de 1989; Convenção das Nações Unidas contra o Crime Transnacional Organizado, de 2000.

(1829) Veja-se, a este propósito, FERNANDO LOUREIRO BASTOS, "Os limites do poder constituinte. Algumas considerações sobre a feitura e a modificação de uma constituição de um Estado de Direito", em *Revista da Faculdade de Direito da Universidade de Lisboa*, XLVII, ns. 1 e 2, Coimbra Editora, Coimbra, 2006, pp. 55-77.

(1830) Como sustenta Fernando Loureiro Bastos, em *Os limites do poder constituinte. Algumas considerações sobre a feitura e a modificação de uma constituição de um Estado de Direito*, cit., pp. 55-77, a existência de uma comunidade internaciomal de Estados

A ideia é esta: os *limites externos* ao poder constituinte não devem ser vistos como uma ingerência nos assuntos internos de cada Estado, mas sim como uma condição necessária à boa convivência entre os Estados e ao respeito pela dignidade de todos os seres humanos. É nesse sentido que se compreende a consagração, nos pós-segunda Guerra Mundial, de um catálogo de direitos humanos abrangente, detalhado e focado na proteção do indivíduo, *maxime* contra as arbitrariedades do Estado.

III. A ideia de "núcleo irredutível de direitos" é por isso comum, também, no Direito internacional público — a este propósito, é habitual afirmar-se que, com a Convenção Internacional dos Direitos do Homem, de 1948, assente na projeção normativa do princípio da dignidade humana, *nos* direitos fundamentais do Homem *e na* igualdade de direitos, *a comunidade internacional fixou um núcleo duro irredutível de direitos que não pode em caso algum ser postergado e que funciona como* limite externo *ao próprio poder constituinte originário. Isso sucede, como se afirmou, quer no que diz respeito ao habitualmente denominado* ius cogens, *quer quanto ao costume internacional geral e aos tratados internacionais com um âmbito de aplicação universal ou potencialmente universal, como sucede com a aludida Declaração Universal dos Direitos do Homem e os direitos que esta consagra*[1831]*. Entre eles, encontram-se, nomeadamente,* o direito à igualdade *— todos os seres humanos nascem livres e iguais em dignidade e em direitos (artigos 1º e 2º);* o direito ao trabalho *— toda a pessoa tem direito ao trabalho, à livre escolha do trabalho, a condições equitativas e satisfatórias de trabalho e à proteção contra o desemprego, ao trabalho segundo o princípio a trabalho igual, salário igual, a uma remuneração equitativa e satisfatória, que lhe permita e à sua família uma existência conforme com a dignidade humana, e completada, se possível, por todos os outros meios de proteção social, bem como o direito de fundar com outras pessoas sindicatos e de se filiar em sindicatos para a defesa dos seus interesses (artigo 23º); e* o direito ao repouso e aos lazeres, *especialmente, a uma limitação razoável da duração do trabalho e a férias periódicas pagas (artigo 24º).*

Mais uma vez, os direitos de proteção do trabalhador surgem, também, neste nível, como fazendo parte integrante do núcleo irredutível de direitos do Homem, reconhecidos enquanto tal pela comunidade internacional.

Mais uma vez, também, o reconhecimento que é feito assenta em determinados princípios-chave, que surgem como concretizações do "princípio da proteção do trabalhador", mas que podem ser objeto de diferentes concretizações, consoante o estádio civilizacional e as exigências económico-sociais. O que se eleva a direito do homem é o direito ao trabalho, *a* proibição de discriminações, *a* liberdade sindical, o direito ao repouso e aos lazeres *e* o direito a uma limitação razoável da jornada de trabalho *e a* férias *periódicas pagas: a DUDH não fixa, todavia, o limite diário e semanal de horas de trabalho, assim como não fixa a duração mínima do período de férias anual, nem a obrigatoriedade de concessão do direito à majoração em caso de ausência de absentismo.*

E a verdade é esta: independentemente da tese que se venha a acolher quanto ao primado da ordem jurídica internacional na ordem jurídica interna, estes direitos do Homem não podem deixar de ser tidos em consideração. E entre eles encontram-se, como se viu, determinados direitos dos trabalhadores *que concretizam o* princípio da proteção do trabalhador *e que integram o seu* núcleo irredutível.

O "princípio da proteção do trabalhador" e algumas das concretizações supra enunciadas, *previstas na Constituição e nalguns textos de direito internacional, nomeadamente na Declaração Universal dos Direitos do Homem — cuja prevalência axiológica, em sede de direitos fundamentais, resulta do artigo 16º da nossa Constituição — deve, pois, ser visto também como um* limite material *de revisão ou modificação do Direito do trabalho, com o seguinte alcance: o Direito do trabalho, finalisticamente orientado para a*

---

implica que todos os Estados partilhem regras comuns necessárias à sua coexistência, pelo que a participação em determinados tratados internacionais não é uma mera manifestação do poder soberano dos Estados, mas antes uma condição de efectivação da sua subjectividade jurídico-internacional ou, mais do que isso, uma afirmação da sua qualidade de Estado soberano — o exemplo que melhor ilustra esta realidade é, precisamente, o da participação da totalidade dos Estados reconhecidos como tal na Organização das Nações Unidas, cuja qualidade de Estado-membro impõe o respeito por um conjunto de obrigações a que o legislador constituinte se deve sujeitar, como sejam a não utilização da força nas relações internacionais ou o recurso a meios pacíficos de resolução de conflitos internacionais.

(1831) Cf. FERNANDO LOUREIRO BASTOS, em *Os limites do poder constituinte. Algumas considerações sobre a feitura e a modificação de uma constituição de um Estado de Direito*, cit., pp. 55-77.

proteção do trabalhador, pode ser modificado, alterado ou atualizado — a sua "partícula de Deus" não pode, contudo, ser suprimida ou substancialmente modificada, sob pena de ser o próprio Direito do trabalho, enquanto ramo de direito dotado de autonomia dogmática, que é posto em causa e que é suprimido.

Advogamos, pois, a existência de limites externos *ao poder de modificação do Direito do trabalho, impostos pelo "princípio da proteção do trabalhador" e decorrentes, nalguns casos e nos termos acima expostos, de algumas declarações de direito internacional* (v. g., *a DUDH).*

IV. A outro nível, importa atender à existência de limites (*internos*) materiais expressos de revisão constitucional, ainda que estes dependam dos supracitados *limites externos*. Quer dizer, as normas constitucionais, que foram criadas em obediência aos aludidos *limites externos* e que encerram um determinado modelo de organização política e social, fruto de uma opção livre da comunidade humana, consagram, elas próprias, mecanismos que visam a salvaguarda e a permanência do modelo por elas instituído no texto constitucional.

Fala-se então, a este propósito, em *limites materiais de revisão constitucional*, que no essencial materializam a intenção da comunidade humana em manter intocado o "núcleo caracterizador" e identificador de determinado texto constitucional. Neste caso, a ideia que prevalece, na esteira de Gomes Canotilho/ Vital Moreira, é a de que "*a revisão constitucional, por mais extensa e profunda que possa ser, conserva um valor integrativo da Constituição, no sentido de que deve deixar substancialmente idêntico o sistema constitucional. A revisão serve para alterar a Constituição mas não para mudar de Constituição. Os limites materiais à revisão pretendem justamente impedir as revisões aniquiladoras da identidade constitucional. Através deles garantem-se contra a revisão constitucional os princípios fundamentais da Constituição (...) que formam o seu núcleo essencial, ou seja, aquele conjunto de princípios cuja permanência se torna necessária para a própria continuidade daquela e cuja violação afecta a própria identidade da constituição material (mesmo não havendo ruptura da identidade da constituição formal)*"[(1832)].

Visa-se, por esta via, garantir a inalterabilidade do essencial da ordem constitucional, como forma de preservação da própria Constituição. Por outras palavras, como afirma Sérgio Resende de Barros, "*O dever de manter a constitucionalidade implica que o procedimento da reforma não pode alterar a Constituição fora dos limites e das condições por ela mesmas constituídos. Se tanto fizer, não estará reformando, mas deformando a Constituição: golpeando-a. (...)* É possível incrementar, mas não reduzir os elementos essenciais da Constituição ali determinados (...)", ou seja, o seu "*núcleo irredutível*"[(1833)].

V. Para o efeito, é habitual os textos constitucionais elencarem alguns limites materiais da revisão constitucional, habitualmente denominados, consequentemente, como "*limites materiais explícitos*", que assumem um caráter essencialmente declarativo, no sentido em que revelam ou explicitam o conjunto nuclear da Lei Fundamental e os traços característicos da sua identidade.

A Constituição da Noruega de 1814, por exemplo, que é um paradigma de longevidade, utiliza no artigo 112º uma fórmula abrangente e genérica, tida como particularmente feliz[(1834)], segundo a qual as alterações à Constituição "(...) *não devem nunca contradizer os princípios previstos nesta Constituição, mas apenas implicar modificações de disposições concretas que não alterem o espírito da Constituição*[(1835)]. Mas a existência de limites materiais previstos em determinadas disposições genéricas é, como se afirmou, relativamente pacífica: a Constituição italiana de 1947 contém limites quanto à manutenção do regime republicano (artigo 139º)[(1836)]; a Lei Fundamental Alemã de 1949 contém, no artigo 1º, limites relativos à dignidade humana[(1837)]; no artigo 20º, limites relativos aos princípios institucionais básicos e à

(1832) Cf. JOSÉ GOMES CANOTILHO e VITAL MOREIRA, *Constituição da República Portuguesa Anotada*, cit., anotação (I) ao artigo 288º, p. 1061.

(1833) Cf. SÉRGIO RESENDE DE BARROS, "*Como reformar constitucionalmente*", disponível em: <http://www.srbarros.com.br/pt/como-reformar-constitucionalmente.cont>.

(1834) Cf. Fernando Loureiro Bastos, em "*Os limites do poder constituinte. Algumas considerações sobre a feitura e a modificação de uma constituição de um Estado de Direito*", cit., pp. 55-77.

(1835) Disponível em: <http://odin.dep.no>.

(1836) Disponível em: <www.cortecostituzionale.it>.

(1837) Disponível em: <http.//www.bundesregierung.de>.

defesa da ordem constitucional; e no n. 3 do artigo 73º, limites relativos à manutenção da divisão federal e à participação dos Estados federados na criação de legislação; a Constituição Turca de 1982 impõe, no artigo 4º, a manutenção do regime republicano e das características da República; e, no artigo 3º, limites relativos ao território, à língua, bandeira, hino e capital; o artigo 120º da Constituição do Bahrein de 2002, por sua vez, contém limites relativos à manutenção da religião oficial, da língua oficial, da monarquia constitucional e respetivas regras de sucessão, do sistema bicameral e dos princípios de liberdade e de igualdade previstos na Constituição(1838)(1839).

VI. Entre nós, bem como na generalidade dos países lusófonos cujo texto constitucional se inspirou na experiência portuguesa(1840), a existência de limites materiais à revisão constitucional é feita através de uma listagem extensa e exaustiva(1841) e está prevista no artigo 288º (alíneas *a* a *o*) da Lei Fundamental — à luz deste preceito e de acordo com uma classificação doutrinária(1842), é possível descortinar alguns grupos de limites materiais de revisão: (1) os que respeitam à garantia da superioridade da própria Constituição como lei fundamental e suprema da ordem jurídica (alínea *l*); (2) os que garantem os princípios caracterizadores da República e do Estado (alíneas *a*, *b* e *c*); (3) os que salvaguardam os direitos fundamentais (alíneas *d* e *e*); (4) os que asseguram as bases da organização do Estado e do poder político em geral.

Relativamente aos limites materiais atinentes aos direitos fundamentais, o artigo 288º da Constituição determina que as leis de revisão constitucional terão de respeitar "*os direitos, liberdades e garantias dos cidadãos*" (alínea *d*) e, em particular, "*os direitos dos trabalhadores, das comissões de trabalhadores e das associações sindicais*" (alínea *e*).

Quer dizer, para além de garantir a intangibilidade dos direitos fundamentais, nomeadamente dos direitos dos trabalhadores previstos no elenco dos direitos, liberdades e garantias (artigos 53º a 57º), que abrangem a segurança no emprego, os direitos das comissões de trabalhadores, a liberdade sindical, os direitos das associações sindicais e a contratação coletiva, o direito à greve e a proibição do *lockout*, a Constituição abrange também os demais direitos dos trabalhadores fora daquele elenco, nomeadamente os previstos no artigo 59º da Lei Fundamental — direito à retribuição do trabalho, segundo a quantidade, natureza e qualidade, observando-se o princípio de que para trabalho igual salário igual, de forma a garantir uma existência condigna; direito à organização do trabalho em condições socialmente dignificantes, de forma a facultar a realização pessoal e a permitir a conciliação da atividade profissional com a vida familiar; direito à prestação do trabalho em condições de higiene, segurança e saúde; direito ao repouso e

---

(1838) Disponível em: <http://www.byegm.gov.tr>.

(1839) As normas acima referidas bem como as respetivas traduções podem ser consultadas em Fernando Loureiro Bastos, em "Os limites do poder constituinte. Algumas considerações sobre a feitura e a modificação de uma constituição de um Estado de Direito", cit., pp. 55-77, 68-71, de onde foram extraídos os exemplos supraenunciados.

(1840) Recorda-se que a existência de uma lista de limites materiais de revisão constitucional é particularmente comum nas Constituições lusófonas, com inspiração no constitucionalismo português. Assim, a Constituição de Angola, de 1992, prevê seis limites no seu artigo159º; a Constituição de Cabo Verde, de 1992, prevê, no seu artigo 285º, sete limites expressos e proteção genérica dos direitos fundamentais; a Constituição da Guiné Bissau, de 1993, prevê dez limites expressos no seu artigo 130º; a Constituição de Moçambique, de 2004, prevê doze limites expressos, mas a possibilidade de serem introduzidas alterações a esses limites através de referendo, nos termos do artigo 292º; a Constituição de São Tomé e Príncipe, de 1990, prevê nove limites expressos, no artigo 154º; e a Constituição de Timor Leste, de 2002, prevê dez limites expressos, bem como a possibilidade de alteração da forma republicana de governo e da bandeira nacional através de referendo, nos termos do artigo 156º. A Constituição brasileira de 1988, por sua vez, embora utilizando uma sistematização diversa das restantes constituições dos Estados de língua oficial portuguesa, prevê no § 4º do artigo 60º uma cláusula de limites materiais expressos, nos termos do qual não será aceita qualquer proposta de emenda tendente a abolir: "I — a forma federativa de Estado; II — o voto direto, secreto, universal e periódico; III — a separação dos poderes; IV — os direitos e garantias individuais". No essencial, as fórmulas utilizadas visam salvaguardar a opção por uma organização político-democrática, os princípios fundamentais do Estado de Direito e a consagração de um catálogo de direitos fundamentais, no âmbito dos quais se encontram direitos fundamentais dos trabalhadores.

(1841) Jorge Miranda e Rui Medeiros, na *Constituição Portuguesa Anotada*, Tomo III, *Organização do Poder Político/Garantia e revisão da Constituição/Disposições finais e transitórias*, Coimbra Editora, 2007, em anotação (II) ao artigo 288º, p. 929, afirmam, a este propósito, que a "*extensíssima enumeração dos limites materiais de revisão constante do artigo 288º não tem paralelo nos textos constitucionais de países que maior influência exercem no constitucionalismo português, não encontrando tão pouco correspondência no próprio n. 4 do artigo 8º da Constituição de 1976, aditado na revisão de 1994, que faz simplesmete depender a aplicabilidade na ordem interna das disposições dos tratados que regem a União Europeia e das normas emanadas das suas instituições do respeito pelos princípios fundamentais do Estado de direito democrático*".

(1842) Cf. JOSÉ GOMES CANOTILHO e VITAL MOREIRA, *Constituição da República Portuguesa Anotada*, cit., anotação (V) ao artigo 288º, p. 1064.

aos lazeres, a um limite máximo da jornada de trabalho, ao descanso semanal e a férias periódicas pagas; direito à assistência material, quando involuntariamente se encontrem em situação de desemprego; e direito à assistência e justa reparação, quando vítimas de acidente de trabalho ou de doença profissional[(1843)].

Trata-se, pois, de um dado a reter: nos termos da Lei Fundamental existem determinados direitos dos trabalhadores que integram o "núcleo essencial" da ordem constitucional e que, como tal, não podem ser suprimidos ou absolutamente desvirtuados. Para além de garantir os direitos, liberdades e garantias dos trabalhadores previstos no Título II da Parte I, o artigo 288º consagra ainda, na alínea e, como afirmam Jorge Miranda e Rui Medeiros, um "subsistema autonomamente protegido contra o poder de revisão"[(1844)], que eleva a limite material de revisão constitucional os direitos dos trabalhadores que não sejam direitos, liberdades e garantias ou se revistam de natureza análoga. Este sinal, dado pela Constituição, não pode deixar de ser tido em consideração no âmbito do presente trabalho, *maxime* quando o Direito do trabalho tende a ser utilizado como um instrumento de ação económica.

VII. O significado e o alcance jurídico-constitucional dos limites materiais de revisão constitucional, *designadamente dos relativos aos direitos, liberdades e garantias, não são unívocos e dependem do sentido intrínseco de cada um deles. Tendencialmente, têm sido consideradas duas maneiras de os conceber: a) como* garantias de determinados princípios, *independentemente, portanto, da sua expressão concreta na Constituição, hipótese que não proibiria, em termos abstratos, a revisão das disposições constitucionais relativas a cada um dos princípios — nesse sentido, as alíneas* d e e *do citado artigo 288º por exemplo, não garantiriam a intocabilidade dos* direitos, liberdades e garantias *e dos* direitos dos trabalhadores *previstos na Constituição, mas apenas a sua* eliminação *ou* redução substancial; *b) como* garantias de cada princípio na expressão concreta que os mesmos têm na Constituição, *o que significaria que importaria respeitar o regime concretamente previsto na Constituição, nomeadamente quanto aos referidos* direitos, liberdades e garantias *e aos* direitos dos trabalhadores — *neste sentido, a revisão constitucional não poderia eliminar os direitos atualmente reconhecidos, mas apenas acrescentar novos direitos; no mesmo sentido, não poderia criar novas restrições aos direitos atualmente reconhecidos, mas apenas levantar algumas das restrições atualmente existentes*[(1845)].

VIII. A propósito, em particular, das alíneas d e e *do citado artigo 288º e do significado deste limite de revisão constitucional, Jorge Miranda e Rui Medeiros, sem prejuízo de afirmarem que* "não sofre naturalmente contestação que os preceitos constitucionais que consagram direitos, liberdades e garantias são revisíveis", *o que significa, em concreto, que* "para além da susceptibilidade de o catálogo ser alargado ou de as limitações e restrições existentes serem eliminadas, nada obsta a que os preceitos (...) sejam modificados em aspectos secundários"[(1846)], *chamam a atenção para a existência de um amplo espaço de controvérsia doutrinal: i) uma parte da doutrina portuguesa considera que, neste domínio específico, o grau de vinculação do legislador de revisão é de intensidade máxima, protegendo todos e cada um dos direitos, liberdades e garantias*[(1847)]*; ii) para outros autores, porém, é possível ensaiar uma leitura mais flexível da referência aos direitos, liberdades e garantias, não no sentido de diminuição da*

(1843) Recorda-se que existe uma evidente sobreposição do âmbito de alicação das alíneas *d* e *e* do artigo 288º, dado que a maior parte dos *direitos dos trabalhadores* também integra a categoria dos *direitos, liberdades e garantias* (artigos 53º a 57º); a explicação, dada por José Gomes Canotilho e Vital Moreira (*Constituição da República Portuguesa Anotada,* cit., anotação (IX) ao artigo 288º, p. 1065) está em que, na versão primitiva da Constituição, o título constitucional dos direitos, liberdades e garantias não abrangia diretamente os direitos dos trabalhadores, circunstância que só se verificou a partir da revisão constitucional de 1982, pelo que anteriormente tronava-se necessário autonomizar a sua garantia como limite material.

(1844) Cf. JORGE MIRANDA e RUI MEDEIROS, *Constituição Portuguesa Anotada,* t. III, cit., anotação (VIII) ao artigo 288º, p. 944.

(1845) Cf. GOMES CANOTILHO e VITAL MOREIRA, *Constituição da República Portuguesa Anotada,* cit., anotação (IV) ao artigo 288º, pp. 1062-1064, que defendem que os limites materiais da revisão dos *direitos, liberdades e garantias* e os *direitos dos trabalhadores previstos na Constituição* devem ser entendidos no segundo dos sentidos acima referidos, ou seja, como garantia de cada princípio na expressão concreta que os mesmos têm na Constituição, o que significa que importa respeitar o regime concretamente previsto na Constituição. Já outras matérias previstas no artigo 288º, como a separação e a independência dos órgãos de soberania, *"não impede que se altere o sistema de governo, desde que se não elimine a separação, nem a interdependência entre os órgão de soberania".*

(1846) Cf. JORGE MIRANDA e RUI MEDEIROS, *Constituição Portuguesa Anotada,* t. III, cit., anotação (VII) ao artigo 288º, p. 939.

(1847) Cf. JORGE BACELAR GOUVEIA, *O Estado de Excepção no Direito constitucional,* Vol. I, Colecção Teses, Almedina, Coimbra, 1999, pp. 599 e ss. e *Manual de Direito Constitucional,* 4ª ed., revista e atualizada, Almedina, Coimbra, 2011, p. 652.

proteção especial que a Constituição lhes confere, mas de forma a se sublinhar que "as leis de revisão têm tão somente de respeitar o conteúdo essencial do sistema de direitos, liberdade e garantias consagrado constitucionalmente, podendo, nesta perspectiva, desconstitucionalizar alguns direitos, liberdades e garantias de carácter não absoluto ou diminuir o seu elenco ou afectar o conteúdo essencial de alguns deles, desde que não fique prejudicado o sistema global"(1848).

É esta, julga-se, a perspetiva que deve ser transposta para o campo do Direito do trabalho, em geral, e para o "princípio da proteção do trabalhador", em especial: o Direito do trabalho pode ser modificado e atualizar-se em função de determinadas orientações político-económicas; o seu sentido geral, todavia, assente no "princípio da proteção do trabalhador" que constitui, como se viu, o seu núcleo essencial, não pode ser desvirtuado ou suprimido, sob pena de ser posto em causa o próprio "sistema global" deste ramo do direito. O papel que o "princípio da proteção do trabalhador" pode assumir, afinal, é um pouco o de garante da manutenção deste ramo do Direito, à imagem do papel que os princípios gerais previstos na supracitada Constituição norueguesa de 1814 devem prosseguir, nos termos do referido cujo 112º, segundo o qual as revisões constitucionais "(...) não devem nunca contradizer os princípios previstos nesta Constituição, mas apenas implicar modificações de disposições concretas que não alterem o espírito da Constituição".

4.2. No Direito do trabalho — limites ao poder de revisão do sistema laboral

I. Face ao exposto, podemos, assentar no seguinte: para além de limites externos que condicionam o poder de modificação do Direito do trabalho, decorrentes nomeadamente dos textos internacionais (*v. g.*, da DUDH, em especial, artigos 23º e 24º) e do texto constitucional (artigos 13º, 18º, 53º e ss., 59º e 228º, alínea *e*), é possível, ainda, admitir a possibilidade de este criar os seus próprios limites materiais de revisão, autolimitando-se consequentemente quanto à intangibilidade de determinadas matérias. É legítimo, por outras palavras, que o sistema interno do Direito do trabalho, centrado no "princípio da proteção do trabalhador", contenha também algumas indicações quanto a matérias que, do seu ponto de vista, são insuscetíveis de ser suprimidas ou obnubiladas, sob pena de desvirtuamento do próprio Direito do trabalho.

Alguns dos preceitos normativos, constantes do Código do Trabalho e supraexpostos podem dar um contributo nesse sentido, a saber:

— Artigo 3º, n. 3, a propósito da matéria dos conflitos hierárquicos de fontes, no qual o legislador elenca um grupo de matérias que não pode ser posto em causa por instrumentos de regulamentação coletiva de trabalho, exceto no sentido mais favorável ao trabalhador, matérias essas relacionadas com os direitos de personalidade, igualdade e não discriminação; proteção na parentalidade; trabalho de menores; trabalhador com capacidade de trabalho reduzida, com deficiência ou doença crónica; trabalhador-estudante; dever de informação do empregador; limites à duração dos períodos normais de trabalho diário e semanal; duração mínima dos períodos de repouso, incluindo a duração mínima do período anual de férias; duração máxima do trabalho dos trabalhadores noturnos; forma de cumprimento e garantias da retribuição; prevenção e reparação de acidentes de trabalho e doenças profissionais e legislação que o regulamenta; transmissão de empresa ou estabelecimento e direitos dos representantes eleitos dos trabalhadores;

— *Artigos 7º e 8º, relativos aos trabalhadores* destacados *ou ao* trabalhador contratado por uma empresa estabelecida em Portugal, que preste atividade no território de outro Estado: *à luz destes preceitos, tais trabalhadores,* sem prejuízo de regime mais favorável constante de lei ou contrato de trabalho, têm direito às condições de trabalho previstas na lei e em regulamentação coletiva de trabalho de eficácia geral aplicável que respeitem a segurança no emprego; duração máxima do tempo de trabalho; períodos mínimos de descanso; férias; retribuição mínima *e pagamento de trabalho suplementar;* cedência de trabalhadores *por parte de empresa de trabalho temporário;* cedência ocasional de trabalhadores; segurança e saúde no trabalho; proteção na parentalidade; proteção do trabalho de menores e igualdade de tratamento e não discriminação.

(1848) Cf. JORGE MIRANDA e RUI MEDEIROS, *Constituição Portuguesa Anotada*, Tomo III, cit., anotação (VII) ao artigo 288º, p. 940, que citam, a este propósito, CARLOS BLANCO DE MORAIS, *Justiça Constitucional*, I, 2ª ed., Editora Coimbra, Coimbra, p. 76.

— *Artigo 10º: manda estender aos trabalhadores legalmente equiparados os regimes relativos à* igualdade e não discriminação, *aos* direitos de personalidade *e à* segurança, higiene e saúde no trabalho*; e*

— *O próprio artigo 501º, n. 6: a propósito da caducidade da convenção coletiva de trabalho, determina que na ausência de acordo das partes quanto aos efeitos decorrentes da convenção em caso de caducidade, "(...)* mantêm-se os efeitos acordados pelas partes ou, na sua falta, os já produzidos pela convenção nos contratos de trabalho no que respeita a retribuição do trabalhador, categoria e respetiva definição, duração do tempo de trabalho e regimes de proteção social cujos benefícios sejam substitutivos dos assegurados pelo regime geral de segurança social ou com protocolo de substituição do Serviço Nacional de Saúde*".*

II. Ou seja, o próprio Código do Trabalho sinaliza o que para si são matérias essenciais à conformação do estatuto do trabalhador, sendo certo que o princípio que as une é o "princípio da proteção do trabalhador".

E da análise dos citados preceitos legais, associada à aludida função informadora ou condicionadora da produção legislativa desempenhada pelo "princípio da proteção do trabalhador", julga-se ser possível assentar no seguinte:

— A nível transversal, abarcando, portanto, quer a formação, quer a execução ou mesmo o regime da cessação do contrato de trabalho, a matéria da igualdade e não discriminação e a dos direitos de personalidade, que supra agrupámos na categoria dos "direitos pessoais de cidadania do trabalhador", faz parte do cerne do Direito do trabalho, focado na proteção dos direitos pessoais e da dignidade do trabalhador, no qual se podem incluir, também, os direitos fundamentais dos trabalhadores previstos na Constituição;

— Ao nível da execução do contrato e tendo em vista a proteção da retribuição do trabalhador, matérias que se prendem com a tutela da retribuição e que dizem respeito, nos termos acima analisados, aos princípios da "suficiência salarial" e da "irredutibilidade da retribuição", são, também, parte integrante de um núcleo de matérias que fazem parte do código genético do Direito do trabalho;

— *Ainda ao nível da execução do contrato, mas agora quanto ao* tempo de trabalho, *matérias que se prendem com a limitação da jornada de trabalho e com o direito ao repouso, nomeadamente o direito a férias, integram, também, a "coluna vertebral" deste ramo do Direito;*

— *Ainda ao nível da execução do contrato de trabalho, as matérias que se prendem com a tutela da categoria profissional, à luz do subprincípio acima analisado, da "*irreversibilidade da categoria*", surgem, também, como essenciais à proteção do trabalhador;*

— *Também ao nível da execução do contrato, podendo envolver medidas de ação positiva, o Direito do trabalho compreende normas que visam a proteção de determinadas* categorias desfavorecidas de trabalhadores, *justificativas de especiais esquemas de proteção da* parentalidade, *do trabalho de* menores *ou do trabalho* de trabalhadores portadores de deficiência ou de doença crónica*;*

— *Ainda ao nível da execução do contrato, resultam dos citados preceitos legais matérias relacionadas com a* segurança, higiene e saúde no trabalho, *ou com a* prevenção e reparação de acidentes de trabalho e doenças profissionais;

— *E, ao nível da cessação do contrato, é óbvia a sinalização do princípio geral da* segurança no emprego e a proibição de despedimentos sem justa causa, *como sendo uma das mais importantes matérias que integram o Direito do trabalho.*

III. É nesse sentido, pois, que se defende a seguinte tese: o Direito do trabalho contém limites externos e internos que condicionam a sua própria modificação — os limites externos *são os que decorrem, diretamente, da Constituição (bem como da DUDH, "constitucionalizada" no artigo 16º, n. 2, da Constituição) e das projeções do "princípio da proteção do trabalhador" e que heterolimitam o legislador quanto às alterações legislativas que este visa empreender, de forma a manter intocado o núcleo caracterizador deste ramo do direito; os* limites internos, *por sua vez, são os que constam das próprias normas juslaborais e que estas escolheram como forma de manter um equilíbrio interno relativamente a determinado conjunto de matérias.*

Em ambos os casos, não se trata de limites absolutos ou que inviabilizem qualquer alteração legislativa: trata-se, isso sim, de limites que condicionam as alterações levadas a efeito no âmbito do Direito do trabalho e que têm em vista garantir a intangibilidade de um núcleo essencial de normas e princípios que resultam, de forma direta, do "princípio da proteção do trabalhador". E em ambos os casos, o que existe de comum nos mencionados limites, é o facto de qualquer um deles decorrer do "princípio da proteção do trabalhador" e da respetiva pauta de valores.

Assim como nos Direitos reais se descortina um núcleo irredutível no domínio do direito de propriedade, que sem prejuízo das limitações que lhe possam ser impostas mantém como "núcleo essencial irredutível (...) o direito de usar e de poder dispor da coisa"(1849), também o Direito do trabalho contém o seu núcleo irredutível que assenta, indubitavelmente, no "princípio da proteção do trabalhador" e na seguinte ideia basilar: o Direito do trabalho envolve, necessariamente, os valores da liberdade, da proteção da dignidade do trabalhador e de quem o presta e o da proteção dos direitos pessoais de cidadania do trabalhador, que agrupam normas relativas à igualdade e não discriminação no acesso ao emprego e no trabalho e aos direitos de personalidade do trabalhador, bem como os direitos fundamentais dos trabalhadores previstos na nossa "Constituição Laboral". Está em causa, como sublinha Menezes Cordeiro nos termos acima assinalados, "um conjunto específico de valores" próprios do Direito do trabalho, que parte da ideia do trabalhador como uma pessoa na plenitude dos seus direitos, que atua e exerce a sua atividade de forma livre e protegido por um conjunto de direitos de personalidade atuantes no mundo do trabalho: a liberdade de expressão e de opinião, a reserva da intimidade da vida privada, a integridade física e moral e a confidencialidade de mensagens e de acesso a informação (artigos 15º a 21º do Código do Trabalho). Mais do que isso, o princípio da igualdade e a proibição de discriminação no acesso ao trabalho e emprego (artigos 22º a 32º do CT) integram um dos valores básicos do sistema laboral, que abarca, também, alguns "valores humanos básicos", como sejam a proteção da maternidade e da paternidade (artigos 33º a 51º), dos menores (artigos 53º a 70º) e das pessoas com capacidade de trabalho reduzida (artigos 71º a 78º), que encontram tutela especial no citado Código do Trabalho(1850).

Mas importa ir mais longe: atendendo às diversas concretizações do "princípio da proteção do trabalhador", no domínio da formação, execução e cessação do contrato do trabalho, é possível identificar, sem preocupação de exaustividade, outras matérias que integram os valores gerais do subsistema juslaboral, unificadas em torno daquele princípio.

IV. Neste contexto e no que diz respeito à formação do contrato de trabalho, sem pretensões de exaustividade:

— Não se compreenderia do Direito do trabalho sem a necessidade de serem observados, *in contrahendo* e em favor do trabalhador, determinados deveres de informação e de lealdade, que se impõem em nome da boa-fé na formação do contrato de trabalho (artigos 102º e 106º e ss. do CT). Por outras palavras, o Direito do trabalho sairia desvirtuado caso as partes pudessem, tanto nos preliminares como na formação do contrato de trabalho proceder contra as regras da boa-fé ou, no que tange ao candidato a emprego, se fosse lícito ao empregador, no mesmo sentido, omitir perante o trabalhador aspetos relevantes sobre o contrato de trabalho em fase de formação, nomeadamente os seus elementos essenciais, tais como o local de trabalho, a categoria profissional do trabalhador ou a descrição sumária das funções correspondentes e a retribuição;

— Não se compreenderia o Direito do trabalho se não existisse um núcleo de direitos de proteção do trabalhador, quer ao nível da igualdade e não discriminação no acesso ao emprego (artigos 23º e ss. do CT), quer ao nível da proteção de determinados direitos de personalidade *in contrahendo* (artigos 14º e ss. do CT). Por outras palavras, seria contra o sistema juslaboral uma eventual intervenção legislativa que tornasse lícita a discriminação no acesso ao emprego ou que legitimasse, sem mais, a indagação por parte do empregador de informações relativas à esfera íntima e pessoal do candidato a emprego, nomeadamente quanto a aspetos de natureza sexual, familiar ou religiosa;

— Não se compreenderia o Direito do trabalho se não se exigisse, em relação a determinadas categorias especiais de contratos, *maxime* nos que se caracterizam pela precariedade da relação de trabalho, regras de proteção acrescidas, nomeadamente ao nível da exigência de forma ou quanto à imposição de determinados requisitos substantivos e relativos à duração do contrato, como sucede, nomeadamente, ao nível da contratação a termo e do contrato de trabalho temporário (artigos 139º e ss. e 172º e ss. do CT). Por outras palavras, o Direito do trabalho sairia desvirtuado se se enveredasse por uma total liberalização da contratação a termo

(1849) Cf. ARRUDA ALVIM NETTO, *Função Social da Propriedade. Principais Controvérsias no Novo Código Civil*, Editora Saraiva, São Paulo, 2006, p. 21.
(1850) Cf. MENEZES CORDEIRO, *Tratado de Direito Civil*, I, 4ª ed., reformulada e atualizada, cit., pp. 314-315.

ou, mais ainda, do contrato de trabalho temporário, ou se fosse lícito às partes, no limite, realizar contratos de trabalho ao dia ou à hora.

V. No que diz respeito à execução do contrato de trabalho, mais uma vez sem preocupações ou pretensões de exaustividade:

— Não se compreenderia o Direito de trabalho se este não contemplasse um princípio de dignificação do trabalho e de quem o presta, ou se não contivesse regras quanto à existência de uma retribuição mensal mínima garantida suscetível de assegurar o mínimo de dignidade ao trabalhador e à sua família (artigo 273º do CT). Nesse sentido: uma regra que admitisse, por exemplo, a prestação de trabalho não livre, ou que tornasse lícito o pagamento de uma retribuição do trabalho abaixo dos níveis mínimos de sobrevivência da pessoa desvirtuaria, por completo, o Direito do trabalho e os valores do respetivo subsistema;

— Não se compreenderia o Direito do trabalho se este não contivesse um princípio geral de "irredutibilidade da retribuição" (artigo 129º, n. 1, alínea f), que veda, nomeadamente, a redução unilateral e arbitrária da retribuição levada a efeito pelo empregador. Por outras palavras, uma regra que viesse a admitir a possibilidade de o empregador, sem prejuízo da fixação contratual da retribuição, poder em qualquer caso e de forma imotivada reduzir unilateralmente tal retribuição, seria obviamente contrária aos valores do sistema juslaboral e ao "princípio da proteção do trabalhador";

— Não se compreenderia o Direito do trabalho se este não contivesse regras de limitação da jornada de trabalho e regras que garantem o direito ao repouso e que vedam, nomeadamente, a utilização da força de trabalho de forma ininterrupta (artigos 203º, 214º, 232º e 237º do CT). Neste caso: uma regra que viesse a admitir a jornada de trabalho sem direito a descanso diário ou semanal seria, naturalmente, contrária aos valores do subsistema juslaboral;

— Não se compreenderia o Direito do trabalho, nos tempos modernos, se este não contivesse um princípio de conciliação da vida profissional com a vida familiar, de forma a garantir, pelo menos, os valores da maternidade e da paternidade (artigos 33º e ss. do CT). Uma regra que viesse abolir, pura e simplesmente, a concessão de uma licença de maternidade, exigindo à trabalhadora puérpera a retoma da prestação de trabalho imediatamente após o parto, ou que considerasse como faltas injustificadas as ausências ao trabalho decorrentes da maternidade seria, também ela, contrária aos valores gerais do sistema;

— Não se compreenderia o Direito do trabalho que não contivesse, pelo menos, um princípio geral de proteção da categoria, que veda a redução da categoria profissional unilateralmente imposta pelo empregador (artigo 129º, n. 1, alínea e). Uma regra que viesse a admitir a possibilidade de o trabalhador ser contratado para prestar todo e qualquer serviço, independentemente das suas aptidões e capacidades profissionais, ou que viesse permitir ao empregador a possibilidade de diminuir unilateralmente e sem qualquer razão objetiva a categoria do trabalhador seria, obviamente, contrária aos valores do subsistema laboral;

— Não se compreenderia o Direito do trabalho se este não impusesse, pelo menos enquanto princípio geral, a regra da tendencial inamovibilidade do trabalhador e que estabelecesse limites ao poder de modificação do local de trabalho, nomeadamente quando a modificação do mesmo cause um prejuízo sério ao trabalhador (artigo 129º, n. 1, alínea f);

— No mesmo sentido, e ainda que o poder disciplinar seja necessário como instrumento de gestão empresarial, não se compreenderia o Direito do trabalho se este não contivesse, neste domínio, os princípios do contraditório e do processualismo, como forma de garantir direitos de defesa ao trabalhador (artigos 329º e ss. do CT). Seria obviamente contrária ao subsistema juslaboral uma regra que permitisse a aplicação de sanções disciplinares sem audiência prévia do trabalhador, ou que admitisse, no mesmo sentido, a aplicação de sanções disciplinares independentemente do momento em que foram cometidas as infrações disciplinares que estão na sua base;

— Não se compreenderia o Direito do trabalho, numa visão moderna, que não atendesse à especial situação de fragilidade de determinadas categorias de trabalhadores, como as trabalhadoras grávidas, puérperas e lactantes (artigos 33º e ss.), os trabalhadores menores (artigos 66º e ss.) ou os trabalhadores com deficiência ou capacidade de trabalho reduzida (artigos 85º e ss.). Uma regra que viesse permitir o trabalho infantil, ou que suprimisse as regras de proteção da saúde e do desenvolvimento psíquico do trabalhador menor, seria contrária ao subsistema juslaboral.

VI. Quanto à cessação do contrato de trabalho: não se compreenderia o Direito do trabalho se este não contivesse regras de proteção do trabalhador contra despedimentos arbitrários, imotivados ou *ad nutum*. É nesse sentido que se afigura incontornável a regra da proibição de despedimentos sem justa causa, nomeadamente por motivos políticos ou ideológicos (artigo 338º do CT), ou a exigência de justa causa para despedir o trabalhador (artigos 351º, 359º, 367º e 373º). Uma regra que viesse permitir o despedimento de trabalhadores sem justa causa, pelo simples facto de o empregador assim o pretender, nomeadamente por o trabalhador não comungar da mesma ideologia do empregador, seria, obviamente, contrária ao subsistema juslaboral.

VII. O "princípio da proteção do trabalhador" tem, pois, esta virtude acrescida: para além das diversas concretizações que dele emanam ao nível interpretativo e normativo, ele serve como farol e como elemento de conformação da produção legislativa, permitindo orientá-la no sentido da adesão aos valores gerais de subsistema juslaboral e estabelecer limites à modificabilidade do Direito do trabalho. Ele funciona e deve continuar a funcionar como o norte magnético do Direito do trabalho, como o princípio que o orienta, que carrega consigo a História e os valores do Direito do trabalho e que deve, consequentemente, conformar o legislador na sua tarefa de criação do Direito. O princípio em causa não deve atuar como fator de imutabilidade do Direito do trabalho, pois o Direito, por natureza, é mutável. Mas deve funcionar como guia ou garante de preservação de um núcleo irredutível de direitos que faz parte da natureza deste ramo do Direito.

As alterações legislativas e a modificação do Direito do trabalho deve, pois, fazer-se de modo a não contradizer, nem o "princípio da proteção do trabalhador" em si mesmo considerado, nem o grupo de matérias sinalizado em diversas passagens do nosso Código do Trabalho, nos temos acima enunciados, e que em bom rigor decorrem daquele citado princípio geral. A modificação do Direito do trabalho pode envolver os princípios concretizadores do "princípio da proteção do trabalhador", mas não pode, em caso algum, afetá-lo no seu espírito, nem desvirtuá-lo.

Os subprincípios concretizadores do "princípio da proteção do trabalhador" podem e devem ser constantemente atualizados, ora num sentido mais rigidificador, ora num sentido mais flexibilizante, consoante as exigências do devir social. O Direito do trabalho pode, pois, numa lógica dinâmica, adaptar-se aos sinais dos tempos, nomeadamente procurando dar sequência às alterações que marcaram nos últimos tempos o processo produtivo e a forma de atuação das empresas, que atuam de forma mais ágil e dinâmica e que requerem consequentemente mecanismos de gestão igualmente mais flexíveis. A flexibilização do Direito do trabalho, através nomeadamente da agilização da gestão do tempo do trabalho, da polivalência funcional, da mobilidade geográfica ou mesmo da adoção de esquemas contratuais que fogem ao modelo tradicional do contrato de trabalho por tempo indeterminado, são não apenas compreensíveis, como porventura necessárias para a própria preservação do Direito do trabalho. O que importa, todavia, é que esta flexibilização ou demais alterações que venham a ser levadas a efeito respeitem o essencial do Direito do trabalho, decorrente do "princípio da proteção do trabalhador": os princípios concretizadores podem ser alterados, sem, todavia, desvirtuar o princípio nuclear. O Direito do trabalho, finalisticamente orientado para a proteção do trabalhador, não pode deixar de seguir esta finalidade, ainda que em moldes atuais: dado que o trabalhador de hoje não é o mesmo que esteve na origem da eclosão da "Questão Social", o Direito do trabalho deve, nesse mesma linha, centrar-se em novos objetivos — em garantir ao trabalhador um amplo espaço de cidadania, em que os seus direitos de personalidade e o direito à igualdade no trabalho e no emprego sejam respeitados; em garantir a proteção da saúde e segurança do trabalhador; em garantir a proteção das minorias ou de categorias particularmente vulneráveis de trabalhadores; em promover a conciliação entre a vida profissional e a vida familiar; em proscrever o despedimento arbitrário ou *ad nutum,* sem deixar, todavia, de atender à possibilidade de despedimento por justa causa objetiva; e em garantir, numa frase, a preservação da dignidade do trabalho e de quem o presta.

VIII. Em suma, o "princípio da proteção do trabalhador" atua, não só a nível interpretativo-aplicativo *ou enquanto* elemento normativo, *neste caso ao nível da* formação, execução e cessação *do contrato de trabalho, mas também enquanto* elemento de conformação da produção legislativa, *protegendo um "núcleo irredutível de direitos" que faz parte do seu código genético e sem o qual o sistema de valores do Direito do trabalho é posto em causa.*

O "princípio da proteção do trabalhador" surge, enfim, como o princípio unificador do sistema laboral, como o seu "norte magnético" ou a "partícula de Deus" do Direito do trabalho, sem o qual este perde a sua razão de ser.

A referência ética e axiológica do Direito do trabalho reside, pois, no "princípio da proteção do trabalhador", que se deve manter enquanto elemento determinante na evolução do subsistema juslaboral: ele é a principal fonte de valores do Direito do trabalho que, em simultâneo, orienta e limita a autoridade jurídica, tanto no ato de aplicação, como no ato de criação do Direito. Por outras palavras, para além de exercer uma função relevante em sede interpretativa, e de exercer uma função normativa, quer ao nível da integração de lacunas, quer por via indireta, através de múltiplas regras jurídicas por si ordenadas e harmonizadas, ele cumpre, também, por esta via, uma função de conformação legislativa, orientando o legislador no sentido da preservação deste ramo do Direito.

5. Conclusão: proposta de enunciado para o princípio da proteção do trabalhador

I. Ao longo do presente trabalho, utilizámos (propositadamente) a expressão "princípio da proteção do trabalhador" com *aspas.* Estamos, agora, finalmente, depois de termos analisado as suas diversas projeções ao nível do complexo normativo (*regras jurídicas*), quer em sede *interpretativo-aplicativa*, quer ao nível do contrato de trabalho e das suas diversas fases analíticas — *formação, execução, cessação* — em condições de assentar no seguinte: o *princípio da proteção do trabalhador* (sem *aspas*), consubstancia um verdadeiro *princípio jurídico,* que se expressa através de uma multiplicidade de *subprincípios* e de *regras jurídicas* positivadas no ordenamento jurídico.

O *princípio da proteção do trabalhador* é, por outras palavras, um *princípio genérico* e *diretivo*, que se concretiza em diversos *subprincípios operativos*, os quais, por sua vez, se expressam através de estatuições normativas específicas (*regras jurídicas*).

O *princípio da proteção do trabalhador,* na sequência de tudo quanto foi exposto, não resulta de nenhuma *regra de reconhecimento,* na esteira de Hart[(1851)], ou de um procedimento legislativo tipificado, como sucede com as *regras legais:* o princípio em causa decorre dos *valores gerais* do sistema e dos *valores específicos* do subsistema laboral e concretiza-se ao nível das *regras jurídicas* positivadas no ordenamento jurídico — ele situa-se, portanto, num plano intermédio, entre os *valores* e as *regras jurídicas*[(1852)]. Abarca os *valores* gerais do subsistema laboral e expressa-se, normativamente, nas *regras jurídicas,* sendo mais do que o conglomerado das mesmas[(1853)].

O *princípio da proteção do trabalhador,* estando presente em diversas *regras jurídicas* — ao nível dos *conflitos de fontes,* da *formação, execução* e *cessação do contrato de trabalho* — é, todavia, diferente das *regras* que o manifestam: a sua previsão abrange todas as *regras* que apontam no sentido da proteção do trabalhador e todos os géneros que as referidas regras contêm, sendo consequentemente caracterizado pela sua maior *indeterminabilidade,* quer quanto à sua previsão, quer quanto à sua estatuição. Ao passo que as *regras jurídicas* que o expressam têm campos de aplicação delimitados e redutores, mas *determinados,* estabelecendo consequências jurídicas precisas verificada que seja a sua previsão, o *princípio da proteção do trabalhador,* por sua vez, é mais abrangente, unificando e harmonizando as mencionadas *regras* e *subprincípios operativos.* E encerra, também, um conteúdo mais *axiológico* do que o conjunto das *regras jurídicas* (mais *técnicas*) que dele emanam. Em relação às diversas *regras* jurídicas positivadas no ordenamento juslaboral, o *princípio da proteção do trabalhador* está mais próximo dos *valores* que marcam o subsistema laboral: ele exprime diretamente os fins ou valores do sistema jurídico, em especial os do subsistema laboral.

(1851) A propósito das *rule of recognition,* veja-se H. L. A. HART, *The Concept of Law,* Third Edition, Clarendon Law Series, Oxford University Press, New York, 2012, pp. 100 e ss.

(1852) A propósito da distinção entre *valores* e *princípios,* veja-se Robert Alexy, que segue von Wright: os *princípios* assentam em conceitos *deontológicos,* dado que têm subjacente o conceito de *dever* — consubstanciam *mandamentos de otimização;* já os *valores,* por sua vez, fazem parte do nível *axiológico* e caracterizam-se pelo facto de o seu conceito básico não ser o de *dever* ou o de *dever-ser,* mas sim o conceito de *bom.* Cf. ROBERT ALEXY, *Teoria dos Direitos Fundamentais,* cit., pp. 145 e ss.

(1853) Recorda-se, aliás, como sustenta Miguel Teixeira de Sousa, que frequentemente os *princípios jurídicos* só podem ser inferidos de concretizações, necessariamente parcelares, expressas em *regras jurídicas.* Quer dizer: ainda que alguns princípios materiais estejam explicitamente consagrados, *"o mais comum é que os princípios sejam inferidos das suas concretizações mais comuns, que são as regras jurídicas"*. Cf. MIGUEL TEIXEIRA DE SOUSA, *Introdução ao Direito,* cit., p. 252.

O *princípio da proteção do trabalhador* não contém um *mandamento definitivo*, mas, sim, seguindo a terminologia de Robert Alexy[1854] e de Ronald Dworkin[1855], uma simples *prima facie*, um *comando de otimização* ou uma *diretriz de solução*, que aponta a direção em que a solução deve ser encontrada: o princípio serve para realizar, na máxima medida possível, os valores gerais do subsistema laboral e os propósitos de proteção do trabalhador. Nessa medida, o *princípio da proteção do trabalhador* deve, consequentemente, ser concretizado através da multiplicidade de *regras jurídicas* em que o mesmo se manifesta. Todavia, ao nível dos *princípios* do subsistema laboral, o *princípio da proteção do trabalhador* surge como o *princípio* mais *forte* e mais *intenso*, dado que assenta no núcleo irredutível de direitos do trabalhador e liga-se ao valor máximo do subsistema laboral, que aponta, como se viu, para a finalidade de proteção da parte mais fraca, quer a nível das fontes internas, nomeadamente na Constituição, quer a nível internacional, nomeadamente na Declaração Universal dos Direitos do Homem.

Por essa razão, ele tende a *prevalecer* sobre os demais princípios específicos deste ramo do Direito: o princípio em causa é a principal *norma* do subsistema laboral.

II. A doutrina que versa sobre a temática dos *princípios jurídicos* costuma afirmar, porém, que estes só existem, enquanto tal, se tiverem um *enunciado*, ou seja, se contiverem uma *norma de conduta* ou de *dever ser* que os individualize[1856]. E, preferencialmente, se se tratar de um enunciado *simples*. Ora, a doutrina, até a atualidade, como vimos, ora *rejeita*, ora reconhece, o *princípio da proteção do trabalhador*. Mas, mesmo aquela que o admite, não tem no entanto afirmado o *enunciado* próprio do mesmo, limitando-se, de forma geral, a elencar as respetivas *concretizações*[1857] ou a aludir ao seu *significado* ou *denominação*[1858].

Iremos fazê-lo, com os riscos (assumidos) que uma *enunciação* acarreta: ao afirmar um enunciado específico para o *princípio da proteção do trabalhador*, corremos o risco de o mesmo ser excessivamente *amplo* ou, pelo contrário, ser excessivamente *redutor*. E corremos, também, o risco da exposição: ao enunciá-lo, alguns considerá-lo-ão muito amplo, outros, muito redutor, outros ainda dirão que não passa de uma *fórmula vazia*. Ainda assim, vale a pena, em nome da Ciência Jurídica e do dinamismo que a carateriza, ensaiar um *enunciado*, até porque a afirmação do *princípio jurídico* passa por um *processo* típico: antes de o ser, deve ser enunciado, em termos doutrinários; se dessa enunciação resultar, subsequentemente, uma convicção de obrigatoriedade sobre a sua pertinência, seja por força de uma eventual consagração legal, seja na sequência de um costume jurisprudencial ou de uma prática judicial constante, ele passa, então sim, a vingar enquanto tal. E passamos a ter então uma *novidade* jurídica.

Importa, pois, ensaiar um *enunciado específico* para o *princípio da proteção do trabalhador*, que atenda simultaneamente aos elementos histórico-culturais e aos valores gerais do subsistema laboral; que tenha em conta os *valores* que marcam o Direito do trabalho, mas que não deixe, também de ter em consideração as *regras* nele positivadas. Importa, em suma, procurar um enunciado que, atendendo aos referidos *valores*, garanta, simultaneamente, *indeterminação*, *conteúdo útil* e *intemporalidade*, e que resulte das diversas previsões normativas jurídicas (*regras jurídicas*) plasmadas no nosso ordenamento jurídico, na sequência de uma relação de "esclarecimento recíproco" entre os mencionados *valores* e *regras*. Importa, em suma, ensaiar um enunciado para o *princípio da proteção do trabalhador* que procure garantir ao trabalhador um amplo espaço de cidadania no local de trabalho, no qual este possa atuar e trabalhar de forma *livre*, ou seja, com salvaguarda dos seus direitos de personalidade, sem ser alvo de discriminações ou tratamentos vexatórios, com boas condições de trabalho, com direito a uma retribuição que lhe garanta uma existência condigna, e sem ser alvo de despedimentos arbitrários, *ad nutum* ou sem justa causa.

Importa, enfim, afirmar um princípio jurídico que garanta unidade, consistência e intemporalidade ao Direito do trabalho, mesmo quando, como na atualidade, este é marcado pela pulverização de dife-

(1854) Cf. ROBERT ALEXY, *Teoria dos Direitos Fundamentais*, cit., pp. 24 e 26.

(1855) Cf. RONALD DWORKIN, *Levando os direitos a sério*, cit., p. 36.

(1856) Cf. DAVID DUARTE, *A norma de legalidade procedimental administrativa*, cit., p. 159.

(1857) Veja-se, nomeadamente, MARIA DO ROSÁRIO RAMALHO, *Da Autonomia Dogmática do Direito do Trabalho*, cit., pp. 970 e ss., e *Tratado de Direito do Trabalho*, Parte I — Dogmática Geral, cit., pp. 520 e ss.

(1858) Veja-se, nomeadamente, AMÉRICO PLÁ RODRIGUEZ, *Princípios de Direito do Trabalho*, cit., pp. 28-29.

rentes regimes contratuais e pela fragmentação do contrato de trabalho paradigmático — o contrato de trabalho por tempo indeterminado.

Ensaia-se, pois, o seguinte enunciado:

Princípio da proteção do trabalhador: é aquele à luz do qual a dignidade do trabalhador deve ser sempre preservada, devendo o empregador, tanto nos preliminares como na execução do contrato de trabalho, respeitar os respetivos direitos de personalidade e o direito do trabalhador a prestar a sua atividade em condições de igualdade e não discriminação, bem como proporcionar-lhe boas condições de trabalho e uma retribuição que lhe garanta uma existência condigna, sendo proibidos os despedimentos sem justa causa.

III. Incluindo, no citado enunciado, o respeito, em qualquer circunstância e momento histórico, pela *dignidade* do trabalhador, estamos a trazer para o *princípio da proteção do trabalhador* o valor da dignidade da pessoa humana, que, como vimos, integra não só os *valores gerais do sistema*, mas os *valores específicos do subsistema laboral*. Ao se aludir à necessidade de serem respeitados, tanto nos *preliminares*, como na *execução do contrato de trabalho*, os *direitos de personalidade* do trabalhador e o respetivo *direito à igualdade e não discriminação*, estamos a carrear para o princípio em causa os *direitos pessoais de cidadania* a que fizemos oportunamente referência, neles se incluindo, consequentemente, o valor da *liberdade* (v. g., *liberdade positiva*), que igualmente integra os valores gerais do sistema e os do subsistema laboral. Ao integrarmos a necessidade de o empregador lhe proporcionar *boas condições de trabalho* e uma *retribuição que lhe garanta uma existência condigna*, estamos a aludir, não apenas à dignidade do trabalhador, mas à dignidade do próprio trabalho que o mesmo vai prestar, bem como à necessidade de salvaguarda do princípio da *suficiência salarial*. Englobam-se, neste segmento, as preocupações com a *conciliação entre a vida profissional e a vida familiar*, as *garantias dos trabalhadores*, nomeadamente o respeito pelos valores da *maternidade e da paternidade*, a tutela da *categoria profissional*, a necessidade de estabelecimento de *regras de defesa em matéria de procedimento disciplinar*, a *segurança, higiene e saúde no trabalho*, a imposição de limites à *gestão do tempo de trabalho*, à *mobilidade funcional* e à *mobilidade geográfica*, bem como a proteção de categorias específicas de trabalhadores especialmente debilitados, como sejam os *trabalhadores* deficientes. Ficam, pois, abrangidos os aspetos mais relevantes em matéria de *formação* e *execução* do contrato de trabalho. Ao incluirmos a *proibição de despedimentos sem justa causa*, fechamos o ciclo: o trabalhador deve ser protegido, também, na matéria relativa à *cessação do contrato*, em nome do subprincípio da *segurança no emprego*.

IV. Assumindo-se como um *comando normativo*, próprio dos princípios jurídicos em sentido estrito, o *princípio da proteção do trabalhador* pode, desde logo, assumir uma *função normativa* e potenciar a resolução de casos concretos: na exata medida em que contém um comando normativo de natureza simultanemanente *prescritivo — o empregador deve, tanto nos preliminares como na execução do contrato de trabalho, respeitar os direitos de personalidade e o direito do trabalhador a prestar a sua atividade em condições de igualdade e não discriminação, bem como proporcionar-lhe boas condições de trabalho e uma retribuição que lhe garanta uma existência condigna* — e *proibitivo — sendo proibidos os despedimentos sem justa causa* — o *princípio da proteção do trabalhador* pode, enquanto *norma jurídica* que é, ser utilizado para efeitos de resolução de casos concretos, *maxime* na ausência de regras legais (*lacuna legis*).

V. Pode, também, assumir um importante papel ao nível da *interpretação e aplicação* jurídicas, atuando como elemento argumentativo ou de fundamentação das soluções jurídicas, funcionando como elemento de interpretação nos termos gerais do artigo 9º do Código Civil, ao nível dos respetivos elementos *lógicos* (*sistemático, histórico* e *teleológico*) e, bem assim, como critério de interpretação, à semelhança do método de *interpretação conforme com a Constituição*(1859)(1860).

(1859) Como recorda Miguel Teixeira de Sousa, a propósito do elemento *sistemático*, a fonte do direito deve ser interpretada de molde a assegurar a unidade do sistema jurídico e a harmonia contextual da lei interpretada com as demais leis do mesmo sistema. E, mais do que isso, *"o que vale para o sistema jurídico considerado na sua globalidade vale também para cada um dos seus subsistemas. Assim, por exemplo, na área do direito civil, do direito administrativo ou do direito penal há que assegurar, através da interpretação da lei, a unidade de cada um destes subsistemas. Aliás, atendendo a um princípio de proximidade, a lei a interpretar tem de ser integrada, antes do mais, no respectivo subsistema. Por exemplo: uma fonte de direito do trabalho tem de ser interpretada de acordo com os princípios característicos*

VI. Pode, ainda, ser útil no processo de integração de lacunas, a três níveis: em primeiro lugar, ao diminuir o âmbito das denominadas *lacunas iuris*, dado que a sua capacidade normativa tende a promover a solução (direta) de casos concretos numa situação de ausência de regra legal (*lacuna legis*)[(1861)]; em segundo lugar, porque o princípio em causa pode atuar em sede de aplicação analógica: por um lado, porque estando presente na maioria das regras juslaborais e tendo em conta que estas são tendencialmente aptas a resolver a maioria dos *factos juslaborais,* o princípio em causa pode orientar o intérprete-aplicador na busca do caso análogo, levando-o a aplicar uma norma juslaboral que concretize os valores decorrentes do *princípio da proteção do trabalhador*[(1862)]; por outro lado, havendo necessidade de recurso às regras legais do Direito comum, em sede de aplicação analógica, o princípio em causa exige que tal aplicação seja feita com adequação axiológica, funcional e social (art. 10º, n. 1, do Código Civil)[(1863)]; em terceiro lugar e na falta de caso análogo, ele pode ter um papel a desempenhar se o aplicador da lei tiver necessidade de criar uma norma *dentro do espírito do sistema:* neste caso, nos termos a que se refere o artigo 10º, n. 3, do Código Civil, o *sistema* a ter em consideração será o *subsistema laboral* e, dentro deste, o seu princípio nuclear a ter em consideração será, naturalmente, o *princípio da proteção do trabalhador*[(1864)].

VI. Ao nível do conflito de fontes, o *princípio da proteção do trabalhador* tem, como vimos, expressão no que diz respeito ao conflito *hierárquico* de fontes (artigos 3º, ns. 1, 3 e 4; e artigo 476º, ambos do Código do Trabalho), ao conflito de fontes no *espaço* (artigos 7º e 8º do Código do Trabalho) e ao conflito de fontes no *tempo* (artigo 503º do Código do Trabalho).

VII. O *princípio da protecção do trabalhador* tem por função, também, a ordenação, harmonização e equilíbrio interno do subsistema laboral: ele permite organizar as *regras jurídicas*, agrupá-las segundo determinados subprincípios operativos e atribuir-lhes coerência interna, facilitando, por esta via, o papel dos agentes e aplicadores do Direito e a *função sistematizadora* da Ciência Jurídica.

VIII. O princípio em causa pode, enfim, noutro plano, atenta à sua *primazia axiológica*, nomeadamente perante os demais elementos normativos que integram o subsistema laboral, servir como elemento de *conformação legislativa,* compelindo o legislador a preservar, em qualquer circunstância e perante qualquer modelo contratual, um núcleo irredutível de direitos do trabalhador e a dignidade do mesmo, impedindo

---

deste subsistema (como, por exemplo, o favor laboratoris*)"*. Cf. MIGUEL TEIXEIRA DE SOUSA, *Introdução ao Direito,* cit., p. 366. Também sobre a interpretação sistemática e a importância dos *princípios jurídicos*, recorda-se Menezes Cordeiro, segundo o qual, *"no processo de interpretação da lei, a ponderação dos elementos que se obtenham, mormente por via literal, à luz dos princípios pertinentes, é decisiva. A confluência da lei com um princípio conforta-a e fortalece-a; pelo contrário, a oposição a um princípio obriga a retomar o processo (...)"*. Cf. MENEZES CORDEIRO, *Tratado de Direito Civil,* I, 4ª ed., cit., p. 720.

(1860) Como assinala Menezes Cordeiro, a propósito do elemento *teleológico*, *"à partida, as proposições ou normas jurídicas são estruturalmente teleológicas. (...) A norma não vale por si: não é um fim em si mesma. Ela existe e vale enquanto finalisticamente destinada à consecução de algo que a transcende. Esta mesma dimensão aplica-se aos princípios. Também eles, mesmo quando aparentemente descritivos, têm implícita a ideia de obter algo ou de agir nesse sentido"*. Ora, para o autor, o *"elemento teleológico da lei torna-se decisivo, na interpretação. Quando o intérprete-aplicador apreenda (...)* a ratio legis, *tem, disponível, a ferramenta decisiva para apreender o seu sentido e para proceder a uma aplicação adequada"*. Cf. MENEZES CORDEIRO, *Tratado de Direito Civil,* I, 4ª ed., cit., p. 725.

(1861) Sobre a distinção entre analogia da lei (*legis*) e do direito (*iuris*), defendendo que a diferença entre ambas é apenas uma *diferença de grau,* veja-se OLIVEIRA ASCENSÃO, *O Direito. Introdução e Teoria Geral,* cit., pp. 454 e ss. Recorda-se que para o autor a distinção entre estas duas formas de analogia *"deve fazer-se consoante a analogia funciona pelo recurso a uma precisa solução normativa, que pode ser transposta para o caso omisso, ou supõe a mediação dum princípio elaborado a partir de várias regras singulares, só ele permitindo a solução daquela hipótese. No primeiro caso utiliza-se uma disposição normativa; no segundo um princípio normativo (...)"*. O autor defende, ainda, nesta sede, que *"os princípios (...) merecem-nos o mesmo respeito que toda a restante ordem normativa. (...) todos os autores de ponta, como Esser, acentuam a necessidade de princípios substanciais que exprimam a ordem jurídica e cuja aplicação permita a solução de casos omissos"* (p. 456).

(1862) Recorda-se, como salienta Bernardo Xavier, que dentro da área normativa do Direito do trabalho, a maior parte das regras comporta aplicação analógica, sendo desnecessário, nesse caso, o recurso às regras do Direito civil para efeitos de integração de lacunas — cf. Bernardo da Gama Lobo Xavier, com a colaboração de P. FURTADO MARTINS; A. NUNES DE CARVALHO; JOANA VASCONCELOS E TATIANA GUERRA DE ALMEIDA, *Manual de Direito do Trabalho,* cit., p. 286.

(1863) Cf. MARIA DO ROSÁRIO RAMALHO, *Direito do Trabalho,* Parte I — Dogmática Geral, cit., pp. 268-269.

(1864) Recorda-se que, para Miguel Teixeira de Sousa, *"a consideração do espírito do sistema na integração da lacuna implica, antes do mais, uma actividade de prospecção, dado que o aplicador deve procurar descobrir nesse sistema o princípio formal e o princípio material que o devem orientar naquela integração.* Mutatis mutandis, *o mesmo vale em qualquer subsistema jurídico: também há que procurar neste o princípio formal e o princípio material que deve orientar o intérprete na construção da regra hipotética. Depois de descoberto (...) o intérprete está em condições de construir a regra hipotética, pois que, para isso, basta aplicar esse mesmo princípio na construção daquela regra"*. Cf. MIGUEL TEIXEIRA DE SOUSA, *Introdução ao Direito,* cit., p. 410.

a *entrada* no sistema de normas que o contradigam. O *princípio da proteção do trabalhador* permite ao legislador zelar pela coerência valorativa do subsistema laboral e pela articulação interna das suas normas. Todavia, como já foi dito, cumpre prevenir: *primazia axiológica* não significa, necessariamente, *primazia hierárquica*, pelo que o princípio em causa não tem o condão, por si só, de tornar inválidas *regras jurídicas* formalmente aprovadas pelo Poder Legislativo e que eventualmente o contradigam, ainda que as mesmas se revelem *injustas*(1865). Como recorda John Finnis, mesmo as *leis injustas* continuam, em princípio, a ser *imperativas* e a gozar da característica da *coercibilidade*, própria da ordem jurídica(1866). Em qualquer caso, na exata medida em que este princípio se encontra incorporado no sistema de valores da Constituição e no elenco de *direitos, liberdades* e *garantias* dos trabalhadores expresso nos artigos 53º e ss. da Constituição, qualquer regra que venha a ser aprovada pelo Poder Legislativo e que se mostre contrária ao *princípio da proteção do trabalhador* tende, consequentemente, a ser uma regra inconstitucional, filtrada nos termos dos artigos 277º e ss. da Constituição. Quer a Constituição, quer a Declaração Universal dos Direitos do Homem, acolhida no nosso sistema nos termos do artigo 16º, n. 2, da Lei Fundamental, atuam, pois, como *limites externos* à modificação do Direito do trabalho.

IX. O *princípio da proteção do trabalhador* funciona, em suma, como um *limite* à modificação do Direito do trabalho: este pode e deve ser alterado e atualizar-se em função do devir social; as modificações levadas a efeito não devem, todavia, subverter os valores essenciais deste ramo do direito, plasmados no seu princípio jurídico central. As alterações levadas a efeito no Direito do trabalho devem ter por objetivo a sua atualização, mas não a sua substituição; as modificações levadas a efeito nas *regras jurídicas* sistematizadas, entre nós, no Código do Trabalho, podem atuar ao nível de determinadas soluções concretas, mas não devem alterar o *espírito* e o *sentido* do Direito do trabalho (*The Idea of Labour Law*), expressos no *princípio da proteção do trabalhador*; a fragmentação do contrato de trabalho tradicional — o contrato de trabalho por tempo indeterminado — numa multiplicidade de figuras contratuais distintas — contrato de trabalho a termo certo, em regime de trabalho temporário, em regime de comissão de serviço, contrato de trabalho intermitente, etc. —, sendo um dado quase incontornável, deve ser acompanhada, todavia, pela manutenção de um denominador comum, que redunda no *princípio da proteção do trabalhador.*

Como sutenta Manfred Weiss, apesar das transformações significativas que se têm verificado no mundo do trabalho e de ser clara, hoje, a necessidade de o Direito do trabalho se adaptar a um novo circunstancialismo e a novas realidades, os problemas fundamentais do mundo laboral, expressos nomeadamente na ideia de que "*labour is not a commodity, that employees are personally dependent and that the employee´s human dignity has to be protected*" mantêm-se, razão pela qual, "*there is no reason to question the need for labour law as such (...) and no need for a new paradigm*"(1867). Apesar das alterações

---

(1865) Recorda-se, aliás, que para Miguel Teixeira de Sousa *"os princípios têm a hierarquia normativa das regras que o consagram ou das regras dos quais eles são inferidos. Portanto, não é a hierarquia axiológica que determina a hierarquia normativa, mas precisamente o contrário: é pelo grau hierárquico atribuído pelo legislador ao princípio que se descobre a sua hierarquia axiológica"* — cf. MIGUEL TEIXEIRA DE SOUSA, *Introdução ao Direito*, cit., pp. 250-251.

(1866) Sobre a eventual aplicação no sistema de *leis injustas* e porventura até *imorais*, contrárias às *moral standards* e aos valores do sistema, veja-se, por todos, o australiano JOHN FINNIS, *Natural Law and Natural Rights*, First Edition, Oxford University Press, New York, 1979, pp. 353 e ss., que conclui que, em princípio, mesmo quando as leis sejam imorais ou injustas, os cidadãos devem ainda assim respeitá-las, a título de *"collateral obligation"* e em nome de um bem superior (a *"communitty good""*), que é a preservação do ordenamento jurídico como um todo, ainda que o legislador deva, naturalmente, atuar no sentido da abolição dessa lei injusta e mesmo no da sua não aplicação — *"So, if an unjust stipulation is, in fact, homogeneous with other laws in its formal source, in its reception by courts and officials, and in its common acceptance, the good citizen may (not always) be morally required to conform to that stipulation to the extent necessary to avoid weakening 'the law', the legal system (of rules, institutions, and dispositions) as a whole. The ruler still has the responsibility of repealing rather than enforcing his unjust law, and in this sense has no right that it should be conformed to. But the citizen, or official, may meanwhile have the diminished, collateral, and in an important sense extra-legal, obligation to obey"* (pp. 361-362). Veja-se também, do mesmo autor, *Natural Law Theories, The Stanford Encyclopedia of Philosophy*, First published Mon feb. 5, 2007; substantive revision Mon jul 25, 2011, disponível em: <http://plato.stanford.edu/entries/natural-law-theories/>, acesso em: outubro de 2014. Recorda-se, por outro lado, no que diz respeito ao ordenamento jurídico português, o disposto no artigo 8º, n. 2, do Código Civil, segundo o qual, *"O dever de obediência à lei não pode ser afastado sob pretexto de ser injusto ou imoral o conteúdo do preceito legislativo"*.

(1867) Para o citado autor, *"labour law was based on the assumptions that there is a need to compensate the bargaining power of the employees, that labour is not a commodity, that employees are personally dependent and that the employee´s human dignity has to be protected. These assumptions have remained to be as valid as ever. Even if the category of subordination may no longer be applied in such a simplistic manner as before and has to be substituted by all kind of criteria and tests, the asymetric structure of bargaining power as remained. Employees —*

ocorridas no mundo do trabalho, a desigualdade entre as partes na situação juslaboral e a situação de dependência e de afetação pessoal de quem presta a sua atividade por conta de outrem, mantém-se — como recorda Guy Davidov, "*This has been the case in the past and has not changed. The goal of labour law is to provide protection to these people, by minimizing such vulnerabilities or preventing unwanted outcomes resulting from them*"[(1868)]. O *princípio da proteção do trabalhador* mantém, pois, plena atualidade.

X. Em última instância, ao afirmarmos o *princípio da proteção do trabalhador*, estamos, afinal, a contribuir para o valor civilista da *liberdade* e do *livre desenvolvimento da personalidade:* o trabalhador que seja tratado com dignidade e que receba uma retribuição condigna pelo trabalho que desenvolve, adquire, consequentemente, as condições necessárias para se afirmar como um Homem *livre* e *independente*[(1869)], que pode exercer de forma plena a sua *cidadania*[(1870)], determinar *o tipo de vida que quer viver*[(1871)] e dar azo, nesse sentido, ao *princípio da igualdade material de oportunidades* ou à ideia de *equality of fair opportunity* de John Rawls[(1872)]. Nessa medida, fica claro, também, que o Direito do trabalho, ainda que instrumentalizado por alguns desideratos económicos que o ultrapassam, não pode perder de vista o essencial: a *dignidade*, a *igualdade* e a *liberdade* do trabalhador, enquanto cidadão que atua no mundo produtivo. Como sustenta Harry Arthurs, o Direito do trabalho, ainda que porventura em novos moldes, deve continuar a atuar "*to seek justice in the work place and the labour market*[(1873)], de forma a garantir a defesa daquilo a que certa doutrina chama de "*personality in work*[(1874)]. Até porque, como ensina Amartya Sen, a Economia não tem que ser tão congenitamente hostil à *felicidade.* Pelo contrário: a disciplina da economia do bem-estar ("*welfare economics*"), que é a parte da economia que trata da avaliação das políticas a seguir, apresenta já um longo historial de pôr a *felicidade* no ponto mais central da disciplina de avaliação, vendo nela o único guia capaz de promover o bem-estar humano e as vantagens usufruídas pelos cidadãos[(1875)]. Nesse sentido, como recorda Simon Deakin, o Direito do trabalho, na exata medida em que contibua para a afirmação da *liberdade positiva* do trabalhador e para a sua normal aspiração "*to achieve (...) social and economic goals*", pode ter um papel decisivo "*to Economic and Human development*"[(1876)].

XI. Chegámos, pois, ao fim do presente trabalho, terminando como se iniciou: o *princípio da proteção do trabalhador* (agora, *sem* aspas*)* é o princípio unificador do sistema laboral, o seu "norte magnético" ou a "partícula de Deus" do Direito do trabalho, sem o qual este perde a sua razão de ser. É, por outras palavras, o *moral standard* deste ramo do direito ou, utilizando a terminologia de Adrián Goldin, a

---

wether in traditional employment relationships or in new forms of employment relationship — are personally dependent of their employers, even if it has become more difficult in many cases to find out who is the employer. And, of course, the assumption that labour law is not a commodity has lost nothing of its validity. In view of the possibilities of new technologies there is an ever-increasing danger to introdute into the employee's privacy, thereby attacking and destroying the employees'human dignity, to just mention one aspect where protection is badly neeeded". Cf. MANFRED WEISS, "Re-Inventing Labour Law?", *The Idea of Labour Law,* cit., pp. 43-56 (p. 46). O autor sustenta, em todo o caso, a necessidade de o Direito do trabalho, se adaptar e evoluir (*need for adaptation*), face a novas circunstâncias e ao aparecimento de novas formas de trabalho atípicas, nomeadamente o *part time work* ou os *fixed-terms contracts* — em qualquer caso, conclui que a *"Labour law does not need to be reinvented; there is no need for a new paradigm"* (p. 56).

(1868) Cf. GUY DAVIDOV, "Re-Matching Labour Laws with Their Purpose", *The Idea of Labour Law,* cit., pp. 179-189 (p. 189).

(1869) Veja-se, a este propósito, nos termos acima assinalados, Kyle Swan, segundo o qual o *princípio da igualdade republicano* visa, nomeadamente, garantir a todos os cidadãos *"(...) a level of capabilities minimally necessary for operating as a free and independent citizen"*. Cf. KYLE SWAN, *"Republican Equality", Social Theory and Practice,* Department of Philosophy The Florida State University, cit., july 2012, p. 454.

(1870) Recorda-se, a este propósito, a supracitada frase de Suzy Killmister, *"Autonomous persons are self-governing"*. Cf. SUZY KILLMISTER, *"Autonomy and the Problem of Socialization", Social Theory and Practice,* Department of Philosophy the Florida State University, cit., p. 95.

(1871) Cf. AMARTYA SEN, *A ideia de Justiça,* cit., p. 313.

(1872) Cf. JOHN RAWLS, *Justice as Fairness: a Restatement,* ed. by Erin Kelly, Cambridge, Harvard University Press, 2001.

(1873) Cf. HARRY ARTHURS, "Labour Law after Labour", *The Idea of Labour Law,* cit., pp. 13-29 (p. 27).

(1874) Veja-se, a este propósito, MARK FREEDLAND e NICOLA KOUNTOURIS, "The Legal Characterization of Personal Work Relations and The Idea of Labour Law", *The Idea of Labour Law,* cit., pp. 190-208, para quem a *ideia do Direito do trabalho* se centra no conceito de *"personality in work"*; ideia essa que abarca *"the objectives of promoting dignity, capability and stability in the arranging and conduct of personal work relations"* (p. 208).

(1875) Cf. AMARTYA SEM, *A ideia de Justiça,* cit., pp. 365-368 e ss. Veja-se, também, do mesmo autor, *Rationality and Freedom,* Harvard University Press, Cambridge, Massachusetts, 2002. Sobre a relação entre Economia e Felicidade, veja-se RICHARD LAYARD, *Happiness: a Revolution in Economics,* Penguin Press, 2005.

(1876) Cf. SIMON DEAKIN, "The Contribution of Labour Law to Economic and Human Development", *The Idea of Labour Law,* cit., pp. 156-175 (p. 157).

sua *basic idea*[(1877)], que garante ao trabalhador uma *liberdade* efetiva e a capacidade de se desenvolver enquanto cidadão[(1878)]. É, em suma, o princípio fundamental que perpassa pelo subsistema laboral e o vivifica[(1879)], conferindo *sentido ético* ao Direito do trabalho e garantindo ao trabalhador um amplo espaço de liberdade e de cidadania[(1880)].

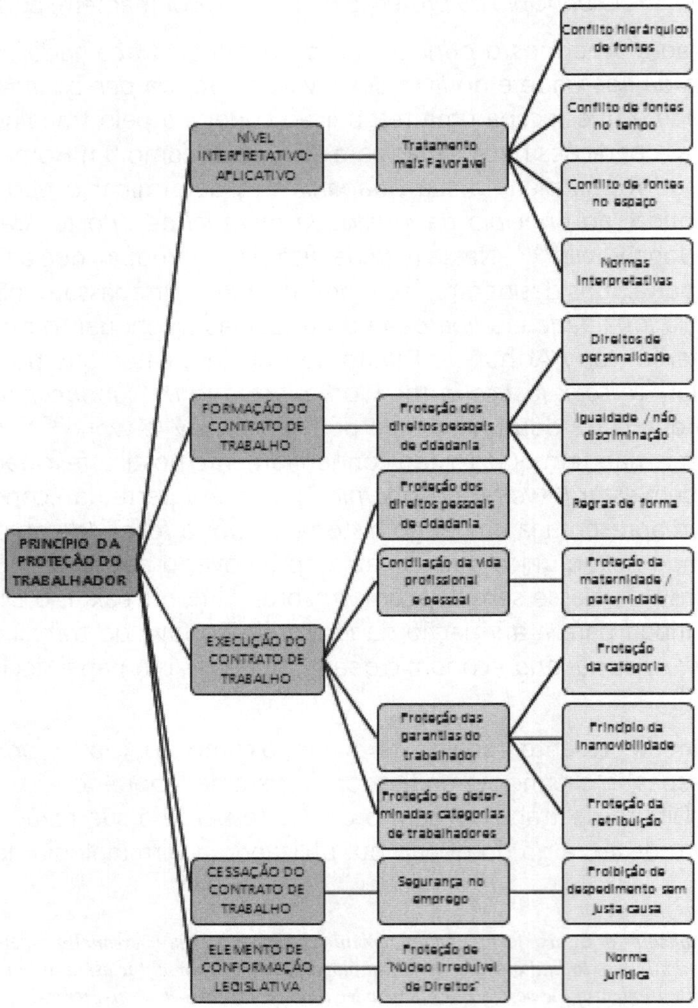

(1877) A propósito da diferença entre a referida *basic idea* do Direito do trabalho e as *particular ideas* que foram surgindo a partir do último quartel do século XX, em especial as que se prendem com as políticas de flexibilização do direito laboral, veja-se ADRIÁN GOLDIN, "Global Conceptualizaions and Local Constructions", *The Idea of Labour Law*, cit., pp. 69-87 (p. 73), que analisa a evolução deste ramo do Direito na Europa continental, nos países do *common law* e na América Latina. No essencial, o autor recorda que as políticas de flexibilização que envolveram o Direito do trabalho não resultaram do seu "programa inicial" *"In the last decades, labour laws of Western European countries enrolled in the civil law legal system have been subject to repeated and extensive reforms, many of which, undoubtedly, have been the product of recurring claims for adapting labour law to efficiency considerations (...) They are expected to take into account economic goals such as employment performance and the good functioning of labour markets. They are also expected to consider companies´prosperity. These objectives did not form part of their initial programme"*. Todavia, para este autor, se é verdade que estas politicas diminuíram *"the intensity of protection legal systems"*, não deixa de ser verdade, por outro lado, que *"they do not envolve a quality change in the logic of proteccion. On the contrary, it may be claimed that (...) such mechanisms constitue a characteristic feature of the protection system as the one prevailing here — and, as a result, they qualify it in diferente degrees, but they do not alter its nature"*. Por outras palavras, para este autor, as politicas de flexibilização, nomeadamente a *"flexicurity"* resultante do Tratado de Lisboa, não são suscetíveis de pôr em causa a *basic idea* da *labour law* — *"the idea of protection"* (p. 73).

(1878) Recorda-se, a este propósito, a recente afirmação do *Supreme Court* do Canadá, para quem o trabalho garante aos trabalhadores, não apenas *"a means of financial support and, as importantly, a contributory role in society"*, mas também *"a sense of identity, self-worth and emotional well-being"* — decisão citada por HARRY ARTHURS, "Labour Law after Labour", *The Idea of Labour Law*, cit., p. 20.

(1879) Deste ponto de vista, o *princípio da proteção do trabalhador* pode, também, na expressão de Oliveira Ascensão, ser visto como um *dogma jurídico*, porque resulta de um *exercício dogmático*, que tende a reduzir à *unidade* a diversidade expressa nas diferentes *regras jurídicas de onde o mesmo emana. Cf. Oliveira Ascensão, O Direito. Introdução e Teoria Geral,* cit., p. 417.

(1880) Como afirma Brian Langille, o Direito do trabalho visa, em última instância, "improve the lives of the inhabitants of the world, insofar as work as something to do with it. (...) This is because, in Sens formulation, our goal is real, substantive, human freedom — the real capacity to lead a life we have reason to value". Cf. BRIAN LANGILLE, *"Labour Law´s Theory of Justice", The Idea of Labour Law,* cit., p. 112.

Teses

I. Delimitação do Tema — A Proteção da Parte Mais Fraca no Direito Civil e no Direito do Consumo

1. O tema em apreço, que incidiu sobre o *princípio da proteção do trabalhador*, teve por objeto o Direito do trabalho e o correlativo sistema juslaboral, mas não dispensou a análise do Direito civil. A razão é simples: a proteção da parte mais fraca não é um exclusivo do Direito do trabalho, ou sequer de ramos especiais de direito privado. O valor subjacente à proteção da parte mais fraca é intemporal, dado que o Direito sempre atendeu à posição dos mais fracos. Verificámos, todavia, que neste domínio o Direito do trabalho é mais *intenso* do que o Direito civil, apresentando soluções específicas.

2. O Direito civil, na sua visão tradicional, não foi concebido para garantir a proteção de uma parte em relação à contraparte negocial: o Direito civil assenta na igualdade das partes e na convicção de que, no domínio privado, as relações estabelecem-se entre pessoas que se situam no mesmo plano. Ainda assim, o Direito civil também contém mecanismos destinados a proteger a parte mais fraca.

3. Verificámos, de resto, que o Direito civil tem sofrido ele próprio um forte impulso renovador. A dogmática civil de estruturação liberal tem dado lugar a um ramo de Direito que atua no sentido da promoção da igualdade substancial e da tutela da parte mais fraca. À tradicional neutralidade do Direito civil, expressa nomeadamente nos dois monumentos legislativos que marcaram o advento da codificação (o Código Civil francês, de 1804 e o Código Civil alemão, de 1900), contrapõe-se atualmente uma dogmática civil socialmente enriquecida, em que a proteção das pessoas, em especial, a das mais fracas, é tida como um elemento central.

4. Aproveitámos, a esse propósito, para recordar que, com particular incidência nalgumas áreas negociais, designadamente ao nível da contratação operada por entidades monopolizadoras, a boa-fé pode atuar como um instituto suscetível de operar a limitação da autonomia privada. E verificámos, também, que o instituto em causa tem vindo a ser "importado" para outros ramos de direito, nomeadamente o Direito do trabalho: os atuais artigos 102º e 126º do CT consagram, respetivamente, a *culpa na formação do* contrato de trabalho e a boa-fé na execução do mesmo. Quer dizer, a boa-fé acompanhou a socialização do Direito civil e passou a marcar presença para além do mesmo, como forma de proteção do contraente mais débil.

5. Verificámos, ainda, que a tutela do contraente mais débil faz-se também, no Direito civil, com recurso a normas imperativas — analisámos a esse propósito, ainda que de forma genérica, o regime jurídico atinente ao *negócio usurário*.

6. Constatámos, por fim, que foi igualmente do Direito civil que resultou a proteção do contraente que celebra contratos tendo por base a simples adesão a proposições pré-elaboradas, sem dispor, consequentemente, de liberdade de estipulação. A esse propósito, analisámos genericamente o fenómeno das *cláusulas contratuais gerais*.

7. No que diz respeito ao Direito do consumo, percorremos também os principais esquemas de proteção do consumidor. Constatámos que o Direito do consumo se expressa entre nós num conjunto significativo de diplomas, nem sempre articulados, por força dos quais o legislador procura limitar a autonomia privada do contraente mais forte — o produtor ou fornecedor de bens e serviços — fazendo-o a vários níveis: através da criação e imposição de especiais direitos de informação e de comunicação nas relações de consumo; mediante a tutela de interesses difusos e a criação de mecanismos de ações inibitórias; através da responsabilização do produtor, independentemente de culpa; mediante a criação de períodos de reflexão e de mecanismos de livre revogação dos contratos por parte do consumidor; ou através da regulamentação de práticas concorrenciais "agressivas", nomeadamente das *vendas com redução de preços*, *saldos* e *liquidações*.

8. Todavia, ao passo que o Direito do trabalho tem a sua autonomia assegurada pelo *princípio da proteção do trabalhador*, pela especificidade das suas fontes, pela existência de um nível coletivo e pela proliferação de normas imperativas ligadas em torno daquele princípio, o mesmo não se passa com o Direito do consumo — ao contrário do que sucede com o Direito do trabalho, o núcleo essencial do Direito do consumo é Direito civil. Os propósitos de proteção dos consumidores finais do circuito económico, centrados essencialmente no direito a uma cabal informação, na prevenção do ressarcimento de eventuais danos e na consagração do direito à reflexão e ao arrependimento, resultam, no essencial, das regras e dos vetores civis.

9. Concluímos, pois, que o Direito do consumo pode ser estudado no Direito civil. Pelo contrário: a autonomia do Direito do trabalho é uma realidade incontornável e o *princípio da proteção do trabalhador*, por seu turno, enquanto princípio estruturante do Direito do trabalho, não se confunde com o "princípio da proteção do contraente mais débil".

II. O Princípio da Proteção do Trabalhador — Generalidades

10. Concluímos que o *princípio da proteção do trabalhador*, por um lado, é mais delimitado do que o da "proteção do contraente mais débil", porque se circunscreve a uma categoria específica de agente contratual: o trabalhador subordinado. Por outro lado e em contrapartida, o *princípio da proteção do trabalhador* é mais amplo e mais abrangente, no que diz respeito ao campo em que opera essa proteção: o que está em causa é a proteção do trabalhador de forma abrangente, quer dizer, para além dos limites do contrato de trabalho, ao passo que o princípio da tutela do contraente mais débil atua, apenas e tão só, no domínio do contrato e na sua regulamentação. O *princípio da proteção do trabalhador* atua também ao nível do conflito de fontes e enquanto elemento de conformação do sistema juslaboral.

11. Mais do que isso: o *princípio da proteção do trabalhador* integra o núcleo essencial do Direito do trabalho e está na génese deste ramo do direito. O Direito do trabalho existe em função do *princípio da proteção do trabalhador* e este constitui a sua *partícula divina*, sem a qual o Direito do trabalho não se compreende e perde a razão de existir. Pelo contrário, o "princípio da proteção do contraente mais débil" corresponde apenas a um movimento de socialização do Direito civil, mas não se confunde, nem com a sua génese, nem com a sua vocação mais remota. O Direito civil foi concebido em torno da ideia de liberdade negocial e de não ingerência do Estado no tráfego negocial — as derivações emergentes do "princípio da proteção do contraente mais débil" surgem como um desvio àquela finalidade original; pelo contrário, o Direito do trabalho surge como ramo de direito privado orientado finalisticamente para a proteção do trabalhador, desde a sua origem — é essa a sua *basic idea*.

12. Sublinhámos, enfim, que o *princípio da proteção do trabalhador* está presente na génese e na evolução do Direito do trabalho. Marca a autonomia dogmática deste ramo do direito e condiciona toda a sua evolução futura. Concluímos, desde logo, que o *princípio da proteção do trabalhador* é indubitavelmente o "princípio geral de proteção da parte mais fraca" que se afigura mais abrangente, mais intenso e dogmaticamente melhor sedimentado.

III. Orientações e Bases Metodológicas

13. Adiantámos também que o tema da proteção do trabalhador não pode deixar de ter por base uma matriz comum: a ideia de *Ciência do Direito*, ou, dito de outra forma, a ideia de *Sistema*, enquanto conjunto unitário e ordenado de regras e princípios que garante decisões que se querem previsíveis, mas axiologicamente valoradas.

14. Na esteira da síntese levada a efeito por Savigny, concluímos que o *princípio da proteção do trabalhador* não pode deixar de atender a esta realidade e de lidar bem com a mesma — o Direito deve assentar numa ordem racionalmente compreensível; os princípios enformadores do sistema não devem, contudo, ser originariamente criados pela Razão, mas sim com base nos elementos fornecidos pela História. O Direito é histórico-cultural, e é nesse contexto que se deve compreender o tema em apreço.

15. O tema em apreço e a sua análise centrou-se também, do ponto de vista metodológico, no "Novo Pensamento Sistemático", nomeadamente nas grandes linhas metodológicas propostas, respetivamente, por Karl Larenz e por Claus-Wilhem Canaris. Do primeiro, resulta fundamentalmente a ideia de que a Jurisprudência é simultaneamente uma ciência *normativa*, na medida em que tem por objeto o Direito vigente, no seu sentido normativo; *compreensiva*, porque visa a compreensão do sentido normativo inerente a determinadas expressões linguísticas; e *orientada a valores* — a este propósito, defendemos que o *princípio da proteção do trabalhador* tem um forte papel a desempenhar, nomeadamente em termos de "pré-compreensão" do sentido normativo e enquanto reflexo dos valores que enformam este ramo do direito.

16. Relativamente à ideia de *Sistema* sustentada por Claus-Wilhem Canaris, recordámos o seguinte: o *Sistema* consubstancia uma ordenação axiológica ou teleológica de princípios gerais de Direito, que intenta ordenar, de forma racional e coerente, um conjunto de princípios constitutivos da *Ciência Jurídica*. O *Sistema* de Canaris consubstancia, pois, uma "ordem axiológica ou teleológica" de princípios gerais de Direito. É à luz desta ideia que se deve compreender o *princípio da proteção do trabalhador* — ele resulta do postulado da Justiça, de tratar o igual de forma igual e o diferente de forma diferente, segundo a medida da diferença, e carrega consigo um significado ético.

17. Recordámos ainda, na esteira de Canaris, duas notas adicionais: a circunstância de o *Sistema* preconizado ser *aberto*, por oposição a completo e definitivo; e o facto de se tratar de um sistema *móvel*, por oposição a estático. O Direito privado de hoje não é o Direito privado do início do século XX e o Direito do trabalho de hoje não é o Direito do trabalho configurado na sequência da eclosão da "Questão Social". O *Sistema*, como unidade de princípios teleológicos, não é estático, mas sim dinâmico e permeável a modificações, nomeadamente em função de exigências de justiça material.

18. Todavia, não deixámos de recordar também, como assinala Larenz, que alguns dos princípios vigentes do Direito privado atual são como que *intemporais*, dado que expressam ideias de validade supratemporal; outros, ainda que não sejam intemporais, pertencem há séculos à nossa ordem, pelo que não se deve sublinhar em excesso a capacidade de mudança dos princípios. Na maior parte dos casos, a capacidade de mudança reporta-se mais às decisões de valor secundárias e às concretizações, do que propriamente aos próprios princípios em si mesmos.

19. Foi com base neste enquadramento que analisámos o tema em apreço: assim como o princípio da *igualdade* e o da *dignidade* da pessoa assumem a sua intemporalidade enquanto princípios axiomáticos que marcam o Direito civil, também o *princípio da proteção do trabalhador* expressa, no subsistema laboral, a referida ideia de validade supratemporal.

20. E foi com base nas referidas orientações metodológicas que procurámos, ao nível do Direito do trabalho, compreender e delimitar os subprincípios especialmente vocacionados para a proteção do trabalhador e que se assumem como projeções do citado princípio. Antes disso, porém, procurámos verificar quais os valores gerais do sistema para, só depois, centrarmos a nossa atenção nos valores gerais do subsistema laboral.

IV. A Unidade Valorativa do Sistema e os Valores Axiológicos que o Enformam

21. A Ciência Jurídica assenta em determinados axiomas ou valores máximos que garantem a estabilidade do *Sistema* e lhe conferem unidade e adequação valorativa, proporcionando estabilidade e regularidade. O Direito contém uma ordem axiológica de valores, de vocação generalista e que encerra uma pretensão de aplicação absoluta. Realçámos, na esteira de Robert Alexy, alguns conceitos abrangentes, como os de *"dignidade, liberdade, igualdade, proteção e bem-estar da comunidade"*. Por outro lado, optámos, também, por identificar aquele grupo de direitos que garante a proteção das pessoas: os *direitos de personalidade* e os *direitos fundamentais.*

22. Concluímos que é essencialmente com base naquela ordem de valores que se formam, depois, novos princípios ou subprincípios que, quando devidamente articulados com os acima referidos, nos fornecem postulados decisórios suscetíveis de garantir a resolução de casos concretos. Sedimentámos, assim, o seguinte: o *princípio da proteção do trabalhador* surge como concretização específica, no sistema juslaboral, do princípio geral e intemporal da igualdade, o qual se articula, por sua vez, com *metaprincípio* da dignidade humana.

23. Recordámos que, no essencial, a *dignidade da pessoa humana* encerra uma ideia de respeito por todo e qualquer homem ou mulher que a ordem jurídica considera insubstituível, irredutível e irrepetível, enquanto sujeito autónomo, real e concreto. A dignidade humana é um princípio axiológico fundamental ou um *metaprincípio* que, ainda que relativamente aberto, influencia todo o sistema jurídico enquanto pressuposto axiológico de todos os outros bens e direitos.

24. A *dignidade humana* exige, nomeadamente, condições de vida adequadas. É dela que se retira, no subsistema laboral, o direito a um salário que garanta uma existência condigna (artigo 59º, n. 1, alínea *a,* da CRP) e a necessidade de o Estado estabelecer o salário mínimo nacional (artigo 59º, n. 2, alínea *a* CRP); a orientação do trabalho em condições socialmente dignificantes (artigo 59º, n. 1, alínea *b*); o direito ao repouso e aos lazeres, a um limite máximo da jornada de trabalho, ao descanso semanal e a férias periódicas pagas (artigo 59º, n. 1, alínea *d*); a necessidade de o Estado fixar os limites da duração do trabalho (artigo 59º, n. 2, alínea *b*); o direito à assistência e justa reparação, em caso de acidente de trabalho ou de doença profissional (artigo 59º, n. 1, alínea *b*); ou o direito à conciliação da vida profissional e familiar (artigo 68º). O que o *princípio da proteção do trabalhador* garante, face à sua especialidade, é uma maior intensidade na atuação daquele *metaprincípio* e um conjunto de concretizações mais específicas.

25. Recordámos também a evolução centrada em torno do *princípio da igualdade*: o *princípio da igualdade perante a lei* enquanto realidade de índole *formal,* que significa no essencial que todos os cidadãos são iguais perante a lei, sem distinções nem privilégios; o *princípio da igualdade material,* que se traduz na ideia de que o princípio deve atuar no sentido do tratamento diferenciado de situações dissemelhantes, de forma a evitar o aprofundamento das desigualdades; e o *princípio da igualdade de oportunidades* enquanto projeto de *igualdade real,* à luz do qual o Estado procura assegurar que todos tenham idênticas oportunidades, compensando situações de desvantagem.

26. Verificámos que, entre nós, a evolução em torno do princípio da igualdade mostra-se perfeitamente sedimentada na nossa Constituição que consagra, clara e expressamente, o conceito de *igualdade material* na plenitude das suas aptidões: enquanto proibição de discriminações, proibição do arbítrio e obrigação de diferenciação, tendo em vista a promoção de uma igualdade real entre os portugueses. Aproveitámos, também, para recordar que foi com base no reconhecimento da sua situação de inferioridade substancial que a Constituição admitiu atribuir aos trabalhadores determinados direitos específicos, no âmbito da denominada "Constituição Laboral" — *"direitos, liberdades e garantias"* (artigos 53º a 57º) e *"direitos económicos, sociais e culturais"* (artigos 58º e 59º).

27. A *liberdade,* por sua vez, refere-se à manifestação e à expansão da personalidade, o mesmo é dizer, ao *ser* da pessoa. E é da liberdade que resulta, do ponto de vista jurídico, a ideia de autonomia privada, enquanto sinónimo de autonomia negocial: a autonomia privada consubstancia o espaço de liberdade reconhecido aos sujeitos para celebrarem, modelarem e estipularem o conteúdo dos negócios

jurídicos. Todavia, independentemente do sistema político vigente em cada sociedade, recordámos que existem determinadas áreas de atividade que assumem particular relevância social, designadamente no caso dos negócios jurídicos que se afiguram necessários para a existência social das pessoas e para a sua subsistência (*v. g.*, contratos de trabalho, contratos de arrendamento ou contratos de fornecimento de bens e serviços). Nestes casos, a heteronomia tende a reforçar-se, aumentando de intensidade a intervenção estadual e as limitações impostas à autonomia privada, em nome da tutela do contraente socialmente necessitado.

28. Em todo o caso, como se julga também que terá ficado demonstrado, a base de regulação do sistema laboral assenta no contrato de trabalho, o mesmo é dizer, na liberdade negocial e na autonomia privada. E assim deve permanecer — a existência de particulares limites à autonomia privada não pode fazer esquecer o essencial: não há *dignidade* sem *liberdade*. De resto, como se recordou, a autonomia privada tem também assento constitucional, enquanto ideia de *liberdade pessoal* (artigos 24º ss. da CRP) e enquanto sinónimo de *liberdade económica/negocial*, nomeadamente nos preceitos que garantem a propriedade privada (artigo 62º), a existência de um setor privado dos meios de produção (artigo 82º) ou a liberdade de criação e gestão empresarial (artigo 86º, n. 2).

29. Também os direitos de personalidade e os direitos fundamentais, que agrupámos numa categoria intitulada *direitos pessoais de cidadania do trabalhador*, são determinantes para a proteção do mesmo, integrando um "núcleo irredutível" de direitos que importa preservar. A razão é simples: o Direito visa as pessoas e existe em função das mesmas.

30. Defendemos, por outro lado, que, no caso específico do Direito do trabalho, a eficácia civil dos direitos fundamentais opera mediante a atuação do *princípio da proteção do trabalhador*, o qual, recebendo os influxos dos direitos fundamentais e da ordem de valores que os mesmos contêm, a montante, e conhecendo as especificidades próprias da situação juslaboral, a jusante, opera a filtragem daqueles direitos com adequação funcional e valorativa, permitindo a sua aplicação no domínio laboral.

V. O Direito do Trabalho: Génese e Evolução

31. Recordámos que o Direito do trabalho é o ramo de direito que abarca o conjunto de *regras* e *princípios* jurídicos que disciplinam as situações jurídicas laborais ou de trabalho. O Direito do trabalho versa sobre uma atividade humana e livre, que poderia, consequentemente, ser disciplinada pelas áreas comuns do Direito, como seja o Direito civil. Todavia, a forma como esta atividade é prestada, em regime de subordinação jurídica, justifica um tratamento específico, por um ramo de direito especial.

32. O Direito do trabalho corresponde, em suma, ao conjunto de *regras* e *princípios* que disciplinam uma atividade humana, produtiva, prestada a favor de outrem de forma livre e subordinada, incidindo diretamente sobre o contrato de trabalho característico da sociedade contemporânea e sobre outras realidades que o condicionam a si e à relação contratual dele emergente, fazendo-o de forma sistemática e científica, com elevado grau de maturidade, com autonomia sistemática e, mais do que isso, fruto do seu desenvolvimento científico e da afirmação de princípios próprios, com autonomia dogmática, o que lhe confere uma manifesta especificidade.

33. Tendo em vista a cabal compreensão do tema, analisámos a evolução histórica do Direito do trabalho, desde a sua génese até à atualidade, e procurámos comprovar que o *princípio da proteção do trabalhador* sempre se assumiu como o princípio estruturante do Direito do trabalho ou como a *instância justificativa das soluções laborais*: o Direito do trabalho sempre caminhou e evoluiu no sentido da proteção do trabalhador.

34. No mesmo sentido, verificámos que o Direito do trabalho é objeto de ampla e extensa consagração internacional, quer ao nível das Nações Unidas, em especial através da OIT, quer ao nível da União Europeia, e que em todos estes quadrantes a preocupação subjacente é a mesma: garantir relações de trabalho equilibradas e que garantam a dignificação do trabalho. Garantir a proteção do trabalhador e,

por essa via, promover o equilíbrio entre as partes que atuam na relação laboral, quer ao nível do Direito do trabalho individual — condições de trabalho, igualdade e não discriminação, dignificação e proteção do salário, segurança no trabalho, etc. —, quer ao nível do Direito do trabalho coletivo — direito à greve, direito à negociação coletiva, direito à constituição de conselhos de empresa europeus, etc. O *princípio da proteção do trabalhador* esteve na génese e tem orientado a produção legislativa, também a nível internacional.

35. Só muito recentemente, quando se constatou que uma excessiva rigidez do mercado de trabalho pode conduzir ao aumento do desemprego; que não existe uma categoria uniforme de trabalhadores subordinados; que o modelo económico atual assenta, em grande medida, em pequenas e médias empresas, nomeadamente nos setores terciário e quaternário, cuja sobrevivência passa pela implementação de modelos empresariais ágeis e flexíveis; e que o paradigma laboral tradicional, assente na estabilidade da relação de trabalho e no trabalho a tempo completo, se alterou significativamente, em termos tais que o "contrato de trabalho para a vida" deixou de fazer sentido, o Direito do trabalho começou a orientar-se para uma maior flexibilização.

36. A economia de mercado, sendo animada pela liberalização do comércio e por um ambiente de forte competitividade à escala global, apercebeu-se que tal desiderato teria de passar por um novo modelo social, assente na limitação do custo da força de trabalho e na afirmação do poder de gestão patronal. Neste cenário, alguns direitos dos trabalhadores passam a ser questionados; os Estados começam a competir entre si, apresentando aos investidores internacionais regimes laborais mais apetecíveis, capazes de proporcionar bons ambientes de negócios; e os empresários, por sua vez, passam a reclamar uma maior flexibilização do contrato de trabalho.

37. Recordámos, então, que, numa primeira fase, a partir do último quartel do século XX, a ideia de flexibilização do Direito do trabalho fez-se de forma paulatina e gradual, fundamentalmente através da criação de vínculos laborais atípicos (*flexibilidade externa*), nalguns casos caracterizados pela limitação no tempo do respetivo vínculo (*v. g.*, contrato de trabalho a termo); e através da maleabilização do regime do vínculo laboral (*flexibilidade interna*), nomeadamente pela criação das figuras da polivalência funcional, da mobilidade geográfica ou da flexibilização do tempo de trabalho. Num segundo momento, a partir de 2008, quando irrompe na Europa a crise da dívida soberana dos Estados e se torna clara a insustentabilidade económica de alguns modelos sociais, a defesa da flexibilização do regime laboral passa a atuar sobre o próprio regime de cessação do contrato de trabalho, através da facilitação dos despedimentos por inadaptação ou por razões de mercado.

38. Nesse sentido, a discussão em torno do Direito do trabalho faz-se também, de forma incontornável, em torno do *princípio da proteção do trabalhador* que se assume como o elemento central do Direito do trabalho. É em torno deste princípio que tudo se joga e o que a história nos mostra é que o princípio em causa tende a ser dinâmico: ora se expande, ora se comprime, em função dos influxos socioeconómicos ditados pelo devir social, da situação económica e do índice de empregabilidade conjuntural dos Estados.

39. A tese em presença caminhou, em todo o caso, à luz deste pré-entendimento: o de que o *princípio da proteção do trabalhador*, não obstante a sua elasticidade, é parte integrante do Direito do trabalho, sendo enquanto tal inquestionável. Está na génese e evolução deste ramo do direito e faz parte do seu código genético. Não existe Direito do trabalho sem o *princípio da proteção do trabalhador*, que é o seu princípio central ou atomístico. Não obstante as alterações verificadas no mundo do trabalho, a verdade é que a maioria das suas preocupações, centradas na defesa da dignidade de quem presta uma atividade laboral em regime de subordinação jurídica, se mantêm.

40. Tratámos, também, de analisar a evolução do Direito do trabalho em Portugal, marcada por tês períodos: o liberalismo, até 1926; o período do Estado Novo Corporativo (de 1926 a 1974); e o período contemporâneo, sendo certo que neste podemos conter duas fases autónomas: o período anterior ao Código do Trabalho (1974-2003) e o período posterior ao Código do Trabalho (de 2003 em diante), que abrange, quer a revisão do Código do Trabalho de 2009, quer a de 2012, esta última decorrente do acordo celebrado entre o Governo português, por um lado, e a Comissão Europeia, o Banco Central Europeu e o Fundo Monetário Internacional, por outro lado (a *troika*).

41. No essencial, constatou-se que até a aprovação do CT/2003 o Direito do trabalho foi evoluindo em torno de uma tendencial intensificação das concretizações do *princípio da proteção do trabalhador*, ainda que pinceladas, em alguns momentos, por uma tentativa de flexibilização do Direito do trabalho; a partir de 2009, com a primeira grande reforma do Código do Trabalho, entra-se numa nova fase — a da implementação de reformas laborais como instrumento de políticas económicas, em larga medida, motivadas por recomendações ou ingerências externas, nomeadamente da OCDE (quanto ao CT/2009) e da *troika* (quanto à revisão levada a efeito pela Lei n. 23/2012).

42. É nesse contexto que se deve compreender a reforma aprovada pela Lei n. 23/2012, cujo sentido geral é simples de enunciar: maior flexibilização da relação laboral, nomeadamente quanto à gestão do tempo de trabalho; redução de benefícios do trabalhador, nomeadamente quanto a férias, descanso e remuneração compensatória em caso de trabalho suplementar; maior facilidade em promover o despedimento, quer por redução de custos para o empregador, quer por força da atenuação de determinados requisitos ao nível do despedimento coletivo, por extinção do posto de trabalho e por inadaptação; maior individualização da relação de trabalho, admitindo-se a obtenção de acordos entre empregador e trabalhador quando antes se exigia a intervenção de instrumentos de regulamentação coletiva de trabalho, nomeadamente ao nível da gestão do tempo de trabalho; maior descentralização da negociação coletiva, admitindo-se, de forma mais alargada, que esta possa ser levada a efeito por outras estruturas representativas de trabalhadores que não as associações sindicais; e diminuição das normas convénio-dispositivas. A revisão operada pela Lei n. 23/2012 teve uma única finalidade: diminuir o custo do trabalho e, por essa via, conferir maior competitividade às empresas e à economia nacional, contribuindo assim para a criação de emprego.

43. Sublinhámos que o Direito do trabalho, envolvido e instrumentalizado no meio desta voragem tempestiva, encontra-se numa encruzilhada. E só existe uma forma de o manter: recorrer aos seus valores e à sua ideia de base, afirmá-los e mantê-los, mesmo quando a prática aponta no sentido da instrumentalização deste ramo do direito em função de objetivos de política económica. A salvaguarda e o reposicionamento do Direito do trabalho só pode ser levada a efeito, julga-se, através do recurso aos valores gerais do sistema, quer aos que advêm do Direito civil, enquanto direito comum, quer aos que resultam do catálogo de direitos fundamentais, quer aos que resultam, obviamente, do próprio Direito do trabalho — neste contexto, o *princípio da proteção do trabalhador*, hoje mais do que nunca, assume-se como absolutamente decisivo para a preservação do Direito do trabalho e para a sua adaptação aos tempos modernos.

VI. Os Valores Axiológicos do Sistema Laboral

44. Não é possível afirmar-se uma tipicidade de valores que marcam o sistema laboral. A evolução histórica acima analisada e o desenvolvimento do Direito do trabalho permitem, todavia, que se avance no seguinte sentido: finalisticamente orientado pela finalidade de *proteção do trabalhador*, o Direito do trabalho tem afirmado desde sempre o propósito de garantir a dignidade do trabalho e de quem o presta, bem como a defesa dos direitos pessoais de cidadania do trabalhador, dentre os quais assumem particular relevância o direito a ser tratado em condições de igualdade no acesso ao trabalho e no emprego e a defesa dos seus direitos de personalidade.

45. Tratámos também de verificar se e em que medida os valores gerais do sistema — a *dignidade*, a *igualdade* e a *liberdade* — estavam presentes, em termos específicos, no sistema laboral, tendo o estudo em apreço recorrido a diversas fontes de direito internacional que os consagram numa perspetiva laboral, o mesmo é dizer, no acesso ao trabalho e no emprego. No mesmo sentido, verificámos em que termos os mesmos estavam previstos na nossa Lei Fundamental e se encontram positivados no Código do Trabalho.

46. Não deixámos, todavia, de fazer referência ao princípio juslaboral que se opõe ao da proteção do trabalhador: o "*princípio da salvaguarda dos interesses de gestão do empregador*", de onde resultam também, na esteira de Maria do Rosário Ramalho, alguns subprincípios e múltiplas projeções normativas,

todas positivadas no Código do Trabalho: o *princípio da colaboração entre as partes no contrato de trabalho* (artigo 126º, n. 2); os *poderes diretivo e disciplinar* do empregador (artigos 97º e 98º); a admissibilidade de contratos de trabalho precários (v. g., *contrato a termo, trabalho em regime de comissão de serviço* ou *contrato de trabalho temporário*) e a faculdade atribuída ao empregador de fazer cessar o contrato de trabalho com fundamento em *justa causa objetiva* (artigos 359º, 367º e 373º, todos do CT).

47. Todavia, contrariamente à doutrina defendida por aquela autora, não se acolheu a ideia de que o *princípio da salvaguarda dos interesses de gestão do empregador* se encontra no mesmo plano do *princípio da proteção do trabalhador*, em termos tais que ambos seriam *vertentes paralelas* de um princípio mais abrangente e, este sim, tido como a valoração material fundamental do Direito do trabalho — o *princípio da compensação debitória complexa das partes no contrato de trabalho"*. Defendemos, ao longo da presente tese, que o princípio material fundante do Direito do trabalho, aquele que integra o seu património genético, que ditou e que irá ditar toda a sua evolução é o *princípio da proteção do trabalhador*: é da maior ou menor intensidade com que este atua e da sua maior ou menor projeção no subsistema laboral que se vão pautando os avanços e desenvolvimentos deste ramo do direito. O *princípio da proteção do trabalhador* é o único que carrega consigo toda a história, os avanços e os recuos do Direito do trabalho. E é o único, de resto, que se mostra concretizado, em diversas passagens, na Declaração Universal dos Direitos do Homem, cujo acolhimento, na nossa Constituição (artigo 16º, n. 2), lhe confere uma primazia axiológica e hierárquica. A sua *primazia axiológica* é evidente e negá-la é negar a história e o *sentido* do Direito do trabalho.

48. Também a dimensão coletiva do Direito do trabalho vem demonstrá-lo: o *princípio do coletivo*, que assume individualidade própria, comprova a tese segundo a qual não existe neste domínio uma atuação *paralela* do *princípio da proteção do trabalhador* e do *princípio da salvaguarda dos interesses de gestão do empregador* — se assim fosse, o direito à greve e o *lockout*, por exemplo, seriam colocados no mesmo plano, numa solução *paralela*. Não é isso o que se passa: atendendo a que o sistema de valores do Direito do trabalho está preferencialmente centrado na proteção do trabalhador, o direito à greve é reconhecido pela ordem jurídica (artigos 57º da Constituição e 530º do Código do Trabalho), mas o *lockout* é proibido (artigo 544º do Código do Trabalho).

VII. O Princípio da Proteção do Trabalhador e suas Concretizações

49. Os princípios juslaborais são *princípios gerais*, sendo comuns a todo o subsistema do Direito do trabalho; são *princípios específicos* deste ramo do Direito, diferenciando-se em particular dos que decorrem do Direito civil; são *princípios que não têm uma pretensão de exclusividade e que têm áreas de sobreposição*, em termos tais que é possível que dois princípios entrem em conflito; são *princípios dinâmicos*, no sentido em que são inacabados, evoluindo em função do devir social; e são princípios que se concretizam através de subprincípios ou valorações menores, com um conteúdo material próprio. Funcionam como instância de controlo axiológico do próprio sistema normativo e atuam, ao nível das operações de interpretação e de aplicação das normas laborais, como referente valorativo. Funcionam também como elemento de controlo axiológico das normas provenientes do Direito civil e como referente cultural e ético que norteia a evolução do sistema normativo.

50. Relativamente ao *princípio da proteção do trabalhador*, procurámos em especial delimitar as seguintes projeções:

a) Em sede *interpretativo-aplicativa*, isolámos o subprincípio do *tratamento mais favorável ao trabalhador* no domínio do conflito de fontes;

b) A nível normativo, no domínio da *formação do contrato*, delimitámos o subprincípio da *proteção dos direitos pessoais de defesa da cidadania do trabalhador*, que agrupa regras relativas aos *direitos de personalidade* e à *igualdade e não discriminação* no acesso ao emprego, bem como a *culpa in contrahendo*;

c) Também a nível normativo, agora no domínio da *execução do contrato*, para além da proteção dos referidos direitos pessoais, delimitámos também um conjunto de subprincípios que visam garantir a *dignificação do trabalho*, nomeadamente os subprincípios da *suficiência salarial* e da *irredutibilidade da retribuição*, o da *limitação do tempo de trabalho*, o da *conciliação da vida familiar e profissional* e o da *proteção da parentalidade*, bem como alguns *subprincípios — garantias do trabalhador*, tais como o da *proteção da categoria profissional*, o da *inamovibilidade* ou os *direitos de defesa em sede de procedimento disciplinar*. Analisámos ainda o subprincípio da *proteção de determinadas categorias mais desfavorecidas de trabalhadores*, como a trabalhadora grávida, o trabalhador menor ou o portador de deficiência ou de doença crónica;

d) Ainda a nível normativo, neste caso no domínio da *cessação do contrato de trabalho*, circunscrevemos o subprincípio da *segurança no emprego* e analisámos a forma como este atua tendo em vista a proteção do trabalhador;

e) Por fim, delimitámos também uma nova concretização do *princípio da proteção do trabalhador*, consistente na criação de limites à produção legislativa, assumindo-se este princípio, pois, como um elemento de *conformação normativa*, destinada a garantir um *núcleo irredutível de direitos* centrados no essencial na defesa do trabalhador como pessoa e como cidadão que presta uma atividade no seio de uma unidade produtiva.

1. O Princípio da Proteção do Trabalhador em Sede Interpretativo-aplicativo

1.1. O princípio do tratamento mais favorável ao trabalhador como cânone geral de interpretação

51. Constatámos que o subprincípio do *tratamento mais favorável*, enquanto cânone geral de interpretação, nunca teve consagração legal no nosso ordenamento jurídico. Por outro lado, o estádio de desenvolvimento do Direito do trabalho e o facto de o Direito requerer certeza e previsibilidade nas operações de interpretação e aplicação não só não justificam, como desaconselham esta visão do citado subprincípio. Nesse contexto, concluímos que, no atual estádio de desenvolvimento do Direito do trabalho, a utilização do princípio *pro operario* como ditame geral de interpretação não deve ser acolhida. A interpretação das normas juslaborais faz-se, pois, nos termos gerais, o mesmo é dizer, nos termos do artigo 9º do Código Civil. No mesmo sentido, a interpretação das convenções coletivas de trabalho deve realizar-se também nos termos do citado artigo 9º do Código Civil, não obstante algumas especificidades de regime previstas na lei (*v. g.*, nos artigos 3º, n. 5, e 492º, n. 3, ambos do CT).

52. Ainda assim, chamámos a atenção para o seguinte: o *subprincípio do tratamento mais favorável ao trabalhador* é mais do que um resquício histórico e não deve ser reconduzido, por absorção, ao princípio civilista do *favor debitoris*, até porque em caso algum tal princípio se pode reconduzir à interpretação em favor do empregador. Concluímos que, não obstante o atual "adormecimento" deste subprincípio, as suas potencialidades não podem ser descuradas: admitindo-se, por hipótese, uma situação de desmantelamento do atual corpo de regras e princípios laborais, em nome de uma hipotética intervenção exclusivamente focada em objetivos de natureza económica, o *favor laboratoris* voltaria a ter razão de ser e a ser decisivo, por certo, para efeitos de *refundação* do Direito do trabalho.

Por outro lado, mesmo no estádio atual do Direito do trabalho e à luz das regras gerais do artigo 9º do Código Civil, o *princípio da proteção do trabalhador* não deixa de ser relevante: na exata medida em que o legislador, no referido artigo 9º, manda atender aos elementos não gramaticais da interpretação, nomeadamente aos elementos *sistemático, histórico* e *teleológico,* é evidente que o *princípio da proteção do trabalhador* tem uma palavra a dizer, não apenas porque se encontra na génese do Direito do trabalho, em termos *históricos*, mas também porque marca a finalidade das suas normas, do ponto de vista *teleológico,* e porque se posiciona como elemento central no sistema juslaboral, a nível *sistemático.*

Concluímos, também, que o subprincípio do *tratamento mais favorável* não encerra em si mesmo nenhuma especificidade a propósito da integração de lacunas, mas que tem um sentido útil: por um lado, porque atenta a sua função normativa, ele pode promover, diretamente, perante a ausência de uma regra legal, a resolução do caso concreto, diminuindo o grau de incidência das denominadas lacunas *iuris;* por outro lado, porque mesmo nos casos em que haja necessidade de recorrer a uma operação de integração de lacunas (artigo 10º, n. 1, do Código Civil), ele tanto pode atuar no caso de encontrar uma solução análoga no seio das regras juslaborais positivadas, como pode, na ausência destas, atuar em sede de transposições de regras provenientes do Direito civil — neste caso, esta deve ser feita de forma adequada, de acordo com os princípios próprios do Direito do trabalho, o mesmo é dizer, segundo a pauta de valoração fornecida pelo *princípio da proteção do trabalhador*. Constatámos, aliás, a título exemplificativo, ser esta a solução que resulta da Consolidação das Leis do Trabalho brasileira: nos termos do parágrafo único do artigo 8º, *"o direito comum será fonte subsidiária do direito do trabalho, naquilo em que não for incompatível com os princípios fundamentais deste"*. Por outras palavras, a operação de integração de lacunas deve ser feita de forma adequada e com particulares cautelas, segundo a pauta de valoração fornecida pelo *princípio da proteção do trabalhador* — em sede de aplicação analógica, e caso esta se faça com recurso ao direito civil, importará sempre, nos termos do artigo 10º, n. 1, do Código Civil, aferir a *compatibilidade axiológica da norma civil a aplicar com os princípios próprios do Direito do trabalho*; por outro lado, na falta de caso análogo, e quando se imponha a aplicação da norma que o intérprete criaria se tivesse que legislar dentro do espírito do sistema (artigo 10º, n. 3), o *sistema* a ter em consideração é o (sub)*sistema laboral*, e não o *sistema civil*, sendo certo que, a nível do subsistema laboral, o princípio central será sempre o *princípio da proteção do trabalhador.*

Ou seja, apesar de se negar ao *princípio da proteção do trabalhador* o papel de cânone geral de interpretação, defendemos, ao longo do presente trabalho, que ele continua, todavia, a ser relevante a nível interpretativo-aplicativo, nomeadamente através da aplicação das regras gerais do Código Civil relativas à *interpretação* (artigo 9º) e à *integração de lacunas* (artigo 10º).

53. E admitimos, enfim, que o *princípio da proteção do trabalhador* pode, também, num esquema similar ao da "interpretação conforme com a Constituição", ser útil enquanto elemento argumentativo utilizado no processo de aplicação do Direito. Assim como a Constituição, enquanto lei fundamental e repositório dos valores mais característicos da sociedade em que está inserida, ocupa um papel fundamental na formação do *pré-entendimento* do intérprete-aplicador do Direito, exercendo uma influência marcante em todas as operações necessárias à solução do caso concreto, também o *princípio da proteção do trabalhador* pode, a nível juslaboral, ter um papel similar a desenvolver. Não no sentido de que a interpretação das normas se deva fazer necessariamente pela via "mais favorável ao trabalhador", como se defendia com o *princípio pro operario*; mas sim enquanto elemento argumentativo ou metodológico relevante. Ou seja, perante fontes ou normas que inculquem dois ou mais sentidos, faz sentido que se deva evitar a opção pela que se revele contrária ao *princípio da proteção do trabalhador* e às suas concretizações; perante fontes polissémicas, não se deve optar por aquela que se revele, de forma manifesta, mais distante da ordem objetiva de valores proporcionada pelo *princípio da proteção do trabalhador* no âmbito do sistema laboral; tratando-se de uma operação de integração de lacunas ou de preenchimento de conceitos indeterminados, torna-se lícito e justificável o recurso a valorações decorrentes deste princípio; e perante uma igualdade de circunstâncias das vias interpretativas, o agente aplicador do Direito certamente ganhará, em termos argumentativos e em termos de solidez ao nível da fundamentação das decisões, se enveredar pela via que melhor se coadune com o *princípio da proteção do trabalhador*.

1.2. O princípio da proteção do trabalhador enquanto norma de conflitos destinada a resolver um problema de conflito de fontes juslaborais

54. No Direito do trabalho, é habitual e comum que determinadas situações laborais sejam objeto da aplicação potencial e simultânea de normas de diversos níveis — normas constitucionais, normas legais ou decorrentes de convenção coletiva de trabalho; é habitual e comum, também, que se coloquem

problemas relativos à aplicação de normas de diferente vigência temporal ou com diferente âmbito de aplicação espacial.

55. Ou seja, o conflito de *fontes* juslaborais é uma realidade comum no processo de realização do Direito do trabalho, agravada de resto face à multiplicidade de fontes que lhe são específicas: por um lado, para além de fontes heterónomas, que provêm do Estado, são da maior relevância as fontes laborais que emanam dos sujeitos laborais coletivos, em especial, as convenções coletivas de trabalho; por outro lado, o Direito do trabalho conta também com diversas fontes externas, com origem internacional.

56. A este propósito, depois de termos analisado a evolução centrada em torno da forma de resolução do conflito hierárquico de fontes — a *solução tradicional,* resultante da LCT e da LRCT, segundo a qual as fontes inferiores, em princípio, podiam sempre superar as fontes superiores, desde que fossem mais favoráveis para o trabalhador; a solução de *rutura,* do CT/2003, que flexibilizou a relação entre as normas legais e as convenções coletivas, passando a admitir-se a possibilidade de estas afastarem a norma legal mesmo se em sentido menos favorável ao trabalhador; e a solução de *compromisso* do CT/2009, que recuperou a aplicação do princípio do tratamento mais favorável em relação a determinadas matérias particularmente sensíveis aos *direitos pessoais de cidadania do trabalhador* — sedimentámos as seguintes teses:

a) O "subprincípio do tratamento mais favorável" é um corolário lógico e direto do *princípio da proteção do trabalhador* e decorre dos valores axiológicos e finalísticos do Direito do trabalho. É deste princípio superior que se retiram as diretrizes com que o referido subprincípio deve atuar: nalguns casos, de forma mais intensa, noutros de forma menos intensa, consoante a necessidade de proteção do trabalhador assim o imponha;

b) O *princípio da proteção do trabalhador* manteve o "subprincípio do tratamento mais favorável" como elemento de resolução de conflitos hierárquicos de fontes, mas fê-lo de forma dinâmica e diferenciada, nos seguintes termos:

— Quando se trata da relação entre normas legais e convenções coletivas de trabalho e a proteção do trabalhador se encontra quase que assegurada, atenta à igualdade substantiva e material com que os sindicatos se posicionam perante o empregador, o subprincípio em causa tem uma atuação muito limitada — em regra, ele apenas atua perante um "núcleo restrito de matérias" que podem atingir de forma particularmente intensa os direitos pessoais de cidadania do trabalhador e a dignidade e o estatuto do trabalhador (artigo 3º, ns. 1 e 3);

— Quando esteja em causa a relação entre as normas legais e o contrato de trabalho o subprincípio em causa tem uma atuação ampla e determinante: o contrato de trabalho só pode estabelecer um regime diverso do regime legal quando estabelecer um tratamento mais favorável do que o previsto nas normas legais. Só assim se protege verdadeiramente o trabalhador, atenta a sua particular situação de vulnerabilidade face ao desequilíbrio jurídico e económico em que se encontra face ao empregador (artigo 3º, n. 4);

— O mesmo sucede quando esteja em causa a relação entre instrumentos de regulamentação coletiva de trabalho e o contrato de trabalho — também aqui os trabalhadores se encontram desprotegidos, pelo que também neste caso o contrato de trabalho só pode prevalecer perante a convenção coletiva de trabalho se for mais favorável do que esta. E é do *princípio da proteção do trabalhador*, também, que decorre a regra segundo a qual o contrato de trabalho, caso garanta ao trabalhador um tratamento mais favorável do que o previsto nas convenções coletivas de trabalho pode sempre prevalecer perante estas, não podendo as convenções opor-se a tal aplicação (artigo 476º);

— Quando, por fim, estivermos perante as denominadas normas "convénio-dispositivas", a solução é similar e tem o mesmo fundamento: nestes casos, a norma legal apenas admite ser afastada por convenção coletiva de trabalho, mas não por contrato de trabalho, pois só assim se garante a proteção do trabalhador (artigo 3º, n. 5).

57. A propósito do *conflito de fontes no espaço*, verificámos, também, que no Direito do trabalho, ao contrário do que sucede no Direito civil, a autonomia privada na escolha da lei aplicável tem limites e estes decorrem, precisamente, do *princípio da proteção do trabalhador*: mesmo ocorrendo escolha pelas partes da lei aplicável ao contrato de trabalho, esta não pode privar o trabalhador da proteção que lhe é garantida pelas disposições imperativas do Código do Trabalho, caso o ordenamento português se apresente como a conexão mais estreita. A lei garante ao trabalhador destacado (artigo 7º do Código

do Trabalho) ou ao contratado por uma empresa estabelecida em Portugal, mas que preste atividade no território de outro Estado (artigo 8º do Código do Trabalho), um regime de proteção mínimo, quanto a um conjunto significativo de matérias. Mais do que isso: a lei admite que outro regime legal ou resultante de contrato de trabalho possa ser aplicado ao trabalhador, na exata medida em que se trate de um *regime mais favorável.* O regime em causa afasta-se, pois, do regime civil, em sede de aplicação da lei no espaço, o qual, nos termos gerais dos artigos 41º e 42º do Código Civil, é axiologicamente neutro.

58. A propósito da *aplicação de fontes no tempo,* começámos por concluir que não vigora, entre nós, um princípio de manutenção dos direitos adquiridos como decorrência lógica do *princípio da proteção do trabalhador.* Ou seja, não se defende a existência de um alegado subprincípio do *não retrocesso social.* Em qualquer caso, recordámos que, nas hipóteses de *sucessão de convenções* coletivas de trabalho, a lei consagra uma regra específica segundo a qual os direitos decorrentes de convenção coletiva só podem ser reduzidos por nova convenção de cujo texto conste, em termos expressos, o seu caráter globalmente mais favorável (artigo 503º, n. 3, do Código do Trabalho).

Afirmámos, a este propósito, a necessidade de ser atribuído um sentido útil a esta disposição, na exata medida em que se trata de uma concretização do *princípio da proteção do trabalhador.*

2. O Princípio da Proteção do Trabalhador na Formação do Contrato de Trabalho

2.1. Generalidades

58. O *princípio da proteção do trabalhador*, em termos normativos, através das *regras jurídicas* que o projetam, tem reflexos ao nível da formação do contrato de trabalho. Verificámos, a este propósito, que o Direito do trabalho não ignora a fase pré-contratual, fazendo-o a vários níveis: por um lado, através da imposição de determinados deveres de conduta *in contrahendo*, nos termos a que se refere o artigo 102º do CT; por outro lado, mediante a aplicação do regime dos direitos de personalidade e do regime da igualdade e não discriminação nos preliminares da formação do contrato de trabalho (artigos 14º e ss. e 23º e ss. do mesmo Código).

2.2. A culpa in contrahendo *e o dever de informação a cargo do empregador*

59. Verificámos que o artigo 102º do CT consagra a culpa na formação do contrato, aplicável a ambas as partes. Constatámos, porém, que a sua atuação é mais intensa quando se trata de proteger o trabalhador: o dever de informação do empregador, inscrito no artigo 106º do CT, é mais intenso e mais exigente do que na situação inversa. Neste caso, a lei identifica o objeto deste dever e fixa o conjunto mínimo de informação que o empregador deve prestar, o que não se passa na situação contrária. Por outro lado, no caso do dever de informação do trabalhador, a lei limita-o através do regime dos direitos de personalidade (artigos 16º e 17º do CT).

2.3. A igualdade e os direitos de personalidade no acesso ao emprego

60. Analisámos também o regime da *igualdade no acesso ao emprego* e exemplificámo-lo com a hipótese do concurso para a formação de contratos — sendo perfeitamente legítimo que a entidade empregadora assegure alguma margem de discricionariedade na escolha do candidato preferido, esta, porém, não poderá confundir-se com a tomada de decisões discriminatórias de carácter arbitrário, assentes, nomeadamente, em distinções étnicas, em função do sexo, de convicções religiosas ou partidárias. Tais distinções, por serem atentatórias da dignidade pessoal, são juridicamente inadmissíveis (artigo 13º da Constituição e artigos 23º e ss. do CT).

61. Concluímos também que o regime dos *direitos de personalidade* se aplica ao processo de formação do contrato de trabalho. Apesar de, no essencial, o regime laboral dos direitos de personalidade estar especialmente concebido para proteger o trabalhador que já está a executar o contrato de trabalho, o Código do Trabalho contém determinadas disposições cujo âmbito de aplicação abrange os candidatos a emprego. É o que sucede com o regime da *proteção de dados pessoais* (artigo 17º) ou o da *realização de testes e exames médicos para efeitos de admissão ao emprego* (artigo 19º).

62. Aproveitámos, por fim, para verificar que o *princípio geral do consensualismo* aplicável ao contrato de trabalho consubstancia por si só um reflexo do citado *princípio da proteção do trabalhador* — a não exigência genérica de forma para o contrato de trabalho constitui uma forma de tutelar o trabalhador que inicia a prestação da sua atividade sem subscrever qualquer documento, permitindo-lhe provar o contrato por qualquer meio de prova (arts. 362º e ss. do Código Civil). Há casos, porém, em que a lei exige uma forma especial no contrato de trabalho, nomeadamente no caso de contratos de trabalho sob regime especial.

2.4. A exigência de forma para contratos sujeitos a regime especial

63. A exigência de forma especial relativamente a determinados tipos de contratos de trabalho está também relacionada com o *princípio da proteção do trabalhador*: é deste princípio que resulta a necessidade de alguns contratos em que é exposta com maior grau de incidência a fragilidade do trabalhador serem rodeados de particulares cautelas: assim sucede com os contratos limitados no tempo (*v. g., contrato de trabalho a termo* e *contrato de trabalho temporário*), com os contratos que podem cessar sem necessidade de invocação de justa causa (v. g., *contrato em regime de comissão de serviço*) ou com aqueles em que, atenta à forma de execução do contrato de trabalho e à distância física em que o trabalhador se encontra, este fica colocado numa situação de menor inserção na organização da unidade produtiva e, consequentemente, de maior vulnerabilidade (v. g., *contrato de teletrabalho*).

64. E é deste princípio, também, que resulta a regra segundo a qual a falta de forma pode não acarretar a nulidade do contrato, ao contrário do que sucede no Direito civil, em que a preterição da forma implica a nulidade do contrato (artigo 220º do Código Civil). Assim, se as partes queriam celebrar um contrato de trabalho a termo, mas não respeitaram a forma escrita, o contrato considera-se celebrado sem termo (artigo 147º do Código do Trabalho); se pretendiam celebrar um contrato de trabalho em regime de comissão de serviço, mas não respeitaram a forma escrita, o contrato passa a valer sob a forma do regime comum (artigo 162º, n. 4); se desejavam celebrar um contrato de trabalho temporário, mas não observaram a forma escrita, considera-se que o trabalho é prestado em regime de contrato de trabalho sem termo (artigo 181º, n. 2).

2.5. A proteção do trabalhador nos contratos sujeitos a regime especial

65. Aproveitámos, também, para verificar que o *princípio da proteção do trabalhador* joga igualmente um papel importante no âmbito destes contratos sujeitos a regime especial, nomeadamente no caso do *contrato a termo*, do *contrato de trabalho temporário* ou do *trabalho em comissão de serviço,* cujos regimes passámos em revista: o *princípio da proteção do trabalhador* preserva sempre um núcleo irredutível de direitos que se mantém estável e inexpugnado e exige requisitos substantivos e formais necessários à celebração destes contratos, cuja violação determina a transformação daqueles em contatos de trabalho segundo o regime comum.

66. Por outras palavras, se é certo que estes contratos especiais visam facultar aos empregadores um importante instrumento de gestão empresarial, à luz do *princípio da salvaguarda dos interesses de gestão*, os regimes em causa não deixam de ser marcados, também, pelo referido *princípio da proteção do trabalhador*. Assim, na *contratação a termo* e em regime de *trabalho temporário,* a proteção do tra-

balhador faz-se através da tipificação de alguns motivos justificativos (artigos 140º e 175º), da imposição de regras de forma (artigos 141º e 177º), de limites ao nível da duração dos contratos (artigos 148º e 178º) e da proibição da sucessão de contratos de trabalho a termo ou temporários para o mesmo posto de trabalho (artigos 143º e 179º). No contrato em regime de *comissão de serviço*, o legislador elenca o tipo de atividades e os trabalhadores que podem ser contratados segundo esta modalidade (artigo 161º) e exige, por outro lado, que o contrato respeite a forma escrita (artigo 162º, n. 2); no contrato de trabalho em regime de *teletrabalho*, verificam-se regras relativas à igualdade de tratamento (artigo 169º do CT) e à reserva da privacidade (artigo 170º do CT) e que garantem a participação e representação coletivas (artigo 171º do CT). Quer dizer, apesar da atual "fragmentação" do contrato de trabalho antes tido por paradigmático — o contrato de trabalho por tempo indeterminado —, as preocupações em torno da proteção do trabalhador e da sua dignidade mantêm plena atualidade.

3. O Princípio da Proteção do Trabalhador na Execução do Contrato de Trabalho

3.1. Os "direitos pessoais de cidadania" do trabalhador: direitos de personalidade e igualdade

67. Reiterámos, a propósito da *execução* do contrato de trabalho e da função normativa do *princípio da proteção do trabalhador*, que os direitos de personalidade são determinantes para a proteção dos *direitos pessoais de cidadania* e consubstanciam uma manifestação da atualidade do *princípio da proteção do trabalhador* perante a revolução tecnológica e a sociedade da informação. O regime dos direitos de personalidade do trabalhador corresponde ao reconhecimento de que este é também um cidadão, cujos direitos de cidadania importa acautelar.

3.2. A tutela da retribuição: o "princípio da suficiência salarial" e o "princípio da irredutibilidade da retribuição"

68. Recordámos também que o direito à retribuição assume relevância constitucional, nomeadamente quanto à necessidade de estabelecimento do salário mínimo e ao princípio da igualdade retributiva — artigo 59º, n. 1, alínea *a*, n. 2, alínea *a*, e n. 3, todos da Constituição. E isolámos dois subprincípios centrados na proteção da retribuição: por um lado, o *princípio da suficiência salarial,* que visa a salvaguarda de um salário mínimo; por outro lado, o *princípio da irredutibilidade da retribuição*, de onde resulta que o empregador, em regra, não pode diminuir unilateralmente a retribuição do trabalhador.

69. À luz do "*princípio da suficiência salarial*", que entronca no princípio cristão do salário justo, a retribuição não pode ficar abaixo de um valor que é considerado o patamar mínimo necessário para garantir a sobrevivência e a satisfação das necessidades básicas do trabalhador e da sua família. Verificámos, de resto, que a ideia de salário mínimo dispõe de relevância constitucional (artigo 59º, n. 2, alínea *a,* da Constituição) e encontra-se prevista no artigo 273º do Código do Trabalho.

70. Do *princípio da irredutibilidade da retribuição,* decorre que o valor da retribuição ajustado pelas partes não pode, em regra, ser diminuído (*maxime* por iniciativa unilateral do empregador). Deve-se, pois, partir do princípio geral e da norma proibitiva constante do artigo 129º, n. 1, alínea *d,* do Código do Trabalho, com o seguinte sentido: os desvios ao princípio em referência apenas se admitem excecionalmente, dentro de condicionalismos muito específicos, nos casos previstos no Código do Trabalho (artigos 119º, 120º, ns. 4 e 5, 154º, n. 3, 164º e 298º) ou em instrumento de regulamentação coletiva de trabalho.

71. Aproveitámos para verificar que não se retira da Constituição qualquer previsão normativa específica que contenha o princípio da irredutibilidade da retribuição, *maxime* por via legal — não deixámos, em todo o caso, de analisar a jurisprudência do Tribunal Constitucional que a este propósito tem defendido uma *redutibilidade condicionada* ou uma *irredutibilidade relativa*: o legislador pode diminuir a retribuição dos trabalhadores, por via legislativa, desde que tal redução obedeça a critérios de *neces-*

sidade, adequação e *proporcionalidade*, não afete o *princípio da igualdade* e não ponha em causa uma existência minimamente condigna.

3.3. Os limites à jornada do tempo de trabalho: o "princípio da limitação do tempo de trabalho" e o "princípio da conciliação entre a vida profissional e a vida pessoal e familiar do trabalhador"

72. Ainda em sede de *execução* do contrato de trabalho, recordámos que a temática do tempo de trabalho é absolutamente determinante e constatámos que o direito à limitação da jornada de trabalho e o direito ao repouso constam, também, da nossa Constituição (artigo 59º, n. 1, alínea *d*) e em diversas passagens do Código do Trabalho. Analiticamente, descortinámos que do *princípio da proteção do trabalhador* resultam algumas projeções em especial, como sejam o *princípio da limitação do tempo de trabalho* (*v. g.*, artigos 203º, 211º, 213º, 221º, 224º, 227º a 229º e 232º a 233º do Código do Trabalho), ou o *princípio da conciliação entre a vida profissional e a vida pessoal e familiar do trabalhador* (*v. g.*, artigos 150º e ss., 207º, n. 2, alínea *c*, 212º, n. 2, alíneas *b* e *c*, 237º, n. 4, 241º, n. 8, e 249º, n. 2, alíneas *a*, *b*, *c*, *d*, *e* e *f*).

73. Atuando num plano oposto em termos de finalidade subjacente, verificámos que o *princípio da gestão flexível do tempo de trabalho,* enquanto projeção do *princípio da salvaguarda dos interesses de gestão*, visa facultar ao empregador instrumentos de gestão que lhe permitam ajustar a unidade produtiva às exigências do mercado. Em qualquer caso, o *princípio da proteção do trabalhador* não deixa de ter uma palavra a dizer neste domínio: não em sede de configuração do regime ou das suas valorações mais profundas, mas enquanto elemento condicionador do mesmo. Os regimes da fixação do *horário de trabalho* e da sua modificação (artigos 212º e 217º, ambos do Código do Trabalho); o da *adaptabilidade do tempo de trabalho* (artigos 204º a 206º); o do *horário de trabalho concentrado* (artigo 209º); o do *trabalho a tempo parcial* (artigos 150º e ss.); e o do *trabalho intermitente* (artigos 157º e ss.), sendo na sua génese mecanismos de flexibilização, contêm, todavia, regras que ainda assim protegem o trabalhador contra a utilização excessiva dos mesmos.

3.4. A preservação das garantias do trabalhador: o "princípio da irreversibilidade da categoria", o "princípio da inamovibilidade" e as garantias do trabalhador no âmbito do procedimento disciplinar

74. Verificámos, também, que o princípio da dignificação do trabalho passa igualmente pela preservação de algumas garantias do trabalhador que se prendem com a proteção da categoria do trabalhador, com o local do trabalho e com os direitos de defesa no âmbito do poder disciplinar.

75. Em nome do *princípio da proteção do trabalhador*, o *princípio da irreversibilidade da categoria* protege a categoria profissional do trabalhador (artigo 129º, n. 1, alínea *e*, do Código do Trabalho) contra eventuais despromoções unilateralmente levadas a efeito pelo empregador, sendo certo que, no polo oposto, as promoções dos trabalhadores não são legalmente regulamentadas e não dependem da observância de quaisquer requisitos. Ou seja, o princípio em causa limita o poder de direção quanto a descidas de categoria, mas é complacente quando se trata de admitir mudanças para categoria superior.

76. Em nome do *princípio da proteção do trabalhador,* a lei estabelece uma garantia específica consistente no *princípio da inamovibilidade* (artigo 129º, n. 1, alínea *f*, do Código do Trabalho), impondo requisitos substantivos (artigo 194º) e de procedimento (artigo 196º) à modificação unilateral do local de trabalho e impedindo que esta seja aplicada a título de sanção disciplinar (artigo 328º, n. 2). Pelo contrário, tratando-se de um pedido de transferência de local de trabalho feito por trabalhador que seja vítima de violência doméstica, o legislador qualifica-o como um *direito,* ainda que sujeito à ocorrência de determinadas condições (artigo 195º).

77. Em nome do *princípio da proteção do trabalhador,* a lei rodeia o exercício do poder disciplinar de particulares cautelas. No essencial, para além de impor um determinado procedimento tipificado na lei (artigos 329º, n. 6, e 355º, ambos do Código do Trabalho), estabelece-se uma tipologia de sanções

disciplinares (artigo 328º) e impõem-se determinados princípios que devem nortear o exercício do poder disciplinar, nomeadamente o *princípio do contraditório* (artigo 329º, n. 6) e o da *proporcionalidade* (artigo 330º, n. 1). O *princípio da proteção do trabalhador* não atua, neste caso, como princípio gerador ou inspirador do poder disciplinar, mas como elemento que condiciona o exercício do mesmo.

3.5. A proteção de determinadas categorias específicas de trabalhadores

78. Ainda a propósito da execução do contrato de trabalho, analisámos a proteção conferida a determinadas categorias específicas de trabalhadores que, por se encontrarem numa especial posição de fragilidade, justificam uma tutela acrescida relativamente à generalidade dos trabalhadores: nalguns casos, visa-se garantir o direito ao repouso e à saúde e a conciliação entre a vida profissional e a vida familiar, designadamente na *maternidade* e na *paternidade* (artigos 33º a 52º, ambos do Código do Trabalho); noutros casos, procura-se garantir o desenvolvimento físico, psíquico e educacional do trabalhador, como sucede com o *trabalho de menores* (artigos 53º a 70º); noutros casos, ainda, visa-se garantir a adaptação do posto de trabalho e o desenvolvimento de medidas de ação positiva em relação a determinados trabalhadores, como sejam os *trabalhadores com capacidade de trabalho reduzida*, com *deficiência ou doença crónica* (artigos 73º a 78º); por fim, de forma a garantir-lhes o pleno desenvolvimento das suas funções e a sua proteção contra eventuais atos de retaliação, a lei protege os *trabalhadores eleitos para as estruturas de representação coletiva* (artigos 408º e ss.).

79. Em todos estes casos, o papel desempenhado pelo *princípio da proteção do trabalhador* é claro: perante determinadas fragilidades de certas categorias de trabalhadores, o princípio atua através da criação de grupos de normas particularmente tutelares — normas que visam proteger a segurança e saúde destas categorias de trabalhadores; normas que os dispensam da prestação de trabalho segundo determinados modelos de organização do tempo de trabalho mais penosos (*v. g.*, trabalho noturno); e, nalguns casos, normas que visam conferir uma proteção acrescida em matéria de despedimento com justa causa, em especial no caso das trabalhadoras grávidas, puérperas e lactantes ou dos membros de estruturas de representação coletiva de trabalhadores.

4. O Princípio da Proteção do Trabalhador na Cessação do Contrato de Trabalho

80. Uma das mais importantes concretizações do *princípio da proteção do trabalhador* a nível normativo ocorre a propósito do regime da cessação do contrato, através da regra da proibição de despedimentos sem justa causa, imotivados ou *ad nutum*. Trata-se de uma consequência lógica da finalidade subjacente ao Direito do trabalho e da concepção segundo a qual o contrato de trabalho constitui um importante meio de subsistência.

81. O *princípio da proteção do trabalhador* garante, numa zona tão sensível quanto esta, um regime de proteção que é cristalinamente evidenciado pela diferença de regime entre as modalidades de cessação do contrato de trabalho: ao passo que o trabalhador pode fazer cessar o contrato de trabalho de forma livre e imotivada, ainda que sujeito a prazos de pré-aviso; já o empregador, pelo contrário, vê a sua liberdade de atuação limitada pela regra que proíbe os despedimentos sem justa causa. A razão que está na base desta distinção é simples de enunciar: a cessação do contrato de trabalho, no que diz respeito ao trabalhador, afeta-o na sua vida privada e familiar e comporta consequências significativas, no plano social e económico. Nesse sentido, o princípio constitucional da estabilidade no emprego constitui a *pedra angular* do regime da cessação do contrato de trabalho.

82. Aproveitámos, em todo o caso, para analisar a evolução histórica centrada em torno do conceito de justa causa de despedimento e do regime da cessação do contrato de trabalho para concluir o seguinte: mesmo na fase que atualmente atravessamos, marcada pela tentativa de facilitação dos despedimentos, o *princípio da proteção do trabalhador*, ainda assim, tem uma palavra a dizer: é por força dele que se conseguem travar atuações ainda mais intensas e mais flexibilizantes. À luz deste princípio, fica claro que o trabalhador só pode ser despedido em caso de justa causa de despedimento.

5. O Princípio da Proteção do Trabalhador como Elemento de Conformação Normativa e a Ideia de "Núcleo Irredutível de Direitos"

83. Na sequência de tudo o que se expôs, concluímos que o *princípio da proteção do trabalhador* é o "valor fundamental" que marca o Direito do trabalho — ele deve ser concebido como um princípio atomístico nuclear, primário e reprodutor; deve ser visto, em linguagem físico-naturalística, como o *átomo ou a partícula de Higgs* de onde emanam os demais princípios que formam, neste caso, o universo do Direito do trabalho; ele está na génese e na evolução deste ramo do direito e assume-se como o princípio estruturante do respetivo edifício normativo. Compreendê-lo de forma atualista é não apenas admissível, como vantajoso: permite que o princípio em causa se robusteça e continue a exercer a sua função de princípio estruturante e de polo aglutinador, fazendo face aos novos desafios que se colocam no mundo do trabalho.

84. Deixámos claro, todavia, o que fomos tentando concluir ao longo do presente trabalho, à luz da ideia de *sistema*: o subsistema laboral é necessariamente aberto e adapta-se às mudanças operadas na sociedade. O Direito do trabalho de hoje não é manifestamente o que foi configurado na sequência da eclosão da "Questão Social". O Direito do trabalho tradicional, exclusivamente assente na proteção do trabalhador a todos os níveis e numa lógica (quase "cósmica") de progresso social infinito e de absolutização dos chamados "direitos adquiridos", pode ser reponderado.

85. O *princípio da proteção do trabalhador* pode (e deve) ser atualizado, sem deixar, contudo, de se afirmar como o "princípio dos princípios" ou o "norte magnético" do Direito do trabalho. Na esteira de Larenz, advogamos que alguns dos princípios vigentes do Direito privado atual são intemporais, por expressarem ideias de validade supratemporal, e que a capacidade de mudança dos mesmos reporta-se mais às decisões de valor secundárias e às concretizações, do que propriamente aos próprios princípios em si mesmos.

86. É esta a visão que se advoga para o *princípio da proteção do trabalhador*: ainda que o princípio possa ser reanalisado à luz da "abertura" do sistema, *maxime* quanto às suas concretizações, ele deve permanecer como princípio intemporal que é no subsistema laboral — ele deve, no fundo, funcionar como o "núcleo irredutível", ou o "átomo criador" do Direito do trabalho, sem o qual este, mais do que entrar em crise, corre risco de extinção ou de implosão. E deve, consequentemente, assumir-se definitivamente como um elemento de conformação em sede de produção legislativa; deve orientar o legislador e condicioná-lo quanto às opções que toma, de forma a garantir, por esta via, a preservação do próprio Direito do trabalho. Não quer isto dizer, todavia, que esta *primazia axiológica* seja, por si só, suficiente para impedir a entrada no sistema de regras tendencialmente contrárias aos valores irradiados pelo *princípio da proteção do trabalhador*: *primazia axiológica* não significa, necessariamente, *primazia hierárquica*, pelo que o princípio em causa não tem o condão, por si só, de tornar inválidas regras jurídicas aprovadas pelo Poder Legislativo que eventualmente o contradigam. Todavia, na exata medida em que este princípio se encontra incorporado no sistema de valores da Constituição, atendendo a que é do mesmo que resulta, nos termos atrás expostos, o elenco de *direitos, liberdades* e *garantias* dos trabalhadores expresso nos artigos 53º e ss. da Constituição, tendo em conta a "constitucionalização" da Declaração Universal dos Direitos do Homem contemplada no artigo 16º, n. 2, da nossa Lei Fundamental, a qual, como foi visto, tem subjacente uma lógica de proteção dos trabalhadores (artigos 23º a 25º) e atendendo, por fim, ao sistema de fiscalização da constitucionalidade previsto nos artigos 277º e ss. da Constituição, naturalmente que, qualquer regra que venha a ser aprovada e que se mostre contrária ao *princípio da proteção do trabalhador* tende, consequentemente, a ser uma regra inconstitucional e inválida (artigo 3º, n. 3, da Constituição).

O *princípio da proteção do trabalhador* pode e deve, consequentemente, assumir-se como um bastião ou o *mínimo ético* do Direito do Trabalho, afirmando a *ideia* ou o *sentido* do Direito do trabalho.

87. Centrámos, por fim, neste enquadramento, a nossa atenção na ideia de "núcleo irredutível" do sistema juslaboral. Para o efeito, começámos por recordar que, quer a propósito do conflito hierárquico de fontes (artigo 3º, n. 3, do Código do Trabalho) e do conflito de fontes no espaço (artigos 7º e 8º), quer a propósito do regime de proteção dos trabalhadores legalmente equiparados (artigo 10º), a lei estabelece um conjunto mínimo de direitos que procura proteger, em qualquer circunstância.

88. No caso do conflito hierárquico de fontes, a lei determina que há um conjunto de matérias que não pode ser afastado, relacionadas com os *direitos de personalidade, igualdade e não discriminação; proteção na parentalidade; trabalho de menores; trabalhador com capacidade de trabalho reduzida, com deficiência ou doença crónica; trabalhador-estudante; dever de informação do empregador; limites à duração dos períodos normais de trabalho diário e semanal; duração mínima dos períodos de repouso, incluindo a duração mínima do período anual de férias; duração máxima do trabalho dos trabalhadores noturnos; forma de cumprimento e garantias da retribuição; capítulo sobre prevenção e reparação de acidentes de trabalho e doenças profissionais e legislação que o regulamenta; transmissão de empresa ou estabelecimento* e *direitos dos representantes eleitos dos trabalhadores* (artigo 3º, n. 3, do Código do Trabalho).

89. No caso de conflito de fontes no espaço, os trabalhadores, sem prejuízo de regime mais favorável, têm direito às condições de trabalho previstas que respeitem a *segurança no emprego; duração máxima do tempo de trabalho; períodos mínimos de descanso; férias; retribuição mínima e pagamento de trabalho suplementar; cedência de trabalhadores por parte de empresa de trabalho temporário; cedência ocasional de trabalhadores; segurança e saúde no trabalho; proteção na parentalidade; proteção do trabalho de menores* e *igualdade de tratamento e não discriminação* (artigos 7º e 8º do Código do Trabalho).

90. E, no caso de trabalhadores legalmente equiparados ao trabalhador subordinado, o legislador manda aplicar *as* normas legais respeitantes a *direitos de personalidade, igualdade e não discriminação* e *segurança e saúde no trabalho* (artigo 10º do Código do Trabalho).

91. Sedimentámos, então, a seguinte tese: há determinadas normas que fazem parte do edifício do Direito do trabalho e que tendem a ser absolutamente intransponíveis, fazendo parte de um "núcleo irredutível" que não pode ser questionado, por se relacionar com a proteção do trabalhador enquanto pessoa. O *princípio da proteção do trabalhador* tende, pois, *maxime* nos tempos que correm, atuar como elemento de preservação do próprio Direito do trabalho, afirmando os seus valores e garantindo um "núcleo de direitos" que sem os quais este ramo do Direito sairia descaracterizado.

92. As referidas matérias que se prendem com a dignidade do trabalhador e a proteção dos seus *direitos de cidadania* — igualdade e não discriminação e direitos de personalidade — por um lado, bem como as que dizem respeito à proteção da sua saúde-segurança, higiene e saúde no trabalho e prevenção e reparação de danos emergentes de acidentes de trabalho e de doenças profissionais — por outro lado, fazem parte daquilo a que podemos apelidar de "núcleo irredutível" do Direito do trabalho. O mesmo acontece, em sede de execução do contrato de trabalho, com alguns subprincípios relativos à duração do tempo de trabalho e ao direito ao repouso, com a tutela da retribuição ou de alguns garantias básicas do trabalhador e, ao nível da cessação do contrato de trabalho, com a regra que proscreve os despedimentos sem justa causa. Faz sentido, pois, aludir-se a um "núcleo irredutível" de normas e princípios do Direito do trabalho que compõem, em conjunto e de forma articulada, o aludido *princípio da proteção do trabalhador*.

93. Recordámos de resto, a este propósito, que a ideia de "núcleo irredutível" de direitos é muito utilizada no Direito constitucional, quer ao nível dos chamados limites externos ao poder constituinte originário, ou seja, aos que se impõem à totalidade dos Estados, quer, acima de tudo, a propósito dos limites internos ou dos habitualmente denominados "limites materiais" da revisão constitucional. A propósito dos limites internos (materiais) de revisão constitucional, recordámos as palavras de Gomes Canotilho e de Vital Moreira, segundo as quais "A revisão serve para alterar a Constituição mas não para mudar de Constituição. Os limites materiais à revisão pretendem justamente impedir as revisões aniquiladoras da identidade constitucional", assim como recordámos, a título meramente exemplificativo, mas emblemático, o texto da Constituição da Noruega de 1814, que utiliza no artigo 112º uma fórmula abrangente e genérica, segundo a qual as alterações à Constituição "(...) não devem nunca contradizer os princípios previstos nesta Constituição, mas apenas implicar modificações de disposições concretas que não alterem o espírito da Constituição".

94. Concluímos, neste contexto, que o princípio da proteção do trabalhador e algumas das concretizações supraenunciadas, previstas na Constituição (*v. g.*, nos limites materiais da revisão constitucional previstos no artigo 288º, alínea *e*) e nalguns textos de direito internacional (*v. g.*, na DUDH), ou nalguns preceitos específicos do Código do Trabalho (*v. g.*, nos artigos 3º, n. 3, 7º ou 10º) devem ser vistos tam-

bém como um limite material de revisão ou modificação do Direito do trabalho, com o seguinte alcance: o Direito do trabalho, finalisticamente orientado para a proteção do trabalhador, pode ser modificado, alterado ou atualizado, mas a sua "partícula de Deus" não pode, contudo, ser suprimida ou substancialmente modificada, sob pena de ser o próprio Direito do trabalho, enquanto ramo de direito dotado de autonomia dogmática, a ser posto em causa. Advogamos, pois, a existência de limites ao poder de modificação do Direito do trabalho.

95. O Direito do trabalho contém, em suma, limites que condicionam a sua própria modificação: não se trata de limites absolutos ou que inviabilizem qualquer alteração legislativa; trata-se, isso sim, de limites que condicionam as alterações levadas a efeito no âmbito do Direito do trabalho e que têm em vista garantir a intangibilidade de um núcleo essencial de normas e princípios que resultam, de forma direta, do princípio da proteção do trabalhador. O princípio da proteção do trabalhador não pode ser suprimido, nem relegado a um mero resquício histórico, atentas as suas potencialidades e virtudes, que mantêm plena atualidade; as alterações a operar no Direito do trabalho podem e devem, isso sim, envolver os subprincípios concretizadores daquele "princípio-mãe", de forma a adaptá-los às modificações que se vão operando no mundo do trabalho, desde que não ponham em causa o sistema de valores deste ramo do direito e na medida em que essas mudanças não afetem o princípio da proteção do trabalhador propriamente dito.

VIII. Conclusão: Proposta de Enunciado para o Princípio da Proteção do Trabalhador

96. O princípio da proteção do trabalhador consubstancia, em suma, o referencial histórico-cultural e ético do Direito do trabalho, atuando enquanto elemento determinante na evolução do sistema normativo e no desenvolvimento interno do subsistema juslaboral.

97. Numa frase: o princípio da proteção do trabalhador é o norte magnético, a *basic idea* ou a "partícula de Deus" do Direito do trabalho e assim deve permanecer: os valores mais profundos deste ramo do Direito residem no princípio da proteção do trabalhador, cuja descaracterização acarretaria a subversão do Direito do trabalho.

98. O princípio da proteção do trabalhador, tido como o princípio estruturante do Direito do trabalho, extravasa a soma das parcelas ou dos subprincípios operativos que o compõem e concretizam. E, por esta via, podemos assentar no seguinte: ainda que os referidos subprincípios operativos possam ser modificados, garantindo mutabilidade ao subsistema laboral, o princípio da proteção do trabalhador, pelo contrário, atenta a sua solidez dogmática, tende a ser imutável ou intemporal, dentro deste mesmo subsistema.

99. Do princípio da proteção do trabalhador, resulta, em suma, um comando normativo: o trabalhador deve ser tratado com dignidade, devendo ser respeitados, no âmbito do contrato de trabalho, os respetivos direitos de personalidade e o direito à igualdade e não discriminação, devendo o empregador proporcionar-lhe boas condições de trabalho e uma retribuição que lhe garanta uma existência condigna, sendo proibidos os despedimentos sem justa causa. Mais do que um princípio meramente descritivo, o princípio da proteção do trabalhador assume-se como um princípio diretivo, com um conteúdo simultaneamente prescritivo e proibitivo, em nome da afirmação da liberdade positiva do trabalhador.

100. O princípio da proteção do trabalhador contém, enfim, um enunciado simples e tendencialmente intemporal: é aquele à luz do qual a dignidade do trabalhador deve ser sempre preservada, devendo o empregador, tanto nos preliminares como na execução do contrato de trabalho, respeitar os respetivos direitos de personalidade e o direito do trabalhador a prestar a sua atividade em condições de igualdade e não discriminação, bem como proporcionar-lhe boas condições de trabalho e uma retribuição que lhe garanta uma existência condigna, sendo proibidos os despedimentos sem justa causa.

101. Em última instância, ao afirmarmos o princípio da proteção do trabalhador, estamos, afinal, a contribuir para o valor civilista da liberdade e do livre desenvolvimento da personalidade: o trabalhador que seja tratado com dignidade e que receba uma retribuição condigna pelo trabalho que desenvolve, adquire, consequentemente, as condições necessárias para se afirmar como um Homem livre e independente, que pode exercer de forma plena a sua cidadania, determinar o tipo de vida que quer viver e dar azo, nesse sentido, ao princípio da igualdade material de oportunidades ou à ideia de *equality of fair opportunity*.

102. Nessa medida, fica claro, também, que o Direito do trabalho, ainda que instrumentalizado por alguns desideratos económicos que o ultrapassam, não pode perder de vista o essencial: a dignidade, a igualdade e a liberdade do trabalhador, enquanto cidadão que atua no mundo produtivo (*personality in work*). As alterações levadas a efeito no Direito do trabalho devem, em suma, ter por objetivo a sua atualização, mas não a sua substituição; a fragmentação do contrato de trabalho tradicional — o contrato de trabalho por tempo indeterminado — numa multiplicidade de figuras contratuais distintas deve ser acompanhada pela manutenção de um denominador comum, que redunda no princípio da proteção do trabalhador; as modificações levadas a efeito nas regras juslaborais podem atuar ao nível de determinadas soluções concretas, mas não devem alterar o espírito e o sentido do Direito do trabalho (*The Idea of Labour Law*), expressos na sua a sua *basic* idea, ou seja, no princípio da proteção do trabalhador.

103. Por outras palavras, apesar das transformações significativas que se têm verificado no mundo do trabalho e de ser clara, hoje, a necessidade de o Direito do trabalho se adaptar a um novo circunstancialismo e a novas realidades, os problemas fundamentais do mundo laboral, expressos nomeadamente na ideia de que *labour is not a commodity* e que a dignidade e os direitos de personalidade do trabalhador devem ser preservados, continuam a fazer-se sentir. Neste contexto, o princípio da proteção do trabalhador mantém plena atualidade — a sua primazia axiológica deve ser afirmada e, é caso para dizer, não se vislumbram razões para criação de um novo paradigma centrado na subalternização dos direitos de cidadania em nome de uma pretensa competitividade económica.

104. Não há Direito do trabalho, enfim, sem princípio da proteção do trabalhador.

Bibliografia

ABRANTES, José João. *Direito do Trabalho II – Direito da Greve.* Coimbra: Almedina, 2013.

______. "Álcool e drogas no meio laboral". *In: Estudos em Memória do professor Doutor José Dias Marques, de Ruy de Menezes Cordeiro Albuquerque.* Coimbra: Almedina, 2007, pp. 355-361.

______. *Contrato de Trabalho e Direitos Fundamentais.* Coimbra: Coimbra Editora, 2005.

______. "A Autonomia do Direito do Trabalho, a Constituição Laboral e o artigo 4º do Código do Trabalho". *In: Estudos sobre o Código do Trabalho.* Coimbra: Coimbra Editora, 2004.

______. *Estudos sobre o Código do Trabalho.* Coimbra: Almedina, 2004.

______. "O novo Código do Trabalho e os direitos de personalidade do trabalhador". *In: A Reforma do Código do Trabalho, de Centro de Estudos Judiciários. Inspecção Geral do Trabalho* (org.). Coimbra: Coimbra Editora, 2004, pp. 161-171.

______. "Contrato de trabalho e Meios de Vigilância da Actividade do Trabalhador (Breves Considerações)". *In: Estudos em Homenagem ao Prof. Doutor Raul Ventura,* v. II. Coimbra: Coimbra Editora, 2003, pp. 809 e ss.

______. "Contrato de trabalho a termo". *Estudos do Instituto de Direito do Trabalho,* v. III, 2002, pp. 157-177.

______. *Contrat de travail et droits fondamentaux: contribution a une dogmatique commune europeenne, avec reference speciale au droit allemand et au droit portugais.* Frankfurt: Peter Lang, 2000.

______. "Do tratado de Roma ao Tratado de Amsterdão – a caminho de um Direito do Trabalho europeu?" *Questões Laborais,* n. 16 de ano 7, 2000.

______. "Contrato de trabalho e direitos fundamentais". *In: II Congresso Nacional de Direito do Trabalho,* de António José Moreira (coord.). Coimbra: Almedina, 1999, pp. 105 e ss.

______. "Breve apontamento sobre o regime jurídico do contrato de trabalho a prazo". *In: Direito do Trabalho – Ensaios.* Lisboa: Cosmos, 1995, pp. 93-101.

______. *Direito do Trabalho – Ensaios.* Lisboa: Cosmos, 1995.

______. "Direito do Trabalho e Constituição". *In: Direito do Trabalho – Ensaios.* Lisboa: Cosmos, 1995, pp 41 e ss.

______. "Formação e Evolução Histórica do Direito do Trabalho". *In: Direito do Trabalho – Ensaios.* Lisboa: Cosmos, 1995, pp. 20 e ss.

______. *Do contrato de trabalho a prazo.* Coimbra: Almedina, 1992.

______. *A vinculação das entidades privadas aos direitos fundamentais.* Lisboa: Associação Académica da Faculdade de Direito de Lisboa, 1990.

AGRIA, Fernanda Nunes; PINTO, Maria Luiza Cardoso. *Contrato Individual de Trabalho.* Coimbra: Almedina, 1972.

ALBUQUERQUE, Martim de. *Da Igualdade, Introdução à Jurisprudência.* Coimbra: Almedina, 1993.

ALEXANDRE, Isabel. *Provas Ilícitas em Processo Civil.* Coimbra: Almedina, 1988.

ALEXY, Robert. *Teoria dos Direitos Fundamentais.* 2. ed. São Paulo: Malheiros, 2011.

ALMEIDA, Carlos Ferreira de. *Os Direitos dos Consumidores.* Almedina, Coimbra, 1982.

ALMEIDA, Carlos Ferreira de; DUARTE, Rui Pinto. "Cláusulas Contratuais Gerais Abusivas (Introdução)". *In:* Sub Judice — *Justiça e Sociedade,* n. 39 — Cláusulas Contratuais Gerais Abusivas, 2007, pp. 7 e ss.

ALMEIDA, Tatiana Guerra de. "Período experimental. Breves notas para o estudo comparativo dos regimes jurídicos português e espanhol". *In: Estudos de Direito do Trabalho em Homenagem ao Professor Manuel Alonso Olea.* Coimbra: Almedina, 2004, pp. 589-613.

ALPA, Guido. *Introduzione al Diritto dei Consumatori.* Roma: Laterza, 2006.

ÁLVAREZ, Carlos Lasarte. *Manual sobre Protección de Consumiores y Usuarios.* Madrid: Dykinson, 2003.

ALVES, Amauri Cesar. "A eficácia dos direitos fundamentais no âmbito das relações trabalhistas". *Revista LTr — Legislação do Trabalho,* ano 75, n. 10, out. 2011, pp. 1209-1218.

ALVES, Marcos César. "Trabalho decente sob a Perspectiva dos Direitos Humanos". *In: Direitos Humanos e Direito do Trabalho,* de Flávia Piovesan e Luciana Paula Vaz de Carvalho (coord.). São Paulo: Atlas, 2009, pp. 328 e ss.

AMADO, João Leal. *Contrato de trabalho.* 3. ed. Coimbra: Coimbra, 2011.

______. *Contrato de Trabalho.* 2. ed. Coimbra: Coimbra, 2010.

______. *Contrato de trabalho — à luz do novo Código do Trabalho.* Coimbra: Coimbra Editora, 2009.

______. "Tratamento mais Favorável e art. 4º/1, do Código do Trabalho: o Fim de um Princípio". *Temas Laborais,* 2005, pp. 11 e ss.

______. "Contrato de trabalho e condição resolutiva (breves considerações a propósito do Código do Trabalho)". *In: Estudos de Direito do Trabalho em Homenagem ao Professor Manuel Alonso Olea.* Coimbra: Almedina, 2004, pp. 343-356.

______. "A Proteção do Salário". *Suplemento do Boletim da Faculdade de Direito da Universidade de Coimbra,* v. XXXIX, 1995, pp. 1 e ss.

AMADO, João Leal; VICENTE, Joana Nunes. "Contrato de trabalho intermitente". *In: IX — X Congressos Nacionais de Direito do Trabalho. Memórias,* de António José Moreira (org.). Coimbra, 2007, pp. 117 e ss.

AMARAL, Diogo Freitas do. *Direito Administrativo, Curso de Direito Administrativo, I.* 3. ed. Coimbra: Almedina, 2008.

______. *Direito Administrativo.* Lisboa: Policopiado, 1984.

AMORIM, Carlos Alberto. *Direito do Trabalho — Da Convenção Coletiva de Trabalho.* Coimbra: Policopiado, 1978.

ANDRADE, Abel de. *Comentario ao Codigo Civil Portuguez, I.* Coimbra: Portugueza e Estrangeira, 1895.

ANDRADE, Manuel de. *Teoria Geral da Relação Jurídica, II, Facto Jurídico, em Especial Negócio Jurídico* (9. reimp. Coimbra: Almedina, 2003.

ANDRADE, Vieira de. *Os direitos fundamentais na Constituição Portuguesa de 1976.* 3. ed. Coimbra: Almedina, 2004.

______. "Autonomia regulamentar e reserva de lei". *In: Estudos em homenagem ao Prof. Doutor Afonso Rodrigues Queiró.* Coimbra: Universidade de Coimbra, 1984.

______. "A imparcialidade da Administração como princípio constitucional". *Separata do Boletim da Faculdade de Direito da Universidade de Coimbra*, v. XLIX, 1974.

ANTUNES, Carlos; GUERRA, Amadeu. *Despedimentos e outras formas de cessação do contrato de trabalho.* Coimbra: Almedina, 1984.

ARAÚJO, António. "Princípio *Pro Operario*" e "Interpretação de Normas Juslaborais". *Revista Jurídica da Associação Académica da Faculdade de Direito de Lisboa*, n. 15, 1991, pp. 29 e ss.

ARAÚJO, Fernando. "Análise Económica do Contrato de Trabalho". *In: Estudos do Instituto de Direito do Trabalho,* v. I, Instituto de Direito do Trabalho da Faculdade de Direito da Universidade de Lisboa, Coimbra: Almedina, 2000, pp. 189 e ss.

ARNESON, Richard. "Egalitarianism". *The Stanford Encyclopedia of Philosophy*. Edward N. Zalta (ed.). Summer edition de 2013.

ARTHURS, Harry. "Labour Law after Labour", *The Idea of Labour Law.* Edited by Guy Davidov & Brian Langille. United Kingdom: Oxford University, 2013, pp. 13-29.

ASCENSÃO, José de Oliveira. *O Direito civil como o Direito comum do Homem comum*, ano 1, 2012, pp. 45 e ss.

______. *O Direito. Introdução e Teoria Geral.* 13. edição refundida. Coimbra: Almedina, 2011.

______. *O Direito. Introdução e Teoria Geral.* 13. ed. Coimbra: Almedina, 2005.

______. *Direito Civil — Teoria Geral, III.* Coimbra: Coimbra Editora, Edição/reimpressão, 2002.

______. *Direito Civil, Teoria Geral.* v. I, 2. ed. *Introdução, As Pessoas, os Bens.* Coimbra: Coimbra Editora, 2002.

ASSUNÇÃO, Alexandre Guedes; MALUF, Carlos Alberto; DIAS JR., Joel; ALVES, Jones Figueiredo; DINIZ, Maria Helena; DELGADO, Mário Luiz; SILVA, Regina Tavares da; FIUZA, Ricardo; VELOSO, Zeno. *Novo Código Civil Comentado.* 3. ed. atual. (coord. Ricardo Fiuza). São Paulo: Saraiva, 2004.

ASTELARRA, Judith. *Veinte años de política de igualdad.* Madrid: Universitat de Valencia, 2005.

ATIENZA, Manuel. *O sentido do Direito.* Lisboa: Escolar, 2014.

AUDI, Robert. "The Scientific Study of Religion and the Pillars of Human Dignity". *The Monist*, v. 96, n. 3, *The Hegeler In: stitute, Illinois*, jul. 2013, pp. 462 e ss.

BACHOF, Otto. Jueces e Constituición. 1. ed. Cuadernos *Civitas.* Madrid: Civitas, 1985.

______. *Freiheit des Berufs, Bettermann — Nipperdey-scheuner, Die Grundrechte,* III/1. Berlin, 1958.

BAKER, Ernest. *Greek Political Theory, Plato and his Predecessors.* London: Methuen, 1970.

BALLESTRERO, Maria Vittoria. "L´ambigua nozione di lavoro parasubordinato". *Lavoro e Diritto*, 1987, pp. 41-67.

BAPTISTA, Albino Mendes. *A nova acção de impugnação do despedimento e a revisão do Código do Processo do Trabalho.* Coimbra: Coimbra Editora, 2010.

______. "Efeitos da ilicitude do despedimento no contrato a termo — indemnização por danos não patrimoniais e o Acórdão do Tribunal da Relação de Lisboa de 14 de fevereiro de 2007". *Revista do Ministério Público*, n. 110, 2007, pp. 135 e ss.

______. "Inovações do Código do Trabalho em matéria de contrato a termo resolutivo". *In: Estudos sobre o Código do Trabalho.* 2. ed. Coimbra: Coimbra Editora, 2006, pp. 133-162.

______. "Contrato de Trabalho a Termo. Regras especiais em matéria de cessação". *In: Prontuário de Direito do Trabalho,* n. 59, de Centro de Estudos Judiciários. Coimbra Editora, 2001, pp. 99-114.

BARRET, François. *Histoire du Travail.* Paris: Universitaires de France, 1960.

BASTOS, Fernando Loureiro. "Os limites do poder constituinte. Algumas considerações sobre a feitura e a modificação de uma Constituição de um Estado de Direito". *Revista da Faculdade de Direito da Universidade de Lisboa, XLVII,* ns. 1 e 2, 2006, pp. 55-77.

BASTOS, Rodrigues. *Das relações jurídicas segundo o Código Civil de 1966.* v. I. Viseu: Tipologia Guerra, 1967.

BECKER, Martin. *Arbeitsvertrag und Arbeitsverhältnis in Deutschland vom Beginn der In: dustrialisierung bis zum Ende des Kaiserreichs.* Frankfurt am Main: Vittorio Klostermann, 1995.

BESSON, Samantha. "L´Égalité de traitement entre particuliers en droit communautaire". *In: L´Européanisation du Droit Privé.* Fribourg, Genève: Lausanne et Neuchâtel: Universités de Berne, 1997, pp. 51 e ss.

BETTENCOURT, Pedro Ortins de. "Controle patronal e limitação dos direitos de personalidade". *Minerva, Revista de Estudos Laborais do Instituto Lusíada de Direito do Trabalho,* ano 1, 2002, pp. 127-136.

______. *Contrato de trabalho a termo.* Amadora: Erasmos, 1996.

BIANCA, Massimo. *Diritto Civile.* v. 3: Il contrato. Milano: Giuffrè, 1988.

BINDER, Julius. *Philosophie des Rechts.* Berlin: Scientia Berlag Valen, Berlin, 1967 (republicação), 1925.

BLANPAIN, Roger. *European Labour Law.* Amsterdam: Kluwer Law International, 2006.

BOBBIO, Norberto. "Libertà fondamentali e formazioni sociali. Introduzione storica". *Politica del Diritto,* n. 4, 1975, pp. 453 e ss.

BOMFIM, Benedito Calheiros. "A Legislação Trabalhista e a Flexibilização". *Revista de Direito do Trabalho,* n. 108, 2002, pp. 30 e ss.

BONAVIDES, Paulo. *Curso de Direito Constitucional.* 15. ed. São Paulo: Malheiros, 2004.

BOSSU, Bernard. "Droits de l´homme et pouvoirs du chef d´enterprise: vers un nouvel équilibre". *Droit Social,* Paris: Dalloz, 1994, pp. 747 e ss.

BRIGITTE FAVAREL-DAPAS, Odile Quintin. *L'Europe Sociale.* 2. ed. Paris: Réflexe Europe, 2007.

BRITO, Joaquim Maria Rodrigues de. *Philosofia do Direito.* Coimbra: Imprensa da Universidade, 1871.

BRITO, José de Sousa E. "A constituição do direito e o positivismo jurídico". *In: Homenagem da Faculdade de Direito de Lisboa ao Professor Doutor Inocêncio Galvão Telles (90 anos).* Coimbra: Almedina, 2007, pp. 705-718.

______. "O Positivismo Jurídico e a Lei de Hume". *In: Estudos em Homenagem à Professora Doutora Isabel de Magalhães Collaço,* v. II. Coimbra: Almedina, 2002, pp. 895-919.

BRITO, Pedro Madeira de. Anotação aos artigos 97º a 99º, 115º a 125º, 126º a 129º, 135º, 139º a 149º, 157º a 160º e 193º a 196º, *Código do Trabalho Anotado.* 9. ed. Pedro Romano Martinez, Luís Miguel Monteiro, Joana Vasconcelos, Pedro Madeira de Brito, Guilherme Dray e Luís Gonçalves da Silva. Coimbra: Almedina, 2013.

______. *Contrato de trabalho da administração pública e sistema de fontes.* Repositório da Universidade de Lisboa, Faculdade de Direito, FD — Teses de Doutoramento, 2010.

BRITO, Rodrigo Toscano de. "Estado de Perigo e Lesão: entre a previsão de nulidade e a necessidade de equilíbrio das relações contratuais". *In: Novo Código Civil, Questões controvertidas no direito das obrigações e dos contratos, Série Grandes Temas de Direito Privado,* v. 4, São Paulo: Método, 2005.

BRUNNER, Christiane; BÜHLER, Jean-Michel; WAEBER, Jean-Bernard. *Commentaire du contrat de travail.* 3. ed. Lausanne: Réalités Sociales, 2011.

BRUTON, Henry; FAIRRIS, David. "Travail et développement". *Revue International du Travail,* v. 138, n. 1, 1999, pp. 5 e ss.

BRYNJOLFSSON, Erik; MACAFEE, Andrew. *Race Against The Machine: How the Digital Revolution is Accelerating Innovation, Driving Productivity, and Irreversibly Transforming Employment and the Economy.* Boston: Digital Frontiers, 2012.

BUEN, Nestor de. "Panorama del Derecho Laboral Mexicano". *In: Tendencias Actuales del Derecho del Trabajo. Perspectiva Iberoamericana*, de AMERICO; Giglio, W. D.; PASCO, M.; ACKERMÁN, M.; MONTOYA, M.; GALIANA, J. M.; SEMPERE, A. V. PLÁ. Murcia: Universidad de Murcia, 1990, pp. 35-55.

BULGARELLI, Waldirio. *Questões Contratuais no Código de Defesa do Consumidor.* São Paulo: Atlas, 1999.

BURCKHARDT, Walther. *Kommentar der schweizerischen Bundesverfassung vom 29 maio 1874.* 2. ed. Berna: BiblioLife, 1914 (republicado em 2010).

BYDLINSKI, Franz. *Arbeitsrechtkodifikation und allgemeines Zivilrecht.* New York: Wien, 1969.

CABEZA, Jaime; DIÉGUEZ, Gonçalo. *Derecho del Trabajo.* 2. ed. Madrid/Barcelona: Marcial Pons, 2003.

CABO, Sérgio Gonçalves do. "O novo regime do contrato de trabalho a prazo". *Revista Jurídica da Associação Académica da Faculdade de Direito de Lisboa*, n. 15, 1992, pp. 85-123.

CABRAL, Rita Amaral. "O direito à reserva sobre a intimidade da vida privada". *Boletim da Faculdade de Direito da Universidade de Coimbra, XLIX*, 1993, pp. 479-585.

______. "O Direito à Intimidade da Vida Privada (Breve reflexão acerca do artigo 80º do Código Civil)". *In: Separata dos Estudos em Memória do Professor Doutor Paulo Cunha.* Lisboa, 1988, pp. 26 e ss.

CABRAL, Roque. A dignidade da pessoa humana, Poderes e Limites na Genética. *Actas do IV Seminário do Conselho Nacional da Ética para as Ciências da Vida.* Lisboa, 1998.

CAEN, Lyon. *Droit Social International et Européen.* 8. ed. Paris: Dalloz, 1993.

CALAIS-AULOIS, Jean; STEINMETZ, Frank. *Droit de la Consommation.* 7. ed. Paris: Dalloz, 2006.

CAMANHO, Paula Ponces. "O Contrato de trabalho a termo". *In: A Reforma do Código do Trabalho*, de Centro de Estudos Judiciários; Inspeção Geral do Trabalho. Coimbra: Coimbra Editora, 2004, pp. 300-304.

______. "Limites da Contratação a Termo". *In: Código do Trabalho — Alguns Aspectos Cruciais,* Cascais: Principia, 2003, pp. 85-86.

______. "Contrato de Trabalho a Tempo Parcial". *In: Estudos do Instituto de Direito do Trabalho,* v. IV, Almedina, 2003, pp. 205 e ss.

______. "Algumas reflexões sobre o regime jurídico do contrato de trabalho a termo". *Juris et de Jure*, 1998, pp. 969-986.

CAMPOS, Diogo Leite de. *Lições de Direito da Personalidade.* Coimbra: Almedina, 2000.

______. "O Direito e os direitos de personalidade". *Revista da Ordem dos Advogados*, 1993, pp. 201-224.

CANARIS, Claus-Wilhelm. *Pensamento Sistemático e Conceito de Sistema na Ciência do Direito (Introdução).* 3. reimp. Tradução portuguesa de Menezes Cordeiro. Lisboa: Fundação Calouste Gulbenkian, 2002.

CANAS, Vitalino. "O Provedor de Justiça e o efeito horizontal dos direitos, liberdades e garantias". *In: Provedor de Justiça — sessão comemorativa,* obra coletiva. Lisboa, 1996.

______. Proporcionalidade (princípio da). *Dicionário Jurídico da Administração Pública,* VI. Lisboa, 1994, pp. 591 e ss.

______. *Constituição Dirigente e Vinculação do Legislador.* Coimbra: Coimbra Editora, 1982.

CAPLAN, Luciana. "O Direito Humano à Igualdade, o Direito do Trabalho e o Princípio da Igualdade". *In: Direitos Humanos e Direito do Trabalho* de Flávia Piovesan; Luciana Paula Vaz de Carvalho (coord.). São Paulo: Atlas, 2010, p. 115 e ss.

CARACUEL, Manuel Ramón Alarcón. "El principio de igualdad en el derecho de la Unión Europea". *In: La igualdad de trato en el Derecho Comunitario Laboral.* Pamplona: Aranzadi, 1997.

CARDOSO, Augusto Lopes. *Do segredo profissional na advocacia.* Lisboa: Centro Editor Livreiro da Ordem dos Advogados, 1998.

CARINCI, Franco; PERSIANI, Mattia. *Trattato di Diritto del Lavoro.* v. 1, Le Fonti del Diritto del Lavoro. Padova: Cedam, 2010.

CARRION, Valentin. *Comentários à Consolidação das Leis do Trabalho.* 26. ed. São Paulo: Saraiva, 2001.

______. *Comentários à Consolidação das Leis do Trabalho.* 24. ed. São Paulo: Saraiva, 1999.

CARTER, Ian. "Positive and Negative Liberty". *The Stanford Encyclopedia of Philosophy,* Edward N. Zalta (ed.). spring 2012.

CARVALHO, António Nunes de. "Código do Trabalho, a Revisão de 2009". *In: Mobilidade Funcional (do Código de Trabalho de 2003 à revisão de 2009)*, de Paulo Morgado de Carvalho (coord.). Coimbra: Coimbra Editora, 2011.

______. "Duração e Organização do Tempo de Trabalho no Código do Trabalho". *VI Congresso Nacional de Direito do Trabalho. Memórias.* Coimbra, 2004, pp. 95 e ss.

______. "Reflexões sobre a carreira profissional (a propósito do Código do Trabalho)". *In: Estudos de Direito do Trabalho em Homenagem ao Professor Manuel Alonso Olea*. Coimbra, 2004, pp. 123-161.

______. "O pluralismo do Direito do Trabalho". *In: III Congresso Nacional de Direito do Trabalho. Memórias*, de António Moreira (coord.). Coimbra: Almedina, 2001, pp. 269-294.

______. *Das Carreiras Profissionais no Direito do Trabalho.* Lisboa, 1990.

CARVALHO, Catarina. "A Regulamentação Nacional do Tempo de Trabalho e o Direito Comunitário: Omissões e Incompatibilidades". *Questões Laborais,* n. 27, 2006, pp. 33 e ss.

______. "A mobilidade geográfica dos trabalhadores no Código do Trabalho". *In: VII Congresso Nacional de Direito do Trabalho*, de António Moreira (coord.). Coimbra: Almedina, 2004, pp. 43 e ss.

CARVALHO, Jorge Morais. *Manual de Direito do Consumo.* Coimbra: Almedina, 2013.

______. *Os Contratos de Consumo. Reflexão sobre a Autonomia Privada no Direito do Consumo.* Coimbra: Almedina, 2012.

______. "La Protección de los Consumidores en la Unión Europea: ¿Mito o Realidad?" *Criterio Juridico,* v. 6, 2006, pp. 243-266.

CARVALHO, Luciana Paula Vaz de. "A violação da dignidade da criança e do adolescente no trabalho infantil. Normas e Acções de Proteção". *In: Direitos Humanos e Direito do Trabalho*, de Flávia Piovesan; Luciana Paula Vaz de Carvalho (coord.). São Paulo: Atlas, 2010, pp. 193 e ss.

CASTBERG, Frede. *La Philosophie du Droit.* Paris: A. Pedone, 1970.

CASTILLA, José Moya. *Relaciones Laborales.* Barcelona: CISS Grupo Wolters Kluwer, 2010.

CAUPERS, João. *Os Direitos Fundamentais dos Trabalhadores e a Constituição.* Coimbra: Almedina, 1985.

CENTENO, Mário. *O Trabalho, Uma visão de mercado.* Lisboa: Fundação Francisco Manuel dos Santos, 2013.

CHARLES, D. "Les personnes infectées par le VIH, les maladies du SIDA et leurs droits de vivre dans l´entreprise". *In: Différence des sexes et protection sociale, XIX — XX siècles, les droits protectrices*, de Leora Auslander (dir.). Saint-Denis: Universitaires de Vincennes, 1995.

COCHRAN, Augustus B. *Sexual Harassment and the Law, The Mechelle Vinson Case.* Kansas: Universty Press of Kansas, 2004.

COIMBRA, Dias. "Negociação Colectiva Europeia: o Trabalho a Tempo Parcial". *Questões Laborais*, n. 13, 1999, pp. 60-89.

COING, Helmut. "Bemerkungen zum überkommenen Zivilrechtssystem". *In:* CAEMMERER, E. Von; NIKISCH, A.; ZWEIGERT, K. (Hrsg.), *Vom Deutschen zum Europäischen Recht, Fest. für Hans Dölle, I*. Tübingen, 1963, pp. 25-40.

______. *Geschichte und Bedeutung des Systemgedankes der Rechtswissenschaft.* 1956.

______. *Grundzüge der Rechtsphilosophie.* Berlin: Walter de Gruyter, 1950.

CORDEIRO, António Barreto Menezes. *Do* Trust *no Direito civil.* Dissertação de Doutoramento em Direito, Ciências Jurídico-Civis, sob orientação do Professor Doutor Pedro Romano Martinez, 2013.

CORDEIRO, Menezes. *Direito dos Seguros.* Coimbra: Almedina, 2013.

______. *Tratado de Direito Civil Português, I, Introdução, Fontes do Direito, Interpretação da Lei, Aplicação das Leis no Tempo, Doutrina Geral.* 4. ed. ref. e atual. Coimbra: Almedina, 2012.

______. *Da Modernização do Direito Civil, I — Aspectos Gerais.* Coimbra: Almedina, 2004.

______. "Da Natureza Civil do Direito do Consumo". *O Direito,* ano 136, 2004, pp. 605-640.

______. *Tratado de Direito Civil Português,* I, Parte Geral. Coimbra: Almedina, 2002.

______. "Justas Causas de Despedimento". *In: Estudos do Instituto de Direito do Trabalho*, v. II, *Justa Causa de Despedimento*, de Pedro Romano Martinez (coord.) Coimbra: Almedina, 2001, pp. 15 e ss.

______. "A liberdade de expressão do trabalhador". *In: II Congresso Nacional de Direito do Trabalho. Memórias*, de Anónio José Moreira (coord.). Coimbra: Almedina, 1999, pp. 16-37.

______. "O respeito pela esfera privada do trabalhador". *In: I Congresso Nacional de Direito do Trabalho*, de António José Moreira (coord.). Coimbra: Almedina, 1998, pp. 20 e ss.

______. *Da Boa-fé no Direito Civil.* Coimbra: Almedina, 1997.

______. "Dos Conflitos Temporais de Instrumentos de Regulamentação Colectiva de Trabalho". *In: Estudos em Memória do Professor Doutor João de Castro Mendes.* Lisboa: Lex, 1995, pp. 460 e ss.

______. *Teoria Geral do Direito Civil, I.* Lisboa: Associação Académica da Faculdade de Direito de Lisboa, 1994.

______. *Manual de Direito do trabalho.* Coimbra: Almedina, 1991.

______. "Da Constitucionalidade das Comissões de Serviços Laborais". *Revista de Direito e de Estudos Sociais XXXIII*, ns. 1; 2, 1991, pp. 129 e ss.

______. "O Princípio do Tratamento Mais Favorável no Direito do Trabalho". *Direito e Justiça, volume de Homenagem ao Prof. Doutor Cavaleiro Ferreira,* v. III, 1987/1988, pp. 111 e ss.

CORREIA, Sérvulo. *Noções de Direito Administrativo*, 1. Lisboa: Danúbio, 1982.

COSTA, Mário Júlio Almeida Costa; CORDEIRO, António Menezes. *Cláusulas contratuais gerais/Anotação ao Decreto-lei n. 446/85, de 25 de outubro*. Coimbra: Almedina, 1986.

COURSIER, Philippe. *Le conflit de lois en matière de contrat de travail.* Paris: Librairie Générale de Droit et de Jurisprudence, 1993.

CRISTOFARO, M. de. *Il lavoro a Domicilio.* Padova: Cedam, 1978.

CUNHA, Paulo. *Direito civil — Teoria Geral da Relação Jurídica.* Lisboa: Policopiado, 1936, p. 37.

CUPIS, Adriano de. *Direitos da Personalidade.* Trad. portuguesa. Lisboa: Morais, 1961.

CURCIO, Carlo. "Egualianza". *In: Enciclopedia dei Diritto, v. XIV*. Milano: Giuffrè, 1965.

DAPAS, Brigitte Favarel; QUINTIN, Odile. *L´Europe Sociale.* 2. ed. Paris: Réflexe Europe, 2007.

DAVIDOV, Guy; LANGILLE, Brian. "Understanding Labour Law: A Timeless Idea, a Timed — out Idea, or an Idea Whose Time has Now Come". *The Idea of Labour Law.* Edited by Guy Davidov & Brian Langille. United Kingdom: Oxford University, 2013, pp. 1-10.

DAVIDOV, Guy. "Re-Matching Labour Laws with Their Purpose", *The Idea of Labour Law,* Edited by Guy Davidov & Brian Langille. United Kingdom: Oxford University, 2013, pp. 179-189.

DEAKIN, Simon. "The Contribution of Labour Law to Economic and Human Development". *The Idea of Labour Law.* Edited by Guy Davidov & Brian Langille. United Kingdom: Oxford University, 2013, pp. 156-175.

DEAKIN, Simon; MORRIS, Gillian. *Labour Law.* 3. ed. Londres: Butterworths, 2001.

DEKEUWEUR-DEFOSSEZ, Françoise. *Légalité des sexes.* Paris: Dalloz, 1998.

DELGADO, Mauricio Godinho. *Curso de Direito do Trabalho.* 9. ed. São Paulo: LTr, 2010.

______. *Princípios de Direito Individual e Coletivo do Trabalho.* São Paulo: LTr, 2001.

DESJARDINS, Bernardette; PÉLISSIER, Jean; ROSET, Agnes; THOLY, Lysiane. *Le Code du Travail Annoté.* Paris: Revue Fiduciaire, 1998.

DOLE, Georges. *La liberté d´opinion et de conscience en Droit Comparé du Travail. Union Européenne. I — Droit Européen et Droit Français.* Paris: LGDC, 1997.

DRAY, Guilherme. Anotação aos artigos 13º a 96º, 126º a 129º, 165º a 162º e 288º a 293º, *Código do Trabalho Anotado*. 9. ed. Pedro Romano Martinez, Luís Miguel Monteiro, Joana Vasconcelos, Pedro Madeira de Brito, Guilherme Dray e Luís Gonçalves da Silva. Coimbra: Almedina, 2013.

______. "A Globalização e as Novas Tendências do Mercado de Trabalho. Teletrabalho e Deslocalização do Trabalho. O caso Português". *In: II Congresso Internacional de Direito* (Brasil — Europa), Análise Contemporânea do Direito em Face da Globalização e da Crise Económica, org. Instituto de Direito do Trabalho da Faculdade de Direito de Lisboa, Programa de Pós-Graduação em Direito da PUC/SP e Comunidade de Juristas de Língua Portuguesas. Coimbra: Almedina, 2010, pp. 81-92.

______. "Igualdade e Não Discriminação". *In: Separata de Código do Trabalho, a Revisão de 2009*. Coimbra: Coimbra Editora, 2009, pp. 123-138.

______. *Direitos de Personalidade — Anotações ao Código Civil e ao Código do Trabalho*. Coimbra: Almedina, 2006.

______. "Período anual de férias: articulação entre o regime do Código do Trabalho e o do Acordo Colectivo de Trabalho Vertical do Sector Bancário". *In: Separata da Revista "O Direito"*. Coimbra: Almedina, 2005, pp. 657-685.

______. "O Sentido Jurídico do Princípio da Igualdade: Perspectiva Luso-Brasileira". *Revista Brasileira de Direito Constitucional*, n. 2, jul./dez. 2003, pp.113-137.

______. "Trabalho Temporário". *In: Estudos do Direito do Trabalho*, IV. Coimbra: Almedina, 2003, pp. 101-143.

______. "Teletrabalho, Sociedade de Informação e Direito". *Estudos do Instituto de Direito do Trabalho*. v. III, Almedina, Coimbra, 2002, pp. 261-287.

______. "Autonomia privada e igualdade na formação e execução de contratos individuais de trabalho". *In: Estudos do Instituto de Direito do Trabalho*, I. Coimbra: Almedina, 2001, pp. 83-95.

______. "Justa causa e esfera privada". *In: Estudos do Instituto de Direito do Trabalho, II*, de Pedro Romano Martinez (coord.). Coimbra: Almedina, 2001, pp. 35-91.

______. *O Princípio da Igualdade no Direito do Trabalho — sua aplicabilidade no domínio específico da formação de contratos individuais de trabalho*. Coimbra: Almedina, 1999.

DUARTE, David. "An Experimental Essay on the Antecedent and Its Formulation". *In: Estudos de Homenagem ao Prof. Doutor Jorge Miranda*, v. VI, Edição da Faculdade de Direito da Universidade de Lisboa. Coimbra: Coimbra Editora, 2012, pp. 119-139.

______. *A norma de legalidade procedimental administrativa. A teoria da norma e a criação de normas de decisão na discricionariedade instrutória*. Coimbra: Almedina, Colecção Teses, 2006.

DUBOIS, Louis; BLUMANN, Claude. *Droit matériel de l'Union Européenne*. 4. ed. Paris: Montchrestien, 2006.

DUGUIT, Leon. *Traité de droit constitutionnel*. t. 3. 2. ed. Paris: Fontemoing, 1923.

DUQUESNE, François. *Le Droit du Travail, Éditions actualisée avec les reformes votées et les chantiers sociaux 2008/2009*. Paris: Gualino, 2009.

DÜTZ, Wilhelm. *Arbeitsrecht*. 6. ed. München: Verlag C. H. Beck, 2001.

DWORKIN, Ronald. *Levando os direitos a sério*. Tradução de Nelson Boeira. São Paulo: Martins Fontes, 2002.

______. *Uma Questão de Princípio*. São Paulo: Martins Fontes, 2001.

EIRÓ, Pedro. *Do negócio usurário*. Coimbra: Almedina, 1990.

ENGELS, Friedrich. *A situação da classe trabalhadora em Inglaterra, tradução portuguesa*. Porto: Edições Afrontamento, 1975.

ENGISCH, Karl. *Introdução ao Pensamento Jurídico*. 8. ed. Tradução de J. Baptista Machado. Lisboa: Fundação Calouste Gulbenkian, 2001.

ERMACORA, Felix. *Handbuch der Grundfreiheiter und der Menschenrecht*. Wien: Manz, 1963.

ESCARTÍN, Ignacio García-Perrote; UGUINA, Jesús R. Mercader (dir.). *La Aplicación Prática de la Reforma Laboral, un estudio de Ley n. 3/2012 y de los Reales Decretos-leyes ns. 4/2013 y 5/2013*, Valladolid: Lex Nova, Thomson Reuters, 2013.

FELICIANO, Guilherme Guimarães. *Do Pré-Contrato de Trabalho, O Contrato Preliminar de Trabalho no* Iter *da Contratação Laboral: Abordagem Comparativa e Jusfundamental*. São Paulo: LTr, 2010.

FERNANDES, António Monteiro. *Direito do Trabalho*. 12. ed. Coimbra: Almedina, 2004.

______. *Direito do Trabalho*. 11. ed. Coimbra: Almedina, 1999.

______. *Direito do Trabalho*. 3. ed. Coimbra: Almedina, 1991.

______. "Observações sobre o Princípio da Igualdade de Tratamento no Direito do Trabalho". *In: Estudos de Homenagem ao Prof. António de Arruda Ferrer Correia*. Coimbra: Boletim da Faculdade de Direito, 1991.

______. "A Evolução das Relações de Trabalho desde 1974: Algumas Tendências Gerais". *Temas Laborais*, 1984, pp. 14 e ss.

______. "Princípio do Tratamento Mais Favorável ao Trabalhador — sua Função". *In: Estudos de Direito do Trabalho*. Coimbra: Almedina, 1972, pp. 7 e ss.

______. "Notas sobre os contratos equiparados ao contrato de trabalho (art. 2º da LCT)". *Estudos Sociais e Corporativos*, 34, 1970, pp. 11-35.

______. "Notas sobre os contratos equiparados ao contrato de trabalho (art. 2º da LCT)". *Estudos Sociais e Corporativos*, 34, 1970, pp. 11-35.

______. "Introdução à Jurisdição do Trabalho". *Estudos Sociais e Corporativos*, ano IV, n. 13, 1965, pp. 114 e ss.

FERNANDES, Carvalho. *Teoria Geral do Direito Civil*, II. 2. ed. Lisboa: Lex, 1996.

FERNANDES, Liberal. *Direito Social Comunitário. Direito de Livre Circulação dos Trabalhadores Comunitários. O Mercado Europeu de Trabalho*. Lisboa: Cosmos, 1998.

FERNANDES, Maria Paula Moreira Sá; ROCHA, Rui António Martins da; CERQUEIRA, Magda. *22 Anos de Jurisprudência Portuguesa sobre Igualdade Laboral em Razão do Sexo (1979-2001)*. Lisboa: Comissão para a Igualdade no Trabalho e Emprego, 2006.

FERREIRA, António Casimiro. *Sociedade da Austeridade e Direito do trabalho de exceção*. Lisboa: Vida Económica, 2012.

FERREIRA, Dias. *Código Civil Português Anotado*. 1º v. 2. ed. Coimbra: Imprensa da Universidade, 1894.

______. *Anotações aos Elementos de Direito Natural do Excelentíssimo Senhor Vicente Ferrer Neto Paiva*. Parte 2ª, secção 1, § 82, nota 1. Coimbra: Imprensa da Universidade, 1858.

FERRER, Vicente. *Elementos de Direito Natural*. Parte 2ª, secção 2, § 82, 3. ed. Coimbra: Imprensa da Universidade, 1857.

FINNIS, John. *Natural Law and Natural Rights*. 2. ed. New York: Oxford University, 2011.

______."Natural Law Theories", *The Stanford Encyclopedia of Philosophy*, First published Mon Feb 5, 2007; substantive revision Mon jul 25, 2011, disponível em: *Hyperlink* <http://plato.stanford.edu/entries/natural-law—theories/"http://plato.stanford.edu/entries/natural-law—theories/>.

FLUME, Werner. *Rechtsgeschäft und Privautonomie, Hundert Jahre deutsches Rechtsleben, I*. Karlsruhe: C. F. Müller, 1990.

FOGLIA, Laura. "Il Welfare in Europa: realtà e prospettive per un nuovo modelo sociale". *In: Sviluppo e ocupazione nel mercato globale*, de Giuseppe Ferraro (coord.). Milano: Giuffrè, 2004, pp. 379-393.

FORSTHOF, Ernst. *Der Staat der Industriegesellschafts, dargestellt am e Estado de la Sociedad Industrial*. Tradução espanhola. Madrid: Instituto de Estudios Politicos, 1975.

FREEDLAND, Mark; KOUNTOURIS, Nicola. "The Legal Characterization of Personal Work Relations and The Idea of Labour Law". *The Idea of Labour Law,* Edited by Guy Davidov & Brian Langille. United Kingdom: Oxford University, 2013, pp. 190-208.

FUKUYAMA, Francis. *The end of history and the last man. O fim da história e o último homem.* Tradução de Aulyde S. Rodrigues. Rio de Janeiro: Rocco, 1992.

FULLINWIDER, Robert. "Affirmative Action". *The Stanford Encyclopedia of Philosophy.* Edward N. Zalta (ed.). Fall edition de 2013.

GALANTINO, Luisa. *Diritto del Lavoro.* Unidecisa Edizione. Torino: G. Giappichelli, 2001.

GALBRAITH, John Kenneth. *The affluent society.* Boston: Houghton Mifflin, 1958.

GAMBA, Juliane Caravieri Martins. "Dignidade do Trabalhador e Políticas Públicas: Perspectivas no Âmbito do Estado Ético". *In: Direitos Humanos e Direito do Trabalho*, de Flávia Piovesan; Luciana Paula Vaz de Carvalho (coord.). São Paulo: Atlas, 2010, pp. 115 e ss.

GAMILLSCHEG, Franz. *Arbeitsrecht I — Arbeitsvertrags — und Arbeitsschutzrecht.* 8. ed. München: Verlag C. H. Beck, 2001.

GARCIA, Maria da Glória Ferreira. *Estudos sobre o Princípio da Igualdade.* Coimbra: Almedina, 2005.

______. "Princípio da Igualdade, Fórmula Vazia ou Fórmula "Carregada" de sentido?" *Boletim do Ministério da Justiça* (358), 1987.

GARILLI, Alessandro. "Tutela della persona e tutela della sfera privata nel rapporto di lavoro". *Rivista Critica del Diritto Privato*, ano X, 3, 1992.

GARRONE, Pierre. "La discrimination indirecte en droit communautaire: vers une théorie générale". *Revue trimestrielle de droit européen,* n. 3, 1994, pp. 425 e ss.

GHESTIN, Jacques. *Traité de Droit Civil, La formation du contrat.* 3. ed. Paris: Librairie Générale de Droit et de Jurisprudence, 1993.

GODOY, Arnaldo Sampaio de Moraes. *Direito do Trabalho e Globalização.* Teresina: Disponível em: <http://jus.com.br/revista/texto/6042/direito-do- trabalho-e-globalizacao>, 2004.

GOIS, Luiz Marcelo de. "Discriminação nas Relações de Trabalho". *In: Direitos Humanos e Direito do Trabalho,* de Flavia Piovesan; Luciana Paula Vaz de Carvalho (coord.). São Paulo: Atlas, 2010, pp. 131 e ss.

GOLDIN, Adrián. "Global Conceptualizaions and Local Constructions", *The Idea of Labour Law.* Edited by Guy Davidov & Brian Langille. United Kingdom: Oxford University, 2013, pp. 69-87.

GOMES, Carla Amado. "Os novos Trabalhos do Estado: A Administração Pública e a Defesa do Consumidor". *In: Estudos do Instituto de Direito do Consumo,* v. I, de Luís Menezes Leitão (coord.). Coimbra: Almedina, 2002, pp. 31 e ss.

GOMES, Dinaura Godinho Pimentel. "A Dignidade do Trabalhador no Cenário da Globalização Econômica". *Revista LTr — Revista de Legislação do Trabalho*, v. 66, n. 12, 2002, pp. 1440 e ss.

GOMES, Irene. "A comissão de serviço". *In: A Reforma do Código do Trabalho*, de Centro de Estudos Judiciários; Inspeção Geral do Trabalho. Coimbra: Coimbra Editora, 2004, pp. 370 e ss.

______. "Considerações sobre o regime jurídico do contrato a termo certo no Código do Trabalho". *Questões Laborais*, n. 24, s.d., pp. 137-169.

GOMES, Januário da Costa. "O Problema da Salvaguarda da Privacidade Antes e Depois do Computador". *Boletim do Ministério da Justiça,* 319, 1982, pp. 28 e ss.

GOMES, Júlio Vieira. "Da interpretação e integração das convenções colectivas". *In: Novos Estudos de Direito do Trabalho*. Coimbra: Wolters Kluwer Portugal e Coimbra Editora, 2010, pp. 121 e ss.

______. *Direito do Trabalho.* v. I, Relações Individuais de Trabalho. Coimbra: Coimbra Editora, 2007.

______. "O contrato de trabalho a termo certo ou a tapeçaria de Pénelope". *In: Estudos do Instituto de Direito do Trabalho*, v. IV. Coimbra: Almedina, 2003, pp. 35-101.

______. "Do uso e abuso do período experimental". *Revista de Direito e de Estudos Sociais*, ano XXXI, n. 1-2, 2000, pp. 57 e ss.

GONÇALVES, Cunha. *Tratado de Direito Civil.* 3. v. Coimbra: Coimbra Editora, 1930.

GORDLEY, James. "Enforcing Promises". *California Law Review*, v. 83, 1995, pp. 1587 e ss.

GOSEPATH, Stefan. "Equality". *The Stanford Encyclopedia of Philosophy.* Edward N. Zalta (ed.). spring edition de 2011.

GOUVEIA, Jorge Bacelar. *Manual de Direito Constitucional.* 4. ed. rev. e actual. Coimbra: Almedina, 2011.

______. "Os direitos de participação dos representantes dos trabalhadores na elaboração da legislação laboral". *In: Estudos do Instituto de Direito do Trabalho*, de Pedro Romano Martinez (coord.). Coimbra: Almedina, 2001, pp. 109-152.

______. *O Estado de Excepção no Direito constitucional.* v. I, Colecção: Teses. Coimbra: Almedina, 1999.

GUERRA, Amadeu. *A privacidade no local de trabalho. As novas tecnologias e o controlo dos trabalhadores através de sistemas automatizados. Uma abordagem ao Código do Trabalho.* Coimbra: Almedina, 2004.

HÄBERLE, Peter. "A dignidade humana como fundamento da comunidade estatal". *In: Dimensões da dignidade: ensaios de filosofia do direito e direito constitucional.* Porto Alegre: Livraria do Advogado, 2005, pp. 89-152.

HAMON, Francis; CÉLINE Wiener. *Le contrôle de la constitutionalité des lois en France et a l'etranger, Droit Constitutionnel et instituitions politiques — documents d'etudes.* Paris: La Documentation Francaise, 1978, ns. 115-116.

HANSEN, Johan; PLATENGA, Janneke. "Analyse comparative de l´égalité des chances dans l´Union européenne". *Revue Internationale du Travail*, v. 138, n. 4, número spécial, Femmes, Genre et Travail (deuxième partie), 1999.

HART, H. L. A. *The Concept of Law.* 3. ed. Clarendon Law Series. New York: Oxford University, 2012.

HARTKAMP, A. S. "Einführung in das neue Niederländische Schuldrecht, I". *Archiv für die Civilistische Praxis* 191, 1991, pp. 395 e ss.

HECK, Philip. *Begriffsbildung und Interessenjurisprudenz.* Tubingen Mohr, 1932.

HEERS, Jacques. *Le travail au Moyen Âge.* 2. ed. Paris: Presses Universitaires de France, 1968.

HENRIQUES, Miguel Gorjão. *Direito Comunitário.* 4. ed. Coimbra: Almedina, 2006.

HESPANHA, António Manuel. *Cultura Jurídica Europeia, Síntese de um Milénio.* Mem Martins: Publicações Europa-América, 2003.

HIGGS, Peter. *Broken Symmetries and the Masses of Gauge Bosons.* Edinburgh: The American Physical Society, Physical Review Letters, 1964.

HIPPEL, Eike Von. *Verbraucherschutz.* 3. ed. Mohr Siebeck, Tübingen, 1986.

______. *Der Schutz des Schwächeren.* Mohr Siebeck, Tübingen, 1982.

HOBBES, Thomas. *Leviathan or the Matter, Forme and Power of a Commonwealth ecclesiastical and civil*, England, 1651, reeditado por University, 1904.

______. *De cive.* France: Netherlands, England, 1642, reeditado por Kessinger Publishing, 2004.

HOFFMAN, Reid; CASNOCHA, Ben; YEH, Chris. "Tours of Duty — The New Employer — Employee Compact". *Harvard Business Revue*, june de 2013, pp. 49 e ss.

HÖRSTER, Heinrich Ewald. *A Parte Geral do Código Civil Português, Teoria Geral do Direito Civil.* Coimbra: Almedina, 1992.

ICHINO, Pietro. *Il contratto di lavoro.* v. I. Milano: Giuffrè, 2003.

IDOT, Laurence. "La protection par le droit de la concurrence". *In: Les Clauses Abusives entre Professionnels*, de Christophe Jamim; Denis Mazeaud (coord.). Paris: Economica, 1998, pp. 55 e ss.

IVANOVA, Maria N. "The Great Recession and the State of American Capitalism". *Science & Society*, v. 77, n. 3, New York: The Guilford Press, London, july de 2013, p. 294 e ss.

JANSSEN, Lydia. *Burgerlijk recht*. 2. Nederlands: Tweede Druk, 2012.

JEAMMAUD, Antoine. *Le droit du travail confronté à l´économie*. Paris: Dalloz, 2005.

JELLINEK, Georg. *System der öffentlichen subjektiven Rechte*. Tübingen, 1905.

JHERING, Rudolf von. *Der Zweck im Recht*. Leipzig: Breitkopf und Härtel, 1886 .

______. *Geist des römischen Rechts auf den verschiedenen Stufen seiner Entwicklung*. Leipzig: Breitkopf und Hartel, 1866.

JIMENA, Rafael Sarazá. *Jueces, Derechos Fundamentales y Relaciones entre Particulares, Tesis que para obtener el grado de Doctor*. Logroño: Biblioteca Universitaria da Universidad de la Rioja, 2008.

JONATHAN, Cohen. "La Cour des Communautés Européenes et les droits de l' homme". *Revue du Marché Commun et de L´Union Européenne*, 1978, pp. 74 e ss.

JORS-KUNKEL. *Derecho Privado Romano*. Barcelona: Labor, 1965.

JOSSERAND, Louis. *Evolutions et actualités, Conférences de droit civil*. Paris: Librairie du Recueil Sirey, 1936.

JÚNIOR, Cesarino. "Direito Processual do Trabalho". *In: Tratado de Direito Judiciário do Trabalho*. Wilson de Souza Campos Batalha. São Paulo: LTr, 1977, pp. 533 e ss.

KAHL-WOLFF, Bettina. "L'Abus de Droit en Droit du Travail Allemand — Un cas d'application". *In: Abus de Droit et Bonne Foi*, de Pierre Widmer; Bertil Cottier (coord.). Fribourg: Éditions Universitaires Fribourg, 1994, pp. 75 e ss.

KAHN-FREUND, Otto. *Trabajo y Derecho*. Madrid: Centro de Publicaciones — Ministerio de Trabajo y Seguridad Social, 1987.

KANT, Immanuel. *Fundamentação da metafísica dos costumes*. Tradução portuguesa de Paulo Quintela. Lisboa: Edições 70, 2007.

______. *Kritik der reinen Vernunft*. Hamburg: Felix Meiner Verlag, Hamburg, 1990 (republicação), 1781.

KAUFMANN, Arthur. *Analogie und "Natur der Sache" — Zugleich ein Betrag zur Lehre vom Typus*. 2. Heidelberg: Decker & C. F. Müller, 1982.

KELSEN, Hans. *Teoria Pura do Direito*. Coimbra: Almedina, 2008.

______. *A Justiça e o Direito Natural*. Coimbra: Almedina, 2001.

KHOL, Andreas. *The protection of human rights relationships between private individuals: the Austrian situation, René Cassin — Amicorum Discipulorumque Liber*. v. III. Paris: A. Pardone, 1971.

KILLMISTER, Suzy. "Autonomy and the Problem of Socialization". *Social Theory and Practice*, v. 39, n. 1, Department of Philosophy The Florida State University, january 2013, pp. 95 e ss.

KIRK, John A. "Racial Inequality in the Post — Civil Rights Era South". *Social Policy, Organizing for Social & Economic Justice*, v. 42, n. 2, New Orleans, summer 2012, pp. 14 e ss.

KOUKOULIS-SPILIOTOPOULOS, Sophia; MASSE-DESSEN, Hélène. "Thirty Years of the Gender Equality Network: Who We Are, What We Do, and Why We Do It". *European Gender Equality Law Review*, n. 1/2014, European Comission, pp 4 e ss.

KUKATHAS, Chandran; PETIT, Philip. *Rawls — Uma Teoria da Justiça e os seus críticos*. Lisboa: Gradiva, 1995.

LAMOTHE, Dutheillet de. Du traité de Rome au traité de Maastricht: la longue marche de l´Europe Sociale. *Droit Social*. Paris: Dalloz, 1993.

LANGILLE, Brian. "Labour Law´s Theory of Justice". *The Idea of Labour Law*. Edited by Guy Davidov & Brian Langille. United Kingdom: Oxford University, 2013, pp. 101-119.

LANQUETIN, Marie Thérèse. "L´égalité de traitment entre les femmes et les hommes en matiére d´emploi et de travail: a propos de la directive 2006/54/CE du 5 juillet 2006 (directive "refonte")". *Droit Social, n. 7/8*, 2007, pp. 861-878.

______. "L´égalité entre les femmes et les hommes: sur la directive 2002/73/CE du 23 septembre 2002". *Droit Social,* 3, 2003, pp. 312-322.

______. "Discriminations à raison du sexe". *Droit Social,* n. 7/8, 1998, pp. 688 e ss.

LARENZ, Karl. *Metodologia da Ciência do Direito.* Tradução de José Lamego. Lisboa: Fundação Calouste Gulbenkian, 1997.

LARENZ, Wolf. *Allgemeiner Teil des deutschen Bürgerlichen Rechts.* 7. München: Aufl. Beck, 1989.

LAUREANO, Abel. *Discriminação Inversa na Comunidade Europeia.* Lisboa: Quid Iuris, 1997.

LEDERMAN, Leon; TERESI, Dick. *The God Particle: If the Universe Is the Answer, What Is the Question?* United States of America: Dell Publishing, 1993.

LEIBHOLZ, Gerhard. *Die Gleichheit vor dem Gesetz, Eine Studie auf rechtsvergleichen — der und rechtsphilosophischer Grundlage.* 1. ed. Berlin, 1925.

LEISNER, Walter. *Grundrechte und Privatrecht.* München: Beck, 1960.

LEITÃO, Luís Menezes. *Direito do Trabalho.* 3. ed. Coimbra: Almedina, 2012.

______. "Dispositivos tecnológicos de protecção e direito de acesso do público". *Revista da Ordem dos Advogados,* jul./set. 2011, p. 735-749.

______. *Direito do Trabalho.* Coimbra: Almedina, 2008.

______. "A protecção de dados pessoais no contrato de trabalho". *In: A Reforma do Código do Trabalho,* de Centro de Estudos Judiciários; Inspeção Geral do Trabalho. Coimbra: Coimbra Editora, 2004, pp. 123-138.

______. *Código do Trabalho Anotado.* Coimbra: Almedina, 2004.

______. "O Direito do Consumo: Autorização e Configuração Dogmática". *In: Estudos do Instituto de Direito do Consumo,* v. I, Instituto de Direito do Consumo, Faculdade de Direito da Universidade de Lisboa, de Luís Menezes Leitão (coord.). Coimbra: Almedina, 2002, pp. 11 e ss.

______. *Direito das Obrigações,* v. I, Introdução; Da Constituição das Obrigações. Coimbra: Almedina, 2000.

LEITE, Carlos Henrique. *Curso de Direito Processual do Trabalho.* 2. ed. São Paulo: LTr, 2004.

LEITE, Jorge. "Contrato de trabalho a prazo: Direito português e Direito comuitário". *Questões Laborais,* n. 27, 2006, pp. 1 e ss.

______. "A comissão de serviço". *Questões Laborais,* n. 16, ano VII, 2000, pp. 157 e ss.

______. "Contrato a termo para lançamento de nova actividade". *Questões Laborais,* n. 5, s.d., pp. 76-87.

LEITE, Jorge; ALMEIDA, F. Jorge Coutinho de. *Legislação do Trabalho.* Coimbra: Coimbra, 1999.

LEVY, Leonard. *Constitutional History, 1776 — 1789.* v. 1. Nova Iorque: Encyclopedia of the American Constitution, 1986.

LIMA, Pires de; VARELA, Antunes. *Código Civil Anotado.* 1º v. 4. ed. Coimbra: Coimbra Editora, 1987.

LOMBARDI, Giorgio. *Potere privato i diritti fondamentali.* Torino: G. Giappichelli, 1970.

LOPES, Ribeiro. *Direito do Trabalho — sumários Desenvolvidos das Aulas.* Policopiado. Lisboa, 1977 — 1978.

LÓPEZ, Fernandez; PIÑERO, Rodriguez. *Igualdad y discriminación.* Madrid: Tecnos, 1988.

LÓPEZ, Manuel Carlos; ROSA, Manuel Álvarez de La. *Derecho del Trabajo.* 18. ed. Madrid: Editorial Universitaria Ramón Areces, 2010.

LOPEZ, Maria Fernández. "El principio de igualdad en el Derecho Social Europeo". *In: I Jornadas sobre la Comunidad Europea*. Sevilha, 1994.

LORITZ; ZÖLLNER; HERGENRÖDER. *Arbeitsrecht.* 6. ed. München: Verlag C H. Beck, 2008.

LOURENÇO, Acácio José. *Estudos sobre Temas de Direito do Trabalho.* Lisboa: Perspectivas & Realidades, 1979.

LOURENÇO, Paula Meira. "Os deveres de informação no contrato de trabalho". *Revista de Direito e de Estudos Sociais*, ns. 1-2, 2003, pp. 29 e ss.

LÖW, Konrad. *Die Grundrechte — Verständnis und Wirklichkeit.* München: Verlag Dokumentation, 1977.

LÖWISCH; CASPERS; KLUMPP. *Arbeitsrecht.* 9. ed. München: Vahlen, 2012.

LUPI, Dario; RAVAIOLI, Giorgio. *Il Lavoro Flessibile. Tutti gli Strumenti Legale per Superare la "Rigidità" nel Rapporto di Lavoro.* Milano: Giuffrè, 1997.

LYON-CAEN, Antoine; VACARIE, Isabelle. *Droits fondamentaux et Droit du Travail.* Mélanges Verdier. Paris: Dalloz, 2001.

MACHADO, Susana Sousa. *Contrato de trabalho a termo.* Coimbra: Coimbra Editora, 2009.

MACKINNON, Catharine. *Sexual Harassement of Working Women: A Case of Sex Discrimination.* Yale: Yale University Press, 1979.

MAGANO, Octavio Bueno. "Princípios do Direito do Trabalho e os avanços da tecnologia". *In: Os Novos Paradigmas do Direito do Trabalho (homenagem a Valentin Carrion)*, de Rita Maria Silvestre; Amauri Mascaro Nascimento (coord.). São Paulo: Saraiva, 2001, pp. 81 e ss.

MARTINEZ, Gregorio Peces-Barba. *Curso de Derechos Fundamentales. Teoría General.* Universidad Carlos III de Madrid. 1. ed. 1. reimp. Madrid: Boletín Oficial del Estado, 1999.

MARTINEZ, Pedro Romano. *Direito do Trabalho, Instituto de Direito do Trabalho da Faculdade de Direito de Lisboa.* 6. ed. Coimbra: Almeidna, 2013.

______. Anotação aos artigos 4º a 12º, 112º a 110º, 126º a 129º, 130º a 134º, 281º a 284º, 323º a 332º e 337º a 393º, *Código do Trabalho Anotado.* 9. ed. Pedro Romano Martinez, Luís Miguel Monteiro, Joana Vasconcelos, Pedro Madeira de Brito, Guilherme Dray e Luís Gonçalves da Silva. Coimbra: Almedina, 2013.

______. *Direito do Trabalho.* Instituto de Direito do Trabalho da Faculdade de Direito de Lisboa. 5. ed. Coimbra: Almedina, 2010.

______. *Da Cessação do Contrato.* 2. ed. Coimbra: Almedina, 2006.

______. "A justa causa de despedimento". *In: Estudos do Instituto de Direito do Trabalho*, v. II, Justa Causa de Despedimento. Coimbra: Almedina, 2001, pp. 93 e ss.

______. "Os Novos Horizontes do Direito do Trabalho". *In: III Congresso Nacional de Direito do Trabalho — Memórias*, de António José Moreira (coord.). Coimbra: Almedina, 2001, pp. 326 e ss.

______. "Os princípios e o Direito do Trabalho em Portugal". *In: Os Novos Paradigmas do Direito do Trabalho (homenagem a Valentin Carrion)*, de Rita Maria Silvestre; Amauri Mascaro Nascimento (coord.). São Paulo: Saraiva, 2001, pp. 27 e ss.

______. "La aplicación de la Diretiva 76/207 en Portugal". *In: La igualdad de trato en el Derecho Comunitario Laboral.* Madrid: Aranzadi, 1997.

MARTINEZ, Rey. "El derecho fundamental a no ser discriminado por razón de sexo". *In: La discriminación por razón de sexo tras 25 años de la Constituición española.* Madrid: Consejo General del Poder Judicial, 2004, pp. 25 e ss.

MARTINS, Ana Maria Guerra. *Curso de Direito Constitucional da União Europeia.* Coimbra: Almedina, 2004.

______. "O Direito Comunitário do Consumo". *In: Estudos do Instituto de Direito do Consumo.* v. I, de Luís Menezes Leitão (coord.). Coimbra: Almedina, 2002.

______. *As origens da constituição norte-americana, uma lição para a Europa.* Lisboa: Lex — Edições Jurídicas, 1994.

MARTINS, Pedro Furtado. "Questões sobre Trabalho Temporário". *Revista de Direito e de Estudos Sociais*, n. 1, 1999, pp. 65 e ss.

MARTINS, Sergio Pinto. *Direito do Trabalho.* 25. ed. São Paulo: Atlas, 2009.

______. *Direito Processual do Trabalho.* 6. ed. São Paulo: Atlas, 1997.

MATOS, Inês Lobinho. "A Dignidade da Pessoa Humana na Jurisprudência do Tribunal Constitucional, Mormente, em Matéria de Direito Penal e Direito Processual Penala". *In: Tratado Luso-Brasileiro da Dignidade Humana*, de Jorge Miranda; Marco António Marques da Silva (coord.). São Paulo: Quartier Latin, 2009, pp. 82 e ss.

MAYER-MALY. *Arbeitsrecht und Privatrechtsordnung.* Tübingen: Juristen Zeitung, 1961, 7.

MAZEAUD, Denis. "La protection par le droit commun". *In: Les Clauses Abusives entre Professionnels*, de Christophe Jamim; Denis Mazeaud (coord.). Paris: Economica, 1998, pp. 33 e ss.

MAZEAUD, Denis; JAMIM, Christophe. *Les Clauses Abusives entre Professionnels.* Paris: Economica, 1998.

MAZZONI, Giuliano. *Manuale di Diritto del Lavoro.* 6. ed. v. 1. Milano: Giuffrè, 1988.

MAZZOTTA, Oronzo. *Trattato di Diritto Privato, Diritto del Lavoro.* 3. ed. Milano: Giuffrè, 2008.

MCDONALD, Laughlin; POWELL, John A. *The Rights of Racial Minorities.* 2. ed. Illinois: Southern Illinois University, 1993.

MEDICUS. *Allgemeiner Teil des BGB.* Gebunden: C. F. Müller Großes Lehrbuch, 2010.

MELGAR, Alfredo Montoya. *Derecho del Trabajo.* 30. ed. Madrid: Tecnos, 2009.

______. "Tendencias actuales del derecho del trabajo en España". *In: Tendencias Actuales del Derecho del Trabajo. Perspectiva Iberoamericana*, de M. Pasco; M. Ackermán; A. Montoya; J. M. Galiana; A. V. Sempere A. Plá; W. D. Giglio. Murcia: Universidad de Murcia, 1990, pp. 117 e ss.

MELGAR, Montoya; MORENO, Galiana; SEMPERE, Navarro. *Derecho Social Europeu.* Madrid: Tecnos, 1994.

MENDES, Castro. *Teoria Geral do Direito Civil,* I. Lisboa: Associação Académica da Faculdade de Direito de Lisboa, 1978 (reimpressão, 1986).

______. "Direitos, liberdades e garantias — alguns aspectos gerais". *In: Estudos sobre a Constituição.* Obra colectiva, I, de Jorge Miranda (coord.). Lisboa: Petrony, 1977, pp. 93 e ss.

MESQUITA, Andrade. *Direito do Trabalho*. 2. ed. Lisboa: Associação Académica da Faculdade de Direito de Lisboa, 2004.

MESQUITA, Maria José. *Os Direitos Fundamentais dos Estrangeiros na Ordem Jurídica Portuguesa: uma perspetiva constitucional.* Coimbra: Almedina, 2012.

MEYER, Francis. "La discrimination en fonction de l´âge en droit communautaire: aperçu de la jurisprudence recente de la Cour de Justice de l´Union européenne". *Droit Ouvrier,* n. 755, 2011, pp. 350 e ss.

MILL, John Stuart. *La esclavitud femenina, de la libertad, del Gobierno representativo, la esclavitud femenina.* Madrid: Tecnos, 1965.

MIRANDA, Jorge. *Manual de Direito Constitucional, Direitos Fundamentais.* t. IV. 5. ed. Coimbra: Coimbra Editora, 2012.

______. *Constituição Portuguesa Anotada*. t. III, Organização do Poder Politico; Garantia e revisão da Constituição; Disposições finais e transitórias. Coimbra: Coimbra Editora, 2007.

______. *Manual de Direito Constitucional.* t. II — Constituição. 6. ed. Coimbra: Coimbra Editora, 2007.

______. "Direitos Fundamentais e Ordem Social (na Constituição de 1933)". *Separata da Revista da Faculdade de Direito da Universidade de Lisboa,* v. 46, n. 1, 2005, pp. 271-310.

______. *Manual de Direito Constitucional, Direitos Fundamentais.* t. IV. Coimbra: Coimbra Editora, 1988.

______. *Manual de Direito Constitucional, Preliminares. A Experiência Constitucional.* t. I. Coimbra: Coimbra Editora, 1988.

______. "Princípio da Igualdade". *In: Polis/Enciclopédia Verbo da Sociedade e do Estado*, v. 3, Lisboa, São Paulo: Verbo, 1985, pp. 401 e ss.

MIRANDA, Jorge; MEDEIROS, Rui. *Constituição Portuguesa Anotada*. t. I, Introdução Geral. Coimbra: Coimbra Editora, 2007.

MOHN, Astrid Sybille. *Der Gleichheitssatz im Gemeinschaftsrecht – Differenzierungen im europäischen Gemeinschaftsrecht und ihre Vereinbarkeit mit dem Gleichheitssatz*. Berlin: Kehl am Rhein/Straßburg/Arlington, 1990.

MONTAL, Zélia Maria Cardoso. "O Trabalho como Direito Humano da Pessoa com Deficiência". *In: Direitos Humanos e Direito do Trabalho*, de Flávia Piovesan; Luciana Paula Vaz de Carvalho (coord.). São Paulo: Atlas, 2010, pp. 166 e ss.

MONTEIRO, Luís Miguel. Anotação aos artigos 100º a 101º, 111º a 114º, 135º, 139º a 149º, 150º a 156º, 161º a 164º e 197º a 257º, *Código do Trabalho Anotado*. 9. ed. Pedro Romano Martinez, Luís Miguel Monteiro, Joana Vasconcelos, Pedro Madeira de Brito, Guilherme Dray e Luís Gonçalves da Silva. Coimbra: Almedina, 2013.

MORAIS, Carlos Blanco de. *Justiça Constitucional*. 2. ed. Coimbra: Coimbra Editora, 2011.

MOREIRA, António José. "Caducidade do contrato de trabalho a termo". *In: IV Congresso Nacional de Direito do Trabalho*, de António José Moreira (org.). Coimbra: Almedina, 2002, pp. 381-385.

MOREIRA, Teresa Coelho. "A discriminação em razão da idade no contexto de uma população envelhecida na UE". *In: Igualdade e Não Discriminação, Estudos de Direito do Trabalho*. Coimbra: Almedina, 2013, pp. 9-78.

______. "Discriminação com base na orientação sexual dos trabalhadores". *In: Igualdade e Não Discriminação, Estudos de Direito do Trabalho*. Coimbra: Almedina, 2013, pp. 129-163.

______. "O ónus da prova em casos de discriminação". *In: Igualdade e Não Discriminação, Estudos de Direito do Trabalho*. Coimbra: Almedina, 2013, pp. 79-127.

______. "As novas tecnologias de informação e comunicação: um Admirável Mundo Novo do trabalho?" *In: Estudos de Homenagem ao Prof. Doutor Jorge Miranda*. v. VI, Edição da Faculdade de Direito da Universidade de Lisboa. Coimbra: Coimbra Editora, 2012, pp. 953-973.

______. "A conduta e a orientação sexuais do trabalhador". *In: Estudos de Direito do Trabalho em Homenagem ao Professor Manuel Alonso Olea*, de António Monteiro Fernandes (org.). Coimbra: Almedina, 2004, pp. 613-645.

MORENO, Guillermo Palao. "La Protección de los Consumidores en el Ámbito Comunitario Europeo". *In: Derecho Privado de Consumo*. Valencia: Tirant lo Blanch, 2005, pp. 73-94.

MORENO, Jesús Galiana. "La Adhesion de España a las Comunidades Europeas y el Derecho del Trabajo". *In: Tendencias Actuales del Derecho del Trabajo. Perspectiva Iberoamericana*, de A. Plá; W. D. Giglio; M. Pasco; M. Ackermán; A. Montoya; J. M. Galiana; A.V. Sempere. Murcia: Universidad de Murcia, 1990, p. 129 e ss.

MORTARI, Constantino. *Istituzioni di diritto pubblico*. v. II, 9. ed. Padova, 1976.

MOURA, Barros. *A Convenção coletiva entre as Fontes de Direito do Trabalho*. Coimbra: Almedina, 1984.

MOURA, Mário Aguiar. "Função Social do Contrato". *Revista dos Tribunais*, v. 630, São Paulo, abril de 1988, pp. 247-249.

MÜLLER, Corina. "L´Égalité de Traitment entre Femmes et Hommes dans les Rapports de Travail". *In: L´Européanisation du Droit Privé*. Fribourg, Genève, Lausanne et Neuchâtel: Universités de Berne, 1997, pp. 97 e ss.

MÚRIAS, Pedro Ferreira. "Sobre algumas características do pensamento jurídico". *In: Exercícios de Introdução ao Estudo do Direito*. Lisboa: Associação Académica da Faculdade de Direito de Lisboa, 2012, pp. 169-188.

______. "Coacção em Sentido Amplo". *In: Liber Amicorum de José de Sousa e Brito em Comemoração do 70º Aniversário. Estudos de Direito e Filosofia*. Coimbra: Almedina, 2009, p. 681-722.

NASCIMENTO, Amauri Mascaro. *Curso de Direito do Trabalho*. 14. ed. rev. São Paulo: Saraiva, 1997.

NETO, José Francisco Siqueira. "Princípios de Direito do Trabalho e economia de mercado". *In: Os Novos Paradigmas do Direito do Trabalho (homenagem a Valentin Carrion)*, de Amauri Mascaro Nascimento; Rita Maria Silvestre (coord.). São Paulo: Saraiva, 2001, pp. 129 e ss.

NETTO, Arruda Alvim. *Função Social da Propriedade. Principais Controvérsias no Novo Código Civil.* São Paulo: Saraiva, 2006.

NEVES, Castanheira. *Metodologia Jurídica. Problemas Fundamentais, Boletim da Faculdade de Direito da Universidade de Coimbra, Reimpressão.* Coimbra: Coimbra Editora, 2013.

______. "A unidade do sistema jurídico: o seu problema e o seu sentido". *Estudos em Homenagem ao Prof. Doutor J. J. Teixeira Ribeiro*, II, 1979.

______. *O instituto dos assentos e a função jurídica dos supremos tribunais.* Coimbra: Coimbra Editora, 1983.

______. "O Princípio da Legalidade Criminal". *In: Estudos em Homenagem ao Prof. Doutor Eduardo Correia, I.* Coimbra: Coimbra Editora, 1984, pp. 390 e ss.

______. "A Revolução e o Direito". *Revista da Ordem dos Advogados*, I, II & III, 1975.

NICKEL, James. "Human Rights". *The Stanford Encyclopedia of Philosophy.* Edward N. Zalta (ed.), summer edition de 2013.

NINO, Carlos Santiago. *Ética y derechos humanos.* Buenos Aires: Paidós, 1984.

NIPPERDEY, Hans Carl. *Grundrecht und Privatrecht.* München: Scherpe Verlag, 1961.

NOVAIS, Jorge Reis. *Teoria jurídica dos direitos sociais enquanto direitos fundamentais.* Coimbra: Coimbra Editora, 2010.

______. *As restrições aos direitos fundamentais não expressamente autorizados pela Constituição.* Coimbra: Coimbra Editora, 2003.

______. "Renúncia a direitos fundamentais". *In: Perspectivas Constitucionais – nos 20 anos da Constituição de 1976*, v. I, de Jorge Miranda (org.). Coimbra: Coimbra Editora, 1997, pp. 263-335.

OLEA, Alonso. "El consentimento informado en los actos médicos". *In: Os Novos Paradigmas do Direito do Trabalho (homenagem a Valentin Carrion)*, de Rita Maria Silvestre; Amauri Mascaro Nascimento (coord.). São Paulo: Saraiva, 2001, pp. 9 e ss.

______. *De la Servidumbre al Contrato de Trabajo.* 2. ed. Madrid, 1987.

______. *De la Servidumbre al Contrato de Trabajo.* Madrid: Tecnos, 1979.

OLEA, Alonso; BAAMONDE, M. Emilia Casas. *Derecho del Trabajo.* 23. ed. Madrid: Civitas, 2005.

OLIVEIRA, Aristeu de. *Consolidação das Leis do Trabalho Anotada e Legislação Complementar.* São Paulo: Atlas, 1999.

OTERO, Paulo. *Lições de Introdução ao Estudo do Direito.* I v., 1º t. Lisboa: Pedro Ferreira, 1998.

PAISANT, Gilles. "La protection par de droit de la consummation". *In: Les Clauses Abusives entre Professionnels*, de coord. de Christophe Jamim; Denis Mazeaud. Paris: Economica, 1998, pp. 17 e ss.

PALADIN, Livio. *Eguaglianza, Enciclopedia del Diritto.* v. XIV. Milano: Giuffrè, 1965.

PALMER, R. R. *The Age of Democratic Revolution – A Political History of Europe and America, 1760 – 1780.* Princeton: Princeton University, 1959.

PARREIRA, Isabel. "O Assédio Moral no Trabalho". *In: V Congresso Nacional de Direito do Trabalho, Memórias*, de António José Moreira (coord.). Coimbra: Almedina, 2003, pp. 209-247.

______. "Assédio Sexual no Trabalho". *In: IV Congresso Nacional de Direito do Trabalho, Memórias*, de António José Moreira (coord.). Coimbra: Almedina, 2002.

PATTO, Pedro Vaz. *A vinculação das entidades públicas pelos direitos, liberdades e garantias.* Documentação e Direito Comparado, n. 33/34, 1988.

PEDRAZZOLI, Marcello. "Prestazione d'opera e parasubordinazione". *Rivista di diritto del lavoro*, 1984, pp. 506-556.

PÉLISSIER, Jean; SUPIOT, Alain; JEAMMAUD, Antoine. *Droit du Travail.* 24. ed. Paris: Dalloz, 2008.

______. *Droit du Travail.* Paris: Dalloz, 2006.

PERA, Giuseppe. *Compendio di Diritto del Lavoro.* Milan: Giuffrè, 2003.

______. *Compendio di Diritto del Lavoro.* 5. ed. Milano: Giuffré, 2000.

______. *Diritto del Lavoro.* 6. ed. Padova: Cedam, 2000.

PERA, Giuseppe; PAPALEONI, Marco. *Diritto del Lavoro.* 7. ed. Padova: Cedam, 2003.

PEREIRA, Gonçalves; QUADROS, Fausto de. *Manual de Direito Internacional Público.* Reimpressão da 3. ed. Coimbra: Almedina, 2013.

PERELMAN, Chaim. *Liberty, Equality and Public Interest, Equality and Freedom, Past, Present and Future.* Wiesbaden: Steiner, 1977.

PÉREZ, Jesus Gonzalez. *La Dignidad de la Persona.* Madrid: Civitas, 1986.

PERONE, Giancarlo. "Direitos do trabalhador como indivíduo. Os direitos sociais". *In: Os Novos Paradigmas do Direito do Trabalho (homenagem a Valentin Carrion),* de Rita Maria Silvestre; Amauri Mascaro Nascimento (coord.). São Paulo: Saraiva, 2001, pp. 60 e ss.

PHILP, Mark. "Thomas Paine". *The Stanford Encyclopedia of Philosophy.* Edward N. Zalta (ed.). Fall edition de 2013.

PINHEIRO, Alexandre Sousa. "Restrições aos direitos, liberdades e garantias". *In: Dicionário Jurídico da Administração Pública,* VII, 1996, pp. 280 e ss.

PINHEIRO, Lima. "O Novo Regulamento Comunitário sobre a Lei Aplicável às Obrigações Contratuais (Roma I). Uma Introdução". *Revista da Ordem dos Advogados,* ano 68, II/III, 2008, pp. 575 e ss.

PINTO, Carlos Mota. *Teoria Geral do Direito Civil.* 3. ed. atual. Coimbra: Coimbra Editora, 1996.

PINTO, Mário. *Direito do Trabalho.* Lisboa: Universidade Católica, 1996.

PINTO, Mário; MARTINS, Furtado; CARVALHO, Nunes. *Comentário às Leis do Trabalho.* Lisboa: Lex, 1994.

PINTO, Mota. *Teoria Geral do Direito Civil.* reimpressão da 4. ed. Coimbra: Coimbra Editora, 2012.

PINTO, Nuno Abranches. *Instituto Disciplinar Laboral.* Coimbra: Coimbra Editora, 2009.

PINTO, Paulo Mota. "O direito à reserva da intimidade da vida privada". *Boletim da Faculdade de Direito da Universidade de Coimbra,* LXIX, 1993, pp. 479-485.

PINTO, Roger. "La théorie du contact d´Etat aux états — unis d'amérique". *Les droits de l'homme et les personnes morales, Université Catholique de Louvain.* Centre d'Études Européennes, le 24 octobre 1969. Louvain: Émile Bruylant, L., 1970.

PIOVESAN, Flávia. "Direito ao trabalho e a Proteção dos Direitos Sociais nos Planos Internacional e Constitucional". *In: Direitos Humanos e Direito do Trabalho,* de Flávia Piovesan; Luciana Paula Vaz de Carvalho (coord.). São Paulo: Atlas, 2010, pp. 3 e ss.

PIRES, Lucas. *Uma Constituição para Portugal.* Coimbra: Imprensa de Coimbra, 1975.

PIRES DE LIMA, Antunes Varela. *Código Civil Anotado.* 1º v. 4. ed. Coimbra: Coimbra Editora, 1987.

PIZZORUSO, Alessandro. *Lecciones de derecho constitucional.* Madrid: Centros de Estudios Constitucionales, 1984.

PLANDER, Harro. *Arbeitsrecht: Instrument zur Verwirklichung von Grundrechten der Arbeitnehmer — eine Skizze, Arbeit und Recht, Festschrift für Albert Gnade.* Köln: Bund-Verlag, 1992.

POILLOT, Élise. *Droit Européen de la Consommation et Uniformisation du Droit des Contrats.* Paris: Librairie Générale de Droit et de Jurisprudence, 2006.

PRAÇA, Lopes. *Direito Constitucional Portuguez, estudos sobre a a carta constitucional de 1826 e acto addicional de 1832.* Parte 2, v. 1. Coimbra: Imprensa Litteraria, 1879.

PRATA, Ana. *A Tutela Constitucional da Autonomia Privada.* Coimbra: Almedina, 1982.

QUADROS, Fausto de. *Direito da União Europeia, Direito Constitucional e Administrativo da União Europeia.* Coimbra: Almedina, 2004.

RACHLEFF, Peter. "Labor History for the Future, v. 42, n. 3". *Social Policy, Organizing for Social & Economic Justice, New Orleans, LA*, Fall de 2012, pp. 34 e ss.

RADBRUCH, Gustav. *Einführung in die Rechtswissenschaft.* Leipzig: Quelle & Meyer, 1925.

RAIGÓN, R. Casado. "La atualidad de los derechos humanos en la Comunidad Europea y la pediente adhésion al Convenio Europeo de 1950". *In: Custiones Atualles de Derecho Comunitario Europeo*, de José Manuel Peláez Marón (coord.). Córdoba, 1992, pp. 73-100.

RAISER, Ludwig. "Der Gleichheitsgrundsatz im Privatrecht". *Zeitschrift für das gesamte Handels — und Konkursrecht,* 111, 1948, pp. 75-101.

RAMALHO, Maria do Rosário. *Tratado de Direito do Trabalho.* Parte I: Dogmática Geral. 3. ed. Coimbra: Almedina, 2012.

______. *Tratado de Direito do Trabalho.* Parte II: Situações Laborais Individuais. 4. ed. Coimbra: Almedina, 2012.

______. *Tratado de Direito do Trabalho.* Parte III: Situações Laborais Colectivas. 3. ed. Coimbra: Almedina, 2012.

______. *Direito Social na União Europeia.* Coimbra: Almedina, 2009.

______. *Direito do Trabalho.* Parte II: Situações Laborais Individuais. Coimbra: Almedina, 2006.

______. "Igualdade e não discriminação em razão do género no domínio laboral — situação portuguesa e relação com o direito comunitário". *In: Estudos de Direito do Trabalho*, I, Coimbra: Almedina, 2003, pp. 227-246.

______. "O Direito do Trabalho numa sociedade em mutação acelerada e o problema da igualdade de tratamento entre trabalhadores e trabalhadoras". *In: Estudos de Direito do Trabalho,* I, Coimbra: Almedina, 2003, pp. 215-225.

______. "O novo Código do Trabalho. Reflexões sobre a proposta de lei relativa ao novo Código do Trabalho". *In: Estudos de Direito do Trabalho,* I, Coimbra: Almedina, 2003.

______. "Contrato de trabalho e direitos fundamentais". *In: Estudos em Homenagem à Professora Doutora Isabel Magalhães Collaço,* v. II. Coimbra: Almedina, 2002, pp. 393-417.

______. *Da Autonomia Dogmática do Direito do trabalho.* Coimbra: Almedina, 2001.

______. *Do Fundamento do Poder Disciplinar Laboral.* Coimbra: Almedina, 1993.

RAMM, Thilo. *Einführung in das Privatrecht — Allgemeiner Teil des BGB.* Munchen: Taschenbuch — Verlag, 1970.

RAWLS, John. *Justice as Fairness: A Restatement, ed. by Erin Kelly.* Cambridge: Harvard University, 2001.

______. *Theory of Justice.* Massachusetts: Harvard University, 1971 (republicado em 1999).

______. *Political Liberalism.* 1993. Tradução portuguesa, Liberalismo politico. Lisboa: Presença, 1996.

______. *Political Liberalism.* Columbia University, 1993.

REALE, MIGUEL. *Filosofia do Direito.* 20. ed. São Paulo: Saraiva, 2002.

______. *Lições Preliminares de Direito.* São Paulo: Saraiva, 1980.

______. *Filosofia do Direito.* 8. ed. São Paulo: Saraiva, 1978.

REDINHA, Maria Regina. "Os direitos de personalidade no Código do Trabalho: actualidade e oportunidade da sua inclusão". *In: A Reforma do Código do Trabalho*, de Centro de Estudos Judiciários; Inspecção Geral do Trabalho (org.). Coimbra: Coimbra Editora, 2004, pp. 161-171.

______. "Assédio Moral ou *Mobbing* no Trabalho". *In: Estudos em Homenagem ao Prof. Doutor Raúl Ventura*, v. II. Coimbra: Coimbra Editora, 2003, pp. 833-847.

______. "Utilização de Novas Tecnologias no Local de Trabalho (algumas questões)". *In: IV Congresso Nacional de Direito do Trabalho*, de António Moreira (org.). Coimbra: Almedina, 2002, pp. 115-125.

______. "O Teletrabalho". *In: II Congresso Nacional de Direito do Trabalho*, de António José Moreira (coord.). Coimbra: Almedina, 1999, pp. 95 e ss.

______. *Relação Laboral Fragmentada. Estudo sobre o Trabalho Temporário.* Coimbra: Coimbra Editora, 1995.

REFAEIL, Nora; SIEGWART, Karine. "Das Konzept der mittelbaren Diskriminierung im europäischen und schweizerischen Recht". *Cahiers suisse de l´intégration europééne*, 9, 1997, pp. 25 e ss.

REICHOLD, Herman. *Arbeitsrecht.* 2. ed. München: Verlag C. H. Beck, 2006.

RICHARD Arneson. "Equality of Opportunity". *The Stanford Encyclopedia of Philosophy,* Edward N. Zalta (ed.). Fall edition de 2008.

RICHARDI, Reinhard. "Arbeitsrecht und Zivilrecht". *Zeitschrift für Arbeitsrecht,* 1, 1974, pp. 3-27.

RIGAUX, François. "Le droit d´avoir des droits, la dynamique du principe égalitaire". *In: Hannah Arendt et le monde d´aujord´hui.* Genéve: L´Harmattan, 1997.

RIVARA, Anna. "La Direttiva sull´Informazione e l´Effettività dei Diritti". *Giornale di Diritto del Lavoro e di Relazioni Industriali*, 1999, pp. 133 e ss.

RIVERO, Jean. "La protection des droits de l'homme dans les rapports entre personnes privées". *In: René Cassin — Amicorum Discipulorumque Liber*. Paris: A. Pardone, 1971.

ROCCELLA, Massimo. *Manual di Diritto del Lavoro.* 4. ed. Torino: G. Giappichelli, 2010.

ROCCELLA, Massimo; TREU, Tiziano. *Diritto del Lavoro della Comunità Europea.* 3. ed. Padova: Cedam, 2002.

RODRIGUEZ, Américo Plá. "Los principios y el derecho del trabajo en Uruguay". *In: Os Novos Paradigmas do Direito do Trabalho (homenagem a Valentin Carrion)*, de Rita Maria Silvestre; Amauri Mascaro Nascimento (coord.). São Paulo: Saraiva, 2001, pp. 53 e ss.

______. *Princípios de Direito do Trabalho.* São Paulo: LTr, 1997.

______. *Curso de derecho laboral.* Montevideo: Acali, 1978.

ROSA, Honorato. *A Dignidade da Pessoa Humana. Escritos e Depoimentos.* Lisboa: Instituto Superior de Serviço Social, 1996.

ROSSANO, Cláudio. *L'egualianza giuridica nell'ordinamento costituzionale.* Napoli: E. Jovene, 1966.

ROSSI, Pellegrino. *Cours de Droit Constitutionel.* Oeuvres complètes, t. 1, Paris: Elibron Classics, 1866.

ROTMAN, David. "How Technology is Destroying Jobs". *MIT Technology Review,* v. 116, n. 4, Boston: Massachusetts Institute of Technology, jul./aug. de 2013, pp. 28 e ss.

RÜCKERT, Joachim. *Idealismus, Jurisprudenz und Politik bei Friedrich Carl von Savigny.* Ebelsbach: Verlag Rolf Gremer, 1984.

RUFFOLO, Ugo. *Clausole "Vessatorie" e "Abusive", Gli artt. 1469 — bis. C.C. e i contratti col consumatore.* Milano: Giuffrè, 1997.

RUSSOMANO, Mozart Victor. *Comentários à CLT.* 13. ed. Rio de Janeiro: Forense, 1990.

______. "Aspectos da Hermenêutica do Direito do Trabalho". *In: Jurisprudência brasileira trabalhista*. Curitiba, 1987, pp. 13-20.

SÁ, Fernando Augusto Cunha de. *Abuso do Direito.* Coimbra: Almedina, 1997.

SÁ, José Ayres de. "O Contrato de trabalho a termo". *In: A Reforma do Código do Trabalho*, de Centro de Estudos Judiciários; Inspecção Geral do Trabalho (org.). Coimbra: Coimbra Editora, 2004, pp. 277-293.

SABINO, João Filipe Moreira. "Os Direitos Fundamentais nas Relações de Trabalho". *In: Direitos Humanos e Direito do Trabalho*, de Flávia Piovesan; Luciana Paula Vaz de Carvalho (coord.). São Paulo: Atlas, 2010, pp. 64 e ss.

SÁNCHEZ, Sonia Fernández. *L´Autonomia Individuale nelle origini del Diritto del Lavoro.* Con Prefazione di Mario Napoli. Torino: G. Giappichelli, 2012.

SANTORO-PASSARELLI, Francesco. *Nozioni di Diritto del Lavoro.* Napoli: Giuffrè, 1995.

______. *Nozioni di Diritto del Lavoro.* 35. ed. Napoli: Casa Editrice Dott. Eugenio Jovène, 1995.

______. *Il lavoro parasubordinato.* Milano, 1983.

______. *Nozioni di Diritto di Lavoro.* Napoli, 1980.

SANTOS, António Marques dos. *As Normas de Aplicação Imediata no Direito Internacional Privado — Esboço de uma Teoria Geral.* 2 v. Coimbra: Almedina, 1991.

______. *As Normas de Aplicação Imediata no Direito Internacional Privado.* v. II. Coimbra: Almedina, 1991.

SANTOS, Sabina Pereira dos. *Direito do Trabalho e Política Social na União Europeia.* Cascais: Principia, 2000.

SARLET, Ingo Wolfgang. *A eficácia dos direitos fundamentais.* 6. ed. Porto Alegre: Livraria do Advogado, 2006.

______. *Dignidade da pessoa humana e direitos fundamentais na Constituição Federal de 1988.* 4. ed. rev. e atual. Porto Alegre: Livraria do Advogado, 2006.

SAVIGNY, Friedrich Carl Von. *System des heutigen römischen Rechts.* Berlin: Veit, publicado a partir de 1840.

______. *Juristische Methodenlehre,* por Jacob Ludwig Grimm e Gerhard Wesenberg. Sttutgart: K. F. Koehler, 1802-1807.

SCHAUB. *Arbeitsrechts — Handbuch, bearbeitet von Schaub, Koch, Linck e Vogelsang.* 12. ed. München: C. H. Beck, 2007.

SCHEUNER, Ulrich. "Fundamental Rights and protection of individual against social groups and powers the constitucional system of the Federal Republic of Germany". *In: René Cassin — Amicorum Discipulorumque Liber.* v. III. Paris: A. Pedone, 1971.

SCHMOLLER, Gustav. *Die soziale Frage: Klassenbildung, Arbeiterfrage, Klassenkampf.* Munich: Duncker & Humblot, 1918.

SCOGNAMIGLIO, Renato. *Diritto del Lavoro.* Roma: Laterza, 2005.

______. *Il lavoro nela giurisprudenza costituzionale.* Milano: Franco Angeli, 1978.

SEN, Amartya. *A ideia de justiça.* Coimbra: Almedina, 2012.

SILVA, António da. *Direitos humanos ou dignidade humana.* Lisboa: Brotéria, 1987.

SILVA, Filipe Fraústo da. "30 Anos de Contrato de Trabalho a Termo". *In: A Reforma do Código do Trabalho,* de Centro de Estudos Judiciários; Inspecção Geral do Trabalho (coord.). Coimbra: Coimbra Editora, 2004, pp. 271-274.

SILVA, Gomes da. *Esboço de uma conceção personalista do Direito.* Lisboa: Livraria Petrony, 1965.

SILVA, João Calvão da. *Responsabilidade Civil do Produtor.* Coimbra: Almedina, 1999.

SILVA, Jorge Pereira da. *Dever de legislar e proteção contra omissões legislativas.* Lisboa: Universidade Católica, 2003.

SILVA, Luís Gonçalves da. Anotação aos artigos 1º a 3º e 404º a 529º, *Código do Trabalho Anotado.* 9. ed. Pedro Romano Martinez, Luís Miguel Monteiro, Joana Vasconcelos, Pedro Madeira de Brito, Guilherme Dray e Luís Gonçalves da Silva. Coimbra: Almedina, 2013.

______. "O Código do Trabalho face à Constituição". *In: Estudos de Direito do Trabalho (Código do Trabalho).* v. I, 2. ed. Coimbra: Almedina, 2008, pp. 18 e ss.

______. "Princípios Gerais da Contratação Coletiva no Código do Trabalho". *In: Estudos de Direito do Trabalho (Código do Trabalho).* v. I, 2. ed. Coimbra: Almedina, 2008, pp. 179 e ss.

______. *Da Eficácia Normativa das Convenção coletiva, Colecção Cadernos Laborais,* n. 1, Instituto de Direito do Trabalho. Coimbra: Almedina, 2002.

SILVA, Vasco Pereira da. "A vinculação das entidades privadas pelos direitos, liberdades e garantias". *Revista de Direito e de Estudos Sociais,* ano XXIX (II da 2. série), n. 2, abr./jun. 1987, pp. 266 e ss.

SIQUEIRA JR., Paulo Hamilton. "A dignidade da pessoa humana no contexto da pós-modernidade". *In: Dimensões da dignidade: ensaios de filosofia do direito e direito constitucional.* Porto Alegre: Livraria do Advogado, 2005, pp. 252 e ss.

SMEND, Rudolf. *Verfassung und Verfassungsrecht, Staatsrechtliche Abhandlungen.* Berlin: Duncker & Humblot, 1955.

SOARES, Rogério. *Princípio da legalidade e Administração constitutiva* 1. Coimbra: Boletim da Faculdade de Direito da Universidade de Coimbra, 1981.

SÖLLNER, Alfred. *Grundriss des Arbeitsrechts.* 12. ed. München: Verlag Vahlen, 1998.

SONG, Sarah. "Multiculturalism". *The Stanford Encyclopedia of Philosophy.* Edward N. Zalta (ed.). winter edition de 2010.

SOUSA, Miguel Teixeira de. *Introdução ao Direito.* Coimbra: Almedina, 2013.

______. "Positivismo e Valores". *In: Estudos de Homenagem ao Prof. Doutor Jorge Miranda.* v. VI, Edição da Faculdade de Direito da Universidade de Lisboa. Combra: Coimbra Editora, 2012, pp. 403-415.

SOUSA, Rabindranath Capelo de. *O direito geral de personalidade.* Coimbra: Coimbra Editora, 1995.

SREENIVASAN, Gopal. "Justice, Inequality, and Health". *The Stanford Encyclopedia,* spring edition de 2009.

STAMMLER, Rudolf. *Lehrbuch der Rechtsphilosophie.* Berlin: W. Gruyter, 1928.

______. *Wirtschaft und Recht nach der materialistischen Geschichtsauffassung.* 5. ed. Leipzig: Veit, 1924.

______. *Theorie der Rechtswissenschaft.* 2. ed. 1923.

STARCK, Cristhian. "Derechos fundamentales y derecho privado". *Revista Española de Derecho Constitucional,* ano 22, n. 66, Centro de Estudios Políticos y Constitucionales, sept./dec. de 2002.

STEIN, Ekkehart. *Derecho Politico.* Madrid: Aguilar, 1973.

STERN, Klaus. *Das Staatsrecht der Bundesrepublik Deutschland,* III/1. München: C. H. Beck, 1983.

STOLL, Heinrich. "Begriff und Konstruktion der Lehre der Interessenjurisprudenz". *In: Fetsgabe für Philipp Heck.* Tubingen, 1931.

STRAUSS, Roland Alfred. "Das Verbot der Rassendiskriminierung". *Schweizerische Studien zum internationalen Recht,* 1991, pp. 30 e ss.

STRUCHI, Victor Hugo. "O Trabalho Penoso e a Dignidade da Pessoa Humana". *In: Direitos Humanos e Direito do Trabalho,* de Flávia Piovesan; Luciana Paula Vaz de Carvalho (coord.). São Paulo: Atlas, 2010, pp. 222 e ss.

SUPIOT, Alain. *Transformações do trabalho e o futuro do Direito do trabalho na Europa.* Coimbra: Coimbra Editora, 2003.

______. "Transformations du travail et devenir du droit du travail: une prospective européene". *Revue Internationale du Travail,* v. 138, n. 1, 1999, pp. 33 e ss.

______. *Le travail en perspectives.* Paris: Librairie LGDJ, 1998.

SUPIOT, Alain; CASAS, María Emilia; MUNCK, Jean de; HANAU, Peter; JOHANSSON, Andres; MEADOWS, Pamela; MINGIONE, Enzo; SALAIS, Robert; HEIJDEN, Paul Vader. *Transformações do Trabalho e futuro do Direito do Trabalho na Europa.* Coimbra: Coimbra Editora, 2003.

SUPIOT, Alain; LYON-CAEN, Gerard; PELISSIER, Jean. *Droit du Travail.* Paris: Dalloz-sirey, 2000.

SÜSSEKIND, Arnaldo. *Comentários à Constituição.* 1º v. (artigos 1º a 7º), de Fernando Whitaker da Cunha *et al.* Rio de Janeiro: Freitas Bastos, 1990.

SVOLOS, Alex. *Le Travail dans les Constitutions Contemporaines.* Paris: Librairie du Recuel Sirey, 1939 .

SWAN, Kyle. "Republican Equality". *Social Theory and Practice,* v. 38, n. 3, Department of Philosophy, The Florida State University, jul de 2012, pp. 432 e ss.

TELES, Miguel Galvão. *Direito Constitucional Português.* Sumários desenvolvidos, policopiados. Lisboa, 1969-1970.

TELLES, Inocêncio Galvão. *Manual dos Contratos em Geral.* Reprint 3. ed. Lisboa: Lex, 1995.

______. *Direito das Obrigações.* 6. ed. Coimbra: Coimbra Editora, 1989.

TEYSSIÉ, Bernard. *Droit européen du travail.* 4. ed. Paris: Litec, 2010.

______. *Droit du Travail.* 1. Relations individuelles de travail. 12. ed. Paris: Litec, 1992.

THOMSEN, Frej Klem. "But some Groups Are More Equal Than Others: a critical revew of the Group — Criterion in the concept of discrimination". *Social Theory and Practice,* v. 39, n. 1, Department of Philosophy The Florida State University, jan. de 2013, pp. 120 e ss.

THÜSING, Gregor. "Following the U.S. Example: european Employment Discrimination Law and the Impact of Council Directives 2000/43/EC and 2000/78/EC". *The International Journal of Comparative Labour Law and Industrial Relations,* v. 19, n. 2, summer de 2003.

TISSOT, Olivier de. "La protection de la vie privée du salarié". *Droit Social*, n. 3, 1995, pp. 222 e ss.

TOBEÑAS, Castan. *Los derechos del hombre.* Madrid: Reus, 1969.

TRACHSLERÓ, Herbert. "Das privatrechtliche Gleichbehandlungsgebot: funktionaler Aspekt der Persönlichkeitsrechte gemäß Art. 28, v. 5". *St. Galler Studien zum internatonalen Recht*, 1991.

ULRICH, Ruy. *Legislação Operária Portugueza.* Coimbra: França Amado, 1906.

VALENTE, Joana Nunes. *A fuga à relação de trabalho (típica).* Coimbra: Coimbra Editora, 2008.

VALVERDE, António Martin. "La Directiva 91/533/CEE sobre obligación del empresario de informar al trabajador de sus condiciones de trabajo". *Actualidad Laboral,* n. 12, 29 de marzo de 1992, pp. 181 e ss.

VASCONCELOS, Joana. Anotação aos artigos 136º a 138º, 258º a 280º, 285º a 287º, 294º a 322º, 333º a 336º e 394º a 403º, *Código do Trabalho Anotado.* 9. ed. Pedro Romano Martinez, Luís Miguel Monteiro, Joana Vasconcelos, Pedro Madeira de Brito, Guilherme Dray e Luís Gonçalves da Silva. Coimbra: Almedina, 2013.

______. A Revogação do Contrato de Trabalho. *Coleção Teses de Doutoramento*, Coimbra: Almedina, 2011.

______. "O conceito de justa causa de despedimento. Evolução legislativa e situação actual". *In: Estudos do Instituto de Direito do Trabalho.* v. II: Justa Causa de Despedimento, Instituto de Direito do Trabalho da Faculdade de Direito da Universidade de Lisboa, de Pedro Romano Martinez (coord.). Coimbra: Almedina, 2001, pp. 15 e ss.

VASCONCELOS, Pedro Pais de. *Contratos Atípicos.* 2. ed. Coimbra: Almedina, 2009.

______. *Teoria Geral do Direito civil.* 2. ed. Coimbra: Almedina, 2003.

VEIGA, Motta. *Direito do Trabalho Internacional e Europeu.* Lisboa: Universidade Lusíada, 1994.

VENTURA, Raúl. *Teoria da Relação Jurídica de Trabalho, Estudos de Direito Privado.* Porto: Imprensa Portuguesa, 1944.

VERDIER, Jean-Maurice. *Libertés et travail. Problématique des droits de l´homme et rôle du juge.* Paris: Recueil Dalloz Sirey, 1988.

VERDIER, Jean-Maurice; COEURET, Alain; SOURIAC, Marie-Armelle. *Droit du Travail.* v. 2, Rapports Individuels, 16. ed. Paris: Dalloz, 2011.

______. *Droit du Travail.* 11. ed. Paris: Dalloz, 1999.

VERWILGHEN, Michel. *L´égalité Juridique entre Femmes et Hommes dans La Communauté Européenne.* Louvain: Presses Universitaires de Louvain, 1986.

VILLALON, Jesus Cruz; CARACUEL, Manuel Ramón Alarcon. *La igualdad de trato en el Derecho Comunitario Laboral.* Madrid: Aranzadi, 1997.

WALLON, C. H. Lenoir E. B. "Informatique, travail et libertés". *Droit Social,* n. 3, março 1988, pp. 2-241.

WAQUET, Philippe. "La vie personelle du salarié". *Droit Social.* Paris: Dalloz, 2004, pp. 23 e ss.

WASSENBERG, Birte; BITSCH, Marie-Thérèse. *History of the Council of Europe.* Strasbourg: Council of Europe, 2013.

WATT, Bob; DINE, Janet. *Discrimination Law: Concepts, Limitations and Justifications.* London: Longman, 1996.

WEDDERBURN, Lord. *Los Derechos Laborales en Gran Bretaña y en Europa.* Madrid: Centro de Publicaciones – Ministerio de Trabajo y Seguridad Social, 1994.

WEISS, Manfred. "Reinventing Labour Law?", *The Idea of Labour Law,* Edited by Guy Davidov & Brian Langille. United Kingdom: Oxford University, 2013, pp. 43-57.

WIEACKER, Franz. História do Direito Privado Moderno. 2. ed. Tradução de António Manuel Hespanha. Lisboa: Fundação Calouste Gulbenkian, 1993.

WILBURG, W. Die Elemente des Schadenrechts. Marburg, 1941.

WOOD, Gordon. *Empire of Liberty. A History of the Early Republic,* 1789-1815. New York: Oxford History of the United States, 2011.

______. *The Creation of the American Republic,* 1776-1787. United States of America: University of North Carolina Press, United States of America, 1998.

XAVIER, Bernardo Lobo. *Contratação coletiva – cláusulas de paz, vigência e sobrevigência, Código do Trabalho – alguns aspectos cruciais.* Cascais: Principia, 2003.

______. "Contrato de trabalho a prazo". *Revista de Direito e de Estudos Sociais,* n. 4, 1998, pp. 424-436.

______. *Regime Jurídico do Contrato de Trabalho Anotado.* 2. ed. Lisboa, 1972.

XAVIER, Bernardo Lobo, com a colaboração de P. Furtado Martins; A. Nunes de Carvalho; Joana Vasconcelos e Tatiana Guerra de Almeida. *Manual de Direito do Trabalho.* Lisboa: Verbo, 2011.

ZANCHI, Claudio. "La protection des droits de l'homme dans les rapports entre personnes privés". In: CASSIN, René. *Amicorum Discipulorumque Liber.* v. III. Paris: A. Pardone, 1971.

ZUO, Jiping. "Women´s Liberation and Gender Obligation Equality in Urban China: Work/Family Experiences of Married Individual in the 1950s". *Science & Society,* v. 77, n. 1, jan. 2013, pp. 98 e ss.